十三經清人注疏

禮記集解

第一冊

〔清〕孫希旦 撰

沈嘯寰 王星賢 點校

圖書在版編目(CIP)數據

禮記集解/(清)孫希旦撰. —2版. —北京:中華書局,
2024.5
(十三經清人注疏)
ISBN 978-7-101-16191-5

Ⅰ.禮… Ⅱ.孫… Ⅲ.禮儀-中國-古代 Ⅳ.K892.9

中國國家版本館CIP數據核字(2023)第063668號

責任編輯:徐真真
責任印製:管 斌

十三經清人注疏
禮 記 集 解
(全四册)
〔清〕孫希旦 撰
沈嘯寰
王星賢 點校

*

中 華 書 局 出 版 發 行
(北京市豐臺區太平橋西里38號 100073)
http://www.zhbc.com.cn
E-mail:zhbc@zhbc.com.cn
三河市鑫金馬印裝有限公司印刷

*

850×1168毫米 1/32 · 59¾印張 · 8插頁 · 1023千字
1989年2月第1版 2024年5月第2版
2024年5月第13次印刷
印數:24801-26300册 定價:230.00元

ISBN 978-7-101-16191-5

十三經清人注疏出版説明

自漢至清，經學在各門學術中占有統治的地位。經學的發展經歷了幾個不同的階段，而清代則是很重要的也是最後的一個階段。清代經學家在經書文字的解釋和名物制度等的考證上，超越了以前各代，取得了重要成果，這對我們利用經書所提供的材料研究古代的經濟、政治、文化、思想以至科技等，有重要的參考意義。

清代的經學著作，數量極多，體裁各異，研究的方面也不同。其中用疏體寫作的書，一般是吸收、總結了前人多方面研究的成果，又是現在文史哲研究者較普遍地需要參考的書，因此我們在十三經清人注疏這個名稱下，選擇這方面有代表性的著作，陸續整理出版。所選的并非全是疏體，這是因爲有的書未曾有人作疏，或雖然有人作疏，但不够完善，因此選用其他注本來代替或補充。禮書通故既非疏體又非注體，但它與禮記訓纂等配合，可起疏的作用，故也入選。大戴禮記不在十三經之内，但它與禮記（小戴禮記）是同類型的書，因此也收進去。對收入的書，均按統一的體例加以點校。

清代的經學著作還有不少有重要參考價值，這有待於今後條件許可時，按新的學科分類，選擇整理出版。

十三經清人注疏的擬目如下：

周易集解纂疏　李道平撰
尚書今古文注疏　孫星衍撰
今文尚書考證　皮錫瑞撰
尚書孔傳參正　王先謙撰
詩毛氏傳疏　陳　奂撰
毛詩傳箋通釋　馬瑞辰撰
詩三家義集疏　王先謙撰
周禮正義　孫詒讓撰
儀禮正義　胡培翬撰
禮記訓纂　朱　彬撰
禮記集解　孫希旦撰
禮書通故　黄以周撰
大戴禮記補注　孔廣森撰
（附王樹枏校正、孫詒讓斠補）

大戴禮記解詁　王聘珍撰
左傳舊注疏證　劉文淇等撰
春秋左傳詁　洪亮吉撰
公羊義疏　陳　立撰
穀梁古義疏　廖　平撰
穀梁補注　鍾文烝撰
論語正義　劉寶楠撰
孝經鄭注疏　皮錫瑞撰
孟子正義　焦　循撰
爾雅義疏　郝懿行撰
爾雅正義　邵晉涵撰

中華書局編輯部
一九八二年五月

本書點校説明

禮記有大戴禮記與小戴禮記之分，前者一名大戴禮或大戴記，後者一名小戴禮或小戴記。通常所説的禮記，都是指後者。傳統的説法認爲大戴記是漢元帝時戴德所編，小戴記是其姪戴聖所編。

漢書藝文志書類云：「武帝末，魯共王壞孔子宅，欲以廣其宫，而得古文尚書及禮記、論語、孝經凡數十篇，皆古字也。」禮類云：「禮古經五十六卷，經十七篇，后氏、戴氏。記百三十一篇，七十子後學者所記也。」又云：「漢興，魯高堂生傳士禮十七篇。訖孝宣世，后倉最明。戴德、戴聖、慶普皆其弟子，三家立於學官。」漢書儒林傳也説：「倉説禮數萬言，號曰后氏曲臺記，授沛聞人通漢子方、梁戴德延君、戴聖次君、沛慶普孝公。孝公爲東平太傅。德號大戴，爲信都太傅。聖號小戴，以博士論石渠，至九江太守。由是禮有大戴、小戴、慶氏之學。」二戴的生卒年月不詳，其生平之可考者亦僅見於此。

史書最早將二戴之書分别定名爲大戴禮記與禮記，首推隋書經籍志：「大戴禮記十三卷，漢信都王太傅戴德撰。」「禮記二十卷，漢九江太守戴聖撰，鄭玄注。」隋志所載，是根據鄭玄之説。唐孔穎達作禮記正義，引鄭玄的六藝論云：「戴德傳記八十五篇，則大戴禮是也。戴聖傳記四十九篇，則此禮記是也。」但六藝論僅見著録於隋志，久已佚失，今不傳，故正史所載，還是以隋志爲最早。

隋志又説：「漢初，河間獻王又得仲尼弟子及後學者所記一百三十一篇獻之，時亦無傳之者。至劉向考校經籍，檢得一百三十篇，向因第而敍之。而又得明堂陰陽記三十三篇，孔子三朝記七篇，王史氏記二十一篇，樂記二十三篇，凡五種，合二百十四篇。戴德删其繁重，合而記之，爲八十五篇，謂之大戴記。而戴聖又删大戴之書，爲四十六篇，謂之小戴記。漢末，馬融遂傳小戴之學。融又定月令一篇，明堂位一篇，樂記一篇，合四十九篇。」

據漢志及隋志所載，七十子後學者所記之記爲一百三十一篇，而大戴所傳爲十三卷八十五篇，小戴記爲二十卷四十九篇。大戴之學，漢初雖與小戴、慶氏三家並立博士，而至東漢時，「大戴無傳學者，唯鄭注周禮、儀禮、禮記並立學官」（見唐陸德明經典釋文序録）。故大戴之書，流傳不廣，不爲學者所重視，直至北周才有盧辯爲之作注，而隋志及唐志、宋志均不予著録。今所存者僅四十篇，始於主言第三十九，終於易本命第八十一，其餘各篇均闕，卷數則與隋志合。小戴之書，除鄭注以外，後漢盧植、魏王肅、孫炎、劉宋業遵、庾蔚之等都曾爲之作過注解，而且陸氏釋文又有禮記音義四卷，孔穎達又作了禮記正義。其後，宋方慤著有禮記集解，宋衛湜、元陳澔都著有禮記集説，如此等等。正由於此，故小戴記二十卷四十九篇一直流傳至今。

儘管二戴記的遭遇有天淵之别，但兩書的内容與文字卻不無相同相類之處。例如小戴記雜記下「成廟則釁之」至「既反命乃退」，祭義「曾子曰『孝有三』」至「不羞其親，可謂孝矣」，各與大戴記諸侯釁廟、曾子大孝兩篇全文大同小異。其餘如聘義之與朝事篇，喪服四制之與本命篇，亦有類似情形。特别是小戴記的哀公問與大戴記的哀公問於孔子篇，文字内容基本相同；兩書的投壺篇，不但文字大部分相同，而且篇名亦同。這大概正是隋志説「戴聖删大戴之書爲四十六篇」的事實依據。

但是，孔穎達的禮記正義説：「禮記之作，出自孔氏。」「七十二之徒共撰所聞，以爲此記。」「中庸是子思伋所作，緇衣公孫尼子所撰。」陸德明的經典釋文序録也説：「鄭玄云：『月令是吕不韋所撰。』盧植云：『王制是漢時博士所爲。』」又引晉陳邵的周禮論序云：「後漢馬融、盧植，考諸家同異，附戴聖篇章，去其繁重及所叙略，而行於世，即今之禮記是也。」故清儒認爲，大戴、小戴之書係對流傳的禮記各有去取，小戴並未取大戴之書而删之。現今所見的禮記，是經過後人整理的，已成爲集體著作，並非原貌了。

清人對二戴記的研究成果超過前代，著述頗豐，有王聘珍的大戴禮記解詁、孔廣森的大戴禮記補注、朱軾的禮記纂言、朱彬的禮記訓纂等等，其中孫希旦所著的禮記集解尤爲著稱。

孫希旦，生於乾隆丙辰（一七三六），卒於乾隆甲辰（一七八四），字紹周，號敬軒，浙江瑞安縣人，乾隆戊戌（一七七八）進士及第。曾參修四庫全書，歷任翰林院編修，武英殿分校官，國史、三通館纂修官。一生博覽天文、輿地、曆算、卜筮等書，尤精三禮，後更專治小戴禮記。所著除禮記集解外，另有尚書顧命解一卷，求放心齋詩文集若干卷。

禮記四十九篇，記述了以周王朝爲主的秦漢以前的典章、名物、制度和自天子以下各等級的冠、昏、喪、祭、燕、享、朝、聘等禮儀。其中中庸、大學二篇，受到宋儒朱熹的推崇，使之與論語、孟子並列，合稱四書或四子，並爲之作了章句，爲南宋以後的統治者所重視，成爲封建文人的必讀之書。禮記全書文字古奧艱深，有些地方晦澀難明。孫氏的集解共六十一卷，以各篇記文分隸於其下。除學、庸二篇僅著篇目，下標「朱子章句」，不録記文外，其餘四十七篇，每篇篇首基本上都作了題解。每節除沿用鄭注、孔疏而外，更博採宋、元以來各家之説，旁蒐遠紹，頗爲詳備。末加己見，對每一節的字、詞、語、句幾乎都作了詮釋，析疑解惑，大有助於研究古代經濟、政治、文教以及禮俗、制度。其於前人之説有異議者，則提出辯難，亦頗有創見。故其書頗爲晚近學者所採用，辭海中也有不少條目援引其説。對於文句的斷讀，孫氏亦時有新解。例如周禮量人「與鬱人受斝歷而皆飲之」句，賈疏謂「鬱人與量人歷皆飲之」，以「斝」字絶句，「歷」字連下。而禮記郊特牲「舉斝角，詔妥尸」節下，集解引量人此文則曰「歷與瀝同」，以「斝歷」二字連讀，解爲「尸所祭所啐之餘」。這樣解釋，確使文義由晦轉明。又如儒行篇「今衆人之命儒也妄，常以儒相詬病」，鄭玄以「妄常」連文，注云：「妄之言無也。言今世名儒，無有常人，遭人名爲儒，而以士靳，故相戲。」如此迂迴作解，義仍難曉。孫氏解之曰：「命，名也。妄，無實也。言衆人之名爲儒者，本未嘗有儒之實，故爲人所輕，常以儒相詬病。」此解較符記文原意，似勝鄭注一籌。

清人的著作，版本不多。本書的整理，以最通行的咸豐庚申瑞安孫氏盤谷草堂本爲底本。此本爲販書偶記所著録，當是原刻本。據書目答問補正，此書尚有蘇州新刻本及永嘉叢書本兩種，前者遍查北京圖書館、科學院圖書館、首都圖書館、北京大學及中華書局圖書館均未見，後者即盤谷草堂本的後印本，並非另雕新版。因無別本可校，故記文及鄭注、孔疏則參考阮刻本十三經注疏（校記中簡稱禮記注疏）及原上海中華書局依聚珍仿宋版排印的四部備要禮記，集解部分則參考原上海商務印書館萬有文庫中的禮記集解（校記中簡稱萬有文庫）。這種印本雖無版本價值，但也從中發現了一些異文。例如：王制「天子之縣内」節，集解引朱子曰「周襄王以原田與晉文」，萬有文庫無「田」字；喪大記「君松椁」節，集解「椁八寸者椁九寸」，萬有文庫上「椁」作「棺」等等。至於集解中的引文，則絕大部分都查對了原書。惟古人引書，文字每有增損，其無礙文義者，則一仍其舊，概不出校（阮元已有校記者亦同）；其有礙文義者，則都出了校記，依次編列注碼，附於本面之後。

本書卷首，載有孫希旦族子鏘鳴的禮記集解序，及孫氏邑人孫衣言所撰的行狀；全書之末，載有孫氏邑人項琪的禮記集解跋。此外，另附録本書作者的尚書顧命解及孫鏘鳴的尚書顧命解跋，爲萬有文庫所未載。此二篇與禮記關係不大，但篇幅不長，今仍予保留。

本書的點校，限於水平，錯誤疏漏在所難免，敬希讀者多提意見，不吝匡正。

沈嘯寰

一九八五年十二月

本書檢目

第一册

第二册

第四册

孫鏘鳴序

小戴之學，鄭注、孔義而外，宋櫟齋衛氏之書綜羅最博，而無所折衷，黃東發以爲浩瀚未易徧觀。自元雲莊陳氏集説出，明人樂其簡易，遂列學官，至今承用，然於禮制則援據多疎，禮意則發明未至，學者弗心饜也。我家敬軒先生，乾隆戊戌廷對，以第三人及第，爲學一宗程、朱，研精覃思，於書無所不窺，旁涉天官、地輿、鐘律、曆算，而致力於三禮尤深，著禮記集解六十一卷。余舅氏雁湖、几山兩先生屢謀鋟版而未果。咸豐癸丑，鏘鳴自粤右歸，被朝旨治團於鄉，從其曾孫裕昆發篋出之，則纍然巨編。首十卷，几山先生所精校，録藏其副，餘則朱墨雜糅，塗乙紛糾，蓋稿雖屢易，而增改尚多，其間剪紙黏綴，歲久脱落，往往而是。乃索先生所治三禮注疏本及衛氏集説於裕昆所，皆逐字逐句，丹黃已徧，讐勘駁正之説，劄記於簡端者幾滿，遂爲之參互考訂，逾歲而清本定。庚申六月開雕，中更寇亂，迄同治戊辰三月始成，集貲鳩工，藉同人之力爲多。夫禮四十九篇，先王之遺制，聖賢之格言賴是傳焉。而雜出於漢儒之所輯，去聖已遠，各記所聞，其旨不能盡一，於是訓詁家紛紜聚訟，莫決從違。是書首取鄭注、孔義，芟其繁蕪，擷其樞要，下及宋、元以來諸儒之説，靡不博觀約取，苟有未當，裁以己意。其於名物制度之詳，必求確有根據，而大旨在以經注經，非苟爲異同者也。至其闡明禮意，往復曲暢，必求即乎天理人心之安，則尤篤實正大，粹然程、朱之言也。先生易簀時，年未逾五十，於是書已三易稿。於乎！功亦勤矣。今距先生之卒不及百年，其在館閣時，清節峻望，無有能道之者，讀是書，抑可想見先生之爲人也。族子鏘鳴謹序。

敬軒先生行狀

先生孫氏，諱希旦，字紹周，自號曰敬軒。先世有諱桐彪者，自永嘉徙居瑞安二十七都，鄉曰集善，里曰昭德。其所居數十百家，大抵皆孫氏，土人呼之曰桐田，實桐乾。祖德修，妣某氏。父珠，妣某氏。先生即貴，祖、父皆贈徵仕郎、内閣中書，加贈文林郎、翰林院編修，妣皆孺人。蓋自徙瑞安至先生八世矣。先生幼有異禀，方垂髫，見羣兒嬉戲，獨端立不視。讀書三四過，即成誦。初，文林君以老學不遇，祈夢於聖井山之許旌陽祠，夢神拊其背，嘔出心肝紙上，文林君愕然弗怡。時先生方在娠，及生而穎異絶人，乃悟曰：「紙者子也，此欲我成此兒耳。」輒閉户課先生讀。年十二，補縣學生。後數年，諸城竇東皋先生視浙學，少許可，獨奇先生，以謂當爲古作者。時先生年甫及冠。乾隆壬午，舉浙江鄉試。己丑會試〔一〕，挑取中正榜。中正榜者，會試榜出，主司擇其當中而限於額者别爲一榜，引見，以内閣中書、國子監學正用，乾隆以前舊制也。而先生引見得中書。辛卯，補授

〔一〕「己丑」，萬有文庫本作「丁丑」。

中書。四庫全書館開，先生爲分校官，以父憂歸。服除，中戊戌科進士，以一甲第三賜及第，授翰林院編修，復以母憂歸。服除，充武英殿分校官，國史、三通館纂修官。四庫全書第一部成，議叙加一級。初修四庫書，大學士金壇于文襄公爲總裁，以王應麟玉海徵引繁博，俾先生專任校勘。至是，上以葉隆禮所爲契丹國志體例混淆，書法謬舛，又所採胡安國之論多謬說，詔館臣重加釐定，文襄遂并大金國志以屬先生。其明年，書成，天子以爲善，勑部議叙，而先生已病。今欽定契丹國志，世莫知爲先生手訂也。先生素清羸，既爲校纂官，日有國史、三通之役，歸則從事二志，而四庫全書尚未成，天子屢下詔敦趣，先生又在繕書所分校。同館者遇所疑，必就先生質正。又以其間爲門弟子講學，至於場屋文字，有來問，先生必爲之傾盡，食少而事繁。或謂先生毋過勞，先生殊不自覺也。已而林氏女卒於鄆城。女許字林觀平，壬辰進士，鄆城令露之子，未嫁而壻亡，先生尤悲之。其秋遂病痢，及痢已，猶不能行。比冬初，氣益逆，喘急，遂不起，乾隆甲辰十一月九日也。我瑞安自入國朝至乾隆時，逾百年，而先生始爲登朝官，遂由甲科入詞館，驟以文章學術折服其輩行。當是時，先生名動海内，天子宰相皆奇其才，方思有以用之，而先生卒矣。是殆先生之命也歟！先生自少以善事父母稱，與弟希奭盡其愛。持己甚嚴，而與人甚寬厚，務在相接以誠。居家不問生産，及在官，無車馬衣服之好，而遇人之急，常務竭其力。其爲學，務在博覽，自天文、地輿、曆算、卜筮之書，無所不研究。爲舉人時，餘姚邵晉涵，博聞士也，與先生遇於舟中，初未知先生。及與論經史百家，先生滔滔不可窮，乃大歎服，曰：「才固不擇地而生也！」于文襄主戊戌禮闈，得先生所對策讀之，曰：「使他人檢書爲之，不能有此。」及榜發，同年生大集，讌主司。文襄至，見先生退然居人後，即手招使前，以語諸進士曰：「諸君一皆師事可也。」其爲當時推重如此。先生既以文學爲諸公貴人所慕嚮，而平生彌自矜惜，不苟趍勢利。在内閣時，將應會試，翰林某欲授以關節，先生笑弗受。及在翰林，大學士和珅慕其名，使人喻意指，先生絶不一往。遇鄉會試，輒前期杜門謝客，雖密友不得一見其面。既卧病，國史館猶月致公費錢，先生輒以在假辭不受，同館者皆以爲難。其於程、朱之説，尤篤信之，而務在實體諸身。嘗曰：「學道而以爲名，吾所恥也。」前卒數月，嘗爲觀心之詩，有「客感消除非外揵，主人閒暇且安居」之語。及疾亟，又口占爲詩曰：「人禽相去只幾希，天理横流人欲微。病裏静言半生事，茫茫四十九年非。」可以觀其所得矣。先生雖瘦弱，而氣特清峻静深，見者皆知爲端士。爲諸生時，善舉子文，頗自喜，嘗自言曰：「我平生它著述不敢自信，至制義則透過來矣。」又自謂其文過羅文止，但不及章大力。然自少喜金正希、陳大士，故不利科舉，若自陶庵入，則當早得科矣。其於諸經，尤深於三禮。辛卯以後，始專治小戴，注説有未當，輒以己意爲之詁釋，謂之注疏駁誤。己亥居憂，主中山書院，乃益取宋、元以來諸家之書，推廣其説，爲集解五十卷，其大指在博參衆説，以明古義，而不爲詭詞曲論。故論者謂先生之言禮，其於名物制度，考索精詳，可以補漢儒所未及；而深明先王製作之意，以即乎人心之所安，則又漢儒所不逮也。然先生常自言「讀禮經當如目親見之而身親行之」〔一〕，則其著書之旨蓋可見矣。禮注既成，方欲治周官、儀禮，謂門人曰：「若四分官書事畢，再得從事二十年，當可卒業，而疾病不及爲矣，非可惜歟！」其他論著，有尚書顧命解一卷，求放心齋詩文集若干卷。而詩尤清遠，有王維、孟浩然之風。今他文多散軼，而詩特爲世所傳誦。其時文，臨海門人黄河清刻之〔二〕，予舅氏項几山教諭又增刻之，禮注及顧命解則予弟鏘鳴頊始刻之，距先生之卒八十年矣。先生生於乾隆丙辰十二月二十日，其卒也，年僅四十有九。娶同邑林氏，鄞城女弟也，封孺人。子一，涑，歲貢生，候選教諭。孫一，松承，邑廩生，有文

〔一〕「目」，原本作「自」，據文義並參照萬有文庫本改。
〔二〕「臨海」，萬有文庫本作「太平」。

而早卒。曾孫一，裕昆，郡庠生，亦好學，通曆算家言。玄孫三：長曰高紱，縣學生，次某某，皆端謹守其家法。予居邑二十五都潘埭，與先生皆集善鄉人，而相去約十里。予族望富春，而桐田孫氏望樂安，言譜諜者以謂皆出田敬仲完之後，然莫能得其詳也。而先生之子涑與先通議府君，及裕昆與予兄弟，皆相親愛，歲時往來，若同族云。昔水心葉氏言：「吾鄉之學，自周恭叔首聞程、吕遺言，鄭景望出，明見天理，篤信固守，而後知今人之心可即於古人之心。故永嘉之學必兢省以禦物欲者，周作於前，鄭承於後也。薛士隆憤發昭曠，獨究體統，陳君舉尤號精密，而後知古人之治可措於今人之治。故永嘉之學必彌綸以通世變者，薛經其始，陳緯其終也。」予嘗由水心之言，考諸鄉先輩之遺書，蓋吾鄉儒術之興，雖肇於東山、浮沚，而能卓然自成爲永嘉之學，以鼎立於新安、東陽間，雖百世後不能强爲軒輊者，必推乾、熙諸儒。至葉文修、陳潛室師事朱子，以傳新安之學，元儒史伯璿實其緒餘，以迄於明之黄文簡淮、張吉士文選，而項參政喬、王副使叔果當姚江方熾之時，不能無雜於陸學，而永嘉先生之風微矣。先生之生，在南宋六百年之後，當學術衰熄之時，獨能奮其孤蹤，仰追逸軌。閒嘗綜其生平論之，其敦内行，厲名節，非水心所謂「兢省以禦物欲」者歟！其明庶物，知古今，非水心所謂「彌綸以通世變」者歟！百年論定，如先生者，可謂行方景望，學媲艮齋矣。徒以年未及中壽，官不過翰林，其書未能盡具，而其學亦未有所施，是以後世知之者鮮。至於吾鄉之人，亦鮮能志先生之志，行先生之行者，永嘉先輩之學，其將誰屬矣乎！豈其遂替矣乎！然則先生之遺言往行，其可無辭以述之乎！又以先生之文行，於國史宜在儒林，故不揣譾陋，叙而論之，以俟後之人有可採焉。同治十年辛未正月，同里後學孫衣言謹狀。

禮記卷一

曲禮上第一之一 別録屬制度。

曲禮者，古禮篇之名。禮記多以簡端之語名篇，此篇名曲禮者，以篇首引之也。鄭氏謂「篇中記五禮之事」，故名曲禮，非是。此篇所記，多禮文之細微曲折，而上篇尤致詳於言語、飲食、灑埽、應對、進退之法，蓋將使學者謹乎其外，以致養乎其内；循乎其末，以漸及乎其本。故朱子謂爲小學之支與流裔。而首篇「毋不敬」之一言，則尤貫徹乎精粗内外，而小學、大學皆當以此爲本者也。篇分上下者，以簡策重大故也。後凡分上下篇者放此。○朱子曰：禮器作「經禮」「曲禮」，而中庸以「經禮」爲「禮儀」。鄭玄等皆曰：「經禮即周禮三百六十官，曲禮即今儀禮冠、昏、吉、凶。其中書儀三千，以其有委曲威儀，故有二名。」獨臣瓚曰：「周禮三百，特官名耳。經禮爲冠、昏、吉、凶。」蓋以儀禮爲經禮也。而近世栝蒼葉夢得曰：「經禮，制之凡也；曲禮，文之目也。先王之世，二者蓋皆有書藏於有司。祭祀、朝覲、會同則大史執之以涖事，小史讀之以喻衆，而鄉大夫受之以教萬民。保氏掌之以教國子者，亦此書也。」愚意禮篇三名，儀禮一，經禮二，禮儀三。禮器爲勝；諸儒之説，瓚、葉爲長。蓋周禮乃制治、立法、設官、分職之書，於天下事無不該攝，禮典固在其中，而非專爲禮設也。其中或以一官兼掌衆禮，或以數官通行一事，亦難計其官數以充禮篇之數。至於儀禮，則其冠、昏、喪、祭、燕、射、朝、聘自爲經禮大目，亦不容專以曲禮名之也。今儀禮十七篇，而其逸見於他書者，猶有投壺、奔喪、遷廟、釁廟、中霤等篇，其不可見者，又有古經增多三十九篇，而明堂陰陽、王史氏記數十篇，及河間獻王所輯禮樂古事多至五百餘篇，儻或猶有逸在其間者，大率且以春官所領五禮之目約之，則其初固當有三百餘篇亡疑矣。所謂曲禮，則皆禮之微文小節，如今曲禮、少儀、内則、玉藻、弟子職篇所記事親、事長、起居、飲食、容貌、辭氣之法，制器、備物、宗廟、宮室、衣冠、車旗之等，凡所以行乎經禮之中者，其篇之全數雖不可知，然條而析之，亦應不下三千有餘矣。或者專以經禮爲常禮，曲禮爲變禮，藍田呂氏之説。石林葉氏雖言「經禮制之凡，曲禮文之目」，而亦云「經禮其常，曲禮其變」。則如冠禮之「不醴而醮用酒」，殺牲而有折俎，若「孤子冠，母不在」之類，皆禮之變，而未嘗不在經禮篇中；「坐如尸，立如齊」，「毋放飯，毋流歠」之類，雖在曲禮之中，而不得謂之變禮。其説誤也。愚謂經禮、曲禮之說，朱子之所辨論者至矣。蓋經禮即儀禮也，曲禮則經禮中之儀文曲折，如冠禮之三加，昏禮之六禮，士相見之授贄、反見、還贄，鄉飲酒禮之獻賓、獻介、獻衆賓之類皆是。曲禮之合，即爲經禮；經禮之分，即爲曲禮。曲禮之所以爲三千者，蓋據經禮三百而以相十之數言之，而非別有曲禮之書至於三千篇之多也。至禮記中所載曲禮、少儀、内則、玉藻，與夫管子書之弟子職，或詳其儀文，或記其名物，則又皆周末儒者各以其所傳習者記之，而可補禮經之所未詳者也。若此篇所引之曲禮，則別爲古禮篇之名，非禮器所言之曲禮。蓋曲禮三千，即儀禮中之曲折，而此所引「毋不敬」以下，其文與儀禮不類也。而此篇之爲曲禮，則特以篇首引曲禮而名之，不可謂此篇皆曲禮之言，猶檀弓首章載檀弓事而名爲檀弓，不可以檀弓一篇皆爲檀弓一人之事也。蓋此篇所言，多雜見於他書，如「坐如尸，立如齊」，見於大戴禮曾子事父母篇；「不登高，不苟訾，不苟笑」，見於大戴禮曾子本孝篇；「天子曰崩」至「庶人曰死」，見大戴禮四代篇；「道德仁義，非禮不成」，至「撙節退讓以明禮」，見賈誼新書禮篇；「將上堂，聲必揚，將入户，視必下」，見列女傳及韓詩外傳。雖其與諸書所出未知孰爲先後，然其言「君子抱孫不抱子」，別引「禮曰」，而「前有車騎」又爲戰國時語，事君三諫不從則去，「天子未除喪稱名」，「諸侯失地名」之類，又皆春秋公羊之說，知此非曲禮之完篇明矣。然則曲禮有三：一爲儀禮中之曲折，一則古禮篇之曲禮，一則禮記中之曲禮也。

曲禮曰：毋不敬，儼若思，安定辭，安民哉！釋文：毋音無。説文云：「止之詞。其字從女，内有一畫，象有姦之形，禁止之，勿令姦。古人云毋，猶今人言莫也。」按「毋」字與「父母」字不同，俗本多亂，讀者皆朱點「母」字以作無音，非也。後放此。疑者特復音之。嚴，魚檢反，本亦作「儼」，同。思，如字，徐息嗣反。○音義並用釋文，有不同者及補音者，别出於下。

鄭氏曰：禮主於敬。儼，矜莊貌。人之坐思，貌必儼然。安定辭，審言語也。孔氏曰：若，如也。思，計慮也。人心有所計慮，則其形狀必端慤也。程子曰：主一之謂敬，無適之謂一。又曰：但整齊嚴肅，則心自一，一則自無非僻之干矣。朱子曰：毋不敬，是統言主宰處。儼若思，敬者之貌也；安定辭，敬者之言也；安民哉，敬者之效也。愚謂人之治其身心，莫切乎敬，自不睹不聞以至於應事接物，無一時一事之可以不主乎此也。儼若思，謂容貌端嚴，儼然若有所思也。安者氣之和，定者理之確，人能事無不敬，而謹於言貌如此，則其效至於安民也。論語言「修己以敬」，而能安人、安百姓，即此意也。○范氏祖禹曰：經禮三百，曲禮三千，一言以蔽之，曰「毋不敬」。

敖不可長，欲不可從，志不可滿，樂不可極。釋文：敖，五報反，王肅五高反，遨遊也。長，丁丈反，盧植、馬融、王肅並直良反。欲，如字，一音喻。從，足用反。樂，舊音洛，皇侃音岳。極，如字，皇紀力反。

矜己凌物謂之敖。敖者德之凶，欲者情之私，志滿則招損，樂極則必淫，四者皆害於性情學問之大者，克己者之所當力戒也。

賢者狎而敬之，畏而愛之。愛而知其惡，憎而知其善。積而能散，安安而能遷。

朱子曰：人之常情，與人親狎則敬弛，有所畏敬則愛衰，惟賢者乃能狎而敬之，是以雖褻而不慢；畏而愛之，是以貌恭而情親也。己之愛憎，或出私心，而人之善惡，自有公論，惟賢者存心中正，乃能不以此而廢彼也。愚謂狎，謂所親習之人。畏，謂德位之可嚴憚者。安安，謂心安於所安，凡身之所習，事之所便者，皆是也。狎而敬之，則無玩人喪德之失；畏而愛之，則有事賢友仁之益；財物之積聚而能散以與人，則不至於專利而害義；心安於所安而能遷以從善，則不至於懷安而溺志。六者皆脩身進德之事，惟賢者爲能行此，而學者之所當自勉也。

臨財毋苟得，臨難毋苟免，很毋求勝，分毋求多。釋文：難，乃旦反。很，胡懇反。勝，舒證反。分，扶問反。

鄭氏曰：毋苟得，爲傷廉也。毋苟免，爲傷義也。毋求多，爲傷平也。很，鬩也，謂爭訟也。○愚謂很者，血氣之爭。毋求勝，爲其傷和，而且將有忘身及親之禍也。

疑事毋質，直而勿有。

鄭氏曰：質，成也。彼己俱疑而己成之，終不然，則傷知。直，正也。己若不疑，則當稱師友而正之，謙也。孔氏曰：彼己俱疑而來問己，己亦疑，則毋得成之；己若不疑，仍須謙退稱師友所說以正之，勿爲己有此義也。朱子曰：疑事毋質，即少儀所謂「毋身質言語」也。直而勿有，謂陳我所見，聽彼決擇，不可據而有之，專事强辨，不然，則是以身質言語矣。愚謂據而有之，若子游以禮許人是也。

若夫坐如尸，立如齊。釋文：夫，方于反，丈夫也。齊，側皆反，本亦作「齋」，音同。○今按夫當音扶，發語辭。舊讀爲「丈夫」之夫，非是。

鄭氏曰：坐如尸，視貌正。立如齊，磬且聽也。齊，謂祭祀時。孔氏曰：尸居神位，坐必矜莊。言人雖不爲尸，所在坐處，必當如尸之坐。人之立時雖不齊，亦當如祭前之齊，磬折屈身。案士虞禮云：「無尸者，主人哭，出，復位，祝闔牖户，如食間。」是祭時主人有聽法。吴氏澄曰：祭之日，爲尸者有坐而無立，故坐以尸爲法；祭者有立而無坐，故立以齊爲法。　愚謂齊，鄭氏以祭時言，孔氏以祭前言。祭時有立無坐，故立言如齊，註説爲長。又註以磬且聽言如齊，蓋謂祭祀之時，主人磬折致恭，而僾見、愾聞，如將受命然也。疏引士虞禮「祝闔户，如食間」，以釋註義，亦非是。尸之坐，齊之立，因事而致其敬者也。君子之坐立常如此，則整齊、嚴肅而惰慢、邪僻之氣無自而入矣。○朱子曰：劉原父云：「大戴禮曾子事父母篇曰：『孝子惟巧變，故父母安之。若夫坐如尸，立如齊，弗訊不言，言必齊色，此成人之善者也，未得爲人子之道也。』此篇蓋取彼文，而『若夫』二字失於删去。鄭氏不知其然，乃謂二句爲丈夫之事，誤矣。」

禮從宜，使從俗。釋文：使，色吏反。

鄭氏曰：事不可常也。　朱子曰：宜，謂事之所宜，若男女授受不親，而祭與喪則相授受之類。俗，謂彼國之俗，若魏李彪以吉服弔齊，齊裴昭明以凶服弔魏，蓋得此意。　愚謂禮之爲體固有一定，然事變不一，禮俗不同，故或權乎一時之宜，或隨乎他國之俗，又有貴乎變而通之者也。

夫禮者，所以定親疏，決嫌疑，别同異，明是非也。釋文：夫音扶，凡發語之端皆然。後放此。疏，或作「踈」。别，彼列反。

孔氏曰：定親疏者，五服之内，大功以上服麤者爲親，小功以下服精者爲疏。決嫌疑者，若妾爲女君期，女君爲妾，若報之則大重，降之則有舅姑爲婦之嫌，故全不服，是決嫌也。孔子之喪，門人疑所服，子貢請喪夫子若喪父而無服，是決疑也。别同異者，本同今異，姑姊妹是也；本異今同，世母叔母及子婦是也。明是非者，得禮爲是，失禮爲非，若主人未小斂，子游裼裘而弔是也，曾子襲裘而弔非也。但嫌疑、同異、是非之屬，在禮甚衆，各舉一事爲證，而皇氏具引，今亦略之。　愚謂彼此相淆謂之嫌，是非相似謂之疑。四者所該甚廣，孔氏各舉喪禮一端以言之，其餘亦可以類推矣。

禮不妄説人，不辭費。釋文：説音悦，又始悦反。辭，本又作「詞」，同。説文以詞爲「言詞」之字。辭，不受也。後皆放此。費，芳味反。

鄭氏曰：不妄説人，爲近佞媚也。不辭費，爲傷信。　朱子曰：禮有常度，不爲佞媚以求説於人也。辭達則止，不貴於多。

禮不踰節，不侵侮，不好狎。釋文：好，呼報反。

鄭氏曰：不好狎，爲傷敬也。　孔氏曰：禮者所以辨尊卑，别等級，使上不逼下，下不僭上，故不踰越節度。禮主於敬，自卑而尊人，故不得侵犯侮慢於人也。　朱子曰：狎，謂親褻。　愚謂禮主於恭敬退讓，踰節則上僭，侵侮則不讓，好狎則不敬。

脩身踐言，謂之善行。行脩言道，禮之質也。 釋文：行，下孟反。

鄭氏曰：踐，履也。言履而行之。言道，言合於道。質，本也，禮爲之文飾耳。孔氏曰：禮以忠信仁義爲本，禮爲文飾。忠信之行脩，言合於仁義之道，則可與禮爲本也。愚謂脩身踐言，脩身以踐其所言也。行顧言則行無不脩矣，言顧行則言皆合道矣。人之言行篤實，乃行禮之本，所謂「忠信之人可以學禮」也。

禮聞取於人，不聞取人。禮聞來學，不聞往教。 釋文：取於，舊七樹反，謂趣就師求道也。皇如字，謂取師之道。取人，如字，謂制師使從己。○今按：二「取」字並如字。

鄭氏曰：禮不往教，尊道藝。朱子曰：取於人者，爲人所取法也。取人者，人不來而我引取之也。禮聞取於人，故有來學；不聞取人，故無往教。愚謂君子有教無類，然必彼有求道之心，而後我之教有所施，若往而教之，則道不尊而教不行矣。

道德仁義，非禮不成；

劉氏彝曰：仁也，義也，知也，信也，雖有其理而無定形，附於行事而後著者也。惟禮，事爲之物，物爲之名，有數有度，有文有質，咸有等降上下之制，以載乎五常之道。然則五常之道同本乎性，待禮之行，然後四者附之以行，此禮之所以爲大，而百行資之以成其德焉。愚謂仁義禮知之爲人所由謂之道，仁義禮知之有得於身謂之德。仁義與禮，雖同出於性，然惟禮者天理之節文，人事之儀則，而細微曲折之間，參差等級之度，莫不有一定之矩矱。故道非禮則無以爲率由之準，德非禮則無以爲持守之實，仁非禮則無以酌施恩厚薄之等，義非禮則無以得因事裁制之宜。是四者非禮則不能成也。

教訓正俗，非禮不備；

黄氏炎曰：率之以身而使傚之謂教，諭之以言而使循之謂訓。愚謂禮者經緯萬端，事爲之制，曲爲之坊，故教訓以正民俗。而苟不以禮，則闕略而不備也。

分爭辨訟，非禮不決；釋文：辨，皮勉反，徐方勉反。

朱子曰：爭見於事而有曲直，分爭則曲直不相交；訟形於言而有是非，辨訟則是非不相敵。禮所以正曲直，明是非，故此二者非禮則不能決。

君臣上下，父子兄弟，非禮不定；

孔氏曰：上，謂公、卿、大夫；下，謂士也。公、卿、大夫列位於上，士列位於下。吴氏澄曰：國之倫，君臣爲大，上下次之；家之倫，父子爲大，兄弟次之。有分有義，有恩有情，其尊卑厚薄，非禮有一定之制不能定之。　愚謂大功以上謂之昆弟，小功以下謂之兄弟。不言昆弟而言兄弟者，舉疏以包親也。

宦、學事師，非禮不親；鄭註：學，或爲「御」。釋文：鄭此註爲見他本也。後放此。

鄭氏曰：宦，仕也。　孔氏曰：熊氏云：「宦，謂學仕宦之事；學，謂習學六藝。此二者俱是事師。」左傳宣二年，趙盾見靈輒餓，問之。云：「宦三年矣。」服虔云：「宦，學也。」是學職事爲宦也。　愚謂宦，謂已仕而學者；學，謂未仕而學者。故學記云：「凡學，官先事，士先志。」王制云：「六十不親學。」明未六十，雖已仕，猶親學也。宦、學皆有師，然非事之以禮，則學者怠，教者倦，而師弟之情不親矣。

班朝、治軍，涖官、行法，非禮威嚴不行；釋文：朝，直遥反。涖，本亦作「莅」，徐音利，沈力二反，又力位反。

鄭氏曰：班，次也。涖，臨也。　孔氏曰：朝，朝廷也。次，謂司士正朝儀之位次也。治軍，謂師、旅、卒、伍各正其部分也。涖，臨也。官，謂卿大夫士各有職事。行法，謂司寇、士師明刑法也。　愚謂四者之事必以禮肅之，不然則上慢下怠而徒爲文具矣。

禱祠、祭祀，供給鬼神，非禮不誠不莊。釋文：共音恭，本或作「供」。莊，側良反。徐側亮反。

孔氏曰：周禮註云：「求福曰禱，得求曰祠。」吴氏澄曰：禱祠者，因事之祭；祭祀者，常事之祭。皆有牲幣以供給鬼神，必依於禮，然後其心誠實，其容莊肅。

是以君子恭、敬、撙、節、退、讓以明禮。釋文：撙，祖本反。

鄭氏曰：撙，趨也。何氏胤曰：在貌爲恭，在心爲敬。孔氏曰：君子，是有德有爵之通稱。又康成註少儀云：「君子，卿大夫若有異德者。」凡禮，有深疑則稱君子以正之。撙，趨也。節，法度也。言恒趨於法度。應進而卻曰退，應受而辭曰讓。愚謂君子，以德言之。恭、敬、撙、節、退、讓六字平列。荀子「不恤是非、然不然之情，以相薦撙」，楊倞註曰：「撙，抑也。」漢書王吉傳「伏軾撙銜」，臣瓚曰：「撙，促也。」師古曰：「撙，挫也。」揚雄賦曰「齊總總撙撙，其相膠葛」，亦是相迫促之意。鄭氏訓爲趨，當讀爲「趨數煩志」之趨，疏以趨向之義解之，非矣。有所抑而不敢肆，謂之撙；有所制而不敢過，謂之節。恭、敬所以盡禮之實，撙、節所以約禮之用，退、讓所以達禮之文。凡事不可以無禮，故君子必恭、敬、撙、節、退、讓以明之，禮主其減故也。○凡君子，有專以德言者。鄭註鄉飲酒禮云：「君子，國中有德者。」此篇「君子恭、敬、撙、節、退、讓以明禮」，「博聞强識而讓，敦善行而不怠，謂之君子」，「君子不盡人之歡」，皆此義也。有兼德與位言之者。鄭註少儀云：「君子，卿大夫若有異德者。」又註士相見禮云：「君子，謂卿大夫及國中賢者。」此篇屢言「侍坐於君子」，皆此義也。又有專以人君言者。「君子式黄髮，下卿位」，「君子將營宫室，宗廟爲先」，是也。

鸚鵡能言，不離飛鳥；猩猩能言，不離禽獸。今人而無禮，雖能言，不亦禽獸之心乎！夫唯禽獸無禮，故父子聚麀。釋文：嬰，本或作「鸚」，厄耕反。毋，本或作「鵡」，同音武，諸葛恪茂后反。離，力智反。狌，本又作「猩」，音生。禽獸，盧本作「走獸」。麀音憂。○今經文係孔疏本，陸氏本經文與孔間有不同，故此經「鸚鵡」字，釋文作「嬰毋」。後放此。

鄭氏曰：聚猶共也。鹿牝曰麀。　孔氏曰：爾雅云：「猩猩小而好啼」。郭璞註山海經云〔一〕：「人面豕身，能言語。今交趾封谿縣出猩猩，狀如貛豘，聲如兒啼。」爾雅云：「二足而羽謂之禽，四足而毛謂之獸。」鸚鵡是禽，猩猩是獸，今並云「禽獸」者，凡語有通別：別而言之，羽則曰禽，毛則曰獸。所以然者，禽者擒也，言鳥力小，可擒捉而取之；獸者守也，言其力多，不易可擒，須圍守乃獲也。通而言之，鳥不可曰獸，獸亦可曰禽。故易云：「王用三驅，失前禽。」周禮司馬職云：「大獸公之，小禽私之。」周禮又云：「以禽作六摯，卿羔，大夫雁。」白虎通云：「禽者，鳥獸之總名。」以其小獸可擒，故得而名禽也。　愚謂鸚鵡猩猩能言

〔一〕「註」字原本脱，據禮記注疏及山海經注補。

而不離乎禽獸者，以其無禮故也。人而無禮，則與禽獸無以别矣。聚，共也。麀，牝獸也。父子共麀，言其無别之甚。

是故聖人作爲禮以教人，使人以有禮，知自别於禽獸。「是故」，石經作「是以」。

吕氏大臨曰：夫人之血氣嗜欲，視聽食息，與禽獸異者幾希，特禽獸之言與人異爾，然猩猩鸚鵡亦或能之。是則所以貴於萬物者，蓋有理義存焉。聖人因理義之同，制爲之禮，然後父子有親，君臣有義，男女有别，人道之所以立，而與天地參也。縱恣怠敖，滅天理而窮人欲，將與馬牛犬彘之無辨，是果於自暴自棄而不欲齒於人類者乎！

大上貴德，其次務施報。禮尚往來，往而不來，非禮也；來而不往，亦非禮也。

釋文：大音泰。施，始豉反。

鄭氏曰：大上，帝皇之世，其民施而不惟報。三王之世，禮始興焉。愚謂大上，上古之時；其次，謂後王也。施德於人謂之施，答人之施謂之報。禮之從來遠矣，與天地並，但上古之時，人心淳樸，而禮制未備，惟貴施德於人，而不必相報。然施之有報，乃理之當然，而情之不可以已者，故後王有作，制爲交際往來之禮，稱情立文，而禮制於是大備矣。

人有禮則安，無禮則危。故曰：禮者，不可不學也。

禮所以治人情，脩仁義，尚辭讓，去争奪。故人必有禮，然後身安而國家可保也。自天子至於庶人，未有無禮而不危者。

夫禮者，自卑而尊人，雖負販者，必有尊也，而況富貴乎！

鄭氏曰：負販者尤輕佻志利，宜若無禮然。 愚謂恭敬辭讓之心，人皆有之，故雖負販者，必有所尊，而況於富貴乎！

富貴而知好禮，則不驕不淫；貧賤而知好禮，則志不懾。釋文：好，呼報反。

鄭氏曰：懾，猶怯惑。 馬氏晞孟曰：富貴之所以驕淫，貧賤之所以怯懾者，以内無素定之分，而與物爲輕重也。好禮則有得於内，而在外者莫能奪矣。

人生十年曰幼，學；二十曰弱，冠；三十曰壯，有室；四十曰强，而仕；五十曰艾，服官政；六十曰耆，指使；七十曰老，而傳；八十九十曰耄；七年曰悼。悼與耄，雖有罪，不加刑焉。百年曰期，頤。釋文：冠，古亂反。艾，五蓋反，謂蒼艾色也。一音刈，治也。傳，直專反，沈直戀反。八十九十曰旄，本又作「耄」，同忘報反。本或作「八十曰耋，九十曰旄」，後人妄加之。○期，朱子讀居宜反。○朱子曰：陸農師點「人生十年曰幼」爲句，「學」字作一句，下至「百年曰期」皆然。愚謂鄭氏解「幼學」云：「名曰幼，時始可學也。」則本於「幼」字讀斷，孔疏始以「幼學」「弱冠」等相連解之，失鄭氏之意矣。

鄭氏曰：十年名曰幼，時始可學也。內則曰：「十年出就外傅，居宿於外，學書計。」有室，有妻也。妻曰室。艾，老也。指使，指事使人也。六十不與服戎，不親學。傳，傳家事，任子孫，是謂宗子之父。耄，惛忘也。春秋傳曰：「謂老將知，耄又及之。」悼，憐愛也。不加刑，愛幼而尊老。頤，養也。孔氏曰：幼者，自始生至十九時。故檀弓云：「幼名，三月爲名，稱幼。」冠禮云：「棄爾幼志。」是十九以前爲幼。學，就業也。二十成人，始加冠，體猶未壯，故曰弱也。至二十九，通得名弱。三十而立，氣血已定，故曰壯。壯有妻。妻居室中，故呼妻爲室。不云「有妻」而云「有室」者，含妾媵也。三十九以前，通名曰壯。壯久則强，故四十曰强。强有二義：一則智慮强，二則氣力强也。四十九以前，通曰强。至五十，氣力已衰，髮蒼白色如艾。五十堪爲大夫，大夫得專治其官政，故曰「服官政」也。耆，至也，至老境也。六十不得執事，但指事使人也。六十至老境而未全〔一〕，七十全至老境，故曰老也。既老則傳授家事，付委子孫，不復指使也。案庶子年老亦得傳付子孫，而鄭惟云「宗子」者，庶子授家事於子，非相傳之事。傳者，上受祖父之重，下傳子孫。子孫所傳家事，祭祀爲

〔一〕禮記注疏「全」下有「老」字。

重，若非宗子，無由傳之。但七十之時，祭祀之事猶親爲之，其視濯溉則子孫。故序卦註云：「謂父退居田里，不能備祭宗廟，長子當親視滌濯鼎俎。」是也。若至八十，祭亦不爲。故王制云「八十，齊喪之事不及也」，註云：「不齊則不祭也。」耄者，僻謬也。人或八十而耄，或九十而耄，故並言二時也。悼者幼無識慮，耄者可尊敬，雖有罪而同不加其刑辟也。周禮司刺有三赦：一「曰幼弱」，二「曰老耄」，三「曰蠢愚」。鄭註云：「若今時律令，未滿八歲，八十以上，非手殺人，他皆不坐也。」呂氏大臨曰：仕者，爲士以事人，治官府之小事也。服官政者，爲大夫以長人，治官府之大事也。材可用則使之仕，德成則命爲大夫，非無蚤成夙知之才也。蓋養天下之材，至於成就而後用之，則收功博；如不待其成而用之，所謂「賊夫人之子」，「以政學」者也。耄者，老而知已衰，悼者，幼而知未及，二者雖有罪而情不出於故，故不加刑焉。百年者，飲食、居處、動作無所不待於養。方氏慤曰：人生以百年爲期，故百年以「期」名之。朱子曰：期，與「朞」字同。論語「期可已矣」，周匝之義。期，謂百年已周。頤，謂當養而已。期如上句「幼」「弱」「耄」「悼」等字，頤如上句「學」「冠」「不刑」等字。愚謂傳者，喪服傳所謂「傳重」也。曾子問曰「宗子雖七十，無無主婦」，則宗子七十主祭。故鄭氏謂七十使子孫視滌濯，而祭猶親之也。○戴氏溪曰：聖人制禮以律天下，壯者服其勞，老者安其逸，未用者無躁進之心，當退者無不知足之戒，每十年爲一節，而人心有定向矣。愚謂二十而冠，三十有室，四十而仕，五十服官政，亦制爲大限如此耳。喪服有「爲夫姊之長殤」，又有「大夫爲昆弟之長殤」，則大夫士之冠昏未必皆至於二十三十，而材德秀異者，其爲士大夫亦有不待乎四十五十者矣。

大夫七十而致事。

鄭氏曰：致其所掌之事於君而告老。劉氏敞曰：古者大夫七十而致事。君曰：「是猶足以佐國家社稷也。留之，不可失也。」君雖留之，臣曰：「不可貪人之榮，不可慁人之朝，不可塞人之路。」再拜稽首，反其室，君亦不强焉，義也。毋奪其爵，毋除其禄，毋去其采邑，終其身而已矣。此古者致事之義也。古之仕者，爲道也，非爲食也；爲君也，非爲己也；爲國也，非爲家也。是以時進則進，時止則止。

若不得謝，則必賜之几杖，行役以婦人，適四方，乘安車。

鄭氏曰：謝猶聽也。君必有命，勞苦辭謝之。其有德尚壯，則不聽耳。几杖、婦人、安車，所以養其身體也。安車，坐乘，若今小車也。孔氏曰：謝，猶聽許也。君若許其罷職，必辭謝云：「在朝日久，劬勞歲積。」是許其致事也。今不得聽，是有德尚壯，猶堪掌事，不聽去也。熊氏云：「不聽致事，則祭義云：『七十杖於朝。』聽致事，則王制云：『七十杖於國，八十杖於朝。』」行役，謂本國巡行役事。婦人能養人，故許自隨也。適四方，謂遠聘異國。安車，小車也，亦老人所宜然。此養老之具，在國及出，皆得用之。今言行役婦人，四方安車，則相互也。愚謂賜之几，使於朝中治事之所憑之以爲安也。賜之杖，使於入朝之時持之以自扶也。几杖不入君門，君賜之，則得以入朝。

自稱曰「老夫」，於其國則稱名。

鄭氏曰：老夫，老人稱也，亦明君貪賢。春秋傳曰：「老夫耄矣。」於其國則稱名，君雖尊異之，自稱猶若臣。孔氏曰：註引左傳，證老臣對他國人自稱老夫也。於其國，謂自與其君言也，雖老，猶自稱名也。案玉藻云：「上大夫曰下臣，下大夫自名。」是上大夫於己君自稱爲下臣，下大夫於己君稱名。此既自稱老夫，宜是上大夫，而稱名從下大夫者，既被君尊異，故臣亦謙退，從下大夫之例而稱名也。愚謂臣於君，無不稱名者。玉藻「上大夫曰下臣，下大夫自名」者，謂上大夫自稱曰下臣某，下大夫直稱名而已。此老臣稱於他國曰老夫，而於其國尚稱名，與平日同，不敢自尊異也。疏説非是。

越國而問焉，必告之以其制。

鄭氏曰：鄰國來問，必問於老者以答之。制，法度。　孔氏曰：鄰國來問，君必問於老賢，老賢則稱國之舊制以對他國君之問也。　愚謂明習於國家之舊典故事，而使四方之國有所取正焉，此老成人之所以可貴也。

謀於長者，必操几杖以從之。長者問，不辭讓而對，非禮也。釋文：長，丁丈反，下皆同。操，七刀反。

鄭氏曰：從猶就也。長者問，當謝不敏，如曾子之爲。　孔氏曰：操，執持也。杖可以策身，几可以扶己，俱是養尊者之物，故於謀議之時持就之。　陳氏祥道曰：辭者，無所受於己；讓者，有所推於人。曾子之謝不敏，所謂辭也。子路之率爾而對，非所謂讓也。　呂氏祖謙曰：古者弟子見長者，不敢以賓客之禮見。長者處未必無几杖，所以操而從之者，蓋存養其弟讓之心也。與長者語，須是虛心而受，若率爾而對，自以爲能，便是實了此心，雖有法語之言，精微之理，亦不能入。

凡爲人子之禮，冬温而夏清，昏定而晨省，釋文：清，七性反，字從冫，冰冷也。本或作「水」旁，非也。

鄭氏曰：定，安其牀衽也。省，問其安否何如。　孔氏曰：冬温夏清，是四時之法；昏定晨省，是一日之法。先昏後晨，兼示經宿之禮。熊氏云：「晨省者，案内則云：『同宫則雞初鳴，異宫則昧爽而朝。』」方氏慤曰：冬則温之以禦其寒，夏則清之以辟其暑，昏則定之以奠其居，晨則省之以問其安也。吕氏大臨曰：内則「父母將衽，奉席請何趾」，此昏定之事也。「子事父母，雞鳴」，「適父母之所，問衣燠寒」，此晨省之事也。朱子曰：温、清、定、省，雖有四時一日之異，然一日之間，正當隨時隨處省察其或温或清之宜也。

在醜、夷不争。

鄭氏曰：醜，衆也。夷猶儕也。孔氏曰：醜、夷，皆等類之名。貴賤相臨，則有畏憚，朋儕等輩，喜争勝負，忘身及親，故戒之。吕氏大臨曰：事親者，居上不驕，爲下不亂，在醜不争。三者不除，雖日用三牲之養，猶爲不孝也。孝經引此三者，此獨云「在醜、夷不争」者，上下驕亂之禍爲少，而醜、夷之争多也。愚謂此爲少者設戒，故但言「在醜、夷不争」。

夫爲人子者，三賜不及車馬。

鄭氏曰：三賜，三命也。凡仕者，一命而受爵，再命而受衣服，三命而受車馬。受車馬而身所以尊者備矣。卿大夫士之子不受，不敢以成尊比踰於父；天子諸侯之子不受，自卑遠於君。孔氏曰：大宗伯云「一命受職」，職則爵也。又宗伯「三命受位」，鄭云：「始有列位於王朝。」今言受車馬者，三命受位，即受車馬。所以許受三命，不受車馬者，命是榮美光顯祖父，故受也；車馬是安身，身安不關祖父，故不受也。不云「不受」而云「不及」者，明非惟外迹不受，抑亦心所不及於此賜也。呂氏大臨曰：事宗子者，不敢以富貴入宗子之家，雖衆車徒，舍於外，以寡約入，則事親者，車馬之盛，宜在所不受也。朱子曰：按左氏傳，魯叔孫豹聘於王，王賜之大路，豹以上卿無路而不敢乘。疑此不及車馬，亦謂受之而不敢用耳。若天子之賜，又爵秩所當得，豈容獨辭而不受耶？愚謂車馬衣服，所以賜有功也。三賜不及車馬者，賜物車馬爲重，雖有三命之尊，猶不敢及於此也。不及，以心言，非以事言。註疏之説已得之，而呂氏得其比例之確，朱子盡其情事之詳，三説參觀之，其義乃備。

故州、閭、鄉、黨稱其孝也，兄弟親戚稱其慈也，僚友稱其弟也，執友稱其仁也，交遊稱其信也。釋文：僚，本又作「寮」。弟，大計反。

鄭氏曰：不敢受重賜者，心也。如此而五者備有焉。周禮二十五家爲閭，「四閭爲族」，「五族爲黨」，「五黨爲州」，「五州爲鄉」。僚友，官同者；執友，志同者。孔氏曰：慈者，篤愛之心。兄弟，内外通稱。親疏交接，並見其慈而稱之。孝子能接同官，不敢踰越等級，故稱其事長之弟。同師之友，意趣相得，綢繆切磋，故見其仁恩而稱之。交遊，泛交也。交遊本資信合，故稱其信。呂氏大臨曰：五者之稱不同，各以其所見言之也。州、閭、鄉、黨，觀其行者也，見其所以敬親者，故稱其孝。兄弟親戚，責其恩者也，順於父母者，親親之愛必隆，故稱其慈。僚友，見其有所讓者也，有遜弟之心，故稱其弟。執友者友其德，德莫盛於孝，孝者仁之本，故稱其仁。交遊主於信，知其誠心於孝也，故稱其信。

見父之執，不謂之進不敢進，不謂之退不敢退，不問不敢對，此孝子之行也。

釋文：行，下孟反。

鄭氏曰：敬父同志，如事父。孔氏曰：自上諧下曰見，如字。自下朝上曰見。賢遍反。父執，謂執友與父同志者也。或故往見，賢遍反。或途中相見如字。也。

夫爲人子者，出必告，反必面，所遊必有常，所習必有業，釋文：告，古毒反。

鄭氏曰：告、面同耳。反言面者，從外來，宜知親之顏色安否。有常、有業，緣親之意欲知之。呂氏大臨曰：出必告，反必面，受命於親而不敢專也。所遊必有常，所習必有業，體親之愛而不敢貽其憂也。親之愛子至矣：所遊必欲其安，所習必欲其正。苟輕身而不自愛，則非所以養其志也。

恒言不稱老。

鄭氏曰：廣敬。　黄氏榦曰：人子對父母，常言須避「老」字，一則傷父母之心，一則孝子不忍斥言，非謂人子身自稱老也。

年長以倍，則父事之；十年以長，則兄事之；五年以長，則肩隨之。

鄭氏曰：年長以倍，謂年二十於四十者。人年二十，弱冠成人，有爲人父之端，今四十於二十者有子道。內則曰：「年二十，惇行孝弟。」肩隨者，與之並行差退。　孔氏曰：父事之，即父黨隨行也。兄事之，正差退而雁行也。肩隨，謂並行而差退。　吴氏澄曰：此謂道路長幼同行之節。父事，王制所謂「父之齒隨行」也。兄事，王制所謂「兄之齒雁行」也。肩隨，王制所謂「朋友不相踰」也。○孔氏曰：未二十童子則無此禮，以其未能惇行孝弟。論語云：「與先生並行。」　愚謂鄭氏謂「年長以倍，謂年二十於四十者」，此略舉以見例可也。至其引內則「年二十，惇行孝弟」，則似謂二十方有此禮，孔氏遂謂「未二十童子無此禮」，誤矣。此篇所言灑埽、應對、進退、辭讓之節，乃內則所謂「幼儀」，正所以教童子，若二十惇行孝弟，則其事不止於此矣。　孔子言闕黨童子「與先生並行」，正謂其不知隨行後長之禮，非謂禮當如是也。

羣居五人，則長者必異席。

鄭氏曰：席以四人爲節，因宜有所尊。　孔氏曰：古者地敷横席，席容四人，則推長者一人居席端。若有五人，應一人别席，因推長者一人異席也。　愚謂席之度九尺，足以容四人也。○馬氏晞孟曰：其出也不並行，其居也不同席，敬長如此，則民之犯上而踰禮者鮮矣。

爲人子者，居不主奥，坐不中席，行不中道，立不中門，釋文：奥，烏報反，沈於六反。

鄭氏曰：謂與父同宫者也，不敢當其尊處。室中西南隅謂之奥。道有左右。中門，謂棖、闑之中。内則曰：「由命士以上，父子皆異宫。」　孔氏曰：主猶坐也。室户近東南角，西南隅隱奥無事，故名爲奥，尊者居必主奥，人子不宜處之。一席四人，則席端爲上，獨坐則席中爲尊，尊者宜獨，則坐居席中，卑者不得坐也。男女各路，路各有中，尊者常行正路，卑者不得行也。門中有闑，兩旁有棖，棖、闑之中，尊者所立，人子不當之而立也。四事皆謂與父同宫者，異宫則不禁。有命既尊，各有子孫臣隸，應敬己故也。

食饗不爲槩，釋文：食音嗣。饗，本又作「享」。槩，古愛反。

鄭氏曰：槩，量也。不制待賓客饌具之所有。　孔氏曰：大夫士相來往，設於饗食。制設饌具，事由尊者所裁，子不得輒豫限量多少也。　熊氏云：「謂傳家事，任子孫。若不傳家事，則子無待賓之事。」

祭祀不爲尸，

鄭氏曰：尊者之處，爲其失子之道，然則尸卜筮無父者。　孔氏曰：尸代尊者之處，故人子不爲也。　愚謂宗廟之尸，用所祭者之孫爲之。父在而爲尸，其父必與於祭，將以尊臨其父，爲人子者所不可安也。

聽於無聲，視於無形，

鄭氏曰：恒若親之將有教使然。　孔氏曰：謂雖不聞父母之聲，不見父母之形，然想像視聽，似見形聞聲，而將有教使己然也。

不登高，不臨深，不苟訾，不苟笑。釋文：訾音紫，沈又將知反。

鄭氏曰：爲其近危辱也。人之性，不欲見訾毁，不欲見笑。君子樂然後笑。　孔氏曰：苟，且也。相毁曰訾。不樂而笑爲苟笑。彼雖有是非，而己苟譏毁訾笑之，皆非彼所欲，必反見毁辱，故孝子不爲也。　愚謂登高恐墜，臨深恐溺，二者皆近於危。苟訾似讒，苟笑似諂，二者皆近於辱。　少儀曰：「毋訾重器。」又曰：「毋訾衣服成器。」是非但於人不苟訾，於物亦然。

孝子不服闇，不登危，懼辱親也。

鄭氏曰：服，事也。闇，冥也。不於闇冥之中從事，爲卒有非常，且嫌失禮也。男女夜行以燭。　孔氏曰：不行事於闇中，一則爲卒有非常，一則爲生物嫌。

父母存，不許友以死，不有私財。

鄭氏曰：不許友以死，爲忘親也。死，爲報仇讎。　孔氏曰：親存須供養，則孝子不可死也。若許友報仇怨而死，是忘親也。親亡則得爲友報仇，故周禮「主友之讎視從父兄弟」。家事統於尊，財關尊者，故不有私財。　愚謂白虎通義云：「朋友之道，親在不得行者二：不得許友以其身，不得專通財之恩。」不許友以死，即不許友以身也；不有私財，即不得專通財之恩也。

爲人子者，父母存，冠衣不純素。釋文：純，諸允反，又之閏反。下同。

鄭氏曰：爲其有喪象也。純，緣也。玉藻曰：「縞冠玄武，子姓之冠也。縞冠素紕，既祥之冠也。」深衣曰：「具父母，衣純以青。」　孔氏曰：冠純，謂冠飾也。衣純，謂衣領緣也。禮：「具父母、大父母，衣純以繢；具父母，衣純以青。」故親存不得純素也。　愚謂吉冠之純未聞，以大祥縞冠素紕推之，則冠純之色當與冠同，而其物則精與？此冠謂燕居之冠也，衣謂深衣也。以其用於燕私，故或純采，或純素。若禮服之冠與其中衣，飾有一定，不因父母之存没而異也。

孤子當室，冠衣不純采。

鄭氏曰：早喪親，雖除喪，不忘哀也。三十有室，有代親之端，不爲孤也。當室，適子也。深衣曰：「孤子，衣純以素。」孔氏曰：深衣云「孤子，衣純以素」，則適、庶皆然。今云「當室」，則似庶子不同。通者有二。云「凡子皆然」，豈惟當室，但適子内理蒸、嘗，外交宗族，代親既備，嫌或不同，故特明之。故鄭引深衣，證凡孤悉同也。崔靈恩云：「當室之孤，内理蒸、嘗，外交宗族，所履之事，莫不傷心，故特純素。不當室則純采。」呂氏大臨曰：少而無父者，雖人之窮，然既除喪矣，冠衣猶不改素，則無窮也。先王制禮，豈可獨遂其無窮之情哉？故惟當室者行之，非當室者則不然也。深衣之言略矣。愚謂深衣云「具父母，衣純以青；孤子，衣純以素」，是非具父母即爲孤子矣。鄭云未三十無父者乃爲孤，非也。孔氏謂凡孤皆不純采，崔氏謂惟當室者不純采，呂氏説與崔氏同，朱子則存孔氏之説。然考問喪云：「童子不緦，唯當室緦。緦者其免也，當室則免而杖矣。」是童子當室者之服皆重於其不當室者。若此冠衣不純采，凡孤皆然，則不必嫌當室者之不然而特明之矣。今特言「孤子當室」，則是惟當室者有此禮，而餘孤不然也。蓋以適子傳重，所感彌深故也。深衣不言

「當室」，乃文略爾。

幼子常視毋誑。釋文：視音示。誑，本或作「迋」，同九況反。

鄭氏曰：視，今之「示」字。小未有所知，常示以正物，以正教之，毋誑欺。孔氏曰：幼子常習效長者，長者常示以正事，不可示以欺誑。劉氏彝曰：幼子之性，純明自天，未有外物生其好惡，無所學而不可成。故視之以誠信，則誠信篤於其心矣；視之以詐僞，則詐僞篤於其心矣。

童子不衣裘、裳，釋文：衣，於既反。

鄭氏曰：裘大温，消陰氣，使不堪苦，不衣裘、裳便易。孔氏曰：衣猶著也。童子體熱，不宜著裘，大温，傷陰氣也。又應給役，若著裳，則不便。故童子並緇布襦袴也。内則曰：「二十可以衣裘帛。」愚謂不衣裘，謂褻服也。成人褻服，冬有裘，夏有葛，春秋有繭、袍、絅、褶之屬。童子雖冬不衣裘，服繭袍而已。不衣裳，謂外服也。下文云：「兩手摳衣去齊尺。」玉藻云：「童子緇布衣，錦緣。」弟子職云：「振衽埽席。」童子之衣，有齊、有緣、有衽，則深衣之制也。成人燕居服深衣，其禮服則有玄端、朝服之屬。童子惟服深衣，衣裳相連，無殊衣裳之服也。蓋玄端、朝服之屬，衣冠相配，冠乃服之；童子未冠，自無服裳之法，非徒欲其便易也。

立必正方，不傾聽。

鄭氏曰：習其自端正。　孔氏曰：立宜正向一方，不得傾頭，屬聽左右。　呂氏大臨曰：立必正所向之方，或東或西，或南或北，不使之偏有所向也。士相見禮云：「凡燕見於君，必辨君之南面。若不得，則正方，不疑君。」疑君者，謂斜向之，不正方也。不傾聽者，頭容直。

長者與之提攜，則兩手奉長者之手。負、劍，辟咡詔之，則掩口而對。

釋文：奉，芳勇反，又扶恭反。下奉扃、奉席皆同。辟，匹亦反，徐芳益反，沈扶赤反。咡，徐如志反。

鄭氏曰：兩手奉長者之手，習其扶持尊者。提攜，謂牽將行。負，謂置之於背。劍，謂挾之於旁。辟咡詔之，謂傾頭與語。口旁曰咡。掩口而對，習其鄉尊者屏氣也。　孔氏曰：兩手奉長者之手，爲兒長大，方當供養扶持長者，故先使學之也。劍，謂挾於脅下，如帶劍也。長者負兒之時，傾頭與語，必教之使掩口而對，恐氣觸人也。　張子曰：古之小兒，便能敬事長者：與之提攜，則兩手奉長者之手；問之，則掩口而對。蓋稍不敬事，便不忠信，故教小兒且先教安詳恭敬。

從於先生，不越路而與人言。遭先生於道，趨而進，正立拱手。先生與之言

則對，不與之言則趨而退。釋文：從，才用反。下皆同。

鄭氏曰：先生，老人教學者。不越路而與人言，尊不二也。正立拱手，爲有教使。趨而退，爲其不欲與己並行。孔氏曰：稱師爲先生者，言彼先己而生，其德多厚也。自稱爲弟子者，言己自處如弟子，尊師如父兄也。而論語云「有酒食，先生饌」，則先生之號亦通父兄。崔靈恩云：「凡言先生，謂年德俱高，又教道於物者。凡云長者，直以年爲稱也。凡爲君子者，皆爲有德尊之，不據年之長幼，故所稱不同也。」案書傳略説云：「大夫士七十而致仕。大夫爲父師，士爲少師，教於州里。」儀禮鄉射註云：「先生，卿大夫致仕者。」此云「老人教學者」，則通凡老而教學者，未必皆致仕者。見師而起敬，故疾趨而進就之，又不敢斥問先生所爲，故正立拱手，而俟先生之教。愚謂不與言則退者，不敢以無事稽先生之行也。註説非是。蓋此童子既知禮，自能隨行後長，先生不必以與己並行爲慮也。

從長者而上丘陵，則必鄉長者所視。釋文：上，時掌反，下同。鄉，許亮反，後文皆同。

鄭氏曰：爲遠視不察，有所問。

登城不指，城上不呼。釋文：呼，火故反。

鄭氏曰：爲惑人。

禮記卷二

曲禮上第一之二

將適舍，求毋固。

鄭氏曰：謂行而就人館。固猶常也。求主人物，不可以故常，或時乏無。孔氏曰：舍，主人家也。黄氏榦曰：註義或迂。求毋固者，謂凡求物於主人，毋固毋必，隨其有無。愚謂自此以下至「必慎唯諾」，皆言適舍之法，蓋燕見之禮也。故下文言「將上堂，聲必揚」，「將入户，視必下」，皆爲燕見不將命故也。毋固之義，鄭氏與黄氏雖異，而皆以爲有求於主人之法。然下文方言上堂入户，此發端，乃遽言求主人之物，非其序也。固，謂鄙野而不達於禮。下篇云：「輟朝而顧，君子謂之固。」哀公問曰：「寡人固。」左傳：「我僞固而授之末。」此言將適人之所居，凡事當求合禮，而不可失之鄙野。下文所言，皆毋固之事也。

將上堂，聲必揚。户外有二屨，言聞則入，言不聞則不入。釋文：聞音問，又如字。

鄭氏曰：聲必揚，警內人也。　孔氏曰：屨人註云：「複下曰舄，單下曰屨。」室有二人，故户外有二屨。此謂兩人體敵，故二屨在外。鄉飲酒「無算爵，賓主皆降，脱屨於堂下」，體敵故也。若尊卑不同，則長者一人脱屨於户內。故少儀云「排闔脱屨於户內者，一人而已矣」，是也。二屨，是有二人，或請間密事，若內人語聞於户外[一]，則外人乃可入也。熊氏以爲一人之屨在户內，其户外有二屨，則三人也。義亦通也。愚謂二屨，謂二兩也，凡席於堂者，賓主體敵，則屨皆解於堂下；有尊者，則尊者之屨在堂上。鄉飲酒禮「無算爵，賓主皆降，脱屨升堂」，體敵故也。燕禮「賓及卿大夫皆脱屨升，就席」，不言「公降脱屨」，公尊，屨在堂上也。席於室者，賓主體敵，則屨皆解於户外；有尊者，則尊者之屨在户內。少儀「排闔脱屨於户內者，一人而已矣」，是也。户外有二屨，無尊者則二人也，有尊者則三人也，而其言不聞於外，或密謀私事，故不可入而干之。

將入户，視必下。入户奉扃，視瞻毋回。釋文：視，常止反，徐音示，沈又市志反。扃，古螢反，何云：「關也。」一云：門扇上鐶鈕。

鄭氏曰：不干人之私也。奉扃，敬也。　孔氏曰：禮有鼎扃，所以關鼎。關户之木，亦得稱

[一]「內」，原本作「兩」，據禮記註疏改。

扃。凡奉扃，必兩手向心，今入户雖不奉扃，其手對户，若奉扃然，言恭敬也。視瞻毋回，初入時不得回轉，廣有瞻視也。　愚謂奉扃，言其拱手高正之狀。視必下，謂在户外將入時。視瞻毋回，謂甫入時也。

户開亦開，户闔亦闔。有後入者，闔而勿遂。釋文：闔，胡臘反。

鄭氏曰：亦開亦闔，不以後來變於先入者。闔而勿遂，示不拒人。　孔氏曰：闔而弗遂，謂徐徐作闔勢，以待後入，不得遽闔以拒人。

毋踐屨，毋踖席，摳衣趨隅，必慎唯諾。釋文：踖，在亦反，一音席。摳，苦侯反。趨，本又作「走」，徐音奏，又如字。唯，于癸反，徐于比反，沈以水反。

鄭氏曰：趨隅，升席必由下也。慎唯諾者，不先舉，見問乃應。　孔氏曰：踐，蹋也。既並脱屨户外，其人既多，後進者不得蹋先入者屨也。踖猶躐也。將就坐，當從下而升，當己位上，不發初從上也。摳，提也。衣，裳也。唯，㖋也。㖋諾，應辭也。既坐定，又慎於應對也。　愚謂此言毋踐屨於入户之後，則非踐户外之屨矣。所毋踐者，謂長者之屨解於户内者也。毋踖席者，升席必由下，此是數人連坐之席，以後爲下，當由後而升，若升從席前，則爲踖席也。深衣衣裳相連，故言摳衣，其實是摳深衣之裳也。鄉射禮註云：「脱屨則摳衣，爲其被地。」蓋衣被地則污，且或傾跌也。趨隅者，升席由後，故必趨向室隅，乃得轉向席後而升也。○孔氏曰：玉藻云「升席不由前爲躐席」，自是不由席前升，與此别。鄉飲酒云「賓升席自西方」，注云：「升由下也。」升必中席，彼謂近主人爲上，故以西爲下，與此同也。朱子曰：此是衆人共坐一席，既云「當己位上」，即須立於席後，乃得當己位上，蓋以前爲上，後爲下也，正與玉藻義同。鄉飲乃是特設賓席一人之坐，故以西爲下，而自席下之中，升而即席，與此異也。　愚謂凡燕坐之席，衆人連坐者，以席之前後爲上下，蓋以人之所向爲上，所背爲下，此與玉藻所言者是也。玉藻云「升席不由前」，註云：「升必由下。」下即後，前即上也。行禮之席，一人專坐者，以席之首尾爲上下。鄉飲酒禮賓席於户外，以西頭爲下，主人席於阼階，介席於西階，皆以南頭爲下，是也。人之升降，皆由下而不由上，禮席與燕席一也。孔疏謂此與玉藻異，而反以鄉飲酒禮爲證，誤矣。

大夫士出入君門，由闑右，不踐閾。釋文：闑，魚列反。閾，于逼反，一音況域反。

鄭氏曰：由闑右，臣統於君也。闑，門橛。閾，門限也。孔氏曰：門以向堂爲正，右在東，主人位在門東，客位在門西。大夫士是臣，臣統於君，不敢自同於賓，故出入君門恒從闑東也。士之朝位雖在西方東面，入時仍依闑右。踐閾者，一則自高，二則不淨，並爲不敬。

愚謂疏謂「門以向堂爲正」，以明此出入由闑右之皆爲闑東，是也。然門之左右，所指不定。據向堂言之，則以東爲右，此記「由闑右」是也。據南向言之，則以西爲右，士虞禮「側亨於廟門外之右」，是也。若人之出入於門，則入以東爲右，下文云「主人入門而右，客入門而左」，是也。出以東爲左，士冠禮「主人宿賓，賓出門左，主人迎賓出門左」，是也。

凡與客入者，每門讓於客。客至於寢門，則主人請入爲席，然後出迎客，客固辭，主人肅客而入。

鄭氏曰：每門讓於客，下賓也。敵者迎於大門外。聘禮曰：「君迎賓於大門内。」爲猶敷也。客固辭，又讓先入。肅，進也。進客，謂道之。孔氏曰：固，如故也。禮有三辭：初曰禮辭，再曰固辭，三曰終辭。肅，進也。公食大夫禮曰「公揖入，賓從」，是也。愚謂與客入者，客在大門外，主人出迎之而與之入也。士相見禮：「賓奉贄入門左，主人再拜受，賓再拜送贄出。主人請見，賓反見。」此所言乃賓反見而主人與之入之禮也。蓋執贄相見者，主人受贄於門内，而賓遂出，禮雖已成，而情尚未洽，故主人復迎之而入，與之揖讓升堂，以盡賓主之歡也。凡者，凡大夫士也。迎於大門外者，敵者之禮也。每門者，自大門至寢門也。案儀禮，凡主人與客入，皆主人先入，而客從，所以道之也。此乃云「每門讓於客」者，蓋主人雖當道客，必先以讓客，而客辭，然後主人先入而客從之也。寢門，正寢之門也。禮先設席而後迎賓，此客至於寢門，主人乃請爲席者，欲更正之，示謹重也。客固辭者，辭主人之先入爲席也。事同曰讓，事異曰辭。固辭，再辭也。肅客而入者，客既辭，主人遂道客以入也。○孔疏以朝、聘之禮解此經。然朝、聘皆在廟，聘禮「歸饔餼」「問卿」，及公食大夫、冠禮、昏禮「納采」，亦皆在廟，與此言「客至寢門」者不合。燕禮雖在寢，然君燕己之臣子，君不迎，燕聘賓，迎於大門内，與此言「每門讓於客」者不合。若以爲兩君相見，又與下文言「客若降等」者不合。故知此爲士相見禮反見之禮無疑也。鄭氏云「請入爲席，雖君亦然」，非也。此反見乃大夫士之禮，若臣見於君，奠贄則退，無反見之禮也。又鄭氏云「客固辭，又讓先入」，孔疏云「主人鋪席竟，出而迎客，再辭不先入也」，亦非也。客固辭，辭主人之先入爲席，非辭先入也。主人請入爲席，然後出迎客，客固辭，主人肅客而入，與下文「客若降等，則就主人之階，主人固辭，然後客復就西階」，文勢正同。所謂「請入爲席」者，特請而未嘗入也，客辭之則止矣。

主人入門而右，客入門而左；主人就東階，客就西階。客若降等，則就主人之階；主人固辭，然後客復就西階。釋文：復音服。後此音更不重出。

鄭氏曰：降，下也，謂大夫於君，士於大夫也。不敢輒由其階，卑統於尊，不敢自專。復就西階，復其正。孔氏曰：降等，卑下之客也。不敢亢禮，故就主人階，是繼屬於主人。案聘禮云：「公迎賓，賓不就主人階。」公食大夫禮「公迎賓，賓入門左」，註：「左，西方。」此皆是降等不就主人階者。以聘禮及公食大夫禮並奉己君之命，不可苟下主人，故從客禮也。若君燕其臣，則宰夫爲主人，主人與賓皆從西階升，與此殊也。聘禮賓面主國大夫，是敵禮，賓亦入門右。鄭云：「見私事，雖敵賓猶謙。入門右，爲若降等然。」愚謂客就主人之階，謂入門而右也。主人固辭，然後客復就西階，謂轉而向左也。主人與客之辭讓，皆在門內，乃以階言之者，指其將就是階之道也。

主人與客讓登，主人先登，客從之，拾級聚足，連步以上。上於東階，則先右足；上於西階，則先左足。釋文：拾，依註音涉。上，時掌反。○今按：「拾」字當音其劫反。

鄭氏曰：拾當爲「涉」，聲之誤也。級，等也。涉等聚足，謂前足躡一等，後足從之併。連步以上，重蹉跌也。連步，謂足相隨，不相過也。上東階先右足，上西階先左足，近於相鄉敬。愚謂主人先登者，亦所以道客也。拾，更也，如投壺「拾投」，射者「拾發」之拾。級，等也。拾級，謂主人既升第一級，客乃發足升第一級，客既升第一級，主人乃發足升第二級，主人與客更拾而升也。鄉射禮云：「上射先升三等，下射從之中等。」中等，中間一級也。先升三等，而中僅間一級，則升階拾級之法可見矣。聚足，後足從前足而并，不栗階也。足聚則步連矣。○凡升階之法，賓尊於主，則賓升一等而主從之。聘禮「歸饔餼」，「大夫先升一等，賓從」，大夫銜主君之命，尊也。「賓問卿」，「賓先升一等，大夫從」，賓銜聘君之命，尊也。主尊於賓，則主升二等，而賓從之。聘禮及公食禮皆「公升二等而賓升」，是也。賓主敵者，則主升一等，而賓從之。聘禮賓儐大夫，「賓升一等，大夫從」；賓面大夫，「大夫先升一等，賓從」，是也。然主升二等而賓從，亦惟臣與君升則然，若主人爲大夫，賓爲士，亦不過主升一等而賓升耳。鄉飲酒禮鄉大夫尊於賓，但言「主人升，賓升」，不言主人升二等，可見矣。此云「主人先登，客從之」，謂主人升一等而客從之，雖降等之客亦然。疏謂「主人前升至第二級，客乃升中較一級」，非是。

帷薄之外不趨，堂上不趨，執玉不趨。堂上接武，堂下布武，室中不翔。

鄭氏曰：帷薄之外不趨，不見尊者，行自由，不爲容也。入則容。行而張足曰趨。堂上不趨，爲其迫也。堂下則趨。執玉不趨，志重玉也。聘禮曰：「上介授賓玉於廟門外。」疏云：「引聘禮，證賓有執玉於堂下時。」武，迹也。迹相接，謂每移足，半躡之。中人之武尺二寸。布武，謂每移足，各自成迹，不相躡。室中不翔，又爲其迫也。行而張拱曰翔。孔氏曰：帷，幔也。薄，簾也。禮：「天子外屏，諸侯內屏，卿大夫以簾，士以帷。」禮緯文，見郊特牲疏。趨，謂行而張足。疾趨，敬也。貴賤各有臣吏，臣來朝君，至屏而加肅，屏外不趨也。言帷薄，謂大夫士也。其外不趨，其內可趨，爲敬也。堂上不趨，亦謂不疾趨，堂上迫狹故也。下階則趨。故論語云：「没階趨。」執玉須慎，不論堂之上下，皆不疾趨也。賓執玉，進入門內，不疾趨而爲徐趨。玉藻云「圈豚行，不舉足，齊如流」，註云：「孔子執玉則然。」又云「執龜玉，舉前曳踵，蹜蹜如也」，註云：「著徐趨之事也。」愚謂玉藻趨有疾趨、徐趨二法：疾趨，起屨離地；徐趨，舉前曳踵。帷薄之外不趨，此以不爲容而不趨，非惟不疾趨，並不必徐趨矣。堂上地迫，不能趨也；執玉重慎，不敢趨也。此二者但不疾趨耳，當徐趨也。故聘禮記「將授志趨」，是執玉徐趨也。堂上接武，即徐趨；堂下布武，即疾趨也。疾趨張足，則布武矣。此云「堂上接武，堂下布武」者，常法也。玉藻「君與尸行接武，大夫繼武，士中武」，以疏數爲尊卑之差，乃君與臣相與行禮之法，所謂「君行一，臣行二」也。

並坐不橫肱，授立不跪，授坐不立。釋文：並，如字，又步頂反。後放此。跪，求委反，本又作「危」。授坐，本又作「俛仰」。

鄭氏曰：不横肱，爲害旁人。不跪不立，爲煩尊者俛仰受之。愚謂坐與跪皆以兩膝著地。直身而股不著於蹠則爲跪，以股就蹠則爲坐。坐所以爲安，跪所以爲敬。授立不跪，爲煩人之坐而受也。授坐不立，爲煩人之起而受也。○朱子曰：古人之坐者，兩膝著地，因反其蹠而坐於其上。故儀禮曰「坐取爵」，曰「坐奠爵」，禮記曰「坐而遷之」，曰「一坐再至」，曰「武坐致右軒左」，老子曰「坐進此道」之類，凡言坐者，皆謂跪也。然記又云「授立不跪，授坐不立」，莊子亦云「跪坐而進之」，則跪與坐又似有小異。疑跪有危義，故兩膝著地，伸腰及股而勢危者爲跪；兩膝著地，以尻著蹠而稍安者爲坐也。又詩云「不遑啓居」，而其傳以啓爲跪，爾雅以妥爲安坐。夫以「啓」對「居」，而訓啓爲跪，則居之爲坐可見；以妥爲安定之坐，則跪之爲危坐亦可知。蓋兩事相似，但一危一安爲小異耳。愚謂跪即大祝九拜之「振動」也。跪或謂之長跪，亦曰長跽。史記「秦王跽而請」，索隱曰：「跽者，長跽。」古詩：「長跪問故夫。」蓋坐以尻就蹠而稍短，跪則竦身直股而稍長矣。弟子職云：「亦有據膝，毋有隱肘。」此坐之節也。坐必先脱屨，蓋坐以尻就蹠，著屨則妨於坐故也；跪則不必脱屨，故拜不脱屨也。然跪亦或謂之坐，而坐不可謂之跪。故孔疏云：「坐名通跪，跪名不通坐。」

凡爲長者糞之禮，必加帚於箕上。以袂拘而退，其塵不及長者。以箕自鄉而

扱之。 釋文：爲，于僞反。攛，本又作「糞」，徐音奮。帚，之手反。拘，古侯反，徐音俱。扱，依註音吸，許急反。○今按：扱當如字，側洽反。

鄭氏曰：加帚於箕上，得兩手奉箕，恭也。謂初執而往時也。弟子職曰：「執箕膺擖，厥中有帚。」以袂拘而退，謂埽時也。以袂擁帚之前，埽而卻行之。扱讀曰吸，謂收糞時也。箕去棄物，以鄉尊者則不恭。孔氏曰：拘，障也。當埽時卻退，以一手捉帚，又一手舉衣袂，以拘障於帚前，且埽且退，故曰「拘而退」。必讀扱爲吸者，以其穢物少，吸然則盡，不得爲一扱再扱，故讀從吸也。呂氏大臨曰：扱讀如「尸扱以柶祭羊鉶」之扱，謂箕扱於糞，如柶扱於鉶也。糞除布席，役之至賤者也，古之童子爲長者役，而其心安焉。蓋古者教養之道，必本諸孝弟，孝弟之心雖生於惻隱恭敬之端，而其行常在於洒埽、應對、執事、趨走之際。蓋人之有血氣者，未有安於事人者也。今使知長者之可敬，甘爲僕御而不辭，是所以存其良心，折其傲慢之氣，然後可與進於道。愚謂扱當如字。說文：「扱，收也。」謂以帚收斂所糞於箕也。

奉席如橋衡。 釋文：橋，居廟反。

鄭氏曰：横奉之，令左昂右低，如有首尾然。橋，井上桔槔，衡上低昂。孔氏曰：奉席如橋之衡。衡，横也。席舒則有首尾，卷則無首尾。此謂奉卷席之法，故云「如有首尾然」。

請席何鄉？請衽何趾？ 釋文：衽，而審反。

鄭氏曰：順尊者所安也。衽，卧席也。坐問鄉，卧問趾，因於陰陽。 愚謂此謂始布衽席之法也。弟子職曰：「先生將息，弟子皆起，敬奉枕席，問何所趾。俶衽則請，有常則否。」君子之居，恒當户，寢必東首，然又或順乎一時之宜，故爲長者設衽席，必先請其所欲也。

席南鄉北鄉，以西方爲上；東鄉西鄉，以南方爲上。

鄭氏曰：上，席端也。坐在陽則上左，坐在陰則上右。 孔氏曰：上，謂席首所在也。凡坐隨乎陰陽：坐在陽則貴左，坐在陰則貴右。南坐是陽，其左在西；北坐是陰，其右亦在西；東坐是陽，其左在南；西坐是陰，其右亦在南也。此謂尋常布席之法，若禮席則不然。案鄉飲酒禮註云「賓席牖前南面，主人席阼階上西面，介席西階上東面」，並與此不同也。 愚謂此室中布席之法也。室中之席，尊者在西南隅，東鄉南上，故東鄉西鄉，以南方爲上，南鄉北鄉，以西方爲上，皆統於尊者故也。故士昏禮婦盥饋，舅姑並席於奥，南上，婦餕席於北墉下，西上。

若非飲食之客，則布席，席間函丈。 釋文：函，胡南反。丈，如字，「丈尺」之丈。王肅作「杖」。

○鄭註：丈，或爲「杖」。

鄭氏曰：謂講問之客也。函猶容也。講問宜相對，容丈，足以指畫也。飲食之客，布席於牖前。孔氏曰：飲食之客，布席不須相對。若講問之客，布席相對，須講説指畫，使相見也。文王世子云：「侍坐於大司成，遠近間三席。」席之制三尺三寸三分寸之一，則三席是一丈，故鄭云「容丈」也。王肅以爲「杖」，言古人講説，用杖指畫，故容杖也。然二家可會。愚謂此亦謂室中布席之法也。饗食，燕之正禮，賓席於牖間。若尋常燕食，則有席於室者，其席蓋賓在西南隅東向，而主人在北墉下南向也。非飲食之客，謂凡以事相詣者。其席蓋賓在西南隅東向，而主人在户内之西，西向對之也。鄭氏以此爲講問之客，蓋據文王世子言之。然以下文「主人跪正席」及「客徹重席」觀之，則此乃敵體之客，而與主人非有教學之分者。非飲食之客，其布席皆函丈，不但講問爲然也。

主人跪正席，客跪撫席而辭。客徹重席，主人固辭，客踐席，乃坐。釋文：重，直龍反。

鄭氏曰：雖來講問，猶以客禮待之，異於弟子。撫之者，答主人之親正。徹，去也。去重席，謙也。再辭曰固。客踐席乃坐者，客坐〔一〕，主人乃敢安也。孔氏曰：撫，謂以手按止之

〔一〕「客坐」，禮記注疏作「客安」。

也。禮器云：「諸侯席三重，大夫再重。」又鄉飲酒之禮：「公三重，大夫再重。」是尊者多，卑者少。故主人爲客設重席，客謙而自徹也。固辭，再辭，止客之徹也。踐，履也。客踐席乃坐者，客還，履席將坐，主人待客坐乃坐也。愚謂重席蓋一種席而重之者也。大夫席再重，士不重。此客有重席，不辨大夫士者，禮器謂行禮之席，此尋常待客之法也。然大夫之重席，以二種席重之。公食禮「蒲筵常，加萑席尋」，是也。此一種席而重之，則亦異乎大夫之再重矣。客徹重席者，不敢自異於主人也。禮有三辭：一辭曰禮辭，再辭曰固辭，三辭曰終辭。凡禮辭者，其辭皆不行。冠禮「戒賓〔一〕；賓禮辭，許」，鄉飲酒、鄉射「宿賓，賓禮辭，許」，士相見禮「若嘗爲臣者，則禮辭其贄」，是也。凡終辭，其辭皆行。士相見禮「士見於大夫，終辭其贄」，是也。若固辭，則有行者，有不行者。士相見禮主人對曰：「某也固辭，不得命，將走見。」又曰：「某也固辭，不得命，敢不敬從。」此皆固辭而不行者也。客固辭，主人肅客而入；主人固辭，然後客復就西階；客徹重席，主人固辭，客踐席乃坐。此皆固辭而行者也。主人跪正席，客跪撫席而辭，客徹重席，主人固辭，此皆敵者之禮，鄭氏以爲講問之客，非矣。

〔一〕「戒」，原本作「宿」，據儀禮士冠禮改。

主人不問，客不先舉。

鄭氏曰：客自外來，宜問其安否無恙，及所爲來故。　愚謂客來詣己，則主人宜問其所爲來，然後客舉其所欲言者告之。若客先舉，則近於卒遽。

將即席，容毋怍，兩手摳衣，去齊尺。衣毋撥，足毋蹶。先生書策琴瑟在前，坐而遷之，戒勿越。

釋文：怍，才洛反。齊音咨，本又作「齋」。撥，半末反。蹶，本又作「蹷」，居衛反，又求月反。筴，本又作「策」，初革反。○孔疏以「足毋蹶」以上屬上「若非飲食之客」爲一節。今按自此以下至「稱先王」，言弟子見師即席講問之禮，與上言賓主敵體之禮不同。又其文皆用韻，「席」字「怍」字「尺」字爲韻，「撥」字「蹷」字「越」字爲韻，「前」字「安」字「顔」字「言」字爲韻，「容」字「恭」字「同」字「王」字爲韻，當爲一節，不宜與上文相屬。

鄭氏曰：怍，顔色變也。齊，謂裳下緝也。撥，發揚貌。蹶，行遽貌。戒勿越，廣敬也。在前，謂當行之前。　孔氏曰：摳，提挈也。衣，謂裳也。將就席之時，以兩手提裳，令裳下緝去地一尺，恐轉足躡履之也。足毋蹶者，謂勿得行遽，恐有蹶蹎之貌也。策，篇簡也。坐亦跪也。坐名通跪，跪名不通坐。越，踰也。　愚謂怍者，色慚變也。幼者之色易於慚變，故戒之。言去齊尺，則所摳者裳也，而曰「摳衣」者，深衣衣裳相連也。趨走則衣易撥開，行易卒遽，毋撥毋蹶，皆爲其失容也。

虚坐盡後，食坐盡前。坐必安，執爾顔。長者不及，毋儳言。釋文：儳，徐士鑒反，又蒼鑒反，又蒼陷反。

鄭氏曰：盡後，謙也。盡前，爲污席。執猶守也。儳猶暫也，非類雜。孔氏曰：虚，空也。空，謂非飲食坐也。盡後，不敢近前，以爲謙也。玉藻云「徒坐不盡席尺」，是也。食坐，飲食坐也。俎豆皆陳席前，若坐近後，則濺污席，故盡前也。玉藻云「讀書、食則齊，豆去席尺」，是也。凡坐好自摇動，故戒令安坐。久坐好異，故戒令如嚮者無怍顔容也。長者，猶先生也，互言耳。及，謂所及之事也。長者正論甲事，未及乙事，少者不得輒以乙事雜甲事，暫然雜錯長者之説。朱子曰：説文云：「儳，儳互〔一〕，不齊也。」儳言，儳長者之先而言也。愚謂上言將即席之法，此又言既即席之法也。毋儳言，謂長者方與甲言，未與乙言，則乙不得以己言儳雜之。論語曰「言未及之而言謂之躁」，是也。

正爾容，聽必恭，毋勦説，毋雷同，必則古昔，稱先王。釋文：勦，初交反，一音初教反。説，如字，徐舒鋭反。

〔一〕「儳」，原本不重，據説文補。

鄭氏曰：正爾容，聽必恭，聽先生之言，既説又敬。勦猶擥也，謂取人之説以爲己説。雷之發聲，物無不同時應者，人之言當各由己，不當然也。則古昔，稱先王，言必有依據。孔氏曰：語當稱師友，無得擥人説以爲己語。則，法也。言雖不當雷同，又不得專輒，必法於古昔之正。所言之事，必稱先王。愚謂此謂長者既言及之，則其容貌應對當如此也。即席之時，既執爾顏，先生言及之，則當益正其容，而恭敬以聽也。勦説則掠美，雷同則無識，既戒是二者，而或游談不根，妄自立説，又不可也。故又當則古昔，稱先王。古昔言其時，先王言其人，稱先王正所以則古昔也。自「將即席」至此，皆弟子見師即席講問之法也。

侍坐於先生，先生問焉，終則對。釋文：坐，才卧反。後放此。

鄭氏曰：不敢錯亂尊者之言。

請業則起，請益則起。

鄭氏曰：尊師重道也。起，若今摳衣前請也。業，謂篇卷也。益，謂受説不了，欲師更明説之。子路問政。子曰：「先之勞之。」請益。曰：「無倦。」

父召無諾，先生召無諾，唯而起。

鄭氏曰：應辭唯恭於諾。　孔氏曰：父與先生呼召，稱唯，唯，⿰口尔也，不得稱諾。其稱諾，則似寬緩驕慢。但今人稱諾，猶古之稱唯，其意急；今之稱唹，猶古之稱諾，其意緩。是古今異也。

侍坐於所尊敬，毋餘席，見同等不起。

鄭氏曰：毋餘席，必盡其所近尊者之端，爲有後來者。見同等不起，不爲私敬。孔氏曰：坐於近尊者之端，勿使有空餘之席，欲得親近先生，備擬顧問，且擬後人之來，闕在下空處以待之也。同等後來，不爲之起，尊敬先生，不敢曲爲私敬也。愚謂弟子職曰：「後至就席，狹坐則起。」是非狹坐則不爲之起也。

燭至起，食至起，上客起。

鄭氏曰：燭至起，異晝夜。食至起，爲饌變。上客起，敬尊者。孔氏曰：上客，謂尊者之上客也。尊者見之則起，故侍者宜從之而起。愚謂燭至起者，當起而執燭也。弟子職曰「昏將舉火，執燭隅坐」，是也。食至起者，當起而饋饌也。弟子職曰「先生將食，弟子饌饋，攝衽盥漱，跪坐而饋」，是也。上客起者，既隨長者而起，且爲當給使令也。弟子職曰「若有賓客，弟子駿作，對客無讓，應且遂行，趨進受命，所求雖不得，必以反命」，是也。

燭不見跋。釋文：見，賢遍反。跋，半末反。

鄭氏曰：跋，本也。燭盡則去之，嫌若燼多，有厭倦。孔氏曰：小爾雅云：「跋，本也。」本，把處也。古者未有蠟燭，唯呼火炬爲燭，炬盡則藏所然殘本，恐客見殘本積多，則知夜深，慮主人厭倦，或欲辭退也。愚謂不見跋，謂出而棄之。弟子職曰「有墮代燭，交坐毋倍尊者，乃取厥櫛，遂出是去」，是也。蓋燭本不淨，故不置於席旁而使之露見，恐先生見之而生憎惡，亦所以爲敬也。註疏專以待賓客言之，非是。

尊客之前不叱狗。

鄭氏曰：主人於尊客之前，不敢倦，嫌若風去之。孔氏曰：尊客至而主人叱狗，則似厭倦其客，欲去之也。卑客亦當然，舉尊爲甚。方氏慤曰：不以至賤駭尊者之聽。

讓食不唾。

鄭氏曰：嫌有憎惡。呂氏大臨曰：嫌若訾主人食，亦不敬也。

侍坐於君子，君子欠伸，撰杖屨，視日蚤莫，侍坐者請出矣。釋文：莫音暮。

鄭氏曰：以君子有倦意也。撰猶持也。孔氏曰：君子志疲則欠，體疲則伸。撰杖屨者，君子自執杖在坐，著屨升堂，脱之在側，若倦，則自撰持之也。視日蚤莫者，君子或瞻視庭影，望日蚤莫也。禮，卑賤者請進不請退，退由尊者。今尊者爲上諸事，皆是欲起之漸，故侍坐者得請出矣。　愚謂諸事皆君子厭倦之容，故侍坐者得請出，體尊者之意也。

侍坐於君子，君子問更端，則起而對。

鄭氏曰：離席對，敬異事也。君子必令復坐。

侍坐於君子，若有告者曰：「少間，願有復也。」則左右屏而待。 釋文：間音閑。

鄭氏曰：復，白也。言欲少須空間，有所白也。屏猶退也，隱也。　呂氏大臨曰：人俟間而有復，則屏而待，不敢干其私也。

毋側聽，毋噭應，毋淫視，毋怠荒。遊毋倨，立毋跛，坐毋箕，寢毋伏。斂髮毋髢，冠毋免，勞毋袒，暑毋褰裳。 釋文：噭，古弔反。視，如字，徐市志反。倨音據。跛，彼義反，又波我反，徐方寄反。髢，徒細反。袒，徒旱反。褰，起連反。○鄭註：髢，或爲「鬄」。

鄭氏曰：毋側聽，嫌探人之私也。側聽，耳屬於垣。「毋噭應」以下，皆爲其不敬。噭，號呼之聲也。淫視，邪眄也〔一〕。怠荒，放散身體也。跛，偏任也。伏，覆也。髢，髮也。毋垂餘如髮也。免，去也。褰，袪也。　孔氏曰：凡人當正立，不得傾欹側聽，嫌探人之私也。噭，

〔一〕「邪」，禮記注疏作「睇」。

謂聲響高急。應答宜徐徐而和，不得高急如叫也。淫，謂流移也。瞻視當直，不得流動邪眄也。怠荒，謂身體放縱，不自拘斂也。遊，行也。身當恭謹，不得倨慢也。跛，偏也，謂挈舉一足，一足蹋地。立宜如齊，雙足並立，不得偏也。箕，謂舒展兩足，狀如箕舌也。寢，卧也。伏，覆也。卧當或側或仰，而不覆也。髢，髮也。髮以纚韜之，不使垂如髮也。　愚謂此節通戒容儀之法，孔疏蒙上侍君子爲義，非是。

侍坐於長者，屨不上於堂，解屨不敢當階。釋文：上，時掌反。

鄭氏曰：不上於堂，屨賤，空則不陳於尊者之側。不敢當階，爲妨後升者。　孔氏曰：屨不上於堂者，長者在堂，而侍者屨賤，故解於階下，不著上堂。若長者在室，則侍者得著屨上堂，而不得入室也。解，脱也。　愚謂安坐必先脱屨，侍者統於長者，當就主人之階。解屨不敢當階，則當解於東階之東也。

就屨，跪而舉之，屏於側。

鄭氏曰：謂獨退也。就猶著也。屏亦不當階。　愚謂此侍者退而長者不送之者也。解屨固不當階矣，又必跪而舉之，屏於側者，長者在堂，不敢對尊者著屨，故必跪而舉之，而轉就旁側乃著屨也。側，謂堂下東序之東，長者所不見之處。玉藻「隱辟而後屨」，是也。

鄉長者而屨，跪而遷屨，俯而納屨。鄭註：遷，或爲「還」。

鄭氏曰：謂長者送之也。不得屏，遷之而已。俯，俛也。納，内也。孔氏曰：内屨不跪者，若跪則足向後，不便也。雖不並跪，亦坐左納右，坐右納左。愚謂侍者退而長者送之，則當鄉長者著屨。屨不當階，必遷之轉就階側，乃得鄉長者而屨也。

離坐離立，毋往參焉。離立者不出中間。

鄭氏曰：爲干人私也。離，兩也。孔氏曰：若見兩人併坐，或兩人併立，恐密有所論，則己不得輒往參預之也。又若見有二人併立，當己行路，則避之，不得出其中間也。不云離坐者，道路非安坐之地，故不云坐也。

男女不雜坐，不同椸、枷，不同巾、櫛，不親授。釋文：椸，羊支反。枷，本又作「架」，徐音嫁。古本無此字。櫛，側乙反。

鄭氏曰：自此至「弗與同器而食」，皆爲重别，防淫亂。不雜坐，謂男子在堂，女子在房也。椸，可以架衣者。吕氏大臨曰：男女不雜坐，經雖無文，然喪祭之禮，男女之位異矣。男子在堂，則女子在房；男子在堂下，則女子在堂上；男子在東方，則女子在西方。坐亦宜然。陳氏澔曰：植者曰楎，横者曰椸。枷與架同，置衣裳之具也。巾以挩潔，櫛以理髮。

此四者，所以遠私褻之嫌。

嫂叔不通問，諸母不漱裳。釋文：嫂，字又作「𡠹」。漱，悉侯反。

鄭氏曰：通問，謂相稱謝也。諸母，庶母也。漱，澣也。庶母賤，可使漱衣，不可使漱裳。裳賤。尊之者，亦所以遠别。孔氏曰：諸母，謂父之諸妾有子者。諸母不可使漱裳，欲尊崇於兄弟之母，又欲遠别也。

外言不入於梱，内言不出於梱。釋文：梱，本又作「閫」，苦本反。

鄭氏曰：外言、内言，男女之職也。不出入者，不以相問也。孔氏曰：梱，門限也。外言，男職也。内言，女職也。男職在於官政，不得令婦人預之，故不入於梱。女職織紝，男子不得濫預，故不出於梱。愚謂此以嚴外内之限也。

女子許嫁，纓，非有大故，不入其門。

鄭氏曰：女子許嫁繫纓，有從人之端也。大故，宫中有灾變若疾病，乃後入也。女子有宫者，亦謂由命士以上也。春秋傳曰：「羣公子之舍，則已卑矣。」孔氏曰：女子，婦人通稱也。婦人質弱，必有繫屬，故恒繫纓。纓有二時：一是少時常繫香纓。内則云：「男女未冠笄，衿纓。」鄭以爲佩香纓，不云纓之形制。一是許嫁時繫纓。昏禮「主人入，親説婦纓」，鄭註云:「婦人十五許嫁,笄而禮之,因著纓,明有繫也。蓋以五采爲之,其制未聞。」又內則云「婦事舅姑,衿纓」,鄭云:「婦人有纓,示繫屬也。」以此而言,有二纓也。婦人之衿纓,即是五采者,故鄭云「示繫屬」也。

姑、姊、妹、女子子,已嫁而反,兄弟弗與同席而坐,弗與同器而食。

孔氏曰:女子子,謂已之女也。男子單稱「子」,女子則重言「子」者,案鄭註喪服云「別於男子」,故云「女子子」。兄弟弗與同席而坐,弗與同器而食,未嫁亦然。今嫌嫁或有異,故明之,皆爲重別,防淫亂也。不云姪及父,唯云「兄弟」,姪、父尊卑殊,不嫌也。愚謂謂「女子子」,亦子也,但曰「女子」則無以著其爲子,但曰「子」則無以別其爲女,故兼而稱之。內則:「七年,男女不同席,不共食。」此云「既嫁而反」者,明雖嫁猶然也。上云「姑、姊、妹、女子子」,而下言「兄弟」,惟據姊妹者,舉其中以該上下,避文繁也。孔氏謂「姪、父尊卑殊,不嫌」,非也。

父子不同席。

鄭氏曰:異尊卑也。愚謂註説非也。此子亦謂女子子也。但言子者,蒙上可知也。上言「兄弟弗與同席而坐,弗與同器而食」,既據姊妹以見姑與女子子矣,又言此者,嫌父之與女尊親兼極，或無事乎遠別，故又明之。父子不同席，則亦不同器而食可知也。

男女非有行媒，不相知名；非受幣，不交不親。釋文：「不相知」，本或作「不相知名」，「名」衍字耳。○今按：據註當有「名」字，孔疏本爲長。

鄭氏曰：有媒往來傳昏姻之言〔一〕，乃相知姓名。重別，有禮乃相纏固。愚謂行媒，謂媒妁之往來也。士昏記：「昏辭曰：『吾子有惠，貺室某也。』」鄭云：「某，壻名。」此以男之名達之於女家也。昏禮「問名」，問女之名也。此以女之名達之於男家也。幣，納徵之幣也。庶人緇幣五兩，大夫士玄纁束帛，諸侯加以大璋，天子加以穀圭。既納吉而後納幣，納幣而昏姻之禮定。交，謂交際往來，若「執贄以相見」，是也。親，謂相親近，若「親御授綏，親之也」，是也。

故日月以告君，齊戒以告鬼神，爲酒食以召鄉黨僚友，以厚其別也。釋文：齊，側皆反。別，彼列反。

鄭氏曰：周禮凡取判妻入子者，媒氏書之以告君，謂此也。昏禮凡受女之禮皆於廟，爲神席以告鬼神，謂此也。爲酒食以召鄉黨僚友，會賓客也。厚，重慎也。愚謂日月以告君者，

〔一〕「有」，禮記注疏作「見」。

內則：子生，書曰「某年某月某日，某生」，以告閭史，閭史獻諸州史，州史獻諸州伯。意娶妻者其禮亦若此。小司徒、鄉師等皆云「稽其夫家」，蓋即據諸此也。鬼神，謂祖、禰也。士昏禮不告廟，然左傳鄭公子忽娶於陳，先配而後祖，陳鍼子譏之；楚公子圍娶於鄭，亦言「布几筵，告於莊、共之廟」。自大夫以上，有告廟之禮也。同官爲僚，同志爲友。爲酒食以召鄉黨僚友者，昏禮有饗送者之禮，鄉黨僚友蓋亦有與於斯禮者與？男女有別，故其合也，不可以苟。昏禮慎重如此，所以厚男女之別也。

取妻不取同姓，故買妾不知其姓則卜之。 釋文：取，七住反，本亦作「娶」。下「賀取妻」同。

鄭氏曰：爲其近禽獸也。妾賤，或時非媵，取之於賤者，世無本繫。孔氏曰：郊特牲云：「無別無義，禽獸之道也。」不取同姓，爲其近禽獸也。諸侯取一國之女，二國同姓以姪、娣媵，大夫士取亦有妾媵，或時非此媵類，取於賤者，不知何姓之後，但卜得吉者取之。顧氏炎武曰：天地之化，專則不生，兩則生。故叔詹言「男女同姓，其生不蕃」。而子産之告叔向云：「內官不及同姓，美先盡矣，則相生疾。」晉司空季子之告公子曰：「異德合姓。」鄭史伯之對桓公曰：「先王聘后於異姓，務和同也。聲一無聽，物一無文。」是知禮不娶同姓者，非但防嫌，亦以戒獨也。愚謂娶妻不娶同姓，固兼有遠嫌戒獨之義，而此節所言，則主於遠嫌厚别之義而已。然男女同姓，其生不蕃，卜之而吉，則其非同姓可知矣。

寡婦之子，非有見焉，弗與爲友。釋文：見，賢遍反。

鄭氏曰：遠嫌也〔一〕。有見，謂有奇才卓然，衆人所知。孔氏曰：寡婦無夫，若其子有奇才異行，則可與之爲友。若此子凡庸，而己與往來，則於寡婦有嫌也。○自「男女不雜坐」至此，明男女遠嫌厚别之禮。

賀取妻者曰：「某子使某，聞子有客，使某羞。」

鄭氏曰：謂不在賓客中，使人往者。羞，進也，言進於客。古者謂候爲進，其禮蓋乘壺酒、束脩若犬也〔二〕。不斥主人，昏禮不賀。孔氏曰：某子，賀者名。使某，使自謂也。吕氏大臨曰：賀者，以物遺人而有所慶也。昏禮不賀，人之序也。雖曰不賀，然爲酒食以召鄉黨僚友，則問遺不可廢也。故其辭舍曰「昏禮」，而曰「有客」，則所以羞者，佐其供具之費，以待鄉黨僚友而已，非賀也。言賀，因俗之名。

貧者不以貨財爲禮，老者不以筋力爲禮。

〔一〕「遠」，禮記注疏作「辟」。
〔二〕「乘」，禮記注疏無。

鄭氏曰：禮許儉，不非無也。年五十始杖，八十拜君命，一坐再至。愚謂貨財、筋力，所以行禮也。然人之所無而不可强者，君子有所不責焉，所以通禮之窮也。

名子者不以國，不以日月，不以隱疾，不以山川。

鄭氏曰：此在常語之中，爲後難諱也。春秋傳曰：「名，終將諱之。」隱疾，衣中之疾，謂若黑臀、黑肱矣。疾在外者，尚可指擿，此則無時可避。杜氏預曰：隱痛疾病，避不祥也。孔氏曰：名子不以國者，不以本國爲名。如他國則得爲名，故桓十三年「衛侯晉卒」，襄十五年「晉侯周卒」，是也。不以日月者，不以甲乙丙丁爲名。殷家得以爲名者，殷質，不諱名故也。然案春秋魯僖公名申，蔡莊公名甲午者，周末亂世，不能如禮，或以爲不以「日」「月」二字爲名也，皆爲其難避也。愚謂日，謂支干也，日以支干相配爲名。月，謂晦、朔、弦、望，或曰謂十二月之名，爾雅「正月曰陬，二月曰如」之屬是也。○左傳魯申繻曰：「名不以國，不以官，不以山川，不以隱疾，不以牲畜，不以器幣。周人以諱事神，名，終將諱之，故以國則廢名，以官則廢職，以山川則廢主，以牲畜則廢祀，以器幣則廢禮。晉以僖侯廢司徒，宋以武公廢司空，先君獻、武廢二山。是以大物不可以命。」愚謂周人以諱事神，謂不正稱其名耳，非謂他處皆避之也。書言「惟有歷年」，詩言「克昌厥後」「駿發爾私」，此即王季、文、武之名也。則諱名之法可見矣。周末文勝而諱避繁，故有如此記與申繻之所言者。雖然，臣子尊其君父，聞名心瞿，有忠敬之心焉，固非禮之訾也。

男女異長。

鄭氏曰：各自爲伯、季也。

男子二十，冠而字。釋文：冠，古亂反。

鄭氏曰：成人矣，敬其名。

父前子名，君前臣名。

鄭氏曰：對至尊，無小大皆稱名〔一〕。孔氏曰：君前臣名者，成十六年鄢陵之戰：「陷於淖，欒書欲載晉侯，鍼曰：『書退。』」鍼是書之子，對晉侯而稱書，是於君前臣名其父也。賈氏公彦曰：名受於父母爲質，字受於賓爲文。故君父之前稱名，至於他人則稱字。胡氏銓曰：宣十五年申犀謂楚王曰「毋畏知死而不敢廢王命」，襄二十一年欒盈謂王行人曰「陪臣書」，皆名其父於君前也。於他國君亦然。成三年荀罃謂楚王曰：「以賜君之外臣

〔一〕「稱」，禮記注疏作「相」。

首。」　愚謂成人雖爲之字，然對君而言臣，對父而言子，則皆稱其名。謂卿大夫於君前名其僚友，子於父前名其兄弟，蓋至尊之前無私敬也。統以父則皆子，統以君則皆臣，故對父，雖弟亦名其兄；對君，雖子亦名其父也。

女子許嫁，笄而字。

鄭氏曰：以許嫁爲成人。　陳氏澔曰：許嫁則十五而笄，未許嫁則二十而笄。　愚謂男子冠而婦人笄，然冠之年有一定，而笄之年無定。內則曰：「女子十五而笄。」蓋自十五以前未可許嫁也。至十五始可許嫁，許嫁則笄矣。然許嫁不必皆十五，即笄亦不必皆十五也。故於男子言二十而冠，而女子之笄不著言其年也。○自「名子者」至此，記男女名字之法。

禮記卷三

曲禮上第一之三

凡進食之禮，左殽右胾。食居人之左，羹居人之右；膾炙處外，醢醬處内；葱渿處末，酒漿處右。釋文：胾，側吏反。食音嗣，徐音自。羹，古衡反，舊音衡。膾，古外反。炙，章夜反。醢，徐音海。本或作「醯」，呼兮反。渿，以制反。漿，子羊反，字亦作「𣿖」。○按醢醬，孔疏本作「醯醬」，今從釋文。

鄭氏曰：皆便食也。殽，骨體也。胾，切肉也。食，飯屬也。居人左右，明其近也。殽在俎，胾在豆。近醢醬者，食之主。膾炙皆在豆。渿，烝葱也。言末者，殊加也，渿在豆。酒漿處羹之右，此言若酒若漿耳；兩有之則左酒右漿。此大夫士與賓客燕食之禮，其禮食則宜放公食大夫禮云。孔氏曰：熟肉帶骨而臠曰殽，純肉切之曰胾。骨是陽，故在左；肉是陰，故在右。食飯燥爲陽，故居左；羹溼是陰，故居右。此醢醬，徐音作海，則醢之與醬，兩物各別。按公食大夫禮「宰夫自東房授醯醬，公設之」，鄭註云：「以醯和醬也。」則醯醬共爲一物。醯之與醢，其義皆通，未知孰是。儀禮正饌惟有菹醢，無葱渫，故知葱渫殊加也。愚謂食，饌具之總名也。骨剛爲陽，肉柔爲陰；食燥爲陽，羹溼爲陰。或左或右者，順其陰陽也。食羹係人言之者，明其在席前而最近人也。肉聶而切之曰膾，公食禮作「鮨」。炙，炙肉也。醢，肉醬也。周禮註云：「作醢及臡者，必先膊乾其肉，乃後莝之，雜以粱麴及鹽，漬以美酒，塗置甀中，百日則成矣。」凡胾與膾，必配醢設之。公食禮及内則三牲之胾及牛鮨、牛膾皆有醢，特牲禮羞庶羞四豆，有醢，少牢禮羞胾兩瓦豆，有醢，此有胾有膾，則有醢必矣。豆數必偶。胾也，膾也，炙也，醢也，庶羞之四豆也。醬爲食之主，下云「客自前跪，徹飯齊以授相者」，註云「齊，醬屬」，是也。膾炙處外，處醢醬之外也。醢醬處内，處膾炙之内也。酒，清醴。漿，酨漿也。公食禮：「酒在豆東，漿在稻西。」此禮亦當兼有酒漿。漿處右，酒處左，弟子職云「左酒右漿」，是也。乃云「酒漿處右」者，酒漿雖並設，而食畢但飲漿，故據所飲者言之也。葱渫處末者，處殽之外，以其最遠於食也，故言末焉。殽在俎，食在敦，羹及膾炙、醯醬，葱渫在豆，酒漿在觶。其設之在左者，食最近人，其外殽，其外葱渫，而酒在食之左。在右者，羹最近人，其外胾，胾外炙，炙右膾，膾内醢，醢内醬，而漿在羹之右。

食與羹，殽與胾之間，蓋容人焉。弟子職曰：「羹胾中别，胾在醬前，其設要方。」公食禮曰：「庶羞設於稻南簋西，間容人。」此大夫士與賓客燕食之禮，故無正豆，正豆尊，不用於燕食也。鄭氏謂「膾炙處外，醯醬處内，爲在殽胾之内外」。今按炙、胾、膾、醢爲庶羞之四豆，其設之當在一處，若如鄭説，則膾、炙、醢三者或左或右，非設饌之法也。

以脯脩置者，左朐右末。 釋文：朐，其俱反。

鄭氏曰：亦便食也。屈中曰朐。孔氏曰：脯訓始，始作即成也。脩亦脯也。脩訓治，治之乃成。鄭註腊人云：「薄析曰脯，捶而施薑桂曰腶脩。」朐，脯中屈，朐朐然也。朐置左，末邊際置右，右手取祭，擘之便也。愚謂脯爲邊實，惟飲酒有之。此燕食乃有脯者，用之以代膾也。蓋釋而煎之以醢，而盛之則以豆與？其設之亦於膾之處。内則曰：「大夫燕食，有膾無脯，有脯無膾。」

客若降等，執食興辭，主人興，辭於客，然後客坐。 食字，釋文無音，蓋如字讀之。今讀爲「飯食」之食。

鄭氏曰：辭者，辭主人之臨己食，若欲食於堂下然。愚謂食，飯也。執食者自席前殽胾間容人之處，向席而跪執之。辭，告也。賓席於奥，而主人席於阼，降等之客，不敢食於尊處，故執食而興，告於主人，言己欲食於他處也。公食大夫禮：「賓左擁簠粱，右執湆，以降。」又大夫相食，賓執粱與湆，之西序端。此雖降等之客，然與公食大夫有君臣之分者不同，其辭於主人，蓋當告主人以將往食於西序端也。必執食者，以其爲饌之主，而主人之所親饋者也。然禮食無阼席，主人立而視客食，故雖大夫相食敵體之禮，必執食之西序端，且又不告於主人而遽往，蓋不安於主人之不食而立而臨己也。此燕食，賓主皆坐，設席對食，故非降等之客則不必辭。執食興辭者，惟降等之客耳。然興即致辭，尚未離乎席前也，則與大夫相食之不辭而遽之西序端者亦異矣。主人興辭於客者，告客使反食於席也。於賓及主人皆言興，則設饌時主人與客皆已即席坐矣。又此言「客若降等，執食興辭」，則降等之客，其禮之異者惟此耳。若下文所言，則皆爲賓主燕食之通禮，非專據降等之客。猶「凡與客入者」一節，言「客若降等，則就主人之階」，而自「主人與客讓登」以下，又皆言賓主之通禮，非惟降等之禮也。註疏因此言「客若降等」，遂於下文「主人延客祭」、「主人未辯，客不虛口」，皆以爲降等之禮，非是。

主人延客祭，祭食，祭所先進，殽之序，徧祭之。

鄭氏曰：延，道也。祭，祭先也。君子有事，不忘本也。客若降等，則先祭。主人所先進，先祭之，所後進，後祭之，如其次。殽之序徧祭：之，謂胾、膾、炙也，以其同出於牲體也。公食大夫禮：「魚、腊、湆、醬不祭。」孔氏曰：祭者，君子不忘本，有德必酬之。故得食而種種出少許，置之豆間之地，以報先代造食之人也。愚謂禮食無阼席，故惟客祭。燕食賓主並設席而食，則主人必先祭以道客，而後客祭也。蓋主人以爲己之食不足以當客之祭，故但自祭而已。玉藻：「孔子食於少施氏，孔子祭，作而辭曰：『疏食不足祭也。』」是也。主人祭，則客從而祭，是主人之祭實所以道客也。下言「延客食胾」亦然。食，饌具也。祭食，祭所先進者，先進者先祭之，後進者後祭之也。公食大夫禮先設豆，次設俎，次設黍稷，次設鉶。此禮食設饌之次也。昏禮、特牲禮亦然。弟子職云：「置醬錯食，陳膳毋悖。凡置彼食，鳥獸魚鼈。必先菜羹，羹胾中別。胾在醬前，其設要方。飯是爲卒，左酒右漿。」此朝夕燕食設饌之次也。此與客燕食，其設饌之次不可考。然以設饌內外之法觀之，則當先設羹食於內，而後設殽、胾於外，則亦先祭食而後祭殽、胾與？殽，謂牲骨在俎者，註以爲胾、膾、炙，非也。殽之體骨非一，初時惟祭其肺，其餘體骨，至食則振祭，故曰「殽之序，遍祭之」，謂依所食之次第而祭之也。食胾之後乃辯殽，未辯殽則猶未徧祭也。此因言「祭食」，遂並言祭殽之法耳。

三飯，主人延客食胾，然後辯殽。釋文：飯，扶晚反。依字書，「食」旁作「卞」，扶萬反；「食」旁作「反」，符晚反。二字不同，今則混之，故隨俗而音此字。辯音遍，下同。

鄭氏曰：先食胾，後食殽，殽尊也。凡食殽，辯於肩，食肩則飽也。孔氏曰：三飯，謂三食也。禮食三飧而告飽，須勸乃更食，三飯竟，而主人乃道客食胾也。公食大夫禮云「賓三飯，以湆、醬」，鄭云：「每飯歠湆，以殽擩醬，食正饌也。」案彼文，是三飯但食醬及他饌，而未食胾，故三飧竟而主人道客使之食胾也。所以至三飧後乃食胾者，公食禮亦以胾爲加，故客三飧前未食之。然公食禮三飧竟，起受漿漱口，受束帛之物，升，降拜，禮畢方還坐，更食取飽，不云「三飯延客食胾」，與此異也。辯，匝也。食胾竟後，主人道客令食至飽，食殽得匝也。案特牲、少牢禮初食脊，次食脅，次食骼，後食肩，是辯於肩，故云「食肩則飽」也。賈氏公彦曰：一口謂之一飯。愚謂三飯，食三口也。殽之體骨非一，三飯先食殽，三飯既竟，主人乃食胾以道客，客既食胾，然後徧食殽之體骨也。食胾之前，固已食殽矣，特未辯耳。註謂「先食胾，後食殽」，非也。疏引公食註「賓三飯，以殽擩醬，食正饌」，似已以此註「先食胾」之説爲不然；然公食註「三飯，以殽擩醬，食正饌」之説，實亦非是。昏禮云：「皆食以湆、醬，皆祭舉食舉也。」先云「皆食以湆、醬」，而後云「皆祭舉食舉」，則是食湆、醬與食殽實爲二事，初非以殽擩醬而食也。公食禮「賓三飯，以湆、醬」，又云「賓卒食會飯，三飲，不以醬、湆」，而不言食殽、胾之詳。案大行人上公「食禮九舉」〔一〕，侯伯「七舉」，子男「五舉」，則卿大夫食禮當三舉，而公食禮不言舉數，蓋其禮節之詳必已別見於他經，而今不可考矣。然特牲禮尸舉肺、脊，三飯，次舉獸幹及魚，次羞庶羞四豆，次舉骼，次舉肩，少牢禮尸亦舉肺脊，三飯，次舉牢幹，次食胾，次舉魚，次舉獸肩，次舉骼，次舉肩，意公食禮亦必如此。此與客燕食之禮，雖其牲體不必皆備，然先食殽，三飯竟，乃食胾，既食胾，而後辯殽，其禮亦不異也。蓋食以牲體爲主，故食皆以是始終焉。庶羞卑，但於其中間一食之耳。

主人未辯，客不虛口。

鄭氏曰：俟主人也。虛口，謂酳也。孔氏曰：主人恒讓客，不自先飽，故待主人辯，乃得爲酳也。酳，隱義云：「飯畢蕩口也。」案公食禮雖設酒優賓，不得用酳，但以漿漱口而已。此是私客，故用酒以酳，異於公食禮也。　愚謂主人道客食胾，則亦道客食殽矣。乃云「主人未辯，客不虛口」者，蓋主人雖先食以道客，客既食殽，則主人又緩食以待客之先飽也。食畢飲酒謂之酳，酳，演也，所以演安其所食也。飲漿謂之漱，漱者，漱濯之意，食畢恐口有

〔一〕「大行人」，原本作「大宗伯」，據周禮改。

滓穢，故飲漿以滌蕩之也。蓋酒之味濃厚而漿清薄，故其爲義之異如此。虛口，即漱也。祭祀，尸食畢而獻之謂之酳。士昏禮「合巹而酳」，樂記云「食三老、五更於大學，天子執爵而酳」，此皆用酒者也。食老、更之禮不可考，若士昏及特牲、少牢，則漿皆不設，公食禮兼設酒漿，而賓但飲漿。弟子職云「左酒右漿」，又云「先生已食，弟子乃徹，趨走進漱」，亦但飲漿而已。是則禮之重者，食畢用酒以酳而無漿，禮之輕者，兼設酒漿而食畢但飲漿也。士昏非重於公食，而用酒以酳者，所謂鬼神陰陽也。此燕食禮輕，用漿虛口，註以爲酳，非也。主人不先客辯殽，客不先主人虛口，賓主相敬之道然也。

卒食，客自前跪，徹飯齊以授相者。主人興，辭於客，然後客坐。釋文：卒，子恤反，後更不音者同。齏，本又作「齊」，將兮反。相，息亮反。○此五句舊在「毋嚃炙」之下，張子曰：「此錯簡，當在前『客不虛口』之下。」以文義考之，良是，今從之。

鄭氏曰：謙也。自，從也。齊，醬屬也。相者，主人贊饌者。主人興辭，不聽親徹。愚謂客自前跪，謂當席前，向席而跪也。飯齊，主人所親饋，故客親徹之。公食大夫禮「卒食」，「賓北面坐，取粱與醬，以降」；「大夫相食」，「卒食，徹於西序端」。此但以授相者，亦燕食禮殺也。禮食食畢即出，此客復坐者，尚有後事故也。○自「凡進食之禮」至此，記大夫士燕食之禮。

侍食於長者，主人親饋，則拜而食；主人不親饋，則不拜而食。

鄭氏曰：勸長者食耳。雖賤，不得執食興辭，拜而已，示敬也。不拜者，以其禮於己不隆。愚謂不執食興辭者，此侍食耳，不在賓客之位故也。主人，即謂長者。長者之食，其子弟饋之，若長者敬己而爲之親饋，則己當拜而後食；若但其子弟並饋之，則不必拜也。疏以此爲侍從長者爲客之禮，非也。

共食不飽，共飯不澤手。鄭註：澤，或爲「擇」。

鄭氏曰：共食，謂共羹飯之大器也。不飽，謙也。澤，謂挼莎也。不澤手，爲汗下半反。手不絜也。禮，飯以手。孔氏曰：共食，謂同事聚居。非禮食則有同器食法，共食宜謙，不得厭飫爲飽也。共飯不澤手者，亦是共器盛飯。澤，謂光澤也。古禮，飯用手，澤手則汗生，與人共飯，不得臨食始挼莎手乃食，恐爲人穢也。

毋摶飯，毋放飯，毋流歠，釋文：摶，徒端反。歠，川悦反。○放飯之飯，註疏如字。朱子孟子集註讀爲扶晚反，今從之。

鄭氏曰：毋摶飯，爲欲致飽，不謙。放飯，去手餘飯於器中，人所穢。大歠，嫌欲疾。孔氏曰：取飯作摶，則易得多，是欲争飽，非謙也。去手餘飯於器中，人所穢也，當棄餘於篚，無篚棄於會。會，謂簋蓋也。朱子曰：放飯，大飯，謂食之放肆而無所節。流歠，長歠，飲之流行而不知止也。

毋咤食，毋齧骨，毋反魚肉，毋投與狗骨，毋固獲，釋文：咤，陟嫁反。齧，五結反。固獲，並如字，徐云：「鄭橫霸反。一音護。」

鄭氏曰：咤食，嫌薄之。齧骨，爲有聲響，不敬。反魚肉，爲已歷口，人所穢。投與狗骨，爲其賤飲食之物。固獲，爲其不廉也。欲專之曰固，争取曰獲。孔氏曰：咤食，謂以舌口中作聲，似嫌主人之食也。毋齧骨者，一則有聲，二則嫌主人食不足，以骨致飽，三則口脣可憎。毋反魚肉，謂與人同器，已齧殘，反還器中，爲人所穢。

毋揚飯，飯黍毋以箸，毋嚃羹，釋文：飯黍，扶晚反。箸，直慮反。嚃，他答反，一音吐計反，又音退。

鄭氏曰：亦嫌欲疾也。嚃，爲不嚼菜。孔氏曰：飯熱當待冷，若揚去熱氣，則爲貪快，傷廉也。飯黍無用箸，當用匕，故少牢云「廩人概匕與敦」，注云：「匕，所以匕黍稷。」是也。羹不嚼菜，含而歠吞之，欲速而多，又有聲，不敬傷廉也。愚謂飯黍毋以箸者，黍雖黏，飯之猶用手而已，不用箸也。少牢禮「上佐食，爾上敦黍於筵上」，賈疏云：「飯黍毋以箸，古者飯食不用匙箸，就器中取之，故移之席上，以便尸食。」是也。飯黍以箸，亦由欲食之急，故不俟其涼，而以箸取之。孔疏謂「飯黍當用匕」，非是。少牢禮「摡匕」，所用取黍稷於甑而實諸敦者，非飯時所用也。

毋絮羹，毋刺齒，毋歠醢。客絮羹，主人辭不能亨；客歠醢，主人辭以窶。釋文：刺，七亦反。亨，普彭反。窶，其禹反。

鄭氏曰：絮羹，爲其詳於味也。絮猶調也。刺齒，爲其弄口也。口容止。歠醢，亦爲詳於味也。歠者，嫌其味淡。主人辭不能亨，辭以窶，優賓也。孔氏曰：絮羹，謂就器中調和鹽梅，是嫌主人味惡也。刺齒，刺取齒間之留，爲弄口，不敬也。醢，肉醬也。醬宜鹹，客若歠之，是醬淡也。 愚謂醢但用以擩物，無歠之之法，若歠之，是其味淡也。窶，言己貧，故不足於味也。

濡肉齒決，乾肉不齒決，毋嘬炙。釋文：溤音濡，字亦作「濡」。嘬，初怪反。○今按：乾音干。

鄭氏曰：決，斷也。乾肉堅，宜用手。嘬炙，爲其貪食甚也。嘬，謂一舉盡臠。特牲、少牢：「嚌之，加於俎。」孔氏曰：火灼曰炙。若食炙肉，先當以齒嚌而反置俎上。嘬者，不細齧之，一舉而併食之也。　愚謂濡肉，胾炙之屬；乾肉，脯脩之屬。○自「共食不飽」至此，雜記飲食之法。

侍飲於長者，酒進則起，拜受於尊所。長者辭，少者反席而飲；長者舉未釂，少者不敢飲。 釋文：少，式召反，下皆同。釂，子妙反。

鄭氏曰：降席拜受，敬也。少者不敢飲，不敢先尊者。盡爵曰釂。　愚謂此侍長者私飲之禮也。必拜受於尊所者，此蓋長者親酌而賜之，故於尊所拜受，不敢煩長者至己席前而授之也。私飲或在室中，其設尊蓋於北墉下與？玉藻：「君若賜之爵，則越席再拜稽首受，登席祭之，飲，卒爵而俟，君卒爵，然後授虛爵。」此「長者舉未釂，少者不敢飲」，與彼異者，君臣尊卑闊絶，侍君飲者無爲賓客之嫌，故先君卒爵，若爲君嘗酒然。侍長者而先飲，則嫌以賓客自居，故長者舉未釂，少者不敢飲，禮各有當也。○鄭氏曰：燕飲之禮鄉尊。　孔氏曰：陳尊之所，貴賤不同。若諸侯燕禮、大射，設尊在東楹之西，尊面有鼻，鼻嚮君，示君專有此惠也。若鄉飲酒及卿大夫燕，則設尊於房户之間，東西列尊，尊面嚮南，酌者嚮北。時主人在阼西嚮，賓在户西牖前南嚮，使賓主得夾尊，示不敢專惠也。今云「拜受於尊所」，當是燕禮，而燕禮不云「拜受於尊所」，鄉飲酒亦無此語，疑是文不具耳。　尊嚮長者，故往尊所，饗長者而拜。愚謂侍飲於長者，謂長者私飲而少者侍之耳，固非臣侍君燕之禮，亦非大夫士燕飲之正。其設尊之所，於禮亦無文可言，而註乃云「燕飲之禮鄉尊」，其説殊不可曉。疏以「鄉尊」之言與玉藻言「唯君面尊」者合，遂以此爲燕禮，又以燕禮無「拜受於尊所」之文，而謂其文不具，不以經正註之失，而反以註疑經之闕，亦可怪矣。且記明言「長者」「少者」，安可以爲君臣燕飲之禮耶？又疏謂燕禮「酌者在尊東饗面」，及「尊鼻饗君」，亦皆非是。説見少儀。

長者賜，少者賤者不敢辭。

鄭氏曰：不敢亢禮也。賤者，僮僕之屬。　吕氏大臨曰：辭讓之節，行於賓主之際而已，體不敵，則毋敢視賓客。

賜果於君前，其有核者懷其核。釋文：核，户革反。

鄭氏曰：嫌棄尊者物也。木實曰果。

御食於君，君賜餘，器之溉者不寫，其餘皆寫。釋文：溉，古愛反。

鄭氏曰：重污辱君之器也。溉，謂陶梓之器。不溉，謂萑竹之器也。寫者，傳己器中乃食之也。勸侑曰御。　孔氏曰：御食非侍者，但是勸侑君食也。寫，謂倒傳之也。器可滌溉者，不畏污則不須倒寫，其餘皆倒寫之。愚謂御食與侍食不同：侍食者，侍君而食；御食者，但勸侑君食而已，故君食畢，或以餘賜之。若侍食，則食畢執飯齊以授從者，不待君賜，以其食本己所當得故也。

餕餘不祭，父不祭子，夫不祭妻。釋文：餕，子閏反。

朱子曰：餕餘之物，不可以祭先祖。如孔子君賜腥則非餕餘，熟之以祭先祖可也。賜食則或爲餕餘，故但正席先嘗而已，不可以祭先祖。雖父不以祭子，夫不以祭妻，不敢以鬼神之餘復以祭也。○戴氏溪曰：父不祭子，夫不祭妻，各使其子主之，明有尊也。此與餕餘不祭，義不相屬。顧氏炎武曰：父不祭子，夫不祭妻，不但名分有所不當，而以尊臨卑，則死者之神亦必不安，故其當祭則有代之者。此謂平日四時之祭，若在喪，則祥禫之祭未嘗不行。○此節諸家之説不同。註疏解「祭」字爲「祭食」之祭，謂「食尊者之餘則祭之」，「若父得子餘，夫得妻餘，不須祭，以其卑故也」。愚謂食之有祭，所以報先代始爲飲食之人，若用食餘以祭，則非所以爲敬。故玉藻「特牲三俎，祭肺，夕深衣，祭牢肉」，若日中而餕，則不祭也。雖尊者之餘，亦不可用以祭矣。且禮惟有卑餕尊者之餘，若父餕子餘，夫餕妻餘，尤禮之所未嘗有也。陳可大謂「食人之餘，及子進饌於父，妻進饌於夫，皆不必祭」。愚謂食人之餘不必祭，固已，若子進饌於父，妻進饌於夫，則恐未有不祭者，觀特牲、少牢禮尸於饌具皆祭之，可見也。朱子與戴氏、顧氏之説皆可通，但上言「御食於君」，下言「御同於長者」，故因而及於餕餘不祭之事，忽於其間言吉祭，未免不倫，又似朱子之説爲長也。

御同於長者，雖貳不辭，偶坐不辭。釋文：坐，才卧反，又如字。

鄭氏曰：謂侍食於長者，饌具與之同也。貳，謂重殽膳也。辭之，爲長者嫌。偶坐不辭，盛饌不爲己。孔氏曰：御，侍也。御同，謂侍食而與長者同饌也。貳，重也。雖重殽膳而不辭者，此饌本爲長者設耳，若辭之，則嫌當長者。偶，媲也。或爲彼客設饌，而召己媲偶共食，此饌本不爲己設，故不辭。一云：偶，二也。謂與他人並坐，主人設饌，己不假辭，以主人意不必在己也。愚謂此御同於長者，謂侍長者而與長者同饌，與上「御食於君」不同。貳，益也，謂食盡而又益之也。弟子職曰：「三飯二斗，左執虚豆，右執梜匕，周旋而貳，唯嗛之視。」侍長者同食，主人益長者之饌，並益己饌，則不必辭，若己辭之，則嫌長者不廉也。若與敵體之人偶坐同食，雖非長者，於貳饌亦不辭，以主人之意不專爲己也。

羹之有菜者用梜，其無菜者不用梜。釋文：梜，古協反，沈又音甲。字林作「筴」，云：「箸也。」

鄭氏曰：梜猶箸也。今人或謂箸爲梜提。孔氏曰：鉶羹有菜交横，非梜不可。無菜者，大羹湆也，直歠之而已。其有肉調者，犬羹兔羹之屬，或當用匕也。

爲天子削瓜者副之，巾以絺；爲國君者華之，巾以綌；爲大夫累之，士疐之，庶人齕之。 釋文：爲，于僞反。副，普逼反。絺，敕宜反。華，胡瓜反。綌，去逆反。累，力果反，一音如字。疐音帝。齕，恨没反，徐胡切反。

鄭氏曰：副，析也。既削，又四析之，乃横斷之，而巾覆焉。華，中裂之，不四析也。累，倮也，謂不巾覆也。疐之，不中裂，横斷去疐而已。齕之，不横斷。 孔氏曰：削，刊也。絺，細葛也。爲天子削瓜，先刊其皮而析爲四也。又横切之，而細葛爲巾，覆上而進之也。華，中破也。綌，麤葛也。諸侯禮降，故破而不四析，亦横斷之，巾用麤葛，覆而進之。爾雅云「瓜曰華之」，郭璞云：「食啖治擇之名。」大夫降於諸侯，直削而中裂横斷而已，不巾覆也。疐，謂脱華處。士不中破，但去疐而横斷，亦不覆也。庶人，府史之屬。齕，齧也，去疐而齕之。此削瓜等級不同，非謂平常之日，當謂公庭大會之時也。 愚謂疐，瓜之連蔓處也。

父母有疾，冠者不櫛，行不翔，言不惰，琴瑟不御，食肉不至變味，飲酒不至變貌，笑不至矧，怒不至詈。疾止復故。 釋文：冠，如字，徐古亂反。惰，徒禾反，一音徒臥反。矧，本又作「哂」，失忍反，又詩忍反。詈，力智反。

鄭氏曰：不櫛、不翔，憂不爲容也。言不惰，憂不在私好。惰，不正之言。琴瑟不御，憂不在樂。不至變味、變貌，憂不在味。笑不至矧，怒不至詈，憂在心，難變也。齒本曰矧，大笑則見。復故，自若常也。孔氏曰：猶許食肉，但不許變味耳。食少則味不變，多食則口味變也。愚謂言之惰慢不正，無時而可，然朋儕相處，時或戲謔，亦人情所不免，所謂一張一弛之道也。惟父母有疾，則憂存於心，而出言益須謹重。故有同此一言，在平日言之，則爲談笑之常；在有憂出之，則有惰慢之失。猶祭統言齊則「防其邪物」，初非不齊之時可有邪物之干也。

有憂者側席而坐，有喪者專席而坐。

鄭氏曰：側猶特也。側席而坐，憂不在接人，不布他面席。專席而坐，降居處也。專猶單也。孔氏曰：案聘禮「公側受醴」，是側猶特也。專猶單也。吉時貴賤有重席之禮，若父母始喪，寢苫無席，卒哭後，芐翦不納，自齊衰以下，始喪而有席，並不重也。胡氏銓曰：側，不正也。漢王嘉、傅喜、魏徐弈傳皆云：「楚有子玉，則文公側席而坐。」王氏曰：專席，與郊特牲「君專席而酢」之專同。

水潦降，不獻魚鼈。

鄭氏曰：不饒多也。　孔氏曰：水潦降，魚鼈難得，故鄭云「不饒多」。或云：水潦降下，魚鼈豐足，不饒益其多。　愚謂水潦降，謂夏時也。襄十年左傳士匄、士偃請於荀罃曰：「水潦將降。」杜預曰：「向夏恐有久雨。」定四年春三月，荀寅曰：「水潦方降。」哀十五年夏，吴大宰嚭曰：「以水潦之不時。」月令季夏：「水潦盛昌。」古者三時取魚，惟夏不取，蓋以水蟲方孕，又水大則魚鼈難得故也。居山不以魚鼈爲禮，非其地也；水潦降，不獻魚鼈，非其時也。

獻鳥者佛其首，畜鳥者則弗佛也。釋文：拂，本又作「佛」，扶弗反。畜，許六反，徐況又反。

鄭氏曰：爲其喙害人也。佛，戾也。蓋爲小竹籠以冒之。畜，養也，養則馴。　孔氏曰：王云：「佛，謂取首戾轉之。」鳥經人養，則不喙害人。　愚謂獻鳥，若行賓客禽獸之類。少儀曰：「其禽加於一雙，則執一雙以將命。」鳥喙能傷人，故執以將命，必佛其首於翼下。鄭謂「用小竹籠冒之」，未知何據，豈因當時有此法而言之與？畜鳥弗佛者，無所事乎佛也。

獻車馬者執策綏，獻甲者執冑，獻杖者執末，獻民虜者操右袂，獻粟者執右契，獻米者操量鼓，獻孰食者操醬齊，獻田宅者操書致。釋文：契，苦計反。量音亮，又音良。齊，本又作「齏」，同子兮反。

鄭氏曰：凡操執者，謂手所舉以告者也。設其大者，舉其小者，便也。甲，鎧也。胄，兜鍪也。民虜，軍所獲也，操其右袂，制之。契，券要也，右爲尊。量鼓，量器名。孔氏曰：策是馬杖，綏是上車之繩。車馬不上於堂，但執策、綏呈之，則知有車馬。甲，鎧也。謂鎧爲甲者，言如龜鼈之有甲也。胄，兜鍪也。鎧大，兜鍪小，小者易舉，執以呈之。杖末拄地不淨，故執以自鄉，以淨頭授人。民虜，征伐所獲，獻之，以左手操囚之右袂，用右手以防其異心。粟，粱稻之屬。契，謂兩書一札，同而别之，右爲尊，以先書爲尊也。米，六米之等。量是斗斛之數，鼓是量器名也。隱義曰：「東海樂浪人呼容十二斛者爲鼓，以量米，故云量鼓。」獻米者執器以呈之。米云「量」，則粟亦量；粟云「契」，則米亦書。但米可即食，爲急，故言「量」；粟可久儲，爲緩，故云「書」。醬齊爲食之主，執主來，則食可知，若見芥醬，必獻魚膾之屬也。書致，謂圖書於板，丈尺委曲，書之而致之於尊者也。以上諸物可動，故不云致；田宅著土，故板圖書畫以致之，故言書，又言致也。然古者田宅悉爲官所賦，本不屬民，今此得獻田宅者，或有重勳，爲君上所賜，可爲己有，故得有獻。愚謂凡以物相授受而有上下者，皆以其上授人，惟有刃者不然。故獻杖執末，而以上端授人，非徒以杖末不淨也。粟可久藏，主人或未即用，故書一券而中别之，留其左者，獻其右者，受獻者欲取粟則執券而合之。粟藏於倉，故獻其契；米操量鼓，則並米獻之，不必用契矣。鼓，量名，其容受之數未聞。疏謂「樂浪人呼容十二斛者爲鼓」，然器容十二斛則不可執以將命，非也。鏘鳴按：左傳昭二十九年「賦晉國一鼓鐵」，正義曰：「服虔云：『鼓，量名也。』曲禮曰：「獻米者操量鼓。」取晉國一鼓鐵以鑄之。』但禮之將命，置重而執輕，鼓可操之以將命，即豆區之類，非大器也。」是孔氏亦以隱義之說爲不然矣。獻田，如鄭歸祊田於魯，子產爲豐施歸州田於韓宣子。獻宅，如郈成子分宅以處右宰穀臣之妻子。古時此類固多有之，不必以田宅不得獻爲疑。

凡遺人弓者，張弓尚筋，弛弓尚角，右手執簫，左手承弣，尊卑垂帨。若主人拜，則客還辟辟拜。主人自受，由客之左，接下承弣，鄉與客並，然後受。 釋文：遺，于季反。弛，本又作「施」，同式是反。弣音撫，徐音甫。帨，徐始鋭反。辟辟，上辟扶亦反，下辟音避。

鄭氏曰：尚筋、尚角，弓有往來體，皆欲令其下曲，隤然順也。遺人無時，已定體則張之，未定體則弛之。簫，弭頭也。謂之簫，簫，邪也。弣，把中。帨，佩巾也，磬折則佩垂。授受之儀，尊卑一。主人拜，拜受也。辟拜，謙不敢當。由，從也。從客之左，右客，尊之。接下，接客手下也。承弣，卻手則簫覆手與？鄉與客並，於堂上則俱南面，禮敵者並授。孔氏曰：此爲敵體，故稱遺也。弓之爲體，以木爲身，以角爲面，筋在外面，張時曲來向內。故遺人則使筋在上，弓身曲向其下，弛時反張向外，筋在曲内，角在曲外。今遺人角向其上，弓形亦曲向下也。弓人云「秋合三材，冬定體」，則合三材之時，可以獻人，故此註云「未定體則弛之」也。弓頭稍剡，差邪似簫，故謂爲簫，又謂爲鞘。執簫，謂客覆右手，執弓下頭也。弣，謂弓把也。地道貴右，主人推客居右，客覆右手，執弓下頭，又卻下左手，以承弓把，以授主人。知是執弓下頭者，下頭拄地不淨，故自執之，以上頭授人，示敬也。還辟，猶逡巡也。主人拜客既竟，從客左而受之，卻左手接客左手之下而承弣，又覆右手捉弓下頭。必知客主俱卻左手承弣，右手覆簫者，若主人用右手承弣，便是倒執弓也。朱子曰：賓主雖或一尊一卑，然皆當磬折垂帨也。愚謂簫在弓之兩頭，此所執者，其下頭也。弓當矢上有箭道，士喪記所謂撻。弓簫雖無上下之異，而以近撻者爲上。帨，佩巾也，磬折則帨垂。尊卑，如兩大夫相問遺，所遺者爲士，主人爲大夫，是賓主尊卑不同，而其儀皆以磬折垂帨爲度也。下篇云：「主佩倚則臣佩垂，主佩垂則臣佩委。」此謂君臣相授受之法。此雖尊卑不同，而非君臣，故賓主皆垂帨也。主人拜，拜受也。還辟辟拜，逡巡以避主人之拜也。由客之左者，主人之位恒在東，客南面而授之，則主人在其左也。接下承弣者，卻左手以接客之手下而承弓弣也。亦覆右手執簫，不言者，文省也。鄉與客並者，與客同面而並授也。

賓主授受之禮，以訝受爲正，此乃並授者，以授弓禮輕也。客不拜送者，客乃使人，弓非己物故也。凡爲使者，於主人之拜受皆不答，於聘禮可以見之。孔氏謂「使者執弓不能拜」，非也。

進劍者左首，

鄭氏曰：左首尊也。孔氏曰：首，劍拊環也。春秋魯定公十年，叔孫之圉人欲殺公若，僞不解禮而授劍末，杜云：「以劍鋒末授之。」鋒是末，則環是首也。劍有匣，又有衣，少儀曰「劍則啟櫝，蓋襲之，加夫襓」，是也。左首者，主人在左，劍首爲尊，以尊處授主人也。對授亦左首，首尊，左亦尊，爲宜也。愚謂執劍左首，爲辟其刺刃故也。

進戈者前其鐏，後其刃，進矛戟者前其鐓。釋文：鐏，在困反，舊子困反。矛，本又作「鉾」，音謀。鐓，本又作「錞」，徒對反。

鄭氏曰：後刃，敬也。三兵鐏、鐓，雖在下猶爲首。鋭底曰鐏，取其鐏地；平底曰鐓，取其鐓地。孔氏曰：戈，鉤孑戟也，如戟而横安刃，但頭不向上爲鉤也。直刃長八寸，横刃長六寸，刃下接柄處長四寸，並廣二寸，用以鉤害人也。刃當頭而利，故不持向人；鐏在尾而鈍，向人爲敬。矛，如鋋而三廉。戟，今之戟也。古作戟，兩邊皆安横刃，長六寸，中刃長七寸半，横刃下接柄處又長四寸半，並廣寸半。鐓爲矛戟柄尾，平底如鐓。柄，下也。以平向人，敬也。亦應並授。不云左右而云「前」「後」者，互文也：若相對則前後也，若並授則左右也。　愚謂戈之横刃曰胡，直刃曰援。戟三鋒：其横刃六寸，下向中矩者曰胡；其中刃長七寸五分，直前者曰刺；其横刃長七寸五分，枝出而磬折者曰援。戈之底鋭，謂之鐏；矛戟之底平，謂之鐓。鐏、鐓蓋皆以金飾之，詩云「厹矛鋈鐓」，是也。三兵皆以其下授人者，避其刃也。凡有刺刃者，以授人則避刃。

進几杖者拂之。

鄭氏曰：尊者所憑依。拂去塵，敬也。　愚謂士昏禮醴賓，「主人拂几，授校」，聘禮醴賓，「公升，側受几於序端，宰夫内拂几三，奉兩端以進，公東南鄉，外拂几三」，有司徹賓尸〔一〕，「主人西面，左手執几，縮之，以右袂推拂几三，二手横執几，進授尸於筵前」，此進几者必拂之也。

效馬效羊者右牽之，效犬者左牽之。

鄭氏曰：用右手便。效，猶呈見也。犬齛齧人，右手當禁備之。　孔氏曰：此亦是遺人，而言

〔一〕「有司徹」，原本作「少牢禮」，據儀禮改。

效，亦互文也。馬羊多力，人右手亦有力，故用右手牽掣之。犬好齧齧人，故左牽之，而右手防禦也。少儀：「獻犬則右牽之。」彼是田犬，畜犬不齧人，不須防；此是充食之犬，故防之。

執禽者左首，

鄭氏曰：左首尊。　呂氏大臨曰：執禽者左首，謂贄也。禽摯，若卿執羔，大夫執雁，士執雉，庶人執鶩，工商執雞是也。士相見禮云：「摯，冬用雉，夏用腒，左頭奉之。」

飾羔雁者以繢。 釋文：繢，胡對反。

鄭氏曰：繢，畫也。諸侯大夫以布，天子大夫以畫。　孔氏曰：飾，覆也。畫布爲雲氣，以覆羔雁爲飾。士相見禮云「下大夫以雁，上大夫以羔，飾之以布」，並不言繢。此言繢者，彼是諸侯之卿大夫，卑，但用布；此天子卿大夫，尊，故畫之也。　陸氏佃曰：案士相見禮「下大夫以雁，飾之以布」，言飾，則繢可知。　愚謂天子諸侯之大夫無異贄，則亦未必有異飾，疑陸氏之説得之。

受珠玉者以掬， 釋文：掬，九六反。兩手曰掬。

鄭氏曰：慎也。掬，手中。　孔氏曰：置在手中，不用袂承之，恐墜落也。

受弓劍者以袂。

鄭氏曰：敬也。孔氏曰：不露手取之，用衣袂承接之，以爲敬也。愚謂此言受弓劍於尊者之法也。大射禮云：「大射正執弓，以袂順左右隈，上再下壹，左執弣，右執簫，以授公。」此授弓用袂，則受弓可知。

飲玉爵者弗揮。

鄭氏曰：爲其寶而脆。孔氏曰：揮，振去餘也。愚謂揮爵而去其餘瀝，易於失墜也。

凡以弓劍、苞苴、簞笥問人者，操以受命，如使之容。釋文：苴，子餘反。簞音單。笥，思嗣反，字林先自反，沈息里反。使，色吏反，下並同。

鄭氏曰：問猶遺也。苞苴，裹魚肉，或以葦，或以茅。簞笥，盛飯食者。圓曰簞，方曰笥。孔氏曰：苞者，以草苞裹魚肉之屬也。故尚書云：「厥苞橘柚。」苴者，以草藉器而貯物也。詩云：「野有死麕，白茅包之。」内則云：「炮取豚，編萑以苴之。」既夕禮云：「葦苞長三尺。」是裹魚肉用茅及葦也。簞圓笥方，俱是竹器，亦以葦爲之。問人，因問而有物遺之也。或自有事問人，或因彼有事而問之，悉有物將其意，自「弓」「劍」以下皆是也。使者操持諸物，進受尊者之命，先習其威儀進退，如至其所使國時之儀容。呂氏大臨曰：苞苴，魚肉果食也。書曰「厥包橘柚」，易曰「包有魚」，詩曰「野有死麕，白茅包之」，是也。簞，論語「一簞食」是也。笥以盛衣服，書曰「惟衣裳在笥」是也。○自「水潦降，不獻魚鼈」至此，論以物相獻遺及授受之法。

凡爲君使者，已受命，君言不宿於家。 釋文：爲，于僞反。

鄭氏曰：急君使也。言，謂有故所問也。聘禮曰：「若有言，則以束帛，如饗禮。」 孔氏曰：受君言，宜急去，不敢留宿於家也。故聘禮「既受命，遂行，舍於郊」，是也。 愚謂君言即君命也。註説非是。此通言爲君出使之禮，不當專據有言者。

君言至，則主人出拜君言之辱。使者歸，則必拜送于門外。

鄭氏曰：敬君命也。此謂君問事於其臣也。 孔氏曰：出，出門拜迎君命也。辱者，言屈辱尊者之命來也。 愚謂出拜君言之辱，拜送於門外，皆於大門之外也。

若使人於君所，則必朝服而命之。使者反，則必下堂而受命。 釋文：朝，直遥反。

鄭氏曰：此臣有所告請於其君。 孔氏曰：朝服命使，敬也。命使者朝服，則君言至亦朝服受之，互文也。不出門者，已使卑於君使也。 愚謂命使者亦下堂，受命亦朝服，文互相備也。士喪禮：「乃赴於君，主人西階東南面命赴者，拜送。」少儀曰：「凡膳告於君子，主人展之，以授使者於阼階之南，南面再拜稽首送。」是命使亦下堂明矣。受命時當北面，使者於阼階上致君命，而臣於阼階下中庭北面受之也。

博聞强識而讓，敦善行而不怠，謂之君子。釋文：識，如字，又式異反。行，下孟反，皇如字。

識，記也。博聞强識以窮理，而居之以讓，則不自滿假，而所知日益精。敦善行以修身，而不至於怠，則日新不已，而其德日益進。斯可爲成德之君子矣。

君子不盡人之歡，不竭人之忠，以全交也。

鄭氏曰：歡，謂飲食。忠，謂衣服之物。呂氏大臨曰：君子躬自厚而薄責於人。責人厚而莫之應，此交之所以難全也。歡，謂好於我。忠，謂盡心於我。好於我者，望之不深，則不至於倦而難繼也。「酬酒不舉三酌，油油而退」，是也。盡心於我者，不要其必力致，則不至於不能勉而絶也。「每有良朋，烝也無戎」，是也。愚謂歡以情之見於外者言，忠以意之主於中者言。盡人之歡，竭人之忠，則應之者難而交道苦矣，故君子戒之。

禮曰：「君子抱孫不抱子。」此言孫可以爲王父尸，子不可以爲父尸。

鄭氏曰：以孫與祖昭穆同。孔氏曰：凡稱「禮曰」者，皆舊禮語也。祭祀之禮必須尸，尸必以孫。今子孫行並幼弱，得抱孫爲尸，不得抱子爲尸。記者既引舊禮，又自解之云「此言孫可以爲王父尸，子不可以爲父尸」故也。曾子問曰：「孫幼則使人抱之，無孫則取於同姓可也。」是有抱孫之法也。○孔氏曰：天子至士皆有尸，宗廟之祭，皆用同姓之嫡。天子諸侯之祭，用卿大夫爲之。故既醉註云：「天子以卿。」鄭箋云：「諸侯入爲天子卿大夫，故云公尸。」天子既然，明諸侯亦爾。大夫士亦用同姓嫡者，鄭註特牲禮：「大夫士以孫之倫爲尸。」言倫，明非己孫。皇侃用崔靈恩義，以大夫用己孫爲尸，恐非也。若新喪虞祭之時，男女各立尸。故士虞禮云：「男，男尸。女，女尸。」至祔祭之後，止用男之一尸，以祔祭漸吉故也。凡吉祭止用一尸，故祭統云「設同几」，是也。天子祭天地、社稷、山川、四方、百物及七祀之屬，諸侯祭社稷、境内山川，及大夫祭五祀，皆有尸。外神之屬，不問同姓異姓，但卜吉則可爲尸。若祭勝國之社稷，則士師爲尸。異義：「公羊説：『祭天無尸。』左傳説：『晉祀夏郊，以董伯爲尸。』虞夏傳云：『舜入唐郊，以丹朱爲尸。』是祭天有尸也。」許慎引「魯郊祀曰『祝延帝尸』，從左傳之説」也。程子曰：古人祭祀有尸，極有深意。喪人之魂魄既散，孝子求神而祭，無主則不依，無尸則不饗。魂氣必求其類而依之，人既與人相類，骨肉又爲一家之類，己與尸各已潔齊，至誠相通，以此求神，宜其饗之。後世不知此，直以尊卑之勢，遂不肯行耳。朱子曰：古人祭祀，無不用尸，非惟祭祖、禰，祭外神亦用尸。不知祭天地何如，想惟此不敢爲尸。杜佑謂「古人用尸，蓋上古樸陋之禮」。看來古人自有深意，非樸陋也。愚謂此言「孫可以爲王父尸」，曾子問曰「尸必以孫」，是則尸用己孫明矣。如祭父，則取兄弟之適子爲尸。故祭統云：「所使爲尸者，於祭者子行也。」士大夫所祭近，故無孫而取於同姓者；若天子諸侯祭其宗廟，則所取爲尸者，皆其所祭之祖之所出，又不必取於同姓矣。鄭氏謂「大夫士以孫之倫爲尸」，蓋兼容無孫者言之。孔氏乃據此而謂「尸不用己孫」，非徒棄經信傳，亦不善會鄭義矣。吉祭祭祖考而以妣配，止用男之一尸。若祔祭，則雜記云：「男子祔於王父則配，婦人祔於王母則不配。」祔後練、祥，又特祭新死者於寢，皆當男女別尸。至三年喪畢，新主入廟吉祭，然後止用男尸。孔疏謂「祔祭漸吉，止用男尸」，亦非是。周禮墓祭則冢人爲尸，祭勝國之社稷則士師爲尸。是祭外神皆有尸也。朱子謂「祭天地不敢用尸」，蓋以其至尊而不敢以人象之也。節服氏：「郊祀則裘、冕二人執戈送逆尸，從車。」執戈送逆尸者惟二人，則是惟配帝一尸而天無尸矣。晉語「祀夏郊，董伯爲尸」，韋昭云：「神不歆非類，董伯其姒姓乎？」虞夏傳云：「舜入唐郊，丹朱爲尸。」董伯與丹朱亦皆配帝之尸耳。許慎所引魯郊祀，蓋未足據也。

爲君尸者，大夫士見之則下之，君知所以爲尸者則自下之。尸必式，乘必以几。釋文：乘，繩證反。

鄭氏曰：下之，尊尸也。下，下車也。國君或時幼少，不能盡識羣臣，有以告者，乃下之。尸必式，禮之。乘必以几，尊者慎也。孔氏曰：此謂臣爲君尸，已被卜吉，君許用者也。古者致齊各於其家。散齊亦猶出在路，及至祭日之旦，俱來入廟，故羣臣得於路見君之尸，皆下車而敬之。散齊之時，君若在路見尸，亦自下車敬之。所以知是散齊者，君致齊不復出行，若祭日，君先入廟，後乃尸至也。言「知」，則初有不知，謂君年或幼少，不能並識羣臣，故於路或不識而臣告君，君乃下也。尸必式者，廟門之外，尸尊未伸，不敢亢禮，不可下車，故式爲敬，以答君式，謂俯下頭也。古者車箱長四尺四寸而三分，前一後二，横一木，下去車牀三尺三寸，謂之爲式。又於式上二尺二寸横一木，謂之爲較，較去車牀五尺五寸。若平常則馮較，若應爲敬，則落手下隱式，而頭得俯俛。後云「式視馬尾」，是也。愚謂特牲禮「前期三日筮尸」。少牢禮「前宿一日宿戒尸，明日朝筮尸」，鄭註云：「不前期三日筮尸，大夫下人君。」賈疏云：「天子諸侯前祭三日卜尸，得吉，又戒宿諸官，使之致齊。士卑，不嫌，得與人君同三日筮尸，但不得散齊七日耳。大夫尊，不敢與人君同，直散齊九日，前祭一日筮宿尸，並宿諸官致齊也。」是人君散齊之時，尸猶未卜，卜尸得吉，遂致齊，尸與人君大夫士皆不出矣。此云大夫士及君下尸者，蓋卜尸雖在祭前三日，而前期十日卜日之時，即擬一人爲尸，至祭前三日又卜之，故散齊時人君及大夫士得見此將卜爲尸者而下車也。節服氏「郊祀則二人執戈送逆尸，從車」，人君之尸亦當有執戈者，若祭日入廟，君見尸，必無不知。云「君知所以爲尸者」，則是尸猶未卜，其威儀尚與羣臣無别，故君或不知，而待人告之也。車之在兩旁者曰較，其當人之前者曰式。較高五尺五寸，可一手憑之以爲安；式高三尺三寸，用兩手憑之以爲敬。疏言較與式高下之度，及平常憑較，敬則憑式，皆是也。而言較在式上，則非是。尸必式者，君及大夫士爲尸下，尸則俯而憑式以答其敬也。尸不下者，所以全尸之尊也。疏謂「不敢亢禮」，亦非也。尸於大夫士亦式，則非以不敢亢禮明矣。乘必以几者，謂乘車之時必履几以升也。士昏禮云：「婦乘以几。」蓋履几升車者，尊者及婦人之禮也。若天子則用石，隸僕「王行，洗乘石」，是也。疏謂「几在式上，以手據之」，亦非也。

齊者不樂不弔。釋文：齊，側皆反。樂音洛。○今按：樂當如字。

鄭氏曰：爲哀樂則失正，散其思也。愚謂不樂，謂不聽樂也。致一謂之齊。不樂不弔，爲心志之感於哀樂而散也。

居喪之禮，毀瘠不形，視聽不衰，升降不由阼階，出入不當門隧。釋文：隧音遂。

鄭氏曰：形，骨見也。孔氏曰：毀瘠，羸瘦也。形，骨露也。骨爲人身之主，故謂骨爲形也。居喪乃得羸瘠，不許骨露見也。阼階，主人之階也。孝子事死如事生，故在喪思慕，猶若父在，不忍從阼階上下也。若祔祭以後，則得升阼階。案士虞禮云：「卒哭稱哀子，祔祭稱孝子。」祔祭如饋食之禮，既同於吉，則孝子得升阼階也。雜記：「弔者入，主人升堂西面。」既言西面，則是升自阼階。此未葬得升阼階者，敬異國之賓也。愚謂不形不衰，爲其廢喪事而將至於滅性也。門隧，門外當門之中道。既夕禮「甸人抗重出自道」，是也。卒哭以吉祭易喪祭，主人蓋當即位於阼階與？既由阼階升降，則亦可由門隧出入矣。

居喪之禮，頭有創則沐，身有瘍則浴，有疾則飲酒食肉，疾止復初。不勝喪，乃比於不慈不孝。釋文：創，初良反，又初亮反。瘍音恙，本又作「痒」。勝音升。

鄭氏曰：勝，任也。孔氏曰：不留身繼世，是不慈也。違親生時之意，是不孝也。然本心實非爲不孝，故言比也。愚謂言此者，所以見沐浴及飲酒食肉乃慮其不勝喪而爲之也。

五十不致毀；六十不毀；七十唯衰麻在身，飲酒食肉，處於内。釋文：衰，七雷反。

鄭氏曰：所以養衰老。人五十始衰。孔氏曰：致，極也。五十始衰，居喪許毀，而不得極羸瘠也。六十轉衰，都不得毀也。愚謂六十雖不毀，其居處飲食猶用居喪之禮。至七十，但有喪服，而飲酒食肉，處於内，則不疏食，不居廬，爲其精力益衰故也。

生與來日，死與往日。鄭註：與，或爲「予」。

鄭氏曰：與猶數也。生數來日，謂成服杖以死明日數也。死數往日，謂殯斂以死日數也。此士禮貶於大夫者，大夫以上皆以來日數。士喪禮曰「死日而襲，厥明而小斂，又厥明大斂而殯」，則死三日，而更言「三日成服杖」，似異日矣。喪大記曰：「士之喪，二日而殯，三日之朝，主人杖。」二者相推，其然明矣。孔氏曰：大夫尊，成服及殯皆不數死日，則天子諸侯亦悉不數死日也。愚謂王制曰：「天子七日而殯，七月而葬。諸侯五日而殯，五月而葬。大夫士三日而殯，三月而葬。」以春秋考之，天子諸侯之葬，其七月五月皆並數死月。由葬以推殯，由天子諸侯以推大夫士，其數殯葬日月之法可見矣。則生與來日，死與往日者，固上下之達禮也。然喪大記云：「君之喪，五日既殯，授大夫世婦杖。」「大夫之喪，三日之朝，既殯而杖。」「士之喪，二日而殯，三日之朝杖。」士之二日而殯，並數死日爲三日，則君之五日而殯，並數死日爲六日，大夫之三日而殯，並數死日爲四日矣。其所以異者何也？蓋殯日之連數死日者，固制禮之本法然也。然襲與小斂、大斂，大夫士皆異日，諸侯必間一日，天子必間二日。而死有早晚之不同，如死在昏暮，頃刻之間不能遽畢襲事，則必至次日乃襲，而小斂、大斂皆當下移一日。士與君大夫皆當如此，但君大夫位尊而事舒，故喪大記言「五日而殯」、「三日而殯」，士位卑，故喪大記言「二日而殯」。蓋生與來日，死與往日，雖有一定之禮，而其中自有變通之宜，雖禮無明文，而以人情物理推之，必當出於此也。

知生者弔，知死者傷。知生而不知死，弔而不傷；知死而不知生，傷而不弔。

釋文：傷，如字，舊式亮反。

鄭氏曰：人恩各施於所知也。弔、傷，皆致命辭也。雜記曰：「諸侯使人弔，辭曰：『寡君聞君之喪，寡君使某，如何不淑！』」此施於生者，傷辭未聞也。説者有弔辭云：「皇天降灾，子遭罹之，如何不淑！」此施於死者，蓋本傷辭。辭畢退，皆哭。

弔喪弗能賻，不問其所費；問疾弗能遺，不問其所欲；見人弗能館，不問其所舍。 釋文：賻音附。不問其所費，費，芳味反，一本作「有所費」。下句放此。遺，於季反。

鄭氏曰：皆爲傷恩也。見人，見行人。館，舍也。王氏安石曰：辭口惠而實不至也。

愚謂問其所費，問其所用多寡之數及足否也。公羊傳曰：「錢財曰賻。」穀梁傳曰：「歸生者曰賻。」二説皆是也。含、襚、贈、賵，皆施於死者，惟賻則所以助生者之費。少儀：「臣爲君喪，致貨貝於君。」案含以玉，襚以衣，賵以束帛及馬，贈以束帛，則貨貝是賻物可知。是賻用錢貝也。

賜人者不曰「來取」，與人者不問其所欲。

鄭氏曰：與人不問其所欲，己物或時非其所欲，將不與也。王氏安石曰：爲人養廉也。

吕氏大臨曰：賜人者使之來取，人之所難取也。與人者問所欲，人之所難言也。賜之而難取，與之而難言，非所以惠人之道也。陳氏澔曰：賜者君子，與者小人。愚謂君子多自好，故賜之不曰「來取」，所以養其廉。小人多苟得，故與之不問其所欲，所以節其貪。

禮記卷四

曲禮上第一之四

適墓不登壟，釋文：壟，力勇反。

鄭氏曰：爲其不敬。壟，冢也。墓，塋域。

助葬必執紼，釋文：紼音弗。

鄭氏曰：葬，喪之大事。紼，引車索。孔氏曰：繩屬棺曰紼，屬車曰引。助葬本非爲客，正是助事耳，故宜必執綍也。愚謂送葬在塗時，或有不執引而散行在後者，若柩車至墓，脱載除飾，以紼屬於柩而下之，助人之葬必宜執此紼也。

臨喪不笑，

鄭氏曰：臨喪宜有哀色。

揖人必違其位。

鄭氏曰：禮以變爲敬。

望柩不歌，入臨不翔。釋文：柩，求又反〔一〕。臨，如字，舊力鴆反。

鄭氏曰：哀傷之，無容樂。孔氏曰：臨人之喪，不得趨翔爲容也。愚謂不歌是不爲樂，不翔是不爲容。

當食不歎。

鄭氏曰：食或以樂，非歎所。陳氏澔曰：唯食忘憂，非歎所也。

鄰有喪，舂不相；里有殯，不巷歌。釋文：舂，束容反。相，息亮反。

鄭氏曰：助哀也。相，送杵聲。方氏慤曰：未祥之前，謂之有喪；未葬之前，謂之有殯。鄰言有喪，舂不相，則有殯可知；於里言有殯，不巷歌，則有喪可知。舂猶不相，則不巷歌可知；不巷歌，則容或相舂矣。五家爲鄰，五鄰爲里。鄰近而里遠，鄰寡而里衆，故哀不能無輕重淺深之分焉。愚謂方氏之説皆是，惟云「里言有殯，不巷歌，則有喪可知」，尚未當。

〔一〕「求」，原本作「本」，據禮記注疏及經典釋文改。

蓋里有殯，不巷歌，則既葬之後，歌或非所禁矣。鄰里之哀，非但輕重淺深之不同，而其久暫固有别矣。

適墓不歌，

鄭氏曰：非樂所。

哭日不歌。

鄭氏曰：哀未忘也。孔氏曰：論語云「子於是日哭，則不歌」，則弔日之朝亦得歌樂，但弔以還，其日晚不歌耳。愚謂哀樂之情不並行，孔謂「弔日之朝得歌樂」，未爲通論。如有服之親，將往哭之，未哭之前，豈容歌樂乎？但聞喪無定時，如日中方聞喪，則朝時歌樂，難以預禁。故論語云「子於是日哭，則不歌」，檀弓云「弔於人，是日不樂」，皆但據弔後言之。

送喪不由徑，送葬不辟塗潦。釋文：辟音避，本亦作「避」。

鄭氏曰：所哀在此。愚謂喪，謂死於外而以尸若柩歸者，春秋「公之喪至自乾侯」，是也。於送喪言「不由徑」，於送葬言「不辟塗潦」，亦互文也。

臨喪則必有哀色，執紼不笑，臨樂不歎，介冑則有不可犯之色。故君子戒慎，不失色於人。

鄭氏曰：貌與事宜相配。　呂氏大臨曰：色必稱其服，情必稱其色，所謂不失色也。○自「適墓不登壟」至此，記吉凶威儀容止之事。

國君撫式，大夫下之；大夫撫式，士下之。釋文：下，遐駕反，下同。

鄭氏曰：撫猶據也。據式小俛，崇敬也。乘車必正立。　孔氏曰：謂君臣俱行，君式則臣宜下車。言「大夫」，則士可知，若士爲大夫之臣，亦如大夫之於君也。　愚謂大夫士尊卑等級不同，故大夫撫式，則士下之，不必爲大夫之臣也。

禮不下庶人，

鄭氏曰：爲其遽於事，且不能備物。　孔氏曰：張逸云：「庶人非是都不行禮，但以其遽務不能備之，故不著於經文三百，威儀三千耳。其有事，則假士禮行之。」　愚謂庶人非無禮也，以昏則緇幣五兩，以喪則四寸之棺，五寸之椁，以葬則懸棺而窆，不爲雨止，以祭則無廟而薦於寢。此亦庶人之禮也，而曰「禮不下庶人」者，不爲庶人制禮也。制禮自士以上，士冠、士昏、士相見是也。庶人有事，假士禮以行之，而有所降殺焉。蓋以其質野則於節文或有所不能習，卑賤則於儀物或有所不能備也。

刑不上大夫。釋文：上，時掌反。

鄭氏曰：不與賢者犯法，其犯法則在八議輕重，不在刑書。孔氏曰：五刑三千之科條，不設大夫犯罪之目。所以然者，大夫必用有德，若逆設刑，則是君不知賢也。張逸云：「謂所犯之罪，不在夏三千、周二千五百之科，不使賢者犯法也，非謂都不刑其身也，其有罪則以八議議其輕重耳。」陳氏澔曰：不制大夫之刑，猶不制庶人之禮也。○漢書賈誼曰：「刑不上大夫，所以厲寵臣之節也。」「遇之有禮，故羣臣自憙；嬰以廉恥，故人矜節行。」

刑人不在君側。

鄭氏曰：爲其怨恨爲害也。春秋傳曰：「近刑人則輕死之道。」

兵車不式，武車綏旌，德車結旌。釋文：綏，耳崔反。

鄭氏曰：兵車不式，尚威武，不崇敬。綏旌，盡飾也。綏，謂舒垂之也。武車，亦兵車。結旌，不盡飾也。結，謂收斂之也。德車，乘車。孔氏曰：兵車，革路也。兵車尚武猛，宜無推讓，故不爲式敬。武車亦革路。取其建戈刃，即云兵車；取其威猛，即云武車也。旌，謂車上旗旛，尚威武，故舒旗旛之旒，以見爲美也。德車，謂玉路、金路、象路、木路，四路不用兵，故曰德車。德美在內，不尚赫奕，故纏結其旒，著於竿也。方氏慤曰：周官「道車載旞，斿車載旌」。此武車、德車並言「旌」，猶司常通謂「九旗」也。愚謂王之玉路建大常則不結旌，而使人維之，故節服氏「朝覲，六人維王之大常」。維之，亦結之之意也。左傳晉人「辛未治兵，建而不旆，壬申旆之」。旆與不旆，即綏旌結旌之事。是兵車亦有時結旌，但德車以結旌爲常耳。

史載筆，士載言。

鄭氏曰：謂從於會、同，各持其職以待事也。筆，謂書具之屬。言，謂會、同盟要之辭。孔氏曰：史謂國史，書録王事者。王若舉動，史必書之；王若行往，則史載書具而從之也。不言簡牘而云筆者，筆是書之主，則餘載可知。士，謂司盟之士。言，謂盟會之辭，舊事也。崔靈恩云：「必載盟會之辭者，或尋舊盟，或用舊會之禮，應須知之也。」愚謂史謂大史、内史之屬。周禮大史「大朝覲會同，以書協禮事」；「内史掌書王命」。士，大史、内史之士。周禮「大史，下大夫二人，上士四人」；「内史，中大夫一人，下大夫二人，上士四人，中士八人，下士十有六人」。君出則大史、内史載筆以從，以備紀載；其士又載舊時紀載之言，以備徵考也。

前有水則載青旌，前有塵埃則載鳴鳶，前有車騎則載飛鴻，前有士師則載虎皮，前有摯獸則載貔貅。釋文：載音戴，本亦作「戴」。騎，其寄反。貔，婢支反，徐扶夷反。貅，本亦作「貅」，許求反，又虛蚪反。○鄭註：士，或爲「仕」。○今按：「載」字，方氏、胡氏讀如字，亦通。

鄭氏曰：載，謂舉於旌首以警衆也。禮，君行師從，卿行旅從。前驅舉此，則士衆知所有。所舉各以類象。青，青雀，水鳥。鳶鳴則將風。鴻，取飛有行列也。士師，謂兵衆。虎，取其有威勇也。貔貅，亦摯獸也。書曰：「如虎如貔。」孔氏曰：軍行銜枚，若有非常，不能傳道，且人衆廣遠，難可周徧，故前有變異，則象類示之。左傳云「前茅慮無」，是也。青雀，水鳥，畫於旌上，軍行值水則舉示之，軍士望見，則知前必值水而防之也。鳶，鴟也。鴟鳴則風生，風生則塵埃起，前有塵埃，則畫鳶於旌首而載之。不直言鳶而云鳴者，鳶不鳴則風不生，故畫作開口如鳴時也。不言旌，從可知也。車騎，彼人之車騎也。鴻，鴻雁。雁飛有行列，與車騎相似，軍行見彼人車騎，則畫鴻於旌首而載之也。然古人不騎馬，經記正典無言騎者。今言騎，當是周末時禮。士師，兵衆。虎威猛，亦兵衆之象，若見兵衆，則舉虎皮於竿首也。摯獸猛而能擊，虎狼之屬。貔，一名白豹，虎類。爾雅曰：「貔，白狐也。」貔貅是一獸，亦有威猛，若前有猛獸，則舉此貔貅也。一云：與虎皮並畫作皮於旌。一云：並載其皮。　方氏慤曰：載，謂建之於車而警衆於後也。　愚謂既言車騎，又言士師，則士師謂徒兵也。

行，前朱雀而後玄武，左青龍而右白虎，招摇在上，急繕其怒。釋文：招摇，並如字。繕，依註音勁，吉政反。○朱雀，今本註疏作「朱鳥」，衛氏集説及石經作「朱雀」，與孔疏合，今從之。又按「繕」字，吕氏、陸氏、胡氏皆讀如字，義亦通。

鄭氏曰：以四獸爲軍陳，象天也。急猶堅也。繕讀曰勁。又畫招摇星於旌旗上，以起居堅勁，軍之威怒，象天帝也。招摇在北斗杓端〔一〕，主指者。孔氏曰：前明軍行逢值之禮，此明軍行象天文而作陳法也。前，南。後，北。左，東。右，西。朱雀、玄武、青龍、白虎，四方宿名。軍前宜捷，故用朱雀；軍後宜殿，故用玄武。玄武，龜也。龜有甲，能禦侮也。左爲陽，陽能發生，象龍變生也。右爲陰，陰沈能殺，虎沈殺也。軍之左右，生殺變應如龍虎也。軍行畫此四獸於旌旗，以標前後左右之軍陳。招摇，北斗第七星。春秋運斗樞云：「北斗七星：一天樞，二璇，三機，四權，五衡，六開陽，七摇光。一至四爲魁，五至七爲標。」摇光，即招摇也。北斗居四方宿之中，以斗末從十二月建而指之，則四方之宿不差。今軍行法之，亦作此北斗星，在軍中舉之於上，以指正四方，使四方之陳不差，故云「招摇在上」也。並作七星而獨云「招摇」者，舉指者爲主也。勁，利也。其怒，士卒之怒也。軍行，既張四宿於四

〔一〕禮記注疏「招摇」下有「星」字。

方，標招摇於中上，象天之行，故軍旅士卒起居舉動，堅勁奮勇，如天帝之威怒也。鄭云「畫招摇星於旌旗上」，則四物皆畫可知矣。　吕氏大臨曰：周官「司常掌九旗之物名」：所謂「交龍爲旂」，象青龍也；「熊虎爲旗」，象白虎也；「鳥隼爲旟」，象朱雀也；「龜蛇爲旐」，象玄武也。急，迫之也。繕，脩也。言作而致其怒也。　陸氏佃曰：前朱雀，旟是也。後玄武，旐是也。左青龍，旂是也。右白虎，旗是也。招摇在上，大常是也。　胡氏銓曰：招摇，蓋謂主兵者以四獸之旌招摇指揮耳。繕，完也。春秋傳云「征繕」，又云「繕甲兵」。鄭以繕爲勁，恐非。　愚謂行謂軍行也。朱雀、玄武、青龍、白虎，皆畫之於旌，以表軍陳者：朱雀，鶉也。師曠禽經云：「赤鳳謂之鶉。」南方七宿，有朱雀之象，故前軍之旗畫爲朱鳥以象之。玄武，龜蛇也。北方七宿，有玄武之象，故後軍之旗畫爲玄武以象之。東方七宿，有青龍之象，故左軍之旗畫爲青龍以象之。西方七宿，有白虎之象，故右軍之旗畫爲白虎以象之。考工記曰：「龍旂九斿，以象大火也。鳥旟七斿，以象鶉火也。熊旗六斿，以象伐也。龜蛇四斿，以象營室也。」六月之詩曰：「織文鳥章，白旆央央。元戎十乘，以先啟行。」鳥章，鳥隼之章也，而以啟行，此前朱雀也。出車之詩曰：「我出我車，于彼牧矣。」又曰：「我出我車，于彼郊矣，建此旐矣。」在牧者爲前軍，則在郊者爲後軍，而建旐，此後玄武也。招摇，陸氏以爲大常，是也。左傳「三辰旂旗，昭其明也」，杜預云：「三辰，日月星也。」疏云：「九旗之物，日月爲常。」不云「畫星」，蓋大常之上又畫星也。穆天子傳稱「天子葬盛姬，建日月七星」。戰國策：「建九斿，從七星之旟，此天子之位也。」大常兼畫日月七星，此獨言「招搖」，取其居四旗之中，以指正四方也。胡氏解招搖爲指揮之義，義亦可通。史記孔子世家：「招搖市過之。」漢書郊祀歌：「體招搖，若永望。」上，謂車上。招搖在上，所謂綏旌也。謂四旗垂其旒縿，飛動於兵車之上，所以急振起其士卒之怒氣，此所以晉人旆而諸侯畏之也。

進退有度，左右有局，各司其局。

鄭氏曰：度，謂伐與步數。局，部分也。　孔氏曰：牧誓云：「今日之事，不愆於六步七步，乃止齊焉。」「四伐五伐，乃止齊焉。」一擊一刺爲一伐。爾雅云「局，分也」，郭璞云：「謂部分也。」左右有局者，軍在左右，各有部分，不相濫也。　愚謂此謂戰時之法也。軍之或進或退，各有度數。大司馬：「中軍以鼙令鼓，鼓人皆三鼓，司馬振鐸，羣吏作旗，車徒皆作。鼓行，鳴鐲，車徒皆行，及表乃止。三鼓，摝鐸，車徒皆坐。又三鼓，振鐸，作旗，車徒皆作。鼓進，鳴鐲，車驟，徒趨，及表乃止，坐作如初。乃鼓，車馳，徒走，及表乃止。鼓戒三闋，車三發，徒三刺，乃鼓退，鳴鐃且卻，及表乃止，坐作如初。」所謂「進退有度」是也。左傳：「欒書欲載厲公，欒鍼曰：『書退！離局，姦也。』」是軍之左右各有部分也。左右之師各司其局，則部分明而進退亦聽之矣。○自「前有水」至此，記人君出師，車騎軍陳之法。

父之讎弗與共戴天，兄弟之讎不反兵，交遊之讎不同國。鄭註：交遊，或爲「朋友」。

鄭氏曰：父者子之天，殺己之天，與共戴天，非孝子也。行求殺之，乃止。不反兵，恒執殺之備。不同國，讎不吾避，則殺之。孔氏曰：父之讎弗與共戴天者，不可與共處於天下也。天在上，故曰戴。檀弓云：「父母之讎，寢苫枕干，不仕，弗與共天下也。遇諸市朝，不反兵而鬬。」並是不共天下也。而調人云「父之讎辟諸海外，則得與共戴天」者，謂孝子之心不許共讎人戴天，必殺之乃止，調人謂逢遇赦宥王法，辟諸海外，孝子雖欲往殺，力所不能也。兄弟謂親兄弟也。不反兵者，謂帶兵自隨，見即殺之也。檀弓云「父母之讎不反兵」，「兄弟之仇，仕不與共國」，而此云「兄弟不反兵」者，父母不反兵於普天之下，兄弟不共國，謂不同中國也。父母仇讎則不仕，不辟市朝，兄弟仇讎則猶仕而辟市朝也。而亦同不反兵，則同體重之也。而調人云「兄弟之讎，辟諸千里之外」者，亦謂會遇恩赦之法也。檀弓又云「銜君命而使，雖遇之不鬬」，雖同不反兵，與父母讎異也。交遊之讎不同國者，交遊，朋友也，爲朋友亦報仇。故前云「父母存，不許友以死」，則知父母没，得爲朋友報也。不同國者，謂不共五等一國之中也。調人云「從父兄弟之讎不同國」，與此同。又調人云「主友之讎，視從父兄弟」，是主友亦同此與？調人皆謂會赦，故不同國，雖不同國，國外百里二百里則可，其兄弟仕不與共國，必須相去千里之外也。但從父兄弟及交遊、主友報讎之時，不自爲首。故檀弓云「從父兄弟之仇不爲魁，主人能，則執兵而陪其後」也。其君之讎，調人云「視父」。「師長之讎視兄弟」，則姑、姊妹、伯叔皆視兄弟。賈氏公彦曰：兄弟、從父兄弟等之讎，皆謂無子復無親於己者，故據己親疏爲遠近，若有子及有親於己者，則自從親爲斷。愚謂殺人者死，人之父兄見殺，不治以士師之法，而使其子弟自復焉，何也？考之調人所謂讎者，則「過而殺傷人者」，乃司刺所謂「不識」「過失」「遺忘」，而法之所宥也。雖然，宥之者朝廷之法，而爲子弟者，不能以其父兄之過而見殺，而遂已焉。夫是以和之而使辟，不可，則與之瑞節而執之。若此者，皆無事乎復讎者也。讎之有事乎復者，蓋其和之而不聽，辟之而不可，執之而不能者。此非吏之有所徇，則勢之有所格也。於是孝子弟弟，迫於不得已之情，起而剸刃讎人之胸，先王亦原其情而聽之，不以爲法之所已宥而禁之也。雖然，徇乎人之情，而其端既開，將不可復止，故又爲之權之以理，而著爲令曰：「凡殺人而義者，令勿讎，讎之則死。」蓋法也，情也，理也，參校而歸於輕重之平，先王之權衡審矣，爲慮深矣。

四郊多壘，此卿大夫之辱也。地廣大，荒而不治，此亦士之辱也。釋文：壘，徐力軌反，又力水反。

鄭氏曰：卿大夫之辱，辱其謀人之國不能安。壘，軍壁也。數見侵伐則多壘。士之辱，辱其親民不能安。荒，穢也。孔氏曰：王城四面並有郊，近郊五十里，遠郊百里。諸侯之郊，里數隨地廣狹。卿大夫尊高任，當軍帥，若尸禄素餐，則寇戎充斥，數戰郊圻，故多壘爲卿大夫之辱。士爲君邑宰，勸課耕稼，若使地土廣大而荒廢，民散而流移，亦邑宰之恥辱也。云「亦」者，非但大夫之辱，亦是士之辱。

臨祭不惰。

鄭氏曰：爲無神也。孔氏曰：祭如在，怠惰則神不歆。

祭服敝則焚之，祭器敝則埋之，龜筴敝則埋之，牲死則埋之。

鄭氏曰：此皆不欲人褻之也。焚之，必已不用。埋之，不知神之所爲[一]。

凡祭於公者，必自徹其俎。

[一] 禮記注疏「知」下有「鬼」字。

鄭氏曰：臣不敢煩君使也。大夫以下，或使人歸之。祭於公，助祭於君也。孔氏曰：此謂士助君祭也。若大夫以上，則君使人歸其俎。鄭因君以明臣，言大夫以下自祭其廟，則使人歸賓俎。故曾子問云「攝主不歸俎」，明正主則歸俎也。愚謂此疏有二義，前説乃經註之本義。史記孔子世家：「魯郊，不致燔俎於大夫。」是大夫助祭於君，當歸其俎。此「自徹其俎」者，謂士也。

卒哭乃諱。

鄭氏曰：敬鬼神之名也。諱，辟也。生者不相辟名。衛侯名惡，疏云：「昭七年，衛侯惡卒。穀梁傳云：『昭元年有衛齊惡，今衛侯惡，何謂君臣同名也？君子不奪人親之所名。』」大夫有名惡，君臣同名，春秋不非。孔氏曰：卒哭前，猶以生事之，則未諱。至卒哭後，服已受變，神靈遷廟，乃神事之，故諱之。愚謂周人以諱事神，卒哭之明日祔於廟，則以鬼神之禮事之，故諱辟於是乎始。

禮不諱嫌名，二名不偏諱。

鄭氏曰：爲其難避也。嫌名，謂音聲相近，若禹與雨，邱與區也。疏云：「禹與雨音同而義異，邱與區音異而義同。二者各有嫌疑。」愚謂「邱」「區」二字並音去求反，顔師古曰：「古語區、邱二字音不別。」疏説非是。偏，謂二名不一一諱也。孔子之母名徵在，言「在」不言「徵」，言「徵」不言「在」。

逮事父母則諱王父母，不逮事父母則不諱王父母。

鄭氏曰：逮，及也。謂幼孤不及識父母，恩不至於祖名，孝子聞名心瞿，諱之由心。此謂庶人。適士以上廟事祖，雖不逮事父母，猶諱祖。孔氏曰：庾云：「諱王父母之恩，正應由父。所以連言母者，婦事舅姑，同事父母，且配夫爲體，諱敬不殊，故幼無父而識母者則諱王父母也。」愚謂禮不下庶人，此謂士之禮也。凡諱之禮，惟及其有廟者而止，廟遷則諱避之所不及也。士惟一廟，適士雖二廟，其一乃别子爲祖者之廟，而王父母亦無廟，故皆不諱王父母。惟逮事父母者，父爲王父母諱，子從而諱之，雖父没，不忍變也。

君所無私諱，大夫之所有公諱。

鄭氏曰：君所無私諱，臣言於君前，不辟家諱，尊無二也。大夫之所有公諱，辟君諱也。

孔氏曰：大夫之所有公諱者，謂於大夫之所，止得避公家之諱，不得避大夫諱。愚謂入門而問諱，在大夫所，自當爲大夫諱，但不得避己之私諱耳。疏説非是。然此亦謂士禮，若兩大夫相與言，則各得避己私諱，以其尊敵也。

詩書不諱，臨文不諱。

鄭氏曰：爲其失事正。孔氏曰：詩書，謂教學時也。臨文，謂執禮文行事時也。愚謂臨文，凡官府文書，國史紀載，皆是，非惟禮文而已。魯定公名宋，春秋不諱宋。

廟中不諱。

鄭氏曰：有事於高祖，則不諱曾祖以下，尊無二也。於下則諱上。孔氏曰：謂祝嘏辭說，有事於禰，則諱祖以上。

夫人之諱，雖質君之前，臣不諱也。

鄭氏曰：臣於夫人之家，恩遠也。質猶對也。

婦諱不出門。

鄭氏曰：婦親遠，於宮中言，辟之。田氏瓊曰：雜記：「母之諱，宮中諱；妻之諱，不舉諸其側。」此婦諱與母諱同者，雜記分尊卑，故詳言之，此大略言之耳。陳氏澔曰：夫人之諱，婦諱，皆謂其家先世。門者，其所居之宮内也。愚謂婦諱謂婦人之所諱，母之諱，妻之諱，皆是也。母之諱，於己爲小功親，妻之諱，於己爲緦親，皆不在應諱之限。但以母尊而妻親，故不敢舉其諱於宮中，出宮則不諱矣。

大功、小功不諱。

孔氏曰：期親則爲諱。熊氏云：「大功亦諱，小功不諱。若小功與父同諱，則亦辟之。雜記：『王父母、兄弟、世父、叔父、姑、姊妹、子與父同諱。』父之世叔父及姑、姊妹皆小功，父爲諱，故己從父爲之諱。」愚謂記言「大功不諱」，而熊氏謂「大功亦諱」者，謂姑、姊妹降服大功也。然姑、姊妹本期親，降服大功，故諱；若本服大功，則不諱也。

入竟而問禁，入國而問俗，入門而問諱。釋文：竟音境。

鄭氏曰：皆爲敬主人也。禁，謂政教。俗，謂所常行與所惡也。國，城中也。孔氏曰：竟，界首也。禁，謂國中政教所忌。國，國門内也。門，主人之門也。問諱以門爲節，主人出至大門外迎客，客入門，方應交接，故於門爲限也。○自「卒哭乃諱」至此，明諱避之法。

外事以剛日，内事以柔日。

鄭氏曰：順其出爲陽，居内爲陰。孔氏曰：十日有五剛五柔：甲丙戊庚壬五奇爲剛，乙丁己辛癸五偶爲柔也。愚謂外事謂祭外神，内事謂祭内神。下篇曰「踐阼臨祭祀，内事曰孝王某，外事曰嗣王某」，是也。田獵出兵，亦爲外事，故詩言「吉日維戊，既伯既禱」，「吉日庚午，既差我馬」，春秋「甲午治兵」，皆剛日也。冠、昏、喪、祭，亦爲内事，故士虞禮三虞皆用柔日。少牢禮曰：「日用丁巳。」春秋書葬皆柔日。祭天爲外事而用辛，卒哭爲内事而用剛日，自爲別義，不在此限也。

凡卜、筮日，旬之外曰遠某日，旬之内曰近某日。喪事先遠日，吉事先近日。

鄭氏曰：旬，十日也。先遠日，先近日者，孝子之心。喪事，葬與練、祥也。吉事，祭、祀、冠、取之屬也。　孔氏曰：旬之外曰遠某日者，案少牢禮今月下旬筮來月上旬，是旬之外日也。主人告筮者云：「欲用遠某日。」故少牢云：「日用丁巳，筮旬有一日。」吉，乃官戒。旬之内曰近某日者，案特牲禮云「不諏日」，註云：「士賤職褻，時至事暇，可以祭則筮其日。」是士於旬初即筮旬内之日。主人告筮者云：「用近某日。」若天子諸侯，凡有雜祭，或用旬内，或用旬外，其辭皆與此同。案少牢、特牲皆云「來日丁亥」，不云「遠某日」「近某日」者，文不具也。喪事，謂葬與二祥。是奪哀之義，非孝子之所欲，但制不獲已，故卜從遠日而起，今月下旬先卜來月下旬；不吉，卜中旬；不吉，卜上旬。故宣八年左傳云：「禮，卜葬先遠日，辟不懷也。」尊卑俱然。吉事，謂祭、祀、冠、昏之屬。少牢云：「若不吉，則及遠日，又筮日如初。」是先近日也。　愚謂上言「遠某日」「近某日」者，以旬之外内分遠近也。下言「遠日」「近日」者，以來月之下旬與上旬分遠近也。特牲禮「不吉則筮遠日」，少牢禮「筮旬有一日」，「不吉，則及遠日，又筮」，此皆以旬之外爲遠日者也。左傳「卜葬先遠日」，此以來月之下句爲遠日者也。

曰：「爲日，假爾泰龜有常，假爾泰筮有常。」釋文：假，古雅反。

鄭氏曰：命龜、筮辭。龜、筮於吉凶有常。大事卜，小事筮。愚謂爲日，言爲行事求吉日也。卜筮有占日、占事，上文言「外事剛日，内事柔日」，而此言命龜命筮之辭亦曰「爲日」，則皆主乎占日而言。若爲事而占，則當直舉所爲之事而命之也。假，借也。曰泰，尊之之辭。言假借爾泰龜、泰筮之靈以問於神也。有常，言其斷吉凶不差忒，可憑信也。○孔氏曰：凡卜、筮，大夫以上命龜有三，命筮有二。其一爲事命龜，涖卜之官，以主人卜事命卜史，是一也。卜史既得所卜之命，更序述涖卜所陳之辭，名曰述命，二也。卜人即席，西面命龜，云「假爾泰龜有常」，三也。命筮二者：一爲事命筮，則主人以所爲之事命筮史，是一也。二則筮史得主人之命，遂述之，爲述命，是二也。士則命龜有二，命筮有一。士喪禮云「命筮人哀子某，爲其父筮宅」，「筮人許諾，不述命」，註云：「不述者，士禮略。」是士命筮一也。士喪禮涖卜命曰「哀子某，卜葬其父，無有近悔，許諾，不述命」，乃云「即席，西面坐，命龜」。既云「不述命」，是士命龜二也。知大夫命筮二者，以士命筮不述命，則知大夫以上述命也。故少牢云：「主人曰：『孝孫某，來日丁亥，用薦歲事於皇祖伯某。』」又云「史遂述命，曰『假爾泰筮有常，孝孫某，來日丁亥』」云云。是大夫命筮二，但冠即席所命於述命之上也。知大夫命龜三者，以士喪禮涖卜爲事命龜；又有「即席，西面命龜」；云「不述命」，明大夫有述命。故知大夫命龜三也。

卜、筮不過三，卜、筮不相襲。

鄭氏曰：求吉不過三。魯四卜郊，春秋譏之。孔氏曰：一卜不吉而凶，又卜，以至於三，三若不吉則止。若筮亦然。愚謂卜、筮不過三，言卜、筮不從者至於三則止，不可以更卜、筮也。春秋傳曰：「三卜，禮也；四卜，非禮也。」是也。襲，重也。卜、筮不相襲，言卜、筮既從者不可以更卜、筮也。書言「卜不襲吉」，是也。此二者，皆爲其瀆鬼神也。○張子曰：據儀禮惟有「筮遠日」之文，不云「三筮」。筮日之禮，止是二筮，先筮近日，後筮遠日，不從則直用下旬遠日。蓋亦足以致聽命鬼神之意，而祭則不可廢。愚謂張子之言最得禮意。先儒皆謂卜不吉則止不祭，非也。然特牲、少牢皆止二筮，而春秋書卜郊有三卜四卜者，傳曰：「三卜，禮也；四卜，非禮也。」然則二筮者大夫士之禮，而三卜者人君之禮與？士祭不諏日，不吉即於筮日更筮，大夫則筮旬有一日，不吉則及遠日又筮，則人君之卜日亦宜有與大夫不同者矣。

龜爲卜，筴爲筮。卜、筮者，先聖王之所以使民信時日，敬鬼神，畏法令也；所以使民決嫌疑，定猶與也。故曰：疑而筮之，則弗非也；日而行事，則必踐之。

釋文：與音預，本亦作「豫」。踐，依註音善，王如字。○鄭註：筴，或爲「蓍」。○今按：踐如字爲是。

鄭氏曰：弗非，無非之者。日，所卜、筮之吉日也。踐讀爲善，聲之誤也。王氏肅曰：踐，履也。卜得可行之日，必履而行之。孔氏曰：先聖王，伏羲以來聖人爲天子者也。時，四時及一日十二時也。日者，甲乙之屬。擇吉而祭祀，所以敬鬼神也。説文：「猶，獸名，玃屬。」與，亦獸名，象屬。此二獸皆進退多疑，人多疑者似之，故謂之猶與。吴氏澄曰：卜、筮之用有二：占日與占事也。用以占日，使民信時日；用以占事，使民決嫌疑。愚謂時謂四時。時不須占，以日繫於月，月繫於時，故兼言時日耳。古人卜、筮日，無占十二時者。孔兼十二時言之，非也。信時日者，卜、筮得吉日，則人無不信其善也。祭祀必擇日，是敬鬼神也。畏法令者，擇日而誓戒之，則人無敢不如期而赴事也。嫌疑者，是非之未決，卜、筮以決之；猶與者，行止之未定，卜、筮以定之。「信時日」三句，言占日；「決嫌疑」二句，言占事；「疑而筮之」二句，證上決嫌疑之意；「日而行事」二句，證上信時日之意。○自「外事以剛日」至此，明卜、筮之事。

君車將駕，則僕執策立於馬前；鄭氏曰：監駕，且爲馬行。孔氏曰：僕，御車者也。周禮諸僕皆用大夫士。策，馬杖也。别有人牽馬駕車。僕知車事，故執策監駕；恐馬奔走，故立馬前。愚謂周禮馭夫「分公馬而駕治之」，趣馬「掌駕説之頒」，典路「大祭祀出路，贊駕説」，則駕車之事蓋趣馬頒之，馭夫主之，典路贊之與？

已駕，僕展軨效駕。釋文：軨，歷丁反，一音領。孔氏曰：展，視也。舊解云：「軨，車闌也。」駕竟，僕從車軨左右四面視之，上至於闌也。盧氏云：「軨，轄頭轊也。」車行由轄。效，白也。白君道駕畢。戴氏震曰：説文：「軨，車轖間横木。」「轖，車籍交錯也。」楚辭「倚結軨兮長太息」，集註：「軨，軾下從横木。」按軨者，軾、較下從横木統名，即考工記之「軹、轛」也。盧植「轄頭靼」之説，乃因漢時路車之轄施小旛，謂之飛軨，遂以解經，古無是名也。愚謂軨爲軾下從横之木，舊説以爲車闌，是也。鄭氏謂⿱竹幾爲覆笭，笭即軨也。展軨效駕，謂周視車闌之三面，而白君言已駕也。轊者，車之軸頭。轄者，以鐵爲之，所以關軸而制轂。此於展視固在所急，然周視車闌則轊、轄固在其内矣。陸氏釋文引盧氏説作「轄頭靼」，孔疏引之作「轄頭轊」，陸氏爲是。蓋靼施於轄端，故曰轄頭靼，若轊爲軸末，而轄關於轄内，言轄頭轄則可，言轄頭轄則非也。

奮衣由右上，取貳綏跪乘，釋文：上，時掌反，下「犬馬不上」同。乘，繩證反，下「除乘」、「君不乘奇車」、「乘路馬」皆同。

鄭氏曰：奮，振去塵也。貳，副也。跪乘，未敢立，敬也。孔氏曰：僕入白駕竟，先出就車，於車後振衣去塵，從右邊而升。必從右者，君位在左，故避君空位。貳，副也。綏，登車索。綏有二：一是正綏，擬君之升；一是副綏，擬僕右之升。故取貳綏而升也。跪乘者，君既未出，未敢依常而立，所以跪而乘之，爲敬也。然此是暫試，空左不嫌也。

執策分轡驅之，五步而立。

鄭氏曰：調試之。孔氏曰：轡，御馬索也。車一轅而四馬駕之，中兩馬夾轅者名服馬，兩邊名騑馬，亦曰驂馬。每一馬有兩轡，四馬八轡。驂馬内轡繫於軾前，餘六轡分置兩手，一手執杖，以三轡置空手中，以三轡置杖手中，故曰「執策分轡驅之」。驅，馬行也。五步而立者，僕跪而驅馬，得五步而僕倚立，待君出也。愚謂驅馬不可跪。上云「跪乘」，謂未驅之前及既立之後也。立，駐車也。公食禮曰：「賓之乘車在大門外西方，北面立。」

君出就車，則僕並轡授綏，左右攘辟。釋文：並，必政反。攘，如羊反，又音讓。辟音避，徐扶亦反。本或作「避」字，非也。

鄭氏曰：並轡授綏者，車上僕所主。左右，謂羣臣陪位侍駕者。攘，卻也。或者攘，古「讓」字。孔氏曰：並轡授綏者，並六轡及策置一手中，餘一手取正綏授君令登。當右手並轡，左手授綏，回身向後，引君上也。左右攘辟者，車將行，故左右侍者悉遷卻以辟車，使不妨車行也。愚謂並轡授綏者，並轡、策於左手中，而以右手授綏引君升車也。蓋御車向前則君在僕之左，授綏向後則君升在僕之右，且右手引君有力也。攘，古「讓」字，荀子「盛揖攘之容」是也。

車驅而騶，至於大門，君撫僕之手，而顧命車右就車。門閭、溝渠必步。釋文：驅，起俱反，徐起遇反。騶，仕救反，又七須反，徐仕遘反。

鄭氏曰：車右，勇力之士備非常者，君行則陪乘，君式則下步行。孔氏曰：車驅而騶者，左右已辟，故驅車而進，則左右從者疾趨從車行也。至於大門，謂車行至外門時也。撫，按止也。車行由僕，君欲令駐車，故抑止僕手也。顧，回頭也。車右，勇力之士也。車行則有三人：君在左，僕人中央，勇士在右。初在門内，勇士從趨在車後，車行既至大門，方履險阻，恐有非常，故回顧命車右上車也。門閭、溝渠必步，是車右之禮也。溝，廣深四尺者。

渠亦溝也。步，下車也。車若至門閭、溝渠，勇士必下車。所以然者，一則君子不誣十室，過門閭必式，君式則臣當下也。二則溝渠險阻，恐有傾覆，勇士須下扶持之也。僕不下車者，僕下則車無御也。愚謂「騶」「趨」字通。荀子：「騶中韶、濩以養耳。」車驅而騶，謂車既驅而疾行也。周禮大馭：「凡馭路，行以肆夏，趨以采齊。」或曰：騶，如字。説文：「騶，御也。」蓋周官馭夫、僕夫、趣馬之屬掌駕馬者，車初行，恐馬或驚逸，故騶隨至大門也。門，國門；閭，巷門也。古者二十五家爲閭，同共一巷，巷首有門。○孔氏曰：兵車參乘之法，射者在左，御在中央，戈盾在右。若非兵車，則尊者在左。故曲禮「乘君之乘車，不敢曠左」，鄭註云：「君存，惡空其位。」若是元帥，則在中軍鼓下，御者在左，戈盾亦在右。成二年鞌之戰，郤克爲中軍將，時「流血及屨，未絶鼓音」。是將居鼓下。解張御郤克，解張云：「矢貫余手及肘，余折以御，左輪朱殷。」是御者在左，自然戈盾在右。若天子諸侯親將，亦居鼓下。故戎右云「贊王鼓」，成二年齊師圍龍，齊侯親鼓之，是也。若非元帥，則皆在左，御者在中。故成二年韓厥自其車左居中代御而逐齊侯，杜預云：「兵車自非元帥，御者皆在中。」檀弓疏。

凡僕人之禮，必授人綏。若僕者降等，則受，不然則否。若僕者降等，則撫僕

之手，不然則自下拘之。釋文：拘，古侯反，又音俱。

鄭氏曰：撫，小止之，謙也。自下拘之，由僕手下取之也。僕與己同爵則不受。孔氏曰：凡僕人之禮，謂爲一切僕，非但爲君僕也。車上，僕所主，故爲人僕必授人綏也。僕者降等，謂士與大夫、大夫與卿御也。御者卑降，則主人不須謙，故受取綏也。不然則否，謂僕者敵體則不受其綏也。若僕者降等，則撫僕之手者，僕者雖卑，猶當撫止僕手，不聽其授，然後乃受也。不然則自下拘之者，不降等者既敵不受，而僕者必授，則主人不就僕手外取之，而卻手從僕手下，拘僕手裏上邊，示不用僕授也。

客車不入大門，婦人不立乘，犬馬不上於堂。

鄭氏曰：客車不入大門，謙也。婦人不立乘，異於男子。犬馬不上於堂，非贄幣也。孔氏曰：立，倚也。婦人質弱，不倚乘，異男子也。男子倚乘，婦人坐乘，所以異也。犬馬賤，不牽上堂。犬則執紲，馬則執靮。

故君子式黄髮，下卿位；入國不馳，入里必式。

鄭氏曰：發句言「故」，明此衆篇雜辭也。式黄髮，敬老也。下卿位，尊賢也。卿位，卿之朝位也。君出，過之而上車；入，未至而下車。入國不馳，愛人也，馳善躪人也。入里必式，不誣十室。　孔氏曰：此以下明雜敬禮也。君子，謂人君也。黄髮，老人也。卿位，路門之内，門東北面位。燕禮、大射「卿大夫門右，北面」，「公降阼階，南鄉，爾卿」，是也。尋常出入，出則過卿位而上車，入則未到卿位而下車。若迎賓客，則樂師註云：「登車於大寢西階之前，反降於阼階之前。」或下卿位是諸侯禮，樂師是天子禮。國中人多，若馳車，則躪人，故不馳。論語云：「十室之邑，必有忠信如某者焉。」是不誣十室也。　愚謂燕朝、治朝皆有卿位，人君日視朝於治朝，此「卿位」謂治朝之位也。樂師註謂「王有車出之事，登降於大寢之階前」，以考工記應門、路門皆取節於車者觀之，則人君之車皆於路門内登降信矣。下卿位者，蓋出則於路門外下車，入則於雉門内下車，過之而復登車與？

君命召，雖賤人，大夫士必自御之。釋文：御，依註音迓，五嫁反。

鄭氏曰：御當爲「迓」，迎也。君雖使賤人來，必自出迎之，尊君命也。春秋傳曰「跛者御跛者，眇者御眇者」，皆「迓」也。

介者不拜，爲其拜而蓌拜。釋文：爲，于僞反。蓌，子卧反，又側嫁反，挫也。沈租嫁反，又子猥反。盧本作「蹲」。

孔氏曰：介，甲鎧也。　朱子曰：蓌，猶言有所枝拄，不利屈伸也。　愚謂拜者必跪，介者所以不拜者，爲其拜則枝拄其拜，故不拜也。○陳氏祥道曰：兵法：軍容不入國，國容不入軍。軍容入國則民法廢，國容入軍則民德弱。兵車不式，危事不齒，介者不拜，不以國容入軍也。

祥車曠左，乘君之乘車，不敢曠左，左必式。

鄭氏曰：曠左，空神位也。祥車，葬之乘車。不曠左，君存，惡空其位。孔氏曰：祥猶吉也。吉車爲平生所乘，葬時用爲魂車。曠，空也。車上尚左，空左，以擬神也。乘車，謂君之次路也。王有五路，王自乘一，餘四路皆從行。臣乘此車，不敢曠左，若曠左，則似祥車，故乘者自居左也。左必式者，雖處左，而不敢自安，故恒憑式。乘車君皆在左，若戎路，則君在中央，御者在左。愚謂載柩之車爲喪車，故謂生時所乘、用爲魂車者爲祥車。

僕御婦人，則進左手，後右手。御國君，則進右手，後左手而俯。

鄭氏曰：進左手，後右手，遠嫌也。進右手，後左手而俯，敬也。孔氏曰：僕在中央，婦人在左，僕御之時，進左手持轡，形微相背，遠嫌也。御國君，則進右手，後左手者，禮以相嚮爲敬也。而俯者，既御不得恒式，故但俯俛而爲敬也。

國君不乘奇車。釋文：奇，居宜反。

鄭氏曰：出入必正。奇車，獵、衣之屬。孔氏曰：國君出入必正，不可乘奇邪不正之車。盧氏云：「不如法者之車也。」〔一〕隱義曰：「獵車之形，今之鉤車是也。衣車，如鼈而長，漢桓帝時禁臣下乘之。」

車上不廣欬，不妄指。釋文：欬，開代反。

鄭氏曰：不廣欬，爲若自矜。不妄指，爲惑衆。孔氏曰：車已高，若在上大欬，似自驕矜，又驚衆也。妄，虚也。在車上高，若無事，忽虚以手指麾於四方，並爲惑衆也。

立視五巂，式視馬尾，顧不過轂。釋文：巂，本又作「嶲」，惠圭反。○鄭注：巂，或爲「縈」。

鄭氏曰：立，平視也。巂猶規也，謂輪轉之度。式視馬尾，小俛。顧不過轂，爲掩在後。

孔氏曰：巂、規聲相近。規是圜，故讀從規。車輪一周爲一規。乘車之輪，高六尺六寸，徑一圍三，總一規爲一丈九尺八寸，五規爲九丈九尺，六尺爲步，總爲十六步半。在車上所視，則前十六步半也。馬引車，其尾近在車闌前，憑式下頭時，不得遠矚，而瞻視馬尾。若轉頭，不得過轂，過轂則掩後人私也。論語云「車中不内顧」，是也。

〔一〕「法」，禮記注疏作「御」。

國中以策彗卹勿驅，塵不出軌。釋文：彗音遂，徐雖醉反，又因歲反。卹，蘇没反。勿音没。驅，如字，又羌遇反。○今按：註疏讀「卹勿」爲「窣没」爲句，吴氏卹、勿並如字，「恤」字「驅」字爲句。

鄭氏曰：入國不馳。彗，竹帚。卹勿，搔摩也。孔氏曰：入國不馳，故不用鞭策，但取竹帚帶葉者爲杖，形如埽帚，故曰「策彗」。卹勿者，以策微近馬體搔摩之，不欲令疾也。軌，車轍也。車行遲，故塵埃不飛揚出轍外也。朱子曰：策彗，疑謂策之彗，若今時鞭末韋帶耳。吴氏澄曰：彗卹，謂埽拂之。勿驅，謂勿以策策馬令疾行也。

國君下齊牛，式宗廟；大夫士下公門，式路馬。釋文：齊，側皆反。○下齊牛，式宗廟，當從周禮註作「下宗廟，式齊牛」。

鄭氏曰：自此下，皆廣敬也。路馬，君之馬。孔氏曰：齊右職云「凡有牲事，則前馬」，註云「王見牲則拱而式」，又引曲禮曰「國君下宗廟，式齊牛」，與此文異。熊氏云：「此文誤，當以周禮註爲正。」馬比門輕，故有下、式之異。方氏慤曰：齊牛，祭牲也。歲時齊戒而朝之，故謂之齊牛。愚謂國君至宗廟下車，敬祖考也。廣其敬，則於齊牛亦式之，爲其神之所享也。大夫士至公門下車，敬君也。廣其敬，則於路馬亦式之，爲其君之所乘也。

乘路馬，必朝服，載鞭策，不敢授綏，左必式。

鄭氏曰：載鞭策，不敢執也。　愚謂乘路馬，謂以他車駕路馬而調習之也。必朝服者，敬路馬也。蓋御與左皆然。鞭，馬箠；策，馬杖。載之者，備而不敢用也。不敢授綏者，不以綏授居左者，辟御君之禮也。此二句言御者之法。左必式者，又言居左之法也。大夫士式路馬，御者不能式，居左者恒必式也。此與上乘路車，皆言「左必式」，則乘路車路馬者，御與左皆別人矣。

步路馬，必中道。以足蹙路馬芻有誅，齒路馬有誅。釋文：蹙，本又作「蹴」，采六反，又子六反。

鄭氏曰：齒，數年也〔一〕。誅，罰也。　孔氏曰：步猶行也。牽行君馬，必在中道正路，爲敬也。芻，食馬草也。芻供君馬所食，若以足蹴踏之，則有責罰，論量君馬年數，亦被責罰，皆廣敬也。

〔一〕「數」，禮記注疏作「欲」。

禮記卷五

曲禮下第二之一

凡奉者當心，提者當帶。釋文：奉，本亦作「捧」，芳勇反。

鄭氏曰：高下之節。孔氏曰：凡物有宜奉持之者，有宜提挈之者，各因其宜。奉之者，謂仰手當心，奉持其物。提之者，謂屈臂當帶，而挈其物。帶有二處：朝服之屬，其帶則高於心；深衣之類，其帶則下於脅。何以知然？玉藻說大帶云：「三分帶下，紳居二焉。」紳長三尺，而居帶下三分之二，則帶之下去地四尺五寸矣。人長八尺爲限，若帶下四尺五寸，則帶上所餘正三尺五寸，故知朝服等帶則高也。而深衣之帶，「下毋厭髀，上毋厭脅，當無骨者」，故知深衣之帶則下也。今云「提者當帶」，謂深衣之帶。且古人恒著深衣，此明尋常提奉，益可知也。愚謂疏以此爲尋常提奉之法，是也。而謂深衣之帶與朝服等之帶高下不同，則未然。人長八尺，頭長一宣、一尺三寸三分寸之一，自肩以下六尺六寸三分寸之二，帶下四尺五寸，則肩之下二尺一寸三分寸之二，帶之所在也。衣之度二尺有二寸，帶正當其下際，則於束衣不固。故喪服記云：「衣帶下尺。」衣當帶下之處，別以一尺續之，然後可以束帶而固衣也。由此言之，朝祭之帶與深衣之帶，其高下並同，而不在心上亦明矣。

執天子之器則上衡，國君則平衡，大夫則綏之，士則提之。釋文：上，時掌反。綏，依註音妥，湯果反，又他回反。

鄭氏曰：上衡，謂高於心，彌敬也。此衡謂與心平。綏讀曰妥，妥之，謂下於心。孔氏曰：衡，平也。人之拱手，正當心平，故謂心爲衡。天子至尊，器不宜下，臣爲擎奉，皆高於心，彌敬也。凡衡有二處：若大夫衡視，則面爲衡，故鄭云「此衡謂與心平」也。國君降於天子，故其臣爲奉器，與心齊平也。爲士提之，又在綏之下，即上「提者當帶」也。愚謂執猶奉也。上謂尋常奉物，故不分尊卑，皆與心齊；此謂行禮之時，爲其君執物，故分別尊卑以爲高下也。論語孔子執圭，「上如揖，不如授」，此國君平衡之法，當心者也。由是推之，則上衡高於心，綏之下於心，可見矣。士則提之者，謂當帶，與提物同也。○馬氏晞孟曰：古人以一威儀之肅慢爲吉凶之所召，以一執玉之俯仰爲禍福之所係，則夫見於奉持、操執、行走、屈伸之際者，其可忽乎！

凡執主器，執輕如不克。

鄭氏曰：重慎之也。主，君也。克，勝也。　孔氏曰：主亦君也。禮，大夫稱主。今此言主，上通天子諸侯，下含大夫。尊者之器，不論輕重，其臣執之，唯宜重慎，器雖實輕，而執之猶如實重，如不勝之容也。故論語云孔子「執圭，鞠躬如也，如不勝」，聘禮曰「上介執玉如重」，是也。

執主器，操幣、圭、璧，則尚左手，行不舉足，車輪曳踵。 釋文：操，七刀反。

鄭氏曰：重慎也。尚左手，尊左也。車輪，謂行不絶也。　孔氏曰：圭璧，瑞玉也。尚，上也。謂執持君器及幣玉，則右手在下，左手在上。左尊，故云「尚左手」。曳，拽也。踵，腳後也。行時不舉足，但起前拽後，使踵如車輪曳地也。　愚謂尚左者，謂以左手爲尊也。少儀云：「笏、書、脩、苞苴、弓、茵、席、枕、几、穎、杖、琴、瑟、戈有刃者櫝、筴、籥，其執之皆尚左手。」上篇言執弓遺人之法，右手執簫，左手承弣，此執弓尚左手之法也，則其餘可推矣。蓋凡物之有上下者，則以左手執其上端，右手執其下端，如弓之左執弣，右執簫；冠之右執項，左執前；衣之左執領，右執要，是也。其無上下者，則但以左手所執之處爲尊。其以之授人，則亦以左手之所執授之，若奉席如橋衡，鄭謂「横奉之，左昂右低，如有首尾」，是也。

凡執物皆然。若幣、圭、璧，則圭有上下，幣與璧無上下，而執之皆以左手爲尊也。

立則磬折垂佩。主佩倚則臣佩垂，主佩垂則臣佩委。 釋文：折，之列反，一音逝。佩，步内反。本或作「珮」，非。倚，范於綺反，徐其綺反。

鄭氏曰：君臣俛仰之節。倚，謂附於身。小俛則垂，大俛則委於地。　愚謂上文「行不舉足，車輪曳踵」，言行步之儀，此又言立而授受之儀也。磬折，謂身微僂，如磬之曲折也。磬折則佩垂於前。立則磬折垂佩者，謂非與君相授受者，則賓主之立皆以磬折垂佩爲度。上篇言「遺人弓者」，「尊卑垂帨」，是也。主，君也。佩倚者，身直則佩倚附於身也。此又言與君相授受之法。君佩或倚或垂者，物或重或輕，或受器於己臣，或受之於他國之聘賓，故有不必爲恭而佩倚者，有恭敬而佩垂者。臣則視君之身容以爲節，而皆視君加恭，所以尊君也。

執玉，其有藉者則裼，無借者則襲。 釋文：藉，在夜反。裼，星歷反。

劉氏彝曰：此謂朝聘時圭、璋、璧、琮、琥、璜，皆玉也。執琥、璜、璧、琮，則與帛錦繡黼同升，所謂「有藉」，有藉則裼。裼者，禮差輕，尚文也。執圭、璋則特達，所謂「無藉」，無藉則襲，襲者，禮方敬，尚質也。　愚謂裼，露也。謂搢上衣之袒於内，而露其中衣也。襲，重也。

謂舒其上衣之左衽，以重於右襟之下，而掩其中衣也。裼爲見美，襲爲充美，行禮以裼、襲爲文質之異。聘時崇敬，賓主皆襲，而其玉則圭、璋也，圭、璋則特達而無藉者也。聘禮「賓襲，執圭」，「公側襲，受玉於中堂與東楹之間」，是也。行享尚文，賓主皆裼，而其玉則璧、琮也，璧、琮則加於束帛而有藉者也。聘禮「公側授宰玉，裼，降立，擯者出請，賓裼，奉束帛加璧享」，是也。裼、襲因聘、享而分，不分玉之有藉、無藉而起，而玉有藉、無藉，聘、享時亦不同，故記會而言之。○鄭氏曰：藉，藻也。裼、襲，文質相變耳。有藻爲文，裼見美亦文；無藻爲質，襲充美亦質。圭、璋特而襲，璧、琮加束帛而裼，亦是也。孔氏曰：凡執玉之時，必有藻以承乎玉。鄭註覲禮云：「繅所以藉玉，以韋衣木，廣袤各如其玉之大小。」典瑞云：「王五采五就，公侯伯三采三就，子男二采二就。」又曰：「瑑圭、璋、璧、琮，繅皆二采一就。」是也。又有五采組繩以爲繫，無事則以繫玉，有事則垂爲飾。故聘禮記「皆玄纁，繫長尺絢組」，是也。是藻藉有二種：一者以韋衣木畫之，一者絢組垂之。玉藻説詳雜記下。今言「無」者，據垂之也。朱子曰：今言「無」者，據垂之也，與經文及所説上下文俱相反，疑「據」下脱一「不」字。愚謂疏云「據垂之」者，蓋謂以韋衣木之藉常在，不可以言「無藉」，今言「有藉」「無藉」者，據絢組繫可垂者而言之也。其垂藻之時則須裼，屈藻之時則須襲。案聘禮賓至主人廟門外，「賈人東面坐，啟櫝取圭，垂繅，不起而授上介」，註云：「不言裼、襲者，賤不裼。」明貴者垂藻當裼也。又云「上介不襲，執圭，屈繅，授賓」，註云：「上介不襲，以盛禮不在於己。」明屈繅合襲也。又云：「賓襲，執圭。」又云：「公襲，受玉。」於時圭皆屈藻，是屈藻之時皆襲，所謂「無藉者襲」也。又云：「賓裼，奉束帛加璧享。」是有藉者裼。凡享時，其玉皆無藻藉。故崔靈恩云：「初享，「享」字當作「聘」。圭、璋特，故有藻。其餘則束帛加璧，既有束帛，故無藻。」朱子曰：崔靈恩云「璧、琮既有束帛，則不須藻」，似亦牴牾。疑璧、琮雖有藻而屈之，特以加束帛，故從有藉之例而執者裼耳。○按此上申註前說。鄭云「圭、璋特而襲，璧、琮加束帛而裼」者，以經云「裼」「襲」者〔一〕，人之裼、襲，欲明玉亦有裼、襲。圭以馬，璋以皮，皮馬不上於堂，其上特有圭、璋，寶物不可露見，必以物蒙覆之，故云襲。璧以帛，琮以錦，既有帛錦承玉，上惟用輕細之物蒙覆以裼之。此皇氏之說。熊氏以爲「圭、璋特」以下，明賓主各自爲裼、襲：朝時用圭、璋特，賓主俱襲；享時璧、琮加束帛，賓主俱裼。按此上皇氏、熊氏二說並申註後說。　愚謂此條註有二義，而疏爲三說。垂藻爲有藉而賓主裼，屈藻爲無借而賓主襲，此解註前說之義，一也。皇氏謂圭、璋特爲無藉，故用物蒙覆爲襲；璧、琮加束帛爲有藉，惟用輕細之物蒙覆爲裼。熊氏謂朝時圭、璋特，賓主俱

〔一〕「者」，原本作「據」，據禮記注疏改。

襲；享用璧、琮加束帛，賓主俱裼。此並解註之後説，三也〔一〕。聘、享之玉，别無他物蒙覆，皇氏臆説無據，此不待辨而明者。至玉之垂藻、屈藻，則見於聘禮者甚詳：始受君命，賈人取圭垂繅以授宰，宰屈繅以授使者，使者垂繅以授上介，上介屈繅以授賓。既歸反命，使者執圭垂繅，上介執璋屈繅。然惟於上介授賓言「不襲」，而其時圭則屈繅也。其餘皆不言裼、襲之變。然則圭之垂繅、屈繅，與人之裼、襲初不相因矣。禮於上介授賓言「不襲」，欲明襲者惟賓一人。上介雖將行聘禮，執圭猶不襲耳，非以屈繅之必襲而特見其不襲者也。故劉氏、陸氏惟取熊氏之説，而朱子亦以爲然。○凡衣，冬有裘，夏有絺、綌，春秋有襌絅、袍、繭。其上有中衣，中衣上有禮衣，若朝服皮弁服之屬是也。禮衣皆直領而對襟，其當胸左右各餘一寸以爲衽，衽恒摺於衣内，而露其中衣，謂之裼。若禮之尤重者，則舒其衽而掩於中衣，謂之襲。經記但言裼，無言裼衣者，而註疏乃以禮服内之衣指爲裼衣，實則裼衣即中衣也。中衣之所用，與上服同，而别以華美之物爲之領緣，如諸侯則黼繡丹朱，大夫士雖不可考，亦要必視其上服之色爲華，故裼謂之見美。下文云：「天子視，不上於袷。」中衣與深衣同制，故有袷。古人以裼爲常，裼則露其中衣之袷，故視天子者據之以爲節。然則裼

〔一〕「三」，萬有文庫本作「二」。

衣之即中衣明矣。孔疏謂「裼衣上有襲衣，襲衣上有常著之服，皮弁之屬」，則裼衣上服之間多一襲衣矣。聘禮賈疏謂「冬有裘，裘上有裼衣，裼衣上有上服，皮弁祭服之等。夏有絺綌，春秋則袷褶，其上有中衣，中衣上有上服」。此不別言襲衣，視孔爲優，然不知裼衣即中衣，而誤以爲冬夏之分，則亦未爲得也。○自篇首至此，皆明執物之儀。

國君不名卿老、世婦，大夫不名世臣、姪、娣，士不名家相、長妾。釋文：姪，大節反，字林丈一反。娣，大計反。相，息亮反。長，丁丈反。

鄭氏曰：雖貴，於其國家猶有所尊也。卿老，上卿。世臣，父時老臣。孔氏曰：上卿貴，故曰卿老。世婦，謂兩媵，貴於諸妾也。姪是妻之兄女，娣是妻之妹，從妻來爲妾也。家相，謂助知家事者。長妾，謂妾之有子者。呂氏大臨曰：卿老、世臣、家相，皆貴臣也。世婦、姪、娣、長妾，皆貴妾也。愚謂上卿謂之卿老者，諸侯之卿自稱曰「寡君之老」也。諸侯娶一國，則二國往媵之。諸侯一娶九女：夫人與左右媵各有姪、娣。世婦，妾之貴者，謂二媵也。或曰：左氏每言以夫人之姪、娣爲繼室，夫人之姪、娣貴於左右媵也。世臣，父時舊臣也。大夫士娶，亦有姪、娣。左傳：「穆叔娶於莒，曰戴己，生文伯；其娣聲己，生惠叔。」又曰：「臧宣叔娶於鑄而死，繼室以其姪。」家相，臣之主家事者，所謂宰也。長妾，妾之長者。士昏禮曰：「雖無娣，媵先。」士娶或不必有姪、娣，故但推其年長者爲貴也。

君大夫之子，不敢自稱曰「余小子」。大夫士之子，不敢自稱曰「嗣子某」，不敢與世子同名。鄭註：世，或爲「大」。

鄭氏曰：君大夫之子，不敢自稱曰「余小子」，辟天子之子未除喪之名。君大夫，天子大夫有采地者〔一〕。大夫士之子，不敢自稱曰「嗣子某」，亦辟其君之子未除喪之名；不敢與世子同名，辟僭傚也。其先之生，則亦不改。　愚謂余小子，天子在喪自稱之辭；嗣子某，諸侯在喪自稱之辭。下文云「諸侯在凶服曰適子孤」，與此稱「嗣子某」不同者，蓋「嗣子某」，在喪而稱於臣民之辭；「適子孤」，在喪而稱於諸侯之辭也。　晉有小子侯，此諸侯在喪而僭天子之稱者。左傳趙襄子謂楚隆曰：「嗣子不廢舊業而敵之。」此大夫在喪而僭諸侯之稱者。世子，君之適子。諸侯世國，大夫不世家，故諸侯之子謂之世子。不敢與世子同名，尊儲貳也。

君使士射，不能，則辭以疾，言曰：「某有負薪之憂。」釋文：使音史。射，市夜反。則辭以

〔一〕「采」，禮記注疏作「土」。

疾，如字，本又作「有疾」。〇鄭註：憂，或爲「疾」。

鄭氏曰：射所以觀德，惟有疾可以辭也。使士射，謂以備耦也。孔氏曰：射以觀德，士既升朝，必宜有德，不得云「不能」，但當自言「有疾」也。某，士名也。負，擔也。大樵曰薪。士禄代耕，而云「負薪」，亦謙辭也。憂，勞也。若直云疾，則似傲慢，故陳疾之所由，言己有擔樵之餘勞，故不堪射，明非假也。呂氏大臨曰：射者，男子之所有事也，不能射則幾於非男子矣。故士不能射，可以疾辭，而不可以不能辭也。孟敬子曰：「有采薪之憂，不能造朝。」采薪，猶負薪也。愚謂孟子集註云：「負薪之憂，言病不能負薪也。」義亦通。

侍於君子，不顧望而對，非禮也。

鄭氏曰：禮尚謙也。不顧望，若子路率爾而對。

君子行禮，不求變俗。祭祀之禮，居喪之服，哭泣之位，皆如其國之故，謹脩其法而審行之。

鄭氏曰：求，務也。不務變其故俗，重本也。謂去先祖之國，居新國〔一〕。其法，謂其先祖之

〔一〕「新」，禮記注疏作「他」。

制度，若夏、殷。　孔氏曰：君子行禮，謂去先祖之國，居他國者也。雖居他國，猶宜重本，行故國法，不務變之從新也。祭祀之禮，即夏立尸，殷坐尸，周旅酬六尸，及先求陰陽，犧牲騂、黑之屬也。居喪之服者，殷雖尊貴，猶服傍親；周則以尊遞降。哭泣之位者，殷不重適，以班高處上；周貴正嗣，孫居其首。舉此三條，餘冠昏之禮，從可知也。　愚謂祭祀之禮，居喪之服，哭泣之位，此三者，列國所行容有不同，非但爲夏、殷、周之殊制也。雖禮無明文可見，然以喪禮言之，如幕則或布或綃，祔則或合或離，拜則或稽顙而後拜，或拜而後稽顙。士喪禮沐稻，而喪大記則沐粱；士喪禮小斂陳衣於房中，南領西上，而喪大記則大夫士同西領北上；士喪禮大斂亦陳衣於房中，南領西上，而喪大記大夫士皆陳衣於序東，西領南上。蓋禮之大體不容或異，而其儀文曲折之間不能盡一。故冢宰八則，「六曰禮俗，以馭其民」。禮者其所同，俗者其所不盡同者也。謹脩之者，講習於平時；審行之者，致詳於臨事。

去國三世，爵禄有列於朝，出入有詔於國。若兄弟宗族猶存，則反告於宗後。

釋文：朝，直遥反，下皆同。

鄭氏曰：三世，自祖至孫。踰久可以忘故俗，而猶不變者，爵禄有列於朝，謂君不絶其祖祀，復立其族。若臧紇奔邾，立臧爲矣。詔，告也。謂與卿大夫吉凶往來相赴告。宗後，宗子也。　愚謂三世，言其遠也。爵禄有列於朝，謂其宗族尚有爲卿大夫者也。自此而往謂之出，自彼而至謂之入。出入有詔於國，謂與舊國以吉凶之事相赴告者也。以道去君而未絶者，爲舊君有服，則君之喪固赴之，而其死亦必赴於舊君矣。至於三世，則已遠，然爵禄尚有列於朝，則與其舊君猶以吉凶之事相赴告，蓋其義猶未絶也。兄弟宗族猶存，則僅存而已，而未必有列於朝矣。如是，則雖可以無詔於國，而要不可自絶於其宗也，故必反告於宗後。

去國三世，爵禄無列於朝，出入無詔於國。唯興之日，從新國之法。

鄭氏曰：出入無詔於國，以故國於己無恩。興，謂起爲卿大夫。　愚謂去國三世，爵禄無列於朝，則出入無詔於國矣。然猶未可遽變其舊俗，唯起而爲卿大夫，然後可以從新國之法。蓋始爵者得自爲宗，既可以自别於其宗，則雖變其舊俗可矣。其有列有詔而興者亦當然。嫌無列無詔者或不待興而遽變舊俗，故特明之。○自「君子行禮」至此，論去國者行禮之事。

君子已孤不更名，已孤暴貴，不爲父作謚。　釋文：爲，于僞反。

鄭氏曰：已孤不更名，亦重本。不爲父作謚，子事父，無貴賤。　孔氏曰：暴貴，謂士庶起爲諸侯，非一等之位也。謚者，列平生德行，爲作美號。父賤無謚，今忽爲造之，似如鄙薄父賤，不宜爲貴人之父也。或舉武王爲難，鄭答趙商曰：「周道之基，隆於二王，功德由之，王迹興焉。凡爲人父，豈能賢乎！若夏禹、殷湯，則不然矣。」愚謂已孤不更名，重違其父也。君子不奪人親之所名，而況敢自奪乎！謚本於尊者所成，故天子之謚本之於天，諸侯之謚請之於王，子無謚其父之法也。武王庚戌柴望之後，然後三王皆稱王，蓋告於天而王之也。若私爲父立謚，在天子爲蔑天道，在諸侯爲亂王章，而亦非所以尊其父矣。

居喪，未葬讀喪禮，既葬讀祭禮，喪復常，讀樂章。

鄭氏曰：爲禮各於其時。孔氏曰：喪禮，謂朝夕奠及葬等事。祭禮，虞、卒哭、祔、小祥、大祥之禮。復常，大祥除服之後。樂章，樂書之篇章，謂詩也。禫而後吉祭，禫後宜讀之。愚謂凶事不豫習，故喪葬之禮，至居喪乃讀之。古人以弦誦爲常，除喪則反其所業也。

居喪不言樂，祭事不言凶，公庭不言婦女。

鄭氏曰：非其時也。馬氏晞孟曰：小功之喪，議而不及樂，況大於此而可言樂乎！周官蜡氏「凡大祭祀」，「禁凶服」，祭義「郊之祭，喪者不敢哭」，又況祭祀可言凶乎！内言不出，外言不入，凡欲無相瀆而已，況公庭可言婦女乎！

振書、端書於君前有誅，倒筴、側龜於君前有誅。釋文：倒，多老反。

鄭氏曰：臣不豫事，不敬也。振，去塵也，端，正也。倒，顛倒也。側，反側也。皆謂甫省視之。孔氏曰：書，簿領也。文書、筴、龜不豫整理，今於君前始正之，皆有誅責也。方氏慤曰：此非大過而皆有誅，蓋以羣臣之衆而奉一人，不可不謹也，抑所以防其漸與？

龜筴、几杖、席蓋、重素、袗絺綌，不入公門。釋文：重，直龍反。

鄭氏曰：龜筴，嫌問國家吉凶。几杖，嫌自長老。席蓋，載喪車也。雜記曰：「士輤，葦席以爲屋，蒲席以爲裳帷。」重素，衣裳皆素，喪服也。袗，單也。孔子曰：「當暑袗絺綌，必表而出之。」孔氏曰：龜策，臣之龜筴也。愚謂大夫七十而致事，若不得謝，則君賜之几杖，未受賜者，不得以几杖入朝也。席，坐席也。朝内卿大夫視事之室，蓋有君所常設之席，故不可持席以入，嫌其自表異也。蓋，以禦雨，亦以表尊。朝位在庭，雨則廢。持蓋，嫌其表尊也。鄭謂「席蓋爲喪車」，非也。果爾，則當言車，不當但舉其席蓋也。素，白色繒也。重素，素冠、素衣、素裳，司服所謂「素服」，遭灾變之所服也。絺綌，褻衣，其上宜有中衣與禮衣焉，所謂「必表而出之」也，袗絺綌則不敬矣。

苞屨、扱衽、厭冠，不入公門。釋文：苞，白表反。扱，初洽反。厭，於涉反。○鄭註：苞，或爲「菲」。

鄭氏曰：此皆凶服也。苞，藨也。齊衰藨蒯之菲也。問喪曰：「親始死，扱上衽，喪冠厭伏。」孔氏曰：苞屨，謂藨蒯之草爲屨，杖齊衰之屨也。故喪服「杖齊衰」章云：「疏屨者，藨蒯之菲也。」此云「苞屨」。不入公門，服問云「唯公門有税齊衰」，註云：「不杖齊衰也。於公門有免齊衰，則大功有免絰也。」如鄭此言，五服入公門與否，各有差降。熊氏云：「父之喪，唯扱上衽不入公門，冠絰、衰屨皆得入也。杖齊衰則屨不得入；不杖齊衰，衰又不得入；其大功，絰又不得入；其小功以下，冠又不得入。此厭冠者，謂小功以下之冠，故云『不入公門』。凡喪冠皆厭，大功以上，厭冠宜得入公門也。」愚謂未殯之前，主人非君命不出大門，而云「扱衽不入公門」者，謂臣有死於公宫，若叔弓於禘祭涖事而卒者，則其子不以扱衽入也。三年之喪，雖權制，亦必卒哭乃服金革之事，未卒哭以前，無以冠絰、衰麤入公門之禮。苞屨不入公門，蓋謂爲妻杖期之服。若爲母杖期，卒哭變服之前，亦無入公門之禮也。厭，伏也。喪冠謂之厭冠者，以其無武而其狀卑伏也。雜記曰「委武玄縞而後蕤」，是喪至大祥，冠始有武也。服問曰「雖朝於君無免絰，唯公門有税齊衰」，則齊衰之喪入公門者，自身以下之服悉變之，惟其在首者自若也。厭冠不入，則必並首絰去之矣，其爲大功以下者與？

書方、衰、凶器，不以告不入公門。

鄭氏曰：此謂喪在内，不得不入，當先告君耳。方，版也。士喪禮下篇曰：「書賵於方，若九、若七、若五。」凶器，明器也。孔氏曰：書，謂條録送死者物件數目，如今死人移書也。百字以上用方版書之，故曰書方。愚謂此謂有死於宫中而君所不主其喪者，故此諸事須告君乃入也。

公事不私議。

鄭氏曰：嫌若姦也。愚謂此所以杜專擅之端。冉有與季氏議政於私室，孔子非之。

君子將營宫室，宗廟爲先，廄庫爲次，居室爲後。

鄭氏曰：重先祖及國之用。愚謂君子，謂諸侯也。廄，養馬者。庫，藏財物者。宗廟所以奉先祖，故爲先。廄庫所以資國用，故爲次。居室所以安身，故爲後。緜之詩曰：「縮版以載，作廟翼翼。」此宗廟爲先也。又曰：「乃立臯門，臯門有伉。」天子之臯門，於諸侯爲庫門，此廄庫爲次也。又曰：「乃立應門，應門將將。」王之正門曰應門，其内乃爲寢室，是居室爲後也。

凡家造，祭器爲先，犧賦爲次，養器爲後。釋文：造，才早反。一本作「凡家造器」，「器」衍字。養，羊尚反，一如字。

鄭氏曰：大夫稱家。謂家始造事。犧賦，以賦出牲。孔氏曰：祭器爲先者，尊崇祖、禰也。犧賦爲次者，諸侯大夫少牢，此云「犧」，謂牛，即是天子之大夫。祭祀賦斂邑民供出牲牢，故曰「犧賦」。養器，供養人之飲食器也。自贍爲私，宜後造。諸侯言「宗廟」，大夫言「祭器」，諸侯言「廄庫」「居室」，大夫言「犧賦」「養器」，互言也。愚謂月令季冬「命大史次諸侯之列，賦之犧牲，以共皇天、上帝、社稷之饗；命同姓之邦，共寢廟之芻豢；命宰歷卿大夫至於庶民土田之數，而賦犧牲，以共山林、名川之祀」。大夫有采地，其祭祀之犧牲亦令民供之，故曰「犧賦」。士祭以特牲，大夫祭以少牢，此言犧賦，則用大牢矣。左傳鄭子張「黜官，薄祭，祭以特羊，殷以少牢」。然則大夫之殷祭，固以大牢與？殷祭者，謂有大事省於其君，干祫及其高祖也。

無田禄者不設祭器，有田禄者先爲祭服。

鄭氏曰：祭器可假，服宜自有。孔氏曰：大夫及士有田禄者乃得造器，猶不具，唯天子大夫四命以上者得備具。若諸侯大夫，非四命，無田禄，則不得造。故禮運云：「大夫聲樂皆具，祭器不假，非禮也。」有田禄者雖得造器，而先爲祭服，後爲祭器，緣人形參差，衣服有大小，而祭器之品，量同官同，可以暫假也。愚謂田禄者，大夫士各有采地，無采地者，其禄亦皆出於公田之所入，疏以田禄專爲采地，非也。王制：「大夫士有田則祭，無田則薦。」若必采地乃謂之有田，則士之得祭者寡矣。孟子曰「士之失位，猶諸侯之失國家也」，「惟士無田則亦不祭」。是知凡仕者即爲有田，不必待賜采地也。不設祭器者，無田禄則力不能設祭器，且薦之需器少，可以假而有也。

君子雖貧，不粥祭器；雖寒，不衣祭服；爲宫室，不斬於丘木。釋文：粥音育。衣，於既反。

鄭氏曰：廣敬鬼神也。粥，賣也。丘，壟也。

大夫士去國，祭器不踰竟，大夫寓祭器於大夫，士寓祭器於士。釋文：去國，祭器不踰竟，音境，下同。一本作「大夫士去國」。下「去國，踰竟」亦然。

鄭氏曰：此用君禄所作，取以出竟，恐辱親也。寓，寄也。與得用者言寄，覬己復還〔一〕。

〔一〕「復」，禮記注疏作「後」。

孔氏曰：物不被用，則生蟲蠹，故寓於同官，令彼得用，不致敗壞，冀還復用，大夫士皆然也。　愚謂此寓祭器有三義：一使人得資其用，二令器不朽蠹，三己還得復取之也。

大夫士去國，踰竟，爲壇位，鄉國而哭，素衣、素裳、素冠，徹緣，鞮屨、素簚，乘髦馬，不蚤鬋，不祭食，不説人以無罪，婦人不當御，三月而復服。　釋文：壇，徐音善。鄉，息亮反。緣，悦絹反。鞮，都兮反，又徒兮反。簚，本又作「幭」，莫歷反。髦音毛。蚤，依註讀爪。鬋，子淺反。○鄭註：簚，或爲「幕」。

鄭氏曰：言以喪禮自處也。臣無君，猶無天也。壇位，除地爲位也。徹猶去也。鞮屨，無絇之菲也。簚，覆笭也。髦馬，不鬄落也。蚤讀爲爪。鬋，鬋鬢也。不自説於人以無罪，嫌惡其君也。御，接見也。三月一時，天氣變，可以遂去也。　孔氏曰：此大夫士三諫不從，出在竟上。大夫則待放，三年聽於君命，若予環則還，予玦則去；若士則不待放，臨去皆行此禮也。壇者，除地而爲壇也〔一〕。去父母之邦，有桑梓之戀，故爲壇位，鄉國而哭。衣、裳、冠皆素，爲凶飾也。緣，中衣緣也。素服裏亦有中衣，若吉時，中衣用采緣，此既凶喪，故徹

〔一〕「而」，原本作「不」，據禮記注疏改。

緣而純素。屨以絇爲飾。士冠禮云「玄端、黑屨〔二〕，青絇博寸」，鄭云：「絇之言拘也。」古屨以物繫之爲行戒，故用繒一寸，屈之爲絇，著屨頭，以受穿貫，今凶，故無絇也。素，白狗皮也。篾，車覆闌也。禮，人君羔幦虎犆，大夫鹿幦豹犆。今此喪禮，故用白狗皮也。既夕禮云「主人乘惡車，白狗幦」，是也。吉則翦剔馬毛爲飾，凶則無飾，不翦而乘之。蚤，治手足爪也。鬄，剔治鬢髮也。吉則治鬄爲飾，凶故不鬄也。不祭食者，食盛饌則祭食之先，喪凶，故不祭也。不說人以無罪者，善則稱君，過則稱己，今雖放逐，猶不得向人說己無罪也。吉時，婦人以次侍御，今喪禮自貶，故不也。自貶三月，然後事事反還如吉禮而遂去也。三月爲一時，天氣一變，則人情亦宜易也。呂氏大臨曰：大夫士去國，喪其位也。大夫士喪位，猶諸侯之失國家，去其墳墓，捹其宗廟，無禄以祭，故必以喪禮處之。馬氏晞孟曰：士虞禮曰「既祔則沐、浴、櫛、搔、翦」，則不蚤、翦者未祔之禮也。愚謂踰竟乃行此禮者，未踰竟猶冀君之反之也。壇與墠通，除地也。位，張帷爲哭位也。左傳魯公孫歸生奔齊，墠帷復命於介，鄉國而哭者，哀離其父母之邦也。素，白繒也。衣裳及冠，皆以白繒爲之。周禮司服「大札、大荒、大烖，素服」，謂此服也。緣，中衣之緣。徹之者，爲采色之華美也。鞮

〔二〕「端」，原本作「冠」，據儀禮士冠禮改。

屨，革履也。士冠禮曰：「白屨柎之以魁。」鞮屨蓋不柎者，故以其質名之。素簚者，白狗皮爲簚，而素繒緣之也。王之喪車，木車犬𧜀疏飾，素車犬𧜀素飾。是犬簚有不用素緣者，故言其緣以別之。盛饌則祭，不祭食，則疏食菜羹而已。○王氏安石曰：孔氏云「大夫三年待放竟上」，「士不待放」，恐無此禮。孔子屢仕屢去，豈常行待放之禮乎？或者古之大夫有得罪被放於竟上三年而後聽其去者乎？故季孫請囚於費以待察，春秋有放大夫之文，蓋緣此禮也。又三諫不從則去，亦不可必以爲常，要之，三諫不從而不能去，則苟禄者也。如孔子去國，乃未嘗一諫也。且待放得環則還，是以待放要君耳。三諫不從，以爲不合則可以去，雖有庶幾其君或改之心，如孟子三宿然後出晝可也，何待三年？愚謂大夫待放之説，出於公羊，然春秋二百四十年間，大夫之去國者多矣，未聞有待放三年而後去者。孔子去魯，曰「遲遲吾行也」。孟子去齊，三宿而後出晝。以道去君者，宜無如孔孟，亦未聞其待放三年而後去者也。孟子之告齊宣王曰：「諫行言聽，膏澤下於民。有故而去，則君使人導之出疆；去三年不反，然後收其田里。」古之去國者，其君臣相與有禮，不過如此，則其去固不俟三年，而必無待放竟上，賜環則還，賜玦則去之事矣。

大夫士見於國君，君若勞之，則還辟再拜稽首；君若迎拜，則還辟不敢答拜。

釋文：勞，力報反。辟，婢亦反。

大夫士見於國君，及下文「大夫見於國君」，「士見於大夫」，皆謂大夫士私行出疆，或去己國而適他國，而見於其君與其大夫者也。左傳：「楚公子棄疾如晉，過鄭，鄭伯勞諸柤，辭不敢見；固請見之，見如見王。」此雖奉命出聘，而其見鄭伯非君命，亦當用此禮也。勞之，謂慰其道路之勤勞也。還辟者，逡巡不敢當也。再拜稽首者，答君之意也。迎拜者，迎之而拜其辱也。還辟不敢答拜者，不敢亢賓主之禮也。公食大夫禮「公迎賓再拜，賓亦再拜稽首」者，聘賓奉主君之命，與此私自見國君者不同也。言「君若勞之」，「君若迎拜」，則君蓋有不勞之、不迎拜者矣，亦以其私見國君，故禮之隆殺無定也。○鄭氏曰：勞之，謂見君，既拜矣，而後見勞也。聘禮曰：「君勞使者及介，君皆答拜。」迎拜，謂君迎而先拜之。聘禮曰：「大夫入門再拜，君拜其辱。」案聘禮云：「大夫納賓，賓入門左，公再拜。」此註云「大夫入門再拜」，蓋文有誤脱。孔氏曰：此謂大夫士出聘他國之禮。聘禮行聘、享及私覿訖，賓出，主君送至大門内，主君問聘君、問大夫竟，乃云「公勞賓，賓再拜稽首；勞介，介再拜稽首」，即此大夫出聘他國，君勞之是也。迎拜，謂聘賓初至主國大門外，主君迎而拜之。案聘禮：「主君迎賓於大門内。」此疏云「大門外」，蓋亦傳寫之誤。愚謂註言君勞使、介，此聘禮反命而君勞之之事也。疏言君勞賓、介，此聘禮私覿之後，賓出至大門内，而主君勞之之事也。是勞之而再拜稽首，於己國及他國之君皆有此禮矣。然君於其臣不迎拜，此云「君若迎拜」，則非見己君。聘禮主君迎拜，乃一定之禮，此云「君若迎拜」，則固有不迎拜者矣。且聘禮乃爲君奉使，不可云「見於國君」，以是知此所言乃私見之禮，而非聘禮也。

大夫士相見，雖貴賤不敵，主人敬客則先拜客，客敬主人則先拜主人。

鄭氏曰：尊賢也。愚謂士相見禮主人皆先拜客，而此乃有客先拜主人者，以下文「同國始相見」觀之，則此謂尋常相見，而非始相見者也。始相見者，主人必先拜辱，非始相見則無拜辱之禮，故惟所敬者則先拜之。特牲禮主人宿尸，尸出門左，「主人再拜，尸答拜」。少牢禮「宿尸，主人再拜稽首」，「尸拜，許諾」。此時主人來在尸家而先拜尸，即客先拜主人之事也。

凡非弔喪，非見國君，無不答拜者。釋文：見，賢遍反，下「大夫見」「士見」同。

鄭氏曰：禮尚往來，喪賓不答拜，不自賓客也。國君見士，不答其拜，士賤。孔氏曰：凡拜而不答拜者，惟有弔喪與士見己君耳。弔賓爲助執喪事，非行賓主之禮，故主人雖拜，己不答也。士見己君，君尊不答。聘禮「士介四人」，君皆答拜者，以其爲他國之士故也。

大夫見於國君，國君拜其辱；士見於大夫，大夫拜其辱；同國始相見，主人拜

其辱。

鄭氏曰：自外來而拜，拜見也；自内來而拜，拜辱也。　愚謂此皆謂始相見者也。見於國君、見於大夫之説，已見於上。拜其辱者，拜其自屈辱至此，即上文云「君若迎拜」，是也。君於己臣不拜辱。士相見禮曰：「大夫士則奠贄再拜，君答壹拜。」同國始相見，謂士自相見，或士見於大夫也。於此言「同國」，則上言「見於國君」「見於大夫」爲異國明矣。○「大夫見於國君」四句，疏亦以聘禮言之。然大夫奉命出聘，既不可謂「見於國君」，且士見於大夫，大夫拜其辱，聘禮初無其事。賓問卿，大夫出迎於大門外，再拜，大夫與賓相與行禮，而士不與焉。至衆介私面，則入門奠幣再拜，而大夫不迎拜，然則其非聘禮又可知也。

君於士，不答拜也；非其臣則答拜之。大夫於其臣，雖賤，必答拜之。

鄭氏曰：非其臣則答拜，不臣人之臣。大夫於臣必答拜，辟正君。　孔氏曰：君於己士不答拜。然聘禮云「聘使還，士介四人，君旅答拜」者，敬其奉使而還。士相見禮「士見國君，君答拜」者，以其初爲士，敬之也。

男女相答拜也。　釋文：一本作「不相答拜」，皇云：「後人加不字耳。」

鄭氏曰：嫌遠别，不相答拜，以明之。○自「大夫士見於國君」至此，明尊卑相拜之法。

國君春田不圍澤，大夫不掩羣，士不取麛卵。 釋文：麛音迷。

鄭氏曰：生乳之時，重傷其類。 孔氏曰：國君，諸侯也。春時萬物産孕，不欲多傷殺，故不合圍繞取也。羣，謂禽獸共聚也。羣聚則多，不可掩取之。麛是鹿子，凡獸子亦得通名。卵，鳥卵也。春方乳長，故不得取也。 方氏慤曰：圍澤掩羣，四時之田所同禁，特以春言之者，孕乳之時尤在所禁故也。 馬氏晞孟曰：王制「天子不合圍，諸侯不掩羣」，諸侯會王田獵之禮也。國君不圍澤，大夫不掩羣，諸侯在國田獵之禮也。

歲凶，年穀不登，君膳不祭肺，馬不食穀，馳道不除，祭事不縣；大夫不食粱；士飲酒不樂。 釋文：縣音玄，下同。○今按：樂，舊如字，亦通，當音洛。

鄭氏曰：登，成也。君、大夫、士皆爲歲凶自貶損，憂民也。禮食殺牲則祭先，有虞氏以首，夏后氏以心，殷人以肝，周人以肺。不祭肺，則不殺也。天子食日少牢，朔月大牢；諸侯食日特牲，朔月少牢。除，治也。不治道，爲妨民取蔬食也。縣，樂器，鐘磬之屬。粱，加食也。不樂，去琴瑟。 孔氏曰：此一節明凶荒人君憂民自貶退禮也。歲凶，水旱灾害也。鄭註太史職：「中數曰歲，朔數曰年。」釋者曰：「年是據有氣之初，歲是舉年中之稱。」今謂歲既凶荒，而年中穀稼不登也。膳，美食名。盛食必祭，周人重肺，故食先祭肺，歲凶饑，故不祭肺，則不殺牲也。年豐則馬食穀，今凶年，故不食也。馳道，如今御路，君馳走車馬之處。不除，謂不治其草萊也。凶年，人應各採蔬食，若使民治道，則廢取蔬食，故不治也。凶年雖祭而不作樂，樂有縣鐘磬，因曰縣也。大夫食黍稷，以粱爲加，故凶年去之。士平常飲酒奏樂，今凶年，猶許飲酒，但不奏樂也。「君膳不祭肺」以下，及「士飲酒不樂」，各舉一邊而言，其實互而相通：君尊，舉大者而言；大夫士卑，舉小者言耳。愚謂周禮膳夫「大荒則不舉」，即不祭肺也。食以黍稷爲正，以稻粱爲加，故公食大夫禮設正饌後乃設稻粱。不食粱者，去其加也。飲酒，謂與賓客燕也。士與賓客燕，得以樂樂賓，投壺禮言「又重以樂」是也。此於周禮大司徒「荒政」爲「弛力」「眚禮」「蕃樂」之事，而稟人所謂「食不能人二鬴，則詔王殺邦用」者，皆自貶以憂民，節費以足食也。

君無故玉不去身，大夫無故不徹縣，士無故不徹琴瑟。

鄭氏曰：憂樂不相干也。故，謂灾、患、喪、病。孔氏曰：玉謂佩也。徹亦去也。自士以上皆有玉珮，言君無故不去玉，則知下通於士也。言士不去琴瑟，亦上通於君，但玉以比德爲重，故於君明之。又大夫言縣，士言琴瑟，亦互言耳。但縣勝，故大夫言之。愚謂琴瑟之樂通乎上下，若大夫士樂縣，則惟賜樂者乃有之，左傳「魏絳始有金石之樂」是也。賜樂出於特典，而不以爲常禮，雖大夫亦不必皆有縣，故特牲、少牢禮無樂。若公事得用樂者，則不係乎賜否，故鄉飲、鄉射禮皆有樂。小胥「大夫判縣，士特縣」，據已賜樂及公事用樂者言之也。但大夫位尊，賜樂者多，故言「無故不徹縣」；士卑，賜樂者少，故但言「琴瑟」也。

士有獻於國君，他日，君問之曰：「安取彼？」再拜稽首而后對。

鄭氏曰：再拜稽首，起敬也。　吕氏大臨曰：君臣上下之交，不間於貴賤，故雖士亦有獻於君，所以達臣子之誠心，而不可卻也。愚謂他日君乃問之者，獻時不親見君也。安取彼者，士禄薄，故問其物之所從來，恐其致之之難，而有所不安，亦體羣臣之意也。

大夫私行出疆，必請；反必有獻。士私行出疆，必請；反必告。君勞之則拜，問其行，拜而后對。

鄭氏曰：必請者，臣不敢自專也。私行，謂以己事也。士言告者，不必有其獻也，告反而已。勞則拜，拜而后對，亦起敬也。問行，謂道中無恙及所經過也。　愚謂「君勞之」以下，大夫士之禮皆然。○或曰：爲人臣者無外交，而乃有私行出疆者何也？曰：所謂外交者，謂若衛孫林父善晉大夫，晉范鞅私於季孫意如，自相交結，以行其私者耳。若慶、弔、昏、娶之禮通於他邦者，輕則遣使，重則自行，固禮之所未嘗禁也。蘧伯玉使人於孔子，孔子問人於他邦，則束脩之問出竟矣。雜記有赴於他國君大夫之禮，則赴弔之使出竟矣。春秋，季友如陳葬原仲。士昏禮「若異邦，則贈丈夫送者以束錦」，是大夫士有娶於異邦者。昏禮必親迎，此則又以情與禮之重而自行者也。先王之於臣子，待之以忠信，恤之以情誼，而爲之臣者，亦莫不盡忠以事其上。至於姻戚、朋友之好，或有在他國而與之往來者，乃人情之所不可已。且與所以忠其君者未嘗相妨，豈必欲一切禁絶而後爲忠於己哉！然則春秋之譏祭伯，何也？曰：人臣私行出疆，必其事之不可已者，可已而不已，則非靖共之義矣，此祭伯之所以見譏與？

國君去其國，止之曰：「奈何去社稷也！」大夫曰：「奈何去宗廟也！」士曰：「奈何去墳墓也！」

鄭氏曰：皆臣民殷勤之言。　愚謂國君亦有宗廟、墳墓，而獨言社稷者，重其所受於天子也。於大夫言宗廟，於士言墳墓，互言之也。

國君死社稷，大夫死衆，士死制。

鄭氏曰：死社稷，死其所受於天子。春秋傳曰：「國滅，君死之，正也。」死衆、死制，死其所受於君。衆，謂軍師。制，謂君教令所使爲之。孔氏曰：熊氏云：「上云國君去社稷，此云死社稷。上云大夫去宗廟，士去墳墓，此不云大夫死宗廟，士死墳墓者，宗廟、墳墓，己私有之，爲臣事君，不可爲己私事死，祇得死君之師衆與君教令。」愚謂國君守社稷者也，故社稷亡則死之；大夫爲君帥師衆者也，故師衆亡則死之；士爲君守法制者也，故法制見奪則死之。子玉敗於城濮而死，子反敗於鄢陵而死，可謂能死衆矣。齊大史書崔杼之弑，虞人違景公之召，可謂能死制矣。

君天下曰「天子」，朝諸侯，分職授政任功，曰「予一人」。釋文：分，方云反，徐扶問反。予，依字音羊汝反。鄭云「『余』『予』古今字」，則同音餘。

鄭氏曰：皆擯者辭也。天下，謂外及四海也。今漢於蠻夷稱「天子」，於王侯稱「皇帝」。覲禮曰：「伯父實來，余一人嘉之。」「余」「予」古今字。愚謂君天下曰「天子」，謂君天下者，天下之人稱之曰「天子」，猶君一國者，國中之人稱之曰「君」也。孟子曰「天子一位」，又曰「君一位」，是也。春秋：「天子使召伯來錫公命。」是天子之稱非但施於蠻夷矣。職，六官之職也。所治之事謂之政，所著之效謂之功。分職授政任功，謂分六官之職，而授之以政，任之以功也。朝諸侯者，臨外臣之事；分職授政任功者，治内臣之事。予一人，天子自稱及擯者之辭，謙言己亦人中之一人耳，猶諸侯之稱孤、寡也。

踐阼，臨祭祀，内事曰「孝王某」，外事曰「嗣王某」。

鄭氏曰：皆祝辭也。唯宗廟稱孝，天地、社稷祭之郊内，而曰「嗣王」，不敢同外内。　孔氏曰：踐，履也。阼，主人階也。天子祭祀升阼階。　吴氏澄曰：宗廟所祭者，一家之親，内神也，故曰内事。郊、社、山、川之屬，天下一國之神，皆外神也，故曰外事。　鄭氏以祭於郊内者爲内事，祭於郊外者爲外事，非也。

臨諸侯，畛於鬼神，曰「有天王某甫」。　釋文：畛，之忍反。○鄭註：畛，或爲「祇」。

鄭氏曰：畛，致也。祝告致於鬼神辭也。某甫，且字也。　疏云：甫者，丈夫美稱。云「且字」者，未斥其人，且以美稱配成其字。後凡鄭註言「且字」者放此。　不名者，不親往也。　周禮大會同，過山川，則大祝用事焉。　鬼神，謂百辟卿士也。　孔氏曰：天子行過諸侯之國，則止於諸侯之廟，而使大祝告鬼神。　吕氏大臨曰：畛，猶畦畛之相接，與「交際」之際同義。　愚謂鬼神，謂諸侯國内山川及先代諸侯之有功德者。稱字而不稱名者，以其神卑，且告祭禮簡故也。

崩，曰「天王崩」；復，曰「天子復」矣。

鄭氏曰：天王崩，史書策辭。天子復，始死時呼魂辭也。不呼名，臣不名君也。諸侯呼字。

孔氏曰：自天墜下曰崩，王者死，如從天墜下，故曰崩也。復，招魂復魄也。人命終畢，精氣離形，臣子罔極之至，猶望復生，故使人升屋，北面，招呼死者之魂，令還復身中，故曰復也。若漫招呼，則無的指，故男子呼名，婦人呼字，令魂識知其名字而還。王者不呼名字者，一則臣子不可名君，二則普天率土，王者一人而已，故呼「天子復」，則王者必知呼己而反也。以例而言，則王后死亦呼「王后復」也。

告喪，曰「天王登假」。 釋文：假音遐。

鄭氏曰：告，赴也；登，升也。胡氏銓曰：遐，遠也。竹書紀年帝王皆曰陟。陟亦登也。

吴氏澄曰：尊之，不敢言其死，但言其升陟於遐遠之處，猶言其登天也。

措之廟，立之主，曰「帝」。

鄭氏曰：同之天神。春秋傳曰：「凡君，卒哭而祔，祔而作主。」孔氏曰：措，置也。王葬後，卒哭竟而祔，置於廟，立主，使神依之也。主用木，方尺，或曰尺二寸。鄭云：「周以栗。漢主前方後圓〔一〕。」五經異義云：「主狀正方，穿中央，達四方。天子長尺二寸，諸侯一尺。」天神曰帝，今號此主，同之天神，故題稱帝，若文帝、武帝之類也。崔靈恩云：「古者帝王生

〔一〕「漢主」，禮記注疏作「漢書」。

死同稱。今云『立主曰帝』，蓋是爲記時有主入廟稱帝之義，記者録以爲法。」呂氏大臨曰：鬼神莫尊於帝，以帝名之，言其德足以配天也。然考之禮經，未見有以帝名者，惟易言「帝乙」，亦不知其何帝。獨史記載夏、殷之王皆以帝名，疑夏、殷人祔廟稱帝。遷據世本，當有所考。至周人有謚，始不名帝。愚謂竹書紀年夏天子皆稱帝，左傳曰「昔帝夷羿」，亦當夏時。國語：「帝甲亂商，七世而隕。」周則未聞有是稱也。然則立主稱帝，爲夏、殷之禮無疑矣。○孔氏曰：卒哭明日而立主，至小祥作栗主，乃埋桑主於祖廟門左埋重處。大夫士亦卒哭而祔。左傳唯據人君有主者言之，故云「凡君」，鄭註祭法云「大夫士無主」也。又檀弓云「重，主道也」，鄭註引公羊傳云「虞主用桑，練主用栗」，則似虞已有主。而左傳云：「祔而作主。」二傳不同者，説公羊者，朝葬，日中則作虞主。若鄭君以二傳之文雖異，其意則同，皆是虞祭總了，然後作主。以作主去虞實近，故公羊上係之虞，謂之虞主；又作主爲祔所須，故左氏據祔而言。異義云：「古春秋左氏説，既虞，然後祔死者於先死者。祔而作主，謂桑主也。期年，然後作栗主。」鄭君不駁，明同許意，故註檀弓云：「重，既虞而埋之，乃後作主。」是總行虞祭竟，乃埋重作主耳。下檀弓云「虞而立尸，有几筵」，鄭以爲人君之禮。明虞惟立尸，未有主也。趙氏汸曰：檀弓曰：「重，主道也。殷主綴重焉，周主重徹焉。」雜記曰：「重，既虞而埋之。」蓋虞爲喪祭，祔爲吉祭，喪祭用重，吉祭用主。重，既虞則埋之者，喪祭有終也。將埋重，必預作主，重與主不並立者，神依於一也。以此主之作，猶是虞日，故謂之虞主；以吉祭自祔始，故曰「祔而作主」。鄭氏通二傳爲一，已得之。使有朝葬，日中作虞主之禮，則何氏必援以爲説。是蓋公羊學者妄言之耳。愚謂鄭氏謂「大夫士無主」，先儒多疑之。然士虞、特牲、少牢皆不言有主。如大夫士有主，則既葬之後，作之於何時？設之於何日？饋食之時，出之於何時？設之於何所？皆經之所必不得而略者。而今皆無之，則其爲無主可知也。或謂「無主則神無所依」，是不然。祭統云：「鋪筵，設同几，爲依神也。」大夫士雖無主，而士虞禮「祝布席于室中東面右几」，特牲禮「祝筵几于室中東面」，少牢禮「司宫筵于奥，祝設几于筵上右之」，則神固不患於無所依矣。始死，未有筵几，故立重；既葬，埋重，則以筵几依神。但天子諸侯禮隆，既有筵几，更有主耳。然葬還，重不入廟門，既虞乃作主，則天子諸侯虞、卒哭之祭，亦但以筵几依神也。左傳「孔悝反祏」，大夫有主，乃亂世僭禮，不可據也。

天子未除喪，曰「予小子」。生名之，死亦名之。

鄭氏曰：予小子，謙，未敢稱一人。春秋傳曰：「以諸侯之踰年即位，亦知天子之踰年即位；以天子三年然後稱王，亦知諸侯於其封内三年稱子。」吴氏澄曰：春秋景王崩，悼王未踰年，入於王城，不稱天王而稱王猛，所謂「生名之」也；死不稱天王崩，而曰王子猛卒，所謂「死亦名之」也。愚謂在喪曰「予小子」，除喪曰「予一人」，此天子自稱之辭也。顧命曰「眇眇予末小子」〔一〕，在喪之辭也。成王之詩曰「閔予小子」，初免喪，未欲遽稱予一人，謙辭也。若史册所書，則踰年曰「王」，以春秋於魯君踰年皆書「公即位」，知天子踰年亦書「王」也。若臣民稱之，則雖未踰年，已曰「王」，以左傳於未踰年之君皆稱公，知天子未踰年，其臣民已稱曰「王」也。周襄王以魯文公八年崩，而春秋於九年書「毛伯來求金」〔二〕，不稱王使。公羊傳遂有「三年稱王」之説，不知毛伯至魯，在文九年之春，其出使實在文八年之冬，頃王立未踰年也。未踰年，所以不稱天王者，以其未即位，未成君也。人君踰年而即位，即位則天子曰「天王」，諸侯曰「公」，不復名矣，不待除喪也。春秋昭二十四年「天王居於狄泉」是也。○自「君天下曰天子」至此，明天子稱謂之事。

天子有后，有夫人，有世婦，有嬪，有妻，有妾。釋文：嬪音頻。

〔一〕「顧命」，原本作「康王之誥」，據尚書改。
〔二〕「九」，原本作「十」，據春秋文九年經改。

鄭氏曰：妻，八十一御妻，周禮謂之「女御」，以其御序於王之燕寢。妾，賤者。孔氏曰：爲治之法，刑於寡妻，始於家邦，終於四海，故天子立官，先從后妃爲始。后，後也，言其後於天子。按下「天子之妃曰后」，註云：「后之言後。」彼疏引白虎通訓后爲君，義優於鄭。夫，扶也，言其扶持於王。婦，服也，言其進而服事君子，以其猶貴，故以「世」言之。嬪者，婦人之美稱，可賓敬也。凡后妃以下，以次序而上御於王。鄭註周禮云：「凡御見之法，月與后妃其象也。卑者宜先，尊者宜後。女御八十一人，當九夕；世婦二十七人，當三夕；九嬪九人，當一夕；三夫人當一夕；后當一夕。十五日而徧。望後反之。孔子云：『日者天之明，月者地之理。陰陽契制，故月上屬爲天，使婦從夫，放月紀。』」此孝經援神契文。愚謂此言天子之内官也。周禮天官有九嬪以下，而無三夫人，然酒正有「后致飲於賓客之禮」，漿人有「夫人致飲於賓客之禮」，則后之下有夫人明矣。内官列職自九嬪以下而不及三夫人，猶外官列職自六卿以下而不及三公也。周禮「九嬪」在「世婦」上，此在「世婦」下者，從文便耳。其次第則當依周禮。妻，即周禮之「女御」。謂之妻者，蓋諸侯之妃曰夫人，尊與三夫人同也；大夫之妃曰世婦，尊與世婦同也；士之妃直曰妻，而其尊視女御。故女御亦謂之御妻，諸侯則謂之諸妻。喪大記「君之喪，夫人、世婦、諸妻疏食水飲」，是也。夫人之尊視三公，嬪視孤卿，世婦視大夫，妻視士，其賤而無爵命者曰妾，故不列於周禮。左傳鄭文公有賤妾曰燕姞。晉語「鄭伯嘉來納女工妾三十人」〔一〕，韋昭註：「妾，給使者。」又鄭語「府之童妾未既齔而遭之」，皆是也。○鄭氏所言御見之法，本於孝經援神契，先儒多疑之。然易曰「貫魚，以宮人寵」，周禮九嬪「各帥其屬，而以時御敍於王所」，內則「妾未老，必與五日之御」，則人君後宮進御有序，經典有明文，非惟緯書言之矣。諸侯之御以五日而遍，則天子之御以十五日而徧，亦其差宜然也。此蓋所以防私寵，杜專妬，泯怨曠，廣嗣續，乃先王正家之一端，豈可以其出於緯書而概非之乎？昏義「天子立一后、三夫人、九嬪、二十七世婦、八十一御妻」，而天官於世婦、女御不言其數。春官「世婦，每宮卿二人」，王有六宮，則十二人，此以三夫人、九嬪充之者也；「下大夫四人」，則爲二十四人，此以世婦充之者也；「中士八人」，則爲四十八人，此以女御充之者也。則世婦、女御固有不必備乎二十七與八十一之數者矣。此天官之所以不言其數與？

天子建天官，先六大，曰大宰、大宗、大史、大祝、大士、大卜，典司六典。

鄭氏曰：典，法也。此蓋殷時制也。周則大宰爲天官；大宗曰宗伯，爲春官，大史以下屬

〔一〕「來」，原本作「造」，據國語晉語七改。

焉。大士，以神仕者。呂氏大臨曰：殷人尊神，率民以事神，先鬼而後禮。大宗以下，皆事鬼神、奉天時之官，故總謂之天官。陳氏澔曰：六者所掌重於他職，故曰先。愚謂自此以下至「五官致貢曰享」，言天子之外官也。周官無大士，鄭氏以大史以下皆春官之屬，故以「以神仕者」當之。然大宰、大宗皆六卿，大史、大祝、大卜皆大夫，而以神仕者特中、下士，恐未可並列而爲六大。蓋此所言非周制，不必以周官之名强求其合也。古者以治天道之官爲重，故少昊紀官，首爲曆正，而堯典一篇，獨詳羲、和之命。此言天子建官，先以六大，自大宗以下，皆爲事鬼神、治曆數之職，蓋猶有古之遺意焉。

天子之五官，曰司徒、司馬、司空、司士、司寇，典司五衆。

鄭氏曰：衆，謂羣臣也。此亦殷時制也。周則司士屬司馬，大宰、司徒、宗伯、司馬、司寇、司空爲六官。吴氏華曰：郯子言少昊官名，曰祝鳩氏，司徒也；鴡鳩氏，司馬也；鳲鳩氏，司空也；爽鳩氏，司寇也；鶻鳩氏，司事也。與曲禮五官同。愚謂吴氏之説是也。「士」「事」字通。詩「勿士行枚」，「陟降厥士」，義皆爲事。司士，即司事也。古者掌水土與掌百工之官爲二，故虞有司空，又有共工。司事掌百工之事，即舜時共工之職也。五衆，謂五官之屬也。○孔氏曰：案甘誓及鄭註，三王同有六卿。又鄭註大傳夏書云「所謂六卿者，后稷、司徒、秩宗、司馬、作士、共工也」，而不說殷家六卿之名。此記所言，上非夏法，下異周典，鄭唯指爲殷禮也。天官以下，殷家六卿：大宰、司徒、司馬、司空、司士、司寇是也。但周家六卿，放天地四時。而殷以大宰爲一卿，以象天時；司徒以下五卿，法於地事。天官六官，法天之六氣；地官五官，法地之五行也。愚謂舜所命者九官，而甘誓云「乃召六卿」，則三代同置六卿明矣。此篇所言，與周禮不同，鄭氏以爲殷制，然不見六卿之名。孔氏謂大宰合五官爲六卿，或當然也。至其所言法象天地之說，亦第以意推說，別無他據。今姑存其說，以俟考焉。

天子之六府，曰司土、司木、司水、司草、司器、司貨，典司六職。

鄭氏曰：六府，主藏六物之稅者。此亦殷時制也。周則皆屬司徒。司土，土均也；司木，山虞也；司水，川衡也；司草，稻人也；司器，角人也；司貨，丱人也。呂氏大臨曰：農以耕事貢九穀，則司土受之；山虞以山事貢木材，則司木受之；澤虞以澤事貢水物，則司水受之；圃以樹事貢薪、芻、疏材，則司草受之；工以飭材事貢器物，則司器受之；商以市事貢貨賄，則司貨受之。周官司土則倉人、廩人之職，司木則山虞、林衡之職，司水則澤虞、川衡之職，司草則委人之職，司器、司貨則玉府、內府之職。所入者，乃農、圃、虞、衡、工、商之民所貢，故曰典司六職。愚謂均人掌地税之政令，稻人掌稼下地及除草萊，皆不可以言府。器貨之爲物甚多，而以角人、丱人二職當之，可乎？呂氏之説，稍爲該括，然亦未有以見其必然也。

天子之六工，曰土工、金工、石工、木工、獸工、草工，典制六材。

鄭氏曰：此亦殷時制也。周則皆屬司空。土工，陶、旊也；金工，築、冶、鳧、㮚、段、桃也；石工，玉人、磬人也；木工，輪、輿、弓、廬、匠、車、梓也；獸工，函、鮑、韗、韋、裘也。惟草工職亡，蓋謂作萑、葦之器。○陳氏祥道曰：大宰以下，理天道者也；司徒以下，理人道者也；司士以下，職地物者也；土工以下，飭地材者也。

五官致貢曰享。釋文：享，許兩反，舊許亮反。後皆放此，不復重出。

鄭氏曰：貢，功也。享，獻也。致其歲終之功於王，謂之獻。周禮大宰：「歲終，則令百官府各正其治，受其會，聽其致事，而詔王廢置。」孔氏曰：五官則上「天子五官」，「司徒」以下。大宰總攝羣職，總受五官之貢，故不入其數。愚謂不言六府、六工者，六府、六工即五官之屬也，言五官則六府、六工在其中矣。

**五官之長曰伯，是職方。其擯於天子也，曰「天子之吏」。天子同姓謂之「伯父」，異姓謂之「伯舅」。自稱於諸侯曰「天子之老」，於外曰「公」，於其國曰「君」。釋文：長，丁丈反，後皆同。擯，本又作「儐」，必刃反。天子謂之伯父，本或有「同姓」二字。○鄭註：是，或爲「氏」。

鄭氏曰：五官之長謂爲三公者，周禮「九命作伯」。職，主也。是伯分主東西者。春秋傳曰：「自陝以東，周公主之；自陝以西，召公主之；一相處乎內。」天子之吏，擯者辭也。春秋傳曰「王命委之三吏」，謂三公也。稱之以「父」與「舅」，親親之辭也〔一〕。外，自其私土之外。　孔氏曰：三公加一命爲二伯。伯，長也，爲內外官之長。擯，謂天子接賓之人也。愚謂擯於天子，謂介傳辭以告於天子之擯，擯者受之，以告於天子也。凡擯、介亦通名，其所稱之辭亦同也。三公內臣，而有擯於天子者，蓋王大合諸侯，二伯率當方諸侯以見於天子，則有擯、介以傳辭也。天子之老，亦擯者辭也。於外曰公，謂其國外之人稱之曰公，以其本爵，若春秋書周公、召公是也。於其國曰君，謂其臣民稱之也。○五官之長曰伯，是職方，則二伯惟三公爲之，外諸侯無爲二伯者，雖齊桓、晉文亦爲當州之伯而已。左傳昭十一年叔向曰：「單子爲王官伯。」二伯謂之王官。伯，所謂「五官之長曰伯」也。左傳僖元年：

〔一〕「親親」，原本作「親之」，據禮記注疏改。

「凡侯伯，分炎、救患、討罪，禮也。」僖二十八年：「王命晉侯爲侯伯。」州伯謂之侯伯，所謂「九州之長，於外曰侯」也。

九州之長，入天子之國曰「牧」。天子同姓，謂之「叔父」，異姓謂之「叔舅」。於外曰「侯」，於其國曰「君」。釋文：牧，「牧養」之牧，徐音目。

鄭氏曰：每一州之中，天子選諸侯之賢者以爲之牧也。周禮曰：「乃施典於邦國而建其牧。」牧尊於大國之君，而謂之叔父，辟二伯也。亦以此爲尊。禮，或損之而益，謂此類也。外，自其國之外。九州之中曰侯者，本爵也。孔氏曰：天子於每州之中，選取賢侯一人，加一命爲牧。牧，養也，言其養一州之人。周禮「八命作牧」是也。伯不云「入天子國」者，伯不出，故不言入耳。愚謂入天子之國曰「牧」，亦擯者辭也。牧在外亦謂之伯。王制「二百一十國以爲州，八州八伯」，是也。其入天子之國則曰「牧」，辟二伯之稱也。覲禮：「大國曰伯父、伯舅，小國曰叔父、叔舅。」牧尊於大國，而曰叔父、叔舅者，蓋亦辟二伯，而因以別異於大國之不爲牧者。鄭氏謂「禮有損之而益」，是也。左傳僖二十八年，王稱晉文公爲叔父，以州牧之稱稱之也。昭九年，稱晉侯爲伯父，以大國之稱稱之也。於外曰侯者，亦依其本爵稱之，若春秋書晉侯、齊侯是也。不言擯於諸侯之辭者，文不具也。玉藻：「伯曰

『天子之力臣』。」此其擯於諸侯之辭與？

其在東夷、北狄、西戎、南蠻，雖大曰「子」，於内自稱曰「不穀」，於外自稱曰「王老」。

鄭氏曰：謂九州之外長也。天子亦選其諸侯之賢者以爲之子，子猶牧也。入天子之國曰「子」，天子亦謂之「子」，雖有侯伯之地，本爵亦無過子，是以同名曰「子」。不穀，與民言之謙稱。穀，善也。曰「王老」，威遠國也。外，亦其戎、狄之中。孔氏曰：卑不得稱爲牧，又不得謂爲父、舅。其本爵子者，今朝天子，擯辭曰「子」。若本爵是男，亦謂爲「子」，亦尊異故也。不云「入天子國」及「擯」者，略可知也。愚謂夷、狄、戎、蠻，此謂中國之外，蠻、鎮、蕃三服之諸侯。爾雅「九夷、八狄、七戎、六蠻，謂之四海」，是也。每方亦選賢者以爲之長，雖有大國益地至侯伯，而其爵不過子。其入天子之國，亦即其本爵稱之，而無牧伯之號，蓋以其遠而略之也。於外自稱，謂於其所長諸侯之中，擯者所稱之辭也。王老，言天子長老之臣，尊大之號也。入王國不得稱牧，所以抑之，以別於中夏之侯伯。在外自稱曰王老，又所以尊之，以鎮服其戎、狄之族類。鄭氏謂「威遠國」，是也。

庶方小侯，入天子之國曰「某人」，於外曰「子」，自稱曰「孤」。

鄭氏曰：謂戎、狄子男君也。男者於外亦曰「男」，舉尊言之。孔氏曰：庶，衆也。小侯，謂四夷之君，非爲牧者也。以其賤，故曰「衆方」也。若入王國，自稱曰「某人」，若牟人、介人是也。六服之內，但舉伯之與牧，不顯其餘諸侯。九州之外，既舉大國之子，又舉其餘小國者，以六服諸侯，下文别更具顯，故於此略之。於外曰「子」，此君在其本國外四夷之中，自稱依其本爵，若男亦稱男也。若與其臣民言，則曰「孤」。孤者，特立無德能也。愚謂自稱曰「孤」，自稱於臣民及諸侯皆然。○自「天子有后」至此，記天子立官並諸侯稱謂之事。

禮記卷六

曲禮下第二之二

天子當依而立，諸侯北面而見天子，曰覲。天子當宁而立，諸公東面，諸侯西面，曰朝。釋文：依，本又作「扆」，於豈反。見，賢遍反，下文除「相見」皆同。寧，徐珍吕反，又音儲。

孔氏曰：依，狀如屏風，以絳爲質，高八尺，東西當户牖之間，繡爲斧文，亦曰斧依。故覲禮云「天子設斧依於户牖之間」，鄭註：「如今綈素屏風，有繡斧文，所以示威也。」爾雅云：「牖户之間謂之扆。」天子當依而立，是於秋受覲禮也。天子衮冕在廟，當依前南面而立，不迎賓。諸侯入廟門右，坐奠圭玉而再拜。所以奠圭玉者，卑見於尊，奠贄不授也。擯者命升西階親授，諸侯於是坐取圭玉升堂，王受玉，是當依而立之時也。王既受玉，諸侯降階，並北面再拜稽首。擯者延之，使升成拜，是北面曰覲。所以同北面者，覲遇秋冬陰殺之時，其氣質斂，故並於一處受之，不布散也。當宁而立，此爲春夏受朝時也。宁者，爾雅云「門屏之間謂之宁」，郭註云：「人君視朝，所宁立處。」天子受朝於路門外之朝，於門外宁立，以待諸侯，故云「當宁而立」也。王既立宁，諸侯次第而進，諸公在西、諸侯在東而朝王。春朝陽生之時，其氣文舒而布散，故分於兩處受也。地道尊右，故諸公在西也。愚謂覲者，諸侯秋見天子之名；朝者，諸侯春見天子之名。依設於廟，宁在治朝，則覲禮在廟，朝禮在朝也。覲禮諸侯受次於廟門外，「同姓西面，北上；異姓東面，北上」。至入廟北面而覲，則無東上西上之文，是諸侯雖同受次於廟門外，但一一入覲，不同時旅見也。朝禮諸公東面，諸侯西面，則旅見矣。大宗伯「春見曰朝，夏見曰宗，秋見曰覲，冬見曰遇」，則四時之朝禮異也。鄭氏謂「夏宗依朝，冬遇依覲」。今儀禮惟存覲禮，朝、遇、宗皆亡。大約朝禮和，覲禮嚴；朝禮文，覲禮質；朝禮盛，覲禮簡。周制，六服諸侯分年朝王。大行人「侯服歲一見」，「甸服二歲一見」，「男服三歲一見」，「采服四歲一見」，「衛服五歲一見」，「要服六歲一見」，是也。每歲當朝之諸侯，雖同在一服之内，然道里不能無遠近，又或有疾病事故，其至不能無後。先王則因其至之時以爲之禮：春則用朝禮，夏則宗，秋則覲，冬則遇。蓋放天時之温肅，以略爲行禮之别，而又因以勉諸侯，使疾於朝而不敢怠也。○鄭氏曰：春朝，受摯於朝，受享於廟，生氣，文也。秋覲，一受之於廟，殺氣，質也。朝者位於内朝而序進，覲者位於廟門外而序入。孔氏曰：崔氏云：「諸侯春夏來朝，各乘其命車，至臯門外陳介。天子車在大門內，設擯、介傳辭訖，則乘車出大門外下車。若並朝時，王但迎公，諸侯以下隨之而入，更不別迎。入至廟門，天子服朝服，立於路門之外，諸侯更易朝服，執摯入應門而行禮。」若熊氏之說，朝無迎法，惟享有迎諸侯之禮。賈氏公彦曰：覲禮，天子不下堂而見諸侯，春秋受摯在朝，亦無迎法。至朝後行三享在廟，天子出迎。愚謂儀禮覲禮受摯、受享皆在廟，此云「當依而立」，與儀禮合。至朝禮，此云「當宁而立」，則在朝也。大行人言「廟中將幣三享」，則在廟也。故鄭氏謂「受摯於朝，受享於廟」，欲以兩通其說。然司儀言諸侯相朝，廟中將幣，兼該朝、享，不應大行人之「廟中將幣」乃專指受享也。且受摯之禮重於受享，何以大行人言受享而反略受摯耶？且禮以廟受爲隆，何以受享於廟而受摯反在朝耶？覲禮王不迎諸侯，而大行人有王迎諸侯，賓主朝位之法，先儒以爲春夏之朝異於秋冬者也。然如崔氏之說，則王先迎賓而後行朝禮；如熊氏、賈氏之說，則先行朝禮然後講賓主之禮，迎入廟而受享。禮經散逸，先儒各以意說，今姑並録以俟考焉。○此言諸侯見天子之禮也。

諸侯未及期相見曰遇，相見於郤地曰會。諸侯使大夫問於諸侯曰聘，約信曰誓，涖牲曰盟。釋文：郤，丘逆反。盟音明，徐亡幸反。

鄭氏曰：及，至也。郤，閒也。涖，臨也。坎用牲，臨而讀其盟書。聘禮今存，遇、會、誓、盟禮亡。誓之辭，尚書見有六篇。　孔氏曰：約信曰誓者，以其不能自和好，故用言辭相約束以爲信也。盟者，殺牲歃血，誓於神也。天下太平之時，則諸侯不得擅相與盟。惟天子巡守至方岳之下，會畢，然後乃與諸侯相盟，同好惡，奬王室，以昭事神、訓民、事君。凡國有疑，則盟詛其不言者。後至於五霸之道卑於三王，有事而會，不協而盟。盟之爲法：先鑿地爲方坎，殺牲於坎上，割牲左耳，盛以珠槃，又取血盛以玉敦，用血爲盟。書成，乃歃血而讀書。知坎血加書者，案僖二十五年左傳云「坎血加書」，又襄二十六年左傳云「歃用牲加書」，是也。知用耳者，戎右職云：「贊牛耳。」知用左者，以馘者用左耳故也。知珠槃、玉敦者，戎右職云：「以玉敦辟盟。」又玉府云：「則共珠槃、玉敦。」知口歃血者，隱七年左傳「陳五父及鄭伯盟，歃如忘」，又襄九年云「新與楚盟，口血未乾」，是也。　吕氏大臨曰：會、遇、聘、問、誓、盟，皆諸侯之禮也。會禮詳而遇禮略：期而相見曰會，日有期，地有所也。郤地，竟上之地也。時緩則禮宜詳也。不期而相見曰遇，日無期，地無所也。時遽則禮宜略也。公羊傳齊景公之唁魯昭公，「以人爲菑，以幦爲席，以鞍爲几，以遇禮相見」。遇禮非皆然也，其略有如此者。　愚謂以言語相要結謂之誓，殺牲用書而臨之以神謂之盟。春秋有

「胥命」，殆所謂「約信曰誓」與？此一節言諸侯相見之禮也。

諸侯見天子，曰「臣某侯某」。其與民言，自稱曰「寡人」。釋文：自謂，一本作「自稱」。

臣某侯某，謂擯於天子之辭也。上言某者，其國也；下言某者，其名也。侯者，謂其爵爲侯者也。若伯、子、男，亦各因而稱之。玉藻曰：「諸侯於天子，曰『某土之守臣某』。」蓋當曰「某土之守臣某侯某」。此不曰「某土之守」，玉藻不曰「某侯」，皆文略耳。其爲州牧，則曰「某土之牧臣某侯某」；四夷之長，則曰「某屏之臣某子某」。自稱曰「寡人」，謙言寡德之人也。

其在凶服，曰「適子孤」。釋文：適音的。

鄭氏曰：凶服，謂未除喪。孔氏曰：適子孤，擯者告賓之辭。雜記云：「相者告曰：『孤某須矣。』」彼文不云「適子」，此不云名，皆文不具也。稱「孤」、稱名，皆謂父死未葬之前也。故雜記云「孤某須矣」，下云「既葬，蒲席」，明孤某是未葬也。愚謂適子孤，諸侯未除喪稱於諸侯之辭。左傳晉平公既葬，諸侯之大夫欲見新君，叔向辭曰：「孤斬然在衰絰之中。」是既葬之稱猶然也。

臨祭祀，内事曰「孝子某侯某」，外事曰「曾孫某侯某」。

鄭氏曰：稱國者，遠辟天子。　愚謂此皆祝辭所稱也。曰「孝子」者，謂祭禰廟也。曾，重也。曰「曾孫」者，言己乃始祖之重孫，上本其得國之始而言。　武成曰「惟有道曾孫周王發」，是也。此雖爲祭外神之稱，其實内事自曾祖以上亦曰「曾孫」，言於所祭者爲重孫也。郊特牲曰「稱曾孫某，謂國家也」，是也。若祭祖則曰「孝孫」。

死曰「薨」，復曰「某甫復矣」。

鄭氏曰：曰「薨」，亦史書策辭。某甫，且字。　孔氏曰：若告於諸侯，則辭當謙退，故雜記云「赴於諸侯，曰『寡君不禄』」。天子復曰「天子」，諸侯不可云「諸侯復」，故呼其字，言「某甫」。　呂氏大臨曰：復稱字，與大夫士異，臣不名君也。不稱爵，與天子異，有所降也。

既葬見天子，曰類見，言謚曰類。

鄭氏曰：既葬見天子，代父受國也。類猶象也。執皮、帛，象諸侯之禮見也。言謚者，序其行及謚所宜，使大夫行，象聘問之禮也。其禮並亡。　孔氏曰：準春秋之義，諸侯薨而嗣子即位，凡有三時：一是始喪即適子之位；二是踰年正月即一國正君臣之位；三是除喪而見於天子，天子命之嗣，列爲諸侯之位。是三年除喪之後乃見，而今云「既葬」者，謂天子巡守至竟，故得見天子。未葬未正君位，雖巡守亦不見也。言謚，謂將葬，就君請謚也。未葬之前，親使人請之於天子，若檀弓云「其子戌請諡於君」是也。曰類，言類相聘而行此禮也。愚謂凡禮之象正禮而行者皆曰類，故祭禮有類，朝、聘之禮亦有類。類見，象諸侯見於天子之禮也。言諡曰類，象諸侯使大夫聘於天子之禮也。蓋未受王命，不敢自居於諸侯之禮，故其朝、聘於天子皆曰類，言依於諸侯之禮而爲之爾。○陳氏祥道曰：在喪朝王，其禮蓋下於先君。以皮、帛繼子男，以周禮典命推之可知也。其服蓋吉服，特不免絰而已，以書之顧命「天子麻冕」，及記之服問推之可知也。愚謂麻不加於采，陳氏謂「類見用吉服而不免絰」，恐未必然。諸侯始見於王，與諸臣在國見君，禮自不同，未可以見於君無免絰之禮決之也。

諸侯使人使於諸侯，使者自稱曰「寡君之老」。釋文：使於、使者，並色吏反。

鄭氏曰：繫於君以爲尊也。此謂諸侯之卿。愚謂此謂擯於諸侯之辭也。天子之三公，繫於天子言之，曰「天子之老」，諸侯之卿，繫於其君言之，曰「寡君之老」，皆所以表其尊。○自「諸侯見天子」至此，明諸侯及其臣稱謂之法。

天子穆穆，諸侯皇皇，大夫濟濟，士蹌蹌，庶人僬僬。釋文：濟，子禮反。蹌，本又作「鶬」，或作「鏘」，同士良反。僬，子妙反。

鄭氏曰：皆行容止之貌也。聘禮曰：「賓入門皇。」又曰：「皇且行。」又曰：「衆介北面鏘焉。」凡行容，尊者體盤，卑者體蹙。孔氏曰：天子尊貴，故穆穆，威儀多也。諸侯皇皇，莊盛不及穆穆也。大夫濟濟，徐行有節，不得莊盛也。士蹌蹌，容貌舒揚，不得濟濟也。僬僬，卑盡之貌。庶人卑賤，都無容儀，並自直行而已。愚謂穆穆，深遠貌；皇皇，顯盛貌；濟濟，齊一貌；蹌蹌，舒揚貌；僬僬，急促貌。皇皇之易見，不如穆穆之難窮；濟濟之斂飭，不如皇皇之輝光；蹌蹌之軒舉，不如濟濟之安詳。士相見禮曰：「庶人見於君，不爲容，進退走。」僬僬，即不爲容是也。

天子之妃曰后，諸侯曰夫人，大夫曰孺人，士曰婦人，庶人曰妻。

鄭氏曰：后之言後也。夫之言扶，孺之言屬，婦之言服，妻之言齊。孔氏曰：妃，邦君之合配。王諸侯以下，通有妃稱，故特牲、少牢禮大夫士之禮皆曰「某妃配某氏」，尊卑通稱也。白虎通曰：「后，君也。明配至尊，爲海内小君。故配王言之，而曰后也。」夫人之名，惟諸侯得稱。論語云「邦君之妻，邦人稱之曰君夫人」，是也。爾雅曰：「孺，屬也。」與人爲親屬。婦之言服，服事其夫也。妻之言齊也。庶人賤，無別稱，判合齊體而已。○吕氏大臨曰：喪大記大夫曰世婦，士曰妻，未聞有孺人、婦人之號，或古有之。考之經傳，未之有也。

公、侯有夫人，有世婦，有妻，有妾。

鄭氏曰：貶於天子。無后與嬪，去上、中。 孔氏曰：獨言「公侯」，舉其上者，餘從可知也。既下於天子，不得立后，故但得以一人正者爲夫人。有世婦者，謂夫人之姪、娣，故公侯之夫人無子，立姪、娣子也。左氏以夫人姪、娣貴於二媵，則此世婦謂夫人姪、娣，其數二人。有妻者，謂二媵及姪、娣也，凡六人。有妾者，謂九女之外，別有其妾。上文天子八十一御妻之外更有妾，故知此妾不在九女之數也。 愚謂諸侯之適妻曰夫人，其尊與天子之夫人同也。其次妻曰世婦，與天子之世婦同也。又其次曰妻，喪大記謂之「諸妻」，與天子之御妻同也。其賤者曰妾。諸侯一娶九女，娶一國則二國往媵之，以姪、娣從。公羊家之說，謂左右媵貴於諸妾，則世婦當爲二媵，而其餘爲妻也。左氏家之說，謂夫人之姪、娣貴於二媵，則世婦當爲夫人之姪、娣，而其餘爲妻也。

夫人自稱於天子曰「老婦」，自稱於諸侯曰「寡小君」，自稱於其君曰「小童」。自世婦以下，自稱曰「婢子」。子於父母則自名也。 釋文：童，本或作「僮」。

鄭氏曰：自稱於天子，謂畿内諸侯之夫人助祭，若時事見。自稱於諸侯，謂饗來朝諸侯之時。小童，若云未成人也。婢之言卑也。於其君稱此，以接見體敵，嫌其當。 孔氏曰：此夫人，謂畿内諸侯之妻也。助祭，若獻繭之屬，得接見天子，故得自稱言老而服事也。畿外諸侯夫人，無見天子之禮。小童，未成人之稱，自謙言無知也。婢之爲言卑。晉懷嬴曰「寡君使婢子侍執巾櫛」，是也。愚謂外命婦助祭獻繭，皆無擯於天子之事。夫人自稱於天子，此謂王之姑、姊妹或姑、姊妹之女嫁於諸侯，或歸寧，或使大夫寧於王，或王有喪而使人來弔，則有辭以接於天子也。註疏專指爲畿内諸侯夫人，非是。婦者，對舅姑之稱。臣子一例，故夫人於天子，與其自稱於舅姑者同也。諸侯，謂他邦之君也。諸侯相朝，夫人有郊勞、致飱之禮，而諸侯之内宗出嫁者，於其國又當有弔問之事，故有擯於諸侯之辭。臣子稱其君爲君，故稱其夫人曰「小君」。曰「寡」，亦謙辭。婢子，爲世婦自稱之辭，而左傳秦穆公夫人自稱曰「婢子」，蓋自貶而從世婦之稱也。老婦、寡小君，擯者辭也；小童、婢子，蓋言而自稱之辭。子於父母則自名者，言天子諸侯之女嫁爲諸侯夫人，則於其父母稱名，不用「老婦」「寡小君」之稱也。論語曰：「邦君之妻，君稱之曰夫人，夫人自稱曰小童，邦人稱之曰君夫人。稱諸異邦曰寡小君，異邦人稱之亦曰君夫人。」

列國之大夫，入天子之國曰「某士」，自稱曰「陪臣某」，於外曰「子」，於其國曰「寡君之老」。使者自稱曰「某」。釋文：使自稱，色吏反，本或作「使者自稱」。

鄭氏曰：亦謂諸侯之卿也。三命以下，於天子爲士。曰「某士」者，如晉韓起聘於周，擯者曰「晉士起」。陪，重也。子，有德之稱。魯春秋曰：「齊高子來盟。」孔氏曰：陪，重也。某，名也。其君已爲王臣，已今又爲君之臣，故對王曰「重臣」也。若襄二十一年晉欒盈辭於行人曰「天子陪臣盈」，是也。使者自稱曰「某」，某亦謂其名也。此卿出使他國，與其君言則稱名，敬異國之君也。愚謂某士者，擯者之辭也，某者，其國也。陪臣某者，言而自稱之辭也，某者其名也。某士亦當配名稱之，文略耳。於外曰「子」，謂他國之人稱之也。於其國曰「寡君之老」，謂其國中之人與他國人言，稱此卿爲「寡君之老」也。

天子不言出，諸侯不生名，君子不親惡。諸侯失地，名；滅同姓，名。

鄭氏曰：天子之言出，諸侯之生名，皆有大惡，君子所遠，出、名以絶之。春秋傳曰「天王出居於鄭」，「衛侯朔入於衛」，是也。孔氏曰：天子不言出者，天子以天下爲家，策書不得言出，祇得稱居。諸侯不生名者，諸侯南面之尊，名者質賤之稱，諸侯稱爵不稱名。君子不親此惡人，若孔子書經，見天子大惡，書「出」以絶之；諸侯大惡，書名以絶之。案僖二十四年「天王出居於鄭」，公羊云：「王者無外，此其言出何？不能乎母也。」春秋莊六年「衛侯朔入於衛」，公羊云：「朔何以名？絶。曷爲絶之？犯命也。」謂犯王命。此鄭註皆用公羊義也。

春秋莊十年「荆敗蔡師於莘，以蔡侯獻舞歸」，公羊云：「何以名？絶。曷爲絶之？獲也。」此失地名也。僖二十五年「衛侯燬滅邢」，公羊云：「何以名？絶。曷爲絶之？滅同姓也。」此滅同姓名也。○胡氏銓曰：春秋晉滅虞、虢，齊滅紀，楚滅夔，皆滅同姓而不名，則衛侯燬之名，非因滅同姓。　朱子曰：諸侯滅國，未嘗書名，經文只隔「夏四月癸酉」，便書「衛侯燬卒」，疑傳寫之誤。　愚謂作記者是傳公羊之學，故其言如此，然其義未必皆確。胡氏、朱子之所疑者，亦足以發其墨守也。

爲人臣之禮，不顯諫，三諫而不聽則逃之。

鄭氏曰：不顯諫，爲奪美也。顯，明也。謂明言其君之惡，不幾微。逃，去也。君臣有義則合，無義則離。　孔氏曰：莊二十四年：「曹羈出奔陳。」公羊傳云：「戎將侵曹，曹羈諫曰：『戎衆以無義，君請勿自敵也。』曹伯曰：『不可。』三諫不聽，遂去之。」何休云：「諫有五：一曰諷諫，二曰順諫，三曰直諫，四曰争諫，五曰戇諫。」凡諫，諷諫爲上，戇諫爲下。　事君雖當諫争，亦當依微，納進善言，不得顯言君惡，以奪君之美也。　君臣有義則合，若三諫不聽，則待放而去也。　愚謂此亦據公羊傳爲言，君臣以義合，諫不行，言不聽，則不可以尸位而苟禄也。　然事有大小，勢有緩急，誼有疎戚，位有尊卑，任有輕重，故爲人臣者，或從容而諷議，或倉卒而奔告，或不諫而遂行，或至死而不去，要權乎義之所宜，而行其心之所安，未可以一律論也。

子之事親也，三諫而不聽，則號泣而隨之。釋文：號，户刀反。

鄭氏曰：至親無去，志在感動之。

君有疾飲藥，臣先嘗之；親有疾飲藥，子先嘗之。醫不三世，不服其藥。

鄭氏曰：嘗，度其所堪。醫不三世，不服其藥，慎物齊也。孔氏曰：三世，謂其父子相承至三世也。又説云：三世者，一曰黄帝針灸；二曰神農本草；三曰素女脈訣，又云夫子脈訣。鄭謂「慎物齊」，則非謂針灸、本草、脈訣也。愚謂醫者之用藥也，其效可以愈病，其誤足以殺人，故君父飲藥，臣子必嘗度其可否而進之。醫不三世，則於其業或未必精，故不服其藥。臣子於君父之身，無所不致其謹，而於疾則尤所宜慎者也。

儗人必於其倫。釋文：儗，魚起反。

鄭氏曰：儗猶比也。倫猶類也。比大夫當於大夫，比士當於士，不以其類，則有所褻。方氏慤曰：禹、稷、顔回，位不同矣，孔子俱以爲賢，爲其道之倫而儗之也。夷、惠、伊尹，迹不同矣，孟子俱以爲聖，爲其心之倫而儗之也。子夏以有若似孔子，儗之以貌，而不知聖賢之德不倫也。公孫丑以管仲比孟子，儗之以位，而不知王霸之業不同也。愚謂「倫」字，鄭氏以位言，方氏以道德言，兼之乃備。

問天子之年，對曰：「聞之，始服衣若干尺矣。」問國君之年，長，曰「能從宗廟、社稷之事矣」；幼，曰「未能從宗廟、社稷之事也」。問大夫之子，長，曰「能御矣」；幼，曰「未能御也」。問士之子，長，曰「能典謁矣」；幼，曰「未能典謁也」。問庶人之子，長，曰「能負薪矣」；幼，曰「未能負薪也」。釋文：長，丁丈反。

鄭氏曰：天子既不敢言年，又不敢斥至尊所能。國君以下，皆言其能，則長幼可知。御猶主也。書曰：「越乃御事。」謂主事者。謁，請也。謂能擯贊出入，以事請告也。禮：「四十强而仕，五十服官政。」疏云：鄭引此者，明大夫士所以不問其身而問其子。孔氏曰：古者謂數爲若干，故儀禮數射云「若干純」。若，如也。干，求也。言事本不定，常如此求之也。天子諸侯，繼世象賢，其年不定，故問其年。大夫五十乃爵，故不問其年而問其子。人君十五而生子，是十五以上爲長，十五以下爲幼。大夫子卑，長幼當以二十爲限也。呂氏大臨曰：少儀問國君之子，長，則曰「能從社稷之事」，能執干戈以衛社稷，則成人以上也；幼，則曰「能御、未能御」，能御則成童以上，未能御則未成童也。此章以能御、未能御爲大夫之子長幼，蓋射御之學無貴賤之異也。少儀問大夫之子，長則曰「能從樂人之事」；幼則曰「能正、未能正於樂人」。蓋男子十三學樂，誦詩舞勺，成童舞象。十三以上，是能正於樂人；未十三，則未能也。二十舞大夏，則樂人之事備，故曰「能從樂人之事」也。此章言御不言樂者，樂、舞、射、御，皆在所學，少儀以國君之子言「御」，故於大夫之子言「樂人之事」，文互見也。陳氏澔曰：若，如也，未定之辭。數始於一，而成於十，「干」字從一從十，故言若干。謂或如一，或如十，凡數之未定者皆可言。顏註食貨志云：「干，箇也。謂當如此箇數。」意亦近之。愚謂凡問人之長幼，皆不斥言其年者，敬也。古人於年之長幼，多以尺度言之。周禮鄉大夫「國中自七尺以至六十，野自六尺以及六十有五，皆征之」，孟子言「五尺之童」，是也。於天子不敢論其能否，又不敢斥言其身之長短，故言其服衣之度以見之也。人生十年曰幼。長謂已冠，幼謂未冠也。御，御車也。成童而學射、御。典，主也。謁，告也。士有隸子弟，恒使之典謁告之事。孔子使童子將命，或者疑之，則典謁乃冠者之事也。負薪者，庶人之所有事也。典謁卑於御，負薪卑於典謁。

問國君之富，數地以對，山澤之所出。問大夫之富，曰「有宰食力，祭器、衣服不假」。問士之富，以車數對。問庶人之富，數畜以對。釋文：數地，色主反，下「數畜」同。畜，許六反。

鄭氏曰：皆在其所制以多少對。宰，邑士也。食力，謂民之賦稅。孔氏曰：地，土地廣狹也，山澤所出，魚鹽、蜃蛤、金銀、錫石之屬也。有宰，明有采地。食力，謂食下民賦稅之力也。衣服，祭服也。祭器、衣服不假，謂四命大夫也。三命大夫，祭器造而不備。畜，謂雞豚之屬。間師云「凡民不畜者祭無牲，不耕者祭無盛，不樹者無椁，不蠶者不帛，不績者不衰」，故以畜數對。不問天子者，率土之物莫非王有，天下共見，不須問也。愚謂士已得造祭器，故曰「大夫士去國，祭器不踰竟」。然惟四命之孤乃得備，故大宗伯「四命受器」。大夫之祭器，視孤則爲少，視士則爲備。禮運言大夫祭器不假爲非禮，對孤言之也；此言「祭器、衣服不假」，對士言之也。士喪記士有乘車、道車、槀車，以車數對，謂其富足以備此車也。庶人受田有定制，而畜牧多寡不同，故數畜以明其富。○先王禄以馭富，故有國君之禄，則有國君之富；有大夫士之禄，則有大夫士之富；庶人無禄，而有百畝之田，則有庶人之富。其財足以供其用，其用足以行其禮，其禮足以稱其位，是以上下各安其分，而無有餘不足之患。後世馭富之柄失，諸侯王或乘牛車，而齊民田連阡陌，於是貧富相耀，而兼併争奪之患紛然不可止矣。

天子祭天地，祭四方，祭山川，祭五祀，歲徧。釋文：徧音遍。本亦作「遍」，下同。

天子一歲祭天有九：冬至祭天，正祭也；孟春祈穀，孟夏大雩，季秋大享，祈報之祭也；立春祭青帝，立夏祭赤帝，季夏祭黄帝，立秋祭白帝，立冬祭黑帝，迎氣之祭也。冬至及祈穀、大雩，祭於南郊圜丘，大享於明堂，所祭皆上帝也。周禮大宗伯「以禋祀祀昊天上帝」，詩序「春夏祈穀於上帝」，孝經曰「宗祀文王於明堂，以配上帝」，是也。迎氣於四郊，所祭者五帝也。周禮小宗伯「兆五帝於四郊」，是也。凡言上帝，與五帝别。周禮掌次：「王旅上帝，則張氈案，設皇邸，祀五帝則張大次、小次。」又司服：「王之吉服，祀昊天上帝則服大裘而冕，祀五帝亦如之。」此可以見之矣。南郊以后稷配，明堂以文王配，迎氣以五人帝配。祭地，謂夏至祭地於北郊方澤也。其祈報告祭則祭社，社通於諸侯大夫，而北郊非天子不得祭也。四方，謂五嶽、四鎮、四瀆之神，各因其方而祭之者也。周禮大宗伯「以玉作六器，以禮天地四方」，公羊傳曰「天子有方望之事，無所不通」，是也。山川，謂嶽瀆之外小山川也。大宗伯：「以貍沈祭山林、川澤。」小宗伯：「兆山川、丘陵、墳衍，各因其方。」祭法曰：「山林、川谷、丘陵，能出雲爲風雨，見怪物，皆曰神。有天下者事百神。」五祀，謂春祭户，夏祭竈，季夏祭中霤，秋祭門，冬祭行也。歲徧者，謂一歲中祭此諸神皆徧也。○楊氏復曰：天帝，一也。以一字言，則祀天饗帝之類；以二字言，則格於皇天、殷薦上帝之類；以四字言，則惟皇上帝、皇天上帝之類；以氣之所主言，則隨方而立名，如青帝、赤帝、黄帝、白帝、黑帝之類。其實，則一天也。康成分爲六天，又皆以星象名之，謂「昊天上帝者，北辰也；五帝者，大微宫五帝坐也」。夫在天成象，在地成形，草木非地，則星象非天，况又附以緯書，如「北辰耀魄寶」之類，尤爲不經。是以王肅羣儒引經傳以排之。然肅以五帝爲五人帝，則非也。夫有天地則有四時、五行，有四時、五行則有五帝。帝者，氣之主也，易所謂「帝出乎震」是也。果以五人帝爲五帝，則五人帝之前其無司四時者乎？天猶性也，帝猶心也。五帝猶仁義禮智信之心隨感而應者也，其實一天也。　愚謂凡言方者，皆謂地祇，兆之各以其方者也。而所指各不同，有指四望言之者，此記是也。典瑞「兩圭有邸以旅四望」，「璋邸射以祀山川」，大司樂「舞大磬以祀四望」，「舞大夏以祭山川」，皆言「四望」於「山川」之上，與此言「四方」於「山川」之上一也。有指五行之神言之者，詩「以祀以方」，大司馬仲秋「獮田致禽以祀方」，是也。說詳月令。有指山林、川澤、丘陵、墳衍言之者，小宗伯「兆山川、丘陵、墳衍，各因其方」，祭法「四坎壇祭四方」，是也。有指蜡祭言之者，郊特牲「八蜡以記四方」，大宗伯「以疈辜祭四方百物」，舞師「教羽舞，帥而舞四方之祭」，是也。鄭氏以此四方爲五官之神，五官之神即五行之神也。此雖亦謂之方，然以下「諸侯方祀」觀之，則其義不可通。蓋五行爲功於人，於四方非有所偏主，非如嶽瀆之有定在也。天子諸侯之國，並當兼祀，若如鄭氏之説，則諸侯之方祀，東諸侯專祀木神，西諸侯專祀金神矣，其可通乎？

諸侯方祀，祭山川，祭五祀，歲徧。大夫祭五祀，歲徧。士祭其先。

方祀，謂祭四望之在其方者，若魯祭泰山，晉祭河，是也。山川，境内小山川也。大夫士皆得祭五祀及其先，於大夫言「五祀」，士言「祭其先」，亦互見之也。○朱子曰：一家之主，則一家之鬼神屬焉。諸侯守一國，則一國之鬼神屬焉。天子君天下，則天下之鬼神屬焉。

凡祭，有其廢之，莫敢舉也；有其舉之，莫敢廢也。非其所祭而祭之，名曰淫祀。淫祀無福。

已廢而舉之則瀆，若魯立武宫、煬宫，是也。宜舉而廢之則怠，王制「山川神祇有不舉者爲不敬」，是也。非所祭而祭之，謂非所當祭之鬼而祭之也。淫，過也。或其神不在祀典，如宋襄公祭次睢之社，或越分而祭，如魯季氏之旅泰山，皆淫祀也。淫祀本以求福，不知淫昏之鬼不能福人，而非禮之祭，明神不歆也。

天子以犧牛，諸侯以肥牛，大夫以索牛，士以羊豕。釋文：索，所百反。

鄭氏曰：犧，純毛也。肥，養於滌也。索，求得而用之。　孔氏曰：案國語觀射父云：「大者牛羊，必在滌三月；小者犬豕，不過十日。」此大夫索牛，士羊豕，既不在滌三月，當十日以上。　愚謂犧，毛色純也。周禮牧人：「凡時祭之牲，必用牷物。」肥，繫於牢而芻之三月也。天子言犧，諸侯言肥，亦互文耳。祭義曰「君召牛，納而視之，擇其毛而卜之」，則諸侯之牛未必不犧也。索，簡擇也。襄公二年左傳：「萊人賂齊侯以索馬牛皆百匹。」大夫不得用肥牛，但臨時簡擇其好者也。大夫以索牛，士以羊豕，疏以爲天子之大夫士，蓋據少牢禮諸侯之大夫不得用大牢，特牲禮諸侯之士不得用羊豕也。然左傳鄭子張「黜官薄祭，祭以特羊，殷以少牢」，則諸侯大夫殷祭當以大牢，而士殷祭當以羊豕矣。

支子不祭，祭必告于宗子。

鄭氏曰：祭必告于宗子，不敢自專。謂宗子有故，支子當攝而祭者也。五宗皆然。　孔氏曰：支子，庶子也。祖、禰廟在適子之家，而庶子賤，不敢輒祭之也。若宗子有疾，不堪當祭，則庶子代攝可也，猶應告於宗子然後祭。

凡祭宗廟之禮，牛曰一元大武，豕曰剛鬣，豚曰腯肥，羊曰柔毛，雞曰翰音，犬曰羹獻，雉曰疏趾，兔曰明視；脯曰尹祭，槀魚曰商祭，鮮魚曰脡祭；水曰清

滫，酒曰清酌，黍曰薌合，粱曰薌萁，稷曰明粢，稻曰嘉蔬，韭曰豐本，鹽曰鹹鹺，玉曰嘉玉，幣曰量幣。釋文：大武，如字，一音泰。腯，徒忽反，本亦作「豚」。槀，苦老反。鮮音仙。脡，他頂反，徐唐頂反。薌音香。合，如字，或音閤。「萁」字又作「箕」，同音姬，王音期。稷曰明粢，粢音咨，一本作「明粱」。古本無此句。疏，本又作「蔬」，色魚反。鹹，本又作「醎」，音咸。鹺，才何反。量音亮，又音良。○疏云：隋秘書監王劭勘晉、宋古本，皆無「稷曰明粢」一句，立八疑、十二證，以爲無此句爲是。今尚書云「黍稷非馨」，詩云「我黍與與，我稷翼翼，爲酒爲食，以享以祀」。黍稷是五穀之主，粢盛之貴，黍既别有異號，稷何因獨無美名？爾雅又以粢爲稷，此曰「稷曰明粢」，正與爾雅相合。又士虞禮云「明粢、溲酒」，鄭註：「或曰『明粢』當爲『明視』，謂兔腊也。今文曰『明粢』，粢，稷也，皆非其次也。」由曲禮有「明粢」之文，故鄭註儀禮云「非其次」。王劭既背爾雅之説，又不見鄭玄之言，苟信錯書，妄生異同，改亂經籍，深可哀哉！○按豚曰腯肥，鄭引春秋傳作「腯」，則此本作「豚肥」，傳寫誤耳。

鄭氏曰：號牲物者，異於人用也。元，頭也。武，迹也。腯當作「豚」。亦肥也。春秋傳作「腯」。腯，充貌也。翰猶長也。羹獻，食人之餘也。尹，正也。商猶量也。脡，直也。其，辭也。嘉，善也。稻，菰蔬之屬也。豐，茂也。大鹹曰鹺，今河東云。幣，帛也。孔氏曰：牛肥則腳迹痕大，豕肥則毛鬣剛。腯，充滿貌也。羊肥則毛細而柔弱，雞肥則鳴聲長。人將所食羹餘與犬，犬食之肥，肥則可獻於鬼神。雉肥則兩足開張，趾相去疏，兔肥則目開而視明。自牛至兔，凡有八物，惟牛云一頭，而豕以下不云數者，皆從其所用而言數也。雞雉爲膳及腊，則不數。尹，正也。割裁方正可祭。槀，乾也。乾魚商度燥溼得中而祭之。脡，直也。魚鮮則煮熟脡直，若餒則敗碎不直。水，玄酒也。清滌，言其清潔也。酒，三酒也。酌，斟酌也。清酌，言清澈可斟酌也。穀秫者曰黍，秫既軟而相合，氣息又香，故曰薌合。粱，白粱黃粱也。稷，粟也。明，白也。爾雅云：「粢，稷也。」此等諸號，若一祭並有，則舉其大者牲、牢、酒、齊而言，故少牢禮稱「敢用柔毛、剛鬣，嘉薦普淖」，是也。或唯有雞犬，或唯魚兔及水酒韭鹽之祭，則各舉其美號，故此經備載其名。　陳氏祥道曰：粱曰薌萁者，非獨米之芳烈，其萁梗亦有香氣也。　愚謂爾雅「肉謂之羹」，儀禮云「羹定」，左傳云「未嘗君之羹」。犬肥則肉美而可獻，故曰羹獻。黍與稷，皆今之小米。黍之性黏，故曰薌合；稷之色白，故曰明粢。明，潔白也。萁，莖也。漢書曰：「落而爲萁。」粱之莖獨高大於他穀，今俗謂之高粱，以其氣息香而莖高大，故曰薌萁。量幣者，言幣之長短廣狹合制度也。內宰註引逸巡守禮云：「製幣丈八尺，純四只。」酒曰清酌，而士虞記曰「溲酒」，所傳異也。

天子死曰「崩」，諸侯曰「薨」，大夫曰「卒」，士曰「不禄」，庶人曰「死」。

鄭氏曰：異死名者，爲人褻其無知，若猶不同然也。自上顛墜曰崩。薨，顛壞之聲。卒，終也。不禄，不終其禄。死之言澌也，精神澌盡也。孔氏曰：崩者，墜壞之名，譬若天形墜壓然，則四海必覩。王者登遐，率土咸知，故曰崩。薨者，崩之餘聲也。諸侯卑，死，不得效崩之形，但如崩後餘聲，劣於形壓也。卒，畢竟也。大夫是有德之位，畢了生平，故曰卒。士禄以代耕，而今遂死，是不終其禄。死者，澌也。澌是消盡無餘之目，庶人極賤，生無令譽，死絶餘芳，精氣一去，身名俱盡，故曰死。

在牀曰尸，在棺曰柩。

鄭氏曰：尸，陳也，言形體在也。柩之言究也。孔氏曰：死未殯斂，陳列在牀，故曰尸。白虎通云「失氣亡神，形體獨陳」，是也。柩，究也。三日不生，斂之於柩，死事究竟於此。

羽鳥曰降，四足曰漬。釋文：降，户江反，又音絳。漬，辭賜反。

鄭氏曰：異於人也。降，落也。漬，謂相瀸污而死。孔氏曰：羽鳥，飛翔之物，降落是死也。牛馬之屬，若一箇死，則其餘更相染漬而死。

死寇曰兵。

鄭氏曰：異於凡人，當饗禄其後。孔氏曰：兵者，器仗之名。吕氏大臨曰：兵者，死於寇難之稱。有兵死而可褒者，如童汪踦能執干戈以衛社稷，勇於死難者也。有兵死而可貶者，如家人「凡死於兵者，不入兆域」是也。　愚謂死寇曰兵，言其爲器仗所傷而死，異於疾病而死者也。此但以爲死之異名，至饗祿其後與否，則自當論其事之何如，未可一概言也。

祭王父曰「皇祖考」，王母曰「皇祖妣」；父曰「皇考」，母曰「皇妣」；夫曰「皇辟」。釋文：辟，婢亦反，徐扶亦反。

鄭氏曰：更設稱號，尊神異於人也。皇，君也。考，成也。言其德行之成也。妣之言媲也，媲於考也。辟，法也，妻所取法也。　孔氏曰：王父，祖父也。王母，祖母也。夫是妻所取法，如君。

生曰父，曰母，曰妻；死曰考，曰妣，曰嬪。

鄭氏曰：嬪，婦人有法度者之稱也。周禮九嬪：「掌婦學之法，教九御，婦德、婦言、婦容、婦功。」　孔氏曰：此生死異稱，出爾雅文。若通而言之，亦通也。尚書云「大傷厥考心」，又云「聰聽祖考之彝訓」，倉頡篇云「考妣延年」，書云「嬪于虞」，詩云「曰嬪于京」，周禮九嬪之官，並非生死異稱矣。

壽考曰卒，短折曰不祿。

鄭氏曰：謂有德行，任爲大夫士而不爲者，老而死，從大夫之稱；少而死，從士之稱。　愚謂前云「大夫曰卒，士曰不禄」，而復言此者，記異聞，博異語也。○自「天子死曰崩」至此，記死者稱謂不同之事。

天子視，不上於袷，不下於帶。國君綏視，大夫衡視，士視五步。釋文：上，時掌反，下同。袷音劫。綏，依註音妥，他果反。

鄭氏曰：袷，交領也。天子至尊，臣視之，目不過此。視國君彌高。綏讀爲妥。妥視，謂上於袷視。大夫又彌高，衡，平也。平視，謂視面也。士視，得旁游目五步之中。視大夫以上，上下游目，不得旁。孔氏曰：執器以心爲平，故心下爲妥。此視以面爲平，故妥下於面，則上於袷也。愚謂此臣視君尊卑之差也。天子視，謂視天子也。袷，中衣之交領也。古人以裼爲常，裼則露中衣之交領，故視天子者，據之以爲節。視士者得遊目旁視五步之內，而高下則與大夫同也。

凡視，上於面則敖，下於帶則憂，傾則姦。釋文：敖，五報反。○鄭註：傾，或爲「側」。

鄭氏曰：敖則仰，憂則低。辟頭旁視，心不正也。孔氏曰：此解所以視有節限之義也。若視過下，則似有憂。視人過高，則是敖慢。定十五年：「邾子執玉高，其容仰。」高、仰，驕也。定十五年：「魯公受玉卑，其容俯。」卑、俯，替也。又昭十一年「會於厥慭」，「單子視不愚謂士相見禮曰：「若不言，立則視足，坐則視膝。」然則不下於帶，蓋言時之視容則然。

登帶」，是也。傾，欹側也。視欹側，則似有姦惡之意也。

君命，大夫與士肄，在官言官，在府言府，在庫言庫，在朝言朝。釋文：「君命」絶句。肄，本又作「肆」，同以二反。

鄭氏曰：肄，習也。君有命，大夫則與士展習其事，謂欲有所發爲也。官，謂版圖文書之處。府，謂寶藏貨賄之處。庫，謂車馬兵甲之處。朝，謂君臣謀政事之處。唯君命所在，就展習之也。　愚謂官，謂百官府治事之處。玉藻云「在官不俟屨」，是也。君命有所爲，則大夫士必先肄習其事，而隨其所在，相與謀議。蓋慮無後時，思不出位，然後所治無不精，而所謀無不審也。

朝言不及犬馬。

鄭氏曰：非公議也。

輟朝而顧，不有異事，必有異慮。故輟朝而顧，君子謂之固。

鄭氏曰：輟，止也。輟朝而顧，心不正，志不在君也。固，謂不達於禮。　呂氏大臨曰：非所治者皆異事，非所謀者皆異慮，二者非姦則野也，故君子謂之固。固，野陋也。君子不逆人以姦也。

在朝言禮，問禮，對以禮。

鄭氏曰：於朝廷言，無所不用禮。　愚謂在朝當言禮，故或問或對，皆當以禮也。或曰：在朝當言禮，凡問禮者當對以禮。亦通。

大饗不問卜，不饒富。

大饗，王饗諸侯也。大司樂「大饗不入牲，其他皆如祭祀」，則大饗之禮樂略與祭祀相倣。祭祀必卜日，嫌大饗亦然，故特言其不卜，由饗人與事神者不同也。左傳：「臣卜其晝，未卜其夜。」彼是以臣饗君，故特卜以重其事，非常禮也。富，備也。禮數有常，既備矣，而更饒益之，則非禮矣。左傳「饗以訓恭儉」，郊特牲「大饗尚腶脩而已矣」，則其不饒富可知也。○鄭氏曰：祭五帝於明堂，莫適卜也。陳氏祥道曰：明堂之饗帝，宗廟之饗先王，王饗諸侯，兩君相見，皆謂之大饗。大饗不問卜，饗賓之禮也。周官大宰祀五帝，祀大神示，享先王，皆前期十日而卜日。又大宗伯：「凡祀大神，享大鬼，祭大示，帥執事而卜日。」春秋書「卜牛」，記曰「君召牛，納而視之，擇其毛而卜之」，又曰「明王事天地之神明，無非卜、筮之用」，則祭祀無不用卜矣。　愚謂明堂祭上帝，非祭五帝也。

凡摯，天子鬯，諸侯圭，卿羔，大夫雁，士雉，庶人之摯匹，童子委摯而退。釋文：摯音至，徐之二反。本又作「贄」，同。匹，依註作「鶩」，音木。

鄭氏曰：摯之言至也。天子無客禮，以鬯爲摯者，所以唯用告神爲至也。童子委摯而退，不與成人爲禮也。說者以匹爲「鶩」。孔氏曰：鬯者，釀黑秬黍爲酒，其氣芬芳調暢，故因謂爲鬯也。天子無客禮，必用鬯爲摯者，天子弔臨適諸侯，必舍其祖廟，以鬯禮於廟神，以表天子之至也。諸侯圭者，謂公、侯、伯用圭，子、男用璧，以朝王及相朝聘。此唯云「圭」，不云「璧」者，略可知也。卿羔者，鄭註宗伯云：「羔，小羊，取其羣而不失類也。」白虎通云：「羔，取其羣而不黨。」周禮云：「公之孤以皮、帛。」大夫雁者，鄭註宗伯云：「雁，取其候時而行。」白虎通云：「雁，取飛有行列也。」士雉者，鄭註宗伯云：「雉，取其守介而死，不失節也。」白虎通云：「雉，取其不可誘之以食，撓之以威，死不可畜也。」士摯，冬雉、夏腒。羔、雁生執，雉則死持，亦取見危致命也。匹，鶩也。野鴨曰鳧，家鴨曰鶩。鶩不能飛騰，如庶人但守耕稼而已，故鄭註宗伯云：「鶩，取其不飛遷。」童子見先生，或尋朋友，不敢與成人相授受，但奠委其摯於地而退。童子之贄，悉用束脩，論語「自行束脩以上」，是也。凡用牲爲摯，主人皆食之，故司士云：「掌擯士者膳其摯。」呂氏大臨曰：摯用禽者，所以致其養也。

故膳夫之職，以摯見者，受而膳之。司士：「掌擯士膳其摯。」愚謂摯之言致也，見於尊者，親致之以爲敬也。天子無客禮，無所用摯，而祭祀之初，以鬱鬯降神，有似用摯之義，故以此配而言焉。諸侯摯用玉者，所以章德也。大宗伯：「公執桓圭，侯執信圭，伯執躬圭，子執穀璧，男執蒲璧。」此言圭而不及璧者，文略也。卿大夫士摯用禽者，蓋見於尊者，以此致孝養之意，而略以其大小爲尊卑之差。大宗伯又有「孤執皮、帛」，「工商執雞」，此不言者，亦文略也。皮、帛者，用麛之皮而飾之以帛也。士相見禮「上大夫相見以羔」，「左頭如麛執之」，孤之摯見於此矣。麛重不可執，故執其皮，亦猶雉不可生執而用死之意也。雉無飾，羔雁飾之以布，麛之皮飾之以帛，尊者彌文也。凡以客禮者授摯，以臣禮者奠摯。童子於先生，不敢自居於賓客，故其摯亦奠之，蓋事師之敬與事君同也。

野外軍中無摯，以纓、拾、矢可也。

鄭氏曰：非爲禮之處，用時物相禮而已。纓，馬繁纓也。拾，謂射韝。孔氏曰：軍在野無物，故用此爲摯可也。不直云「軍中」而云「野外」者，若軍在都邑，則宜依舊禮也。此舉一隅耳，觸類而長之，則若土地無正幣，則時物皆可也。

婦人之摯，椇、榛、脯、脩、棗、栗。釋文：椇，俱羽反。榛，側巾反，字林仕巾反。古本又作「亲」，音壯巾反。

鄭氏曰：婦人無外事，見以羞物也。椇、榛，木名。椇，枳也，有實，今邳、郯之東食之。榛，實似栗而小。孔氏曰：婦人無外事，惟初嫁見舅姑用此六物爲摯也。椇，即今之白石李也，形如珊瑚，味甜美。脯，搏肉無骨而曝之。脩，取肉鍛治而加薑桂，乾之如脯。所以用此六物者：椇訓法也；榛訓至也；脯，始也；脩，治也；棗，早也；栗，肅也。婦人有法，始至，修身早起肅敬也。婦見舅以棗、栗，見姑以腶、脩，其椇、榛所用無文。愚謂椇、榛六物蓋皆饋食之籩實也。說見郊特牲。婦人用此爲摯，亦以致共養之意也。蓋羔、雁之屬動物，陽也，故男子用之；椇、榛、棗、栗植物，陰也，故婦人用之。腶、脯雖出於牲體，然析而乾之，則其視全物亦有動靜之異矣，故以此配椇、榛、棗、栗，而皆爲婦人之摯焉。士昏禮婦見舅用棗、栗，見姑用腶、脩，而無椇、榛，左傳女摯不過榛、栗、腶、脩，而無椇與棗，蓋椇、榛、棗、栗四者隨其人其地之所有而用之，以配腶、脩也。○周禮王於以摯見者皆膳之，男摯用禽，女摯用棗、栗等物。蓋皆以可食之物致於尊者，以爲共養，而卿、大夫、士則以大小爲尊卑之別，男女則以動靜爲陰陽之分。制禮之意，不過如此。先儒謂皆有所取以爲義，未免於鑿矣。

納女於天子，曰「備百姓」；於國君，曰「備酒漿」；於大夫，曰「備埽灑」。釋文：灑，所買反，又山寄反。

鄭氏曰：納女，猶致女也。壻不親迎，則女之家遣人致之，此其辭也。姓之言生也。天子，皇后以下百二十人，廣子姓也。酒漿、埽灑，賤婦人之職。呂氏大臨曰：不敢以伉儷自期，備妾媵之數而已，自卑之辭也。古者因生以賜姓，凡賜姓者，皆天子之别子，故納女於天子，謂之「備百姓」。周官酒人、漿人有女酒三十人，女漿十有五人。呂公納女於高祖，曰「願爲箕帚妾」，古之遺語也。愚謂士昏禮問名，主人對辭曰：「吾子有命，且以備數而擇之。」若天子，則曰「以備百姓之數而擇之」，國君則曰「備酒漿之數」，大夫則曰「備埽灑之數」也。

禮記卷七

檀弓上第三之一 別録屬通論。

鄭氏曰：名曰檀弓者，以其善於禮，故著姓名以顯之。檀，姓；弓，名。今山陽有檀氏。孔氏曰：檀弓作在六國時，仲梁子是六國人，此篇載仲梁子，故知也。愚謂此篇蓋七十子之弟子所作，篇首記檀弓事，故以檀弓名篇，非因其善禮著之也。篇中多言喪事，可以證士喪禮之所未備，而天子諸侯之禮，亦略有考焉。然其中多傳聞失實之言，亦不可以不知。

公儀仲子之喪，檀弓免焉。仲子舍其孫而立其子，檀弓曰：「何居？我未之前聞也。」趨而就子服伯子於門右，曰：「仲子舍其孫而立其子，何也？」伯子曰：「仲子亦猶行古之道也。昔者文王舍伯邑考而立武王，微子舍其孫腯而立衍也。夫仲子亦猶行古之道也。」子游問諸孔子，孔子曰：「否！立孫。」釋文：公儀，氏；仲子，字。魯之同姓也，其名未聞。免音問。舍音捨。居音姬，下同。腯，徐本作「遁」，徒本反，又徒遜反。

鄭氏曰：檀弓故爲非禮以譏仲子也。禮，朋友皆在他邦，乃袒免。仲子所立非也。公儀蓋魯同姓。周禮，適子死，立適孫爲後。居，讀爲姬姓之姬，齊魯之間語助也。前猶故也。檀弓去賓位，就主人兄弟之賢者而問之。子服伯子，蓋仲孫蔑之玄孫子服景伯。蔑，魯大夫。伯子爲親者諱耳，立子非也。文王立武王，權也。微子適子死，立其弟衍，殷禮也。孔子曰「立孫」，據周禮。孔氏曰：魯相公儀休。此有子服伯子，是魯人。春秋有公鳥、公若、公儀，同稱公，故知公儀仲子魯同姓也。愚謂免者，鄭註士喪禮，謂「以布廣一寸，從項中而前交於額上，又卻向後而繞於髻」也。喪禮，既小斂，自齊衰以下皆免，無服而免者，惟同姓五世及朋友皆在他邦者耳。檀弓於仲子，乃不當免者，未知其所以免之意。鄭氏謂檀弓以仲子廢適立庶，故爲非禮之服以非之，蓋以子游之弔司寇惠子者推之。然記文上言「檀弓免焉」，下言「仲子舍孫立子」，則似檀弓既弔方見仲子立子而怪之，註説亦未知是否也。舍其孫而立其子者，仲子適子死，舍適孫而立庶子也。禮，適子死，立適孫爲後，所以重正統也。門右，門內之東，卿大夫弔位之所在。士喪禮「卿大夫在主人之南」，是也。檀弓，魯之士，其弔位在西方東面，見仲子之子爲喪主而拜賓，怪其非禮，故趨就伯子而問之。伯邑考早死無後，武王自當立耳。微子適子死，立其弟衍者，殷法也。伯子不欲斥言仲子之非，遷就而爲之説，非夫子正言以質之，則人孰知夫禮之當立孫哉！○孔氏曰：小斂之前，主人有事在西階下；小斂之後，主人位在阼階下西面。檀弓之來，當在小斂之前，初於西階下行譏弔，而主人未覺，後乃趨向門右問伯子焉。必知小斂前者，以仲子初喪即正適、庶之位故也。未小斂而著免者，故爲非禮之弔，亦異常也。然則子游之弔惠子，是小斂後也，故著衰而在門東。愚謂疏説非也。小斂前無免法，檀弓非當免之人而免，即足以示譏矣，不待小斂前著免也。士之弔位，自在門西東面，不以小斂前後而異也。若謂仲子初喪即正適、庶之位，故知檀弓弔在小斂前，則司寇惠子亦初喪即正適、庶者也，何害於子游於既小斂而行譏弔乎？

事親有隱而無犯，左右就養無方，服勤至死，致喪三年。事君有犯而無隱，左右就養有方，服勤至死，方喪三年。事師無犯無隱，左右就養無方，服勤至死，心喪三年。釋文：左右，徐上音佐，下音佑。今並如字。養，以尚反。

鄭氏曰：隱，謂不稱揚其過失也。無犯，不犯顏而諫。左右，謂扶持之。方，常也。子則然，無常人。勤，勞辱之事也。致喪，戚容稱其服也。就養有方，不可侵官也。方喪，資於事父也。心喪，戚容如喪父而無服也。事親以恩爲制，事君以義爲制，事師以恩義之間爲制。孔氏曰：親有尋常之過，故無犯；若有大惡，亦當犯顏。故孝經曰：「父有爭子，則身不陷於不義。」朱子曰：事親者致喪三年，情之至，義之盡者也。事師者心喪三年，其哀如父母而無服，情之至而義有不得盡者也。事君者方喪三年，其服如父母，而情有親疏，此義之至而情或有不至於其盡者也。方氏慤曰：君、親與師，相須而成我之身，喪之雖各不同，所以盡三年之隆一也。愚謂幾諫謂之隱，直諫謂之犯。父子主恩，犯則恐其責善而傷於恩，故有幾諫而無犯顔。君臣主義，隱則恐其阿諛而傷於義，故必勿欺也而犯之。師者道之所在，有教則率，有疑則問，無所謂隱，亦無所謂犯也。就養者，近就而奉養之也。左右無方，言或左或右而無定所也。致，極也。致喪，謂極其哀戚，以在喪也。曾子曰：「人未有自致者也，必也親喪乎！」

季武子成寢，杜氏之葬在西階之下，請合葬焉，許之。入宫而不敢哭。武子曰：「合葬，非古也，自周公以來，未之有改也。吾許其大而不許其細。何居？」命之哭。釋文：葬，徐才浪反，又如字。合，如字，徐音閤。後「合葬」皆同。

鄭氏曰：季武子，魯公子季友之曾孫季孫夙。言「合葬非古」者，自見夷人冢墓以爲寢，欲文過。愚謂言合葬非古，以見不必合葬，解己所以夷墓之意，又言周公以來有合葬之禮，解己今日許之之意，皆文過之辭也。然古者葬於國北，季武子成寢必在國中，而乃有杜氏之墓，亦事之末必然者。

子上之母死而不喪，門人問諸子思曰：「昔者子之先君子喪出母乎？」曰：「然。」「子之不使白也喪之，何也？」子思曰：「昔者吾先君子無所失道，道隆則從而隆，道污則從而污，伋則安能！爲伋也妻者，是爲白也母；不爲伋也妻者，是不爲白也母。」故孔氏之不喪出母，自子思始也。釋文：喪，如字，徐悉浪反。下放此。污音烏。○今按：污當音洿，烏瓜反。

鄭氏曰：子上，孔子曾孫，子思伋之子，名白，其母出。禮爲出母期，父卒，爲父後者不服耳。污猶殺也。有隆有殺，進退如禮。伋則安能，自予不能及。孔氏不喪出母，自子思始，非之。孔氏曰：案喪服「齊衰杖期」章：「出妻之子爲母。」又云：「出妻之子爲父後者，則爲出母無服。」傳云：「與尊者爲一體，不敢服其私親。」是也。子思既在，則子上爲出母有服，故門人見其不服，疑而問之。子之先君子，謂孔子也。愚謂隆，高也。污讀爲洿，下也。道之隆、污，謂禮之隆、殺。妻當出則出之，是禮宜污而污也。出母當服，則使其子服之，是禮宜隆而隆也。言隨時隆、殺以合理者，惟聖人能之，而已則不能也。蓋伯魚之母出而在父室者也，子上之母出而已嫁者也。喪服惟有母嫁而從者之服，而無母嫁不從者之服，則出母之嫁者，其無服可知矣。子思於門人之問，不欲斥言，而但爲遜辭以答之，忠厚之道也。然其言「不爲伋也妻，則不爲白也母」，則固有微示其意者。蓋妻出而未嫁，猶有可反之義；出而嫁，則彼此皆絶矣。以其義絶於其夫也，故曰「不爲伋也妻」；以其義并絶於其子也，故曰「不爲白也母」。不然，以天屬之恩，而於禮之宜爲服者强奪之而使不服，豈所以處其子哉！記者不察其實，遂謂「孔氏不喪出母，自子思始」，其亦誤矣。

孔子曰："拜而后稽顙，頹乎其順也；稽顙而后拜，頎乎其至也。三年之喪，吾從其至者。"釋文：顙，素黨反。頹，徒回反。頎音懇。

鄭氏曰：拜而后稽顙，此殷之喪拜也。頹，順也。先拜賓，順於事也。稽顙而后拜，此周之喪拜也。頎，至也。先觸地無容，哀之至。重者尚哀戚，自期如殷可。孔氏曰：拜者，主人拜賓。稽顙者，觸地無容也。頹然，不逆之意也。拜是爲賓，稽顙爲己，先賓後己，頹然而順序也。頎，惻隱貌也。先觸地無容，後乃拜賓，是爲親痛深貌，惻隱之至也。知二者是殷、周之喪拜者，以孔子所論每以二代相對。故下檀弓云「殷人既封而弔，周人反哭而弔，殷已慤，吾從周」，又云「殷朝而殯於祖，周朝而遂葬」，皆以殷、周相對，故知此亦殷、周相對也。殷之喪拜，自斬衰以下，緦麻以上，皆拜而后稽顙，殷尚質故也。周則杖期以上皆先稽顙而后拜，不杖期以下乃作殷之喪拜。　愚謂拜者，以首加手而拜也。稽顙者，觸地無容也。蓋拜所以禮賓，稽顙所以致哀。故先拜者於禮爲順，而先稽顙者於情爲至，蓋當時喪拜有此二法，而孔子欲從其至者。鄭、孔以二者爲殷、周喪拜之異，非也。士喪禮、雜記每言「拜稽顙」，皆據周禮也，則拜而后稽顙非專爲殷法明矣。○周禮大祝「辨九拜」：一曰稽首，先拱兩手至地，加首於手，又引首至地，稽留而後起也。二曰頓首，如稽首之爲，但以首叩地而不稽留也。三曰空首，加首於手，首不至地，故曰空首。四曰振動，謂長跪而不拜手者。蓋凡人有所敬則竦身而跪，以致其變動之意，若秦王於范睢，跪而請教是也。五曰吉拜，如頓首爲之，而尚右手者也。六曰凶拜，即拜而後稽顙，稽顙而後拜是也。拜而後稽顙者，亦如稽首之爲。但稽首尚左手，稽顙尚右手；稽首以首平至於地，稽顙但引其顙以觸地也。若稽顙而後拜，則先以顙觸地，而後以首加手，爲空首之拜也。七曰奇拜，謂一拜也。八曰褒拜，謂再拜也。凡稽首皆再拜，稽顙皆一拜，頓首、空首則或一拜，或再拜，各視其輕重而爲之。九曰肅拜，跪引手而下之也。吉拜以稽首爲至重，頓首次之，空首爲輕。稽首者，臣拜君之法。故左傳孟武伯曰：「非天子，寡君無所稽首。」自敵以上用頓首，尊者答卑者之拜則空首。若振動，則因事爲之，非常禮也。喪拜以凶拜爲重，吉拜爲輕。凶拜惟施於三年，自期以下皆吉拜耳。婦人吉事皆肅拜，凶拜則稽顙爲重，手拜爲輕。手拜，即空首也。但婦人之肅拜，施於吉事則尚右手，稽顙空首，施於喪事則尚左手，與男子相反耳。肅拜惟婦人有之，男子則或肅而已，不肅拜也。立而下手曰肅，跪而下手曰肅拜。介冑之士不拜，而郤至三肅使者，故知但肅者不名肅拜也。凡拜皆跪，凡再拜者，皆跪而一拜，興而又跪一拜。婦人有俠拜，無再拜。

孔子既得合葬於防，曰：「吾聞之，古也墓而不墳。今丘也，東西南北之人也，不可以弗識也。」於是封之，崇四尺。孔子先反，門人後，雨甚至，孔子問焉，曰：「爾來何遲也？」曰：「防墓崩」。孔子不應。三，孔子泫然流涕曰：「吾聞之，古不修墓。」釋文：墳，扶云反。識，式志反，又如字。應，「應對」之應。三，息暫反，又如字。泫，胡犬反。涕音體。

鄭氏曰：言既得者，少孤不知其墓。墓，謂兆域，今之封塋也。古，謂殷時也。土之高者曰墳。東西南北，言居無常處也。築土曰封〔一〕。封之，周禮也。周禮曰：「以爵等爲丘封之

〔一〕「築」，禮記注疏作「聚」。

度。」崇，高也。高四尺，蓋周之士制。先反，當修虞事。後，待封也。門人言所以遲者，防墓崩，修之而來。孔子不應者，以其非禮也。修猶治也。陳氏澔曰：孔子父墓在防，母卒，奉以合葬。識，記也。爲墳所以爲記識，一則恐人不知而誤犯，一則恐己或忘其處而難尋也。愚謂古不修墓，蓋亦喪事即遠之意。喪服四制曰：「苴衰不補，墳墓不培，示民有終也。」言此者，自傷其不能謹之於始，以致違禮而修墓也。

孔子哭子路於中庭，有人弔者，而夫子拜之。既哭，進使者而問故。使者曰：「醢之矣！」遂命覆醢。 釋文：使，色吏反。醢音海。覆，芳服反。

鄭氏曰：寢中庭也。與哭師同，親之也。拜弔者，爲之主也。使者，自衛來赴者。故，謂死之意狀。醢之者，示欲啖食以怖衆。覆，棄之，不忍食。王氏安石曰：孔子哭子路，與哭師同，或者哭弟子之禮當如師，猶服之有報乎？陳氏澔曰：覆醢者，傷子路之死而不忍食其似也。愚謂子路死於衛孔悝之難，事見左傳。哭於中庭，於中庭南面而哭也。不於阼階下者，别於兄弟之喪也。凡於異姓之喪而哭之於寢者，其位皆如此，故鄭氏謂「與哭師同」。陸氏、吴氏謂「哭以師友之間」，非也。

曾子曰：「朋友之墓，有宿草而不哭焉。」

鄭氏曰：宿草，謂陳根也。爲師心喪三年，於朋友期可。孔氏曰：期而猶哭者，非謂立哭位以終期年，謂於一歲之内，聞朋友之喪或過朋友之墓則哭，期外則不哭也。

子思曰：「喪三日而殯，凡附於身者，必誠必信，勿之有悔焉耳矣。三月而葬，凡附於棺者，必誠必信，勿之有悔焉耳矣。喪三年以爲極，亡則弗之忘矣。故君子有終身之憂，而無一朝之患。故忌日不樂。」釋文：極亡，並如字。極，徐紀力反。樂如字，又音洛。○今按「極」字句絶，王以「極」字絶句，亡作「忘」，向下讀。孫依鄭作「亡」，而如王分句。亡當如字，屬下讀，孫氏得之。

鄭氏曰：附於身，謂衣衾。附於棺，謂明器之屬。有終身之憂，念其親。無一朝之患，毁不滅性。忌日，謂死日。言忌日不用舉吉事。愚謂殯，謂斂尸於棺而塗之也。言「三日」「三月」者，謂其時足以治其殯葬之事也。誠者，盡其心而無所苟；信者，當於禮而無所違。蓋送死大事，人子之心之所能自盡者，惟在此時，苟有幾微之失，將有悔之而無可悔者矣。喪三年以爲極者，送死有已，復生有節也。亡，猶「反而亡焉」之亡，亡則弗之忘者，言親雖亡，而子之心則不能忘也。春霜秋露，悽愴怵惕，如將見之，故有終身之憂；不敢以父母之遺體行殆，故無一朝之患。此皆由不忘親，故能如此。忌日不樂，亦終身不忘親之一端也。

孔子少孤，不知其墓，殯於五父之衢。人之見之者，皆以爲葬也。其慎也，蓋殯也。問於郰曼父之母，然後得合葬於防。釋文：父音甫。慎，依註作「引」，羊刃反。郰，側留反，又作「鄹」。曼音萬。

鄭氏曰：孔子之父，與顔氏野合而生孔子，顔氏恥而不告，孔子亦爲隱焉。殯於家，則見者無由怪己。殯於五父之衢，欲發問端也。五父，衢名，蓋郰曼父之鄰。慎，當爲「引」，禮家讀然，聲之誤也。殯引，飾棺以輤；葬引，飾棺以柳翣。孔子是時以殯引，不以葬引。○陳氏澔曰：孔子少孤，及顔氏死，孔子成立久矣。聖人，人倫之至也。豈有終母之世，不尋求父葬之地？且母死而殯於衢，必無室廬而死於道路者不得已之爲耳，聖人禮法之宗主，而忍爲之乎？此經雜出諸子所記，其間不可據以爲實者多矣。愚謂野合者，謂不備禮而婚耳，未足深恥也。且野合與葬地，事不相涉，恥野合而諱葬地，豈人情哉！孔子成立時，當時送葬之人必多有在者，即顔氏不告，豈不可訪問而得之？既殯之後，孝子廬於中門之外，朝夕不離殯宮，其慎之如此。若殯於五父之衢，則與棄於道路何異？此記所言，蓋事理之所必無者。

鄰有喪，舂不相；里有殯，不巷歌。釋文：相，息亮反。

説見曲禮上。

喪冠不緌。 釋文：緌，本又作「綏」，同耳佳反。

鄭氏曰：去飾。　愚謂冠纓結於頤下，而垂其餘以爲飾，謂之緌。喪冠不緌，去飾也。五服之冠悉然。雜記曰「委武玄縞而后蕤」，則大祥冠乃有緌。

有虞氏瓦棺，夏后氏堲周，殷人棺椁，周人牆置翣。 釋文：即，本又作「堲」，同子栗反，又音稷。何云：「冶土爲甎，四周於棺。」翣，所甲反。

鄭氏曰：瓦棺，始不用薪也。火熟曰堲，燒土冶以周於棺也。或謂之土周，由是也。弟子職曰：「右手折堲。」椁，大也。言椁大於棺也。牆，柳也〔一〕。凡此言後王之。彌文〔二〕。孔氏曰：古之葬者，厚衣之以薪，葬之中野，有虞氏造瓦棺，始不用薪。然虞氏瓦棺，則未有椁也。夏后瓦棺之外加堲周，殷則梓棺以替瓦棺，又以木爲椁，以替堲周，周人更於椁傍置柳、置翣扇，是後王之制以漸加文也。喪大記註云「在旁曰帷，在上曰荒，帷荒所以衣柳」，則是以帷荒之内木材爲柳。其實帷荒及木材等總名爲柳，故縫人註云「柳之言聚，諸飾之

〔一〕禮記注疏「柳」下有「衣」字。
〔二〕「彌」，禮記注疏作「制」。

所聚」也。是帷荒總名爲柳。　愚謂棺外之材，蓋以柳木爲之，故謂之柳，因又以爲柳衣之總名也。以其在棺外，若牆圍然，故又謂之牆。古時喪制質略，至後世而漸備，爲之棺椁而無使土親膚，爲之牆、翣而使人勿惡，凡以盡人子之心，而非徒爲觀美而已。

周人以殷人之棺椁葬長殤，以夏后氏之堲周葬中殤、下殤，以有虞氏之瓦棺葬無服之殤。釋文：長殤，竹丈反，下式羊反。十六至十九爲長殤，十二至十五爲中殤，八歲至十一爲下殤，七歲已下爲無服之殤，生未三月不爲殤。

鄭氏曰：略未成人。　愚謂周人以夏后氏之堲周葬中殤下殤，謂内有瓦棺而外又有堲周也；以有虞氏之瓦棺葬無服之殤，則但用瓦棺而已。周人葬殤如此，則周以前殤與成人，其葬蓋未甚别與？喪服小記曰：「男子冠而不爲殤，女子笄而不爲殤。」

夏后氏尚黑，大事斂用昏，戎事乘驪，牲用玄。殷人尚白，大事斂用日中，戎事乘翰，牲用白。周人尚赤，大事斂用日出，戎事乘騵，牲用騂。釋文：斂，力驗反。驪，力知反，徐郎志反。翰，字又作「鶾」，胡旦反，又音寒。騵音原。騂，悉營反，徐呼營反。

鄭氏曰：夏后氏以建寅之月爲正，物生色黑。昏時亦黑。此大事，謂喪事也。戎，兵也。馬黑色曰驪。殷以建丑之月爲正，物牙色白。日中時亦白。翰，馬白色也。易曰：「白馬翰如。」周以建子之月爲正，物萌色赤。日出時亦赤。騵，騮馬白腹。騂，赤類。愚謂三代所尚之色不同者，蓋欲各爲一代之制，以示其不相襲禮也。此於所乘特言「戎事」，則非戎事所乘固有不盡然者矣。明堂位曰：「夏后氏駱馬黑鬣，殷人白馬黑首，周人黄馬蕃鬣。」

穆公之母卒，使人問於曾子曰：「如之何？」對曰：「申也聞諸申之父曰：『哭泣之哀，齊、斬之情，饘粥之食，自天子達。布幕，衛也；縿幕，魯也。』」釋文：齊音咨，本亦作「齎」。「齎衰」之字，後皆放此。饘，本又作「飦」，之然反。粥，之六反，徐又音育。幕，本又作「冪」，音莫。縿音綃，徐又音蕭。○鄭註：幕，或爲「幦」。

鄭氏曰：穆公，魯哀公之曾孫。曾子，曾參之子，名申。子喪父母，尊卑同。幕，所以覆棺上也。縿，縑也，讀如綃。衛，諸侯禮；魯，天子禮。兩言之者，僭已久矣。孔氏曰：有聲之哭，無聲之泣，並爲哀然，故曰「哭泣之哀」。齊是爲母，斬是爲父，父母情同，故云「齊斬之情」。厚曰饘，希曰粥，朝夕食米一溢，孝子以此爲食，故曰「饘粥之食」。父母之喪，貴賤不殊，故曰「自天子達」。幕者，謂覆棺者也。下文云「加斧於椁上」，鄭云：「以刺繡於縿幕，加椁以覆棺，已乃屋其上盡塗之。」是繡幕以覆棺椁也。衛是諸侯之禮，以布爲幕；魯是天子之禮，以綃爲幕。案周禮幕人「掌帷、幕、帟、綬」，註云：「在旁曰帷，在上曰幕，皆以布爲之。」今謂天子用縿幕，祇謂襯棺幕，在畢塗之内者也。　愚謂凡殯皆帷之，有在旁之帷，則當有在上之幕矣。註以爲覆棺之幕，非是。下文言「加斧於椁上」，蓋即喪大記、士喪禮所謂「夷衾」，非幕也。衛以布爲幕，魯以縿爲幕，蓋當時禮俗之不同。言此者，以見禮文之小，國俗或有少異，正以深明夫上之所言，乃其大體之必不可得而變者耳。

晉獻公將殺其世子申生，公子重耳謂之曰：「子蓋言子之志於公乎？」世子曰：「不可。君安驪姬，是我傷公之心也。」曰：「然則蓋行乎？」世子曰：「不可。君謂我欲弑君也。天下豈有無父之國哉！吾何行如之？」釋文：重，直龍反。蓋，依註音盍。驪，本又作「麗」，亦作「孋」，同力知反。弑，本又作「煞」，音試。徐云「字又作嗣」，音亦同。

鄭氏曰：欲殺申生，信驪姬之譖。蓋，皆當爲「盍」，何不也。志，意也。重耳欲使言見譖之意。重耳，申生異母弟，後立爲文公。傷公之心者，言其意則驪姬必誅也。驪姬，晉獻公伐驪戎所獲女也。申生之母蚤卒，驪姬嬖焉。何行如之，言人有父，則皆惡欲弑父者。孔氏曰：案僖四年左傳云：「姬謂大子曰：『君夢齊姜，必速祭之！』大子祭於曲沃，歸胙於公。公獵，姬寘諸宫六日，毒而獻之。公祭之地，地墳；與犬，犬斃；與小臣，小臣亦斃。姬泣曰：『賊由大子。』」又晉語云：「姬寘鴆於酒，寘堇於肉。」是驪姬譖申生之事也。重耳欲使言見讚之意者，左傳云：「或謂大子曰：『子辭，君必辨焉。』」杜預云：「以六日之狀自理。」謂毒酒經宿輒敗，何以經六日其酒尚好？明臨至加毒也。大子謂我若自理，驪姬必誅。姬死之後，公無與共樂，故云「傷公之心」。愚謂何行如之者，言負弑君之名，無以自立於天下也。

使人辭於狐突曰：「申生有罪，不念伯氏之言也，以至于死。申生不敢愛其死。雖然，吾君老矣，子少，國家多難，伯氏不出而圖吾君。伯氏苟出而圖吾君，申生受賜而死。」再拜稽首乃卒。是以爲共世子也。 釋文：少，詩召反。難，乃旦反。共音恭，本亦作「恭」。

鄭氏曰：辭猶告也。狐突，申生之傅，舅犯之父也。前此者，獻公使申生伐東山皐落氏，狐突謂申生，欲使之行。今言此者，謝之也。伯氏，狐突别氏。子，驪姬之子奚齊。圖，謀也。不出爲君謀國家之政，自皐落氏反後，狐突懼，乃稱疾。申生既告狐突，乃雉經。言行如此，可以爲恭，於孝則未之有。孔氏曰：案春秋云「晉侯殺其世子申生」，父不義也。孝子不陷親於不義，而申生不能自理，陷親有殺子之惡，雖心存孝，而於理終非，故不曰孝，但謚爲恭，以其順父事而已。謚法：「敬順事上曰恭。」愚謂申生但知父命之宜從，而不知其身之可愛，可謂人之所難能矣。然爲人子者，以全君親、安宗社爲大，而不以阿意曲從爲孝。申生苟能入見獻公，自白見譖之狀，萬一獻公感悟，則君全骨肉之恩，國泯争亂之禍，其所全者大矣。乃以恐傷公之心而不敢自白，以姑息愛其親而昧於大義，卒使獻公受大惡之名而晉國大亂數世，蓋由其天資仁厚而見理不明也。

魯人有朝祥而莫歌者，子路笑之。孔子曰："由！爾責於人，終無已夫！三年之喪，亦已久矣夫！"子路出，夫子曰："又多乎哉！踰月則其善也。"釋文：莫音暮。已夫，音扶，絶句。本或作"已矣夫"。

鄭氏曰：子路笑之，笑其爲樂速。孔子爲時如此，人行三年喪者希，抑子路以善彼。孔氏曰：祥，謂二十五月。大祥歌哭不同日，故仲由笑之。案喪服四制："祥之日，鼓素琴。"不譏彈琴而譏歌者，下註云："琴以手，歌以氣。"手在外而遠，氣在内而近也。愚謂大祥者，喪再期而殷祭之名也。祥，吉也。喪一期而除要絰，故其祭謂之小祥；再期而除衰杖，故其祭謂之大祥。祥之日，鼓素琴，未可歌也。故魯人朝祥莫歌，而子路笑之。夫子欲寬其責者，乃所以深慨夫時人之不能爲三年喪耳，非以魯人爲得禮而許之也。又恐門人不喻其意，故於子路出而正言以明之。

魯莊公及宋人戰于乘丘，縣賁父御，卜國爲右。馬驚敗績，公隊，佐車授綏，公曰：「末之卜也。」縣賁父曰：「他日不敗績，而今敗績，是無勇也。」遂死之。圉人浴馬，有流矢在白肉。公曰：「非其罪也。」遂誄之。士之有誄，自此始也。釋文：乘，繩證反。縣音玄，卷内皆同。賁音奔。父音甫，人名字皆同。馬驚敗，一本無「驚」字。隊，直類反。綏，息佳反。誄，力軌反。

鄭氏曰：縣、卜，皆氏也。凡車右，勇力者爲之。馬驚奔失列，佐車授綏乘公。戎車之貳曰佐。縣賁父言公他日戰，其御馬未嘗驚奔。二人遂赴敵而死。圉人，掌養馬者。白肉，股裏肉也。公言流矢中馬，非御與右之罪，遂誄其赴敵之功以爲諡。孔氏曰：乘丘，魯地。莊公十年夏六月：「敗宋師于乘丘。」周禮「戎僕掌倅車之政」，「道僕掌貳車之政」，「田僕掌佐車之政」，則戎車之貳曰倅。此云佐者，周禮相對爲異，散言則同稱佐車也。朱子曰：誄者，哀死而述其行之辭。愚謂末之卜，言未嘗卜也。凡戰，於御、右必卜之。左傳「晉卜右，慶鄭吉」，「鄭卜御，宛射犬吉」，是也。時公子偃自雩門竊出，公遂從之，故於御、右不及卜而遽用之。公言此者，蓋欲以寬二人之責，而賁父恥其無勇，遂赴敵而死。據記文，則死者但賁父耳，註乃言二人俱死，豈以御、右同乘，則當同死與？周禮小史「卿大夫之喪，賜謚讀誄」，則誄爲謚而設。賁父，士也，不當有謚，莊公以其捐軀赴敵，雖無謚而特爲之誄，故士之有誄自此始。○註疏以末之卜爲責卜國，非也。果爾，則當舉其名，不當稱其姓也。又謂「誄其赴敵之功以爲謚」，亦非也。果爾，則當言「士之有謚自此始」，不當言「士之有誄自此始」也。

曾子寢疾，病，樂正子春坐於牀下，曾元、曾申坐於足，童子隅坐而執燭。童子曰：「華而睆，大夫之簀與？」子春曰：「止！」曾子聞之，瞿然曰：「呼！」曰：「華而睆，大夫之簀與？」曾子曰：「然。斯季孫之賜也。我未之能易也，元起易簀！」曾元曰：「夫子之病革矣，不可以變。幸而至於旦，請敬易之。」曾子曰：「爾之愛我也不如彼。君子之愛人也以德，細人之愛人也以姑息。吾何求哉？吾得正而斃焉，斯已矣。」舉扶而易之，反席未安而沒。釋文：睆，華板反，明貌。孫炎云：「睆，漆也。」徐又音刮。簀音責。與音餘。瞿，紀具反。呼音虛，吹氣聲也。一音況于反。革，紀力反，徐又音極。○鄭註：睆，或爲「刮」。

鄭氏曰：病，謂疾困也。子春，曾參弟子。元、申，曾參之子。隅坐，不與成人並也。華，畫也。簀，謂牀笫也。說者以睆爲刮節目，字或爲「刮」。子春曰「止」，以病困不可動也。呼，虛憊之聲。未之能易，己病故也。革，急也。變，動也。息猶安也。姑息，言苟容取安也。斃，仆也。言曾子病雖困，猶勤於禮。孔氏曰：爾雅釋器云：「簀謂之笫。」陳氏澔曰：華者，采飾之美好；睆者，節目之平瑩。愚謂張子謂簀在上顯露，必簟席之屬。然簀之爲笫，見於爾雅，疑牀之簀連著於牀，故并牀亦謂之簀也。大夫之簀，言此簀華美，乃大夫之所用，曾子未嘗爲大夫，則不當寢之，言此以諷之也。子春止之，而童子又言者，以其言未達於曾子也。以德，謂成己之德。姑息，言苟且以取安也。○程子曰：曾子易簀，要須如此乃安。人不能如此者，只爲不見實理。實見得是，實見得非，必不肯安於此。朱子曰：季孫之賜，曾子之受，皆爲非禮。或者因仍習俗，嘗有其事，未能正耳。但及其疾病不可以變之時，一聞人言，而必舉扶以易之，則非大賢不能矣。此是切要處，只在毫釐頃刻之間。又曰：易簀結纓，未須論優劣，但看古人謹於禮法，不以死生之變易其所守，便使人有行一不義、殺一不辜而得天下不爲之心。此是緊要處。

始死，充充如有窮；既殯，瞿瞿如有求而弗得；既葬，皇皇如有望而弗至。練而慨然，祥而廓然。釋文：慨，苦愛反。廓，苦郭反。

鄭氏曰：皆憂悼在心之貌。孔氏曰：事盡理屈爲窮。親始死，孝子匍匐而哭，心形充屈，如急行道極，無所復去，窮急之容也。殯後，心形稍緩。瞿瞿，眼目速瞻之貌，如有所失而求覓之不得然。既葬，又漸緩。皇皇，猶栖栖也。親歸草土，孝子栖栖皇皇，無所依託，如望彼人來而不至也。至小祥，但慨歎日月若馳之速；至大祥而寥廓，情意不樂而已。

邾婁復之以矢，蓋自戰於升陘始也。魯婦人之髽而弔也，自敗於臺鮐始也。

釋文：邾音朱。婁，力俱反，或如字。邾人呼邾聲曰婁，故曰邾婁。公羊傳與此記同，左氏、穀梁但作「邾」。陘音形。髽，側瓜反。臺音胡。鮐音台。

鄭氏曰：戰於升陘，魯僖二十二年秋也。時師雖勝，死傷亦甚，無衣可以招魂也。敗於臺鮐，魯襄四年秋也。臺當爲「壺」，字之誤也。春秋傳作「狐鮐」。時家家有喪，髽而相弔。去纚而紒曰髽。

孔氏曰：必用矢者，時邾人志在勝敵，矢是心之所好，故用所好以招魂，冀其復反。若因兵而死，身首斷絶不生者，應無復法；若身首不殊，因傷致死，復有可生之理者，則用矢招魂。去纚而紒曰髽，案士冠禮「纚廣終幅，長六尺」，所以韜髮。今以凶事故去之，但露紒而已。

愚謂雜記曰：「大夫士行而死於道，則升其乘車之左轂，以其綏復。」復於軍中者，其禮蓋亦如此。時邾師死傷者多，不能皆以綏復，而矢乃軍中之所用，故推用綏之義而用之。而其後邾人之復皆以矢，蓋雖死於家者亦然矣。髽者，去韜髮之纚而露髻也。小斂之後，五服婦人皆髽；既成服，則唯齊斬婦人有之。時魯人家家有喪，故婦人髽而相弔，而其後遂以此爲弔禮之常，蓋雖無喪者亦然矣。此記二國變禮之由。○鄭氏曰：婦人弔服，大夫之妻錫衰，士之妻其疑衰與？皆吉笄無首素總。疏云：吉笄無首素總，大戴禮文。愚謂喪服傳曰：「大夫弔於命婦錫衰，命婦弔於大夫亦錫衰。」是大夫命婦自相弔，服錫衰，其弔於士，亦疑衰耳。

南宫縚之妻之姑之喪，夫子誨之髽，曰：「爾毋從從爾！爾毋扈扈爾！蓋榛以爲笄，長尺而總八寸。」釋文：縚，吐刀反。毋音無。從音總，一音崇，又仕江反。扈音户。榛，側巾反，又士鄰反。長，直亮反。凡度長短曰長，皆同此音。

鄭氏曰：南宫縚，孟僖子之子南宫閲也，字子容。其妻，孔子兄女。從從，謂大高。扈扈，謂大廣。總，束髮垂爲飾。齊衰之總八寸。孔氏曰：束髮垂餘之總八寸，惡笄，或用榛，故喪服有櫛笄。故夫子稱「蓋」以疑之。賈氏公彦曰：「斬衰總六寸。」南宫縚之妻，爲姑總八寸，以下雖無文，大功當與齊衰同八寸，小功緦麻同一尺，吉總當尺二寸，斬衰箭笄長尺。南宫縚之妻，爲姑榛笄亦一尺，則大功以下不容更差降，故五服略爲一節，皆一尺而已。愚謂世本「仲孫貜生南宫縚」，故鄭註以此南宫縚即孟僖子之子仲孫閲。然孔子生於襄公二十二年，孔子之兄，孔子未生時已卒，則其女必稍長於孔子。而仲孫閱生於昭公十一年，至其可昏之年，孔子兄女蓋年逾四十矣，必無相爲夫婦之理。閱與其兄何忌同事孔子，然家語弟子解、史記弟子列傳並無何忌，不應獨載閱。是孔子所妻，家語、史記廁諸弟子之列者，必非閱也。

孟獻子禫，縣而不樂，比御而不入。夫子曰：「獻子加於人一等矣。」釋文：禫，大感反。比，必利反。

鄭氏曰：孟獻子，魯大夫仲孫蔑。可以御婦人矣，尚不復寢。加，踰也。又士虞禮註曰：「禫，祭名也，與大祥間一月。自喪至此，凡二十七月。禫之言澹澹然，平安意也。」孔氏曰：禫祭暫縣省樂而不恒作，至二十八月乃作樂。又依禮，禫後吉祭，乃復寢也。時人禫後即作樂，未至吉祭而復寢。獻子既禫，暫縣省樂而不恒作，比可以御婦人而不入寢，雖於禮是常，而特異餘人，故夫子善之。其祥、禫之月，先儒不同。王肅以二十五月大祥，其月爲禫，二十六月作樂。以下云「祥而縞，是月禫，徙月樂」，又「魯人朝祥而莫歌」，孔子云「踰月則善」，是皆祥之後作樂也。又三年問云「三年之喪，二十五月而畢」，又士虞禮「中月而禫」，是祥月之中，與尚書「文王中身享國」，謂身之中間同。又文公二年冬「公子遂如齊納幣」，僖公之喪，至此二十六月，左氏云：「納幣，禮也。」故王肅以爲二十五月禫除喪畢。鄭以爲二十七月禫者，以雜記云「父在，爲母爲妻十三月大祥，十五月禫」。爲母爲妻，尚祥、禫異月，豈容三年之喪祥、禫同月？喪服小記云「妾祔於妾祖姑，亡則中一以上而祔」，又學記云「中年考校」，皆以中爲間，謂間隔一年，故以「中月而禫」爲間隔一月。下云「祥而縞，是月禫，徙月樂」，謂大祥者縞冠，是月禫謂是禫月而禫，二者各自爲義。文公納幣，公羊猶譏其喪娶。其「魯人朝祥莫歌」，及喪服四制云「祥之日，鼓素琴」，及「夫子五日彈琴而不成聲，十日成笙歌」，并此獻子禫縣之屬，皆據省樂忘哀，非正樂也。其八音之樂，工人所奏，必待二十八月。三年問：「三年之喪，二十五月而畢。」據喪事終，除衰去杖，餘哀未盡，更延兩月，非喪之正也。曲禮「喪事先遠日」，則大祥當在下旬，禫祭又在祥後，何得云「中月即禫」？又禫後何以容吉祭？戴德喪服變除禮「二十五月大祥，二十七月而禫」，故鄭依而用焉。

愚謂祥、禫之月，鄭、王二説各有據依，而先儒多是王氏，朱子亦以爲然。然魯人朝祥莫歌，孔子謂「踰月則善」，而孔子既祥十日而成笙歌，祥後十日已爲踰月，則孔氏據喪事先遠日，謂祥在下旬者，確不可易，而祥、禫之不得同月亦可見矣。祥後所以有禫者，正以大祥雖除衰杖，而餘哀未忘，未忍一旦即吉，故再延餘服，以伸其未盡之哀，以再期爲正服，而以二月爲餘哀，此變除之漸而制禮之意也。若祥、屨吉祭同在一月，則祥後禫前不過數日，初無哀之可延，而一月之間頻行變除，亦覺其急遽而無節矣。「父在，爲母爲妻十一月而練，十三月而祥，十五月而禫」，祥、禫相去二月，此正準三年祥、禫相去之月數而制之者，又何疑於三年之禫哉！

孔子既祥，五日彈琴而不成聲，十日而成笙歌。

鄭氏曰：不成聲，哀未忘也。十日則踰月且異旬也。五日彈琴，十日笙歌，除由外也。琴以手，笙歌以氣。　孔氏曰：祥是凶事用遠日，故十日得踰月，若其卜遠不吉，則用近日。雖祥後十日，未得成笙歌，以其未踰月也。

有子蓋既祥而絲屨、組纓。釋文：屨音句。組音祖。

鄭氏曰：譏其早也。既祥，白屨無絇，疏云：變除禮文。縞冠、素紕。有子，孔子弟子有若。　孔氏曰：蓋是疑辭，傳聞未審，故云「蓋」。案士冠禮「冬皮屨，夏用葛」，無云「絲屨」者。此云「絲屨」，以絲爲絇、繶、純之屬，有子蓋亦白屨以素絲爲繶、純也。縞冠素紕，當用素爲纓，未用組，今用素組爲纓，故譏之。玉藻云：「玄冠綦組纓。」知此非綦組纓者，若用綦組爲纓，則當以玄色爲冠。若既祥玄冠，失禮之甚，不應直譏組纓也。

死而不弔者三：畏、厭、溺。 釋文：厭，于甲反。溺，奴狄反。

鄭氏曰：畏，謂人或時以非罪攻己，不能有以説之死之者。孔子畏於匡。厭，行止危險之下。溺，謂不乘橋船。三者不弔，以其輕身忘孝也。愚謂畏，謂被迫脅而恐懼自裁者；厭，謂覆厭而死者；溺，謂川游而死者。琴張欲弔宗魯，孔子止之，君子之於所弔不敢苟如此。三者之死，皆非正命，故不弔。觀於此，則君子之所以守其身者可知矣。

子路有姊之喪，可以除之矣，而弗除也。孔子曰：「何弗除也？」子路曰：「吾寡兄弟而弗忍也。」孔子曰：「先王制禮。行道之人皆弗忍也。」子路聞之，遂除之。 釋文：弗除，如字，徐治慮反。

鄭氏曰：行道，謂行仁義。孔氏曰：庾蔚云：「子路緣姑、姊妹無主後，猶可得反服，推己寡兄弟，亦有申其本服之理，故於降制已遠而猶不除，非在室之姊欲申服過期也。」愚謂喪服爲姑、姊妹在室期，適人則大功，子路之姊，蓋已適人者。可以除之，謂既踰大功之限也。子路以己既寡兄弟，而女子子適人者爲昆弟之爲父後者期，故欲緣報服之義，伸其本服也。孔子言服行道義之人，皆有不忍其親之意，然而不得不除者，則以先王制禮，而不敢過焉耳。然論語稱子路爲季路，則非無兄弟，或雖有兄而早卒與？

大公封於營丘，比及五世，皆反葬於周。君子曰：「樂，樂其所自生。禮，不忘其本。」古之人有言曰：「狐死正丘首，仁也。」釋文：大音泰。樂樂，並音岳，一讀下五教反，又音洛。首，手又反。

鄭氏曰：齊大公受封，留爲大師，死葬於周，子孫生焉，不忍離也。五世之後，乃葬於齊，齊曰營丘。君子言反葬似禮樂之義。仁，恩也。孔氏曰：案五世反葬者，五世之外則親盡也。觀經及註，則大公之外爲五世。案世本：「大公望生丁公伋，伋生乙公得，得生痶公慈母，慈母生哀公不臣。」案齊世家，哀公荒淫，被紀侯譖之周，周夷王烹哀公，亦葬周也。哀公是大公玄孫，哀公死，弟胡公靖立，靖死，獻公山立，山死，弟武公壽立。若以相生爲五世，則武公以上皆反葬於周；若以爲君五世，則獻公以上反葬周。樂，樂其所自生者，謂先王制樂，愛樂己之王業所自生，若舜愛樂其能紹堯之德，樂名大韶；禹愛樂其治水廣大中國，樂名大夏也。禮，不忘其本者，謂先王制禮，其王業本由質而興，則制禮尚質；王業由文而興，則制禮尚文也。禮樂皆是重本，今反葬於周，亦是重本，故引禮樂以美之。又引古之人遺言云「狐死正其首而嚮丘」。丘是狐窟穴根本之處，死時猶嚮此丘，是有仁恩之心，今五世反葬，亦有仁恩之心也。顧氏炎武曰：太公就封於齊，復入爲太師，薨而葬於周，事未可知，使其有之，亦古人因薨而葬不擇地之常爾。記以首丘喻之，亦已謬矣。乃云「比及五世，皆反葬於周」。夫齊之去周二千餘里，而使其已化之骨跋履山川，觸冒寒暑，自東徂西，以葬於封守之外，於死者爲不仁。古之葬者，祖於庭，塴於墓，反哭其寢，故曰「葬日虞，弗忍一日離」也。使齊之孤重趼送葬，曠月淹時，不獲遵五月之制，速反而虞，於生者爲不孝。且也，入周之境而不見天子則不度，離其喪次而以衰絰見則不祥，若其孤不行而使卿攝之則不恭，勞民傷財則不惠，此數者無一而可。禹葬會稽，其後王不從，而殽之南陵，有夏后皋之墓，豈古人不達禮樂之義哉！體魄則降，知氣在上，故古之事其先人，於廟而不於墓，聖人所以知幽明之故也。然則太公無五世反葬之事明矣。愚謂五世，蓋謂太公至其玄孫哀公也。周禮雖有族葬之法，然古之天子諸侯皆即其所國而葬，不必皆從其祖宗也。文王葬豐，武王葬鎬，亦可見矣。太公爲周太師，丁公爲虎賁氏，蓋仕於王朝而死，而因葬焉者也。哀公則被烹死於周，而因葬焉者也。乙公、癸公無可考，使果葬周，亦必其死於周耳。若死於其國，豈有越數千里而以柩往葬者？謂五世反葬爲不忘本，實附會之説爾。又案皇覽，吕尚冢在臨淄城南十里，與記所言不合，史記田和亦謚太公，豈皇覽所言者乃和之冢，而誤以爲尚與？

伯魚之母死，期而猶哭。夫子聞之，曰：「誰與哭者？」門人曰：「鯉也。」夫子曰：「嘻！其甚也！」伯魚聞之，遂除之。釋文：期音基。與音餘。嘻，許其反，又於其反。

鄭氏曰：伯魚，孔子子也，名鯉。猶，尚也。嘻，悲恨之聲。孔氏曰：悲恨之聲者，謂非責伯魚也。時伯魚母出，父在，爲出母亦應十三月祥，十五月禫。言期而猶哭，則是祥後禫前。祥外無哭，於時伯魚在外哭，故夫子怪其甚也。或曰：爲出母無禫，期後全不合哭。

愚謂父在爲母十一月而練，十三月而祥，十五月而禫。出母雖服杖期，而虞、祔、練、祥之祭皆不在己家，直於十三月而除之，無所謂練、祥、禫之祭，亦無所謂練、祥、禫之服也。此時伯魚服已除，但以哀尚未忘，猶有思憶之哭，故夫子怪之。除之者，謂不復哭耳，非除服也。若服猶未除，夫子應怪其服，不應聞其哭方怪之也。○或謂伯魚之母死，期而猶哭，夫子以爲甚，遂除之。此自父在爲母之制當然，疏以爲出母者非。今按祥而外無哭者，禫而内無哭者，父在，爲母十三月而祥，十五月而禫，則祥後禫前内應猶哭，夫子何以怪其甚？疏説未可非也。

舜葬於蒼梧之野，蓋三妃未之從也。季武子曰：「周公蓋祔。」釋文：祔音父。

鄭氏曰：舜征有苗而死，因留葬焉。蒼梧，於周南越之地，今爲郡。祔，謂合葬。孔氏曰：三妃，帝王世紀云：「長妃娥皇，無子；次妃女英，生商均；次妃癸比，生二女，霄明、燭光。」是也。　愚謂記者引舜事以證古無合葬之禮，又引季武子之言以明合葬之所自始也。○或問：舜卒於鳴條，而竹書紀年有「南巡不反」，禮記有「葬於蒼梧」之說，何也？朱子曰：孟子所言，必有依據，二書駁雜，恐難盡信。然無他考驗，則亦論而闕之可也。

曾子之喪，浴於爨室。釋文：爨，七亂反。

鄭氏曰：見曾元之辭易簀，矯之以謙儉也。禮，浴於適室。　孔氏曰：曾子達禮之人，應須浴於正寢，今乃浴於爨室，明知意有所爲，故知因曾元之辭易簀而矯之也。　愚謂凡死皆於適室，因即其中霤而浴焉。　此上下之達，即不知禮者，亦不聞有改焉者也。曾子欲教其子，正當示之以禮，豈有使之以非禮治其喪耶？以「易簀」章觀之，則曾子之卒在於正寢明矣。乃移尸而浴於爨室，又移尸而反於正寢，以斂且殯焉，既違喪事即遠之義，又將使新死者內外遷徙，杌隉不安，必非人子之所忍出也。若時有君命之弔，賓客之襚，就爨室而行禮，則褻而不敬；就正室而行禮，則尸與主人皆在他所。此皆禮之所必不可者，此所記必傳聞之誤。○此篇記曾子行禮之失者二：浴於爨室，襲裘而弔，是也。言禮之失者二：弔於負夏，小斂之奠在西方，是也。　此章與「負夏」章，決不可信。若襲裘而弔，與小斂之奠在西方，乃禮文之小失，固無害於曾子之賢。然以曾子問一篇觀之，其於禮文曲折之間，無不精究而明辨之，恐亦不當如此篇之所言也。

大功廢業。或曰：大功誦可也。

鄭氏曰：許其口習故也。　愚謂業謂弦誦之業也。誦可也者，謂可以誦詩，而不可以操琴瑟也。蓋大功之喪，有降服，有正服，有義服，其情不能無隆殺，故或弦誦並廢，或不廢誦。説者各據其一偏而言之，故不同。曲禮曰：「喪復常，讀樂章。」然則父母之喪，除喪乃得業也。

子張病，召申祥而語之曰：「君子曰終，小人曰死。吾今日其庶幾乎！」釋文：語，魚據反。

鄭氏曰：申祥，子張子。太史公傳曰：「子張，姓顓孫。」今曰「申祥」，周秦之聲，二者相近，未知孰是。死之言澌也。事卒爲終，消盡爲澌。　愚謂天之生人，氣以成形，而理具焉。惟君子全而受之，全而歸之，有始有卒，故曰終；小人不能全其所賦之理，則但見其身形之澌滅而已，故曰死。吾今日其庶幾者，言未至今日，猶不敢自信其不爲小人。蓋深明夫全受全歸之不易，以示申祥，使知爲善之不可以一日而怠也。與曾子啟手足以示門人同意。

曾子曰：「始死之奠，其餘閣也與！」釋文：奠，田練反。閣音各。與音餘。

鄭氏曰：不容改新。閣，皮藏食物。朱子曰：自葬以前，皆謂之奠，其禮甚簡。蓋哀不能文，而於新死者亦未忍遽以鬼神之禮事之也。愚謂鬼神依於飲食，始死即設奠，所以依神也。士喪禮「脯、醢、醴酒，升自阼階，奠於尸東」，是也。餘閣者，用閣上所餘脯、醢以奠，一則以仍其生前之食而不忍遽易，一則以用於倉卒之頃而不及別具也。

禮記卷八

檀弓上第三之二

曾子曰：「小功不爲位也者，是委巷之禮也。子思之哭嫂也爲位，婦人倡踊。申祥之哭言思也亦然。」釋文：倡，昌尚反。踊音勇。

鄭氏曰：位，謂以親疏敘列哭也。委巷，謂街里委曲所爲，譏之也。子思哭嫂爲位，善之也。禮，嫂叔無服。婦人倡踊，有服者，娣、姒婦小功。倡，先也。說者云：言思，子游之子，申祥妻之昆弟，亦無服。過此以往，獨哭不爲位。　愚謂哭而爲位者，以親疏敘列爲位，以親者一人爲主，在阼階下西面，而疏者以次而南，如士喪禮主人在阼階下，衆主人及卿大夫皆在其南，是也。若不爲位，則爲主者一人南面，而弔者北面，後言「曾子北面而弔」，小記「哭朋友者於門外之右南面」，是也。委，曲也。哭有服者必爲位，時有哭小功不爲位者，曾子非之，言此乃委巷小人之禮，而非君子之所行也。奔喪云：「無服而爲位者惟嫂叔。」此謂在外聞喪而已爲之主者。子思哭嫂在家，嫂叔無服，而娣姒婦相爲小功，故使婦人爲主而倡踊。妻之兄弟無服，而妻爲之期若大功，故申祥於言思亦爲位而哭，而使其妻爲主而倡踊也。凡踊以婦人居間，此皆使婦人倡踊者，以其爲爲位之禮之所自起也。嫂之喪，子爲之期；妻之兄弟，子爲之緦。今乃不使子爲主而使婦人者，蓋以未有子，或幼而未能爲主耳。記禮者因曾子譏小功不爲位，故引子思、申祥之事，以證哭必爲位之事。○孔叢子，孔氏九世皆一子相承，此云「子思哭嫂」，孔疏謂「兄早卒，故得有嫂」。今案孔子弟子原憲、燕伋皆字子思，此所稱子思，或爲異人，未可知也。

古者冠縮縫，今也衡縫。故喪冠之反吉，非古也。 釋文：縮，所六反。縫音逢，又扶用反。衡，依註音横。

鄭氏曰：縮，從也。今禮制，讀衡爲横。今冠横縫，以其辟積多。孔氏曰：古者，自殷以上。縮，直也。殷以上質，吉凶冠皆直縫，辟積襵少，故一一前後直縫之。今，周也。衡，横也。周吉冠多辟積，不復一一直縫，但多作襵而并横縫之；若喪冠，猶疏辟而直縫。是喪冠與吉冠相反。時人因謂古亦喪冠與吉冠反，故記者釋之。

曾子謂子思曰：「伋！吾執親之喪也，水漿不入於口者七日。」子思曰：「先王

之制禮也，過之者，俯而就之；不至焉者，跂而及之。故君子之執親之喪也，水漿不入於口者三日，杖而后能起。」釋文：漿，子良反。跂，丘豉反。

鄭氏曰：曾子言此，以疾時禮之不如。子思爲曾子言難繼，以禮抑之。　愚謂此曾子自言其居喪之過禮，而子思就其意而申之，以明中制也。

曾子曰：「小功不稅，則是遠兄弟終無服也，而可乎？」釋文：稅，徐他外反。

鄭氏曰：小功不稅，據禮而言也。日月已過，乃聞喪而服，曰稅。大功以上然。小功輕，不服。遠兄弟，言相離遠者，聞之恒晚。而可乎者，以己恩怪之。　孔氏曰：此據正服小功也。喪服小記云：「降而在緦、小功者則稅之。」鄭義限内聞喪則追全服，王肅謂但服殘日。若如王義，限内止少一日，乃始聞喪，若其成服，服未得成即除也，何名追服？其義非也。　愚謂兄弟，謂族親也。喪服從祖祖父母、從祖父母、從祖兄弟爲三小功。先王之制服，以其實不以其文，故有其服必有其情，非虚加之而已。小功恩輕，若日月已過而服之，則哀微而不足以稱乎其服矣。曾子篤於恩，故疑不稅之非，然先王之於禮，則以人之可以通行者制之也。

伯高之喪，孔氏之使者未至，冉子攝束帛、乘馬而將之。孔子曰：「異哉！徒使我不誠於伯高。」釋文：使，色吏反。乘，繩證反。四馬曰乘。

鄭氏曰：伯高死時在衛，未知何國人。使，謂賻賵者。冉子，孔子弟子冉有。攝猶貸也。禮所以副忠信也，忠信而無禮，何傳乎？　孔氏曰：代弔非孔子本意，是虛有弔禮。若遣人重弔，彌爲不可，故曰「徒使我不誠於伯高」。

伯高死於衛，赴於孔子。孔子曰：「吾惡乎哭諸？兄弟，吾哭諸廟；父之友，吾哭諸廟門之外；師，吾哭諸寢；朋友，吾哭諸寢門之外；所知，吾哭諸野。於野則已疏，於寢則已重。夫由賜也見我，吾哭諸賜氏。」遂命子貢爲之主，曰：「爲爾哭也來者，拜之；知伯高而來者，勿拜也。」釋文：惡音烏。夫，舊音扶，皇如字，謂丈夫，即伯高也。見，如字，皇賢遍反。爲爾來者，爲，于僞反。一本作「爲爾哭也來者」。

鄭氏曰：赴，告也。凡有舊恩者，則使人告之。吾惡乎哭諸，以其交會尚新也。哭兄弟於廟，父之友於廟門外，別親疏也。哭師於寢，朋友於寢門外，所知於野，別輕重也。已猶大也。哭諸賜氏，哭於子貢寢門之外，本於恩也。命子貢爲主，明恩所由也。知伯高者勿拜，異於正主。　孔氏曰：凡喪之正主，則知生知死而來，悉拜之。今與伯高相知來者不拜，故鄭云「異於正主」。　愚謂惡乎哭者，以其恩在深淺之間，疑之也。哭兄弟、父友於廟者，恩本於祖父也。或於廟，或於廟門之外者，別親疏也。哭師友於寢者，恩成於己也。或於寢，或於寢門之外者，別輕重也。哭所知於野者，恩淺也。於寢則已重，於野則已疏者，不可遽同於師友，而又不可泛等於所知也。命子貢爲之主者，使居寢門外南面之位而拜賓也。知伯高而來則勿拜者，異於有服之親也。哭有服者而爲主，則知生知死而來者皆拜之。○疏以哭兄弟於廟、哭師於寢爲殷法，非也。左傳「凡諸侯之喪，異姓臨於外，同姓於宗廟，同宗於祖廟，同族於禰廟」，則哭兄弟於廟者，固周禮然矣。奔喪「師哭諸廟門之外」，與此異者，蓋恩由父者哭諸廟，恩由己者哭諸寢。孔子少孤，事師不由於父，故哭師於寢。

曾子曰：「喪有疾，食肉飲酒，必有草木之滋焉。」以爲薑桂之謂也。

鄭氏曰：增以香味，爲其疾不嗜食也。以爲薑桂之謂，爲記者正曾子所謂。草木滋者，謂薑桂也。

子夏喪其子而喪其明。曾子弔之曰：「吾聞之也，朋友喪明則哭之。」曾子哭，子夏亦哭，曰：「天乎！予之無罪也！」曾子怒曰：「商！女何無罪也？吾與女事夫子於洙、泗之間，退而老於西河之上，使西河之民疑女於夫子，爾罪一也。喪爾親，使民未有聞焉，爾罪二也。喪爾子，喪爾明，爾罪三也。而曰女何無罪與？」子夏投其杖而拜曰：「吾過矣！吾過矣！吾離羣而索居亦已久矣。」釋文：而喪，息浪反。下「喪明」「喪爾明」同。女音汝。洙音殊。泗音四。罪與，與音餘。離音詈。索，悉各反。

鄭氏曰：明，目精。洙、泗，魯水名。西河，龍門至華陰之地。罪一，言其不稱師也。罪二，言居親喪無異稱。罪三，言隆於妻子。再言「吾過矣」，謝之，且服罪也。羣，謂同門朋友也。索猶散也。孔氏曰：疑女於夫子者，既不稱其師，自爲談説辨慧，聰睿絶異於人，使西河之人疑女道德與夫子相似。愚謂子夏自言離羣散居，無朋友切磋之益，故至於有過而不自知。○張子曰：子夏喪明，必是初喪親時尚强壯，其喪子，血氣漸衰，故喪明。然曾子之責安得辭也？愚謂此記所言，有無不可知。然曾子之盡言以規過，子夏之聞義而遽服，此則非賢者不能，而學者之所當取法也。

夫晝居於内，問其疾可也；夜居於外，弔之可也。是故君子非有大故，不宿於外；非致齊也，非疾也，不晝夜居於内。釋文：齊，側皆反。

鄭氏曰：晝居於内，似有疾；夜居於外，似有喪。内，謂正寢之中。愚謂内外，謂正寢室之内外也。大故，謂有喪。喪既小斂，主人之位恒在阼階下；既殯，廬於中門之外；致齊與疾，恒在正寢室中。大故，即喪也。孟子「今也不幸，至於大故」，是也。君子晝必處外，夜必處内，所以順陰陽動静之宜，以爲興居之節，故事業得其序，身體得其養。苟反其常，則雖不必果有喪疾，而固可以問其疾，弔其喪矣，可不謹哉！

高子皐之執親之喪也，泣血三年，未嘗見齒，君子以爲難。釋文：見，賢遍反。

鄭氏曰：子皐，孔子弟子，名柴。泣血，言泣無聲，如血出。未嘗見齒，言笑之微。君子以爲難，言人不能然。孔氏曰：涕淚必因悲聲而出，若血出，則不由聲。今子皐悲無聲，其涕亦出，故云「泣血」。凡人大笑則露齒本，中笑則齒露，微笑則不見齒。

衰，與其不當物也，寧無衰。齊衰不以邊坐，大功不以服勤。釋文：衰，七雷反。後五服之衰皆放此，不復音。當，丁浪反。

鄭氏曰：寧無衰，惡其亂禮也。不當物，謂精麤、廣狹不應法制。邊，偏倚也。不以邊坐、服勤，爲褻喪服。孔氏曰：齊衰言不邊坐，則大功可也。大功不服勤，則齊衰固不可，而小功可也。愚謂衰，謂五服之衰。物，謂升數之多寡，鍛治之功沽。衰之物不同，所以别恩誼之親疏，不可得而亂也。無衰而禮自若，不當物，則亂於喪紀而禮亡矣。邊坐，謂坐不中席也。不以邊坐，不以服勤，皆所以致其嚴敬，蓋敬所以攝哀，而褻則或忘也。

孔子之衛，遇舊館人之喪，入而哭之哀，出，使子貢説驂而賻之。子貢曰：「於門人之喪，未有所説驂，説驂於舊館，無乃已重乎？」夫子曰：「予鄉者入而哭之，遇於一哀而出涕。予惡夫涕之無從也，小子行之！」釋文：税，本又作「説」，同他活反，徐又始鋭反。驂，七南反。鄉，本又作「嚮」，許亮反。出涕，出如字，徐尺遂反，涕音體。惡，烏路反。夫音扶。

鄭氏曰：館人，前日君所使舍己。賻，助喪用。騑馬曰驂。子貢言説驂大重，比於門人，恩爲偏頗。遇，見也。孔子言舊館人恩雖輕，我入哭，見主人爲我盡一哀，是以厚恩待我，我爲出涕。恩厚，宜有重施。客行無他物可以易之者，使遂以往。孔氏曰：説驂於舊館，惜車於顔淵者，顔淵之死，必當有物與之，顔路無厭，故郤之耳。輔氏廣曰：義之所可，則説驂以贈館人而不吝；義所不可，則顔路請車而不從。於此可見聖人處事之權衡。愚謂館人猶舍人，舊時館舍之人也。凡賻，以錢財爲常，其重者乃用車馬。館人誼疏，故子貢以説驂爲重而怪之。一與壹同。遇於一哀，言己入弔時，遇主人之專一而致其哀也。蓋主人之於弔賓恩深者，其哀恒切，今主人爲孔子而致哀，是以厚恩待孔子也。孔子感之而爲之出涕，是又以厚恩答之也。情必資物以表之，若無以賻之，則疑於情之不足，而鄉者之涕幾於虛僞而無所自出矣。説驂以賻者，客行無他物可賻故也。○孔氏曰：孔子得有驂馬者，案王度記：「天子駕六馬，諸侯四，大夫三，士二。」古毛詩云：「天子至大夫皆駕四。」孔子既爲大夫，若依王度記，則有一驂馬；若依毛詩説，則有二驂馬也。愚謂詩大明咏武王而曰「駟騵彭彭」，車攻詠宣王而曰「四牡龐龐」，此天子駕四也。采薇言「載驂載駟」，此諸侯駕四也。節南山言「四牡項領」，此大夫駕四也。惟士則駕二，故士喪禮下篇「公賵玄纁束、馬兩」。又家語昭公與孔子一乘車、兩馬，時孔子未爲大夫也。書言「朽索馭六馬」，詩言「良馬五之」，「良馬六之」，不過極言其多耳，非實有一乘駕六馬之法也。王度記之言不可據。

孔子在衛，有送葬者，而夫子觀之，曰：「善哉爲喪乎！足以爲法矣。小子識之！」子貢曰：「夫子何善爾也？」曰：「其往也如慕，其反也如疑。」子貢曰：「豈若速反而虞乎？」子曰：「小子識之！我未之能行也。」釋文：識，式志反，又音式。

鄭氏曰：慕，謂小兒隨父母啼呼。疑者，哀親之在彼，如不欲還然。哀戚，本也；祭祀，末也。愚謂其往也如慕者，孝子以親往葬於墓，欲從之而不能，如嬰兒之思慕其親而啼泣也。其反也如疑者，既葬，迎精而反，不知神之來否，故遲疑而不欲遽還也。虞，祭名。葬反日中而虞。子貢恐反遲則虞祭或違於禮，而不知祭祀者禮之文，而哀戚者乃禮之本也。

夫子言己未能行，自抑以深善之。

顔淵之喪，饋祥肉，孔子出受之；入，彈琴而後食之。釋文：饋，其位反。

鄭氏曰：彈琴，以散哀也。　愚謂夫子爲顔子、子路皆如喪子而無服，而其於顔子之死，哀痛尤深，蓋心喪之如長子，自祥以前皆廢樂也。父母之喪，三年不爲樂，而祥之日鼓素琴。夫子爲顔子心喪廢樂，故彈琴而後食祥肉，蓋以此爲釋心喪之節也。

孔子與門人立，拱而尚右，二三子亦皆尚右。孔子曰：「二三子之嗜學也，我則有姊之喪故也。」二三子皆尚左。釋文：拱，恭勇反。嗜，市志反。

鄭氏曰：二三子亦皆尚右，傚孔子也。嗜，貪也。尚左，復正也。喪尚右，右，陰也；吉尚左，左，陽也。　愚謂凡拜，男尚左手，左，陽也。其拱亦然。凶事則尚右手，反吉也。婦人則吉事尚右，凶事尚左。

孔子蚤作，負手曳杖，消搖於門，歌曰：「泰山其頽乎！梁木其壞乎！哲人其萎乎！」既歌而入，當户而坐。子貢聞之，曰：「泰山其頽，則吾將安仰？梁木其壞，哲人其萎，則吾將安放？夫子殆將病也！」釋文：蚤音早。抴，羊世反，亦作「曳」。消搖，本又作「逍遥」。頽，徒回反。委，本又作「萎」，同紆危反。放，方兩反。○謝氏枋得云：劉尚書美家藏禮記，「梁木其壞」下有「則吾將安仗」五字。今按：注疏並不解此句，殆後人所增耳。

鄭氏曰：作，起也。負手曳杖，消搖於門，欲人之怪己。泰山，衆山所仰。梁木，衆木所放。哲人，亦衆人所仰放也。萎，病也。詩曰：「無木不萎。」孔氏曰：杖以扶身，恒在前而用，今反手卻後曳之，示不復杖也。夫子禮度自守，貌恒矜莊，今乃消搖放散，以自寬縱，皆示若不能以禮自持，並將死之意狀。放，依也。　愚謂門，謂寢門也。當户而坐，鄉明也。君子之居恒當户。夫子自知其病而將死，故其見於歌者如此，而子貢聞而知其意也。

遂趨而入。夫子曰：「賜！爾來何遲也？夏后氏殯於東階之上，則猶在阼也。殷人殯於兩楹之間，則與賓主夾之也。周人殯於西階之上，則猶賓之也。而丘也，殷人也。予疇昔之夜，夢坐奠於兩楹之間。夫明王不興，而天下其孰能宗予？予殆將死也！」蓋寢疾七日而没。　釋文：阼，才故反。夾，本又作「俠」，古洽反。

鄭氏曰：孔子夢坐兩楹之間而見饋食。言奠者，以爲凶象。疇，發聲也。昔猶前也。孰，誰也。宗，尊也。兩楹之間，南面鄉明，人君聽治正坐之處。今無明王，誰能用我以爲人君乎？是我殷家奠殯之象，以此自知將死。明聖人知命。　陳氏澔曰：孔子其先宋人，成湯之後，故自謂殷人。孔子以殷人而享殷禮，故自知將死。由今觀之，萬世王祀，亦其應矣。　愚謂東階，主人之階也。夏人以新死未異於生，故殯於東階之上，則猶在主人之位也。西階，賓客之階也。周人以死者與生不同，而鬼神之位在西，故殯於西階之上，則猶在賓客之處也。兩楹之間，謂户牖之間，南面之位，其東西直兩楹之中間也。堂上之位，以此爲最尊。殷人以鬼神應居尊位，故殯於兩楹之間，而賓主之位夾其兩旁也。奠，定也。坐奠，猶言安坐也。人君每日視朝於治朝，退適路寢聽政，則其正坐在兩楹之間。大夫雖有私朝，其聽政不敢南面，避人君也。夫子自言夢坐安於兩楹之間，而明王不興，天下無尊我以爲君者，則非南面聽治之象，而必爲殷家喪殯之兆矣，故以此自卜其將死也。鄭氏謂奠爲饋奠，非也。士喪禮大斂，奠在室。是殯所無設奠之法也。又士喪禮小斂卒斂，「男女奉尸，侇于堂」，而小斂奠設於尸東。若奠爲喪奠，則夫子何不言小斂侇尸，而乃以殷家之殯爲言乎？況人君於路寢聽政，其飲食初不在此，尤不得以奠爲饋食也。○吴氏澄曰：聖人德容，至死不變。今負手曳杖，逍遥於門，周旋中禮者似不如是。聖人樂天知命，視死生如晝夜，豈自爲歌辭以悲其死？且以「哲人」爲稱，泰山、梁木爲比，自稱若是？聖人清明在躬，志氣如神，生死固所自知，又豈待占夢而知將死？蓋是周末七十子以後之人將以尊聖人，而不知適以卑之也。　愚謂夫子自知其將死而見之於歌，非所謂「自悲其死」也。夫子嘗自言「天生德於予」，又曰「斯文在兹」，則泰山、梁木之擬亦無足疑。占夢而知其將死，是即志氣如神之效。若謂生死固所自知，而無待於夢，則夫子豈管輅、郭璞之流耶？惟負手曳杖，非周旋中禮之容，誠有如吴氏所言者，其或記者之失與？

孔子之喪，門人疑所服。子貢曰：「昔者夫子之喪顔淵，若喪子而無服。喪子路亦然。請喪夫子若喪父而無服。」

鄭氏曰：無服，不爲衰，弔服加麻，心喪三年。　孔氏曰：依禮，喪師無服。門人以夫子聖人，與凡師不同，故疑所服。知爲師弔服加麻者，案喪服：「朋友麻。」下云：「孔子之喪，二三子皆絰而出；羣居則絰，出則否。」是弟子相爲與爲夫子同，但絰出與不出有異，則喪師與朋友同也。爲師及朋友，皆既葬除之。　程子曰：師不立服，不可立也，當以情之厚薄，事之大小處之。如顔、閔於孔子，其成己之功，與君父並；其次各有淺深，稱其情而已。下至曲藝，莫不有師，豈可一概制服。　愚謂喪服記云：「朋友麻。」蓋弔服以葛爲絰，朋友則用麻爲之也。服問「公爲卿大夫錫衰以居」，「大夫相爲亦然」。錫衰，大夫相弔之服也。大夫相爲，亦朋友之義，而用其弔服以居，則謂爲朋友弔服加麻者信矣。士之弔服，素冠而疑衰、素裳。弔服之絰，在五服之外，當又小於緦麻之絰，其亦以五分去一爲之差與？舊説謂朋友相爲服緦之經帶，無所據也。

孔子之喪，公西赤爲志焉。飾棺牆，置翣設披，周也。設崇，殷也。綢練設旐，夏也。釋文：置，知吏反。披，彼義反。綢，吐刀反，徐直留反。旐，直小反。

鄭氏曰公西赤，孔子弟子，字子華。志，謂章識。牆，柳衣。牆之障柩，猶垣牆障家。翣，以布衣木，如襵與？披，柩行夾引棺者。崇，崇牙[一]，旌旗飾也。綢練，以練綢旌之杠。此旌，葬乘車所建也。旌之旒，緇布廣充幅，長尋，曰旐。爾雅説旌旗曰：「素錦綢杠。」夫子雖殷人，兼用三王之禮，尊之。孔氏曰：孔子之葬，公西赤以飾棺榮夫子，故爲盛禮，備三王之法，以章明志識焉。於是以素爲褚，褚外加牆，車邊置翣，恐柩車傾虧，而以繩左右維持之，此皆周之法也。其送葬，乘車所建旌旗，刻繒爲崇牙之飾，此則殷法。又韜盛旌旗之竿以素錦，於杠首設長尋之旐，此則夏禮也。尊崇夫子，故兼用三代之飾也。鄭註障柩之牆，即柳也。外旁帷荒，中央材木，總而言之，皆謂之爲柳。縫人註云：「柳，聚也，諸飾所聚也。」翣，以木爲筐，廣三尺，高二尺四寸，方兩角高，衣以白布，畫雲氣，柄長五尺，如扇，漢謂扇爲襵也。知此旌乘車所建者，案既夕禮陳車門内右北面，「乘車載旜」，「道車載朝服，

[一]「崇」字原本不重，據禮記注疏補。

稾車載蓑笠」，故知此旌乘車所建也。夫子用三代之禮不爲僭者，用其大夫之禮耳。愚謂葬之有飾，所以表識人之爵行，故謂之志。孔子之喪，使公西赤爲志者，以其習於禮樂之事也。崇，崇牙也。樂虡有崇牙，以縣鐘磬之紘，此則刻於旗杠之首，以注旄者與？○孔氏曰：案既夕，士禮有二旌：一是銘旌，初死，書名於上，曰「某氏某之柩」，葬則入壙；二是乘車之旌。則既夕禮「乘車載旜」，亦在柩前，至柩入壙，乃斂乘車所載之旌，載於柩車而還，言送形而往，迎精而反也。其大夫諸侯則無文。其天子亦有銘旌，司常云：「共銘旌。」又云：「建廞車之旌。」廞，謂興作之，則明器之車也。其旌即明器之旌，至壙，從明器納之壙中。又士禮既有乘車載旜，則天子亦當有乘車載大常，至壙亦載之而歸，但禮文不具耳。是天子三旌也。熊氏以爲大夫以上有遣車，即有廞旌，亦有三旌也。愚謂士惟一旗，故乘車載旜。若天子有五路，葬時皆用爲魂車，則每路各建其旗，又遣車九乘，車各有旌，并銘旌當有十五旌也。若諸侯，則同姓自金路以下，又遣車七乘，并銘旌爲十二旌；異姓自象路以下，并遣車之旌及銘旌爲十一旌也。

子張之喪，公明儀爲志焉。褚幕丹質，蟻結於四隅，殷士也。釋文：褚，張吕反。幕音莫。蟻，魚綺反，又作「蛾」。

鄭氏曰：以丹布幕爲褚，葬覆棺，不牆不翣。畫褚之四角，其文如蟻行往來相交錯。蟻，蚍蜉也。殷之蟻結，似今蛇文畫。子張學於孔子，傚殷禮。孔氏曰：公明儀，是子張弟子。褚，謂覆棺之物，大夫以上，其形似幄，士則無褚。今公明儀尊敬其師，故特爲褚，但似幕形，而以丹質之布爲之，又於褚之四角畫蚍蜉之形，交結往來，不牆不翣，用殷禮也。夫子聖人，弟子尊之，兼用三代之禮。今公明儀雖尊其師，祇用殷禮而已。愚謂周禮，人君大夫士之葬皆有牆、翣，上章云「飾棺牆，置翣，周也」，是也。其自大夫以上，又有褚，其形如幄，上下四周，以素錦爲之。今公明儀於子張之葬，不置牆、翣，但用丹布爲褚，覆於棺上而不四周，而畫蚍蜉於褚之四角，此乃殷之士禮，故曰「殷士也」。然則殷自大夫以上，其褚蓋亦四周而用錦帛之屬與？孔子兼習三代之禮，而七十子之徒亦學焉，故公明儀用殷禮以葬其師，蓋亦崇儉尚質之意與？

子夏問於孔子曰：「居父母之仇，如之何？」夫子曰：「寢苫枕干，不仕，弗與共天下也。遇諸市朝，不反兵而鬭。」曰：「請問居昆弟之仇如之何？」曰：「仕弗與共國，銜君命而使，雖遇之不鬭。」曰：「請問居從父、昆弟之仇如之何？」曰：「不爲魁，主人能，則執兵而陪其後。」釋文：苫，始占反。枕，之鴆反。朝，直遥反。使，色吏反。從，如字，徐才用反。陪，步回反。

鄭氏曰：居父母之仇，雖除喪，居處猶若喪也。干，盾也。弗與共天下，不可以並生也。不反兵，言雖適市朝，不釋兵也。昆弟之仇，銜君命不鬭，爲負而廢君命也。魁猶首也。天文北斗，魁爲首，杓爲末。執兵陪其後，爲其負，當成之。孔氏曰：不反兵而鬭者，恒執殺之備，雖在市朝，不待反還取兵，即當鬭也。然朝在公門之内，兵器不入公門，此得持兵入朝者，案閽人「掌中門之禁」，但兵器不得入中門耳。其大詢衆庶，在臯門内，案大詢衆庶在臯門外，説見玉藻。則得入也。且朝文既廣，設朝或在野外，或在縣、鄙、鄉、遂，但有公事之處，皆謂之朝。兵者，亦謂佩刀以上，不必要是矛戟。上曲禮云「兄弟之讎不反兵」，此云「父母之仇不反兵」者，父母、昆弟之仇皆不反兵。曲禮「昆弟之讎不反兵」，謂非公事或不仕者，故恒執殺之備；此文「昆弟之仇」，據身仕爲君命出使，遇之不鬭，故不得云「不反兵」也。二文相互乃足。愚謂寢苫者，恒以喪禮自處也。枕干者，報仇之器不離於身也。不仕者，父仇未報，故無心於仕宦，且爲有君事則於報仇或妨也。弗與共天下，即不與共戴天之意。遇諸市朝，不反兵而鬭者，兵器不離身，遇之即鬭，不待反而取兵也。昆弟有仇，猶可以仕，但不與仇人同國耳。銜君命則遇之不鬭，不以私仇廢公事也。若非銜君命，亦不反兵而鬭矣。周禮「朋友之讎視從父兄弟」，曲禮言「朋友之讎不同國」，此言從父、兄弟之讎不爲魁者，曲禮據死者無子，無親於己者；此自有主人，故但助之而已。

孔子之喪，二三子皆絰而出；羣居則絰，出則否。釋文：絰，大結反。

鄭氏曰：尊師也。出，謂有所之適。羣，謂七十二弟子相爲朋友服。　愚謂服問：「公爲卿大夫錫衰以居，出亦如之；大夫相爲亦然。」司服緦衰、錫衰、疑衰，「其首服皆弁絰」。公爲卿大夫及大夫相爲皆錫衰，則亦當有絰。是弔服加絰者，出與居皆服之，朋友相爲亦宜然。今七十子相爲，出乃不服者，蓋以孔子之喪既絰而出，故於朋友之服微殺之，以示其不敢同於師之意，蓋酌乎禮之宜而變之也。

易墓，非古也。釋文：易，以豉反。

鄭氏曰：易，謂芟治草木，不易者丘陵也。　孔氏曰：墓，謂冢旁之地。不易者，使有草木如丘陵然。　愚謂墓以藏體魄，無所事於易也。即古不修墓之意。

子路曰：「吾聞諸夫子：喪禮，與其哀不足而禮有餘也，不若禮不足而哀有餘也。祭禮，與其敬不足而禮有餘也，不若禮不足而敬有餘也。」

鄭氏曰：喪主哀。祭主敬。　孔氏曰：喪禮有餘，謂明器衣衾之屬多也。祭禮有餘，謂俎豆牲牢之屬多也。　陳氏澔曰：有其禮，無其財，則禮或有所不足，哀敬則可自盡也。此夫子反本之論，亦寧戚寧儉之意。愚謂禮有餘，謂財物之繁多，儀節之詳盡也。喪、祭之禮，固有一定，然第務於禮而哀敬不足以稱之，則見爲有餘矣。此於禮之末雖舉，而其本則有所未盡也。若哀敬有餘而於儀物或有所未盡，此雖未足以言備禮，而其本則已得矣。行禮固以本末兼盡者爲至，若就其偏者而較其得失，則又以得其本者爲貴也。

曾子弔於負夏，主人既祖填池，推柩而反之，降婦人而后行禮。從者曰：「禮與？」曾子曰：「夫祖者且也。且胡爲其不可以反宿也？」釋文：填池，依註音奠徹，盧、王並如字。推，昌隹反，又吐回反。柩，其久反。從，才用反，下同。與音餘。夫音扶，下同。

鄭氏曰：負夏，衛地。祖，謂移柩車去載處爲行始也。填池，當爲「奠徹」，謂徹遣奠，設祖奠。推柩而反，榮曾子弔，欲更始也。禮，既祖而婦人降，今既反柩，婦人辟之，復升堂矣。柩無反而反之，而又降婦人，蓋欲矜賓於此婦人，皆非也。且，未定之辭。孔氏曰：案既夕禮啟殯之後，柩遷於祖，升自西階，正棺於兩楹間。鄭註云「是時柩北首」，設奠於柩西。此奠，謂啟殯之奠也。質明徹去啟奠，乃設遷祖之奠於柩西，至日側乃卻下棺，載於階間降下。遷祖之奠，設於柩車西。時柩猶北首，乃飾棺設披屬引，徹去遷祖之奠，還柩鄉外而爲行始，謂之祖。婦人降，即位於階間，乃設祖奠。至厥明，徹祖奠，設遣奠，然後徹之，苞牲取下體，遂行。此是啟殯之後至柩車出之節也。曾子之弔，在祖之明日徹祖奠、設遣奠之時，主人榮曾子之來，乃徹遣奠，更設祖奠。又推柩鄉北，又遣婦人升堂，至明旦，婦人從堂更降，而後行遣車禮。遣車，疑當作「遣奠」。愚謂此章之義難曉，而註疏之説如此。然既設遣奠，則葬日也。葬日必卜，而弔事俄頃可畢，豈必還柩反宿，以違其素卜之期乎？疑所謂「既祖」者，謂葬前一夕，還車爲行始之後，而非祖之明日也。奠謂祖奠，徹之者，因推柩而辟之也。降婦人者，婦人辟推柩，故升堂，柩既反而復降，立於兩階間之東也。行禮，曾子行弔禮也。必降婦人而後行禮者，以既祖之後，婦人之位本在堂下，非爲欲矜賓於婦人也。柩反而曰「反宿」者，曾子既弔之後，主人不欲頻動柩車，至明日乃始還車鄉外而行遣奠也。

從者又問諸子游曰：「禮與？」子游曰：「飯於牖下，小斂於户內，大斂於阼，殯於客位，祖於庭，葬於墓，所以即遠也。故喪事有進而無退。」曾子聞之曰：「多矣乎！予出祖者。」釋文：飯，煩晚反。牖，羊久反。斂，力驗反。禮家凡「大斂」「小斂」之字皆同，不重出。

飯，以米、貝實尸口中也。小斂大斂，皆以衣斂尸，衣少曰小斂，衣多曰大斂。殯，斂於棺而塗之也。周人殯於西階之上。即，就也。從者疑曾子之言，故又問諸子游，而子游告之如此，則反柩非禮明矣。多猶勝也。言子游所言出祖之事勝於己也。○下篇云「君於大夫將葬，弔於宮，命引之，三步則止」，則柩於將葬，雖君弔不爲反也。此乃爲曾子而反柩，殊爲可疑。且反柩之失，曾子豈有不知？註疏謂曾子心知其非，而給説以答從者，則尤非曾子之所出也。然則此事蓋亦傳聞而失其實者與？

曾子襲裘而弔，子游裼裘而弔。曾子指子游而示人曰：「夫夫也，爲習於禮者，如之何其裼裘而弔也？」主人既小斂，袒、括髮，子游趨而出，襲裘、帶、絰而入。曾子曰：「我過矣！我過矣！夫夫是也。」釋文：裼，星歷反。夫夫，上音扶，下如字。一讀並如字。袒，徒旱反。括，古活反。

夫夫，猶言是人也。袒，袒衣而露其臂也。括髮，去纚而約其髮以麻也。始死，主人笄、纚、深衣，至小斂，乃袒、括髮，始變服也。帶、絰，服弔服之葛帶、絰也。出而帶、絰者，死者之寢門外，蓋張次以爲弔者之所止息，而其絰、帶亦饌焉，故出而取服之也。凡弔者，主人未變，則吉服，羔裘、玄冠，緇衣、素裳，又裼而露其中衣；主人既變，則襲而加絰、帶，其冠與衣猶是也；主人既成服，則服弔衰。○喪服記：「朋友麻。」奔喪：「無服而爲位者惟嫂叔，及婦人降而無服者麻。」此二者之麻，皆弔服也。而特言麻，可以見凡弔絰之非麻矣。喪服記

「公子爲其母練冠麻」，「爲其妻縓冠，葛絰、帶」，以麻對葛而言，可以見喪服記「朋友麻」及奔喪所言之「麻」，皆對葛而言麻矣。士虞禮：「祝免，澡葛絰、帶。」祝乃公有司，其所服固弔服也，而葛絰、帶則弔服之絰、帶，於此可見矣。士爲朋友麻，若弔於未成服，則亦葛絰、帶，蓋未成服則弔者猶玄冠，麻不加於采也。又註謂子游「所弔者朋友」，疏謂「弔服惟有絰，朋友乃加帶」，非也。子游所弔，不言其爲何人，安知其爲朋友乎？喪大記「弔者加武，帶、絰」，則凡弔者皆帶、絰備有，不獨朋友矣。

子夏既除喪而見，予之琴，和之而不和，彈之而不成聲，作而曰：「哀未忘也，先王制禮而弗敢過也。」子張既除喪而見，予之琴，和之而和，彈之而成聲，作而曰：「先王制禮，不敢不至焉。」釋文：見，賢遍反。予，羊汝反。和音禾，或胡臥反。忘音亡。

除喪，既祥也。和，調弦也。子夏哀未盡而能自節，子張哀已盡而能自勉，所謂俯而就之，跂而及之也。○孔氏曰：案家語及詩傳皆言子夏喪畢，夫子與琴，援琴而弦，衎衎而樂；閔子騫喪畢，夫子與琴，援琴而弦，切切而哀，與此不同。子夏居喪無異聞，而閔子騫至孝，當以家語及詩傳爲正。愚謂子張務外，而子夏誠篤，則其居親之喪，其哀之至與不至，固當異矣。曾子謂子夏喪親未有聞，特謂未聞其喪明耳，未可據此而疑其喪親之不能盡哀也。

此與家語、詩傳所言，未知孰是。

司寇惠子之喪，子游爲之麻衰，牡麻絰。文子辭曰：「子辱與彌牟之弟游，又辱爲之服，敢辭。」子游曰：「禮也。」文子退，反哭。子游趨而就諸臣之位。文子又辭曰：「子辱與彌牟之弟游，又辱爲之服，又辱臨其喪，敢辭。」子游曰：「固以請。」文子退，扶適子南面而立，曰：「子辱與彌牟之弟游，又辱爲之服，又辱臨其喪，虎也敢不復位！」子游趨而就客位。釋文：彌，亡卑反。牟，莫侯反。爲之，于僞反。適，丁歷反。

鄭氏曰：司寇惠子，衛將軍文子彌牟之弟惠叔蘭也，生虎者。惠子廢適立庶，子游爲之重服以譏之。麻衰，以吉服之布爲衰。子游名習禮，子游曰「禮」，文子亦以爲當然，未覺其所譏。趨而就諸臣之位，深譏之。大夫之家臣，位在賓後。虎，適子名。文子覺所譏，親扶而辭，敬子游也。南面而立，則諸臣位在門内北面明矣。愚謂麻衰用吉布十五升爲弔服，而又以爲胸前之衰也。士弔服疑衰，麻衰視疑衰爲輕。朋友麻，其非朋友，弔服用葛絰而已。子游以惠子廢適立庶，故特爲輕衰重絰以譏之。文子言子游但與其弟游而已。其恩未至於朋友，而乃爲服朋友之麻絰，故以其重而辭之。反哭者，反其位而哭也。子游於司寇氏，爲異國之士，位在西方東面。士喪禮「士西方東面」，是也。大夫諸臣之位，蓋門東北面東上與？趨而就諸臣之位，變位以深譏之。復位，謂復其爲喪主之位也。趨而就客位者，所譏已行，而復其正也。

將軍文子之喪，既除喪而后越人來弔，主人深衣、練冠，待于廟，垂涕洟。子游觀之曰：「將軍文氏之子，其庶幾乎！亡於禮者之禮也。其動也中。」釋文：涕，他計反。洟音夷。自目曰涕，自鼻曰洟。亡音無。中，竹仲反。

鄭氏曰：主人，文子之子簡子瑕也。深衣、練冠，凶服變也。待于廟，受弔不迎賓也。中，中禮之變。　愚謂除喪，蓋禫除吉祭之後，新主已遷於廟，故就廟而受弔也。深衣，十五升布，連衣裳爲之，其服在吉凶之間。練冠，小祥之冠也。時文氏喪服已除，吉服又不可以受弔。聘禮：「遭喪，大夫練冠長衣以受。」彼凶中受吉禮，此吉中受凶禮，故放其服而略變焉。祥而外無哭者，禫而內無哭者，故但垂涕洟以致其哀而已。庶幾，近也，言其近於禮也。蓋除喪受弔，乃禮之所未有，文子之子處禮之變，酌乎情文之宜而行之，而能不失乎禮意，故子游善之。案士喪禮：「君使人弔、襚，主人迎於寢門外。」若異國君之使，其敬之當與己君之使同。此主人待于廟不迎者，蓋弔者非越君之命與？

幼名，冠字，五十以伯仲，死謚，周道也。 釋文：冠，古亂反。

孔氏曰：名以名質，生若無名，不可分别，故生三月而加名。二十有爲人父之道，朋友等類不可復呼其名，故冠而加字。五十耆、艾轉尊，又捨其二十之字，直以伯仲别之，至死而加謚。凡此皆周道也。然則自殷以前，爲字不在冠時，伯仲不當五十，以殷尚質，不諱名故也。又殷以上有生號，仍爲死後之稱，更無别謚，周則死後别立謚。案士冠禮二十已有「伯某甫，仲、叔、季」，此云「五十以伯仲」者，二十之時雖云「伯仲」，皆配「某甫」而言，五十直稱「伯仲」耳。禮緯含文嘉云：「質家稱仲，文家稱叔。」上曲禮疏引含文嘉與此同，據白虎通，「稱」當作「積」。蓋伯、仲、叔、季之稱惟四，其昆弟多者，質家則積於仲，文家則積於叔也。周代是文，故有管叔、蔡叔、霍叔、康叔等，末者稱聃季也。賈氏公彦曰：檀弓「五十以伯仲，周道也」，是稱伯仲之時，兼字而言，若孔子稱尼甫，至五十去「甫」配「仲」，而稱之曰仲尼是也。愚謂五十以伯仲，賈、孔之説不同，蓋賈氏爲是。冠時字之，雖已曰「伯某甫」，「仲、叔、季」惟所當，而其後稱之則但曰「某甫」，至五十而後稱曰「伯某」也。特牲禮稱其祖曰「皇祖某甫」，少牢禮則曰「皇祖伯某」，是「伯某」之稱尊於「某甫」可知。

經也者，實也。

鄭氏曰：所以表哀戚。　陳氏澔曰：麻在首在要皆曰絰。絰之言實，明孝子有忠實之心也。　敖氏繼公曰：凡喪服衰裳冠帶之屬，皆因吉服而易之，惟首絰則不然。蓋古者未有喪服之時，但加此絰以表哀戚，後世聖人因而不去，且異其大小之制以爲輕重云。

掘中霤而浴，毁竈以綴足，及葬，毁宗躐行，出于大門，殷道也。學者行之。釋文：掘，求月反，又求勿反。霤，力救反。綴，竹劣反，又竹衛反。躐，良輒反。

鄭氏曰：明不復有事於此。周人浴不掘中霤，葬不毁宗躐行。毁宗，毁廟門之西而出，行神之位在廟門之外。學於孔子者行之，傚殷禮。　孔氏曰：中霤，室中也。死而掘室中之地作坎，一則言此室於死者無用，二則以牀架坎上，尸於牀上浴，令水入坎中也。毁竈綴足者，一則示死者無復飲食之事，二則恐死人冷彊，足辟戾不可著屨，故用毁竈之甓，連綴其足令直，可著屨也。宗，廟也。殷人殯於廟，至葬，毁廟門西邊牆而出於大門，一則明此廟於死者無事，二則行神之位在廟門西邊，當所毁宗之外。若生時出行，則爲壇告行神，車躐壇上而出，使道中安穩，今柩行毁宗而出，仍得躐此行壇，如生時也。殷道，謂殷禮也。周浴用盤承浴汁，不掘中霤；綴足用燕几，不毁竈；殯於正寢，至葬而朝廟，從正門出，不毁宗也。

愚謂坊記曰：「浴於中霤。」是周人浴亦在中霤，但不掘耳。

子柳之母死，子碩請具。子柳曰：「何以哉？」子碩曰：「請粥庶弟之母。」子柳曰：「如之何其粥人之母以葬其母也？不可。」既葬，子碩欲以賻布之餘具祭器。子柳曰：「不可。吾聞之也，君子不家於喪。請班諸兄弟之貧者。」釋文：鬻，本又作「粥」，音育。

鄭氏曰：子柳，魯叔仲皮之子，子碩兄。具，謂葬之器用。何以，言無其財。粥，謂嫁之也。妾賤，取之曰買。不粥人之母以葬其母，忠恕也。古者謂錢爲泉、布，所以通布貨財。不家於喪，惡因死者以爲利。班諸兄弟之貧者，以分死者所矜也。陳氏澔曰：欲粥庶母以治喪，則乏財可知，而「不家於喪」之言，確然不易，古人之安貧守禮如此。愚謂子柳，孔子弟子顏幸，下篇所稱顏柳是也。子碩，子柳之弟。具，謂葬之器用，明器、柳、翣之屬也。何以者，言貧無以爲葬具，欲稱家之有無，而從其儉也。君子愛其親以及人之親，粥人母以葬其母，非仁也。家於喪，謂因喪以爲利，非義也。賻布，所以送死，兄弟之貧者，亦死者之所矜，故以賻布之餘班之，緣死者之意以廣其恩也。

君子曰：「謀人之軍師，敗則死之；謀人之邦邑，危則亡之。」

一萬二千五百人爲軍，二千五百人爲師。大夫死衆。謀人之軍師而至於敗，則喪師辱國，而其義不可以獨生矣。春秋晉、楚之大夫若成得臣、荀林父等，皆以軍敗請死，蓋此義也。亡，去國也。大夫去國，離宗廟，去邦族，其禍等於失國，其哀放於居喪。謀人之邦邑，危則亡之，以見危人之國者，亦不敢自保其家，亦國亡與亡之義也。陳氏祥道曰：思其敗之死，則無輕軍師；思其危之亡，則無輕邦邑。

公叔文子升於瑕丘，蘧伯玉從。文子曰：「樂哉斯丘也！死則我欲葬焉。」蘧伯玉曰：「吾子樂之，則瑗請前。」釋文：蘧，本又作「璩」，其魚反。從，才用反，又如字。樂音洛，下同。一讀下樂五教反。瑗，于卷反，又於願反。

鄭氏曰：二子，衛大夫。公叔文子，獻公之孫，名拔。瑗，伯玉名。則瑗請前，刺其欲害人良田。愚謂伯玉以文子欲奪人之地以爲葬地，故言吾子若樂此，則瑗請前行以去，示不欲聞其謀也。觀於此，則公明賈謂公叔文子「時然後言」，「義然後取」，豈其然乎？

弁人有其母死而孺子泣者，孔子曰：「哀則哀矣，而難爲繼也。夫禮，爲可傳也，爲可繼也，故哭踊有節。」釋文：弁，皮彥反。孺，而註反。傳，直專反。

鄭氏曰：孺子泣，言聲無節。難繼，失禮中也。孔氏曰：雜記：「曾申問於曾子曰：『哭父母有常聲乎？』曰：『中路嬰兒失其母，何常聲之有？』」與此違者，曾子所言是始死之時，悲哀志懣，未可爲節；此所言在襲、斂之後，可以禮制，故哭踊有節也。

叔孫武叔之母死，既小斂，舉者出户，句。**出户袒，且投其冠，括髮。子游曰：「知禮。」**

鄭氏曰：叔孫武叔，公子牙之六世孫，名州仇，毁仲尼者。出户，乃變服，失哀節。冠，素委貌。　愚謂上云「出户」者，舉尸者出户也；下云「出户」者，武叔出户也。始死笄、纚，至小斂乃加素冠，蓋殯斂者喪之大節，故不敢以不冠臨之。笄、纚者所以爲變，冠者所以爲敬也。士喪禮小斂卒斂，馮尸之後，主人至東房，袒、括髮，乃反於室，而男女奉尸以俠於堂，今武叔袒、括髮於舉尸出户之後，失禮一也。尸既出户，乃出户而袒，則主人不與於奉尸，失禮二也。袒、括髮既後，故不復至東房，遂於出户爲之，失禮三也。言投其冠，括髮，以見其恩遽失節之甚。子游曰「知禮」者，反言以譏之也。○雜記：「小斂環絰，君大夫士一也。」鄭氏云：「環絰，一股而環之。小斂時，士素委貌，大夫素爵弁而加此絰。」曾子問疏引崔氏說，謂小斂前，大夫士皆素冠；小斂括髮後，士加素冠，大夫加素弁。今以武叔投冠觀之，可以見小斂前之有冠，又可以見大夫士小斂之同素冠也。喪大記言「人君大斂，子弁絰，即位于序端」。雜記云：「大夫與殯亦弁絰。」與殯弁絰，則已喪可知，可以見大夫以上喪服之有弁，又可以見大夫以上至大斂乃弁絰，而未大斂以前猶素冠也。至雜記所言「小斂環絰」，及喪大記所言大斂之弁絰，皆謂大鬲之苴絰，而註疏乃以弔服之環絰、弁絰混之，則誤甚矣。説各見本篇。

扶君，卜人師扶右，射人師扶左。君薨以是舉。釋文：卜，依註音僕。師，長也，謂大僕也。本或無「師」字者，誤也。前儒如字，卜人及醫師也。

鄭氏曰：謂君疾時也。卜當爲「僕」，聲之誤也。僕人、射人，皆平生時贊正君服位者。君薨以是舉，不忍變也。周禮射人：「大喪，與僕人遷尸。」顧氏炎武曰：此所謂「男子不死於婦人之手」也。三代之世，侍御、僕從，罔非正人，綴衣、虎賁，皆爲吉士，與漢高之獨枕一宦者卧異矣。愚謂周書王會解「卜人」，王氏應麟補注引太平御覽謂「卜人即濮人」，蓋「卜」「僕」「濮」古字皆通用也。大射禮：「僕人正徒相大師，僕人師相小師。」正者其長，而師者其貳也。此於僕人、射人皆言師者，言不但以其正而并以其師也。君薨以是舉，謂始死遷尸於牖下也。襲、斂遷尸，皆喪祝之屬，而始死以僕人、射人者，未復之先猶未忍遽變於生也。

從母之夫，舅之妻，二夫人相爲服，君子未之言也。或曰：同爨緦。釋文：從，才用反。夫人，音扶。爲，于僞反。緦音思。

張子曰：甥自幼居從母之家或舅之家，孤稚恩養，直如父母，不可無服，所以爲此服也。非是從母之夫與舅之妻相對，乃甥爲二人者服也。吴氏澄曰：禮爲從母小功，而從母之夫則無服；爲舅緦，而舅之妻則無服。時有妻之姊妹之子依從母家同居者，又有夫之甥依舅家同居者，故一爲從母之夫服，一爲舅之妻服。二夫人，謂妻之姊妹之子與從母之夫也，夫之甥與舅之妻也。此二人者相爲服，禮之所無，故曰「君子未之言也」。又記或人之言，以爲有同居而食之恩，則雖禮之所無，而可以義起此服也。愚謂上不言妻之姊妹之子，下不言夫之甥，避文繁也。若以從母之夫、舅之妻相爲服而言，則當云「妻之兄弟之妻，夫之姊妹之夫」，不當從其甥立文也。且此二人者若相與同爨，則瀆亂無別甚矣，其可訓乎？○朱子曰：先王制禮，父族四，故由父而上，爲族曾祖父緦，姑之子，姊妹之子，女子子之子，皆由父而推之也。母族三，母之父，母之母，母之兄弟，恩止於舅，故從母之夫、舅之妻皆不爲服，推不去故也。妻族二，妻之父，妻之母。乍看時似乎亂雜無紀，子細看則皆有義存焉。　愚謂母黨妻黨之服，皆從服也。從妻而服者，視妻降三等，妻爲父母期，夫從服緦。自餘妻之所爲大功者，降三等則無服矣。從母而服者，視母降二等：外祖父母，母爲之服期，己從服小功；舅及舅之子，母爲之大功，子從服緦。惟從母，母服大功，子從服小功，僅降一等。喪服傳所謂「以名加」者也。自餘母所爲小功者，降二等則無服矣。母爲世叔父母服大功，己降二等，應服緦，而不服者，蓋至親以期斷，世叔父母之服乃加服也。而外親既遠，據本服而遞降之，則亦無服矣。從母之夫，母之所不服也，舅之妻，母爲之報服小功者也，二者皆無可從者也。

喪事欲其縱縱爾，吉事欲其折折爾。故喪事雖遽不陵節，吉事雖止不怠。故騷騷爾則野，鼎鼎爾則小人，君子蓋猶猶爾。釋文：縱，依註音揔。折，大兮反。騷，素刀反。

鄭氏曰：縱，讀爲「總領」之總。縱縱，趨事貌。折折，安舒貌。詩云：「好人提提。」陵，躐也。止，立俟事時也。怠，惰也。騷騷，謂大疾。鼎鼎，謂大舒。猶猶，舒疾之中。愚謂喪事固欲其疾，然不可以過於急而陵節，陵節則不足於禮之文而野矣。吉事固欲其舒，然不可以過於緩而怠，怠則不足於敬之實而小人矣。得舒疾之中者，惟君子能之，由其內盡乎哀敬之實，而外適乎節文之宜也。

喪具，君子恥具。一日二日而可爲也者，君子弗爲也。

鄭氏曰：喪具，棺衣之屬。恥具，辟不懷也。一日二日可爲，謂絞、紟、衾、冒。孔氏曰：

喪事，棺則預造，衣亦漸制，但不一時頓具。故王制云「六十歲制，七十時制，八十月制，九十日修，惟絞、紟、衾、冒死而後制」，是也。陳氏澔曰：嫌不以久生期其親也。

喪服，兄弟之子猶子也，蓋引而進之也；嫂叔之無服也，蓋推而遠之也；姑、姊妹之薄也，蓋有受我而厚之者也。釋文：遠，于萬反。

鄭氏曰：或引或推，重親遠嫌[一]。姑、姊妹之薄，欲其一心於厚之者。姑、姊妹嫁，大功。夫爲妻，期。孔氏曰：喪服是儀禮正經，記者録喪服中三事釋之：兄弟之子期，姑、姊妹出適大功，皆喪服經文；嫂叔無服，喪服傳文。愚謂兄弟之子爲世叔父期，而世叔父乃旁尊，不足以加尊，故如其爲己之服以報之。猶子，謂與己子同也。兄弟一體，服其子同於己子。引而進之，所以篤親親之恩也。妻爲夫之昆弟、姊妹，皆應從服者也。然爲夫姊妹服小功，而姊妹亦報服；至夫之昆弟，則不從夫而服，夫之昆弟亦不報。推而遠之，所以厚男女之別也。姑、姊妹之薄，謂姑、姊妹之適人者，由期而降爲大功也。受我而厚之，謂其夫受姑、姊妹於我，爲之服齊衰、杖期，與父在爲母同。情篤於夫家，則恩殺於本宗，此姑、姊妹之所以出而降也。○吳氏澄曰：人有嫂之喪者，其父母爲之服大功小功，其妻爲之服小

[一]「嫌」，禮記注疏作「别」。

功，其子爲之服齊衰、不杖期，豈有己身立於父母妻子之間而獨同於無服之人哉？雖曰無服，當弔服加麻，不飲酒，不食肉，不處内，如弟子爲師，父在爲母之例。俟父母妻子之服既除，然後吉服。推而遠之，文雖殺而情未嘗不降也。　愚謂喪服記曰「朋友麻」，鄭氏謂「弔服加麻」。奔喪禮云「無服而爲位者，惟嫂叔及婦人降而無服者麻」，則嫂叔相爲弔服加麻，禮有明據矣。嫂叔雖不制服，而哭則爲位，又弔服加麻，則固非恝然同於無服之人也。然吴氏謂「俟父母妻子之服除而後吉服」，則父母妻子之爲嫂或期或大功或小功，將以何爲之斷限乎？且若從其重者，則爲昆弟服期，而欲嫂叔相爲心喪，亦皆俟其子之期服除而後復常，則情雖甚厚，而揆諸制服之義，亦已失其差矣。凡弔服加麻者，既葬除之。竊謂嫂叔相爲弔服加麻，心喪三月，卒哭而除，視娣、姒婦之相爲小功者而差降焉，此固先王之禮也。若魏徵謂「長年之嫂，遇孩童之叔，劬勞鞠育，情若所生」，又有不可以常禮概者。故韓愈少鞠於嫂，爲之服期，此亦禮之以義起者也。

食於有喪者之側，未嘗飽也。應氏曰：「食」字上，疑脱「孔子」二字。

朱子曰：哀有喪，不能飽也。

曾子與客立於門側，其徒趨而出。曾子曰：「爾將何之？」曰：「吾父死，將出

哭於巷。」曰：「反哭於爾次！」曾子北面而弔焉。

鄭氏曰：徒，謂客之旅。將出哭於巷者，以爲不可發凶於人之館。次，舍也。禮館人使專之，若其自有然。　愚謂徒，曾子之徒也。聘禮：「聘君若薨於後，入境則遂也。赴者未至，則哭於巷。」時曾子之徒蓋亦以赴者未至，故欲出哭於巷，曾子令反於其舍者，以其徒在曾子之家，與聘賓在主國之禮異也。士喪禮弔賓西面於主人、衆主人之南，此乃北面而弔焉，蓋弔於不爲位者之禮也。奔喪禮曰「聞喪不得奔喪」，「乃爲位」。若聞喪即奔，則不爲位矣。哭而不爲位，則哭者南面，弔者北面。

禮記卷九

檀弓上第三之三

孔子曰：「之死而致死之，不仁而不可爲也；之死而致生之，不知而不可爲也。是故竹不成用，瓦不成味，木不成斲，琴瑟張而不平，竽笙備而不和，有鐘磬而無簨虡。其曰明器，神明之也。」釋文：知音智。味，依註音沬，亡曷反。斲，陟角反。和，胡卧反。簨，息允反。虡音巨。

鄭氏曰：成，善也。竹不可善用，謂邊無縢。味當作「沬」。不和，無宫商之調。無簨虡，不縣之也。横曰簨，植曰虡。神明之，言神明死者也。神明者非人所知，故其器如此。孔氏曰：沬，黑光也。瓦不成沬，謂瓦器無光澤也。劉氏曰：之，往也。謂以禮往送於死者也。往於死者，而極以死者之禮待之，是無愛親之心，故爲不仁；往於死者，而極以生者之禮待之，是無燭理之明，故爲不智。先王爲明器以送死者，竹器則無縢緣而不成其用；瓦器則龘質而不成其黑光之沫；木器則樸而不成其彫斲之文；琴瑟雖張弦而不平，不可彈也；竽笙雖備具而不和，不可吹也；雖有鐘磬而無縣掛之簨虡，不可擊也。所謂備物而不可用也。備物則不致死，不可用則不致生，其謂之明器者，蓋以神明之道待之也。

有子問於曾子曰：「問喪於夫子乎？」曰：「聞之矣：喪欲速貧，死欲速朽。」有子曰：「是非君子之言也。」曾子曰：「參也聞諸夫子也。」有子又曰：「是非君子之言也。」曾子曰：「參也與子游聞之。」有子曰：「然。然則夫子有爲言之也？」曾子以斯言告於子游。子游曰：「甚哉！有子之言似夫子也。昔者夫子居於宋，見桓司馬自爲石椁，三年而不成。夫子曰：『若是其靡也！死不如速朽之愈也。』死之欲速朽，爲桓司馬言之也。南宮敬叔反，必載寶而朝。夫子曰：『若是其貨也！喪不如速貧之愈也。』喪之欲速貧，爲敬叔言之也。」曾子以子游之言告於有子。有子曰：「然。吾固曰非夫子之言也。」曾子曰：「子何以知之？」有子曰：「夫子制於中都，四寸之棺，五寸之椁，以斯知不欲速朽也。昔者夫子失魯司寇，將之荆，蓋先之以子夏，又申之以冉有，以斯知

不欲速貧也。」釋文：問喪，問或作「聞」，喪，息浪反。有爲，于僞反，下「爲桓司馬」「爲敬叔」並同。朝，直遥反。

鄭氏曰：有子，孔子弟子有若也。夫子卒後問此，庶有異聞也。喪，謂仕失位也。魯昭公孫于齊，曰：「喪人其何稱？」是非君子之言者，貧、朽非人之所欲也。桓司馬，宋向戌之孫，名魋。靡，侈也。敬叔，孟僖子之子仲孫閱〔一〕，蓋嘗失位去魯，得反，載其寶來朝於君。中都，魯邑名也。孔子嘗爲之宰，爲民作制。孔子由中都宰爲司空，由司空爲司寇。將之荆，將應聘於楚。先之以子夏，申之以冉有，言汲汲於仕得禄也。孔氏曰：崔靈恩云：「夫子爲司空，爲小司空也。從小司空爲小司寇。」崔所以知然者，魯有孟、叔、季三卿爲司徒、司馬、司空，又有臧氏爲司寇，故知孔子爲小司寇也。孔子失司寇，在定公十四年，之楚，在哀六年，其間年月甚遠。且失司寇之後，嚮宋不嚮楚，而云「失魯司寇，將之荆」者，則哀公六年之荆亦是失司寇之後，非謂失司寇之年即之荆也。陳氏澔曰：將適楚，而使二子繼往者，將以觀楚之可仕與否。愚謂問喪，問失位而所以處之之道也。孔子之將仕於楚，爲道也，非爲禄也，而以此爲喪不欲速貧，何也？蓋聖人雖不爲禄而仕，而仕者未嘗不得禄。

〔一〕禮記注疏「孟」上有「魯」字。

孟子曰「惟士無田，則亦不祭」，「士之失位也，猶諸侯之失國家也」，是故「三月無君則弔」。君子雖不狥利而苟禄，而亦豈以矯語貧賤爲高乎？

陳莊子死，赴於魯，魯人欲勿哭，繆公召縣子而問焉。縣子曰：「古之大夫，束脩之問不出竟，雖欲哭之，安得而哭之？今之大夫，交政於中國，雖欲勿哭，焉得而勿哭？且臣聞之，哭有二道：有愛而哭之，有畏而哭之。」公曰：「然。然則如之何而可？」縣子曰：「請哭諸異姓之廟。」於是與哭諸縣氏。釋文：繆音木。竟音境。焉，於虔反。

鄭氏曰：君無哭鄰國大夫之禮。陳莊子，齊大夫陳恒之孫，名伯。愚謂雜記有大夫士赴於他國君之禮，而莊子之赴，魯人欲勿哭，蓋諸侯於他國臣之赴，但遣使弔之，而不親哭，爲其分卑而恩疏也。縣子名瑣。縣子知禮，故繆公召而問之。脩，脯也。十脡爲束。束脩微禮，尚不出境，言其無外交也。交政於中國者，言政在大夫，專盟會征伐之事，以交接於諸侯也。愛而哭之者，出於情；畏而哭之者，迫於勢。齊强魯弱，而陳氏專政於齊，則其喪固不容於不哭矣。左傳魯爲異姓諸侯臨於外，杜預謂「於城外向其國」。此哭於異姓之廟者，別於哭諸侯之禮也。哭諸縣氏者，因其禮之所自起也，與孔子哭伯高於賜氏之義同。

仲憲言於曾子曰：「夏后氏用明器，示民無知也。殷人用祭器，示民有知也。周人兼用之，示民疑也。」曾子曰：「其不然乎！其不然乎！夫明器，鬼器也。祭器，人器也。夫古之人胡爲而死其親乎？」

鄭氏曰：仲憲，孔子弟子原憲。示民無知，所謂「致死之」。示民有知，所謂「致生之」。示民疑，言使民疑於無知與有知。仲憲之言，三者皆非。孔氏曰：原憲言夏后氏用明器送亡者，以不堪用之器送之，表示其無知也。殷人用祭祀之器送亡者，以有用之器送之，表示其有知也。周世兼用夏、殷之器，示民疑惑於有知無知之間也。曾子言三代送死之器不同者，非爲有知與無知，質文異也。夏代文，言鬼與人異，故純用鬼器送之。殷代質，言鬼雖與人異，恭敬應同，故用恭敬之器送之。周家極文，言亡者亦應鬼事，亦應敬事，故兼用二器。然周惟大夫以上兼用耳，士惟用鬼器，不用人器也。古，謂夏時也。言古人雖質，何容死其親乎？若是無知，則是死之義也。憲言三事皆非，而曾子獨譏無知者，譏一則餘從可知也。

公叔木有同母異父之昆弟死，問於子游。子游曰：「其大功乎！」狄儀有同母異父之昆弟死，問於子夏。子夏曰：「我未之前聞也。魯人則爲之齊衰。」狄

儀行齊衰。今之齊衰，狄儀之問也。釋文：木，式樹反，又音朱，徐之樹反。

鄭氏曰：木當爲「朱」，春秋作「戍」，衛公叔文子之子。　愚謂齊衰者，以昆弟之服服之也。大功者，視昆弟降一等而服之也。然昆弟之名，從同父而生，一本之親也。同母異父昆弟，一爲繼父之子，一爲因母前所生之子。此雖名爲昆弟，實非昆弟也。絶族無施服，母嫁而從者，爲之杖期，而其父母則不服，則必不從而服其子矣。繼父有子，則爲不同居繼父僅爲之齊衰三月，則必不爲其子服齊衰、大功矣。必不得已，援同爨緦之義服之，視齊衰三月者而差降焉，其亦可已。若不從母者，則其所生之子乃路人也，何服之有？狄儀不可考。公叔木，衛之大夫，必不從母而嫁。且爲父後者，出母且不服，又何異父同母兄弟之服乎？魯爲秉禮之國，二子學於聖人，而其繆於禮乃如此，殊不可解也。

子思之母死於衛，柳若謂子思曰：「子，聖人之後也。四方於子乎觀禮，子蓋慎諸！」子思曰：「吾何慎哉！吾聞之：有其禮，無其財，君子弗行也；有其禮，有其財，無其時，君子弗行也。吾何慎哉！」釋文蓋無音。　今按當音盍，何不也。

子思之母，嫁母也。嫁母無服，故柳若戒以不可不慎。而子思自言其時之不得行禮者以答之，蓋禮所不得爲，則雖欲慎之，而無可慎也，故曰「吾何慎哉」。○漢石渠議：問：「父卒母嫁，何服？」蕭太傅曰：「當服周。爲父後則不服。」韋玄成曰：「父没則母無出義。王者不爲無義制服，故不服也。」宣帝詔曰：「婦人不養舅姑，不奉祭祀，不下慈子，是自絶也，故聖人不爲制服。玄成議是也。」　愚謂喪服「杖期」章「父卒繼母嫁，從爲之服」，而不言母嫁不從者之服，則不服也。出母服，嫁母不服，何也？蓋出母者，見絶於父，不得已而去者也，命之反則反矣，猶未自絶於其夫與其子也。嫁母者，父未嘗絶之，而彼乃自絶於其夫，且自絶於其子，則其與出母之不得已而去者不同矣。惟其夫死子幼，無大功之親，不得已挾其子以適人，則其情既可原，而又有撫養之恩焉，然後爲之服，然猶止於杖期，不得以父没爲母齊衰三年之服服之也。喪服於母嫁而從者之服，特言「繼母」，蓋但言「母」則嫌繼母嫁而從者之猶不服耳，非謂因母嫁而從者之服又有加於此也。母嫁而從者爲之杖期，則嫁而不從者必不亦爲之杖期矣。降此，則或爲旁親遞降之服，或爲正尊親遠之服，又皆非所以服其母也。先儒欲以出母之服例諸嫁母，誤矣。

縣子瑣曰：「吾聞之，古者不降，上下各以其親。滕伯文爲孟虎齊衰，其叔父也；爲孟皮齊衰，其叔父也。」釋文：瑣，息果反，依字作「璅」。爲，于僞反。

鄭氏曰：古，謂殷時也。上不降遠，下不降卑。伯文，殷時滕君也，爵爲伯，名文。孔氏曰：周禮以貴降賤，以適降庶，惟不降正耳。殷世以上，雖貴，不降賤也。上，謂旁親族：曾祖從祖及伯叔之班。下，謂從子、從孫之流。彼雖賤，不以己尊降之，各隨本屬之輕重而服之。虎，是滕伯文叔父。孟皮，是滕伯兄弟之子，滕伯是皮之叔父。滕伯上爲叔父，下爲兄弟之子，皆著齊衰，是上不降遠，下不降卑也。朱子曰：夏、殷而上，大概只是親親長長之意。到周來，又添出許多貴貴底禮數，如始封之君不臣諸父、昆弟；封君之子不臣諸父而臣昆弟；期之喪，天子諸侯絕，大夫降。然諸侯大夫尊同，則亦不絕不降；姊妹嫁諸侯者，則亦不絕不降。此皆天下之大經，前世所未備，到周公搜剔出來，立爲定制，更不可易。

后木曰：「喪，吾聞諸縣子曰：『夫喪，不可不深長思也。買棺外内易。』我死則亦然。」釋文：易，以豉反。

鄭氏曰：后木，魯孝公子惠伯鞏之後。買棺，孝子之事，非所託。孔氏曰：案世本：「孝公生惠伯革，其後爲厚氏。」世本云「革」，此云「鞏」，世本云「厚」，此云「后」，其字異耳。惠伯之子孫，無名木者，故鄭直云「其後」。縣子言孝子居喪，不可不深思長慮，故買棺之時，當令精好，斲削外内，使之平易。后木述之，以語其子，言我死亦當如縣子之言，買棺外内易也。此是孝子所爲之事，非是父母豫所屬託，譏后木也。愚謂王制言「六十歲制」，則棺固不俟死而後具矣。據此，則有死而後買棺者，豈謂貧而不能預具者與？

曾子曰：「尸未設飾，故帷堂，小斂而徹帷。」仲梁子曰：「夫婦方亂，故帷堂，小斂而徹帷。」

鄭氏曰：斂者動摇尸，帷堂，恐人褻之〔一〕。言「方亂」，非也。仲梁子，魯人。愚謂仲梁子，疑即韓非書所謂「仲梁氏之儒」者。帷堂有二時：一則將襲帷堂，既小斂而徹帷；一則將大斂帷堂，既斂而徹帷。此據襲、斂時帷堂而言也。設飾，謂襲、斂也。襲、斂必動摇尸，恐人褻之，故帷堂。夫婦方亂，謂男女同在尸側，未分堂上堂下之位也。然男女奉尸侇於堂，主人主婦馮尸，在小斂徹帷之後，則帷堂之不爲夫婦方亂明矣。

小斂之奠，子游曰：「於東方。」曾子曰：「於西方。斂斯席矣。」小斂之奠在西方，魯禮之末失也。

鄭氏曰：曾子以俗説非。又大斂奠於堂，疏云：當云「奠於室」。此後人傳寫之誤。乃有席。愚謂士喪禮小斂「奠於尸東」。尸南首，尸東，尸之右也。凡奠於尸者，必於其右，象生人以右手

〔一〕「恐」，禮記注疏作「爲」。

食也。曾子謂在西方，非也。小斂奠無席，是時尸在牀，牀本有席故也。至大斂，尸已在柩，而設奠在室，然後設席。言小斂有席，亦非也。末猶後也。魯末禮失，曾子見當時所行，以爲禮本如此，故記者言此以正之。

縣子曰：「綌衰、繐裳，非古也。」釋文：綌衰，上去逆反，下七回反。繐音歲。布細而疎曰繐。

鄭氏曰：非時尚輕涼慢禮。　愚謂綌，粗葛也。繐，縷如小功而成布四升半者，諸侯之大夫爲天子用之爲齊。周末喪服不依五服升數，但以輕細爲貴，故以綌爲衰，以繐爲裳，非禮也。

子蒲卒，哭者呼滅。子臯曰：「若是野哉！」哭者改之。

鄭氏曰：滅，蓋子蒲名。野哉，非之也。唯復呼名。子臯，孔子弟子高柴。　孔氏曰：野，不達禮也。唯復呼名，冀其聞名而反。哭則敬鬼神，不復呼其名。　愚謂此哭者蓋子蒲之尊屬，非子蒲之子哭其父呼滅也。

杜橋之母之喪，宫中無相，以爲沽也。釋文：相，息亮反。沽音古。

鄭氏曰：沽猶略也。　孔氏曰：禮，孝子喪親悲迷，禮節事儀皆須人相導。杜橋母死，不立相，故時人謂其於禮爲粗略。

夫子曰：「始死，羔裘、玄冠者，易之而已。」羔裘、玄冠，夫子不以弔。釋文：易音亦，徐以豉反。

喪大記「疾病」，「男女改服」，謂改其養疾之玄端而深衣也。問喪云「親始死」，「扱上衽」，但言扱上衽，而不言改衣，則前此已深衣，而至此特扱其衽明矣。此始死乃有羔裘、玄冠者，謂疏親不與於養，至死而方以吉服至者也。易之者，改而素冠、深衣也。羔裘、玄冠，吉服也。弔於未成服之前者皆吉服，以主人尚未喪服也；主人既成服，則不以吉服弔矣。羔裘不以弔，則弔衰皆襲麑裘也。

子游問喪具。夫子曰：「稱家之有亡。」子游曰：「有亡惡乎齊？」夫子曰：「有，毋過禮。苟亡矣，斂首足形，還葬，縣棺而封，人豈有非之者哉？」釋文：稱，尺證反。亡，皇如字，一音無。惡音烏。齊，才細反，又如字。毋音無。還音旋。縣音玄。封，依註作「窆」，彼驗反，徐又甫鄧反。

鄭氏曰：惡乎齊，問豐省之比。還之言便也。言已斂即葬，不待三月。縣棺而封，不設碑繂，不備禮。封當爲「窆」，下棺也。春秋傳作「塴」。疏云：左傳昭十二年「鄭簡公卒，將爲葬除」，「司墓之室有當道者，毀之則朝而塴，弗毀則日中而塴」，杜註云：「塴，下棺也。」孔氏曰：縣棺而窆，謂但手縣棺而下之，同於庶人。　愚謂稱，隨也。亡，無也。齊，謂厚薄之劑量也。毋過禮者，不可以富而踰禮厚葬也。斂，藏也。斂首足形，謂衣衾足以藏形體而已，襲不必三稱，小斂不必十九稱，大斂不必三十稱也。還葬，斂畢即葬，不待三月也。士葬雖無碑，而用綍以引棺，使人郤行而下之。縣棺而窆者，謂不用綍而郤行下棺，但以繩縣棺而下之，庶人之禮也。此所言，謂甚亡者之禮然也。其餘則亦各視其禮之所當爲，極其力之所能爲者，具之而已，力之所不能及者，人固不之責也。蓋君子雖不以天下儉其親，然無財不可以爲悦，苟必期於備禮，則將有取之以非義，如啜菽飲水以葬母者矣，亦豈所以安其親哉！

司士賁告於子游曰：「請襲於牀。」子游曰：「諾。」縣子聞之，曰：「汰哉叔氏！專以禮許人。」釋文：賁音奔。汰，本又作「大」，音泰。

鄭氏曰：請襲於牀，時失之也。禮唯始死廢牀。當言「禮然」，言「諾」，非也。叔氏，子游字。

孔氏曰：案喪大記始死廢牀，至遷尸及襲，皆在於牀。當時失禮，襲在於地，故司士賁告子游。汰，自矜大也。叔氏，子游別字也。凡諮禮事，當據禮以答之，子游不據禮以答，而專輒許諾之，如似禮出於己然，是自矜大，故縣子聞而譏之。　愚謂司士，夏官之屬。賁蓋以官爲氏者。

宋襄公葬其夫人，醯醢百甕。曾子曰：「既曰明器矣，而又實之。」

鄭氏曰：言名之爲明器，而與祭器皆實之，是亂鬼器與人器。　孔氏曰：案春秋，宋襄公卒在僖公二十三年，至文公十六年，猶有襄夫人在。　此云「宋襄公葬其夫人」者，蓋初取夫人。曾子不譏其器之多，但譏其實爲非，蓋明器當虛，而與祭器皆實，是亂鬼器與人器也。　士無祭器，則亦實明器，故既夕禮云「甕三：醯、醢、屑」；又云「甒二：醴、酒」也。　若大夫諸侯兼用鬼器、人器，則空鬼而實人。　夏后氏專用鬼器，則分半以實之；殷人專用人器，則分半以虛之。

孟獻子之喪，司徒旅歸四布。夫子曰：「可也。」

鄭氏曰：獻子，魯大夫仲孫蔑。　旅，下士也。　司徒使下士歸四方之賻布。　時人皆貪，善其能廉。　愚謂周禮宰夫：「諸大夫之喪，使其旅帥有司而治之。」宰夫在天子爲冢宰之考，諸侯以司徒兼冢宰，則宰夫屬於司徒。　其治大夫之喪者，乃司徒之旅也，故主爲孟氏歸四布。四布，謂四方之賻布。　歸之者，以喪用之餘還其人也。　可也者，善其不家於喪。　○司徒，皇氏以爲國之司徒，熊氏以爲家臣之司徒。　左傳昭二十五年〔一〕，叔孫有司馬鬷戾。　既有司

〔一〕「五」，原本作「四」，據左傳改。

馬，則亦有司徒。但此司徒有旅，則疑國之司徒耳。孔氏以司徒爲家臣司徒敬子。又謂魯司徒爲季氏，季氏無謚敬子者，以此駁皇氏之説。案記但言司徒，初不言司徒敬子，而疏説如此，殊不可解也。

讀賵，曾子曰：「非古也，是再告也。」

鄭氏曰：祖而讀賵，賓致命將行，主人之史又讀之，所以存録之。愚謂以車馬送死者曰賵。讀賵，謂書賵物於方，將行，主人之史當柩東前束讀之也。然致賵之賓奉幣嚮殯將命，是已告於死者矣，至將行而又讀之，故曾子以爲再告。古，謂殷時也。殷禮不讀賵，至周禮始有之，而曾子譏其禮之繁也。

成子高寢疾，慶遺入，請曰：「子之病革矣，如至乎大病，則如之何？」子高曰：「吾聞之也：生有益於人，死不害於人。吾縱生無益於人，吾可以死害於人乎哉！我死，則擇不食之地而葬我焉。」釋文：遺，于季反，又如字。革，紀力反。

鄭氏曰：成子高，齊大夫國成伯高父也。遺，慶封之族。革，急也。不食，謂不墾耕。愚謂大病，謂死也。子高之爲人，薄葬尚儉，蓋近於墨氏之意。然以視夫樂瑕丘而欲葬，爲石椁而三年者，不亦賢乎！

子夏問諸夫子曰："居君之母與妻之喪，居處、言語、飲食衎爾。"釋文：衎，苦旦反。

○陳氏曰："喪"下當有"如之何，子曰"字。

鄭氏曰：衎爾，自得貌。爲小君喪，惻隱不能至。陳氏澔曰：君母君妻，皆服齊衰、不杖期，然恩義則淺矣，故居其喪如此。衎爾，和適之貌。

賓客至，無所館。夫子曰："生於我乎館，死於我乎殯。"

論語曰："朋友死，無所歸，於我殯。"蓋生而無所館則館之，死而無所歸則殯之。聘禮："賓入竟而死，遂焉，主人爲之具而殯。"客死於館，而使之就而殯焉，館人之禮然也。

國子高曰："葬也者，藏也。藏也者，欲人之弗得見也。是故衣足以飾身，棺周於衣，椁周於棺，土周於椁，反壤樹之哉！"釋文：壤，而丈反。

鄭氏曰：國子高，成子高也。成，謚也。子高意在於儉，非周禮。孔氏曰：子高之意，以人死可惡，故備衣衾棺椁，欲其深邃，不使人知，不當更封壤種樹以標之。意在於儉，非周禮之法。愚謂衣足以飾身，言僅足以飾身，使勿露而已，不必多也。棺周於衣，椁周於棺，言僅足以周其外而已，不必大也。周禮典瑞斂尸用圭、璋、璧、琮之屬，朱子謂"周公要是未思量耳。"蓋椎埋發冢之事，周公時尚未有之，宜其慮未及此也。莊子言"儒以詩禮發冢」，而子高之言如此，亦若有預防及此者，豈陵冢發掘之禍當時已有其端與？

孔子之喪，有自燕來觀者，舍於子夏氏。子夏曰：「聖人之葬人與？人之葬聖人也，子何觀焉？」釋文：燕，烏田反。○案「與」字，鄭注訓爲及，如字，讀下屬爲句，故釋文無音。王肅讀平聲，屬上句，今從之。

王氏肅曰：若聖人之葬人與？則人庶有異聞。若人之葬聖人，與凡人何異，而子何觀之？

陳氏澔曰：延陵季子葬其子，夫子尚往觀之，孔子之葬，燕人來觀，亦其宜也。子夏以爲聖人葬人，則事皆合禮；人葬聖人，則未必皆合於禮也。蓋謙辭。

昔者夫子言之曰：「『吾見封之若堂者矣，見若坊者矣，見若覆夏屋者矣，見若斧者矣。從若斧者焉。』馬鬣封之謂也。今一日而三斬板，而已封，尚行夫子之志乎哉！」釋文：坊音防。鬣，力輒反。

鄭氏曰：封，築土爲壟。堂形四方而高。坊形旁殺平上而長。覆，謂茨瓦也。夏屋，今之門廡也，其形旁廣而卑。斧形旁殺，刃上而長。孔子以爲刃上難登，狹又易爲功，故從若斧者。馬鬣封，俗間名。板，蓋廣二尺，長六尺。斬板，謂斬其縮也，三斬止之。旁殺，蓋高四尺，其廣袤未聞也。賈氏公彥曰：案匠人「夏后氏世室，殷人重屋，四阿」，鄭云：「四阿，四注。」殷人始爲四注，則夏后氏屋但兩下爲之，故兩下屋名爲夏屋。漢時門廡爲兩下之形，故鄭舉漢法爲況。孔氏曰：子夏言夫子欲從若斧者，恐燕人不識，故舉俗稱馬鬣封以語之。馬駿鬣之上，其肉薄，封形似之。三斬板者，築墳之法，側板於兩邊，用繩約板令立，内土板中築之，土與板平，則斬斷所約板繩而更置。三徧如此，則墳成，而已止其封也。板廣二尺，三板斜殺，惟高四尺耳。其東西之廣，南北之袤，則未聞也。孫毓云：「孔子墓，魯城北門外西，墳四方，前高後下，形似卧斧，高八九尺，全無馬鬣封之形〔一〕，不止於三板。」孫據當時所見，其墳或後人增益，不與原葬墳同。

婦人不葛帶。

敖氏繼公曰：婦人，指五服之親言也。間傳云：「男子重首，婦人重帶〔二〕。」婦人質，故於其所重者有除無變。其三年者，至小祥而除之；齊衰期以至小功，則皆終喪而除之；其緦麻者，卒哭既退而除之。愚謂帶，要絰也。凡絰，男子重首，婦人重要。喪至卒哭，而變麻服葛，男子首絰、要絰皆變之，婦人則變首絰而要絰不變。蓋婦人質，於所重者有除無變

〔一〕「全」，禮記注疏作「今」。

〔二〕「帶」，原本作「腰」，據禮記間傳改。

也。五服皆然。注疏惟據齊斬婦人言之，非也。此言「婦人不葛帶」，少儀云「葛絰而麻帶」，士虞記婦人説首絰，不説帶，皆非專爲齊斬婦人言也。婦人雖不葛帶，而其受服之絰，大小與初喪之帶同，卒哭之帶必去其故帶五分之一，乃得與其絰爲大小之差也。

有薦新，如朔奠。

鄭氏曰：重新物，爲之盛饌〔一〕。又士喪禮註曰：「薦新，薦五穀若時果物新出者。」孔氏曰：大夫以上，朔望大奠。若士，但朔而不望。敖氏繼公曰：新，謂穀之新熟者也。春秋傳云「不食新矣」，少儀云「未嘗不食新」，皆指五穀而言。愚謂薦新，以五穀爲主而兼及他物，若月令「以雛嘗黍，羞以含桃」是也。殯後朝夕奠，醴、酒、脯、醢而已。朔奠視大斂，士則特牲三鼎，其禮盛，象生人朔食則盛饌也。若薦新穀於殯宮，其禮與朔奠同也。

既葬，各以其服除。

鄭氏曰：卒哭當變，衰麻者變之，或有除者，不視主人。愚謂既葬各以其服除者，謂既葬卒哭，則緦麻除服，小功以上亦皆除其重服而受以輕服也。

〔一〕「盛饌」，禮記注疏作「殷奠」。

池視重霤。釋文：重，直容反。

鄭氏曰：池，如屋之有承霤也。承霤以木爲之，用行水，亦宫之飾也。柳，宫象也。以竹爲池，衣以青布，縣銅魚焉。今宫中有承霤，云以銅爲之。孔氏曰：池，柳車之池也。在車覆鼈甲之下，織竹爲之，形如籠，衣以青布，以承鼈甲，名之爲池。重霤者，屋承霤也。以木爲之，屋霤入此木中，又從木中而霤於地，故謂爲重霤。天子四注，四面爲重霤；諸侯四注，去後餘三；大夫惟前後二；士惟一，在前。柳車象宫室，池象重霤，方面之數，各視生時重霤。

君即位而爲椑，歲一漆之，藏焉。釋文：椑，蒲歷反，徐房益反。

鄭氏曰：歲一漆之，若未成然。藏焉，虛之不合[一]。孔氏曰：君，諸侯也。言諸侯，則王可知。椑，杝棺親尸者，漆之堅强，甓甓然也。人君無論少長，體尊備物，故即位而造此棺，每年一漆，示如未成也。惟云漆杝，則知不漆他棺外屬等。藏焉，棺中不欲空虛，如急有待也，故藏物於其中。

[一]「合」，原本作「令」，據禮記注疏改。

復，楔齒、綴足、飯、設飾、帷堂並作。 釋文：楔，悉節反。綴，竹劣反，又音竹衛反。飯，煩晚反。

復，招魂也。楔齒，以角柶拄死者之口，使含時不閉也。綴足，以燕几綴死者之足，令著屨不辟戾也。飯，以米、貝實死者口中也。設飾，謂襲也。帷堂，張帷於堂上也。作，起也。並作者，謂以上諸事一時並起也。案士喪禮復後而楔齒、綴足，乃帷堂，又沐浴，乃含而襲。此以復，楔齒、綴足、飯、設飾、帷堂爲次者，蓋含、襲雖在帷堂、沐浴之後，而陳襲事于房中，實貝于笄，實米于筐，饌于西序下，皆在沐浴之前，故以「飯、設飾」繼「楔齒、綴足」言之；「帷堂」雖在飯含前，而徹帷則在小斂之後，故退在下以見意。

父兄命赴者。

孝子喪親，悲痛迷亂，故凡赴告之人，皆父兄爲命之。惟赴於君則親命，敬君也。士喪禮「乃赴於君，主人西階東，南面，命赴者，拜送」，是也。

君復於小寢、大寢、小祖、大祖、庫門、四郊。

鄭氏曰：尊者求之備，亦他日所嘗有事。賈氏公彦曰：尊者求之備，故凡嘗所有事之處皆復焉。卿大夫以下復，自門以内，廟及寢而已。婦人無外事，自王后以下，復處亦自門以内，廟及寢而已。　愚謂小寢，燕寢也。大寢，正寢也。天子小寢五，正寢一；諸侯小寢二，正寢一。小祖，四親廟。大祖，大廟也。庫門，諸侯之外門也。始於小寢，而終於四郊，自内以及外也。周禮夏采「掌以冕服復於大廟，以乘車建綏復於四郊」，隸僕「復於小寢、大寢」，祭僕「復於小廟」。諸侯復於庫門，則天子皋門亦當復矣，其亦夏采爲之與？

喪不剥奠也與？祭肉也與？釋文：剥，邦角反。與音餘。

鄭氏曰：剥猶倮也。有牲肉則巾之，爲其久設，塵埃加也。脯、醢之奠不巾。　孔氏曰：剥猶倮露也。喪奠脯、醢不設巾，可得倮露。與，語辭。謂喪不倮露奠者，爲有牲肉也。案士喪禮，小斂，陳一鼎，既「奠於尸東」，「祝受巾，巾之」。是有牲肉則巾之也。士喪禮又云始死，「脯、醢、醴、酒」，「奠於尸東」，無巾。又殯後朝夕奠，「脯、醢、醴、酒」，「如初設，不巾。」是脯、醢、醴、酒不巾也。案既夕禮朝廟之奠巾之，此亦脯、醢之奠巾之者，以其在堂，恐塵埃。此脯、醢之奠不巾者，據室内也。　愚謂有牲肉則牲肉與醴酒皆巾之，以其禮盛也。無牲肉而但有脯、醢，則脯、醢與醴、酒皆不巾，以其禮略也。

既殯，旬而布材與明器。

鄭氏曰：木工宜乾腊，且豫成。材，椁材也。　孔氏曰：布，班也。殯後十日而班布告，下覓椁材及明器之材。或云：布其木，預暴乾之。士喪禮筮宅，吉，「左還椁」，「獻明器之材於殯門外」，是也。

朝奠日出，夕奠逮日。

喪既殯以後，未葬以前，每日朝夕設奠於殯宮。逮，及也。逮日，及日之未入也。朝夕奠，以象生人之朝夕食。生人日已出而朝食，日未入而夕食，故奠之時亦放之。

父母之喪，哭無時；使必知其反也。

鄭氏曰：謂既練。或時爲君服金革之事，反必有祭。孔氏曰：哭無時有三種：一是未殯之前，哭不絶聲；二是殯後，除朝夕哭之外，廬中思憶則哭；三是小祥之後，哀至則哭，或一日二日，而無朝夕之時也。此云「哭無時」，謂小祥之後也。使，謂君使之也。既小祥，可爲君使。禮運云「三年之喪期不使」，公羊傳亦期不使。期内不使，則期外可使也。反，還也。爲使還家，必當設祭告親，令知其反，亦出必告、反必面之義也。

練，練衣黄裏、縓緣，葛要絰，繩屨無絇，角瑱，鹿裘衡、長、袪。袪，裼之可也。

釋文：縓，元絹反。緣，悦絹反。要絰，一遥反，下大結反。絇，其俱反。瑱，吐練反。衡，依註作「横」，華彭反。下「衡三」同。袪，起魚反，一音邱據反。

鄭氏曰：小祥練冠、練中衣，以黄爲内，縓爲飾。黄之色卑於纁。縓，纁之類，明外除。瑱，充耳也，吉時以玉。人君有瑱。衡當爲「横」，字之誤也。祛，謂褎緣袂口也。練而爲裘，横廣之，又長之，又爲祛，則先時狹短無祛可知。吉時麛裘。孔氏曰：練，小祥也。小祥而著練冠、練中衣，故曰練也。練衣者，練爲中衣。黄裏者，黄爲中衣裏也。正服不可變，中衣非正服，但承衰而已，故小祥而爲之黄袷裏也。縓爲淺絳色，緣，謂中衣領及褎緣也。裏用黄而領、緣用縓者，領、緣外也。明其外除，故飾見外也。葛要絰者，小祥，男子去首絰，惟餘要絰也。繩屨者，謂父喪菅屨，卒哭受齊衰蒯藨屨，至小祥受大功繩麻屨也。絇，屨頭飾也，吉有喪無。瑱，充耳，人君吉時用玉爲之，初喪亦無；至小祥微飾，以角爲之。冬時衣裏有裘，吉時貴賤有異；喪時則同用大鹿皮爲之，鹿皮白色，與喪相宜也。衡，横也。祛，褎緣口也。小祥之前，裘狹而短，袂又無祛，至小祥稍飾，則更易作横廣大者，又長之，又設其祛也。

愚謂小祥謂之練者，始練大功布爲冠也。喪冠不練，故喪服傳「冠六升，鍛而勿灰。」爲父小祥，冠八升，爲母冠九升，皆加灰練之。以其祭言之，曰小祥；以其冠言之，曰練。練衣者，練大功布爲中衣也。爲父小祥，衰七升，爲母衰八升，皆不練。其中衣升數與衰同，而加灰練之，又染爲黄爲之裏，以其在内可差飾也。縓，淺絳色。爾雅：「一染謂之縓。」緣，中衣之緣也。喪服傳曰：「帶緣各視其冠。」練中衣之緣，亦用其冠之布爲之，而染爲縓色。蓋吉時中衣之緣，皆以采色爲之，始喪無采，至是而漸飾也。中衣與深衣同制，然深衣禪，而練中衣有裏，則吉服中衣有裏可知。葛要絰者，卒哭，變麻服葛，至練，除首絰而要絰猶在也。繩屨，大功之屨也。斬衰始喪菅屨，卒哭受以不杖齊衰之疏屨，既練受以大功繩麻屨。爲母始喪藨屨，卒哭受以大功繩麻屨，至練而無變也。絇，屨頭飾也。喪屨無絇，去飾也。瑱，吉時人君以玉，大夫士以石之似玉者。初喪去瑱，練，貴賤同用角爲之，貶於吉也。褎之袂口，以他物飾之，詩言「羔褎豹袪」，是也。前此雖已有褎，而短狹無袪，至練而橫廣之，又長之，又飾其袪也。裼者，袒上服之衽而露其中衣也。袪，裼之可也者，裼爲見美，吉時以裼爲常，有爲焉則襲；喪事以襲爲常，有爲焉則袒。小祥褎既有袪，差向文飾，則雖裼而露其中衣亦可也。

有殯，聞遠兄弟之喪，雖緦必往；非兄弟，雖鄰不往。

鄭氏曰：兄弟必往，親骨肉也。雖鄰不往，疏無親也。　愚謂遠兄弟，謂不同居者也。三年之喪不以弔，惟兄弟之喪，雖緦必往，蓋以己爲之有服而往哭之，非弔也。雜記曰：「三年之喪，雖功衰不弔。」「如有服而將往哭之，則服其服而往。」

所識，其兄弟不同居者皆弔。皇氏曰：此別更起文，不連有殯之事。愚謂所識，謂所知識也。知生者弔，故所識之人，其兄弟之不同居者死，皆往而弔之。

天子之棺四重，水、兕革棺被之，其厚三寸，杝棺一，梓棺二。四者皆周。釋文：重，直龍反。被，皮寄反。厚，胡豆反。度厚薄曰厚，皆同此音。杝，羊支反。鄭氏曰：天子之棺四重，尚深邃也。杝棺，所謂椑棺也。爾雅曰：「椵，杝。」梓棺二，所謂屬與大棺。周，帀也。凡棺，用能溼之物。愚謂天子之棺四重者，一物爲一重，四物則四重也。此與數席之重數同。水、兕革棺，蓋以木爲幹，以水牛、兕牛之皮爲之表裏，合之而其厚三寸也。被之者，言其最在内而被體也。二牛之皮，堅而耐溼，故用之以爲親身之棺。杝棺，即椑也，以杝木爲之。梓棺，謂屬與大棺，皆以梓木爲之。四者皆周，言其皆并有底、蓋也。上言「四重」，而下言「四者」，此一物爲一重明矣。喪大記曰：「君大棺八寸，屬六寸，椑四寸；上大夫大棺八寸，屬六寸；下大夫棺六寸，屬四寸；士棺六寸。」是大棺皆以二寸爲差。天子大棺宜一尺，併屬六寸，椑四寸，水、兕革棺三寸，凡厚二尺三寸也。

棺束縮二衡三，衽每束一。釋文：衽，而審反，又而鴆反。○鄭註：衽，或作「漆」，或作「髹」。

鄭氏曰：衡，亦當爲「横」。衽，今小要。　愚謂古棺無釘，用皮束之。縮，縱也。縱者二，以固棺之首、尾與底、蓋之材也。横者三，以固棺之兩旁與底、蓋之材也。衽，小要也。其形兩頭廣，中央小，似深衣之衽，故名焉。鑿棺身與蓋合際處作坎，内小要其中以連之。衽與束相值，每束之處用一衽，亦縮二横三也。此謂天子棺制也。諸侯亦然。喪大記：「君三衽三束，大夫士二衽二束。」

柏椁以端長六尺。

鄭氏曰：以端，題湊也，其方蓋一尺。　孔氏曰：天子椁用柏，諸侯松，大夫柏，士雜木。鄭注方相職云：「天子椁柏，黄腸爲裏，而表以石焉。」端猶頭也。積柏材作椁，並葺材頭也。椁材並從下壘至上，始爲題湊。湊，鄉也。言木之頭相鄉而作四阿也。長六尺者，每段長六尺而方一尺。知方一尺者，以庶人四寸之棺，五寸之椁，椁厚於棺一寸。案喪大記「君大棺八寸」，則天子之大棺或當九寸。　愚謂諸侯與上大夫大棺八寸，大夫士六寸，庶人四寸，每以二寸爲差，則天子大棺一尺也。以椁厚於棺一寸差之，則棺六寸者椁七寸，棺八寸者椁九寸，棺一尺者椁尺有一寸與？

天子之哭諸侯也，爵弁經，紂衣。或曰：使有司哭之，爲之不以樂食。釋文：紂，本又作「緇」，又作「純」，同側其反。爲，于僞反。

鄭氏曰：服士之祭服以哭之，明爲變也。或曰使有司哭之，非也。哀戚之事，不可虛爲之。不以樂食，蓋謂殯、斂之間。　愚謂哭諸侯，謂遥哭之也。爵弁，以爵色韋爲之。紂與緇同，黑色帛也。爵弁、紂衣，即周禮司服所謂「韋弁服」也。絰，弔服之葛絰也。爵弁、紂衣而加絰，蓋天子弔於未成服之服，故哭諸侯亦用之。士弔於未成服之前，朝服加絰，諸侯大夫皮弁加絰，天子爵弁服加絰，禮之差也。司服：「王爲諸侯緦衰。」此謂巡守所至，遇有諸侯之喪，或諸侯來朝，薨於王國，而弔之於成服之後者。若薨於其國，赴於王而哭之，則聞喪即哭，故用未成服之弔服也。　哀戚之事，非可代爲之者，或言使有司哭之，非也。大宗伯「朝、覲、會、同，則爲上相，王哭諸侯亦如之」，則非使人代哭明矣。內宗「大喪序哭者，哭諸侯亦如之」，外宗「大喪叙內外朝莫哭者，哭諸侯亦如之」，則諸侯與王有服者又當爲位而哭之也。　爲之不以樂食，此又記者之言也。大司樂「諸侯薨，令去樂」，「大臣死，令弛縣」。弛縣者久，而去樂者暫，蓋諸侯雖尊，然其爲人衆，而其情亦視內臣爲稍疏，故其降殺如此。王爲公卿，當如諸侯之爲卿大夫，比卒哭，不舉樂。其爲諸侯，蓋比殯不舉樂與？諸侯之喪，赴告之及於王，必在既殯之後，蓋即以聞喪之日斷爲之限與？○陳氏祥道曰：士之服止於爵弁，而荀卿云「士韋弁」，孔安國曰「雀，韋弁也」，則爵弁即韋弁耳。古文「弁」字象形，其制上鋭，如合手然，韋其質，爵其色也。　敖氏繼公曰：考經傳物色之言「爵」者，惟爵韠、爵韋耳。若布與絲，則不聞以爵名，豈爵弁果以韋爲之與？　愚謂司服云：「凡兵事，韋弁服。」詩云：「韎韐有奭，以作六師。」是韋弁服配韎韐。士冠禮爵弁亦配韎韐，是爵弁即韋弁明矣。國之大事，在祀與戎，韋弁之尊，次於冕，故軍事服之。士不得服冕，則以此爲上服，而服之以助祭焉。

天子之殯也，菆塗龍輴以椁，加斧于椁上，畢塗屋，天子之禮也。釋文：菆，才官反。輴，敕倫反。

鄭氏曰：菆木以周龍楯如椁而塗之。天子殯以輴車，畫轅爲龍。斧謂之黼，白黑文也。以刺繡於縿幕上，加椁以覆棺，已乃屋其上，盡塗之。　孔氏曰：菆，叢也。用木菆棺而四面塗之，故云「菆塗」也。龍輴者，殯時用輴車載柩，而畫轅爲龍也。以椁者，亦題湊菆木，象椁之形也。斧，謂繡覆棺之衣爲斧文也。先菆四面爲椁，使上與棺齊，而上猶開，以棺衣從椁上入覆於棺，故云「加斧於椁上」也。畢塗屋者，畢，盡也，斧覆既竟，又四注爲屋，覆上而下，四面盡塗之也。　愚謂菆塗龍楯以椁者，天子之殯，以龍輴載柩，其外菆木四周，象葬時之椁然也。加斧於椁上，謂用夷衾以覆棺，其上畫爲斧文也。喪大記曰「君錦冒黼殺，大夫玄冒黼殺，士緇冒赬殺」，「自小斂以往用夷衾，夷衾質殺之，裁猶冒也。」是君之夷衾畫黼也。既夕禮「幠用夷衾」，賈疏云「夷衾本擬覆棺，故斂不用」，則殯時用夷衾覆棺明矣。畢塗屋者，菆木與棺齊，以夷衾從椁上入覆於棺，乃以木題湊而盡塗之。屋者，言其題湊之狀中高而四下，象屋之形也。左傳宋葬文公，「椁有四阿」，言其僭天子也。天子椁有四阿，其菆塗象椁，亦爲四阿可知。

唯天子之喪，有別姓而哭。釋文：別，彼列反。

鄭氏曰：使諸侯同姓、異姓、庶姓相從而爲哭位，別於朝、覲來時。朝、覲爵同同位。　愚謂別姓而哭，謂分別同姓、異姓之諸侯而爲哭位也。喪大記：「既正尸，子坐於東方，卿、大夫、父、兄、子姓立於東方，有司、庶士哭於堂下，北面，夫人坐於西方，内命婦、姑、姊、妹、子姓立於西方，外命婦率外宗哭於堂上，北面。」士喪禮：「主人入，坐於牀東，衆主人在其後，西面，婦人俠牀，東面，親者在室，衆婦人户外北面，衆兄弟堂下北面。」此未小斂以前之哭位也。又士喪禮：「朝夕哭，婦人即位於堂，南上，哭；丈夫即位於門外，西面北上；外兄弟在其南，南上；賓繼之，北上，門東北面西上，門西北面東上，西方東面北上。主人即位，辟門；婦人拊心，不哭；主人拜賓，旁三，右還，入門哭；婦人踊；主人堂下直東序西面；兄弟皆即位，如外位；卿大夫在主人之南；諸公門東，少進；他國之異爵者門西，少進。」門外之西方東面者，士也。士在門外，在西方東面，則在門内亦然，不言者，從可知也。此雖朝夕哭位，其實自小斂以後已然。諸侯朝夕哭位雖不可考，然未小斂以前，諸侯哭位與士禮大略不殊，則朝夕哭位亦然。其異者，士禮門東之位，在諸侯當爲寄公之位；士禮門西之位，在諸侯當爲鄰國弔賓之位；士禮丈夫、外兄弟、卿、大夫各不相統，而諸侯則諸臣西面立，位皆北上，而統於君耳。是自諸侯以下，皆無别姓而哭之法也。天子之喪，公卿大夫之位宜亦與諸侯以下無異。此之别姓而哭，惟諸侯之位，則同姓者在門東，異姓者在門西，而皆東上也。

魯哀公誄孔丘曰：「天不遺耆老，莫相予位焉。嗚呼哀哉！尼父！」釋文：相，息亮反。父音甫。

稱孔丘者，君臣之辭也。耆老，謂孔子。相，助也。言孔子死而無助我之位者，傷之之辭也。尼父，孔子之字也。孔子無謚而爲誄，誄之不必有謚，於此見矣。按左傳哀公誄孔子曰：「旻天不弔，不憖遺一老，俾屏予一人以在位，煢煢余在疚。嗚呼哀哉！尼父！無自律。」子贛曰：「生不能用，死而誄之，非禮也。稱一人，非名也。」與此所載不同。大約檀弓所載，與左氏不同者，皆當以左氏爲確。

國亡大縣邑，公、卿、大夫、士皆厭冠，哭於大廟三日，君不舉。或曰：君舉而哭於后土。 釋文：縣，「郡縣」之縣。厭，于葉反。大音泰。

鄭氏曰：軍敗失地，以喪歸也。厭冠，今喪冠，其服未聞。后土，社也。愚謂縣，邑之大者。左傳：「克敵者，上大夫受縣，下大夫受郡。」公，四命之孤也。厭冠，蓋即素冠，其制厭伏，與喪冠同也。其服則素服。周禮大司馬「師不功則厭而奉主車」，下篇云「軍有憂則素服哭於軍門之外」，則此厭冠當素服明矣。殺牲盛食曰舉。軍敗失地，以喪禮處之，故羣臣皆厭冠，哭於大廟三日，君又爲之三日不舉也。必哭於大廟者，以土地人民受之先祖故也。后土，社也。或言君舉而自往社中哭之，以社主土故也。應氏鏞曰：曰舉者，非也。

孔子惡野哭者。 釋文：惡，烏路反。

鄭氏曰：爲其變衆。周禮銜枚氏：「掌禁嘂呼歎嗚於國中者，行歌哭於國中之道者。」張子曰：有服者之喪，不哭於家而哭於野，是惡凶事也。所知當哭於野，又若奔喪者，安得不哭於道？

未仕者不敢税人，如税人，則以父兄之命。 釋文：税，始鋭反。

鄭氏曰：不專家財也。稅，謂遺於人。陳氏澔曰：未仕者，身未尊顯，故內則不可專家財，外則不可私恩惠。或有情義之所不得已而當遺者，則稱父兄之命而行之。愚謂稅，謂以財物助人喪事，即所謂賻也。

士備入而后朝夕踊。

鄭氏曰：備，盡也。國君之喪，嫌主人哭，入則踊。孔氏曰：國君之喪，羣臣朝夕即位哭踊，踊須相視爲節。嗣君雖先入即位哭，必待諸臣皆入列位，乃俱踊也。士卑，最後，故舉士入爲畢。愚謂士喪禮朝夕哭，主人「入門哭，婦人踊；主人堂下直東序西面；兄弟皆即位，如外位；卿大夫在主人之南；諸公門東，少進；他國之異爵者門西，少進；敵則先拜他國之賓。凡異爵者拜諸其位，徹者盥於門外，燭先入，升自阼階，丈夫踊」。是主人待衆賓畢入乃拜賓，拜賓畢乃踊也。嫌人君尊，或不待羣臣畢入而踊，故明之。

祥而縞。

鄭氏曰：縞冠素紕也。孔氏曰：祥，大祥也。縞，縞冠也，大祥日著之。

是月禫，徙月樂。

鄭氏曰：言禫明月可以用樂。孔氏曰：鄭志曰：「既禫，徙月而樂作，禮之正也。孔子五日彈琴，自省樂，哀未忘耳，踰月可以歌，皆自祥踰月所爲也。既禫始得備樂，而在心猶未能歡，徒月之樂極歡也，哀殺有漸，是以樂亦隨之也。」〇愚謂祥之日鼓素琴，而尚未可歌也，踰月而可以笙歌，而尚未備縣也；禫而縣，而猶未作也，踰月而金石之樂作矣。此除喪作樂之漸也。

君於士，有賜帟。釋文：帟音亦。

鄭氏曰：帟，幕之小者，所以承塵，賜之則張於殯上。大夫以上，幕人職供焉。愚謂周禮幕人：「掌帷、幕、幄、帟、綬之事。」掌次：「凡喪，王則張帟三重，諸侯再重，孤卿大夫不重。」是大夫以上皆有帟，幕人自以其職共之。士本無帟，君所加恩，則有賜之以帟者也。

禮記卷十

檀弓下第四之一

君之適長殤，車三乘；公之庶長殤，車一乘；大夫之適長殤，車一乘。釋文：適，丁歷反，下「適室」同。長，丁丈反，下同。乘，繩證反。

鄭氏曰：皆下成人也。自上而下，降殺以兩：成人遣車五乘，長殤三乘，下殤一乘。尊卑以此差之。庶子言公，卑遠之。大功之殤，中從上。愚謂凡遣車無直言車者，此車謂生時所乘，葬時用爲魂車者也。士喪禮薦車三乘：「乘車載皮弁服，道車載朝服，稾車載蓑笠。」左傳齊葬莊公，「下車七乘」，説者謂齊舊用上公禮，車九乘，故以七乘爲貶。以此差而上下之，則天子十二乘，諸侯七乘，大夫五乘。君之適子降於君，車宜五乘；殤降於成人，故三乘；庶殤降於適殤，故一乘。大夫適子降於大夫，車宜三乘；殤降於成人，故一乘也。上篇云「周人以殷人之棺椁葬長殤，以夏后氏之堲周葬中殤、下殤」，則送死之物，中殤下殤爲一等，君之適中、下殤，車皆一乘也。然葬必有魂車，自一乘以下，不容復降，則公之庶中、下殤，大夫之庶殤，士之殤，皆一乘與？

公之喪，諸達官之長杖。

有位於朝者曰達官。達官之長，謂大夫也。達官爲君皆杖，而曰「諸達官之長杖」者，謂以杖即位也。喪大記曰君之喪，「大夫寢門之外杖，寢門之内輯之。」特輯之而已，則得以杖即位矣。此達官之長杖也。喪服傳曰公、卿、大夫之喪〔一〕，「衆臣杖，不以即位」，則諸侯之士杖，不以即位可知。此達官而非長，則不杖也。○註謂「有官職而不達於君，則不服斬」，非也。既有官職，豈有不服斬者？疏謂「不達於君，爲府、史之屬」，亦非也。府、史之屬，特庶人在官者耳，其爲君齊衰三月而已，安得與公卿、大夫論其杖不杖之差乎？

君於大夫，將葬，弔於宮，及出，命引之，三步則止。如是者三，君退。朝亦如之，哀次亦如之。釋文：朝，直遥反。

宮，柩所朝之廟也。將葬，弔於宮，謂葬日柩將行，而君弔之也。出，謂柩出廟門也。命引

〔一〕「卿」，原本作「士」，據文義並參儀禮喪服傳改。

之者，命人執引以引柩車也。弔於葬者必執引，君尊，故使人引之，以致其意。每引三步，三引則九步也。禮成於三。朝，謂葬前一日，柩朝廟之時也。次，孝子居喪之所次，舍廬、堊室之處也。士喪禮「主人揖，就次」，是也。哀次者，柩至次，則孝子哭踊以致其哀，士喪禮「乃行，踊無算」，是也。君之來時不一，或當柩朝廟之時，或當柩已出宮至喪次之時，皆如弔於宮之禮，命引之者三也。○鄭氏謂「宮爲殯宮」，非也。士喪禮啟殯即遷於祖，固無可行弔禮之節；而柩至祖廟，設奠薦車之後，乃云「質明滅燭」，則啟殯時尚昧爽，君之弔必不能遽及乎此時而來也。又鄭氏謂引之爲「以義奪孝子」，亦非也。君使人引車，特以致其執紼助葬之意，非有他義也。又鄭氏以次爲大門外接賓客之處，亦非是。說見曾子問。

五十無車者，不越疆而弔人。

鄭氏曰：氣力始衰。　愚謂老者不以筋力爲禮，故不越疆而弔人。

季武子寢疾，蟜固不説齊衰而入見，曰：「斯道也，將亡矣。士唯公門説齊衰。」武子曰：「不亦善乎！君子表微。」及其喪也，曾點倚其門而歌。釋文：蟜，居表反。説，他活反，本亦作「税」，徐又音申鋭反。見，賢遍反。倚，于綺反，徐其綺反。

鄭氏曰：季武子，魯大夫季孫夙也，世爲上卿，强且專政，國人事之如君。蟜固能守禮，不畏之，矯失俗也。道猶禮也。武子無如之何，佯若善之。表，明也。倚門而歌，明己不與也。點字晳，曾參父。愚謂蟜固不以强臣之勢奪其所守，而又自言其故，以正君臣之分，其所以矯謟畏、警僭竊者深矣。微，小也。言禮之微小者，唯君子能表明之。稅齊衰於私門，非失禮之小，而武子之言如此，亦自文之辭也。武子雖恨蟜固，而其所據者乃先王之禮，故不能以爲非而反以爲善。於此見禮之可以守身而無畏於强暴也。及武子卒，而曾點倚其門而歌，蓋亦以示其不畏季氏之意，故記者因蟜固之事而併記之。然歌於有喪者之門，則非禮矣。○萬氏斯大曰：季武子卒，在魯昭公七年，孔子方十七歲。四子侍坐，點齒在子路下，子路少孔子九歲，時方八歲，曾點當益幼矣，倚門而歌，必無是事。

大夫弔，當事而至則辭焉。

鄭氏曰：辭，告也。擯者以主人有事告也。主人無事，則爲大夫出。孔氏曰：始喪，哀戚甚，小斂以前，不爲大夫出也。正當小斂之節，大夫來弔，則辭之以有事。斂畢當踊之時，絶踊而拜之；或大夫正當斂後踊時而來，則亦絶踊拜之。故雜記云：「當袒，大夫至，雖踊，絶踊而拜之。」若士來弔，雖當斂，不告以有事，事畢踊後，然後拜之。愚謂大夫尊，來弔，當即拜之，若當事未得拜，則宜告之以其故也。主人雖未拜，弔者皆入即位矣。故上篇「子游裼裘而弔」，「主人既小斂，袒括髮，子游趨而出，襲裘帶絰而入」，是知主人雖有事未得拜賓，弔者已先入也。喪大記云「士於大夫，不當斂則出」，則不當事，雖未小斂，固爲大夫出矣。士喪禮「唯君命出」，謂未襲以前也。

弔於人，是日不樂。釋文：樂音岳，又音洛。

鄭氏曰：君子哀樂不同日。子於是日哭，則不歌。

婦人不越疆而弔人。

婦人無境外之事也。惟三年之喪，則越疆而弔。

行弔之日，不飲酒食肉焉。

鄭氏曰：以全哀也。

弔於葬者必執引；若從柩，及壙，皆執紼。釋文：引音允。壙，苦晃反，又音曠，後同。

鄭氏曰：示助之以力。車曰引，柩曰紼。從柩，嬴者。孔氏曰：引，柩車索也。引者，長遠之名，車行遠也。紼，引棺索也。紼是撥舉之義，棺惟撥舉，不長遠也。弔葬本爲助執事，故必助引柩車。及，至也。凡執引用人，貴賤有數，若其數足，則餘人不得遥行，皆散而從柩。至壙下棺窆時，則不限人數，皆悉執紼，示助力也。愚謂引、紼一物也。在塗時屬於柩車，謂之引；載時及至壙，説載除飾皆屬於棺，謂之紼。王制疏云：「停住之時，指其繒體，則謂之紼；若在塗，人挽而行之，則謂之引。」是也。此疏以紼爲撥舉，乃據「孺子䵍」章註爲説，非確義也。又既夕禮「屬引」，鄭註云：「在軸輴曰紼。」在軸輴，謂朝廟時也。朝廟時，柩雖行而不遠，故亦不謂之引而謂之紼也。

喪，公弔之，必有拜者，雖朋友、州里、舍人可也。弔曰：「寡君承事。」主人曰「臨」。 釋文：臨，如字，徐力鴆反。

此謂在他國而死者也。公弔之，謂所死國之君弔之也。拜，謂爲主以拜賓也。州里，謂死者同州里之人，今同在他國者。舍人，謂死者今在他國所館舍之人也。死於他國者，其親屬或不從行，則朋友及州里之人同在此國者，或又無朋友、州里，則此國所館舍之人，皆可爲主而拜君也。喪有無後，無無主，則死於異國者，雖非公弔，固必有拜賓者矣。嫌君尊，其禮或異，故以明之。承，助也，弔以助主人之喪事也。曰「寡君」者，稱於異國臣之辭也。曰「臨」者，尊君之辭，蓋曰君辱臨某之喪。

君遇柩於路，必使人弔之。

鄭氏曰：君於臣民有父母之恩。愚謂大夫士之喪，必赴於君，君當弔於其家。若未仕之士，及庶人之喪，赴告不及於君，君不能悉弔也。若遇其柩於路，必使人弔之，所以廣仁恩也。

大夫之喪，庶子不受弔。

鄭氏曰：不以賤者爲有爵者主。孔氏曰：不受弔，謂不爲主人也。適子爲主，受弔拜賓。若適子或有他故不在，則庶子不敢受弔，明己卑避適也。言「大夫庶子不受弔」，則士之庶子得受弔也。

妻之昆弟爲父後者死，哭之適室，子爲主，袒、免、哭、踊。夫入門右，使人立于門外，告來者，狎則入哭。父在，哭於妻之室；非爲父後者，哭諸異室。釋文：免音問。使，色吏反，又如字。

鄭氏曰：哭之適室，以其正也。狎，相習知者。哭於妻之室，不以私喪干尊。孔氏曰：適室，正寢也。禮，女子子適人者，爲昆弟之爲父後者不降，故姊妹之夫爲之哭於適室之中庭。子，己子也。甥服舅緦，故命己子爲主受弔拜賓也。袒、免、哭、踊者，冠尊，不居肉袒之上，故凡哭哀則踊，踊必先袒，袒必去冠而加免也。使人立於門外告來者，以門內有哭則鄉里聞之必來相弔，故主人使人出門外告語來弔者，述所哭之人也。狎則入哭者，若弔人與此亡者相識狎習，當進入共哭也。父在，哭於妻之室者，此夫若父在，則適室由父，故但於妻室之前而哭之，亦子爲主也。案奔喪禮「妻之黨哭諸寢」，此哭於適室及異室者，寢是大名，雖適室及妻室、異室，總皆曰寢。愚謂此亦爲位而哭者也。子爲主者，妻之兄弟無服，而子爲舅服緦，故使之爲主而拜賓。袒、免、哭、踊者，哭有服之親之禮然也。爲主者在中庭西面，夫入門而右，亦西面，在其子之少南。凡哭而爲位者，哭者與主人必同面，而以親疏爲叙列也。申祥之哭言思，婦人倡踊。此哭妻之兄弟，婦人亦當在阼階上之位，但子既爲主，則其子倡踊矣。子爲主者，常禮也，無子乃使婦人倡踊耳。使人立於門外告來者，謂人有聞哭而來者，則告以所爲哭之人，蓋凡哭人者之禮皆然。狎則入哭，謂所親狎之人則當入而弔哭也。父在，哭於妻之室，此謂父子同宫者也。若父子異宫，雖父在亦哭諸適室也。異室，側室也。非爲父後者降於適子，故哭諸側室。○鄭氏謂「夫入門右，北面」，孔氏云：「鄭知此北面者，子既爲主，在阼階下西面，父若又西面，便似二主也。又曾子問云衛靈公弔季康子，『魯哀公爲主，康子立於門右，北面』，辟主人之位，故知此當北面，辟主人之位也。」愚謂士喪禮主人、衆主人、衆賓皆西面，初不以二主爲嫌，何以此父與子同西面則嫌二主乎？君弔於臣，主人之位皆在門右北面，故季康子於衛靈公之弔亦然，初不以辟主人之位也。鄭氏謂「夫入門右，北面」，蓋據「曾子北面而弔」之文，孔疏所言，殊失鄭義。但鄭註本非曾子北面而弔，乃弔於不爲位者之禮，非可以例此也。

有殯，聞遠兄弟之喪，哭于側室；無側室，哭于門内之右。同國則往哭之。

鄭氏曰：哭於側室，嫌哭殯也。哭於門内之右，近南者爲之變位。同國則往哭之，喪無外事。　孔氏曰：遠兄弟之喪，謂異國也。内則云：「庶人無側室。」尋常爲主，當在阼階東，西面，今稱門内之右，是非常哭之處，繼門而近於南也。鄭云「近南」，則猶西面，但近南耳。同國則往哭，異國則否者，以其己有喪，不得嚮他國也。　愚謂上篇言「有殯，聞遠兄弟之喪，雖緦必往」，以不同居而謂之遠也。此云「有殯，聞遠兄弟之喪，哭于側室」，以不同國而謂之遠也。側室，室在寢室之旁側者也。兄弟哭於廟，此不於廟者，喪自未啟以前，於廟皆無事焉，不宜忽以哭輕喪而至也。門内，殯宫之門内也。哭于門内之右，謂在中庭之少南而西面，所以别於哭殯之位也。不哭於寢門之外者，以其爲内親也。雜記曰：「有殯，聞外喪，哭之他室，入奠。卒奠出，改服即位，如始即位之禮。」

子張死，曾子有母之喪，齊衰而往哭之。或曰：「齊衰不以弔。」曾子曰：「我弔也與哉！」釋文：與音餘。

哭與弔不同：弔者所以慰人之戚，哭者所以自致其哀。上篇云：「有殯，聞遠兄弟之喪，雖緦必往。」雜記云「三年之喪，雖功衰，不弔」，「如有服而將往哭之，則服其服而往」。孔子於門人猶父子，則曾子於子張猶兄弟，故援有殯哭兄弟之義而往哭之，非弔也。爲朋友弔服加麻，而曾子齊衰而往，不服其服者，蓋兄弟骨肉也，其恩由父而推，故可以釋服而服其服；朋友，異姓也，其恩由己而成，則不可以釋服而服其服矣。哭之者，情之所不可已；不服其服者，禮之所不容過也。

有若之喪，悼公弔焉，子游擯由左。

鄭氏曰：悼公，魯哀公之子。擯，相侑喪禮者。喪禮廢亡，時人以爲此儀當如詔辭而皆由右，是善子游正之。孔氏曰：少儀「詔辭自右」，鄭云：「爲君出命也。」案立者尊右，己傳君之詔辭，詔辭爲尊，則宜處右。若喪事，則惟賓、主居右，而己自居左。當時禮廢，言相喪亦如傳君詔辭，己自居右，子游知禮，故正之。

齊穀王姬之喪，魯莊公爲之大功。或曰：由魯嫁，故爲之服姊妹之服。或曰：外祖母也，故爲之服。釋文：穀音告，又古毒反。爲，于僞反。

鄭氏曰：穀當爲「告」，聲之誤也。王姬，周女，齊襄公之夫人。春秋周女由魯嫁，卒，服之如内女服姊妹，是也。天子爲之無服，嫁於王者之後乃服之。莊公，齊襄公女弟文姜之子，當爲舅之妻，非外祖母。外祖母又小功也。孔氏曰：莊元年「秋，築王姬之館於外」，下書「王姬歸於齊」，是由魯嫁也。莊十一年，王女共姬爲齊桓公夫人。知此王姬非齊桓公夫人者，以桓公夫人經無「卒」文，是不告於魯。莊二年書「王姬卒」，是襄公夫人。此言「齊告王姬之喪」，故知是襄公夫人。王姬是莊公舅妻，不得爲外祖母；假令爲外祖母，正合小功，不服大功。此或人之言有二，非也。○趙氏汸曰：齊告王姬之喪，魯莊公爲之服大功，此禮所未有，魯人以我主其昏，欲以説齊耳。公爲之服姑、姊妹之服，故書「卒」，同内女。後齊桓王姬亦魯主之，而卒不書，可見主昏修服之非禮，而桓公不可以非禮説，故弗爲也。

晉獻公之喪，秦穆公使人弔公子重耳，且曰：「寡人聞之，亡國恒於斯，得國恒於斯。雖吾子儼然在憂服之中，喪亦不可久也，時亦不可失也。孺子其圖之！」釋文：重，直龍反。儼，魚檢反，本亦作「儼」。喪，息浪反。

晉獻公名詭諸，秦穆公名任好。公子重耳，獻公子，後立爲文公。文公爲驪姬所譖，出亡在狄，而獻公薨，穆公使人就弔之。且曰者，致弔辭之後，復言此也。斯，謂喪代之際也。喪，失位也。穆公欲納文公，故勸其因喪代之際以圖反國。

以告舅犯。舅犯曰：「孺子其辭焉！喪人無寶，仁親以爲寶。父死之謂何？又因以爲利，而天下其孰能説之？孺子其辭焉！」公子重耳對客曰：「君惠弔亡臣重耳，身喪父死，不得與於哭泣之哀，以爲君憂。父死之謂何？或敢有他志，以辱君義。」稽顙而不拜，哭而起，起而不私。釋文：與音預。

舅犯，文公舅狐偃，字子犯。仁親，仁愛其親也。言爲人子者當以愛親爲寶，若因父死以求反國，則是利父之死，非人子愛親之心矣。舅犯勸文公辭秦使，而文公從其言也。稽顙而不拜，但自致其哀而不拜賓，蓋庶子在外受弔之禮也。適子受弔，則拜稽顙。起而不私，與使者無私言也。

子顯以致命於穆公。穆公曰：「仁夫公子重耳！夫稽顙而不拜，則未爲後也，故不成拜。哭而起，則愛父也；起而不私，則遠利也。」釋文：顯，依註音韅，呼遍反，徐苦見反。夫音符。遠，于萬反。

鄭氏曰：使者，公子縶也。盧氏云：「古者名、字相配，顯當作『韅』。」愚謂未爲後者，文公不受穆公之命，故不敢以喪主之禮自居也。文公譎而不正，非能誠於愛親者，然當時晉人與之，秦伯助之，有可以得國之勢，而不欲因喪以圖利，則居然仁者之心，其視惠公之重賂以求入者，相去遠矣，此所以卒能反國而霸諸侯與？

帷殯，非古也，自敬姜之哭穆伯始也。

鄭氏曰：穆伯，魯大夫，季悼子之子公甫靖也。敬姜，穆伯妻，文伯歜之母也。禮：「朝夕哭，不帷。」　孔氏曰：孝子思念其親，故朝夕哭時褰徹其帷。敬姜少寡辟嫌，故朝夕哭不復徹帷，表夫之遠色也。　案春秋文十五年「公孫敖之喪」，「聲己不視，帷堂而哭」。公孫敖亦是穆伯，此不云「聲己之哭穆伯始」者，聲己哭在堂下，是帷堂，非帷殯也。　愚謂婦人無堂下哭位，聲己之哭亦當在堂上，但聲己怨恨穆伯而帷堂，人不取法；自敬姜行此，人以爲知禮而慕效之，故言帷殯自敬姜始。

喪禮，哀戚之至也。節哀，順變也，君子念始之者也。

鄭氏曰：始猶生也。念父母生我，不欲傷其性。　孔氏曰：凡人或有禍灾，雖或悲哀，未是至極，惟遭父母喪禮，是哀慼之至極也。既是至極，恐其傷性，故辟踊有節算，裁節其哀也。所以節哀者，欲順孝子悲哀，使之漸變也。　愚謂下文所言，自復至於虞、祔，皆歷據喪禮而釋其義，而此節則總釋喪禮之義也。　大宗伯「以凶禮哀邦國之憂」，其目有五，而惟喪禮爲哀感之至，蓋人之哀慼莫甚於哀其父母之死也。　節哀者，謂始死哭不絶聲，既殯則有朝夕與無時之哭，卒哭有朝夕哭，練不復朝夕哭，但有思憶無時之哭，祥而外無哭，禫而内無哭，所以節限其哀也。順變者，謂順其哀之隆、殺而漸變之而輕也。蓋人之於其父母也，至死不窮，若不爲之節限，必將至於滅性矣。君子念父母生我之心必不欲其如此，是以雖至哀而必爲之節也。

復，盡愛之道也，有禱祠之心焉。望反諸幽，求諸鬼神之道也。北面，求諸幽之義也。釋文：禱，丁老反，一音丁報反。

鄭氏曰：復，謂招魂。望求諸幽，鬼神處幽暗，望其從鬼神所來。禮，復者升屋北面。愚謂盡愛之道，謂盡愛親之道也。禱祠，禱於神，以祈親之生，士喪禮疾病，「行禱五祀」，是也。復，亦所以求親之生，故曰「有禱祠之心」。人子於親之將死，至情迫切，所以求其生者無所不至，故復與禱爲事不同，而其爲心一也。復者北面，北者，幽陰之方也。人死則有鬼神之道，鬼神處於幽陰，故望其方而求之也。

拜稽顙，哀感之至隱也。稽顙，隱之甚也。

鄭氏曰：隱，痛也。稽顙，觸地無容。愚謂拜所以禮賓，稽顙所以致哀，故二者皆爲至痛，而稽顙之痛爲尤甚。

飯用米、貝，弗忍虚也。不以食道，用美焉爾。釋文：飯，扶晚反。

鄭氏曰：尊之也。食道褻，米、貝美。孔氏曰：飯用米、貝，不忍虚其口也。飯食，人所造作，爲褻。米、貝，天性自然，爲美。案喪大記：「君沐粱，大夫沐稷，士沐粱。」飯用沐米。士用粱，謂天子之士。諸侯之士用稻，士喪禮「稻米一豆，實於筐」，是也。以次差之，天子當沐黍，是天子飯用黍也。周禮典瑞云「大喪，共飯玉、含玉」，鄭註云：「含玉如璧形而小。」是天子含用璧。雜記云：「含者執璧將命。」是諸侯亦含以璧也。卿大夫無文。案成十七年公孫嬰齊夢贈瓊瑰，註云「食珠玉，含象」，則卿大夫蓋用珠也。士喪禮用貝三，依雜記則大夫當五，諸侯七，天子九。愚謂米所以飯，貝所以含，通而言之，則米、貝皆謂之飯，故曰「飯用米、貝」，「飯用沐米」。喪大記「士沐粱」，士喪禮沐稻，蓋列國士宜不一，而士或不能備有，故隨所有而用之，非必天子諸侯之士之異也。弗忍虚者，所以爲愛。不以食道者，又所以爲敬也。詩毛傳云：「瓊瑰，石而次玉。」又左傳哀十一年：「齊陳子命其徒具含玉。」是大夫含亦用玉也。雜記自天子至士皆用貝，是大夫以上兼用貝、玉，士則惟用貝也。

銘，明旌也。以死者爲不可別已，故以其旗識之。愛之，斯録之矣；敬之，斯盡其道焉耳。釋文：别，彼列反。本或無「已」字。識，式志反，皇如字。

鄭氏曰：明旌，神明之旌。不可别，形貌不見。孔氏曰：案士喪禮：「爲銘，各以其物。」又司常云「大喪，共銘旌」，註云：「王則大常。」案司常云「王建大常，諸侯建旂，孤卿建旜，大夫士建物」，則銘旌亦然。士喪禮士長三尺，大夫五尺，諸侯七尺，天子九尺。若不命之士，則士喪禮云「以緇，長半幅」，長一尺，「經末，長終幅」，長二尺，總長三尺。愚謂録之，謂識其名而存録之也。盡其道，謂其采章尺度必視其爵位而爲之也。愛之，故不敢忘；敬之，故不敢苟。此二句申言銘旌之義。註疏以重與奠言，非也。

重，主道也。殷主綴重焉，周主重徹焉。釋文：重，直龍反。綴，竹劣反，又竹衛反。

鄭氏曰：始死未作主，以重主其神也。重，既虞而埋之，乃後作主。春秋傳曰：「虞主用桑，練主用栗。」綴猶聯也。殷人作主，而聯其重縣諸廟也，去顯考，乃埋之。按鄭據祭法，以高祖爲顯考，説見本篇。周人作主，徹重埋之。孔氏曰：案士喪禮士有重無主，而此云「重，主道」者，此據天子諸侯有主者言之。始死作重，猶若木主。主者，吉祭所以依神；在喪，重亦所以依神。故曰「重，主道也」。殷人始殯，置重於廟庭，作虞主訖，則綴重縣於新死者之廟。死者世世遞遷，其重常在，至去離顯考，乃埋其重及主，以其既遷無廟也。周人作主，則埋其重於門外之道左也。○孔氏曰：遷廟早晚，左氏以爲三年喪畢乃遷廟，故僖三十三年左氏傳云「烝、嘗、禘於廟」；杜、服皆以爲三年禘祭乃遷此廟；鄭則以爲練時則因禘而遷廟主。傅霖曰：因禘，當依疏作「不禘」。鏘鳴按：先生校毛本，改「不」爲「因」。故鄭註士虞禮「以其班祔」之下云：「練而遷廟。」鄭必謂以練者，以文二年「作僖公主」，穀梁傳云：「於練焉壞廟，壞廟之道，易檐可也，改塗可也。」范寧云：「親過高祖則毀其廟，以次而遷。將納新神，故示有所加。」是鄭之所據。朱子曰：吉凶之禮，其變有漸，故始死全用事生之禮，既卒哭祔廟，然後神之。然猶未盡變，故主復於寢，至三年而遷於廟也。其遷廟一節，鄭氏用穀梁「練而遷廟」之説，杜氏用賈逵、服虔之説，則以三年爲斷。其間同異得失，雖未有考，然穀梁但言「壞舊廟」，不言「遷新主」，則安知其非練而遷舊主，至三年而納新主耶？又曰：大戴禮諸侯遷廟篇云「君及從者皆玄服」，則是三年大祥之後，既除喪而後遷矣。其辭但告遷而不言祔，則是既祔之後，主復於寢，而至此方遷於廟矣。如穀梁云「易檐」「改塗」，禮志云「更釁其廟」，則是必先遷高祖於太廟夾室，然後可以壞釁其故廟，而納祖考之主；又俟遷祖考於新廟，然後可以壞釁其故廟，而納新祔之主矣。如左氏云「特祀於寢」，而國語有「日祭」之文，則是主復寢後猶日上食矣。愚謂既葬猶朝夕哭，不奠，士喪禮有明文，國語「日祭」，自謂未葬之奠耳。但穀梁所謂「練而壞廟」，乃在三年之内，似恐大速。禮志所謂「釁廟而移」，故主乃不俟其廟之虛而遽壞之，恐非人情。　愚謂大戴禮遷廟篇首言「成廟，將遷之新廟」，而其祝辭曰：「孝嗣侯某，敢以嘉幣告於皇考某侯：成廟將徙。敢告。」此謂三年喪畢，以新死者之主遷之於廟也。　穀梁傳云「練而壞廟」，此謂既練之後，遷其親盡者之主也。　蓋既祔之後，主還於寢，新主練、祥之祭皆於寢，而宗廟則復行時祭，左傳所謂「特祀於主，烝、嘗、禘於廟」也。至練，距大祥尚一年，姑以諸侯之禮言之：中間宗廟有三祫祭或二祫祭，如有二祫，則於第一祫祭畢而遷高祖之主於大祖之夾室，於是高祖之廟虛，而可以改塗、易檐而修之矣。　第二次祫祭畢而遷祖之主於高祖廟，於是祖之廟虛，而可以改塗易檐而修之矣，至喪畢而納新主於祖之廟焉。　若天子三昭三穆，而練、祥相距，中容三祫，其遞遷之法亦如此。　遷廟禮但言新主之入廟，而不言舊主之去廟，則舊主固已先遷矣。　以是知練後因祫祭而遷舊廟，穀梁之説確然可據，不容復致疑於其間。　而喪中於宗廟非竟不祭，左氏所謂「烝、嘗、禘於廟」，及「晉葬悼公」，「烝於曲沃」者，未可以其出於春秋之亂世而非之也。

奠以素器，以生者有哀素之心也。　唯祭祀之禮，主人自盡焉爾，豈知神之所饗，亦以主人有齊敬之心也！釋文：齊，側皆反。

鄭氏曰：哀素，言哀痛無飾也。　凡物無飾曰素。　哀則以素，敬則以飾，禮由人心而已。　愚謂祭則有尸，有尸則有飲食之禮。葬前不立尸，直以饌具奠置於地而已，故曰奠。祭祀之禮，謂既葬之後，虞、祔、練、祥皆立尸而行祭禮也。奠用素俎、瓦敦、毼豆、無縢之籩，皆素器也。至虞而籩、豆、俎、敦之屬皆用吉祭之器矣。蓋奠主哀，故器無飾；祭主敬，故器有飾。自盡，謂自盡其敬神之心，而不敢用初喪之素器也。豈知神之所饗，必於此有飾之器乎？亦以主人自盡其齊敬之心耳。

辟踊，哀之至也。有算，爲之節文也。釋文：辟，婢亦反。

鄭氏曰：算，數也。孔氏曰：撫心爲辟，跳躍爲踊。孝子喪親，哀慕至懣，男踊女辟，是哀痛之至極。若不節限，恐傷其性，故辟踊有算，爲準節文章。準節之數，其事非一。每一踊三跳，三踊九跳，爲一節。士三踊，大夫五踊，諸侯七踊，天子九踊，故云「爲之節文」。愚謂有算之義有二：一是每踊三者三爲一節；一是天子至士，多少有差。故疏云「準節之數，其事非一」也。

袒、括髮，變也。愠，哀之變也。去飾，去美也。袒、括髮，去飾之甚也。有所袒，有所襲，哀之節也。釋文：愠，庾、皇紆粉反，又紆運反，徐又音鬱。去，羌吕反。

孔氏曰：袒衣、括髮者，是孝子形貌之變；悲哀、愠恚者，是孝子哀情之變也。去其吉時服飾者，是去其華美也；去飾雖有多途，而袒、括髮爲去飾之最甚也。孝子悲哀，理應常袒，何以有所袒，有所襲？蓋哀甚則袒，哀輕則襲，哀之節限也。 愚謂袒、括髮者，飾之變於外也；愠者，情之變於中也。上以二者並言，而下乃專以袒、括髮言之者，以哀情之變，其事易明，不煩申釋也。

弁絰葛而葬，與神交之道也，有敬心焉。周人弁而葬，殷人冔而葬。 釋文：冔，況甫反。

鄭氏曰：接神之道，不可以純凶。天子諸侯變服而葬，既虞卒哭，乃服受服也。踰時則哀久而敬生，敬則服有飾。大夫士三月而葬，未踰時。 愚謂弁，爵弁也。士冠記云：「周弁、殷冔、夏收。」此三者，皆士之祭冠也。下文云「周人弁而葬，殷人冔而葬」，以弁與冔並言，其爲爵弁明矣。弁絰葛，謂爵弁而加葛絰，即前所謂「爵弁，絰紂衣」之服也。士喪禮葬不變服，弁絰葛而葬，人君之禮也。與神交之道者，始死，全用事生之禮，將葬而漸神之，故變服而葬，以交於神明者不可以不敬也。蓋大夫士之父，全乎父者也，其尊近，致其哀而已；天子諸侯之父，兼乎君者也，其尊遠，故至葬則哀久而敬生，而不敢以凶服接之。觀於書之顧命，則天子在喪，有用吉服以行事者，而曾子問世子生，告殯，大祝、大宰、大宗皆冕服，皆此義也。既葬反，喪服而反哭。

歠主人、主婦、室老，爲其病也，君命食之也。釋文：歠，徐昌悅反，一音常悅反。爲，于僞反。食音嗣。

鄭氏曰：尊者奪人易也。歠，歠粥也。愚謂此謂大夫之喪也。歠，謂未殯前歠粥也。主人、主婦，死者之子與妻；室老，其貴臣也。三人者，爲大夫未殯，皆不食，而有時歠粥者，蓋君爲其困病，故命食之以粥，以尊者之命奪其情也。問喪云：「鄰里爲之糜粥以飲食之。」蓋士無君命，故鄰里爲飲食之也。

反哭升堂，反諸其所作也。主婦入於室，反諸其所養也。釋文：養，羊尚反。

鄭氏曰：堂，親所行禮之處。室，親所饋食之處。孔氏曰：謂葬訖反哭於廟，所以升堂者，反復於親所行禮之處，謂生平祭、祀、冠、昏在於堂也。主婦反哭，所以入於室者，反復於親所饋食供養之處。此皆謂在廟也。故既夕禮主人「反哭，入，升自西階，東面」，「主婦入於室」，下始云「遂適殯宫」，故知初反哭在廟也。愚謂反哭者，葬時柩從廟而去，既葬，則反於廟而哭，以致其哀也。反諸其所作者，反於死者平時祭、祀、冠、昏所行禮之處，而哀親之不復行禮於是也。反諸其所養者，反於死者平時行饋食祭禮之處，而哀親之不復饋養於是也。

反哭之弔也，哀之至也。反而亡焉，失之矣，於是爲甚。

士喪禮反哭：「賓升自西階，弔曰：『如之何！』主人拜稽顙。」問喪曰：「入門而弗見也，上堂又弗見也，入室又弗見也。亡矣喪矣！不可復見已矣！故哭泣辟踊，盡哀而止矣。」故弔無不哀，而反哭爲尤甚。

殷既封而弔，周反哭而弔。孔子曰：「殷已慤，吾從周。」釋文：封，依註音窆，彼驗反，下同。慤，本又作「殼」，苦角反。

鄭氏曰：封當爲「窆」。窆，下棺也。慤者，得哀之始，未見其甚。陳氏澔曰：殷之禮，窆畢，賓就墓所弔主人；周禮則俟主人反哭而後弔。孔子謂殷禮大質慤者，蓋親之在土，固爲可哀，不若求親於平生所居止之所而不得，其哀爲尤甚，故弔於墓者，不如弔於家者之情文爲兼盡也。愚謂慤，與七介以相見也。不然則「已慤」之慤同，言其質有餘而文不足也。蓋葬事甫畢即行弔禮，則於禮節悤遽而無從容之意，故曰「已慤」。不若反哭而弔，則反而亡焉，既足以深致其哀，而於禮節亦不至於迫蹙而無序也。

葬於北方，北首，三代之達禮也，之幽之故也。釋文：首，手又反。

鄭氏曰：北方，國北也。孔氏曰：言葬於國北及北首者，鬼神尚幽闇，往詣幽冥故也。殯時仍南首者，孝子猶若其生，不忍以神待之。

既封，主人贈，而祝宿虞尸。

鄭氏曰：贈，以幣送死者於壙也。於主人贈，祝先歸。孔氏曰：既封，謂葬既下棺也。主人贈，而祝宿虞尸者，謂主人以幣贈死者於壙之時，祝先歸宿戒虞尸。案既夕禮主人「贈用製幣、玄纁、束帛」。又士虞禮記云：「男，男尸；女，女尸。」是虞有尸也。愚謂虞，安也。葬反而祭於殯宮，以安神也。虞始有尸，蓋親之形體既藏，孝子之心無所繫，故立尸以象死者而事之。宿，進也。進之使於祭時而來也。主人贈而祝宿虞尸者，言祝之反而宿尸，以主人之贈爲節也。

既反哭，主人與有司視虞牲。有司以几筵舍奠於墓左，反，日中而虞。釋文：舍音釋。

鄭氏曰：視虞牲，謂日中將虞，省其牲也。舍奠墓左，以父母形體在此，禮其神也。周禮冢人：「凡祭墓爲尸。」孔氏曰：几，依神也。筵，坐神席也。舍，釋也。奠，置也。墓道向南，以東爲左，有司以几筵及祭饌置於墓左，禮地神也。愚謂視牲之有司，與主人偕反者也；舍奠之有司，則於主人之反，留於墓而舍奠者也。主人歸而反哭視牲，則舍奠之有司亦可以反矣，於是而行虞祭也。蓋虞祭以釋奠者之反爲節也。主人贈而祝宿虞尸，有司反，日中而虞，所謂喪事雖遽，不凌節者，於此可以見之。日中而虞，往葬而歸，非日中不足以蕆事也。其或墓地稍遠，則虞之過乎日中者固當有之矣。

葬日虞，弗忍一日離也。是日也，以虞易奠。釋文：離，力智反。

虞以安神，葬日即虞，不忍一日離親之神也。葬前無尸，奠置於地，至虞，始立尸以行祭禮，故曰「以虞易奠。」雜記云「士三虞，大夫五，諸侯七」，則天子當九虞也。虞皆用柔日。假如士三虞，丁日葬而虞，則己日再虞，辛日三虞。士虞記云「三虞卒哭，他用剛日」，「曰『哀薦成事』」。先儒以「他用剛日」兼蒙「三虞卒哭」言之，故謂後一虞改用剛日。此不然也。此篇及曾子問、雜記皆云「卒哭成事」，士虞記「他用剛日」，「哀薦成事」之文，專屬於卒哭。卒哭，他用剛日，則知三虞皆用柔日矣。

卒哭曰「成事」。是日也，以吉祭易喪祭，明日祔于祖父。釋文：易，以豉反，徐音亦。祔音附。

鄭氏曰：虞，喪祭也。既虞之後，卒哭而祭，其辭蓋曰「哀薦成事」，成祭事也。祭以吉爲成。

愚謂卒哭亦祭名。卒，止也。前此朝夕哭於殯宫，至是則止殯宫爲位之哭，惟朝夕哭於次而已，故曰「卒哭」，而因以爲其祭之名也。雜記：「士三月而葬，三月而卒哭；大夫三月而葬，五月而卒哭；諸侯五月而葬，七月而卒哭。」以此差之，則天子七月而葬，九月而卒哭也。大夫以上，虞與卒哭異月，士虞與卒哭同月，則以末虞之明日卒哭。虞皆用柔日，而卒哭改用剛日，以死者之神將自殯宫而往祔於廟。用剛日者，取其變動之義，故不用内事以柔日之例也。曰「成事」，謂祝辭所稱。士虞記「卒哭」，「曰『哀薦成事』」，是也。士虞禮主人即位於西階，亨於門西，牲升左胖進柢，魚進鬐，皆喪祭之禮也。至卒哭而改用吉祭之禮，故曰「以吉祭易喪祭」。凡言吉祭，有二：一是喪中卒哭之祭，此言「以吉祭易喪祭」，曾子問「其吉祭特牲」，是也。一是喪畢吉祭，士虞記「是月也吉祭，猶未配」，大戴遷廟禮「乃擇日而吉祭焉」，是也。祔，卒哭明日祭之名。祔猶附也，就死者祖父之廟而祭死者，使其神附屬於祖父也。必於祖父者，祔必以其昭穆也。既祔而反於寢。左傳曰：「凡君薨，卒哭而祔，祔而作主，特祀於主，烝、嘗、禘於廟。」特祀，謂祥、禫也。喪畢，遇三時祫祭，則因祫而遷新主於廟。大夫士無祫祭，則亦因吉祭而遷新主也。

其變而之吉祭也，比至於祔，必於是日也接，不忍一日末有所歸也。釋文：比，必利反。

吴氏澄曰：卒哭之末有餞禮，送神適祖廟矣。翼早，急宜就祖廟迎奉其神。若用虞祭之例，相隔一日而始祔祭，則卒哭後、祔祭前，此一日親之神無所依歸，孝子不忍，故祔必與卒哭相接也。愚謂變，改也。之，往也。變而之吉祭，由喪祭變而至吉祭也。是日，卒哭之日也。接，連也。必於是日也接，謂祔用卒哭之明日，必於是卒哭之日相接連，不忍親之神一日無所依歸也。鄭氏曰：日有所用接之，虞禮所謂「他用剛日」也。孔氏曰：變，謂變常禮。所以有變者，或時有迫促，或事有忌諱，未及葬期，死而即葬者。喪服小記云：「赴葬者赴虞，三月而後卒哭。」彼據士禮而言。速葬速虞而後，卒哭之前，其日尚賒，不可無祭，謂之爲變。既虞，比至於祔，必於是日也接，謂於是三虞卒哭之間，剛日而連接其祭。所以必用剛日接之者，孝子不忍使親每一日之間無所依歸。愚謂此所言，初未有以見其爲變禮之意。且大夫以上，虞與卒哭皆間二月，中間未聞别有他祭，則士之赴虞而未卒哭者，中間亦不當有祭也。

殷練而祔，周卒哭而祔。孔子善殷。

鄭氏曰：期而神之，人情也。愚謂殷練而祔，於練祭之明日而祔也。周卒哭而祔，於卒哭之明日而祔也。祔畢，主皆還於寢，至三年喪畢，而後祭於廟，則殷、周之所同也。

君臨臣喪，以巫、祝、桃、茢、執戈，惡之也，所以異於生也。喪有死之道焉，先王之所難言也。釋文：茢音列，徐音例。杜預云：「黍穰也。」鄭註周禮云：「苕帚。」惡，烏路反。難，乃旦反。

鄭氏曰：桃，鬼所惡。茢，萑苕，可埽不祥，爲有凶邪之氣也。生人則無凶邪。愚謂臨喪用巫、祝者，亦與神交之道也。桃、茢二物，蓋使巫、祝執之。王弔則巫、祝並前。周禮男巫「王弔，則與祝前」，喪祝「王弔，則與巫前」，是也。諸侯則至廟門而巫止，祝代之，降於天子也。小臣二人執戈先，君之常儀也。臨生者但有執戈，臨死者則加以巫、祝、桃、茢者，人死，斯惡之矣，所以與臨生者之禮異也。死，澌滅也。難言，不忍言也。君於大夫士之喪，於殯斂必往焉，臨其尸而撫之，其於君臣之恩誼至矣。然必用巫、祝、桃、茢者，蓋以死有澌滅之道，先王之所不忍言，故必有所恃，以袪其疑畏，正所以使其得盡弔哭之情也。○鄭氏曰：君聞大夫之喪，去樂卒事而往，未襲也。其已襲，則止巫，去桃、茢。孔氏曰：案喪大記「大夫之喪，將大斂」，君往，「巫止于門外」，「祝先入」。士喪禮大斂而往，「巫止于廟門外，祝代之，小臣二人執戈先，二人後」。此皆大斂之時。小斂及殯無文，明與大斂同，直言

「巫止」，無「桃、茢」之文。喪大記雖記諸侯禮，明天子亦然，故鄭云「已襲，則止巫，去桃、茢」也。此經所云，謂天子禮。故鄭註士喪禮引檀弓云「『君臨臣喪，以巫、祝、桃、茢、執戈』，天子禮也。諸侯則使祝代巫執茢居前，下天子也」。知此文據天子禮也。鄭註士喪禮云「諸侯使祝代巫執茢」，亦謂未襲以前也。若已襲之後，茢亦去之，與天子同。是天子臨臣之喪，巫、祝、桃、茢、執戈，三者並具；諸侯臨臣喪，未襲之前，巫止，祝執茢，小臣執戈。若既襲之後，斂殯以來，天子諸侯同，並巫止，祝代之，無桃、茢。愚謂喪大記：「君於卿大夫，大斂焉，爲之賜，則小斂焉。」左傳隱五年：「衆仲卒，公不與小斂，故不書日。」〔一〕是君於卿大夫恩意之厚者，至於與其小斂焉而止爾，未聞有未襲而往者。衛獻公於柳莊之卒，不税祭服而往，乃因其相從於患難而然，非可據爲常典也。鄭氏以士喪禮、喪大記皆不言「巫」「茢」，故以此爲未襲之禮。然士喪禮、喪大記皆謂大斂而往者，故無桃、茢，此有桃、茢者，蓋君於卿大夫爲之賜而小斂者也，謂爲未襲，非也。諸侯至廟門而巫止，則未至廟門時亦巫、祝、桃、茢並有矣，亦不必專以此所言爲天子之禮也。

喪之朝也，順死者之孝心也。其哀離其室也，故至於祖、考之廟而后行。殷

〔一〕引文見於左隱元年傳，「衆仲」作「衆父」。

朝而殯於祖，周朝而遂葬。釋文：朝，直遥反。

喪之朝，謂將葬，以柩朝廟也。爲人子之禮，出必告，反必面。柩之朝廟，象生人之出必告親，順死者之孝心而爲之也。又以死者之心必以離其室爲哀，故至於祖、考之廟而後行，以致其徘徊而不忍遽去之意，朝廟又兼有此義也。殷人以死則爲神，鬼神以遠於人爲尊，故朝而遂殯於祖廟。周人以死者之心不欲遽離其寢處之所，故至葬而後朝廟。○崇精問：「葬母亦朝廟否？」焦氏曰：「内豎職王后之喪，朝廟則爲之蹕。是母喪亦朝廟明也。婦未廟見，則不朝廟。」愚謂孔疏言天子諸侯之葬，每一日朝一廟，非也。士喪記有二廟者，朝祖畢即朝禰，不待明日。是不以一日限朝一廟矣。天子諸侯之喪，祝斂羣廟之主而藏之大廟，尤無事徧歷羣廟而朝之也。○自「喪禮，哀戚之至也」以下至此，凡十六條。第一條總言喪禮，其下十五條，似皆據喪禮之成文而釋其義。然證以士喪禮，多不合。如「歠主人、主婦、室老，爲其病也」，及「君臨臣喪，以巫、祝、桃、茢、執戈」，則當爲大夫之禮無疑。至「弁絰葛而葬」，則注疏以爲人君之禮。又注疏謂人君方有主，則「重，主道也」一條，因重言主，亦當爲人君之禮矣。然此十六條文體相似，又首以「喪禮」發其端，而以下逐節釋之，似其所據者乃儀禮之一篇，不當錯有諸侯大夫之禮，則豈變服而葬，虞而作主，大夫以上皆然與？」今於前文已用舊説釋之，謹復獻其疑於此，以俟學者更考焉。

孔子謂「爲明器者知喪道矣，備物而不可用也」。哀哉！死者而用生者之器也，不殆於用殉乎哉！釋文：殉，辭俊反。

鄭氏曰：殆，幾也。殺人以衛死者曰殉。用其器者，漸幾於用人。愚謂此善夏之用明器，非殷之用祭器也。備物，既以致其事死如事生之意；不可用，又以見送死者之異於人。此用明器者之所爲知喪道也。「哀哉」以下，記者之言也。祭器，生人之器也。用其器，則近於用其人，此用祭器之所以可哀也。

「其曰明器，神明之也。」塗車、芻靈，自古有之，明器之道也。孔子謂「爲芻靈者善」，謂「爲俑者不仁」，不殆於用人乎哉！釋文：俑音勇。

鄭氏曰：神明之，神明死者，異於生人。芻靈，束茅爲人馬。謂之靈者，神之類。俑，偶人也，有面目機發，似於生人。孔子是古而非周。愚謂此又譏周末爲俑之非也。其曰明器，神明之者，言以神明之道待之，而異於生人也。此二句，孔子之言，記者引之，以起下文所論之事也。塗車、芻靈，皆送葬之物也。塗車即遣車，以采色塗飾之，以象金玉。芻靈，束草爲遣車上御右之屬，及爲駕車之馬。冢人云：「言鸞車象人。」又校人：「飾遣車之馬，及葬，埋之。」鄭云「言埋之，則是馬塗車之芻靈」，是也。芻靈不能運動，亦猶明器之備物而不可用也。俑，木偶人也。偶，寓也。以其寄寓人形於木，故曰偶。俑，踊也。以其有機發而能跳踊，故謂之俑。由芻靈而爲俑，蓋周末之禮然也。孔子以其象人而用之，故謂爲不仁。

穆公問於子思曰：「爲舊君反服，古與？」子思曰：「古之君子，進人以禮，退人以禮，故有舊君反服之禮也。今之君子，進人若將加諸膝，退人若將隊諸淵，毋爲戎首，不亦善乎！又何反服之禮之有？」釋文：爲舊君，于僞反，下「爲君」「爲使人」皆同。與音餘。隊，本又作「墜」，直媿反。

喪服「齊衰三月」章，爲舊君凡三條：第一條，仕焉而已者爲舊君；第二條，大夫去國者，其妻、長子爲舊君；第三條，大夫爲舊君。傳曰：「何大夫之謂乎？言其以道去君而未絶也。」穆公所問，蓋謂大夫以道去國而服其舊君者，乃喪服第三條之義也。退人以禮，即以道去君之謂也。進人若將加諸膝，退人若將隊諸淵，則君不以道遇其臣，臣亦不以道去其君，而其去而即絶也不待言矣。戎首，兵戎之首也。此與孟子告齊宣王之言相似。○鄭氏引喪服「仕焉而已者」解此，非也。穆公以舊君反服爲問，而子思之所以答之者如此，則知當時之服此服者，蓋已寡矣。若仕焉而已者爲舊君之服與庶人爲國君同，庶人爲國君齊衰三月，未聞有服不服之異，豈仕焉而已者反得不服乎？

悼公之喪，季昭子問於孟敬子曰：「爲君何食？」敬子曰：「食粥，天下之達禮也。吾三臣者之不能居公室也，四方莫不聞矣。勉而爲瘠，則吾能，毋乃使人疑夫不以情居瘠者乎哉！我則食食。」釋文：夫音扶。食食，上如字，下音嗣。

鄭氏曰：昭子，康子之曾孫，名强。敬子，武伯之子，名捷。敬子言鄭國皆知吾等不能居公室以臣禮事君也。三臣，仲孫、叔孫、季孫也。存時不盡忠，喪又不盡禮，非也。愚謂不以情居瘠，言虛爲哀瘠之貌，而無哀慼之實心也。爲君斬衰三年，始死，三日不食，既殯食粥，至練乃食食。三臣不能居公室，其罪大矣；没又不以禮喪之，則其罪又加甚焉。敬子之言，粗倍如此，曾子所以有「出辭氣，斯遠鄙倍」之戒歟？

衛司徒敬子死，子夏弔焉，主人未小斂，絰而往。子游弔焉，主人既小斂，子游出絰，反哭。子夏曰：「聞之也與？」曰：「聞諸夫子：主人未改服，則不絰。」

鄭氏曰：司徒，官氏，公子許之後。愚謂改服者，主人既小斂，始服未成服之麻也。凡弔者之服，隨主人而變：主人改服，則弔者加經帶；主人成服，則弔者服弔衰。

曾子曰：「晏子可謂知禮也已，恭敬之有焉。」

鄭氏曰：禮者，敬而已矣。　愚謂禮以恭敬爲本，晏子能恭敬，故曾子許其知禮。

有子曰：「晏子一狐裘三十年，遣車一乘，及墓而反。國君七个，遣車七乘；大夫五个，遣車五乘。晏子焉知禮？」釋文：遣，棄戰反。乘，繩證反。焉，于虔反。○舊本及石經有子並作「有若」。按孔疏：「有子，孔子弟子有若。」是記文本作「有子」，傳寫誤耳。今正之。

鄭氏曰：言其太儉逼下，非之。及墓而反，言其既窆而歸，不留賓客有事也。遣車之差，大夫五，諸侯七，則天子九。諸侯不以命數，喪禮略也。个，謂所包遣奠牲體之數也。雜記曰：「遣車視牢具。」　賈氏公彥曰：大夫三牲九體，折分爲二十五，苞五个。諸侯苞七个。天子大牢，加以馬牲，則十二體，分爲八十一个，九苞，苞九个。　愚謂遣車載所包遣奠之牲體而葬之者也。葬時柩車將行，設遣奠。既奠，取牲體包之，載以遣車，使人持以如墓，置於椁之四隅。一乘，言其少也。及墓而反者，藏器少，故葬速而即反也。凡牲體一段謂之一个。特牲禮「佐食盛肵俎，俎釋三个」，少儀「大牢以左肩、臂、臑折九个」，是也。國君七个，大夫五个，謂每包所有之个數也。士喪禮云「苞二」，鄭氏云：「所以裹羊豕之肉者。」

又云「苞牲取下體」，鄭云：「前脛折取臂、臑，後脛折取骼。」士包三个。士遣奠二牲，每牲取三體，分爲二包，每包有三个，則皆全體也。士無遣車，每苞用一人持之以如墓。諸侯遣奠大牢，每牲取三體，折分爲四十九个，分爲七包，每包七个，包用一車載之，故遣車七乘。大夫遣奠亦大牢，每牲取三體，折分爲二十五个，分爲五包，每包五个，亦包用一車載之，故遣車五乘。若天子遣奠，兼用馬牲，亦每牲取三體，折分爲八十一段，分爲九包，每包九个，包用一車載之，則遣車九乘也。有子言晏子儉不中禮，不足爲知禮也。○鄭氏曰：人臣賜車馬者，乃有遣車。孔氏曰：案既夕禮「苞牲取下體」，鄭註：「前脛折取臂、臑，後脛折取骼。」是一牲取三體。士少牢二牲，則六體，分爲三个，一个有二體。大夫以上，皆大牢三牲，凡九體。大夫分九體爲十五段，三段爲一包，凡五包；諸侯分爲二十一段，凡七包；天子分爲二十七段，凡九包。愚謂士喪禮無遣車，賤而禮略耳。鄭謂「賜車馬者乃有遣車」，則爲大夫者未必皆有車馬之賜也。士包三个，國君七个，大夫五个，皆謂所包之牲體之數也。孔疏乃謂「士二牲六體，分爲三个，一个有二體」，其語殊不可曉。又謂大夫諸侯每包皆三段，又與記所言五个、七个者不合。詳其語意，似以一个爲一包也。然士喪禮言「苞二个」，而鄭氏云「苞三个」，則是个乃在包之中者，而个非苞也。儀禮賈疏得之。

曾子曰：「國無道，君子恥盈禮焉。國奢則示之以儉，國儉則示之以禮。」

鄭氏曰：時齊方奢，矯之是也。　愚謂曾子言晏子所以爲此者，所以矯當時之失，無害爲知禮也。蓋曾子以晏子恭敬爲知禮者，以禮之本而言也。有子以晏子大儉爲不知禮者，以禮之文而言也。孔子曰：「奢則不孫，儉則固，與其不孫也寧固。」又曰：「晏平仲祀其先人，豚肩不掩豆，賢大夫也，而難爲下矣。」蓋儉固可以救奢之失，亦未爲得禮之中也。二子各就其一偏之見言之，故其於晏子或予之大過，或抑之大甚，惟聖人之言爲得其平。

國昭子之母死，問於子張曰：「葬及墓，男子、婦人安位？」子張曰：「司徒敬子之喪，夫子相，男子西鄉，婦人東鄉。」曰：「噫！毋！」曰：「我喪也斯沾，爾專之。賓爲賓焉，主爲主焉。」婦人從男子皆西鄉。釋文：相，息亮反。鄉，許亮反。噫，本又作「意」，同于其反。毋音無。斯音賜。沾，依註音覘，敕廉反。

鄭氏曰：國昭子，齊大夫。東鄉、西鄉，夾羡道爲位也。夫子，孔子也。噫，不寤之聲。毋，禁止之辭。斯，盡也。沾，讀曰覘，視也。昭子自謂齊之大家，有事人盡視之，欲人觀之，法其所爲。陳氏澔曰：昭子葬其母，以子張相禮，故問之。葬時男子皆西鄉，婦人皆東鄉，禮也。昭子自以齊之顯家，今行喪禮，人必盡來覘視，當有所更改以示人，故使子張專主其事，使主自爲主，賓自爲賓。於是昭子家婦人從男子皆西鄉，則女賓從男賓皆東鄉可知矣。　愚謂葬時男子皆西鄉，婦人皆東鄉，所以爲男女之列也。以親者近壙，而男賓在衆主人之南，女賓在衆婦人之南，又所以爲親疏之序也。今昭子使主自爲主，賓自爲賓，既無男女之别，又紊親疏之序，失禮甚矣。

穆伯之喪，敬姜晝哭；文伯之喪，晝夜哭。孔子曰：「知禮矣。」

鄭氏曰：喪夫不夜哭，嫌私情勝也。

文伯之喪，敬姜據其牀而不哭，曰：「昔者吾有斯子也，吾以將爲賢人也，吾未嘗以就公室。今及其死也，朋友諸臣未有出涕者，而内人皆行哭失聲。斯子也，必多曠於禮矣夫！」釋文：夫音扶。本亦有無「夫」字者。

鄭氏曰：以爲賢人，蓋見其有才藝也。未嘗就公室，言未嘗與到公室觀其行也。季氏，魯之宗卿，敬姜有會見之禮。内人，妻妾也。　孔氏曰：曠，猶疏薄也。疏薄於賓客朋友之禮，故未有感戀出涕者。

季康子之母死，陳褻衣。敬姜曰：「婦人不飾不敢見舅姑。將有四方之賓來，褻衣何爲陳於斯？」命徹之。

鄭氏曰：褻衣非上服，陳之，將以斂。四方之賓，嚴於舅姑。敬姜，康子從祖母。愚謂喪大記君小斂用複衣，大斂用褶衣。複衣、褶衣，即袍、褶之屬，皆褻衣也。君斂用褻衣，則大夫可知。而敬姜命去褻衣者，蓋婦人之褻衣雖用以斂而不陳，季氏但欲以多陳衣爲榮，并陳褻衣，故敬姜非之。

有子與子游立，見孺子慕者。有子謂子游曰：「予壹不知夫喪之踊也，予欲去之久矣。情在於斯，其是也夫！」釋文：去，羌吕反。

壹，專也。言予專不知夫喪之何以有踊，久欲去之。今觀於孺子之慕，而知孝子之情即在於斯，其是爲人之真情也夫，何必爲踊乎！蓋喪之踊有節，孺子之慕則率其號慕迫切之情而不自知者。有子以爲喪致乎哀而已，而不必爲之節文也。

子游曰：「禮有微情者，有以故興物者，有直情而徑行者，戎狄之道也。禮道則不然。

微，殺也。微情，謂哭踊之節，變除之漸，所以使之殺其情而不至於過哀也。故，謂有爲爲之也。物，謂衰、絰之屬也。以故興物，若荀卿言「斬衰、菅屨，杖而啜粥者，志不在於酒食，所以使之覩物思哀，而不至於怠而忘之也」。有子之意，在於徑情直行，不知禮之節有定，而人之情不可齊也。或哀毁以傷生，或朝死而夕忘。苟使人率其情以行，則賢者無以俯而就，且至於滅性；不肖者無以企而及，必相率而至於悖死忘親矣。

人喜則斯陶，陶斯咏，咏斯猶，猶斯舞，舞斯慍，慍斯戚，戚斯歎，歎斯辟，辟斯踊矣。品節斯，斯之謂禮。釋文：猶，依註作「摇」，音遥。慍斯戚，紆運反。此喜怒哀樂相對。本或於此句上有「舞斯慍」一句并注，皆衍文。辟，婢亦反。○孔疏云：如鄭此禮本云「舞斯慍」者，凡有九句。首末各四，正明哀樂相對；中間「舞斯慍」一句，是哀樂相生。而鄭諸本亦有無「舞斯慍」一句者，取義不同。鄭又一本云「舞斯蹈，蹈斯慍」，凡十句，當是後人所加耳。盧禮本亦有「舞斯慍」一句。王禮本又長，云「人喜則斯循，循斯陶」，與盧、鄭不同，亦當新足耳。

鄭氏曰：咏，謳也。猶當爲「摇」，聲之誤也。摇，謂身動摇也。秦人猶、摇聲相近。辟，拊心。踊，躍也。　愚謂喜者，外境順心而喜也。陶者，喜心鼓盪於内而欲發也。咏者，喜發於外而爲咏歌也。咏歌不已，則至於身體動摇；動摇不已，則至於起舞也。慍，怒意也。樂極則哀，故舞而遂至於慍也。慍怒不已，則至於悲感；悲感不已，則發爲歎息；歎息不已，則至於拊心；拊心不已，則起而跳踊。蓋哀樂之情，其由微而至著者若此。然情不可以徑行，故先王因人情而立制，爲之品而使之有等級，爲之節而使之有裁限，故情得其所止而不過，是乃所謂禮也。此節言哀樂，各四句，一一相對：喜與慍對，哀樂之初感也；陶與戚對，哀樂之盛於中也；咏與歎對，哀樂之發於聲音也；摇與辟對，舞與踊對，哀樂之動於四體也。獨「舞斯愠」一句在其中間，言哀樂循環相生之意，詳文義，似不當著此。孔疏謂鄭他本或無此句，或本係衍文，如陸氏之説與？

人死，斯惡之矣；無能也，斯倍之矣。是故制絞、衾，設蔞、翣，爲使人勿惡也。始死，脯、醢之奠，將行，遣而行之，既葬而食之，未有見其饗之者也。自上世以來，未之有舍也，爲使人勿倍也。故子之所刺於禮者，亦非禮之訾也。」釋文：惡，烏路反。倍音佩。絞，户交反。蔞音柳。食音嗣。舍音捨。訾，似斯反。

鄭氏曰：絞、衾，尸之飾。蔞、翣，棺之牆飾。周禮蔞作「柳」。將行，將葬也。葬有遣奠。食，反虞之祭。舍猶廢也。訾，病也。　愚謂士虞禮曰「特豕饋食」，所謂「既葬而食之」也。上言先王因哀樂之情而品節之，所謂「禮有微情」者也。此言先王因死者之易於倍棄，而制爲喪葬之飾、奠祭之禮，而使人得以盡其事死如生之情，又因以故興物之意而廣言之，所以見禮之不使人直情而徑行者，皆有深意存焉。故有子之所刺，不足爲禮之疵病也。此二句通結二節之義。

吴侵陳，斬祀殺厲。師還出竟，陳大宰嚭使於師，夫差謂行人儀曰：「是夫也

多言。盍嘗問焉？師必有名，人之稱斯師也者，則謂之何？」大宰嚭曰：「古之侵伐者，不斬祀，不殺厲，不獲二毛。今斯師也，殺厲與？其不謂之殺厲之師與？」曰：「反爾地，歸爾子，則謂之何？」曰：「君王討敝邑之罪，又矜而赦之，師與有無名乎？」釋文：還音旋。竟音境。大音泰。嚭，普彼反。使，色吏反。夫差，上音扶，下初佳反。與音餘。○洪氏邁曰：嚭乃夫差之宰，陳遣使者，止用行人，則儀乃陳人也。記禮者簡册錯互，當云「陳行人儀使於師，夫差使大宰嚭問之」。愚謂此章言「行人儀」者一，言「大宰嚭」者二。上言「大宰嚭使於師，夫差謂行人儀」，可言簡册錯互。至下文又言「大宰嚭」，則非簡册錯互矣。蓋嚭實吴人，儀實陳人，洪氏之説得之。然其所以互易者，則由記者傳聞之誤耳。

鄭氏曰：吴侵陳，以魯哀公元年。祀，神位有屋樹者。厲，疫病。大宰、行人，官名也。夫差，吴子光之子。嘗，試也。獲，謂係虜之。二毛，鬢髮斑白。止言「殺厲」，重人也。欲微切之，故其言似若不審然。子，謂所獲民臣。師與，有無名乎，又微勸之。終其意。吴、楚僭號稱王。吴氏澄曰：夫差内行惡事，而外欲得善名，故使問行人以衆人稱此師之名。名以殺厲之師者，欲吴人恥其名之惡而改悔也。吴大宰果有反地歸子之言，則陳行人因其好名之心而誘勸之也。

顏丁善居喪：始死，皇皇焉如有求而弗得；及殯，望望焉如有從而弗及；既葬，慨焉如不及其反而息。

鄭氏曰：顏丁，魯人。從，隨也。慨，憊貌。　孔氏曰：皇皇，猶彷徨。上篇云「始死，充充如有窮」，謂形貌窮屈，亦彷徨有求而不得之心，彼此各舉其一也。上篇云「既殯，如有求而不得」，據外貌所求也；此云「始死，如有求而不得」，據內心所求也。既葬，如不及其反而息者，上殯後從而不及，似有可及之理，既葬慨然如不及，謂不復可及，所以文異也。上篇云「既葬，皇皇如有望而不至」，此云「既葬，如不及」，亦同也。此「始死皇皇」，是皇皇之甚，故如有求而不得；上篇云「既葬皇皇」，是輕，故云「望而不至」也。此既葬則止，不說練、祥，故既葬則慨然；上檀弓更說練、祥，故云「練而慨然，祥而廓然」。　愚謂慨然如不及其反而息者，既葬迎精而反，如親之精氣不及與之偕反，而止息以待之，所謂「其反也如疑」也。此言居喪哀悼之心，自始死至既葬，其因時而變者如此，與上篇「始死，充充如有窮」一章，辭雖所指不同，其大歸則一而已。

子張問曰：「書云『高宗三年不言，言乃讙』，有諸？」仲尼曰：「胡爲其不然也！古者天子崩，王世子聽於冢宰三年。」釋文：讙音歡。○今按：書無逸作「言乃雍」。

鄭氏曰：時人君無行三年之喪禮者，子張問有此與？怪之也。讙，喜悦也。冢宰，天官卿，貳王事者，三年之喪，使之聽朝。胡氏曰：三年之喪，自天子達於庶人，子張非不知也。蓋以爲人君三年不言，則臣下無所禀令，禍亂或從而生耳。夫子告以聽於冢宰，則禍亂非所憂矣。

知悼子卒，未葬。平公飲酒，師曠、李調侍，鼓鐘。杜蕢自外來，聞鐘聲，曰：「安在？」曰：「在寢。」杜蕢入寢，歷階而升，酌曰：「曠飲斯！」又酌曰：「調飲斯！」又酌，堂上北面坐飲之，降，趨而出。釋文：知音智。李調，如字，左傳作「外嬖嬖叔」。蕢，苦怪反。飲，於鴆反。下「飲曠」「飲調」「飲寡人」皆同。

鄭氏曰：悼子，晉大夫荀盈，魯昭九年卒。飲酒，與羣臣燕。平公，晉侯彪。侍，與君飲也。燕禮記曰：「請旅侍臣。」鼓鐘，樂作也。燕禮賓入門，奏肆夏，既獻而樂闋。獻君亦如之。曰「安在」，怪之也。杜蕢，或作「屠蒯」。三酌皆罰。愚謂飲酒，私燕也。鄭氏引燕禮解此，非也。燕禮當立賓主，卿大夫士庶子皆與，此惟師曠、李調二人獨侍，而杜蕢聞鐘聲乃知，非燕禮之正明矣。鼓，擊也。人君飲食皆奏樂。杜蕢，左傳作「屠蒯」。寢，路寢也。歷階，即栗階，謂升階不聚足也。

平公呼而進之，曰：「蕢！曩者爾心或開予，是以不與爾言。爾飲曠何也？」曰：「子、卯不樂。知悼子在堂，斯其爲子、卯也大矣。曠也，大師也，不以詔，是以飲之也。」「爾飲調何也？」曰：「調也，君之褻臣也，爲一飲一食，忘君之疾，是以飲之也。」「爾飲何也？」曰：「蕢也，宰夫也，非刀匕是共，又敢與知防，是以飲之也。」釋文：樂，如字。爲，于僞反。匕，必季反。共音供。與音預。防音房，又扶放反。

鄭氏曰：開，謂諫争，有所發起。紂以甲子死，桀以乙卯亡，王者謂之疾日，不以舉樂爲吉事，所以自戒懼。大臣喪重於疾日。雜記曰：「君爲卿大夫，比葬不食肉，比卒哭不舉樂。」詔，告也。大師典奏樂。褻，嬖也。近臣亦當規君。防，禁放溢。愚謂平公見蕢三舉罰爵，意其必有以開發之，故不與之言。蕢不言即出者，以公之必將怪而問之也。在堂，謂殯於堂上西序也。與知防，預知防閑諫争之事也。蕢言平公飲酒非禮，二子當言而不言，己不當言而言，所以皆罰之，蓋用此以諷公也。

平公曰：「寡人亦有過焉。酌而飲寡人！」杜蕢洗而揚觶。公謂侍者曰：「如我死，則必毋廢斯爵也。」至于今，既畢獻，斯揚觶，謂之杜舉。釋文：觶，之豉反，字林音支。

鄭氏曰：平公聞義則服。揚觶，舉爵於君也。揚，舉也。毋廢斯爵，欲後世以爲戒。謂之杜舉，因杜蕢以爲名也。　愚謂平公自知其過，故命爵而自飲，又命毋廢斯爵，以爲後世戒也。畢獻，謂燕禮獻賓、獻君、獻卿、大夫、士、庶子皆畢也。平公飲酒，私燕也。自平公命毋廢斯爵，於是晉國正燕之禮，於畢獻之後，特舉觶於君，謂之杜舉，言此爵自杜蕢始也。

○鄭氏以燕禮大夫媵觶於公爲揚觶，非也。燕禮揚觶，由來久矣，豈自杜蕢始乎？

禮記卷十一

檀弓下第四之二

公叔文子卒，其子戍請謚於君，曰：「日月有時，將葬矣，請所以易其名者。」君曰：「昔者衛國凶饑，夫子爲粥與國之餓者，是不亦惠乎！昔者衛國有難，夫子以其死衛寡人，不亦貞乎！夫子聽衛國之政，修其班制，以與四鄰交，衛國之社稷不辱，不亦文乎！故謂夫子貞惠文子。」釋文：難，乃旦反。

鄭氏曰：謚者，行之迹。有時，猶言有數也。大夫士三月而葬。君，靈公也。難，謂魯昭公二十年「盜殺衛侯之兄縶」也。時齊豹作亂，公如死鳥。班制，謂尊卑之差。後不言貞惠者，文足以兼之。方氏慤曰：脩其班制，以與四鄰交，非博聞者不能，故曰文。班，言上下之序；制，言多寡之節。愚謂謚起於周公，皆取其行之至大者一字以爲謚，所謂「節以壹惠」也。至戰國時，周有威烈王、慎靚王，秦有惠文、莊襄等王，而二謚始此。然據檀弓，則趙武在春秋時已有獻文之稱，而公孫拔謚至三字，尤古今所未有也。左傳叙齊豹作亂事甚詳，當時從公者爲公南楚、析朱鉏諸人，平亂者爲北宫喜。衛侯賜喜謚貞子，朱鉏謚成子，初不言拔有衛君之事，豈後人因喜及朱鉏賜謚事而誤以爲拔歟？

石駘仲卒，無適子，有庶子六人，卜所以爲後者，曰：「沐浴佩玉則兆。」五人者皆沐浴佩玉。石祁子曰：「孰有執親之喪而沐浴佩玉者乎？」不沐浴佩玉。石祁子兆，衛人以龜爲有知也。釋文：駘，大來反。

鄭氏曰：石駘仲，衛大夫石碏之族。庶子六人，莫適立也。石祁子不沐浴佩玉，心正且知禮。愚謂左傳言立子之法：「年鈞以德，德鈞以卜。」駘仲庶子六人，未必皆同年，蓋既皆庶子，故不論長幼，直以卜決之，蓋駘仲之遺命也。兆，謂得吉兆。沐浴佩玉則兆，掌卜者謂之之辭。石祁子不沐浴佩玉，守禮而不惑於禍福也。以龜爲有知者，所卜得其人也。

陳子車死於衛，其妻與其家大夫謀以殉葬，定而后陳子亢至。以告曰：「夫子疾，莫養於下，請以殉葬。」子亢曰：「以殉葬，非禮也。雖然，則彼疾當養者孰若妻與宰？得已，則吾欲已；不得已，則吾欲以二子者之爲之也。」於是弗果用。釋文：亢音剛，又苦浪反。養，羊尚反。

鄭氏曰：子車，齊大夫。子亢，子車弟，孔子弟子。下，地下也。子亢度諫之不能止，以斯言拒之。已猶止也。孔氏曰：論語：「陳亢問於伯魚」。與伯魚相問，故知孔子弟子。又昭二十六年左傳「齊師圍成」，「魯師及齊師戰於炊鼻」，「魯人將擊子車，子車射之，殪」，故知是齊大夫。愚謂家大夫，即宰也。子亢度二人不可以理争，故言欲以二人爲殉，所以使其懼而自止。

子路曰：「傷哉貧也！生無以爲養，死無以爲禮也。」孔子曰：「啜菽飲水，盡其歡，斯之謂孝。斂首足形，還葬而無椁，稱其財，斯之謂禮。」釋文：啜，昌劣反。叔，或作「菽」，音同，大豆也。王云：「熬豆而食曰啜菽。」斂，力檢反。還音旋。稱，尺證反。

鄭氏曰：還猶疾也。謂不及其日月。孔氏曰：啜菽，以菽爲粥而常啜之。愚謂食有黍稷之屬，今但啜菽而已，食之貧也。飲有漿醴之屬，今但飲水而已，飲之貧也。養而能盡其歡，則先意承志，雖薄而無害於孝；葬而能稱其財，則必誠必信，雖儉而無歉於禮。夫所謂孝與禮者，亦務乎其本而已。不然，雖日用三牲，備飾牆、翣，奚當焉？

衛獻公出奔，反於衛，及郊，將班邑於從者而后入。柳莊曰：「如皆守社稷，則

孰執羈靮而從？如皆從，則孰守社稷？君反其國而有私也，毋乃不可乎？」弗果班。釋文：從，才用反。靮，丁歷反。

鄭氏曰：獻公以魯襄十四年出奔齊，二十六年復歸於衛。靮，紖也。莊言從、守若一，有私則生怨。　愚謂反國而偏賞從者，則居者之心懼矣。莊諫公以弗班，所以安反側之心。寧武子宛、濮之盟曰「行者無保其力，居者無懼其罪」，正此意也。獻公行事，備見於左傳，蓋無道之君也。然觀於此，則猶聽用忠言，其所以被出而卒能反國者，蓋亦有由與？

衛有大史曰柳莊，寢疾。公曰：「若疾革，雖當祭必告。」公再拜稽首請於尸曰：「有臣柳莊也者，非寡人之臣，社稷之臣也。聞之死，請往。」不釋服而往，遂以襚之，與之邑裘氏與縣潘氏，書而納諸棺曰：「世世萬子孫毋變也。」釋文：革，本又作「亟」，居力反。縣音玄。潘，普干反。○今按：縣如字。

革，急也。不釋服而往，蓋使人攝祭以終事也。柳莊之事，不見於左傳，觀其諫勿班邑，固亦可以爲賢矣。然喪大記：「君於卿大夫，大斂焉，爲之賜，小斂焉。」莊方祭而卒，祭畢而往，猶在小斂之前，今乃輟祭而往，則非禮矣。侯伯祭服鷩冕，而以襚其臣，其紊亂王章，與曲縣繁纓之賜何異？裘氏，邑名。潘氏，縣名。書，謂書之於券。書券而納之於棺，所以要言於死者，亦非禮也。陳氏澔曰：此雖有尊賢之心，然棄祭祀而不終，以諸侯命服而襚大夫，書封邑之券而納諸棺，皆非禮矣。

陳乾昔寢疾，屬其兄弟而命其子尊己曰：「如我死，則必大爲我棺，使吾二婢子夾我。」陳乾昔死，其子曰：「以殉葬，非禮也，況又同棺乎！」弗果殺。釋文：乾音干。屬，之玉反。

鄭氏曰：婢子，妾也。善尊己不陷父於不義。

仲遂卒于垂，壬午猶繹，萬入去籥。仲尼曰：「非禮也。卿卒不繹。」釋文：去，羌呂反。

仲遂卒于垂，壬午猶繹，萬入去籥，此春秋宣八年經文也。仲遂，魯大夫東門襄仲也。垂，齊地。繹，祭之明日又祭也。猶者，可已而不已之辭也。萬者，文、武二舞之總名。籥，文舞也。舞以武舞爲重，文舞爲輕，祭統「舞莫重于武宿夜」，是也。萬入去籥，言文武二舞皆入，去文舞而獨用武舞，蓋但去其輕者，以示殺樂之意，而其重者猶不去也。卿卒不繹者，繹祭輕於正祭，而公卿，君之股肱，故卿卒則不繹。今宣公既不廢繹，於樂又但去其輕者，則其無恩於大臣甚矣。宣公立，於仲遂生則賜氏以重其寵，没則不廢繹以薄其恩，蓋但以權勢爲重輕，而實未嘗有手足腹心之誼也。然則人臣之欲擅權以固寵者，其亦可以鑒矣。〇夏小正、公羊傳皆以萬爲武舞，東萊呂氏以爲文、武二舞之總名，朱子從呂氏之説。今以經傳考之，詩簡兮言「公庭萬舞」，而下言「執籥」「秉翟」，此萬爲文舞也。左傳楚公子元爲宫振萬，文夫人曰：「先君以是舞也，習戎備也。」此萬爲武舞也。惟萬兼文武，故或用其文，或用其武，而皆謂之萬也。文舞爲大夏，武舞爲大武，舞以大武爲重，萬入去籥，蓋但去其輕者而已。公羊傳謂「去其有聲者，廢其無聲者」，非也。正樂四節，合舞之前，有升歌、下管、間歌，皆有聲者也。但曰「萬入去籥」，則於前三節皆不去矣，則去籥之意豈以其有聲耶？

季康子之母死，公輸若方小。斂，般請以機封，將從之。公肩假曰：「不可。夫魯有初：公室視豐碑，三家視桓楹。釋文：般音班。封，彼驗反。

鄭氏曰：公輸若，匠師。方小，言年尚幼。斂，下棺於椁也。般，若之族，多技巧者，見若掌斂事而年尚幼，請代之，而欲嘗其技巧。初，謂故事。言「公室視豐碑」者，時僭天子也。豐碑，斲大木爲之，形如石碑；於椁前後四角樹之，穿中，於間爲鹿盧，下棺以繂繞。天子六繂四碑，前後各重鹿盧也。三家視桓楹，時僭諸侯，諸侯下天子也。桓楹，斲之，形如大楹。

四植謂之桓。諸侯四綍二碑，碑如桓矣。大夫二綍二碑，士二綍無碑。孔氏曰：豐碑，斲大木爲碑，於椁之前後及兩旁樹之，穿鑿去碑中之木使空，於空中著鹿盧，以紼之一頭繫棺緘，以一頭繫鹿盧，人各背碑負紼，聽鼓聲，以漸卻行而下之。知前後重鹿盧者，以棺之入椁，南北竪長，用力深也。凡天子之葬，掘地爲方壙，漢書謂之「方中」。方中之内，先累椁於南畔爲羨道，謂之隧。以蜃車載柩至壙，說而載以龍輴，從羨道而入，至方中，乃屬紼於棺之緘，從上下棺入椁中，於此時用碑綍也。桓楹不似碑形，故云「如大楹」，通而言之，亦謂之碑。喪大記云諸侯大夫二碑，是也。桓，即今之橋旁表柱也。諸侯二碑，兩柱爲一碑而施鹿盧。大夫亦二碑，但柱形不得粗大，所以異於諸侯也。愚謂公肩假亦魯人。史記孔子弟子有公肩定。豐碑，天子下棺所用，而魯君用之，故曰「視豐碑」。桓楹，諸侯下棺所用，而三家用之，故曰「視桓楹」。此皆僭禮，而假以爲故事者，僭竊已久故也。案天子諸侯之葬，以輴車先從羨道入壙，柩車至壙側，說載除飾，用碑綍下棺輴上。觀綍之屬於棺緘，而不屬於輴，亦可見矣。遂師註「蜃車至壙乃說，更載以龍輴」，謂在壙中載之，非載以入壙也。既夕禮疏謂「葬用輁軸者，先以輁軸從羨道入，乃加茵於其上，乃下棺於其中」，最爲明析。孔疏謂「蜃車至壙，說而載以龍輴，從羨道入」，非也。

般！爾以人之母嘗巧，則豈不得以？句。其毋以嘗巧者乎，則病者乎？噫！」弗果從。釋文：其毋，音無。

鄭氏曰：僭於禮，有似作技巧，非也。以與「已」字本同。噫，不寤之聲。孔氏曰：嘗，試也。言般以人母試己巧，誰有强逼於女？豈不得休已？其無以人母嘗巧，則於女豈有病乎？假既告般爲是言，乃更噫而傷歎，於是衆人遂止，不果從般之言。

戰于郎，公叔禺人遇負杖入保者息，曰：「使之雖病也，任之雖重也，君子不能爲謀也，士弗能死也，不可。我則既言矣。」與其鄰重汪踦往，皆死焉。魯人欲勿殤重汪踦，問於仲尼。仲尼曰：「能執干戈以衛社稷，雖欲勿殤也，不亦可乎！」釋文：禺音遇，又音務。弗能，弗亦作「不」。重，依註音童。踦，魚綺反。○鄭註：鄰，或爲「談」。

鄭氏曰：郎，魯近邑也。哀十一年「齊國書帥師伐我」，是也。遇，見也。見走辟齊師，將入保，罷倦，加其杖頸上，兩手掖之休息者。保，縣邑小城。禺人，昭公之子，春秋傳曰「公叔務人」。使之病，謂時繇役。任之重，謂時賦稅。君子，謂卿大夫也。魯政既惡，復無謀臣，士又不能死難，禺人恥之，欲敵齊師，踐其言。鄰，里也。重，皆當爲「童」。童，未冠者之稱，姓汪名踦，春秋傳曰「童汪錡」。魯人見其死君事，有士行，欲以成人之喪治之。孔子善之。言魯人者，死君事，國爲斂葬。愚謂禺人言魯既無善政，大夫士又不能盡忠，故無以禦寇而安民。不可者，非之之辭。禺人是士，既非當時士不能死，故赴敵而死，以踐其言也。魯人以汪踦能死國，故欲以成人禮治其喪。孔子善之者，以其變禮而得宜也。

子路去魯，謂顏淵曰：「何以贈我？」曰：「吾聞之也：去國則哭于墓而后行，反其國不哭，展墓而入。」謂子路曰：「何以處我？」子路曰：「吾聞之也：過墓則式，過祀則下。」

鄭氏曰：贈，送也。哭，哀去也。展，省視之。處，安也。去國，無君事，主於孝。居者主於敬。孔氏曰：有君事去國，則不得哭墓。故上曲禮云：「已受命，君言不宿於家。」過墓，謂他家墳壟。祀，謂神位有屋樹者。愚謂由不忘墳墓之心推之，則必思不虧其體，不辱其先；由敬於墓祀者推之，則必思無慢於人，無惡於人。而所以修身而免患者，皆在是矣。

工尹商陽與陳棄疾追吳師，及之。陳棄疾謂工尹商陽曰：「王事也，子手弓而可。」手弓。「子射諸！」射之，斃一人，韔弓。又及，謂之，又斃二人。每斃一人，揜其目。止其御曰：「朝不坐，燕不與，殺三人，亦足以反命矣。」孔子曰：

「殺人之中，又有禮焉。」釋文：射，食亦反。斃，本亦作「弊」，婢世反。韔，敕亮反。又及，本或作「又及一人」，又「一人」後人妄加耳。朝，直遥反。與音預。○鄭註：陳，或作「陵」。

鄭氏曰：工尹，楚官名。棄疾，楚公子棄疾也。以魯昭八年帥師滅陳，縣之，楚人善之，因號焉。至十二年，楚子狩于州來，使蕩侯、潘子、司馬督、囂尹午、陵尹喜圍徐以懼吴。於時有吴師。棄疾謂商陽仁，不忍殺人，以王事勸之。斃，仆也。韔，韜也。韔弓，不忍復射也。掩其目，不忍視之也。朝、燕於寢，大夫坐於上，士立於下，然則商陽與御皆士也。兵車參乘，射者在左，戈盾在右，御在中央。孔氏曰：案左氏傳「戎昭果毅」，「獲則取之」。商陽行仁，而孔子善之者，傳之所言，謂彼勍敵决戰，此是吴師既走，而不逐奔，故以爲有禮也。愚謂手弓，謂以手執弓也。子手弓而可，棄疾謂商陽可執弓以射也。手弓者，商陽從棄疾之言而執弓也。子射諸者，商陽既執弓，棄疾又使之射也。謂之，棄疾又謂商陽如前也。凡朝位立於庭，三朝並無坐法。此云「朝不坐」，似大夫以上得坐者，蓋君既視朝，退適路寢聽政，卿大夫入與君圖事，則升路寢之堂，孔子「攝齊升堂」，是也。此時君或與之從容謀議，則命之坐矣。士不得特見圖事，故云「朝不坐」。燕禮大夫坐於堂上，士立於堂下，不得與於堂上之坐，故云「燕不與」。亦足以反命者，言位卑禮薄，不必以多殺爲功也。蓋敗北之師，本易窮追，商陽於此，乃能存愛人之心，而不以邀功爲念，亦可謂安制矜節者矣。若勁敵在前，乃以禮遇微薄，不欲致力。則是不忠之大者，豈得謂之有禮哉！

諸侯伐秦，曹桓公卒于會。諸侯請含，使之襲。釋文：桓，依註音宣。含，胡闇反。

鄭氏曰：魯成十三年「曹伯盧卒于師」，是也。盧謚宣，言桓，聲之誤也。諸侯請含者，朋友有相啖食之道。使之襲，非也。襲，賤者之事。愚謂士喪禮主人親含，襲、斂則皆商祝爲之。周禮大宰「贊贈玉、含玉」，註云「助王爲之」，則諸侯之喪，亦必其子親含而上卿贊也。喪大記云：「君之喪，大祝是斂，衆祝佐之。」諸侯無相爲含、襲之禮，而襲之事尤卑於含，諸侯請爲曹伯含，已爲非禮，而又使之襲，則益甚矣。然以楚之强，使魯襄公襚而終以取辱，曹之弱小，何能得此於諸侯？使襲之事，恐未可信。

襄公朝于荆，康王卒，荆人曰：「必請襲。」魯人曰：「非禮也。」荆人强之，巫先拂柩。荆人悔之。釋文：强，其丈反。

鄭氏曰：康王，楚子昭也。楚言荆者，州言之。荆人請襲者，欲使襄公衣之。巫、祝拂柩，君臨臣喪之禮。愚謂荆者楚之本號，猶晉之本號爲唐，鄒之本號爲邾也。左傳襄公二十九年：「公在楚。楚人使公親襚。公患之，穆叔曰：『祓殯而襚，則布幣也。』乃使巫以桃、茢先拂殯。楚人弗禁，既而悔之。」即此事也。但傳言請「襚」，此言「請襲」；傳言「拂殯」，此言「拂柩」。案左傳襄公以二十八年冬如楚，及漢，聞康王卒。而楚人使公襚，傳於二十九年正月言之。禮，死日即襲，殯則大夫士三日，諸侯五日。計此時康王之殯必已久矣。是傳言「使襚」及「拂殯」者是，而記言「請襲」及「拂柩」者非也。諸侯有遣使相襚之禮，使者委衣於殯東。今荆人欲公親致襚衣於柩前，蓋臣於君致襚之禮如此。荆人使魯君親襚，所以卑魯也；魯君雖從其親襚，而使巫先拂殯，用君臨臣喪之禮，又所以卑荆也。出爾反爾，豈不信哉！然當時楚適無知禮者而不之禁，設有知禮之臣，於魯君入襚之時，而止巫於門外，則其禮將有不得行矣。然則拂殯之事，亦倖耳。

滕成公之喪，使子叔敬叔弔，進書，子服惠伯爲介。及郊，爲懿伯之忌不入。惠伯曰：「政也，不可以叔父之私不將公事。」遂入。

鄭氏曰：滕成公之喪，魯昭三年。子叔敬叔，魯宣公弟叔肸之曾孫叔弓也。進書，奉君弔書。惠伯，慶父玄孫之子，名椒。介，副也。郊，滕之近郊也。懿伯，惠伯之叔父。劉氏敞曰：忌，只是忌日。懿伯是敬叔從祖，適及滕郊而遇此日，故欲緩至次日乃入。故惠伯以禮曉之。愚謂左傳云：「叔弓如滕，葬成公。」是二子乃送葬之使也。書，謂書方賵物之目也。叔弓爲正使，故云進此賵物之書。忌，劉氏以爲忌日，是也，而其説有未盡者。敬叔於懿伯，乃絶族者，不當避其忌日。敬叔之欲不入，體惠伯之情也。懿伯爲惠伯之叔父，禮，自期以上皆諱，爲之諱者，則又當爲之忌也。忌日不用，蓋心有所動於彼，則哀有不得專於此也。然以私忌而稽君命，則非禮，此禮之又當變通者也。此一事於敬叔見其有和衷之雅，於惠伯見其明公私之義，可謂各盡其道矣。○鄭氏謂敬叔有怨於懿伯，恐惠伯報怨而不入。疏云：「敬叔殺懿伯，恐惠伯殺己，故難惠伯，不敢入也。」愚謂懿伯、敬叔皆魯之大夫，若果相殺，其事何不見於春秋之經、傳？且敬叔果難惠伯，當辭之於受命之日，不當避之於至滕之時，其説不近人情。惟左傳杜氏註云：「叔弓禮椒，欲爲避仇。」而疏申其説，則謂「懿伯爲人所殺」，「敬叔欲惠伯報仇」，與杜氏之意亦微異。大約皆傍緣鄭氏之説而略變之，皆穿鑿無稽之談耳。且以忌爲忌日，則「爲懿伯之忌」句辭義已足，若如鄭、杜之説，則立文太簡，指不分明，使後人讀之而不得其説，必不然也。○孔氏曰：檢勘世本，敬叔是桓公七世孫，惠伯是桓公六世孫，則敬叔呼惠伯爲叔父，呼懿伯爲從祖。注云「敬叔以懿伯爲叔父」，誤也。愚謂叔父自惠伯指懿伯而言。鄭氏云「懿伯，惠伯之叔父」，是矣，而其下乃又出此，殊不可曉，不獨其所言「昭穆」之誤也。

哀公使人弔蕢尚，遇諸道，辟於路，畫宮而受弔焉。曾子曰：「蕢尚不如杞梁之妻之知禮也。齊莊公襲莒于奪，杞梁死焉。其妻迎其柩於路而哭之哀。莊公使人弔之。對曰：『君之臣不免於罪，則將肆諸市朝，而妻妾執。君之臣免於罪，則有先人之敝廬在，君無所辱命。』」釋文：辟音避，又婢亦反。畫音獲。奪，徒外反。肆，殺三日陳尸，音四。朝，直遥反。○鄭註：奪，或爲「兑」。

鄭氏曰：哀公，魯君。畫宮，畫地爲宮室之位。行弔禮於野，非也。魯襄二十三年：「齊侯襲莒。」春秋傳曰：「杞殖、華還載甲夜入且于之隧。」〔一〕隧、奪聲相近。梁即殖也。肆，陳尸也，大夫以上於朝，士於市。無所辱命，辭不受命也。春秋傳曰：「齊侯弔諸其室。」陳氏澔曰：辟讀爲闢，謂闢除道路。愚謂君遇柩於路，必使人弔之。而此以在路受弔爲非禮者，蓋無位之士及庶民之喪，赴告不及於君，君不能悉弔也，惟遇其柩於路，則必使人弔之；若有位之士死，訃於君，則君當弔於其家。喪大記：「君於士，既殯而往，爲之賜，大斂焉。」故蕢尚在道受弔，而曾子譏之。齊莊公與魯哀公雖皆弔臣於道，然杞梁戰死，莊公急於行

〔一〕「殖」，原本作「植」，據禮記注疏及左襄二十三年傳改。

弔，而不及俟其至家，哀公於蕢尚，則怠於禮而不弔，至葬時柩出在道，乃弔之，事同而情則異也。又士喪禮君大斂而至葬，「公賵玄纁束，馬兩」，「至邦門，使宰夫贈玄纁束」。今哀公於蕢尚，弔之既緩，又不親行，且至葬乃弔，則賵、贈皆闕可知。此不獨蕢尚之不知禮，而哀公之無恩於其臣亦可見矣。

孺子鞼之喪，哀公欲設撥，問於有若。有若曰：「其可也。君之三臣猶設之。」顏柳曰：「天子龍輴而椁幬，諸侯輴而設幬，爲榆沈，故設撥。三臣者廢輴而設撥，竊禮之不中者也，而君何學焉？」釋文：鞼，吐孫反。撥，半末反。輴，敕倫反。幬，大報反。沈，本又作「瀋」，同昌審反。中，竹仲反，又如字。學，如字。或音户教反，非。

鄭氏曰：鞼，魯哀公之少子。撥，可撥引輴車，所謂紼。三臣，仲孫、叔孫、季孫也。輴，殯車也。天子畫轅爲龍。幬，覆也。殯以椁覆棺而塗之，所謂「菆塗龍輴以椁」也。諸侯輴不畫龍。榆沈，以水澆榆白皮之汁，有急以播地，於引輴車滑。廢，去也。三臣於禮去輴，今有紼，是用輴，僭禮也。殯禮大夫菆置西序，士掘肂見衽。顏柳止其學非禮也。孔氏曰：喪大記：「大夫二綍二碑」。是大夫有綍，綍即紼也。又既夕禮注：「大夫以上始有四周，謂之輴。」與此不同者，大夫以柩朝廟時用輴綍，殯時用輁軸，不得用輴紼，此文據殯時也。陸氏佃曰：榆性堅忍，然性沈難轉，亦所載沈也。故設撥以撥輪。吳氏澄曰：榆爲輴車之輪轂，木性本重，所載又重，爲難轉移，故設撥以撥其輪。愚謂天子諸侯殯，以輴車載棺，而遂用以殯；大夫士以輁軸升棺，而殯則去之。士喪禮不言升棺用紼，而王制言「越紼行事」，則用輴以殯者固有紼矣。蓋輴車以榆木爲輪轂，其質沈重，則自下而升階也難，故使人居旁以紼撥舉之，以助其行。若輁軸輕，則無所事此矣。顏柳，孔子弟子顏幸，字子柳。不中，謂不合法式。撥爲輴車而設，三家設撥爲僭禮，無輴而設撥，則僭禮而不中矣。有若言三家僭禮，以微止哀公；顏柳以其言微婉，恐哀公不喻其意，故又正言以止之。

悼公之母死，哀公爲之齊衰。有若曰：「爲妾齊衰，禮與？」公曰：「吾得已乎哉！魯人以妻我。」釋文：爲，于僞反，下「弗爲服」同。與音餘。

鄭氏曰：妾之貴者，爲之緦耳。哀公爲妾齊衰，有若譏而問之。魯人以妻我者，言魯人皆名之爲我妻。重服嬖妾，文過，非也。愚謂爲之齊衰，以妻之服服之也。士爲貴妾緦，大夫以上爲妾無服。左傳公子荆之母嬖，欲以爲夫人。此又爲其妾服妻之服，哀公不辨於適、妾之分如此。此孔子所以有大昏之對歟？

季子皋葬其妻，犯人之禾。申祥以告，曰：「請庚之。」子皋曰：「孟氏不以是

罪予，朋友不以是棄予，以吾爲邑長於斯也。買道而葬，後難繼也。」釋文：長，丁丈反。

鄭氏曰：季子皐，孔子弟子高柴，孟氏之成邑宰，或氏季。犯，躐也。庚，償也。　愚謂子皐不從申祥之言者，蓋以爲上有體[一]，不欲行小惠以悦民爾。鄭氏以爲恃寵虐民，非也。

仕而未有禄者，君有饋焉曰獻，使焉曰「寡君」。違而君薨，弗爲服也。釋文：餽，本又作「饋」，其位反。使，色吏反。

鄭氏曰：違，去也。弗爲服，以其恩輕也。　愚謂位定然後禄之，仕而未有禄，謂初適他國而未有定位，若孟子在齊是也。君有饋，謂有饋於此臣也。君不曰賜而曰獻，君使焉，不曰君而曰「寡君」，去國而君薨，則不爲反服，蓋君不敢以純臣待之，而己亦不以純臣之義自處也。左傳陳成子謂荀寅曰：「將以子之命告寡君。」時荀寅在齊，而成子與之言稱「寡君」，正與此合。

虞而立尸，有几筵。

孔氏曰：未葬之前，殯宮雖有脯醢之奠，不立几筵；大斂奠但有席，亦無几也。此席素席，

［一］「體」，萬有文庫本作「禮」。

故前云「奠以素器」。其下室之內有吉几筵，今葬畢虞祭，有素几筵。筵雖大斂時已有，虞祭更立几與筵相配。故士虞禮云「祝免，澡葛絰帶，布席於室中，右几」，是也。此謂士大夫禮。若天子諸侯，則葬前有几。故周禮司几筵云「喪事素几」，鄭註云：「謂殯奠時。」天子既爾，諸侯亦然。　愚謂此下言「宰夫以木鐸命于宮」，「自寢門至于庫門」，則諸侯之禮也。然則此虞有几筵，亦據諸侯之禮言之。周禮司几筵「凡喪事，設葦席，右素几」，與士虞禮同。設几而右，則已神之，蓋亦虞祭之几筵爾。是天子喪奠亦無几也。喪奠無几，以下室之奠有几筵也。虞雖有几筵，而下室之吉几筵尚設，以虞之几筵乃素器也。至卒哭，以吉祭易喪祭，則殯宮設吉几筵，而下室不復設几筵矣。

卒哭而諱，生事畢而鬼事始已。既卒哭，宰夫執木鐸以命于宮曰：「舍故而諱新。」自寢門至于庫門。釋文：舍音捨。

鄭氏曰：諱，謂避其名。生事畢而鬼事始，謂不復饋食於下室，而鬼神祭之。已，辭也。故，謂高祖之父當遷者也。自寢門至于庫門，百官所在。庫門，宮外門。　愚謂周人以諱事神，卒哭而諱者，爲明日將祔，而廟祭之禮自此始，始以鬼神之道事之，故曰「生事畢而鬼事始」也。宰夫，於天子，天官之考也，諸侯其上士歟？周禮宰夫：「大喪小喪，掌小官之戒令。」木鐸，鐸以木爲舌，奮之以宣政教者也。故，謂高祖之父當遷者。廟遷則不諱其名，恩有所殺也。新，謂新死當祔者也。自寢門至于庫門者，諸侯之喪，其爲廬堊室，自寢門之外，至庫門之内，皆有之，故徧以告之也。

二名不偏諱。夫子之母名徵在，言在不稱徵，言徵不稱在。

鄭氏曰：稱，舉也。雜記曰：「妻之諱，不舉諸其側。」

軍有憂，則素服哭於庫門之外，赴車不載櫜韔。釋文：櫜音羔。韔，本亦作「韔」，敕亮反。

鄭氏曰：憂，謂爲敵所敗也。素服者，縞冠也。赴，謂還告於國，以告喪之辭言之也。櫜，甲衣。韔，弓衣。兵不戢，示當報也。方氏慤曰：素服哭於庫門之外，以喪禮處之。愚謂周禮大宗伯「以凶禮哀邦國之憂」，其列有五：曰「死亡」，曰「凶札」，曰「禍烖」，曰「圍敗」，曰「寇亂」。此五者，同爲凶禮，其服皆素服。玉藻：「年不順成，則天子素衣，乘素車。」又曰：「年不順成，君衣布，搢本。」周禮司服「大札、大荒、大烖素服」，檀弓「軍有憂，則素服哭於庫門之外」，春秋傳「秦師敗于殽，秦伯素服郊迎」，蓋皆以喪禮處之也。素服，謂素衣、素冠、素裳也。檀弓「國亡大縣邑，公卿大夫士皆厭冠哭於大廟」，大司馬「師不功，則厭而奉主車」，則素冠皆厭伏如喪冠之制也。軍敗固當報，然亦當視其事之何如。若非有讎恥之當雪，而忿兵不已，此秦穆彭衙之役，春秋之所不取也。

有焚其先人之室，則三日哭。故曰：「新宮火，亦三日哭。」

鄭氏曰：焚其先人之室，謂火燒其宗廟。哭者，哀精神之有虧傷。火，人火之也。新宮火，在魯成三年。孔氏曰：左傳云：「人火曰火，天火曰灾。」新宮者，魯宣公廟。陸氏佃曰：春秋書「新宮灾」，諱火耳。灾非人之所能爲也。陳氏澔曰：哭者，哀祖宗神靈之無所託也。

孔子過泰山側，有婦人哭於墓者而哀。夫子式而聽之，使子路問之曰：「子之哭也，壹似重有憂者。」而曰：「然。昔者吾舅死於虎，吾夫又死焉，今吾子又死焉！」夫子曰：「何爲不去也？」曰：「無苛政。」夫子曰：「小子識之！苛政猛於虎也。」釋文：重，直用反。苛音何，本亦作「荷」。識，申志反，又如字。

鄭氏曰：而，乃也。夫之父曰舅。方氏愨曰：虎之害，人可逃；而苛政之害，人無可逃。此所以寧受虎之累傷，而不忍舍其政之無苛也。

魯人有周豐也者，哀公執摯請見之，而曰「不可」。公曰：「我其已夫！」使人問焉，曰：「有虞氏未施信於民，而民信之；夏后氏未施敬於民，而民敬之。

何施而得斯於民也？」對曰：「墟墓之間，未施哀於民而民哀；社稷宗廟之中，未施敬於民而民敬。殷人作誓而民始畔，周人作會而民始疑。苟無禮義、忠信、誠愨之心以涖之，雖固結之，民其不解乎！」釋文：夫音符。虚，本亦作「墟」，同起魚反。解，佳買反，舊胡買反。

鄭氏曰：摯，禽摯也。諸侯而用禽摯，降尊就卑之義，下賢也。豐曰「不可」者，辭君以尊見卑。士禮，先生異爵者，請見之則辭。已，止也，重强變賢也。時公與三家始有惡〔一〕，懼將不安。豐言民見悲哀之處則悲哀，見莊敬之處則莊敬，非必有使之者。墟，廢滅無後之地。會，謂盟也。盟誓所以結衆以信，其後外恃衆而信不由中，則民畔疑之。　愚謂民履可哀之地則自哀，履可敬之地則自敬，其所以感之者真也。虞、夏之所以能使民敬信者，亦有其可敬可信之實而已。殷人作誓，周人作會，德不足而以敬信强其民，而民反疑畔矣。解，離散也。時哀公與三桓有惡，君臣之間相疑相侮，故其問豐如此。豐言此者，欲公反求諸己，積誠意以感人，而毋徒恃乎言辭約誓之末也。○孔氏曰：案尚書夏啟作甘誓，左傳夏啟有

〔一〕「三家」，禮記注疏作「三桓」。

塗山之會，又禹會塗山。此言殷、周者，據身無誠信，徒作盟誓，而民始疑畔者耳，非謂殷、周始有誓會也。馬氏晞孟曰：殷、周盛時，以禮義道其民，而又有誓以致其戒，有盟會以聽其政，大司徒「以誓教恤則民不怠」，司盟「盟萬民犯命者」，是也。其民始於不敢欺，而終於不忍欺，誓會之助於教，豈小補哉！及其末也，無德教而徒恃誓會，故民始疑畔。不修其本而一之於末，民其不解乎！

喪不慮居，毁不危身。喪不慮居，爲無廟也。毁不危身，爲無後也。釋文：爲，于僞反。

慮居，謂謀居處之安也。無廟，謂新主未入於廟也。蓋喪畢雖將復寢，然未吉祭以前，主未入廟，則不當預謀其所處之安也。危身，謂滅性也。二者雖有賢不肖之殊，而其害於孝則一也。○鄭氏云「慮居，謂賣宅舍以奉喪」，非也。古人田宅皆受之於官，安得賣之以奉喪乎？

延陵季子適齊，於其反也，其長子死，葬於嬴、博之間。孔子曰：「延陵季子，吴之習於禮者也。」往而觀其葬焉。其坎深不至於泉，其斂以時服，既葬而封，廣輪揜坎，其高可隱也。既封，左袒，右還其封且號者三，曰：「骨肉歸復于土，命也！若魂氣則無不之也，無不之也。」而遂行。孔子曰：「延陵季子之於禮也，其合矣乎！」釋文：長，丁丈反，下「官長」同。深，式鴆反。廣，古曠反。揜，本又作「掩」，於檢反。隱，於刃反。號，户高反。○右還其封且號者三，八字爲一句。

鄭氏曰：季子名札，魯昭公二十七年「吴公子札聘於上國」，是也。季子讓國，居延陵，因號焉。嬴、博，齊地，今泰山縣是也。孔子往而觀其葬者，往弔之也。坎深不至於泉，以生恕死。斂以時服，斂以行時之服，不改制節也。輪，從也。隱，據也。封可手據，謂高四尺所。廣輪揜坎，其高可隱，亦節也。還，圍也。號，哭且言也。孔氏曰：襄二十九年、昭二十七年，季子皆出聘。襄二十九年，孔子纔九歲，此云「孔子往觀其葬」，故知爲昭二十七年。愚謂水經註：「奉高縣北有吴季札子墓，在汶水南曲中。」坎，壙也。深不至泉者，足以藏棺槨而已，不過深也。封，加土也。横曰廣，直曰輪。廣輪纔足揜坎，不過大也。人俯而可以手憑，不過高也。袒，袒衣而露其臂也。凡禮事，吉凶皆左袒。士喪禮飯尸，「主人出，南面，左袒」，是已。還，遶也。右還者，季子在墓道東，西面，又轉而南行，又轉而北行而遶之也。右遶其封且號者三，謂還繞其封且號哭者凡三匝而止，以將還吴而與之訣也。言骨肉歸復于土，乃始終之命，無可如何，以愍其尸柩之不能還吴。言魂氣無不之，以冀其精氣之隨己而歸，亦送形而往、迎精而反之意也。季子在塗葬其子，其視常禮，蓋有所殺矣，故孔子善其合禮而不質言，正以見其能隨時斟酌而得乎禮意也。此篇所言，如將軍文氏之受弔，汪踦之勿殤，季子之葬其子，皆變禮而得正者。所謂「禮從宜」者，於此可以見之。

邾婁考公之喪，徐君使容居來弔、含，曰：「寡君使容居坐含，進侯玉，其使容居以含。」有司曰：「諸侯之來辱敝邑者，易則易，于則于，易、于雜者，未之有也。」釋文：易，以豉反。○鄭註：考，或爲「定」。

鄭氏曰：考公，隱公益之曾孫。弔、含，弔且含也。時徐僭稱王，自比天子。易，謂臣禮。于，謂君禮。容居以臣欲行君禮，徐自比天子，以大夫敵諸侯，有司拒之。顧氏炎武曰：註「考公，隱公益之曾孫」，按隱公當魯哀公之時，傳至曾孫考公，其去春秋已遠。而魯昭公三十年，吳滅徐，徐子章禹奔楚，沈尹戌帥師救徐，弗及，遂城夷，使徐子居之，是已失國而爲寓公，其尚能行王禮於鄰國乎？定公在魯文、宣之時，作「定」爲是。愚謂容居，徐使者之名也。雜記諸侯相含，使者致命曰「寡君使某含」。今容居不用此辭，而曰「使容居坐含，進侯玉」，蓋天子遣使致含於諸侯之辭也，故邾之有司以其非禮而辭之。易，謂簡略。于，謂廣大。易則易者，謂大夫來弔，位卑而簡易，則行簡易之禮。于則于者，謂諸侯來弔，位尊而廣大，則行廣大之禮也。容居，列國之臣，今乃自比天子之大夫，以敵諸侯，是易、于之禮雜也。徐入春秋爲小國，僖二年始見經，旋以從齊爲楚所伐。其後依倚吴、楚之間，非敢僭擬天子者，蓋其先世曾强大僭竊，後世相習而不知其非耳。○鄭氏謂「君行則親含，大夫歸含」，非也。諸侯於鄰國之喪皆遣使，無自弔、含之禮。曹宣公卒於師，諸侯請含，因在會偶爲之耳，非常典也。孔疏謂「親致璧於柩及殯上，謂之親含；若但致命，以璧授主人，謂之不親含」，亦非也。鄰國弔、含之使，其至必在襲、斂之後，疏見註「親含」之説不可通，故爲此説以曲護之。然雜記致含惟有委諸殯東南隅之禮，無所謂親含不親含之别也。容居之見辭於邾人，以其辭之僭擬天子，非以其親含也。視下文言「無所不用斯言」，則當時之所争者可見矣。

容居對曰：「容居聞之：事君不敢忘其君，亦不敢遺其祖。昔我先君駒王，西討濟於河，無所不用斯言也。容居，魯人也，不敢忘其祖。」

鄭氏曰：駒王，徐先君僭號，容居其子孫也。濟，渡也。言西討渡於河，廣大其國。魯，魯鈍也〔一〕。言魯鈍者，欲自明不妄。　愚謂無所不用斯言者，謂無所不用此天子致命於諸侯

〔一〕「魯」字原本不重，據禮記注疏補。

之辭也。

子思之母死於衛，赴於子思，子思哭於廟。門人至，曰：「庶氏之母死，何爲哭於孔氏之廟乎？」子思曰：「吾過矣！吾過矣！」遂哭於他室。

鄭氏曰：子思之母，嫁母也，姓庶氏。嫁母與廟絶族。方氏慤曰：他室，異室也。愚謂子思之母嫁庶氏，非姓庶氏也。爲嫁母無服，蓋當申心喪十五月歟？

天子崩，三日，祝先服；五日，官長服；七日，國中男女服；三月，天下服。

鄭氏曰：祝佐含、斂，先服〔一〕。官長，大夫士。國中男女，庶人。天下服，諸侯之大夫也。孔氏曰：祝，大祝、商祝也。服，服杖也。杖是喪服之數，故呼爲服。祝佐含、斂，先病，故先杖。若子，亦三日而杖也。官長服，亦服杖也，服在祝後，故五日也。國中男女者，謂畿内民及庶人在官者，服謂齊衰三月而除之。必待七日者，天子七日而殯，殯後嗣王成服，故民得成服也。三月天下服者，謂諸侯之大夫爲王繐衰，既葬而除之也。近者亦不待三月，今據遠者爲言耳。然四條皆云「服」，可以知其或杖服或衰服？案喪大記云：「君之喪，三日，

〔一〕「服」，禮記注疏作「病」。

子夫人杖；五日既殯，授大夫世婦杖。」又喪服四制云「三日授子杖，五日授大夫杖，七日授士杖」，則知今云「三日」「五日」是服杖明矣。其七日及三月者，唯服而已，無杖。愚謂五日官長杖，官長，達官之長，謂卿大夫也。若士，則七日而杖，喪服四制「七日授士杖」是也。若諸侯之喪，則士與大夫同以五日而杖，以諸侯五日成服，無不杖者也。此及喪大記皆不言士者，文略也。

虞人致百祀之木，可以爲棺椁者斬之。不至者，廢其祀，刎其人。釋文：刎，勿粉反，徐亡粉反。

鄭氏曰：虞人，掌山澤之官。百祀者，畿内百縣之祀也。孔氏曰：百祀，畿内諸臣采地之祀也。言百者，舉其全數也。既殯旬而布材，故虞人斬百祀之木可以爲周棺之椁者送之。必取祀木者，賀瑒云：「君者德著幽顯，存則人神均其慶，没則靈祇等其哀也。」吳氏澄曰：廢其祀，刎其人，蓋設此辭以令之，以見王喪尤重於神祀，如誓師而曰「無敢不供，女則有大刑」，是也。愚謂爲椁必斬百祀之木者，蓋社木神之所憑，常時不伐，以其歲久而高大也。

齊大饑，黔敖爲食於路，以待餓者而食之。有餓者蒙袂輯屨，貿貿然來，黔敖

左奉食，右執飲，曰：「嗟，來食！」揚其目而視之，曰：「予唯不食嗟來之食，以至於斯也。」從而謝焉。終不食而死。曾子聞之，曰：「微與！其嗟也可去，其謝也可食。」釋文：饑，本又作「飢」，同。黔，其廉反，徐渠嚴反。而食、奉食，同音嗣。貿，徐亡救反，又音茂，一音牟。奉，芳勇反。與音餘。

鄭氏曰：蒙袂，不欲人見也。輯，斂也。斂屨，力憊不能屨也。貿貿，目不明之貌。嗟來食，雖閔而呼食之，非敬辭也。從猶就也。微猶無也。無與，止其狂狷之辭。陳氏澔曰：微與，猶言細故末節。謂嗟來之言雖不敬，然亦非大過，故其嗟雖可去，其謝則可食矣。吳氏澄曰：曾子之言，得中之道。餓者之操，賢者之過也。

邾婁定公之時，有弑其父者，有司以告。公瞿然失席曰：「是寡人之罪也。」曰：「寡人嘗學斷斯獄矣：臣弑君，凡在官者，殺無赦。子弑父，凡在宫者，殺無赦。殺其人，壞其室，洿其宫而豬焉。」蓋君踰月而后舉爵。釋文：殺，本又作「弑」，同式志反。瞿，本又作「懼」，紀具反。斷，丁亂反。殺其，如字。壞音怪。洿音烏。豬音誅。

鄭氏曰：定公，貜且也，魯文公十四年即位。民之無禮，不教之罪。弑父弑君，其罪無赦，諸臣子孫皆得殺之。壞其室，洿其宫，明其大逆，不欲人復處之。豬，都也，南方謂都爲豬。

踰月舉爵，自貶損也。孔氏曰：臣之弑君，凡在官之人，無問貴賤，皆得殺此弑君之人。子之弑父，凡在宫者，無問尊卑，皆得殺此弑父之人也。

晉獻文子成室，晉大夫發焉。張老曰：「美哉輪焉！美哉奂焉！歌於斯，哭於斯，聚國族於斯。」文子曰：「武也得歌於斯，哭於斯，聚國族於斯，是全要領以從先大夫於九京也。」北面再拜稽首。君子謂之善頌、善禱。釋文：奂音喚，本亦作「焕」。要，一遥反。京音原。

鄭氏曰：文子，趙武也。作室成，晉君獻之，謂賀也。諸大夫皆發禮以往。輪，輪囷，言高大。奂，言衆多。心譏其奢也。祭祀、死喪、燕會於此足矣。言此者，欲防其後復爲。全要領者，免於刑誅也。晉卿大夫之墓地在九原，京蓋字之誤，當爲「原」。善頌，謂張老之言。善禱，謂文子之言。禱，求也。孔氏曰：輪，謂輪囷高大。奂，謂奂爛衆多。既高又多文飾，故重美之。領，頸也。古者罪重要斬，罪輕頸刑。愚謂獻文蓋二謚也。歌，謂祭祀作樂。哭，謂居喪哭泣。聚國族，謂與國中僚友及宗族聚會飲食也。頌者，稱人之美。禱者，祈己之福。張老因頌寓規，故爲善頌；文子聞義則服，故爲善禱。

仲尼之畜狗死，使子貢埋之，曰：「吾聞之也：敝帷不棄，爲埋馬也；敝蓋不

棄，爲埋狗也。丘也貧，無蓋，於其封也，亦予之席，毋使其首陷焉。」路馬死，埋之以帷。釋文：畜，許六反，又許又反。貢，本亦作「贛」，音同。爲，于僞反。封，彼劍反，出注。

鄭氏曰：畜狗，馴守。封當爲「窆」。陷，謂没於土。路馬，君所乘者。其他狗馬不能以帷蓋。方氏慤曰：魯昭公乘馬塹而死，以帷裹之。愚謂埋之以帷，則不以其敝者也。記者因孔子之事，而并及埋路馬之法。蓋犬馬皆有力於人，故其死而埋之也，猶有恩焉。而或帷或蓋，或敝或不敝，大小輕重之差亦寓乎其間矣。

季孫之母死，哀公弔焉。曾子與子貢弔焉，閽人爲君在，弗内也。曾子與子貢入於其廄而脩容焉。子貢先入，閽人曰：「鄉者已告矣。」曾子後入，閽人辟之。涉内霤，卿大夫皆辟位，公降一等而揖之。君子言之曰：「盡飾之道，斯其行者遠矣。」釋文：内音納。鄉，許亮反。辟音避。○今按：辟之，辟當音闢，婢亦反。

閽人，掌門者。不内二子者，君弔，方與主人哭踊之時，於禮不得内弔賓也。入於廄而脩容者，敬君而更自整攝也。鄉者已告者，君行弔禮畢，已告於擯者而内之也。辟之，爲之辟也。周禮閽人「凡命夫命婦之出入，則爲之辟」，則弔賓入而辟之者，閽人之職然也。内霤，大門之内霤水處也。喪大記：「君於外命婦，既加蓋而後至。」哀公弔時，即位於阼，主人在中庭北面。既哭拜稽顙成踊，主人乃就西階東北面視殯。若卿大夫，則斂時升堂視斂，既斂而復東方西面之位。二子，士也，其位在西方東面，時二子以君在阼而就之，故既入門，折而東行，又折而北行。於其北行而及内霤也，卿大夫在西面之位皆辟之，二子進而就君，君降一等揖之，乃退就己之弔位也。當時之君子，以二子脩容而君大夫敬之，故有盡飾行遠之説。然不知二子之所以見敬者，以君大夫素知其賢，而非一時脩容之故也。

陽門之介夫死，司城子罕入而哭之哀。晉人之覘宋者反報於晉侯曰：「陽門之介夫死，而子罕哭之哀，而民説，殆不可伐也。」孔子聞之曰：「善哉覘國乎！詩云：『凡民有喪，扶服救之。』雖微晉而已，天下其孰能當之？」釋文：説音悦。扶服，並如字。又上音蒲，下音蒲北反。本又作「匍匐」，音同。

鄭氏曰：陽門，宋國門名。介夫，甲衛士。宋以武公諱司空爲司城。子罕，戴公子樂甫術之後樂喜也。覘，闚視也。微猶非也。孔子善其知微。　愚謂覘者以子罕能得人心，故知其不可伐。孔子善之者，以其能即小以知大也。子罕能哀一介夫之喪，則其平日之恩澤及於民者必深矣，非獨晉而已，雖天下有更强於晉者，亦無能當之。守國者不在於甲兵之利，山谿之險，而在人心之和，於此可見矣。　然按左傳襄公九年：「宋灾，樂喜爲司城以爲政。」是時晉、宋方睦，晉安得有伐宋之謀？記言恐誤。

魯莊公之喪，既葬，而絰不入庫門。士大夫既卒哭，麻不入。

鄭氏曰：時子般弒，慶父作亂，閔公不敢居喪，葬已，吉服而反，正君臣，欲以防遏之，微弱之至。羣臣畢虞卒哭，亦除喪也。　吳氏澄曰：莊公薨，歷十一月始葬。時閔公幼弱，莊夫人外淫，慶父謀簒立，不君生君，因亦不天死君，故不令閔公服父喪三年。至閔二年五月，距莊公之薨二十二月，遽行吉禘。後年八月，慶父弒閔公矣。　愚謂如鄭氏之説，則是莊公之喪，閔公既葬即除，羣臣既卒哭即除，則是喪不至期，其爲短喪也甚矣。魯爲秉禮之國，雖國家多故，豈有服其君父不至期者？且莊公以二十二月吉禘，春秋尚書以譏之，若果以期喪服先君，則其失禮視吉禘爲尤甚，春秋何反不書？且果如鄭氏之説，則記於閔公當云「既葬而除」，不當但云「絰不入」；於羣臣當云「卒哭而除」，不當但云「麻不入」也。云「絰不入」，則猶有帶矣；云「麻不入」，則猶有葛矣。按春秋閔公二年：「夏五月乙酉，吉禘於莊公。」吉禘者，禫除踰月，新主遷於廟而行吉祭也。杜預謂「莊公別立廟而吉禘」，胡氏謂「行禘祭於寢」，皆非是。喪以二十五月大祥，二十七月而禫，踰月始吉祭。莊公之喪，以二十二月吉禘，視常禮短六月，是其祥、禫之期有不能如禮者。春秋書吉禘之速，則其喪制之短固可見矣。然謂服期而除，則恐不然。疑閔公既以十一月除首絰，遂以二十一月除要絰衰杖，至二十二月禫祭既畢，而遂行吉祭與？至莊公之喪，所以不能如禮者，鄭氏謂閔公急「正君臣」，吴氏謂慶父「不天死君」，則是時閔公幼弱，而慶父專政，吴氏之説爲得其情。又按鄭氏喪服「斬衰」章註云：「斬衰不書受月者，天子、諸侯、卿、大夫、士虞、卒哭異數。」又「齊衰三年」章註云：「齊衰不書受月者，亦天子、諸侯、卿、大夫、士虞、卒哭異數。」又「大功」章註云：「凡天子、諸侯、卿、大夫既虞，士卒哭，而受服。」今以莊公之喪觀之，其葬也以十一月，其吉禘也以二十二月，而喪主以既葬便除首絰，可謂不如禮之甚者。然而羣臣變麻服葛，猶必以卒哭，則諸侯受服亦以卒哭，於此可見，而天子亦當無異禮矣。所以喪服於斬衰、齊衰之喪不言受服者，蓋自大功以下，卒哭受服，喪畢而除，卒哭以後，更無他服，而齊、斬之服，卒哭受服以後，有練、祥、禫變除之節，專言卒哭受服則不該，兼言練、祥、禫之服則文繁，此齊、斬之喪之所以不書受服也。

孔子之故人曰原壤，其母死，夫子助之沐椁。原壤登木曰：「久矣予之不託於音也。」歌曰：「貍首之斑然，執女手之卷然。」夫子爲弗聞也者而過之。從者曰：「子未可以已乎？」夫子曰：「丘聞之：親者毋失其爲親也，故者毋失其爲故也。」釋文：女，如字，徐音汝。卷音權，本又作「拳」。從，才用反。

鄭氏曰：沐，治也。木，椁材也。託，寄也。謂叩木以作音。孔氏曰：貍首之斑然，言斲椁材，文采似貍之首。執女手之卷然，言孔子手執斧斤，如女子之手，卷卷然而柔弱。劉氏曰：貍首之斑，言木文之華。女手之卷，言沐椁之滑膩。吴氏澄曰：此舊歌辭而壤歌之耳，非壤自作此歌也。愚謂歌辭之義不可知，然壤歌此，必有疑義，劉氏之説爲近是。已，絶也。從者以壤無禮已甚，欲夫子絶之。夫子以爲親故之人雖有過失，未可遽失其爲親故，隱惡以全交也。○或問朱子：「原壤登木而歌，夫子爲弗聞而過之，及其夷俟，則以杖叩脛，莫大過否？」曰：「如壤之歌，乃是大惡，若要理會，不可但已，只得且休。至其夷俟，不可不教誨，故直責之，復叩其脛，自當如此。若如今説，則是不要管他，卻非朋友之道矣。」愚謂原壤母死而歌，與子桑户死，孟子反、琴張臨喪而歌相類，蓋當時爲老氏之學者多如此。然壤之心實非忘哀也，特以爲哀痛在心而禮有所不必拘耳，故夫子原其心而略其迹，而姑以是全其交也。若朝死夕忘，曾鳥獸之不若者，聖人豈容之哉？

趙文子與叔譽觀乎九原。文子曰：「死者如可作也，吾誰與歸？」

鄭氏曰：叔譽，叔向也，晉羊舌大夫之孫，名肸。作，起也。愚謂吾誰與歸，言吾將以誰爲賢而歸之也。

叔譽曰：「其陽處父乎？」文子曰：「行并植於晉國，不没其身，其知不足稱也。」釋文：父音甫。行，舊下孟反，皇如字。并，必正反。植，直吏反，又時力反。知音智。○鄭註：植，或爲「特」。

鄭氏曰：陽處父，襄公之大傅。并猶專也。謂剛而專己，爲狐射姑所殺。没，終也。愚謂并者，兼攬衆權；植者，獨立己意。處父以此招衆怒而殺其身，是無保身之知，不足爲賢也。

「其舅犯乎？」文子曰：「見利不顧其君，其仁不足稱也。」

鄭氏曰：謂久與文公辟難，至將反國，無安君之心，及河授璧，詐請亡，要君以利是也。愚謂舅犯圖利其身，而不顧君位之未定，是無愛君之仁，不足爲賢也。

我則隨武子乎！利其君，不忘其身；謀其身，不遺其友。」晉人謂文子知人。

鄭氏曰：武子，士會也，食邑於隨、范，字季。愚謂有愛君之仁而不忘其身則知，有謀身之知而不遺其友則仁，故文子以爲賢而歸之。謂文子知人者，所論賢否得其當也。○孔氏曰：文七年士會與先蔑俱迎公子雍，「在秦三年，不見先蔑。」及士會還晉，遂不見先蔑而歸。是遺其友，而云「不遺」者，彼謂共先蔑俱迎公子雍，懼其同罪，禍及於己，故不見之，非無故相遺也。　愚謂晉趙盾使先蔑迎公子雍，蔑蓋與於立雍之謀者，故晉立靈公而先蔑奔秦。士會非與謀立雍，可以不必出奔，而從蔑奔秦，所謂「不遺其友」也。　至其在秦不見先蔑，所以明其無相私黨之心，既以自明，而亦所以全蔑，亦不得爲遺其友也。

文子其中退然如不勝衣，其言吶吶然如不出諸其口。所舉於晉國，管庫之士七十有餘家，生不交利，死不屬其子焉。　釋文：追然，音退，本亦作「退」。勝音升。吶，如悦反，徐奴劣反。屬音燭。○鄭註：退，或爲「妥」。

鄭氏曰：中，身也。鄉射記曰：「弓二寸以爲侯中。」退，柔和貌。吶吶，舒小貌。管，鍵也。庫，物所藏。管庫之士，府史以下，官長所置也。舉之於君，以爲大夫士。生不交利，廉也。死不屬其子，潔也。　陳氏澔曰：雖有舉用之恩於人，而生則不與之交利，將死，亦不以其子屬之，廉潔之至。　愚謂趙文子之爲人，亦可謂賢者，然以宮室之侈，肆夏之僭，見譏於世。蓋其天姿雖美，而未嘗學問，生僭侈之世，相習成風，而不自知其非也。

叔仲皮學子柳。叔仲皮死，其妻魯人也，衣衰而繆絰。叔仲衍以告，請繐衰而環絰，曰：「昔者吾喪姑、姊妹亦如斯，末吾禁也。」退，使其妻繐衰而環絰。

釋文：學，户教反。衣衰，依註衣作「齌」，音咨。繆，依註讀曰樛，居虯反。喪，如字。○鄭註：衍，或爲

「皮」。

鄭氏曰：叔仲皮，魯叔孫氏之族。學，教也。子柳，仲皮之子。衣當爲「齎」，壞字也。繆，當爲「不樛垂」之樛。齊衰、繆絰，士妻爲舅姑之服也。言其妻雖魯鈍，其於禮勝學。叔仲衍以告，告子柳，言此非也。衍蓋皮之弟。繐衰，小功之縷而四升半之衰。時婦人好輕細而多服此者，衍既不知禮之本，子柳亦以爲然，而請於衍，使其妻服之。姑、姊妹在室齊衰，與婦爲舅姑同。愚謂樛，結也。樛絰，以繩一條，自額向後而交結於項也。環絰，爲之如環，以加於首也。舊説謂環絰一股，非也。繩必兩股而後能固結，凡絰皆然；一股者，不可以爲絰也。喪服傳曰：「長殤九月，纓絰；中殤七月，不纓絰。」又喪服「大功」章曰：「牡麻、纓絰。」絰之有纓者止於大功九月，則自小功以下絰皆不纓矣。不纓者，其環絰歟？樛之，故垂其餘以爲纓；爲之如環，故無纓。則樛絰者，大功以上之絰；環絰者，小功以下之絰也。舊説謂環絰專用於弔服，亦非也。此爲舅環絰，其大小疑亦如齊衰之絰，但爲之如環而不樛耳。繐衰四升有半，與齊衰之升數略相似，而其縷輕細，環絰無纓，亦視樛絰爲差善，故當時多服之。叔仲衍習見當時所服，反以齊衰、樛絰爲非，子柳亦以衍之言爲然，而請改之。姑、姊妹在室齊衰，與婦爲舅姑同。子柳言己昔服姑、姊妹亦如斯，無有禁止我者，以見其可服也。於是退使其妻繐衰而環絰，言衍與子柳之不知禮。

成人有其兄死而不爲衰者，聞子臯將爲成宰，遂爲衰。成人曰：「蠶則績而蟹有匡，范則冠而蟬有緌，兄則死而子臯爲之衰。」釋文：成，本或作「郕」，音承。

鄭氏曰：蚩兄死者，言其衰之不爲兄死，如蟹有匡，蟬有緌，不爲蠶之績，范之冠也。范，蜂也。蟬，蜩也。緌，謂蟬喙長在腹下。　孔氏曰：成人不爲兄服，聞子臯至孝，來爲成宰，必當治不孝之人，故懼而制服。蟹，背殼似匡。范，蜂也。蜂頭上有物似冠也。蟬喙長在腹下，似冠之緌。蠶則須匡以貯絲，而今無匡，蟹背有匡，匡自著蟹，非爲蠶設。蜂冠無緌，而蟬口有緌，緌自著蟬，非爲蜂設。亦如成人兄死，初不作衰，而後畏子臯，方爲制服，服是子臯爲之，非爲兄施，亦猶蟹匡蟬緌，各不關於蠶蜂也。　應氏鏞曰：此謡雖以戲夫民之爲服者不出於誠心，實以喜子臯之孝足以感不友不悌之俗。故周公之告康叔，以克敬典爲急；而分正東郊，必以孝友之君陳。風化之機，不在多也。

樂正子春之母死，五日而不食，曰：「吾悔之。自吾母而不得吾情，吾惡乎用吾情。」釋文：惡音烏。

鄭氏曰：子春，曾子弟子。惡乎，猶於何也。　孔氏曰：禮不食三日。子春悔不以實情，勉强至五日。言自吾母死而不得吾實情，更於何處用吾之實情乎？　愚謂曾子居喪，水漿不入口者七日，子春學於曾子者也，故其喪母也，五日而不食，皆賢者之過也。然曾子則出乎至情，而非有所勉强，子春則勉强以求過禮，而情或有所不逮矣，故以不用其情爲悔也。

歲旱，穆公召縣子而問然，曰：「天久不雨，吾欲暴尫而奚若？」曰：「天則不雨，而暴人之疾子，虐，毋乃不可與！」釋文：縣音懸。繆音穆。雨，于付反。暴，步卜反。尫，烏光反。暴人之疾子，一讀以「子」字向下。與音餘。○鄭註：凡穆，或作「繆」。

鄭氏曰：然之言焉也。尫者面鄉天，覬天哀而雨之。錮疾，人之所哀，暴之是虐。杜氏預曰：尫者，病瘠之人，其面鄉上。

「然則吾欲暴巫而奚若？」曰：「天則不雨，而望之愚婦人，於以求之，毋乃已疏乎！」

鄭氏曰：已猶甚也。巫主接神，亦覬天哀而雨之。春秋傳説巫曰：「在女曰巫，在男曰覡。」周禮女巫：「旱暵則舞雩。」孔氏曰：天道遠，人道近。天則不雨，而望於愚鄙之婦人，欲暴之以求雨，甚疏遠於道理矣。按楚語「民之精爽不攜貳者」，始得爲巫，而云「愚婦人」者，據末世之巫，非復是精爽不携貳者也。

「徙市則奚若？」曰：「天子崩，巷市七日；諸侯薨，巷市三日。爲之徙市，不

亦可乎！」釋文：爲，于僞反。可，或作「善」。

鄭氏曰：徙市者，庶人之喪禮。今徙市是憂戚於旱，若喪。孔氏曰：天子諸侯之喪，庶人憂慼，無復求覓財利，要有必須之物不得不求，故於邑里之内而爲巷市。陳氏澔曰：徙市，以居喪之禮自責也。縣子以其求諸己而不求諸人，故可其説。然僖公以大旱欲焚巫、尪，聞臧文仲之言而止；縣子不能舉其説以對穆公，而謂徙市爲可，則亦疏矣。

孔子曰：「衛人之祔也離之。魯人之祔也合之，善夫！」釋文：夫音扶。

鄭氏曰：祔，合葬也。離之，有以閒其槨中。善夫，善魯人也。祔葬當合。孔氏曰：衛人離之者，象生時男女須隔居處。魯人合之者，言死異於生，不須復隔，「穀則異室，死則同穴」，故善魯之祔也。愚謂離之者，穿爲二壙，夫婦之棺槨各藏一壙也。合之者，穿一壙，而以夫婦之棺槨合藏於其中也。離之則乖祔之義，故孔子善魯。

禮記卷十二

王制第五之一　别録屬制度。

鄭氏曰：名王制者，以其記先王班爵、授禄、祭祀、養老之法度。孔氏曰：王制之作，蓋在秦漢之際。下文云「正聽之」，鄭云「漢有正平丞〔一〕，秦所置」，又有「古者以周尺，今以周尺」之語，則知是周亡之後也。秦昭王亡周，故鄭答臨碩云：「孟子當赧王之時，王制之作，又在其後。」盧植云：「漢孝文皇帝令博士諸生作王制。」愚謂史記言漢文帝「令博士刺六經作王制，謀議封禪巡守事」，則此篇作於漢時明矣。其中言封建、授田、巡守、朝覲、喪祭、田獵、學校、刑政，皆王者之大經大法，然獨封禪不見於篇中，豈亦二戴之所删去與？漢人採輯古制，蓋將自爲一代之典，其所採以周制爲主，而亦或雜有前代之法，又有其所自爲損

〔一〕「丞」，原本作「承」，據王制之三「正聽之」句鄭注改。

益，不純用古法者。鄭氏見其與周禮不盡合，悉目爲夏、殷之制，誤矣。

王者之制禄爵，公、侯、伯、子、男，凡五等。諸侯之上大夫卿、下大夫、上士、中士、下士，凡五等。

釋文：王者，如字，徐于況反。

鄭氏曰：禄，所受食也。爵，秩次也。愚謂王者之制禄爵，此一句爲下文之綱領。此節所言，制爵之法也。自「天子之田」以下，至「小國之君十卿禄」，制禄之法也。爵定而後禄之輕重隨之，故先言爵而後言禄也。上五等，爵之通於天下者，不及天子者，尊王也。下五等，爵之施於一國者，不及君者，尊君也。上大夫卿者，言上大夫即卿也。周禮大夫與士皆有上、中、下，此上大夫以下惟有下大夫者，蓋在王國則三等之士殊命，而中、下大夫同命，在侯國則三等之士命雖同，而禄則異，中、下大夫命既同而禄亦同，故士區爲三等，而大夫則以中從下而止爲二等也。此制禄爵之説，本取諸孟子，而稍有與孟子不同者，則漢人所欲斟酌而變通之者也。

天子之田方千里，公侯田方百里，伯七十里，子男五十里。不能五十里者，不合於天子，附於諸侯，曰附庸。

鄭氏曰：不合，謂不朝會也。小城曰附庸。附庸者，以國事附於大國，未能以其名通也。

愚謂田猶地也。方千里者，縱横皆千里也。凡言方者，不必正方。積方百里者百，則爲方千里；積方十里者百，則爲方百里；積方十里者四十九，則爲方七十里；積方十里者二十五，則爲方五十里也。庸與墉同，城也。附墉不成國，不能自通於天子，而附屬於諸侯也。下文云「天子大夫之田視子男，元士視附庸」，「諸侯大夫之禄倍上士」，則天子大夫之地亦當倍元士。以此推之，則子男之地倍附庸，而附庸半子男之地，蓋爲地方二十五里，又方一里者二十五也。天子之地百倍於公侯，此即君十卿禄之法，而又十之者也。公侯之地倍伯，伯之地倍子男，子男倍附庸，此即大夫與上中下士之禄遞相倍之法也。蓋一則取其形勢之足以相維，一則取其貢賦之足以相給也。○朱子語類：直卿問：「封國之制，孟子所言如何與周制不合？」曰：「先儒以孟子所言是夏、殷制，周禮是成王時制。陳君舉言封疆方五百里，以周遭言，其徑止一百五十里。如此則男國止似一耆長，如何建國？職方氏所載千里四公，千里六侯之類，極分明。」直卿因問：「武成『分土惟三』，與孟子所言似合。」曰：「武成是初得天下，事勢未定，且大概建立規模。孟子未見周禮，不可以此破司徒職封國之制。」　愚謂孟子王制言五等封地，以百里、七十里、五十里爲三等，武成亦言「分土惟三」，此自唐、虞、夏、商以迄於周初之舊制也。周禮大司徒：「公之地方五百里，其食者半；侯之地方四百里，其食者三之一；伯之地方三百里，其食者三之一；子之地方二百里，其食者四之一；男之地方百里，其食者四之一。」此周公所立之法也。孟子王制所言，除山川附庸而計之者也，故曰「名山大澤不以封」。周禮所言，兼山川附庸而計之者也，故魯頌言「大啟爾宇」，「錫之山川，土田附庸」。以魯頌及左傳觀之，晉、宋、齊、魯諸國土地甚廣，必皆不止百里，而子産言周制列尊貢重，亦與大司徒公「食者半」，侯伯「食者三之一」，子男「食者四之一」相合。然孟子之告北宫錡、慎子，及子産答晉人言「大國一同」，皆以舊制爲言者，蓋周公雖立爲此法，然必諸侯之有廢滅削奪者，然後可以其地增封，齊既封而蒲姑氏滅以益齊，魯既封而奄滅以益魯。不然，則雖欲益封，而勢有不可得而行者，故或仍其舊而未能益，或益之而未能及乎其數，其能如大司徒之所言者寡矣。鄭氏不察乎此，而以爲周公實已增封，則鑿爲「斥大九州」之説，欲言周公「斥大九州」，則又鑿爲「殷承夏末，封疆僅方三千里」之説，而展轉而益其繆矣。

天子之三公之田視公侯，天子之卿視伯，天子之大夫視子男，天子之元士視附庸。

視，比也。元士，上士也。周禮載師：「以家邑之田任稍地，以小都之田任縣地，以大都之田任畺地。」大都，公之田也。小都，卿之田也。家邑，大夫與元士之田也。公之田倍卿，卿之田倍大夫，大夫之田倍元士，中士下士不必皆有田。以公卿以下遞相倍之法推之，其受禄之差亦可得而見矣。○大國之卿四大夫禄，而天子之卿僅倍大夫，何也？蓋侯國大夫之禄本少，故大國之卿必四之而乃足；天子大夫之田已優，故卿第倍之而有餘。此言卿大夫元士受地，皆視孟子而遞降一等，則漢人之所欲變而通之者也。○胡氏渭曰：天子之大夫，雖曰縣内諸侯，而實無五等之號。視公侯，視伯，視子男，視猶比也，謂其禄秩與之等而已。春秋所書王臣來接於我者，如南季、榮叔之類，先儒以季、叔爲字無異説矣，惟公、伯、子與五等之號相混；祭公、州公、周公亦皆以爲天子之三公，獨子、伯之説互異。其曰「伯」者，公羊以爲天子之大夫，穀梁以爲寰内之諸侯，是亦以伯爲五十之字也。至杜預注左傳，於祭伯、凡伯、單伯皆曰「伯爵」，而伯於是乎始爲爵矣。其曰「子」者，公羊、穀梁無説，杜於蘇子云「周卿士」，於單子云「王官伯」，於尹子云「王卿士」，是亦與公、穀無異。而又於「尹子，王卿士」下云「子爵」，成十七年「單子」註云「單伯稱子，蓋降稱」，則復以子爲爵矣。學者多宗杜氏，遂謂周畿内有伯、子之爵。至宋趙鵬飛據黎錞之説，以伯與叔、季皆爲字，人以其晚出而疑之。余考穀梁范註，於凡伯、渠伯糾、單伯、毛伯，皆以伯爲字，不以爲爵。范去杜未遠，已不從其説，奚待黎錞乎？王臣稱子，自文十年蘇子始。子者，男子之美稱，蓋文、宣以後尊王卿士之稱，非五等之子也。天子之公、卿、大夫、元士，禄視外諸侯，而無五等之封，虞及商、周末之或改也。

制農田百畝，百畝之分，上農夫食九人，其次食八人，其次食七人，其次食六人，下農夫食五人。庶人在官者，其禄以是爲差也。釋文：分，扶問反。食音嗣，徐音自。差，初佳反，徐初宜反。○鄭註：分，或爲「糞」。

制者，言自庶人在官，上迄於君，其頒禄之制也。先言農田者，以其爲禄之所自準而起也。所食多者，地美而力勤也。所食寡者，地惡而功寡也。庶人在官，府、史、胥、徒之屬也。其禄以是爲差者，以是農夫所食之多寡爲等級也。周禮疏謂「下士視上農夫，食九人」，則府食八人，史食七人，胥食六人，徒食五人是也。○小司徒授地爲三等，以所耕之肥瘠爲差者也。王制之所食有五等，以所收之多寡爲差者也。其所以不同者何也？蓋上地百畝，必可任者三人乃能耕之；中地百畝，必可任者二家五人乃能耕之；下地百畝，必可任者二人乃能耕之。其或受上地而家過乎七人，受中地下地而家過乎六人五人者，則擇其餘夫之長者而授以二十五畝之田；其人口減損者，亦但退其餘夫之田。如此則田固不必歲更，而多寡無不均矣。故雖家有不止七人者，而上地止以家七人爲斷也。一家之中，除老幼者一人，其餘男女各半，約家五人，乃有可任者二人。故雖有夫有婦，而未至於五人，則亦但助其家長以耕，而受餘夫之田焉。故雖家有不及五人者，而下地必以家五人爲率也。其糞多而力勤，則受上地者可食九人，中地可食八人，下地可食七人，視其七人、六人、五人者而恒歲餘二人之食焉，所謂「耕三年則有一年之食」也。若人功不至，則上地、中地、下地適足以食乎七人、六人、五人而止。此所以授地有三等而所食者五等也。庶人在官者之禄，以四等爲差，而其家之人數，則不可以五人、六人、七人、八人爲限。至下士之禄視上農夫，而又有圭田五十畝，雖視庶人在官者爲稍優，然其吉凶禮俗之費，又非庶人在官者之所可例。是皆將不免於不足之患，是以又有士田、官田之授。漢書食貨志云：「士、工、商受田，五口乃當農夫一人。」度庶人在官者之受田，其法亦如是歟？庶人在官者之禄，當以賈氏之説爲確。蓋自徒以至下士，遞加以一人之食；自下士以至大夫，遞加以一倍之禄，卿之禄視大夫，則倍之、三之、四之，君之禄視卿，則十之，制禄之差然也。至府、史、胥、徒之有賢否勤惰，則馭吏之法在，非制禄之所及也。

諸侯之下士視上農夫，禄足以代其耕也。中士倍下士，上士倍中士，下大夫倍上士。卿四大夫祿，君十卿祿。次國之卿，三大夫祿，君十卿祿。小國之卿，倍大夫祿，君十卿祿。

徐氏曰：下士田百畝，中士二百畝，上士四百畝，大夫八百畝。大國卿三千二百畝，君三萬二千畝；次國卿二千四百畝，君二萬四千畝；小國卿一千六百畝，君一萬六千畝。朱子曰：君以下所食之祿，皆助法之公田，藉庶人之力以耕而收其租。士之無田與庶人在官者，則但受祿於官，如田之入而已。又曰：君十卿祿，君所私用。若貢賦、賓客、朝聘、祭享，別有公儲。愚謂大夫田八百畝，以不易、一易、再易通率之，爲十六井之公田，一邱之地也。小國卿二邱，次國卿三邱，大國卿四邱，則一成之地也。君卿之祿厚，故三等之國，視地之大小而區殺之。大夫以下祿薄，不可復殺，故三等之國同也。○此言諸侯卿大夫之祿止於如此，而又有所謂百乘之家者何也？蓋有千乘之國，乃有百乘之家。斯制也，蓋起於周公擴大諸侯之後，而亦惟魯、衛、齊、晉諸大國已益封土者乃能有之與？

次國之上卿，位當大國之中，中當其下，下當其上大夫。小國之上卿，位當大國之下卿，中當其上大夫，下當其下大夫。

鄭氏曰：此諸侯使卿大夫頫、聘並會之序也。孔氏曰：同是卿，則小國卿在大國卿下；

大國是大夫，小國是卿，則卿在大夫上。知者，以卿執羔，大夫執雁，卿希冕，大夫玄冕，卿不得在大夫下也。　愚謂大國，公也；次國，侯伯也；小國，子男也。蓋制禄則侯上而從公，同爲百里，故公侯皆爲大國；制爵則侯下而從伯，同爲七命，故侯伯並爲次國。上大夫，謂下大夫之上者，大射禮所謂「小卿」是也。此一節又申言制爵之事也。

其有中士下士者，數各居其上之三分。

徐氏師曾曰：此當在「上士二十七人」之下，錯簡在此。　愚謂註疏以此節爲命士出會之禮，謂「次國之上士當大國之中，中當其下，小國之上士當大國之下」，於文義既不分曉，且上節止言「下大夫」，未及上士，不當遽以中士下士爲言也。徐氏之説爲是。中士下士，謂其屬於三卿之下者也。數各居其上之三分者，謂三卿之下，中士下士各三倍其上士之數也。三卿而上士二十七人，每卿九人，則中士下士每卿二十七人也。

凡四海之内九州。州方千里，州建百里之國三十，七十里之國六十，五十里之國百有二十，凡二百一十國。名山、大澤不以封，其餘以爲附庸、間田。八州，州二百一十國。釋文：間音閑。

鄭氏曰：名山、大澤不以封者，與民共財，不得障管，亦賦税之而已。　愚謂此言畿外八州，每州之内所封之國數也。然立法如此，至其行之，須有變通。蓋州有廣狹，山川形勢有迂曲，不必皆整如棋局，亦不必每州封國必取足於此數而不可增減也。名山、大澤不以封，一則恐其專財利而不與民同，一則恐其據險阻而易於負固也。周禮夏官有山師、川師，賈疏云：「名山、大澤不以封，故天子設官以專掌之。」又立政云：「夷、微、盧烝，三亳阪尹。」阪險之地立尹，蓋即主山、澤之險阻者與？畿外之間田，天子亦當遣吏治之，三亳等之尹，其即主治間田者與？○朱子曰：封國之制，只是漢儒立下一箇算法。九州之地，冀州極闊，河東、河北皆屬焉。雍州亦闊，陝西五路皆屬焉。若青、兖、徐、豫，則疆界有不足者矣。設如夏時封建之國，至商革命，必削其多者以與少者，則彼未必服，或以生亂。又如周襄王以原田與晉文〔一〕，其民不服，至於伐之。蓋世守其地，未肯遽從他人。若封王子弟，須有空地方可封。左氏載齊地「蒲姑氏因之，而後大公因之」。若武王不得蒲姑之地，即大公亦未有安放處。○自此以下，至「曰采，曰流」，承前言封國之法，申言制禄之事也。

天子之縣内，方百里之國九，七十里之國二十有一，五十里之國六十有三，凡九十三國。名山、大澤不以盼，其餘以禄士，以爲間田。釋文：盼音班。

〔一〕萬有文庫本無「田」字。

孔氏曰：名山、大澤不以盼，亦爲與民共財，不障管也。畿外諸侯有封建之義，故云「不以封」；畿内之臣不世位，有盼賜之義，故云「不以盼」。愚謂此言畿内所封之國數也。畿内之國，在稍、縣、都三等之地，言「縣内」者，舉其中以該内外也。百里之國，三公之田也。七十里之國，卿之田也。五十里之國，大夫之田也。公卿人少而國多者，容有以功德而世國者也。大夫人多而國少者，容有不受田而但賦之禄者也。元士受地視附庸，此不言者，於禄士中包之也。畿内之間田，周禮「公邑」之地也。○鄭氏謂三等之國，「兼以待封王之子弟」。然王子弟之賢者，未嘗不爲公卿大夫，則即受公、卿、大夫之地，不必更受地也。其不能爲公、卿、大夫者，雖亦必有田以養之，而恩或從其殺矣。

凡九州千七百七十三國，天子之元士、諸侯之附庸不與。釋文：與音預。

此總言畿外畿内所封之國數也。○鄭氏謂夏時萬國，地方七千里，夏末減少，「殷湯因之，更制中國，方三千里之地界，亦分爲九州，而建此千七百七十三國。至周公復唐、虞之舊域，要服之内方七千里」。此不經之説也。禹會諸侯於塗山，執玉帛者萬國，雖左傳魯大夫之言，實不可據。天子巡守，朝於方岳者，不過當方諸侯，未有舉天下之諸侯而盡朝於是者也。鄭推萬國之數，地方七千里乃能容之，而在畿内者四百，然禹貢五服，不過五千里耳。

且王畿方千里，封方五十里之國四百，而地已適盡，而天子將安所容乎？胡朏明云：「古言中國者，禹貢甸、侯、綏三千里之地也。所謂四夷者，要、荒二千里之地。所謂四海者，九州之外，東夷、西戎、南蠻、北狄，王者之所不治是也。」此言極爲分明。王制九州之地，方千里者九，合爲方三千里，此據中國言之，禹貢甸、侯、綏三服之地也。千里之外，曰采，曰流，則并數要、荒而爲方五千里，禹所謂「弼成五服，至于五千」者也。東方曰夷，南方曰蠻，西方曰戎，北方曰狄，則極乎四海言之，禹所謂「外薄四海，咸建五長」，又在方五千里之外者也。周制王畿千里，當禹貢之甸服；畿外分爲九服，每面二百五十里，兩面合爲方五百里，每以二服當禹貢之一服。其多於禹貢者，藩服每面二百五十里，而以衛服内爲中國，周官言「六年五服一朝」是也。以蠻服爲要服，大行人言「要服六歲一見」，周官言「六服羣辟」是也。以夷、鎮、藩三服爲荒服，大行人言「九州之外謂之蕃國，世一見」，是也。至於通道「九夷、八蠻」，則爲四海之地，而禹所咸建五長者也。殷制不可考。國語云：「邦内甸服，邦外侯服，侯、衛賓服，夷、蠻要服，戎、翟荒服。」又云「賓服者享，荒服者王」，與商頌言「來享、王」者合，疑此乃殷制也。賓服分侯、衛，要服分蠻、夷，荒服分戎、翟，此則分五服爲九服之漸，與商頌言「邦畿千里」，「肇域彼四海」，則四海之内爲五服之地，方五千里，與夏時無以異矣。

天子百里之内以共官，千里之内以爲御。釋文：共音恭。

畿内之地百同，百里之内四同，千里之内九十六同。共官，以共百官無采地者之禄。爲御，以給天子之用。周禮大府：「關市之賦以待王之膳服，邦中之賦以待賓客，四郊之賦以待稍、秣，家稍之賦以待匪頒〔一〕，邦甸之賦以待工事，邦縣之賦以待幣帛，邦都之賦以待祭祀，山澤之賦以待喪紀，幣餘之賦以待賜予。」匪頒則共官者也，其餘則爲御者也。共官者非必取於百里以内，而百里以内之所入與共官之數相當也。爲御者非必取於千里以内，而千里以内之所入與爲御之數相當也。

千里之外設方伯。五國以爲屬，屬有長；十國以爲連，連有帥；三十國以爲卒，卒有正；二百一十國以爲州，州有伯。八州八伯，五十六正，百六十八帥，三百三十六長。八伯各以其屬屬於天子之老二人，分天下以爲左右，曰二伯。釋文：帥，色類反。卒，子忽反。

〔一〕「稍」，周禮大府作「削」。

鄭氏曰：屬、連、卒、州，猶聚也。伯、帥、正，亦長也。凡長皆因賢侯爲之。老，謂上公。周禮曰：「九命作伯。」春秋傳曰：「自陝以東，周公主之；自陝以西，召公主之。」陳氏祥道曰：上文千八百國，分其土也。此繼以方伯、連帥，合其人也。古者什五之法，於州、鄉則聯其民，於師田則聯其徒，於宿衛則聯其官，故能以中國爲一人而無内患；爲屬、連、卒、州以聯其國，爲長、帥、正、伯以聯其人，故能以天下爲一家而無外虞。伯皆稱牧者，自内言之，則屈於二伯，故稱牧。曲禮「九州之長，入天子之國曰牧」，是也。自外言之，則伸於諸侯，故稱伯，王制謂「方伯之國」是也。愚謂管仲言「大公賜履，東至於海，西至於河，南至於穆陵，北至於無棣」，此周時東伯所主之地也。河謂西河雍、冀二州之界，西至於河，所謂自陝以東也。元和郡縣志云：「麻城縣有穆陵關，荆州之北境也。」「無棣，今滄州之鹽山縣，周幽州地也。」是東伯所主者，幽、青、兖、豫，而其南當盡揚州，但以對楚言，故舉楚北之穆陵耳。西伯所主，自陝以西，有雍州之地，而北則連并、冀，南則得荆州，正與東伯各主天下之半。朱子疑陝西只是關中雍州之地，蓋未詳考耳。

千里之内曰甸，千里之外曰采，曰流。

鄭氏曰：甸，服治田，出穀税。采，九州之内地，取其美物，以當穀税。流，謂九州之外，夷狄流移，或貢或否。禹貢荒服之外，「三百里蠻，二百里流」。方氏慤曰：千里之外，莫近於侯服，而采又侯服之最近者；莫遠於荒服，而流又荒服之最遠者。舉此則要、綏之服在其中。愚謂此據禹貢之法言之也。千里之內曰甸，即禹貢之「五百里甸服」也。禹貢據一面言之，故曰「五百里」；此據兩面言之，故曰「千里」。甸，田也。千里之內，其田賦入於天子，故謂之甸。千里之外曰采，曰流，此禹貢侯、綏、要、荒四服之地也。采即禹貢之「侯服百里采」，言但采取美物以貢天子，而不共其田賦也。流即禹貢之荒服「二百里流」，言其爲流放人之地，大學言「放流之，屏諸四夷，不與同中國」，左傳言「投諸四裔，以禦螭魅」，是也。自采以及流，則畿外四服之地悉在其內矣。上言九州之地，僅爲方三千里，此又言甸服千里之外，極乎荒服之流而止，而其地不盡於九州也。

天子三公，九卿，二十七大夫，八十一元士。

九卿，三孤與六卿也。此蓋漢初未見周禮，徒聞九卿之名，而不知三孤之無職事，故欲於九卿之下，各置大夫三人，元士九人。其所以必皆三倍之者，亦以九卿之數三倍於公，故放而遞倍之也。此大夫元士，惟謂其屬於九卿者。若周禮大宰之下，小宰中大夫二人，宰夫下大夫四人，上士八人者，非謂天子大夫元士之數止於此也。鄭氏以此爲夏制，非也。明堂位曰「夏后氏官百」，以職而計之也。此公、卿、大夫、元士之數，以人而計者也。周官三百六十，而其人數則多矣。夏官百，殷二百，必非一職止一人爲之。若夏天子止有官百人，豈足以理天下之事耶？○自此以下至「下大夫一命」，言設官之法與其命數之異，又申言制爵之事也。

大國三卿，皆命於天子，下大夫五人，上士二十七人。次國三卿，二卿命於天子，一卿命於其君，下大夫五人，上士二十七人。小國二卿，皆命於其君，下大夫五人，上士二十七人。

鄭氏曰：命於天子者，天子選用之，如今詔書除吏矣。小國亦三卿，一卿命於天子，二卿命於其君，此文似誤脱耳，或者欲見畿内之國二卿與？孔氏曰：三卿，立司徒，兼冢宰之事；立司馬，兼宗伯之事；立司空，兼司寇之事。故左傳云：「季孫爲司徒，叔孫爲司馬，孟孫爲司空。」五大夫，謂司徒下置小卿二人，小宰、小司徒也；司空下亦置二小卿，小司寇、小司空也；司馬事省，惟置一小卿，小司馬也。小國亦三卿，此言「二卿」，誤也。案前云小國有上中下三卿，位當大國之下大夫，若無三卿，何上中下之有乎？愚謂命於天子者，謂天子加以爵命，若周定王以黻冕命晉士會爲大傅是也。魯有夏父弗忌爲宗伯，則下大夫當有小宗伯而無小宰，而小宰之事，小司徒兼之也。此五大夫、二十七元士，亦惟謂其屬於三卿者。周禮大宰職所謂「設其參，傅其伍，陳其殷」，非謂一國之大夫上士止於此也。大射禮：「小卿賓西，東上，大夫繼而東上，若有東面者則北上。」小卿乃下大夫之上，即此「下大夫五人」是也。而又有繼而東上之大夫，又有東面北上之大夫，則大夫之不止於五明矣。次國，亦謂侯伯也。左傳齊管仲曰：「有天子之二守國、高在。」此侯伯之國二卿命於天子也。小國亦三卿，一卿命於天子，二卿命於其君。故前文云：「小國之上卿，當大國之下，中當其上大夫，下當其下大夫。」此惟言「小國二卿，皆命於其君」，不言「一卿命於天子」者，文省也。

○上文「其有中士下士者，數各居其上之三分」，宜承此下。

天子使其大夫爲三監，監於方伯之國，國三人。釋文：監，古蹔反。監於，古銜反。

鄭氏曰：使佐方伯領諸侯。愚謂方伯之國設三監，經傳皆無其事，而惟見於此篇，豈其聞周初有三監監殷之事，故欲放而設之與？三監之説，見於書序及漢書地理志。蓋武王既滅殷，殷之畿内千里，分其地以封武庚、管、蔡等。班固及尚書孔傳以武庚、管、蔡爲三監，鄭康成以管、蔡、霍三叔爲三監。監即諸侯也。書云「王啟監，厥亂爲民」，周禮大宰職「立其監」，是也。殷之監不止於三，曰「三監」者，據其爲亂者三人也。仁山金氏云：「凡封於殷者，皆監殷者也。其後獨管、蔡、霍三人叛，故曰三監。其實武庚亦監也。」此言是也。後世失其説，謂三監乃監於武庚之國者，而漢人遂欲於方伯之國皆設三監，亦異於先王之制矣。既使爲方伯，而又立爲三監以窺伺其動静，牽制其手足，此乃末世猜防之術，曾謂先王之世而有是乎？

天子之縣内諸侯，禄也；外諸侯，嗣也。

縣内諸侯，謂天子之公、卿、大夫，受地視公侯以下也。禄者，言予之地以爲禄，居其位乃食其地，而不得以國傳世也。外諸侯嗣者，畿外諸侯得繼世而立也。○内諸侯雖不世，然其有功德者亦得世之，若周、召、單、劉之屬是也。凡祭亦畿内國，而富辰與列國並數，此畿内亦有世國之明證，但其所制之田，以爲公卿之禄者，則不世耳。周禮司裘：「王大射則共虎侯、熊侯、豹侯，諸侯則共熊侯、豹侯，卿大夫則共麋侯。」諸子掌諸侯、卿、大夫、士庶子之卒。此篇言「羣后之子、卿大夫之適子皆入學」，鄭云：「羣后，三公及諸侯。」卿大夫之上有諸侯，則諸侯與卿大夫有別矣。蓋總而言之，則天子之卿大夫皆内諸侯也；別而言之，則世國者爲諸侯，不世國而居其位者爲卿大夫也。卿大夫之田，以爲之禄，王無所取焉。若予之國而使之世者，則有所貢於王，司勳「凡賞地，參之一食」，是也。左傳子産曰：「卑而貢重者，甸服也。」畿外之國，男之地方百里，而王食其四之一；畿内之國，自方百里以下，而王乃食其參之一，故曰重。若諸侯入爲卿大夫，則又加賜之田，司勳所謂「加田無國征」，是也。蓋不如是則諸侯之爲卿大夫者，反不如其不爲諸侯之卿大夫得以全食其田之入矣。○疏謂「公卿之子，父死得食其父禄」，此蓋狃於世禄之説而失其義也。先王之世，仕者之子孫皆教之，教之而成材則官之。父子爵同者無論已，如父爲卿而子爲大夫，則食大夫之禄而不必食卿之禄矣；父爲大夫而子爲士，則食士之禄而不必食大夫之禄矣。其不可用，則雖不得仕，亦必有禄以養之，而其恩之隆殺，澤之久近，亦必有其節焉，初非遂食其父之禄，使得傳之無窮也。夫然，故地不虞其不給，而恩不患其無等也。

制：三公一命卷，若有加，則賜也，不過九命；次國之君不過七命；小國之君不過五命。釋文：卷音衮，古本反。

鄭氏曰：卷，俗讀也，其通則曰衮。愚謂制，謂命數之制也。卷與衮同。衮冕，九章之服也。三公八命，服鷩冕，加一命則爲上公而服衮冕。若有加則賜者，謂衮冕之外，更加餘服，則出於王之特賜，而非常制也。虞書曰：「予欲觀古人之象，日、月、星辰、山、龍、華蟲作繪，藻、火、粉米、宗彝、黼、黻絺繡〔一〕，以五采彰施於五色，作服。」此王之服十二章也。公

〔一〕尚書益稷「宗彝」在「藻、火」上。

之服自衮冕以下，今於衮冕之外更有加賜，則其爲兼畫星辰者與？加賜於命服之外，所謂褒衣者也。不過九命者，言服雖加而命則止於九也。次國之君不過七命，小國之君不過五命者，侯伯服驚冕，子男服毳冕，亦或有加賜之服，若詩言「韓侯入覲」，而王錫以玄衮是也。然服雖加而命亦不加，故曰「不過七命」，「不過五命」。於内臣言「三公」而不言卿大夫，舉上以見下也；於外臣言「次國」「小國」而不言大國，舉下以見上也。○周禮司服「孤之服希冕以下」，「卿大夫玄冕以下」，「士爵弁以下」，皆據諸侯之臣言之，而不及天子之公、卿、大夫、士，蓋以典命有「衣服各如命數」之文，與司服可互參耳。三公一命卷，則三公之未加命者服驚冕矣。三公八命而服驚冕，則孤卿六命而服毳冕，大夫四命而服希冕，上士三命而服玄冕，中士再命、下士一命而並服爵弁也。禮無八章、六章、四章之服，故天子公卿大夫之服皆視其命而遞降一等。若其自祭之服，則爵弁者玄端，玄冕者朝服，希冕者爵弁，而毳冕以上皆玄冕與？

大國之卿不過三命，下卿再命；小國之卿與下大夫一命。

周禮公、侯、伯之「卿三命，其大夫再命」，「子男之卿再命，其大夫一命」。左傳「晉侯以三命命先且居將中軍，以再命命先茅之縣賞胥臣」，「以一命命郤缺爲卿」。魯叔孫穆子爲卿，止於再命；季平子、叔孫昭子初以再命爲卿，及伐莒克之，更受三命。是公、侯、伯之卿以三命爲極，而其初升者或惟再命及一命也。子男之卿以再命爲極，而其初升者或惟一命也。此蓋先王慎重爵賞之意。言「大國之卿」而不言次國者，次國與大國同也。不言小國上卿再命者，以大國之「下卿」互明之也。不言大國之下大夫再命者，以小國之「下大夫」互明之也。

凡官民材，必先論之，論辨然後使之，任事然後爵之，位定然後禄之。

此因上文言設官，而因言入官之法也。官民材，謂庶民之材者，出於鄉學而官之者也。論，謂考論之。周禮鄉大夫「三年大比，則考其德行道藝，而興賢者能者」，是也。辨，明也。使，謂試之以事也。任事，謂試之而堪其事也。爵，定其位次也。初入仕者，必先試之以事，若後世試守之法，視其才之果可用也，而後加爵禄。故虞書言「明試以功」，而後「車服以庸」，所以慎名器而杜僥倖也。

爵人於朝，與士共之；刑人於市，與衆棄之。是故公家不畜刑人，大夫弗養士。遇之塗，弗與言也。屏之四方，唯其所之，不及以政，示弗故生也。

釋文：畜，許六反。涂音徒，本又作「塗」。屏，必政反。○政，舊如字，今音征。石經示作「亦」。

鄭氏曰：必共之者，所以審慎之也。屏，猶放去也。已施刑則放之棄之，役賦不及，亦不授之以田，困乏又無賙餼也。　愚謂此承上「官民材」而言爵人，又因爵人而并及刑人。爵人於朝，謂士也。若大夫以上，則命之於廟。刑人於市，亦謂士庶人也。若大夫則於朝。與士共、與衆棄者，天命天討，皆非君之所得私也。公家不畜刑人，大夫弗養士，弗與言者，以其爲刑餘凶惡之人，賤而遠之也。屏之四方者，虞書云「五流有宅，五宅三居」，是也。孔傳云：「大罪四裔，次九州之外，次千里之外。」四裔，即荒服之二百里流；九州之外，即要服之二百里蔡；千里之外，謂罪人所居千里之外，非王畿千里之外也。唯其所之者，既至流放之所，則任其所之適，不爲之授田里也。周禮掌戮：「墨者使守門，劓者使守關，宮者使守內，刖者使守囿，髡者使守積。」蓋擇其材之稍可用者用之，其餘則屏之也。不及以政，不及以征役之事也。所以待刑人如此者，以示不欲使其生，故外之於王化，所謂「棄之」也。

諸侯之於天子也，比年一小聘，三年一大聘，五年一朝。 釋文：朝，直遥反。

鄭氏曰：比年，每年也。小聘使大夫，大聘使卿，朝則君自行。然此大聘與朝，晉文霸時所制也。　愚謂周禮大宗伯：「時聘曰問，殷頫曰視。」此諸侯聘於王之法。時聘曰問，謂王室有事，則使大夫問之。殷頫曰視，謂十二年王有故不巡守，則衆使大夫視之。是不以比年、三年爲常期也。大行人「侯服歲一見」,「甸服二歲一見」,「男服三歲一見」,「采服四歲一見」,「衛服五歲一見」,「要服六歲一見」。是諸侯之朝於天子,以六歲而徧,而不以五年也。此記所言,非周制明矣。鄭氏以此大聘與朝爲晉文霸制,蓋據左傳子大叔之言。然以書考之,則五年一朝與下言「五年一巡守」,實虞、夏之制也。舜典言「五年一巡守,羣后四朝」。虞、夏五服,甸服爲王畿,其餘四服,分四年而朝:一年侯服朝,二年綏服朝,三年要服朝,四年荒服朝,五年王巡守。明年,侯服又朝,又如上而周,則每服朝王相距各五年矣。比年一小聘,三年一大聘,則聘義以爲天子制諸侯之法,蓋即大行人所謂「諸侯之邦交,歲相問,殷相聘」者,而漢人欲以其禮施之天子也。

天子五年一巡守。釋文:守,手又反,本又作「狩」。

鄭氏曰:天子以四海爲家,時一巡省之。五年者,虞、夏之制,周則十二歲一巡守。呂氏祖謙曰:巡守之禮,乃維持政治,攝服人心之道。大抵人心久則易散,政治久則必缺,一次巡守,又提攝整頓一次,此新新不已之意。楊氏時曰:虞舜之世,其事簡,其民寡,其巡守也,兵衛少,征求輕,故行之五歲不爲數。成周之世,其事煩,其人衆,其於巡守也,兵衛多,供億繁,故行之十二年不爲疏。

歲二月，東巡守，至于岱宗，柴而望祀山川，覲諸侯，問百年者就見之。釋文：柴，仕佳反，依字作「祡」。

歲，謂當巡守之歲也。二月，據其至方岳之月也。下放此。岱宗，東嶽也。岱爲四嶽之首，故曰宗，宗者尊也。柴，燔柴祭天也。王者一歲祭天有九，巡守在外則於常祀不能親舉，故將出既有類祭，而每至方岳之下又舉其禮。王者之事天，猶子之事父母，不敢瀆，亦不敢曠也。望祀山川，望祭東方之山川也。覲諸侯者，覲見當方之諸侯也。諸侯朝王，四時禮異，至朝於方岳，則一以覲禮行之，故其名皆曰覲也。百年之人，所閱天下之義理多矣，就而見之，亦欲以訪問政治之得失，非徒敬老之文已也。○周禮四時常朝之外，有「時見曰會，殷見曰同」。時見，謂非巡守之歲，王因時事而出，於所有事之地而大合諸侯，若成王岐陽之蒐，康王酆宫之朝，穆王塗山之會，宣王東都之苗，是也。殷見，謂王巡守至方岳之下而大合諸侯，大行人言「王巡守殷國」，是也。會、同之名，對則别，散則通，蓋其所爲雖異，而其禮則同也。周禮言「巡守」者甚少，而言「會、同」者甚多，有車輦馬牛衆庶之作，有革路、士庶子之從，有任器之載，有糧食委積之供，所舍有梐枑、藩盾之設，所居有賣儥之事，出則有宜造，歸則有舍奠，所過有山川之祀，所至有禱祠之祭，則會、同之即巡守明矣。若王十二年或有故不巡守，諸侯或使人聘王，或親朝於王，王於諸侯來朝者，於國外爲壇而命之，周禮所謂「大朝、覲」是也。司儀「王大合諸侯，則令爲壇三成」，覲禮之末有諸侯覲於天子之禮，皆謂此也。周禮每以「大朝、覲」「會、同」並言，蓋大朝、覲之禮即放會、同而爲之者，則會、同之禮亦可見矣。

命大師陳詩，以觀民風；命市納賈，以觀民之所好惡，志淫好辟；命典禮考時、月，定日，同律、禮、樂、制度、衣服，正之。釋文：大音泰。賈音嫁。好，呼報反。惡，烏路反。辟，匹亦反。

鄭氏曰：陳詩，謂采其詩而視之。市，典市者。賈，謂物貴賤厚薄也。質則用物貴，淫則侈物貴，民之志淫邪，則其所好者不正。　愚謂大師掌教六詩，命大師陳風者，命諸侯大師之官各陳其所采國中之風謠。何休公羊註云「男年六十、女年五十無子者，官衣食之，使之民間求詩，鄉移於邑，邑移於國，國以聞於天子」，是也。市，謂司市之官。命市納賈者，命諸侯司市之官各納其市賈之貴賤也。詩有貞淫、美刺，市賈有貴賤、質侈，觀之，所以見風俗之美惡，好尚之邪正。典，主也。典禮，謂大史，下云「大史典禮」，是也。此謂天子之大史，從王而出者也。周禮大史職云：「大會、同、朝、覲，以書協禮事。」時，謂四時。月，謂月之大小。日，謂日之甲乙。律，十二律。禮，五禮。樂，六樂。制度，城郭宮室車旗之屬。大史掌邦之六典、八法、八則，正歲年以序事。訂其得失謂之考，齊其參差謂之定，一其乖異謂之同，凡此皆所以正其不正也。

山川神祇有不舉者爲不敬，不敬者君削以地；宗廟有不順者爲不孝，不孝者君絀以爵；變禮易樂者爲不從，不從者君流；革制度衣服者爲畔，畔者君討；有功德於民者，加地進律。

鄭氏曰：不順者，謂若逆昭穆。孔氏曰：山川是外神，故云「不舉」。不舉，不敬也。山川在國境，故削以地。宗廟是内神，故云「不順」。不順，不孝也。宗廟可以表明爵等，故絀以爵。禮樂雖大事，而非切要，故以爲不從，君惟流放。制度衣服，政治之急，故以爲畔，君須誅討。此四罪，先輕後重。律，法也，謂法度，即大行人上公九命，「繅藉九寸，冕服九章，建常九斿」之等是也。馬氏晞孟曰：進律者，若子男以五爲節，則進之以七；侯伯以七爲節，則進之以九也。

五月，南巡守，至于南嶽，如東巡守之禮。八月，西巡守，至于西嶽，如南巡守之禮。十有一月，北巡守，至于北嶽，如西巡守之禮。歸假于祖、禰，用特。釋文：假音格。禰，乃禮反。

鄭氏曰：假，至也。特，特牛也。祖下及禰皆一牛。　愚謂歸至於祖、禰之廟而告至也。先告於大廟，而反齊車之主，然後歷告羣廟，至禰而畢。

天子將出，類乎上帝，宜乎社，造乎禰。諸侯將出，宜乎社，造乎禰。釋文：禷音類。造，七報反。

鄭氏曰：類、宜、造，皆祭名，其禮亡。　孔氏曰：將出，謂巡守初出時也。類乎上帝，謂祭告天也。宜乎社者，巡行方事誅殺封割，應載社主，令誅伐得宜也。社主於地又爲陰，而誅罰亦陰，故於社。書云「弗用命，戮于社」，是也。造乎禰者，造，至也，謂至父、祖之廟也。此出應曆至七廟，前云「歸格祖、禰」，明出亦告祖、禰。今惟云禰者，白虎通云：「辭從卑，不敢留尊者之命，至禰，不嫌不至祖也。」皇氏申之云：「行必有主，無則主命載于齊車。今告出，先從卑起，然後至祖，仍取遷主則行。若前至祖，後至禰，是留尊者之命，爲不敬也。若還，則先祖後禰，先應反主祖廟故也。」然出告天地、祖、禰，還惟告廟，不告天地者，白虎通云：『天道無内外，故不復告也。』」諸侯將出，謂朝王及自相朝、盟會、征伐之事也。不得告天，故從社始，亦載社主也。造乎禰，亦告祖及載主也。　陳氏祥道曰：類、造之禮，其詳不可得聞，要之劣於正祭與旅也。觀祀天、旅上帝，而大宗伯掌之，類、造上帝，小宗伯、肆師掌之，則禮之隆殺著矣。愚謂凡禮之類正禮而爲之者，謂之類。類乎上帝，就南郊而告天，類郊祭之正禮而爲之也。宜，求行事得宜也。疏專言「誅殺」，非是。天子將出爲巡守，則諸侯將出爲朝、會，疏兼言「征伐」，亦非是。

天子無事與諸侯相見曰朝，考禮、正刑、一德，以尊于天子。

無事，謂無寇戎死喪之事也。朝，謂四時之常朝也。諸侯來朝，而以所行之禮、所用之刑、所脩之德考之，以訂其是非，正之以防其偏枉，一之以範其乖違，所以尊事天子也，孟子所謂「諸侯朝於天子曰述職」，是也。蓋諸侯各治其國，政治有得失，職事有脩廢，故巡守則自天子而下察乎侯國，朝、覲則自諸侯而上質於王朝，此先王所以整飭天下之具，而禮樂征伐之權之所以出於一也。

天子賜諸侯樂，則以柷將之；賜伯子男樂，則以鼗將之。釋文：柷，昌六反。鼗音桃。

鄭氏曰：將，謂執以致命。柷、鼗，皆所以節樂者。孔氏曰：凡與人之物，置其大者於地，執其小者以致命於人。按漢禮器制度，柷狀如漆筩，中有椎，將作樂，先擊之。鼗如小鼓，長柄，旁有耳，摇之使自擊。柷節一曲之始，其事寬，故以將諸侯之命。鼗節一唱之終，其事狹，故以將伯子男之命。　愚謂書言「合止柷、敔」，詩言「鼗、磬、柷、圉」，皆天子之樂也。大射諸侯禮言「鼗倚於頌磬，西紘」，而不見有柷，是樂之重者乃有柷，故以將諸侯之樂；其輕者但有鼗，故以將伯子男之樂與？諸侯來朝，其有功德者，天子必有以賜之，故此下三節皆言賜予諸侯之事。

諸侯賜弓矢，然後征；賜鈇鉞，然後殺；賜圭瓚，然後爲鬯。未賜圭瓚，則資鬯於天子。釋文：鈇，方於反，又音斧。圭，字又作「珪」。說文：「珪，古字。」圭，今字。瓚，才旦反。

鄭氏曰：得其器，乃敢爲其事。圭瓚，鬯爵也。　孔氏曰：賜弓矢，謂八命作牧者。賜鈇鉞，賜圭瓚，皆謂上公九命者。晉文雖受弓矢，不受鈇鉞，不得專殺，故執衛侯臨之於京師，若未賜圭瓚，則用璋瓚，故周禮小宗伯註云：「天子圭瓚，諸侯璋瓚。」按玉人職「大璋、中璋、邊璋」，「黃金勺，青金外，朱中，鼻寸，衡四寸」，鄭註云：「鼻，勺流也。凡流皆爲龍口。三璋之勺，形如圭瓚。」又典瑞註：「瓚槃大五升，口徑八寸，下有槃，口徑一尺。」又明堂位註云：「以大圭爲柄。」玉人註又云：「有流前注。」此是圭瓚之形也。釀秬黍爲酒，和以鬱金之草，謂之鬱鬯。不以鬱和，直謂之鬯。既不得鬯，則用薰。故王度記云：「天子以鬯，諸侯以薰。」　愚謂天子在軍乃用斧鉞，故詩言「武王載旆，有虔秉鉞」，書言「武王左杖黃鉞」。諸侯非受賜者，不得用也。周宣王賜召穆公以圭瓚、秬鬯，平王賜晉文侯、襄王賜晉文公皆有弓矢而無鈇鉞，有秬鬯而無圭瓚，蓋文侯、文公皆命爲侯伯者也，召穆公則天子之三公，加命爲上公者也。孔疏謂「賜弓矢者爲八命之牧，賜鈇鉞、圭瓚者爲九命之上公」，是也。又謂「賜鈇鉞，然後鄰國臣弒君、子弒父者得而誅之」，則非是。賜鈇鉞然後殺，謂有罪當殺，而非亂賊，若衛成公者耳。若臣子弒其君父，人人得而誅之，不待賜鈇鉞也。未賜圭瓚，不得爲鬯，故資鬯於天子，謂待天子賜以秬鬯而用之，若晉文侯、文公是也。諸侯之未賜秬鬯者，其灌未知何所用，王度記之言，未可據也。

天子命之教，然後爲學。小學在公宮南之左，大學在郊。天子曰辟廱，諸侯曰頖宮。釋文：辟音璧。頖音半。

鄭氏曰：學，所以教士之宮。尚書傳曰：「百里之國，二十里之郊；七十里之國，九里之郊；五十里之國，三里之郊。」王氏安石曰：天下不可一日無教，是諸侯未有不命之教者，所謂命之教，然後爲學者，何也？曰：教不可不資之天子，資之天子，道德所以一也。愚謂小學在公宮南之左，此世子與國子所入之小學，周禮師氏「居虎門之左，司王朝」，「凡國之貴遊子弟學焉」，是也。大學在郊，即頖宮也。廱，澤也。詩毛傳云：「水旋丘如璧曰辟廱。」鄭云：「築土廱水之外，圓如璧，四方來觀者均也。」頖，詩魯頌作「泮」，鄭云：「泮之言半也。半水者，蓋東西門以南通水，北無也。」辟廱、頖宮，天子諸侯大學之異名也。鄭此註云：「辟，明也。廱，和也。所以明和天下。頖之言頒也，所以頒政教也。」蓋鄭注禮記時未見毛詩傳，當以毛傳及鄭箋詩之説爲確。朱子詩集傳亦用毛傳、鄭箋之説。水經注曰：「泮宮，在高門直北道西，宮中有臺，高八十尺。臺南水東西一百步，南北六十步；臺西水南北四百步，東西六十步。臺池咸結石爲之。詩所謂『思樂泮水』者。」此魯泮宮之制。其臺東亦當有水，蓋久而堙塞耳。○天子諸侯皆有國學、鄉學，而國學、鄉學又各有大小。鄉學以閭之塾，州、黨之序爲小，以鄉之虞庠爲大；國學以在公宮南之左者爲小，以辟廱、頖宮爲大。冑子之入小學者，皆於國之小學，其入大學，則在辟廱、頖宮。士庶之子入小學者，皆於閭之塾，而遞升於州、黨之序，其入大學，則於鄉之庠。其俊異者，乃升於國學而教之，下文所謂「俊造」是也。○自「諸侯之於天子」至此，明朝覲巡守之事。

天子將出征，類乎上帝，宜乎社，造乎禰，禡於所征之地，受命於祖，受成於學。 釋文：禡，馬怕反，又音百。

鄭氏曰：禡，師祭也，爲兵禱。其禮亦亡。受命於祖，告祖也。受成於學，定兵謀也。　愚謂禡，周禮肆師作「貉」，鄭註云：「祭造軍法者。其神蓋蚩尤，或曰黄帝。」受命於祖，告於大祖之廟而卜之也。受成於學，在大學之中定其謀也。卜吉然後定謀，謀定然後行類、宜、造之祭，而奉社主與遷廟主以行也。

出征執有罪，反，釋奠于學，以訊馘告。 釋文：訊，本又作「誶」，音信。馘，古獲反。○鄭註：馘，或爲「國」。

釋奠，設薦饌而酌奠，不迎尸也。訊，所生獲當訊問者。馘，殺之而割取其左耳者。出師之時，受成於學，故有功而反，則釋奠於先聖先師而告之以克敵之事也。凡告祭輕者釋幣，重者釋奠。聘禮使者歸，「乃至于禰，筵几于室，薦脯、醢，觴酒陳，席于阼，薦脯醢，三獻」。此大夫釋奠之禮也。天子諸侯釋奠，則有牲牢，則有舞。曾子問曰：「凡告用牲幣，反亦如之。」文王世子曰：「凡釋奠者，必有合也。」合，謂合樂也。孔氏曰：周禮宗伯：「師還，獻愷於祖。」〔一〕司馬職云：「愷樂獻于社。」此記不云「祖」及「社」，周禮不云「獻愷於學」，皆文不具也。○自「天子將出征」至此，明天子出師祭告之禮。

天子諸侯無事，則歲三田：一爲乾豆，二爲賓客，三爲充君之庖。 釋文：乾音干。

〔一〕周禮宗伯無「師還，獻愷於祖」之文，唯大祝云「軍還，獻於社」。

孔氏曰：乾豆，乾之以爲豆實。豆非脯而云乾者，謂作醢及臡，先乾其肉，是上殺者也。二爲賓客，中殺者也。三爲充君之庖，下殺者也。范寧云：「上殺中心，死速；次殺射髀骼，死差遲；下殺中腸污泡，死最遲。」又車攻傳云：「自左膘而射之，達于右腢，爲上殺；射右耳本次之；射左髀，達于右䯚，爲下殺。」是有三等之殺。先宗廟，次賓客，尊神敬賓之義。愚謂周禮大司馬及左傳臧僖伯諫隱公，皆言「春蒐、夏苗、秋獮、冬狩」，是天子諸侯皆歲四田。杜氏云：「蒐，擇取不孕者。苗，爲苗除害也。獮，殺也。以殺爲名，順秋氣也。狩，圍守也。冬物畢成，獲則取之，無所擇也。」此則四時之田之所以名也。此言天子諸侯歲三田，與周禮、左傳不合，惟公羊傳云：「春曰苗，秋曰蒐，冬曰狩。」「諸侯曷爲必狩？一曰乾豆，二曰賓客，三曰充君之庖。」則此記之言之所自出也。蓋漢初周禮未出，而左傳傳者尚少，作是篇者本爲公羊之學，故其爲説如此。

無事而不田曰不敬，田不以禮曰暴天物。

鄭氏曰：不敬者，簡祭祀，略賓客。孔氏曰：田不以禮，殺傷過多，是暴害天之所生之物。以禮田者，則下文「天子不合圍」至「不覆巢」皆是也。

天子不合圍，諸侯不掩羣。天子殺則下大綏，諸侯殺則下小綏，大夫殺則止

佐車。佐車止，則百姓田獵。釋文：合，如字，徐音閤。揜音掩，本又作「掩」。綏，依註音緌，耳佳反。

鄭氏曰：不合圍，不掩羣，爲盡物也。綏當爲「緌」。下，謂弊之。佐車，驅逆之車。孔氏曰：天子四時田獵皆得圍，但圍而不合。若諸侯，惟春田不得圍，其夏秋冬三時得圍，圍亦不合，故下曲禮云：「國君春田不圍澤。」諸侯不掩羣者，是畿内諸侯爲天子大夫，故下曲禮云：「大夫不掩羣。」下，謂弊仆於地也。初殺時則抗之，已殺獵止則弊之。故詩傳云：「天子發抗大綏，諸侯發抗小綏。」大司馬云「設驅逆之車」，註云：「驅，驅出禽獸。逆，逆要不得令走。」大夫殺則止佐車，則天子諸侯殺未止佐車也。大司馬又云「夏車弊」，注云：「驅獸之車止。」但夏時佐車止，百姓未得田獵，此云「佐車止，則百姓田獵」，謂冬獵之時，佐車止則百姓田獵。以此推之，則天子殺，然後諸侯殺，諸侯殺，然後大夫殺。故詩傳云「天子發，然後諸侯發，諸侯發，然後大夫士發」，是也。愚謂不合圍，謂圍其三面而不合，易所謂「王用三驅，失前禽」，是也。大綏，天子田獵所建之旗，染旄爲黑色，注之竿首而無旒縿，以其垂旄緌緌然，故謂之綏。明堂位「夏后氏之綏」，是也。以其可以指麾，故又謂之大麾。周禮巾車木路，「建大麾，以田」，是也。小綏，諸侯田獵所建之旗，制如大綏而稍小者也。

獺祭魚，然後虞人入澤梁；豺祭獸，然後田獵；鳩化爲鷹，然後設罻羅；草木零落，然後入山林。昆蟲未蟄，不以火田，不麛、不卵，不殺胎，不殀夭，不覆巢。釋文：獺，徐他達反，又他瞎反。罻音尉，一音鬱。零，本又作「苓」，音同。麛，本又作「麑」，同音迷。殀夭，上於表反，下烏老反。

鄭氏曰：取物必順時候也。梁，絶水取魚者。昆，明也。明蟲者，得陽而生，得陰而藏。不麛、不卵，不殺胎，不殀夭者，重傷未成物也。殀，斷殺也。少長曰夭。覆，敗也。孔氏曰：月令正月：「獺祭魚。」孝經緯云「獸蟄伏，獺祭魚」，則十月中也。是獺一歲再祭魚。此獺祭魚，然後虞人入澤梁，謂十月時。月令九月：「豺乃祭獸。」夏小正十月「豺祭獸」，則是九月末十月初也。然後田獵，百姓可以田獵也。月令二月「鷹化爲鳩」，則八月鳩化爲鷹。說文云：「罻，捕鳥網也。」爾雅云：「鳥罟謂之羅。」月令季秋：「草木黄落。」其零落芟折則在十月，此時官民總取材木。若依時取者，則山虞云「仲冬斬陽木，仲夏斬陰木」，不在零落之時。昆蟲未蟄，謂未十月時。十月則得火田，司馬職云春「火弊」。從十月以後至仲春，皆得火田也。不麛不卵之等，春時特甚，其實四時皆然。愚謂獺祭魚未必有二時，月令、孝經緯各據所聞言之耳。月令季冬「命漁師始漁」，國語里革云「古者大寒降，土蟄發，水虞於是乎講罛、罶」，則虞人入澤梁在冬時，此獺祭魚自當謂十月也。周禮鼈人「秋獻龜魚」，乃魚之伏於土中，簎而得之者，非網罟之所取也。司裘：「仲秋獻良裘，王乃行羽物。」羅氏「仲春羅春鳥」，「行羽物」，鄭氏云：「仲春鷹化爲鳩，仲秋鳩化爲鷹，順其始殺與其將止，而大班羽物。」則自仲秋迄乎仲春皆得羅鳥也。◯自「天子諸侯無事，歲三田」至此，明田獵之禮。

禮記卷十三

王制第五之二

冢宰制國用，必於歲之杪。五穀皆入，然後制國用。用地小大，視年之豐耗。以三十年之通制國用，量入以爲出。釋文：杪，亡小反。量音諒。

冢宰制國用，周禮大宰「以九式均節財用」是也。杪，末也。歲末五穀皆入，然後多寡有數，而國用可制也。用地小大者，王畿千里，自公卿大夫采地之外，除山陵、沈斥、林麓、城郭、邑居之不爲田者，其餘以再易、一易、不易通計之，而據其出賦之實地也。然地之小大有定，歲之豐凶無常，故必以二者相參而制之。以三十年之通制國用者，預度三十年之所入，以歲之豐凶通融相較，而酌用其中數，以制爲國用也。量入以爲出者，量每年所入之中數，以制爲所出之數，而常留其四分之一焉，則三十年之通，得有十年之蓄，而無患於不足矣。孔氏曰：崔氏云：「三十年之間，大約有閏月十三，足爲一年，故惟有九年之蓄。」王肅以爲二十七年有九年之蓄，而言三十者，舉成數也。兩義皆通，未知孰是。

祭用數之仂。 釋文：仂音勒，又音力。

鄭氏曰：筭今年一歲經用之數，用其什一。 孔氏曰：仂是分散之名，故考工記云：「石有時而泐。」考工記又云「以其圍之防捎其藪」，彼注：「防，謂三分之一。」此云「什一」者，以民税一歲十一，則國祭所用亦什一也。

喪三年不祭，唯祭天地社稷，爲越紼而行事。

鄭氏曰：祭天地社稷，不敢以卑廢尊。越猶蹶也。紼，輴車索。 孔氏曰：未葬之前，屬紼於輴，以備火災。今既祭天地社稷，須越蹶此紼而往祭所，故云「越紼」。 呂氏大臨曰：人事之重，莫重於哀死，故祭雖至重，亦有所不行。蓋祭而誠至則忘哀，祭而誠不至，則不如不祭之爲愈。 范氏伯崇曰：鄭氏解「唯祭天地社稷」云：「不以卑廢尊也。」此説非是。天子諸侯之喪，惟不祭宗廟爾，郊、社、五祀，皆不廢也。天地可言尊於宗廟，社稷、五祀不尊於宗廟也。但内事用情，故宗廟雖尊，而有所不行；外事由文，故社稷、五祀，不可廢其祭。曾子問疏謂「外神不可以己私喪，久廢其祭」，其説優於鄭氏矣。 内事用情，以子孫哀慼之情，推祖考之心，知其必有所不安於此。而子孫之於祖宗，至敬無文，又不可使人攝事，必也親祭。粗衰不可以臨祭，又不可以釋衰而吉服，狥情而廢禮，亦明矣。外事由文者，有國家者，百神是主，天子之於天地，諸侯之於社稷，大夫之於五祀，皆禮文之不可已者，非若子孫之於祖考，不得以私喪久廢其祭，而其祭也，必以吉服吉禮，故不得已隨其輕重而使人攝焉，期於無廢其文而已。愚謂喪三年不祭，不親祭也。曾子問曰：「君薨，五祀之祭不行，既殯而祭。」五祀卑尚祭，則餘神可知。此舉其尊者言之，故云「唯祭天地社稷」，其實外神皆祭也。言「唯」者，對宗廟尚未祭言之，非對其餘外神也。既祔之後，宗廟亦祭。左傳云：「凡君薨，卒哭而祔，祔而作主。特祀於主，烝、嘗、禘於廟。」又左傳晉葬悼公，「改服脩官，烝於曲沃」。而遷廟之禮，亦必因練後祫祭也。凡在喪而祭者，皆使人攝之，而其禮皆有所殺焉。周禮量人：「凡宰祭，與鬱人受斝，歷而皆飲之。」晉既烝於曲沃，而是冬穆叔言「寡君未禘祀」〔一〕，此使人攝祭宗廟之證也。曾子問所言「既殯而祭」，五祀有降殺之法。大宗伯「以饋食享先王」，鄭氏謂「始禘自饋食始」，則在喪而祭宗廟者，雖人君但用饋食之禮與？

喪用三年之仂。

鄭氏曰：喪，大事，用三歲之什一。　愚謂喪禮繁多，自始死含、襚，以迄於祥、禫除喪，其所

〔一〕「穆叔言」，原本作「叔言言」，據左襄十六年傳改。

用總爲三歲之仂也。

喪祭，用不足曰暴，有餘曰浩。祭，豐年不奢，凶年不儉。

鄭氏曰：暴猶耗也。浩猶饒也。不奢不儉，常用數之仂。　愚謂不足，謂財匱而用不給，由於用之無度，而物力傷殘也，故曰暴。有餘，謂財多而用不盡，由其用之有節，而儲蓄豐羨也，故曰浩。以三十年之通數，而祭常用其仂，故豐年不奢，留其有餘於凶也；凶年不儉，資其不足於豐也。此制用豐凶相補之法也。然凶歲祭事不縣，祀以下牲，則豐固不奢，而凶則未嘗不儉矣，而曰「凶年不儉」，何也？蓋祭有大祀、中祀、小祀，凶年於小祀或殺，而大祀則未嘗有所儉也。國用不止於喪祭，而喪祭之事爲大，且其費爲繁，故此上四節，特以喪祭明制用之法。

國無九年之蓄曰不足，無六年之蓄曰急，無三年之蓄曰國非其國也。三年耕，必有一年之食；九年耕，必有三年之食。以三十年之通，雖有凶旱水溢，民無菜色，然後天子食，日舉以樂。

九年之蓄者，三十年之通所用之餘財也。三十年而有九年之蓄者，乃制用之常法也。少於此，謂之不足；又少焉，而無六年之蓄，則曰急；又少焉，而無三年之蓄，則無以待意外之變，而國非其國矣。然非獨國家之所蓄者如此，其在民者，亦必三年耕，則有一年之餘食；九年耕，則有三年之餘食。以三十年之通，則國與民皆有九年之蓄，其藏富於民者既足，以爲凶年之備，而國有餘儲，又可以行蠲免，賙蕲阨，故雖有凶旱水溢，而民無食菜之饑色也。如此，然後天子之食，每日一舉，而侑之以樂，不然，則有所不安於是也。舉，謂殺牲盛饌以食也。周禮膳夫：「王日一舉，鼎十有二，物皆有俎，以樂侑食。」應氏鏞曰：此非謂旱乾水溢亦不廢樂也，謂既有三十年通制之規模，雖凶灾而民不病，則常時可以日舉樂耳。若夫偶值凶年，則雖有備，而亦豈敢用樂乎？○自「冢宰制國用」至此，明制國用之法。

天子七日而殯，七月而葬；諸侯五日而殯，五月而葬；大夫、士、庶人三日而殯，三月而葬。

鄭氏曰：尊者舒，卑者速。春秋傳曰：「天子七月而葬，同軌畢至；諸侯五月，同盟至；大夫三月，同位至；士踰月，外姻至。」孔氏曰：天子諸侯，位既尊重，送終禮物多，許其申遂，故日月緩。大夫士禮數既卑，送終物少，又職惟促遽，義許奪情，故日月促。又孔氏左傳疏曰：天子七月，諸侯五月者，死月葬月皆通數之也。文八年八月「天王崩」，九年二月「葬襄王」，是天子之七月也。成十八年八月「公薨於路寢」，十二月「葬我君成公」，是諸侯之五月也。諸侯五月而葬，自是正禮，不假發傳，而「葬成公」之下，傳特言「書順」者，欲以包羣公之得失：於莊見亂故而緩，於僖見無故而緩，於成見順禮。傳發三者，則其餘皆可知也。士踰月，通死月亦三月也。士與大夫不異，而別設文者，以大夫與士名位既異，變文以示等差，其實月數同也。愚謂葬月連數死月，則殯日數死日可知。五日而殯者，死後間一日而小斂，又間一日而殯也。七日而殯者，死後間二日而小斂，又間二日而殯也。餘説已見曲禮上。

三年之喪，自天子達。

三年之喪爲父，父没爲母，爲祖父後者，爲祖父母，爲長子，雖天子諸侯之尊，不絶不降也。自期以下，諸侯絶，大夫降。

庶人縣封，葬不爲雨止，不封不樹。釋文：縣封，上音玄，下音窆，彼念反。爲，于僞反。○不封，封如字。

鄭氏曰：封當爲「窆」。懸窆者，至卑不得引紼下棺。雖雨猶葬，以其禮儀少。封，謂聚土爲墳。不封之，不樹之，又爲至卑無飾也。周禮曰「以爵等爲丘封之度與其樹數」，則士以上乃得封樹。愚謂庶人葬不爲雨止，則自士以上皆爲雨止矣。春秋葬敬嬴及定公，皆雨不克葬，明日乃葬，左氏以爲禮，穀梁以爲非禮。徐邈引士喪禮「稾車載蓑笠」，謂「人君之張設當周備」，非也。稾車載蓑笠，乃以死者之物載之魂車，非以備生人之用者也。曾子問「諸侯旅見天子」，「雨則廢」，況於葬乎？柩車重大，天子執綍者千人，諸侯五百人，大夫三百人，若冒雨而行，其危甚矣。惟庶人卑賤，儀物既少，而執綍之人，送葬之賓，不可以久稽，其不爲雨止，蓋不得已焉爾。自大夫士以上，儀物既多，而其助葬者，天子諸侯則皆其臣子，大夫士亦皆私臣、公有司之屬，而無患於不供，何有冒雨而倉卒成禮，且疑於以其親痁患乎？

喪不貳事，自天子達於庶人。

王氏安石曰：「喪不貳事」，當連「自天子達於庶人」爲句。三年不貳事，欲其一於喪事也。金革無辟，上使之，非也，或權制也。愚謂舊以「喪不貳事」屬上「庶人」一節，非也。君薨，百官總己以聽冢宰三年，則天子諸侯固不貳事矣。父母之喪，三年不從政，則大夫士亦不貳事矣，非獨庶人也。其人君既卒哭而從王事，大夫士既練而從君事者，乃權制也。

喪從死者，祭從生者。

鄭氏曰：從死者，謂衣衾棺椁。孔氏曰：盧植云：「從生者，謂除服後吉祭。若喪祭，仍從死者之爵。故小記云：『士祔於大夫則易牲。』又云：『其妻爲大夫而卒，而後其夫不爲大夫，而祔於其妻，則不易牲。』又雜記云：『上大夫之虞也少牢，卒哭成事、祔皆大牢。下大夫之虞也特牲，卒哭成事、祔皆少牢。』」愚謂盧氏以祭爲吉祭，是也。鄭氏以爲喪祭，顯與小記雜記相違。孔疏既引盧氏之説，而又謂「子孫無官爵者，用死者之禮，生者有爵，則從生者之法」，欲以曲伸註説。果爾，則父爲大夫，子爲士，喪祭用士禮，父爲大夫，子爲庶人，喪祭反用大夫禮矣，而可乎？

支子不祭。

説已見曲禮下。

天子七廟，三昭三穆，與大祖之廟而七。諸侯五廟，二昭二穆，與大祖之廟而五。大夫三廟，一昭一穆，與大祖之廟而三。士一廟。庶人祭於寢。 釋文：昭，常遥反。凡言昭穆，放此。

三昭三穆，四親廟與高祖之父、高祖之祖也。二昭二穆，自高祖以下也。大祖，皆謂始受封之君也。一昭一穆，祖及禰也。大祖，別子始爵者也。大夫有大祖廟，謂大宗子爲大夫者，若非大宗子，則無大祖，而以曾祖備三廟也。士，謂三等之士也。若適士，則立二廟，曾子問疏云「大宗子爲士，得立祖、禰二廟」，是也。庶人不得立廟，其奉先之處謂之寢。爾雅曰：「室有東西廂曰廟，無東西廂有室曰寢〔一〕。」○劉歆曰：德厚者流光，德薄者流卑，故自上以下，降殺以兩。天子七廟者，其正法可常數者也。宗不在此數中，苟有功德則宗之，不可預爲設數。故殷大甲爲大宗，大戊爲中宗，武丁爲高宗，周公爲無逸之戒，舉殷三宗以勸成王。繇是言之，宗無數也。然則所以勸帝者之功德博矣。朱子曰：以諸侯之廟言之，周禮「建國之神位，左宗廟」，則五廟皆在公宫之東南矣。其制則孫毓以爲外爲都宫，大祖在北，二昭二穆以次而南，是也。蓋大祖之廟，始封之君居之；昭之北廟，二世之君居之；穆之北廟，三世之君居之；昭之南廟，四世之君居之；穆之南廟，五世之君居之。廟皆南向，各有門堂寢室，而牆宇四周焉。大祖之廟，百世不遷，自餘四廟，則六世之後，每易一世而一遷。其遷之也，新主祔於其班之南廟，南廟之主遷於北廟，北廟親盡，則遷於大廟之夾室。凡廟主在本廟之中皆東向，及其祫於大廟之室中，則惟大祖東向自如，而爲最尊之位。羣昭之入乎此者，皆列於北牖下而南向；羣穆之入乎此者，皆列於南牖下而北向。南向者，取其向明，故謂之昭；北向者，取其深遠，故謂之穆。蓋羣廟之列，則左爲昭，右爲穆；祫祭

〔一〕「室」，原本作「堂」，據爾雅釋宫改。

之位，則北爲昭而南爲穆也。昭常爲昭，穆常爲穆。蓋二世祧則四世遷昭之北廟，六世祔昭之南廟；三世祧則五世遷穆之北廟，七世祔穆之南廟。昭者祔則穆者不遷，穆者祔則昭者不遷，此所以祔必以班，尸必以孫，而子孫之列亦以爲序。若武王謂文王爲穆考，成王稱武王爲昭考，則自其始祔已然。而春秋傳以管、蔡、郕、霍爲文之昭，邘、晉、應、韓爲武之穆，則雖其既遠而猶不易也。宗廟但以左右爲昭穆，而不以昭穆爲尊卑。故五廟同爲都宮，則昭常在左，穆常在右，而外有以不失其序；一世自爲一廟，則昭不見穆，穆不見昭，而內有以各全其尊。必大祫而會於一室，然後序其尊卑之次，則凡已毀未毀之主，又畢陳而無所易，唯四時之祫，則高祖有時而在穆，其禮未有考焉。意或如此，則高之上無昭，而特設位於祖之西；禰之下無穆，而特設位於曾之東也與？然則天子之廟制若何？曰：唐之文祖，虞之神宗，商之七世三宗，其詳今不可考。獨周制猶有可言，而漢儒之説已有不同矣。謂后稷始封，文武受命而王，故三廟不毁，與親廟四而七者，諸儒之説也。謂三昭三穆與大祖而七，文武爲宗，不在數中者，劉歆之説也。雖其數之不同，然其位置遷次，宜亦與諸侯之廟無甚異者。但如諸儒之説，則武王初有天下之時，后稷爲大祖，而祖紺居昭之北廟，大王居穆之北廟，王季居昭之南廟，文王居穆之南廟，猶爲五廟而已。至成王時，則祖紺祧，王季遷而武王祔；至康王時，則大王祧，文王遷而成王祔；至昭王時，則王季祧，武王遷而康王祔。自此以上，亦皆且爲五廟，而祧者藏於大祖之廟。至穆王時，則文王親盡從祧，而以有功當宗，故别立一廟於西北，而謂之文世室，於是成王遷，昭王祔而爲六廟矣。至共王時，則武王親盡從祧，而以有功當宗，故别立一廟於東北，而謂之武世室，於是康王遷，穆王祔而爲七廟矣。自是之後，則穆之祧者藏於文世室，昭之祧者藏於武世室，而不復藏於大廟矣。如劉歆之説，周自武王克商，即增立二廟於二昭二穆之上，以祀高圉、亞圉如前，遞遷至懿王，而始立文世室於三穆之上，至孝王而始立武世室於三昭之上，此爲少不同耳。前代説者，多是劉歆，愚亦意其或然也。大夫三廟，則視諸侯而殺其二，然其大祖昭穆之位猶諸侯也。適士二廟，則視大夫而殺其一，官師一廟，則視大夫而殺其二，然其門、堂、寢、室之制猶大夫也。曰：廟之降殺以兩，而其制不降，何也？曰：降也，天子之山節、藻棁，複廟、重檐，諸侯有不得爲者矣。諸侯之黝堊、斲礱，大夫有不得爲者矣。大夫之倉楹、斲桷，士又不得爲矣。傅霖曰：廟制參明堂位、穀梁傳。獨門堂寢室之合，然後可名爲宫，則其制有不得而殺耳。蓋由命士以上，父子皆異宫，生異宫而死不異廟，則有不得盡其事生事存之心者，是以不得而降也。

愚謂天子七廟，鄭氏與王肅爲二説：鄭謂文武在七廟之中，即韋玄成諸儒之説也；王謂文武在七廟之外，即劉歆之説也。周禮作於周公時，有守祧八人，姜嫄之外，已有七廟，而其後以文武受命，親盡不祧，則不止於七廟矣。魯周公廟爲大廟，魯公廟爲世室。至成六年立武宫，至定元年立煬宫，而桓、僖之廟至哀公時尚未毁，并四親廟而爲十廟。此雖魯之僭禮，然必周有此禮，而後魯僭之。苟天子之廟止於七，魯人雖僭，必不踰周制而過之矣。蓋報本追遠之意，極乎始祖而止，而王者更及乎始祖之所自出；親廟盡於服制之所及，極乎高祖而止，而王者更及乎高祖之父與祖。蓋德厚流光，自當如此。如鄭氏之説，則三代之初，止祭五世，與諸侯同，既非降殺以兩之義，且功德之祖，其多少不可知。今七廟必以有功德者備數，而功德之祖又必以二廟限之，倘有功德者不止於二廟，既無以處之，倘不及二廟，則七廟且不備矣，而可乎？○大夫止於三廟，士止於一廟，而程子謂「高祖有服，不可不祭」，朱子謂「最得祭祀之本意」。蓋以服制言之，同高祖者爲四緦麻，出於高祖者有服，則高祖必無不祭，況曾、玄之受重於高、曾者，當爲之服斬，除喪之後，可使不獲享一日之烝、嘗乎？以宗法言之，則自繼禰以上，至於繼高祖爲四小宗，皆族人之所宗也。族人之所以宗之者，以其主高祖以下之祭也。尊祖故敬宗，祖遷於上，宗易於下，宗未易，則祖未遷矣。高、曾之必有祭，又何疑乎？然則其祭也如之何？曰：就祖、禰之廟而祭之也。鄭引逸中霤禮：「祭五祀皆於廟。」廟以奉先，而可以祭外神，則廟主於祖、禰，而以之祭高、曾，又何不可之有？然則何以別於諸侯之祭五世者也？曰：諸侯三時皆祫，大夫士雖祭高、曾，然犆而不祫，則亦何患其上僭乎？

天子諸侯宗廟之祭，春曰礿，夏曰禘，秋曰嘗，冬曰烝。釋文：礿，餘若反。

鄭氏曰：此蓋夏、殷之祭名，周則改之：春曰祠，夏曰禴。詩小雅曰：「禴、祠、烝、嘗，于公先王。」此周四時祭宗廟之名也。孔氏曰：皇氏云：「礿，薄也。春物未成，祭品鮮薄也。禘者，次第也〔一〕。夏時物雖未成，宜依時次第而進之。」嘗者，白虎通云：「新穀熟而嘗之。」烝者，衆也。冬時物成者衆。孫炎云：「烝，進也，進品物也。」愚謂周以天子有大禘之祭，故改春夏祭名以辟之，而諸侯祭名仍舊，故魯春秋書「魯禘」，皆時祭也。

天子祭天地，諸侯祭社稷，大夫祭五祀。

鄭氏曰：社稷，后土及田正之神。賈氏公彦曰：鄭依孝經緯：社者，五土之總神。句龍爲后土之官，有功於民，死配社而食。稷是原隰之神，宜五穀。五穀不可遍舉，稷者五穀之長，立稷以表。神名棄，爲堯時稷官，主稼穡之事，有功於民，死配稷而食，名爲田正也。

〔一〕「次」字原本無，據禮記注疏補。

愚謂社祭五土之總神，以后土配食；稷祭原隰之神，以后稷配食。大司徒「辨五地之物生」：「曰山林」，「曰川澤」，「曰邱陵」，「曰墳衍」，「曰原隰」。小宗伯「祭山川、邱陵、墳衍，各因其方」，而不言「原隰」，蓋原隰之神即稷也。五土皆生物以養人，而原隰宜五穀，其養人之功尤大，故其位獨配社而建於路門外之左，於五土爲獨尊也。

天子祭天下名山大川，五嶽視三公，四瀆視諸侯。諸侯祭名山大川之在其地者。天子諸侯祭因國之在其地而無主後者。

鄭氏曰：視，視其牲器之數。祭名山大川在其地，若魯人祭泰山，晉人祭河是也。因國之在其地而無主後，謂所因之國，先王先公有功德宜享世祀，今絶無後，爲之祭主者。愚謂視，謂用其獻數，及其俎、簋、籩、豆之數也。上公九獻，侯伯七獻。地祇不灌，而以瘞埋降神，則視上公者七獻，視諸侯者五獻，以其無二灌故也。周禮職方氏「九州」皆有山鎮，有川澤，有浸。爾雅：「梁山，晉望也。」左傳：「江、漢、睢、漳，楚之望也。」則名山大川不止於嶽瀆，嶽瀆乃其尤鉅者爾。顧氏炎武曰：天子諸侯祭因國之在地而無主後者，左傳子產對叔向曰：「遷閼伯於商丘，主辰，商人是因；遷實沈於大夏，主參，唐人是因。」齊晏子對景公曰：「昔爽鳩氏始居此地，季萴因之，有逢伯陵因之，蒲姑氏因之。」是也。愚謂因國之先王先公不必皆祭，必其有功德而無主後者乃祭之爾。相土封商丘因閼伯故國，故祀辰星，是祭因國先公之事也。

天子犆礿，祫禘，祫嘗，祫烝。釋文：犆音特。祫音洽。

犆，特也。春物未成，其禮不盛，特祭一廟，或祖或禰，而不合食也。祫，合也。夏秋冬物多禮盛，則升羣廟之主而合食於大廟也。○鄭氏曰：天子諸侯之喪畢，合先君之主於祖廟而祭之，謂之祫。後因以爲常。天子先祫而後時祭，諸侯先時祭而後祫。凡祫之歲，春一礿而已。周改夏曰礿，以禘爲殷祭。魯禮三年喪畢而祫於太祖，明年春，禘於羣廟。自是之後，五年而再殷祭，一禘一祫也。林氏之奇曰：禘、祫之説，先儒聚訟久矣。論年之先後，則鄭康成、高堂隆謂先三而後二，徐邈謂先二而後三；辨祭之大小，則鄭康成謂祫大於禘，王肅謂禘大於祫，賈逵、劉歆謂一祭二名，禮無差降。矛盾相攻，卒無定論。鄭氏之説曰：「魯禮三年喪畢而祫於太祖，明年禘於羣廟。自是以後，五年而再殷祭，一禘一祫。」爲之説者曰：「僖公薨，文公即位，二年秋八月，『大事於大廟』。大事，大祫也。是喪畢祫於太祖也。明年春禘，雖無正文，約僖八年、宣八年皆有禘可知。蓋以文公二年祫，則知僖、宣二年亦皆有祫。僖、宣二年有祫，則明年是三年春禘，六年秋祫。是三年祫，八年禘，并前爲五年禘也。」不知春秋時諸侯僭亂，魯之祭祀，皆妄舉也。春秋常事不書，其書者皆亂常悖禮之事。僖公以三十三年冬十二月薨，至文公二年，喪制未畢，未可以祫而祫，一惡也。躋僖公，二惡也。經無「三年禘」文，何以知之？徒約僖公、宣公八年皆有禘而云，愈繆矣。况宣公八年，經書「有事於太廟」，則是常祭也，而以爲禘何耶？禘、祫之文不詳，所可知者，禘尊而祫卑矣。禘者，推始祖所自出之君而追祀之。此天子之禮，魯用之，僭也。若祫，則天子諸侯皆有之。至年數之久近，祭時之先後，則經無所據，學者當闕其疑。楊氏復曰：祫祭有二：曾子問曰「祫祭於祖，則迎四廟之主」，王制曰「天子祫禘，祫嘗，祫烝」，此時祭之祫也。公羊傳曰「毁廟之主，陳于太祖，未毁廟之主皆升，合食于太祖」，此大祫也。漢儒混禘、祫而并言之。馬融言「歲祫及壇、墠，禘及郊、宗、石室」。鄭康成謂「祫則毁主、未毁主合食於太廟，禘則太王、王季以上遷主祭於后稷之廟，文武以下，穆之遷主祭於文王之廟，昭之遷主祭於武王之廟」。何休謂：「祫祭不及功臣，而禘則功臣皆祭。」至禘、祫年月，經無其文，惟公羊傳言「五年而再殷祭」，大祫也。三年一祫，五年再祫，猶天道三年一閏，五年再閏也，於禘祭何與？漢儒乃據此以證禘、祫相因之説。鄭康成則曰：「三年而祫，五年而禘。」徐邈則曰：「禘、祫相去各三十月。」夫既混祫於禘，皆以爲合食於太祖，則禘、祫無别矣。不知禘者禘其祖之所自出，而以其祖配，不兼羣廟之主，則禘與祫異。大祫兼羣廟之主，則自太祖以下皆合食於太祖，又何壇、墠與郊、宗、石室之分乎？又何太王、王季合食於后稷，文武以下各祭於文武二祧之分乎？祫祭則功臣皆與，司勳謂「祭於大烝」是也。誰謂祫祭功臣不與乎？　愚謂禘有大小，祫亦有大小。禘之大者，惟天子得行之，大傳曰「不王不禘，禘者，禘其祖之所自出，而以其祖配之」，是也。其小者爲夏祭，天子則祫禘，諸侯則一犆一祫者也。大祫則天子諸侯皆有之，公羊傳曰「大事者，大祫也」，「毁廟之主陳于太祖，未毁廟之主皆升，合食于太祖，五年而再殷祭」，是也。其小者，則三時之祭，升羣廟之主合食於太廟，而不及毁廟者也。王制於禘則言夏祭，而未及大禘；於祫則言三時之祫，而未及大祫。鄭氏乃以祫爲大祫，謂「夏、殷每歲三時皆大祫」，誤矣。祫者，合祭之名。三時之祫，合羣廟之主而祭於太廟，大祫，合羣廟及遷廟之主而祭於太廟，所祭有多寡，而其爲合祭則一也。且礿、禘、烝、嘗者，祭名之異也。曰犆曰祫者，祭禮之别也。犆礿者，謂以犆祭而爲礿也。祫禘、祫嘗、祫烝者，謂以祫祭而爲禘、嘗、烝也。天子則言祫於禘、嘗、烝之上，諸侯則言祫於禘、嘗、烝之下，記者文便，非有義例也。鄭氏乃以礿、禘、嘗、烝皆爲特祭之名，離祫於禘、嘗、烝而二之，謂「天子言祫於上者，先祫而後時祭，諸侯言祫於下者，先時祭而後祫」，則尤繆之甚者。祭不欲數，一時之間，既爲祫祭，又爲犆祭，豈其煩瀆若此？「祫禘、祫嘗、祫烝」之文，與「犆礿」一例，若謂祫禘爲祫而又禘，亦可謂犆礿爲犆而又礿乎？無論其他，於文義亦自不通矣。至其據魯禮以推周禮之失，則林氏之説固已詳矣。蓋春秋所書「魯禘」，皆夏祭之禘也。鄭氏不知大禘不及羣廟，又不知春秋「魯禘」皆時祭，而非大祭，而據以推禘、祫之歲月，此其所以誤也。魯之禘見於經者二：閔二年「吉禘於莊公」；僖八年「禘於太廟」，是也。經不言禘而傳以爲禘者二：昭十五年「有事於武宮」，傳曰「禘於武宮」；定八年「從祀先公」，傳曰「禘於僖公」，是也。經所不書而見於傳者一：昭二十五年傳「禘於襄公」，是也。經、傳皆不言禘，而以時推之，可以知其爲禘者一：宣八年夏六月「有事於大廟」，是也。大禘，祭始祖之所自出於太廟，而閔二年、昭十五年、二十五年、定八年之禘，止祭羣廟，此時祭之犆禘，非大禘也。禘大於祫，經於文二年大祫，書「大事」。僖八年「禘於大廟」，宣八年「有事於大廟」，皆不言「大」，此時祭之祫禘，非大禘也。且僖八年「禘致夫人」，始以哀姜祔廟也。祫禘，莊公與焉，故得祔哀姜；大禘不及羣廟，則禘致夫人之非大禘，尤可見矣。春秋於嘗、烝皆不書所祭之廟，禘必書所祭之廟者，嘗、烝皆祫，必於太廟可知；禘有犆有祫，故必别而書之。於太廟者，祫禘也；於羣廟者，犆禘也。禮運曰「魯之郊禘，非禮也」，則天子大禘之禮，魯蓋僭用之矣。然不見於春秋之所書，春秋常祭不書，因事乃書也。春秋所書「魯禘」皆時祭而非大祭，則鄭所據以推禘、祫之歲月者，其説可不攻而破也。○大禘大祫之説，先儒聚訟，其所論大約有四：一曰二祭之大小，二曰所祭之多寡，三曰祭之年，四曰祭之月。然以大傳、公羊傳及周禮司勳之所言考之，則禘大祫小：禘止於天子，祫逮於諸侯；禘惟祭始祖所出之帝，而以始祖配之，祫祭則合祭羣主，而并及於功臣。其義本自明白。自鄭氏誤以大傳之禘爲祭感生帝，於是郊之説謬，而禘之説亦晦；禘之説晦，而祫之説亦混。至趙伯循始正之，而朱子據之以釋論語，自是禘、祫之大小，與其所祭之祖，皆坦然而無疑義矣。若其祭之年月，則祫祭五年再行，公羊所謂「五年而再殷祭」也。張純謂「禘以夏四月，祫以冬十月」，此雖於經、傳無明文，然禘本夏祭，而大禘因其名，則禘必於夏行之可知也。司勳「有功者祭於大烝」，烝祭謂之大烝，則天子之大祫因冬烝行之也。祭統言「大嘗、禘」，又曰「莫重於嘗、禘」，中庸言「禘、嘗之義」，以嘗配禘，而又謂之「大嘗」，此所謂「嘗必大祫之祭」也。是諸侯之大祫因秋嘗行之也。諸侯大祫不於烝而於嘗，辟天子之禮也。大禘大祫皆因時祭之月：大禘以夏；大祫，天子以冬，諸侯以秋。遇大祭之月，則時祭不復舉，祭不欲數故也。惟大禘之年不可考，然以祫祭五年再行推之，亦必不每歲行之可知矣。

諸侯礿則不禘，禘則不嘗，嘗則不烝，烝則不礿。

鄭氏曰：虞、夏之制，諸侯歲朝，廢一時祭。　孔氏曰：南方諸侯夏來朝，闕夏禘；西方諸侯秋來朝，廢嘗；北方諸侯冬來朝，廢烝；東方諸侯春來朝，廢礿。　愚謂一歲四祭，上下之達禮也。若諸侯降於天子止三祭，豈大夫士又降於諸侯乎？作是篇者，本傳公羊春秋之學，見春秋但書「禘、嘗、烝」而無春祭，故謂諸侯歲廢一時之祭，而明堂位於魯祭亦但言「夏礿、秋嘗、冬烝」，皆讀春秋而誤者也。春秋所書「魯祭」，皆譏也。常祭得禮則不書，非本無春祭也。舜典言「羣后四朝」，謂四服分四年來朝，虞、夏諸侯非歲朝也。周禮量人：「凡宰祭，與鬱人受斝歷而皆飲之。」量人與鬱人飲斝歷，此必宗廟之祭有鬱鬯之灌者也。天子之祭，可使冢宰攝祭，則諸侯朝覲亦必使上卿攝祭，何以遂廢一時之祭乎？

諸侯礿犆，禘一犆一祫，嘗祫，烝祫。

禘一犆一祫，謂一歲犆祭，一歲祫祭，所以降於天子也。若大夫士四時皆犆，又遠降於諸侯矣。

天子社稷皆大牢，諸侯社稷皆少牢。釋文：太音泰。少，詩照反。

天子之社所祭者，畿内之地祇也。諸侯之社所祭者，國内之地祇也。所載有廣狹，故其禮有尊卑。若天下之地祇，則北郊之祭主之。

大夫士宗廟之祭，有田則祭，無田則薦。

鄭氏曰：有田者既祭，又薦新。祭以首時，薦以仲月。士薦牲用特豚，大夫以上用羔，所謂「羔豚而祭，百官皆足」。孔氏曰：月令天子祭廟，又有薦新，故月令四月「以彘嘗麥，先薦寢廟」。又士喪禮：「有薦新，如朔奠。」大斂小斂以特牲，而云「薦新」，是有田者既祭又薦新也。士祭用特牲，薦宜貶降，不用成牲，故用特豚。大夫祭用少牢，薦則用羔也。愚謂無田，謂失位而無田禄也。薦猶獻也。大戴禮天圓篇云：「無禄者稷饋，稷饋者無尸，無尸者厭也。」蓋祭有黍稷，而薦則惟饋稷，祭有尸，而薦則無尸，大略如聘禮使者反，釋奠之禮而已。○鄭氏云「祭以首時，薦以仲月」，孔疏引晏子春秋云：「自天子至士，皆祭以首時。」然周禮仲夏苗田，獻禽以享礿，仲冬狩田，獻禽以享烝，則人君祭以仲月矣。孔氏謂「周禮四仲祭，因田獵而獻禽，非正祭」，非也。鄭豐卷將祭，請田，子産不許，曰：「唯君用鮮。」魯人獵較，而孔子先簿正祭器。是人君四時之田皆以爲祭，非徒因田獻禽也。大夫士必助君祭，乃可自祭家廟。人君卜祭，或用仲月之下旬，則大夫士之祭有至於季月者矣。

庶人春薦韭，夏薦麥，秋薦黍，冬薦稻。韭以卵，麥以魚，黍以豚，稻以雁。

鄭氏曰：庶人無常牲，取與新物相宜而已。　愚謂春穀未成而韭可食，故詩言「四之日其蚤，獻羔祭韭」。麥夏熟，黍秋熟，稻冬熟。春物未成而卵易得，故韭以卵。春祭名礿，庶人春薦，亦視三時爲薄，其時然也。夏不取魚鼈，此魚謂乾魚也。周禮庖人「夏行腒鱐」，「冬行鱻羽」，鄭云：「腒鱐，暵熱而乾。魚雁，水落而性定。」鱐即乾魚，羽即雁也。故麥以魚，稻以雁。庖人又云「春行羔豚」，「秋行犢麛」，鄭云：「羔豚，物生而肥。犢麛，物成而充。」蓋羔豚、犢麛於春秋時皆充肥，但庶人不得用犢麛，故黍以豚。

祭天地之牛角繭栗，宗廟之牛角握，賓客之牛角尺。釋文：繭，字又作「蠒」，公典反。

鄭氏曰：握，謂長不出膚。　愚謂繭栗，謂牛角初出，若蠒繭、栗實然也。祭天地之牲用犢，貴誠之意也。宗廟卑於天地，故牛角握。賓客又卑於宗廟，故牛角尺。此禮之以小爲貴者。

諸侯無故不殺牛，大夫無故不殺羊，士無故不殺犬豕，庶人無故不食珍。

鄭氏曰：故，謂祭饗。　愚謂諸侯朔食止少牢，故無故不殺牛。大夫朔食止特牲，故無故不殺羊。士朔食止特豚，故無故不殺犬豕。珍之物未詳。膳夫云「王珍用八物」，鄭氏以内則淳熬、淳母等當之，未知是否。八十常珍，珍爲養老之物，大夫士老者得食之，但未至八十則不得常食，若庶人則無故不得食也。珍非祭祀享燕所用，而曰「無故不食珍」者，蓋見養於學則有珍物，文王世子「適饌省醴，養老之珍具」，是也。非是則不得食，故曰「無故不食珍」。

庶羞不踰牲，燕衣不踰祭服，寢不踰廟。 釋文：燕，伊見反。

鄭氏曰：祭以羊，則不用牛肉爲羞。葉氏夢得曰：庶羞常薦而踰牲，嫌於備物；燕衣常用而踰祭服，嫌於事神；寢所常安而踰廟，嫌於享親。故禮皆不與。愚謂註義固善，然以下二句例之，則其義當從葉氏。庶羞，謂生人常食之羞饌。牲，祭牲也。諸侯祭以大牢，而無故不殺牛，大夫祭以少牢，而無故不殺羊，即所謂「庶羞不踰牲」也。此三者皆言薄於自奉而厚於事先也。○自「天子七日而殯」至此，明天子以下喪葬祭祀之法。

古者公田藉而不稅，

鄭氏曰：藉之言借也。借民力治公田，美惡取於此，不稅民之所自治也。孔氏曰：一井之中，凡有九夫，中央一夫以爲公田，借八家之力以治公田，美惡取於此，而不稅民之私田。愚謂此約公羊傳之文。公羊傳曰：「初稅畝，何以書？譏。何譏爾？譏始履畝而稅也。」「古者什一而藉」。蓋自税畝之法行則藉而復税矣。○自此以下至「墓地不請」，皆陳古者之制也。

市廛而不税，

鄭氏曰：廛，市物邸舍也。税其舍，不税其物。市，貿易之所也。

關譏而不征，

鄭氏曰：關，界上之門。譏，譏異服，識異言。征亦税也。賈氏公彦曰：王畿千里，王城在中，面有五百里。界首面置三關，則十二關。愚謂左傳「介偪之關」疏云：「國之正法，竟界之上乃有關。齊於竟内更置關，不與常禮同。」是關惟界上有之。譏而不征，謂譏察異言異服之人而不税其貨物之往來者也。

林、麓、川、澤以時入而不禁，

鄭氏曰：麓，山足也。孔氏曰：穀梁傳：「林屬於山爲麓。」鄭注大司徒云：「竹木曰林，注瀆曰川，水鍾曰澤。」愚謂以時入者，「草木零落，然後入山林」，「獺祭魚，然後虞人入澤梁」是也。不禁者，與民共財，不障禁也。○孟子曰：「市，廛而不征，法而不廛。關，譏而不征。」又曰：「文王之治岐也，關市譏而不征，澤梁無禁。」然考之周禮司市云：「凶、荒、札、喪，則市無征而作布。」司關云「司貨賄之出入者，掌其治禁，與其征廛，凡貨不出於關者，舉其貨，罰其人」，則關市有征。山虞「物爲之厲，而爲之守禁」，澤虞「掌國澤之政令，爲之厲禁」，則林麓川澤有禁。大宰「九賦」：「七曰關市之賦，八曰山澤之賦。」〔一〕大府「關市之賦以待王之膳服」，「山澤之賦以待喪紀」。與孟子不同。蓋周禮所言者，常法也；文王治岐之政，行於商紂苛虐之時，所以救一時之急也。朱子云：關市譏而不征，乃文王治岐時事，周禮乃成周大備之時，隨時制宜，所以不同也。戰國民困已甚，故孟子亦欲以此法行之。作記者本未見周禮，其所言即本之孟子，而鄭氏以爲殷法，非也。

夫圭田無征，

百畝爲夫。圭，潔也。士虞記云：「孝子某圭爲而哀薦之。」圭田在田禄之外，所以奉祭祀也。孟子曰：「卿以下必有圭田，圭田五十畝。」井田之法，九夫爲井，以中一夫爲公田，八家耕之，而君取其一夫之入。若圭田，則九夫之中，其一夫爲圭田者，入於有圭田者之家，而國家不復征之也。蓋自周末税畝之法行，圭田之所收既入於卿大夫之家，而國家又履畝而使八家出什一之税，故陳古制如此。

〔一〕「九賦」，原本作「九職」，「七」原本作「八」，「八」原本作「九」，並據周禮大宰改。

用民之力，歲不過三日，

孔氏曰：用民之力，謂使民治城郭道渠。周禮均人云：「豐年，旬用三日；中年，旬用二日；無年，旬用一日。」年歲不同，雖豐不得過三日也。

田里不粥，墓地不請。釋文：粥音育，後皆同。

鄭氏曰：皆受於公，民不得私也。粥，賣也。請，求也。周禮註曰：里，邑居也。○穀梁傳曰：「古者公田爲居，井竈蔥韭皆取焉。」班固云：「以公田二十畝爲廬舍。」趙氏孟子註云：「公田二十畝，八家分之，得二畝半，以爲廬舍。城邑之居亦二畝半，廬則各在其田中，而邑則聚居也。」而彭山季氏非之，謂：「公田中去二十畝，止存八十畝，則制禄之時，當割別井二十畝，以足百畝之數，失先王正經界之意。而又以邑處農民，亦有不便。遠郊之外，必使遠棄田疇，徙入國邑，人誰樂之？所謂廬者，蓋就田中苫小茅舍，以爲息勞守畝之所，不占公田二畝半，而適當其中。農民所居，必是平原，另以五畝爲一處，取於便農功而已。」其説似是而實非也。邑者，人之所聚處，猶今之村落然，小則十室，大則千室，或有城，或無城，自近郊以至於五百里之縣，隨處有之。遠郊之人，則有遠郊之邑，曷嘗使之棄田疇而徙於國中哉？詩言「中田有廬」。説文云：「廬，寄也。春夏居，秋冬去。」月令孟夏「令民勉作，毋休於都」，則民自四之日舉趾，以至於秋成，皆處於廬，且桑麻樹焉，果蓏植焉，車牛息焉，田器藏焉，禾稼納焉。若苫小茅舍，豈足以容哉？且如季氏之説，所謂「苫小茅舍」者，亦不能不取於公田，雖不占二畝半，亦何能無妨於經界乎？蓋計地之法有虚數，有實數。孟子言「耕者九一」，此於公田中并廬舍計之之虚數也。又言「貢、助、徹皆什一」，此於公田除廬舍計之之實數也。計虚數則公田爲百畝，圭田爲五十畝；計實數則百畝者止爲八十畝，五十畝者止爲四十畝，初未嘗割他井以足之也。○自「古者藉而不税」至此，歷陳古制，蓋將言司空度地居民之事，而以此發其端也。

司空執度，度地居民，山川沮澤，時四時，量地遠近，興事任力。凡使民，任老者之事，食壯者之食。釋文：度度，上如字，下大洛反。沮，將慮反。任，而鴆反。食壯，音嗣，又如字。○舊以「司空執度度地」爲句，「居民」下屬，今以「司空執度」爲句，「度地居民」爲句。

鄭氏曰：司空，冬官卿，掌邦事者。度，丈尺也。山川沮澤，時四時，觀寒煖燥溼。沮，謂萊沛。量地遠近，制邑井之處。事，謂築邑、廬、宿、市也。任老者之事，食壯者之食，寬其力，饒其食。孔氏曰：司空執丈尺之度，以居處於民，觀山川高下之宜，沮澤浸潤之處，又當以時候此四時，知其寒煖。愚謂山川有陰陽向背之宜，沮澤有水泉灌溉之利，候四時以驗其氣候寒煖之異，量遠近以定其廬、井、邑、居之處，此皆度地之事也。度地既定，然後興役事，任民力，而築爲城郭宫室以居之。任老者之事，寬其功程，食壯者之食，優其廩給，此又承「興事任力」，而言其寬恤之政也。

凡居民材，必因天地寒煖燥溼。廣谷大川異制，民生其間者異俗，剛柔、輕重、遲速異齊，五味異和，器械異制，衣服異宜。脩其教，不易其俗；齊其政，不易其宜。釋文：齊，才細反。和，胡卧反，下「和味」同。

材，謂材質。寒煖者天之爲，燥溼者地之爲，居民者必各因天地寒煖燥溼之異，視民材質之所宜而居之也。廣谷大川異制者，廣川大谷，風氣間隔，形勢懸殊，背陽者寒，向陽者煖，居高者燥，居下者溼，若各自爲制度然。民生其間者異俗者，所生之地不同，而俗因之而異，即下文「異齊」「異和」「異制」「異宜」是也。剛、輕、速，質之屬乎陽者也；柔、重、遲，質之屬乎陰者也。齊，分量也。異味者，謂酸、苦、辛、鹹各有偏嗜，故其調和不同。若下文言「不火食」，「不粒食」，則異和之甚者也。器，謂用器。械，謂兵器。異制，若輪人「行山者欲侔」，「行澤者欲杼」，車人「堅地利直庛，柔地利句庛」，及「燕無函，秦無廬，胡無弓車」之類。衣服異宜者，地寒則宜裘，地煖則宜葛。下文言「被髮文身」「衣羽毛」之等，則異宜之甚者也。教，謂七教，所以正民德。政，謂八政，所以厚民生。不易其俗，不易其宜者，俗各有所宜，互言之也。居之因其材，治之隨其俗，此聖人之政教，所以不强民而民樂從。大司徒「因此五物者民之常，而施十有二教焉」，亦此義也。

中國戎夷，五方之民，皆有性也，不可推移。釋文：推，吐雷反。

鄭氏曰：地氣使之然也。　愚謂中國，謂綏服以内方三千里之地也。戎，七戎。夷，九夷也。爾雅曰：「九夷八蠻，七戎六狄，謂之四海。」五方，謂中國與夷、蠻、戎、狄也。不言蠻狄者，文略也。内舉中國，外舉四海，不及要荒者，舉其俗之尤異者言之也。性，質也。各有性，若北方剛勁，南方柔弱是也。此一節申上「剛柔、輕重、遲速異齊」之義也。

東方曰夷，被髮文身，有不火食者矣。南方曰蠻，雕題交趾，有不火食者矣。西方曰戎，被髮衣皮，有不粒食者矣。北方曰狄，衣羽毛穴居，有不粒食者矣。中國、夷、蠻、戎、狄，皆有安居、和味、宜服、利用、備器。釋文：被，皮義反。雕，本又作「彫」。衣，於既反。

鄭氏曰：交趾，足相鄉，浴則同川，卧則僢。不火食，地氣煖，不爲害。不粒食，地氣寒，少五穀。其事雖異，各自足。　孔氏曰：文身，謂以丹青文飾其身。漢書地理志云越俗「斷髮文身，以避蛟龍之害」。故刻其肌，以丹青涅之。以東方南方俱近於海，故俱文身雕刻也。題，額也。謂以丹青雕刻其額。趾，足也。蠻卧時頭嚮外，而足嚮内相交，故曰「交趾」。西方無絲麻，惟食禽獸，故衣皮；氣寒少五穀，故不粒食。東北方多鳥，故衣羽；正北多羊，故衣毛；凝寒至盛，林木又少，故穴居。中國與夷、蠻、戎、狄各有所安之居，所和之味，所宜之服，所利之用，所備之器，其事雖異，各自充足也。風俗通云：「夷者，觝也。東方人好生，萬物觝觸地而出。」「蠻者，慢也。君臣同川而浴，極爲簡慢。」「戎者，兇也。斬伐殺生，不得其中」。「狄者，辟也。其行邪辟。」范氏桂海虞衡志曰：「交趾」與「雕題」並言，則其人形必小異。交州記云：「交趾之人，出南定縣，足節無骨，身有毛，卧者更扶始得起。」山海經亦言「交脛國人交脛」，郭璞云：「脛腳曲戾相交。」故謂之交趾。今安南地乃漢、唐郡縣，其人百骸與華無異。或傳安南有播流山，環數百里皆如鐵圍，不可攀躋。中有土田，惟一竅可入，而常自窒之。人物詭怪，不與外通。疑此是古交趾地。愚謂交趾之説，註疏殊不明。范氏以爲其形必有異，是也。然交趾地甚廣，而欲以一山當之，可乎？蓋古時交趾之人，其足趾必與華不同，故以此爲名。其後漸染華風，與中國通婚嫁，故形體遂變。此乃事理之常，不足怪也。用，器用也。器，戎器也。此一節申上「五味異和」三句之義也。

五方之民，言語不通，嗜欲不同。達其志，通其欲：東方曰寄，南方曰象，西方曰狄鞮，北方曰譯。釋文：鞮，丁兮反。

鄭氏曰：皆俗間之名，依其事類耳。鞮之言知也。今冀部有言「狄鞮」者。孔氏曰：五方水土各異，故言語不通；好惡殊別，故嗜欲不同。帝王立此傳語之人，曉達五方之志，通達五方之欲。寄，謂傳寄外内言語。象，謂放象外内之言。鞮，知也。言傳通夷狄之語，與中國相知。譯，陳也。謂陳説外内之言。愚謂此四者，周禮總謂之「象胥」，故鄭氏以此爲俗間之名。周禮有鞮鞻氏，掌四夷之舞。狄鞮蓋亦以其服名之與？

凡居民，量地以制邑，度地以居民，地、邑、民居，必參相得也。無曠土，無游民，食節事時，民咸安其居，樂事勸功，尊君親上，然後興學。釋文：度，大洛反。參，七南反。樂音洛。

量地以制邑者，地之形勢，廣狹不同，地廣者，制其邑居宜大；地狹者，制其邑居宜小也。度地以居民者，地廣則可耕之田多，其居民宜多；地狹則可耕之田少，其居民宜寡也。民多則邑宜大，民少則邑宜小。地也，邑也，民居也，三者大小衆寡必皆相稱，則民足以耕其地而無曠土，地足以任其民而無游民。限之以禮制，故食有其節；使之以農隙，故事得其時。如此，則民皆有以自遂其生，而得以安居而樂業。是以民氣和樂，興於禮義，而尊君親上之心油然而生也。於是乃興學校以教之。蓋自「司空度地」至此，皆言居四民、授田里之事，所以養民也。養民之道備，而後可以施教，故下文承此而詳言立學之事。

司徒脩六禮以節民性，明七教以興民德；齊八政以防淫，一道德以同俗；養耆老以致孝，恤孤獨以逮不足；上賢以崇德，簡不肖以絀惡。釋文：防，本又作「坊」，音同。

鄭氏曰：司徒，地官卿，掌邦教者。逮，及也。簡，差擇也。徐氏師曾曰：此承上章「興學」而言。司徒掌六鄉之政教，以民氣質之性有過、不及也，於是脩六禮以節之，使賢者俯而就，不肖者企而及焉。以人倫之德由物欲而薄也，於是明七教以興之，感發其良心，鼓舞其德行焉。恐其溺於欲，則齊八政以防之，使知禁戒，而不敢放肆。恐其入於邪，則一道德以同之，使學術歸一，而不敢異向。教法之詳如此，而其所以爲教，皆以身先之：老吾老以爲孝，又合鄉之耆老而養之，推致吾心之孝，使之興孝也；幼吾幼以爲慈，又合鄉之孤獨而恤之，逮及人之不足，而使之不倍也。身教既至，又恐資稟有厚薄，觀感有淺深，不可無勸懲，故率教者上升之，以崇其德，所以示勸也；叛教者簡去之，以絀其惡，所以示懲也。詳見下文。

命鄉簡不帥教者以告，耆老皆朝于庠，元日習射上功，習鄉上齒。大司徒帥國之俊士與執事焉。釋文：帥音率。朝，直遥反。與音預。

鄭氏曰：帥，循也。不帥教，謂敖很不孝弟者。司徒使鄉簡擇以告者，鄉屬司徒也。耆老，致仕及鄉中老賢者。朝猶會也。皆朝于庠，將習禮以化之，使之觀焉。此庠，謂鄉學也。鄉，謂飲酒也。鄉禮春秋射，國蜡而飲酒養老。孔氏曰：司徒命鄉中耆老皆聚會於鄉學之庠，乃擇善日，爲不帥教之人習鄉射之禮，中者在上，故曰「尚功」；又習鄉飲酒之禮，老者居上，故曰「上齒」。欲使不帥教之人觀其上功，自勵爲功；觀其上齒，則知尊長敬老。大司徒帥領國之英俊之士，與執其事，使俊士與之以爲榮，惡者慕之而自勵。愚謂習射、習鄉，蓋用州長習射，黨正正齒位之禮。然州長習射以春秋，而在州之序；黨正正齒位以蜡祭，而在黨之序。此則爲不帥教者特舉之，而皆在鄉學。又司徒帥國之俊士皆與焉，皆異於尋常習射、飲酒之禮者也。國之俊士，由鄉學而升於國學者，今還使執事於鄉學之中也。蓋範之以進退揖讓之儀，閑之以志正體直之德，示之以長幼之節，艷之以俊髦之榮，所以誘掖而激勸之者至矣。

不變，命國之右鄉簡不帥教者移之左，命國之左鄉簡不帥教者移之右，如初禮。不變，移之郊，如初禮。不變，移之遂，如初禮。不變，屏之遠方，終身不齒。

鄭氏曰：中年考校而又不變，使轉徙其居，覬其見新人，有所化也。亦復習禮於鄉學，使之觀焉。郊，鄉界之外者也，稍出遠之。後中年，又爲之習禮於郊學。遠郊之外曰遂，遂大夫掌之。又中年，復移之使居遂，又爲習禮於遂之學。遠方，九州之外。齒猶録也。陳氏澔曰：左右對移，易其藏修游息之所，新其師友講習之功，庶幾其化也。愚謂左鄉右鄉者，王有六鄉，國之左右各有三鄉也。移左移右，欲新其耳目以化之也。如初禮，如初之習射、習鄉之禮也。郊，謂郊内六鄉之餘地。蓋六鄉之地在郊，然郊内之地四同，非六鄉所能盡，故其在鄉界之外者，亦如六遂之有公邑，設吏治民而立學焉。小司徒「大比六鄉四郊之吏」，言六鄉而又言四郊，即與此郊一也。遠郊之外曰遂，遂大夫掌之。上云「簡不帥教者」，謂初入學時也。初不變，謂三年考校時；再不變，謂五年考校時；三不變，謂七年考校時；四不變，謂九年考校時。蓋至此而不變，則其人爲終不可化矣，然後屏之遠方，終身不齒。遠方，謂要荒也。此鄉學絀惡之法也。

命鄉論秀士，升之司徒，曰選士。司徒論選士之秀者而升之學，曰俊士。升於司徒者不征於鄉，升於學者不征於司徒，曰造士。釋文：選，宣練反。造，才早反，下造皆同。

鄭氏曰：升於司徒，移名於司徒也。秀士，鄉大夫所考，有德行道藝者。學，大學。不征，不給其繇役。造，成也。孔氏曰：升於司徒，謂録名進在司徒，其身猶在鄉學。升於學，謂身升於大學。非惟升名而已。愚謂俊，美也。千人謂之俊。選士、俊士，皆鄉大夫所賓之賢者能者也。升於司徒，此留於鄉學而將即官之者也。升於學，此才之可以大就，升於國學而復教之者也。選士不征於鄉，而免於一鄉之繇役；俊士不征於司徒，而免於一國之繇役。蓋選士、俊士二者，皆謂之造士，謂其學業有成，故免其繇役以優異之。鄉大夫征役之所舍者有六，而賢者能者與焉，是也。此鄉學崇德之法也。

樂正崇四術，立四教，順先王詩、書、禮、樂以造士：春秋教以禮、樂，冬夏教以詩、書。王大子，王子，羣后之大子，卿、大夫、元士之適子，國之俊選，皆造焉。凡入學以齒。釋文：適，丁歷反。

鄭氏曰：樂正，樂官之長，掌國子之教。崇，高也。高尚其術以作教也。幼者教之於小學，長者教之於大學。尚書傳曰：「年十五始入小學，十八入大學。」春夏，陽也。詩、樂者聲，聲亦陽也。秋冬，陰也。書、禮者事，事亦陰也。互言之者，皆以其術相成。王子，王之庶子也。羣后，公及諸侯。皆造焉，皆以四術成之。入學以齒，皆以長幼受學，不用尊卑。孔氏曰：術是道路之名。詩、書、禮、樂，是先王之道路。春秋教以禮、樂，則秋教禮，春教樂；冬夏教以詩、書，則冬教書，夏教詩。文王世子云「秋學禮，冬讀書」，與此同。若云「春夏教以樂、詩，秋冬教以書、禮」，則是春夏但教樂、詩，不教禮、書；秋冬但教禮、書，不教樂、詩。今交互言之，明四術不可暫時而闕，但視其陰陽以爲偏主耳。長幼受學，雖王大子亦然。故文王世子云：「將君我，而與我齒讓，何也？」是其事也。愚謂大樂正於周禮爲大司樂，大司樂掌成均之政，乃大學教人之事也。以其爲人所共由，則曰「四術」；以其爲教於學，則曰「四教」。俊選，即俊士也。俊士由選士而升，故謂之俊選。○孔子曰：「成於樂。」大學之教，以樂爲終，故虞以典樂教胄子，周以司樂掌成均。唐、虞時，詩、書未興，禮亦未備，故舜命夔以教胄，但言和聲作樂之事。至周，以詩、書、禮、樂並列爲四教，然大司樂之職但言教樂之事，而他未有及焉。以文王世子考之，則教樂者爲大樂正、小樂正、胥之屬，教詩者爲大師，教禮爲執禮者，教書爲典書者，而總其教者，大司成也。蓋大司樂之職曰「掌成均之法，以治建國之學政，而合國之子弟焉。凡有道者、有德者，使教焉，死則以爲樂祖，祭于瞽宗。以樂德教國子」，「以樂語教國子」，「以樂舞教國子」。是大司樂所掌者，乃國學之政。至於教人，則惟樂舞乃其專職，而教詩者爲其屬之大師，而別使公卿之有道德者入教於學，以總其事，所謂大司成也。又別使他官之習於書、禮者以各司其教，所謂執禮、典書者也。大司成與執禮、典書之人，無定人，無專職，但有道德而精於其業者則充之，故其職掌不見於周官也。大司成以道德爲師，而使掌其政令之煩，則非所以尊師而重道。而四術之教，惟樂爲尤深，其聲容舞蹈，審音識微，非專其業者不能精，而亦非一人所能盡，故使樂官之長率其屬以掌學政，而專司教樂之事焉。此先王設官之精意也。詩、書、禮、樂，鄉學國學皆以此爲教，但教於國學者爲尤備耳。

將出學，小胥、大胥、小樂正簡不帥教者，以告于大樂正，大樂正以告于王，王命三公、九卿、大夫、元士皆入學。不變，王親視學。不變，王三日不舉，屏之遠方，西方曰棘，東方曰寄，終身不齒。釋文：胥，息餘反，又息呂反。屏，必郢反。棘，依注音僰，又作「僰」，蒲北反。○棘，周氏如字。

此國學絀惡之法也。大胥、小胥，大樂正之屬。小樂正於周禮爲樂師，大樂正之貳也。樂師掌國學之政，大胥掌學士之版，小胥掌學士之徵令。鄭氏曰：出學，謂九年大成，學止也。此所簡者，謂王大子，王子，羣后之大子，卿、大夫、元士之適子。王命公卿以下入學，亦謂使習禮以化之。不變，王又親爲之臨視，重棄賢者子孫。不舉，去食樂，重棄人也。棘，當作「僰」。僰之言偪，使之偪寄於夷戎。方氏愨曰：賤者至於四不變然後屏之，貴者至於二不變遂屏之者，陳氏謂「先王以衆庶之家爲易治，世禄之家爲難化。以其易治也，故鄉、遂之所考常在三年大比之時；以其難化也，故國子之出學常在九年大成之後。以三年之近而考焉，故必四不變而後屏之；以九年之遠而簡焉，則雖二不變，屏之可也」。周氏諝曰：棘，急也。示其雖屏之，欲急於悔過。寄者，寓也。示其雖屏之，特寓於此耳。愚謂遠方，亦謂要荒也。棘之義未詳。鄭氏、周氏之説，未知孰是。前言「屏之遠方」，不云「棘」「寄」，與此文詳略互見耳。陳氏謂世族之親與庶人踈賤者異，非也。不言南北者，文略也。鄭氏云「不屏於南北者，爲其太遠」，孔氏云「漢書地理志『南北萬三千里，東西九千里』」，亦非也。三代時百粤未開，南北不遠於東西也。

大樂正論造士之秀者，以告于王，而升諸司馬，曰進士。

鄭氏曰：升諸司馬，移名於司馬。司馬，夏官卿，掌邦政者。進士，可進受爵禄也。愚謂此國學崇德之事也。造士，謂國子及庶民之俊士。前云「秀士」，謂秀出於鄉學之中者也。

造士之秀，謂秀出於國學之中者也。司馬之屬，有司士掌羣臣之版，以德詔爵，以功詔禄。升諸司馬，遂名於司馬而將官之也。進士，言其可進於王朝也。

司馬辨論官材，論進士之賢者，以告於王，而定其論。論定然後官之，任官然後爵之，位定然後禄之。釋文：任，而金反。

鄭氏曰：辨其論，官其材，觀其所長。定其論，各署其所長。官之，使之試守。爵之，命之。孔氏曰：大樂正論造士之秀者，以告於王，王以樂正所論之狀授與司馬，司馬得此所論之狀，更辨論之，觀其材能高下，堪任何官，故曰「官材」。司馬又論進士之賢者，以告於王，而正定其論，各署其所長：若長於禮者，署擬於禮官；長於樂者，署擬於樂官。官之，試之以所能之官也。愚謂自「論定後官」以下，其義與前「官民材」同。但官民材則用爲鄉、遂之官，此論進士之賢者，則用爲王朝之官也。○劉氏敞曰：古者鄉學教庶人，國學教國子。鄉學所升曰選士，不過用爲鄉、遂之吏，而選用之權在司徒；國學所升曰進士，則命爲朝廷之官，而爵禄之權在司馬。此鄉學國學教選之異，所以爲世家、編户之别也。然庶人之仕進亦有二途：可爲選士者，司徒試用之，一也；升於國學，則論選之法與國子同，二也。愚謂前云「官民材」，此鄉人之出於鄉學而官之者也。此論進士之賢者，則國子與鄉所升之俊士，出於國學而官之者也。蓋鄉之賢能，鄉大夫考而興之，上其名於司徒，固可由此而入仕矣。其有材質秀異，而不安於小成者，則司徒論而升之於學，至九年學成，乃升於司馬而官之。其出於鄉而即官之者，雖仕進稍速，而不過爲民材之秀者，止爲鄉、遂之吏；升於國學而後官之者，雖仕進稍緩，然選用之法與國子等，而公卿大夫或亦出乎其間矣。○自「司徒脩六禮」以下至此，言教民之事。

大夫廢其事，終身不仕，死以士禮葬之。

鄭氏曰：以不任大夫也。孔氏曰：致仕而退，死得以大夫禮葬。吴氏澄曰：此因上文「任官而後爵之」之言，因及不任其官則黜爵之事。

有發，則命大司徒教士以車甲。

鄭氏曰：有發，謂有軍師發卒。教士以車甲，教以乘兵車衣甲之儀。方氏慤曰：司徒掌教，司馬掌政，是分職而辨之也。造士則司馬辨論官材，有發則司徒教士以車甲，是聯事而通之也。

凡執技論力，適四方，羸股肱，決射御。釋文：技，其綺反，本或作「伎」。羸，本又作「臝」，力果反。

此因上「教士以車甲」而因言執技論力之事也。執技論力，若虎賁氏之虎士是也。以其無道德而惟論勇力，故有事則使之之適四方，羸露股肱，決射御之勝負。蓋雖不得與俊、造同科，亦國家器使之所不遺也。

凡執技以事上者，祝、史、射、御、醫、卜及百工。凡執技以事上者，不貳事，不移官，出鄉不與士齒；仕於家者，出鄉不與士齒。

鄭氏曰：不貳事，不移官，欲專其事，亦爲不德。出鄉不與士齒，賤也。於其鄉中則齒，親親也。　愚謂此又因上言「執技論力」而備陳執技之人也。執技之人凡七：祝一，史二，射三，御四，醫五，卜六，百工七。射、御，上文已見，而重言之者，因五者而並列之也。此皆謂執技之賤人，非周禮大祝、大史、射人、大馭、醫師、大卜等之官也。不貳事者，欲其專精於所業。不移官者，不欲强試之以其所不能。齒，謂列年齒爲坐次也。出鄉不與士齒者，德成而上，藝成而下，在鄉黨宗族之中，有不以貴賤計者；若出鄉，則不得與士齒，賤之也。陪臣亦賤，故亦出鄉不與士齒，因其類而并言之也。○自「司馬辨論官材」至此，明官人之事。

禮記卷十四

王制第五之三

司寇正刑明辟，以聽獄訟，必三刺。有旨無簡不聽，附從輕，赦從重。釋文：辟，婢亦反。刺，七智反。

鄭氏曰：司寇，秋官卿，掌刑者。辟，罪也。三刺，以求民情，斷其獄訟之中：一曰訊羣臣，二曰訊羣吏，三曰訊萬民。簡，誠也。有其意，無其誠者，不論以爲罪。附，施刑也。附從輕，求出之，使從輕。赦從重，雖是罪可重，猶赦之。孔氏曰：司寇正刑明辟者，謂當正定刑書，明斷罪法，使刑不差二，法不傾邪，以聽天下獄訟。刑法宜慎，不可專制，故必須三刺，以求民情。刺，殺也，謂欲殺犯罪之人，三問之也。三刺雖以殺爲本，其被刑不殺者，亦當問之。求民情既得其所犯之罪，雖有旨意，無誠實之狀，則不聽之，不論以爲罪也。附從輕者，謂施刑之時，此人所犯之罪在可輕可重之間，則當求其可輕之罪而附之，則「罪疑惟輕」是也。赦從重者，謂所犯之罪本非故爲，而入重罪，今放赦之時，從重罪之上而赦之，謂其意輕故也。書云「眚灾肆赦」，是也。愚謂刺，殺也。春秋：「公子買戍衛，不卒戍，刺之。」附從輕者，謂罪之疑於輕重者，則從其輕罪而附之也。赦從重者，謂罪之當赦者，雖重猶赦之也。或曰：二句止是一事，謂罪可輕可重則從輕罪而附之，從重罪而赦之也。其義亦通。

凡制五刑，必即天論，郵罰麗於事。釋文：論音倫。郵音尤。○鄭註：即，或爲「則」。論，或爲「倫」。○今按：論如字。

鄭氏曰：制，斷也。即，就也。必即天論，言與天意合。郵，過也。麗，附也。過人、罰人，當各附於其事，不可假他以喜怒。孔氏曰：制五刑之時，必就上天之意，論議輕重。郵，謂斷人罪過，罰，謂責罰其身，皆依附於所犯之事，不可離其本事，别假他事以爲喜怒。愚謂天者，理而已矣。五刑皆天討，故其出入輕重，必就天理以論之，而不可與以私意也。五刑不簡，正於五罰，五罰不服，正於五過。郵罰雖輕於五刑，亦必附於事，以求當其實罪也。

凡聽五刑之訟，必原父子之親，立君臣之義，以權之；意論輕重之序，慎測淺深之量，以别之；悉其聰明，致其忠愛，以盡之。疑獄，汜與衆共之，衆疑赦

之。必察小大之比以成之。釋文：量，徐音亮。別，彼列反。氾，本又作「汎」，孚劍反。比，必利反。

鄭氏曰：權，平也。意，思念也。淺深，謂俱有罪，本心有善惡。盡，盡其情。小大，猶輕重。已行故事曰比。 愚謂意論，若書言「要囚，服念五六日，至於旬時，丕蔽要囚」也。父子有親，君臣有義，人倫之大者也。原之者，所以本其不得已之情；立之者，所以嚴其不可犯之分。事之輕重，各有次序，意論之，以審其上下之服；情之淺深，各有分量，慎測之，以辨其故、過之分。權乎父子君臣者，衷之於倫常，以觀之於其大；別乎輕重淺深者，察之於情事，以析之於其微也。悉其聰明，則所謂忠愛者，不至於過厚而失之愚；致其忠愛，則所謂聰明者，不至於過察而傷於刻。如是，則本末兼該，明恕交盡，而所聽之訟亦庶乎能盡其情矣。氾，廣也。獄疑則廣詢之於衆，衆疑則赦之，呂刑所謂「五刑之疑有赦，五罰之疑有赦」也。小大，謂輕重也。比，附也，呂刑所謂「上下比罪」是也。成猶定也，即下文所謂「獄之成」也。此謂罪之無疑者，其或輕或重，必察其所當附之罪，以定其獄也。

成獄辭，史以獄成告于正，正聽之。正以獄成告于大司寇，大司寇聽之棘木之下。大司寇以獄之成告於王，王命三公參聽之。三公以獄之成告於王，王

三又，然後制刑。釋文：又，義作「宥」。

鄭氏曰：史，司寇吏也。正，於周鄉、師之屬。周禮鄉、師之屬，「辨其獄訟，異其死刑之罪而要之職聽於朝，司寇聽之」。朝，王之外朝也。左九棘，孤、卿、大夫位焉。右九棘，公、侯、伯、子、男位焉。面三槐，三公位焉。王命三公參聽之，王使三公復與司寇及正共平之，重刑也。周禮：「王欲免之，乃命公會其期。」又，當作「宥」，寬也。一宥曰不識，再宥曰過失，三宥曰遺忘。孔氏曰：成獄辭，謂獄吏初責覈罪人之辭，已成定也。按周禮鄉師屬地官，不掌獄訟，而云「鄉、師」者，鄉謂鄉士也，師謂士師也。云「之屬」者，謂遂士、縣士、方士之屬。周禮鄉士掌六鄉之獄，「若欲免之，則王會其期」；遂士掌六遂之獄，「若欲免之，則王命三公會其期」；縣士掌野獄，「若欲免之，則王命六卿會其期」。經云「王命三公」，舉中以見上下，則六鄉，王自會之；縣野，六卿會之。愚謂王三又，然後制刑，王命以三事宥之，其不在三事，然後斷其刑也。

凡作刑罰，輕無赦。

鄭氏曰：法雖輕，不赦之，爲人易犯。孔氏曰：此非疑獄，故雖輕不赦，若輕者輒赦，則犯者衆也。故書云：「刑故無小。」

刑者侀也。侀者成也。一成而不可變，故君子盡心焉。釋文：侀音刑。

孔氏曰：刑是刑罰，侀是侀體。訓刑罰爲侀體，言刑罰加人侀體也。侀體是人成就形貌，形貌一成之後，若以刀鋸鑿之，斷者不可續，死者不可生，故云「不可變」。君子盡心以聽刑，則上云「悉其聰明，致其忠愛」是也。陳氏祥道曰：無赦，則民不至於犯罪；盡心，則吏不至於濫刑。有無赦之法以禁於未然之前，有盡心之法以應於已然之後，此民之所以畏罪而親上也。

析言破律，亂名改作，執左道以亂政，殺。釋文：亂名，如字，王肅作「循名」。

鄭氏曰：析言破律，巧賣法令者也。亂名改作，謂變易官與物之名，更造法度。左道，若巫蠱及俗禁。孔氏曰：左道，謂邪道。地道尊右，右爲貴，故正道爲右，不正道爲左。愚謂言，如「史載言」之言，謂國家之舊典故事也。律，法令也。析、破，謂以巧説分散，破壞其義也。名，如「黄帝正名百物」之名。名所以指實，亂名則失實矣。改作，變易法度也。左道，若楊、墨、申、韓之類。五者，皆足以亂政也。

作淫聲、異服、奇技、奇器以疑衆，殺。

鄭氏曰：淫聲，鄭、衛之屬也。異服，若聚鷸冠、瓊弁也。奇技、奇器，若公輸般請以機窆。

行僞而堅，言僞而辯，學非而博，順非而澤，以疑衆，殺。釋文：行，下孟反。

鄭氏曰：皆謂虚華捷給無誠者也。　愚謂行詐僞之事而守之堅固，則持之而難變；爲詐僞之言而辭理明辨，則攻之而難破；習學非違之書而見聞廣博，則可以謏聞動衆；順從非違之事而文飾光澤，則足以拒諫飾非。此心術之邪，學術之偏，而其才又足以濟其姦者，後世若宋之王安石蓋如此。

假於鬼神、時日、卜筮以疑衆，殺。

鄭氏曰：今時持喪葬、築蓋、嫁取、卜數文書，使民倖禮違制。　孔氏曰：謂妄陳邪術，恐懼於人；假託吉凶，以求財利。　馬氏晞孟曰：卜、筮者，先王所以使民信時日，畏法令，而不以正告則謂之假。

此四誅者，不以聽。

鄭氏曰：爲其爲害大而辭不可明。　愚謂四誅，謂上所言「亂政」者一，「疑衆」者三。聽，即上文「正聽之」，「司寇聽之」，「三公聽之」，是也。不以聽者，爲其罪大而情必出於故，故誅之不疑，而不復聽也。

凡執禁以齊衆，不赦過。

鄭氏曰：亦爲人將易犯。　愚謂周禮士師：「掌五禁之法以左右刑罰：一曰宫禁，二曰官禁，三曰國禁，四曰野禁，五曰軍禁。」下文「關市之禁」，蓋舉國禁略言之也。過，謂過誤。刑於過者有赦，而禁不赦過者，蓋刑之所懲者重，禁之所治者輕，故不論其過、故而期於必行，然後約束嚴而人不敢輕犯也。

有圭璧、金璋不粥於市；命服、命車不粥於市；宗廟之器不粥於市；犧牲不粥於市；戎器不粥於市；

孔氏曰：此皆尊貴之物，非民所宜有，防民之僭僞也。金璋，即考工記金飾璋也。皇氏以爲用金爲印章。按定本「璋」字從玉，圭璧之類。且周時稱印曰璽，未有稱章，皇氏之義非也。　愚謂金飾璋者，考工記大璋、中璋、邊璋之屬，皆「黄金勺，青金外」是也。戎器，矛戟之屬。周禮縣師「若將有軍旅、會同、田役之戒，則受法於司馬，以作其衆庶及馬牛車輦，會其車人之卒伍，使皆備旗鼓兵器，以帥而至」，則兵車、戎器乃民間所有，此云「戎器不粥於市」，又云「兵車不中度，不粥於市」，則是兵車民間所具，司馬法所謂「甸出長轂一乘」，而兵器則由官給而藏之民與？

用器不中度，不粥於市；兵車不中度，不粥於市；布帛精粗不中數，幅廣狹不

中量，不粥於市；姦色亂正色，不粥於市；釋文：中，丁仲反，下皆同。

鄭氏曰：凡以其不可用也。用器，弓矢、耒耜、飲食器也。度，丈尺也。數，升數多少。孔氏曰：此經之物，其合法度則得粥之，不合法度者不得粥也。布帛精粗者，若朝服之布十五升，斬衰三升，齊衰四升之類。廣狹者，布廣二尺二寸，帛則未聞。鄭註周禮引逸巡守禮：「幅廣四咫。」八寸爲咫，鄭謂「四當爲三」，則帛廣二尺四寸。愚謂姦色，不正之色，若紅紫之屬也。

錦文、珠玉成器不粥於市；衣服飲食不粥於市；

鄭氏曰：不示民以奢與貪也。成，善也。孔氏曰：前經言「圭璧、金璋」，是貴者之器，非民所宜有。此「錦文、珠玉」等是華麗之物，富人合有，但不得聚之過多，故不粥於市。此「衣服飲食」與「錦文、珠玉」連文，據華美者不得粥之，若尋常飲食則得粥之。錦文衣服等不粥，不示民以奢；飲食不粥，不示民以貪。

五穀不時，果實未孰，不粥於市；

鄭氏曰：物未成，不利人。

木不中伐，不粥於市；禽獸魚鼈不中殺，不粥於市。

鄭氏曰：伐之非時，不中用。周禮：「仲冬斬陽木，仲夏斬陰木。」殺之非時，不中用。周禮：「春獻鼈、蜃。」愚謂木不中伐，謂小而未成材；不中殺，亦謂小也。毛詩傳言「田獵之禮，不成禽不獻。先王之制，魚不滿尺市，不得粥人，不得食」。○陳氏澔曰：此所禁凡十有四事，皆所以齊其衆而使風俗之同也。

關執禁以譏，禁異服，識異言。

司關「掌貨賄之出入」，「以聯門市」，故執上之所禁，以譏察其違禁者。又於身著異服者則禁之，於口爲異言者則辨識之，防姦僞，察非違也。劉氏曰：衣服易見，故直曰「禁」；語言難知，故必曰「識」。○自「司寇正刑明辟」至此，明刑禁之法。

大史典禮，執簡記，奉諱惡，天子齊戒受諫。釋文：惡，烏路反。齊，側皆反，本亦作「齋」，下皆同。

鄭氏曰：簡記，策書也。諱，先王名，惡，忌日，若子、卯。孔氏曰：大史之官，典掌禮事，執此簡記策書，奉其諱惡之事。奉，進也。諱，謂先王之名。禮運「天子適諸侯，必以禮籍入」，鄭註云：「謂大史執簡記，奉諱惡。」是亦諱諸侯之祖父也。惡，謂忌日及子、卯，亦兼謂餘事。故誦訓云「掌道方慝，以詔辟忌」，鄭註云「方慝，四方言語所惡」，是也。愚謂簡記，簡策所記也。惡，若日月食，四鎮五嶽崩，大傀異烖，大札、大凶、大烖，大臣死，諸侯薨，國之大憂之類，皆是也。左傳襄二十八年裨竈曰：「歲棄其次，而旅於明年之次，以害鳥帑，周、楚惡之。」昭七年：「晉侯問於士文伯曰：『誰當日食？』對曰：『魯、衛惡之。』」諱惡之事，書在簡記，故大史於歲終之時，執此簡記，奉一歲中諱惡之事，以告於天子，使天子於諱而辟之，於所惡而戒懼脩省，王則齊戒以受大史之所諫也。蓋上文言制田里，興學校，舉賢才，明法禁，則爲治之道備矣，故此下二節遂言歲終受成之事也。

司會以歲之成質於天子，冢宰齊戒受質。大樂正、大司寇、市，三官以其成從質於天子，大司徒、大司馬、大司空齊戒受質。百官各以其成質於三官，大司徒、大司馬、大司空以百官之成質於天子，百官齊戒受質。然後休老勞農，成歲事，制國用。釋文：會，古外反。勞，力報反。

鄭氏曰：司會，冢宰之屬。成，計要也。質，平也，平其計要。冢宰齊戒受質，贊王受之也。大樂正，於周宗伯之屬。市，司市也，於周司徒之屬。從，從於司會也。百官，大司徒三官之屬也。百官齊戒受質，受平報也。孔氏曰：司會總主羣官治要，故以一歲治要之成質於天子，謂奏上文簿，聽天子平斷之。冢宰貳王治事，故齊戒贊王受羣官所平之事，謂共王論定也。以周法言之，司會總主羣官簿書，則司徒、司馬、司空簿書亦司會掌之，所以司徒、司馬、司空各質於天子，不由司會。唯大樂正、大司寇、市三官從司會質於天子者，以三官當司事少，徑從司會以質於王；司徒、司馬、司空總主萬民，其事既大，雖司會進其治要，仍須各受質屬官，親自質於天子也。百官齊戒受質者，天子平斷報下，百官齊戒受天子所平之要也。愚謂周禮歲終，六官之長各考其屬，司會總主百官之歲會，小宰贊冢宰受而考焉。大樂正、市，於周禮則大宗伯、大司徒之屬，今乃不致於其長而徑達於司會。大司寇，六卿之一，而與大樂正、市並列春官。不見其長，而但言「大樂正」，皆與周禮不合。此蓋漢初未見周禮及古文尚書周官之篇，但聞周制以冢宰、司會考羣吏之治，又見今文尚書牧誓、立政皆止有司徒、司馬、司空三卿，故欲立爲制如此。其言大樂正、大司寇、市，則以上文言興學聽刑，及市之所禁而特舉之也。休老勞農，謂於蜡祭而行正齒位之禮，以休老人，勞農夫也。成歲事，謂聽歲終所致之事而行廢置也。周禮大宰：「歲終，令百官府各正其治，受其會。」凡周禮言「正歲」「歲終」者，皆夏正也。又上文云「冢宰制國用，必於歲之杪」，然則蜡祭飲酒在夏正十二月明矣。

凡養老：

孔氏曰：皇氏云：「人君養老，有四種：一是養三老、五更，二是死國難者父祖，三是致仕之老，四是引户校年，養庶人之老。」熊氏云「天子視學之年養老，一歲有七」，謂四時皆養老。故鄭此註「凡飲養陽氣，凡食養陰氣，陽用春夏，陰用秋冬」，是四時凡四。按文王世子云「凡大合樂，必遂養老」，註云：「大合樂，謂春入學，舍菜，合舞；秋頒學，合聲。」通前爲六。又季春大合樂，天子視學亦養老，是總爲七也。陳氏祥道曰：天子之於老，所養三：國老也，庶老也，死政者之老也。歲養之也三：仲春也，季春也，仲秋也。文王世子云「大合樂，必遂養老」，鄭謂「春合舞，秋合聲」，此養老於仲春仲秋者也。月令季春之末「大合樂，天子親往視之」，亦必養老，此養老於季春者也。若夫簡不帥教，出征受成，以訊馘告，凡天子入學，莫不養老，此又不在歲養之數者也。三老、五更，乃羣老之尤者，致仕之老固在其間，皇氏離而二之，誤矣。月令無冬夏養老之文，周禮、禮記特言「春饗」「秋食」而已，熊氏謂「歲養有七」，亦誤矣。愚謂陳氏駁皇氏、熊氏之説是也。而其言入學必養老，則本孔疏之説，其實文王世子止言「大合樂，必遂養老」，無視學必養老之文。大合樂必養老，則非大合樂，雖視學，固未必養老矣。又周禮大胥止言「春合舞，秋合聲」，若季春「大合樂」，惟見於月令，則周法未必有此。然則先王養老惟仲春仲秋二時而已。○自此以下至「九十者其家不從政」，申言養耆老以致孝之事。

有虞氏以燕禮，

孔氏曰：崔氏云：「燕者，殽烝於俎，行一獻之禮，坐而飲酒，以至於醉。虞氏帝道宏大，故養老以燕禮。」凡正饗食在廟，燕則於寢。燕禮則折俎，其牲用狗。謂爲燕者，毛詩傳云：「燕，安也。」其禮最輕，升堂行一獻禮畢，而脱屨升堂，坐飲以至醉也。儀禮猶有諸侯燕禮一篇。然凡燕禮有二：一是燕同姓，二是燕異姓。若燕同姓，則夜飲；其於異姓，讓之則止。故詩湛露鄭箋云：「夜飲之禮，同姓則成之；其庶姓，讓之則止。」此燕致仕之老，宜用正燕之禮；老人不合夜飲，當用異姓之燕禮。愚謂老人宜安坐，故養老始用燕禮。燕禮一篇，乃諸侯燕其羣臣之禮，而兼及於燕四方之賓。若天子燕諸侯與其臣子，及諸侯自相燕，其禮皆不可見。然湛露天子燕諸侯云：「厭厭夜飲，不醉無歸。」燕禮云：「宵則庶子執燭於阼階上。」是異姓亦有夜飲之禮。但燕異姓則公在阼階上，燕同姓則公與父兄齒。以燕禮養老，固當用燕異姓之燕禮，疏以夜飲不夜飲爲言，則非也。

夏后氏以饗禮，

孔氏曰：崔氏云：「饗則體薦而不食，爵盈而不飲，依尊卑而爲獻數。」夏既受禪於虞，是三王之首，貴尚於禮，故養老以饗禮，相養敬也。」皇氏曰：「凡饗有四種：一是諸侯來朝，天子饗之，周禮大行人職云『上公饗禮九獻』，是也。其牲則體薦，體薦則房烝。故左傳云：『饗有體薦。』國語云：『王公立飫，則有房烝。』飫即饗也。立而成禮謂之飫，其禮亦有飯食。故春人云『凡饗食，共其食米』，鄭云『饗有食米，則饗禮兼燕與食』，是也。二是王親戚及諸侯之臣來聘，王饗之，禮亦有飯食及酒，其酌數亦當依命，其牲則折俎，亦曰殽烝。故國語云：『親戚宴饗，則有殽烝。』謂以燕禮而饗則有之。左傳定王饗士會，用折俎。以國語及左傳，知王親戚及諸侯之臣來聘，皆折俎饗也。其饗朝廷之臣，亦當然也。三是四裔之使來，王不親饗，但以牲全體委與之。故國語云『坐諸門外而體委與之』，是也。若其君來，則與中國子男同，故小行人職掌小賓小客，所陳牲牢，當不異也。四是饗宿衛及耆老孤子，則以醉爲度。故酒正云『凡饗士庶子，饗耆老孤子，皆無酌數』，是也。饗致仕之老，宜用正饗之禮。其饗死事之老，不必有德。又老人不宜久立，當用折俎之饗也。」愚謂賓客飲食之禮有三：曰饗也，食也，燕也。食禮專於質，燕禮專乎文，饗則兼飲食，備質文，其禮爲最重。夏后氏以燕禮輕，故易之以饗。饗禮雖亡不可考，宗廟之祭謂之大饗，賓客之重禮亦謂之大饗，蓋其禮大略相似：始而灌，次朝踐，次饋食，食畢而酳，而以尊卑爲獻數。内宰職「大祭祀，后祼、獻，則贊，瑶爵亦如之」，鄭云：「酳尸，后亞獻，爵以瑶爲飾。」内宰又云：「凡賓客之祼、獻、瑶爵，皆贊。」是賓客之饗亦有灌、有獻、有酳矣。大行人上公「饗禮九獻」，侯伯「七獻」，子男「五獻」，此自灌至酳之獻數也。國語「王公立飫，則有房烝」，此朝踐薦腥之禮也。舂人「凡饗食，共其食米」，饗禮有米，此饋食之禮也。籩人「掌四籩之實」，「凡祭祀，共其籩薦羞之實，喪事及賓客之事，共其薦籩、羞籩」，醢人「掌四豆之實」，「凡祭祀，共薦羞之豆實，賓客喪紀亦如之」，是饗禮有朝踐之豆籩，有饋食之豆籩，有加豆加籩，有羞豆羞籩，皆與祭祀同。但祭祀尸坐，饗禮則立而成禮，國語云「王公立飫」，左傳云「設机而不倚」，是也。又有因饗而行射禮者，司服所謂「饗射則鷩冕」是也。若折俎之饗，則參用燕禮而行之。左傳晉侯享季武子，范宣子賦黍苗，武子興，再拜稽首，則坐而飲酒矣。但燕禮牲用狗，惟一獻，而享禮之牲牢、獻數，則以爵命之尊卑爲差耳。

殷人以食禮，釋文：食音嗣，下文「食之」並同。

孔氏曰：食禮者，有飯有殽，雖設酒而不飲。其禮以食爲主，故曰食。崔氏云：「殷人質素，威儀簡少，故養老以食禮。」食禮亦有二種：一是禮食，大行人諸公「食禮九舉」，及公食大夫禮是也。二是燕食，謂臣下自與賓客旦夕共食。按鄭註曲禮「酒漿處右」云：「此大夫士與賓客燕食之禮。」食致仕之老，當用正食；死事之老，當用燕食。愚謂公食大夫禮，則諸侯食來聘大夫之禮，而兼及於大夫之自相食。至於天子食諸侯與諸侯相食之禮，則亦皆不可得而見矣。公食禮無樂，而周禮樂師「饗食諸侯，序其樂」，鍾師「凡祭祀享食，奏燕樂」，公食禮無舉數，而大行人上公「食禮九舉」，侯伯「七舉」，子男「五舉」，則王之食諸侯與諸侯之自相食，固與公食禮不同。至養老之享食，則天子袒而割牲，冕而總干，又有與享食之常禮不同者矣。

周人修而兼用之。

鄭氏曰：備陰陽也。凡飲養陽氣，凡食養陰氣，陽用春夏，陰用秋冬。愚謂周人極文，故修上三禮而兼用，謂春則或用饗，或用燕，秋則用食也。

五十養於鄉；六十養於國；七十養於學，達於諸侯；八十拜君命，一坐再至，瞽亦如之；九十使人受。

養於鄉，養於國，謂引户校年，而行糜粥飲食以養之也。養於學，謂於學而以燕、享、食之禮養之也。五十者，一鄉引年則及之；六十者，一國引年則及之；七十者，學中行養老之禮則及之。拜君命，謂君有所賜而拜受之也。凡拜君命者，必再拜稽首：坐而一拜，興而又坐一拜。八十者，一坐而以首再至於地，殺其禮以優之也。瞽者無目，故亦如之。九十者，於君命不親受，彌優之也。○養老之法，有以燕、享、食之禮養之於學者，「有虞氏養國老於上庠，養庶老於下庠」之等是也。有致物於其家以養之者，「八十月告存，九十日有秩」，及月令仲秋「行麋粥飲食」，是也。有免其征役以養之者，「五十不與力征，六十不與服戎」，「八十者一子不從政，九十者其家不從政」，是也。有共給之終其身者，司門「以其財養死政之老」，遺人「門關之委積以養老孤」，是也。

五十異粻，六十宿肉，七十貳膳，八十常珍，九十飲食不離寢，膳飲從於遊可也。釋文：粻，陟良反。離，力智反。

粻，糧也。異粻者，少壯疏食，五十者別食精鑿也。宿肉者，六十非肉不飽，恒宿備之，以供其求也。膳，善食也。七十者不惟宿肉，又有美善之食以副貳之也。八十者不惟貳膳，又得常食珍物也。遊，行也。九十年益高，隨其所居所行而膳飲不離焉，則所以養之者益至矣。

六十歲制，七十時制，八十月制，九十日脩。唯絞、紟、衾、冒死而后制。釋文：絞，户交反。紟，其鴆反。冒，忘報反。

鄭氏曰：絞、紟、衾、冒，一日二日而可爲者。孔氏曰：歲制，謂棺也，不易成，故歲制。此謂大夫以下，人君即位爲椑，不待六十也。時制，衣物難得者。月制，衣物易得者。愚謂歲制者，謂送死之具，於每歲有所制也。時制，於每時有所制也。月制，於每月有所制也。六十已衰，始制爲送死之具；至七十八十，而所制彌備；至九十，又於所制者日脩也。絞，大小斂既斂，所以收束衣服爲堅急者。紟，單被也，大斂用之。衾，大小斂之衾也。冒，既襲，所以韜尸者。

五十始衰，六十非肉不飽，七十非帛不煖，八十非人不煖，九十雖得人不煖矣。

五十始衰，故養老者自五十以上。

五十杖於家，六十杖於鄉，七十杖於國，八十杖於朝，九十者，天子欲有問焉，則就其室，以珍從。釋文：從，才用反，又如字。

陳氏祥道曰：大夫七十而賜之杖，此五十而杖者，蓋杖於家及鄉、國者不必待賜，杖於朝則非賜不可也。愚謂大夫七十而致事，八十杖於朝，此常法也。若七十不聽致事，則必賜之几杖，七十亦得杖於朝，祭義「七十杖於朝」是也。大詢衆庶之朝，庶人之老或與焉，其八十者或亦得杖與〔一〕？

七十不俟朝，八十月告存，九十日有秩。

孔氏曰：此謂大夫士年老而聽致事者。不俟朝者，朝君之時，入門至朝位，君出揖之即退，不待朝事畢也。告，問也。八十者，君每月使人致膳，告問存否。秩，常也。九十老極，君日使人以常膳致之。　愚謂致仕而朝君者，論語「吉月必朝服而朝」，是也。不俟朝，固以優老，亦以其不與於朝政故也。若八十，則雖未致仕不俟朝，有朝政則使人就而問焉，祭義「八十不俟朝，有問則就之」，是也。

五十不從力政，六十不與服戎，七十不與賓客之事，八十齊喪之事弗及也。釋文：與音預。○政音征。

力征，謂田與追胥之役，祭義「五十不爲甸徒」是也。周禮鄉大夫國中六十免征，野六十五免征，田與追胥免之獨早者，以其爲竭作之役也。蓋凡起徒役，毋過家一人，役其子則免其父，竭作則父子皆行，故於五十即免之。然五十之人，如其子未能受役，於非竭作之役猶不免供役也。六十免役，則不與服戎，不問其子之長幼而皆爲役之所不及矣。八十不齊，謂

〔一〕「與」，萬有文庫作「焉」。

不祭也。不喪者，七十惟衰麻爲喪，八十并衰麻不服也。鄭氏曰：八十不祭，子代之祭，是謂宗子不孤。孔氏曰：七十之時，祭祀猶親爲之，其視濯溉則子孫；至八十，祭亦不爲。

五十而爵，六十不親學，七十致政，唯衰麻爲喪。

鄭氏曰：不親學，不能備弟子禮。愚謂爵，謂命爲大夫。爲大夫者不必皆五十，其假祖廟而命之則必待五十也。親學，謂至學受業。六十筋力已衰，則不能親學；德業已成，則不必親學。惟衰麻爲喪者，備喪之服，而不必其飲食居處之如禮也，曲禮謂「飲酒食肉，處於内」是也。

有虞氏養國老於上庠，養庶老於下庠；夏后氏養國老於東序，養庶老於西序；殷人養國老於右學，養庶老於左學；周人養國老於東膠，養庶老於虞庠。虞庠在國之西郊。鄭註：膠，或作「絿」。

上庠、下庠、東序、西序、右學、左學，皆在國之大學也。此歷言四代之學，而獨曰「虞庠在國之西郊」，則其餘皆在國矣。孟子夏之鄉學名校，殷之鄉學名序，則夏之東序、西序，殷之右學、左學，皆大學而非鄉學矣。蓋古者天子皆不止於一學，以周立四學推之可知也。上庠、西序、右學皆在西，下庠、東序、左學皆在東。虞、殷以西爲尊，夏人以東爲尊。周之東膠，大學也；虞庠，鄉學也。四郊皆有庠，而養庶老獨於西郊之庠，亦取其與殷禮相變與？虞、夏、殷養國老、庶老皆於國學，周養國老於國學，養庶老於鄉學者，周代文，故辨於貴賤之禮也。

有虞氏𦏺而祭，深衣而養老；夏后氏收而祭，燕衣而養老；殷人冔而祭，縞衣而養老；周人冕而祭，玄衣而養老。釋文：𦏺音皇，本又作「皇」。冔，況甫反。縞，古老反，又古報反。

陸氏佃曰：燕衣，燕居之衣，玄端是也。據「卒食玄端以居」。縞衣，朝衣也。據「朝服之以縞，自季康子始也」。玄衣，冕也。據「食三老五更於大學，天子冕而總干」。養老，夏后氏以燕服，殷人以朝服，周人以祭服，後王彌文也。　愚謂此主言養老，而乃言祭之冠者，蓋四代養老皆以祭之冠，而衣則或異也。樂記「食三老、五更於大學，天子冕而總干」，司服「享射則鷩冕」，則周人養老以冕，即虞、夏、殷可推矣。皇、收、冔者，虞、夏、殷士助祭於君之冠也。虞、夏、殷祭亦用冕，孔子言「禹美黻、冕」，大甲言「伊尹以冕服奉嗣王歸於亳」，是也。此獨舉士之祭冠者，謂其所用以養老之冠也。　深衣者，十五升白布連衣裳爲之，而純以采者也。有虞氏以皇爲士之祭冠，用此配深衣，而服之以養老也。燕衣，燕居之服，玄端服也。縞衣者，皮弁服之衣，天子之朝服也。玄衣者，六冕之服皆玄，祭服也。虞、夏、殷以士之祭冠養老，而夏之燕衣則尊於虞之深衣，殷之縞衣則尊於夏之燕衣，至周冕而玄衣，則其禮益隆矣。然周人養老兼用饗、食、燕三禮，此玄衣養老，謂饗食之禮也。若以燕禮養老，則天子皮弁服，諸侯朝服。凡朝、燕同服，天子諸侯一也。○鄭氏曰：皇，冕屬也，畫羽飾之。凡冕屬，其服皆玄上纁下，虞十二章，周九章，夏、殷未聞。凡養老之服，皆其時與羣臣燕之服：有虞氏質，深衣而已；夏而改之，尚黑而黑衣裳；殷尚白而縞衣裳；周則兼用之，玄衣素裳，其冠則牟追、章甫、委貌也。愚謂皇、收、冔之制未詳，鄭謂「畫羽飾之」，蓋以周禮皇舞之義推之，未知是否。至四代養老之服，則陸氏之説爲是，而鄭氏之説誤甚。四代養老，惟有虞氏用燕禮，宜用燕服，若用饗禮，則饗之服，用食禮則食之服，而鄭氏謂「養老之服皆與羣臣燕之服」，其誤一也。縞衣之冠，殷制不可考，若以周制言之，則當用皮弁，而鄭氏以爲章甫，其誤二也。周天子養老，冕而總干，而鄭氏以爲服諸侯之朝服，其誤三也。又其言「虞服十二章，周服九章」者，亦非是，説詳郊特牲。

凡三王養老，皆引年。

鄭氏曰：已而引户校年，當行復除也。老人衆多，非賢者不可皆養。愚謂未七十不得養於學，而七十者亦不能皆養之於學也。故必引户校年，而行糜粥飲食之賜，然後所養無不徧。而其尤老者，則又當復除其家，如下文所言也。

八十者，一子不從政；九十者，其家不從政；廢疾非人不養者，一人不從政。父母之喪，三年不從政；齊衰、大功之喪，三月不從政；將徙於諸侯，三月不從政；自諸侯來徙家，期不從政。釋文：期音基。

周氏諝曰：將徙不從政，所以寬之；始來不從政，所以安之也。愚謂此言復除老者之法，「廢疾」以下，又因不從政而類言之也。廢疾，謂廢於人事，若瞽者之類是也。三年不從政，除喪而後從政也。三月不從政，既葬而後從政也。將徙於諸侯，謂將徙於他國也，三月不從政，以其當爲行計也。自諸侯來徙家，謂自他國始來，家於此也，期不從政，以其未有業次也。荀子大略篇：「從諸侯來，與新有昏，期不使。」

少而無父者謂之孤，老而無子者謂之獨，老而無妻者謂之矜，老而無夫者謂之寡。此四者，天民之窮而無告者也，皆有常餼。釋文：少，詩照反。矜，本又作「鰥」，同古頑反。

鰥，魚名，魚目不閉。無妻之人，愁悒不能寐，目恒鰥鰥然，故曰鰥。天民者，民皆天之所生也。皆有常餼，謂四者之民，皆常有稟餼以給之，以其不能自養故也。孟子謂「文王發政施仁」，必先鰥寡孤獨，是也。此言恤孤獨以逮不足之事。

瘖、聾、跛躃、斷者、侏儒、百工，各以其器食之。釋文：瘖，於金反。跛，彼我反。躃，必亦反。侏音朱。

孔氏曰：瘖，謂口不能言。聾，謂耳不聞聲。跛躃，謂足不能行。斷者，謂肢節斷絶。侏儒，謂容貌短小。此等既非老無告，不可特與常餼，然既有病，又不可不養，故各以器能供官役使，以稟餼食之。晉語文公問八疾，胥臣對曰：「戚施直鎛，籧篨蒙璆，侏儒扶盧，矇瞍修聲，聾聵司火，其童昏、嚚瘖、僬僥，官師所不材，以實裔土。」是各以其器食之。外傳不云「跛躃」，此不云「籧篨」「戚施」，設文不具；外傳瘖與僬僥「以實裔土」，此瘖「以其器食之」者，古今法異也。　愚謂養疾民亦恤孤獨之類，因上文而并及之；百工非疾民而並言之者，因以器食之，其事同也。

道路，男子由右，婦人由左，車從中央。

鄭氏曰：道中三塗，遠別也。　萬氏斯大曰：塗之從者，以西爲右，以東爲左；横者，以南爲右，以北爲左。左右有一定，而往來皆由之。

父之齒隨行，兄之齒雁行，朋友不相踰。

父之齒，年長以倍者也。兄之齒，十年以長者也。朋友不相踰，雖有少長，肩隨而已。

輕任并，重任分，斑白不提挈。釋文：并，必性反。本又作「併」。契，本亦作「挈」，苦結反。○

石經「斑白」下有「者」字。

任，謂負擔也。斑白，老人頭半白黑者。二人並行，各有負擔，而年有少長，若輕則并與少者，若重而一人不能獨任，則分之，而以其重者與少，輕者與長也。至斑白之老，則不以其任行乎道路，雖提挈之輕，猶不及之，則重者可知矣。此上三節，言道路同行之禮。蓋上之於民，既富而教，而又養耆老、恤孤獨以化之，則民皆知謹於禮，而敬事其父兄，其見於道路之間者，乃其一端也。孟子言「謹庠序之教，申之以孝弟之義，頒白者不負戴於道路」，亦此意也。

君子耆老不徒行，庶人耆老不徒食。

六十曰耆。君子，大夫士也。徒，空也。不徒行，出必乘車也。不徒食，食必宿肉也。此因上文言行道之禮而及於君子耆老不徒行，又因君子耆老不徒行而并及於庶人耆老不徒食，皆緣類及之也。

大夫祭器不假，祭器未成，不造燕器。

祭器不假，説見曲禮。祭器未成，不造燕器，急奉先也。此節與上文不相屬，陳氏謂當在「寢不踰廟」之下，愚意其直爲他篇之脱簡耳。

方一里者，爲田九百畝；方十里者，爲方一里者百，爲田九萬畝；方百里者，爲方十里者百，爲田九十億畝；

鄭氏曰：一里，方三百步。億，今十萬。孔氏曰：尹文子云：「百姓千品，萬官億醜，皆以數相十。」此謂小億也。毛詩傳云：「數萬至萬曰億。」此大億也。愚謂此言一國之内爲田之大數也。舉百里之國，而七十里、五十里之國亦可放此推之矣。自此以至篇終，皆所以申釋前文，而且以補其所未備也。

方千里者，爲方百里者百，爲田九萬億畝。

鄭氏曰：萬億，今萬萬也。孔氏曰：計千里之方爲方百里者百，一箇百里之方既爲九十億畝，則十箇百里之方爲九百億畝，百箇百里之方爲九千億畝。今乃云「九萬億畝」，與數不同者，若以億言之，當云「九千億畝」；若以萬言之，當云「九萬萬畝」。此經上下，或萬或億，字相交涉，遂誤爲「萬億」。鄭不顯言，故云此經「萬億」者，即今之「萬萬」。愚謂此言一州之内爲田之大數也。

自恒山至於南河，千里而近；自南河至於江，千里而近；自江至於衡山，千里而遥；自東河至於東海，千里而遥；自東河至於西河，千里而近；自西河至於流沙，千里而遥。西不盡流沙，南不盡衡山，東不盡東海，北不盡恒山，凡四海之内，斷長補短，方三千里，爲田八十萬億一萬億畝。釋文：斷音短。

應氏鏞曰：海獨言東海者，東海在中國封域之内，而西南北則夷徼之外，疆理有不及也。南以江與衡山爲限，百越猶未盡開也。河獨舉東西南者，河流縈帶而周遶，雖流沙亦與河接也。當先王盛時，東西南北，各有不盡，蓋聽四夷居之。故外薄四海，至於五千里者，此區域之大數而疆理之略者也。四海之内，方三千里，此民田之大數而疆理之詳者也。觀於曰「内」曰「外」二字，而治之詳略可見矣。胡氏渭曰：禹河自華陰折而東行，至大伾，所行不滿千里，故曰「千里而近」。若漢河則東過大伾山，南至白馬縣之長壽津，始折而北行，西去宿胥口又一百五十里，則爲千里而遥矣。孔氏曰：爲田八十萬億一萬億畝，以一州方千里，九州方三千里，三三如九，爲方千里者九。一箇千里有九萬億畝，九個千里九九八十一，故有八十一萬億畝。但記文詳具，故於「八十」整數之下云「萬億」，又云「一萬億」也。以前文誤爲「萬億」，此因前文之誤，更以「萬億」言之。　愚謂恒山在今真定府曲陽縣西北，極三十七度。南河、東河、西河皆主冀州言之。禹河自華陰東折，歷底柱、析城、王屋、孟津、洛汭而至大伾，爲南河，在冀州之南，冀州與豫州之界也。南河所行，其最南者在今蒲州府永濟縣界中，極三十四度六分。與恒山南北相距爲二度四分，約爲六百里，故曰「千里而近」。江自會漢水，至揚州入海，其所行最北者在今鎮江府北，極三十二度三分。與南河南北相距爲二度五分，約爲六百二十五里，故亦曰「千里而近」。衡山在今衡州府衡山縣，極二十七度二分。與江南北相距爲五度一分，約爲一千二百七十五里，故曰「千里而遥」。東海，青、徐、揚之海也。青州之成山斗入海中，若據成山東海計之，其地太遠，而徐州濱海，古爲淮夷所居，揚州則又雜以百粤，記云「東海」，蓋據今青、沂等府所濱之海也。東二度二三分。禹河自大伾北折，至大陸，又北至九河，爲東河，在冀州之東，冀州與兖州之界也。今河自孟津以東，久失故道，以記文參考今地圖，其最西者在今大名府濬縣界中，西二度。與東海東西相距約四度三分，爲一千七十餘里，故曰「千里而遥」。河自龍門南流至華陰，爲西河，在冀州之西，冀州與雍州之界也。其所行最東者，在今絳州河津縣界中，西五度八分。與東河東西相距三度八分，爲九百五十里，故曰「千里而近」。流沙，漢志以爲居延澤，在今嘉峪關外，曰索科鄂模，西十七度左右。與西河東西相距爲十一度三分，爲二千八百二十五里，故曰「千里而遥」。顔師古謂「流沙在燉煌」，薛氏季宣云「流沙，大磧也，在沙州西八十里」，皆指今哈密東南之大沙海爲流沙，其地太遠，恐非記之所據也。自恒山至衡山約十度，爲二千五百里，自東海至流沙約一十九度三分有餘，爲四千八百餘里，東西贏而南北縮，而其地皆有所不盡，故斷長補短，爲方三千里也。方三千里之地，當爲田八萬一千億畝，承上文之誤，則當云「八十一萬億畝」，而云「八十萬億一萬億畝」，記文之繁也。〇鄭氏曰：自恒山至南河，冀州域。自南河至江，豫州域。自江至衡山，荆州域。自東河至東海，徐州域。自東河至西河，亦冀州域。自西河至流沙，雍州域。　愚謂記言九州之内方三千里，九州皆在其中，鄭氏據禹貢五州地域分之，非記者本意。且東河與兖界，不與徐界，而荆州北以荆山爲界，尚在江北五六百里也。〇禹貢之九州爲冀、兖、青、徐、揚、荆、豫、梁、雍，爾雅九州爲冀、豫、雝、荆、揚、兖、徐、幽、營，周禮職方之九州爲揚、荆、豫、青、兖、雍、幽、冀、并，而每州封域亦各不同。説者以爾雅爲殷制。王制言「九州」而不言州名，又不言其封域，未知用何代之制。前云「千里之内曰甸，千里之外曰采，曰流」，用禹貢之法，則九州亦當與禹貢同。

禹貢之嵎夷、黑水，職方之醫巫閭，皆爲要荒之地，而在九州之内，此九州之大界也。王制「九州，州方千里」，合爲方三千里，此九州爲中國者之實數也。九州在内者皆狹，在外者皆廣。以禹貢言之，如兖、徐、豫三州皆不過千里，若冀、青、揚、荆、梁、雍則不止於千里，而冀、梁、雍尤爲遼闊。蓋此六州皆外包要荒之地，若除去要荒，止計綏服之内，則九州之地長短相補，大約每州皆千里而已。○此總記九州之内爲田之大數也。

方百里者，爲田九十億畝，山陵、林麓、川澤、溝瀆、城郭、宫室、塗巷三分去一，其餘六十億畝。

此言方百里之國爲田之實數也。方百里者如此，則小而方七十里、方五十里，大而方千里、方三千里，其三分去一之法，皆可以此準之矣。

古者以周尺八尺爲步，今以周尺六尺四寸爲步。古者百畝，當今東田百四十六畝三十步；古者百里，當今百二十一里六十步四尺二寸二分。

古者，謂周以前也。今，記者據當時漢法言之也。東田，東方之田也。漢初儒者皆齊、魯人，自據其地言之，故曰東。田步百爲畮，三百步爲一里，方里而井。古者百畝，當今東田百四十六畝三十步，蓋漢初時如此，至景帝改以二百四十步爲畝，則大於古之畝矣。鄭氏曰：周尺之數，未詳聞也。按禮制，周猶以十寸爲尺，蓋六國時多變亂法度，或言周尺八寸，則步更爲八八六十四寸。以此計之，古者百畝，當今百五十六畝二十五步；古者百里，當今百二十五里。孔氏曰：古者八寸爲尺，以周尺八尺爲步，則一步有六十四寸。今以周尺六尺四寸爲步，則一步有五十二寸，是今步比古步，每步剩出一十二寸。以此計之，古者百畝，當今東田百五十二畝七十一步有餘，古之百里，當今百二十三里一百一十五步二十寸，與此經皆不相應。經文錯亂，不可用也。又曰：玉人職云：「鎮圭尺有二寸。」又云：「桓圭九寸。」是周猶以十寸爲尺。今經云「以周尺六尺四寸爲步」，乃是六十四寸，則謂周八寸爲尺也。鄭即以周尺十寸爲尺，八尺爲步，則步八十寸。鄭又以今尺八寸爲尺，八尺爲步，則今步少於古步一十六寸也。是古之四步剩出今之一步，古之四十步爲今五十步，古一畝之田長百步，得爲今田一百二十五步。方百畝之田，從北嚮南，每畝剩二十五步，總爲二千五百步，從東嚮西，每畝剩二十五步，亦總爲二千五百步，相併爲五千步，總爲五十畝。又西南一角，南北長二十五步，應南畔所剩之數，東西亦長二十五步，應西畔所剩之數，計方二十五步。開方乘之，總積得六百二十五步，六百步則爲六畝，餘有二十五步。故鄭云「古者百畝，當今百五十六畝二十五步」也。又古者四步，剩今一步，則古者四里，剩今一里。是古者八十里，爲今百里，百里之外，猶有古之二十里，爲今之二十五里，故鄭云：「古者百里，當今百二十五里。」陳氏澔曰：疏義所算亦誤。古者八寸爲尺，以周尺八尺爲步，則一步只六尺四寸。今以周尺六尺四寸爲步，則一步有五尺一寸二分，是今步比古步，每步剩出一尺二寸八分。愚謂此疏本爲二說：其前說，以八尺之步與六尺四寸之步皆爲八寸之尺，則八尺爲步，止六十四寸，六尺四寸爲步，止五十一寸二分也。其後說，以八尺之步與六尺四寸之步皆爲十寸之尺，則八尺爲步，有八十寸，六尺四寸爲步，有六十四寸也。觀經文及鄭註之意，則後說爲是。蓋古者以周尺八尺爲步，此本十寸之尺，而後人誤謂周尺止八寸，用此制步，則八寸爲尺，八尺爲步，以十寸之尺約之，止有六尺四寸矣。今疏之前說，既以八尺之步，於八十寸之中去其十六寸，而爲六尺四寸，又以六尺四寸之步，於六十四寸之中去其十二寸八分，而爲五尺一寸二分，與經、註之意皆不合。陳氏第據前說而辨其所算五十二寸之失，則亦未爲甚晰也。管子及司馬法皆云：「六尺爲步。」考工記車人爲耒，「自其庛緣其外，以至于首，以弦其內，六尺有六寸，與步相中也」，少於古時二尺矣。是周步六尺。又記特言「周尺」，則古尺、周尺疑亦不同。孟子曰：「夏后氏五十而貢，殷人七十而助，周人百畝而徹。」蓋三代皆以步百爲畝，而步之大小不同，夏大於殷，殷大於周。而尺度又有不同，故夏之五十畝當殷之七十畝，殷之七十畝當周之百畝，但其詳不可盡考耳。古時百畝，當漢初百五十六畝有餘，不啻多三分之一，則夏、殷、周田數之參差，其義又何疑哉？○自「方一里者」至此，詳言田數，因前言「天子之田」「公侯之田」而詳釋之也。

方千里者，爲方百里者百，封方百里者三十國，其餘方百里者七十。又封方七十里者六十，爲方百里者二十九，方十里者四十，其餘方百里者四十，方十里者六十。又封方五十里者百二十，爲方百里者三十，其餘方百里者十，方十里者六十。名山大澤不以封。其餘以爲附庸閒田。諸侯之有功者，取於閒田以禄之。其有削地者，歸之閒田。釋文：閒音閑，下同。

此申釋畿外八州建國之法也。諸侯之有功者，取於閒田以禄之，有功德於民而加地者也。其有削地者，歸之閒田，山川神祇有不舉者爲不敬，君削以地者也。

天子之縣內，方千里者，爲方百里者百，封方百里者九，其餘方百里者九十一。又封方七十里者二十一，爲方百里者十，方十里者二十九，其餘方百里者八十，方十里者七十一。又封方五十里者六十三，爲方百里者十五，方十里者七十五，其餘方百里者六十四，方十里者九十六。

此申釋縣内封國之法也。

諸侯之下士，禄食九人，中士食十八人，上士食三十六人，下大夫食七十二人，卿食二百八十八人，君食二千八百八十人。次國之卿，食二百一十六人，君食二千一百六十人。小國之卿，食百四十四人，君食千四百四十人。次國之卿命於其君者，如小國之卿。釋文：食音嗣，又如字。

此申釋諸侯以下制禄之法也。

天子之大夫爲三監，監於諸侯之國者，其禄視諸侯之卿，其爵視次國之君，其禄取之於方伯之地。方伯爲朝天子，皆有湯沐之邑於天子之縣内，視元士。

釋文：爲朝，爲，于僞反。

此言三監之禄與方伯湯沐之邑，又以補前文之所未備也。鄭氏曰：湯沐之邑，給齊戒自潔清之用，浴用湯，沐用潘。許氏慎曰：公羊説，諸侯朝天子，天子之郊皆有朝宿之邑，從泰山之下皆有湯沐之邑。左氏説，諸侯有功德於王室，京師有朝宿之邑，泰山有湯沐之邑。魯，周公之後，鄭，宣王母弟，皆有湯沐邑，其餘則否。慎謹按：京師之地，皆有朝宿邑，周千八百諸侯，盡京師地不能容之，不合事理之宜。愚謂方伯湯沐之邑在天子之縣内者，即左氏、公羊所謂「朝宿之邑」也。左氏、公羊以在京師者爲朝宿之邑，在泰山下者爲湯沐之邑，其實京師及泰山下之邑，皆爲朝王而居宿，皆所以齊戒自潔清也。方伯有湯沐邑，則非方伯不得有也。魯爲方伯，故有許田。衛亦嘗爲方伯，故左傳云：「取於有閻之土，以供王職；取於相土之東都，以會王之東蒐。」有閻之土，京師湯沐之邑也；相土之東都，泰山下湯沐之邑也。鄭非方伯，而有泰山之祊，則以懿親，特賜也。

諸侯世子世國，大夫不世爵。使以德，爵以功。未賜爵，視天子之元士，以君其國。諸侯之大夫不世爵、禄。

此申言内諸侯禄、外諸侯嗣之制，而且以補其未備之義也。諸侯，謂畿外諸侯。大夫，謂天子之公卿大夫也。使以德者，有德則使之爲大夫，而不能必其子之亦有德，此大夫之所以不世爵也。爵以功者，有功，故爵之爲諸侯，而有功之賞宜及於其子孫，此諸侯之所以世國也。諸侯除喪，以士服見天子，天子命之，乃用諸侯之禮。未賜爵，謂諸侯初嗣位，未見天子而受命也。視天子之元士，謂其車服之制也。言此者，以明諸侯雖得世爵，而未嘗不待天子之命之也。天子之大夫不世爵，而禄則有世者；諸侯之大夫，爵、禄皆不世也。○孔氏曰：諸侯大夫有大功德，亦得世禄，故隱八年：「官有世功，則有官族，邑亦如之。」愚謂諸侯大夫不世爵、禄，此亦本於公羊傳「春秋譏世卿」之説。其實先王時，諸侯大夫未嘗無世爵、禄者，所謂「世臣與國同休慼」，乃人君之所恃以立國。故滕行世禄，孟子善之。而喪服有「大夫爲昆姊之長殤」，未冠已爲大夫，必其高勳大族，世爲大夫者矣。蓋爵可世而官不可世。司徒、司馬、司空之屬謂之官，卿、大夫、士謂之爵。泰誓數殷紂之罪，齊桓公五禁，皆言「世官」而不言世爵。世官，謂若魯季氏爲司徒，叔孫氏爲司馬，孟孫氏爲司空，宋樂氏爲司城以聽政，鄭罕氏之爲冢宰以當國，世居是官而不易者也。

六禮：冠、昏、喪、祭、鄉、相見。釋文：冠，古亂反。

李氏格非曰：冠、昏、鄉，嘉禮也。喪，凶禮。祭，吉禮也。相見，賓禮也。周官宗伯掌禮之在上者，則有軍禮，而冠、昏、鄉其禮同，故五禮。此言禮之在民者，則無軍禮，而冠、昏、鄉其事異，故六禮。　愚謂禮之在國者其别多，故總之以五禮，而冠、昏、鄉皆屬於嘉禮；禮之在民者其别少，故分之爲六禮，而冠、昏、鄉各爲一禮。○此下三節，詳六禮、七教、八政之目也。

七教：父子、兄弟、夫婦、君臣、長幼、朋友、賓客。釋文：長，丁丈反。

父子有親，君臣有義，夫婦有别，長幼有序，朋友有信，謂之五教，書所謂「敬敷五教」是也。然旁親皆謂之長幼，而兄弟則其情尤親，故分兄弟於長幼而爲二。賓客即朋友之類，然同志者乃謂之朋友，而賓客則所該者廣，故分賓客於朋友而爲二。此七教之所由名也。

八政：飲食、衣服、事爲、異别、度、量、數、制。

項氏安世曰：事爲者，冢宰之九職，司徒之十二事，考工之六職，皆司徒所頒以任民者也。愚謂異别，即上飲食、衣服、事爲三者而事各不同者，若五方異俗，四民異業，貴賤異禮之類。度，丈尺也。量，斗斛也。數，百十也。制，布帛幅廣狹與其長短也。言「異别」於四者之上，以飲食、衣服、事爲有異，而度、量、數、制不容異也。

十三經清人注疏

禮記集解

第二册

〔清〕孫希旦 撰

沈嘯寰 王星賢 點校

禮記卷十五

月令第六之一

別録屬明堂陰陽記。

鄭氏曰：名曰月令者，以其紀十二月政之所行也。本吕氏春秋十二月紀之首章，禮家好事抄合之，其中官名、時、事，多不合周法。孔氏曰：周無大尉，秦官有之。此云「乃命大尉」，是官名不合周法。秦以十月建亥爲歲首，月令云「爲來歲受朔日」，即是九月爲歲終，十月爲受朔，此是時不合周法。周有六冕郊天，迎氣則用大裘，乘玉輅，建大常日月之章，而月令服飾車旗並依時色，此是事不合周法也。案不韋死十五年，秦并天下，然後以十月爲正。又秦并天下立郡，何得云「諸侯」？秦好兵殺害，毒被天下，何能布德施惠，春不興兵？鄭必謂不韋作者，以吕氏春秋十二月紀正與此同。且不韋集諸儒所作，爲一代大典，亦採擇善言，遵立舊章，但秦自不能依行耳。又秦爲水位，其來已久，秦文公獲黑龍，以爲水瑞，何怪未平天下前以十月爲歲首乎？陳氏祥道曰：天人之道雖殊，而象類之理則一。

聖人將有行，將有爲，仰觀日月、星辰、霜露之變，俯察蟲魚、草木、鳥獸之化，不先時而起，不後時而縮，以之授民時而無不順，因物性而無不適。此堯典若昊天以授民事，周官「正歲年以序事」之意。愚謂是篇雖祖述先王之遺，其中多雜秦制，又博採戰國雜家之說，不可盡以三代之制通之。然其上察天時，下授民事，有唐、虞欽若之遺意。馬融輩以爲周公所作者固非，而柳子厚以爲瞽史之語者亦過也。

孟春之月，日在營室，昏參中，旦尾中。釋文：參，所林反。

孔氏曰：孟春者，夏正建寅之月也。秦以十月爲歲首，此不用秦正而用夏正者，以夏數得天，周雖建子，其祭祀田獵亦用夏正也。愚謂營室者，北方玄武之第六宿，而娵訾之次也。天有二十八宿，分爲三百六十五度四分度之一，今法爲三百六十度。日行一歲而周，每歷二氣而行三十度有餘，積二十四氣而爲一歲。明時者因以日二氣之所行爲一次，凡爲十二次。星紀者，丑之次；玄枵者，子之次；娵訾者，亥之次；降婁者，戌之次；大梁者，酉之次；實沈者，申之次；鶉首者，未之次；鶉火者，午之次；鶉尾者，巳之次；壽星者，辰之次；大火者，卯之次；析木者，寅之次。蓋古之明時者上推十一月朔夜半冬至爲元，以爲日月五星運行之所自始。此時日躔在北方子位，而其次則爲玄枵，故以玄枵爲子，而其餘亦皆因其所在而配以十二支之名，自後雖運行無常，而其名不易焉。日在營室者，謂是月日之所行，躔於亥宫營室之星也。案漢三統書，正月節，日在危十六度；正月中，日在營室十四度。日道東行，恒星西轉，約六十餘年而差一度，明時家所謂「歲差」也。漢三統書雖作於劉歆，實即落下閎太初書。自太初元年上距不韋時，一百三十餘年，歲差二度。三統書立春日在危十六度，則秦時立春日在營室初度也。中者，星之見於南方午位者也。日道雖有發斂，而正南之位，東西去日出入之度必皆當其中，故星之見於此者謂之中星。明時者必測中星之所在，據其距日出入之度，加入晨昏刻之所行，以求日行之真躔也。星無時不有中者，以昏時初見，旦時將没，而東西去日爲近，易於推算，故候中星者必以昏星、旦星爲主，而尤以昏時爲要，其實昏後旦前亦未嘗不候之以相參驗也。參者，西方白虎之第七星；尾者，東方蒼龍之第六星也。案三統書，立春昏畢十度中，則立春後七日參星昏中。秦時立春當昏畢十二度中，立春後五日參星昏中也。又按後漢書律志立春昏畢五度中，旦尾七度中。後漢律志中星與三統書中星率相距五度，與秦時中星當相距七度，則秦時立春旦尾十四度中也。王者敬授人時，必測日月星辰之運，而尤以測日行爲主。測中星者，亦所以測日也。故月令於每月首言日躔，而繼以昏旦之中星。此定時成歲之本，而政教民事之所由以起者也。陳氏大猷曰：中星者，所以正四時日行之所在。古玉衡之器，以玉爲管，横設之，以二端對南北極。自南北面望之〔一〕，則北極正對管之北端；自北南面望之〔二〕，則昏時某星正值管之南端。在南正午之地，故謂之中星。蓋大陽所在，星輝隱伏，不知所行在何處，惟從中星推之。晝考諸日景，夜考諸中星，則七政之運行皆可得而推矣。○鄭氏云：「孟春之月者，日月會於娵訾，而斗建寅之辰也。」蓋日日行一度，月日行十三度十九分度之七，至二十九日有餘，則追及於日而與之會〔三〕，謂之合朔。日每行一次之中，必與月一會，所謂「日月所會謂之辰」也。然朔日有定，而節氣先後不同，則合朔所在不可定指爲何宫何宿。以正月言之，如立春在朔日以前，日月固會於亥宫矣。如在二日以後，則合朔乃在前宫玄枵之次，故記不言辰而但言日也。斗建寅，謂斗柄初昏指於東方寅位也。漢時冬至日在建星，斗柄指子，則季冬指丑，孟春指寅。故漢志云：「斗建下爲十二辰，視其建而知其次。」而鄭氏註月令及周禮大師，亦皆以斗建配十二月。然十二月之名久矣，而古今歲差不同。堯

〔一〕「面」，萬有文庫本作「而」。
〔二〕「面」，萬有文庫本作「而」。
〔三〕「追」，萬有文庫本作「進」。

時日短星昴，則冬至初昏，斗柄指丑，季冬指寅，孟春指卯。今時憲書立春日在女，則斗柄指丑矣。且日有永短，即以漢時孟春初昏斗柄指寅，而立春後晝刻漸多，斗見漸晚，至夏至午月，斗柄初昏已指未、申間矣。沈存中云：「正月寅，二月卯，謂之建。」其説謂「斗杓所建，不必用此説。」緣斗建有歲差，春爲寅卯辰，夏爲巳午未，理自當然，不須因斗建也。其説是也。故今於鄭氏以日月之會及斗建言十二月者，皆無取焉。○孔氏曰：立春之時，日在危十六度，月半，日在營室十四度。營室號娵訾，但星次西流，日行東轉，東西相逆。月初之時，則日在星分之初，月半在星分之半，月終在星分之終。十二月，日之所在，或舉月初，或舉月末，皆據其大略，不與律數齊同。昏參中，依三統書，立春後六日，參星初度，昏得中也。但二十八宿星體有廣狹，相去有遠近。或月節月中之日，昏明之時，前星已過於午，後星未至正南。及星有明暗，見有早晚，明者昏早見而旦晚没，暗者昏晚見而旦早没。所以昏明中星，不可正依律法，皆大略而言。但一月之内有中者，即得載之。愚謂孔氏不計歲差，直以漢時之日躔中星爲月令之日躔中星，其説非是。又月令日躔皆舉月，初無舉月半月終者。以漢志考之，皆合。孔氏謂「舉其大略，不正與律齊同」者，亦非是。至昏旦中星，則以孔氏所引漢三統書考之，合者少而不合者多。其合者皆舉月初，其不合者乃皆在漢時中星之西，至有相距六七度及十餘度者，殊不可曉。星體固有明暗，然既云「一月之內有中者即得載之」，則月初星暗可舉月中，月中星暗可舉月末，不當舉已過之星以爲中。宿度相距，雖或微遠，然一月三十度，是月應中之星，必無不當是次者也。今乃在三十度之外，何耶？今於每月中星，悉據三統書推之，而於月令之所以不合者姑闕其疑。

其日甲乙，

高氏誘曰：甲乙，木日也。漢書律志曰：出甲於甲，奮軋於乙。鄭氏曰：春時萬物皆解孚甲，自乙軋而出。愚謂日以十干循環爲名，十干分屬五行，而甲乙爲木，故日之值甲乙者屬於春。○鄭氏謂「日之行，春，東從青道，發生萬物，因以甲乙爲名」；「夏，南從赤道，長育萬物，因以丙丁爲名」；「四時之間，從黃道，萬物茂盛，因以戊己爲名」；「秋，西從白道，成熟萬物，因以庚辛爲名」；「冬，北從黑道，閉藏萬物，因以壬癸爲名」。此謬之甚者。記之所謂日，謂積十二時而成者也。此雖本以在天之日行而得名，然所指自殊，安得以在天日行解之？且日行但有黃道，而無青赤白黑；黃道出入於赤道，但有南北而無東西。若謂因日躔之所在，按四方之宿以名日道，則春行西陸，宜曰白道，秋行東陸，宜曰青道，而又反之，何也？鄭氏所言，本河圖帝覽嬉之謬說，孔疏雖曲爲之解，而亦已明言其乖違，今故删去之，而但節存其十干之説云。

其帝大皞，其神句芒，釋文：大音太，後文「大簇」「大史」「大寢」「大廟」「大尉」皆同。皞，亦作「昊」，胡老反。句，古侯反。

鄭氏曰：此蒼精之君，木官之臣，自古以來著德立功者也。大皞，宓戲氏。句芒，少昊氏之子，曰重，爲木官。孔氏曰：皞皞，廣大之貌。東方元氣盛大，故東方之帝謂之大皞。句芒者，木初生之時，句屈而有芒角，故主木之官云句芒。愚謂天以四時五行化生萬物，其氣之所主謂之帝，易所謂「帝出乎震」也。春之帝曰大皞，夏曰炎帝，秋曰少皞，冬曰顓頊，中央曰黄帝，周禮所謂「五帝」也。有帝而復有神者，蓋四時之氣運於天，而五行之質麗乎地，自其氣之各有所主則爲五帝，自其質之各有所司則爲五神，故周禮五帝爲天神，而五祀爲地祇也。大皞在天，木德之帝，伏戲氏乘木德而王，其號亦曰大皞，祭木帝則以配食焉。句芒在地，木行之神，重爲木正，而其官亦曰句芒，祭木神則以配食焉。鄭據緯書，以靈威仰等爲五帝，故不得不以大皞等爲人帝；既以大皞等爲人帝，則不得不以句芒等爲人官。漢書云：「大皞乘震執規而司春，炎帝乘離執衡而司夏，黄帝乘坤執繩而司下土，少昊乘兑執矩而司秋，顓頊乘坎執權而司冬。」此豈人帝之謂乎？國語云：「虢公夢神人，面白毛，虎爪，執鉞立於西阿。」史嚚以爲蓐收，天之刑神也。此豈人官之謂乎？○周禮小宗伯：「掌建國之神位，右社稷，左宗廟。兆五帝于四郊，四望、四類亦如之。兆山川、邱陵、墳衍，各因其方。」社者，五祀之土神，而四類所記者，木火金水之神也。五行土爲主，而其位在中，故兆於路門外之右。而四行分兆於四郊：木神於東，火神於南，金神於西，水神於北，各因其類，故謂之四類。稷者，五土原隰之神。五土原隰爲尊，其位亦在中，故亦兆於路門外之右，與社相配。而四土分兆於四方：川澤宜鱗物於東，邱陵宜羽物於南，山林宜毛物於西，墳衍宜介物於北。詩言「以社以方」。周禮大司馬春田「獻禽以祭社」，夏田「獻禽以享礿」，秋田「致禽以祀方」，冬田「獻禽以享烝」。方即四行：四土之神，兆之各因其方者也。國以宗廟社稷爲主，故春秋之田以祭社稷爲主，冬夏之田以祭宗廟爲主。春言社，秋言方，互舉以相備。蓋祭社者必祭方，祭方者亦必祭社，皆春祈而秋報也。左傳、大宗伯皆言「社稷」，又言「五祀」，蓋以社稷相配，五祀亦相配，故重言之，非社外又有五祀之土神也。鄭氏不知社與四類即五祀，而以四類爲日月星辰。夫小宗伯以「四望、四類」並言，正與大宗伯敘地祇之祭言「五祀、五嶽」者合，若日月星辰，豈當錯序於「四望」「山川」之間乎？

其蟲鱗，

馬氏晞孟曰：蒼龍，木屬也。其類爲鱗，故春則其蟲鱗。吴氏澄曰：東方角、亢、氐、房、心、尾、箕七宿，有龍之象，故凡動物之有鱗者屬木。愚謂鱗蟲水處而游，得陽之少者也，故屬春。○鄭氏解四時之蟲：「蟲鱗，謂象物孚甲將解。蟲羽，謂象物從風鼓翼。蟲倮，謂象物露見不隱。蟲毛，謂象物應凉氣而備寒。蟲介，謂象物閉藏地中。」其説尤穿鑿無義理，今不取。

其音角，

鄭氏曰：音，謂樂器之聲也。三分羽，益一以生角，角數六十四。屬木者，以其清濁中，民象也。春氣和，則角聲調。凡聲尊卑，取象五行，數多者濁，數少者清，大不過宫，細不過羽。漢書律志曰：角，觸也，物觸地而出，戴芒角也。愚謂其音角者，五音分配五行，而角爲木，故屬春。史記云：「九九八十一以爲宫。」蓋黄鐘爲宫，其長九寸，寸爲九分，故宫數八十一。此黄鐘實積之數也。黄鐘下生林鐘爲徵，林鐘六寸，故徵數五十四。林鐘上生大簇爲商，大簇八寸，故商數七十二。大簇下生南吕爲羽，南吕五寸三分寸之一，故羽數四十八。南吕上生姑洗爲角，姑洗七寸九分寸之一，故角數六十四。蓋十二律雖旋相爲宫，而黄鐘爲十二律之本。黄鐘一均，相生而爲五音，乃十二均之始，故五音之數，獨據此以言之。五音於四時雖各有分屬，然作樂則必以宫聲爲尊，而從律成文，亦未嘗偏有所主。孔疏謂「春調樂，以角爲主」，非也。

律中大蔟。釋文：中，丁仲反，後放此。蔟，七豆反。

鄭氏曰：律，候氣之管，以銅爲之。中猶應也。孟春氣至，則大蔟之律應。應，謂吹灰也。大蔟者，林鐘之所生，三分益一，律長八寸。凡律空圍九分。周語曰：「大蔟所以金奏，贊陽出滯。」漢書律志曰：三分林鐘益一，上生大蔟。蔟，奏也，言陽氣大，奏地而達物也。位於寅，在正月。孔氏曰：上從「其日甲乙」，下終「其祀户」，皆總主一春三月之事。此「律中大蔟」，唯主正月之氣，宜與「東風解凍」相連，必在此者，角是春時之音，律審春時之氣，音氣相須，故角、律同處，言正月之時，候氣之管，中於大蔟之律。中猶應也。蔡邕云：「以法爲室三重，户閉，塗釁必周密，布緹縵室中，以木爲案。每律各一案，内庳外高，從其方位，加律其上，以葭灰實其端。其月氣至，則灰飛而管通。」如蔡所云，則是爲十二律布室内，十二辰以候月氣。正月候氣飛灰，應於大蔟之管，又計大蔟律數倍，而更半鑄之，爲大蔟之鐘。是大蔟之鐘元生於大蔟之律。蔡氏以爲先有鐘，後有律，言「律中此大蔟之鐘」，非也。蔡氏元定曰：雨水則大蔟八寸。沈氏括曰：候氣之法，隋書志論之甚詳。其法先治一室，令地極平，乃埋律琯，皆使上齊，入地則有淺深。冬至陽氣距地面九寸而止，唯黄鐘一琯達之，故黄鐘爲之應。正月陽氣距地面八寸而止，自大蔟以上皆達，黄鐘、大吕先已虚，故唯大蔟一律飛灰。地有疎密，則不能無差忒，故先以木案隔之，然後實土案上，以水平其槩，然後埋律其下。愚謂漢書律志云：「黄帝使泠綸取竹嶰谷，以爲黄鐘之宫。制十二筩以聽鳳之鳴，比黄鐘之宫，而皆可以生之。」是古律以竹爲之。鄭氏謂「用銅」，據漢時言之耳。朱子謂「十二律之名必有深義。國語、漢志所言，支離附會，不必深究」。愚謂非獨十二律，雖十干、五音之義亦然，今亦姑存其説而已。每月有三十日，孟春律中大蔟者，謂中氣至之一日也。後放此。

其數八，

八者，木之成數也。天一地二，天三地四，天五地六，天七地八，天九地十，此天地之數也。一與六合，二與七合，三與八合，四與九合，五與十合。故天一生水，地六成之；地二生火，天七成之；天三生木，地八成之；地四生金，天九成之；天五生土，地十成之。蓋木火土金水者，五行運行之次序也；水火木金土者，五行生成之次序也。四時皆以成數言者，木火金水既成而後功用著也。

其味酸，其臭羶，釋文：羶，失然反。

鄭氏曰：酸、羶，木之臭味也，凡物之酸、羶者皆屬焉。孔氏曰：通於鼻者謂之臭，在口者謂之味。馬氏晞孟曰：味生於形，臭生於氣。曲直作酸，故其味酸；物以木化，則其氣爲羶。愚謂呂氏春秋「草食者羶」，註云「草食，食草木，若麞鹿之屬」，則木之臭羶可知。

其祀户，祭先脾。

户者，廟室之户，五祀之一也。鄭氏曰：春，陽氣出，祀之於户，内陽也。祀之先祭脾者，春爲陽中，於藏值脾，脾爲尊。凡祭五祀於廟，用特牲，有主有尸，皆先設席于奥。祀户之禮，南面設主于户内之西，乃制脾及腎爲俎，奠于主北。又設盛于俎西，祭黍稷，祭肉，祭醴，皆三。祭肉，脾一，腎再。既祭，徹之，更陳鼎俎，設饌于筵前。迎尸略如祭宗廟之儀。疏云：「凡祭五祀於廟」以下，皆中霤禮文，後同。孔氏曰：户是人之出入，户則有神。祭户之時，脾腎俱有，先用脾以祭之者，以春爲陽中，於藏值脾，脾既春時最尊，故先祭之。牲位南首，肺最在前而當夏，腎最在後而當冬。從冬稍前而當春，從腎稍前而當脾，故春位當脾。從肺稍卻而當心，故中央主心，從心稍卻而當肝，故秋位主肝。此等直據牲之五藏所在，而當春夏秋冬之位耳。此「特牲」，謂特牛，故小司徒「小祭祀，奉牛牲」。若諸侯或亦當然，其大夫當特羊也。愚謂春祀户，夏祀竈，中央祀中霤，秋祀門，冬祀行，此所謂五祀也。五祀皆宫内之神。門、户者，人之所出入也；竈者，人所藉以養也；行者，人之所往來也；中霤者，人所居以安其身也。此五者，皆有神以主之，其於人最爲切近而不可離，故以此列爲五祀，而其禮通乎上下也。春秋者，陽陰出内之交，故祀門、户。户奇，陽也，且春時主出，出從内始，故祀户。門偶，陰也，且秋時主内，内從外始，故祀門。祭五祀必皆於廟者，蓋祀之於人所居之處則恐其褻，故祀之於廟也。祭，謂祭之於地也。祭先脾者，言所祭牲之五藏以脾爲先也。脾屬土，春木勝土，祭其所勝也。夏后氏祭心，殷祭肝，周祭肺，凡祭皆然。秦制或與三代不同，亦當專尚一藏。而祭五祀則所祭不同者，此謂祭初降神之時，尸尚未入，而祝爲祭之，若士虞禮祝祭黍稷及膚於苴者；若尸入祭牲體，則當祭其所尚之藏也。鄭氏所言「祭肉、祭醴」以上，祭初降神之禮也；「徹饌，更陳鼎俎」以下，正祭之禮也。五祀，地示也。大宗伯祭地示，以血祭、貍沈、疈辜降神，五祀降神不用此法者，以其神卑也。其正祭之禮，尸入而飯，既飯而酳，蓋其禮三獻，與特牲、少牢祭禮略同。鄭氏謂「如祭宗廟之禮」，謂大夫士祭宗廟之禮，非天子諸侯祭宗廟之禮也。孔疏謂祭五祀用特牛，蓋據天子禮言之，以王之小祭祀皆用牛也。詩言「取羝以軷」，是諸侯五祀用特羊，則大夫士用特豕與？

祭五祀於每月言之，則不限何月，如祀户則春三月皆可祀也。抑或以先後爲尊卑之别與？

東風解凍，蟄蟲始振，魚上冰，獺祭魚，鴻雁來。釋文：上，時掌反。○鴻雁來，吕氏春秋作「候雁北」。鄭註：今月令「鴻」皆爲「候」。

鄭氏曰：皆記時候也。振，動也。夏小正「正月啟蟄」，「魚陟負冰」。漢始以驚蟄爲正月中。此時魚肥美，獺將食之，先以祭也。雁自南方來，將北反其居。高氏誘曰：東風釋凍，冰泮釋也〔一〕。魚，鯉鮒之屬，應陽而動，上負冰。獺獱水禽，取鯉魚置水邊，四面陳之，世謂之「祭魚」。雁從彭蠡來，北過至北極之沙漠也。孔氏曰：凡記時候，先言者在前，後言者在後。正月中氣之時，蟄蟲得陽氣，初始振動，至二月，乃大動而出。對二月，故云「始振」。漢時以驚蟄爲正月中，雨水爲二月節，劉歆作三統書，始改雨水爲正月中，驚蟄爲二月節，故鄭云「漢始以驚蟄爲正月中」也。魚當盛寒之時，伏於水下，以逐温煖。正月陽氣既上，魚游於水上，近於冰，故曰「魚上冰」也。方氏慤曰：東風，即條風也。八風之氣，生於八方，以應八節。經止於孟春言「東風」，季夏言「温風」，孟秋言「涼風」，仲秋言「盲風」，或言其方，或言其氣，或言其時，而有詳略不同者，特記時而已。○月令所記時候，亦見於周書

〔一〕「也」，吕覽孟春紀高注作「地」。

時訓。月令總言於一月之中，而時訓則分五日爲一候，一月六候，爲後世明時家七十二候之所本。夫時候之變，固有後先，然而地勢有陰陽向背之殊，氣候有南北温寒之異，而物之稟氣有厚薄，感氣有早晚，則同爲是物，不能使其一日之間翕然皆應者，乃理之所必然也。時訓乃定以五日爲一候，謂某候不應則致某災，有是理乎？周書本秦漢間人僞作，時訓一篇，蓋即取月令所言分之，補凑割裂，毫不出於自然之意，不如月令之爲善也。

天子居青陽左个，乘鸞路，駕倉龍，載青旂，衣青衣，服倉玉，食麥與羊，其器疏以達。 釋文：路，本又作「輅」。載音戴，後放此。衣青，於既反，後放此。㗊，本又作「器」。○吕氏春秋「路」作「輅」，「倉龍」作「蒼龍」，「倉玉」作「青玉」。

皆所以順時氣也。青陽，明堂東方之堂名也。室之夾堂者謂之个。左傳：「置饋於个而退。」青陽左个者，明堂東方之北室也。明堂在國南門之外，周以季秋於此享上帝，而以文王配焉。每月之朔，則於此告朔於上帝及文王，而各順其月之方居之，以聽朔焉。此云「居青陽左个」，蓋亦周人順時聽朔之制，孟春則聽政於東北方之室也。淮南子時則訓作「朝於青陽左个，以出春令」，義尤分曉。朝，即「春秋朝於廟」之朝，謂告朔也。出春令，謂聽朔也。高氏誘曰：衣服佩玉皆青者，順木色也。鄭氏曰：鸞路，有虞氏之車，有鸞和之節，而飾之以青，取其名耳。春言「鸞」，冬夏言色，互文。馬八尺以上爲龍。凡所服玉，謂冠飾及所佩者之衡璜也。凡此車馬衣服，皆所取於殷時而有變焉，非周制也。周禮朝、祀、戎、獵，車服各以其事，不以四時爲異。又玉藻曰「天子龍袞以祭，玄端而朝日」，「皮弁以日視朝」，與此皆殊。孔氏曰：龍與玉言「倉」者，倉亦青也，遠望則倉。旂與衣言「青」者，欲見人功所爲，故以近色言之。愚謂此車馬衣服，乃秦自所爲制耳，非有取於古也。食麥與羊者，蓋以麥爲木穀，羊爲木畜也。淮南子「春，其畜羊」，是也。月令四時所食之穀與牲，蓋亦以五行分配之。然五牲則惟牛之屬土，犬之屬金，彘之屬水，與周禮合。若羊，則周禮屬火，而月令屬木，雞則周禮屬木，而月令屬火，孔疏所謂「陰陽之説多塗」者。至五穀所配，其義尤多不可曉。鄭氏所言「麥實有孚甲，屬木」，「麻實有文理，屬金」之類，皆穿鑿無義理。今就其可釋者釋之，其餘亦無足深究也。疏，疏刻之，使通氣也。達者，直而無回曲也。器疏以達，順春氣之發舒也。○陳氏祥道曰：明堂之名，見於周頌、孝經、左傳、孟子、荀卿、考工記、禮記、家語，其制不見於經。特考工記曰：「夏后氏世室，堂脩二七，廣四脩一。五室，三四步，四三尺，九階，四旁兩夾窗，白盛。門堂三之二，室三之一。殷人重屋，堂脩七尋，堂崇三尺，四阿，重屋。周人明堂，度九尺之筵，東西九筵，南北七筵，堂崇一筵。五室，凡室二筵。」此三代明堂之別也。夏世室，殷重屋，周明堂，則制漸文矣。夏度以步，殷度以尋，周度以筵，則堂漸廣矣。夏言堂脩、廣而不言崇，殷言堂脩而不言廣，言四阿而不言室，周言堂脩、廣、崇而不言四阿，其言蓋皆互備。鄭康成曰「夏堂崇一尺，殷堂廣九尋」，理或然也。月令中央大室，東青陽，南明堂，西總章，北玄堂，皆分左右个，與大廟，則五室十二堂矣。明堂位前中階、阼階、賓階，旁四門，而南門之外又有應門，則南三階，東西北各二階，而爲九階矣。蓋木室於東北，火室於東南，金室於西南，水室於西北，土室於中央，其外別之以十二堂，通之以九階，環之以四門，而南門之外加以應門，此明堂之大略也。大戴禮、白虎通，韓嬰、公玉帶、淳于登、桓譚、鄭康成、蔡邕之徒，其論明堂者多矣。獨淳于登以爲在國之陽三里之外，七里之內，其說蓋有所傳然也。何則？聽朔必於明堂，而玉藻曰「聽朔於南門之外」，則明堂在國之南可知。成王朝諸侯，四夷之君咸列四門之外，朝寢之間，有是制乎？則明堂在國之外可知。鄭康成謂「明堂、大廟、路寢異實同制」，蔡邕謂「明堂、大廟、辟廱異名同實」，豈其然哉？諸侯之廟，見於公食大夫禮，有東西房、東西夾而已。天子路寢，見於書，亦東西房、東西夾，又東序、西序、東堂、西堂而已，則大廟、路寢無五室十二堂矣。謂明堂、大廟、路寢異實同制，非也。宗廟居雉門之內，而教學飮射於其中，則莫之容；處學者於鬼神之宫，享天神於人鬼之室，則失之瀆。謂明堂、大廟、辟廱同實異名，非也。朱子曰：論明堂之制者非一，某竊意當有九室，如井田之制。東之中爲青陽大廟，東之南爲青陽右个，東之北爲青陽左个；南之中爲明堂大廟，南之東爲明堂左个，南之西爲明堂右个；西之中爲總章大廟，西之南爲總章左个，西之北爲總章右个；北之中爲玄堂大廟，北之東爲玄堂右个，北之西爲玄堂左个；中央爲大廟大室。凡四方之大廟異所，其左右个，則青陽之右个乃明堂之左个，明堂之右个乃總章之左个，總章之右个乃玄堂之左个，玄堂之右个乃青陽之左个，但隨其時之方位開門耳。古人制事，多用井田遺意，此恐也是。愚謂明堂之制雖不可考，然以考工記、月令、大戴禮與夫朱子之所言者推之，亦可以得其槩矣。明堂東西九筵，南北七筵，四面有階，階之上爲堂，堂之旁爲室，室之居中者爲大廟大室，居乎四隅者爲青陽、明堂、總章、玄堂之左右个，其在兩室之間而居乎四正者爲堂，則青陽、明堂、總章、玄堂之大廟也。以大廟大室合四隅之室，則考工記之五室也。以四堂合五室，則大戴禮之九室也。以四隅之四室，隨方開門爲八室，又合四堂，則月令之十二室也。室有壁以爲界，别而堂則四周相通。分之爲十二室，而合之止爲一堂，故於此享上帝，配祖考，牲、牢、俎、簋陳焉，獻、酬、酳、酢行焉，而不患於迫隘也。

是月也，以立春。先立春三日，大史謁之天子曰：「某日立春，盛德在木。」天子乃齊。立春之日，天子親帥三公、九卿、諸侯、大夫以迎春於東郊，還反，賞公、卿、諸侯、大夫於朝。釋文：先，悉薦反。齊，側皆反。還音旋，後皆同。○呂氏春秋「反」作「乃」。

立春，正月之朔氣也。謁，告也。大史「掌正歲年以序事」，「大祭祀，與執事卜日」。先三日告天子，容齊三日也。迎春者，迎青帝大皞，祭之於東郊之兆，而伏羲氏配食焉。周禮所謂「祀五帝」，此其一也。賞公、卿、諸侯、大夫，謂有功德者則於此時賞賜之，順陽氣而布仁恩也。朝，路門外之朝也。凡言「是月」之下不別言「是月」者，或一事相爲首尾，或異事而一時所命者也。別言「是月」者，事既異端，命又異時者也。後皆放此。高氏誘曰：東郊八里，南郊七里，西郊九里，北郊六里。蔡氏邕曰：東郊去邑八里，因木數也。孔氏曰：周法四時迎氣皆前期十日而齊，散齊七日，致齊三日。今秦法簡，故三日，蓋散齊二日，致齊一日也。孟春賞公、卿、大夫，孟夏行賞，封諸侯，孟秋賞軍帥武人，孟冬賞死事、孤、寡，四時所賞不同者，順時氣也。○鄭氏曰：王居明堂禮曰：「出郊十五里迎歲。」蓋殷禮也。周則近郊五十里。愚謂王居明堂禮未可定其爲何代之制，然國外皆謂之郊。周時兆五帝於四郊，必不在五十里之遠也。高氏、蔡氏之説近之。○孔氏曰：自「孟春之月」訖「其日甲乙」，明天道也。先建春以奉天，奉天然後立帝，立帝然後言佐，言佐然後列昆蟲之别。物有形可見，然後聲音可聞，故陳音。有音然後清濁可聽，故言鐘律。音聲可以彰，此句疑有誤脱。故陳酸、羶之屬，羣品以著。五行爲用於人，然後宗而祀之，故陳五祀。此以上記事之次也。「東風」以下，效初氣之序也。二者既立，然後人君承天時，行庶政，故言帝者居處之宜，衣服之制，布政之節，所以奉天時也。

命相布德和令，行慶施惠，下及兆民。慶賜遂行，毋有不當。釋文：相，息亮反。施，如字，又始豉反。當，丁浪反。

鄭氏曰：相，謂三公相王之事也。德，謂善教也。令，謂時禁也。慶，謂休其善也。惠，謂恤其不足也。天子曰兆民。毋有不當者，言使當得者皆得，得者無非其人。孔氏曰：公羊傳云：「三公者何？天子之相也。」至六國時，一人知事者特謂之相。愚謂此與下節「命大史」，孟夏「命樂師習合禮樂，命大尉贊傑俊」之屬，孟秋「命將帥選士厲兵」，皆於迎氣還反行賞之後即命之者，以其與迎氣同日，故不言「是月也」。

乃命大史守典奉法，司天日月星辰之行，宿離不貸，毋失經紀，以初爲常。釋文：

宿，息六反，徐音秀。離，依註音儷，呂計反。貸，吐得反，徐音二。○呂氏春秋「貸」作「忒」。○今按：離，如字。

典，六典。法，八法也。星，二十八宿。辰，十二次也。司，主也。天與日月星辰各有行度，大史主審候之也。宿，謂日之所次，故二十八星謂之宿。離，謂月之所歷，詩言「月離于畢」是也。貸，差忒也。經，謂大綱。紀，謂條理。蓋天運本無差失，恒星之動甚微，而辰者即日月之所會也。日有永短盈縮，月有朒朓遲疾，其占候不可以有所差失，日月之行審，而天與星辰在其中矣。初，舊也。以初爲常，言當循用舊法而無變也。周禮大史之職「掌建邦之六典以逆邦國之治，掌法以逆官府之治，掌則以逆都鄙之治」，「正歲年以序事」。其屬馮相氏「掌十有二歲、十有二月、十有二辰、十日、二十有八星之位，辨其叙事，以會天位」；保章氏「掌天星以志日月星辰之變動」。是典、法與天文皆大史之所掌也。此與上節皆於迎氣日命之，上節爲順時布政之首，此節於順時氣之義無與，以典、法、天文於國政特重故也。

是月也，天子乃以元日祈穀于上帝。

鄭氏曰：謂以上辛郊祭天也。春秋傳曰：「夫郊祀后稷，以祈農事，是故啓蟄而郊，郊而後耕。」孔氏曰：案郊特牲云「郊之用辛」，鄭云：「凡爲人君，當齊戒自新。」愚謂歲事莫重於農，故孟春即祈之於上帝，仲春又祈之於社稷。先上帝，次社稷，尊卑之序也。郊之用辛，猶社之用甲，當時必有其義，但今無可考耳。鄭氏「齊戒自新」之説，未免於鑿也。上帝，謂昊天上帝。凡言「上帝」，與五帝别，於周禮掌次見之。

乃擇元辰，天子親載耒耜，措之于參保介之御間，帥三公、九卿、諸侯、大夫躬耕帝藉。天子三推，三公五推，卿、諸侯九推。反，執爵于大寢，三公、九卿、諸侯、大夫皆御，命曰勞酒。釋文：耒，力對反，字林力佳反，又力水反。推，吐回反。勞，力報反。○呂氏春秋「于參」作「參于」，「帝藉」作「藉田」，「卿、諸侯」下有「大夫」字。

鄭氏曰：元辰，郊後吉亥也。耒，耜之上曲也。保介，車右也。置耒耜於車右與御者之間，明己勸農，非農者也。人君之車，必使勇士衣甲居右而參乘，備非常也。保猶衣也。介，甲也。帝藉，爲天神借民力所治之田也。既耕而宴飲，以勞羣臣也。大寢，路寢。御，侍也。盧氏植曰：日，甲至癸也。辰，子至亥也。郊天，陽也，故以日。藉田，陰也，故用辰。孔氏曰：甲乙丙丁等謂之日，郊用辛，上云「元日」。子丑寅卯之屬謂之辰，耕用吉亥，故云「元辰」。元者，善也。知用亥者，以陰陽式法「正月亥爲天倉」，以其耕事，故用天倉也。皇氏云：「正月建寅，日月會辰在亥，故耕用亥。」未知然否。措，置也。措之於參保介之御間者，車右與御皆是王參乘，言置此耒器於參乘保介及御者之間也。案國語耕後「宰夫陳饗」。饗禮在廟，燕禮在寢，此云「執爵于大寢」，故知燕也。國語云「饗」者，蓋用饗之饌具而行燕禮。愚謂供粢盛之田謂之帝藉，猶藏粢盛之委謂之神倉也。宗廟社稷之粢盛皆取於是，而獨曰「帝藉」者，以其尤尊者表之也。親載，親執而載之車上，重其事也。王之車上惟有車右與御，云「親載耒耜，措之于參保介之御間」，則保介爲車右審矣。推，以耜入土也，考工記「直庇則利推」是也。國語曰：「王耕一發，班三之，庶人終於千畝。」賈逵云：「王之下，各三其上：王一發，公三發，卿九發，大夫二十七發。」此云「天子三推，三公五推，卿、諸侯九推」，則秦禮與周異與？

是月也，天氣下降，地氣上騰，天地和同，草木萌動。釋文：上，時掌反。○呂氏春秋「萌」作「繁」。

鄭氏曰：此陽氣蒸達，可耕之候也。農書曰：「土長冒橛，陳根可拔，耕者急發。」孔氏曰：此論少陽之月，務其始生，故耕藉之後，當勸農事。天地之氣，謂之陰陽，一年之中，或升或降。聖人作易，各分六爻，以象十二月。陽氣之升，從十一月爲始，正月，三陽既上，成爲乾卦。乾體在下，坤體在上，故正月爲泰。乾爲天，坤爲地，天居地下，故云「天氣下降，地氣上騰」。愚謂天地和同，所謂「天地交而爲泰」也。天地交，則草木通矣。仲冬，諸生蕩，氣之始也。孟春，草木萌動，形之始也。

王命布農事：命田舍東郊，皆修封疆，審端徑、術，善相丘陵、阪險、原隰土地所宜，五穀所殖，以教道民，必躬親之。田事既飭，先定準直，農乃不惑。釋文：術，依註音遂。阪音反。道音導。○呂氏春秋「王」下無「命」字。

鄭氏曰：田，謂田畯，主農之官也。舍東郊，順時氣而居，以命其事也。封疆，田首之分職。術，周禮作「遂」。夫間有遂，遂上有徑。遂，小溝也。步道曰徑。夏小正曰：「農率均田。」「田事既飭」以下，説所以命田舍東郊之意也。愚謂封疆，以爲一井一邑之界，脩之者，懼其有阤壞也。徑、遂，以爲一夫之别，審之端之者，恐其有侵越也。端，正也。土高曰邱，大阜曰陵。陂者曰阪，山澤曰險。高平曰原，下溼曰隰。土地各有所宜，故五穀各有所殖，若黍宜高燥，稌宜下溼是也。直，繩也。準所以爲平，繩所以爲直。此借以喻樹藝之成法也。封疆、徑、遂治，則田事飭矣；相土地五穀之所宜以教民，則準直定矣。田事飭則不亂於經界，準直定則不謬於土宜，此民之所以不惑也。

是月也，命樂正入學習舞。

樂正，樂官之長，掌國學之政者。入學習舞，以舞教國子而使習之也。○孟春之習舞，與仲春之習舞爲終始；仲春之習樂，與季春之合樂爲終始；季秋之習吹，與季冬之合吹爲終始。言「舞」則不及聲，言「吹」則不及舞，言「樂」則兼有舞與吹也。春爲陽，故習舞習樂，象陽氣之發揚也。秋爲陰，故但習吹，順陰氣之安靜也。此皆爲國子學樂之事，唯孟夏習合禮樂，則以雩帝用盛樂而預習之，與國子無與也。

乃修祭典，

鄭氏曰：重祭禮，歲始省録也。

命祀山林川澤，犧牲毋用牝。

鄭氏曰：爲傷妊生之類。　愚謂大祭祀，犧牲皆用牡。大宗伯「以貍沈祭山林川澤」，地示之中祀也。其神卑，故餘月祭之犧牲或用牝，唯此月特禁之。

禁止伐木。

鄭氏曰：盛德所在。　愚謂山虞掌山林之政令，爲之厲禁。木在厲禁之内者，非十月不得取，王制云「草木零落，然後入山林」，是也。若禁外四野之木，雖非冬月，亦得採取，山虞「春秋之斬木不入禁」，是也。若國家所需，雖非十月，亦得斬禁内之木，山虞「凡邦工入山林而掄材不禁」，是也。唯正月則皆禁之。

毋覆巢，毋殺孩蟲、胎、夭、飛鳥，毋麛，毋卵。釋文：覆，芳服反。夭，烏老反。

鄭氏曰：爲傷萌幼之類。孔氏曰：餘月皆無覆巢，若夭鳥之巢則覆之。若哲蔟氏云：「掌覆夭鳥之巢。」此月亦禁之。胎，謂在腹中未出。夭，謂生而已出者。飛鳥，謂初飛之鳥。麛、卵四時皆禁，但於此月尤甚。若須薦獻，亦得取之，故王制云「not以卵」，「庖人秋行犢麛」，是也。

毋聚大衆，毋置城郭。

鄭氏曰：爲妨農之始。

掩骼埋胔。釋文：骼，江百反。胔，才賜反。○呂氏春秋「埋胔」作「霾髊」。

鄭氏曰：爲死氣逆生也。骨枯曰骼，肉腐曰胔。孔氏曰：蜡氏云「掌除骴」，司農云：「胔，骨之尚帶肉者也，及禽獸之骨皆是。」

是月也，不可以稱兵，稱兵必天殃。兵戎不起，不可從我始。毋變天之道，毋絶地之理，毋亂人之紀。呂氏春秋「必」下有「有」字。

鄭氏曰：稱兵必天殃，逆生氣也。爲客不利，主人則可。變天之道，以陰政犯陽。絶地之理，易剛柔之宜。亂人之紀，仁之時而舉義事。　愚謂立天之道曰陰與陽，立地之道曰柔與剛，立人之道曰仁與義。春之德爲陽、爲柔、爲仁，兵之事爲陰、爲剛、爲義。以正月而稱兵，則以陰而干陽，是變天之道也；以剛而逆柔，是絶地之理也；以義而反仁，是亂人之紀也。故唯不得已而應敵則可，若兵自我起，則反易三才之道，而天殃必及之矣。孟秋選士厲兵，則春夏皆非興兵之時，獨於孟春言之者，生氣之始，尤在所戒也。

孟春行夏令，則風雨不時，草木蚤落，國時有恐；風雨，舊本皆作「雨水」，據孔疏當爲「風雨」。○呂氏春秋「落」作「槁」，「時」作「乃」。

鄭氏曰：巳之氣乘之也。草木蚤落，生日促也。國時有恐，以火訛相驚。孔氏曰：施令失，則三才俱應。三才中，或先天，或先民，或先地，大抵害重者先言之，害輕者後言之。亦有唯二才應者，隨應則書，不爲義例也。風雨不時者，風雨少，不得應時。

行秋令，則其民大疫，猋風暴雨總至，藜、莠、蓬、蒿並興；釋文：猋，必遥反，徐芳遥反，本又作「飄」。

鄭氏曰申之氣乘之也。七月始殺，故民疫。回風爲猋。藜、莠、蓬、蒿並興，生氣亂，惡物茂也。○鄭氏於「孟春行秋令，則猋風暴雨總至」，註云：「正月宿直尾、箕，箕好風，其氣逆也。」「仲春行秋令，則其國大水」，註云：「八月宿直昴、畢，畢好雨。」「季春行夏令，則民多疾疫」，註云：「六月宿直鬼，鬼爲天尸。」「仲夏行秋令，則草木零落」，註云：「八月宿直昴、畢，爲天獄，主殺。」「季夏行秋令，則丘隰水潦」，註云：「九月宿直奎，奎爲溝瀆。」「孟秋完隄防，謹壅塞，以備水潦」，註云：「備八月也。八月宿直畢，畢好雨。」「孟秋行冬令，則戎兵乃來」，註云：「十月宿直營室，營室主武事。」「仲秋，天子乃難，以達秋氣」，註云：「此月宿直昴、畢，得大陵積尸之氣。」「仲秋行春令，則秋雨不降」，註云：「卯宿直房、心，心爲大火。」「季秋行夏令，則其國大水」，註云：「六月宿直東井，氣多暑雨。」「孟冬行秋令，則小兵時起，土地侵削」，註云：「申宿直參、伐，參、伐爲兵。」「仲冬行秋令，則天時雨汁，瓜瓠不成」，註云：「酉宿直昴、畢，畢好雨。」又云：「子宿直虛、危，虛、危内有瓜瓠。」孔疏於「孟春行夏令，則風雨不時」，云：「孟春建寅，宿直箕，箕好風。」季夏「大雨時行」，云：「六月建未，未值井，井主水。」此皆以斗柄初昏所指之宿而爲言也。夫北斗運轉於天，無時不有所指。自人言之，則因其昏時初見而識其所指，以定時候；自斗言之，初不知有晨昏日夜之分也，何以餘時不能致災，而獨初昏所指乃能致災乎？且斗柄所指之十二辰，與星辰之十二次初不相涉，而斗柄與星次相值者，又唯季春一月，若孟春斗指寅而析木則在子，仲春斗指卯而大火則在寅，孟夏斗指巳而鶉尾則在午，仲夏斗指午而鶉火則在申，季夏斗指未而鶉首則在酉，孟秋斗指申而實沈則在子，仲秋斗指酉而大梁則在寅，季秋斗指戌而降婁則在辰，孟冬斗指亥而娵訾則在午，仲冬斗指子而玄枵則在申，季冬斗指丑而星紀則在戌，則何以能相值而相感耶？

行冬令，則水潦爲敗，雪霜大摯，首種不久。 釋文：摯音至。種，章勇反。

鄭氏曰：亥之氣乘之也。首種，謂稷。 孔氏曰：百穀之内，稷先種，故云「首種」。○人君行令有失，固足以致灾異，然必確指其所應爲何事，則其説過拘，而反有不可必者。歐陽子云：「絶天於人，則天道廢；以天參人，則人事惑。故孔子論六經，記異而説不書。」吕氏春秋本戰國雜家之書，所言行某令失則致某氣之説，支離破碎，蓋出於陰陽五行家之言，其義無足深究。今但存鄭氏之註，而删去其宿直之謬説，其餘得失則不復論焉。

仲春之月，日在奎，昏弧中，旦建星中。

奎，西方白虎之第一宿，而降婁之次也。案漢三統書，二月節，日在奎五度；二月中，日在婁四度。秦時二月節，日在奎七度，弧星在輿鬼南，建星在南斗上。月令中星皆舉二十八宿，此舉弧、建，獨在二十八宿外者，蓋井三十三度，南斗二十六度，距度闊遠，不可的指，而弧近井，建近斗，故舉弧、建以定昏旦之星也。案三統書，二月節，昏井二十二度中，旦斗五度中，則秦時昏井二十四度中，旦斗七度中，弧入井十五度訖二十九度，建星入斗四度訖十度。是二月節昏時弧星得中，旦時建星得中也。○孔氏曰：春分，昏中之星去日九十一度，從奎五度爲二月節，數至井第十五度，得九十一度，是弧星當井之十六度也。從井十六度，至斗之初一百七十二度，計春秋分昏中之星，去明中之星，應一百八十二度餘。但日入以後二刻半始昏，不盡二刻半爲明，昏明相去，少晝五刻，約有十七度餘，則昏明中星相去一百六十五度餘，則建星不得在斗初，在斗十度也。愚謂月令日躔中星皆據月初言之，二月節與春分相去十五日，晝夜刻多寡不同。孔氏既據奎五度爲二月節，而又以春分中星距日之度，及春分昏旦中星相距之度言之，皆欠分曉。又其言「建星在斗十度」者，考之晉、宋兩朝天文志，及今欽若書、恒星表，亦皆不合也。○記中星與記日躔不同：記日躔必以二十八宿，以日之所歷唯此二十八星也。中星則不然，但值初昏時見於子午線上，而星體明大者，皆可表之以爲中星。故月令記弧、建，夏小正記南門，今時憲書中星兼記五車、天狼、軒轅等十五星，亦皆在二十八宿之外也。

其日甲乙，其帝大皞，其神句芒，其蟲鱗，其音角，律中夾鐘。

鄭氏曰：夾鍾者，夷則之所生，三分益一，律長七寸二千一百八十七分寸之千七十五。仲春氣至，則夾鍾之律應。周語曰：「夾鍾出四隙之細。」漢書律志曰：夾鍾，言陰夾助大蔟宣四方之氣而出種物也。位於卯，在二月。蔡氏元定曰：春分則夾鍾七寸四分三釐七毫三絲。鄭以十分之寸計，蔡以九分之寸計。後放此。

其數八，其味酸，其臭羶，其祀户，祭先脾。始雨水，桃始華，倉庚鳴，鷹化爲鳩。吕氏春秋「始」作「李」。○按雨，去聲。

自小雪雨雪，至此始雨水，陽升於地上也。鄭氏曰：皆記時候也。倉庚，鸝黄也。鳩，搏穀也。漢始以雨水爲二月節。高氏誘曰：鷹化爲鳩，喙正直，不鷙擊也。孔氏曰：言「漢始以雨水爲二月節」，證此雨水爲二月節也。雨水、驚蟄，據其早作在正月，若其晚在二月。故漢初驚蟄爲正月中，雨水爲二月節，至後來改雨水爲正月中，驚蟄爲二月節，由氣有參差故也。陸氏佃曰：鷹一名鷞鳩。左傳：「鷞鳩氏，司寇。」鷹感秋氣，則喙鈎，善搏攫；應陽而變，則喙柔，仁而不鷙矣。陳氏澔曰：孔氏云：「化者，反歸舊形之謂。」故鷹化爲鳩，鳩復化爲鷹；田鼠化爲鴽，鴽復化爲田鼠。若腐草爲螢，雉爲蜃，爵爲蛤，皆不言「化」，是不復本形者也。愚謂鷹化爲鳩，鄭氏、高氏之説不同。案列子書云「鷂之爲鸇，鷉之爲布穀，布穀久復爲鷉也」，與鄭氏之説合。蓋化者，變其舊形之謂，若但喙直而不搏擊，則不當謂之化，疑鄭氏之説爲是。

天子居青陽大廟，乘鸞路，駕倉龍，載青旂，衣青衣，服倉玉，食麥與羊，其器疏以達。

青陽大廟，明堂之東堂也。明堂之四堂皆曰大廟者，明堂十二室，十二月分居之，而其祀天告朔皆於堂，以其爲事神之所，故謂之廟。

是月也，安萌芽，養幼少，存諸孤。釋文：少，詩召反。

鄭氏曰：助生氣也。愚謂萌芽，植物之始生者。幼少，動物之未成者。存，謂存卹之。幼而無父曰孤。仲春物始生，故存諸孤；仲夏物方盛，故養壯佼；仲秋物已成，故養衰老；仲冬物皆藏，故飭死事。

擇元日，命民社。吕氏春秋「民」作「人」。

鄭氏曰：社，后土也，使民祀焉，神其農業也。祀社日用甲。孔氏曰：郊特牲云祀社，「日用甲，用日之始也」。召誥：「戊午，乃社于新邑。」用戊，周公告營洛邑始成，非常祭也。愚謂社祭五土之總神，句龍爲后土之官，能平九土，以之配食焉。曰「命民社」者，社自天子諸侯以逮於大夫以下成羣立社，皆得祭之。但言「祭社」，嫌若唯國家得祭；曰「命民社」，則天子諸侯祭之可知矣。

命有司省囹圄，去桎梏，毋肆掠，止獄訟。釋文：省，所景反，徐所幸反。囹音零。圄，魚呂反。去，羌呂反。掠音亮。

鄭氏曰：順陽寬也。省，減也。囹圄，所以禁守繫者，若今别獄矣。桎梏，今械也。在足曰桎，在手曰梏。掠，謂捶治人。高氏誘曰：肆，極。掠，笞也。應氏鏞曰：肆掠，謂肆意笞箠。蓋雖輕刑而不敢縱意也。愚謂有司，理官也。周時以圜土聚教罷民，秦時謂之囹圄。仲冬時增築之，至此則減省之也。古者五刑不入圜土，皆加桎梏，而掌囚守之。其入囹圄者，乃大司寇所謂「罷民之害人而置之圜土」者，其罪本輕，此時行寬大之政，命有司視其可赦者赦之，故省去囹圄也。五刑之桎梏，宜無去法，此云「去桎梏」，謂大司寇所謂「罷民之有罪過而未麗於法，桎梏而坐諸嘉石」者也。毋肆掠者，罪人未服，或當拷問，而不得肆意捶治也。周禮註曰：「争罪曰訟，争財曰獄。」上三者，所以寬之於已犯；止獄訟，所以禁之於未然。

是月也，玄鳥至。至之日，以大牢祠于高禖，天子親往，后妃帥九嬪御。乃禮

天子所御，帶以弓韣，授以弓矢，于高禖之前。釋文：禖音梅。韣，大木反。○呂氏春秋「帥」作「率」。

玄鳥，鳦也。古以玄鳥至爲祠高禖之候，詩云「天命玄鳥，降而生商」是也。高禖，祈嗣之祭也。高，尊也。禖者，禖神，謂先帝始制爲嫁娶之禮者，蓋伏羲也。高禖之禮，祀天於南郊，而以禖神配之。鄭氏曰：變「媒」言「禖」，神之也。御，謂從往侍祠。周禮天子有夫人，有嬪，有世婦，有女御，獨云「帥九嬪」，舉中言也。天子所御，謂今有娠者。於祠，大祝酌酒，飲於高禖之庭，以神惠顯之也。帶以弓韣，授以弓矢，求男之祥也。王居明堂禮曰：「帶以弓韣，禮之禖下，其子必得天材。」孔氏曰：周禮媒氏註：「媒之言謀也。謀合異類，使和成者。」世本及譙周古史云：「伏犧制以儷皮嫁娶之禮。」既用以配天，先媒當是伏犧也。「媒」字從女，今從示，是神明之也。祭高禖，是祭天，高禖爲配祭之人。祭天特牲，此用大牢者，謂配帝之牲也。○周禮不言高禖之祭，然以生民、玄鳥之詩及王居明堂禮證之，則祠禖祈嗣之禮由來舊矣。意者天子繼嗣不蕃，乃特行之。周禮大宗伯「國有故，則旅上帝」，其中蓋兼有此祭。若以此爲歲祀之常，則未免於瀆矣。

是月也，日夜分，雷乃發聲，始電，蟄蟲咸動，啟户始出。呂氏春秋「啟」作「開」。

鄭氏曰：又記時候。　孔氏曰：重記時候者，庾蔚云：「先記時候，以明應節。後記時候，以應二分二至也。」日夜分，謂晝夜漏刻。　馬融云：「晝有五十刻，夜有五十刻，據日出入爲限。」蔡邕以爲星見爲夜，日入後三刻、日出前三刻皆爲晝。　晝有五十六刻，夜有四十四刻。鄭註尚書「日中星鳥」，謂「日見之漏五十五刻，不見之漏四十五刻」，與蔡校一刻也。　雷乃發聲者，雷是陽氣之聲，將上與陰相衝。　蔡邕云：「季冬，雷在地下，則雉應而雊；孟春動於地上，則蟄蟲應而振出。至此月而升於天之下，其氣發揚也。　以雷出有漸，故言乃。」電是陽光，陽微則光不見，此月陽氣漸盛，以擊於陰，其光乃見。　此月蟄蟲咸動，則正月未皆動也。户，謂穴也。　啟户始出，謂發所蟄之户而出。　高氏誘曰：冬陰閉固，陽伏於下，是月陽升，雷始發聲。　震氣爲雷，激氣爲電。　愚謂以日出入之度言，則春秋分晝夜各五十刻；以昏明之限言，則減夜之五度以益於晝，明時家所謂「晨昏分」也。　蓋日初入之後，將出之前，距地平下十八度皆有光，故晝刻常饒，夜刻常乏。　然記言「日夜分」，則當以日出入言，不計晨昏分也。古法晝夜共百刻，春秋分晝夜各五十刻。　今法晝夜共九十六刻，春秋分晝夜各四十八刻。

先雷三日，奮木鐸以令兆民曰：「雷將發聲，有不戒其容止者，生子不備，必有凶災。」釋文：先，悉薦反。　○吕氏春秋無「木」字，「令」下有「于」字，「將」作「且」。

先雷三日，謂先春分三日也。鄭氏曰：容止，猶動靜。孔氏曰：君子迅雷甚雨必變，所以畏天威也。小人不畏天威，懈慢褻瀆，或至夫婦交接，不可斥言，故曰「有不戒其容止者」。言此時夫婦交接，生子支節性情必不備，其父母必有凶灾也。

日夜分，則同度、量，鈞衡、石，角斗、甬，正權、概。釋文：量音亮。甬音勇。概，古代反。

○呂氏春秋「甬」作「桶」。

鄭氏曰：因晝夜等而平當平也。同、角、正，皆謂平之也。丈尺曰度，斗斛曰量。三十斤曰鈞，稱上曰衡，百二十斤曰石。甬，今斛也。稱錘曰權。概，平斗斛者。高氏誘曰：鈞，等也。陸氏佃曰：鈞，讀如「四鍭既鈞」之鈞。愚謂高、陸之説是也。鈞、均字通，均亦平也。

是月也，耕者少舍，乃脩闔、扇，寢、廟畢備。毋作大事，以妨農之事。○呂氏春秋無「之」字，「事」作「功」。

鄭氏曰：舍猶止也。因耕事少閒而治門户也。用木曰闔，用竹葦曰扇。大事，兵役之屬。愚謂少舍，言猶暫得止息，而未往處於田中之廬也。寢，居室也。廟，奉先之所也。庶人祭於寢。畢備，謂寢、廟之闔、扇皆備也。此時耕事猶未亟，而門户之功易畢，故乘此時少息而脩之。若出耕廬舍，則不暇及於是矣。

是月也，毋竭川澤，毋漉陂池，毋焚山林。釋文：漉音鹿。陂，彼宜反。

鄭氏曰：順陽養物也。畜水曰陂，穿地通水曰池。方氏慤曰：川澤非竭其水不能取，若陂池，則漉以網罟，可盡之矣。二者主漁言之。毋焚山林，主田言之。愚謂周禮春田用火，此國家大蒐之禮也。若民間焚山林則有禁，以蟄蟲已出故也。

天子乃鮮羔開冰，先薦寢、廟。釋文：鮮，依註音獻。○呂氏春秋「鮮」作「獻」。

鄭氏曰：鮮當爲「獻」，聲之誤也。獻羔，祭司寒也。祭司寒而出冰。薦於宗廟，乃後賦之。春秋傳曰：「古者日在北陸而藏冰，西陸朝覿而出之。其藏冰也，深山窮谷，固陰沍寒，於是乎取之。其出之也，朝之禄位，賓食、喪、祭，於是乎用之。其藏之也，黑牡、秬黍，以享司寒。其出之也，桃弧、棘矢，以除其灾。其出入也時，食肉之禄，冰皆與焉。大夫命婦，喪浴用冰，祭寒而藏之，獻羔而啟之。公始用之，火出而畢賦，自命夫命婦，至于老疾，無不受冰。」孔氏曰：左傳云「祭寒而藏之」，藏時祭司寒，明啟時亦祭司寒也。愚謂司寒，杜預以爲玄冥之神。玄冥，地示之尊者，而用羔祭之，告祭禮輕也。詩七月言「獻羔祭韭」，是也。○蘇氏轍曰：古者藏冰發冰，以節陽氣之盛。夫陽氣之在天地，譬猶火之著於物也，故常有以解之。十二月陽氣蘊伏，錮而未發，其盛在下，則納冰於地中。至於二月，四陽作，蟄蟲啟，陽始用事，則啟冰而廟薦之。至於四月，陽氣畢達，陰氣將絶，則冰於是乎大發。食肉之禄，老疾喪浴，冰無不及。是以冬無愆陽，夏無伏陰，春無凄風，秋無苦雨，雷出不震，無灾霜雹，癘疾不作，民不夭札也。胡氏安國曰：藏冰啟冰，亦聖人輔相調燮之一事耳，非專恃此以爲治也。

上丁，命樂正習舞，釋菜。天子乃帥三公、九卿、諸侯、大夫親往視之。呂氏春秋「習」作「入」，「釋」作「舍」，「菜」作「采」，「帥」作「率」，無「大夫」字。

鄭氏曰：將舞，必釋菜於先師以禮之。夏小正曰：「丁亥，萬舞入學。」孔氏曰：此仲春習舞，則大胥「春入學，舍菜，合舞」，一也。據人所學，謂之習舞；節奏齊同，謂之合舞。仲春習舞，季春大合樂，天子親往，餘則否。　愚謂上丁者，上旬之丁日也。孟春既命國子習舞，至此又命習之，以觀其學舞之成也。菜，芹藻之屬。釋菜於先師，而以國子學業之成告之也。樂正所教者，王大子，王子，公、卿、大夫、元士之適子也，故仲春習舞，季春合樂，天子與公、卿、大夫皆親往視之。蓋樂觀其學業之成就，而因以考察其材否，以鼓舞激勵之也。此事在上丁，乃言於「日夜分」之後者，欲其與下文「仲丁」「習樂」以類相從也。

仲丁，又命樂正入學，習樂。釋文：中音仲，本亦作「仲」。

仲丁，中旬之丁日也。樂兼舞與聲而言。國子之學舞者已成，又命樂正兼教以聲容而使習之也。凡言「入學」者，皆國學之政，爲國子命之者也。

是月也，祀不用犧牲，用圭璧，更皮幣。更，古行反。

鄭氏曰：爲季春將選而合騰之也。孔氏曰：應祀之時，用圭璧更易此犧牲，非但用圭璧，又用皮幣以更易之。此謂祈禱小祀。若大祀，則自依常法，上文「大牢祀高禖」是也。

仲春行秋令，則其國大水，寒氣總至，寇戎來征；

鄭氏曰：酉之氣乘之也。寇戎來征，金氣動也。

行冬令，則陽氣不勝，麥乃不熟，民多相掠；

鄭氏曰：子之氣乘之也。十一月爲大陰。民多相掠，陰姦衆也。

行夏令，則國乃大旱，煖氣早來，蟲螟爲害。

鄭氏曰：午之氣乘之也。蟲螟爲害，暑氣所生，爲灾害也。

季春之月，日在胃，昏七星中，旦牽牛中。

胃者，西方白虎之第三宿，而大梁之次也。案三統書，三月節，日在胃七度；三月中，在昴八度。秦時三月節，日在胃九度。七星，南方朱鳥之第四宿；牽牛，北方玄武之第二宿。案三統書，三月節，昏張二度中，旦斗二十六度中；三月中，昏翼四度中，旦女二度中。據此，則漢時三月節，初昏時七星已西過二度，秦時三月節，初昏當張四度中，旦時當牽牛二度中也。○孔氏曰：自胃七度至七星初度，有九十九度。以日漸長，日没之時稍在西北，故昏時七星在南方之中。　愚謂三月節，中星與日相距九十九度，再加昏分二刻半，約得九度，當爲一百七度。從胃九度至張四度，爲一百七度，則七星不得昏中明矣。

其日甲乙，其帝大皞，其神句芒，其蟲鱗，其音角，律中姑洗。釋文：洗，素典反。

鄭氏曰：姑洗者，南吕之所生，三分益一，律長七寸九分寸之一。季春氣至，則姑洗之律應。周語曰：「姑洗所以修絜百物，考神納賓。」漢書律志曰：洗，絜也，言陽氣洗物辜絜之也。位於辰，在三月。　蔡氏元定曰：穀雨則姑洗七寸一分。

其數八，其味酸，其臭羶，其祀户，祭先脾。

桐始華，田鼠化爲鴽，虹始見，蓱始生。釋文：鴽音如。虹音紅，又音絳。見，賢遍反。蓱，步丁反。○蓱，或作「萍」，誤。○吕氏春秋「蓱」作「萍」。

鄭氏曰：皆記時候也。鴽，牟無。螮蝀謂之虹。蓱，萍也，其大者蘋。　高氏誘曰：桐，梧桐也。郭氏璞曰：蟄，鷸也。愚謂虹者，陰氣之交於陽氣而見者也，故陽盛而見，陽衰而藏。

天子居青陽右个，乘鸞路，駕倉龍，載青旂，衣青衣，服倉玉，食麥與羊，其器疏以達。

青陽右个，明堂東方之南室也。

是月也，天子乃薦鞠衣于先帝。 釋文：鞠，居六反，又去六反。

鄭氏曰：爲將蠶，求福祥之助。鞠衣，黄桑之服。先帝，大皞之屬。愚謂鞠衣色黄，蓋季夏所衣之黄衣也。先帝，謂軒轅氏。蠶事始於軒轅氏之妃西陵氏，后之功統於帝，故祈蠶之祀主於先帝。薦，謂因祭而薦之，若獻之於神然也。軒轅氏乘土德而王，而配食於黄帝，薦黄衣者，所以象其德也。

命舟牧覆舟，五覆五反，乃告「舟備具」于天子焉。天子始乘舟，薦鮪于寢廟，乃爲麥祈實。 釋文：覆，芳服反。爲，于僞反。○呂氏春秋無「命」字。

舟牧，主舟之官，蓋冬官之屬也。覆之以視其底，又反之以視其面，反復視之，以至於五，恐其有穿漏也。乘舟本危事，而至尊所御，故其慎之如此。天子乘舟，示親漁也。鮪，王鮪也，似鱣而小。季冬嘗魚，先薦寢廟，是月又薦鮪者，鮪以是月始至而美，故又特薦之。麥將熟，故因薦鮪而爲麥祈實。左傳魯隱公矢魚於棠，臧僖伯諫，以爲皁隸之事，非君所及，則諸侯猶不親漁也。月令季春季冬天子皆親漁，與周典異矣。

是月也，生氣方盛，陽氣發泄，句者畢出，萌者盡達，不可以内。釋文：句，古侯反。

○吕氏春秋「句」作「牙」。○按：内當音納，季秋「務内」同。

鄭氏曰：時當宣出〔一〕，不可收斂也。句，屈生者。芒而直曰萌。　愚謂自萬物言之曰「生氣」，自天地言之曰「陽氣」。陽氣發，故生氣盛。不可以内，所以順發宣之氣，下文所言是也。

天子布德行惠，命有司發倉廩，賜貧窮，振乏絶；開府庫，出幣帛，周天下，勉諸侯，聘名士，禮賢者。吕氏春秋「廩」作「窌」。

高氏誘曰：方者曰倉，穿地曰窌。無財曰貧，鰥、寡、孤、獨曰窮。行而無資曰乏，居而無食曰絶。振，救也。府庫，幣帛之藏也。周，賜。勉，進。有名德之士，大賢之人，聘而禮之，

〔一〕「當」，禮記注疏作「可」。

將與興化致理也。 鄭氏曰：周，謂給不足也。勉猶勸也。聘，問也。名士，不仕者。 孔氏曰：以物宣散之時，當順天散物，不可積聚在内也。無財曰貧，無親曰窮。暫無曰乏，不續曰絶。 方氏慤曰：發倉廩以賜貧窮，振乏絶；開府庫而出幣帛，以聘名士，禮賢者。周天下，言其所聘所禮之廣；勉諸侯，則又欲諸侯之致力焉。名士，有實之稱；賢者，有德之稱。聘以問之，禮以體之。賢不止於名，禮不止於問。

是月也，命司空曰：「時雨將降，下水上騰，循行國邑，周視原野，脩利隄防，道達溝瀆，開通道路，毋有障塞。 釋文：上，時掌反。行，下孟反。道達，音導。障，之亮反，又音章。○按：塞，入聲，後文「壅塞」「閉塞」皆同。

時雨將降者，夏時恒多水潦，故於此預備之也。隄防所以蓄水，故備水，隄防爲先。然水潦之既盛，有非可專恃乎隄防者，故於溝瀆則道達之，所以使田間之水得以達於川也；於道路則開通之，所以使平地之水得以歸於畎澮也。障者，開通之反；塞者，道達之反。障塞則水無所歸，必泛溢於溝瀆而害禾稼，停積於道路而妨車徒矣。

田獵，罝罘、羅罔、畢翳、餧獸之藥毋出九門。」 釋文：罝，子斜反。罘音浮。翳，於計反。餧，於僞反。○呂氏春秋「獵」下有「罼弋」字，無「畢翳」字，「九」作「國」。鄭註：今月令無「罘」。○按鄭註引今月令，疏以爲即呂氏春秋。然與今呂氏春秋多不合，疑古今本異。

鄭氏曰：爲鳥獸方孚乳，傷之逆天時也。獸罟曰罝罘，鳥罟曰羅罔。小而柄長謂之畢翳，射者所以自隱也。高氏誘曰：天子城十二門，東方三門，王氣所在，餧獸之藥所不得出也。嫌餘三方九門得出，故特戒之。吳氏澄曰：南三門，王之正門，平日此等之物皆不得出，餘門則出，此月則皆禁之。愚謂天子十二門，諸侯降於天子，則九門。秦本侯國，其時國門猶沿舊制，故曰「九門」。

是月也，命野虞毋伐桑柘。鳴鳩拂其羽，戴勝降于桑。具曲、植、籧、筐，后妃齊戒，親東鄉躬桑。禁婦女毋觀，省婦使，以勸蠶事。蠶事既登，分繭稱絲效功，以共郊廟之服，毋有敢惰。釋文：柘，之夜反。戴音帶，本亦作「載」。植，直吏反。籧，居呂反，亦作「筥」。鄉，許亮反。觀，古喚反。省，所景反。共音恭。○呂氏春秋「勝」作「任」，「曲、植、籧」作「挾、曲、蒙」，「使」下無「以」字。

鄭氏曰：野虞，謂主田及山林之官。毋伐桑柘，愛蠶食也。鳴鳩飛且翼相擊，趨農急也。戴勝，織紝之鳥，是時恒在桑。言降者，若時始自天來，重之也。二者，蠶將生之候也。曲、植、籧、筐，所以養蠶器也。曲，薄也。植，槌也。后妃親採桑，示帥先天下也。東鄉者，鄉時氣也。是明其不常留養蠶也。留養者，所卜夫人與世婦。婦，謂世婦及諸臣之妻也。內宰職曰：「仲春，詔后帥外、內命婦始蠶於北郊。」女，外、內子女也。夏小正曰「妾子始蠶」，「執養宮事」。毋觀，去容飾也。婦使，縫線組紃之事。登，成也。敕往蠶者蠶畢將課功，以勸戒之。高氏誘曰：桑與柘皆所以養蠶，故禁民不得斲伐。鳴鳩，班鳩也，是月拂擊其羽，直刺上飛數十丈乃復者是也。戴勝，爾雅云：「鷗鳩。」〔一〕部生於桑，是月，其子强飛，從空桑中來下。圓底曰蒙，方底曰筐，皆受桑器也。王者親耕，后妃親蠶，以爲天下先，勸衆民也。觀，遊也。孔氏曰：槌，懸薄柱也。云「婦謂世婦及諸臣之妻」者，以經云「禁婦女無觀」，則尊者不在禁限，故知無夫人與九嬪也。外內子女，即周禮之內、外宗也。愚謂戴勝降于桑，鄭氏、高氏之説不同，高氏蓋以目驗得之。曲，以萑葦爲之，所以藉蠶；植，以木爲之，所以懸薄；籧、筐，以竹爲之，所以盛桑葉。皆蠶器也。齊戒，重其事也。禁容觀，省婦使，皆欲其專勉力於蠶事也。容觀直禁之，婦使則事或有不可闕者，故但省之而已。分繭稱絲效功者，未繅則分其繭之多少，已繅則稱其絲之重輕，而呈效其功，以課其事之勤惰也。蠶成在孟夏，此於初蠶時預言「蠶畢將課功」，以戒飭之也。此節首言惜蠶食，次記

〔一〕「鷗鳩」，今本爾雅釋鳥作「鵖鴔」。

蠶候，次言具蠶器，次言后妃之親蠶，次言婦女之事於蠶，而終之以戒敕之事。蓋農桑爲衣食之本，然農功成於三時，而蠶事成於一月，故蠶興之時，其趨事爲尤亟，故記之鄭重而詳悉如此。○孔氏曰：此經季春躬桑，内宰云「仲春」者，以仲春既帥命婦躬桑浴種，至季春又更躬桑浴蠶也。故熊氏云：「馬質註云：『蠶是龍精，月值大火則浴其種。』是二月浴種也。祭義云『大昕之朝，奉種浴于川』，註云：『大昕，季春朔日。』是三月又浴蠶也。」皇氏云「二月浴之，三月乃躬桑」，非也。愚謂浴種雖有二時，若採桑飼蠶，必待三月，故詩言「蠶月條桑」。孔氏謂二月三月皆躬桑，非也。初浴種時，后妃親往，故内宰言仲春詔后親蠶。始採桑時，后妃又往，故月令於季春言「東鄉躬桑」。天子於親耕僅一舉，而后妃於蠶事乃再往者，蓋耕藉田以終畝者，甸徒也，其人卑；而入蠶於蠶室者，則三宮夫人世婦之屬，其人尊，故后妃於浴種採桑皆親其事，非徒以倡率天下，而亦以勸勵内外命婦，而示之以不敢獨逸之意也。

是月也，命工師令百工審五庫之量，金、鐵、皮、革、筋，角、齒，羽、箭、幹，脂、膠、丹、漆，毋或不良。百工咸理，監工日號，毋悖于時，毋或作爲淫巧，以蕩上心。釋文：量音亮。監，古銜反。巧，如字，又苦孝反。○鄭註：今月令無「于時」，「作爲」爲「詐僞」。

鄭氏曰：工師，司空之屬也。五庫，藏諸物之舍也。量，謂物善惡之舊法。幹，器之木也。凡輮幹有當用脂。良，善也。咸，皆也。於百工皆理治其事之時，工師則監之，日號令之，戒之以此二事也。悖猶逆也。百工作器物各有時，逆之則不善，若弓人「春液角，夏治筋，秋合三材，冬奠體」之屬也。淫巧，謂僞飾不如法也。蕩，謂動之使生奢泰也。熊氏安生曰：五庫各以類相從：金、鐵一，皮、革、筋二，角、齒三，羽、箭、幹四，脂、膠、丹、漆五。孔氏曰：考工記云：「材美工巧，然而不良，則不時也。」故百工所作器物，當因氣序，無得悖逆於時，使物不堅牢。又當依舊常，毋得作爲淫過巧妙，以動蕩在上，使生奢泰之心也。愚謂金，銅錫也。皮去毛曰革。箭，竹之小者，可爲箭笴。幹，弓幹也。脂，亦以柔皮革。考工記：「革欲其柔滑，而腥脂之則需。」膠，鸑獸之皮角及魚膘爲之。丹，朱砂也。審五庫之量，所以預察其材之美也。材美而工巧，則可以爲良矣，然或逆於時則不堅牢，過於巧則生泰侈，故又從而戒之。

是月之末，擇吉日，大合樂，天子乃帥三公、九卿、諸侯、大夫親往視之。

仲春既命國子習樂，至此又命合而作之，以觀其學樂之成也。必擇吉日者，合樂又重於習舞也。

是月也，乃合累牛、騰馬，遊牝于牧。犧牲、駒、犢，舉書其數。釋文：累，力追反。○呂氏春秋「累」作「纍」。

高氏誘曰：累牛，父牛。騰馬，父馬也。鄭氏曰：累、騰，皆乘匹之名。是月所合牛馬，謂繫在廄者。其牝欲遊，則就牧之牡而合之。舉書其數，以在牧而校録書之，明出時無他故，至秋當録内，且以知生息之多少也。孔氏曰：季春陽盛，物皆産乳，故合此相累之牛，騰逐之馬，遊此繫廄之牝於牧田之中，就牡而合之。其在廄牡馬，須擬乘用者，則不放之。既遊牝之後，畜皆在野，所有犧牲，及小馬之駒，小牛之犢，皆書其見在之數，以至秋畜入時，當知其舊數及生息多少也。愚謂牛馬或在廄，或在牧，廄之牡者留之，以備乘用，而取其牝者游於牧而合之。若其本牧之牝，合之可知也。

命國難，九門磔攘，以畢春氣。釋文：難，乃多反。磔，竹伯反。穰，本又作「攘」，如羊反。○呂氏春秋作「國人難」。又此下有「行之是令，而甘雨至，三旬」十字。

難，索室驅疫也，周禮方相氏掌之。命國難者，命國人爲難也。蓋陰陽之氣流行於天地之間，其邪沴不正者，恒能中乎人而爲疾病，而厲鬼乘之而爲害。然陽氣發舒，而陰氣沈滯，故陰寒之氣爲害爲甚。而鬼又陰類也，恒乘乎陰以出，故仲秋陰氣達於地上，則天子始難；

季冬陰氣最盛，又歲之終，則命有司大難。季春陽氣盛而亦難者，蓋感冬寒之氣而不即病者，往往感春温之氣而發，故又難以驅之也。磔，磔裂牲體也。九門磔攘者，逐疫至於國外，因磔牲以祭國門之神，欲其攘除凶灾，禦止疫鬼，勿使復入也。畢，止也。畢春氣，謂畢止春時不正之氣也。鄭氏引王居明堂禮曰：「季春出疫于郊，以攘春氣。」吴氏澄曰：難者，聚衆戲劇，以盛其喜樂之氣，使人之和氣充盈，則足以勝天地不正之氣，亦先王燮理之一事也。熊氏安生曰：磔攘之牲，案小司徒云「小祭祀，奉牛牲」，又牧人云「凡毀事，用駹可也」，則是用牛也。羊人云：「凡沈、辜、侯攘，共羊牲。」犬人云：「凡幾、珥、沈、辜，用駹可也。」雞人云：「面禳，共雞牲。」是用羊用犬用雞也。蓋大難用牛，其餘難用羊用犬，小者用雞。○鄭氏於季春之難云：「難，陰氣也。是月，日行歷昴，有大陵積尸之氣。」於仲秋之難云：「難，陽氣也。是月，宿直昴、畢，得大陵積尸之氣。」於季冬之難云：「難，陰氣也。此月，日歷虚、危，有墳墓四司之氣。」鄭氏以斗建言難者固謬，其以日躔言難，亦鑿説耳。孔疏引熊氏説，謂「季春云『國難』，唯天子諸侯有國爲難，仲秋『天子乃難』〔一〕，唯天子得難，以其難陽氣，陽是君象，則諸侯以下不得難」，非也。難爲歲事之常，諸侯之難不待天子命

〔一〕「仲秋」，原本作「季秋」，據本篇「仲秋之月」改。

之，若言天子自難而曰「命國難」，立文可如是乎？仲秋難陽氣，本鄭氏之謬説，蓋仲秋之難，唯天子得行之，若諸侯之國，亦唯諸侯得行之，而不及國人者也。季春則國人皆得難，但不若季冬之大難，其驅索爲尤偏耳。

季春行冬令，則寒氣時發，草木皆肅，國有大恐；

鄭氏曰：丑之氣乘之也。肅，謂枝葉縮栗。國有大恐，以水訛相驚也。

行夏令，則民多疾疫，時雨不降，山陵不收；

鄭氏曰：未之氣乘之也。山陵不收，高者暵於熱也。

行秋令，則天多沈陰，淫雨蚤降，兵革並起。鄭註：今月令曰「衆雨」。

鄭氏曰：戌之氣乘之也。九月多陰。淫，霖也。雨三日以上爲霖。兵革並起，陰氣勝也。

禮記卷十六

月令第六之二

孟夏之月，日在畢，昏翼中，旦婺女中。釋文：婺音務。

畢者，西方白虎之第五宿，而實沈之次也。案漢三統書，四月節，日在畢十二度。秦時四月節，日在畢十四度。翼者，南方朱鳥之第六宿；婺女者，北方玄武之第三宿也。案三統書，四月節，昏軫四度中，旦虛三度中，則漢時立夏初昏翼星已西過四度，旦時婺女已西過三度，秦時立夏初昏軫六度中，旦虛五度中也。○孔氏曰：三月時，昏中之星去日九十八度，四月日漸長，昏中星去日應一百二度，計翼星中當在十二度。愚謂四月昏中之星去日一百二度，加以昏分二刻半，約爲九度，則去日應一百十一度。自畢十二度至軫三度，爲一百十一度，則秦時立夏軫星昏中明矣。

其日丙丁，

高氏誘曰：丙丁，火日也。漢書律志曰：明炳於丙，大盛於丁。鄭氏曰：夏時，萬物皆炳然著見而强大。愚謂丙丁爲火，故日之值丙丁者屬乎夏。

其帝炎帝，其神祝融，

鄭氏曰：此赤精之君，火官之臣，自古以來著德立功者也。炎帝，大庭氏也。祝融，顓頊氏之子，曰犂，爲火官。愚謂炎帝者，在天火德之帝。大庭氏乘火德而王，其號亦曰炎帝，祭火帝則以配焉。祝融者，在地火行之神，犂爲火正，其官亦曰祝融，祭火神則以配焉。祝，續也。融，明之盛也。祝融者，言火德之繼續而光明也。

其蟲羽，

馬氏晞孟曰：朱鳥，火屬也。其類爲羽，故夏則其蟲羽。吴氏澄曰：南方井、鬼、柳、星、張、翼、軫七宿，有鳥之象，故凡物之有羽者屬火。愚謂羽蟲輕揚而上升，得陽之極者也，故屬夏。

其音徵，釋文：徵，張里反。

鄭氏曰：三分宫，去一以生徵，徵數五十四。屬火者，以其微清，事之象也。夏氣和，則徵聲調。漢書律志曰：徵，祉也，物盛大而繁祉也。

律中中呂。釋文：中呂，音仲，又如字。○呂氏春秋作「仲呂」。

鄭氏曰：中呂者，無射之所生，三分益一，律長六寸萬九千六百八十三分寸之萬二千九百七十四。孟夏氣至，則中呂之律應。周語曰：「中呂宣中氣。」漢書律志曰：中呂，言微陰始起未成，著於其中，旅助姑洗宣氣齊物也。位於巳，在四月。蔡氏元定曰：小滿則中呂六寸五分八釐三毫四絲六忽。

其數七，

七者，火之成數也。

其味苦，其臭焦，

鄭氏曰：火之臭味也，凡物之苦、焦者屬焉。馬氏晞孟曰：炎上作苦，故其味苦。物以火化，則其氣爲焦。

其祀竈，祭先肺。

鄭氏曰：夏，陽氣盛，熱於外，祀之於竈，從火類也。祀之先祭肺者，陽位在上，肺亦在上，肺爲尊也。竈在廟門外之東，祀竈之禮，先席於門之奥東面，設主于竈陘，乃制肺及心肝爲俎，奠于主西。又設盛于俎南，亦祭黍三，祭肺、心、肝各一，祭醴三。亦既祭徹之，更陳鼎俎，設饌于筵前。迎尸如祀户之禮。孔氏曰：奥，謂廟門外西室之奥，以神位在西也。祀户在户内，故祭在廟室之奥；祀竈在門外，故設主在廟門之奥。配竈神而祭者，是先炊之人。禮器云：「竈者，老婦之祭也。」愚謂竈夏祀，盛德在火，烹飪之功所由著也。特牲記「牲爨在廟門外」，「饎爨在西壁」。西壁，堂之西牆下也。註疏據「牲爨」言之，故云「祀竈在門外」。然養人以穀食爲主，且祭竈配以先炊老婦之神，特牲禮「主婦視饎爨于西堂下」，則饎爨乃婦人之所主，祀竈之禮不當舍饎爨而就牲爨也。竈祀饎爨，則奥亦廟室之奥，而非門堂之奥矣。祭先肺者，肺屬金，夏火勝金，祭其所勝也。

螻蟈鳴，蚯蚓出，王瓜生，苦菜秀。釋文：螻音樓。蟈，古獲反。蚓，以忍反。○呂氏春秋「蚯」作「丘」，「瓜」作「善」。鄭註：今月令云「王萯生」。

鄭氏曰：皆記時候也。螻蟈，鼃也。王瓜，萆挈也。今月令云「王萯生」，夏小正云「王萯秀」，未聞孰是。蔡氏邕曰：螻，螻蛄。蟈，蝦蟆也。孔氏曰：王瓜萆挈者，本草文。未聞孰是者，一疑王瓜是王萯否，二疑「生」之與「秀」，其文不一也。愚謂二月蟄蟲已出，蚯蚓得陰氣之多者，故至是始出。王瓜，歸氏有光以爲即今之黄瓜，未知是否。苦菜，荼也。爾雅疏：「苦菜，一名荼草，一名選，一名游冬。易緯通卦驗玄圖云：『苦菜生於寒秋，經冬歷春，得夏乃成。』」

天子居明堂左个，乘朱路，駕赤騮，載赤旂，衣朱衣，服赤玉，食菽與雞，其器高以粗。釋文：騮音留，本又作「駵」。菽，本又作「叔」，音同。粗，七奴反。○呂氏春秋「路」作「輅」，「粗」作「觕」。

明堂左个，明堂南方之東室也。明堂東曰青陽，西曰總章，北曰玄堂，南方不別爲之名者，明堂以向南爲正也。車馬衣服皆朱赤者，順火之色也。食菽與雞，蓋以菽爲火穀，雞爲火畜也。淮南子曰：「夏，其畜雞。」粗，大也。器高以粗者，象夏氣之盛大也。孔氏曰：色淺曰赤，色深曰朱。路與衣服，人功所爲，染必色深，故云「朱」。玉與騮馬，自然之性，皆不可色深，故云「赤」。旂雖人功所爲，染之不須色深，故亦云「赤」。愚謂爾雅：「一染謂之縓，再染謂之赬，三染謂之纁。」鄭氏士冠禮注云：「朱蓋四入。」是四者，總言之皆謂之赤；若對文言之，則深者謂之朱，淺者謂之赤也。

是月也，以立夏。先立夏三日，大史謁之天子曰：「某日立夏，盛德在火。」天子乃齊。立夏之日，天子親帥三公、九卿、大夫以迎夏於南郊，還反，行賞，封諸侯。慶賜遂行，無不欣説。釋文：説音悦。○呂氏春秋「帥」作「率」，「反」作「乃」，無「侯」字。

立夏者，四月之朔氣也。迎夏者，迎赤帝炎帝而祭之於南郊之兆，而以大庭氏配食焉。不言帥諸侯者，文略也。行賞，賞公、卿、大夫也。行賞與慶賜遂行，皆與孟春同，而封諸侯則所賞者益重，無不欣説則所賞者益徧；蓋孟夏陽氣益盛，故順之而布政如此。○鄭氏曰：祭統曰：「古者於禘也，發爵賜服，順陽義也；於嘗也，出田邑，發秋政，順陰義也。」今此行賞可也，而封諸侯則違於古。封諸侯、出土地之事，於時未可。愚謂月令之例，大約順陰陽以爲出内：春夏，陽也，故務出；秋冬，陰也，故務内。孟春行慶施惠，而封諸侯則行慶之尤重者，故孟夏乃行之，以順陽氣之發宣。季秋命百官貴賤無不務内，以會天地之藏，無有宣出，而封諸侯、立大官，則宣出之尤大者，故孟秋即禁之，以順陰氣之收斂。蓋月令乃欲自爲一代之制，必以三代之法求之，則其不合者甚多，固不僅在此一事而已也。

乃命樂師習合禮樂。

鄭氏曰：爲將飲酎。愚謂此與下節，與孟春之「命相布德和令」、孟秋之「命將帥選士厲兵」一例，皆於迎氣之日發命，乃順時布政之最先者也。蓋習合禮樂以象時氣之盛大，行爵出禄以順時氣之宣散。鄭謂爲飲酎習之，非也。

命大尉贊桀俊，遂賢良，舉長大。行爵出禄，必當其位。釋文：長，如字，下「繼長」同。

當，丁浪反。○呂氏春秋「桀俊」作「儁傑」。

贊，助也。遂，進也。桀俊，有才者。賢良，有德者。長大，形貌壯大有力者。命大尉舉此三者，亦周制以司馬掌爵禄之義。蓋季春既聘名士，禮賢者，至此則擇其才德之秀出，并及於形貌之魁異者，而加以爵禄，所以順陽氣之盛也。鄭氏曰：助長氣也。三王之官，有司馬，無大尉，秦官則有大尉。今俗人皆云「周公作月令」，未通於古。

是月也，繼長增高，毋有壞墮，釋文：壞音怪。墮，許規反，又作「隳」。○呂氏春秋「墮」作「隳」。

鄭氏曰：繼長增高，謂草木盛、蕃廡。毋有壞墮，亦爲逆時氣。愚謂春物幼少，至此則繼而長；春物萌芽，至此則增而高。壞墮，如壞城郭，廢宮室之類。毋有壞墮，所以順繼長增高之氣也。○孔氏曰：是月草木蕃廡，王者施化，當繼續長養之道，增益高大之物。愚謂繼長增高，言天時。毋有壞墮，乃言施化。孔説非是。

毋起土功，毋發大衆，

鄭氏曰：爲妨蠶農之事。

毋伐大樹。

鄭氏曰：亦爲逆時氣。愚謂此謂邦工掄材，及萬民斬禁外之木者也。孟春禁止伐木，此特禁伐其大者，亦爲其傷盛大之氣也。其小者，則得伐之。

是月也，天子始絺。釋文：絺，敕其反。

鄭氏曰：初服暑服。方氏慤曰：孟夏，暑之始，故始絺。孟冬，寒之始，故始裘。

命野虞出行田原，爲天子勞農勸民，毋或失時。釋文：行，下孟反，下同。爲，于僞反。勞，力報反。○吕氏春秋無「爲天子」字。

勞以慰其勞，勸以勉其惰。曰「爲天子」者，言野虞之行如天子親行然，重農之至也。

命司徒循行縣、鄙，命農勉作，毋休于都。鄭註：今月令「休」爲「伏」。

鄭氏曰：急趨於農也。縣、鄙，鄉、遂之屬，主民者也。王居明堂禮曰：「毋宿于國。」高氏誘曰：縣，二千五百家也。鄙，五百家也。愚謂循行縣、鄙，則六鄉可知，舉遠以該近也。都，邑也。左傳：「邑有先君之主曰都。」毋休于都者，此時當出耕廬舍，而不可休於都邑也。既勸之以野虞，復申之以地官之長，其所以留意於農者至矣。

是月也，驅獸毋害五穀，毋大田獵。

鄭氏曰：爲傷蕃廡之氣。方氏慤曰：四時之田，夏曰苗，以其爲苗除害而已，故曰「毋大出獵」。若秋獮冬狩，則爲大矣。

農乃登麥。天子乃以彘嘗麥，先薦寢廟。呂氏春秋「登麥」作「收麥」，下有「升獻天子」句。

高氏誘曰：麥始熟，故曰嘗。先寢廟，孝之至。鄭氏曰：麥之新，氣尤盛，以彘食之，散其熱也。彘，水畜。愚謂月令嘗穀皆配以其時之牲，嘗黍在夏，以雛，嘗麻嘗稻在秋，皆以犬，獨夏嘗麥乃用彘，或當如鄭氏之説與？

是月也，聚畜百藥。釋文：畜，許六反。○呂氏春秋「畜」作「蓄」。

鄭氏曰：蕃廡之時，毒氣盛。

靡草死，麥秋至。

鄭氏曰：舊説，靡草，薺、葶藶之屬。孔氏曰：以其枝葉細靡，故曰靡草。蔡氏邕曰：百穀各以其初生爲春，熟爲秋。方氏慤曰：凡物感陽而生者彊而立，感陰而生者柔而靡。靡草至陰所生，故不勝至陽而死。凡物生於春，長於夏，成於秋，而麥獨成於夏，故言「麥秋」，以於麥爲秋也。愚謂言此以起下文之事。孟夏爲萬物盛長之時，然靡草則以之死，麥則以之秋，以明可順時氣而斷薄刑也。

斷薄刑，決小罪，出輕繫。釋文：斷，丁亂反。

徐氏師曾曰：此恤刑之事。是時天氣始炎，恐罪人之繫者或以鬱蒸而生疾，故刑之薄者即斷決之，罪之小者即決遣之，繫之輕者即縱出之。○鄭氏曰：祭統曰「草艾則墨」，謂立秋後也。刑無輕於墨者，今以純陽之月斷刑決罪，與「毋有壞墮」相違，似非。　愚謂薄刑乃鞭笞之屬，鄭氏以「草艾則墨」疑其相違，非是。

蠶事畢，后妃獻繭。乃收繭稅，以桑爲均，貴賤長幼如一，以給郊廟之服。長，丁丈反。○呂氏春秋「事」下有「既」字，「長幼」作「少長」，「之」下有「祭」字。

后妃獻繭者，三宮世婦之屬獻於后妃，而后妃獻於天子也。收繭稅者，外命婦就公桑蠶室以蠶，以供其夫之祭服，使入繭於公家以爲稅也。以桑爲均者，視其所受之桑葉而均其稅之多少也。貴，謂公卿大夫之妻。賤，謂士之妻。長幼，謂內、外宗之女，其年有長幼也。

鄭氏曰：收繭稅者，收以近郊之稅。孔氏曰：載師云：「近郊十一。」公桑在國北近郊，故知收以近郊之稅。貴賤長幼出繭稅，俱以十一，故云「如一」。其受桑，則貴賤異也。

是月也，天子飲酎，用禮樂。釋文：酎，直又反。○呂氏春秋此下有「行之是令，而甘雨至，三旬」十字。

鄭氏曰：酎之言醇也，謂重釀之酒也。春酒至此始成。　愚謂飲酎，謂獻酎酒於宗廟也。左傳云：「見於嘗酎與執燔焉。」漢儀注：「王子爲侯，歲以户口酎黄金於漢廟。皇帝臨受，以助大祭祀，曰飲酎。」漢襲秦禮者也，則飲酎之爲祭宗廟，無可疑者。四時之祭，月令見其三，孟夏飲酎，季秋嘗，孟冬烝，唯不見春祭耳。古者天子宗廟三時祫祭，惟春則禴祭，月令不言春祭，豈以其非禮之盛者而略之與？

孟夏行秋令，則苦雨數來，五穀不滋，四鄙入保；釋文：數，所角反。

鄭氏曰：申之氣乘之也。苦雨，白露之類。時物得雨傷。四鄙入保，金氣爲害也。鄙，界上邑。小城曰保。

行冬令，則草木蚤枯，後乃大水，敗其城郭；

鄭氏曰：亥之氣乘之也。草木蚤枯，長日促也。

行春令，則蝗蟲爲災，暴風來格，秀草不實。

鄭氏曰：寅之氣乘之也。蝗蟲爲災者，寅有啟蟄之氣，行於初暑，則當蟄者大出矣。格，至也。秀草不實，氣更生之，不得成也。

仲夏之月，日在東井，昏亢中，旦危中。釋文：亢音剛，又苦浪反。

東井，南方朱鳥之第一宿，而鶉首之次也。案漢三統書，五月節，日在井十六度；五月中，日在井三十一度。秦時五月節，日當在東井十八度。亢者，東方蒼龍之第二宿；危者，北方玄武之第五宿也。案三統書，五月節，昏氐二度中，旦室三度中，則漢時五月節初昏時亢星已西過三度，旦時危星已西過四度，則秦時五月節昏時當氐四度中，旦時當室五度中也。

其日丙丁，其帝炎帝，其神祝融，其蟲羽，其音徵，律中蕤賓。

鄭氏曰：蕤賓者，應鍾之所生，三分益一，律長六寸八十一分寸之二十六。仲夏氣至，則蕤賓之律應。周語曰：「蕤賓所以安靜神人，獻酬交酢。」漢書律志曰：蕤，繼也。賓，導也。言陽始導陰氣使繼養物也。位於午，在五月。蔡氏元定曰：夏至則蕤賓六寸二分八釐。

其數七，其味苦，其臭焦，其祀竈，祭先肺。

小暑至，螳蜋生，鵙始鳴，反舌無聲。釋文：螳音堂。蜋音郎。鵙，古闃反，字林工役反。

小暑至，言始暑而未盛也。六月節名小暑，視大暑爲小；此曰「小暑」，又視六月節之暑爲小也。鄭氏曰：皆記時候也。螳蜋，螵蛸母也。鵙，博勞也。反舌，百舌鳥。高氏誘曰：鵙，伯勞也。傳曰：「伯趙氏，司至者也。」反舌，能辨反其舌，效百鳥之鳴，故謂之百舌。孔氏曰：釋蟲云：「不蝸，螳蠰，其子蜱蛸。」蜱蛸則螵蛸，故云「螵蛸母」。反舌，蔡邕云：「鳴鼃也，今謂之蝦蟇。其舌本前著口側，而末向內，故謂之反舌。通卦驗曰：『博勞鳴，蝦蟇無聲。』」蟜夙云：「誠如緯言爲蝦蟇，五月得水，適當聒人耳，何反無聲？是知蝦蟆非反舌。」方氏慤曰：螳螂與鵙皆陰類，故或感微陰而生，或感微陰而鳴。百舌之鳴，感陽中而發，故感微陰而無聲。

天子居明堂大廟，乘朱路，駕赤駵，載赤旂，衣朱衣，服赤玉，食菽與雞，其器高以粗。

明堂大廟，明堂之南堂也。

養壯佼。 釋文：佼，古卯反。○呂氏春秋「佼」作「狡」。

鄭氏曰：助長氣也。孔氏曰：壯，謂容體盛大。佼，謂形容佼好。愚謂此因物之盛而養之也。仲春存諸孤，仲夏養壯佼，仲秋養衰老，仲冬飭死事，其事一例，獨此不言「是月」者，文偶略耳。

是月也，命樂師脩鞀、鞞、鼓，均琴、瑟、管、簫，執干、戚、戈、羽，調竽、笙、篪、簧，飭鍾、磬、柷、敔。 釋文：鞀，大刀反，本亦作「鞉」，同。鞞，步西反。篪音池，本又作「箎」，同。柷，昌六反。敔，魚呂反，本又作「圉」。○呂氏春秋「篪簧」作「壎篪」。

鄭氏曰：爲將大雩帝，習樂也。脩、均、執、調、飭者，治其器物，習其事之言。孔氏曰：鞀，周禮小師鄭註云：「似鼓而小，持其柄搖之，旁耳還自擊。」鞞，鄭註詩云：「小鼓在大鼓旁，應鞞之屬也。」鼓者，周禮「雷鼓鼓神祀」之屬是也。劉熙釋名云：「鞀，導也，所以導樂作。」「鞞，裨也，裨助鼓節。」「鼓，廓也，張皮以冒之，其中空廓。」琴者，釋樂云：「大琴謂之離。」孫炎云：「聲留離。」廣雅云：「琴長三尺六寸六分，五弦。」瑟者，釋樂云：「大瑟謂之灑。」孫炎云：「音之變布如灑出。」郭璞云：「瑟長八尺一寸，二十七弦。」管者，釋樂云：「大管謂之簥。」郭云：「管長尺，圍寸，併漆之，有底。」鄭註周禮云：「管如篴而小，併兩而吹之。」簫者，釋樂云：「大簫謂之言。」郭云：「編二十二管，長尺四寸。」釋名云：「簫，肅也。」干，盾也。戚，斧也。戈，鉤孑戟。羽，鳥羽，周禮「羽舞」「皇舞」之屬是也。竽者，鄭註周禮云：「竽三十六簧。」釋名云：「竽，汙也，其中汙空。」笙者，鄭註周禮云：「十三簧。」釋樂云「大笙謂之巢。」篪者，釋樂云：「大篪謂之沂。」郭云：「篪以竹爲之，長尺四寸，圍三寸，一孔上出寸三分，名翹，橫吹之。」廣雅云：「八孔。」鄭司農云：「篪七孔。」簧者，竽、笙之名也，氣鼓之而爲聲。鐘者，釋樂云：「大鐘謂之鏞。」釋名云：「鐘，空也，内空，受氣多。」磬者，釋樂云：「大磬謂之毊。」以玉石爲之。釋名云：「磬，罄也，聲堅，罄罄然。」柷者，釋樂云：「所以鼓柷謂之止。」郭云：「柷如漆桶，方二尺四寸，深一尺八寸，中有椎柄，連底撞之，令左右擊。止者，其椎名。」敔者，釋樂云：「所以鼓敔謂之籈。」郭云：「敔如伏虎，背上有二十七鉏鋙刻，以木長尺擽之。」脩者，脩理舊物。均者，均平其聲。執者，操持營爲。調者，調和音曲。飭者，整頓器物。故鄭云「治其器物，習其事之言」也。愚謂箎、簧，當從呂氏春秋作「塤、篪」。鄭司農註笙師云：「塤六孔。」康成云：「塤，燒土爲之，大如鵝卵。」鞀、鞞、鼓，革音也；琴、瑟，絲音也；管、簫、箎，竹音也；竽、笙，匏音也；鐘，金音也；磬，石音也；柷、敔，木音也；塤，土音也，則八音具矣。干、戚、戈，武舞也；羽，文舞也，則文武之舞備矣。武舞之大者，以干配戚，小者以干配戈。大雩帝當用干、戚大舞，此又有戈者，蓋山川之小者或唯用小舞。舞師「兵舞，以舞山川之祭祀」，是也。鞀、鞞等之聲易調，故以治其器言之，而曰「脩」曰「飭」；琴、瑟等之聲難調，故以習其節奏言之，而曰「均」曰「調」；干、戚、戈、羽用以舞，故曰「執」。

命有司爲民祈祀山川百源，大雩帝，用盛樂。乃命百縣雩祀百辟卿士有益於民者，以祈穀實。 釋文：爲，于僞反。辟，必亦反。○呂氏春秋「源」作「原」，「百縣雩」下有「祭」字。

鄭氏曰：陽氣盛而當旱，山川百源，能興雲雨者也。衆水始所出爲百源。雩，吁嗟求雨之祭也。雩帝，謂爲壇南郊之旁，雩五精之帝，配以先帝也。自「鞀、鞞」至「柷、敔」皆作，曰「盛樂」；凡他雩，用歌舞而已。百辟卿士，古者上公，若句龍、后稷之類也。春秋傳曰：「龍見而雩。」雩之正，當以四月，凡周之秋三月中而旱，亦脩雩禮以求雨，因著正雩此月，失之矣。天子雩上帝，諸侯以下雩上公。周冬及春夏雖旱，禮有禱無雩。孔氏曰：將欲雩祭，先命有司祈祀山川百源，爲將雩之漸也。四月純陽用事，故制禮此月爲雩，縱令不旱，亦爲雩祭。愚謂凡言「水潦將降」者，皆謂夏時也。則夏非必乏雨，而雩以求雨者，蓋是時百穀待雨而長，於四時之中需雨爲最亟，此雩之所以必於夏行之也。水源必出於山，其源大而流長者則爲川。曰「百源」者，著其多，明所祈之徧也。將大雩而先祀山川，即事之漸也。禮器曰「齊人將有事於泰山，必先有事於配林」；「晉人將有事於河，必先有事於惡池」。此其義也。雩帝，雩祀昊天上帝於南郊之圜丘也。百縣，謂鄉、遂及三等采地之屬也。若因旱而雩者，其祭蓋與此同。雲漢之詩，言「自郊徂宮，靡神不舉」，又言「后稷不克，上帝不臨」，此因旱而雩之事也。因旱而雩者祭上帝，則常雩所祭者必上帝而非五帝也。

農乃登黍。是月也，天子乃以雛嘗黍，羞以含桃，先薦寢廟。

鄭氏曰：含桃，櫻桃也。蔡氏邕曰：是時黍新熟，今蟬鳴黍是也。孔氏曰：月令諸月無薦果之文，此獨羞含桃者，以此果先成，異於餘物，故特記之，其實諸果亦時薦。愚謂雛，小雞也。夏食雞，故五月嘗黍用之。蟬鳴黍，蓋穀之早熟者。鄭氏以此時黍未登，故謂

「此爲嘗雛」，誤矣。羞，進也。果輕，不特薦，故因新穀而并薦之。凡果皆然，以含桃爲薦果之始，故言之以見例爾。

令民毋艾藍以染，釋文：藍，力甘反。○按：艾、刈通。

高氏誘曰：青未成也。　鄭氏曰：此月藍始可別。夏小正曰：「五月啟灌藍蓼。」孔氏曰：種藍之體，初必叢生，若及早移種，則有損傷，此月藍既長大，始可分別移散。引夏小正者，證此月養藍。　愚謂齊民要術榆莢落時可種藍，五月可刈藍，而月令五月禁刈藍，豈古今事異與？

毋燒灰，毋暴布。釋文：暴，步卜反。○呂氏春秋「灰」作「炭」。

高氏誘曰：是月炎氣盛猛，暴布則脆傷之。　愚謂灰，謂所用以湅布者也。喪服記曰：「鍛而勿灰。」雜記曰：「朝服十五升，去其半而緦，加灰錫也。」考工記湅帛者用欄灰渥淳之，蜃灰淫之，沃而盝之，晝暴諸日，夜宿諸井。湅布之法，蓋亦如此。是月陽氣大盛，不可燒灰湅布，暴之日中，恐脆傷其布也。周禮染人：「凡染，春暴湅，夏纁玄，秋染夏。」

門閭毋閉，關市毋索。釋文：索，所白反。

鄭氏曰：順陽敷縱，不難物。　孔氏曰：關市，停物之所，商賈或隱藏其物以避征税，是月不得搜索。　愚謂外而關門，內而宮門，皆門也。巷門曰閭，外則二十五家之門，內則宮中永巷之門，皆閭也。毋閉，毋夜閉也。蓋晨闢而夜闔者，門閭之常也。然至日閉關，則晝有不闢，所以養微陽之初生；仲夏門閭毋閉，則夜有不闔，所以洩盛陽之太過。高氏、蔡氏以門爲國門。竊謂門閭所包甚廣，而國門恐不在其中。蓋國門於備禦至於切要，若夜而不閉，豈所以待不虞乎？

挺重囚，益其食。

挺，緩也。重囚禁繫嚴密，是月稍寬之，而且益其食，恐其不堪暑熱以致死也。

游牝別羣，則縶騰駒。班馬政。　釋文：別，彼列反。執，如字，蔡本作「縶」。○呂氏春秋「政」作「正」，註云：「養馬之官。」

高氏誘曰：是月牝馬懷妊已定，故別其羣；不欲騰駒蹏傷其胎育，故縶之。　鄭氏曰：別羣，孕字之欲止也〔一〕。縶騰駒，爲其牡氣有餘，相蹄齧也。馬政，謂養馬之政教也。廋人職曰「掌十有二閑之政教，以阜馬逸特，教駣，攻駒」，此之謂也。　愚謂別羣，別其牝牡之羣也。前月「牛」「馬」並言，此獨言「馬」者，以馬供軍國之用，所係獨重也。

〔一〕「字」，禮記注疏作「妊」。

是月也，日長至，陰陽争，死生分。

鄭氏曰：争者，陽方盛，陰欲起也。孔氏曰：長至者，謂日長之至極。大史漏刻，夏至晝漏六十五刻，夜漏三十五刻；以日之出入爲限，則晝六十刻，夜四十刻也。愚謂以昏明爲限，則夏至晝六十五刻，夜三十五刻；今法，夏至晝五十九刻五分，夜三十六刻十分。死生分者，天以陽氣生物，以陰氣殺物，陽謝陰興，自夏至始，此萬物死生之所由分也。

君子齊戒，處必掩身，毋躁，止聲色，毋或進，薄滋味，毋致和，節耆欲，定心氣。百官靜事毋刑，以定晏陰之所成。

釋文：和，户卧反。耆，市志反。○呂氏春秋「掩」作「揜」，「身」下有「欲靜」字，「節」作「退」。鄭註：今月令「刑」爲「徑」。

此謂夏至之日也。齊戒者，所以定其心。處必掩身，無躁者，所以定其氣。止聲色，薄滋味者，所以節其耆欲。靜事無刑，安靜無爲而禁止刑罰也。晏，安也。陰道靜，故曰「晏陰」。夏至之日，微陰初起，故致其敬慎安靜以養之，而定此晏陰之所成就也。蓋人身一小天地，其陰陽之氣，恒與天地相爲流通。雖陽主生，陰主殺，君子嘗致其扶陽抑陰之意，然不收斂則不能發散，二者之氣，不可相無。故天地之陰陽一有所偏，則無以育庶類；人身之陰陽一有所偏，則無以養其生。故於其始生也，務於有以養之，所以贊化育之道而盡節宣之宜也。○

鄭氏曰：易及樂、春秋説：「夏至，人主與羣臣從八能之士作樂五日。」今止樂，非其道也。孔氏曰：冬至圜丘，夏至方澤，皆有樂，不得言止樂，月令非也。朱子曰：止聲色，蓋亦處必掩身，毋躁之義，若以「止樂」言，則拘矣。月令之説，固多未安，而註以此爲非，則失其指。

鹿角解，蟬始鳴，半夏生，木堇榮。釋文：解，户買反。始，市志反。堇音謹。

鄭氏曰：又記時候也。孔氏曰：熊氏云：「鹿是山獸，夏至得陰氣而角解；麋是澤獸，冬至得陽氣而角解。今以麋爲陰獸，情淫而遊澤，冬至陰方退，故解角，從陰退之象。鹿爲陽獸，情淫而遊山，夏至得陰而解角，從陽退之象。」高氏誘曰：蟬鼓翼始鳴。半夏，藥草。木堇朝榮暮落，是月榮華，可用作蒸，一名蕣。鄭氏曰：木堇，王蒸也。愚謂菜亦有名堇者，故此曰「木堇」以别之。

是月也，毋用火南方。

鄭氏曰：陽氣盛，又用火於其方，害微陰也。

可以居高明，可以遠眺望，可以升山陵，可以處臺榭。

鄭氏曰：順陽在上也。高明，謂樓觀也。闍者謂之臺，有木者謂之榭。方氏慤曰：登高明，乃可遠眺望。山陵，自然高明之所；臺榭，人爲高明之所。

仲夏行冬令，則雹凍傷穀，道路不通，暴兵來至；釋文：雹，步角反。○呂氏春秋「凍」作「霰」。

鄭氏曰：子之氣乘之也。陽爲雨，陰起脅之，凝爲雹。盜賊攻劫，亦雹之類。

行春令，則五穀晚熟，百螣時起，其國乃饑；釋文：螣音特。

鄭氏曰：卯之氣乘之也。五穀晚熟者，生日長。螣，蝗之類。言百者，明衆類並爲害。

行秋令，則草木零落，果實早成，民殃於疫。

鄭氏曰：酉之氣乘之也。果實早成，生日短。

季夏之月，日在柳，昏火中，旦奎中。呂氏春秋作「昏心中」。

柳者，南方朱鳥之第三宿，而鶉火之次也。案漢三統書，六月節，日在柳九度。秦時六月節，日在柳十一度。火，大火，心星，東方蒼龍之第五宿也。案三統書，六月節，昏尾七度中，旦婁八度中。是漢時六月節昏時火星已西過八度，旦時奎星已西過九度矣。秦時六月節昏時當尾九度中，旦時當婁十度中也。

其日丙丁，其帝炎帝，其神祝融，其蟲羽，其音徵，律中林鍾。

鄭氏曰：林鍾者，黄鍾之所生，三分去一，律長六寸。季夏氣至，則林鍾之律應。周語曰：「林鍾和展百物，俾莫不任肅純恪。」漢書律志曰：林，君也，言陰氣受任，助蕤賓君主種物，使長大楙盛也。位於未，在六月。蔡氏元定曰：大暑則林鍾六寸。

其數七，其味苦，其臭焦，其祀竈，祭先肺。

温風始至，蟋蟀居壁，鷹乃學習，腐草爲螢。釋文：蟋音悉。蟀音率。熒，本又作「螢」，户扃反。○吕氏春秋「温風」作「凉風」，「壁」作「宇」，「腐草」下有「化」字，「螢」作「蚈」。

鄭氏曰：皆記時候也。鷹學習，謂搏擭也。夏小正曰：「六月，鷹始摯。」螢，飛蟲，螢火也。

孔氏曰：蟋蟀，郭景純云：「今促織。」此物生土中，至季夏，羽翼稍成，未能遠飛，但居在壁，至七月，則能遠飛在野。於時二陰既起，鷹感陰氣，乃有殺心，學習搏擊之事。腐草得暑溼之氣，故爲螢，不云「化」者，蔡氏云：「鳩化爲鷹，鷹還化爲鳩，故曰化。今腐草爲螢，螢不復爲腐草，故不稱化。」方氏慤曰：温風，即景風也。愚謂温風以五月至，乃於季夏言「始至」者，五月雖熱而未甚，而是月之朔氣爲小暑，故曰「温風始至」。○鄭志：焦氏問云：「仲秋鳩化爲鷹，此六月，何以言鷹學習乎？」張逸答曰：「鷹雖爲鳩，亦自有真鷹可習矣。」愚謂凡言「化」者，言有化者耳，非謂其皆化也。二月田鼠化爲鴽，豈遂無田鼠乎？九月雉入大水爲蜃，豈遂無雉乎？

天子居明堂右个，乘朱路，駕赤駵，載赤旂，衣朱衣，服赤玉，食菽與雞，其器高以粗。

明堂右个，明堂南方之西室也。

命漁師伐蛟、取鼉、登龜、取黿。 釋文：鼉，大多反，又徒丹反。○呂氏春秋「命」上有「是月也」字，「命」作「令」，「登」作「升」。鄭註：今月令「漁師」爲「榜人」。

漁師，周禮之𩻛人也。高氏誘曰：漁師，掌漁官。鼉皮可作鼓，黿可爲羹，皆不害人，易得，故言「取」。蛟有鱗甲，能害人，難得，故言「伐」。龜神，可以決吉凶，入宗廟，尊之，故言「登」。鄭氏曰：四者甲類，秋乃堅成。周禮曰：「秋獻龜魚。」又曰：「凡取龜，用秋時。」是夏之秋也。作月令者，以爲此「秋」據周之時，周之八月，夏之六月，因書於此，似誤也。孔氏曰：此等事蛟言伐者，以其有兵衛也。龜言登者，尊之也。黿、鼉言取，羞物賤也。

愚謂周禮登龜以秋，豳詩言「八月萑葦」，而月令皆言於季夏，蓋此諸事以季夏始命，而自是至秋，皆可爲之也。川澤之物，國家所常用，呂氏爲秦相，此等皆據當時實事而著之於書，非徒據舊典立說也。呂氏春秋此節本有「是月也」三字，此蓋録月令者偶然脱之，不得因此别立義例。

命澤人納材葦。釋文：葦，于鬼反。○呂氏春秋「命」上有「乃」字，「澤」作「虞」，「納」作「入」。

鄭氏曰：蒲葦之屬，此時柔刃，可取作器物也。　愚謂澤人，澤虞也。萑葦之屬，澤之所生。

是月也，命四監大合百縣之秩芻，以養犧牲，令民無不咸出其力，以共皇天上帝，名山大川，四方之神，以祠宗廟社稷之靈，以爲民祈福。釋文：爲，于僞反。共音恭。○呂氏春秋「命」作「令」，「共」作「供」，「祠」作「祀」。鄭註：今月令「四」爲「田」。

鄭氏曰：四監，主山林、川澤之官。百縣，鄉、遂之屬，地有山林、川澤者也。秩，常也。百縣給國養犧牲之芻，多少有常，民皆當出力爲艾之。牲以供祠神靈，爲民求福，明使民艾芻，不虚取也。　愚謂秋時草枯，故於季夏令民艾芻。名山大川，五嶽、四鎮、四瀆也。四方，山林、川澤、邱陵、墳衍之神，兆之各以其方者也。以出於民力者供犧牲，成民而後致力於神也。祭祀以爲民祈福，先民後己也。

是月也，命婦官染采，黼、黻、文、章必以法故，無或差貸，黑、黄、倉、赤莫不質良，無敢詐僞，以給郊廟祭祀之服，以爲旗章，以别貴賤等給之度。釋文：貸音二，又他得反。别，彼列反。○呂氏春秋「貸」作「忒」，「倉」作「蒼」，「無」作「勿」，「詐僞」作「僞詐」，「等給」作

「等級」。

鄭氏曰：婦官，染人也。孔氏曰：婦官，掌婦功之官，謂染人也。此月暑濕，染帛爲宜。愚謂染人亦男子爲之，曰「婦官」者，以其與婦功相成也。黼、黻、文、章，謂染其絲而用之以繡者也。考工記曰：「青與赤謂之文，赤與白謂之章，白與黑謂之黼，黑與青謂之黻，五采備謂之繡。」必以法故者，若三入爲纁，五入爲緅，七入爲緇之類，當用舊法故事，不得參差變貸也。黑、黄、倉、赤，染其絲以織帛，或已成帛而染之者也。質，實也。良，善也。莫不質良，若用茅蒐染縫，用藍染青之類，必用質實良善之物，不得淆雜爲詐僞也。上言「法故」，下言「質良」，亦互相備也。給當作「級」，祭服旗章，貴賤皆有等級。

是月也，樹木方盛，乃命虞人入山行木，毋有斬伐。釋文：行，下孟反。○呂氏春秋「有」作「或」。

鄭氏曰：爲其未堅刃也。愚謂入山行木，謂巡行厲禁之内也。

不可以興土功，不可以合諸侯，不可以起兵動衆，毋舉大事以摇養氣，毋發令而待，以妨神農之事也。水潦盛昌，神農將持功，舉大事則有天殃。呂氏春秋「摇養氣」作「摇蕩於氣」，「發令而待」作「發令而干時」，「神農將持功」作「命神農將巡功」。

高氏誘曰：炎帝神農氏，能殖嘉穀，神而化之，號爲神農，後世因名其官爲神農。愚謂大事，即興土功，合諸侯，起兵動衆之事也。摇養氣，謂摇動長養之氣也。毋發令而待，孟秋當選士厲兵，不可預於此時發令，使民廢耕事，以待上之期會也。摇養氣，言其逆天時；妨神農之事，言其害人事也。神農，主稼穡之官。此時水潦盛昌，百穀受甘雨以向成實，神農將持稼穡之功，若起繇役以摇養氣，妨農事，則歲功無以成而饑凶之殃及之矣。

是日也，土潤溽暑，大雨時行，燒薙行水，利以殺草，如以熱湯，可以糞田疇，可以美土彊。釋文：辱，本或作「溽」，音同。薙，他計反，又直履反。糞，方問反。彊，其丈反。○吕氏春秋「美」作「化」。又此下有「行之是令，是月甘雨三至，三旬二日」十四字。○按註疏皆不解「暑」字，疑本無此字，後人據吕氏春秋增之耳。

火陽根陰，是月暑熱極，故土蒸溼而溽潤，而大雨應時而行也。鄭氏曰：潤溽，謂塗溼也。薙，謂迫地芟草也。此謂欲稼萊地，先薙其草，草乾燒之，至此月大雨，流水潦畜於其中，則草死不生，而地美可稼也。糞、美，互言耳。土彊，彊槩之地。土潤溽，膏澤易行也。薙人「掌殺草」，職曰「夏日至而薙之」，「如欲其化也，則以水火變之」。孔氏曰：五月夏至，芟殺暴之，至六月合燒之，故云「燒薙」也。行水者，大雨時行，行於所燒田中，仍壅蓄之，以漬燒薙之草，即草根爛死，是利以殺田中之草也。如以熱湯者，日暴水於爛草田中，水熱而沫沸，如熱湯漬之也。糞，壅苗之根也。蔡云：「穀田曰田，麻田曰疇。」土潤溽，則土之膏澤易行，故可糞、美之，使肥易也。吴氏澄曰：田疇，謂耕熟而其田有疆界者。土彊，謂耕難而其土磽确者。

季夏行春令，則穀實鮮落，國多風欬，民乃遷徙；釋文：鮮音仙，又仙典反。欬，苦代反。

鄭氏曰：辰之氣乘之也。未屬巽，辰又在巽位，二氣相亂爲害，故多風。民乃遷徙，象風轉移物也。孔氏曰：鮮落，謂鮮少墮落，由風多故也。或云：以夏召春氣，而逢秋氣肅殺，故初鮮潔而墮落也。案易林云：「震主庚子午，巽主辛丑未，坎主戊寅申，離主己卯酉，艮主丙辰戌，兑主丁巳亥。」是未屬巽也。

行秋令，則丘隰水潦，禾稼不熟，乃多女災；

鄭氏曰：戌之氣乘之也。大雨而高下皆水。禾稼不熟，傷於水也。女災，含任之類敗也。

行冬令，則風寒不時，鷹隼蚤鷙，四鄙入保。

鄭氏曰：丑之氣乘之也。鷹隼蚤鷙，得疾厲之氣也。四鄙入保，象鳥雀之走竄也。

中央土，

鄭氏曰：火休而盛德在土也。孔氏曰：四時，木配春，火配夏，金配秋，水配冬，土則每時分寄一十八日。雖每分寄，而位本未，宜處季夏之末，故在此陳之。愚謂中央，謂四時之中間也。土雖寄王於四季之末，然五行播於四時，春爲木，夏爲火，秋爲金，冬爲水，而火生土，土生金。土之次在火、金之間，故其氣偏王於季夏之末，居四時之中央。

其日戊己，

高氏誘曰：戊己，土日也。漢書律志曰：豐楙於戊，理紀於己。鄭氏曰：戊之言茂也，己之言起也。至此萬物皆枝葉茂盛，其含秀者抑屈而起。愚謂戊己屬土，故日之值戊己者皆屬於中央。

其帝黄帝，其神后土，

鄭氏曰：此黄精之君，土官之神，自古以來著德立功者也。黄帝，軒轅氏也。后土，亦顓頊氏之子，曰犂，兼爲土官。愚謂黄帝，在天土德之帝。軒轅氏乘土德而王，其號亦曰黄帝，祭黄帝則配食焉。后土，在地土行之神。共工氏之子句龍爲土正，其官亦曰后土，祭五土之神則以配食焉。后，君也。土爲四行之君，故曰「后土」。鄭以后土爲犂，蓋據國語「火正犂司地」之説。孔氏云：「句龍爲社神，不得又爲五祀，故云犂。」不知五祀之后土即社也。

左傳蔡墨云「句龍爲后土」，又云「后土爲社正」，以明社稷之社即五官土正之后土，非社之外又列土正之祀也。○周禮每言「祀五帝」，小宗伯：「兆五帝于四郊。」蓋春迎氣於東郊而祀青帝，夏迎氣於南郊而祀赤帝，季夏迎氣於西南而祀黄帝，秋迎氣於西郊而祀白帝，冬迎氣於北郊而祀黑帝，所謂「祀五帝」也。月令於中央但曰「其帝黄帝」，而不言迎氣，豈秦自以爲水德，土者水之所畏，故遂闕其禮與？

其蟲倮，釋文：倮，力果反，又乎瓦反。

馬氏晞孟曰：人，土屬也，其類爲倮，故中央則其蟲倮。吴氏澄曰：倮，人類也。人類之尊於羽毛鱗介，猶土之尊於木火金水也，故以蟲之倮者屬焉。愚謂大戴禮曰：「倮蟲三百六十，聖人爲之長。」周禮大司徒：「原隰，其動物宜蠃物。」蓋凡物之無羽毛鱗介，若鼃、螾之屬，皆倮蟲也。而人則倮蟲之最靈者，聖人又人之最靈者，人秉中和之氣，猶土之爲冲氣，故倮蟲屬於中央。

其音宫，

鄭氏曰：聲始於宫，宫數八十一。屬土者，以其最濁，君之象也。季夏之氣和，則宫聲調。

漢書律志曰：宫，君也，居中央，倡始施生，爲四聲綱也。

律中黄鍾之宫。

鄭氏曰：黄鍾之宫最長也。十二律轉相生，五聲具，終於六十焉。季夏之氣至，則黄鍾之宫應。禮運曰：「五聲、六律、十二管，還相爲宫。」孔氏曰：黄鍾之宫，於諸宫爲長。黄鍾候氣之管，本位在子，此是黄鍾宫聲與中央土聲相應。但土寄王四季，無候氣之法，取黄鍾宫聲以應土耳，非候氣也。蔡氏及熊氏以爲黄鍾之宫是黄鍾少宫也，半黄鍾九寸之數，管長四寸五分，六月用爲候氣。案六月林鍾之律長六寸，七月夷則五寸三分有餘，何以四寸五分之律於六月候之乎？又土聲最濁，何得以黄鍾半聲相應乎？蔡、熊之説非也。愚謂蔡氏、熊氏謂「黄鍾之宫，六月用以候氣」，其説固非，而鄭氏、孔氏又直以黄鍾之律爲黄鍾之宫，亦非也。黄鍾之律，位於十一月，豈容復應季夏乎？吕氏春秋古樂篇云：「黄帝令伶倫取竹嶰谿之谷，以生空竅厚均者，斷兩節間，其長三寸九分，而吹之，以爲黄鍾之宫。次曰含少，次制十二筒，以之阮隃之下，聽鳳凰之鳴，以别十二律，以比黄鍾之宫，而皆可以生之。故曰黄鍾之宫，律吕之本也。」月令爲吕氏之書，則所謂「黄鍾之宫」必指此三寸九分之少宫無疑也。史記云：「黄鍾八寸七當作十。分一，應鍾四寸二分三分二。」蓋十二律黄鍾最長，應鍾最短。自黄鍾八寸一分，至應鍾四寸二分，其中長短取用之數，不過三寸九分而已。此乃黄鍾中所含之少聲，故謂之「含少」。黄鍾之少宫，在十二律之外，而十二律長短取用之數皆含於此，猶土於十二月無專位，而於四行無不包也。故黄鍾之宫，以應中央土位也。

其數五，

鄭氏曰：土生數五，成數十。但言五者，土以生爲本。　愚謂四時皆言成數，土獨言生數者，以五居數之中，與中央之位合也。

其味甘，其臭香，

鄭氏曰：土之臭味也，凡物之甘、香者皆屬焉。　馬氏晞孟曰：稼穡作甘，故其味甘。物以土化，則其氣爲香。

其祀中霤，祭先心。

鄭氏曰：中霤，猶中室也。土主中央而神在室，古者複穴，是以名室爲霤云。祀之先祭心者，五藏之次，心次肺，至此，心爲尊也。祀中霤之禮，設主於牖下，乃制心及肺肝爲俎。其祭肉，心肺肝各一，他皆如祀户之禮。　孔氏曰：古者複穴，皆開其上取明，故雨霤之，是以後因名室爲中霤。　愚謂季夏祀中霤者，以其居室之中而配乎土也。郊特牲「家主中霤而國主社」，是也。祭先心者，心屬火，火者，土之母也。土兼載四行，不以有所勝爲功，故用其所由生。

天子居大廟大室，乘大路，駕黄騮，載黄旂，衣黄衣，服黄玉，食稷與牛，其器圜以閎。釋文：圜，于權反。閎音宏。○呂氏春秋「閎」作「揜」。

大廟大室，明堂五室之中也。以其尊於四隅之室，故曰「大室」；以其處乎四堂之中，故曰「大廟大室」。明堂十二室，皆居之以聽朔，季夏之末，無聽朔之事，蓋但於土始王之日居之，以順時氣與？大路，制如殷輅，而飾之以黄。車馬衣服皆黄者，順土色也。稷，五穀之長，屬土。牛，土畜也。圜則流轉不滯，閎則翕受宏多。器圜以閎，象土之周布於四時而包載廣大也。孔氏曰：案考工記：「周人明堂，東西九筵，南北七筵，凡室二筵。」是五室皆二筵，無大小也。中央獨稱大者，土爲五行之主，尊之，故大之。然夏世室四旁之室皆南北三步，東西三步三尺，中央土室南北四步，東西四步四尺，則周之明堂亦應中央大於餘室。

禮記卷十七

月令第六之三

孟秋之月，日在翼，昏建星中，旦畢中。

翼者，南方朱鳥之第六宿，而鶉尾之次也。案漢三統書，七月節，日在張十八度；秦時七月節，日在翼二度也。又案三統書，七月節，昏斗四度中，旦畢八度中；秦時七月節，昏斗六度中，旦畢十度中。

其日庚辛，

高氏誘曰：庚辛，金日也。漢書律志曰：斂更於庚，悉新於辛。鄭氏曰：秋時萬物皆肅然改更，秀實新成。愚謂庚辛屬金，故凡日之值庚辛者屬乎秋。

其帝少皞，其神蓐收。釋文：少，詩召反。蓐音辱。

鄭氏曰：此白精之君，金官之臣，自古以來著德立功者也。少皞，金天氏。蓐收，少皞氏之子，曰該，爲金官。孔氏曰：西方收斂，元氣便少，故西方之帝謂之少皞。蓐收，言秋時萬物摧蓐而收斂。愚謂少皞，在天金德之帝。金天氏乘金德而王，其號亦曰少皞，祭金帝則以配食焉。蓐收，在地金行之神，該爲金正，其官亦曰蓐收，祭金神則以配食焉。

其蟲毛，

馬氏晞孟曰：白虎，金屬也，其類爲毛，故秋則其蟲毛。吴氏澄曰：西方奎、婁、胃、昴、畢、觜、參七宿，有虎之象，故凡物之毛者皆屬金。愚謂毛蟲陸處而走，得陰之少者也，故屬秋。

其音商，

鄭氏曰：三分徵，益一以生商，商數七十二。屬金者，以其濁次宫，臣之象也。秋氣和，則商聲調。漢書律志曰：商之爲言章也，物成熟可章度也。

律中夷則。

鄭氏曰：夷則者，大吕之所生也。三分去一，律長五寸七百二十九分寸之四百五十一。孟秋氣至，則夷則之律應。周語曰：「夷則所以詠歌九則，平民無貳。」漢書律志曰：則，法也，言陽氣正法度，而使陰氣夷當傷之物也。位於申，在七月。蔡氏元定曰：處暑則夷則五寸五分五釐一毫。

其數九，

九者，金之成數也。

其味辛，其臭腥，

鄭氏曰：辛、腥，金之臭味也，凡物之辛、腥者皆屬焉。馬氏晞孟曰：從革作辛，故其味辛。物以金化，則其氣爲腥。

其祀門，祭先肝。

鄭氏曰：秋，陰氣出，祀之於門，外陰也。祀之先祭肝者，秋爲陰中，於藏值肝，肝爲尊也。祀門之禮，北面設主於門左樞，乃制肝及肺心爲俎，奠於主南。又設盛於俎東，其他皆如祭竈之禮。愚謂門偶，陰也。且秋主内，内從外始，故秋祀門。祭先肝者，肝屬木，秋金勝木，用其所勝也。

涼風至，白露降，寒蟬鳴，鷹乃祭鳥，用始行戮。呂氏春秋「用始」作「始用」。

鄭氏曰：皆記時候也。寒蟬，寒蜩，謂蜺也。鷹祭鳥者，將食之，示有先也。既祭之後，不必盡食。若人君行刑，戮之而已。高氏誘曰：是月鷹摯殺鳥，於大澤之中，四面陳之，世謂之「祭鳥」。孔氏曰：案釋蟲云：「蜺，寒蜩。」郭景純云：「寒螿也。似蟬而小，青赤。」鷹欲食鳥之時，先殺鳥而不食，與人之祭食相似，猶若供祀先神，不敢即食，故曰「示有先也」。方氏慤曰：春露則生，秋露則殺，以其殺，故言「白」，蓋白爲秋之正色故也。愚謂陰氣盛而露重，故色白。寒蟬生於夏，前此未鳴，至是月感陰氣而鳴也。

天子居總章左个，乘戎路，駕白駱，載白旂，衣白衣，服白玉，食麻與犬，其器廉以深。釋文：駱音洛。

總章左个，明堂西方之南室也。萬物至西方而章明成熟，故曰「總章」。戎路，兵車也，飾之以白。白馬黑鬣曰駱。麻，金穀。犬，金畜也。器廉以深者，外有廉隅，而其中深邃，象金氣之嚴肅而收斂也。

是月也，以立秋。先立秋三日，大史謁之天子曰：「某日立秋，盛德在金。」天子乃齊。立秋之日，天子親帥三公、九卿、諸侯、大夫以迎秋於西郊，還反，賞軍帥、武人於朝。

立秋，七月之朔氣也。迎秋者，迎白帝少皥而祭之於西郊之兆，而金天氏配食焉。軍帥，諸將也。武人，軍士之有勇力者。賞之者，將順秋氣而耀武也。

天子乃命將帥選士厲兵，簡練桀俊，專任有功，以征不義，詰誅暴慢，以明好惡，順彼遠方。

釋文：詰，去吉反。好，呼報反。惡，烏路反。○呂氏春秋「順」作「巡」。

士，謂其人，選之則無不精。兵，謂其器，厲之則無不利。桀俊，即士之材勇者。簡練，簡擇之，而以其器練習之也。士既可用，然後專任有功之將，以征不義之國。蓋戰者危事，非有已試之效者不敢任，而任之不專，亦無以責其成功也。詰，謂問其罪。誅，謂討其人。暴者，暴於民。慢者，慢於上。暴慢即不義之人，詰誅即征之之事，所征如此，所以明我之好義而惡不義，以順服彼遠方之國也。彭氏廉夫曰：此亦因時氣而著此令，非謂出師必用此時也。

是月也，命有司修法制，繕囹圄，具桎梏，禁止姦，慎罪邪，務搏執。

爲將順秋氣而斷刑也。繕亦脩也。法制傳之於古，則修而明之。囹圄，春之所省，桎梏，春之所去，則繕之具之，禁其姦以戒之於未然，罪其邪以治之於已犯。搏，若周禮司隸「搏盜賊」之搏。搏執，謂搏擊而拘執之。罪邪言「慎」，懼其濫及於無辜；搏執言「務」，又戒其縱釋乎有罪也。孟秋之政，首言治兵，而繼以明刑，順天地肅殺之氣也。

命理瞻傷、察創、視折、審斷，決獄訟必端平，戮有罪，嚴斷刑。天地始肅，不可以贏。釋文：創，初良反。斷，丁亂反。○註疏以「審斷決」爲句。蔡氏及高氏呂氏春秋註並以「審斷」爲句，「斷」字徒管反，「決」字下屬，今從之。

蔡氏邕曰：皮曰傷，肉曰創，骨曰折，骨肉皆絶曰斷。　愚謂理，治獄之官，於周禮則士師、鄉士、遂士之屬也。傷也，創也，折也，斷也，四者皆掠治罪人所致。傷輕，故瞻之而已；創重於傷，故察之；折又重於創，故視之；斷又重於折，故審之。皆恐其以創重致死，矜恤之意也。端，謂明於曲直之辨而無所枉。平，謂得乎輕重之宜而無所頗。贏者，肅之反，謂政令之寬縱也。承上文而言：所以戮有罪，嚴斷刑者，所以順天地之氣也。

是月也，農乃登穀。天子嘗新，先薦寢廟。

方氏慤曰：穀，謂稷也。孟夏之麥，仲夏之黍，仲秋之麻，季秋之稻，皆穀也，獨於稷言「穀」，以其爲五穀之長也。稼穡之官，謂之后稷，土穀之神，謂之社稷，凡以此爾。　皇氏侃曰：不云牲，記文略也。　愚謂嘗麻嘗稻在秋，皆用犬，嘗穀亦用犬與？

命百官始收斂，

鄭氏曰：始收斂，順秋氣也。　愚謂秋主收斂，命百官始收斂者，官之收斂以是月始也。

完隄防，謹壅塞，以備水潦，釋文：隄，本又作「堤」，丁兮反。防，本又作「坊」，音房。

應氏鏞曰：夏時脩利堤防，無有壅塞，秋時則完而謹之，蓋夏潦不可隄也，秋潦則可隄矣。一通一障，其爲民禦患一也。　愚謂季春脩利隄防，當大雨時行之後，不能無損壞，故又脩之。辰角見而雨畢，是時雨猶未畢，故云「備水潦」。

修宮室，坏牆垣，補城郭。釋文：坏，步回反。○呂氏春秋「坏」作「坿」。

鄭氏曰：象秋收斂，物當藏也。

是月也，毋以封諸侯，立大官，毋以割地，行大使，出大幣。釋文：使，色吏反。○呂氏春秋無「諸」字，「以割地」作「割土地」，「行大使」二句作「行重幣，出大使」。又此下有「行之是令，而涼風至，三旬」十字。

爲其逆收藏之氣也。封諸侯，始建國者。割地，有功而加賜者。○鄭氏曰：古者於嘗，出田邑，此其月也。而禁封諸侯、割地，失其義。　愚謂月令之法，大抵順陰陽爲出內，不必以古制繩之。說已見「孟夏」章。

孟秋行冬令，則陰氣大勝，介蟲敗穀，戎兵乃來；

鄭氏曰：亥之氣乘之也。介，甲也。甲蟲屬冬。敗穀者，稻蟹之屬。

行春令，則其國乃旱，陽氣復還，五穀無實；釋文：復，扶又反。還音環，又音旋。鄭氏曰：寅之氣乘之也。旱者，雲雨以風除也。五穀無實，陽氣能生而不能成。

行夏令，則國多火災，寒熱不節，民多瘧疾。釋文：瘧，魚略反。○鄭註：今月令「瘧疾」爲「疾疫」。

鄭氏曰：巳之氣乘之也。瘧疾，寒熱所爲也。

仲秋之月，日在角，昏牽牛中，旦觜觿中。釋文：觜，子斯反，又子髓反。觿，户圭反，又户規反。○吕氏春秋「觿」作「巂」。

角者，東方蒼龍之第一宿，而壽星之次也。案漢三統書，八月節，日在軫十二度，則漢時立秋後七日日在角初度，秦時立秋後五日日在角初度也。觜觿，西方白虎之第六宿也。案三統書，八月節，昏斗二十六度中，旦井二度中，則秦時立秋昏時牽牛二度中也。漢時立秋，旦時觜觿已西過十一度，秦時立秋，旦時當井四度中也。秋分，昏、旦中星相去一百八十二度有餘，八月節，中星相去一百七十五度，加晨、昏分五刻，約減十八度，當相去一百五十七度。自牽牛二度至井四度，得一百五十五度，若至觜初度，止一百四十八度，其誤必矣。

其日庚辛，其帝少皞，其神蓐收，其蟲毛，其音商，律中南吕。

鄭氏曰：南吕者，大蔟之所生，三分去一，律長五寸三分寸之一。仲秋氣至，則南吕之律應。周語曰：「南吕贊陽秀物。」漢書律志曰：南，任也，言陰氣旅助夷則任成萬物也〔一〕。位於酉，在八月。蔡氏元定曰：秋分則南吕五寸三分。

其數九，其味辛，其臭腥，其祀門，祭先肝。

盲風至，鴻鴈來，玄鳥歸，羣鳥養羞。釋文：盲，亡庚反。

鄭氏曰：皆記時候也。盲風，疾風也。玄鳥歸，謂去蟄也。凡鳥隨陰陽者，皆不以中國爲居。羞，謂所食也。夏小正曰：「九月，今夏小正作「八月」，孔云：「鄭所見本異。」丹鳥羞白鳥。」説者曰：「丹鳥也者，謂丹良也。白鳥也者，謂閩蚋也。其謂之鳥者，重其養者也。有翼爲鳥。養也者，不盡食也。」二者文異。「羣鳥」「丹良」，未聞孰是。疏云：月令云「羣鳥養羞」，夏小正云「丹鳥羞白鳥」，是二者文異。月令云「羣鳥」，夏小正説者云「丹良」，故云「未聞孰是」。高氏誘曰：是月，候時之雁從北漠中來，南過周、雒，之彭蠡。玄鳥，春分而來，秋分而去，歸蟄所也。傳曰：「玄鳥氏，司分者也。」寒氣將至，羣鳥養進其毛羽禦寒也，故曰「羣鳥養羞」。方氏慤曰：盲風，又謂之閶闔風。玄鳥至以陽中，故歸以陰中。羞，謂所美之食，養之，所以備冬藏也。項氏

〔一〕「陰」，原本作「陽」，據漢書律曆志改。

安世曰：羣鳥至秋，與百穀俱成，人取之以爲養羞，如雉、鷚、鶉、鳩、雁、鶩，今人皆至秋食之。愚謂羣鳥養羞之義未詳。高氏、方氏、項氏之説，未知孰是。以夏小正之義推之，方氏稍長。

天子居總章大廟，乘戎路，駕白駱，載白旂，衣白衣，服白玉，食麻與犬，其器廉以深。

總章大廟，明堂之西堂也。

是月也，養衰老，授几杖，行麋粥飲食。釋文：麋，亡皮反。粥，之六反，字林羊六反。

順物之成而養之也。鄭氏曰：助老氣也。行猶賜也。高氏誘曰：陰氣發，老年衰，故共養之。今之八月，比户賜高年鳩杖、粉餈是也。張子曰：老人津液少，不能乾食，故麋粥爲養老之具。

乃命司服具飭衣裳，文繡有恒，制有小大，度有長短，衣服有量，必循其故，冠帶有常。釋文：量音亮，下「度量」同。呂氏春秋「恒」作「常」。

司服，春官之屬也。鄭氏曰：文繡，祭服也。文，畫也。祭服之制，畫衣而繡裳。衣服，謂朝、燕及他服。凡此爲寒益至也。詩云「七月流火，九月授衣」，於此作之可也。冠帶，因制衣服而作之。　愚謂量，即大小長短之齊限也。故，謂制度及所用采色之成法也。祭服重，故言之詳；餘服輕，故言之略。

乃命有司申嚴百刑，斬殺必當，毋或枉橈；枉橈不當，反受其殃。釋文：當，丁浪反。橈，女教反，又乃絞反。字林作「撓」，非。

高氏誘曰：有司，理官。刑非一，故言「百」。軍刑斬，獄刑殺，皆重其事，故曰「必當」。凌弱爲枉，違彊爲橈。　鄭氏曰：申，重也。當，謂值其罪。　愚謂孟秋既命嚴斷刑矣，是月又命申嚴之，重民命也。於百刑中又特言「斬殺必當」，以大辟之刑尤宜慎也。枉則失入，橈則失出，二者皆謂之「不當」。人命至重，用刑不當，則反受其殃，明有國法，幽有天道，無可逃也。

是月也，乃命宰、祝循行：犧牲，視全具；案芻豢，瞻肥瘠；察物色，必比類；量小大，視長短，皆中度。五者備當，上帝其饗。釋文：行，下孟反。中，竹仲反。○呂氏春秋「循」作「巡」，「饗」作「享」。

鄭氏曰：於鳥獸肥充之時，宜省羣牲也。宰、祝，大宰、大祝，主祭祀之官也。養牛羊曰芻，犬豕曰豢。　愚謂大宰掌贊王牲事，大祝掌接神，故命之循行。犧牲全具，謂體完也。草食曰芻，穀食曰豢。芻豢足則肥，減則瘠，肥者乃中爲牲也。比，合也。必比類者，若陽祀用騂牲，陰祀用黝牲，望祀各以其方之色牲，必各比於其類也。小，謂羔犢；大，謂成牲。長短，若祭天地之牛角繭栗，宗廟之牛角握是也。中度，謂中大小長短之度也。全具也，肥也，物色也，小大也，長短也，五者皆得其當，雖上帝至尊，猶且饗之，則餘神可知。

天子乃難，以達秋氣。釋文：難，乃多反。○呂氏春秋「難」下有「禦佐疾」三字，「達」作「通」。

是月陰氣始達於地上，故天子爲難以禦之。不及於國人者，以陰氣猶未盛也。達，謂道而行之也。凡天地不正之氣凝滯，則中乎人而爲害，道而行之，則其害消矣。鄭氏引王居明堂禮曰：「仲秋，九門磔禳，以發陳氣，禦止疾疫。」然則凡難皆有磔禳之祭，此不言者，文略也。

以犬嘗麻，先薦寢廟。

麻始熟也。秋食犬，故是月嘗麻，九月嘗稻，皆以犬。

是月也，可以築城郭，建都邑，穿竇窖，脩囷倉。釋文：窖，古孝反。○呂氏春秋「窖」作「窌」。

鄭氏曰：爲民將入，物當藏也。入地隋曰竇，方曰窖。王居明堂禮曰：「仲秋，命庶民畢入于室，曰：『時殺將至，毋罹其灾。』」高氏誘曰：國有先君宗廟曰都，無曰邑。穿水通竇，不欲地泥濕也。穿窖，所以盛穀也。圓曰囷，方曰倉。愚謂築城郭，謂舊時已爲都邑而未有城郭者，則築之。建都邑，謂舊時未爲都邑者，或當建，則建之。此皆以寒氣至而民將入也。穿竇窖，以藏穀於下，脩囷倉，以藏穀於上，此皆以禾稼熟而穀將藏也。孟秋脩宫室，補城郭而已。此月則可以築城郭，建都邑。脩之補之之功少，築之建之之功多。案左傳：「凡土功，龍見而畢務，火見而致用，水昏正而栽，日至而畢。」月令興土功以仲秋，此亦秦制之異於古者。

乃命有司趣民收斂，務畜菜，多積聚。 釋文：趣，七住反，本又作「趨」，又七緑反。畜，丑六反。○吕氏春秋「畜」作「蓄」。

鄭氏曰：始爲禦冬之備也。高氏誘曰：有司，於周禮爲場人。場，協入也。蓄菜，乾苴之屬也。詩云「亦有旨蓄」以禦冬也。吴氏澄曰：菜之外，他物皆當積聚而蓄之。愚謂孟秋「命百官始收斂」，收其在官者也。此言「趣民收斂」，斂其在民者也。

乃勸種麥，毋或失時。其有失時，行罪無疑。 吕氏春秋「其有」作「其或」。

鄭氏曰：麥者，接絶續乏之穀，尤重之。孔氏曰：前年秋穀，至夏絶盡，後年秋穀未登，麥此時熟，乃接續其乏絶。黍稷百穀不言「勸」，麥獨言「勸」，是尤重之。

是月也，日夜分，雷始收聲，蟄蟲坏户，殺氣浸盛，陽氣日衰，水始涸。釋文：坏音陪。浸，子鴆反。涸，户各反。○吕氏春秋「雷」下有「乃」字，「坏」作「俯」。

鄭氏曰：又記時候也。雷始收聲，在地中動内物也。坏，益也。蟄蟲益户，謂稍小之也。涸，竭也。此甫八月中，雨氣未止，而曰水竭，非也。周語曰：「辰角見而雨畢，天根見而水涸。雨畢而除道，水涸而成梁。」辰角見，九月本也；天根見，九月末也。王居明堂禮曰：「季秋除道致梁，以利農也。」孔氏曰：雷是陽氣，主於動，不唯地中潛伏而已。至十一月，一陽生，震下坤上，復卦用事，震爲動，坤爲地，是動於地下，從此月爲始。户，謂穴也。以土增益穴之四畔，使通明處稍小。以陰氣將至，是以坏之。稍小，以時氣尚温，猶須出入，十月寒甚，乃閉之也。

日夜分，則同度、量，平權、衡，正鈞、石，角斗、甬。吕氏春秋「同」作「一」，「角」作「齊」，「斗」作「升」。

高氏誘曰：三十斤爲鈞。吴氏澄曰：鈞、石，五權之二。斗、甬，五量之二。正之角之，所以同之平之也。

是月也，易關市，來商旅，納貨賄，以便民事。四方來集，遠鄉皆至，則財不匱，上無乏用，百事乃遂。釋文：易，以豉反。○呂氏春秋「納」作「入」，「集」作「雜」，「財」下有「物」字。

鄭氏曰：易，謂輕其稅，使民利之。商旅，賈客也。匱亦乏也。遂猶成也。孔氏曰：關市既易，商旅自來，是來商旅也。商旅既來，貨賄自入，是納貨賄也。所須皆供，故國無乏用。上下豐足，故百事乃成。愚謂重關市之稅者，所以聚財也，然而商旅去之，則財用必匱。輕關市之稅者，所以散財也，然而商旅趨之，則財用自足。是故國家足用之道，在此不在彼。

凡舉大事，毋逆大數，必順其時，慎因其類。呂氏春秋「舉大事」作「舉事」，「大數」作「天數」，「慎」作「乃」。此下有「行之是令，白露降，三旬」九字。

鄭氏曰：大事，謂興土功，合諸侯，舉兵衆也。季夏禁之，孟秋始征伐，此月築城郭，季秋教田獵，是以於中爲之戒焉。愚謂此承上「百事乃遂」而言。大數，謂天道也。天道運而爲四時，時各有類：陽宜温，陰宜肅；陽宜發宣，陰宜收斂也。蓋財用既足，則百事無患於不遂，然恃其財用之足，逆天時而妄舉大事，又不可也，故又因而戒之。

仲秋行春令，則秋雨不降，草木生榮，國乃有恐；呂氏春秋「有」下有「大」字。鄭氏曰：卯之氣乘之也。草木生榮，應陽動也。國乃有恐，以火訛相驚。

行夏令，則其國乃旱，蟄蟲不藏，五穀復生；釋文：復，扶又反。○呂氏春秋無「乃」字。鄭氏曰：午之氣乘之也。

行冬令，則風灾數起，收雷先行，草木蚤死。釋文：數，所角反。鄭氏曰：子之氣乘之也。風灾，北風殺物。先猶蚤也。雷先收聲，冬主閉藏也。草木蚤死，寒氣盛也。

季秋之月，日在房，昏虛中，旦柳中。房者，東方蒼龍之第四星，而大火之次也。案漢三統書，九月節，日在氐五度。氐共十五度，則漢時寒露十二日，日在房初度；秦時寒露十日，日在房初度也。虛者，北方玄武之第四宿也。案三統書，九月節，昏虛二度中，旦張初度中，則秦時九月節，昏虛四度中也。漢時九月節，旦時柳星已西過九度，秦時九月節，旦當張三度中也。

其日庚辛，其帝少皞，其神蓐收，其蟲毛，其音商，律中無射。釋文：射音亦。鄭氏曰：無射者，夾鍾之所生，三分去一，律長四寸六千五百六十一分寸之六千五百二十四。季秋氣至，則無射之律應。周語曰：「無射所以宣布哲人之令德，示民軌儀。」漢書律志曰：射，厭也，言陽氣究物，而使陰氣畢剝落之，終而復始，無厭已也。位於戌，在九月。蔡氏元定曰：霜降則無射長四寸八分八釐四毫八絲。

其數九，其味辛，其臭腥，其祀門，祭先肝。

鴻雁來賓，爵入大水爲蛤，鞠有黄華，豺乃祭獸戮禽。釋文：蛤，古答反。鞠，本又作「菊」，九六反。僇，本或「戮」。○呂氏春秋「鴻」作「候」，「乃」作「則」。

鄭氏曰：皆記時候也。來賓，言其客止未去也。大水，海也。孔氏曰：國語云「雀入于海爲蛤」，故知大水是海也。高氏誘曰：豺，獸也，似狗而長毛，其色黄，於是月殺獸，四圍陳之，世謂之「祭獸」。愚謂八月鴻雁來，始行而未至也；是月鴻雁來賓，始至中國也。曰「來賓」者，雁以北爲鄉，其在中國也，若來爲賓客然。鞠，治蘠也。祭獸戮禽，殺獸以祭也，猶言「鷹乃祭鳥」，用始行戮爾。禽亦獸也，其名通爾。

天子居總章右个，乘戎路，駕白駱，載白旆，衣白衣，服白玉，食麻與犬，其器廉以深。

總章右个，明堂西方之北室也。

是月也，申嚴號令，命百官貴賤無不務內，以會天地之藏，無有宣出。呂氏春秋「內」作「入」。

申嚴號令，申孟秋收斂之令也。百官之貴者，謂卿大夫；賤者，謂士也。無不務內，言其收斂皆當畢也。秋主收，冬主藏，官之收物，始於孟秋，畢於季秋，於是始言「藏」，冬將至也。會猶合也。言會合於天地藏物之時也。

乃命冢宰農事備收，舉五穀之要，藏帝藉之收於神倉，祗敬必飭。釋文：之收，如字，又守又反。○呂氏春秋無「乃」字，「穀」作「種」。

鄭氏曰：舉五穀之要，定其租稅之簿也。帝藉，所耕千畝也。藏祭祀之穀爲神倉。祇亦敬也。祇敬必飭，重粢盛之委也。孔氏曰：神倉者，貯祀鬼神之倉也。命冢宰藏帝藉所收禾穀於此神倉之中，當敬而又敬，無不飭正也。愚謂舉五穀之要，於將藏之時，核其多少之實數，以制國用也。祇敬必飭，言當蓋藏完密，以避燥溼朽蠹之患也。此承上「會天地之藏」言，蓋凡物皆藏，而以五穀爲重；五穀皆藏，而尤以神倉爲重也。

是月也，霜始降，則百工休。

鄭氏曰：寒而膠漆之作不堅好也。張氏虙曰：將休老勞農，凡終歲勤動者，無不休矣。

百工之役，使之少息，亦順時之政也。

乃命有司曰：「寒氣總至，民力不堪，其皆入室。」

入室，謂自廬舍而入居於都邑也。

上丁，命樂正入學習吹。釋文：吹，昌睡反。○呂氏春秋無「命樂正」字。

入學習吹，入學教國子以吹，而使習之也。春爲陽，陽主動，故習舞；秋爲陰，陰主靜，故習吹。周禮籥師：「掌教國子吹籥。」孔氏曰：周禮大胥「秋頒學，合聲」，即此季秋習吹一也。

是月也，大饗帝，句。嘗，句。犧牲告備于天子。

大饗帝，祀上帝於明堂也。嘗者，宗廟之秋祭也。二祭皆於是月行之，故有司以「犧牲皆備」告於天子也。

合諸侯，制百縣，爲來歲受朔日，與諸侯所税於民輕重之法，貢職之數，以遠近土地所宜爲度，以給郊廟之事，無有所私。鄭氏以「合諸侯制」爲句，「百縣」下屬。吴氏澄云：「『合諸侯』一句，『制百縣』一句。」今從之。

諸侯，畿外之諸侯。百縣，畿內鄉、遂及三等采地之屬。合諸侯，制百縣，皆謂合之而定其制也。於諸侯言「合」，於百縣言「制」，互文也。朔日，來歲十二月之朔也。秦正建亥，九月爲歲終，故於此頒來歲之朔於内外，而使受之。諸侯、百縣之税於民者，有輕重之法，貢於天子者，有遠近土地所宜之度，於頒朔而並令受此法焉，則取民者有制，奉上者有準矣。以給郊廟之事，無有所私者，言所以令諸侯入貢，凡以事天地祖宗，而非有所私於己也。諸侯之貢，非但給郊廟之用，特舉其重者言之爾。張氏慮曰：遠近所宜，若周禮男服貢器物，衛服貢財物之類。土地所宜，如禹貢徐州貢土五色，揚州貢金三品之類。

是月也，天子乃教於田獵，以習五戎，班馬政。呂氏春秋「班馬政」作「狻馬」。

鄭氏曰：教於田獵，因田獵之禮，教民以戰法也。五戎，謂五兵：弓矢、殳、矛、戈、戟也。馬政，謂齊其色，度其力，使同乘也。校人職曰：「凡軍事，物馬而頒之。」孔氏曰：周禮司兵「掌五兵」，鄭司農註：「五兵者，戈、殳、戟、酋矛、夷矛。」後鄭云：「步卒之五兵，則有弓矢而無夷矛。」愚謂五兵者：弓矢也，殳也，矛也，戈也，戟也。司馬法「弓矢圍，殳、矛守，戈、戟助」，是也。酋矛、夷矛之皆爲矛，猶唐、大、夾、庾之皆爲弓也。先鄭分而爲二，非也。兵車一乘，甲士三人，左執弓，右持矛，後鄭以弓矢專屬於步卒，亦非也。仲夏因別羣而頒馬政，養馬之政也；此因田獵而頒馬政，用馬之政也。

命僕及七騶咸駕，載旌、旐，授車以級，整設于屏外，司徒搢扑，北面誓之。釋文：騶，側求反。搢，如字，又音箭。扑，普卜反。○吕氏春秋「旌」作「旍」，「旐」下有「輿」字，「授」作「受」，「面」作「嚮」，「嚮」下有「以」字。

鄭氏曰：僕，戎僕及御夫也。七騶，謂趣馬，主爲諸官駕説者也。既駕之，又爲之載旌旐〔一〕。級，等次也。整，正列也。設，陳也。屏，所田之地門外之蔽。愚謂僕者，大僕、戎僕之屬也。騶，説文云：「御也。」左傳：「孟氏之御騶豐點。」韓非書：「使騶盡粟以食馬。」騶掌御，又掌食馬，蓋周禮馭夫、僕夫、趣馬之屬也。七騶皇氏云：「天子馬六種，種別有騶，又有總主之人，故七騶。」案左傳晉使「程鄭爲乘馬御，六騶屬焉」。皇氏所謂總主之騶，蓋即乘馬御與？騶掌駕馬，而僕監之。曰「咸駕」者，王出則五路皆從，故命騶皆駕之，而大僕以下各監其所御路之駕也。析羽爲旌，龜蛇爲旐。周禮大司馬：「仲秋教治兵，辨旗物之用。王載大常，諸侯載旂，軍吏載旗，師都載旜，鄉遂載物，郊野載旐，百官載旟。」此獨舉旌、旐者，略言之也。授車以級，謂諸侯軍吏以下之車，各以等級授之也。左傳鄭伯「授車於大宮，公孫閼與潁考叔争車」，則卿大夫戎事之車皆官給之，田獵亦然也。整，謂陳車徒之行列。設，

〔一〕禮記注疏「旐」作「旗」。

謂設驅逆之車也。屏，以木爲之，樹於和門之外以爲蔽者。大司馬「仲冬教大閱」，「遂以狩田，以旌爲左、右和之門，羣吏各帥其車徒以叙和出，左右陳車徒，有司平之」，「既陳，乃設驅逆之車」。整設於屏外，謂既教戰，出於和門之外，而陳車徒，設佐車也。司徒，小司徒也。周禮小司徒：「凡用衆庶，則掌其政教與其戒禁。」扑，所以罰犯令者。搢，搢於帶間也。誓者，誓以犯田法之罰。若周禮註引漢田律云「無干車，無自後射」，是也。車徒背門而南面，故司徒北面向屏而誓之。四時之田，皆既教戰，然後田獵，而皆有誓焉。周禮大司馬於大閱，言「羣吏聽誓于陳前，斬牲以左右徇陳」，此教戰之誓也。於蒐田，言「表貉，誓民」，此田獵之誓也。教戰之誓，在未出和門之先；田獵之誓，在既出和門之後。此誓於屏外，謂田獵之誓也。教戰以象用師，用師則君親誓師，故郊特牲云「君親誓社」，以其事重故也。田獵之誓，但戒其從禽之不如法者，其事稍輕，故唯司徒誓之而已。○大司馬「仲秋教治兵，辨旗物之用，王建大常」，而巾車「革路建大白以即戎，木路建大麾以田」，何也？蓋王之車皆建大常，若即戎則大常外别建大白，田獵則大常外别建大麾也。左傳：「衛侯不去其旗，是以甚敗。」是諸侯戰時亦建龍旂，王戰時亦建大常可知。田獵亦然。王制「天子殺則下大綏，諸侯殺則下小綏」，則諸侯以下田獵皆别建綏，但其大小不同耳。大綏小綏，既殺則下之，而大常與旂則不下也。

天子乃厲飾，執弓挾矢以獵，命主祠祭禽于四方。 釋文：挾，于協反，又音協。○呂氏春秋「厲飾」作「厲服厲飾」，「挾」作「操」，「獵」作「射」。鄭註：今月令「獵」爲「射」。

鄭氏曰：厲飾，謂戎服尚威武也。祭禽于四方，以所獲禽，祀四方之神。司馬職曰：「羅弊，致禽以祀祊。」 愚謂主祠，掌祭祀之官。四方，四類及山林、川澤、丘陵、墳衍之神，兆之各以其方者也。四方與社稷，爲五行、五土之神，祭社稷者必及四方，祭四方者亦必及社稷也。周禮大司馬春田「獻禽以祭社」，秋田「致禽以祀方」，春言「社」，秋言「方」，互見之也。○孔氏曰：熊氏云：「戎服者，韋弁服也。秋冬之田，韋弁服；若春夏，則冠弁服。」 愚謂司服「凡兵事，韋弁服」；「凡甸，冠弁服」。蓋四時之田，教戰皆韋弁服，田獵皆冠弁服也。熊氏謂四時田獵異服，義無所出。弁用皮，冠用繒。冠弁服者，用冠之物，而如弁之制爲之者也。

是月也，草木黄落，乃伐薪爲炭。

鄭氏曰：伐木必因殺氣。 方氏慤曰：爲炭以禦冬寒也。

蟄蟲咸俯在内，皆墐其户。乃趣獄刑，毋留有罪。 釋文：墐，其靳反。趣音促，又七住反。○呂氏春秋「内」作「穴」。

墐，謂塗閉之。是月殺氣益盛，而陽氣在下，故蟄蟲咸俯其首，以隨在下之陽氣；又塗閉其户穴，以辟地上之殺氣也。乃者，繼事之辭。以「趣獄刑」繼「蟄蟲墐户」言之者，蓋蟄蟲墐户，因天地殺氣之盛，以明此月可順時而行殺也。斷刑之事，始於孟秋，申於仲秋，至是則獄辭皆具，而秦正建亥，歲首不可以行刑，故當刑者皆於此月趣決之也。

收禄秩之不當、供養之不宜者。釋文：當，丁浪反。供，九用反。養，餘亮反。○呂氏春秋「當」下有「者」字，供作「共」。

鄭氏曰：禄秩不當，恩所增加也。供養不宜，欲所貪嗜，若熊蹯之屬，非常食也。高氏誘曰：供養之不宜，謂所養無勳於國，故收之。愚謂二事皆言「收」，則供養非謂王之所飲食，當如高氏之説。蓋有位而有常禄者謂之禄秩，無常禄而官爲共給者謂之供養。周禮「門關之財以養老孤」，孟子言國君養賢，「廩人繼粟，庖人繼肉」之類，皆供養也。平時禄秩、供養，或有過從其厚者，至此收斂之時，乃嚴核其當否而收之。

是月也，天子乃以犬嘗稻，先薦寢廟。

鄭氏曰：稻始熟也。

季秋行夏令，則其國大水，冬藏殃敗，民多鼽嚏；釋文：鼽音求。嚏，丁計反。○呂氏春秋「嚏」作「窒」。

鄭氏曰：未之氣乘之也。

行冬令，則國多盜賊，邊竟不寧，土地分裂；釋文：竟音境，後同。

鄭氏曰：丑之氣乘之也。極陰爲外，邊竟之象也。大寒之時，地隆坼也。

行春令，則煖風來至，民氣解惰，師興不居。釋文：煖，乃管反，又許元反。解，古買反。○今按：解、懈同。○呂氏春秋作「師旅必興」。

鄭氏曰：辰之氣乘之也。巽爲風。辰宿直角，角主兵。不居，象風行不休止。

孟冬之月，日在尾，昏危中，旦七星中。

尾宿，析木之次也。案漢三統書，十月節，日在尾十度，秦時十月節，日在尾十二度。又三統書，十月節，昏危十四度中，旦翼初度中。秦時十月節，昏時危十六度中。漢時十月節，旦時七星已西過十九度，秦時十月節，旦時當翼五度中也。

其日壬癸，

高氏誘曰：壬癸，水日。漢書律志曰：懷任於壬，陳揆於癸。鄭氏曰：冬時閉藏萬物，萬物懷任於下，揆然萌芽。　愚謂壬癸屬水，故日之值壬癸者皆屬乎冬。

其帝顓頊，其神玄冥，釋文：顓音專。頊，許玉反。

鄭氏曰：此黑精之君，水官之臣，自古以來著德立功者也。顓頊，高陽氏也。玄冥，少皞氏之子，曰脩，曰熙，爲水官。　愚謂顓頊，在天水德之帝也。高陽氏以水德王，其號亦曰顓頊，祭水帝則以配食焉。玄冥，在地水行之神。脩及熙爲水正，其官亦曰玄冥，祭水神則以配食焉。顓頊者，冬物閉藏，其德專一而靜正也。玄冥者，水之色玄而幽闇也。

其蟲介，

馬氏晞孟曰：玄武，水屬也，其類爲介，故冬則其蟲介。　吴氏澄曰：北方斗、牛、女、虛、危、室、壁七宿，有龜之象，故凡物之甲者皆屬水。　愚謂介蟲沈重而下伏，得陰之極者也，故屬冬。

其音羽，

鄭氏曰：三分商，去一以生羽，羽數四十八。屬水者，以其最清，物之象也。冬氣和，則羽聲調。　漢書律志曰：羽，宇也，物聚藏宇覆之也。

律中應鍾。釋文：應，「應對」之應。

鄭氏曰：應鍾者，姑洗之所生，三分去一，律長四寸二十七分寸之二十。孟冬氣至，則應鍾之律應。周語曰：「應鍾均利器用，俾應復也。」漢書律志曰：應鍾，言陰氣應亡射，該藏萬物而雜陽閡種也。位於亥，在十月。蔡氏元定曰：小雪則應鍾四寸六分六釐。

其數六，

六者，水之成數。

其味鹹，其臭朽，釋文：朽，許九反，本或作「殍」。

鄭氏曰：鹹、朽者，水之臭味也，凡鹹、朽者皆屬焉。氣若有若無爲朽。馬氏晞孟曰：潤下作咸，故其味鹹。物以水化，則其氣爲朽。

其祀行，祭先腎。

鄭氏曰：冬，陰盛，寒於水，祀之於行，從辟除之類也。祀之先祭腎者，陰位在下，腎亦在下，腎爲尊也。行在廟門外之西，爲軷壤，厚二寸，廣五尺，輪四尺。祀行之禮，北面設主于軷上，乃制腎及脾爲俎，奠于主南。又設盛于俎東，祭肉，腎一，脾再，其他皆如祀門之禮。愚謂行，謂宮内道路之神也。冬祀之者，以其爲往來之交也。祭先腎者，腎屬水，冬氣靜而復其所，故自用其藏也。○白虎通、淮南子、蔡邕獨斷皆云：「冬祀井。」大玄數亦云：「冬爲井。」夏盛德在火而祀竈，冬盛德在水，似乎祀井爲宜。然詩云「取羝以軷，以興嗣歲」，聘禮出，「釋幣于行」，入，「釋幣于門」，則行爲五祀之一無疑。○行神所主不同。月令冬「祀行」，聘禮「釋幣于行」，此宮中之行神也。聘禮記云：「出祖，釋軷。」軷祭行神，此國外之行神也。行神皆主道路，但所主不同耳。曾子問疏引崔氏説，謂「宮内之軷，祭古之行神；城外之軷，祭山川及道路之神」。其説非是。

水始冰，地始凍，雉入大水爲蜃，虹藏不見。釋文：蜃，常忍反。見，賢遍反。

鄭氏曰：皆記時候也。大水，淮也。大蛤曰蜃。孔氏曰：知大水爲淮者，晉語云：「雉入于淮爲蜃。」高氏誘曰：虹，陰陽交氣也。是月陰壯，故藏不見。

天子居玄堂左个，乘玄路，駕鐵驪，載玄旂，衣黑衣，服玄玉，食黍與彘，其器閎以奄。呂氏春秋作「宏以弇」。鄭註：今月令曰「乘軫路」，似當作「袗」，字之誤也。

玄堂左个，明堂北方之西室也。鐵驪，馬色黑如鐵者也。車馬衣服皆以玄及黑者，順水色也。黍，水穀。彘，水畜也。器閎以奄，謂其中宏大，其口揜小，象冬氣之收斂而藏物於内也。

是月也，以立冬。先立冬三日，大史謁之天子曰：「某日立冬，盛德在水。」天

子乃齊。立冬之日，天子親帥三公、九卿、大夫以迎冬於北郊，還反，賞死事，恤孤寡。

立冬，十月之朔氣也。迎冬者，迎黑帝顓頊，祭之於北郊之兆，而高陽氏配食焉。死事，謂死國事者。孤寡，死事者之妻子。周禮司門「以其財養死政之老與其孤」，是也。蓋行此賞以勵死敵者之氣，亦所以順殺氣也。孟春迎氣行賞後，則命布德和令，孟夏迎氣行賞後，則命習合禮樂及贊桀俊之屬，孟秋迎氣行賞後，則命選士厲兵，皆迎氣日發命，以應時氣。孟冬獨無所命者，冬主閉藏，不別發命者，亦所以順時氣也。

是月也，命大史釁龜、筴，占兆，審卦，吉凶是察，阿黨則罪，無有掩蔽。釋文：釁，許靳反。筴，初格反。○吕氏春秋作「命大卜禱祠，龜、筴占兆，審卦吉凶，於是察阿上亂法者則罪之，無有揜蔽」。鄭註：今月令曰「釁祠」。○按註疏「審卦吉凶」句，「是察阿黨」句，「則罪」下屬。今當以「卦」字「察」字「罪」字爲句。

大史，當作「大卜」，卜、筮官之長也。釁者，攘磔之祭名。龜、筴所以卜、筮於歲首，釁之，神之也。龜所得曰兆，筴所得曰卦。有事而卜、筮，則占兆、審卦，以察所行之吉凶也。阿，謂有所曲狗於上。黨，謂有所私附於下。其或有阿黨，而以吉爲凶，以凶爲吉者，必治其罪，無得有掩蔽而不以實告也。蓋因命釁龜、筴，而言此以預戒之。鄭氏曰：周禮龜人「上春釁龜」，謂建寅之月也。秦以其歲首使大史釁龜、筴，與周異矣。

是月也，天子始裘。

鄭氏曰：九月授衣，至此可以加裘。愚謂四時之服不同，而獨言「裘」「葛」者，以其爲寒暑之大別也。

命有司曰：「天氣上騰，地氣下降，天地不通，閉塞而成冬。」釋文：上，時掌反，又如字。○呂氏春秋無「塞」字。

孔氏曰：以易卦爻象言之，則七月三陽在上，爲天氣上騰；三陰在下，爲地氣下降。以氣應言之，則從五月地氣上騰，至十月，地氣六陰俱升，天氣六陽並謝，天體在上，陽歸於虛無，故云「上騰」；地氣六陰用事，地體在下，陰下連於地，故云「地氣下降」。易含萬物，言非一端，各取其義，不相妨也。愚謂命有司以此者，欲使之順天地而行閉藏之令，下文三節所言皆是也。○閉塞成冬，乃言天地之氣。鄭氏以「閉門户、塞窗牖」言，非是。

命百官謹蓋藏。命司徒循行積聚，無有不斂。釋文：藏，才浪反，又如字。行，下孟反。積，子賜反；聚，才柱反，又並如字。仲冬同。

鄭氏曰：謹蓋藏，謂府庫囷倉有藏物也。積聚，謂芻禾薪蒸之類。愚謂積聚，謂禾稼之露積者。斂，謂納之於囷倉。秋主斂，故孟秋命百官始收斂；冬主藏，故孟冬命百官謹蓋藏。民間之收斂，視官爲稍晚，故仲秋趣民收斂，至此又命司徒循行而趣之，爲其尚有未斂者也。

坏城郭，戒門閭，修鍵閉，慎管籥，固封疆，備邊竟，完要塞，謹關梁，塞徯徑。

釋文：鍵，其輦反，又其偃反。要塞，先代反。塞徯，上先則反，下音奚。○呂氏春秋「坏」作「坿」，「疆」作「壃」。鄭註：今月令「疆」或爲「壃」。

鄭氏曰：坏，益也。鍵，牡，閉，牝也。管籥，搏鍵器也。固封疆，謂使有司循其溝樹，及其衆庶之守法也。要塞，邊城要害處也。梁，橋横也〔一〕。徯徑，禽獸之道也。孔氏曰：城郭當須牢厚，故言「坏」；門閭備禦非常，故云「戒」；鍵閉或有破壞，故云「脩」；管籥不可妄開，故云「慎」；封疆理當險阻，故云「固」；邊竟防擬盜賊，故云「備」；要塞理宜牢固，故云「完」；關梁禁禦姦非，故云「謹」；徯徑細小狹路，故須塞。高氏誘曰：要塞所以固國，關梁所以通塗，塞絶徯徑，爲其敗田。

〔一〕「横」，原本作「梁」，據禮記注疏改。

飭喪紀，辨衣裳，審棺椁之薄厚，塋、丘壟之大小、高卑、厚薄之度，貴賤之等級。釋文：塋音營。壟，力種反。○吕氏春秋「塋」作「營」。

鄭氏曰：此亦閉藏之具，順時飭正之也。辨衣裳，謂襲、斂尊卑所用也，所用又有多少。孔氏曰：衣裳襲、斂多少，及棺椁厚薄，具在喪大記。丘壟大小，鄭註冢人云：「漢律，列侯墳高四丈，關内侯以下各有等差。」又檀弓註云：「墳高四尺。」蓋周之士制外無文。愚謂飭喪紀，謂正飭喪事之條理。墓域曰塋，其封土而高者曰丘壟。喪紀之衣裳有多寡，棺椁有厚薄，塋有大小，丘壟有高卑厚薄，皆所以爲貴賤之等級，辨之審之，皆以正飭喪紀也。

是月也，命工師效功，陳祭器，案度程，毋或作爲淫巧，以蕩上心，必功致爲上。物勒工名，以考其誠，功有不當，必行其罪，以窮其情。釋文：當，丁浪反。○吕氏春秋無「命」字，「功有」之「功」作「工」。

鄭氏曰：霜降而百工休，至此物皆成也。效功，録見百工所作器物也。主於祭器，祭器尊也。度，謂制大小也。程，謂器所容也。淫巧，謂奢僞怪好也。蕩，謂摇動生其奢淫。孔氏曰：功有不當，謂用材精美而器不堅固也。窮其情，窮其詐僞之情。愚謂季春云「毋或作爲淫巧，以蕩上心」，於其方作而戒之也。此又言「毋作淫巧，以蕩上心」，於其既成而察之也。竭其力謂之功，盡其心謂之致。雖合度程，戒淫巧，而未能功致，猶未得爲器之善也。勒，刻也。器之功致與否，一時未能遽辨，必用之而後見，故刻工名於物，於其既用而考之，則其誠僞莫能逃矣。考工記輪人曰「輪敝，三材不失職，謂之完」，築氏爲削，曰「敝盡而無惡」，所謂「考其誠」者如此。

是月也，大飲烝。

烝，冬祭宗廟也。曰「大」者，冬物可進者多也。曰「飲烝」者，猶獻酎於宗廟而曰「飲酎」也。

天子乃祈來年于天宗，大割祠于公社及門閭，臘先祖五祀，勞農以休息之。釋文：臘，力合反。勞，力報反。○呂氏春秋「割」下有「牲」字，「臘先祖」作「饗禱祖」，「農」下有「夫」字。

鄭氏曰：天宗，謂日月星辰也。大割，大殺羣牲割之也。臘，謂以田獵所得禽祭也。五祀，門、户、中霤、竈、行也。或言「祈年」，或言「大割」，或言「臘」，互文。愚謂社以上公配祭，故曰「公社」。此所言，皆臘祭也。臘祭始於戰國。史記秦惠王始臘。韓非書：「山居谷汲者，膢、臘相遺以水。」左傳有「虞不臘」之言，蓋其書亦作於戰國時耳。勞農，既祭而令民飲酒相慰勞也。周制，營室中而土功始。秦以仲秋興土功，故是月民已休息也。○周禮大司樂：「凡六樂者，一變而致羽物及川澤之示，再變而致贏物及山林之示，三變而致鱗物及丘陵之示，四變而致毛物及墳衍之示，五變而致介物及土示，六變而致象物及天神。」此但言樂之感於神祇，其遲速不同，大約如是，非謂諸神皆一祭中所有也。鄭氏誤謂一祭有此諸神，求其説而不得，唯蜡祭有「合聚萬物而索饗」之説，遂指爲蜡祭。月令孟冬祈天宗，祠公社，此秦時祈禱之祭。鄭氏又以其合於大司樂偏致神示之説，亦指爲蜡祭。展轉相證，浸淫蔓衍，唐宋議禮，率用其説，於是所謂蜡也者，自日、月、星辰、社稷、四望、山林、川澤之示，羽毛鱗介之細，莫不偏及矣。夫蜡祭之曰「合聚萬物」者，謂禽獸百種之屬無所不祭，初不謂偏祭天地間之神示也。祭祀之禮，祭尊可以及卑，祭卑不可以及尊。蜡祭八神，而猫虎之微與焉，乃因而祭及日、月、星辰、社稷、四望，於尊者既非專誠之義，於卑者復有厭降之嫌，求諸禮意，不亦遠乎！且蜡祭用黝辜，而天神用實柴槱燎，社稷、四望用血祭。蜡祭之樂，土鼓、葦籥，而天神舞雲門，地示舞咸池，四望舞大磬，乃禮之必不可得而合者。月令有臘而無蜡，秦制也；郊特牲有蜡而無臘，周制也。月令歷言「祈天宗，祠公社、門閭，臘先祖、五祀」，而無一語及八蜡之神；郊特牲歷言八蜡之神，而無一語及天宗、公社等之祭。二記所言，不啻風馬牛之不相及，豈容牽合而指爲一祭乎？

天子乃命將帥講武，習射御，角力。呂氏春秋「帥」作「率」，「習」作「肄」。

此即周禮「冬大閱」之禮也。春治兵，夏茇舍，秋振旅，冬大閱，皆所以習武事也，而唯冬之大閱爲盛，左傳所謂「三時務農，一時講武」也。角力，角擊刺之技勇。習射御以講車乘之武，角力以講步卒之武。○鄭氏謂此「爲仲冬大閱習之」。果爾，則仲冬何以反不言「大閱」？周禮大雩在孟夏，而月令在仲夏。周禮田獵及時祭皆以仲月，而月令酎以孟夏，嘗以季秋，烝以孟冬，教田獵以季秋，講武以孟冬。此自秦制不同，皆不可以周制求其必合。至其他周禮之不著於月令者甚多，或本無此禮，或記文疎略，要無庸以意説也。

是月也，乃命水虞、漁師收水泉池澤之賦，毋或敢侵削衆庶兆民，以爲天子取怨于下。其有若此者，行罪無赦。

鄭氏曰：因盛德在水，收其税。愚謂水虞，澤虞。漁師，𢿐人也。水泉池澤之賦，若周禮𢿐人之「𢿐征」，掌葛「徵草貢之材于澤農」之類是也。

孟冬行春令，則凍閉不密，地氣上泄，民多流亡；

鄭氏曰：寅之氣乘之也。民多流亡，象蟄蟲動。

行夏令，則國多暴風，方冬不寒，蟄蟲復出；

鄭氏曰：巳之氣乘之也。立夏巽用事，巽爲風。

行秋令，則雪霜不時，小兵時起，土地侵削。

鄭氏曰：申之氣乘之也。

仲冬之月，日在斗，昏東辟中，旦軫中。釋文：辟，必亦反，又必狄反。

斗宿，星紀之次也。案漢三統書，大雪，日在斗十二度，秦時大雪當在斗十四度。又三統書，大雪，昏壁五度中，旦角三度中；秦時大雪，昏辟七度中。漢時大雪，旦軫星已西過四度，秦時大雪，旦角五度中也。

其日壬癸，其帝顓頊，其神玄冥，其蟲介，其音羽，律中黄鍾。

鄭氏曰：黄鍾者，律之始也，九寸。仲冬氣至，則黄鍾之律應。周語曰：「黄鍾所以宣養六氣九德。」漢書律志曰：黄者，中之色，君之服也。鍾者，種也。天之中數五，五爲聲，聲上宫，五聲莫大焉。地之中數六，六爲律，律有形有色，色上黄，五色莫盛焉。故陽氣施種於黄泉，孳萌萬物，爲六氣元也。以黄色名元氣律者，著宫聲也。宫以九唱六，變動不居，周流六虚。始於子，在十一月。蔡氏元定曰：冬至則黄鍾九寸。

其數六，其味鹹，其臭朽，其祀行，祭先腎。

冰益壯，地始坼，鶡旦不鳴，虎始交。釋文：曷，本亦作「鶡」，同户割反。

鄭氏曰：皆記時候也。鶡旦，求旦之鳥也。交猶合也。高氏誘曰：坼，凍裂也。鶡旦，山鳥，陽物也，是月陰盛，故不鳴。虎，陽中之陰，陰氣盛，以類發也。

天子居玄堂大廟，乘玄路，駕鐵驪，載玄旂，衣黑衣，服玄玉，食黍與彘，其器閎以奄。

玄堂大廟，明堂之北堂也。

飭死事。呂氏春秋無此句。

孔氏曰：因殺氣之盛，以飭軍士，令戰有必死之志。

命有司曰：「土事毋作，慎毋發蓋，毋發室屋及起大衆，以固而閉。地氣沮泄，是謂發天地之房，諸蟄則死，民必疾疫，又隨以喪，命之曰暢月。」呂氏春秋無「慎」字，「蓋」下有「藏」字，「以固而閉」下有「發蓋藏，起大衆」字，「沮」作「且」，「必」作「多」。

鄭氏曰：大陰用事，尤重閉藏。愚謂以固而閉，謂上文所言，皆所以固陰氣之閉藏也。此句下當有「發蓋藏，起大衆」二句。沮，當作「且」。房所以藏物者，是時陽氣潛藏地下，若房舍然。若發蓋藏，起大衆，則地下之陽發洩於上，是發天地之房也。蟄蟲隨陽氣以生，陽氣洩，故死。陰氣用事，而陽氣出而干之，二氣乖沴，故中乎人而爲疾疫，又隨之以死喪也。

暢，達也。時當閉藏而暢達之，故命之曰「暢月」，言其逆天時也。○孔氏曰：慎無發蓋，則孟冬云「謹蓋藏」是也。非唯仲冬一月之事，故不言「是月也」。愚謂孔謂「此非一月之事」，是也。然此所命，下及季冬，而非上包孟冬。孟冬「謹蓋藏」，欲其謹於方藏也；此云「毋發蓋」，戒其發於已藏也。

是月也，命奄尹申宮令，審門閭，謹房室，必重閉，省婦事，毋得淫。雖有貴戚近習，毋有不禁。 釋文：重，直龍反。省，所景反。

鄭氏曰：奄尹，主領奄豎之官，於周則爲内宰，掌治王之内政、宫令，譏出入及開閉之屬。重閉，外内閉也。省婦事，所以靜陰類也。淫，謂女工奢僞怪巧物也〔一〕。貴戚，姑、姊妹之屬。近習，天子所親幸者。馬氏晞孟曰：貴戚易奢，近習易驕。欲法之行，自貴近始。愚謂此門閭，謂宫中之門閭也。巷門曰閭，宫中有永巷，故有閭。○郝氏敬曰：周禮内宰、宫伯，皆大夫士爲之，故先王之世，宫府如一。是書以奄爲尹，内宰宫政之職，移而屬之奄矣。此秦作法之弊，趙高所以專制也。愚謂郝氏之説固善，然奄尹之名，或因其所領者乃奄官，若周禮内宰之下有内小臣、寺人之屬，而其爲尹者未必奄也。

〔一〕「巧」，禮記注疏作「好」。

乃命大酋秫稻必齊，麴蘖必時，湛熾必絜，水泉必香，陶器必良，火齊必得。兼用六物，大酋監之，毋有差貸。釋文：酋，子由反，又在由反。秫音述。麴，邱六反。蘖，魚列反。湛，子廉反。熾，尺志反。火齊，才計反。監，古銜反。貸音二，又他得反。○呂氏春秋「熾」作「饎」，「貸」作「忒」。

鄭氏曰：酒孰曰酋。大酋者，酒官之長，於周爲酒人。秫稻必齊，謂孰成也。湛，漬也。熾，炊也。火齊，生孰之調也。物猶事也。差貸，謂失誤。古者穫稻而漬米麴，至春而爲酒。詩云：「十月穫稻，爲此春酒，以介眉壽。」孔氏曰：周禮酒正引此「大酋」爲「酒正」。此註大酋「爲酒人」者，以酒正掌酒之政令，及酒出入之事，不親監作，此大酋監作，故爲酒人也。此月漬米麴，至春而成，故毛詩傳云：「春酒凍醪。」吳氏澄曰：黍、稷、稻、粱之黏者皆曰「秫」，此「稻」既別出，則秫乃黍、稷、粱之總名。愚謂麴蘖者，所以爲酒也。秫稻者，所以爲麴蘖也。齊，謂齊同成熟，無秕稗之雜也。時者，麴之蒸欝，必伺其溫凉之時而調適之，則生衣多而力厚也。湛必絜者，謂盛水之盆盎，欲其滌濯之淨也。熾必絜者，謂所用炊之柴薪也。如以勞薪炊飯，則味變，是熾之不絜，其害於酒可知。以水泉漬秫稻，及以和麴，必欲其香，香，謂甘洌也。陶器，甑、甗、尊、罍之屬。良，謂不窨、墾、薜、暴也。器不良，以之炊及盛酒，則能敗味。火齊，謂火之齊候，炊米和酒，其生熟必得中也。六者一有失焉，則謂之差貸。

天子命有司祈祀四海、大川、名源、淵澤、井泉。呂氏春秋「子」下有「乃」字，「源」作「原」。

鄭註：今月令「淵」爲「深」。

大川，江、淮、河、漢之屬。名源，大川所發源，岷山、桐柏之屬。淵，深也。深澤，雲夢、大野之屬。四海，水之所歸也。大川、名源，水之流者；淵澤、井泉，水之聚者。鄭氏曰：順其德盛之時祭之也。

是月也，農有不收藏積聚者，馬牛畜獸有放佚者，取之不詰。釋文：畜，許六反。○呂氏春秋「馬牛」作「牛馬」。

鄭氏曰：此收斂尤急之時，人有取者不禁〔一〕，所以警懼其主也。王居明堂禮曰：「孟冬之月，命農畢積聚，繫收牛馬。」愚謂畜獸，羊豕之屬也。官之收物始於孟秋，藏物始於孟冬。仲秋趣民收斂，孟冬命司徒循行積聚，毋有不斂，則民間之收物始於仲秋，而畢於孟冬。至仲冬，乃藏物之候也，今其積聚非唯不藏，而且未收，則其怠惰勿率甚矣。故又下此

〔一〕「禁」，禮記注疏作「罪」。

令，非徒警懼其主，使之急於收斂，且與其積聚耗敗於外，牛馬凍露而死，不如使他人得取之以爲用，亦「貨惡其棄於地」之意也。然民之收斂，趣之再三，而藏僅於是言之，蓋藏易於收，既收未有不藏者也。

山林藪澤，有能取蔬食，田獵禽獸者，野虞教道之。其有相侵奪者，罪之不赦。釋文：道音導。○呂氏春秋「蔬」作「疏」。

高氏誘曰：無水曰藪，有水曰澤。草實曰疏食。鄭氏曰：大澤曰藪。草木之實爲蔬食。愚謂是時禾稼畢納，故命之以餘力取蔬食，獵禽獸。教道之者，指示其所在也。易曰：「即鹿無虞，惟入于林中。」既教道以遂其求，又禁侵奪以止其爭，所以爲民計者周矣。

是月也，日短至，陰陽争，諸生蕩。

鄭氏曰：争者，陰方盛，陽欲起也。蕩，謂物動，將萌芽也。愚謂日短至，謂短之至極。以昏明之限言，則晝四十刻，夜六十刻；以日出入之度言，則晝三十五刻，夜六十五刻也。今法冬至晝三十六刻十分，夜五十九刻五分。蕩，動也。諸生蕩者，陽復於下，而諸物之生氣初動也。仲夏曰「死生分」，懼陰之長也；仲冬曰「諸生蕩」，喜陽之復也。

君子齊戒，處必掩身，身欲寧，去聲色，禁耆欲，安形性，事欲靜，以待陰陽之

所定。釋文：去，起吕反。耆，市志反。○吕氏春秋「掩」作「弇」。

此謂冬至之日也。齊戒，以安其性。處必掩身，身欲寧，以安其形。去聲色，以禁其耆慾。事欲靜，即仲夏之「靜事無刑」也。此所言，皆與仲夏同，而稍略，以彼文可互見也。蓋敬慎安靜以養微陽之初起，陽長則陰自將退聽，而陰陽之爭者定矣。○鄭氏曰：易及樂、春秋説云：「冬至，人主與羣臣從八能之士作樂五日。」此言「去聲色」，又相反。朱子説已見「仲夏」章。

芸始生，荔挺出，蚯蚓結，麋角解，水泉動。釋文：芸音云。荔，力計反。○吕氏春秋「結」作「紆」。

鄭氏曰：又記時候也。芸，香草也。荔挺，馬薤也。水泉動，潤上行。高氏誘曰：荔，馬荔。挺，生出也。孔氏曰：結猶屈也。蚯蚓在穴，屈首下嚮陽氣，陽動則宛而上首，故結而屈也。愚謂季冬「水澤腹堅」，而此云「水泉動」者，謂隨陽氣而動於下也。

日短至，則伐木，取竹箭。

鄭氏曰：此其堅成之極時。愚謂王制「草木零落，然後入山林」，謂此月也。

是月也，可以罷官之無事，去器之無用者。

鄭氏曰：謂先時權所建作者也。天地閉藏而萬物休，可以去之。

塗闕廷、門閭，築囹圄，此以助天地之閉藏也。吕氏春秋「此」作「所」。

吴氏澄曰：闕廷，畚土以補其凹陷；門閭，埏埴以塞其罅隙。愚謂仲春曰「省囹圄」，孟秋曰「繕囹圄」，此又曰「築囹圄」者，蓋孟秋之繕，特因其本有脩治之，而其所省者如故也，至此收藏嚴肅之時，又增築之。此月之所築，即至仲春而省之者也。

仲冬行夏令，則其國乃旱，氛霧冥冥，雷乃發聲；釋文：氛，芳云反。○吕氏春秋「氛」作「氣」。

鄭氏曰：午之氣乘之也。氛霧冥冥，霜露之氣，散相亂也。

行秋令，則天時雨汁，瓜瓠不成，國有大兵；釋文：雨，于付反。汁音執。瓠，户故反。

鄭氏曰：酉之氣乘之也。雨汁者，水雪雜下也。

行春令，則蝗蟲爲敗，水泉咸竭，民多疥癘。釋文：疥音介。○吕氏春秋「疥」作「疾」。

鄭氏曰：卯之氣乘之也。蝗蟲爲敗，當蟄者出也。水泉咸竭，大火爲旱也。疥癘之病，孚甲之象。

季冬之月，日在婺女，昏婁中，旦氐中。

婺女者，北方玄武之第三宿，而玄枵之次也。案漢三統書，小寒，日在婺女八度，秦時小寒，日當在婺女十度。婁者，西方白虎之第二宿；氐者，東方蒼龍之第三宿。案三統書，小寒，昏婁十一度中，旦氐十二度中。秦時小寒，昏時婁星已西過一度，當胃初度中，旦時氐十四度中也。

其日壬癸，其帝顓頊，其神玄冥，其蟲介，其音羽，律中大吕。

鄭氏曰：大吕者，蕤賓之所生也，三分益一，律長八寸二百四十三分寸之百四。季冬氣至，則大吕之律應。周語曰：「大吕助陽宣物。」漢書律志曰：吕，旅也，言陰大，旅助黄鍾宣氣而牙物也。位於丑，在十二月。蔡氏元定曰：大雪則大吕八寸三分七釐六毫。○十二律之相生，自蕤賓以下，鄭氏與班固漢志不同。蕤賓上生大吕，大吕下生夷則，夷則上生夾鍾，夾鍾下生無射，無射上生中吕者，鄭氏之説也。蕤賓下生大吕，大吕上生夷則，夷則下生夾鍾，夾鍾上生無射，無射下生中吕者，班固之説也。西山蔡氏云：「黄鍾生十一律，子、寅、辰、午、申、戌六陽辰皆下生，丑、卯、巳、未、酉、亥六陰辰皆上生。其林鍾、南吕、應鍾，在陰無所增損，其大吕、夾鍾、中吕，在陽則用倍數，方與十二月之氣相應。」是蔡氏以班固所言者，大吕、夾鍾、中吕之本，用之以調聲者也。鄭氏所言者，就大吕、夾鍾、中吕之本而倍之，以爲候氣之用者也。然十二月候氣，皆用本律，何以此三律乃用倍聲？且如班固「蕤賓下生」，至蕤賓清宮，不可又下生，卻當「上生大呂」，故沈存中疑其時上時下，非自然之數。蓋自子至巳爲陽律、陽呂，律呂皆下生；自午至亥爲陰律、陰呂，律呂皆上生。鄭氏所言大呂、夾鍾、中呂以蕤賓三律上生而得之者，乃其本律；而班固所言大呂、夾鍾、中呂三律以蕤賓三律下生而得之者，特其半律耳。

其數六，其味鹹，其臭朽，其祀行，祭先腎。

雁北鄉，鵲始巢，雉雊，雞乳。 釋文：鄉音向。雊，古豆反。乳，如住反。○呂氏春秋「雉雊、雞乳」作「乳雉雊」。

鄭氏曰：皆記時候也。雊，雉鳴也。詩云：「雉之朝雊，尚求其雌。」高氏誘曰：鵲，陽鳥，順陽而動，始爲巢也。乳，卵也。愚謂雁北鄉者，始鄉之而尚未北也；至正月候雁北，始北歸矣。是月雷應陽氣，始發聲於地中，雉聞之而雊。漢書云「雉者聽察，先聞雷聲，故月令以紀氣」，是也。

天子居玄堂右个，乘玄路，駕鐵驪，載玄旂，衣黑衣，服玄玉，食黍與彘，其器閎以奄。

玄堂右个，明堂北方之東室也。

命有司大難，旁磔，出土牛，以送寒氣。釋文：難，乃多反。

鄭氏曰：旁磔，於四方之門磔攘也。出猶作也。作土牛者，丑爲牛，牛可牽止也。送猶畢也。愚謂是月陰寒至盛，故命大難。仲秋之難，唯天子行之；季春之難，雖及於國人，而不若是月之驅除爲尤徧也。旁磔，磔牲於國門之旁，即季春之「九門磔攘」也。出土牛者，牛爲土畜，又以土作之，土能勝水，故於旁磔之時出之於九門之外，以禳除陰氣也。十二物相屬，其説未知其始。月令季冬「出土牛」，或秦時已有此説與？

征鳥厲疾。

鄭氏曰：殺氣當極也。征鳥，題肩也。齊人謂之擊征，或名曰鷹。愚謂厲疾，言其搏鳥猛厲而迅疾也。

乃畢山川之祀，及帝之大臣，天之神祇。吕氏春秋「畢」下有「行」字，「天」下有「地」字。

此於歲終總祭諸神，承孟冬之所未祭者而畢之，亦秦禮也。帝之大臣，謂先帝之大臣，即百辟卿士之有益於民者也。山川先於帝之大臣者，山川中有嶽瀆，尊也。天地之神祇最在後者，孟冬已祭天宗及公社，此所祭天神乃風師、雨師、司中、司命之屬，地祇乃邱陵、墳衍之屬，卑於帝之大臣也。

是月也，命漁師始漁。天子親往，乃嘗魚，先薦寢廟。

是月魚美，於始漁而天子親往，爲將薦寢廟，重其事也。國語里革曰：「古者大寒降，土蟄發，水虞於是乎講罛罶，取名魚，登川禽，而嘗之寢廟。」「鳥獸孕，水蟲成，獸虞於是乎禁罝羅，矠魚鱉，以爲夏犒〔一〕。」蓋自此月始漁，以至於季春，皆取魚之時也。季春所薦唯鮪，此言「嘗魚」，明非一種也。

冰方盛，水澤腹堅，命取冰，冰以入。 釋文：腹，本又作「復」，又方服反。○呂氏春秋「腹」作「復」。鄭註：今月令無「堅」。

水，流水也。澤，聚水也。腹，謂水之深處，言其在水之中，若人之腹然。水之冰，由上以漸及於下，至是月而水澤之腹皆凝結而堅固，故可取而藏之也。入，謂入於凌室。以入，猶畢入也。

令告民出五種，命農計耦耕事，脩耒耜，具田器。 釋文：種，章勇反。○呂氏春秋「命」下

〔一〕「犒」，原本作「槁」，據國語魯語改。

有「司」字。

鄭氏曰：大寒氣過，農事將起也。耜者，耒之金也，廣五寸。田器，鎡錤之屬。　愚謂令告民，令田官告之也。五種，五穀之種。出，謂出於倉窖而簡擇之。耦耕者，耕必以二人爲耦也。正月農事將起，故於歲終預飭之。

命樂師大合吹而罷。釋文：吹，昌睡反。

季秋習吹，至此則合而作之，以觀國子學吹之成也。此亦當天子親往，不言者，以已於季春見之也。言「而罷」者，以一歲學樂之事於是而終也。○鄭氏曰：歲將終，與族人大飲，作樂於大寢，以綴恩也。王居明堂禮：「季冬，命國爲酒，以合三族。君子說，小人樂。」　愚謂如鄭氏之說，則合吹爲燕飲而舉，必不當舍燕飲而但言「合吹」也；飲酎用禮樂，必不可但言「用禮樂」也；大雩用盛樂，必不可但言「用盛樂」也。使飲酎但言「用禮樂」，大雩但言「用盛樂」，則人亦安知其所用爲何事乎？必無是立文之法也。王居明堂禮所言，古或有是禮，若以月令「合吹」當之，則必不然。

乃命四監收秩薪柴，以共郊廟及百祀之薪燎。釋文：共音恭，下文「以共」皆同。燎，力召反。○鄭註：今月令無「及百祀之薪燎」。

鄭氏曰：大者可析謂之薪，小者合束謂之柴。薪施炊爨，柴以給燎。愚謂薪以給烹飪，燎以助明，若庭燎及田燭之類是也。薪燎所共非一，獨曰「郊廟及百祀」，舉其重者言之爾。合秩芻以夏，草至夏而長也；收薪柴以冬，薪至冬而乾也。

是月也，日窮于次，月窮于紀，星回于天，數將幾終，歲且更始，專而農民，毋有所使。釋文：幾音祈，又音機。

鄭氏曰：言日月星辰運行，於此月皆周匝於故處也。次，舍也。紀，會也。而猶汝也。言專一汝農民之心，令之豫有志於耕稼之事，不可徭役，徭役之則志散失業也。孔氏曰：去年季冬，日次於玄枵，至此月復次玄枵，故曰「日窮于次」。去年季冬，日月會於玄枵，至此復會於玄枵，故曰「月窮于紀」。二十八宿隨天而行，每日雖周天一匝，早晚不同，至此月復其故處，故曰「星回于天」。幾，近也。以去年季冬至今年季冬三百五十四日，未滿三百六十五日，未得正終，唯近於終，故云「數將幾終」。而，汝也。言在上專一農民之事，毋得興起造作，有所役使也。蓋此脩月令者，爲國家戒約之辭，月令內不云乃命某官之屬者，皆是禮家總禁也。愚謂星回於天，謂今年正月節，昏參中，至明年正月節，復參中也。經星每日一周天，實不待終歲而回，但其東西伏見，昏旦之中皆隨日之所行而異。日行一歲始周，故星之中於昏旦伏見於東西，亦必盡一歲乃回復於舊處也。小民終歲勤動，至春農事又起，唯歲晚務閒之時少可休息，若又使之，則力不堪矣。

天子乃與公、卿、大夫共飭國典，論時令，以待來歲之宜。呂氏春秋無「公」字。

鄭氏曰：飭國典者，和六典之法也。馬氏晞孟曰：先王之時，歲終，令百官府各正其治，受其會，聽其致事。於是飭國典之未宜者改之，以經邦治；論時令之未協者正之，以授民事；至正月始和布焉，所謂「待來歲之宜」也。吳氏澄曰：國典，經國之常典；時令，隨時之政令。國典有定，故飭正其舊而已；時令無常，故須商度所宜而行。來歲所宜，謂時令也。論時令必先飭國典者，時之所宜雖不同，要無不出於國典也。

乃命大史次諸侯之列，賦之犧牲，以共皇天、上帝、社稷之饗。

鄭氏曰：此所與諸侯共者也。列，國有大小也。賦之犧牲，大者出多，小者出少。孔氏曰：言「諸侯」，則同姓、異姓皆然。

乃命同姓之邦共寢廟之芻豢。

鄭氏曰：此所以與同姓共也。芻豢，猶犧牲。

命宰歷卿大夫至于庶民，土田之數，而賦犧牲，以共山林名川之祀。

鄭氏曰：此所與卿、大夫、庶民共者也。歷猶次也。卿大夫采地亦有大小，其非采地，以其邑之民多少賦之。孔氏曰：不言「士」，省文。愚謂宰，疏以爲小宰。周禮小宰職「掌祭祀賓客之戒具」，「令百官府共其財用」，是也。上所賦者，畿外之國；此所賦者，畿内之地。天地、社稷、宗廟尊，故所賦者廣；山林名川卑，故所賦者狹。

凡在天下九州之民者，無不咸獻其力，以共皇天、上帝、社稷、寢廟、山林、名川之祀。呂氏春秋此下有「行之是令，此謂一終，三旬二日」十二字。

此復總上三節而結言之。上言「諸侯、卿、大夫」，此獨言「民」者，邦國采地之賦皆由民出也。犧牲非國家之所乏，而必以出於民力者奉祭祀，蓋成民而後致力於神，且以明所爲祭祀者，凡爲民祈福，而非私其禱於己也。

季冬行秋令，則白露蚤降，介蟲爲妖，四鄙入保；

鄭氏曰：戌之氣乘之也。九月初尚有白露，月中乃爲霜。介蟲爲妖者，丑爲鼈蟹也。疏云：陰陽式法：「丑爲鼈蟹。」四鄙入保，畏兵，辟寒象。

行春令，則胎夭多傷，國多固疾，命之曰逆；釋文：夭，烏老反。

鄭氏曰：辰之氣乘之也。夭，少長也。此月物甫萌芽，季春乃句者畢出，萌者盡達。胎夭多傷者，生氣早至，不充其性。國多固疾，生不充性，有久疾也。命之曰逆者，衆害莫大於此。

行夏令，則水潦敗國，時雪不降，冰凍消釋。

鄭氏曰：未之氣乘之也。季夏大雨時行。

禮記卷十八

曾子問第七之一 別録屬喪服。

此篇多記吉凶冠昏所遭之變。内子游問者一條，子夏問者一條，餘則皆曾子問而夫子答之者也。亦有不言「曾子問」，直曰「孔子曰」者，或記者文略，或孔子自爲曾子言之，不待其問也。蓋先王所著之爲禮者，其常也，然事變不一，多有出於意度之外，而爲禮制所未及備者。曾子預揣以爲問，夫子隨事而爲之處，蓋本義以起夫禮，由經以達之權，皆精義窮理之實也。

曾子問曰：「君薨而世子生，如之何？」孔子曰：「卿、大夫、士從攝主，北面於西階南。大祝裨冕，執束帛，升自西階，盡等，不升堂，命毋哭。祝聲三，告曰：『某之子生，敢告。』升，奠幣于殯東几上，哭降。衆主人、卿、大夫、士、房

中皆哭，不踊，盡一哀，反位，遂朝奠。小宰升，舉幣。釋文：大音泰，下文「大祝」「大宰」「大宗」「大廟」皆同。祝，之六反。裨，婢支反。毋音無，本亦作「無」。祝聲，之六反，徐之又反。三，息暫反，又如字。下「聲三」及「三者三」皆放此。

此言世子生，告殯之禮也。攝主，謂攝爲喪主者。蓋世子雖未生，而喪不可以無主，故以庶子或兄弟之子暫主喪事。左傳：「季桓子疾，命其臣正常曰：『南孺子之子，男也，則立之；女也，則肥也可。』桓子卒，康子即位。南氏生男，康子請退。」所謂「攝主」者，謂若康子者也。朝夕哭之位，攝主在阼階東，西面，卿大夫在其南。今以告殯故，在西階南，北面，以殯在西階上也。裨猶副也，益也。服冕者，各以其上服之次爲裨冕。此兼明天子諸侯之禮。天子之大祝下大夫，服希冕，其裨冕則玄冕也。大祝接神，故吉服，又以在喪，故不用其上服而服其次也。顧命「王麻冕、黼裳」，「大保麻冕、彤裳」。黼裳者，三章之絺冕裳繡黼黻者也。彤裳者，一章之玄冕、玄衣、纁裳者也。以此知在喪而假冕服者，皆視其常服有所降明矣。帛，制幣也。十端爲束。告於堂下則大遠，升堂又迫近殯所，故升階盡等而不升堂，遠近之節也。命毋哭者，告神宜靜也。聲三，謂發聲告神者三，欲其聽之也。某，夫人之氏也。殯無几筵，此特設几以奠幣，蓋横設於殯東，與尋常設几之法異也。哭降者，大祝既告，則哭而且降，而北面於大夫之列也。衆主人，君大功以上之親也，亦從攝主北面於西階下。前不言者，文略也。房中，婦人也。朝夕哭之位，男子在阼階下西面，婦人在阼階上西面。今告殯，男子在西階下北面，故婦人在西房中南面，皆爲欲鄉殯故也。不踊者，此告殯耳，異於朝夕哭及受弔也。反位，反朝夕哭之位也。告殯在朝哭之後，既告，反位而後朝奠。鄭氏曰：聲三，噫歆警神也。孔疏曰：直云「祝聲」，不知作何聲。按論語云：「顏淵死，子曰：『噫！天喪予！』」檀弓公肩假曰：「噫！」是古人發聲多云「噫」，故知此聲亦謂噫也。凡祭祀，神之所享謂之歆。今作聲，欲令神歆享，故曰「歆警神也」。小宰升，舉幣，所主也，舉而下，埋之階間。孔氏曰：周禮小宰職「凡祭祀，贊玉、幣、爵之事」，「喪荒，受其含襚幣玉之事」。是幣，小宰所主也。知埋之階間者，下文云「師行，主命」，「反必告，設奠卒，斂幣、玉，藏諸兩階之間」，故知此幣亦埋階間也。○鄭氏以攝主爲上卿代君聽國政者。果爾，則百官總己以聽，終於三年者也，何以下見殯不言攝主乎？又鄭氏謂「筵、几以明繼體」，不知明繼體何所取於几、筵？且記但言「几」，不言「筵」也。雜記諸侯致含、襚，「有葦席，既葬蒲席」，有筵而無几，此奠於殯東几上，有几而無筵，蓋皆特設之以受幣物，故不備几筵，與設坐位之法異，無他義也。

三日，衆主人、卿、大夫、士如初位，北面，大宰、大宗、大祝皆裨冕，少師奉子

以衰，祝先，子從，宰、宗人從，入門，哭者止。子升自西階，殯前北面，祝立于殯東南隅。祝聲三，曰：『某之子某，從執事敢見。』子拜稽顙，哭，祝、宰、宗人、衆主人、卿、大夫、士哭，踊三者三，降，東反位，皆袒。子踊，房中亦踊三者三，襲，衰，杖，奠，出〔一〕。大宰命祝、史以名徧告于五祀、山川。」釋文：少，升召反。奉，方勇反。衰，七雷反。從，才用反，下同。見，賢遍反，下「見伯父」「廟見」「旅見」同。

此言見殯之禮也。如初位者，如告殯時西階南之位也。不言攝主者，見子則子爲喪主，而攝主退矣。大宰主贊王，大宗伯詔相王之大禮，故子見皆從。天子之卿六命，服毳冕，其裨冕則希冕也。二卿裨冕，猶大祝裨冕之義也。少師主養子者，蓋以師氏之上士爲之，左傳所謂「卜士負之」者也。初生未能服衰，故用衰奉之。特牲、少牢吉祭，「祝先，主人從」；士虞禮凶祭，「主人先，祝從」。此在喪中，乃祝先子從者，以告神，故依吉祭之禮也。入門，哭者止者，子乃喪主，初入門未哭，故衆主人止哭以待之也。升自西階者，居喪之禮，升降不由阼階也。殯前北面者，殯南首，子不可正立於其南而當死者之首，當在殯之東稍南而北

〔一〕「奠出」，四部備要本及萬有文庫本並同，禮記注疏作「亦出」。

面也。祝立於殯東南隅者，詔辭自右，祝在子之右而稍後，直殯之東南也。祝亦北面。子某者，稱其名也。禮，子生三月，見於父，父名之。此見殯稱名，則名子在見殯之先矣。疏謂「大宰即位立名，然後告殯」，是也。子拜稽顙哭者，奉子者代爲之也。初告子生不踊，此皆踊者，子初見殯，故踊，子踊則衆主人以下皆從而踊矣。三者三者，踊以三度爲一節，如是者凡三也。降東反位者，降自西階，而反阼階東之位也。此言「東反位」於「衆主人、卿、大夫、士」之下，則人君朝夕哭之位，卿、大夫、士皆同面，與士喪禮異矣。皆袒者，子及衆主人、卿、大夫皆袒也。子又踊者，象小斂後主人初即阼階下之位而踊也。子踊則衆主人、卿、大夫及婦人皆踊，不言「衆主人、卿、大夫踊」者，文略也。見子時，婦人在西房，反位時，在阼階上西面，皆與男子拾踊，故言「房中亦踊」，欲見婦人在房中及反位皆踊也。襲而衰杖者，成子禮也。奠，謂朝奠。出者，出反於喪次也。以名徧告于五祀山川，不言「宗廟社稷」者，亦文略也。鄭氏曰：三日，負子日也。因負子名之，喪禮略也。孔氏曰：諸侯五日而殯，殯而成服。此三日而衰者，喪已在殯故也。降東反位者，堂上皆降，堂下者皆東反朝夕哭位。皆袒者，以初堂上堂下之哭非正位，故不袒，今反朝夕哭位，故皆袒。

曾子問曰：「如已葬而世子生，則如之何？」孔子曰「大宰、大宗從大祝而告于

禰。三月,乃名于禰,以名徧告,及社稷、宗廟、山川。」釋文:禰,本又作「祢」,乃禮反。

孔氏曰:禰,父殯宮之主也。既葬,無尸柩,唯有主在,故告於主,同廟主之稱,故曰「禰」也。雖不云「禫冕」者,未葬尚禫冕,葬後不言自顯也。不云「執帛」者,凡告必制幣,從可知也。三日不見,其成服衰絰自依常禮也。前不云「宗廟社稷」,此不云「五祀」,互相明也。王肅云:「未葬當稱子某,故三日名之;既葬稱子不稱名,故三月乃名。」愚謂前告殯,卿、大夫、士皆在者,以朝哭故也。既葬不復朝夕哭,故唯大宰、大宗從大祝而告,蓋大宰攝政,宗伯主宗廟之禮故也。不言攝主者,子生則退矣。三月乃名於禰者,三月乃見於禰而名之也。喪必有主,主幼則使人抱之。未葬,殯宮有朝夕哭奠拜賓之事,故三日即見,既見而後攝主可退;既葬,則朝夕哭皆在廬,而殯宮無所事焉,故子生則攝主可以告退,而見子亦可以待三月也。

孔子曰:「諸侯適天子,必告于祖,奠于禰,冕而出視朝。命祝、史告于社稷、宗廟、山川,乃命國家五官而后行,道而出。告者五日而徧,過是非禮也。凡告用牲、幣,反亦如之。」釋文:朝,直遥反,下同。牲,依註音制。○今按:牲如字。

祖,大祖也。祖與禰,皆設奠以告之。或言「告」,或言「奠」,互見之也。冕而出視朝者,諸侯朝天子，服裨冕，今於將出時先服之以視朝，所以預敬其事也。命祝、史告宗廟，謂君所不親告者也。告山川，就國外之兆而告之也。五官，五大夫主國事者。道，祭行道之神於國城之外也。其禮以菩、芻、棘、柏爲神主，封土爲軷壇，厚二寸，廣五尺，輪四尺，既祭，以車轢之而去，喻行道時無險難也。周禮犬人「伏、瘞亦如之」，鄭謂「伏爲軷祭」，則天子軷祭用犬，諸侯降於天子，軷祭蓋以狗與？告者五日而徧者，容日告一廟也。前行五日，君親告禰廟，其祖及曾祖、高祖，使祝、史以次告之，至五日，君親告大廟，遂奉遷主以行。上以尊卑之次，故先言「告于祖」，其實告祖最在後也。若告山川，則分四方，以四日告之，至五日告社稷，而遂奉社主以行也。過是非禮者，蓋過五日則其所告者不相繼續，於先告者嫌於留其命，於後告者嫌於怠其禮，故爲非禮。告出告反，並用牲幣，但告反所用之牲重於告出，以聘禮出釋幣、反釋奠推之可知也。天子巡守歸，假于祖、禰，用特牛，則其出當用特羊，諸侯或歸用特羊，出用特豕與？孔氏曰：大夫衆多，云「五」者，據典國事者言之。不云「命卿」者，或從君出行，或留國總主衆事，既命五大夫，亦命卿可知。

諸侯相見，必告于禰，朝服而出視朝。命祝、史告于五廟、所過山川，亦命國家五官道而出。反必親告于祖、禰，乃命祝、史告至于前所告者，而后聽朝而

入。」

告于禰，謂親告之。不言祖者，使祝、史告之也。朝服，諸侯之朝服玄冠、緇衣、素裳、冕弁，皆以冠名服，而朝服與玄端同冠，故因以其所用以爲服名。凡經典言「朝服」，皆謂此服也。諸侯相朝亦冕服，此將出視朝，不冕服。祖廟不親告，山川僅告於所過，皆所以貶於朝天子之禮也。反則祖、禰皆親告者，告反之禮重於告出也。○朝、聘之服不同：朝以冕，聘以弁。諸侯朝天子裨冕，其自相朝亦然。熊氏謂「諸侯相聘皮弁服，相朝亦皮弁服」，非也。

曾子問曰：「並有喪，如之何？何先何後？」孔子曰：「葬，先輕而後重，其奠也，先重而後輕，禮也。自啟及葬不奠，行葬不哀次，反葬奠，而后辭於殯，遂修葬事。其虞也，先重而後輕，禮也。」釋文：殯音賓，出註。

鄭氏曰：並，謂父母若親同者同月死。不奠，務於當葬者。不哀次，輕於在殯者。殯當爲「賓」，聲之誤也。辭於賓，謂告將葬啟期也。孔氏曰：並，謂父母也。親同者，祖父母及世叔兄弟。葬是奪情，故從輕者爲首；奠是供養，故令重者居先。自，從也。從啟母殯之後，及至葬柩欲出之時，唯設母之啟殯之奠，朝廟之奠，及祖奠、遣奠而已，不於殯宮爲父喪奠，故云「自啟及葬不奠」，謂不奠父也。不奠者，不更設新奠，仍有舊奠存也。反葬奠者，謂葬母還，反於父殯宮而設奠也。奠父之後，孝子告語於賓，以明日啟父殯期節，賓出，遂營脩葬父之事。虞是奠之類，故亦先重後輕。愚謂不奠，謂不爲未葬者設朝夕奠也。凡朝奠至夕則徹之，夕奠至朝則徹之。今於輕喪既啟之朝，不復徹重喪之夕奠而設朝奠也。蓋既啟則哀有所偏隆，葬近則事有所偏急，故於重喪之奠有所不暇及也。次，謂居喪次舍之處，廬、堊室之所在也。葬時，柩至此則哭踊以致其哀，今行葬不哀次者，喪次乃爲父母之所同，而父喪尚在殯，故不敢爲母喪致哀於此也。奠，謂設重喪之夕奠也。虞以安神，故亦先重而後輕。○孔疏以次爲大門外接賓客之處，非也。此云「行葬不哀次」，則非並有喪者，其葬母固當哀次矣。婦人迎送不出門，可謂次爲大門外接賓客之處乎？

孔子曰：「宗子雖七十，無無主婦；非宗子，雖無主婦可也。」

鄭氏曰：族人之婦，不可無統。孔氏曰：此謂無子孫及有子孫而年幼小者，若有子孫，則傳家事於子孫。故曲禮：「七十曰老，而傳。」愚謂宗子主宗廟之祭，祭必夫婦親之，故不可以無主婦。大宗、小宗皆然。

曾子問曰：「將冠子，冠者至，揖讓而入，聞齊衰、大功之喪，如之何？」孔子曰：「內喪則廢。外喪則冠而不醴，徹饌而埽，即位而哭。如冠者未至，則廢。

釋文：冠，古亂反，下同。

鄭氏曰：冠者，賓與贊者。内喪，同門也。不醴，不醴子也。其廢者，喪成服，因喪而冠。

孔氏曰：加冠在廟，廟在大門之内，吉凶不可同處，故内喪則廢。　愚謂此篇所言「冠者」，與士冠禮異：士冠禮言「冠者」，謂加冠之人也；此篇言「冠者」，謂爲人加冠之人也。冠禮有醴子、醴賓，醴賓在醴子之後，既不醴子，則不醴賓可知。饌，陳也，所陳醴子之具。士冠禮甒醴、勺、觶、角柶、脯、醢之屬在房中者是也。不醴子，故徹之。埽者，爲異事改新之也。即位而哭，謂喪遠者也；若近，則往哭之。

如將冠子而未及期日，而有齊衰、大功、小功之喪，則因喪服而冠。」

鄭氏曰：廢吉禮而因喪冠，俱成人之服。　愚謂未及期日，謂既筮日而未及所筮之日也。因喪服而冠者，於成服之日，就喪次以喪冠而冠也。蓋亦當有賓及贊者。既冠字之，一加而已，而無餘禮也。冠爲重禮，乃因喪服行之，其略如此者何也？蓋吉禮重於嘉禮，以嘉禮所以接神，而吉禮乃所以事神也。凶禮又重於吉禮，以吉禮爲事之常，而凶禮乃事之變也。冠禮雖重，視喪禮則爲輕矣。童子於喪服不能備，今既有冠日，乃以不能備嘉禮之故，而不得以成人之服居喪，則是以所輕廢所重也。故因喪冠者，非輕冠禮，乃所以重喪禮也。雜記「大功、小功之末，可以冠子」，乃謂備嘉禮而冠者，與此因喪服而冠者異也。○雜記曰：「以喪冠者，雖三年之喪可也。」而此言「將冠子，而未及期日，而有齊衰、大功、小功之喪，則因喪服而冠」，則未有期日者固不必因喪而冠矣。蓋父母之喪，已及冠年則必因喪而冠，以不欲以未成人之禮服其親也。若齊衰以下，則有當室，有不當室。不當室者，已筮日，則因喪而冠，此記所言是也。若未筮日，則大功者，待喪末，以吉禮冠，雜記「大功之末，可以冠子」是也。齊衰者，待除喪，以吉禮冠，雜記：「下殤之小功則不可。」下殤之小功，本齊衰之親也。當室者，齊衰、大功之喪，已及冠年則冠，故雜記云：「以喪冠者，雖三年之喪可也。」明齊衰、大功因喪而冠，可知小功以下則待喪末以吉禮冠，雜記「小功之末可以冠」是也。蓋因喪而冠者，所以重喪服，而服之輕重，恩之隆殺不同，故冠之緩急亦異也。

「除喪不改冠乎？」孔子曰：「天子賜諸侯、大夫冕弁服於大廟，歸設奠，服賜服。於斯乎有冠醮，無冠醴。」 釋文：醮，子妙反。

鄭氏曰：酒爲醮。冠禮醴重而醮輕。此服賜服，酌用酒，尊賜也。不醴，明不爲改冠，改冠當醴之。　愚謂大夫，謂天子之大夫也。諸侯、大夫未冠嗣位，初見天子，天子假大廟而命之，賜以冕弁，禮本於尊者所成，故歸遂不復行冠禮也。大夫五十而後爵，此未冠嗣位，得賜冕弁服於大廟，謂有功得世國，若周、召、劉、單之屬者也。設奠者，告於祖廟也。服賜服，言服所賜之服而告廟，明不爲冠禮也。酌而無酬酢曰醮。冠禮有醴與醮：醴用醴，三加之後，總一醴之；醮用酒，每一加而一醮。醴質而醮文，醴重而醮輕。諸侯冠禮用鬱鬯之祼，左傳「君冠，必以祼將之禮行之」是也。此云「有冠醮，無冠醴」，據大夫言之也。大夫冠禮當用醴，今以不復行冠禮，故但使人酌酒醮已而不用醴；若諸侯，則亦但使人酌酒醮已而不爲鬱鬯之祼也。受賜服者如此，則因喪而冠者，其不復行冠禮可知矣。○孔疏以醴與醮爲適子庶子之分，非是。說見郊特牲。

父没而冠，則已冠埽地而祭於禰，已祭而見伯父叔父，而后饗冠者。

鄭氏曰：饗，謂禮之。　愚謂祭於禰者，冠於禰廟，既冠而行告祭也。埽地，亦爲新其事也。饗冠者，謂醴賓也。士冠禮「醴賓，以一獻之禮」，「贊者皆與」，是也。伯父叔父尊，故先見之而后饗冠者。父在而冠，則於其父饗冠者之時而見伯父叔父。

曾子問曰：「祭如之何則不行旅酬之事矣？」孔子曰：「聞之，小祥者，主人練祭而不旅，奠酬於賓，賓弗舉，禮也。昔者魯昭公練而舉酬行旅，非禮也；孝公大祥，奠酬弗舉，亦非禮也。」

三年之喪，至期而祭，謂之小祥。小祥練冠練衣。練祭，謂練冠以祭也。特牲禮三獻以後，主人獻賓及衆賓訖，洗觶酬賓，奠于薦北，賓取觶，奠于薦南。至衆賓長爲加爵之後，兄弟弟子舉觶於其長，賓乃取所奠觶，酬長兄弟，長兄弟取觶酬賓，交錯以辯，謂之旅酬。今小祥之祭，長兄弟爲加爵，則禮畢賓不復取所奠觶，行旅酬之禮也。昭公練而旅酬，不肖者之不及也；孝公大祥，奠酬弗舉，賢者之過也。鄭氏曰：奠無尸，虞不致爵，小祥不旅酬，大祥無無算爵，彌吉也。孝公，隱公之祖父。

曾子問曰：「大功之喪，可以與於饋奠之事乎？」孔子曰：「豈大功耳，自斬衰以下皆可，禮也。」曾子曰：「不以輕服而重相爲乎？」孔子曰：「非此之謂也。天子諸侯之喪，斬衰者奠，大夫齊衰者奠，士則朋友奠。不足則取於大功以下者，不足則反之。」釋文：與音預，下至「説衰與奠」皆同。爲，于僞反。士則朋友，一本作「士則朋友奠」。

饋奠，謂執喪奠之事也。曾子所問者，謂己有大功之服，而與於他人之喪奠，故曰「與於饋奠」。孔子所言，謂有服而爲所服者奠，故直曰「奠」。天子諸侯之喪，爲君服者皆斬衰也。大夫之臣爲大夫，亦斬衰。不奠者，避天子諸侯之禮也。朋友，謂僚屬。士卑，不嫌與君同，故使其屬奠。不足則取於大功以下，不取齊衰者，又避大夫之禮也。不足則反之者，謂殷奠時需人多，取於大功以下猶不足，則使執事者往而復反也。公食大夫禮「士羞庶羞」，「先者反之」。凡喪禮，主人皆不親奠。吳氏澄曰：曾子初問自「大功之喪」始者，蓋以斬齊服重，必不可執事於人，大功稍輕，或可與人殯奠。而孔子答之如此，則知有服之人但爲所服者奠，而不可爲他人奠矣。

曾子問曰：「小功可以與於祭乎？」孔子曰：「何必小功耳，自斬衰以下與祭，禮也。」曾子曰：「不以輕喪而重祭乎？」孔子曰：「天子諸侯之喪祭也，不斬衰者不與祭。大夫齊衰者與祭。士祭不足，則取於兄弟大功以下者。」

祭，謂虞、祔、練、祥也。曾子問己有喪服可與於他人之喪祭，而孔子復言可爲所爲服者之喪祭以答之也。天子之喪，無不斬衰者；諸侯則有之，若寄公、國賓是也。不斬衰者不與祭，以羣臣多，足以執事也。孔子於喪奠，直言「奠」，於喪祭言「與祭」者，蓋喪奠，主人不親，而他人執其事；喪祭，主人親之，他人特與之而已也。大夫臣少，故斬衰以外，又取齊衰者。士亦齊衰者與祭，若齊喪者不足，又取兄弟大功以下也。吳氏澄曰：曾子疑小功又輕於大功，或可與他人之喪祭，而孔子答之如此，則知但得爲所服者祭，而不得與他人喪祭矣。○鄭註謂「祭爲虞、卒哭」，孔疏云：「知非練、祥者，士練祭時，大功服已除，天子諸侯之祭則得兼練、祥。」其說非也。大功以下，但據其本服言之，初不嫌已除服而與於喪祭也。若大夫士之練、祥，必服未除者乃得與祭，則得與於祭者甚寡，必不足以執事矣。

曾子問曰：「相識，有喪服可以與於祭乎？」孔子曰：「緦不祭，又何助於人？」

喪服，謂緦也。與於祭，謂與於相識之吉祭也。上文曾子兩問，而孔子不喻，故此特言「相識」，以明所問者非謂其所爲服者也。吉凶不相干，己有緦服，不得自祭宗廟，況他人之祭乎？ 吴氏澄曰：曾子疑緦麻更輕於小功，或得與所識者吉祭，而孔子以不可答之。以上三問，論喪服則先大功，次小功，次緦麻，由重而漸輕；於爲人，則先殯奠，次喪祭，次吉祭，由凶而漸吉也。○熊氏以祭爲虞、祔，謂「身有同宮緦服，不得爲父母虞、祔、卒哭祭。天子諸侯，臣妾死於宮中，雖無服，亦不得爲父母虞、祔、卒哭祭」。其說亦非也。雜記：「如三年之喪，既潁，其練、祥皆行。」言「練、祥」而不言「虞、祔」，蓋虞以安神，祔以適祖，其祭皆不可以久稽，雖值三年之喪，亦不過既殯而祭耳，況其輕焉者乎？又曰「將祭，同宮臣妾死，葬而后祭」，亦謂練、祥之祭，非虞、祔也。雖大夫士，亦必不以同宮臣妾之未葬，輟其父母之虞、祔，況天子諸侯乎？若謂身有緦服，不得爲練、祥之祭，雖若可通，然此唯同宫緦爲然，若以喻身有緦服，不得與於他人之祭，則義不相當。故此節所言之祭，皆當爲吉祭無疑也。

曾子問曰：「廢喪服，可以與於饋奠之事乎？」孔子曰：「說衰與奠，非禮也，以擯相可也。」釋文：說，湯活反。相，息亮反。

鄭氏曰：說衰與奠，非禮者，執事於人之神，以其忘哀疾也。孔氏曰：曾子不問吉祭而問饋奠者，以己新說喪服，吉祭禮輕，吉凶不相干，決其不可；饋奠是他人之重者，己又新始說衰，凶事相因，疑得助奠，故問之也。愚謂廢喪服，謂新除父母之喪也。新除喪，不可與他人饋奠者，以己尚未吉祭，故不可執事於人之鬼神也。擯相猶可，以其非所以接神故也。

吴氏澄曰：可者，略許而非深許之辭，則不若并擯相不爲之爲得也。詳酌人情禮意，緦功之喪，踰月可與人祭，齊斬之喪，則須己行吉祭畢，乃可爲人執事也。

曾子問曰：「昏禮既納幣，有吉日，女之父母死，則如之何？」孔子曰：「壻使人弔。如壻之父母死，則女之家亦使人弔。父喪稱父，母喪稱母。父母不在，則稱伯父世母。壻已葬，壻之伯父致命女氏曰：『某之子有父母之喪，不得嗣爲兄弟，使某致命。』女氏許諾而弗敢嫁，禮也。壻免喪，女之父母使人請，壻弗取而后嫁之，禮也。女之父母死，壻亦如之。」釋文：取，七住反，本亦作「娶」，下文「取婦」「取女」同。

鄭氏曰：吉日，取女之吉日。必使人弔者，未成兄弟也。父喪稱父，母喪稱母，禮宜各以其敵者也。父使人弔之，辭云：「某子聞某之喪，某子使某，如何不淑。」母則若云：「宋蕩伯姬聞姜氏之喪，伯姬使某，如何不淑。」凡弔辭一耳。　愚謂壻不親弔者，以未成昏姻，親弔則難爲辭也。致命者，前已卜日以告於女家，女家許之，今既未得取，故致還其命也。兄弟者，昏姻之稱也。喪服傳曰：「小功以下爲兄弟。」壻爲外舅，外舅報服皆緦，故曰「兄弟」。弗敢嫁者，不敢遽嫁女與之也。免喪，壻猶弗取者，餘哀未忘，不欲汲汲於昏也。而后嫁之者，蓋女之家擇日以告於壻，而不俟其親迎也。士昏禮有「若不親迎」之禮，蓋謂此也。蓋壻弗取者，所以盡人子之心；女之父母嫁之者，所以赴嘉會之期也。羅氏欽順曰：壻弗取，免喪之後，不忍遽從吉也。而后嫁之，所謂「有故則二十三年而嫁」也。

曾子問曰：「親迎，女在塗，而壻之父母死，如之何？」孔子曰：「女改服，布深衣，縞總，以趨喪。女在塗，而女之父母死，則女反。」釋文：迎，魚敬反，下同。

鄭氏曰：布深衣，縞總，婦人始喪未成服之服。女反，奔喪，服期。　孔氏曰：改服，改嫁時之服。嫁服，士妻褖衣，大夫妻展衣，卿妻鞠衣也。深衣，衣裳相連，前後深邃。縞，白絹。總，束髮者。女子在室，爲父箭、笄、髽、衰三年，父卒，爲母亦三年。今既在塗，非復在室，故知服期，於時女亦改服布深衣，縞總，反而奔喪也。愚謂深衣皆不言「布」，此特言「布」者，蓋婦人之服皆深衣之制也。玄綃衣以上則用帛矣，故特言「布」以别之。斬衰總六寸，齊衰總八寸，婦爲舅姑期，則縞總八寸也。昏禮，舅姑承子以授壻，而夫婦之義自此始，故在塗而反，爲其父母降服期。○郭子從問：「曾子問：『親迎，女在塗，而壻之父母死，如之何？』孔子曰：『女改服，布深衣，縞總，以趨喪。』開元禮除喪之後，束帶相見，不行初昏之禮，趨喪後事，皆不言之，何也？」朱子曰：「趨喪之後，男居外次，女居内次，自不相見。除喪而後，束帶相見，於是而始入御。開元之制，必有所據矣。」○葉味道問：「今有男就成於女家，久而未歸，若壻之父母死，女之本喪如之何？若女之父母死，其女之制服如之何？」朱子曰：「此乃原頭不是，且放在塗之禮行之可也。然既嫁則服自當降，既除而歸夫家耳。」

「如壻親迎，女未至，而有齊衰、大功之喪，則如之何？」孔子曰：「男不入，改服於外次，女入，改服於内次，然後即位而哭。」曾子問曰：「除喪則不復昏禮乎？」孔子曰：「祭過時不祭，禮也。又何反於初？」釋文：過，古卧反。

鄭氏曰：不聞喪即改服者，昏禮重於齊衰以下。祭過時不祭，重喻輕也。同牢及饋饗，相飲食之道。

孔氏曰：男，謂壻也，不入大門，改服深衣於門外之次。女，謂婦也，入大門，改服深衣於門內之次。即位而哭，謂於壻家爲位也。皇氏以爲就喪家爲位。祭祀是奉事鬼神，故爲重；昏禮是生人相燕飲，故爲輕。重者尚廢，輕者廢可知也。愚謂齊衰、大功之喪者，於男爲齊衰，則於女爲大功也；於男爲大功，則於女爲小功也。此聞喪不爲昏禮，則昏禮非重於齊衰、大功。不即改服者，所以降於父母舅姑之喪也。齊衰、大功之喪，有同門不同門，而奔喪皆必至喪所。男改服於門外者，改服於所奔者之大門外也。婦人奔喪，入自闈門。女改服於門內者，改服於所奔者闈門之內也。既改服，乃入至喪所，與在家者皆即位而哭也。嘉禮輕於吉禮，祭過時不祭，則昏禮可知，故曰「又何反於初」。然則婦可以不見舅姑乎？曰：齊衰、大功之喪，婦與舅姑皆即位而哭，是見也。喪事重，則於嘉事不得不略也。○熊氏安生曰：此謂在塗聞齊衰、大功，若婦已揖讓入門，内喪則廢，外喪則行昏禮，約上冠禮之文。孔氏曰：不問小功者，小功輕，待昏禮畢乃哭耳。愚謂熊氏言「行昏禮」者，謂行同牢合巹之禮，然後改服即位而哭。其次日見舅姑，盥饋饗婦之禮則不復舉也。若小功在塗聞喪者，其禮蓋亦如此與？

孔子曰：「嫁女之家，三夜不息燭，思相離也。取婦之家，三日不舉樂，思嗣親也。三月而廟見，稱『來婦』也。擇日而祭於禰，成婦之義也。」釋文：離，力智反。

不息燭，謂不能寢也。嗣親，則親有代謝之義，人子之所不忍言也。三月而廟見，稱來婦者，昏禮「質明，贊見婦於舅姑」，「若舅姑沒，則三月而見於廟，奠菜於舅姑」，其祝辭曰「某氏來婦，敢奠嘉菜于皇舅某子」也。擇日而祭於禰，謂擇吉日而奠菜也。婦見於舅姑，乃成爲婦。賈氏公彦曰：若舅没姑存，則當時見姑，三月亦廟見舅；若舅存姑没，婦人無廟可見，或更有繼姑，自當如常禮也。愚謂賈氏謂姑没有繼姑，當見繼姑，固也。然於没者不見，於人情亦恐未安。且如夫爲前姑所生，尤不可但見繼姑而已也。婦人之先夫而死者，雖無廟，而祭之於寢，則婦就寢而奠菜與？○孔氏謂「庶婦不廟見」，非也。士昏禮於奠菜祭行之後，别言庶婦之禮云：「庶婦則使人醮之，婦不饋。」其異於適婦者止此，則其餘禮皆如適婦矣。蓋供養主於適婦，故庶婦不盥饋，若廟見，所以代質明之見，與盥饋殊義。庶婦於舅姑存者，未嘗無質明之見，特醮而不醴耳，舅姑没，亦必廟見可知。至三月祭行，則適婦爲祭主，而庶婦不過列於内賓宗婦之班，此則與適婦盥饋，庶婦不盥饋同義。若廟見，自與祭禮不同，未可以庶婦不得主祭疑之也。

曾子問曰：「女未廟見而死，則如之何？」孔子曰：「不遷於祖，不祔於皇姑，壻不杖、不菲、不次，歸葬于女氏之黨，示未成婦也。」釋文：菲，一本作「屝」，扶畏反。

鄭氏曰：遷，朝廟也。壻雖不備喪禮，猶爲之服齊衰也。孔氏曰：反葬於女氏之黨，故其柩不朝於壻之祖廟，祔祭之時又不得祔於皇姑廟也。壻爲妻合服齊衰，杖而菲屨，及止哀次，今未廟見而死，其壻不杖、不菲、不次，唯服齊衰而已。其女之父母，則爲之降服大功，以其非在家，壻爲之服齊衰期，非無主也。愚謂壻不杖、不菲、不次，爲未成婦，殺其禮也。歸葬於女氏之黨，亦不祔於皇姑之意也。

曾子問曰：「取女有吉日而女死，如之何？」孔子曰：「壻齊衰而弔，既葬而除之。夫死亦如之。」

鄭氏曰：既葬而除，以未有期三年之恩也。女服斬衰。孔氏曰：所以既葬而除者，以壻於女未有期之恩，女於壻未有三年之恩。

曾子問曰：「喪有二孤，廟有二主，禮與？」孔子曰：「天無二日，土無二王。嘗、禘、郊、社，尊無二上，未知其爲禮也。釋文：與音餘，下「禮與」同。

尊無二上者，言所祭雖衆，而所尊者則一而已。嘗、禘合食羣主，而所尊者唯太祖；郊祭及日、月、三望，而所尊者唯上帝；社祭及四方，而所尊者唯后土也。

昔者齊桓公亟舉兵，作僞主以行，及反，藏諸祖廟。廟有二主，自桓公始也。

釋文：亟，徐起吏反。

鄭氏曰：僞猶假也。舉兵，以遷廟主行，無則主命。爲假主，非也。　孔氏曰：亟，數也。作假主以行，而反藏於祖廟，故有二主也。

喪之二孤，則昔者衞靈公適魯，遭季桓子之喪，衞君請弔。哀公辭，不得命。公爲主，客入弔，康子立於門右，北面。公揖讓，升自東階，西鄉，客升自西階弔，公拜，興哭，康子拜稽顙於位。有司弗辯也。今之二孤，自季康子之過也。」釋文：鄉，許亮反。

鄭氏曰：辯猶正也。若康子者，君弔其臣之禮也。鄰國之君弔，君爲之主，主人拜稽顙，非也，當哭踊而已。　孔氏曰：二主行來已久，故云「自桓公始」。康子正當孔子之時，未知後代行之以否，但見當時失禮，故云「自康子之過」。　愚謂諸侯於鄰國之臣，尊卑既異，情分又疎，其弔其喪者，乃因其君而及之，故其君爲主，拜賓，唯其情之稱而已。喪禮拜賓者，唯主喪一人，今哀公既拜，康子又拜，是有二孤也。哀公乃桓子之君，而曰「孤」者，以喪禮主人拜賓，今哀公拜賓，是有爲喪主之義，二孤猶曰「二主」云爾。案春秋哀公三年秋，季桓子卒，時衛君爲出公而非靈公，又無適魯之事，此記所言疑也。

曾子問曰：「古者師行，必以遷廟主行乎？」孔子曰：「天子巡守，以遷廟主行，載于齊車，言必有尊也。今也取七廟之主以行，則失之矣。釋文：守，手又反，本亦作「狩」。齊，側皆反，本亦作「齋」。

鄭氏曰：齊車，金路。皇氏侃曰：遷廟主，謂新遷之主。愚謂遷廟主多，莫適載焉，宜奉其近者而載之，故知爲新遷廟之主也。金路，王乘之以朝、覲、會、同。鄭氏齊僕註云：「王將朝、覲、會、同，必齊，所以敬宗廟及神明。」故金路曰「齊車」。載遷主必以金路者，巡守即會、同也。會、同乘金路，故載遷主亦以金路，象其生時之所乘也。取七廟之主以行者，謂於七廟中取一主以行，非謂並載七廟之主也。後世不知載遷廟主之禮，故取七廟之主以行，又以廟不可無主，故又別作一主以行，此僞主之所由來也。

當七廟五廟無虛主。虛主者，唯天子崩，諸侯薨，與去其國，與祫祭於祖，爲無主耳。吾聞諸老聃曰：『天子崩，國君薨，則祝取羣廟之主而藏諸祖廟，禮也。卒哭成事，而后主各反其廟。君去其國，大宰取羣廟之主以從，禮也。祫祭於祖，則祝迎四廟之主，主出廟入廟，必蹕。』老聃云。」釋文：祫音洽。聃，他甘反。從，才用反，下「椑從」「而從」同。蹕音畢。

鄭氏曰：老聃，古壽考者之號也，與孔子同時。藏諸主於祖廟，象有凶事者聚也。卒哭成事，先祔之祭名也。去國取廟主以從者，鬼神依人者也。孔氏曰：卒哭明日，新主祔祭於祖，故祖主先還入己廟也。祫祭是祝之所掌，故祝迎四廟之主；去國非祭祀之事，故大宰取羣廟之主以從。天子祫祭，則迎六廟之主，今言「迎四廟」，舉諸侯言之也。出廟，謂出己廟，往大廟；入廟，謂由大廟還入己廟也。主出入當蹕，止行人；若主出入大廟中，則不蹕，以壓於尊也。若有喪及去國，無蹕禮也。主，天子一尺二寸，諸侯一尺。○郭德元問：「老子云『禮，忠信之薄而亂之首』，孔子又卻問禮於他，不知何故？」朱子曰：「他曾爲柱下史，故禮自是理會得，所以與孔子說得如此好。只是他又說這箇物事不用得亦可，一似聖人用禮時反多事，所以如此說。」

曾子問曰：「古者師行無遷主，則何主？」孔子曰：「主命。」問曰：「何謂也？」孔子曰：「天子諸侯將出，必以幣、帛、皮、圭告于祖、禰，遂奉以出，載于齊車以行。每舍，奠焉而后就舍。反必告，設奠，卒，斂幣、玉，藏諸兩階之間，乃出。蓋貴命也。」

無遷主，謂天子則始祖在七世以内，諸侯則大祖在五世以内也。主命者，受命而出，而遂以爲主，但主其命而無主也。凡告用牲、幣，於所主命者則加以皮、圭，而奉幣、帛、皮、圭以出。但言「以幣、帛、皮、圭告于祖、禰」，不言「牲」者，唯據所奉以出者言之也。文王世子曰：「其在軍，則守於公禰。」覲禮：「侯氏裨冕釋幣於禰。」此皆據無遷主而主命者言之。然則主命之禮，蓋主禰廟，亦受命於禰之義。兼言「祖、禰」者，因禰而及祖，且容父有故不得立，而受國於祖者也。舍，謂館舍。每日至館舍，必設脯、醢之奠於齊車而後就舍，禮神而後即安也。貴，尊也。謂尊祖、禰之命。孔氏曰：在路不可恒設牲牢，奠以脯、醢而已。

○鄭氏曰：所告而不以出，即埋之。孔氏曰：皇氏云：「謂有遷主者，直以幣、帛告神，而不將幣、帛以出，即埋之兩階之間。無遷主者，加之以皮、圭，告於祖、禰，遂奉以出。」熊氏以爲每告一廟，以一幣、玉，告畢，將所告遠祖幣、玉載之而去；若近祖幣、玉不以出者，即埋之。反時，以所載幣、玉告於遠祖，事畢，埋於遠祖兩階間；其近祖以下，直告祭而已，不陳幣、玉也。愚謂鄭氏之言，所以補記文之所未備，而皇氏、熊氏各以其意申之。皇氏謂有遷主則載遷主，而幣、帛不以出，故即埋之。熊氏謂所告之廟而不主其命者，則其幣、帛不以出，故即埋之。二者皆禮之所有，其義相兼乃備。但告用皮、圭，唯所主命之廟則有之，而熊氏謂每廟用幣、玉；主命者，主於祖、禰，而熊氏謂以所告遠祖幣、玉載之而去；告反重於告出，而熊氏謂近祖以下，反時無幣，則其説皆非是。又前章云：「凡告用牲、幣，反亦如之。」鄭氏見此章言「幣、帛、皮、圭」而不言「牲」，故破牲、幣爲制幣，而諸家於告出告反之禮，亦皆不言有牲。然以舜典、王制考之，則告禮有牲。此章不言「牲」者，蓋以主命之禮，所奉以出者唯幣、帛、皮、圭，牲非所奉以出者，故略而不言耳。謂「告禮無牲」，非也。

禮記卷十九

曾子問第七之二

子游問曰：「喪慈母如母，禮與？」孔子曰：「非禮也。古者男子外有傅，内有慈母，君命所使教子也，何服之有？昔者魯昭公少喪其母，有慈母良，及其死也，公弗忍也，欲喪之。有司以聞曰：『古之禮，慈母無服。今也君爲之服，是逆古之禮而亂國法也。若終行之，則有司將書之，以遺後世，無乃不可乎！』公曰：『古者天子練冠以燕居。』公弗忍也，遂練冠以喪慈母。喪慈母自魯昭公始也。」釋文：少喪，如字，讀者亦息浪反。遺，如字，又于季反。

慈母有二：一則妾之無子者，妾子之無母者，父命之爲母子。此則大夫士之子爲之皆如其母，父在，則大夫之子大功，士之子期；父没，皆三年。喪服「齊衰三年」章云「慈母如母」，是也。若爲父後者，則服緦。天子諸侯之子，爲其母，父在，則練冠、麻衣縓緣，既葬除之；父没大功；則其爲慈母亦然。一則内則曰：「擇於諸母與可者，必求其寬裕、慈惠、温良、恭敬、慎而寡言者，使爲子師。其次爲慈母。」此則大夫士之子爲之小功，喪服「小功」章「君子子爲庶母慈己者」，是也。天子諸侯之子則不服。子游所問，蓋謂人君於庶母慈己者，而以其母之服服之也。故孔子以「君命所使教子」告之，言與命爲母子者異也。練冠以燕居，庶子爲君，爲其母之服也。大夫士之子，父在，爲其母或期，或大功，爲父後者降而服緦；人君之子，父在，爲其母練冠、麻衣縓緣，既葬除之。在五服之外，則其爲父後者不可以復降，故但如其父在之服以服之。然燕居則練冠，出則否，蓋不敢以私喪廢國家之禮，則亦視其父在而略降之也。昭公爲慈母練冠，則是以其母之服服之矣。不知此服但可施於命爲母子之慈母，而不可施於君命教子之慈母也，故曰「喪慈母自昭公始也」。然此稱練冠以居之制，而曰「古者」，蓋春秋時庶子爲君者，皆以小君之禮服其母，而練冠之制已不復行矣。

鄭氏曰：昭公年三十，乃喪齊歸，又無慼容，是不少，又安能不忍於慈母？此非昭公明矣，未知何公也。孔氏曰：家語云：「孝公有慈母良。」鄭云「不知何公」，不見家語故也。

曾子問曰：「諸侯旅見天子，入門不得終禮，廢者幾？」孔子曰：「四。」請問

之。曰：「大廟火，日食，后之喪，雨霑服失容，則廢。如諸侯皆在而日食，則從天子救日，各以其方色與其兵。大廟火，則從天子救火，不以方色與兵。」釋文：幾，居起反，下同。霑，竹廉反。

鄭氏曰：旅，衆也。大廟，始祖廟。宗廟皆然，主於始祖耳。各以方色與兵，示奉時事有所討也。方色者，東方衣青，南方衣赤，西方衣白，北方衣黑。兵，未聞也。愚謂日食有定，可以預推，此云「揖讓入門」，乃爲日食廢禮者，古時曆法疎也〔一〕。漢建安中，將正會，而太史上言：「正旦當日蝕。」朝士疑會否。時廣平計吏劉劭在坐，曰：「梓慎、裨竈，古之良史，猶推水火錯失天時。諸侯旅見天子，入門不得終禮者四，日蝕其一。然則聖人垂制，不爲變異豫廢朝禮者，或灾消異伏，或推術謬誤也。」朝位在庭，故雨則廢。救日用兵者，蓋以示助陽討陰，與伐鼓於社同義。周禮庭氏：「掌射夭鳥，若不見其鳥獸，則以救日之弓與救月之矢射之。」

曾子問曰：「諸侯相見，揖讓入門，不得終禮，廢者幾？」孔子曰：「六。」請問

〔一〕「曆」，原本作「律」，據文義並參萬有文庫本改。

之。曰：「天子崩，大廟火，日食，后、夫人之喪，雨霑服失容，則廢。」

鄭氏曰：夫人，君之夫人。

曾子問曰：「天子嘗、禘、郊、社、五祀之祭，簠、簋既陳，天子崩，后之喪，如之何？」孔子曰：「廢。」

鄭氏曰：既陳，謂夙興陳饌牲器時也。孔氏曰：下文云「當祭而日食」，則此簠、簋既陳明是祭前也。前文云「天子崩」、「后之喪」與「日食」、「大廟火」，其禮皆同，則此簠、簋既陳，日食，大廟火，亦同也。

曾子問曰：「當祭而日食，大廟火，其祭也如之何？」孔子曰：「接祭而已矣。如牲至未殺，則廢。」

此祭謂祭外神也。若祭宗廟而大廟火，則廢祭，不待問矣。接祭，謂以祭禮一接於神，以致其祭祀之意，而不復行餘禮也。祭外神之所以牲已殺必祭者，以其已降神故也。祭天神以燔燎降神，祭地以瘞埋，社稷以血祭，山林川澤以貍沈，四方百物以疈辜，此皆於殺牲後行之，神既降則不可不祭矣。牲未殺，則未降神，故可廢。若當祭而天子崩，后之喪，外神已殺牲，亦接祭，内神則廢與？

天子崩，未殯，五祀之祭不行，既殯而祭。其祭也，尸入，三飯，不侑，酳不酢而已矣。自啟至于反哭，五祀之祭不行，已葬而祭，祝畢獻而已。」釋文：飯，扶晚反，下同。侑音又，絶句，下皆放此。酳音允，又仕覲反。酢，才各反。

孔氏曰：天子諸侯祭禮既亡，今儀禮唯有大夫士祭禮。按特牲饋食禮，尸入，「三飯，告飽，祝侑」，尸至九飯畢。少牢饋食尸食十一飯畢。士九飯，大夫十一飯，則諸侯十三飯，天子十五飯也。又按特牲禮，尸九飯畢，主人酌酒酳尸，尸飲卒爵，酢主人；主人受酢飲畢，酌獻祝；祝飲畢，酌獻佐食。今約此而說天子五祀之祭。初崩哀慼，未遑祭祀，故五祀之祭不行。既殯而祭者，五祀外神，不可以私喪久廢其祭，故既殯哀情稍殺而祭也。但不得純如吉禮，理須降殺，故迎尸入奥之後，尸三飯告飽則止，祝不勸侑使滿常數也。冢宰攝主，酌酒酳尸，尸受卒爵，不酢攝主。而已者，謂唯行此而已，不爲餘事也。若啟殯以後，反哭以前，哀摧更甚，故五祀之祭不行，已葬反哭畢而祭。但既葬彌吉，尸入三飯之後，祝侑尸至十五飯畢，攝主酳尸，尸飲卒爵而酢攝主，攝主飲畢，酌獻祝，祝受飲畢則止，無獻佐食以下之事也。鄭氏曰：郊、社亦然。唯嘗、禘宗廟，俟吉也。愚謂未殯之前，諸祭皆廢，既殯則外神皆祭。王制言「天地社稷，越紼行事」，此言「五祀既殯而祭」，各舉尊卑一偏言之，其實外神無不祭也。在喪而祭者，皆使人攝之。特牲禮尸食九飯而畢，少牢禮尸食十一飯而畢。鄭云：「士九飯，大夫十一飯，則其餘有十三飯，十五飯也。」蓋謂諸侯祭宗廟當十三飯，天子祭宗廟當十五飯。若天子諸侯所祭之外神，則當視其神之尊卑，以爲飯數之多寡，非天子所祭皆當十五飯也。此言殯後祭五祀，「尸入，三飯，不侑，酳不酢」，則常禮當三飯而侑，飯畢而獻尸，與特牲祭禮同，蓋五祀神卑故也。疏乃謂「侑尸至十五飯」，同宗廟之禮，誤矣。

曾子問曰：「諸侯之祭社稷，俎豆既陳，聞天子崩，后之喪，君薨，夫人之喪，如之何？」孔子曰：「廢。自薨比至于殯，自啟至于反哭，奉帥天子。」釋文：比，必利反。

帥，循也。自薨比至于殯，自啟至于反哭，此謂君薨，夫人之喪也。奉循天子者，言亦如天子之於五祀，既殯而祭，既葬而祭也。若天子崩，后之喪，則赴告之及於諸侯者，不必皆在殯前，蓋於赴告至日，斷爲七日之限，以爲祭行之節也。諸侯社稷之祭，奉帥天子，則五祀可知。

曾子問曰：「大夫之祭，鼎、俎既陳，籩、豆既設，不得成禮，廢者幾？」孔子曰：

「九。」請問之。曰：「天子崩，后之喪，君薨，夫人之喪，君之大廟火，日食，三年之喪，齊衰，大功，皆廢。外喪自齊衰以下行也。其齊衰之祭也，尸入，三飯，不侑，酳不酢而已矣。大功，酢而已矣。小功、緦，室中之事而已矣。士之所以異者，緦不祭，所祭，於死者無服，則祭。」

祭，謂祭宗廟也。外喪，謂不同門者。酢而已矣者，祝侑尸至十一飯畢，主人獻尸，尸酢主人而止也。此皆謂齊衰、大功之外喪也。室中之事而已者，少牢饋食禮主人、主婦、賓長獻尸皆在室，既祭而賓尸則在堂，今以殺禮，但於室中行祭禮而不復賓尸也。上云「齊衰、大功廢」，不云「小功、緦」，則雖同宮不廢祭，此云「小功、緦，室中而已」，兼謂小功、緦之內外喪也。大夫無緦服，小功之服降爲緦服，亦不復服。此緦、小功，據其本服而言，蓋雖不爲之服，而當祭聞喪，猶爲之殺禮也。士緦不祭，則小功可知。所祭於死者無服者，如爲庶母緦，妾有子亦緦。若祭禰廟，則庶母死，所祭者有服；妾死，所祭者無服也。此皆謂門內緦喪，若外喪，則齊衰以下皆祭，而其降殺之節亦如大夫。不言者，蒙上可知也。其緦、小功之祭，則賓長獻尸，尸飲卒爵，酢賓，又獻祝及佐食而祭止，而無主人、主婦相爲致爵之事與？　孔氏曰：雜記云：「臣妾死於宮中，三月而後祭。」此內喪緦麻不廢祭者，此謂鼎、俎既陳，臨祭之時，故不廢也。若不當祭時則不祭，所祭於死者無服。鄭氏謂「若舅，舅之子，從母兄弟」，非也。士緦不祭，亦謂内喪耳。士門内緦喪廢祭，若與所祭者無服則仍祭，若外喪則齊衰以下皆祭矣，豈論其於死者有服無服乎？

曾子問曰：「三年之喪弔乎？」孔子曰：「三年之喪，練不羣立，不旅行。君子禮以飾情，三年之喪而弔哭，不亦虚乎！」

鄭氏曰：不羣立、旅行，爲其苟語忘哀也。三年之喪而弔哭，爲彼哀則不專於親，爲親哀則是妄弔。愚謂飾猶表也。有是情而後以禮表之，故曰「禮以飾情」。三年之喪，爲己哀之不暇，而遑爲人哀乎？乃從而弔哭，則是無是情而虚行弔禮也。

曾子問曰：「大夫士有私喪，可以除之矣。而有君服焉，其除之也如之何？」孔子曰：「有君喪，服於身，不敢私服，又何除焉？於是乎有過時而弗除也。君之喪服除而后殷祭，禮也。」

鄭氏曰：有君服不敢私服，重喻輕也。君之喪服除而後殷祭，謂主人也；支子則否。孔氏曰：成服爲重始，除服爲輕末，在親始重之日尚不獲伸，況輕末之時乎？故云「又何除焉」。殷祭，謂小大二祥也。禘、祫曰殷祭，小大二祥變除之大祭，故亦謂之殷祭。此謂適子仕宦者，故二祥待君服除而後行；若支子仕宦，雖不得除私服，而其家適子已行祥祭，庶子不復追祭。　愚謂可以除之者，謂小祥之後，將及大祥之期也。此殷祭，謂大祥也。君喪除而后殷祭者，凡變除之祭，必服其除後之服以祭，君服未除，則不可以行親喪大祥之祭也。若未練而遭君喪，則親喪練、祥之祭亦各於君喪練、祥之後行之。如此，則雖不除親喪，而其練、祥之祭與變除之服亦悉得相應矣。

曾子問曰：「父母之喪，弗除可乎？」孔子曰：「先王制禮，過時弗舉，禮也。非弗能勿除也，患其過於制也，故君子過時不祭，禮也。」

曾子以有君喪不敢私服，則聞君喪之後，其服皆主於君，而親喪實則未畢，故欲於君服既除之後，弗除親喪而追服之也。孔子答以「祭過時弗祭」，則親喪之已過者無追服之之禮也。

曾子問曰：「君薨既殯，而臣有父母之喪，則如之何？」孔子曰：「歸居于家，有殷事則之君所，朝夕否。」

君喪既殯而遭親喪，則當歸治喪事也。不曰「歸殯」而曰「歸居」，則親喪既殯亦在家可知矣。殷，盛也。殷事，謂月朔薦新之奠視朝夕奠爲盛也。若父母之喪既殯而有君喪，則之君所，君喪既殯而歸，其禮亦如此與？

曰："君既啟而臣有父母之喪，則如之何？"孔子曰："歸哭而反送君。"

鄭氏曰：言"送君"，則既葬而歸也。歸哭者，服君服而歸，不敢私服也。　孔氏曰：既葬而歸者，不待君之虞祭也。　愚謂疏謂"不待虞祭"，不待葬日之虞也。人君五虞，其虞與卒哭、祔祭在親喪既殯之後者，則當之君所。若親喪既啟而有君喪，則往哭而歸葬，葬畢而居君所，值父母虞、祔、卒哭之祭則歸。大夫士三日而殯，此君喪既啟而有父母之喪，歸哭而反送君，則殯親固在君葬之後矣。以此見人君啟殯至葬不遠，而舊說謂"諸侯之葬，朝廟六日而徧，天子朝廟八日而徧"者，其不然決矣。

曰："君未殯而臣有父母之喪，則如之何？"孔子曰："歸殯，反于君所，有殷事則歸，朝夕否。大夫室老行事，士則子孫行事。大夫內子，有殷事，亦之君所，朝夕否。"

歸殯，反于君所者，人君五日而殯，其殯在親之後也。反于君所，爲殯君也。君已殯則歸居於家，有殷事則之君所，朝夕否。若父母之喪未殯而有君喪，則往哭而反殯親，亦既殯反於君所也。　鄭氏曰：內子，大夫適妻也。內子有殷事，亦之君所，朝夕否，謂君之喪既殯而有舅姑之喪者，妻爲夫之君，如婦爲舅姑，服齊衰。　孔氏曰：舉此一條，婦同於夫，則君既啟及君未殯而有舅姑之喪，其禮悉同夫也。○君以義制，親以恩制，其隆一也。然君之喪，臣之所共襄；親之喪，子之所獨盡。故此上三條，言並遭君親之喪，而於其並隆者，權乎其已殯未殯，以爲緩急輕重之節，使恩與義得以交盡而無憾，禮之即乎人心如此。

賤不誄貴，幼不誄長，禮也。唯天子稱天以誄之。諸侯相誄，非禮也。釋文：誄，力水反。長，知丈反。

鄭氏曰：誄，累也。累列生時行迹，讀之以作謚。謚當由尊者成。天子無尊焉。春秋公羊説，以爲讀誄、制謚於南郊，若受之於天然。諸侯，禮當請誄於天子，天子乃使大史賜之謚。孔氏曰：非但賤不誄貴，即平敵相誄，亦爲不可。案白虎通云：「君薨請謚，世子赴告於天子，天子遣大夫會葬而謚之。」周禮大史職「小喪，賜謚」，鄭云：「小喪，卿大夫也。」知諸侯亦然。徐氏師曾曰：謚由尊者成，一則以分之所在，不可擅操榮辱之權；一則以情之所在，恐其雜於虛美之私。此義行，名分正，美惡當矣。愚謂此章不言問答，又不云「孔子曰」，疑上有脱文。

曾子問曰：「君出疆，以三年之戒，以椑從。君薨，其入如之何？」孔子曰：「共殯服，則子麻弁絰、疏衰、菲、杖，入自闕，升自西階。如小斂，則子免而從

柩，入自門，升自阼階。君、大夫、士一節也。」釋文：椑，薄歷反。共音恭。免音問。

三年之戒，謂喪備也。椑，親身棺也。君出，必以親身棺從，是以喪備行也。殯服，大斂至殯時所服之服。共者，於在外大斂時共之，遂服之以從柩。在家遭喪者，大斂與殯相連爲之，故大斂之服即殯服。今大斂在外，雖未殯而已服殯服，即下「麻弁絰、疏衰、菲、杖」是也。麻，小斂時所服未成服之麻苴絰，大鬲，散帶垂，至大斂而無變者也。弁絰，皮弁而加苴絰也。疏，麤也。麤衰，即斬衰也。菅蒯之屨謂之菲，此謂斬衰之菅屨也。杖者，爲已病也。弁絰、疏衰、菲、杖，此人君大斂之服，異於士者也。疏衰、菲、杖，至成服皆不改，其服之未成者，首尚皮弁，帶猶未絞耳。入自闕，升自西階，皆所以異於生也。小斂則免而從柩者，小斂時，主人括髮，此以行遠，不可以無飾，故不括髮而免也。不言其服者，人君小斂之服與士同，以其可知，故略之也。喪大記曰「君之喪，三日授子杖」，謂死後之三日，乃小斂之明日。此尚在小斂日，故不杖也。入自門，升自阼階者，形體猶在，猶以生人之禮待之也。凡以柩入者，皆入自闕，升自西階；以尸入者，皆入自門，升自阼階。君、大夫、士一節者，謂已小斂則服小斂之服，已大斂則服大斂之服，及其所入之處，所升之階，其禮皆同也。鄭氏曰：子麻弁絰、疏衰、菲、杖者，棺柩未安，不忍成服於外也。○鄭氏云：「殯服，謂布深衣、苴絰、散帶垂，殯時主人所服。麻弁絰者，布弁而加環絰。」案上云「共殯服」而下言「麻弁絰、疏衰、菲、杖」，上言「小斂」而下言「免」，免即小斂之服，則麻弁絰、疏衰、菲、杖即殯服也。鄭分殯服與麻弁絰、疏衰、菲、杖爲二，誤矣。且布深衣，始死已服之，苴絰、散帶，小斂時已服之，不可謂之殯服。初喪變服，自輕而重，若疏衰從柩至殯，又服布深衣，反自重而輕，有是理乎？至雜記「小斂環絰」，所謂絰，即苴絰也，鄭氏以爲弔服之環絰，尤誤之甚者。說詳雜記。○喪大記人君五日既殯成服。此大斂即疏衰、菲、杖，何也？曰：士之殯期近，故小斂而苴絰、散帶，既殯而成服。人君殯期遠，故小斂而苴絰、散帶，三日而杖，大斂而弁絰、疏衰、菅屨，即殯而成服。大斂之服，雖苴絰、疏衰、菲、杖悉與成服後同，而首猶皮弁，帶猶未絞，則服猶未成。至殯後絞其帶垂，首加六升布之服弁，乃爲成服耳。若以大斂遽疏衰、菅屨爲疑，則士之苴絰、大鬲，小斂時已服之，至殯後亦無以異也。且此言殯服有杖，與喪大記「三日授子杖」合，殯服弁絰，與喪大記「君將大斂，子弁絰即位于序端」合。杖與弁絰既爲人君大斂之服，則疏衰、菲屨爲大斂之服可知。蓋天子諸侯喪禮與士禮不同，故孟子以爲未嘗學，正謂此等也。

曾子問曰：「君之喪既引，聞父母之喪，如之何？」孔子曰：「遂。既封而歸，

不俟子。」釋文：引，以刃反。封，依註音窆，彼驗反。

鄭氏曰：遂，遂送君也。封當爲「窆」。子，嗣君也。孔氏曰：若待封壙既畢，必在子還之後，今云「不俟子」，故知封當爲「窆」，非封壙也。黄氏應暘曰：前云「君既啟」，啟後越日而行，故得歸哭；此言「既引」，則既行矣，故不得歸哭而遂往。

曾子問曰：「父母之喪既引及塗，聞君薨，如之何？」孔子曰：「遂。既封，改服而往。」

鄭氏曰：封亦當爲「窆」。改服，括髮，徒跣，布深衣，扱上衽，不以私喪包至尊也。孔氏曰：禮，親始死，笄纚，小斂乃始括髮。今有父母之喪，葬在於塗，首先服免，忽聞君喪，若著其笄纚，則與尋常同，故括髮。愚謂喪服未有不俟主人而先變者。始死，主人尚未括髮，臣無先括髮之理，此既改服始死之服，自當笄纚耳。父母之葬，服斬衰，可改而深衣，何不可笄纚之有？

曾子問曰：「宗子爲士，庶子爲大夫，其祭也如之何？」孔子曰：「以上牲祭於宗子之家，祝曰：『孝子某，爲介子某薦其常事。』」釋文：祝，皇之六反，舊之又反，下同。爲，于僞反。

鄭氏曰：貴禄重宗也。上牲，大夫少牢。介，副也。不言「庶」，使若可以祭然。孔氏曰：用大夫之牲，是貴禄；宗廟在宗子之家，是重宗。此宗子，謂小宗也。若大宗子爲士，得有祖、禰二廟也。若庶子是宗子親弟，則與宗子同祖、禰，得以上牲於宗子之家而祭祖、禰也。庶子爲大夫，得祭曾祖廟，而庶子不合立廟，當寄曾祖廟於宗子之家，亦以上牲，宗子爲祭也。若己是宗子從父庶兄弟父之適子，則於其家自立禰廟，其祖及曾祖廟亦於宗子之家寄立之；若己是宗子從祖庶兄弟父祖之適，則立祖、禰廟於己家，亦寄立曾祖之廟於宗子之家，並供上牲，宗子爲祭也。孝子，謂宗子也。某，是宗子之名。介子，謂庶子爲大夫者。介，副也；某是庶子名也。庶子，卑賤之稱，介是副介之義，故稱「介子」，使若可以祭然。愚謂此稱「孝子」「介子」，據祭禰廟言之也，若祭祖廟，則曰「孝孫」「介孫」。

若宗子有罪，居于他國，庶子爲大夫，其祭也，祝曰：『孝子某，使介子某執其常事。』攝主不厭祭，不旅，不假，不綏祭，不配，布奠於賓，賓奠而不舉，不歸肉。其辭於賓曰：『宗兄、宗弟、宗子在他國，使某辭。』

釋文：其祭也，本或此下有「如之何」三字，非也。厭，本或作「懕」，於艷反，下皆同。綏，註作「墮」，同許垂反，徐又況垂反。歸，如字，徐其位反。○按：假，依註音嘏。綏，今音奴禾反。

鄭氏曰：「不厭祭」至「不配」，皆辟正主。厭，厭飫神也。厭有陰有陽：迎尸之前，祝酌奠，奠之且饗，是陰厭也；尸謖之後，徹薦俎、敦，設於西北隅，是陽厭也。此不厭者，不陽厭也。不旅，不旅酬也。假讀爲嘏。不嘏，不嘏主人也。不綏祭，謂今主人也。綏，周禮作「墮」。不配者，祝辭不言「以某妃配某氏」。布奠，謂主人酬賓，奠觶於薦北。賓奠，謂取觶奠於薦南也。此酬之始也。奠之不舉，止旅。肉，俎也。諸與祭者留之共燕。辭猶告也。宿賓之辭，與宗子爲列，則曰「宗兄」若「宗弟」；昭穆異者，曰「宗子」而已。其辭若曰：「宗兄某在他國，使某執其常事，使某告。」孔氏曰：按少牢饋食司宮筵于奥，設饌畢，祝酌奠于鉶南，主人西面再拜稽首，祝曰：「孝孫某，敢用柔毛、剛鬣、嘉薦、普淖，用薦歲事于皇祖伯某，以某妃配某氏，尚饗。」此所謂「配」也。攝主不敢備禮，故不言「以某妃配某氏」。又少牢尸入，即席坐，取菹，抨于醢，祭于豆間，及祭黍、稷、肺等，是尸綏祭也。尸十一飯訖，主人酳尸，尸酢主人，主人拜受爵，佐食取黍、稷、肺授主人，此是主人綏祭也。綏是減毁之名，周禮作「墮」，守祧云「既祭則藏其墮」，是也。又少牢祝與上佐食取黍以授尸，衣言曰：按少牢經文，取黍者二佐食，而上佐食兼受，摶之，以授尸也，不當有「祝與」二字。尸執以命祝，祝受，以東，北面，嘏於主人曰：「皇尸命工祝承致多福無疆于女孝孫。」此所謂「嘏」也。攝主辟正主，故不敢受嘏。凡將受福，先爲綏祭，今攝主不敢受福，故不綏祭也。按特牲主人獻賓及衆賓訖，尊兩壺于阼階東，西方亦如之，酌西方之尊以酬賓，主人奠爵於賓之薦北，賓取爵而奠於薦南，所謂「布奠於賓，賓奠」也。主人獻長兄弟，又獻衆兄弟訖，長兄弟加爵於尸，衆賓又加爵於尸訖，嗣子舉奠，舉奠訖，賓坐取薦南之爵，酬長兄弟，長兄弟酬衆賓，衆賓酬衆兄弟，所謂「旅酬」也。今攝主，主人奠於薦北，賓取奠於薦南而不舉，不爲旅酬也。旅酬是賓主交歡之始，今攝主不敢當正主，故不旅也。特牲禮尸起，主人降，「佐食徹尸薦俎，設於西北隅」，所謂「陽厭」，以其無尸設饌，欲神之歆饗而厭飫也。攝主不爲陽厭，謙退，似若神未厭飫然也。凡祭，皆先祝而配，次綏祭，次嘏，次旅，末乃厭祭。今此文乃從祭末以次至祭初，以攝主非正，故逆陳之。　愚謂大夫祭，有賓尸、不賓尸二禮，賓尸之禮文，不賓尸之禮質。厭祭與旅，不賓尸之禮有之，蓋攝主不但不行賓尸之禮，即不賓尸之禮亦有所不敢備也。綏祭，祭黍、稷、肺之名也。周禮守祧作「墮」，儀禮古文士虞禮亦作「墮」，又作「綏」，特牲禮三見皆作「挼」，今文士虞、特牲並作「綏」。鄭氏皆讀爲墮，士虞註云：「下祭曰墮。」此篇孔疏云：「墮是減毁之名。」然凡祭皆下，皆減毁，不獨黍、稷、肺也。疑此字正當作「挼」，「墮」者音近而誤，「綏」者形似而誤也。挼，挼抄也。黍、稷、肺三物，一并祭之，恐其播散，故以手捼抄，令其摶聚。特牲禮尸嘏主人，佐食摶黍授尸。捼祭，亦摶黍之義也。綏祭有二：一是尸綏祭，一是主人綏祭。此不綏祭，謂主人也；其尸則綏祭，自如常禮也。布奠於賓，賓奠而不舉，即上文「不旅」之事也。蓋主人酬賓，奠于薦北，賓取奠于薦南，至旅酬則舉之，今不行旅酬，故奠於薦南而不復舉也。又案特牲禮嗣舉奠訖，「兄弟弟子酌于東方之尊，阼階上舉觶于長兄弟，如主人酬賓儀」。主人酬賓之觶，賓所取以酬長兄弟者也；弟子所舉之觶，長兄弟所取以酬賓者也。既不旅酬，則弟子舉觶之禮蓋亦不行矣。若宗子死，則其禮可以如正主，稱名不言「孝」，身没而已，亦當如下節所云與？○鄭氏以迎尸之前，祝酌奠，爲陰厭；尸謖之後，徹薦俎、敦，設於西北隅，爲陽厭。陸氏、敖氏非之，而以陰厭、陽厭專爲祭殤之名。然此篇言「攝主不厭祭」，則祭末改設之名爲厭明矣。又云「殤不祔祭，何謂陰厭、陽厭」，則成人之祭有陰、陽二厭亦明矣。蓋厭者，無尸而以飲食飫神之名。祭殤無尸，故曰「厭祭」。初之饗神，尸未入，祭末之改設，尸既謖，故亦皆曰「厭」。饗神在奧，祭宗子之殤亦於奧，以其在幽陰之所，故皆曰「陰厭」。改設在西北隅，祭凡殤亦於西北隅，以其在顯明之處，故皆曰「陽厭」。不妨異事而同名也。

曾子問曰：「宗子去在他國，庶子無爵而居者，可以祭乎？」孔子曰：「祭哉！」「請問其祭如之何？」孔子曰：「望墓而爲壇，以時祭。若宗子死，告於墓，而后祭於家。宗子死，稱名不言『孝』，身没而已。」子游之徒，有庶子祭者，以此，若義也。今之祭者，不首其義，故誣於祭也。

鄭氏曰：有子孫存，不可以乏先祖之祀。不祭於廟，無爵者賤，遠辟正主。言祭於家，容無廟也。孝，宗子之稱。不敢與之同其辭，但言「子某薦其常事」。身没而已者，至子可以稱孝也。以，用也，用此禮祭也。若，順也。首，本也。誣猶妄也。愚謂庶子無爵而居，對上「庶子爲大夫」而言，則無爵者兼謂士、庶人，蓋凡言有爵者，皆據爲大夫者也。宗子尊，故不問其爲大夫士，而唯大夫乃敢攝其祭。若士，則不敢，故望墓而爲壇，以四時致祭，所以遠辟正主。周公告於三王，爲三壇，同墠，雖事與此異，而其爲壇之意則與此同也。告於墓，而后祭於家者，士則祭於廟，庶人則薦於寢也。廟、寢在大門之内，對墓在外而言，故曰「家」。稱名不言「孝」者，宗子在，庶子祭，稱介子某；宗子既死，無可副貳，故但稱名，而不得稱「孝子」同於宗子也。身没而已，謂没庶子之身也。此庶子之所祭者，其禰也。庶子既死，其子即庶子之適子，祭此庶子固得稱「孝子」，祭此庶子之禰亦得稱「孝孫」也。蓋族人不可以無宗，此子主祖、禰之祭，則爲族人之所宗，即去國宗子之子，亦當還宗此子矣。若義，謂順於古義。徐氏師曾曰：「子游之徒」以下，非孔子語，乃記者記之以爲證。○孔氏曰：此宗子去國，謂有罪者。若其無罪，則以廟從，本國不得有廟。故鄭註小記云：「宗子去國，以廟從。」愚謂宗子有罪去國，乃上章之明文；無罪去國，以廟從，則鄭氏之臆説也。大夫士去國，謂之亡，曲禮記其禮曰：「踰竟，爲壇位，鄉國而哭。」又曰：「大夫去其國，止之曰：『奈何去宗廟也？』士曰：『奈何去墳墓也？』」自非有罪，必無棄宗廟墳墓而越在他竟者，故去國則不以廟從，蓋不敢以有罪之人主宗廟之祭，以辱其祖、禰也。

曾子問曰：「祭必有尸乎？若厭祭，亦可乎？」孔子曰：「祭成喪者必有尸，尸必以孫，孫幼則使人抱之，無孫則取於同姓可也。祭殤必厭，蓋弗成也。祭成喪而無尸，是殤之也。」

厭祭，謂無尸而以飲食飫神也。成喪，成人之喪也。尸必以孫，用所祭者之孫，以其昭穆同也。取於同姓者，尸必適子無父者，或近屬不可得，則取於族屬之遠者，但同姓之人，在孫行而昭穆同者，則得取以爲尸也。然此謂祭祖、禰以下爾。若天子諸侯祭遠祖，則但取其廟之所出而昭穆同者以爲尸，又不必皆孫行也。祭殤必厭者，原立尸之義，本在用孫，而殤未成人，無爲人父之道，己既無孫，亦不得取於同姓孫行者也。

孔子曰：「有陰厭，有陽厭。」曾子問曰：「殤不祔祭，何謂陰厭、陽厭？」釋文：附，依註音備，本或作「祔」，亦同。○今按：祔如字。

殤唯祔與除服二祭則止。祔，附也。不祔祭，言不得附於宗廟四時之祭也。宗廟之祭有尸，故其祭初，尸未入而饗神，曰「陰厭」；祭末，尸已謖而改設，曰「陽厭」。殤不祔祭，而其祔與除服之祭，初未嘗有尸，則無所爲陰陽二厭之分，故曾子疑而問之。

孔子曰：「宗子爲殤而死，庶子弗爲後也。其吉祭特牲，祭殤不舉肺，無肵俎，無玄酒，不告利成，是謂陰厭。釋文：肵音其，又忌依反。○「不舉」下本或無「肺」字。按正義云：「以經云『不舉肺，無肵俎』。」是孔氏所據本有「肺」字也。今從之。

鄭氏曰：宗子爲殤而死，族人以其倫代之，明不序昭穆立之廟，其祭之就其祖而已。代之者主其禮。卒哭成事之後爲吉祭。「不舉肺」以下，以其無尸，及所降也，其他如成人。舉肺，肵俎，利成，禮之施於尸者。陰厭，是宗子爲殤，祭之於奥之禮。小宗爲殤，其禮亦如之。愚謂宗子爲殤而死，謂大宗子爲殤而死也。喪服「齊衰」章「爲人後者」傳曰：「爲人後者孰後？後大宗也。」小宗無子則絶，不得立後。庶子弗爲後者，殤無爲人父之道，族人來後大宗，與殤之父爲後，而不與殤爲後也。言此者，明殤既不得以族人爲後，故不得以成人之禮祭之也。吉祭，謂祔祭也。凡喪祭，自卒哭以後謂之吉祭。殤無卒哭之祭，其祔祭準成人之喪，則在卒哭之後也。殤有祔與除服二祭：祔祭於祖廟，除服於寢。下節言「祭於宗子之家」，則此唯據祔祭言之也。成人卒哭成事，祔用少牢，殤用特牲，降於成人也。特牲禮尸將食，「佐食舉肺、脊以授尸」，「主人羞肵俎于腊北」。肵者，敬也，主人敬尸之俎。祭殤無尸，故不舉肺，無肵俎。祭設玄酒，重古之義，祭殤禮降，故無玄酒。又特牲禮無算爵之後，「主人出，户外西面，祝東面告利成」。言孝子之利養成畢也。今亦以無尸故，不告利成也。案士虞禮無尸祝，祝卒不綏祭，無泰羹湆、胾從獻。祭殤無尸，其禮亦當如之。不言「無泰羹湆、胾從獻」，蓋文略耳。鄭氏謂「他如成人」，亦爲未審也。曰「陰厭」者，以其祭之於奥，其處幽陰也。不言其祭之所者，祭於奥乃禮之常，不言可知也。此節本主爲大宗子而言，而小宗子爲殤而死，其祭之之禮亦如此。又庶子成人無後，其祭與凡殤同。若小宗子成人無後，不得以族人爲後，則亦當以殤禮祭之，而與宗子之殤同也。大宗子之殤，族人來後者爲之祔；小宗子之殤與無後者，主其祖之祭者爲之祔。蓋小宗雖不立後，而廟祭不可無主，如高祖之適死而無後，則其庶昆弟之長者主高祖之祭矣。推而下之，莫不皆然。既主廟祭，則收族之責移而屬之殤，祔於祖，則主是祖之祭者皆爲之祔也。其除服之祭，則親者主之，殤與無後者皆然。○孔氏曰：熊氏云：「殤與無後者，唯祔與除服二祭則止。此言吉祭者，唯據祔與除服也。」庾氏云：「吉祭通四時常祭。」若如庾說，殤與無後者之祭不知何時休止？　愚謂熊氏之說甚確。小記云：「殤與無後者，從祖祔食。」蓋殤與無後者既祔於祖，自後祭祖之時，則欲其神依祖而食，故曰「從祖祔食」，實別無殤與無後者之祭也。鄭氏解吉祭爲卒哭以後之祭，是已。而又以用特牲爲從成人，是又以四時常祭言之，則誤也。殤雖有祔與除服二祭，而此所言「吉祭」，則唯據祔祭。孔氏謂「兼據祔與除服」者，亦非是。又案殤與無後者，喪禮不備，則無卒哭之祭，而虞以安神，則其祭不可闕。而孔子唯以吉祭爲言者，蓋虞與除服皆祭於寢，宗子凡殤，其處不異，而祔於祖廟，則祭之異所。故陰厭、陽厭之名，唯祔祭有之，而虞與除服則但有陰厭而無陽厭也。

凡殤與無後者，祭於宗子之家，當室之白，尊于東房，是謂陽厭。」

鄭氏曰：凡殤，謂庶子之適也：或昆弟之子，或從父昆弟。無後者如有昆弟及諸父，此則今死者皆宗子大功以內親，共祖、禰者。言「祭於宗子之家」者，爲有異居之道也。無廟者，爲墠祭之，親者共其牲物，宗子皆主其禮。當室之白，尊于東房，異於宗子之爲殤。當室之白，謂西北隅得戶明者也。明者曰陽。凡祖廟在小宗之家，小宗祭之亦然。宗子之適，亦爲凡殤。過此以往，則不祭也。孔氏曰：凡殤，謂非宗子之殤。無後者，謂庶子無子孫爲後。凡殤有二：一是昆弟之子，祭之當於宗子父廟；二是從父昆弟，祭之當於宗子祖廟。無後者亦有二：一是昆弟無後，祭之當於宗子祖廟；二是諸父無後，祭之當於宗子曾祖之廟。　愚謂凡殤自宗子以外，凡適庶之殤皆是也。無後，謂成人而無後者也。註疏謂庶殤不祭，以凡殤專爲適子之殤，非也。殤唯祔與除服二祭。雜記云：「男子祔於王父則配，女子祔於王母則不配。」女子未嫁，亦未成人者也，而祔，何以庶子之未成人者不祔乎？雜記云：「有父母之喪，尚功衰，而祔兄弟之殤，則練冠祔。」可知兄弟之殤不限適、庶皆祔矣。然則凡殤之内，兼有宗子之親昆弟，而不止於註疏之所言者矣。祭於宗子之家者，祔必於祖，故於宗子之家就祖廟而祔之。諸父無後者，祭於曾祖之廟，若曾祖無廟，則於祖廟祭曾祖而祔之。註謂「爲墠祭之」，亦非也。室之白，謂室之西北隅，所謂屋漏也。祭凡殤，當室之白，設席南面。蓋堂上之位，牖間南向者最尊，西階上東面者次之；室中之位，西南隅東面者最尊，西北隅南面者次之。故士昏禮：「奠菜，席舅于廟奥，東面；席姑于北方，南面。」凡殤與庶子無後者，皆降於宗子，故祭之不於奥，而於室之白也。士虞禮：「尊于室中北墉下。」祔祭之設尊，蓋與此同。祭凡殤在西北隅，故設尊辟之而在東房也。曰「陽厭」者，以屋漏乃日光漏入之所，其處顯明也。無後者之祭亦無尸者，蓋既無後，則不得下敘昭穆，而使孫行者爲之尸矣。祭凡殤與無後者，其異於宗子者，唯其祭之之所，則其所用之牲，祭之之禮，皆與宗子之殤同也。

曾子問曰：「葬引至于堩，日有食之，則有變乎，且不乎？」孔子曰：「昔者吾從老聃助葬於巷黨，及堩，日有食之，老聃曰：『丘！止柩就道右，止哭以聽變。』既明反，而后行，曰：『禮也。』反葬而丘問之曰：『夫柩不可以反者也。日有食之，不知其已之遲數，則豈如行哉？』老聃曰：『諸侯朝天子，見日而行，逮日而舍奠。大夫使，見日而行，逮日而舍。夫柩不蚤出，不莫宿。見星而行者，唯罪人與奔父母之喪者乎！日有食之，安知其不見星也？且君子行禮，不以人之親痁患。』吾聞諸老聃云。」釋文：堩，古鄧反。且，如字，徐子餘反。從，才用反，又如字。既明反，絶句。數音速，出註。朝，直遥反。使，色吏反，下「君使」「所使」同。莫音暮。痁，始占反。○今按：「且不」之不，否通。

堩，道也。有變，謂有異禮也。巷黨，黨名。葬於北方，柩嚮北行，縱塗以西爲右，道右，道西也。道路，男子由右，婦人由左，車從中央，柩行專道。今止就道右，以避婦人之所行也。

止哭者，爲天灾變也。聽變，謂待日食之變也。明反，謂明復也。已，止也。數讀爲速。舍奠，至館舍而奠行主也。柩不蚤出莫宿者，懼其近姦寇也。罪人見星而行者，以夜葬也。周禮司烜氏「邦若屋誅，則爲明竁焉」，賈疏云：「司烜氏主明火，掌夜事。」掌爲明竁，則罪人夜葬可知。荀子禮論篇云：「刑餘罪人之喪，不得晝行，以昏殣。」奔喪禮曰：「父母之喪，見星而行，見星而舍。」痁，病也。不以人之親痁患，謂不使其見星而行，而病於姦寇之患也。

曾子問曰：「爲君使而卒於舍，禮曰：『公館復，私館不復。』凡所使之國，有司所授舍，則公館已。何謂私館不復也？」孔子曰：「善乎問之也！自卿大夫之家曰私館，公館與公所爲曰公館。公館復，此之謂也。」釋文：爲君，于僞反，又如字。

鄭氏曰：復，始死招魂也。公館，若今縣官舍也。公所爲，君所命使舍已者。孔氏曰：私館者，謂非君命所使，私相停舍，謂之私館。公館，謂公家所造之館。與，及也。公所爲者，君所命停客之處，即是卿大夫之家，但有君命，故謂之公館也。方氏慤曰：公館之禮隆，故復；私館之禮殺，故不復。

曾子問曰：「下殤土周葬于園，遂輿機而往，塗邇故也。今墓遠，則其葬也如之何？」孔子曰：「吾聞諸老聃曰：『昔者史佚有子而死，下殤也，墓遠。召公謂之曰：「何以不棺斂於宮中？」史佚曰：「吾敢乎哉！」召公言於周公。周公曰：「豈不可？」史佚行之。』下殤用棺衣棺，自史佚始也。」釋文：召，本又作「邵」，同上照反。周公曰豈，絶句。○鄭註：輿機，或作「餘機」。○按：輿，舊如字，今音舁。棺斂，舊古患反，今如字。「豈不可」爲一句。舊「豈」字絶句，非。用棺，如字。衣棺，並去聲。

鄭氏曰：土周，塈周也。周人以夏后氏之塈周葬下殤，葬於園[一]，以其去成人遠，不就墓也。機，輿尸之牀也。以繩絙其中央，又以繩從兩旁鉤之。孔氏曰：機以木爲之，狀如牀，無腳及軏簀，先用一繩直於中央，繫著兩頭之檽。又別取一繩，繫一邊材，橫鉤中央直繩，往還取匝，以尸置於繩上。愚謂輿，舁也。周人以有虞氏之瓦棺葬無服之殤，以夏后氏之塈周葬中殤、下殤。蓋中、下之殤，皆先斂於瓦棺，下棺於塈周中以葬。但中殤葬於墓，棺於家，而車載以往；下殤葬於園，則輿尸就園，斂於棺而遂葬焉，以其塗邇故也。後世下殤葬於墓，而塗遠，則輿尸不便，故曾子問之。棺斂於宮中，用瓦棺斂之於家也。豈不可，言是豈不可乎？權乎禮之宜而許之也。衣棺，謂用衣衣之，又用棺斂之也。前此下殤

[一]「葬於園」，禮記注疏作「於園中」。

在家衣之而已，其棺之則在園；至此，在家衣之，遂置於棺而棺斂之，故曰「用棺衣棺」。自史佚始，此禮之所由變也。○孔疏謂「舉機往園，臨斂時，當塈周之上，先縮除直繩，則兩邊之繩悉解，而尸從機中央落入塈周中」。如其説，則下殤竟以尸葬而無棺，反不如無服之殤矣。疑「尸」字乃「棺」字之誤。蓋既斂於棺，置棺於機上，而除繩以下之也。

曾子問曰：「卿大夫將爲尸於公，受宿矣，而有齊衰内喪，則如之何？」孔子曰：「出舍於公館以待事，禮也。」孔子曰：「尸弁冕而出，卿、大夫、士皆下之，尸必式，必有前驅。」

宿，謂祭前宿尸也。鄭氏特牲禮註云：「宿當爲肅，進也。」進之者，使知祭日當來。人君祭前三日卜尸，既卜吉，乃宿之，既受宿，則祭日已迫，不可復改卜，故雖有齊衰内喪，而不可已也。齊衰内喪，同門齊衰之喪也。出宿於公館以待事，吉凶不可同處也。尸服卒者之上服，君之祖父或爲士，則尸服爵弁；爲大夫、諸侯，則尸服冕。下之，敬尸也。尸必式，答之也。人君出，則有前驅辟道，左傳「公子歂犬、華仲前驅」，是也。尸尊，與君同故必有前驅。餘説見曲禮。孔氏曰：「尸弁冕而出」以下，此孔子因曾子問爲尸之事，遂廣説事尸之法。士服爵弁助祭，大夫著冕。特牲尸服玄端，少牢尸服朝服。尸皆服在家自祭之服，不服爵弁及冕者，大夫士卑，屈於人君，故尸服在家自祭之服；人君禮伸，故尸服助祭之上服。

子夏問曰：「三年之喪卒哭，金革之事無辟也者，禮與？初有司與？」孔子曰：「夏后氏三年之喪，既殯而致事，殷人既葬而致事。記曰：『君子不奪人之親，亦不可奪親也。』此之謂乎！」釋文：辟音避。與音餘，下皆同。

鄭氏曰：初有司，疑有司初使之然。致事，謂還其職位於君。周卒哭而致事。不奪人親，亦不可奪親，二者，恕也，孝也。孔氏曰：皇氏云：「夏后氏尚質，孝子喪親恍惚，君事不敢久留，故既殯致事。殷人漸文，思親彌深，故既葬致事。周人極文，悲哀至甚，故卒哭致事。」知周人卒哭致事者，以喪之大事有三：殯也，葬也，卒哭也。夏既殯，殷既葬，後世漸遠，故知周卒哭也。人臣有親之喪，人君許其致事，是不奪人喪親之心，此謂恕也，以己情恕彼也。遭喪致事，不奪情以求利禄，此謂孝也。言孝子居喪，不可不致事，人君亦不可不許。舊記有此文，孔子引之。

子夏曰：「金革之事無辟也者，非與？」孔子曰：「吾聞諸老聃曰：『昔者魯公伯禽有爲爲之也。今以三年之喪從其利者，吾弗知也。』」釋文：有爲，于僞反。

鄭氏曰：伯禽，周公子，封於魯。有徐戎作難，喪卒哭而征之，急王事也。征之作費誓。以三年之喪從其利者，時多攻取之兵，言非禮也。孔氏曰：伯禽卒哭而從金革，時有徐戎作亂，東郊不開，故征之。時周公尚在，伯禽卒哭，爲母喪也。從其利，貪從於利，攻取於人也。○應氏鏞曰：曾子以篤慤醇至之資，而爲潛心守約之學。其於身也，反觀内省，而益加以傳習講貫之功；其於禮也，躬行實踐，而又不廢乎旁搜博考之力。知天下之義理無盡，而事物亦日新而無窮，有非意料所可及者，或講明不素而猝然遇之，則應之難以中其肯綮，故歷舉喪祭吉凶雜出不齊之事，而問於聖人。夫子隨事剖析而決其疑，遂使千百載下，遇變事而知其權者，亦如處經事而不失其宜焉。此皆其問答講明之功也。其後真積力久，夫子語以「一貫」，隨聲響答，略無留難，其見益高矣。

禮記卷二十

文王世子第八 別録屬世子法。

此篇合衆篇而成，首言文王、武王爲世子及周公教成王之事，次言大學教士之法，次言三王教世子之法，次言庶子正公族之法，次言養老之事，末引世子之記以終之。蓋其初本各爲一篇之書，各有篇名，而記者集合之者也。記者之意，本主於教世子，故以文王世子居首，而因總爲六篇之大名焉。其第二篇、第四篇、第五篇，若無與於世子之事，然國學之教王大子、王子皆造，亦莫非所以教世子也。而人君親睦九族，尊事耆老，必自其孝於親者推之，則其本亦皆由於爲世子之能盡其道，故廣言之，而以世子之記終焉。此記者採輯之意也。

文王之爲世子，朝於王季日三。雞初鳴而衣服，至於寢門外，問内豎之御者曰：「今日安否何如？」内豎曰：「安。」文王乃喜。及日中又至，亦如之；及莫又至，亦如之。其有不安節，則内豎以告文王。文王色憂，行不能正履，王季復膳，然後亦復初。食上，必在視寒煖之節；食下，問所膳。命膳宰曰：「末有原！」應曰：「諾。」然後退。釋文：朝，直遥反。三，如字，又息暫反。衣，徐於既反，又如字。莫音暮。上，時掌反。

鄭氏曰：内豎，小臣之屬，掌外内之通命者。御，如今小史直日矣。節，謂居處故事。復膳，飲食安也。復初，憂解也。在，察也。問所膳，問所食者。末猶勿也。原，再也。勿有所再進，爲其失飪，臭味惡也。退，反其寢。方氏慤曰：寒煖之節，若食齊視春時，飲齊視冬時。問所膳，欲知親之所好也。徐氏師曾曰：「復初」以上，問安之禮；「食上」以下，視膳之禮。愚謂聖人之於人倫，無所不用其極，而盡其愛敬以事其親，乃其爲子之止於孝也。故此篇言教世子，而先以此開其端，蓋以聖人之盡倫盡性者立之極也。

武王帥而行之，不敢有加焉。文王有疾，武王不説冠帶而養，文王一飯亦一飯，文王再飯亦再飯。旬有二日乃間。釋文：税，本亦作「脱」，又作「説」，同音他活反。養，羊尚反。壹，本亦作「一」。飯，扶晚反。○間，去聲。

鄭氏曰：帥，循也。不説冠帶而養，言常在側。一飯再飯，欲知氣力箴藥所勝。間猶瘳也。孔氏曰：病損則不恒在身，其間有空隙，故云「間猶瘳也」。愚謂不敢有加者，文王事親之止於孝，不可以有所加也。文王一飯亦一飯，再飯亦再飯者，親食乃能食，親飽乃能飽也。

文王謂武王曰：「女何夢矣？」武王對曰：「夢帝與我九齡。」文王曰：「女以爲何也？」武王曰：「西方有九國焉，君王其終撫諸。」文王曰：「非也。古者謂年齡，齒亦齡也。我百，爾九十。吾與爾三焉。」文王九十七乃終，武王九十三而終。釋文：聆音零，本或作「齡」。

陳氏澔曰：數之修短，稟氣於有生之初，文王雖愛其子，豈能減己之年而益之耶？好事者爲之辭而不究其理，讀記者信其說而莫之敢議也。　愚謂年壽之數，父不能以與子，且既云「帝與我九齡」，而又云「吾與爾三」，上下不相應，何也？武王有疾，周公禱於三王，求以身代。若武王之年已定於此夢，則未至於九十三，周公固可以決其必瘳，何必皇皇焉爲之禱乎？鄭氏謂「吾與爾三者，示傳業於武王」，孔疏云：「年壽之數，賦命自然，不可延之寸陰，不可減之晷刻。文王云『吾與爾三』者，示其傳基業於武王，欲使武王承其所志。」蓋亦疑記言之不可信而曲解之。然果爾，則何不可明言而爲此廋詞隱語耶？且其曰「九」曰「三」者，又何所指耶？○大戴禮謂「文王十五而生武王」。如其言，則文王九十七而崩，時武王年八十三，又十三年而伐紂，又六年而崩，則武王崩時年百有二歲，與此記言「九十三」者不合。先儒因謂泰誓「十三年大會孟津」者，乃并文王受命稱王之年而數之。而鄭氏與尚書孔傳之説又自不同：謂文王受命九年而崩者，孔傳也；謂文王受命七年而崩者，鄭氏也。至仁山金氏，則據竹書紀年，謂武王崩時年五十四。「受命稱王」之説，歐陽氏已辨其妄，而大戴禮、竹書紀年亦皆難以徵信。要之，此等處不可盡考，姑闕之可也。

成王幼，不能涖阼。周公相，踐阼而治。抗世子法於伯禽，欲令成王之知父子、君臣、長幼之道也。成王有過，則撻伯禽，所以示成王世子之道也。釋文：相，息亮反。治，徐直吏反，一音如字。長，丁丈反，後皆同。○令，力呈反。

鄭氏曰：涖，視也。成王不能視阼階，行人君之事。周公代王履阼階，攝王位，治天下也。抗，舉也。舉世子之法於伯禽，使與成王居而學之。以成王之過擊伯禽，則足以感喻焉。　愚謂世子法，文王爲世子之法也。舉此法於伯禽，使帥而行之，欲成王觀伯禽之所行，而求文王之所以盡倫盡性者，則於君臣、父子、長幼之道無不明矣。成王有過，則撻伯禽，爲其所以法文王者未至，而無以使成王觀感也。然則其所以警悟成王者切矣。○吴氏棫曰：書所謂「位冢宰，正百工」，與詩所謂「攝政」，皆在成王諒闇之年，非以幼沖而攝。而其攝也，不過位冢宰而已，非如荀卿所謂「攝天子位」之事也。三年之喪，二十五月而畢，方其畢時，周公固未嘗攝位，亦非有七年而後還政之事也。百官總己以聽冢宰，未知其所從始，如殷之高宗已然，不特周公行之。此皆論周公者所當先知也。吴氏澄曰：按此篇周公教成王，可謂曲盡。但稽之事實，武王崩，成王幼，管、蔡流言，殷人謀叛，其時周公即出居東，伯禽亦就封而征徐戎。其後周公三年而歸，即相成王東征，安得有伯禽同學之事？或武王在時，周公使伯禽與成王同學，令觀伯禽所學而效之，記者誤傳爲武王崩後事乎？愚謂天子居喪，而冢宰攝政，其禮所從來遠矣。然人君能行之者少，故喪服四制言「高宗諒闇」，「殷衰而復興，禮廢而復起」。意高宗以後亦未有能行之者。至武王之喪，周公復使成王行是禮，而已攝其政焉。而禮典曠廢已久，管、蔡輩創見而生疑，遂至挾武庚以叛。而後世傳聞，亦不復究其本末，因以爲成王幼，不能踐阼，而周公代之踐阼，而不知其爲古者天子居喪之常禮也。至伯禽就封，周公居東，雖其年月先後不可詳考，要皆在成王初年，實無抗世子法之時。仁山金氏云：「武王崩，成王幼，周公踐阼，抗世子法於伯禽，以教成王。至明年，王冠且長，使伯禽就封於魯。」如其説，則抗世子法在武王喪期年之内也。廬、堊室之中，不與人處焉。成王斬焉衰絰，乃使之與伯禽處，而抗世子法以示之，舍居喪哀痛迫切之至情，而觀事生、問安、視膳之儀節，舍本而逐末，舍其當務而圖其不切，必無是理也。竊疑吴氏之説得之。蓋成王爲世子，周公爲大傅，使伯禽與之同學，而抗世子法以示之，欲成王以文王所以事王季者事武王也。若成王已爲天子而乃示之，以爲世子之法，則所以教之者亦迂而不切矣。○自篇首至此爲一篇，名文王世子，記文王、武王爲世子及周公教成王之事。

文王之爲世子也。

鄭氏曰：題上事。　愚謂此書篇之名也。此篇合六篇爲一篇，自第一篇至第三篇，其篇名題於篇末，第六篇則引於篇首，惟第四篇第五篇不可考耳。

凡學世子及學士，必時：春夏學干戈，秋冬學羽籥，皆於東序。釋文：凡學，户教反。下「小樂正學干」「籥師學戈」「學舞干戚」同。

學，教也。學士，胄子及鄉所升之俊士也。必時，必因其四時所宜，若下文所言也。干戈，武舞；羽籥，文舞也。武舞發揚，陽之屬也，故用春夏動作之時教之。文舞安靜，陰之屬也，故用秋冬安靜之時教之。東序，夏后氏之學也。○孔氏曰：大舞以干配戚，明堂位「朱干、玉戚，冕而舞大武」；小舞以干配戈，周禮樂師教干舞是也。　愚謂此所教皆文武之小舞也；下文「大樂正學舞干、戚」，則大舞也。武舞之小舞，文王之象箾也；文舞之小舞，文王之南籥也。文王大勳未集，故其樂聲容未備，文武之舞猶皆爲小舞。至武王作大武，爲武舞之大；若文舞則武王未及作，而因夏之大夏修而用之，以配大武。故明堂位、祭統皆以大武、大夏對言，仲尼燕居亦言「象、武、夏、籥序興」〔一〕。若禘、祫大祭，則取大韶以配大武，故大司樂言「舞大武以享先祖」，又言「九磬之舞，於宗廟之中奏之」也。內則「十三舞勺，成童舞象，二十舞大夏」，熊氏謂勺即籥也。國子之未二十者，學象、勺之小舞，則小樂正之等教之，周禮樂師「掌教國子小舞」，是也。至二十學大舞，則大樂正教之，大司樂「教國子舞雲門、大卷、大咸、大磬、大夏、大濩、大武」，是也。

小樂正學干，大胥贊之；籥師學戈，籥師丞贊之。胥鼓南。釋文：大，如字，又音泰。胥，息余反，又息呂反。

鄭氏曰：小樂正，樂師也。四人皆樂官之屬。通職，秋冬亦學以羽籥。周禮樂師「掌國學之政，教國子小舞」；大胥「掌學士之版，以待致諸子，春入學，舍菜，合舞，秋頒學，合聲」；籥師「掌教國子舞羽、吹籥」。孔氏曰：周禮籥師「掌教國子舞羽、歈籥」，是籥師既教戈，又

〔一〕「象」字原本脱，據禮記仲尼燕居補。

教籥，此小樂正教干，周禮樂師教小舞，六舞皆教，故知通職至秋冬之時亦教羽、籥也。此有大樂正、小樂正，周禮有大司樂，有樂師；周禮惟有籥師，此有籥師丞。或諸侯之禮，或異代之法。愚謂「小樂正」四句，申上「學干戈」之事也。「胥鼓南」，申上「學羽、籥」之事也。南，即羽、籥之舞也。文王之文舞名南籥，蓋歌二南之詩以奏之。大胥於國子舞羽、籥之時，則擊鼓以爲之節。上言「小樂正學干」，「籥師學戈」，則知學羽、籥者亦小樂正、籥師也。下言「胥鼓南」，則知學干戈而大胥、籥師丞贊之者亦鼓也。皆互見以相備也。○周禮樂師「掌教國子小舞，凡舞，有帗舞，有羽舞，有皇舞，有旄舞，有干舞，有人舞」，不言「戈」「籥」者，蓋舞以干、戈、羽、籥相配，干舞兼戈，羽舞兼籥也。干舞，亦謂之兵舞，以干戈皆兵也。舞師「兵舞，舞山川之祭祀」，是也。此不言「帗舞」「皇舞」之屬者，蓋周禮因樂師教舞，遂廣言舞之所用，其實皇舞用於旱暵，則司巫帥羣巫之所舞，旄舞則四夷舞者之所舞，非盡所以教國子者也。

春誦夏弦，大師詔之；瞽宗秋學禮，執禮者詔之；冬讀書，典書者詔之。禮在瞽宗，書在上庠。 釋文：大音泰。下「大樂正」「大傅」「大寢」皆同。

誦，謂誦詩也。弦，以絲播其詩也。周禮大師教六詩，「以六德爲之本，以六律爲之音」。

執，持也。典，主也。周禮大司樂之屬，無教書、禮之事，執禮、典書，蓋以他官之習於書、禮者充之，使之入教於國學也。瞽宗，殷學也。瞽，大師也。宗，尊也。殷學以祀先賢，而三時釋奠，大師首行其禮，故曰「瞽宗」。上庠，有虞氏之學也。鄭氏曰：陽用事則學之以聲，陰用事則學之以事，因時順氣，於功易成也。周立三代之學，學書於有虞氏之學，典、謨之教所興也。學舞於夏后氏之學，文武中也。學禮、樂於殷之學，治定功成，與己同也。○劉氏敞曰：周立四代之學，謂一處並建四學：辟廱居中，其北爲有虞氏之學，其東爲夏后氏之學，其西爲殷人之學。學干戈羽籥者就東序，學禮者就瞽宗，學書者就虞庠，其辟廱，惟天子出師、成謀、受俘、大射就焉。當天子至辟廱，則三學之人環水而觀矣。愚謂學之名，散見於經記，先儒之説不同，惟劉氏最有條理。周立四代之學：辟廱、上庠、東序、瞽宗，皆大學也。辟廱一名成均。詩言「鎬京辟廱」，而大司樂言「掌成均之法，以治建國之學政」，知辟廱、成均並爲周代之大學，異名而同實也。東序一名東膠。王制言「養國老於東膠」，文王世子言「養老於東序」，知東序、東膠一也。瞽宗一名西學。大司樂「死則以爲樂祖，祭于瞽宗」，祭義「祀先賢於西學」，知瞽宗、西學一也。東序、瞽宗、上庠爲教學之所，而辟廱則天子之所視學而行禮。魯頌言「在泮獻馘」，「在泮獻囚」。魯四學，而頖宮當天子之辟廱，則天子之受成獻俘在辟廱矣。穀梁傳言「習射於澤宮」。詩言「振鷺于飛，于彼西廱」，毛傳云：「廱，澤也。」是澤宮即辟廱，則天子大射在辟廱矣。周鄉之學名庠，孟子曰「周曰庠」，鄉飲酒義「主人拜迎賓於庠門之外」，是也。州、黨之學皆名序，州長「春秋以禮會民而射于州序」，黨正「國索鬼神而祭祀，則以禮屬民而飲酒于序」，是也。家塾所升者，教於黨之序；黨所升者，教於州之序；州所升者，教於鄉之庠。鄉大夫之賓賢能，皆取諸鄉學，其尤俊異者乃升於大學而教之。

凡祭與養老乞言、合語之禮，皆小樂正詔之於東序。釋文：合，如字，徐音閤。下「大合樂」放此。

乞言，求善言可行者也。合語，謂於旅酬之時，而論說義理，以合於升歌之義。第五篇云「登歌清廟，既歌而語」，「言父子、君臣、長幼之道，合德音之致」，是也。鄉射記曰：「古者於旅也語。」國語申叔時曰：「教之語，使明其德，而知先王之務用明德於民也。」禮，謂進退之威儀也。祭祀之禮，及養老時乞言、合語之禮，皆小樂正於東序之中教之也。

大樂正學舞干、戚。語說，命乞言，皆大樂正授數，大司成論說在東序。釋文：說，如字，徐始鋭反。論，力門反，徐力頓反。

干、戚，大武之舞也。大樂正兼教六舞，而獨言「干、戚」者，舉當代之舞以該其餘也。語說，合語之說也。命乞言者，養老乞言，惟君所命者爲之也。數，謂其所習之篇數也。語說、乞言二者，小樂正詔其禮，大樂正又授以篇數而使習之。周禮大司樂「以樂語教國子興、道、諷、誦、言、語」，是也。大司成，有道德而教於國學者也。蓋大司樂掌國學之政，至於教國子，則惟詩、樂乃樂官之所掌，執禮、典書則以他官之習於書、禮者充之，又以公卿之有道德者入而總主其教，謂之大司成，言其主成國子之業。大司樂所謂「有道者、有德者，使教焉，死則以爲樂祖，祭于瞽宗」，是也。大司成無定人，無專職，必其位望尊重而道德充盛者乃得爲之。詔其禮，授其數者，所以習其事也。論說者，所以明其義也，習其事者易，明其義者難，此所以必屬之大司成也。

凡侍坐於大司成者，遠近間三席，可以問，終則負牆，列事未盡不問。釋文：間，如字，猶容也，徐古辨反。

孔氏曰：席制廣三尺三寸三分寸之一，三席則函一丈，可以指畫而問也。問終則退就後席，負牆而坐，辟後來問者。若問事之時，尊者序列其事，未得終盡，則不可錯亂尊者之言，輒有咨問爲不敬也。

凡學，春官釋奠於其先師，秋冬亦如之。

鄭氏曰：官，謂詩、書、禮、樂之官。周禮曰：「凡有道者、有德者，使教焉，死則以爲樂祖，祭於瞽宗。」此之謂先師之類也。若漢，禮有高堂生，樂有制氏，詩有毛公，書有伏生，億可以爲之也。不言「夏」，從春可知也。釋奠者，設薦饌奠之，不迎尸也。愚謂三時釋奠，各以主其時之教者行禮，如春則大師，秋則執禮者，冬則典書者也。曰「於其先師」者，弦誦也，禮也，書也，其先師不同也。學以詩、書、禮、樂爲教，而以古之賢臣明於其業者爲先師。若禮有伯夷，樂有后夔，祭義所謂「祀先賢於西學」，是也。此先代之先師也。其有道德而爲學之大司成者，死則亦祭之，以爲先師，大司樂所謂「樂祖」是也。此當代之先師也。下文「始立學，釋奠」，但爲先代之先師；此三時釋奠，兼有當代之先師也。夏不釋奠者，弦誦相成，無二師也。○陳氏祥道曰：釋奠有牲、幣，有合樂，有獻酬。曾子問「凡告用牲、幣」，此有牲、幣之證也。「釋奠必有合」，此有合樂之證也。聘禮「一人舉爵，從者行酬」，此有獻酬之證也。然山川廟社有牲、幣，學非始立，不必有幣也。學之釋奠有合樂，山川廟社不必合樂也。聘禮釋奠三獻，天子諸侯於山川廟社，不止三獻也。此又其異者也。

凡始立學者，必釋奠於先聖、先師，及行事，必以幣。

鄭氏曰：謂天子命之教，始立學官者也〔一〕。先聖，周公若孔子。愚謂作者之謂聖，述者之謂明。制作禮樂以教後世者，先聖也，若堯、舜、禹、湯、文、武、周公是也。承先聖之所作以教於大學者，先師也，若伯夷、后夔是也。立學禮重，故祭及先聖；四時常奠禮輕，故惟祭先師。

凡釋奠者，必有合也。有國故則否。

劉氏敞曰：合，謂合樂也。有國故者，謂凶、札、師旅也。陳氏祥道曰：必有合，合舞與聲。有故則否，與國有大故去樂意同。愚謂凡釋奠，總上三時之釋奠及始立學釋奠而言。○鄭氏曰：國無先聖、先師，則釋奠者當與鄰國合。有國故，若唐、虞有夔、伯夷，周有周公，魯有孔子，則各自奠之，不合也。朱子曰：以下文考之，「有合」當爲「合樂」。從陳説。愚謂鄭氏之説，穿鑿無據。先聖、先師非一國之所得專，天子與列國雖各有學，而所祀之先聖、先師則同，豈有各自奠之者乎？

凡大合樂，必遂養老。

鄭氏曰：大合樂，謂春入學釋菜，合舞，秋頒學，合聲。愚謂三時釋奠皆合樂，而春合舞，

〔一〕「官」字原本脱，據禮記注疏補。

秋合聲，則謂之大合樂，以其用樂爲特盛也。必遂養老者，樂不可以無事而空作，故因行養老之禮而合樂。○釋奠禮重，釋菜禮輕。三時釋奠合樂，春合舞，釋菜乃大合樂者，蓋釋奠合樂，合樂因釋奠而舉者也；釋菜合舞，釋菜因合舞而舉者也。

凡語于郊者，必取賢斂才焉：或以德進，或以事舉，或以言揚。曲藝皆誓之，以待又語。三而一有焉，乃進其等，以其序，謂之郊人，遠之於成均，以及取爵於上尊也。釋文：遠，于萬反。

郊，謂六鄉之學在四郊者，王制所謂「虞庠」是也。語，考論也。語於郊，謂鄉大夫詢衆庶，賓賢能也。人材各有所長，隨其所能而用之。事舉者非必無德，而事爲優；言揚者非必不任事，而言爲長。若孔門之德行、政事、言語之各爲一科也。曲藝，祝、史、醫、卜、射、御之屬。誓，戒飭也。以待又語者，曲藝賤，不得與賢能之士同日而語，故戒飭之，以待後日再考論之也。三而一有焉，乃進其等者，謂曲藝之士陳三事而有一事之善，則異之於其等類之中，不求備也。以其序者，謂於其等輩之中自爲次第，以待補用也。謂之郊人，言不得與賢能之士同稱俊選也。遠之於成均，以及取爵於上尊者，賢能之士得升於成均而爲俊士，於鄉大夫賓賢能之時得爲鄉飲酒之賓、介，取爵於上尊，以酢主人；郊人既賤，不得升大學，又不得爲鄉飲酒之賓、介，取爵於上尊，以酢主人。言於此二事遠之，使不得與也。

始立學者，既興器用幣，然後釋菜，不舞不授器。乃退，儐于東序，一獻，無介、語可也。釋文：興，依註爲「釁」，音虚覲反。儐，必刃反，本亦作「擯」。○今按：興如字。

興，舉也，與後「興秩節」之興同。興器用幣，舉釋奠之器而用幣，即前云「釋奠於先聖、先師，及行事必以幣」也。君既親行釋奠之禮，然後學官行釋菜之禮，學記「大學始教，皮弁祭菜」，是也。舞則授器，司干：「舞者既陳，則授舞器。」不舞不授器，釋菜禮輕也。以禮禮賓謂之儐，此釋菜之禮，蓋以大樂正主之，而其爲賓者則大司成與？蓋大司成主國學之教，既釋菜於先師，而繼之以儐大司成，亦禮之宜也。儐賓之禮行一獻，蓋先師但行釋菜禮，儐賓之禮宜與之相稱也。凡飲酒，有介以輔賓，又至旅酬而合語。一獻之禮既輕，故無介、語亦可也。蓋此二事，或有或無，隨人之所行也。釋菜在瞽宗，儐賓在東序，則諸侯亦不惟一學矣。○熊氏安生曰：釋奠有六：始立學，一也；四時有四，五也；王制師還釋奠，六也。釋菜有三：春入學釋菜，合舞，一也；興器釋菜，二也；學記「皮弁祭菜」，三也。秋頒學，合聲，無「釋菜」之文，則不釋菜也。釋幣惟一，此興器用幣是也。愚謂夏不釋奠，則釋奠惟五。學記「大學始教，皮弁祭菜」，即始立學者興器用幣，然後釋菜之事，則釋菜惟二也。此言「興器用幣」，即上所言「釋奠於先聖、先師，及行事必以幣」，非二事也。蓋始立學釋奠，已見上文，此又重述之，以起下釋菜儐賓之事耳。其曰「既」者，乃遥繼前文之辭也。鄭氏讀興爲釁，謂「禮樂之器成，釁之，又用幣告先聖、先師」，以始立學釋奠與興器用幣爲二事，故熊氏亦分釋奠、釋幣爲二，皆誤也。釁器事小，何必告及先聖哉？○自「凡學世子」至此爲一篇，名教世子，明大學教士之法。

教世子。

鄭氏曰：亦題上事。

凡三王教世子，必以禮樂。樂，所以脩内也；禮，所以脩外也。禮樂交錯於中，發形於外，是故其成也懌，恭敬而温文。

樂發於歡欣鼓舞之情，故曰「所以脩内」；禮見於威儀動作之際，故曰「所以脩外」。然發於内者，未嘗不達於外，制於外者，乃所以養其内也。懌者，和順之意。和順矣，而又能恭敬，則和而不流也；恭敬矣，而又能温文，則質而不野也。蓋惟禮樂之功交養互發，故其德性之進於中和而不倚於一偏者如此。真氏德秀曰：禮以起人之敬，敬心生則慢心塞；樂以感人之和，和心生則戾心消。薰陶德性，變化氣質，莫妙於此。至二者薰釀涵暢，相與莫間，故其成也，但見其懌而已，恭敬温文而已。

立大傅、少傅以養之，欲其知父子君臣之道也。大傅審父子君臣之道以示之，少傅奉世子以觀大傅之德行而審喻之。大傅在前，少傅在後，入則有保，出則有師，是以教喻而德成也。師也者，教之以事而喻諸德者也。保也者，慎其身以輔翼之而歸諸道者也。記曰：「虞、夏、商、周有師、保，有疑、丞，設四輔及三公，不必備，唯其人。」語使能也。釋文：少，詩照反。○行，下孟反。

養，謂涵育薰陶以成其德也。大傅、少傅，蓋亦以他官之有道德者充之。國語晉悼公使羊舌肹傅大子，楚莊王使士亹傅大子，是二人皆以他官充是職，蓋古制然也。喻，曉也。審父子君臣之道以示之，以身教也。奉世子以觀大傅之德行而審喻之，以言教也。師、保，即周禮之師氏、保氏也。師氏掌教國子以三德、三行，所謂「教以事而喻諸德」也。保氏掌養國子以道，而教以六藝、六容，所謂「輔翼之而歸諸道」也。「前」「後」「出」「入」互言之，以見師、保、傅之無時或離，是以所見皆正事，所聞皆正言，潛移默導，少成若性，教喻而有以明其理，德成而有以踐其實也。孔氏曰：尚書大傳云：「古者天子必有四鄰：前曰疑，後曰丞，左曰輔，右曰弼。天子有問無以對，責之疑；可志而不志，責之丞；可正而不正，責之輔；可揚而不揚，責之弼。」四輔三公，古記據天子之事，作記者取以成説。「語使能」一句，作記者解前記之言也。○世子入小學則受教於師氏、保氏，入大學則受教於大司成。然師氏、保氏則貴游之子弟皆學焉，大司成則諸侯、公、卿、大夫、元士之適子及俊選皆造焉，皆非專於教世子者也，故又爲之立大傅、少傅，使之專以教世子爲事。師、保與大司成，有小學、大學之分，而大傅、少傅則周旋左右，無朝夕之離，無少長之異者也。

君子曰德，德成而教尊，教尊而官正，官正而國治。君之謂也。釋文：治，直吏反，下「而治」「國治」並同。

此申上「教喻」「德成」之言，所謂「德成」者，謂其能成爲君子也。君子之德既成，則教於國者尊嚴，而人不敢忽，百官由此正，萬民由此治，此世子爲君之謂也。上言「教成」，以世子之教於人言之也。此言「教尊」，以世子爲君而教人言之也。

仲尼曰：「昔者周公攝政，踐阼而治，抗世子法於伯禽，所以善成王也。聞之曰：『爲人臣者，殺其身有益於君則爲之。』況于其身以善其君乎！周公優爲之。」釋文：于，依注作「迂」，音同，又音紆。

劉氏彝曰：以世子法教世子，直道也。今舉世子法於伯禽以教成王，則迂曲矣。蓋人臣殺身爲國，猶尚爲之，況不過迂曲其身之所行以成其君之德乎！宜乎周公優爲之。

是故知爲人子，然後可以爲人父；知爲人臣，然後可以爲人君；知事人，然後能使人。成王幼，不能涖阼，以爲世子則無爲也。是故抗世子法於伯禽，使之與成王居，欲令成王之知父子、君臣、長幼之義也。

孔氏曰：凡教世子之法，必須對父，成王既無父，則無爲世子之處，故抗世子法於伯禽，使成王與之居而學之也。

君之於世子也，親則父也，尊則君也。有父之親，有君之尊，然後兼天下而有之。是故養世子不可不慎也。

周公之於成王，迂其身以成其德，況君之於世子，兼尊親之分，可不思所以教之乎？世子教喻德成，則能爲人子而有父之親，能爲人臣而有君之尊，然後兼天下而有之，而能爲人父，爲人君。不然，狥姑息之愛，昧義方之訓，今日爲臣子而教不成，必異日爲君父而教不尊，欲官正而國治，其可得乎？

行一物而三善皆得者，唯世子而已，其齒於學之謂也。故世子齒於學，國人觀之，曰：「將君我而與我齒讓，何也？」曰：「有父在，則禮然。」然而衆知父子之道矣。其二曰：「將君我而與我齒讓，何也？」曰：「有君在，則禮然。」然而衆著於君臣之義也。其三曰：「將君我而與我齒讓，何也？」曰：「長長也。」然而衆知長幼之節矣。故父在斯爲子，君在斯謂之臣，居子與臣之節，所以尊君親親也。故學之爲父子焉，學之爲君臣焉，學之爲長幼焉，父子、君臣、長幼之道得而國治。語曰：「樂正司業，父師司成，一有元良，萬國以貞。」世子之謂也。釋文：學之，並音效。

物，事也。齒於學，謂入學，而與同學之人以年齒爲序也。父子、君臣、長幼，人之大倫也，學之所以教世子者，其事非一，然其本則在於教此三者而已。三者之道得，則本其有諸己者教諸人，而國無不治矣。語，古語也。司，主也。父師，即大司成也。樂正掌國學之政，故世子之學業，樂正之所主；大司成總國學之教，故世子學業之成，大司成之所主也。一，謂一人。元，大。良，善也。貞，正也。世子一人有大善之德，則萬國以之而正也。上文言「出則有師」，「入則有保」，世子入小學之事也。此引古語，言「樂正司業，父師司成」，世子入大學之事也。○自「凡三王教世子」至此爲一篇，名周公踐阼，明三王教世子之法。

周公踐阼。

鄭氏曰：亦題上事。　愚謂此篇名周公踐阼，必篇首有此語，而記者删去之也。

庶子之正於公族者，教之以孝弟、睦友、子愛，明父子之義，長幼之序。釋文：弟，大計反，又作「悌」。下「孝弟」皆同。○按：子當音慈。

鄭氏曰：正者，政也。庶子，司馬之屬，掌國子之倅，爲政於公族者。　孔氏曰：周禮「諸子，下大夫二人」，諸侯謂之庶子。　愚謂周禮有「諸子」，而禮記燕義引諸子職作「庶子」，則庶子即諸子，非侯國之異名也。子當作「慈」，與樂記「子諒」之子同。教之以孝、慈、愛，以明父子之義；教之以弟、睦、友，以明長幼之序。此節爲一篇之綱，下文所列，皆其目也。

其朝于公，内朝則東面北上，臣有貴者以齒。庶子治之，雖有三命，不踰父兄。釋文：朝，直遥反，下同。○「庶子治之」十二字，舊在「則以上嗣」下，孔氏云：「應承『臣有貴者以齒』之下。」今從之。

鄭氏曰：内朝，路寢庭。治之，治公族之禮也。唯於内朝則然，其餘聚會之事，則與庶姓同。一命齒於鄉里，再命齒於父族，三命不齒。不齒者，特爲位，不在父兄行列中。　愚謂内朝，即燕朝也。臣有貴者以齒，言雖貴，猶在父兄之下，以昭穆長幼爲序列也。燕禮：「卿西面北上，大夫北面東上，士西方東面北上。」此但云「東面北上」，則無北面、西面之位。臣有貴者以齒，則不别卿、大夫、士之貴賤，與燕禮異。又周禮大僕：「王眡燕朝，則正位。」此云「庶子治之」，與周禮異。燕禮、大僕所言，謂羣臣朝於内朝之禮；此所言，則公族朝於内朝之禮。蓋或圖宗人之嘉事，或與宗族燕飲，異姓所不與者也。

其在外朝，則以官，司士爲之。

鄭氏曰：外朝，路寢門之外庭。司士，亦司馬之屬也，掌羣臣之班，正朝儀之位也。愚謂外朝，治朝也。周禮司士「正朝儀之位」：「三公北面東上，孤東面北上，卿大夫西面北上，士門西東面北上。」諸侯之治朝，其三卿北面，大夫西面，而士亦西方東面，與卿、大夫、士之位不同，是以官之貴賤爲等列也。○天子諸侯皆有三朝：詢衆庶之朝爲外朝，周禮朝士「掌建外朝之法」，是也。路寢門内之朝爲燕朝，大僕「王眡燕朝，則正位」，是也。亦曰内朝，此記公族朝於内朝是也。路寢門外之朝爲治朝，大宰「王眡治朝，則贊聽治」，是也。治朝對詢衆庶之朝，則亦曰内朝，玉藻「朝服以日視朝於内朝」，是也。對燕朝，則亦曰外朝，此記「其在外朝，則以官」，是也。於燕禮見諸侯燕朝之位，而天子則無文；於司士、射人見天子治朝之位，於小司寇、朝士見天子外朝之位，而諸侯則無文。由諸侯燕朝之位以推天子，由天子治朝、外朝之位以推諸侯，其朝位亦大略可見矣。蓋君視燕朝在阼階下東南，故以西面而近君者爲尊。諸侯之西面者爲卿，而大夫北面，士西方東面，則天子之西面者爲三公，而孤、卿、大夫北面，士西方東面也。君視治朝，出路門外少左，故以北面而對君者爲尊。天子之北面者爲三公，而孤東面，大夫西面，士西方東面，則諸侯之北面者爲三卿，而大夫西面，士西方東面也。天子外朝之位，三公及州長、百姓北面，羣臣東面，羣吏西面，則諸侯外朝之位，三卿及州長、百姓北面，而羣臣羣吏之位亦與天子同也。○此上二節，言公族在朝廷之禮。

其在宗廟之中，則如外朝之位，宗人授事，以爵以官。

鄭氏曰：宗人，掌禮及宗廟也。以爵，貴賤異位也。以官，官各有所掌，若司徒奉牛，司馬奉羊，司空奉豕。　愚謂特牲禮衆兄弟之位在阼階下西面。祭統云「凡賜爵，昭與昭齒，穆與穆齒」，鄭註云：「昭穆，猶特牲之衆兄弟。」是天子諸侯同姓助祭皆在阼階下西面之位，此則云「宗人授事，以爵以官」。特牲記賈疏云：「無爵者阼階下西面，有爵者則以爵序。其獻之亦以官。」故祭統：「尸飲五，君洗玉爵獻卿；尸飲七，以瑶爵獻大夫；尸飲九，以散爵獻士及羣有司。皆以齒。」蓋特牲禮主人獻長兄弟、衆兄弟在賓長、衆賓之後，若天子諸侯同姓之爲卿大夫者，亦以昭穆獻之，則其得獻反在衆賓之後，故賈氏之説如此。然如其言，又非所謂羣昭羣穆咸在而不失其倫矣。疑未獻以前，羣昭羣穆皆在阼階下西面，以齒爲序，至獻之，則其爲卿大夫者，自依卿大夫之班次，既獻而改就卿大夫之位，如少牢禮衆賓門東，北面，既獻西階西南者與？特牲記「公有司門西，北面，東上，私臣門東，北面，西上」，鄭註云：「祭祀有上事者貴之。」疏謂「公有司執事者列爲衆賓，餘在門西位」也。天子諸侯異姓助祭之位，蓋亦如此。執事者在西階下賓位，其不執事者則在門東、門西之位，中庸所謂「序事辨賢」也。然則宗廟之位，有不能盡如外朝者，但其以貴賤爲序則與外朝之禮同耳。

其登餕、獻、受爵，則以上嗣。釋文：餕音俊。

鄭氏曰：上嗣，君之適長子。以特牲饋食禮言之，受爵，謂上嗣舉奠也。獻，謂舉奠洗爵酌入也。餕，謂宗人遣舉奠盥，祝命之餕也。大夫之嗣無此禮，辟君也。孔氏曰：特牲禮尸未入之前，「祝酌奠于鉶南」。尸入，祭奠不飲，衆賓長爲加爵之後，嗣子乃舉之。特牲云「嗣舉奠，盥，入，北面再拜稽首。尸執奠，嗣子進受，復位，再拜稽首」，尸答拜，嗣子卒觶，拜，則此經所謂「受爵」也。必嗣子舉奠者，鄭註特牲云：「將傳重，累之也。」特牲又云「舉奠洗酌入，尸拜受」，嗣子答拜，則此經所謂「獻」也。又特牲無算爵之後，禮畢，尸謖而出，宗人遣嗣子長兄弟相對而餕，所謂「餕」也。餕時雖有長兄弟，以上嗣爲主。特牲禮先受爵而後獻，獻而後餕，今此經先言「餕」者，以餕爲重，故逆言之。登，謂登堂。嗣子在堂下，餕時、獻時、受爵時並登堂。○此上二節，言公族在宗廟之禮。

其公大事，則以其喪服之精麤爲序，雖於公族之喪亦如之，以次主人。

此言公族喪紀之禮也。公大事，謂君之喪事。喪服親者麤，疏者精。爲君雖皆斬衰，而其本服各有精麤，故庶子治其喪事，使以本服之精麤爲序，親疏不得相越也。非但君喪如此，雖於公族之喪事，亦使有服者以精麤爲序，以次主人。尸在室，則親者在室中，立於主人之後，而疏者在堂下。既小斂，則皆在阼階之東西面，而服麤者近主人，服精者以次而南也。

若公與族燕，則異姓爲賓，膳宰爲主人，公與父兄齒。

此言公族燕飲之禮也。膳宰，膳夫也。鄭氏曰：異姓爲賓，同姓無相賓客之道。膳宰爲主人，君尊，不獻酒。公與父兄齒，親親也。愚謂燕禮「公席于阼階上」，此云「公與父兄齒」，則與尋常燕禮之序異矣。尚書顧命有西序東鄉之位，此其爲君與族燕之位與？燕禮賓席于牖間，卿席于賓東，大夫繼賓而西，若有東面者，則北上東面之位即西序之位也。是燕禮之席位，牖間最尊，賓東者次之，賓西者又次之，西序東面者又次之。公與族燕，異姓爲賓，席於牖間，在父行者席於賓東，在兄行者席於賓西，公與父兄齒，則宜在西序東嚮之位也。

族食，世降一等。

鄭氏曰：親者稠，疏者希。孔氏曰：族食，與族人燕食也。世降一等者，族人既有親疏，燕食亦隨世降殺。假如本是齊衰一年四會食，大功則一年三會食，小功則一年再會食，緦麻則一年一會食也。愚謂大宗伯：「以飲食之禮親宗族兄弟。」公與族燕，飲禮也；族食，食禮也。公食大夫禮賓惟一人，公立於廂，無阼席。大傳云「合族以食，序之以昭穆」，則公與族食，序昭穆列坐，蓋用燕食之禮，亦與公食大夫禮異也。族食，世降一等，則與族燕不用此法，但閒暇無事，則相與燕飲，伐木詩所謂「迨我暇矣，飲此湑矣」，是也。○此上二節，言公族飲食之禮。

其在軍，則守於公禰。

禰，父廟也。師以遷廟主行，此云「公禰」，據無遷主而主命者也。若有遷主而奉遷主以行，則亦守於遷主也。必言「公禰」者，以下文言「孝愛之深」，自仁率親，故以尤親者言之。

公若有出疆之政，庶子以公族之無事者守於公宫：正室守大廟，諸父守貴宫、貴室，諸子諸孫守下宫、下室。釋文：守，如字，又手又反。守貴室，本或作「守貴宫、貴室」。

出疆之政，謂軍旅、會、同之事也。周禮諸子「會、同、賓客，作羣子從」，此云「庶子以公族守於公宫」，蓋羣子非一人，故或從或守也。正室，公族之適子。諸父，昭穆尊者。諸子諸孫，昭穆卑者。貴宫，吴氏以爲四親廟。下宫，吴氏以爲别廟，如魯仲子之廟者是也。貴室，路寢。下室，燕寢也。周禮宫正：「掌王宫之戒令糾禁，以時比宫中之官府次舍之衆寡，爲之版以待，夕擊柝而比之。國有故，則令宿，其比亦如之。」宫伯「掌王宫之士庶子凡在版者」，「授八次、八舍之職事，若邦有大事，作宫衆，則令之」。蓋公有出疆之政，庶子率公族致於宫正、宫伯，宫正比其當宿者，宫伯授以次、舍，以尊卑分守廟、寢。公在國及無事時，則更番入直，公出疆及有故，則盡入宿衛也。○吴氏澄曰：鄭以貴宫、貴室總爲路寢，下宫爲親廟，下室爲燕寢，則貴宫、室混爲一，下宫、室分爲二。又親廟貶稱「下宫」，而但子孫守之，路寢反稱「貴宫」，而以諸父守之，是尊己而卑祖、禰也。方氏以貴宫、貴室爲昭廟，下宫、下室爲穆廟。昭穆等耳，可分貴、下乎？陸氏以大廟若周公，貴宫、貴室若魯公，下宫、下室若羣公廟。然魯公廟僭放文世室，他國無之也。又四親廟可貶爲下乎？胡氏以貴宫、下宫人所居，貴室、下室皆親廟，亦未是。○此上二節，言公族在軍及在國宿衛之法也。

五廟之孫，祖廟未毁，雖爲庶人，冠、取妻必告，死必赴，練、祥則告。釋文：冠，古亂反。取，七喻反。

鄭氏曰：赴，告於君也。實四廟孫，而言「五廟」者，容顯考爲始封子也。孔氏曰：祖廟未毁，謂同高祖。高祖以下，唯有四廟，今云「五廟」，故云「容顯考爲始封子」。是高祖爲四世，五世祖爲始封之君，自五世以下，其廟不毁也。

族之相爲也，宜弔不弔，宜免不免，有司罰之。至于賵、賻、承、含，皆有正焉。

釋文：爲，于僞反。免音問。承音贈，出注。含，胡暗反，本又作「唅」。○陳氏承如字。

鄭氏曰：弔，謂六世以往。免，謂五世。承讀爲贈，聲之誤也。正，正禮也。孔氏曰：六世以至百世，但有弔禮；五世親盡，但有祖免。賵、賻、含、襚，皆贈喪之物：賵，車馬；賻，財帛；含，珠玉；襚，衣服。總謂之贈，贈，送也。正，謂庶子之官正之以禮。陳氏祥道曰：實於口者謂之含，承於身者謂之承。凡玉可以爲渠眉、疏璧者，皆承也。愚謂族人相爲弔、免，乃其疎遠者，而闕於禮則有司罰之，則其相爲有服者可知。於君言「赴告」，則族之相爲亦必赴告可知。於族之相爲言「弔」「免」，則公於族人之喪亦必弔可知，互相備也。

○此上二節，言公族赴弔之法也。

公族，其有死罪，則磬于甸人。其刑罪，則纖剸，亦告于甸人。公族無宮刑，

獄成，有司讞于公。其死罪，則曰「某之罪在大辟」。其刑罪，則曰「某之罪在小辟」。公曰「宥之」，有司又曰「在辟」。公又曰「宥之」，有司又曰「在辟」。及三宥，不對，走出，致刑于甸人。公又使人追之，曰：「雖然，必赦之。」有司對曰：「無及也。」反命于公。公素服不舉，爲之變，如其倫之喪，無服，親哭之。釋文：纖，依註音鍼，之林反，徐子廉反。註：「本或作纖。」讀爲殲者，是依徐音而改也。剸，之免反。告，依註作「鞠」，久六反。讞，徐魚列反。辟，婢亦反。爲，于僞反。○今按：告如字。○朱子曰：「素服」下，脱「居外不聽樂」五字。「親哭之」下，脱「于異姓之廟」五字。

鄭氏曰：甸人，掌郊野之官。縣縊殺之曰磬。不於市朝者，隱之也。纖讀爲鍼，刺也。剸，割也。臏、墨、劓、刖皆以刀鋸刺割人體也。宮刑，淫刑。讞之言白也。辟亦罪也。孔氏曰：魯語云「小刑用鑽鑿，次刑用刀鋸。」蓋墨刑以鑽鑿刻其面，宮、臏、刖、劓則以刀鋸割其體也。愚謂周禮掌囚：「凡有爵者與王之同族，奉而適甸師氏，以待刑殺。」蓋同族雖無爵，其刑殺亦於甸師氏也。告于甸人，告之以當刑人而就之行刑也。公族無宮刑，當宮者以劓、刖代之也。不對走出者，以法奪君之恩也。素服，素衣、素裳、素冠。不舉，不殺牲盛饌以食也。倫，親疎之序也。變，變禮也。雜記：「君爲卿大夫，比葬不食肉，比卒哭不舉樂。爲士，比殯不舉樂。」此公爲卿、大夫、士變禮之差也。公於公族之喪爲之變禮，其親疎亦各有等衰。今雖以罪死，猶如其常禮爲之也。君弔則服弔服，爲大夫錫衰，爲士疑衰，無服者不往弔也。親哭，謂不使有司哭之。君哭其臣，無不親者，特言此者，嫌爲有罪而死者或異也。此節言公族刑罰之法也。自此以上，皆庶子之所正也。○鄭氏讀「告于甸人」之告爲鞠，非也。鞠者，推審而窮其情之謂。既將行刑，則獄已定矣，尚待鞠乎？又公族無宫刑，鄭氏謂「以髡代之」，蓋以周禮掌戮「髡者使守積」，在五刑之外故也。然宫重於刖，而髡輕於墨，公族之劓、刖者不獲減等，而宫者乃以髡代，亦失輕重之平矣。先鄭以髡者爲司圜所收罷民，其説近是。又鄭氏云：「君於臣，使有司哭之。」夫弔哭之事不可虚，鄭於檀弓既言之矣，何以又生異説乎？○天子諸侯弔服三：錫衰也，緦衰也，疑衰也。大夫無緦衰，弔服二。士又無錫衰，弔服疑衰而已。鄭氏謂「君弔於士疑衰，同姓則緦衰」，非也。天子弔其臣，諸侯弔其卿大夫，其服皆無同、異姓之異，何獨諸侯之弔士乃異其同、異姓之服乎？凡上之弔下，與下之自相弔，其服同。以君爲大夫錫衰，大夫自相爲亦錫衰推之，可見天子爲諸侯緦衰，則諸侯自相弔亦緦衰，非所以施於同姓之士也。

公族朝于内朝，内親也。雖有貴者以齒，明父子也。外朝以官，體異姓也。

體異姓者，言與異姓爲一體，而不可以有所異也。此以下，覆解前文。

宗廟之中，以爵爲位，崇德也。宗人授事以官，尊賢也。登餕、受爵以上嗣，尊祖之道也。

鄭氏曰：上嗣，祖之正統。

喪紀以服之輕重爲序，不奪人親也。

紀，條理也。不奪人親，故必以親者居上，而不相越踰也。

公與族燕則以齒，而孝弟之道達矣。其族食，世降一等，親親之殺也。釋文：殺，色界反，徐所例反。

殺，等差也。

戰則守於公禰，孝愛之深也。正室守大廟，尊宗室，而君臣之道著矣。諸父諸兄守貴室，子弟守下室，而讓道達矣。

戰者危事，故守於公禰，事死如事生之孝也。適庶之分，有君臣之義，故尊正室而君臣之道著。尊者守尊，卑者守卑，故讓道達。鄭氏曰：上言「父」「子」「孫」，此言「兄」「弟」，互相備。

五廟之孫，祖廟未毁，雖及庶人，冠、取妻必告，死必赴，不忘親也。親未絶而列於庶人，賤無能也。敬弔、臨、賻、賵，睦友之道也。釋文：臨，如字，徐力鴆反。

賤無能者，言以其無能，故賤之。睦友之道，不以貴賤殊也。

古者庶子之官治而邦國有倫，邦國有倫而衆鄉方矣。釋文：治，直吏反。鄉，許亮反。

倫，理也。庶子之官治，則邦國之中，父子之義，長幼之道，各得其倫理也。父子長幼之道明而民皆鄉於禮義之方矣。孔氏曰：此合結庶子官義也。不待下條結而於此者，以下條是罪惡之事，今結邦國之功，不宜與罪惡相連，故於此結也。

公族之罪，雖親，不以犯有司正術也，所以體百姓也。刑于隱者，不與國人慮兄弟也。弗弔，弗爲服，哭于異姓之廟，爲忝祖，遠之也。素服居外，不聽樂，私喪之也，骨肉之親無絶也。公族無宫刑，不翦其類也。釋文：百姓，本或作「異姓」，非。遠，于萬反。

術，法也。體百姓者，言與百姓爲一體，而不可以有所私也。刑于隱，謂刑于甸人也。不與國人慮兄弟，不以疏謀親也。忝，辱也。骨肉之親無絶，故雖以罪死，而猶私喪之也。翦猶絶也。○自「庶子之正於公族者」至此爲一篇，明庶子正公族之法。

天子視學，大昕鼓徵，所以警衆也。衆至，然後天子至，乃命有司行事，興秩節，祭先師、先聖焉。有司卒事反命，始之養也。釋文：昕音欣。養，如字，徐羊尚反，後皆依徐音。

鄭氏曰：大昕，早昧爽，擊鼓以召衆也。警猶起也。周禮「凡用樂」，大胥「以鼓徵學士」。興猶舉也。秩，常也。節猶禮也。使有司舉常禮祭先師、先聖，不親祭者，視學觀禮耳，非爲彼報也。愚謂祭先師、先聖者，將有事於學，故釋菜以告之。大胥「釋菜合舞」，謂此也。之，適也。養，謂養老之處，東序是也。天子初至在辟廱，有司既行釋菜之禮，反命於天子，天子始適東序養老之處也。此一節，後文所謂「慮之以大」也。

適東序，釋奠於先老，遂設三老、五更、羣老之席位焉。釋文：更，江衡反，蔡作「叟」，音素口反。

鄭氏曰：親奠之者，己所有事也。三老、五更各一人，皆年老更事致仕者。天子以父兄養之，示天下之孝弟也。羣老無數，其禮亡。以鄉飲酒禮言之，則三老席位如賓，五更如介，羣老如衆賓必也。愚謂先老，先世之老、更也。三老，以三公致仕者爲之，故曰「三老」。禮運曰：「三公在朝，三老在學。」五更，以孤、卿致仕者爲之。曰「五更」者，因古者五官之名也。羣老，則大夫士之致仕者也。此一節，所謂「愛之以敬」也。○陳氏祥道曰：天子視學，遂適東序養老，則視學、養老同日也。鄭氏謂「用其明日」，誤矣。

適饌省醴，養老之珍具，遂發咏焉。退，修之以孝養也。

饌，籩、豆、俎、簋之實也。珍，八珍之屬也。饌曰「適」，醴曰「省」，珍曰「具」，皆互言之也。養老有饗、食、燕三禮，此有醴齊，據饗禮言之也。發咏，謂歌咏其饌具之豐美，若封人職所謂「歌舞牲及毛炰之豚」也。鄭氏謂以樂納老、更，非也。饗、燕之禮，賓入，皆金奏肆夏，不歌也。退，謂自省饌之所而退也。脩，治也。脩之以孝養，言脩此饌具以致其孝養也。

反，登歌清廟，既歌而語，以成之也。言父子、君臣、長幼之道，合德音之致，禮之大者也。

反，自省饌之所而反於堂也。既反，然後迎老、更入而獻之，羣老受獻畢，皆升就席，乃使工登堂上，歌清廟之詩也。升歌之詩，以清廟爲最尊，天子祭祀及饗諸侯乃用之，今養老亦升歌清廟，尊老、更也。語，合語也。既歌而語者，升歌及下管、閒歌、合樂之後，樂正告樂備作，相爲司正，乃行旅酬，於此時有合語之禮也。成之，謂成其升歌之意也。致，極致也。升歌清廟，以發文王之德，乃道德之音之極致；既歌而語，論説父子、君臣、長幼之道，合於德音之極致也。升歌、合語，事不相接，以二者皆所以發明道德，故合而言之。此所謂「行之以禮」也。

下管象，舞大武，大合衆以事，達有神，興有德也。正君臣之位，貴賤之等焉，而上下之義行矣。

象，詩頌維清之篇也。詩序云：「維清，奏象舞也。」象箾，文王之舞，歌維清之詩以奏之，因謂維清之詩爲象，亦猶桓、賚諸詩以奏大武而左傳即謂之武也。管，以管播其聲也。凡樂皆有四節，鄉飲酒禮「歌」「笙」「間」「合」是也。樂之重者，則兼用笙管而舞，當合樂之節。書云「戛擊鳴球，搏拊琴瑟以詠」，此升歌也；「下管鼗鼓」，此下管也；「笙鏞以間」，此間歌也；「簫韶九成」，此合舞也。上言「登歌清廟」，樂之第一節也；此云「下管象」，第二節也；「舞大武」，第四節也。不言「間歌」者，以其非樂之重者，故略之也。觀鄉射有合樂，大射有歌管，而皆無間歌，可見矣。大合衆以事者，象以奏象舞及大武之舞，所以象文、武之大合師衆以行討伐之事也。神，如「所存者神」之神，以見於治者言；德，以具於身者言。達有神，興有德者，言文、武治化之神通達於天下，道德之盛興起而受命，又以見文、武之討伐，應天順人，而非以力征也。大武之舞，有武王與周、召之等，是君臣之位；有諸侯與士卒之屬，是貴賤之等。天下既定，而君臣貴賤之分皆正，故上下之義行，此所謂「紀之以義」也。

○儀禮用樂，每節皆三終，此及明堂位、祭統、仲尼燕居皆言「升歌清廟」，「下管象」，不言「三終」，文略也。以詩及儀禮考之，歌、笙同用之詩，其篇皆相比次：升歌清廟三終，當爲清廟、維天之命、維清；下管象三終，當爲維清、烈文、天作。然如此則升歌之第三篇，即下管之第一篇，疑其非是。蓋今周頌篇第已亂，觀左傳楚子所言大武七章，其次第與今詩皆不合，可見也。

有司告以樂闋，王乃命公、侯、伯、子、男及羣吏曰「反養老幼于東序」，終之以仁也。按「幼」字衍，注疏皆不解此字，是鄭、孔本無此字。

鄭氏曰：闋，終也。告君以歌舞之樂終。此所告者，謂無筭樂。羣吏，鄉、遂之官。諸侯，時朝會在此者。命各反養老如此禮，是終其仁心。孔氏曰：上云「登歌清廟」，次「下管象」，此云「告以樂闋」，下即云「王乃命諸侯反養老」，是燕末之事，故知樂闋謂無筭樂也。

是故聖人之記事也，慮之以大，愛之以敬，行之以禮，脩之以孝養，紀之以義，終之以仁。是故古之人一舉事而衆皆知其德之備也。古之君子，舉大事必慎其終始，而衆安得不喻焉？兑命曰：「念終始典于學。」釋文：兑，註作「說」，同音悦。

聖人之記事，言聖人養老之事，記之以傳後世也。慮，圖也。慮之以大者，養老之始，徵學士，祭聖師，是慮之以重大之心而不敢苟也。愛之以敬者，養老所以愛之，正其席位，是愛之而致其恭敬之心也。慮之以大，慎其始也；終之以仁，慎其終也。喻者，謂敬老之意，曉喻於衆心而化之也。引説命者，證養老始終行禮在學也。此一節總結前文。○自「天子視學」至此爲一篇，記天子養老之禮。

世子之記曰：朝夕至于大寢之門外，問於内豎曰：「今日安否何如？」内豎曰：「今日安。」世子乃有喜色。其有不安節，則内豎以告世子，世子色憂，不滿容。内豎言「復初」，然後亦復初。朝夕之食上，世子必在視寒煖之節；食下，問所膳羞。必知所進，以命膳宰，然後退。若内豎言「疾」，則世子親齊玄而養，膳宰之饌，必敬視之；疾之藥，必親嘗之。嘗饌善，則世子亦能食，嘗饌寡，世子亦不能飽，以至于復初，然後亦復初。釋文：朝，直遥反。旦曰朝，暮曰夕，舊如字。上，時掌反。齊，側皆反。

鄭氏曰：世子之禮亡，此存其記。色憂，憂淺也，不及文王行不能正履。養疾者齊玄，玄冠、玄端也。必敬視之者，疾者之食，齊、和所欲或異，不能飽，又不及武王一飯再飯。金氏履愚謂：稱世子之記，則古者教世子，其文字禮節必自有一書，世所誦習而常行之者也。內則曰：「昧爽而朝，慈以旨甘；日入而夕，慈以旨甘。」一日再朝者，自命士以上，事親之達禮也。色憂不滿容，謂不能充滿其容貌，所謂「笑不至矧，怒不至詈」，是也。必知所進，以命膳宰者，必知親之所食何物，命使勿復進也。養疾者必齊，欲專其志慮於養也。玄者，玄端，齊服也。必敬視之者，疾時之齊、和嗜好，或與常時不同，尤當慎察之也。飲食善則多，惡則寡，互言之也。此云日再朝，而文王則日三朝；此云「色憂不滿容」，其憂淺，文王行不能正履，其憂深。此篇首引文王之事，而復以是終之，所以見世子之常禮如此，而文王之盡倫、盡性者，其孝爲獨至也。然則禮雖有常，而世子之所以事其親者，亦務於自盡而已。○此篇名世子之記，言爲世子之常禮。

禮記卷二十一

禮運第九之一 別録屬通論。

禮運者，言禮之運行也。蓋自禮之本於天地者言之，四時五行，亭毒流播，秩然燦然，而禮制已自然運行於兩間矣。然必爲人君者體信達順，然後能則天道，治人情，而禮制達於天下，此又禮之待聖人而後運行者也。周衰禮壞，孔子感之而歎，因子游之問，而爲極言禮之運行，聖人所恃以治天下國家者以告之。陳氏澔曰：疑子游門人所記。

昔者仲尼與於蜡賓，事畢，出遊於觀之上，喟然而歎。仲尼之歎，蓋歎魯也。言偃在側，曰：「君子何歎？」孔子曰：「大道之行也，與三代之英，丘未之逮也，而有志焉。釋文：與音預。蜡，仕嫁反。觀，古亂反。喟，去媿反，又苦怪反。

蜡，歲十二月，合聚鬼神而索饗之也。黨正：「國索鬼神而祭祀，則以禮屬民而飲酒於序。」

與於蜡賓，言與於蜡祭飲酒之賓也。觀，闕也，門旁築土而高，可登以眺望者。蜡祭在黨之序，夫子出於序而遊於觀，所謂「闕黨」者與？大道之行，謂五帝時也。英，才德之秀出者。三代之英，即下言禹、湯、文、武、成王、周公是也。逮，及也。孔子言帝王之盛，己不及見，而有志乎此。蓋登高眺望，有感於魯之衰，而思得位行道，以反唐、虞、三代之治也。鄭氏曰：不言魯事，爲其太切，廣言之。○註疏謂「蜡亦祭宗廟，孔子助祭，出遊於象魏之上」，其説非是。宗廟，冬已烝祭，蜡又祭之，不亦煩乎？臘祀先祖，乃秦制耳。說詳月令。象魏尊嚴，必無登眺之理。熊氏謂「遊爲遊目」，然孔子入公門，鞠躬，如不容，若至象魏而遊目，亦非所以爲敬矣。爾雅「觀謂之闕」，孫炎以爲宫門雙闕，懸法象，使民觀之處，周禮所謂「象魏」也。然闕實不惟象魏有之。詩言「城闕」，是城門有闕。左傳「鬻拳葬於絰皇」，杜氏註云：「絰皇，冢前闕。」是墓門有闕。又左傳「屨及於窒皇之外」，註云：「窒皇，寢門闕。」是寢門有闕。是凡有門皆有闕，皆得謂之觀也。若雉門之闕，則天子諸侯皆有之，禮器「天子諸侯臺門」是也。而公羊傳又以魯設兩觀爲僭禮，則必天子諸侯雉門之闕其高卑等級不同，魯之兩觀，其高與天子之制同，故爲僭禮，非諸侯不得有闕也。餘處之闕，則其制當又加卑焉。雉門之闕，獨得專闕之名者，正以其高於餘闕爾，其實有闕者不止雉門也。

大道之行也，天下爲公，選賢與能，講信脩睦。故人不獨親其親，不獨子其子，使老有所終，壯有所用，幼有所長，矜、寡、孤、獨、廢、疾者皆有所養，男有分，女有歸。貨惡其棄於地也，不必藏於己；力惡其不出於身也，不必爲己。是故謀閉而不興，盜竊亂賊而不作，故外户而不閉。是謂大同。釋文：長，丁丈反。矜，古頑反。分，扶問反。惡，烏故反。爲，于僞反。

大道，言道之廣大而不偏私也。行，謂通達於天下也。天下爲公者，天子之位，傳賢而不傳子也。選賢與能，諸侯國不傳世，惟賢能者則選而用之也。講信者，談説忠信之行。脩睦者，脩習親睦之事。男有分者，士、農、工、商各安其業也。女有歸者，嫁不失時也。謀，謂相圖謀也。蓋人之所以相圖謀而至於爲盜竊亂賊者，由於身困窮而俗惡薄也。今大道之行如此，則民無不足不贍之患，而有親遜和睦之風，故圖謀閉塞而不興，盜竊亂賊而不作，故門户之扉從外闔而不關閉也。同，和也，平也。此言五帝之時也。

今大道既隱，天下爲家，各親其親，各子其子，貨力爲己，大人世及以爲禮，城郭溝池以爲固，禮義以爲紀。以正君臣，以篤父子，以睦兄弟，以和夫婦，以設制度，以立田里，以賢勇、知，以功爲己。故謀用是作，而兵由此起。禹、湯、文、武、成王、周公，由此其選也。此六君子者，未有不謹於禮者也。以著其義，以考其信，著有過，刑仁講讓，示民有常。如有不由此者，在埶者去，衆以爲殃。是謂小康。」釋文：知音智。埶音世，本亦作「勢」。去，起呂反。○按「故謀用是作，而兵由此起」，此十字當在「貨力爲己」之下。

今，謂三代以來也。隱猶微也。天下爲家，傳子而不傳賢也。大人，諸侯也。父子曰世，兄弟曰及，謂父傳國於子，無子則傳弟也。城郭溝池以爲固，設險以守其國也。紀，條理也。禮之從來遠矣，與天地並。五帝之時，未嘗不以禮義治天下，但其節文度數之詳，至三代而後備耳。言三代以來，大道既微，在上者既以天下爲家，而不復傳賢，在下者各私其骨肉，各愛其貨力，於是有無相耀，貧富相競，而親遜和睦之意衰，不足以相維持，故圖謀由此而作，兵革由此而起也。兵起，即亂賊之事，既有亂賊，則盜竊不足言矣。世變既異，則聖人之所以治之者不得不詳，故大人世及以防篡奪之端，城郭溝池以爲守國之險，備設禮義以爲條理之密。此三者，皆聖人之因時立政，而要以禮義爲本。此下所言，皆禮義爲紀之事也。賢勇、知者，謂以勇、知者爲賢而登用之也。以功爲己者，使之立功於國，以輔助於己也。由，用也。選者，高出之意。言禹、湯、文、武、成王、周公用此禮義以治天下，而爲三代之高出者，所謂「三代之英」也。上言「禮義」而下但言「禮」者，以其文言之謂之禮，以其理言之謂之義，言禮則義在其中矣。考，成也。刑，法也。著其義以導其行，考其信以杜其欺，著有過以懲其罪，法仁恩以厚其性，講遜讓以防其争，凡此皆所以謹於禮而示民以常行之道也。苟不由此，則無以治其民，雖在勢位，衆以爲殃，禍及於下，而必黜去之也。康，安也。蓋人倫厚則雖各親各子，而恩亦足以相被矣。設制度，立田里，則雖貨力爲己，而力亦足以相贍矣。刑仁講讓，則講信脩睦之道亦無以異矣。舉賢尚功，而不由禮者則去，則雖大人世及，而仍不失乎選賢與能之意矣。此五帝、三王之所以爲時不同而同歸於治也。小康者，言其稍遜於大同之時也。此篇言聖人以禮治天下，其體信達順，功效至盛。而此乃以三代之禮義爲小康者，蓋五帝之時，風氣方厚，而聖人之治乘其盛；三代之時，風氣漸薄，而聖人之治扶其衰，故其氣象之廣狹稍有不同者，非聖人之德有所不足也，時爲之也。◯張子曰：大道之行，如堯、舜方是謹於禮，所以致大道之行。各親其親，各子其子，亦不害於不獨親，不獨子，止是各親各子者恩差狹，至於順達之後，則不獨親其親，不獨子其子矣。大人世及以爲禮，古來亦有，但道隱之後，雖有子如朱、均，有臣如伊、周者，亦不能行堯、舜之事，故以世及爲定禮，城郭溝池爲固，亦是禮義以爲紀之事，所以防亂也。大道既隱，由暴君以壞之也。然使堯、舜承桀、紂之後，亦當禮義以爲紀。六君子居堯、舜之世，是亦大同之治也。以其襲亂，急於禮義，適得小康耳。馬氏晞孟曰：傳子傳賢，皆天之所與，非人之所爲也。老有所終，至廢疾有養，三王未嘗不同也。以正君臣至以立田里，五帝之時亦莫不行也。孔子傷時之弊，欲復歸於至德之盛，故言如此。

言偃復問曰：「如此乎禮之急也？」孔子曰：「夫禮，先王以承天之道，以治人之情，故失之者死，得之者生。詩曰：『相鼠有體，人而無禮。人而無禮，胡不遄死？』是故夫禮必本於天，殽於地，列於鬼神，達於喪、祭、射、御、冠、昏、朝、聘。故聖人以禮示之，故天下國家可得而正也。」釋文：復，扶又反，下「復問」同。相，息亮反。遄，市專反。殽，户教反，徐户交反。冠，古亂反。朝，直遥反。

三代之時，大道既隱，謀作兵起，聖人以禮治之，然後天下復安，則可以見禮之急矣。承天之道者，本其自然之秩序，禮之體所以立也。治人之情者，示以一定之儀則，禮之用所以行也。禮者，人之所恃以生，失禮則亡其所以生矣。殽，效也。應氏鏞曰：禮之大原出於天，故推其所自出而本之。效法之謂地，故因其成法而效之。列於鬼神，充塞乾坤，昭布森列而不可遺。達於喪、祭、射、御、冠、昏、朝、聘，人道交際，周流上下而無不通。法於天地鬼神者，所以承天之道；達於天下國家者，所以治人之情。

言偃復問曰：「夫子之極言禮也，可得而聞與？」孔子曰：「我欲觀夏道，是故之杞，而不足徵也，吾得夏時焉。我欲觀殷道，是故之宋，而不足徵也，吾得坤乾焉。坤乾之義，夏時之等，吾以是觀之。」釋文：與音餘。

鄭氏曰：得夏時，得夏四時之書也。其書存者有小正。得坤乾，得殷陰陽之書也。其書存者有歸藏。熊氏安生曰：殷易以坤爲首，故曰坤乾。愚謂子游聞夫子告以禮之急，復欲問其詳，而夫子以所得於夏、殷者告之也。之，適也。徵，證也。杞，夏之後。宋，殷之後。蓋禮義備於三代，而夏、殷者，周所監以損益者也。故欲觀夏、殷之禮，而之於杞、宋，但二國文獻不足，無可考證，所得者如此而已。以是觀之者，以是二書而觀夏、殷之禮也。

夫禮之初，始諸飲食，其燔黍捭豚，汙尊而抔飲，蕢桴而土鼓，猶若可以致其敬於鬼神。釋文：燔音煩。捭，卜麥反，注作「擗」，又作「擘」，皆同。汙，烏華反，一音作烏。抔，步侯反。蕢，依註音凷，苦對反，又苦怪反。桴音浮。○胡氏蕢如字。

鄭氏曰：言其物雖質略，有齊敬之心則可以薦羞於鬼神，鬼神饗德不饗味也。中古未有釜、甑，釋米捭肉，加於燒石之上而食之耳。今北狄猶然。汙尊，鑿地爲尊也。抔飲，手掬之也。蕢讀爲凷，堛也，謂摶土爲桴也。土鼓，築土爲鼓也。孔氏曰：中古雖有火化，未有釜、甑。燔黍者，以水洮釋黍米，加於燒石之上而燔之。捭豚者，捭析豚肉，加於燒石之上而熟之。鑿池汙下而盛酒，故曰「汙尊」。以手掬之而飲，故曰「抔飲」。桴，擊鼓之物。蕢桴者，摶土凷爲桴。土鼓，築土爲鼓。杜氏子春曰：土鼓，以土爲匡，以革爲兩面，可擊也。胡氏銓曰：蕢，草也。以草爲桴。愚謂禮經緯萬端，無乎不在，而飲食所以養生，人既生則有所以養之，故禮制始乎此焉。曰「猶若」者，言非獨養人者質略如此，而猶可以奉祭祀焉，由其物不足而誠有餘也。○孔氏曰：從此以下至「禮之大成」，皆是二書所見之事。

及其死也，升屋而號，告曰：『臯某復！』然後飯腥而苴孰，故天望而地藏也。體魄則降，知氣在上，故死者北首，生者南鄉，皆從其初。釋文：號，户毛反。飯，扶晚反。苴，子餘反。知音智。首，手又反。鄉，許亮反。○鄭註：苴，或爲「俎」。

孔氏曰：臯，引聲之辭。某，名也。升屋北面告天，招魂復魄，復魄不復，然後浴尸而行含禮，飯用生米，故曰「飯腥」。至葬，設遣奠，苞裹孰肉以送尸，故曰「苴孰」。天望，謂望天而招魂。地藏，謂葬地以藏尸也。所以地藏者，由體魄則降故也。所以天望者，由知氣在上故也。體魄入地爲陰，故死者北首，歸陰之義。生者南鄉，歸陽也。愚謂上言古者養生之禮如彼，此又言及其死而送死之禮如此也。然養生之禮，後世聖人既變之矣，以其過於質野而且不足以養人也。若送死之禮，則雖其棺槨衣衾之美有踵事而增者，至於飯腥苴孰，以盡其事死如生之愛，天望地藏，以順乎魂升魄降之宜，此則出乎心之所不容已，與順夫理之所不可易者，夏、殷之禮，因之而不變焉，故曰「皆從其初」。

昔者先王未有宮室，冬則居營窟，夏則居橧巢。未有火化，食草木之實，鳥獸之肉，飲其血，茹其毛；未有麻絲，衣其羽皮。釋文：橧，本又作「增」，又作「曾」，同則登反。橧，本又作「巢」，助交反。茹音汝。衣，于既反。

鄭氏曰：寒則累土，暑則聚柴薪居其上。未有火化，食腥也。此上古之時也。孔氏曰：此論上古之時。營窟者，地高則穴於地，地下則營累其土而爲窟。橧巢者，橧聚其薪而爲巢。茹毛，食鳥獸之肉，并茹其毛以助飽。陳氏澔曰：未有火化，故去毛不盡而并食之也。

後聖有作，然後脩火之利，范金，合土，以爲臺榭、宮室、牖戶。以炮以燔，以亨以炙，以爲醴酪；治其麻絲，以爲布帛。以養生送死，以事鬼神上帝，皆從其朔。釋文：榭音謝，本亦作「謝」。炮，薄交反，徐扶交反。亨，普伻反，下「合亨」同。炙，之石反。酪音洛。○范，陳氏作「笵」。

鄭氏曰：作，起也。脩火之利，謂孰冶萬物。范金，謂鑄作器用。合土，謂瓦瓴、甓及甒、大。榭，器之所藏也。炮，裹燒之也。燔，加於火上。亨，煮之鑊也。炙，貫之火上。以爲醴酪，蒸釀之也。酪，酢酨。朔亦初也。陳氏澔曰：笵字從竹。以土曰型，以金曰鎔，以木曰模，以竹曰笵。笵金，爲形範，以鑄金器也。合土，和合泥土，以爲陶器也。愚謂茹毛飲血，未有火化也。燔黍捭豚，雖有火化，而火之利未盡也。後聖脩之，而器用、宮室、飲食、衣服，凡所以養生、送死、事鬼神之具，莫不資火以成，而後火之利盡矣。上古之居處、飲食、被服，過於樸陋，而不宜於人，後聖通其變，而相生相養之道乃盡。皆從其朔者，夏、殷之禮，亦因之而不變也。

故玄酒在室，醴、醆在户，粢醍在堂，澄酒在下。陳其犧牲，備其鼎、俎，列其琴、瑟、管、磬、鐘、鼓，脩其祝、嘏，以降上神與其先祖，以正君臣，以篤父子，以睦兄弟，以齊上下，夫婦有所。是謂承天之祜。釋文：醆，側眼反。粢，依註爲「齊」，才細反。醍音體。嘏，本或作「假」，古雅反。

玄酒，鬱鬯也。水及明水皆謂之玄酒。鬱鬯配明水而設，而尊於五齊，故因謂鬱鬯爲玄酒也。在室者，在室内之北也。醴，醴齊也。醆，盎齊也。盎齊盛之以醆，故謂之醆。在户者，醴在户内之東，醆在户外之東也。粢醍，醍齊也。在堂，在堂上也。周禮：「五齊：一曰泛齊，二曰醴齊，三曰盎齊，四曰醍齊，五曰沈齊。」此不言「泛齊」「沈齊」者，或文略，或據諸侯之禮惟有三齊也。澄，清也。澄酒，三酒也。三酒清於五齊，故曰「澄酒」。在下，在堂下也。尸在室，設酒之法以在北者爲尊，以次而南。五齊所以獻酢，故在室内及堂上；三酒則旅酬及無筭爵之所酌，故在堂下也。陳其犧牲者，按特牲禮：「陳鼎於門外，北面，棜在其南，南順，實獸於其上，牲在獸西。」天子諸侯省牲之禮，亦於廟門外陳之也。備其鼎、俎者，特牲禮「夕，陳鼎於門外」，是也。少牢禮祭曰陳鼎，大夫尊辟人君之禮也。琴、瑟，堂上之樂。管、磬、鐘、鼓，堂下之樂。列者，磬、鐘、鼓皆縣之，琴、瑟與管雖未遽入，亦使工執之，而陳列於廟門之外，以待及時而納之也。祝，謂饗神之辭。嘏，謂嘏主人之辭。脩，謂預脩習之，以待用也。上神，謂尸也，若詩稱尸爲「神保」也。先祖，謂死者之精氣也。君在廟門外則疑於君，入廟門則全於臣，故君迎牲而不迎尸，而君臣之位正；祭，立尸北面而事之，所以明子事父之道，而父子之恩篤；羣昭羣穆咸在而不失其倫，而兄弟之情睦；序爵辨貴賤，而上下之分齊；君在阼，夫人在房，而夫婦之位各得其所。祜，福也。此節言將祭之先，陳齊酒，脩禮樂，省牲視濯，將以假祖考，備十倫。蓋雖未與神交，而其慮事之預，備物之具，致愛致慤，而祭則受福者，已於是乎在矣。蓋祭祀之行事，雖在於迎尸殺牲之後，而積其誠敬，以爲昭格之地者，實在於未事之先。易所謂「盥而不薦，有孚顒若」，正此義也。故此下三節，備言祭禮，而受天之祜特於此言之。○孔氏曰：崔氏云：「周禮大祫，王備五齊、三酒。朝踐，王酌泛齊，后酌醴齊；饋食，王酌盎齊，后酌醍齊；朝獻，王酌泛齊，因朝踐之尊，再獻，后酌醍齊；因饋食之尊，諸侯爲賓，則酌沈齊。尸酢王與后，皆用所獻之齊；賓長酳尸，酢用清酒，加爵亦用三酒。大禘用四齊、三酒，四時祭二齊、三酒。鄭註司尊彝四時祭：『用醴盎而已。』魯及王者之後，大祫與王禘禮同，禘與王四時同。侯伯子男祫、禘，皆用二齊，醴、盎而已，四時惟用盎齊，用三酒，皆同於王。」天子大祫用五齊、三酒，五齊各有明水之配，三酒各加玄酒，通鬱鬯、明水共十八尊。愚謂先儒不知禘大於祫，故疏謂「祫用五齊，禘用四齊」。又其言王與后獻尸所酌之尊，及用齊多少之差，及謂「賓長酳尸及加爵用清酒」，及「三酒配玄酒」，其説亦皆非是。今以愚意疏於下方。○司尊彝：「春祠、夏禴，其朝踐用兩獻尊，其再獻用兩象尊，皆有罍，諸臣之所酢也。秋嘗、冬烝，其朝獻用兩著尊，其饋獻用兩壺尊，皆有罍，諸臣之所酢也。四時之間祀、追享、朝享，其朝踐用兩大尊，其再獻用兩山尊，皆有罍，諸臣之所酢也。」追享，謂大禘。朝享，謂大祫也。朝踐、朝獻，皆謂朝事獻尸也。以籩、豆言之，則曰「踐」；以爵言之，則曰「獻」。二句，臨川王氏説。再獻、饋獻，皆謂饋熟獻尸也。以其次於朝踐而獻，則曰「再獻」；以其與饋熟同節，則曰「饋獻」。朝獻兩尊：一盛泛齊，一盛醴齊也。饋獻兩尊：一盛盎齊，一盛醍齊也。罍則盛沈齊也。是天子禘、祫與四時之祭，皆有五尊，以分盛五齊，則無多寡之差矣。蓋王祭齊有五，酒有三，猶籩、豆之有八，鼎、俎之有九，不因殷祭、時祭爲隆殺也。但經、記所言，或據侯國之禮，或略舉而不備。説者因以爲禘、祫、時祭多少之差，實皆臆説無據也。五齊配以明水，當有十尊。司尊彝於朝獻、饋獻皆惟言「兩尊」者，惟據所酌以獻者言之，不數明水之尊。冪人云「以疏布巾冪八尊」，亦不數明水也。王祭十二獻，每節皆備三獻。説見於後。朝獻兩尊：王獻，酌泛齊之尊；后與諸臣獻，酌醴齊之尊。饋獻兩尊：王獻，酌盎齊之尊；后與諸臣獻，酌醍齊之尊。司尊彝不言酳尸所用之尊，蓋酳尸即用饋獻之尊與？○特牲禮加爵三，皆不酌堂下之尊。蓋堂下之尊至將酬賓乃設之，特以爲旅酬無算爵之所用，不但不以獻尸，即獻賓及兄弟之屬，皆不酌此尊也。王祭，羣臣酳尸用饋食之醍齊，則爲加爵者宜降用沈齊，其所酌蓋堂上之罍尊也。○設尊之處，醴、醆在户，醴在户内，醆在户外。以特牲、少牢「尊於户東」推之，則盎齊設於户東，即特牲、少牢禮設尊之處。凡尊於户外者，皆在户東，士昏禮「尊于房户之東」，鄉飲酒禮「尊于房户之間」，是也。醴齊設於户内之東，直盎齊之北，又其北爲泛齊，當室東壁南北之中，又其北爲鬱鬯，在北墉下也。士昏禮：「尊于室中北墉下。」士虞禮：「尊于堂中北墉下。」〔一〕禮器「罍尊在阼」，則沈齊設於阼階上東傍東序，醍齊在堂，蓋在堂上東楹之西，當燕禮設尊之處也。蓋設尊必有所傍，或傍於壁，或傍於楹，或傍於序，事當然爾。鬱鬯、五齊，皆以明水配設。鬱鬯傍北墉，醴齊南傍於壁，盎齊北傍於壁，皆東西設之而西上；泛齊傍於室之東壁，醍齊傍於東楹，沈齊傍於東序，皆南北設之而北上。鄉飲、鄉射禮設尊西上，統於賓也。士虞、特牲設尊亦西上，統於户也。燕禮設尊於東楹之西南上，公在阼階上，統於公也。此室中堂上之尊，東西設者西上，南北設者北上，皆統於尸也。鄭氏解「澄酒在下」，以澄爲沈齊，酒爲三酒，謂「沈齊、三酒皆在堂下」，非也。沈齊雖爲五齊之下，然視三酒爲尊，且配以明水，必不設於堂下也。特牲禮將酬賓，「尊兩壺于阼階東」，「西方亦如之」。人君堂下之酒，其設之亦必在此。但士止四尊。人君備三酒，而羣臣衆多，其設尊多少不可考。又特牲禮堂下無

〔一〕「堂」，原本作「室」，據儀禮士虞禮改。

玄酒，燕禮「尊士旅食者於門西」，「兩方壺」，無玄酒。蓋尊之設於堂下者，例無玄酒之配，一則玄酒尊，不設於堂下；二則堂下之尊，但爲旅酬無算爵之所用，以其不用於正禮，故略之；三則堂下人衆，故使兩尊皆酒，所以優之也。天子祭用十八尊，鬱鬯、五齊配明水爲十二尊，三酒自相配爲六尊也。○坊記：「醴酒在室，醍酒在堂。」祭統：「執醴授之，執鐙。」禮器、祭義、祭統皆言「夫人薦盎」，無言「泛齊」者，是諸侯無泛齊也。又禮器云：「君親割牲，夫人薦酒。」是薦熟時，夫人獻已用酒。從上醴齊差而下之，朝踐，君獻尸用醴齊，夫人用盎齊；饋熟，君獻尸用醍齊，夫人用酒。是諸侯又無沈齊也。禮記所言，多據魯禮，乃上公九獻之禮。若侯伯惟七獻，則朝踐、饋食，夫人不獻尸，惟用二齊：醴齊、醍齊也。子男五獻，朝踐、饋食，君、夫人皆不獻尸。其酳尸，當與侯伯同：君用醍齊，夫人用酒。是子男用一齊也。五齊惟醴之所用最廣，冠、昏皆用之。子男惟用一齊，則君酳尸或進用醴齊，宜更詳之。○此上所言，於禮雖無明據，但合諸經、記所言推之，則或當如此耳。

作其祝號，玄酒以祭，薦其血、毛，腥其俎；孰其殽，與其越席，疏布以冪，衣其澣帛；醴、醆以獻，薦其燔、炙。君與夫人交獻，以嘉魂魄。是謂合莫。釋文：祝，之六反，徐之又反。殽，本或作「肴」，户交反。越音活，字書作「趏」。冪，本又作「鼏」，同莫歷反。衣，於既反。

鄭氏曰：周禮祝號有六：「一曰神號，二曰鬼號，三曰祇號，四曰牲號，五曰齍號，六曰幣號。」號者，所以尊神顯物也。腥其俎，謂豚解而腥之，及血、毛，皆所以法於上古也。孰其殽，謂體解而爓之。此以下，皆所法於中古也。越席，翦蒲也。冪，覆尊也。澣帛，練染以爲祭服。嘉，樂也。莫，虚無也。　愚謂作其祝號，謂尸未入時，祝作牲、幣之嘉號，告神而饗之也。少牢禮：「祝曰：『孝孫某，敢用柔毛、剛鬣、嘉薦、普淖，用薦歲事于皇祖伯某，以某妃配某氏。尚饗！』」大夫士祭禮自饋食始，祭初即設饌饗神。人君祭始未有饌具，則其饗神之辭未知如何。意者雖未設饌，而亦預舉之以爲祝與？玄酒以祭，謂用鬱鬯灌地以降神也。薦其血、毛者，初殺牲時，取血、毛以告殺也。此二句皆尸初入在室時也。腥其俎，以腥肉盛於俎以進之。殽，骨體也。孰其殽，謂以湯爓骨體而進之。此與下「醴、醆以獻」三句，皆尸出在堂行朝獻之時也。越，結也。越席，結草爲席，若司几筵「莞筵」「蒲筵」之屬也。疏布，麤布也。冪，所以覆尊鼎者。周禮冪人：「以疏布巾冪八尊，以畫布巾冪六彝。」澣帛者，祭服用帛，皆湅絲而織之也。此三事，非惟施於朝踐，以與上下所言朝踐之禮，並因於中古之禮，故并而言之。曰「與其」者，明與上下所言專屬於朝踐者不同也。醴、醆以獻者，朝踐時君獻用醴齊，夫人獻用盎齊也。燔，燔肉。炙，炙肝也。特牲禮主人獻尸，「賓長以肝從」；主婦獻尸，「長兄弟以燔從」。彼謂酳尸從獻，此則朝踐時從獻者也。嘉，善也。魂氣爲陽，體魄爲陰。醴、醆、燔、炙之屬，可以飲食，而以味饗神者，所以嘉魄也。血腥之屬，不可以飲食，而以氣歆神者，所以嘉魂也。此節言祭初至朝踐所行之禮，乃所因於古初者，報氣報魄，合陰陽以求之，足以通合乎冥莫之中也。○孔氏以越席、疏布爲祭天之禮，非也。上下皆言祭宗廟之事，此乃忽言祭天，有是理乎？郊特牲：「蒲越、稾鞂之尚。」稾鞂爲祭天席，則蒲越非祭天席矣。疏布，説見禮器。○陳氏祥道曰：國語曰：「郊禘之事則有全脀，王公立飫有房脀，親戚燕飲有殽脀。」全脀，豚解也。房脀，體解也。殽脀，骨折也。士喪禮：「特豚，四鬄，去蹄，兩胉，脊。」下篇葬奠羊左胖亦如之。四鬄者，殊左右肩、髀而爲四，又兩胉一脊而爲七，所謂「豚解」也。若夫吉祭，則天子諸侯有豚解、體解。禮運曰：「腥其俎，熟其殽。」腥其俎，謂豚解而腥之爲七體；熟其殽，謂體解而熟之爲二十一體。大夫士有體解，無豚解，以其無朝踐獻腥之禮故也。

然後退而合亨，體其犬豕牛羊，實其簠、簋、籩、豆、鉶羹，祝以孝告，嘏以慈告。是謂大祥。此禮之大成也。」釋文：鈃，又作「鉶」，音刑。

鄭氏曰：此謂薦今世之食也。體其犬豕牛羊，謂分别骨肉之貴賤，以爲衆俎也。祝以孝告，嘏以慈告，各首其義也。祥，善也。今世之食，於人道爲善也。愚謂合亨者，合左右體而亨之也。朝踐時，孰其殽，雖爛之而實未熟，且其薦於尸俎者，惟右胖十一體而已，至此乃合牲之左右體亨熟之也。體其犬豕牛羊者，既熟，乃體別其骨之貴賤，其右胖仍升之尸俎，其左胖則以爲主人主婦及助祭者之俎也。籩、豆，朝踐時已有，此則謂饋食之籩、豆，及加籩、加豆之等也。簠盛稻粱，簋盛黍稷。特牲禮黍稷二敦，少牢禮黍稷四敦，此兼有稻粱者，諸侯以上之禮也。鉶羹，羹之有芼者，盛以鉶器，亦饋食時之所薦也。祝，謂饗神之祝辭也。嘏，謂尸嘏主人之辭也。祭初饗神，祝辭以主人之孝告於鬼神；至主人酳尸，而主人事尸之事畢，則祝傳神意以嘏主人，言「承致多福無疆于女孝孫」，而致其慈愛之意也。祝以孝告，即上「作其祝號」之事，在於祭初，此又言之者，以尸之嘏所以答主人之孝，故又本上而言之也。此節言饋食以後之禮，所因於近世者，蓋朝踐之時，禮質而物未備，體嚴而情未洽，足以盡敬，而未足以盡愛也；至饋食而盡飲食之道以事鬼神，然後皇尸醉飽，神惠周浹，祭之情文至是而備，故曰「大祥」。祥，善也。禮之大成，言祭禮於此而成也。○孔氏曰：祭之日，王被袞而入，尸亦被袞而入，祝在後侑之，王不出迎。祭統云：「君不迎尸。」尸入室，大祖東面，昭南面，穆北面。愚按：「大祖東面」以下，疏於饋食尸入室時乃言之，蓋以郊特牲言「奠斝、角，拜妥尸」〔一〕，故疑尸初入未坐耳。不知尸既入室，無不坐也。今移於此。作樂降神，愚按：尸入，奏肆夏，見大司樂。若降神之樂，疑大司樂所謂「奏無射」者是。疏以大司樂「黄鐘爲宫」一段當之，非是。今不取，說詳郊特牲。乃灌，衆尸依次而灌。○愚按：灌爵，尸亦飲之，鄭註小宰謂「尸祭之、啐之、奠之」，非是。說見郊特牲。是一獻也。后從灌，二獻也。愚按：疏據内宰註，先言王迎牲，乃言后灌，頗失次第，今據司尊彝賈疏更正。又天子十二獻，后灌後，當有賓長灌獻，下朝獻、饋獻亦然。說見於下。獻皆用樂，王乃出迎牲，入至庭，禮器云：「納牲詔於庭。」王親執鸞刀，啟其毛，而祝以血、毛告於室。禮器云：「血、毛詔於室。」廟各別牲，故公羊傳云：「周公白牡，魯公騂犅。」逸禮云：「毀廟之主，昭共一牢，穆共一牢。」○愚按：上節「薦其血、毛」，疏云：「延尸在堂，祝以血、毛告於室。」此言「血、毛告於室」，在尸未出之前，與彼異。然告於室，正是告於尸，此疏爲是。於是行朝踐之事，尸出於堂。鄭註祭統云：「天子諸侯之祭，朝事，延尸於户外，有北面事尸之禮。」大祖之尸坐於户西，南面，其主在右，昭在東，穆在西。愚按：昭宜在西，穆宜在東，蓋鬼神之位尊西。尸在室，昭南嚮而穆北嚮，尸在堂，昭東嚮而穆西嚮，皆以嚮陽者爲昭，嚮陰者爲穆。祝乃取牲膟膋，燎於爐炭，入以詔神於室，又出以制於主前，王乃洗肝於鬱鬯而燔之，謂之制祭。愚按：「制祭」之說，鄭註禮器及郊特牲皆言之，乃據漢禮爲說，而經傳未有見焉，未知古有此禮否？說見禮器。次乃升牲首於室中北墉下，

〔一〕禮郊特牲「奠」作「舉」，「拜」作「詔」。

后薦朝事之豆、籩，乃薦腥於尸主之前，謂之朝踐。即禮運云「薦其血、毛，腥其俎」是也。○愚按：薦其血、毛，即血、毛詔於室。疏家因司尊彝註有「薦血、腥」之言，故謂「薦腥時又薦血」〔一〕。然血、毛不當再薦。鄭云：「薦血、腥者，謂腥肉帶血耳。」説又見郊特牲。又按：朝踐中又有薦爓，即禮運所云「熟其殽」。蓋當在王獻尸之後，后獻尸之前，而此疏不言。王乃以玉爵酌泛齊以獻尸，三獻也。愚按：疏謂「朝踐酌著尊，饋獻酌壺尊」，蓋據大祫在秋，故用司尊彝秋嘗冬烝之尊。不知司尊彝追享、朝享乃大禘、大祫之祭，其尊則大尊、山尊也。后又以玉爵酌醴齊以獻尸，四獻也。於是行饋熟之禮，徙堂上之饌於室内坐前，祝以斝酌奠於饌南。郊特牲註：「天子奠斝，諸侯奠角。」時尸未入，於是取腸間脂，焫蕭合羶薌，愚按：疏據曾子問註，以此前爲接祭。其説無據，今不取。乃迎尸入室，舉此奠斝。主人拜以妥尸，后薦饋獻之豆、籩，王乃以玉爵酌盎齊以獻尸，五獻也。后又以玉爵酌醍齊以獻尸，六獻也。於是尸食十五飯訖，后乃薦加豆、籩，王以玉爵酌盎齊以酳尸，七獻也。愚按：疏先言王酳尸，乃言后薦豆、籩。祭禮皆先薦後獻，疏於朝踐、饋獻已依次而言，此又自亂其例，今更之。又疏言「王酌泛齊酳尸」，乃據用司尊彝註，其説非是，今易以「盎齊」，説已見前。○又按：疏於此下言「尸酢主人」，蓋據特牲禮而言。然獻必有酢，特牲禮獻尸自酳尸始，故尸亦至是始酢主人。若天子十二獻，灌獻、朝獻、饋獻，主人主婦及賓皆獻尸，則皆有酢，不俟酳尸始酢主

〔一〕「時又」，萬有文庫本作「又有」。

人也。主人受嘏時，王可以獻諸侯，於是后乃以瑶爵酌醍齊酳尸，爲八獻。於時王可以瑶爵獻卿也。諸侯爲賓者，以瑶爵酌醍齊以獻尸，爲九獻。九獻之後，謂之加爵。特牲三加爵，天子以下依尊卑，不止三也。天子諸侯祭禮既亡，其見於周禮、禮記之中者，尚存涯略，然散而無紀。疏家採合貫串，又參以鄭氏之説，雖其詳不可盡考，而其始末規模已具於此。但其中舛誤頗多，今略爲考訂如上。○天子九獻，此先儒相承之舊説，而歷代祭禮之所遵用而不易者也。然自上以下，降殺以兩，凡禮皆然。士大夫三獻，子男五獻，侯伯七獻，上公九獻。而天子與上公無隆殺，必不然也。掌客「王合諸侯而饗禮」，「則諸侯長十有再獻」。是九獻之上，又有十有二獻之禮矣。王於諸侯之長，其饗禮必不踰於王，則十有二獻者，必王之饗禮，而王於諸侯之長加隆焉而用之者也。大行人上公「饗禮九獻」，侯伯「七獻」，子男「五獻」，此先儒所據以推五等諸侯宗廟之獻數者。是宗廟之饗與賓客之饗，其獻數相準。王之饗禮十有二獻，則其祭宗廟亦必十有二獻矣。十有二獻者，灌獻、朝獻、饋獻、酳尸皆三獻，王爲正獻，后亞之，諸侯爲賓者又亞之也。特牲、少牢禮酳尸皆三獻，是每獻必三者，禮之正也。其不及乎此者，皆禮之有所降殺也。特牲禮賓長酳尸，長兄弟首爲加爵，則天子自灌獻至酳尸，亦以同、異姓諸侯相間而獻，每獻則尸必酢之。故司尊彝云：「皆有罍，諸臣之所酢也。」言「諸臣之所酢」，則受酢者非一人，必獻尸者非一人，而諸臣不惟酳尸一獻亦明矣。上公九獻，於灌獻、朝獻、饋獻各殺其一，以降於天子也。侯伯七獻，於朝獻、饋獻又各殺其一，以降於上公也。子男五獻，於朝獻、饋獻又各殺其一，以降於侯伯也。然朝獻、饋獻遞有降殺，而灌獻則五等諸侯皆二，至酳尸三獻，則雖大夫士亦未嘗有所殺焉。何也？蓋灌用鬱鬯，臭陰達於淵泉，此周人之所尚也，故諸侯之祭，必備二灌。而自饋食以後，皇尸醉飽，所謂「禮之大成」者，不可得而略，故天子諸侯及大夫士一節也。

孔子曰：「於呼哀哉！吾觀周道，幽、厲傷之，吾舍魯何適矣？魯之郊、禘，非禮也。周公其衰矣！杞之郊也，禹也；宋之郊也，契也。是天子之事守也。故天子祭天地，諸侯祭社稷。」釋文：於音烏。舍音捨，下「舍禮」同。契，息列反。

將言周道而先發歎辭者，以周之衰也。於夏、殷之道言「欲觀」，周道直云「觀」者，夏、殷爲前代之制，而周道乃時王之法也。郊，祭天於南郊也。禘，王者宗廟之大祭，追祭始祖之所自出於大廟，而以始祖配之也。魯之郊、禘，僭天子也。杞、宋，天子之後，故王命之郊，以守其先世之事，非魯之所得擬也。周道壞於幽、厲，而魯爲周公之後，猶秉周禮，故觀禮者舍魯則無所之適，而其僭竊又如此，此孔子之所以出遊而發歎也。○程子曰：周公之功固大矣，然皆臣子之分所當爲，魯安得獨用天子之禮樂哉？成王之賜，伯禽之受，皆非禮也。其因襲之弊，遂使季氏僭八佾，三家僭雍徹，故仲尼譏之。陳氏傅良曰：魯之郊、禘，惠公請之也。劉恕外紀云：「魯惠公使宰讓請郊、廟之禮於天子，王使史角往，魯公止之。」然外紀之説，又本於吕氏春秋。惠公雖請之，而魯郊猶未率以爲常也。僖公始作頌，以郊爲夸焉。按衛祝鮀之言曰：「周公相王室，以尹天下，於周爲睦，分魯公以大路、大旂，夏后氏之璜，封父之繁弱，殷民六族」，「以昭周公之德。予之土田、陪敦，祝、宗、卜、史，備物典册，官司、彝器。」則成王命魯，不過如此。如記禮之言，得用郊、禘，兼四代服、器、官，祝鮀不應不及。況魯行天子之禮久矣，隱公何以問羽數於衆仲？周公閲何以辭備物之享？甯武子何以致譏於湛露、彤弓？於以見魯僭未久。有識者皆疑怪遜謝，而魯人並無一語及於成王之賜以自解，故郊、禘之説，當從劉恕。愚謂魯僭郊、禘，以理言，則程子之言爲盡；以事言，則謂「出自惠公之請」者爲實。蓋魯既僭禮，而託言出於成王之賜。明堂位、祭統之所言，則承魯之所自託者，而遂傳以爲實也。○自此以下，至「是謂疵國」，歷言當時禮之壞失，所以申明發歎之意。

祝、嘏莫敢易其常古，是謂大假。祝、嘏辭説，藏於宗、祝、巫、史，非禮也。是謂幽國。假，舊如字。鄭云：「大也。」陳氏澔曰：「假，亦當作嘏，猶上章『大祥』之意。」今從之。

常古，舊法也。假當作「嘏」，福也。有德之君，祭祀不祈，薦信不愧，故祝、嘏之常法，祝、史莫敢變易。如此，則雖不求福，而鬼神用饗，大福自降之矣。人君無德，祝、嘏之辭說，變易常禮，媚禱以求福，矯舉而不實，必有不可聞於人者，故爲宗、祝、巫、史之所私藏，若漢世祕祝之類是也。幽國，言其國之典禮幽闇不明也。應氏鏞曰：祭祀之辭說，未嘗不使人知之也，故曰「宣」。祝、嘏辭說，苟欲聽宗、祝、巫、史爲之，而又俾私其藏，不爲隨之矯舉，則爲漢之祕祝矣。

醆、斝及尸君，非禮也。是謂僭君。釋文：斝，古雅反，又音嫁。

鄭氏曰：醆、斝，先王之爵也。唯魯與王者之後得用之，其餘諸侯用時王之器而已。僭君，僭禮之君也。愚謂夏曰醆，殷曰斝，周曰爵。盎齊，饋食所用，而名曰醆酒，則天子饋食獻以醆也。周禮內宰「大祭祀，后祼、獻，則贊，瑤爵亦如之」，註謂「后酳尸，爵以瑤爲飾」，則天子酳尸獻以爵也。天子饋食獻以醆，酳尸獻以爵，則朝踐獻以斝矣。堂上行朝踐禮畢，尸入於室，祝酌奠亦以斝。諸侯獻尸，唯用當代之爵，其酌奠又以角。魯用玉琖仍雕，猶不用斝。醆、斝及尸君，諸侯之僭禮也。尸君，猶詩言「公尸」也。此上二節，言當時諸侯之壞禮。

冕、弁、兵、革藏於私家，非禮也。是謂脅君。

弁、冕，卿大夫之尊服，君爵命之乃得服。兵掌於司兵，革掌於司甲，有軍事則出以授人。自大夫世官，而爵命不出於君，則冕、弁藏於私家矣。自大夫藏甲，而兵、革藏於私家矣。脅君，謂君被劫脅，制於臣而不得伸也。

大夫具官，祭器不假，聲樂皆具，非禮也。是謂亂國。

鄭氏曰：臣之奢富，儗於國君，敗亂之國也。朱子曰：大夫不得具官，一人常兼數事。愚謂少牢禮「司士擊豕」，賈疏云：「司士乃司馬之屬，擊豕不使司空者，諸侯猶兼官，大夫職職相兼也。」蓋天子有六卿，諸侯立三卿以兼六卿之事，是諸侯已兼官矣。然諸侯有三卿，有五大夫。若大夫則家臣之長惟宰，而不得如諸侯之有三也；宰之下有宗人、司馬、司士，見少牢禮。而不得如諸侯之有五也。具官者，謂放諸侯三卿、五大夫之制而備設之也。四命之孤，得備祭器，周禮大宗伯「四命受器」是也。三命大夫，祭器造而不備，必假而後足也。聲樂皆具，謂樂之八音皆具也。大射禮無柷敔及塤，八音闕其二。大射乃諸侯用樂之輕者，八音不得具，則大夫可知也。亂國，謂其國之法紀紊亂也。

故仕於公曰臣，仕於家曰僕。三年之喪，與新有昏者，期不使。以衰裳入朝，

與家僕雜居齊齒，非禮也。是謂君與臣同國。釋文：期，居其反。朝，直遥反。

方氏慤曰：臣者，對君之稱，故仕於公曰臣，而諸侯稱君。僕者，對主之稱，故仕於家曰僕，而大夫稱主。然通而言之，臣亦可謂之僕，若周官「戎僕」「齊僕」之類是矣。僕亦可謂之臣，若左氏所謂「皁臣」「輿臣」之類是矣。名雖可通，而位不可不辨。王制曰：「仕於家者，出鄉不與士齒。」齊齒者，與之等夷而齒列也。愚謂仕於公曰臣，仕於家曰僕，言公臣與家臣貴賤殊也。期不使，謂期年之内，不使之以事也，蓋喪不貳事者，禮也。期年得出使者，權也；期年之内，無出使之禮也。以衰裳入朝者，大夫擅國政，居喪不復致事，故以喪服入於朝而治事，不待期年也。大夫强則陪臣尊，故朝廷之臣與之相雜而處，而齊同齒列也。君與臣同國者，言其上替下陵，而政柄不出於一也。蓋君被劫脅，國法紊亂，則其勢之所極，必至於上失操柄，而下移於臣，故發端言「故」者，承上文而言也。此上三節，言當時大夫之僭禮。

故天子有田以處其子孫，諸侯有國以處其子孫，大夫有采以處其子孫。是謂制度。

田，謂九州之田。天子有田以處其子孫，其子孫受之以爲諸侯；諸侯有國以處其子孫，其子孫受之以爲大夫；大夫有采以處其子孫，其子孫受之以爲庶士。此乃制度之一定者也。故自天子之田而別者，不可與天子同天下；自諸侯之國而別者，不可與諸侯同國；自大夫之家而別者，不可與大夫同家。而欲在下者之遵制度，尤在乎在上者謹守制度而不失。言此以申上文之義而起下節也。

故天子適諸侯，必舍其祖廟，而不以禮籍入，是謂天子壞法亂紀。諸侯非問疾弔喪，而入諸臣之家，是謂君臣爲謔。

鄭氏曰：以禮籍入，謂大史執簡記，奉諱惡。天子雖尊，舍人宗廟，猶有敬焉，自拱飭也。無故而相之，是戲謔也。　愚謂天子不謹於禮，而壞法亂紀，則無以責諸侯；諸侯不謹於禮，而君臣爲謔，則無以治大夫。此又承上文而言天子諸侯不能謹守制度，而禮之壞失所由來也。

是故禮者，君之大柄也。所以別嫌明微，儐鬼神，考制度，別仁義，所以治政安君也。　釋文：儐，必刃反。治，皇如字，徐直吏反。

柄者，所執以治物者也。人君執禮以治國，猶匠人執斧斤之柄以治器也。嫌者，事之淆雜，禮以別之，而嫌者辨矣。微者，事之細小，禮以明之，而微者著矣。接賓以禮曰儐。鬼神者，天地、社稷、山川之屬，禮以儐而接之，而幽明通矣。制度者，宫室、車旗、衣服之等，禮以考而正之，而貴賤辨矣。仁主於慈愛，義主於斷制，以禮别而用之，而刑賞、黜陟當矣。故人君執禮以治國，則政治而君安也。此又承上文而言爲國之必以禮也。

故政不正則君位危，君位危則大臣倍，小臣竊。刑肅而俗敝，則法無常，法無常而禮無列。禮無列，則士不事也。刑肅而俗敝，則民弗歸也。是謂疵國。

釋文：倍，步内反。敝音弊，本亦作「弊」。

鄭氏曰：又爲言政失君危之禍敗也。肅，駿也。疵，病也。　愚謂禮者，所以治政安君。禮失，故政不正而君位危，謂操柄失而無以自安其身也。倍，謂悖逆而犯上，則非徒君與臣同國矣，若魯季氏之逐君是也。大臣既倍其君，則小臣亦盗竊國政，若魯陽虎之專政而囚季桓子是也。政出於下，而人心不服，故督以威嚴而刑肅。民志不定，故上下乖離而俗敝。刑罰既肅，風俗又敝，則舊法不足以防姦，而至於更張而無常。列，謂陳列也。法者，所以輔禮。本以無禮而至於法無常，而法無常則禮益無列，蓋其彼此相因之勢然也。上無禮則下無學，故士游談而不事；刑罰濫則民離心，故怨畔而弗歸。此節又承上文而言治國無禮，則非獨君危於上，而其疵病又及於士民也。如此，則國之不亡者，幸而已。

禮記卷二十二

禮運第九之二

故政者，君之所以藏身也。是故夫政必本於天，殽以降命。命降于社之謂殽地，降于祖廟之謂仁義，降於山川之謂興作，降於五祀之謂制度。此聖人所以藏身之固也。

藏猶託也。藏身，謂身之所託以安也。殽，效也。命，謂政令也。指其神謂之社，指其形體謂之地。命降於社，謂政令之本於地而降者也。下三句放此。五祀，五行之神。左傳「社稷五祀，是尊是奉」，大宗伯「以血祭祭五祀」，是也。蓋政者，禮而已矣。禮必本於天，殽於地，列於鬼神。鬼神體物不遺，而祖廟之降格，山川之生物，五行之流播，則其性情功效之尤顯者也。自仁率親，自義率祖，故仁義出於祖廟。山川者，人之所取材，故興作出於山川。五行者，見象於天爲五星，分位於地爲五方，行於四時爲五德，禀於人爲五常，播於音律爲五聲，發於文章爲五色，散於飲食爲五味，是天下之制度莫不本之，故制度出於五祀。聖人之爲政，其所效法者如此，此所以政無不治，而所以託其身者安固而不可危也。○此下二節，申言聖人承天道之意。

故聖人參於天地，並於鬼神，以治政也。處其所存，禮之序也；玩其所樂，民之治也。故天生時而地生財，人，其父生而師教之，四者君以正用之，故君者立於無過之地也。釋文：樂音岳，又音洛，又五孝反。治也，直吏反。

參於天地，並於鬼神，猶中庸言「建諸天地，質諸鬼神」之意，言聖人效法於天地鬼神而參擬之，比並之，以求其合也。樂，如孟子「君子樂之」之樂。天地鬼神之道，具於吾身，是聖人之所存也，有以處之，而率履不越，則禮無不序矣。天地鬼神之道，見於政治，是聖人之所樂也，有以玩之，而鼓舞不倦，則民無不治矣。天生四時，地生貨財，父生，師教，四者各不相兼，兼是四者而使之各得其正者，君之責也。故君必正身立於無過之地，而與天地合其德，與鬼神合其吉凶，然後禮序而民治也。

故君者所明也，非明人者也；君者所養也，非養人者也；君者所事也，非事人者也。故君明人則有過，養人則不足，事人則失位。故百姓則君以自治也，養君以自安也，事君以自顯也。故禮達而分定，故人皆愛其死而患其生。釋文：養，羊尚反，又如字。分，扶問反，後皆同。○明，舊讀如字。陳氏澔云：「三明字皆當作則。」今從之。所則，爲人所取法也；則人，取法於人也。所養，謂食於人；養人，謂食人。所事，謂役人；事人，謂役於人也。爲人所則、所養、所事者，君之分也；則君、養君、事君者，民之分也。禮由分出，分以禮顯，故人皆知尊君親上，愛其死而患其生。蓋合禮而死，則死賢於生；違禮而生，則生不如死也。○自此以下至「舍禮何以哉」，申明治人情之意。

故用人之知，去其詐；用人之勇，去其怒；用人之仁，去其貪。釋文：知音智。去，羌呂反，後皆同。

知者易於詐，勇者易於怒，仁者易於貪，惟禮達分定，而民知嚮方，則有以去其氣質之偏，而全其德性之美。故用人之知而能去其詐，用人之勇而能去其怒，用人之仁而能去其貪也。朱子曰：人之性易得偏。仁善底人便有貪便宜意思，廉介多是剛硬底人。

故國有患，君死社稷謂之義，大夫死宗廟謂之變。釋文：變音辨，出註。○陳氏變如字。今從之。

陳氏祥道曰：社稷，天子之社稷也，故君死之則義而正。宗廟，己之宗廟也，故大夫死之則非義而變也。然則大夫之義而正者如之何？曰：死衆而已。愚謂國君與社稷共存亡，故死社稷者謂之義。大夫得罪於君，則當出亡，若致死以守宗廟，則謂之變，若鄭之伯有，晉之樂盈是也。蓋大夫死宗廟，乃誤用其勇而至於怒者，惟不明於上下之分故也。禮達分定，則有仗節死義之風，而無作亂犯上之禍矣。

故聖人耐以天下爲一家，以中國爲一人者，非意之也，必知其情，辟於其義，明於其利，達於其患，然後能爲之。釋文：耐音能。辟，婢亦反。

禮達分定，人皆愛其死而患其生，則是天下雖遠，而民之親其君，不啻父子兄弟之相親愛，如一家之人也；中國雖大，而下之趨上，不啻手足頭目之相捍衛，如一人之身也。意之者，謂以私意測度，不能實知其理之所以然也。辟猶通也，開也。聖人於人之情義利害，知之無不明，故處之無不當，而能以天下爲一家，中國爲一人也。

何謂人情？喜、怒、哀、懼、愛、惡、欲，七者弗學而能。何謂人義？父慈、子孝、兄良、弟弟、夫義、婦聽、長惠、幼順、君仁、臣忠，十者謂之人義。講信脩睦，謂之人利；争奪相殺，謂之人患。故聖人之所以治人七情，脩十義，講信

脩睦，尚辭讓，去争奪，舍禮何以治之？釋文：惡，烏路反，下皆同。弟弟，上如字，下音悌。長，丁丈反。

孔氏曰：昭二十六年左傳云：「人有六情：喜、怒、哀、樂、好、惡。」此云「欲」，則彼云「樂」；此云「愛」，則彼云「好」也。六情之外，增一懼，爲七。陳氏祥道曰：父慈、子孝、兄良、弟弟、夫義、婦聽，閨門之義。長惠、幼順，鄉黨之義。君仁、臣忠，朝廷之義。愚謂愛，謂相親愛，如父愛子，子愛父是也。欲，謂貪欲，如目欲色，耳欲聲是也。中庸言「喜、怒、哀、樂」，左傳言「喜、怒、哀、樂、好、惡」爲六情，此言「喜、怒、哀、懼、愛、惡、欲」爲七情。蓋人值所好則喜，值所惡則怒，得所愛則樂，失所愛則哀，而於所怒所哀之將至而未至也則懼，故總之爲四，析之則爲六，又析之則爲七也。十義先父子而後兄弟夫婦，先尊而後卑也。先兄弟而後夫婦，先天合而後人合也。先閨門而後鄉黨，先鄉黨而後朝廷，先近而後遠也。先情不治則亂，義不治則壞，信睦非講且脩則廢，争奪非尊尚辭讓則不能去。此四者，非禮則無以治之也。

飲食男女，人之大欲存焉。死亡貧苦，人之大惡存焉。故欲惡者，心之大端也。人藏其心，不可測度也。美惡皆在其心，不見其色也。欲一以窮之，舍

禮何以哉！ 釋文：度，大洛反。見，賢遍反。

馬氏晞孟曰：莫非欲也，而飲食男女，欲之甚也，故曰「大欲」。莫非惡也，而死亡貧苦，惡之甚也，故曰「大惡」。喜、怒、哀、懼、愛、惡、欲，皆所謂情，而情之所本，尤在於欲惡，故曰「心之大端」。愚謂情者，心之所發；心者，情之所具。情雖有七，而喜也，愛也，皆欲之别也；怒也，哀也，懼也，皆惡之别也。故情七而欲惡可以該之，故曰「欲惡者，心之大端也」。人心之欲惡不可見，而惟禮可以窮之。蓋見其所爲之合禮，則知其情之美矣；見其所爲之悖禮，則知其情之惡矣。窮之而後能治之，情治則人義無不脩，信睦之風敦，而争奪之患息矣。

故人者，其天地之德，陰陽之交，鬼神之會，五行之秀氣也。

徐氏師曾曰：上天之載，無聲無臭，而實造化之樞紐，品彙之根柢，此天地之實理，而爲生人之本也。理一而已，動而爲陽，陽變交陰，静而生陰，陰合交陽，此實理之流行，而爲生人之機也。由是二氣凝聚，陰靈爲鬼，聚而成魄，陽靈爲神，聚而成魂，此實理之凝成，而人於是乎生矣。形生而四肢、百骸無有偏塞，五行之質之秀也，神發而聰明睿知無有駁雜，五行之氣之秀也，此實理之全具，而人之所以靈於物也。愚謂天地之德以理言，陰陽、鬼神、五行以氣言。人兼此而生，周子所謂「太極之真，二五之精，妙合而凝」也。魂者神之盛，魄者鬼之盛。陰陽之交，指其氣之初出於天地者而言；鬼神之會，指其氣之已具於人身者而言。天地之生人物，皆予之理以成性，皆賦之氣以成形。然以理而言，則其所得於天者，人與物未嘗有異；以氣而言，則惟人獨得其秀，此其所以爲萬物之靈而能全其性也。○自此以下至「故人情不失」，明人情之本於天道，而本天道者之所以治人情也。

故天秉陽，垂日星。地秉陰，竅於山川。播五行於四時，和而后月生也。是以三五而盈，三五而闕。釋文：播於五行四時，本亦作「播五行於四時」。

秉，持也。竅，孔也。垂者，在上而照臨乎下也。竅者，在下而通氣乎上也。播，分散也。播五行於四時者，春爲木，夏爲火，秋爲金，冬爲水，而土則寄王於四季也。三五而盈，自朔以至望也。三五而闕，自望以至晦也。四時分而爲十二月，而月弦、望、晦、朔於其中。五行之氣和，則四時之序順，而月之弦、望、晦、朔無不如期而生矣。李氏光地曰：日星從天而屬陽，四時，日星之所經也。山川從地而屬陰，五行，山川之所主也。然五行之氣，實上播乎四時之間，如雷電、風霆、雲雨、霜露之感遇聚散，無非山川所鬱；五行之精，地所載之神氣，然皆應天之時，與之同流。故天雖有春夏秋冬之四時，而所以生化萬物者，亦不離乎風雨霜露而已。夫五行播於四時，是天地陰陽之和合也。和合，故月生焉。陰精陽氣，會於太虚而成象，生之謂也。古今説者，皆謂月在天、日、星之下，而居地之上，其去地最近。是月在天地之中，而所以調和斟酌乎陰陽者，故曰「月以爲量」也。其盈也三五，以受陽之施；其闕也三五，以毓陰之孕。故月雖懸象於天，而實地類。故既經緯日星，以佐四時寒暑之令，而又專司山川風雨，胎育羣英也。

五行之動，迭相竭也。釋文：迭，大計反，又田結反。竭，義作揭，其列反。○陳氏、陸氏竭如字。

鄭氏曰：竭，猶負戴也。孔氏曰：物在人上，謂之負戴。氣之過去者，下亦負戴之。陳氏祥道曰：竭，猶所謂休也。休則有王，故竭則有盈。陸氏佃曰：竭，盡也。水王則金竭，木王則水竭。愚謂此包下文四節而言。蓋四時固五行之所播，而五聲、五味、五色亦莫非五行之所分著，其流行變動，皆迭相爲休王也。

五行、四時、十二月，還相爲本也。釋文：還音旋，下同。

五行各以其時之王者爲本：春木王，夏火王，季夏土王，秋金王，冬水王。是四時各有其本也。然春三月皆木，而正月爲寅，二月爲卯，三月爲辰。是十二月又各有其本也。

五聲、六律、十二管，還相爲宮也。

鄭氏曰：五聲，宮、商、角、徵、羽也。其陽管曰律，陰曰呂。布十二辰，始於黄鐘，管長九寸，下生者三分去一，上生者三分益一，終於南呂，更相爲宮，凡六十也。孔氏曰：十二管更相爲宮，以黄鐘爲始，黄鐘下生林鐘，林鐘上生大簇，大簇下生南呂，南呂上生姑洗，姑洗下生應鐘，應鐘上生蕤賓，蕤賓上生大呂，大呂下生夷則，夷則上生夾鐘，夾鐘下生無射，無射上生中呂。隨其相生之次，每辰各自爲宮，各有五聲。十二律相生，至中呂而畢。黄鐘爲第一宮，下生林鐘爲徵，上生大簇爲商，下生南呂爲羽，上生姑洗爲角。林鐘爲第二宮，上生大簇爲徵，下生南呂爲商，上生姑洗爲羽，下生應鐘爲角。大簇爲第三宮，下生南呂爲徵，上生姑洗爲商，下生應鐘爲羽，上生蕤賓爲角。南呂爲第四宮，上生姑洗爲徵，下生應鐘爲商，上生蕤賓爲羽，上生大呂爲角。姑洗爲第五宮，下生應鐘爲徵，上生蕤賓爲商，上生大呂爲羽，下生夷則爲角。應鐘爲第六宮，上生蕤賓爲徵，上生大呂爲商，下生夷則爲羽，上生夾鐘爲角。蕤賓爲第七宮，上生大呂爲徵，下生夷則爲商，上生夾鐘爲羽，下生無射爲角。大呂爲第八宮，下生夷則爲徵，上生夾鐘爲商，下生無射爲羽，上生中呂爲角。夷則爲第九宮，上生夾鐘爲徵，下生無射爲商，上生中呂爲羽，上生黄鐘爲角。夾鐘爲第十宮，下生無射爲徵，上生中呂爲商，上生黄鐘爲羽，下生林鐘爲角。無射爲第十一宮，上生中吕爲徵，上生黄鐘爲商，下生林鐘爲羽，上生大簇爲角。中吕爲第十二宫，上生黄鐘爲徵，下生林鐘爲商，上生大簇爲羽，下生南吕爲角。是十二律各有五聲，凡六十聲。朱子曰：五聲相生，至於角位，隔八下生，當得宫前一位，以爲變宫。又自變宫隔八上生，當得徵前一位，以爲變徵。自此下生，餘分不可損益，故立均之法，至是而終焉。孔氏以本文但云「五聲」「十二管」，故不及二變，而止爲六十聲，增入二變二十四聲，合爲八十四聲。自唐以來，法皆如此。又曰：「十二律相生，至仲吕而窮。」自仲吕復上生黄鐘，不及九寸，於是有變律。又曰「十二正律各有一定之聲，而旋相爲宫」，則五聲初無定位，當高者或下，當下者或高，則宫商失序而不和，故取其半律以爲子聲。朱子變律、半律之説，其詳見於儀禮經傳通解鐘律篇。

五味、六和、十二食，還相爲質也。 釋文：和，户卧反。

鄭氏曰：五味，酸、苦、辛、鹹、甘也。和之者，春多酸，夏多苦，秋多辛，冬多鹹，調以滑甘，是爲六和。愚謂十二食，十二月之所食也。質猶本也。旋相爲質者，如春三月則以酸爲質，夏三月則以苦爲質也。

五色、六章、十二衣，還相爲質也。

五色，謂青、赤、黄、白、黑，五方之色也，加以天玄爲六章。考工記「東方謂之青，南方謂之赤，西方謂之白，北方謂之黑，天謂之玄，地謂之黄」，是也。十二衣，十二月之所衣也。旋相爲質者，如冕服則以玄爲質，皮弁服則以素爲質也。蓋五味有四時之分，而無每月之别，若衣則因事而服：冕服以祭，韋弁以兵，皮弁以朝，並無四時之異。月令春衣青，夏衣朱，秋衣白，冬衣黑，乃秦法耳。此因上文言「十二月」「十二律」，故以十二食、十二衣配而言之，謂以五味、六和於十二月食之，以五色、六章於十二月衣之耳。若必於衣食求其十二之説，則鑿矣。

故人者，天地之心也，五行之端也，食味、别聲、被色而生者也。釋文：别，彼列反。被，皮義反，徐扶義反。

天地之心，謂天地所主宰以生物者，即上文「天地之德」也。人物各得天地之心以生，而惟人之知覺禀其全，故天地之心獨於人具之，而物不得與焉。端，緒也。五行之性不可見，自人禀之，以爲仁、義、禮、知、信，然後其端緒可見也。五味、六和，物不能備也。而人則盡食之；五聲、六律，物不能辨也，而人則能别之；五色、六章，物不能全也，而人則兼被之。天地之心，五行之端，溯其有生之初，而言其稟義理之全；食味、别聲、被色而生，據其既生之後，而言其得形氣之正也。不言陰陽、鬼神者，五行一陰陽，而陰陽之良能即鬼神也，言五行則陰陽、鬼神在其中矣。此以結上文七節之意也。

故聖人作則，必以天地爲本，以陰陽爲端，以四時爲柄，以日星爲紀，月以爲量，鬼神以爲徒，五行以爲質，禮義以爲器，人情以爲田，四靈以爲畜。釋文：柄，本又作「枋」，兵命反。量音亮。畜，許又反，下同。

則，法也。以天地爲本者，道之大原出於天，聖人之所效法，莫非天地之道也。端，首也。以陰陽爲端者，仁育萬物，法陽之温，義正萬民，法陰之肅，聖人之政治，以二者爲端首也。柄者，工之所執也。以四時爲柄者，四時有生長收藏，聖人執而用之，以爲作訛成易之序也。以日星爲紀者，歲有四時，而日星運行乎其間，若綱之有綱而又有紀，聖人因之以爲紀，若日在北陸而藏冰，西陸朝覿而出之，龍見畢務，水昏正而栽之類是也。月以爲量者，十二月各有分限，聖人因之以爲量，孟春則有孟春之令，仲春則有仲春之令也。鬼神以爲徒者，明則有禮樂，幽則有鬼神，聖人之功用，與天地之功用並行迭運，若相爲徒侶然也。禮義以爲器者，聖人用禮義治人情，猶農夫用耒耜之器以耕田也。人情以爲田者，人情爲聖人之所治，猶田爲農夫之所耕也。四靈以爲畜者，四靈並至，聖人養之，若養六畜然也。吴氏澄曰：上言人以天地、陰陽、五行而生，此言聖人制禮以治人，亦取法於天地、陰陽、五行也。

以天地爲本，故物可舉也。以陰陽爲端，故情可睹也。以四時爲柄，故事可勸也。以日星爲紀，故事可列也。月以爲量，故功有藝也。鬼神以爲徒，故事有守也。五行以爲質，故事可復也。禮義以爲器，故事行有考也。人情以爲田，故人以爲奥也。四靈以爲畜，故飲食有由也。鄭註：藝，或爲「倪」。

萬物皆天地之所生，故以天地爲本而物可舉也。人情不出乎陰陽二端，故以陰陽爲端而人情可睹也。生長收藏，隨時無失，故民不假督勵而事皆勸勉也。列，謂以次第陳列之也。敬授人時，各有早晚，故事可次第陳列也。藝，謂事之分限。後云「協於分藝」，「藝之分」，皆此義也。月以爲量，則十二月之政各有分限，而不相踰越矣。鬼神體物不遺，以鬼神爲徒，則事皆有所循以守矣。復者，終而復始之意。五行循環迭運，以五行爲質，則事之已終者可復矣。考，成也。以農器治田則農功成，以禮義治人則事行成。奥，主也。田無主則荒廢，故用人爲主，聖人以人情爲田，而其情不至於荒廢，故人以爲奥。四靈爲羣物之長，既爲聖人所畜，則其屬並隨而至，得以充庖厨，故飲食有由。

何謂四靈？麟、鳳、龜、龍謂之四靈。故龍以爲畜，故魚鮪不淰；鳳以爲畜，故

鳥不獝；麟以爲畜，故獸不狘；龜以爲畜，故人情不失。釋文：鮪，于軌反。淰音審，徐舒冉反。獝字又作「獝」，況必反。狘，況越反。

孔氏曰：淰，水中驚走也。獝，驚飛也。狘，驚走也。魚鮪從龍，鳥從鳳，獸從麟，其長既來，故其屬見人不驚走也。龜知人情，既來應人，知人情善惡，故人各守其行，其情不失也。

方氏慤曰：麟體信厚，鳳知治亂，龜兆吉凶，龍能變化，故謂之四靈。

故先王秉蓍龜，列祭祀，瘞繒，宣祝嘏辭説，設制度。故國有禮，官有御，事有職，禮有序。釋文：瘞，於例反，一音於器反。繒，本又作「增」，同似仍反，又則登反。○鄭註：繒，或作「贈」。

瘞，埋也。繒，帛也。瘞帛以降神，地祇之祭也。宣祝嘏辭説，宗廟之祭也。二者皆列祭祀之事也。制度，城郭、宮室、車旗之屬也。秉蓍龜以決其嫌疑，列祭祀以盡其昭假，而禮達於上矣；設立制度以治民，而禮達於下矣。御，治也。惟上下一於禮，故官有所御，而事得其職，所行之禮莫不順其次序也。○自此以下，申以禮示之，故天下國家可得而正之意，而極言其功效之盛也。

故先王患禮之不達於下也，故祭帝於郊，所以定天位也；祀社於國，所以列地

利也；祖廟，所以本仁也；山川，所以儐鬼神也；五祀，所以本事也。故宗祝在廟，三公在朝，三老在學，王前巫而後史，卜筮瞽侑皆在左右。王中心無爲也，以守至正。釋文：儐，皇音賓，舊必信反。朝，直遥反。侑音又。

此承上節而申言先王以禮自治之事也。天、地、祖廟、山川、五祀，先王之所傚法以爲政治，故還本其功而報之。尊天，故祀之於郊。定天位，所謂祀於南郊，就陽位也。國，謂國中也。親地，故祀之於國。列地利，謂陳列其養人之功而報之也。於天曰「定天位」，於地曰「列地利」，互見之也。本仁，謂本於仁恩之意也。祖廟、山川、五祀皆鬼神，獨於山川言之者，亦所以與上下爲互也。本事，謂本制度之所自出而報之也。先王患禮之不達於下，而行禮必自上始，故其致謹於祭祀，以報功於神祇、追孝於祖考者如此。前巫者，周禮男巫「王弔則與祝前」，是也。後史者，君舉必書，記言、記動之史恒從王而在後也。瞽，樂官也。侑，勸也。王有疑則卜筮，食則樂官以樂侑也。先王以禮事天地鬼神，而行禮又有其本，故宗祝在廟以相其禮，三公在朝以論其道，三老在學以乞其言，巫以卻其不祥，史以記其言動，卜筮以助其明智，瞽侑以導其中和。其環列於前後左右者，無非所以格其非心而納諸軌物，王則中心無所作爲，而絶乎人欲之擾，所守得其至正，而循乎天理之則。蓋不待登壇場，秉圭、罍，而齊戒神明之德固已默通於鬼神矣。是以郊焉而格，廟焉而享，而其效如下文之所言也。

故禮行於郊而百神受職焉，禮行於社而百貨可極焉，禮行於祖廟而孝慈服焉，禮行於五祀而正法則焉。故自郊、社、祖廟、山川、五祀，義之脩而禮之藏也。

百神，天之羣神也。受職，各率其職也。極，盡也，謂可盡得而用也。服，行也。孝慈服，言天下化之而服行孝慈之道也。正法則，言法則得其正也。不言山川興作者，法則中包之也。義以理言，禮以文言。脩者，禮也，義因禮而見，故曰「義之脩」。藏者，義也，禮因義而起，故曰「禮之藏」。

是故夫禮，必本於大一，分而爲天地，轉而爲陰陽，變而爲四時，列而爲鬼神。其降曰命，其官於天也。釋文：大音泰。

大者，極至之名。一者，不貳之意。大一者，上天之載，純一不貳，而爲理之至極也。分而爲天地，而乾坤之位以定；轉而爲陰陽，而動靜之氣以行；變而爲四時，而春夏秋冬錯行不悖；列而爲鬼神，而屈伸變化，體物不遺。降，猶「降衷」之降。其降曰命者，言天理之流行而賦於物者，則謂之命，所謂「天命之謂性」也。官，主也。其官於天者，言此所降之命，莫非天之所主，所謂「道之大原出於天」也。此一節以天理之本然者言之，所謂「天高地下，萬物散殊，而禮制行焉」者也。

夫禮必本於天，動而之地，列而之事，變而從時，協於分藝。其居人也曰養，其行之以貨、力、辭讓、飲食、冠、昏、喪、祭、射、御、朝、聘。釋文：冠，古亂反。○養，鄭讀爲義，王肅如字。今從王。

此乃言聖人制禮之事也。天者，禮之所從出，故聖人之制禮，莫不本之。動而之地，而爲朝、廟、鄉、黨之異；列而之事，而爲吉、凶、軍、賓之分；變而從時，而或損或益之各有所宜；協於分藝，而大事小事之各有其稱。其居人也曰養者，言禮之在人，所以養其身心，而非以煩苦天下也。貨力、飲食者，行禮之具；辭讓者，行禮之文；冠昏、喪祭、射御、朝聘者，行禮之事。人之行禮如此，乃禮達於下之實也。蓋先王之於禮，既已履之於身，以先天下，而其所以教人者，又皆出於天理之本然，而即乎人情之所安，此其所以行之而無弗達也。馬氏晞孟曰：禮以養人爲本，故曰養。荀子曰：「恭敬辭讓之所以養安，禮義文理之所以養情。」蓋聖人之道，寓於度數之間，莫非順性命之理而所以養人也。

故禮義也者，人之大端也。所以講信脩睦，而固人肌、膚之會，筋、骸之束也；所以養生送死，事鬼神之大端也；所以達天道，順人情之大竇也。故唯聖人爲知禮之不可以已也。故壞國、喪家、亡人，必先去其禮。釋文：喪，息浪反。○石經「固人」下有「之」字。

肌、膚、筋、骸四者，聚而爲身，有禮則莊敬日强，惰慢邪僻之氣無自而入，而肌膚之會，筋骸之束，自此固矣。講信脩睦，而見於事者無不誠；固人肌、膚、筋、骸，而動於身者無不莊。以明則養生送死，以幽則事鬼神，亦惟禮義爲大端緒也。道出於天，先王制禮以達之，而秩敘、經、曲自此而行；情具於人，先王制禮以順之，而喜怒哀樂由此而和。竇，孔穴也。孔穴，物之所出入，禮亦天道人情之所由以出入也。禮所以內治其身心，外治其天下國家，故壞亂之國，喪敗之家，死亡之人，皆由自去其禮而致然。○吴氏澄曰：「順人情」三字，爲此條之體要。自此以至終篇，皆演「順」字之意。

故禮之於人也，猶酒之有糵也：君子以厚，小人以薄。釋文：糵，魚列反。

糵，麴也。禮所以成人，猶糵所以成酒也。糵厚則酒美，糵薄則酒薄；禮厚則其人爲君子，禮薄則其人爲小人。

故聖王脩義之柄，禮之序，以治人情。故人情者，聖王之田也，脩禮以耕之，陳義以種之，講學以耨之，本仁以聚之，播樂以安之。

方氏慤曰：義者，所操有宜而不可失，故言「柄」。禮者，所行有節而不可亂，故言「序」。禮義本出於人心，而或至無禮無義，心動而情亂也。聖人脩其柄與其序，還以治人之情而已。愚謂此以申明上文「禮義以爲器」、「人情以爲田」之義也。人情不治則荒穢，脩禮以治人情，猶農夫用耒耜以耕，所以墾闢荒穢也。然爲禮而不合乎義，則無以各適乎事之宜，故必陳之以義，然後大小多寡各適其宜，猶耕者之因地宜而播種也。然非明乎其理，則於義之是非或不能辨，故必講之以學，以去其非而存其是，猶耕者之耨，所以去稂莠而長嘉禾也。然非去人欲，存天理，則其所講者終非己有，故必本之於仁，然後德存於心而實有諸己，猶耕者之穫而聚之於家也。然非有以進之於安，則其所本者未必不終失之，故必播之以樂，歌咏以永其趣，舞蹈以暢其機，然後所存者洽，而可以不失，猶耕者之既穫而食，免於勤苦，而得其安美也。蓋先王既脩禮義以治天下，又設爲學校，使天下之人從事於學問之途者，其事如此。故其爲君子者，既能窮理盡性，以進於聖賢；其爲小人者，亦有以開其知覺，復其天良，振興鼓舞，遷善而不自知。此先王以禮義治人情之備也。

故禮也者，義之實也。協諸義而協，則禮雖先王未之有，可以義起也。

陳氏澔曰：實者，定制也。禮者，義之定制；義者，禮之權度。禮一定不易，義隨時制宜，故協合於義而合，雖先王未有此禮，可酌於義而創爲之。

義者，藝之分，仁之節也。協於藝，講於仁，得之者强。

陳氏澔曰：藝以事言，仁以心言。事之處於外者，以義爲分限之宜；心之發於内者，以義爲品節之度。協於藝者，合於事理之宜也。講於仁者，商度其愛心之親疏厚薄，而協合乎行事大小輕重之宜，一以義爲之裁制焉。上好義則民莫敢不服，故得之者强。

仁者，義之本也，順之體也。得之者尊。

陳氏澔曰：仁者，本心之全德，故爲義之本，是乃百順之體質也。元者，善之長。體仁足以長人，故得之者尊。上文言「禮者義之實」，此言「仁者義之本」，實以散體言，本以全體言，同一理也。張子謂經禮三百，曲禮三千，無一事之非仁也。猶之木也，從根本至枝葉皆生意，此全體之仁也。自一本至千枝萬葉，先後大小，各有其序，此散體之禮也。而其自本至末，一枝一葉，各得其宜者，義也。吴氏澄曰：順乎天理，略無違逆，中節之和也。由全體之中，發而爲中節之和。全體之中，仁也。大用之和，順也。故仁爲順之體。愚謂此三節皆所以明禮、義與仁，其相資而不可闕者如此，以申上文「脩禮以耕，陳義以種」，「本仁以聚」之意。不言「講學」「播樂」者，蓋學者仁、義、禮之所藉以講明，樂者仁、義、禮之所由以精熟，不在三者之外也。

故治國不以禮，猶無耜而耕也；爲禮不本於義，猶耕而弗種也；爲義而不講之以學，猶種而弗耨也；講之以學而不合之以仁，猶耨而弗穫也；合之以仁而不安之以樂，猶穫而弗食也；安之以樂而不達於順，猶食而弗肥也。釋文：不，亦作「弗」。何休注公羊云：「弗者，不之深也。」

吴氏澄曰：此反解上文，而以順爲極也。治國，謂治一國之人情。合之以仁，謂合聚衆理於一心。仁而未能安，是猶與仁爲二也；成於樂而安於仁，則與仁爲一矣。仁者，體之全於內；順者，用之達於外。仁之體雖全，而順之用未達，猶內腹雖充，而外體未肥，故必達於順，而後爲禮義治情之極功也。

四體既正，膚革充盈，人之肥也。父子篤，兄弟睦，夫婦和，家之肥也。大臣法，小臣廉，官職相序，君臣相正，國之肥也。天子以德爲車，以樂爲御，諸侯以禮相與，大夫以法相序，士以信相考，百姓以睦相守，天下之肥也。是謂大順。**大順者，所以養生、送死、事鬼神之常也。**鄭註：車，或爲「居」。

四體既正者，天君泰然，而手容恭，足容重，無不從令也。膚革充盈者，睟面盎背，和順積於中，而英華發於外也。父慈子孝，故父子篤；兄良弟弟，故兄弟睦；夫義婦聽，故夫婦和。大臣法，則必不至於倍；小臣廉，則必不至於竊。官職相序，小宰所謂「以官府之六敘正羣吏，以敘正其位，進其治，作其事，制其食，受其會，聽其情」也。君正其臣，以道揆率其下；臣正其君，以法守事其上。車以載物，天子之德，所以容載天下，故曰「以德爲車」。樂以導和，而感人爲深，天子之德，所以無所不達者，賴有樂以導之，猶車之恃御以行也，故曰「以樂爲御」。以禮相與，謹於邦交，而大能字小，小能事大也。以法相序，大宰職所謂「以八法治官府」，而官屬、官職、官聯、官常、官成、官法、官刑、官計皆秩然而不紊也。以信相考，而朋友之義篤；以睦相守，而鄉閭之情親。蓋以禮義治人情，而其功效之極至於如此。前言「禮義者，人之大端」，而以「講信脩睦」三條申言其説。此獨以「養生、送死、事鬼神」言之者，蓋大順即順天道，達人情之意，諸侯以下，以禮相與，以法相敘，以信相考，以睦相守，即講信脩睦之事，四體既正，膚革充盈，則視所謂「固肌、膚之會，筋、骸之束」者又有進矣，獨養生、送死、事鬼神之意未顯，故舉此以結之。

故事大積焉而不苑，並行而不繆，細行而不失，深而通，茂而有間，連而不相及也，動而不相害也。此順之至也。故明於順，然後能守危也。釋文：苑，于粉反。繆音謬。○間，如字。

陳氏澔曰：以大順之道治天下，則雖事之大者積疊在前，亦不至於膠滯；雖事之不同者一時並行，亦不至舛謬；雖小事，所行亦不以微細而有失也。雖深窅而可通，雖茂密而有間，謂有中間也。兩物接連而相及，則有彼此之爭；兩事一時而俱動，則有利害之爭。不相及，不相害，則無所爭矣。此泛言天下之事有大有細，有深有茂，有連有動，而自然各得其分理者，順之極至也。愚謂危，即前「政不正則君位危」之危。必明於順而後能達於順，達於順而後能治政安君，以爲藏身之固而不至於危也。

故禮之不同也，不豐也，不殺也，所以持情而合危也。釋文：殺，所戒反，徐所例反。

徐氏師曾曰：貴賤有等，故禮制不同，宜儉者不可豐，宜隆者不可殺。凡此禮制之順，所以維持人情，不使驕縱；保合上下，不使危亂也。愚謂此申上「明於順然後能守危」之意。蓋君位之危皆起於下陵而上替，而陵替之患皆由於人情之驕縱，禮有豐殺之節，所以維持人情，和合上下，而使之各安其分也。上專以君位言之，故曰「守危」；此兼以上下言之，故曰「合危」。然禮之順非一，而不豐不殺者特其一端耳，故下文又以順之事廣言之。

故聖王所以順，山者不使居川，不使渚者居中原，而弗敝也。用水、火、金、木、飲食必時，合男女、頒爵位必當年、德，用民必順。故無水旱昆蟲之灾，民無凶饑妖孽之疾。故天不愛其道，地不愛其寶，人不愛其情。故天降膏露，地出醴泉，山出器、車，河出馬圖，鳳凰、麒麟皆在郊棷，龜、龍在宮沼，其餘鳥獸之卵胎，皆可俯而闚也。則是無故，先王能修禮以達義，體信以達順故。句。此順之實也。」釋文：當，丁浪反。孽，又作「蠥」，魚列反。妖，又作「祅」。澧，本又作「醴」，音禮。棷，素口反，徐總會反，本或作「藪」。窺，本又作「闚」，去規反。

鄭氏曰：小洲曰渚，高平曰原。山者利其禽獸，渚者利其魚鹽，中原利其五穀，使各安其所，不易其利以勞敝之也。用水，謂漁人以時漁爲梁，「春獻鼈蜃，秋獻龜魚」是也。用火，謂司爟「四時變國火以救時疾」，及「季春出火」，「季秋納火」也。用金，謂卝人以時取「金、玉、錫、石」也。用木，謂山虞「仲冬斬陽木，仲夏斬陰木」。飲食，謂食齊視春時，羹齊視夏時，醬齊視秋時，飲齊視冬時。合男女，謂媒氏「令男三十而取，女二十而嫁」。頒爵位，謂司士「稽士任，進退其爵禄」也。用民必順，不奪農時也。昆蟲之灾，螟螽之屬。無灾疾者，言大順之時，陰陽和也。「天不愛其道」三句，言嘉瑞應，人情至也。膏猶甘也。器，謂若銀甕、丹甑也。馬圖，謂龍馬負圖而出。孔氏曰：禮緯斗威儀云「其政太平，山車垂鉤」，註云：「山車，自然之車。垂鉤，不揉治而自圓曲。」方氏慤曰：五行獨不言「土」，以飲食見之。飲食，土所生也。愚謂山者不使居川，渚者不使居中原，因乎地利而順之也。用水、火、金、木、飲食必時，因乎天時而順之也。用水、火、金、木、飲食之事甚廣，鄭氏所言，特略舉其一端耳。合男女、頒爵位必當年、德，用民必順，因乎人情而順之也。自此以下，皆言順之所感而應也。說文云：「衣服、歌謠、草木之怪謂之妖，禽獸、蟲蝗之怪謂之孽。」順之所感，始於無栽害，而終於致嘉應，由淺而深也。山出器，謂出自然之器，鄭氏所謂「銀甕、丹甑」是也。山出車，謂出自然之車，孔氏所謂「山車垂鉤」是也。鳥不獝而巢在下，故可俯而闚其卵；獸不狘而近人，故可俯而闚其胎。天不愛其道者，風雨節而寒暑時，而天降膏露，則不愛其道之至也。地不愛其寶者，五穀稔而貨財殖，而地出醴泉，山出器、車，河出馬圖，則不愛其寶之至也。人不愛其情者，不獨親其親，不獨子其子，而仁心足以感鳥獸，則不愛其情之至也。無故，無他故也。脩禮以達義者，外脩禮制，而達之天下無不宜；體信以達順者，內體誠實，而達之天下無不順也。義者禮之理，禮者義之實，惟脩禮而後能達義；信者盡己之忠，順者循物之信，惟體信而後能達順也。然所謂大順者，亦不外於以禮義治人情而致之，則脩禮、達順亦非有二事矣。夫子感當時之衰，而有志於唐、虞、三代之治，而爲子游言禮義治天下，其體信達順至於如此，所謂「上下與天地同流」者，使夫子而得行其道，其功效固如此也。嗚呼！盛矣！朱子曰：體信是忠，達順是恕。體信是無一毫之僞，達順是發而中節，無一物不得其所。又曰：信是實理，順只在和氣。體信是致中底意思，達順是致和底意思。

禮記卷二十三

禮器第十之一 別録屬制度。

此篇以忠信義理言禮，而歸重於忠信；以内心、外心言禮之文，而歸重於内心。蓋孔子禮樂從先進，禮奢寧儉之意。禮運言禮之行於天下，而極其效於大順，由體而達之於用也。此篇言禮之備於一身，而原其本於忠信，由外而約之於内也。二篇之義，相爲表裏。○方氏慤曰：形而上者謂之道，形而下者謂之器。道運而無名，器運而有迹。禮運言道之運，禮器言器之用。愚謂此以禮器名篇，亦以其在簡端耳，非有他義也。諸家多從「禮器」二字立説，似非本旨。今姑録方氏之説，以備一解云。

禮器，是故大備。大備，盛德也。禮釋回，增美質，措則正，施則行。其在人也，如竹箭之有筠也，如松柏之有心也。二者居天下之大端矣，故貫四時而不改柯易葉。故君子有禮，則外諧而内無怨。故物無不懷仁，鬼神饗德。釋文：錯，七路反，本又作「措」，又作「厝」，音同。

禮經緯萬端，人能以禮爲治身之器，則於百行無所不備，而其德盛矣。禮之爲用，能消人回邪之心，增人質性之美，而盛德充實於内矣。措諸身則無不正，施諸事則無不達，而盛德發見於外矣。箭，竹之小者。筠，竹之青皮也。大端，猶言大節。竹箭有筠，以貞固於其外；松柏有心，以和澤於其内。二物於天下，有此大節，故能貫乎四時，而枝葉無改。其在人身，則禮之釋回、增美，以充其德於内者，猶松柏之心；禮之措正、施行，以達其德於外者，猶竹箭之筠。故君子有禮，則外而鄉國，無不和諧，内而家庭，無所怨悔，人歸其仁，神歆其德，遠近幽明，無不感通，亦猶松柏之不改柯易葉也。○鄭氏云：「禮器，言禮使人成器，如耒耜之爲用也。人情以爲田，脩禮以耕之，此是也。大備，自耕至於食之而肥。」似以此篇爲承上篇而作。然上篇語意已盡，此篇之義與上篇不同，而其文體亦别，非一人所作也。

先王之立禮也，有本有文。忠信，禮之本也；義理，禮之文也。無本不立，無文不行。 石經無「有文」二字。

忠信，謂存諸心者無不實，故爲禮之本；義理，謂見於事者無不宜，故爲禮之文。無本則見於事者爲具文，故禮不立；無文則存諸心者爲虛願，故禮不行。釋回、增美者，所以立其忠信之本；措正、施行者，所以達其義理之文。此一節乃一篇之綱領。

禮也者，合於天時，設於地財，順於鬼神，合於人心，理萬物者也。是故天時有生也，地理有宜也，人官有能也，物曲有利也。故天不生，地不養，君子不以爲禮，鬼神弗饗也。居山以魚鼈爲禮，居澤以鹿豕爲禮，君子謂之不知禮。

孔氏曰：忠信爲本易見，而義理爲文難睹，故此以下廣説義理爲文之事。君子行禮，必仰合天時，俯會地理，中趣人事。天時有生者，若春薦韭卵，夏薦麥魚是也。地理有宜者，若高田宜黍稷，下田宜稻麥是也。人官有能者，人居其官，各有所能，若司徒奉牛，司馬奉羊，及庖人治庖，祝治尊俎是也。物曲有利者，若麴蘖利爲酒醴，絲竹利爲琴笙是也。天不生，謂非時之物，若冬瓜夏橘，及李梅冬實之屬。地不養，若山之魚鼈，澤之鹿豕。君子不以爲禮，是不合人心；鬼神弗饗，是不順鬼神也。方氏慤曰：以陽生於子，故祀天於冬之日至；以陰生於午，故祭地於夏之日至。以飲養陽氣，故饗、禘於春；以食養陰氣，故食、嘗於秋。此禮所以合於天時者也。黍稷之馨，足以爲簠、簋之實；水土之品，足以爲籩、豆之薦。貨無常，以示遠物之致；幣無方，以別土地之宜。此禮所以設於地財者也。以天之高，故燔柴於壇；以地之深，故瘞埋於坎。以魂氣歸於天，故焫蕭以求陽；以形魄歸於地，故祼鬯以求陰。此禮所以順於鬼神者也。以人莫不有男女之别，故制爲夫婦之禮；莫不有君臣之分，故制爲朝、覲之禮；莫不有追遠之心，故制爲喪、祭之禮；莫不有合歡之情，故制爲燕、饗之禮。此禮所以合於人心者也。火田不於昆蟲未蟄之時，罻羅必於鳩化爲鷹之後。獺祭魚，然後虞人入澤梁；豺祭獸，然後田獵。此禮所以理萬物者也。禮本乎天，而還以事天，出乎人，而還以治人，則是以天合天，以人合人也，故曰「合」。地則效法焉，故曰「設」。鬼神不可遺也，故曰「順」。萬物有成理也，故曰「理」。韭生於春，黍生於秋，稻生於冬，所謂「天時有生」也。山林宜毛物，川澤宜鱗物，邱陵宜羽物，墳衍宜介物，所謂「地理有宜」也。籧篨蒙璆，戚施直鎛，聾聵司火，瞽矇脩聲，所謂「人官有能」也。水之潤下，火之炎上，木之曲直，金之從革，所謂「物曲有利」也。上言「鬼神」，而下不言，以天地兼之也。以天所不生者爲禮，則逆天之時矣；以地所不養者爲禮，則逆地之理矣。天時地理之不可逆如此，則人官、物曲可知。言地所不養之物，而不及天所不生者，亦舉此以見彼也。劉氏彝曰：君子謂之不知禮者，禮以致其敬爲本，不求物之所難得也。愚謂曲，偏也，如「其次致曲」之曲。物曲有利，言物之材質，偏有所利也。「合於天時」五句，以制禮之大體言之也。「天時有生」四句，又專以行禮之所用言之也。上言「鬼神」，而下不言者，蓋鬼神體物不遺，天地之所生養莫非鬼神之所爲，不可專指一事爲言也。又言「天不生，地不養」，「鬼神弗饗」，正以鬼神即天地之功用，而非有二也。

故必舉其定國之數，以爲禮之大經。禮之大倫，以地廣狹；禮之薄厚，與年之上下。是故年雖大殺，衆不匡懼，則上之制禮也節矣。釋文：殺，色戒反，徐所例反。恇音匡，又邱往反。

應氏鏞曰：定國，猶立國也。愚謂定國之數，謂一國所入賦税之數也。經，常法也。倫，次第也。地有廣狹，年有上下，合此二者，而定國之數可見矣。然後斟酌其禮之次第薄厚，以爲行禮用財之常法也。禮之大倫，以地廣狹，因乎地理之所宜也。禮之薄厚，與年之上下，因乎天時之所生也。殺，謂穀不熟也。匡猶恐也。雖凶歉而衆不恐懼，以上之制禮有節，有餘財以爲凶年之備也。

禮，時爲大，順次之，體次之，宜次之，稱次之。釋文：稱，尺證反，後皆同。

方氏慤曰：天之運謂之時，人之倫謂之順，形之辨謂之體，事之義謂之宜，物之平謂之稱。

項氏安世曰：五者，自綦大至極細也。

堯授舜，舜授禹，湯放桀，武王伐紂，時也。詩云：「匪革其猶，聿追來孝。」釋文：

革，紀力反。○革，詩作「棘」。猶，詩作「欲」。聿，詩作「遹」。

禮之因革損益，必隨乎時，而嬗、授、放、伐，尤隨時中之大者也。自「倫」以下，皆禮之經，而時者乃禮之權，非有聖人之德而居天子之位，不能乘時創制，以達天下之大權，故禮莫大乎此。詩，大雅文王有聲之篇。革，急也。猶，謀也。言文王作豐邑，非急於成己之所謀，乃所以追先人之志，而來致其孝耳。引之者，言湯、武放伐，亦所以追堯、舜之道，事雖異而道則同也。蓋嬗、授之迹易白，而放、伐之心難明，故引詩以證之如此。

天地之祭，宗廟之事，父子之道，君臣之義，倫也。

王者事天如事親，事死如事生。天地之祭，宗廟之事，與夫子之所以事父，臣之所以事君，皆倫常之大者也。人道莫大於五倫，故順次於時。

社稷山川之事，鬼神之祭，體也。

鄭氏曰：天、地、人之別體也。孔氏曰：社稷山川是地之別體，神是天之別體，鬼是人之別體。愚謂鬼，謂若先帝及百辟卿士之有益於民者。神，謂天神、日、月、星辰之屬。社稷、山川、鬼神，其祭之之禮，由天地宗廟而分，猶人之四體由身而分也。三者之祭，其尊次於天地宗廟，故體次於順。

喪祭之用，賓客之交，義也。

喪之主於哀，祭之主於敬，此所謂宗廟之道，父子之親也。若其所用之財物，與夫賓客之交際，其事各有所宜者，所謂義也。喪祭之用，於哀敬爲末，賓客之交，視鬼神爲輕，故又次於體。

羔、豚而祭，百官皆足，大牢而祭，不必有餘，此之謂稱也。

鄭氏曰：足猶得也。稱，謂稱牲之大小以爲俎。此指謂助祭者耳，而云「百官」，喻衆也。愚謂羔，小羊。豚，小豕。王制「大夫士有田則祭，無田則薦」，鄭氏謂「大夫薦用羔，士薦用豚」，即此「羔、豚而祭」是也。百官，謂助祭之人。皆足，謂牲之體骨足以徧及助祭者也。蓋薦則助祭者少，又牲小而俎骨亦小，大牢而祭，則助祭者多，又牲大而俎骨亦大，故羔、豚非不足，而大牢非有餘，由其稱乎大小多寡之分故也。蓋禮之得宜爲義，就其得宜之中，又酌乎多寡大小之分，則謂之稱，故又次於宜。

諸侯以龜爲寶，以圭爲瑞。家不寶龜，不藏圭，不臺門，言有稱也。

孔氏曰：此一節還明上經稱次之事也。以禮主威儀，尊卑大小，多少質文，各有所宜，其稱非一，故從此以下，更廣明爲稱之事。諸侯以龜爲寶者，諸侯有守土之重，宜須占詳吉凶，故以龜爲寶。以圭爲瑞者，諸侯之於天子，如天子之於天也，天子得天之物，謂之瑞，故諸侯受封於天子，天子與之圭，亦謂之瑞。書云「輯五瑞」，又云「班瑞於羣后」，是也。云「圭」不云「璧」，從可知也。家，卿大夫也。大夫卑輕，不得寶龜，故臧文仲居蔡爲僭。卿大夫不得執玉，故不得藏圭。愚謂以龜爲寶者，龜之大者尤神，君自寶之，以占國之大事。大誥言「寧王遺我大寶龜」，左傳衛有「成之昭兆」，春秋「盜竊寶玉、大弓」，公羊傳云「龜青純」，皆謂此也。若尋常所用之龜，掌於卜人者，不得謂之寶也。大夫所卜之龜，蓋與卜人所掌者同，不得藏此大龜以爲寶也。卿大夫執禽摯，雖得爲君執瑑圭以聘，而不得家自藏之也。臺門，謂於門之兩旁築土爲臺，高出於門，望之闕然，故謂之闕。周禮所謂「象魏」，左傳所謂「觀臺」是也。天子諸侯臺門，所以懸法象，望氛祲，大夫不得爲也。○孔氏曰：案三正記、白虎通，天子之龜尺二寸，諸侯一尺，大夫八寸。彼謂卜龜。士亦有龜，故士喪禮「卜宅」是也。兩邊築闍爲基，基上起屋，曰臺門。諸侯有保捍之重，故爲臺門。愚謂漢書食貨志云：「元龜尺二寸。」此龜之最大者，天子所寶之龜也。諸侯一尺，即諸侯所寶之龜也。大夫八寸，則尋常所卜之龜，與卜人所掌同，孔氏所謂「卜龜」也。然寶龜未嘗不用以卜，特非大事不輕卜耳。爾雅：「闍者謂之臺，有木者謂之榭。」孔氏謂「築土爲基，基上起屋」，則榭而非臺矣。臺門之設，亦與保捍無與。○此章言禮之義，有「時」以下五者，此下十章，皆以雜明此章之義也。

禮有以多爲貴者：天子七廟，諸侯五，大夫三，士一。

說見王制。

天子之豆二十有六，諸公十有六，諸侯十有二，上大夫八，下大夫六。

鄭氏曰：豆之數，謂天子朔食，諸侯相食及食大夫。公食大夫禮曰：「宰夫自東房薦豆六，設于醬東。」此食下大夫而豆六，則其餘著矣。聘禮「致饔餼於上大夫，堂上八豆，設于户西」，則凡致饔餼，堂上之豆數亦如此。周禮：「公之豆四十，其東西夾各十有二。侯伯之豆三十有二，其東西夾各十。子男之豆二十有四，其東西夾各六。」愚謂周禮醢人朝事之豆八，饋食之豆八，加豆八，羞豆二，合爲二十六。天子全用之，而公以下遞減焉。公食禮下大夫六豆，韭菹、醓醢、昌本、麋臡、菁菹、鹿臡，此朝事之六豆也。以此差而上之，則上大夫全用朝事之八豆，諸侯加以饋食之四豆而爲十二，諸公兼用朝事、饋食之豆而爲十六也。聘禮「致饔餼」，「堂上八豆」，「西夾六豆」，皆云「韭菹」「醓醢」，則凡東西夾之豆實與堂上同，但其數減於堂上耳。○孔氏曰：皇氏云：「天子之豆二十有六者，天子庶羞百二十品，籩、豆各六十。今云『二十六』者，説堂上數也。」今案庶羞與正羞別。此上大夫八豆，下大夫六豆，皆爲正羞。天子二十六豆，亦爲正羞，故熊氏以爲正羞百二十罋之等。皇氏以爲庶羞，其義非也。愚謂皇氏以天子二十六豆爲庶羞，固非；而熊氏以爲正羞百二十罋之等，其説亦尚未晰。周禮膳夫「王醬用百有二十罋」，醢人「王舉，共齏菹醢物六十罋」，此謂實於罋而陳之者有此數耳。掌客上公「飧五牢，食四十，簠十，豆四十，鉶四十有二，壺四十，鼎、簋十有二，腥三十有六，皆陳。饔餼九牢，其死牢如飧之陳，牽四牢，米百有二十筥，醯醢百有二十罋。」是豆配死牢，醯醢百二十甕配生牢，其所用不同，非可合而言之也。又醯醢百二十罋，皆豆實也。若籩實，則見於籩人者，惟朝事、饋食、加籩、羞籩之實而已，初無所謂「六十籩」者。且籩實惟用於飲酒，不用於食。皇氏「籩、豆各六十物」之説尤謬，而孔氏亦未之辨也。○此節所言，謂食禮之豆數也。若饗神之豆數，則王亦全用二十六豆，而諸侯朝事、饋食、加豆皆減其二，爲十八豆，加以羞豆二，爲二十豆，五等諸侯同也。少牢賓尸惟四豆，蓋大夫饗、燕之禮，上下大夫同也。又左傳周公閱聘魯，饗之有昌歜、白、黑、形鹽，閱以備物辭。昌歜即朝事豆實之昌本也。是天子三公饗禮無昌本，而公食大夫禮六豆乃有昌本，饗、食法異也。又少牢賓尸禮亦有昌菹，蓋大夫饗、燕禮惟用四豆，遠降於諸侯，故得用昌菹優之也。

諸侯七介、七牢，大夫五介、五牢。

介，副也。牢，謂主國所致饔餼之牢數也。七介、七牢，侯伯之禮；五介、五牢，侯伯之卿也。上公九介、九牢，侯伯七介、七牢，子男五介、五牢。卿大夫出聘，其介各降其君二等，牢數則君以爵等，五等之卿同牢。○孔氏云「不云『天子』者，天子無介，牢禮無等」，非也。周禮掌訝「王弔臨，則共介鬯」，是天子非無介矣。左傳吴徵百牢於魯，子服景伯曰：「周之王也，制禮，上物不過十二。」是天子十二牢也。天子之介，由上公差而上之，亦當十二也。

天子之席五重，諸侯之席三重，大夫再重。釋文：重，直龍反，下同。

陸氏佃曰：天子之席五重，書曰「敷重篾席」，「敷重筍席」，則凡王席重設，行葦傳曰：「設席，重席也。」周官司几筵：「設莞筵紛純，加繅席畫純，加次席黼純。」席皆重設，是以謂之五重。凡禮，對文則别，散文則通，筵或謂之席，席亦謂之筵也。又天子五重，諸侯三重，筵皆單設，席則重也。大夫再重，有筵則席亦單設，無加席，則筵蓋重爾。公食大夫禮「蒲筵常，緇布純，加萑席尋，玄帛純」，萑席蓋亦單設。大射儀曰「司宫兼卷重席，設于賓左」，此筵亦重設也。是以謂之重席。而鄭謂「公食大夫孤爲賓則莞筵紛純，加繅席畫純」，是不知司几筵「加繅席」重設，主諸侯三重言之，公食大夫「加萑席」，主大夫再重言之，萑席單設而已。愚謂凡席以一爲一重，司几筵王「莞筵紛純，加繅席畫純，加次席黼純」，繅席、次席皆重設，并莞筵爲五重也。書言「敷重篾席」，篾席即次席也。據其在上之席而言重，則繅席亦重可知。又司几筵諸侯「莞筵紛純，加繅席畫純」，繅席亦重設，則三重也。大夫之席，則公食記云「蒲筵常，緇布純，加萑席尋，玄帛純」，筵與席皆單設，則再重也。鄉飲酒、鄉射禮「蒲筵布純」，士冠禮「蒲筵二在南」，是士席蒲筵而已。○熊氏謂天子之席五重爲大祫之席，以司几筵言「三重」爲時祭之席。是不知司几筵之繅席、次席皆重設，而强爲區別也。然司几筵云「凡大朝、覲、大饗、射，凡封國，命諸侯」，「設莞筵紛純，加繅席畫純，加次席黼純。祀先王昨席亦如之」。此皆重禮而設席如此，其餘事當有差降。顧命有篾席、底席、豐席、筍席，蓋天子之席，其加於上者有此四種，各因禮之重輕而用之也。天子如此，則諸侯之席，以莞筵加繅席爲三重者，亦惟祭、祀、饗、射大禮用之，而其餘當有所降也。又公食大夫禮蒲筵加萑席爲再重，大射禮賓有加席，蓋與公食禮同。至燕禮之賓，大射及燕禮之卿大夫，則無加席。又鄉飲酒禮「大夫再重」，再重者，一種席而重設之也。是大夫之席隆殺有三等，則天子諸侯設席之重數亦必以禮之輕重爲隆殺矣。○司几筵諸侯「昨席莞筵紛純，加繅席畫純。筵國賓于牖前，亦如之」。國賓，謂諸侯爲賓者。鄭氏兼諸侯來朝、孤卿大夫來聘者言之，非也。大夫之席，蒲筵加萑席，公食禮有明文。孤卿之席，蓋亦與此同，以五等諸侯無異席推之可知也。然大夫席再重，而鄉飲酒禮「公三重」者，蓋以一種席爲三重，與諸侯之三重不同。鄉飲酒又云「公升，辭一席，使一人去之」，則不過暫設以優之，而究亦止於再重而已。

天子崩，七月而葬，五重八翣；諸侯五月而葬，三重六翣；大夫三月而葬，再重四翣。此以多爲貴也。

鄭氏曰：重，謂抗木與茵也。葬者抗木在上，茵在下。士喪禮下篇陳器，曰「抗木橫三縮二，加抗席三，加茵，用疏布，緇翦，有幅，亦縮二橫三」。此士之禮一重者。愚謂士喪禮陳器，「抗木」之上又有「折」。蓋古之爲椁，累木於棺之四旁，而上下不周，故其下藉之以茵。既不棺，加折於其上，次加抗席，次加抗木。茵也，折也，抗席也，抗木也，四者備爲一重。由士禮之一重者推之，則所謂「再重」「三重」「五重」者皆可見矣。翣，形如扇，以木爲匡，衣以白布而畫之，在路以障柳車，入壙以障柩。喪大記曰君「黼翣二，黻翣二，畫翣二」，大夫「黻翣二，畫翣二」。周禮縫人註云：「漢制，天子有龍翣二。」是天子龍翣、黼翣、黻翣、畫翣各二，爲八翣也。○鄭氏謂「上公四重」，無據。

有以少爲貴者：天子無介，祭天特牲。天子適諸侯，諸侯膳以犢。釋文：犢音獨，本亦作「特」。

鄭氏曰：天子無介，無客禮也。孔氏曰：爲賓用介，天子以四海爲家，既不爲賓客，故無介，謂無以客禮陳擯介也。其實餘事亦有介，故鬯人「共介鬯」，是天子臨鬼神，使介執鬯也。特，一也。天神尊，貴質，故止一牛也。諸侯事天子，如天子事天，故天子巡守，適諸侯境上，諸侯奉膳亦止一牛而已。愚謂兩君相見，列擯介以交辭，天子無客禮，故雖有介而不陳之以交辭，故曰「無介」。膳，謂殷膳也。掌客：「王巡狩、殷國，國君膳以牲犢。」於祭天言「特牲」，於膳天子言「犢」，互見之也。宗廟社稷用大牢，而祭天惟特牲，諸侯之禮，殷膳大牢，而天子惟用犢，皆貴少也。

諸侯相朝，灌用鬱鬯，無籩、豆之薦。大夫聘禮以脯、醢。釋文：朝，直遥反。

灌，獻也。灌用鬱鬯者，朝享禮畢，主君酌鬱鬯之酒以禮賓也。大行人上公「王禮再祼而酢」，侯伯「一祼而酢」，子男「一祼不酢」。諸侯相朝之禮亦然。無籩、豆之薦者，凡獻酒必薦籩、豆，惟鬱鬯之灌則無之。蓋至敬不饗味而貴氣臭，不敢以此褻之也。脯，籩實。醢，豆實。大夫聘禮之以醴而加以脯、醢，則有籩、豆之薦矣。是貴其無籩、豆之少，卑其有籩、豆之多也。○孔疏謂祭天無鬱鬯、諸侯膳天子亦無鬱鬯爲尊，諸侯相朝用鬱鬯爲卑，非也。鬱鬯之灌，天子宗廟固用之矣，特祭天不用耳。且諸侯殷膳大牢，亦未嘗有鬱鬯也。祭天特牲，對社稷宗廟用大牢而言；天子適諸侯，膳以犢，對諸侯殷膳用大牢而言。此節又自以朝、聘相對爲義，與上文初不比附，未嘗以鬱鬯之有無别多少也。

天子一食，諸侯再，大夫士三，食力無數。

孔氏曰：食猶飧也。天子以德爲飽，不在食味，故一飧；諸侯德降天子，故再飧；大夫士德轉少，故三飧。食力，謂工、商、農、庶人之屬，以其無禄代耕，陳力就業乃得食，故呼食力。此等無德，以飽爲度，故飧無數。愚謂食一口謂之一飯，再謂連食二口，三謂連食三口也。孔氏以一飯、再飯、三飯爲告飽之節，非也。特牲禮尸三飯告飽，侑至七飯；少牢禮尸七飯告飽，侑至十一飯。是飯之侑皆以四爲節，則諸侯九飯告飽，侑至十三飯；天子十一飯告飽，侑至十五飯也。少牢禮「上佐食舉牢肺正脊授尸」，尸「食舉，三飯。上佐食舉尸牢幹」，乃又食。是士三飯告飽，須侑乃舉牢體再食。大夫三飯雖未告飽，亦連食三口則止，舉牢體乃再食也。天子禮極文，故食一口即止，舉牢體乃再食；諸侯禮稍簡，故食二口則止，舉牢體乃再食；大夫士禮又簡，故食三口則止，舉牢體乃再食也。食力無數者，禮不下庶人也。

大路繁纓一就，次路繁纓七就。釋文：繁，步干反。

鄭氏曰：大路繁、纓一就，殷祭天之車也。周禮「王之五路」：「玉路繁、纓十有二就」，「金路九就」，「象路七就」，「革路五就」，「木路翦繁、鵠纓」。孔氏曰：殷質，以木爲路，無別雕飾，乘以祭天，謂之大路。繁，謂馬腹帶也。纓，鞅也。染絲而織之曰罽，五色一帀曰就。就，成也。言五色帀一成。車既樸素，故馬亦少飾，止一就也。次路供卑用，故就多。方氏慤曰：殷尚質，故就之少者爲大，多者爲次。周則以多爲貴，故玉路十有再就。郊特牲言「先路三就，次路五就」，彼謂繼先路之次路也。此言「七就」，謂繼次路而又次者也。周路有五，則殷固不止於三路矣。

圭、璋特，琥、璜爵。釋文：琥音虎。又作「虎」。璜音黄。

鄭氏曰：圭、璋特，朝、聘以爲瑞，無幣帛也。琥、璜爵，天子酬諸侯，諸侯相酬，以此玉將幣。孔氏曰：圭、璋，玉中之貴也。特，謂不用他物媲之也。聘禮曰聘君以圭，夫人以璋。典瑞云：「公執桓圭，侯執信圭，伯執躬圭。」諸侯以相見及朝天子，是圭、璋朝、聘以爲瑞，皆無幣帛，表德特達，不加物也。若聘禮行享之時，則璧以帛，琮以錦。是加束帛。又小行人云以玉「合六幣，圭以馬」，註云：「二王之後享天子。」「璋以皮」註云：「二王之後享后。」皮馬不上堂，惟圭、璋特升，亦是圭、璋特義也。琥、璜，是玉劣於圭、璋者也。天子饗諸侯，或諸侯自相饗，至酬酒時，則有幣，將送酬爵，又有琥、璜之玉將幣，故云「琥、璜爵」。琥、璜既賤，不能特達，故附爵乃通也。案聘禮禮賓之幣束帛乘馬。又「致饔以酬幣」，「致食以侑幣」，鄭云：「禮，束帛乘馬，亦不是過也。」則諸侯於聘賓唯用束帛乘馬，皆不用玉。今琥、璜送爵，故知是天子酬諸侯，及諸侯自相酬也。愚謂圭、璋特有二義：朝、聘用圭璋，無束帛之藉，一也。六幣，圭以馬，璋以皮，皮馬不上於堂，二也。上是正義，下是兼義。半圭曰璋，爲虎形曰琥，半璧曰璜。

鬼神之祭單席。

孔氏曰：神道異人，不假多重自温故也。愚謂此謂祭外神之席，若司几筵「甸役則設熊席」，是也。其宗廟之祭，則司几筵祀先王「設莞筵紛純，加繅席畫純，加次席黼純」，「諸侯祭祀席蒲筵繢純，加莞席紛純」，皆不單也。

諸侯視朝，大夫特，士旅之。此以少爲貴也。

鄭氏曰：謂君揖之。孔氏曰：特，獨也。旅，衆也。君出路門視諸臣之朝，若大夫則君人人揖之，若士則不問多寡，而君衆共一揖之也。大夫貴，故人人得揖；士賤，故衆共得一揖。是以少爲貴。此諸侯所尊者少，故大夫特，士旅之。若天子之朝，所尊者多，故司士云「孤卿特揖，大夫以其等旅揖，士旁三揖」，是也。

有以大爲貴者：宮室之量，器皿之度，棺椁之厚，丘封之大，此以大爲貴也。

釋文：量音亮。皿，命景反，字林音猛。

方氏慤曰：周官典命宮室以命數爲節，自上公至子男，以九、以七、以五爲節，此宮室以大爲貴也。天子之路謂之大路，弓謂之大弓，斗謂之大斗，俎謂之大房，此器皿以大爲貴也。尊者之棺，至於四重，卑者止於一重，椁則周於棺，此棺椁以大爲貴也。周官冢人「以爵等爲丘封之度」，此丘封以大爲貴也。量，言其所容。度，言其所至。度、量，宮室、器皿皆有之，於宮室言「量」，於器皿言「度」，互相備也。愚謂器皿以大爲貴，若天子之弓合九成規，諸侯合七成規，大夫合五成規；牛鼎之扃三尺，𦎧鼎二尺之類。至車之淺深廣狹，其制有定，君路曰大路，特尊其名耳。

有以小爲貴者：宗廟之祭，貴者獻以爵，賤者獻以散；尊者舉觶，卑者舉角。

釋文：散，悉旦反。

鄭氏曰：凡觴，一升曰爵，二升曰觚，三升曰觶，四升曰角，五升曰散。　陸氏佃曰：貴者獻以爵，賤者獻以散，所謂「尸飲五，君洗玉爵獻卿」；「尸飲九，以散爵獻士」。　愚謂獻，謂獻尸也。君夫人獻尸以爵，諸臣爲加爵用散。　明堂位「爵用玉琖仍雕，加以璧散、璧角」，是也。是貴者獻以爵，賤者獻以散也。　案特牲禮，兄弟弟子舉觶於其長，爲旅酬之始，又賓弟子及兄弟弟子各舉觶於其長，爲無算爵之始，而無舉角之事。　特牲禮主人獻尸以角，又郊特牲云「舉斝、角，詔妥尸」，此雖皆用角，然與卑者舉角之義不相當。　疑天子諸侯尸有旅酬之禮，酬尸用觶，而爲尊者之所舉；至賓與兄弟相酬，避尸之所用，故旅酬降而用角，而爲卑者之所舉與？○考工記梓人：「爲飲器，爵一升，觶本作「觚」，鄭氏云「當作觶」。三升。」是爵與觶以木爲之，觚、角、散亦皆木爲之可知。　朱子紹興禮器圖爵範銅爲之，蓋後世之制耳。　其形製，則朱子圖謂「兩柱三足，有流有鋬」者當得之。　祭統「尸酢夫人執柄，夫人授尸執足」，孔疏謂柄爲尾，即朱子圖所謂「鋬」也。　聶氏崇義云「今祭祀之爵，刻木爵，立方板上，失之矣」，然其圖乃仍爲爵立方板，誤也。　觚爲稜角，故謂之觚。　周禮鬯人「凡疈事，用散尊」，鄭氏謂「無飾曰散」，然則散爵亦無飾者也。　散爵無飾，則爵、觚、觶、角皆刻畫爲飾矣。　天子諸侯之爵，飾以玉謂之玉爵，飾以瑶謂之瑶爵，其角與散，或以璧飾之，謂之璧散、璧角。　大夫士所用之爵，蓋但有疏刻而無他飾與？

五獻之尊，門外缶，門内壺。君尊瓦甒。此以小爲貴也。釋文：甒音武。

鄭氏曰：壺大一石，瓦甒五斗，缶大小未聞。易曰：「尊酒簋貳，用缶。」愚謂子男饗禮五獻，五獻之尊，饗子男所用之尊也。瓦甒，即燕禮之「瓦大」也。士冠禮「側尊一甒醴」，聘禮「醴尊于東箱，瓦大一」，是甒與大皆可以盛醴，又皆瓦爲之，其爲一器無疑。此「瓦甒」，蓋亦以盛醴，以爲君尊；壺與缶，皆以盛酒，壺以爲卿大夫之尊，缶以爲士旅食者之尊也。燕禮兩方壺在東楹之西，以爲卿、大夫、士之尊；兩圜壺在門西，以爲士旅食者之尊。此兩君相饗，故惟君尊設於堂上，而卿、大夫、士之尊設於門内，士旅食者之尊設於門外也。燕禮卿、大夫、士之尊爲方壺，士旅食者之尊爲圜壺，豈所謂「圜壺」者即缶與？

有以高爲貴者：天子之堂九尺，諸侯七尺，大夫五尺，士三尺。天子諸侯臺門。此以高爲貴也。

堂九尺，謂堂廉至地之度也。天子堂九尺，而階九等，盡等至堂，復爲一級，則每等不及一尺也。諸侯堂七尺，階七等；大夫堂五尺，階五等；士堂三尺，階三等。

有以下爲貴者：至敬不壇，埽地而祭。

至敬，謂祭天也。封土曰壇，除地曰墠。埽地，即墠也。祭法曰「燔柴於泰壇」，「瘞埋於泰折」。周禮大司樂「圜鍾爲宮」，「於地上之圜丘奏之」；「函鍾爲宮」，「於澤中之方丘奏之」。蓋天地之祭，燔柴、瘞埋及奏樂皆於壇，而行祭禮則在墠也。陳用之謂「祭天無兆」，非也。祭天之所，中爲圜壇，壇下爲墠，墠外有壝，壝即兆也。郊特牲言「兆於南郊」，是也。小宗伯但言「兆五帝」，不言兆上帝、地祇，蓋舉其次以明其上。大宰言「祀五帝」，掌「誓戒」「具脩」等事，而不言上帝，亦此義也。

天子諸侯之尊廢禁，大夫士棜、禁。此以下爲貴也。釋文：棜，於據反。

鄭氏曰：廢猶去也。棜，斯禁也。謂之棜者，無足，有似於棜，或因名云耳。大夫用斯禁，士用棜禁，如今方案；隋長局足，高三寸。孔氏曰：天子諸侯之尊廢禁者，司尊彝鬱鬯之尊用舟以承之，犧象等六尊皆不用舟。又燕禮諸侯之法：「瓦大兩，有豐。」是無禁也。棜及禁皆長四尺，廣二尺四寸，深五寸，漆赤中，畫青雲氣，菱苕華爲飾。棜上有四周，下無足，似木轝之棜，故因名爲棜。此謂之棜，鄉飲酒禮謂之「斯禁」。禁局足，高三寸，刻其足爲褰帷之形。謂之禁者，因爲酒戒也。玉藻云「大夫側尊用棜，士用禁」，鄉飲酒大夫禮云「兩壺斯禁」，是大夫用斯禁也。士冠禮、士昏禮承尊皆用禁，是士用禁也。鄉射是士禮，而用斯禁者，以禮樂賢從大夫也。特牲士禮，而云「棜禁在東序」，祭尚厭飫，不爲神戒也。愚謂鄭註此記云「士用棜禁」，是禁又名棜禁也。特牲禮「棜禁在東序」，鄭註云：「祭尚厭飫，故與大夫同。」是棜禁即棜。二註不同，疑此註爲是。蓋上之四周者謂之棜，棜下之足謂之禁。大夫之棜無足，故但謂之棜。鄉飲酒禮謂之「斯禁」，斯，澌也，斯禁，言其切地無足也。士之棜有足，故謂之禁，又謂之「棜禁」，特牲禮「棜禁饌于東序」，是也。

禮有以文爲貴者：天子龍衮，諸侯黼，大夫黻，士玄衣纁裳。釋文：卷，本又作「衮」，同古本反。熏字又作「纁」，許云反。

孔氏曰：人君因天之文章以表於德，德多則文備，故天子龍衮，諸侯以下文稍少也。上公亦衮，侯伯鷩，子男毳，孤卿希，大夫元士爵弁、玄衣、纁裳。今言「諸侯黼，大夫黻」者，熊氏云：「諸侯九章、七章以下，其中有黼，孤希冕而下，其中有黻，特舉黼、黻而言耳。詩采菽云『玄衮及黼』，是特言黼也。終南篇云『黻衣、繡裳』，是特言黻也。」

天子之冕，朱緑藻，十有二旒，諸侯九，上大夫七，下大夫五，士三。此以文爲貴也。釋文：繅，本又作「璪」，亦作「藻」，同子老反。

藻，雜采也。冕以雜采絲繩爲旒。天子之冕藻五色，而云「朱緑藻」者，謂五采之中有此二色也。十有二旒，十二章之服之冕也。諸侯九旒，謂上公也。上大夫七者，天子之卿六命，加一命而爲侯伯，則鷩冕七旒也。下大夫五者，天子之中下大夫四命，加一命而爲子男，則毳冕五旒也。士三者，天子之上士玄冕三旒也。○孔疏以此爲夏、殷制，謂「周家冕旒隨命數，士但爵弁無旒」，非也。冕旒隨命數，五等諸侯則然，爵弁無旒，諸侯之士則然，而非可以論天子之卿、大夫、士也。王制：「三公一命衮。」三公八命，加一命而服衮冕九旒，則三公之不加命者宜服鷩冕矣。以此差之，則孤卿六命，宜服毳冕，加一命爲侯伯，則服鷩冕七旒也。大夫四命，宜服希冕，加一命爲子男，則服毳冕五旒也。大夫希冕，則上士玄冕宜矣。若天子三等之士但服爵弁，則自希冕以下頓降二等，非禮之差次也。希冕三旒，則玄冕宜一旒，而曰「士三」者，蓋冕必有旒，而一旒不可以爲飾，故進而與希冕同，禮窮則同也。司服冕之服有六，而弁師僅言「五冕」，蓋以冕配服則爲六，而冕則止有五，則希冕服、玄冕服同冕可知矣。

有以素爲貴者：至敬無文，父黨無容。

至敬無文者，謂祭天襲大裘而不裼也。衣以裼爲文，以襲爲質。容，謂趨翔爲容。士相見禮曰：「庶人見于君，不爲容，進退走。」父黨至親，故見之不爲趨翔之容也。

大圭不琢，大羹不和，大路素而越席，犧尊疏布鼏，椫杓。此以素爲貴也。釋文：

瑑字又作「瑑」，丈轉反。徐又依字，丁角反。大羹，音泰。和，胡卧反。越音活。犧，鄭素何反，王如字。幎，本又作「幂」，又作「鼏」，莫歷反。樿，章善反，又市戰反。杓，市灼反。○鄭註：鼏，或作「幕」。

鄭氏曰：大圭長三尺，杼上，終葵首。瑑當爲「篆」，字之誤也。明堂位曰：「大路，殷路也。」樿，白理木也。　孔氏曰：大圭，天子朝日月之圭也。但杼上，終葵首，而無瑑桓蒲之文，尚質之義也。大羹，肉汁也。不和，無鹽梅也。大古初變腥，但煮肉而飲其汁，未知調和，後人祭既重古，但盛肉汁，謂之大羹。犧尊者，先儒云：「刻尊爲犧牛之形。」鄭云：「畫尊作鳳羽婆娑然，故謂娑尊。」疏，麤也。鼏，覆也。以麤布爲巾以覆尊也。幂人云：「祭祀，以疏布巾幂八尊。」　陸氏佃曰：凡木不飾爲樿，樿櫛、樿杓是也。若龍勺、疏勺、蒲勺，則於勺加飾矣。

愚謂大路素者，謂祭天之大路質素而無金玉之飾也。越，結也。結草爲席，謂之越席。禮運言「越席」，謂祭宗廟之席，結蒲莞爲之者也。此言「越席」，與「大路」連文，謂祭天之席，結藁秸爲之者也。犧尊，阮氏禮圖云：「畫以牛形。」周禮先鄭註謂「以翡翠爲飾。」聶氏禮圖云：「禮器『犧尊在西』，注云：『犧，周禮作獻。』又詩頌毛傳説，『用沙羽以飾尊』。然則毛鄭『獻』『沙』二字讀與『婆娑』之娑義同，皆謂刻鳳凰之象於尊，其羽形婆娑然。又詩傳疏説，王肅註禮，以犧、象二尊並全刻牛、象之形，鑿背爲尊。」今按司尊彝雞彝、鳥彝、虎彝、蜼彝、犧尊、象尊皆以鳥獸名其器，則其形製當相似。雞彝、鳥彝、虎彝、蜼彝，先儒皆以爲刻而畫之爲其象，則犧尊、象尊亦然。阮氏之説是也。若如後鄭之説，則犧尊與鳥彝無别，如先鄭之説，則虎彝、蜼彝豈亦以虎、蜼爲飾耶？至謂「爲牛形而鑿其背爲尊」，此雖在古器或有之，魏時，魯郡地中得齊大夫子雅送女器，有尊作犧牛形。晉永嘉中，曹嶷於青州發齊景公冢，得二尊，亦作牛形。然形製詭異，置之六彝、六尊之列皆不倫，未可據以爲古天子諸侯宗廟之所用也。疏布所以冪尊，以素爲貴，但據疏布冪言之，因冪而連言「尊」，非以犧尊爲素也。杓即勺也。然杓有加於尊而用以斟酒者，有加於罍而用以斟水者，少牢禮「司宮設罍水于洗東，有枓」，賈氏士冠禮疏謂「勺與枓爲一物」，是也。龍勺、疏勺，斟酒之勺也；樿杓，斟水之勺也。此節惟大路、越席爲祭天之事，若大圭則朝日所搢，大羹則凡祭皆有之，「犧尊」以下則祭宗廟之禮也。疏家見大路乘以祭天，遂欲於「犧尊」「樿杓」亦以祭天之説通之。又以祭天器用陶匏，不當用犧尊，則謂犧尊爲夏、殷禮，用陶爲周禮。又以杓爲爵，謂祭天爵不用玉，皆誤也。夏、殷質於周，夏、殷祭天用犧尊，而周顧用陶耶？祭天器用陶匏，以匏爲爵也，何以又用樿耶？○周禮冪人：「祭祀，以疏布巾冪八尊，以畫布巾冪六彝。」蓋宗廟有鬱鬯之灌，而天地無之，故言「八尊」於上者，以其爲祭天地、宗廟之所同也；言「六彝」於下者，以其爲祭宗廟之所獨也。鄭氏解「疏布巾」謂「祭天地尚質」，解「畫布巾」謂「宗廟可以文」。果如其言，則經文雖簡，亦不當止於如此矣。禮運言宗廟之禮而曰「疏布以冪」，此又以「疏布鼏」係「犧尊」言之，則疏布鼏不專用於祀天亦明矣。

孔子曰：「禮不可不省也。禮不同、不豐、不殺。」此之謂也。蓋言稱也。釋文：殺，所戒反，又所例反。

孔氏曰：省，察也。禮既有諸事，所趣不同，不察則無由可知。不同，謂高下、大小、文素之異也。不豐者，應少不可多；不殺者，應多不可少也。馬氏晞孟曰：禮歸於稱，故豐之而不以爲有餘，殺之而不以爲不足。愚謂此引禮運孔子之言以結上文。不豐不殺，孔氏、馬氏之説不同，然其義皆通。

禮之以多爲貴者，以其外心者也。德發揚，句。詡萬物，大理物博，如此，則得不以多爲貴乎？故君子樂其發也。釋文：詡，況矩反。樂，五教反。○今按：樂音洛。

禮之多，大、高、文者，皆多之屬也。外心，謂發其心於外也。詡，普也，徧也。物猶事也。天地與聖人之德，發揚昭著，徧於萬物，其理至大，其事甚博，非備物不足以稱之。故君子之於禮樂，其發見於外，而極夫儀文之盛，凡以求稱乎德之盛大而已。

禮之以少爲貴者，以其內心者也。德産之致也精微，觀天下之物無可以稱其德者，如此，則得不以少爲貴乎？是故君子慎其獨也。

禮之少，小、下、素者，皆少之屬也。內心，謂專其心於內也。德産，猶德性也。致，極也。天地與聖人德性之極至，精深微妙，而物無可以稱之，故君子之於禮，必致慎於幽獨，務於在內之致誠，而不專事乎外之備物，凡以求象夫德之精微而已。蓋發揚者德之用，天地之大生廣生，聖人之位天育物，人之所得而見者也。精微者德之體，天地之於穆不已，聖人之至誠無息，人所不得而見者也。樂其發者，由內而推之於外，自忠信之本，而求盡夫義理之文也。慎其獨者，由外而約之於內，自義理之文，而歸極於忠信之本也。

古之聖人，內之爲尊，外之爲樂，少之爲貴，多之爲美。是故先王之制禮也，不可多也，不可寡也，唯其稱也。釋文：樂音洛。

孔氏曰：內極敬慎，而其理可尊；外極繁富，而其事可樂。極心於內，故外以少爲貴；極心於外，故外以多爲美。方氏慤曰：內外以心言，多少以物言。愚謂大禮必簡，故內心可尊，而物少之爲貴；稱情立文，故外心可樂，而物多之爲美。宜寡而多，則失其所爲貴，宜多而寡，則失其所爲美，是以行禮唯其稱也。

禮記卷二十四

禮器第十之二

是故君子大牢而祭謂之禮，匹士大牢而祭謂之攘。釋文：匹士，本或作「正士」。攘，如羊反。

孔氏曰：君子，大夫以上。大夫常祭少牢，遣奠及卒哭、祔用大牢，故祭用大牢而謂之禮。匹士，士也。士賤，不得特使，爲介乃行，故謂之匹。攘，盜也。士常祭特豚，遣奠、卒哭、祔少牢，若用大牢，則是盜竊君子之禮。愚謂大夫常祭少牢，殷祭大牢，故大牢而祭謂之禮。士常祭特牲，殷祭少牢，故大牢而祭謂之攘。此章以申明前章言「宜」之義。得其宜，故謂之禮；失其宜，故謂之攘。

管仲鏤簋、朱紘，山節、藻棁，君子以爲濫矣。釋文：紘音宏。棁，章悅反，依字當作「棳」。

鏤，刻也。簋即敦也。特牲禮前云「兩敦」，而後云「分簋、鉶」，是簋與敦一器而兩名也。周禮九嬪「贊玉齍」，少牢禮有金敦，士喪禮有廢敦、瓦敦。廢敦無足，瓦敦無飾，則士吉祭敦有飾矣。凡飾，金次玉，象次金。然則敦之飾，天子諸侯以玉，大夫以金，士以象與？鏤簋，謂鏤玉以飾簋也。紘，屈組爲之，繫於弁冕之笄以固冠者。天子朱紘，諸侯青紘，士緇組紘纁邊，大夫之紘未聞。節，柱頭斗栱也。梲，梁上侏儒柱也。畫山於節，畫藻於梲，天子之廟飾也。濫，謂放溢而踰節也。鄭氏曰：宫室之飾，士首本，大夫達棱，諸侯斲而礱之，天子加密石焉，無畫山藻之禮也。○歐陽氏集古録曰：劉原父得古煮簋於扶風，簋容四升，其形外方内圓而小隋之，似龜，有首尾，有甲有腹。今禮家作簋，亦外方内圓，而其形如桶，但於其蓋刻爲龜形，與原父所得真古簋不同也。愚謂士喪禮：「敦啟會面足。」啟會而猶云「面足」，則是爲龜形者不專在於蓋矣。集古録謂劉原父所得者爲真古簋，蓋可信也。又原父所得之簋，外方内圓，則簠當外圓内方，而禮圖謂「外圓内方曰簋，外方内圓曰簠」，亦失之也。

晏平仲祀其先人，豚肩不揜豆，澣衣濯冠以朝，君子以爲隘矣。釋文：澣，又作「浣」，户管反。朝，直遥反。隘，本又作「阨」，於賣反。

孔氏曰：大夫祭用少牢，今平仲用豚，豚又過小，併豚兩肩，不揜豆也。必言肩者，周人貴肩也。肩在俎，不在豆，喻其少，假豆言之。大夫須鮮華之美，澣衣濯冠，是不華也。隘，狹也。愚謂濫而僭上，隘而逼下，皆失禮之宜者也。

是故君子之行禮也，不可不慎也，衆之紀也。紀散而衆亂。鄭氏曰：言禮爲衆之綱紀，行禮而或失之濫，或失之隘，則綱紀散而尊卑上下之分亂矣。二大夫皆非也。

孔子曰：「我戰則克，祭則受福。蓋得其道矣。」得其道者，謂慎於行禮也。蓋禮者所以治神人，和上下，禮得則人和而神饗，故以戰則克，以祭則受福。然孔子未嘗戰，而云此者，蓋以理決之爾。

君子曰：「祭祀不祈，不麾蚤，不樂葆大，不善嘉事，牲不及肥大，薦不美多品。」釋文：麾，本又作「麾」，毀皮反。蚤音早。葆音保，又保毛反，本又作「保」。鄭氏曰：祈，求也。祭祀不爲求福也。麾之言快也。祭有時，不以先之爲快〔一〕。齊人所善曰麾。不樂葆大，謂器幣也。葆之言褒也。孔氏曰：祭祀之禮，爲感霜露而存親，非爲就

〔一〕「之」，原本作「人」，據禮記注疏改。

親祈福報也。麾，快也。蚤，謂先時也。孝子感霜露而思親，思親而祭，不以霜露未至而先時蚤設爲快也。葆者，褒也，崇高之稱也。祭之器幣，大小長短自有常宜，不以貴者貪高大爲之也。嘉事，冠、昏也。人生成人自宜冠，嗣親自宜昏。若無親者，昏三月祭以告廟，冠畢埽地而祭禰，並是有爲而然，非謂善之而設祭。牲不及肥大者，謂郊牛繭栗，宗廟角握，社稷尺，不必須並及肥大也。薦不美多品者，薦祭品味各有其定，不以多爲美也。陸氏佃曰：葆大，讀如保大。春秋傳所謂「保大」。愚謂葆大，陸氏之説爲是。葆猶有也，謂有盛大之業，若天子克敵服遠，諸侯大夫著勳伐，見褒賜也。不樂保大，謂不爲樂此而祭也。蓋保大、嘉事，以之告祭則有之，若四時之祭，自爲存親，不因此而舉也。奉牲以告，曰「博碩肥腯」，是牲未嘗不肥大，然或貴大，或貴小，各有所宜，不必皆及肥大也。薦，謂籩、豆也。籩、豆之品，未嘗不多，然祭器有定，不求多於常品之外以爲美也。蓋濫與隘皆爲失宜，而濫之失尤甚，故引君子之言，以明行禮貴乎儉約，而不尚乎侈大也。○鄭志：趙商問：「周禮設六祈之科，而禮記祭祀不祈，何義也？」鄭答云：「祭祀常禮，以序孝敬之心，當專一其志而已。祈禱有爲言之，豈祀之常也？」又鄭發墨守云：「孝子祭祀，雖不求其爲，而尸嘏主人曰：『皇尸命工祝，承致多福無疆于女孝孫，來女孝孫，使女受祿于天，宜稼于田，眉壽萬年，勿替引之。』此亦有祈福之義也。」　愚謂祭祀之有嘏，蓋緣子孫之心莫不欲孝其祖考，緣祖考之心莫不欲福其子孫，故本其慈愛之心而達之，乃事死如事生之義，與祭祀不祈之義初不相悖也。

孔子曰：「臧文仲安知禮？夏父弗綦逆祀而弗止也，燔柴於奥。夫奥者，老婦之祭也。盛於盆，尊於瓶。」釋文：父音甫。不綦，音忌。不，亦作「弗」。奥，依註作「爨」，七亂反。盛音成。○鄭註：奥當爲「爨」，或爲「竈」。

鄭氏曰：文仲，魯公子彄之曾孫臧孫辰也。莊、文之間爲大夫，於時爲賢，是以非之，不正禮也。文二年「八月丁卯，大事于大廟，躋僖公」，始逆祀，是夏父弗綦爲宗伯之爲也。奥當爲「爨」，字之誤也。禮，尸卒食而祭饎爨、饔爨也。時人以爲祭火神，乃燔柴。老婦，先炊者也。盆、瓶，炊器也。明此祭先炊，非火神，燔柴似失之。　孔氏曰：魯閔公、僖公，俱是莊公之子，閔適而少，僖庶而長。莊公死而立閔爲君，僖時爲臣；閔少而死，後乃立僖。僖死，僖子文公立，大事于大廟。弗綦爲宗伯，佞文公云「吾見新鬼大，故鬼小」，以閔置僖下。是臣在君上，逆亂昭穆，文仲不能諫止，故爲不知禮。禮祭至尸食竟而祭爨神，言其有功於人，人得飲食，故祭報之。弗綦謂爨神爲火神，遂燔柴祭之，文仲又不諫止，又爲不知禮也。　愚謂春秋文二年：「大事于大廟。」大事者，大祫也。大祫之禮，毁廟未毁廟之主列叙昭穆，而合食於大祖。而閔、僖爲兄弟，不爲昭穆，則大祫當同位。然閔雖少而嘗爲僖之君，僖雖長而嘗爲閔之臣，則閔當在西而居僖之上，僖當在東而居閔之下，今弗綦謟文公而躋僖於閔，則於禮逆矣。燔柴者，天神之祭，大宗伯「以實柴祀日、月、星、辰」，是也爨即竈也。左傳云：「古之火正，或食於心，或食於咮，故心爲大火，咮爲鶉火。」此火神爲天神，當燔柴祭之者也。竈爲五祀之一，其常祀在夏，乃地示之卑者，已非火神之比，若祭畢祭爨，則不過祭先炊老婦之神，其禮又降於五祀之竈矣。盆所以淅米，瓶所以汲水。祭爨之禮，用盆以盛食，用瓶以爲尊，蓋因其所用之器以爲禮，乃簡略之甚者。弗綦以天神之禮祭之，失禮甚矣。逆祀、燔柴，雖皆弗綦所爲，然是時文仲爲正卿，又稱爲賢，而不能正，故孔子責之。記者引此，以明前章言「順」與「體」之義。蓋逆祀，不順也；燔柴於爨，非體也。不稱且不可，又況失順與體乎？○孔氏曰：文二年公羊傳云：「逆祀奈何？先禰而後祖也。」何休云：「惠公與莊公當同南面西上，隱、桓與閔、僖當同北面西上。閔、僖爲兄弟，以繼代言之，有父子君臣之道，故云『先禰後祖』。」此公羊之義。案外傳：「躋僖公。弗綦云：『明爲昭，其次爲穆。』」以此言之，文公上至惠公七世，惠公爲昭，隱公爲穆；桓公爲昭，莊公爲穆；閔公爲昭，僖公爲穆。按魯自魯公至惠公，共十三君，止爲八世。魯公爲世室，其廟不毁。自魯公子考公以下，遞敘昭穆，故惠公當爲昭。今躋僖公爲昭，閔公爲穆，自此以下，昭穆皆逆。服氏同國語之説，與何休義異。鄭云：「兄弟無相後之道，正以僖在閔上，謂之爲昭，非昭穆也。」又曰：祝融并奥及爨，三者不同：祝融是五祀之神，祭於郊。奥者，止是竈之神，常祀在夏，以老婦配，有俎及豆、籩，設於竈陘，又延尸入奥。爨者，宗廟祭後，直祭先炊老婦之神，在於爨竈。愚謂兄弟不爲昭穆，先儒已有定論。左傳疏云：「若兄弟相代即爲昭穆，設令兄弟四人皆立爲君，則祖父之廟即當從毁，知其禮必不然。」斯言可謂簡而盡矣。但兄弟同面，祫祭之位固然，而立廟之法，未知如何。若僖公之時，遽以閔公祔祖廟，則祖遷而高祖毁，高祖不得與於時享，而文公之世，閔、僖同廟而無遷、毁，揆之人情，皆所不安。疑僖公之時，閔公特立廟於祖廟之南，至文公時，僖公祔，則閔公之主遷藏於祖廟之夾室與？蓋在僖公之時，雖廟數增多，而所祭止於四世，固不患於僭，而文公爲僖公子，閔公無後而毁，而僅與於大祫之祭，亦不患於薄也。當時逆祀之舉，於大祫見之，而不聞更立廟制，則意其立廟、遷、毁之法正當如是耳。竈即是爨，但五祀所祀者竈神，迎尸於奥而祭之，祭畢，所祭者先炊之神，即就竈陘而祭，其神不同，其禮亦異。孔氏謂先炊即配於竈者，非也。五祀之神，其配食之人不可考，若祀竈以先炊配，則先炊之尊與竈等，其祭之豈苟簡若此乎？

禮也者，猶體也。體不備，君子謂之不成人。設之不當，猶不備也。釋文：當，丁浪反。

此又承上文而申言體之義也。禮也者，體也，此以人之體喻禮之體也。人之肢體不可以不備，而設之又不可以不當。爲禮亦然。如祭爨而燔柴，則設之不當，而失所以爲體矣。

禮有大有小，有顯有微。大者不可損，小者不可益，顯者不可揜，微者不可大也。故經禮三百，曲禮三千，其致一也。未有入室而不由户者。

此又以申言稱之義也。貴多謂之大，貴少謂之小，外心謂之顯，内心謂之微。經禮者，常行之禮，如儀禮、冠禮、昏禮之類，其目有三百也。曲禮者，儀文之委曲，如冠禮有三加，昏禮有六禮之類，其目有三千也。禮文雖繁，而莫不得乎大、小、微、顯之宜，則其致一也。惟其然，故人之所行莫不由之，如入室之必由户而不可外也。○朱子曰：禮儀三百，便是儀禮中士冠、諸侯冠、天子冠禮之類。此是大節目有三百，餘如始加、再加、三加，又如坐如尸，立如齊之類，皆是其中小目。吕與叔云「經便是當行底，緯便是變底」，恐不然。經中自有常、變，緯中亦自有常、變。

君子之於禮也，有所竭情盡慎，致其敬而誠若，有美而文而誠若。

竭情盡慎，致其敬，禮之内心者也。美而文，禮之外心者也。若，順也。禮之内心外心雖不同，而莫不實順乎天理之所當然也。

君子之於禮也，有直而行也，有曲而殺也，有經而等也，有順而討也，有摲而播也，有推而進也，有放而文也，有放而不致也，有順而摭也。釋文：摲，所監反，又所覽反。放，方往反。不致，本或作「不至」。摭，之石反。

直而行，謂若始死哭踊無節也。曲而殺，謂委曲而減殺，若喪禮變除，及上殺、旁殺、下殺是也。經而等，謂若三年之喪，貴賤皆遂服是也。討，去也。順而討，謂自上順之以至於下，而遞有所去，若天子以下，降殺以兩是也。摲，芟也。播，布也。摲而播，謂取上之所有，以播之於下，若祭禮旅酬逮賤，及天子燕享來朝諸侯是也。推而進，謂推下之所有，以進之於上，若祭禮事尸，及諸侯朝享天子是也。放，效也。放而文，謂所效於古之禮而益之者，若夏立尸，殷坐尸，周旅酬六尸是也。放而不致，謂所放於古之禮而損之者，如古者不降，上下各以其服，周則有尊降之法是也。摭，取也。順而摭，謂自上順之以至於下，而遞有所取，若天子一食，諸侯二，大夫士三之類是也。項平父謂「此九條皆以反對爲文，獨『經而等」無反對」。今詳玩文義，「直而行」「經而等」二句，實與「曲而殺」一句爲反對也。○此以承上章而起下章也。

三代之禮一也，民共由之，或素或青，夏造殷因。

鄭氏曰：素尚白，青尚黑者也。變「白」「黑」言「素」「青」者，秦二世時，趙高欲作亂，或以青爲黑，黑爲黃，民言從之，至今語猶存也。愚謂三代之禮，異於迹而不異於道。或素或青者，服色異尚，聖人之所得而變革者也。夏造殷因者，三綱五常，禮之大體，聖人之所不得而變革者也。其不變者，固守之以爲經，其所變者，亦考之而不謬，是以達之於下，而民莫不信從也。

夏立尸而卒祭，殷坐尸，此節舊在「其道一也」之下。今詳下文「其禮亦然」句，其文義當有所承，此二句必在「周坐尸」之上，簡錯在下耳。

鄭氏曰：夏禮，尸有事乃坐，殷尸無事猶坐。孔氏曰：夏禮質，以尸是人，不可久坐神坐，故惟飲食暫坐，不飲食則立也。殷禮轉文，言尸本象神，神宜安坐，不辨有事無事，皆坐也。

周坐尸，詔侑武方，其禮亦然。其道一也。釋文：侑音又，本或作「宥」。武音無。○鄭註：詔侑，或爲「詔囿」。

鄭氏曰：言此亦周所因於殷也。武當爲「無」，聲之誤也。方猶常也。告尸行節，勸尸飲食無常，若孝子之爲也。孝子就養無方。孔氏曰：詔，告也。侑，勸也。謂告尸威儀，勸尸飲食。周禮坐尸及詔侑無方，亦因於殷禮，故曰「亦然」也。其道一者，其用至誠之道一也。愚謂無方，言隨尸之所在而詔侑之，無常所也。其道一者，言三代之禮，其道同歸於敬尸也。

周旅酬六尸。曾子曰：「周禮其猶醵與？」釋文：醵，其庶反，又其約反。與音餘。○王肅禮醵作「遽」，註云：「周使六尸旅酬，不三獻，猶遽而略。」

鄭氏曰：周旅酬六尸，使之相酌也。后稷之尸，發爵不受旅。合錢飲酒爲醵，旅酬相酌，似之也。王居明堂禮：「仲秋，乃命國醵。」孔氏曰：周旅酬六尸，又因殷禮而益之也。祫祭時，聚羣廟之主於大廟，后稷之尸在室西壁東嚮，爲發爵之主，不與子孫爲旅酬，餘文武并親廟六尸，南北相對爲昭穆，更相次序以酬也。大祫多主，而唯云「六尸」者，先儒云：「毁廟無尸，但有主也。」醵，歛錢共飲酒也。凡歛錢飲酒，必令平徧，與周旅酬六尸相似。陸氏佃曰：案周九廟，而旅酬六尸，蓋言成、康之時，文武親未盡，猶在七廟之數。蓋以時祭，何必大祫？愚謂特牲、少牢禮尸不與旅酬，蓋以旅酬之禮殺而尸尊，故不與子孫相酬。天子諸侯祫祭尸多，雖皆得獻，而羣尸之間，其歡情猶未通，故使之自相酬，以通其歡情，蓋其爵僅逮於禰廟之尸而止，而不及於下也。此三節言三代之禮，其因革損益者如此，乃聖人受命創制之事，所謂「時爲大」也。

君子曰：禮之近人情者，非其至者也。郊血，大饗腥，三獻爓，一獻孰。釋文：近，「附近」之近。爓，似廉反。

鄭氏曰：近人情者褻，而遠之者敬。郊，祭天也。大饗，祫祭先王也。爓，沈肉於湯也。一獻，祭羣小祀也。血、腥、爓、熟遠近備古今也。尊者先遠，差降而下，至小祀，孰而已。愚謂近人情，謂近於生人之道也。禮以近人爲褻，遠人爲尊。三獻，謂祭山、林、川、澤之屬也。鄭氏以爲社稷、五祀，非是。陳氏説見後。郊祭以薦血爲始，大饗以薦腥爲始，三獻以薦爓爲始，此皆謂朝事時也。一獻無朝踐、饋獻之禮，直自饋孰爲始也。然三獻亦有自饋孰始者，若大夫士祭宗廟，及五祀之祭是也。血於生人飲食最遠，腥次之，爓稍近人，孰則全乎生人之道矣。○祭宗廟，上公九獻，侯伯七獻，子男五獻，大夫士三獻。外神五嶽視三公，四瀆視諸侯，小山川視子男，四方百物之類視大夫士。但宗廟自五獻以上，皆有二灌，外神無灌，而祭初有降神之禮。大宗伯：「以實柴祀日、月、星、辰，以槱燎祀司中、司命、風師、雨師，以血祭祭社稷、五祀、五嶽，以貍沈祭山、林、川、澤，以疈辜祭四方百物。」實柴、血祭之屬，皆祭初降神之禮，與宗廟之灌相當，故其視三公者止七獻，視諸侯者止五獻，視子男者止三獻，以其不灌故也。其視大夫士者，則惟食畢酳尸一獻。蓋内神三獻者本無二祼，而外神既有降神之禮，禮盛於其初，則殺乎其末也。○孔氏曰：郊血，大饗腥，三獻爓，一獻熟，謂降神之外，於正祭之時有此也。凡郊與大饗、三獻之屬，正祭之時皆有血、有腥、有爓、有熟。皇氏云：「郊則先設血，後設腥與爓、熟；大饗之時，血與腥同時俱薦；三獻之祭，血、腥、爓一時同薦。」熊氏云「宗廟之祭無血」，其義非也。愚謂孔氏謂此所言「皆降神之外正祭之禮」，是也。而又云「郊與大饗、三獻皆有血、腥、爓、熟」，則非也。四者惟祭天正祭時備有之，大饗腥則無血，三獻爓則又無腥矣。郊特牲言「毛、血告幽全」，及詩言「薦其血膋」，皆謂祭初告殺之禮，大宗伯「以血祭祭五祀」，謂祭初降神之禮，皆非謂正祭時也。記文本簡明，而疏家自生支繆耳。

是故君子之於禮也，非作而致其情也，此有由始也。是故七介以相見也，不然則已愨；三辭三讓而至，不然則已蹙。釋文：蹙，本又作「慼」，子六反，又音促。

作，起也。作而致其情，謂本無此情，而起而强致之也。内有恭敬之情，則外有交接之禮，故禮之所由始，始於心之敬也。七介以相見，謂諸侯相朝，陳擯、介以交辭也。七介者，侯伯之禮，舉中以言之也。已，甚也。慤，謂質慤也。三辭者，主君迎賓於大門外，交擯，三辭，辭主國以客禮待己也。三讓者，讓入門也。至，至廟中也。蹙，謂急迫也。君子於所尊敬者不敢質，若已慤已蹙，則情文不足，而無以將其敬矣。故擯、介辭讓之禮，雖在於外，而實本於心之不容已也，夫豈作而致之乎？前此以内心、外心二者發明義理之文，上節言祭祀之尚臭不尚味，則歸重於内心之義，至此言禮之由於心，而非作致於外，又以見義理之文莫不根於忠信之本也。

故魯人將有事於上帝，必先有事於頖宮；晉人將有事於河，必先有事於惡池；齊人將有事於泰山，必先有事於配林。三月繫，七日戒，三日宿，慎之至也。

釋文：頖，本或作「泮」，依註音判。惡，依註音呼，又音虖，好故反。池，大河反。泰，本又作「大」，音同。○

鄭註：頖宮，或爲「郊宮」。

鄭氏曰：頖宮，郊之學也。惡當爲「呼」，聲之誤也。呼池、嘔夷，并州川。配林，林名。繫，繫牲於牢。戒，散齊也。宿，致齊也。將有祭祀之事，必先敬慎如此，不敢切也。孔氏曰：魯無后稷之廟，將祭天，先於頖宮告后稷以將配天，是先告卑，後祭尊也。晉人將祭河，必先告惡池小川從祀於河者，然後祭河。齊人將祭泰山，必先告配林從祀於泰山者，然後祭泰山。此皆積漸，從小至大也。充人云：「祀五帝，則繫于牢，芻之三月。」是三月繫也。七日戒，謂祭前七日散齊也。三日宿，謂祭前三日致齊也。鄭註儀禮云：「宿是又戒。」宿之言肅，肅敬之義也。將祭之時，以漸如此，敬謹至極，不敢切迫也。愚謂郊特牲云「卜郊受命于祖廟」，謂先於大廟告后稷而後卜也。魯無稷廟，故卜郊之時，假頖宮以告稷。上節既以賓客之禮，明禮之本於忠信，此又言祭祀之禮，其即事之有漸，誠意之預積者如此，莫非本於敬慎之至，亦上節之義也。

故禮有擯詔，樂有相步，温之至也。釋文：相，息亮反。温，紆運反。○鄭註：詔，或爲「紹」。

鄭氏曰：皆爲温藉，重禮也。擯詔，告道賓主者也。相步，扶工也。皇氏侃曰：温謂承藉。凡玉以物緼裹承藉，君子亦以威儀擯相以自承藉也。愚謂賓主以行禮，而擯詔以相道之，樂工以奏樂，而相步以扶持之，所以承藉於禮樂，而致其從容和順之意，亦不敢慤、不敢蹙之義也。

禮也者，反本、脩古，不忘其初者也。故凶事不詔，朝事以樂；醴酒之用，玄酒之尚；割刀之用，鸞刀之貴；莞簟之安，而稾鞂之設。是故先王之制禮也，必有主也，故可述而多學也。釋文：莞音官，一音丸。稾字亦作「藁」，古老反。鞂，江八反，徐古八反。

鄭氏曰：凶事、朝事二者，反本也。「醴酒」以下三者，脩古也。主，謂本與古也。可述而多學者，以本與古求之而已。孔氏曰：本，謂心也。反本，謂反其本性。脩古，謂脩習於古。由其反本脩古，故不忘其初也。凶事，喪親之事也。詔，告也。孝子喪親，痛由心發，故不待詔告而哀自至，是反其孝性之本心也。朝事，朝廷之事也。以樂，奏音樂也。朝廷是養老樂賢之地，故臣入門必縣興，是反其樂朝廷之本心也。此二者是反本。醴酒，五齊第二酒也。玄酒，水也。尚，上也。割刀，今之刀也。鸞刀，古之刀也。莞簟，今之席也。稾鞂，除穗粒，取稈稾爲郊席。祭祀有醴酒之美，而陳尊以玄酒在上；今刀便利，古刀遲緩，而宗廟不用今刀而用古刀；莞簟精細，而可安人，祭不用莞簟而用稾鞂之麤席。此三者，皆脩古也。先王制禮，必有反本、脩古之法，若欲述行學習，但用本與古求之，則可得也，故曰「可述而多學也。」方氏慤曰：物有本末，時有古今，逐末之流而不知所反，從今之便而不能有所脩，則先王之禮意忘矣。本者末之初，古者今之初，反之修之，則不忘之故也。本末一物，欲追還之而已，故於本曰「反」。古今異時，必有損益焉，故於古曰「修」。愚謂朝事，謂朝廷燕樂羣臣之事也。凶事不詔者，反其哀戚之本心，而無待於詔也。朝事以樂者，反其和樂之本心，而非樂不足以達之也。上古無酒，酌水獻之而已，後世聖人，既爲酒醴，而猶設玄酒，使居酒醴之上。古時但有鸞刀而已，後世既有割刀，而宗廟割牲，貴用鸞刀。鸞刀，刀之有鈴者。古時但有槀鞂之席而已，後世既有莞簟，而祭天之席猶設槀鞂。三者，皆爲不忘古之故也。述，謂傳其義；學，謂習其事。先王之制禮，必以反本脩古爲主，故可傳述而多學，而不患其博而寡要也。蓋禮貴反本，故有義理之文，尤不可無忠信之本；禮貴脩古，故有外心之貴多，尤不可無内心之貴少也。

君子曰：「無節於内者，觀物弗之察矣。欲察物而不由禮，彼之得矣。故作事不以禮，弗之敬矣；出言不以禮，弗之信矣。故曰：禮也者，物之致也。」

禮者，天地之節。無節於内者，謂不能察乎禮之節文而喻之於心也。物，事也。察物不以禮，則昧乎天理之則，而於是非不能辨矣。作事不以禮，則必有惰慢之失，而人弗之敬矣。出言不以禮，則必有鄙悖之傷，而人弗之信矣。人之辨別事理，謹言慎行，莫不由禮，故禮者，事物之極致也。

是故昔先王之制禮也，因其財物而致其義焉爾。故作大事必順天時，爲朝夕

必放於日月，爲高必因丘陵，爲下必因川澤。是故天時雨澤，君子達亹亹焉。釋文：亹，亡匪反，徐音尾。○朝，直遥反。

此中前「合於天時」一節之義也。財物，猶才性，即天時之所生，地理之所宜，人官之所能，物曲之所利也。財物各有所宜，故先王之制禮，因之而致其宜焉。大事，祭祀之事爲大事。必順天時，若啟蟄而郊，龍見而雩，始殺而嘗，閉蟄而烝是也。放，依也。爲朝夕必放於日月者，朝日以朝，放日之升於朝；夕月以夕，放月之見於夕也。此所因乎天時之事也。爲高必因丘陵，謂爲崇高之祭，必因於丘陵之本高，若祭天於圜丘是也。爲下必因川澤，謂爲卑下之祭，必因於川澤之本卑，若祭地於方澤是也。此所因於地理之事也。亹亹，勸勉之意。先王之制禮，必因乎財物之宜，故順於鬼神而雨澤時降；君子達其亹亹勸勉之意，勉力以報功於神祇，而不敢怠也。

是故昔先王尚有德，尊有道，任有能，舉賢而置之，聚衆而誓之。是故因天事天，因地事地，因名山升中于天，因吉土以饗帝于郊。升中于天，而鳳皇降，龜龍假；饗帝于郊，而風雨節，寒暑時。是故聖人南面而立而天下大治。釋文：假音格。治，直吏反。

有德，謂有德行者。有道，謂有道藝者。有能，謂曲藝之士。賢，即道德才能之人。置，謂置於位也。衆，即在位之衆。誓，謂將齊而誓戒之也。因天事天，謂祭天以冬至因陽氣之至而祭之也。因地事地，謂祭地以夏至，因陰氣之始而祭之也。名山，謂五嶽也。中，成也。升中于天，謂巡守至於方嶽之下，燔柴祭天，而以治功之成，升而告之也。吉土，王者所卜而居之地。饗帝于郊，祭天於圜丘也。假，至也。先王既因天地之宜，以制爲祭祀之禮，於是備百官，申誓戒，順其陰陽，就其壇兆，以行其禮。治定功成，故鳳皇降而龜龍假；百神受職，故風雨節而寒暑時。

天道至教，聖人至德。廟堂之上，罍尊在阼，犧尊在西；廟堂之下，縣鼓在西，應鼓在東。君在阼，夫人在房，大明生於東，月生於西，此陰陽之分，夫婦之位也。君西酌犧、象，夫人東酌罍尊，禮交動乎上，樂交應乎下，和之至也。釋文：罍音雷。犧，素河反。縣音玄。應，「應對」之應。分，扶問反。

天道垂教，著於陰陽；聖人之德，著於禮樂。罍尊，尊畫爲雲雷之飾者。在阼，在阼階之上也。禮樂之器尊西，罍尊卑，故在阼；犧尊尊，故在西。縣鼓，大鼓也。應鼓，應鼙也，以其與朔鼙相應，故曰應鼙。縣鼓在西，應鼓在東者，縣鼓尊於應鼓也。尸入之後，主人室內西面，朝踐時，堂上北面，此云「君在阼」，謂初入時即位於阼階下也。房，東房也。大明生於東，日出於東方也。月生於西，月初見在西方也。象尊，刻爲象形者。鄭司農云：「以象骨飾尊。」君在阼，而西酌犧、象，象日之出於東方而西行；夫人在房，而東酌罍尊，象月之生於西方而東行也。夫人在東房，而乃以月生於西喻之者，蓋由阼階而視東房，則東房在阼階之西也。君與夫人交獻，是禮交動乎上；縣鼓、應鼓並奏，是樂交應乎下。禮樂之和若此，豈非聖人至德之所發乎？○周禮司尊彝春夏用犧尊、象尊，秋冬用著尊、壺尊，追享、朝享用大尊、山尊，皆有罍，諸臣之所酢也。犧、象，當代之尊也；著尊、壺尊、大尊、山尊，前代之尊也。諸侯不得用前代之尊，惟用犧、象而已。天子春夏之祭，兼用犧、象；諸侯四時之祭，或以犧配罍，或以象配罍。故此云「罍尊在阼，犧尊在西」；又云「西酌犧、象」，「東酌罍尊」也。犧、象之所盛者，蓋醴齊、盎齊；罍尊之所盛者，蓋事酒也。禮運云「醴、醆在户」，則犧尊非正在罍尊之西，但自阼階而視室户，則室户在西也。○大射禮：「樂人宿縣于阼階東，笙磬西面，其南笙鍾，其南鑮，皆南陳。建鼓在阼階西，南鼓，應鼙在其東。南鼓，西階之西，頌磬東面，其南鍾，其南鑮，皆南陳。一建鼓在其南，東鼓，朔鼙在其北；一建鼓在西階之東，南面。」人君樂縣之位，惟見於此。然人君軒縣，而大射以辟射故，惟西方之縣皆備，而東方與階間之縣則異於常法。其建鼓、應鼙在阼階西者，本在東方鍾、鑮之南，與西方之建鼓、朔鼙相對者也，因辟射而移之於阼階之西。西階之東有建鼓，則阼階之西當有磬，其西鍾，其西鑮，而鼙在鼓東，因辟射而獨設鼓。若祭祀，則三面皆備縣之，東方西方之縣，皆鼓南鼙北，不可以言「東」「西」。此云「縣鼓在西，應鼓在東」，據階間之縣言之也。東方以應鼓與笙磬、笙鍾相配，階間之鼙爲應鼙，則磬亦笙磬，鍾亦笙鍾也。若天子宮縣，則於南方亦備縣鍾、磬、鼙、鼓，而與階間相對：東方西方之縣同北上，則階間南方之縣同東上；階間爲應鼙，則南方爲朔鼙；階間爲笙磬、笙鍾，則南方爲頌磬、頌鍾也。大射言「建鼓」，此言「縣鼓」，則廟庭用縣鼓，路寢用建鼓，縣鼓尊也。若天子，則路寢或以縣鼓與？○鄭氏云：「天子諸侯有左右房。」孔疏云：「卿大夫以下惟有東房。」蓋注疏以「夫人在房」爲西房，故言「天子諸侯有左右房」，以明夫人之所在爲西房也。然儀禮鄉飲記薦出自左房，少牢禮主婦薦自東房。有左房則有右房，有東房則有西房。又聘禮賓館于大夫，「君使卿還玉於館」，「賓退，負右房」，此尤大夫士有東西房之明據。舊説謂「大夫士惟東房」者，非也。特牲、少牢禮主婦在房中，皆謂東房。祭統：「夫人副褘立于東房。」蓋房雖有東西，而祭祀，主婦之位則惟在東房，人君及大夫士皆然。東房有側階，爲婦人之所升降，所謂「北堂」者在此，乃婦人之正位。鄭、孔泥於「大明生於東，月生於西」之語，故以西房言之，不知君在阼之時，夫人東房中之位，視之爲少西，亦猶犧尊設於室户，而與阼階之罍尊對言東西也。然此所言君夫人之位，亦第以初即位言之，若尸入後，主人之位在室中與堂上，則君反西而夫人反東矣。

禮也者，反其所自生；樂也者，樂其所自成。是故先王之制禮也以節事，脩樂以道志。故觀其禮樂，而治亂可知也。蘧伯玉曰：「君子之人達。」故觀其器而知其工之巧，觀其發而知其人之知。故曰：君子慎其所以與人者。釋文：道音導。之知，音智。○今按：樂其，音洛。

反其所自生者，反本、脩古，不忘其初，若酒醴之美而尚玄酒，黼黻文繡之美而尚疏布是也。樂其所自成者，樂其治功之成，而象之爲樂，若韶樂其紹堯致治，武樂其伐紂救民也。禮得其反，故能節制其行事之過差；樂有所樂，故能宣道其志意之堙鬱。禮節樂和則治，禮慝樂淫則亂。達，謂通於事理也。發，發言也。與人，謂接於人也。引蘧伯玉之言，以喻觀禮樂可以知治亂，故君子以禮樂與人交接，不可不慎也。

大廟之内敬矣：君親牽牲，大夫贊幣而從；君親制祭，夫人薦盎；君親割牲，夫人薦酒。卿大夫從君，命婦從夫人。洞洞乎其敬也，屬屬乎其忠也，勿勿乎其欲其饗之也！釋文：從，才用反。盎，烏浪反。屬，之玉反。

牽牲，謂灌獻既畢，君出廟門迎牲，牽之而入也。幣，所以禮神告殺者。贊，謂助君執之也。制，如量人「制其從獻脯燔」之制。制祭，謂朝踐薦腥、爓，量度牲體而進之也。盎，盎齊也。割牲，謂饋孰時割牲體而進之也。酒，事酒也。上公祭用三齊。朝踐，君薦醴齊，夫人薦盎齊；饋獻，君薦醍齊，夫人薦事酒也。言「君制祭」「割牲」，則知夫人薦豆、籩；言「夫人薦盎」「薦酒」，則知君薦醴、薦醍，互見之也。洞洞，敬貌。屬屬，忠貌。勿勿，猶勉勉也。詩「黽勉從事」，漢書劉向傳引之作「密勿從事」。○鄭氏曰：親制祭，謂朝事進血膋時所制者，制肝洗於鬱鬯，以祭於室及主。孔氏曰：朝事進血膋者，案郊特牲云：「取膟膋燔燎升首，報陽也。」祭義取膟膋之後，又爓祭、祭腥，則膟膋所用在腥、爓之前，是朝事時也。云「制肝洗於鬱鬯」者，據漢禮而知。愚謂郊特牲「蕭合黍稷，臭陽達於牆屋，故既奠然後焫蕭合羶薌」，鄭氏云：「蕭，香蒿也。染以脂，合黍稷燒之。」疏云：「饋孰有黍稷，此云『蕭合黍稷』，『既奠然後焫蕭合羶薌』，故知當饋孰時也。」是燔燎在酌奠之後，饋孰之節，記文明白可據，而孔疏所以發明其義者亦已當矣。而鄭氏於此章「制祭」註云：「朝踐進血膋時。」

郊特牲「詔祝於室」註云：「取牲膟膋，燔於爐炭，入以詔神於室。」孔氏於郊特牲「取膟膋燔燎升首」，及祭義「建設朝事，燔燎羶薌」，皆言「朝踐、饋孰兩度燔燎」。原其所以，實由誤解「建設朝事，燔燎羶薌」之義也。祭義云：「建設朝事，燔燎羶薌，以報氣也。薦黍稷，羞肺、肝、首、心，覸以俠甒，加以鬱鬯，以報魄也。」蓋朝事、燔燎二者，非一時事也，而皆所以報氣，故合而言之。薦黍稷，羞肺、肝、首、心及鬱鬯之灌三者，亦非一時事也，而皆所以報魄，故亦合而言之。鄭、孔誤以燔燎合於朝事解之，遂生謬説耳。至洗肝於鬱鬯，制於主前，謂之制祭，鄭本據漢禮爲言，其爲周制與否，亦未敢決也。○孔氏曰：王祭九獻，魯及王者之後亦九獻，侯伯七獻；朝踐及饋獻時，君皆不獻，子男五獻；薦腥、薦孰時，君亦皆不獻，酳尸，君一獻而已。此崔氏之説也。今按特牲、少牢，尸食之後，主人、主婦及賓備行三獻，主婦因獻而得受酢。若子男尸食之後但得一獻，則夫人不得受酢。蓋子男饋孰以前，君與夫人並無獻，食後行三獻，通二灌爲五獻也。愚謂王之祭禮十二獻，説見禮運。上公九獻，侯伯七獻，子男五獻。自侯伯以下，其差降之法不可考，而疏家之説如此。以理言之，朝踐、饋獻之豆、籩皆夫人所薦，則獻尸者必君。不然，則薦獻皆屬之夫人，而君反無所事矣。疏特據此章言「夫人薦盎」、「夫人薦酒」，以爲侯伯朝踐、饋獻君不獻之證，非確義也。祭統言

「夫人副褘立于東房」，則上公九獻者也。而其下止言「宗婦執盎從，夫人薦涗水」，寧可據之以爲君不獻耶？至子男五獻，則孔氏之説固視崔氏爲優，但朝踐、饋食之豆、籩因獻而薦，若子男朝踐、饋食皆無獻，則籩、豆乃爲虛設，未知其禮何如也。或謂子男朝踐，君獻尸，尸酢君；饋獻，夫人獻尸，尸酢夫人；食畢，賓長酳尸，尸酢賓長。如此，則薦、獻相須，於禮似協，但食畢酳尸三獻，自王以訖於大夫士，皆無異，獨子男參差其間，揆諸隆殺之節，亦恐不然也。

納牲詔於庭，血、毛詔於室，羹定詔於堂。三詔皆不同位，蓋道求而未之得也。設祭於堂，爲祊乎外，故曰：於彼乎，於此乎？釋文：定，徐丁磬反，一音如字。祊，百彭反。

詔，告也。納牲詔於庭，謂牲既入廟門，而以幣告神於庭也。必於庭告之者，時方降神之後，象神之初自外來，入及庭，而於此告之也。血、毛詔於室，既殺牲而取毛、血以告神於室也。肉謂之羹。定，熟也。煮肉必沸，既熟則止火而沸者定，故曰羹定。羹定詔於堂，謂煮既熟，將迎尸入室，先用俎盛之，以告神於堂，然後入設於室也。不同位，謂庭也，室也，堂也，其處不同也。道，言也。求，求神也。求神未得，不知其定所在，故偏於諸處告之也。

設祭於堂，謂尸出在堂時，薦朝踐之豆、籩，及祭腥、爓之肉也。爾雅：「門謂之祊。」爲祊乎外，謂求神於廟門外待賓客之處也。朝踐之時，既設祭於堂，又求神於廟門之外，蓋不知神之於彼於此，故求之非一處也。詩楚茨曰「祝祭于祊，祀事孔明」，而其下章乃言「執爨踖踖」，則祊在饋食之前，當朝踐之節明矣。鄭氏以祊爲繹祭，其説非是，説見郊特牲。

一獻質，三獻文，五獻察，七獻神。

五獻，四瀆視諸侯者也。七獻，五嶽視三公者也。大宗伯「以血祭祭社稷、五祀、五嶽」，則社稷五祀其祭亦七獻與？質，謂其禮質略。文者，有文飾也。察者明察，而其禮彌備；神者神靈，而其體彌尊。○陳氏祥道曰：周禮大祀、次祀、小祀，見於肆師；大祭、中祭、小祭，見於酒正。大宗伯所辨天地、五帝、先王之類，大祀也；社稷、五祀、五嶽之類，中祀也；四方百物之類，小祀也。大祀獻多，小祀獻少，則社稷之獻宜加於山川也。先王於祭服，各有象類，希冕三章，以祭社稷，非卑之於山川，以獻數不繫於服章也。賓客之禮，子男五獻，侯伯七獻，上公九獻，而王饗諸侯，自子男五獻，以至於諸侯長十有二獻，皆鷩冕七章而已。鄭氏以三獻爲社稷五祀，五獻爲四望山川，誤矣。　愚謂鄭氏以七獻爲祭先公，亦非也。司服「享先王衮冕，享先公則鷩冕」，蓋以不可過於尸之所服故也。中庸曰「上祀先公以天子之禮」，「父爲士，子爲大夫，葬以士，祭以大夫」。豈有天子廟祭而貶用侯伯之禮乎？

大饗，其王事與？三牲、魚、腊，四海九州之美味也。籩、豆之薦，四時之和氣也。内金，示和也。束帛加璧，尊德也。龜爲前列，先知也。金次之，見情也。丹、漆、絲、纊、竹、箭，與衆共財也。其餘無常貨，各以其國之所有，則致遠物也。其出也，肆夏而送之，蓋重禮也。釋文：事與，音餘。腊音昔。内音納。見，賢遍反。纊音曠，劉昌宗古曠反。肆，依註作「陔」。○今按：肆如字。

大饗，謂王饗來朝諸侯也。王事者，言其爲天子之禮，與諸侯之饗賓異也。腊，乾獸也。四時之和氣，言四時和氣之所生也。此四句，言大饗饌具之盛也。「内金」以下，言諸侯來朝，所以享天子者也。内，謂先内之於廟也。示和者，金可爲鍾，取其聲之和也。束帛加璧，尊德也者，餘物皆陳於庭，而束帛加璧則執之以升堂致命，君子於玉比德，故尊之也。龜爲前列者，陳於庭而最在北也。先知者，龜能前知，故貴之，而在諸物之前也。金次之者，金雖先入，而陳之則在龜之後也。見情者，聲和則情和也。丹、漆、絲、纊、竹、箭，又陳於金之後，示與天下共此物而不私也。覲禮三享，皆束帛加璧，庭實唯國所有，龜也，金也，丹、漆、絲、纊、竹、箭也，皆三享中所有之庭實也。然庭實旅百，其物固不止於此，此所言，其有常者也。其餘則隨其國之所有而用之，無常物也。其出也，肆夏以送之，此還明大饗禮畢，送賓之事也。大司樂「大祭祀，王出入奏王夏，尸出入奏肆夏，牲出入奏昭夏」，「大饗不入牲，其他皆如祭祀」，則賓出奏肆夏，大饗之禮然也。饗賓之樂，乃與祭祀同，此所以爲禮之重也。鄭氏曰：荆、揚二州，貢金三品。荆州納錫、大龜。荆州貢丹，兖州貢漆、絲，豫州貢纊，揚州貢篠簜。儀禮覲禮註曰：「初享或用馬，或用虎豹之皮。賈疏：下經先陳馬。聘禮記：「皮馬相間可也。」其次享，龜也，金也，丹、漆、絲、纊、竹、箭也。其餘無常貨。此地物非一國所能有，唯所有。分爲三享，皆以璧、帛致之。」

祀帝於郊，敬之至也。宗廟之祭，仁之至也。喪禮，忠之至也。備服器，仁之至也。賓客之用幣，義之至也。故君子欲觀仁義之道，禮其本也。

孔氏曰：言王者所敬莫如天，故祀帝爲敬之至。宗廟之祭，事死如生，事亡如存，故爲仁之至。孝子喪親，哀痛迫切，出於真情，而無一毫之僞，故爲忠之至。服，襲、斂之衣也。器，明器之屬也。服器無益於死者，而不敢不備，亦不欲死其親之意，故爲仁之至。朝、聘所用之幣、帛，多寡各有其宜，故爲義之至。觀於行禮，而仁義之道可見，故觀仁義，以禮爲本。「觀仁義之道」，不言「忠敬」者，言「仁義」則忠敬可知也。

君子曰：「甘受和，白受采。忠信之人，可以學禮，苟無忠信之人，則禮不虛道。是以得其人之爲貴也。」釋文：和，户卧反。

鄭氏曰：道，由也，從也。孔氏曰：甘爲衆味之本，不偏主一味，故得受五味之和。白爲五色之本，不偏主一色，故得受五色之采。忠信之人，不有雜行，故可以學禮。其人，即忠信之人也。愚謂學禮者，習學義理之文也。然苟非忠信之人，則無本不立，而禮不能虛行矣。蓋忠信之本，與義理之文，固不可偏廢，而尤以立其本爲先也。

孔子曰：「誦詩三百，不足以一獻；一獻之禮，不足以大饗；大饗之禮，不足以大旅；大旅具矣，不足以饗帝。毋輕議禮！」

誦詩三百，可以言矣，而未嘗學禮，故不足以一獻。一獻禮輕，故未足以大饗。此大饗，謂祫祭先王也。大旅者，因事祭天之名，其禮稍殺於正祭。大宗伯：「國有故，則旅上帝及四望。」有故，謂凶烖也。有故而禱於上帝及四望，皆曰旅，而上帝之旅爲大旅也。饗帝，謂祀天之正禮也。大饗、大旅皆大祭，然分有遠近，則誠之所感有難易；大旅、饗帝皆祀天，而禮有隆殺，則敬之所致有淺深。行禮者必至於可以饗帝，然後爲内盡忠信之本，而外極義理之文，禮其可輕言乎？○鄭氏謂「旅爲祭五帝」，非也。周禮大宗伯、典瑞皆云「旅上帝」，周禮言「上帝」，與「五帝」别，於掌次見之。

子路爲季氏宰。季氏祭，逮闇而祭，日不足，繼之以燭。雖有强力之容，肅敬之心，皆倦怠矣。有司跛倚以臨祭，其爲不敬大矣。他日祭，子路與，室事交乎户，堂事交乎階，質明而始行事，晏朝而退。孔子聞之，曰：「誰謂由也而不知禮乎！」釋文：跛，彼義反。與音預。朝，直遥反，又張遥反。

宰，家臣之長也。逮，及也。闇，未昧爽也。立而偏任一足曰跛。倚物爲倚。室事，謂正祭事，户在室也。交乎户者，室外之人取饌至户，而室内之人受之以進於尸也。堂事，謂儐尸時在堂也。交乎階者，堂下之人取饌至階，而堂上之人受之以進於尸侑也。質明，正明也。晏，晚也。晏朝，謂夕時也。質明而始行事，則不必逮闇矣；晏朝而退，則不必繼以燭矣。子路所行，非必循乎舊禮，然略繁文敦實意，爲能近乎内心之意，而不失乎忠信之本，故孔子善之。孔氏曰：禮寧略而敬，不可煩而怠也。

禮記卷二十五

郊特牲第十一之一

別録屬祭祀。

此篇多記祭事，而中雜以冠、昬兩段，間又及於朝、覲、燕、饗之禮，其語頗與禮器相出入。而篇首言貴誠尚少之義，又似承禮器而發其未盡之義，疑一人所作。

郊特牲而社稷大牢，天子適諸侯，諸侯膳用犢，諸侯適天子，天子賜之禮大牢，貴誠之義也。故天子牲孕弗食也，祭帝弗用也。

孔氏曰：諸侯適天子，天子賜之禮用大牢，則掌客云「殷膳大牢」，及饔餼、飧積之等皆用大牢也。貴誠之義者，釋郊用特牲、天子膳用犢之意。郊之特牲，亦犢也，貴其誠慤，未有牝牡之情。　愚謂用特牲爲貴少，用犢爲貴誠。上篇兼言「犢」，而義主於貴少；此篇兼言「特牲」，而義主於貴誠。○孔氏曰：自此以下至「降尊以就卑」，覆説以少爲貴之義。　愚謂自此至「尚腶脩而已矣」，明貴誠尚少之義；「降尊就卑」，則又明貴稱之義也。

大路繁纓一就，先路三就，次路五就。釋文：繁，步干反。

此又明貴少之義也。

郊血，大饗腥，三獻爓，一獻孰，至敬不饗味而貴氣臭也。釋文：爓，本又作「膶」，夕廉反。

此又明貴臭之義也。至敬，謂郊天也。郊天以血爲始，血非食味之道，但用氣臭歆神而已。

諸侯爲賓，灌用鬱鬯，灌用臭也。大饗尚腵脩而已矣。釋文：灌，本又作「祼」，古喚反。腵，丁喚反。

此亦明貴臭之義。諸侯朝天子及自相朝，廟中行朝享竟，以鬱鬯之酒灌賓。鬱鬯有芬芳之氣，故云「用臭」。大饗，謂諸侯來朝而天子享之，及諸侯相朝而主國饗賓也。腵脩，籩實也。周禮籩人「朝事之籩」，「蔆、芡、栗、脯」。大饗雖設大牢之饌，先設腵脩於筵前，然後始設餘饌，故曰「尚腵脩」。

大饗，君三重席而酢焉；三獻之介，君專席而酢焉。此降尊以就卑也。釋文：重，直龍反。酢，才各反。

大饗，謂諸侯相朝而主君享賓也。諸侯之席三重，主君獻賓，賓酢主君，設三重席而受之，賓主禮敵，無所降下也。三獻之介，諸侯使大夫聘於諸侯，主君享賓，其禮三獻，而以其介爲介也。專，單也。賓與介皆大夫，席並再重，但享時賓席再重，介降於賓，故不重。主君獻介之時，則徹去重席而受酢，降主君之尊，以就介之卑，所以敬客也。○三獻之介，謂饗禮也。鄭氏言「以介爲賓，賓爲苟敬」，據燕禮爲説，而燕禮無賓酢主君之禮，孔疏强以媵觚當之，其説皆非是。

饗、禘有樂，而食、嘗無樂，陰陽之義也。凡飲，養陽氣也；凡食，養陰氣也。故春禘而秋嘗，春饗孤子，秋食耆老，其義一也，而食、嘗無樂。飲，養陽氣也，故有樂；食，養陰氣也，故無聲。凡聲，陽也。釋文：禘音藥，出註。食音嗣。

饗，謂春饗孤子也。禘當作「禴」，字之誤也。天子春祭宗廟曰祠，諸侯曰禴。饗、禴在陽時，故有樂。食，謂秋食耆老，嘗，謂秋祭宗廟也，在陰時，故無樂。飲，謂饗禮以飲酒爲主也。飲養陽氣者，以其清虛而從乎陽也；食養陰氣者，以其重實而從乎陰也。養陽氣，故用諸春；養陰氣，故用諸秋。耆老，死王事者之父祖也。孤子，死王事者之子也。周禮外饔：「邦饗耆老、孤子，則掌其割亨之事。」酒正：「饗耆老孤子，則共其酒。」耆老亦有饗，則孤子亦有食矣。於孤子言「春饗」，於耆老言「秋食」，互相備也。禘、嘗皆所以追慕，饗、食皆所以報功，故曰「其義一也」。而或用樂，或不用樂，蓋聲樂是陽，其或用或否，亦順乎陰陽之義而已。○周禮樂師：「饗食諸侯，序其樂事，令奏鐘鼓。」鍾師：「凡饗食，奏燕樂。」籥師：「賓客饗食，鼓羽籥之舞。」是天子食禮有樂。公食大夫禮不用樂，食、嘗無樂，蓋諸侯之禮異於天子者與？魯頌「秋而載嘗」，「萬舞洋洋」。祭統：「大嘗、禘，升歌清廟，下管象。」此嘗祭有樂者，蓋大祫之祭也。諸侯大祫之祭，因秋嘗行之。諸侯秋祭無樂，而祫祭在秋，則用樂，大祫禮盛故也。熊氏以食、嘗無樂爲殷禮，非也。商頌言「鞉、鼓、磬、管」，又言「顧予烝、嘗」，是殷天子嘗祭有樂矣。

鼎、俎奇而籩、豆偶，陰陽之義也。籩、豆之實，水土之品也。不敢用褻味而貴多品，所以交於旦明之義也。釋文：奇，居宜反。褻，息列反。旦音神，出註。

鄭氏曰：水土之品，言非人所常食。旦當爲「神」，篆字之誤也。孔氏曰：鼎、俎奇者，以其盛牲體，動物屬陽，故其數奇。籩、豆偶者，以其兼有植物，植物屬陰，故其數偶。故云「陰陽之義也」。水土之品者，言籩、豆之實皆是水土所生之品類，非人所常食也。不敢用褻美食味，而貴衆多品族，所以交接神明之義也。神道與人異，故不敢用人之食味；神以多大爲功，故貴多品。鼎、俎奇者，案聘禮牛一、羊二、豕三、魚四、腊五、腸胃六、膚七、鮮魚

八、鮮腊九也。是鼎九，其數奇也。又有陪鼎：膷一也，臐二也，膮三也，亦其數奇也。正鼎九鼎，別一俎，俎亦九也。又少牢陳五鼎：羊一、豕二、膚三、魚四、腊五。其腸胃從羊。五鼎五俎，又肵俎一，非正俎也。特牲三鼎：牲鼎一，魚鼎二，腊鼎三。亦有三俎，肵俎一，非正俎，不在數。是皆鼎、俎奇也。有司徹陳六俎者，尸及侑、主人、主婦各一俎，其餘二俎者，是益肉之俎。此云「鼎、俎九」者，謂一處並陳也。籩、豆偶者，案掌客云上公「豆四十」，侯伯「三十二」，子男「二十四」。又禮器云：「天子之豆二十有六，諸公十有六，諸侯十有二，上大夫八，下大夫六。」案禮，籩與豆同，是籩、豆偶也。愚謂特牲禮三鼎，少牢禮五鼎，以此差之，則諸侯祭禮七鼎，天子祭禮九鼎也。俎之數各如其鼎，是鼎、俎皆奇也。籩人朝事之籩及加籩皆八，羞籩二。醢人朝事、饋食之豆及加豆皆八，羞豆二，惟饋食之籩止五物，蓋亦當有八，而脱其三耳。特牲二豆二籩，少牢四豆四籩，以此差之，諸侯朝事、饋食酳尸皆六籩六豆也。是籩、豆皆偶也。○此章言祭祀之禮。孔氏所引掌客上公「四十豆」之屬，乃致饔餼之法，禮器「天子二十六豆」之屬，則朔食及禮食之法，不可通之於祭，且其禮皆有豆而無籩。而又云「籩與豆同」，尤爲非是。蓋豆，飲、食皆用之，籩則惟用於飲耳。○凡用特牲者三鼎，用少牢者五鼎，用大牢者七鼎、九鼎。三鼎之實，見於特牲禮；五鼎之實，見於少牢禮；七鼎之實，見於公食禮，就五鼎而加以牛與腸胃也；九鼎之實，見於聘禮致饔餼，就七鼎而加以鮮魚、鮮腊也。左傳云「唯君用鮮」，則諸侯祭用鮮魚、鮮腊矣。天子祭九鼎，則諸侯宜七鼎，有鮮魚、鮮腊而止爲七鼎，則膚與腸胃不别鼎與？又士喪禮遣奠用少牢五鼎，曲禮凡祭，「大夫以索牛」。是大夫殷祭用大牢，有七鼎；士殷祭當用少牢，有五鼎也。然則諸侯大祫亦當爲九鼎矣。○籩人「饋食之籩，棗、栗、桃、乾䕩、榛實」，爲五物。鄭氏云：「乾䕩，乾梅也」。賈疏謂棗、桃、梅皆有乾有溼，爲八。然三物之溼者，四時不常有。又籩人加籩之實，以四物爲八籩而重言之，不應饋食之籩立文簡奥如此。少牢不儐尸禮，主婦亞獻，設四籩：棗、糗、栗、脯。敖君善謂籩人「棗」下脱「糗」，「栗」下脱「脯」，是也。然如其言，尚止七籩。曲禮：「婦人之摯，脯、脩、棗、栗、榛、椇。」此皆籩實，而椇獨不見於籩人，疑亦在饋食八籩之内而脱之耳。

賓入大門而奏肆夏，示易以敬也，卒爵而樂闋。孔子屢歎之。奠酬而工升歌，發德也。歌者在上，匏、竹在下，貴人聲也。樂由陽來者也，禮由陰作者也，陰陽和而萬物得。釋文：易，以豉反。闋，苦穴反。婁，本又作「屢」，力住反。

此言諸侯朝天子，而天子饗之之禮也。饗禮在廟。大門，廟門也。奏，謂以鐘鼓奏之也。

肆夏，詩篇名，九夏之首也。說見玉藻。易，和悦也。闋，止也。卒爵而樂闋者，王獻賓，賓飲卒爵，賓又酢王，王飲卒爵，而樂乃闋也。燕禮：「若以樂納賓，則賓及庭，奏肆夏。賓拜酒，主人答拜而樂闋。」此入門即奏肆夏，卒爵乃樂闋者，大饗禮與燕異也。左傳晉饗叔孫穆叔，「金奏肆夏之三」，穆叔謂「三夏，天子所以饗元侯」。是饗元侯奏肆夏、昭夏、納夏，而饗、燕卿大夫止用肆夏也。惟止用肆夏，故其始終之節短；惟兼奏三夏，故其始終之節長。孔子屢歎之者，歎其禮樂之盛。仲尼燕居孔子曰「吾語女禮，大饗有四焉」，即其事也。奠酬，王酬賓，賓受爵而奠之薦東也。工升歌者，升堂上而歌清廟之詩也。發德者，清廟之詩，所以發明文王之德也。匏，笙也。竹，管也。凡樂，升歌之後，總以笙、管，燕禮「下管新宮，笙入三成」是也。王饗元侯，則下管象。下，堂下也。堂上之樂獨言「歌」，以歌爲主也；堂下之樂獨言「匏、竹」，以匏、竹爲主也。貴人聲者，聲之出於人者精，寓於物者粗也。樂由天作，故屬乎陽；禮由地制，故屬乎陰。陰陽和則萬物得，禮樂和則萬事順。此因大饗禮樂之盛，又言禮樂之所由作，與其感化之效也。○王饗賓客，其初亦有二灌。此言「卒爵」，謂卒鬱鬯之爵也。內宰：「凡賓客之祼、獻、瑶爵，皆贊。」大宗伯：「大賓客則攝而載祼」。小宗伯：「祭祀賓客，以時將瓚祼。」肆師「大賓客」，「贊祼將」。鬱人：「凡祭祀賓客之祼事，和鬱鬯以實彝而陳之。」所謂「賓客之祼」，皆大饗之禮也，而朝享之後，王所以禮賓者亦存焉。鄭氏專以禮賓言之，蓋疑饗賓無灌耳。然内宰以「祼、獻、瑶爵」連言，其爲一時之事明矣。大饗之禮，后有助王薦、獻之法，若朝時禮賓，非后所與也，則大饗之有灌無疑。灌用圭瓚，而圭瓚重大，不可以飲，故注之於爵而飲之。顧命行灌禮有同，同即爵也。又左傳「秦后子享晉侯」，「自雍及絳，歸取酬幣，終事八反」，杜氏云：「備九獻之儀。始禮自賫其一，故續送其八，酬酒幣。」據此，則饗賓之禮每獻皆有酢有酬矣。此云「奠酬」，謂王初獻賓，賓酢王，王酌自飲，又酬賓，賓受爵而奠之也。若祭祀灌獻，尸飲畢亦酢王，但無酬耳。

旅幣無方，所以別土地之宜，而節遠邇之期也。龜爲前列，先知也。以鐘次之，以和居參之也。虎豹之皮，示服猛也。束帛加璧，往德也。 釋文：別，彼列反。

此謂諸侯所以享王者也。旅，衆也。旅幣，謂三享之庭實也。無方，言非一方之物也。別土地之宜，若禹貢兖州貢漆、絲，青州貢鹽、絺之屬是也。節遠邇之期，若周禮大行人「侯服歲壹見而貢祀物，甸服二歲壹見而貢嬪物」，是也。覲禮有三享，龜也，鐘也，次享、三享所用之庭實也。龜爲前列，先知者，以龜能前知，故列之最在先也。鐘，貢金以共王鑄鐘之用也。次之，次於龜也。以和居參之者，前有龜，後有丹、漆、絲、纊、竹、箭之屬，取鐘聲之和，參居於前後之間也。虎豹之皮，初享所用之庭實也。覲禮初享，「匹馬卓上」。蓋有馬者用馬，無馬則用虎豹之皮。聘禮云「皮馬相間可也」，是也。示服猛者，虎豹威猛之物，用爲庭實，表示天子之德，能服四方之威猛者也。束帛加璧，往德者，君子於玉比德，故升之堂上，以明諸侯歸往於天子之德也。上節言天子饗來朝諸侯之禮，此節言諸侯貢享之物，與禮器「大饗王事」一章語意相似，但所言各有詳略耳。

庭燎之百，由齊桓公始也。釋文：燎，力妙反，徐力弔反。

鄭氏曰：僭天子也。孔氏曰：庭中設火，以照燎來朝之臣夜入者，因謂火爲庭燎。禮，天子百燎，上公五十，侯、伯、子、男三十。見大戴禮。齊桓僭用，後世襲之，是失禮從桓公始也。

大夫之奏肆夏也，由趙文子始也。

天子諸侯饗、燕賓客，奏肆夏之樂以納賓。上章言「賓入門，奏肆夏」，燕禮「賓及庭，奏肆夏」，是也。鄉飲酒大夫禮納賓無樂，趙文子始奏肆夏，僭人君也。○孔氏謂「文子奏肆夏，僭諸侯，納賓樂」，是也。又謂「登歌、下管正樂」，則天子用三夏以饗元侯，元侯相饗亦用之，非也。左傳：晉享叔孫穆叔，「金奏肆夏之三」，此納賓之樂也；「工歌文王之三」，此升歌之樂也；「工歌鹿鳴之三」，此間歌之樂也。燕禮：「賓及庭，奏肆夏。」穆叔不敢當肆夏之三，則是納賓奏肆夏之一者，燕、饗卿大夫之禮；奏肆夏之三者，燕、饗諸侯之禮也。燕、饗卿大夫，納賓宜奏肆夏之一，升歌宜用鹿鳴之三，間歌宜用魚麗、南有嘉魚、南山有臺，而晉皆進而用之，此所以見譏於穆叔也。天子饗諸侯，及諸侯自相饗，皆升歌清廟，下管象，「上賓入門」章及仲尼燕居所言是也。若九夏，惟用於金奏，未有用之升歌、下管者。

朝覲，大夫之私覿，非禮也。大夫執圭而使，所以申信也。不敢私覿，所以致敬也。而庭實私覿何爲乎諸侯之庭？爲人臣者無外交，不敢貳君也。 釋文：使，色吏反。

朝覲，謂諸侯相朝也。大夫之私覿，謂大夫從君朝覲而行私覿之禮於主國之君也。大夫執圭出聘，得行私覿，所以申己之誠信也。從君而行，不敢私覿，所以致敬於己君也。庭實私覿，私覿者必陳庭實之物也。何爲乎者，深怪之之辭。貳君，謂貳心於他君也。◯聘禮賓、介皆得私覿，諸侯相朝則爲介者不敢私覿，所以降於從卿爲介之禮，以明禮之專主於君，而己不敢參焉耳。聘賓卑，故介禮得伸；朝君尊，故介禮從屈。今乃謂「不敢貳君」，非禮意矣。周禮掌客諸侯相朝，主國之卿皆得以摯見於朝君，曷嘗以貳君爲嫌乎？

大夫而饗君，非禮也。大夫强而君殺之，義也，由三桓始也。天子無客禮，莫

敢爲主焉。君適其臣，升自阼階，不敢有其室也。釋文：升自阼，本又作「升自阼階」。

鄭氏曰：大夫饗君，由强且富也。三桓，魯桓公之子，莊公之弟，公子慶父、公子牙、公子友。慶父與牙通於夫人，以脅公，季友以君命鴆牙。後慶父弑二君，又死也。孔氏曰：大夫富强，專制於君，召君而饗之，非禮也。大夫强盛，則干國亂紀，而君能殺之，是銷絶惡原，得其宜也。三桓之前，齊公孫無知、衛州吁、宋南宫長萬皆以强盛被殺。此云「由三桓始」者，據魯而言。　愚謂天子可以祭天，則臣可以饗君，然當就君所而設饗禮，猶天子祭天於南郊，就陽位也。故左傳「鄭伯饗王於闕西辟」，若召君至己家而饗之，則亢矣。故又言「天子無客禮」，「臣不敢有其室」，以明饗君之非禮也。

覲禮，天子不下堂而見諸侯。下堂而見諸侯，天子之失禮也，由夷王以下。

鄭氏曰：不下堂而見諸侯，正君臣也。夷王，周康王之玄孫之子也。時微弱，不敢自尊於諸侯。　孔氏曰：案覲禮「天子負斧扆」，南面，侯氏執玉入。是不下堂見諸侯也。若春朝、夏宗，則以客禮待諸侯，以車出迎。熊氏云：「春夏受三饗之時，乃有迎法。」義或然也。賈氏公彦曰：春夏受贄於朝，無迎法，受享則有之。秋冬一受之於廟，受贄、受享並無迎法。故云「覲禮不下堂而見諸侯」。

諸侯之宮縣，而祭以白牡，擊玉磬，朱干、設錫，冕而舞大武，乘大路，諸侯之僭禮也。釋文：縣音玄。錫音陽。

天子宮縣，謂四面縣樂，若宮室然。諸侯軒縣，惟東西北三面而已。白牡，殷牡也，宋得用之，其餘諸侯但用時王之牲耳。玉磬，書所謂「鳴球」，天子之樂器也。干，盾也。錫當作「揚」，鉞也。朱干、設錫，即明堂位所謂「朱干、玉戚」也。廣雅云：「揚、戚，斧也。」是揚、戚皆斧之別名，故戚亦謂之揚。天子祭宗廟，舞大武，則王親在舞位，執朱干、玉斧，以象武王。必執朱干、玉戚者，武王伐紂，初執朱干以待諸侯，後執黃鉞以臨六師，故大武之舞象之。冕而舞者，因祭時之服也。諸侯雖得舞大武，然其所象者，特周、召、大公以下，而不得執干、戚以象武王也。大路，天子祭天之車也。

臺門而旅樹，反坫，繡黼丹朱中衣，大夫之僭禮也。釋文：坫，丁念反。繡，依註作「綃」，音消。○今按：繡如字。

鄭氏曰：此皆諸侯之禮也。旅，道也。屏謂之樹。禮，天子外屏，諸侯內屏，大夫以簾，士以帷。疏云：禮緯文。反坫，反爵之坫也，蓋在尊南。孔氏曰：旅樹，謂當門道立屏，蔽內外爲敬也。坫以土爲之，兩君相見，尊南爲坫，獻酬飲畢，則反爵於坫上。熊氏云：「主君獻賓，賓筵前受爵飲畢，反此虛爵於坫上，於西階上拜，主人阼階上答拜。賓於坫取爵，洗爵，酌以酢主人，主人受爵飲畢，反此虛爵於坫上，主人阼階上拜，賓答拜。是賓主飲畢皆反爵於坫上也。」愚謂鄉飲酒禮賓卒爵，於西階上奠爵拜；主人卒爵，於阼階上奠爵拜。兩君相饗，則其卒爵不奠於地，而反於坫上。坫之設，蓋即於鄉飲酒禮奠爵之所，東西各一，而賓主各於其所奠之也。中衣，衣在上服之中者。黼，斧文也。繡黼丹朱中衣，謂以丹朱爲中衣之領緣，又於其上繡爲黼文也。虞書十二章，黼用繡。鄭氏破「繡」爲「綃」，非矣。人君之中衣丹朱緣，喪自小祥以後縓緣，則大夫士中衣之飾，蓋自縓以上，丹朱以下也。其大夫以纁，士以赬與？論語云「君子不以紺、緅飾」，邢疏謂「紺爲玄色」。朱四入，緅五入，玄六入，此三者皆不可爲飾，則大夫士之飾，舍再染之赬，三染之纁，別無可用也。○孔氏曰：鄉飲酒是卿大夫之禮，尊於房戶間；燕禮是燕己之臣子，尊於東楹之西。若兩君相見，則尊於兩楹間，故其坫在兩楹間。愚謂凡設尊之法，必有所傍，說見禮運。兩楹之間，非設尊之所也。燕禮尊於東楹西，爲君燕其臣之尊；鄉飲酒尊於房戶間，爲賓主敵體之尊。是凡賓主體敵者，其設尊皆當如鄉飲酒之法矣。特牲、少牢禮尊於房戶間，而禮運云「醴、醆在戶」，是人君祭祀醴齊、盎齊之尊與大夫士設尊同處，安見饗賓設尊之處必異於大夫士也？但兩君相饗，其尊非一，大饗有灌，則有盛鬱鬯之彝。左傳：「王享醴，命之宥。」王饗諸侯有醴，兩君相饗亦當有之，則有齊酒之尊。故左傳云「犧、象不出門」，是也。禮器云：「夫人薦酒。」諸侯祭祀獻尸，兼有三酒，則兩君相饗亦有三酒，則又有盛酒之尊。禮運云「玄酒在室，醴、醆在户，粢醍在堂。」大饗之尊，其亦鬱鬯在室，齊在户，酒在堂與？蓋坫設於兩階之上，尊皆在其北，故明堂位言「反坫出尊」，言坫出於尊之南也。○中衣，衣於上服之内，以裼裘葛者也。玄綃衣以裼狐青裘，祭服之中衣也。素衣以裼麛裘，皮弁服之中衣也。緇衣以裼羔裘，朝服之中衣也。孔疏以詩言「素衣朱襮」爲冕及爵弁服之中衣，非也。

故天子微，諸侯僭；大夫强，諸侯脅。於此相貴以等，相覿以貨，相賂以利，而天下之禮亂矣。

鄭氏曰：言僭所由。方氏慤曰：微，故見脅；强，故敢僭。四者之言，亦互相明爾。相貴以等，則爵不足以馭其貴；相覿以貨，則禄不足以馭其富；相賂以利，則予不足以馭其幸。大宰「八柄詔王馭羣臣」，以此三者爲先。三者失，天下之禮由是亂矣。愚謂脅，謂被劫脅。等，貴賤之等列也。○此以結上七節之意，而起下節也。

諸侯不敢祖天子，大夫不敢祖諸侯。而公廟之設於私家，非禮也，由三桓始也。

鄭氏曰：仲孫、叔孫、季孫氏皆立桓公廟。魯以周公之故，立文王廟，三家見而僭焉。　愚謂諸侯不祖天子，大夫不祖諸侯，不敢以卑祭尊也。支子不祭，大夫士且然，況天子諸侯乎？左傳：「魯爲諸姬，臨於周廟；爲邢、凡、蔣、茅、胙、祭，臨於周公之廟。」周廟，文王之廟也。魯以周公爲大祖，文王之廟蓋别立之，而不在五廟之數者。魯立周廟，則諸侯祖天子矣；三家立桓公廟，則大夫祖諸侯矣。至其極也，遂以魯之所以祭文王者祭桓公，而歌雍舞佾，無所不僭矣。

天子存二代之後，猶尊賢也。尊賢不過二代。釋文：過，古卧反。○鄭註：二或爲「三」。

存二代之後，謂周存夏、殷之後，使得用天子之禮樂，以祭其先世，所謂「脩其禮物，作賓王家」也。猶尊賢，言猶尊敬其先世之賢也。尊賢不過二代，以己之制禮，所視以爲因革損益之宜者，不過此也。○黄帝、堯、舜之後，謂之三恪，左傳言「封胡公於陳，以備三恪」是也。夏、殷之後，謂之二代，此言「存二代之後」是也。樂記「武王克殷，未及下車，而封黄帝之後於薊，帝堯之後於祝，帝舜之後於陳」，所謂三恪也；「下車而封夏后氏之後於杞，投殷之後於宋」，所謂二代也。杞、宋皆郊，而黄帝、堯、舜之後未聞有此，則三恪之禮殺於二代矣。鄭氏駁許叔重五經異義云：「存二代之後者，命之郊天，以天子之禮祭其始祖受命之王，自行其正朔服色。恪者，敬也。敬其先世而封其後，與諸侯無異，何得比夏、殷之後？」杜預以陳及杞、宋爲三恪，非是。

諸侯不臣寓公，故古者寓公不繼世。 鄭注：寓，或爲「託」。

寓公，謂諸侯失國而寄寓於諸侯者也。寓公嘗爲諸侯，故諸侯不敢臣之。至其子則臣之矣，故寓公不繼世。

君之南鄉，答陽之義也。臣之北面，答君也。 釋文：鄉，許亮反，下「君南鄉」同。

此謂君視朝、臣朝君之位也。答，對也。臣在朝，不皆北面，北面答君，據其尊者言之。天子日視朝之位，三公北面，諸侯則三卿也，朝位之説，詳文王世子。

大夫之臣不稽首，非尊家臣，以辟君也。 釋文：辟音避。

孔氏曰：諸侯於天子稽首，大夫於諸侯稽首，皆盡臣禮以事君。家臣於大夫不稽首，非尊敬此家臣，以辟國之正君也。臣於國君已稽首，今大夫之臣又稽首於大夫，便是一國兩君，故曰「以辟君也」。大夫稽首於諸侯，不辟天子者，以諸侯出封畿外，專有其國，故大夫得盡臣禮事之也。

大夫有獻弗親，君有賜不面拜，爲君之答己也。 釋文：爲，于僞反。

大夫有獻弗親，使宰獻之也。君有賜不面拜，謂君使人賜大夫於家，大夫既拜受，明日又往拜君賜，拜於門外而退也。大夫尊，若親獻面拜，則君當答之，重勞君也。玉藻曰「凡獻於君，大夫使宰」，又曰「大夫拜賜而退」，是也。鄭氏曰：不面拜者，於外告小臣，小臣受以入也。小臣：「掌三公及孤卿之復逆。」

鄉人裼，孔子朝服立于阼，存室神也。釋文：裼音傷。○鄭註：裼，或爲「獻」，或爲「儺」。

鄭氏曰：裼，强鬼也。謂時儺，索室敺疫，逐强鬼也。存室神者，神依人也。孔氏曰：敺逐强鬼，恐室神驚恐，故著朝服立於廟之阼階，存安廟室之神，使依己而安也。大夫朝服以祭，故用祭服以依神。愚謂朝服立于阼，儺禮蓋朝服與？蜡祭皮弁服，儺之禮卑於蜡，則朝服宜也。

孔子曰：「射之以樂也，何以聽？何以射？」

鄭氏曰：多其射容與樂節相應也。孔氏曰：何以聽者，言何以能聽此樂節，使與射容相應。何以射者，言何以能使射與樂節相應。善其兩事相應，故鄭註射義云：「何以，言其難也。」

孔子曰：「士使之射，不能則辭以疾，縣弧之義也。」釋文：弧音胡。

男子生，則懸弧於門左。射者，男子之所有事也。故君使士射，不能則託疾以辭，因有懸弧之義，不可自言其不能射故也。

孔子曰：「三日齊，一日用之，猶恐不敬。二日伐鼓，何居？」釋文：齊，本又作「齋」，側皆反。居音姬。

散齊七日，致齊三日。散齊則不樂矣，獨譏三日齊，二日伐鼓者，致齊伐鼓尤爲失禮之甚也。齊所以專致其精明之德，而樂足以感動性情，鼓鼙之聲讙，尤非他樂之比，三日齊而二日伐鼓，則情意放散，而不成其爲齊矣。何居，怪之也。

孔子曰：「繹之於庫門内，祊之於東方，朝市之於西方，失之矣。」

繹者，祭而又祭之名。絲衣詩序曰：「繹，賓尸也。」大夫正祭畢而賓尸，天子諸侯祭之明日又祭，亦祭畢而賓尸，而大名曰繹也。庫門，諸侯之外門也。繹之於庫門内，謂於庫門之内塾也。絲衣之詩曰「自堂徂基」，毛傳曰：「基，門塾之基也。」大夫賓尸於堂，天子諸侯繹祭，就廟門内之西塾，而祭於其室，賓尸於其堂。今魯人乃於庫門之内塾，則非禮矣。祊，正祭時求神於廟門外待賓客之處，詩楚茨所謂「祝祭于祊」也。東方者，廟門外而東於門之處也。魯人以主人待賓客，其位在門東，故求神於此，不知鬼神之位在西，求神當於廟門外之西方，不當於東方也。市有三時，朝時而集者謂之朝市。於西方〔一〕，謂於其處列次而陳貨也。朝市宜在東方，夕市宜在西方，順其時之陰陽也。○鄭氏曰：祊於廟門外西室，繹又於其堂，二者同時，而大名曰繹。　愚謂祊者，正祭日求神於廟門外之名；繹者，祭之次日又祭之名。二祭不同日。詩「祝祭于祊」，禮器「設祭于堂，爲祊乎外」，郊特牲「祊之於東方」，又「直祭祝于主，索祭祝于祊」，祭統「詔祝於室而出于祊」，皆謂正祭求神之事也。鄭氏箋詩及註郊特牲「索祭祝于祊」，謂爲正祭，餘則皆以爲繹祭。蓋因此章以繹與祊對言，遂誤合爲一事也。且祊之於東方，謂門外庭之東方耳。燕禮：「士西方，東面北上。」〔二〕士喪禮朝夕哭，門外之位：「西方，北面東上。」門内之庭，其遠於堂者謂之東方、西方，門外之庭，其遠於門者亦謂之東方、西方，皆不指堂室而言。祊不當於東方，則當於西方，鄭謂「祊於廟門外西室」，誤矣。

社祭土而主陰氣也，君南鄉於北墉下，答陰之義也。日用甲，用日之始也。釋文：庸，本亦作「墉」，音容。

〔一〕「西」，原本作「東」，據經文及文義改。
〔二〕「東面北上」，原本作「北面東上」，據儀禮燕禮改。

山林、川澤、邱陵、墳衍、原隰，謂之五土，社者，祭五土之總神也。地秉陰，故社之祭，主於陰氣也。墉，牆也。君南鄉於北墉下者，社壝北面開門，其主設於壇上北面，君在壝内北墉下，南鄉祭之也。答，對也。社主北面向陰，君南鄉對之，故曰「答陰之義」。國中之神，莫貴乎社，祭用日之始，所以尊之也。◯社一歲再祭。大司馬「春蒐田，獻禽以祭社」，是春祭也；「秋獮田，致禽以祀方」，是秋祭也。蓋二至者，陰陽之極；二分者，陰陽之中。天神、上帝至尊，而日月次之，故南郊以冬至，而祀日月以春分秋分。地示皇、地祇至尊，而社稷次之，故北郊以夏至而祭，社稷以仲春仲秋也。孔氏據月令孟冬「大割祠于公社」，謂「社一歲三祭」，不知月令乃秦法，非周禮也。◯孔氏曰：鄭康成之説，以爲社祭五土總神，稷爲原隰之神，句龍以有平水土之功，配社祀之；稷有播種之功，配稷祀之。白虎通云：「天子之社壇方五丈，諸侯半之。」説者又云：「天子之社，封五色土爲之；若諸侯受封，各割其方色土與之，上皆以黄土也。」條牒論：「稷壇在社壇西，俱北向，營並壇共門。」其所置之處，小宗伯云「左宗廟，右社稷」，鄭云：「庫門内、雉門外之左右。」按天子社稷在應門内，諸侯在雉門内，説詳祭義。

天子大社，必受霜露風雨，以達天地之氣也。是故喪國之社屋之，不受天陽

「亳」，步各反。

也。薄社北牖，使陰明也。釋文：大音太，下文「大廟」「大古」皆同。喪，息浪反。薄，本又作

天子之社曰大社，尊之之辭也。達，通也。天秉陽，而霜露風雨，天之用也。地秉陰，而山川陵隰，地之體也。故大社不爲屋，使天之陽氣下通於地，以成生物之功也。喪國之社，即亳社也。薄、亳通，殷之舊都也。武王滅殷，班其社於諸侯，使各立之，以爲鑑戒。穀梁傳云「亡國之社，以爲廟屏，戒」，謂立之於廟門之外，以爲屏蔽，使人君見之而知戒懼也。薄社屋其上，使不得受風雨霜露之陽氣也。又塞其三面，惟開北牖，使其陰方偏明，所以通其陰而絶其陽也。陽主生而陰主殺，亡國之社如此，以其無事乎生物，而但用以示誡也。

孔氏曰：亡國之社亦有稷，故士師云：「若祭勝國之社稷，則爲之尸。」

社所以神地之道也。地載萬物，天垂象，取財於地，取法於天，是以尊天而親地也，故教民美報焉。家主中霤而國主社，示本也。

孔氏曰：社所以神地之道者，言立社之祭，是神明於地之道也。地載萬物者，釋地所以得神之由也。天垂象者，欲明地之貴，故引天爲對也。地有其物，上天皆垂其象，所謂「在天成象，在地成形」也。取財於地者，財産並從地出，爲人所取也。取法於天者，四時早晚，皆放

日月星辰，以爲耕作之候也。所取法，故尊而祭之，天子祭天是也。所取財，故親而祭之，一切皆祭社是也。地既爲民所親，故與庶民祭之，以教民美報也。中霤，謂土神。卿大夫之家，主祭土神於中霤；天子諸侯之國，主祭土神於社。以土神生財養人，故皆祭之，示其養生之本也。愚謂中霤者，宫内之土神也，一家之中以爲主；社者，境内之土神也，一國之中以爲主。主，謂家、國之所依以爲主也。

唯爲社事，單出里。唯爲社田，國人畢作。唯社，丘乘共粢盛，所以報本反始也。

釋文：乘，時證反。共音恭。粢音資。○鄭註：乘，或爲「鄰」。

此謂州長祭社之事也。單，盡也。惟爲祭社之事，則一里之人盡出，謂每家出一人也。爲社田，謂爲祭社而田獵也。畢，盡也。畢作，竭作也，謂羨卒皆行。小司徒：「凡起徒役，毋過家一人，以其餘爲羨。惟田與追胥，竭作。」「九夫爲井，四井爲邑，四邑爲丘，四丘爲乘。」粢，稷也。稷曰明粢，在器爲盛。報本者，報其養人之本；反始者，反其生物之始。祭社所以報本反始，故民無不咸出其力，以供其事也。皇氏侃曰：天子諸侯祭社，用藉田之穀；大夫以下無借田，則丘乘之民共之。

季春出火，爲焚也。然後簡其車賦，而歷其卒伍，而君親誓社，以習軍旅，左

之右之，坐之起之，以觀其習變也。而流示之禽，而鹽諸利，以觀其不犯命也。求服其志，不貪其得，故以戰則克，以祭則受福。釋文：鹽，依註音艷。○鄭註：社，或爲「省」。

大司馬春蒐，「火弊，獻禽以祭社」，故此因言祭社而遂及春田之事也。出火，出而用之也。焚，將田而先焚除其草萊也。簡、歷，謂算具陳列之也。車賦，車馬器械之屬也。百人爲卒，五人爲伍。誓社，謂於社田而誓之也。以習軍旅者，謂未田之先，教之以戰陳之法，大司馬「仲春，教振旅」是也。凡四時之田，誓皆有二：一爲教陳之誓，一爲田獵之誓。田獵，司徒誓之；教陳，則君親誓之。蓋教陳以象用師，用師必君親誓師，故教陳亦然。左之右之，謂車徒皆左右陳列之也。坐之起之，謂教以坐作進退之法也。變，非常也。觀其習變者，戰陳乃非常之事，於無事之時教之，觀其預習於非常之事也。此三句，言教陳之事也。流，行也。流示之禽者，將田而設驅逆之車，驅禽以示之也。鹽讀爲艷，歆動之意。凡田，大獸公之，小獸私之，歆動之以獲禽之利也。犯命，謂從禽不如法者。不犯命，若漢田律所謂「無干車，無自後射」，是也。艷諸利而能不犯命，斯真能用命矣。求服其志者，求士卒之用命。不貪其得者，不欲其犯命而獲禽也。此五句，言田獵之事也。士皆可用，故以戰則克；田獵得禮，故祭社則受福。鄭氏曰：祭社是仲春之禮。仲春以火田，田止火弊，然後獻禽，至季春出火，而民乃用火。今云「季春出火」，乃誓社，記者誤也。○經典多以郊、社對言。胡氏謂「社即祭地，別無北郊之祭」，其説似是而實非也。蓋天無二者也，地則疆域廣狹各有不同。北郊所祭，祭全載之地祇也。天子之社，祭畿内之地祇也。諸侯之社，祭一國之地祇也。州社，祭一州之地祇也。大夫以下成羣立社，亦各視其所居之地，以爲神之所主而祭之者也。天子祭天，一歲有九，又有大旅之祭，出征、巡守之祭，所祭者皆上帝也。地則惟夏至祭方澤，其尊與上帝對。至於春祈、秋報，及因事告祭，皆祭社。蓋畿外之地，分封諸侯，使各主其五土之祭，則天子之祈、報、告祭，自無庸祭及全載之地矣。經典言郊、祀，多舉南郊以見北郊，而北郊自夏至外，又別無他祭，故無明文可見，致滋後人之惑。然大示之祭，見於周禮者非一，大司樂「凡樂函鍾爲宫」，「夏日至，於澤中之方丘奏之」。曲禮：「天子祭天地，諸侯祭山川。」郊特牲：「器用陶、匏，以象天地之性也。」祭法：「瘞埋於泰折，祭地也。」可謂社即祭地乎？即胡氏不信周禮，然禮記所言，豈皆妄耶？若鄭註周禮，謂有崑崙地祇，又有神州地祇，此則與六天之説同爲讖緯無稽之言，所當辭而闢之者也。

○自「社祭土」至此，明祭社之禮。

天子適四方，先柴。

巡守至方嶽之下，先燔柴以告天也。

郊之祭也，迎長日之至也，大報天而主日也。

迎長日之至，謂冬至祭天也。冬至一陽生，而日始長，故迎而祭之。禮之盛者謂之大，祭天歲有九，而冬至之禮最盛，故謂之大報天。縣象著明莫大乎日月，故祭天之禮以日爲主，而月配焉。　張子曰：以始祖配天，須在冬至，一陽始生，萬物之始。宗祀九月，萬物之成。○孔氏曰：皇氏云：「天歲有八祭：冬至，一也；夏正，二也；五時迎氣，五也；通前爲七也；九月大饗，八也。雩與郊禖爲祈祭，不入數。」崔氏以雩爲常祭，九也。祭日，王立於丘之東南，西嚮，燔柴及牲玉於丘上，升壇以降其神。祭天無祼，故鄭註小宰云：「唯人道宗廟有祼，天地大神，至尊不祼，莫稱焉。」然則祭天唯七獻也。鄭註周禮云「大事於大廟，備五齊、三酒」，則圜丘之祭與宗廟祫同。　愚謂天子祭宗廟十二獻，祭天無灌，則九獻也。祭天所以不灌者，以其以燔柴降神也。蓋天神之燔柴，地示之瘞埋，宗廟之灌將，皆所以降神也。天神在上，非燔柴不足以達之；地示在下，非瘞埋不足以達之。人鬼在天地之間，鬱鬯芬芳，其氣從乎陽而上升，其質達乎陰而下潤，故灌用鬱鬯，所以求諸上下之交也。此三者之禮之所以不同也。

兆於南郊，就陽位也。埽地而祭，於其質也。器用陶、匏，以象天地之性也。於郊，故謂之郊。牲用騂，尚赤也。用犢，貴誠也。

兆，謂壇之營域也。埽地而祭者，燔柴在壇，而設祭於墠也。陶，瓦器也。器用陶匏，以陶爲尊，簋之屬，以匏爲爵也。天地之性，本無可象，但以質素之物，於沖穆無爲之意爲稍近，故用之以祭。禮器言「天下之物無可以稱其德」，是也。此主言郊天而兼言地，則北郊之禮亦然也。○祭天牲用騂犢，此與祭法所言是也。玉用四圭有邸，典瑞所言是也。大宗伯：「以蒼璧禮天，以黄琮禮地，以青圭禮東方，以赤璋禮南方，以白琥禮西方，以玄璜禮北方，皆有牲、幣，各放其器之色。」此謂大朝覲之時所以禮方明者，非祀天之禮也。方明非正祭，嫌不用牲、幣，故曰「皆有牲、幣」。若言祀天之正禮，則其有牲、幣豈待言乎？鄭氏誤分郊、丘爲二祭，孔氏因謂大宗伯所言者爲圜丘所用之牲玉，此與典瑞所言者爲南郊所用之牲玉，誤矣。

郊之用辛也，周之始郊，日以至。

郊之用辛，謂正月上辛祈穀之祭也。始郊，日以至，謂冬至之祭也。曰「始郊」者，對祈穀又郊言之也。於始郊特言「周」者，上辛祈穀之郊，魯亦行之，冬至之郊，則惟周有之，而魯未嘗行也。○郊，即圜丘也。王肅謂「以所在言之則謂之郊，以所祭言之則謂之圜丘」，是也。鄭氏見祭法「禘嚳」在「郊稷」之上，謂「郊既祭天，而禘在郊上，又大於郊」，遂分郊、丘爲二祭，謂「禘者冬至祭天皇大帝於圜丘，而以嚳配；郊者祭感生帝於南郊，而以稷配」。不知禘乃宗廟之大祭，非祭天之名，但郊以稷配，而禘追及於嚳。以尊卑言之，則郊之祭天爲尊；以遠近言之，則禘之及嚳爲遠。此祭法之所以先言「禘嚳」而後言「郊稷」也。且鄭氏既分禘、郊爲二，至小記與大傳言「王者禘其祖之所自出」，則又以爲南郊之祭，是自亂其説也。蓋郊以祭天，禘以祭祖，必不可合也，而鄭合之；小記、大傳之禘，即祭法之禘，冬至所祭之天，即孟春所祭之天，必不可分也，而鄭分之。其汨亂經典甚矣。

卜郊，受命于祖廟，作龜于禰宫，尊祖親考之義也。

卜郊，卜日也。周禮大宰「祀五帝」，「帥執事而卜日」，「祀大神示亦如之」。大宗伯：「祀大神，享大鬼，祭大示，帥執事而卜日。」祀大神，祭天也。祭大示，祭地也。祀五帝，迎氣之祭也。此皆有定日，而猶卜之者，審慎之意也。以魯禮卜郊推之，則周之祈穀或亦有用中辛、下辛者矣。其冬至祭天，固以至之日爲主，其不從，則或移用其前後之一日與？祖廟，始祖之廟。受命于祖廟者，郊天以稷配，故將卜而先告之也。作，灼也。周禮卜師：「凡卜事，眡高，揚火以作龜，致其墨。」作龜于禰宮，就禰廟而卜之也。受命于祖，尊祖之義；作龜于禰，親考之義。

卜之日，王立于澤，親聽誓命，受教諫之義也。

澤，辟廱也。辟廱環水，故謂之澤。詩「振鷺于飛，在彼西雝」，毛傳云「雝，澤也」，是也。誓命，謂戒王以失禮之譴也。郊天至重，故王亦受誓戒。周禮大宰職「祀五帝，則掌百官之誓戒」，「前期十日，帥執事而卜日，遂戒」。不言戒王者，尊王，不敢言戒，其實亦并戒王矣。受教諫之義者，釋所以聽誓命於澤之意也。大學者，王受教之所，所謂「詔於天子，無北面」者。誓王有教諫之義，此其所以不於朝廟而於澤也。

獻命庫門之內，戒百官也。大廟之命，戒百姓也。鄭註：庫，或爲「廄」。

鄭氏曰：王自澤宮而還，以誓命重相申敕也。大廟，祖廟也。百官，公卿以下也。百姓，王之親也。入廟戒親親也。王自此還齊路寢之室。孔氏曰：王親謂之百姓者，皇氏云：「姓者，生也，並是王之先祖所生。」愚謂王之外門曰皋門，諸侯之外門曰庫門。云「獻命庫門之内」者，據魯之郊禮言之也。大司寇「禋祀五帝，則戒之日涖誓百官，戒于百族」，則郊之誓戒亦大宰誓之，而司寇涖之矣。百族，即百姓也。戒百官於庫門内，戒百姓於大廟，皆不於朝者，郊之誓戒出於大宰，辟王所出命之處也。

祭之日，王皮弁以聽祭報，示民嚴上也。

鄭氏曰：報，白也。夙興，朝服以待白祭事者，乃後服祭服而行事也。周禮「祭之日」，小宗伯「逆粢省鑊，告時于王，告備于王」。孔氏曰：皮弁以聽祭報，未郊，故未服大裘，而服日視朝之服也。示民嚴上，示民以尊嚴君上之意也。愚謂嚴，敬也。天子敬於事天，則民化之而敬其君上矣，故曰「示民嚴上」。

喪者不哭，不敢凶服，氾埽反道，鄉爲田燭，弗命而民聽上。釋文：氾，芳劍反，本亦作「汎」。

鄭氏曰：謂郊道之民爲之也。反道，剗令新土在上也。田燭，田首爲燭。弗命而民聽上，化王嚴上也。孔氏曰：郊祭之旦，喪者不哭，又不敢凶服而出，以干王之吉祭也。氾埽，廣埽也。反道，剗路上之土反之，令新土在上也。郊道之民，各當界廣埽新道也。鄉，謂郊内六鄉也。六鄉之民，各於田首設燭照路，恐王祭郊之早也。弗命而民聽上者，合結「喪者不哭」以下，並非王命，而民化王嚴上故也。周禮蜡氏：「凡國之大祭祀，令州里除不蠲，禁刑者，任人及凶服者，以及郊野。」而此云「不命」者，蜡氏所云，有司常事，及郊祭之時，王不特命，故云「不命」。

祭之日，王被袞以象天。戴冕璪十有二旒，則天數也。乘素車，貴其質也。旂十有二旒，龍章而設日月，以象天也。天垂象，聖人則之，郊所以明天道也。釋文：被，皮義反。卷，本又作「袞」，同古本反。載，丁代反，本亦作「戴」。璪音早。

被袞，謂内服大裘，而被十二章之衣於其上也。在天成象，莫大於日月，十二章之衣，有日、月、星辰之章，故曰「象天」。日、月、星辰之衣，不別爲之名，而但謂之袞者，蓋以龍之象爲最顯著而華盛，故特以名其服，猶大常有龍章、日、月，而或亦但謂之旂也。璪者，用五采絲爲繩，垂之以爲冕之旒也。則天數者，天之大數十二，故王之服章及冕之旒，旂之旒，皆取數於是也。素車，殷之木輅，無金玉之飾者也。旂十有二旒，龍章而設日月，巾車所謂「大常」也。明，謂則之以示人也。郊所以明天道，故其衣服旂章皆取象於天也。○陳氏祥道曰：祀天，内服大裘，外被龍袞。龍袞，所以襲大裘也。記曰：「裘之裼也，見美也。」「服之襲也，充美也。」禮不盛，服不充，故大裘不裼，則襲袞可知也。古者服裘，有裼之而不襲，襲之而不裼，未有表之而不裼、襲者也。　林氏之奇曰：說者謂「周畫三辰於旗，服惟九章」，不過據左氏「三辰旂旗」之文。左氏謂旗有三辰，何嘗謂衣無三辰耶？此云「祭之日，王被衮以象天」，則十二章備。鄭氏謂「此魯禮也」，豈有周制止九章，而魯乃十二章乎？　愚謂舊說謂「王之服止於九章，而祭天但服大裘」，非也。周禮司服：「公之服，自衮冕以下如王之服。」王之服十二章，而公特如其衮以下，猶公之服九章，而侯伯特如其鷩以下也。裘乃褻服，與夏之絺、綌，春秋之袍、繭，絅、褶爲類者也。表裘不入公門，而可以祀天乎？玉藻言大裘不裼，不裼則襲也，則大裘之上有中衣與上服必矣。陳氏謂「大裘襲衮」，不可易也。

〇祭天乘素車，巾車「玉路以祀」，謂自宗廟以下之祭之所乘也。杜預謂「玉路即大路」，陸農師謂「乘玉路以就道，乘大路以即壇」，皆非也。大路質素無飾，玉路飾之以玉，不可混而爲一。巾車備言五路，而不及大路，猶司尊彝不言祭天之陶、匏，司几筵不言祭天之稾鞂也。郊祭雖有大次以爲止息，然其去壇不遠，出次即壇，咫尺之地，未必復乘車也。大馭「掌馭玉路以祀」，而有「犯軷」之祭，蓋朝日、夕月、四望、山川之祭，王之有事於郊外者不一，非祭天之事也。

帝牛不吉，以爲稷牛。帝牛必在滌三月，稷牛唯具，所以別事天神與人鬼也。

釋文：滌，范音迪，徐徒嘯反。別，彼列反。

不吉，謂死傷也。爲，用也。以爲稷牛，謂取稷牛而用之也。郊天以稷配，故卜二牲而養之：一爲帝牛，一爲稷牛。若帝牛死傷，則取稷牛爲帝牛，又別取他牛爲稷牛也。天神尊，故帝牛必在滌三月；人鬼卑，故稷牛可臨時取具。鄭氏曰：滌，牢中所搜除處也。

萬物本乎天，人本乎祖，此所以配上帝也。郊之祭也，大報本反始也。

祖之所以配上帝者，以其一爲物之本，一爲人之本也。郊、社皆有報本反始之義，而郊之報本反始爲尤大也。○自「天子適四方」至此，明郊天之禮。

天子大蜡八。伊耆氏始爲蜡。蜡也者，索也，歲十二月，合聚萬物而索饗之也。

釋文：蜡，仕詐反。

八者，所祭有八神也：先嗇一，司嗇二，百種三，農四，郵表畷五，禽獸六，坊七，水庸八。伊耆氏，秋官之屬。伊，安也。耆，老也。此官掌共杖，以安息老人爲職，蜡息老物，故并使掌焉。始爲蜡者，於將蜡之時，始命國人爲蜡祭也。十二月，建丑之月也。蜡祭八神，而曰「合聚萬物」者，以百種禽獸，其類非一也。大宗伯：「以䟐辜祭四方百物。」或言「百物」，或言「萬物」，並喻其多耳。索饗之，謂求索而盡饗之也。孔氏曰：蜡云「大」者，是天子之蜡，對諸侯爲大。天子有八神，則諸侯之蜡未必八也。謂若先嗇，古之天子諸侯未必得祭也。　愚謂蜡祭，自天子諸侯之國及黨正皆有之。天子大蜡八，則諸侯及黨正之蜡，於八神有不皆祭者矣。其諸侯無先嗇，黨正又無司嗇與？○孔疏謂：「伊耆氏爲神農。」明堂位曰：「土鼓、蕢桴、葦籥，伊耆氏之樂也。」女媧氏已有笙簧，而神農之樂乃葦籥、土鼓乎？

蜡之祭也，主先嗇而祭司嗇也，祭百種以報嗇也。釋文：種，之勇反。

鄭氏曰：先嗇，若神農也。司嗇，后稷是也。　孔氏曰：以先嗇爲主，司嗇從祭。種曰稼，斂曰嗇。不云「稼」而云「嗇」者，取其成功收斂，受嗇而祭也。　陳氏澔曰：主先嗇，猶前章「主日」之主，言其爲八神之主也。　愚謂百種，百穀之種也。

饗農及郵表畷、禽獸，仁之至，義之盡也。古之君子，使之必報之：迎貓，爲其食田鼠也，迎虎，爲其食田豕也，迎而祭之也。釋文：郵，本亦作「尤」，有周反。畷，丁劣反，又丁衛反。猫字又作「貓」，音苗。爲，于僞反。

鄭氏曰：農，田畯也。郵表畷，謂田畯所以督約百姓於井間之處也。迎，迎其神也。　孔氏曰：農，謂古之田畯，有功於民。郵表畷者，是田畯於井間所舍之處。郵，若郵亭屋宇。表，田畔。畷，謂井畔相連畷。於此田畔相連畷之所，造此郵舍，田畯處焉。禽獸，即貓虎之屬，助田除害者。特云「貓」「虎」，舉其除害甚者。仁之至，義之盡者，不忘恩而祭之，仁也；有功必報之，義也。　愚謂郵，田間廬舍也。表，田間道路，國語所謂「列樹以表道」也。畷，疆界相連綴也。郵表畷，謂始創廬舍，表道路，分疆界，以利人者也。迎，迎其尸也。貓虎非可爲尸，蓋使人蒙其皮以象之與？

祭坊與水庸，事也。曰：「土反其宅，水歸其壑，昆蟲毋作，草木歸其澤。」釋文：坊音房。

鄭氏曰：水庸，溝也。　孔氏曰：坊以畜水，亦以障水；庸以受水，亦以泄水。坊及水庸，是人營爲所須，故曰「事也」。土即坊也。反，歸也。宅，安也。土歸其宅，則不崩阤。水，即水庸也。壑，坑坎也。水歸其壑，則不汎溢。昆蟲，蝗螟之屬，得陰而死，得陽而生，故曰「昆蟲母作」，謂不爲災。草，苫、稗；木，榛、梗之屬也。當各歸生藪澤，不得生於良田，害嘉穀也。蜡祭報功，亦因祈禱，故有此辭。　愚謂「土歸其宅」四句，祭坊與水庸之祝辭也。坊與水庸同祝辭，則其祭之同處矣。蓋蜡祭當爲三壇：先嗇、司嗇、百種爲一壇，農及郵表畷、禽獸爲一壇，坊及水庸爲一壇，以記文繹之可見也。

皮弁、素服而祭。素服，以送終也。葛帶、榛杖，喪殺也。蜡之祭，仁之至，義

之盡也。釋文：殺，所界反，徐所例反，下「德之殺」同。

此下二節，言黨正蜡祭之禮也。皮弁，以白鹿皮爲弁。素服，以素繒爲衣裳。皮弁、素服，即皮弁服也。司服：「王祭羣小祀，則玄冕服。」此服皮弁服者，黨正蜡祭之禮卑也。送終，謂送老物之終也。素服色白，近於喪服，故曰「以送終」。周禮籥章：「蜡祭則龡豳頌，擊土鼓，以息老物。」殺，猶輕減也。喪服變除有葛帶，喪服又有杖，今蜡祭以葛爲帶，以榛爲杖，喪服之減殺者也。爲物之將終也，故素服以送之；爲物之已終也，故喪服以哀之。不忍其終者，愛卹之仁也；有始必有終者，裁制之義也。前云「仁之至，義之盡」，專就迎貓迎虎而言，此則統指一祭而言也。

黄衣、黄冠而祭，息田夫也。野夫黄冠。黄冠，草服也。

方氏慤曰：皮弁、素服，主祭者之服。黄衣、黄冠，助祭者之服。愚謂黨正祭蜡，屬民飲酒，而一國之人皆若狂。黄衣黄冠而祭，謂農夫與於蜡祭之禮者，既祭則使之飲酒宴樂，以休息之也。野夫黄冠者，言野夫既賤，故蜡祭之時，不得皮弁、素服，而其服如此也。黄冠，草服者，黄冠乃臺笠之屬，而其色黄也。鄭氏以黄衣、黄冠爲臘祭，非是，説見月令。

大羅氏，天子之掌鳥獸者也，諸侯貢屬焉。草笠而至，尊野服也。羅氏致鹿

與女，而詔客告也。以戒諸侯曰：「好田、好女者亡其國。天子樹瓜華，不斂藏之種也。」釋文：好，呼報反。

孔氏曰：此因上蜡祭，廣釋歲終蜡時之事。大羅氏，爲大羅以捕鳥獸者也。周禮羅氏「掌羅烏鳥，蜡則作羅襦」，不言「掌獸」，此云「獸」者，以其受貢獸故也。大羅氏能張羅得鳥，故諸侯貢鳥獸者皆屬焉。草笠，以草爲笠也。諸侯貢鳥獸之使，著草笠而至王庭。草笠是野人之服，今歲終功成，由野人而得，故重其事而尊其服。詔亦告也。客，謂貢鳥獸之使者。鹿是田獵所得，女是亡國之女，而王所獲者也。羅氏受貢畢，致鹿及女子以示使者，而宣天子之詔令，使者還告其君也。好田、好女者亡其國，此宣詔所告之言也。華，果蓏也。言天子樹植瓜華，是供一時之食，不是收斂久藏之物，若可久藏，則不樹之，不務聚蓄，與民爭利。令使者還告其君，亦當如此。愚謂此節之義未詳，今姑存舊說如此。

八蜡以記四方。四方年不順成，八蜡不通，以謹民財也。順成之方，其蜡乃通，以移民也。釋文：移，以豉反。○今按：移如字。

記四方，謂記明四方之豐歉也。通猶行也。順成，謂風雨和順，而五穀成熟也。大宗伯：「以疈辜祭四方百物。」是天子八蜡之祭，方別爲壇。有不順成之方，則蜡祭不行，其當方黨、鄙之祭亦然。蓋八蜡所以報功，今神既無功於民，故不行蜡祭，所以使民謹於用財，亦凶荒殺禮之意也。移，猶表記「衣服以移」之之移。順成之方，則通其蜡祭，蓋百姓終歲勤動，恐其倦怠，使之因蜡祭而聚會飲食，所以移其厭倦之心，而予以豐饒之樂，一張一弛之道也。

既蜡而收，民息已。故既蜡，君子不興功。

民息，謂民之收藏畢也。君子不興功，謂上之力役止也。左傳「凡土功，龍見而畢務」，「火見而致用。水昏正而栽，日至而畢」。然則蜡祭在夏正之十二月明矣。○自「天子大蜡八」至此，記蜡祭之禮。

禮記卷二十六

郊特牲第十一之二

恒豆之菹，水草之和氣也；其醢，陸産之物也。加豆，陸産也；其醢，水物也。

恒豆，朝事所薦之豆也。菹，酢菜也，取生菜以醯釀之。全物若牒謂之菹，細切謂之齏。水草之和氣，謂取水草爲菹，乃四時和美之氣所生也。禮器云：「籩、豆之薦，四時之和氣也。」是豆實所用水草之物，莫非四時之和氣，獨於恒豆之菹言之，餘從可知也。醢，肉醬也。有骨者謂之臡，無骨者謂之醢。加豆，祭末酳尸所薦之豆也。加豆不言「菹」者，文省也。周禮醢人「朝事之豆」有昌本、茆菹，是水物也；醯醢、麋臡、鹿臡、麋臡，皆陸産也。「加豆之實」菭菹、笋菹，是陸産也；雁醢、魚醢，是水物也。恒豆之韭菹、菁菹非水物，加豆之芹菹、深蒲非陸産，兔醢、醯醢非水物，此蓋約略言之，以見豆實或用水物，或用陸物，可薦之物莫

釋文：菹，争居反。

不咸在耳。不言「饋食之豆」者，舉恒豆、加豆，則饋食之豆亦備水陸之物可知也。○鄭氏曰：此謂諸侯也。天子朝事之豆有昌本、麋臡、茆菹、麇臡，饋食之豆有葵菹、蠃醢、豚拍、魚醢，其餘則有雜錯云。　愚謂鄭氏以此爲諸侯，非也。以儀禮考之：特牲禮二豆，葵菹、蠃醢，周禮饋食之二豆也。少牢禮四豆，韭菹、醓醢、葵菹、蠃醢，周禮朝事之二豆，饋食之二豆也。公食禮六豆，韭菹、醓醢、昌本、麋臡、菁菹、鹿臡，周禮朝事之六豆也。聘禮歸饔餼八豆，而韭菹、醓醢居其首，則全用周禮朝事之豆也。是天子、諸侯、大夫之豆，惟其多少有差，而其實則未嘗有異矣。又鄭引饋食之豆以當加豆，與周禮違。孔氏既從周禮，以酳尸之豆爲加豆，是矣，而又舉饋食之豆實以釋之，以强從鄭氏，徒令學者瞀眩耳。

籩、豆薦之，水土之品也。不敢用常褻味而貴多品，所以交於神明之義也，非食味之道也。釋文：薦，即見反，又作「薦」，同。或作「鷹」，非。

重舉前文而申之，以起下文也。

先王之薦，可食也，而不可耆也。卷冕、路車，可陳也，而不可好也。武，壯而不可樂也。宗廟之威，而不可安也。宗廟之器，可用也，而不可便其利也。所以交於神明者，不可以同於所安樂之義也。釋文：耆，市志反。路，本亦作「輅」，音同。

樂，皇音洛，徐五孝反。便，婢面反，徐比絹反。

蕿，謂籩、豆也。以其非食味之道，故可偶食之，而不可常者也。衮冕、路車尊嚴，雖可陳列，而不可常服乘之以爲容好也。大武之舞，發揚蹈厲，其容壯勇，不可常奏之以爲娱樂也。宗廟之中，尊嚴肅敬，不可常處之以爲安也。宗廟之器，共事神明，不可便其利於用，言常用之則不便也。孔氏曰：此總明祭祀之物不可同於尋常安樂之義。

酒醴之美，玄酒、明水之尚，貴五味之本也。黼黻、文繡之美，疏布之尚，反女功之始也。莞簟之安，而蒲越、稾鞂之尚，明之也。大羹不和，貴其質也。大圭不琢，美其質也。丹漆雕幾之美，素車之乘，尊其樸也。貴其質而已矣。所以交於神明者，不可同於所安褻之甚也。如是而后宜。釋文：越音活。和，胡卧反。琢，依註爲丈轉反。雕，又作「彫」。幾，巨衣反。乘，時證反。

鄭氏曰：尚質貴本，其至如是，乃得交於神明之宜也。明水，司烜以陰鑑所取於月之水也。蒲越、稾鞂，藉神席也。明之者，神明之也。琢當爲「篆」，字之誤也。幾，謂漆飾沂鄂也。孔氏曰：此明祭祀之物貴質尚本也。玄酒，謂水也。明水，所取於月中水也。陳列酒尊之時，明水在五齊之上，玄酒在三酒之上，尊尚其古，故設尊在前。疏布之尚者，幂人「疏布巾幂八尊」，禮器云「犧尊疏布鼏」，是也。凡常下莞上簟，祭天則蒲越、稾鞂之尚，是神明之也。彫，謂刻鏤。幾，謂沂鄂。言尋常車以丹漆彫飾之爲沂鄂，而祭天則素車之乘者，尊其樸素也。貴其質而已矣者，此一句包上「酒醴」以下諸事，言祭祀之時不重華飾，惟貴質素而已，以其交於神明，不可同於尋常身所安樂之甚也。尚質尚儉如是，而後得交神明之義。愚謂蒲越，結蒲爲席，宗廟之席也。稾鞂，祭天之席也。大羹淡泊，故曰「貴其質」；玉質本美，故曰「美其質」。不可同於所安褻之甚者，言同於所安褻則不可之甚也。上節言祭祀之物不可用於平常，此節言平常之物不可用於祭祀，承上文所以交於神明之義，非食味之道之義，而推廣申明之也。

鼎、俎奇而籩、豆偶，陰陽之義也。黄目，鬱氣之上尊也。黄者，中也。目者，氣之清明者也。言酌於中而清明於外也。釋文：奇，居宜反。

鄭氏曰：黄目，黄彝也，周所造，於諸侯爲上。孔氏曰：黄彝，以黄金鏤其外以爲目，因取名也。將貯鬱鬯，故云「鬱氣」。祭祀時列諸尊之上，故云「上」也。案明堂位云「夏后氏以雞彝，殷以斝，周以黄目」，是周所造也。天子黄彝之上有雞彝、鳥彝，備前代之器，諸侯但有黄彝，故云「於諸侯爲上」。黄是中方色，目是氣之清明者。言酌於中而清明於外者，言酒清明在尊中，而可斟酌，示人君慮於祭事，必斟酌盡於中也。目在尊外，而有清明，示人君行祭，必外盡清明潔淨也。

祭天，埽地而祭焉，於其質而已矣。醓醢之美，而煎鹽之尚，貴天産也。割刀之用，而鸞刀之貴，貴其義也，聲和而后斷也。釋文：斷，丁亂反。

孔氏曰：餘物皆人功和合爲之，鹽則天産自然，故曰「貴天産也」。言煎者，煎此自然之鹽，鍊治之也。煎鹽之尚者，皇氏云：「設之於醓醢之上，故云尚。」熊氏云：「煎鹽，祭天所用，故云尚。」愚謂煎鹽即形鹽，朝事之籩實也。醓即醓醢之屬也。曰「醓醢」者，醓必資醢以成也。煎鹽不獨用於祭天，皇氏之説是也。特牲禮設饌之法，俎在豆東，敦在俎南，籩在敦南。是籩直豆之南。尸席南上，設饌以南爲上，煎鹽籩實，設當豆實醓醢之南，是煎鹽之尚也。醓醢須釀而成，煎鹽天質自然，故曰「貴天産也」。貴其義，謂貴其和而能斷之義也。凡物之和者，或不足於斷，斷者或不足於和。鸞刀先有調和之聲，而後資割斷之用，和、斷相資，剛、柔不偏，故其義爲可貴也。自「恒豆之菹」至此，雜明祭祀所用之物，而歸重於尚質之義，亦前篇之義也。

冠義，始冠之，緇布之冠也。大古冠布，齊則緇之。其緌也，孔子曰：「吾未之

聞也，冠而敝之可也。」釋文：之冠，如字；餘並古亂反，後同。齊，側皆反。緌，耳佳反。敝，本亦作「弊」，婢世反，徐又房列反。

鄭氏曰：始冠三加，先加緇布冠也。太古無飾，非時人緌也。雜記曰：「大白、緇布之冠不緌。」大白即太古白布冠，今喪冠也。齊則緇之者，鬼神尚幽闇也。唐、虞以前曰太古。冠而敝之者，此重古而冠之耳，三代改制，齊冠不復用也。以白布冠質，以爲喪冠也。愚謂冠義者，儀禮有士冠禮，此解其義也。太古但用白布爲冠，齊則緇之，以明敬也。後世冠制既異，而始冠猶用太古之齊冠，重古之義也。緌者，結纓而垂其餘以爲飾也。後世之冠有笄，其纓分屬於笄，交結於頤，而垂其餘以爲緌。古冠無笄，其纓惟一條，屬於缺項之左，而上結於其右，故無垂餘之緌。始冠既用古冠，則其纓宜用古制，而其後乃爲之緌，則失其制矣。敝，壞也。敝之可也者，言緇布冠既冠則不復用也。皇氏侃曰：齊則緇之，謂祭前若祭時，自若祭服，有虞氏皇而祭是也。賈氏公彦曰：冠訖，士則敝之，不復著；若庶人，猶著之。故詩云：「彼都人士，臺笠緇撮。」是庶人用緇布冠籠其髮，以爲常服也。

適子冠於阼，以著代也。醮於客位，加有成也。三加彌尊，喻其志也。冠而字之，敬其名也。釋文：適，丁歷反。醮，子妙反。

適子冠於阼階之上，士冠禮「筵於東序少北」，是也。著，明也。阼階，主人之位，適子冠於此，明其有代父之義也。冠禮用醴曰醴，用酒曰醮。客位，謂户牖之間，賓客之位也。醮於客位，謂既冠則筵於賓客之位，而酌酒以禮之，士冠禮「筵於户西，南面」，是也。冠禮用醴，則三加之後總一醴之；用酒，則每一加則一醮。加有成者，謂每加則醮之，以表其禮之有成也。蓋冠禮雖有醴與醮二禮，然醴質而醮文，周世尚文，用醮禮者多，故此及冠義篇皆言「醮於客位」也。三加彌尊者，初加緇布冠，次加皮弁，次加爵弁，皮弁尊於冠，爵弁又尊於皮弁也。喻其志者，服彌尊則當思所以稱之，曉喻冠者之志意務令充大以稱其服也。名者，所受於父母，既冠而字之，敬其名而不敢稱也。

委貌，周道也。章甫，殷道也。毋追，夏后氏之道也。釋文：毋追，上音牟，下多雷反。

鄭氏曰：委猶安也。言所以安正容貌。章，明也。言所以表明丈夫也。毋，發聲也。追猶堆也。夏后氏質，以其形名之。三冠，其制之異同未聞。愚謂此三者，皆玄冠之别名也。始冠宜用玄冠，而以重古，故用緇布冠。然緇布冠冠而敝之，而所常冠者則玄冠也。故此因明三代玄冠之異名。道猶制也。

周弁，殷冔，夏收。釋文：冔，況甫反，字林作「綒」，火于反。

此三代三加之冠也。弁，爵弁也。弁、冔、收，三代士助祭之冠也。鄭氏曰：弁名出於槃，槃，大也，言所以自光大也。冔名出於幠，幠，覆也，言所以自覆飾也。收，言所以收斂髮也。其制之異未聞。

三王共皮弁、素積。

此再加之冠也。素積，以素繒爲裳而襞積之也。素言其色，積言其制。賈氏公彦曰：言三代再加，所用同也。

無大夫冠禮，而有其昏禮。古者五十而后爵，何大夫冠禮之有？

鄭氏曰：二十而冠，急成人也。五十乃爵，重官人也。大夫或時改娶，有昏禮也。愚謂喪服「殤小功」章：「大夫爲昆姊之長殤。」大夫爲兄姊殤服，則有未冠已爲大夫者矣。而不爲之制冠禮者，爲大夫者必由士而升，當其爲士，則固以士禮而冠矣。童子之禮，不裘、不帛、不屨絇，見先生，從人而入，既仕而爲士，固不可以童子之禮處之，未有不冠者也。爲士者必冠，則無爲大夫而後冠者矣。爵，謂假祖廟而命之也。雖爲大夫，至假祖廟而命之，則必待五十。蓋古者爵人之慎重如此，則固無仕而即爲大夫者矣，又何大夫冠禮之有？

諸侯之有冠禮，夏之末造也。

鄭氏曰：言夏初以上，諸侯幼而即位者，猶以士禮冠之。　愚謂末造，猶末世也。諸侯繼世而立，或有幼而嗣位者，既爲諸侯，及其冠也，不容不與士禮異，所以至夏末始作爲公侯之冠禮也。家語冠頌：「公冠玄冕四加，天子擬焉。」○鄭氏謂「夏時諸侯至五十乃爵命」，無據。

天子之元子，士也。天下無生而貴者也。

敖氏繼公曰：元子，長子。其冠時猶士，而用士禮，以其未即位則無爵故也。舉天子之元子，以見其餘。　皇氏侃曰：天子元子，唯冠禮與士同，其餘則與士不同，故喪服諸侯之兄弟得行大夫之禮也。○歸氏有光曰：自「無大夫冠禮」至此，明天子、諸侯、大夫之無冠禮也。冠者，將責爲人子、爲人弟、爲人臣、爲人少者之禮，蓋父兄以成人之事責子弟也。天子爲元子之時，以士禮冠，設不幸君終，世子未冠，則冕而踐阼。已君臨天下，將又責以爲人子、爲人弟、爲人臣、爲人少之禮乎？家語孔子答孟懿子吾取焉曰：「古者王世子雖幼，其即位，則尊爲人君，人君治成人之事者，何冠之有？」曰：「諸侯之冠異天子與？」曰：「君薨而世子主喪，是亦冠也已，人君無所殊也。」此孔氏之遺言也。　益以祝雍頌公冠之篇，則誣矣。公冠曰：「公冠四，加玄冕。」左傳：「君冠必以祼享之禮行之，以金石之樂節之，以先君之祧處之。」玉藻曰「始冠緇布冠，自諸侯下達」，「玄冠朱組纓，天子之冠也。緇布冠繢緌，諸侯之冠也」。蓋務爲天子、諸侯、大夫、士之别，而不知先王制冠禮之義，所以同之於士者也。

繼世以立諸侯，象賢也。以官爵人，德之殺也。死而謚，今也。古者生無爵，死無謚。

孔氏曰：繼世以立諸侯，象賢也，此明夏末以來有諸侯冠禮之意也。以官爵人，德之殺也，言官爵之授，隨德隆殺，此明所以無大夫冠義也。愚謂繼世以立諸侯，以能象其先世之賢，故諸侯無升陟之漸，未冠而爲諸侯者不得不别爲諸侯之冠禮也。以官爵人，隨德隆殺，故大夫無驟爲之法，其爲大夫者，必皆已冠於爲士之時，而不得别爲大夫之冠禮也。死而謚，謂大夫死皆有謚，而不問其已爵與否也。謚起於周。今，蓋謂春秋以還；古者，謂周初也。生無爵，死無謚者，古者大夫五十而爵，然後生則稱其族，死則爲之謚；若未五十而死，未受爵命，死則無謚也。春秋初，魯大夫如無駭、羽父、柔挾輩，生不稱族，死不爲謚，皆未爵故也。至僖、文以後，乃無不謚者，則禮之失固未久也。此又因大夫無冠禮而推類言之。○孔氏謂「此士冠禮記之文，故論士死而無謚，至作記之時加謚」，非也。士之無謚，周末猶然，謂作記之時加謚，何所據乎？士冠禮自「戒賓曰」以下，至「不屨繐屨」，本其記也。自「冠義」以下，則後人節取郊特牲之文，附諸篇末，其文體與儀禮記全不類。其後又誤以記連於經，而以「冠義」以下謂之記，失之矣。

禮之所尊，尊其義也。失其義，陳其數，祝、史之事也。故其數可陳也，其義難知也。知其義而敬守之，天子之所以治天下也。

孔氏曰：此因上論冠義，下論昏義，故因上起下，於中説重禮之義。愚謂禮之數，見於事物之末；禮之義，通乎性命之精。故其數可陳，其義難知。知其義而又能敬守之，以體其實焉，則所謂「能以禮讓爲國」者，雖先王所以治天下，其道不出乎是。此禮之義之所以爲尊也。○朱子曰：此蓋秦火之前，典籍具備之時之語，固爲至論。然非得其數，則其義亦不可得而知矣。況今亡逸之餘，數之存者不能什一，則尤不可以爲祝、史之事而忽之也。

天地合，而后萬物興焉。夫昏禮，萬世之始也。取於異姓，所以附遠厚别也。

釋文：取音娶，本又作「娶」。遠，皇于萬反。别，兵列反。

孔氏曰：天氣下降，地氣上騰，天地合配，則萬物生焉。夫婦合配，則子姓生焉。娶異姓者，所以依附疏遠之道，厚重分别之義也。方氏慤曰：必取於異姓，所以附遠；不取同姓，所以厚别。

幣必誠，辭無不腆，告之以直信。信，事人也。信，婦德也。壹與之齊，終身不改，故夫死不嫁。釋文：腆，天典反。事，側吏反，又如字。○鄭註：齊，或爲「醮」。○今按：事如字。

幣，謂納徵之幣。誠，實也。幣必誠，謂不以沽惡之物，昏禮記云「皮帛必可制」，是也。腆，善也。辭無不腆者，謂納幣之辭，不自謙言皮帛不善。幣必誠，信也；辭無不腆，直也。斯二者，所以告婦以正直誠信之道也。信者，人之所以事人。婦以事夫，其德以信爲本，故於納徵之幣與辭，而先有以示之如此。上言「直信」，而下但云「信」者，言「信」則直在其中矣。齊，謂共牢同尊卑也。壹與之齊，終身不改，惟其信而已。陸氏佃曰：凡謙辭，言「不腆」。據聘禮：「主人曰：『不腆先君之祧，既拚以俟矣。』」春秋傳曰：「不腆敝器，不足辭也。」又曰：「不腆先君之敝器，使下臣致諸執事以爲瑞節。」今辭不云「不腆」，告之以直信也。○顧氏炎武曰：「歸妹，人之終始也」，先王於此有省文尚質之意焉。故辭無不腆無辱。告之以直信，曰：「先人之禮而已。」所以立生民之本，而爲嗣續之源。故以内心爲主，而不尚乎文辭也，非徒以教婦德而已。

男子親迎，男先於女，剛柔之義也。天先乎地，君先乎臣，其義一也。釋文：迎，魚敬反。先，悉見反。

男子親迎，是男先於女也。所以然者，男剛而女柔，剛之德主乎進，柔之德主於退。非獨昏姻如此，至於天地君臣，其義亦然。故天道資始，而地道代終，君務於求賢，而臣恥於自衒也。

執摯以相見，敬章別也。男女有別，然後父子親；父子親，然後義生。義生然後禮作，禮作然後萬物安。無別無義，禽獸之道也。釋文：贄音至，本亦作「摯」。

摯，謂親迎所奠之雁也。章，明也。執摯相見者，賓主之道，今乃於夫婦之間行之，所以致其恭敬，以明男女有別，而其交接不可以苟也。有夫婦然後有父子，故父子之親由於男女之別；有父子然後有君臣，故君臣之義由於父子之親。有君臣然後有上下，有上下然後禮義有所錯，故義生而後禮作。人無禮則危，有禮則安，故禮作而後萬物安。由男女有別，而遞推其所致如此，所以深明男女之別之重也。

壻親御授綏，親之也。親之也者，親之也。敬而親之，先王之所以得天下也。

親御，謂御婦車也。授綏，授婦綏以升也。婦本有御者，壻必親御授綏，所以示身親其事也。必身親其事者，所以致其親愛於婦也。執摯相見，所以爲敬；親御授綏，所以爲親。敬則夫婦之禮肅，而無燕暱之傷；親則夫婦之情篤，而無睽離之患。化起於閨門，而風行於四海，先王之所以得天下，其道不外乎是也。

出乎大門而先，男帥女，女從男，夫婦之義由此始也。婦人，從人者也：幼從父兄，嫁從夫，夫死從子。夫也者，夫也。夫也者，以知帥人者也。釋文：先，如字，又悉遍反。知音智。○鄭註：夫，或爲「傅」。

大門，婦家之大門也。先，壻車先行也。夫婦之義由此始者，婦未出父家，猶未成其爲婦，出乎大門，則夫全乎其爲夫，婦全乎其爲婦，一帥一從，而尊卑唱隨之義定矣。自「婦人從人」以下，又以申明男帥女、女從男之義也。夫也者，夫也，言夫乃丈夫之稱。丈夫乃有才智者之名，左傳「成師以出，聞敵强而退，非夫也」，是也，故曰「以知帥人者也」。

玄冕齊戒，鬼神陰陽也。將以爲社稷主，爲先祖後，而可以不致敬乎？

孔氏曰：案昏禮，士昏用爵弁。爵弁是士之上服，則天子以下皆用上服。五冕色通玄，故總稱玄冕。陰陽，謂夫婦著祭服而齊戒親迎，是敬此夫婦之道如事鬼神，故曰「鬼神陰陽也」。妻爲内主，故有國者是爲社稷内主也。嗣廣後世，是爲先祖後也。明如此之重，不可不致敬，所以冕而親迎也。

共牢而食，同尊卑也。故婦人無爵，從夫之爵，坐以夫之齒。二牲以上謂之牢。士昏用爵弁，而上云「玄冕」，士昏用特豚，而此云「共牢」，皆謂大夫以上之禮也。共牢者，謂用一牢而夫婦共食之，不別俎也。牢禮以爵等爲差，夫婦共牢，以其尊卑同也。婦人無爵，從夫之爵者，婦人無受爵命之法，其夫受爵命，則其妻之爵從之也。坐以夫之齒者，謂兄弟之妻，其娣姒之序，不以己之年而以夫之年也。

器用陶、匏，尚禮然也。三王作牢，用陶、匏。陶，謂以瓦爲尊、敦之屬。匏，謂以匏爲爵也。士昏禮食畢，夫婦皆三酳：初酳、再酳用爵，三酳用巹。巹，半匏也。以一匏分而爲二，夫婦各用其一以酳也。尚，上通。尚禮然，謂上古之禮器如是也。鄭氏曰：太古無共牢之禮，三王之世作之，而用太古之器，重夫婦之始也。

厥明，婦盥饋。舅姑卒食，婦餕餘，私之也。舅姑降自西階，婦降自阼階，授之室也。釋文：盥音管。一本無「婦盥饋」三字。

孔氏曰：厥，其也。其明，謂共牢之明日也。食餘曰餕。私猶恩也。明日，婦見舅姑，盥饋特豚，舅姑食特豚之禮竟，以餘食賜婦，此示舅姑相恩私之義也。 愚謂盥饋，言致潔以饋也。孔氏言「盥饋特豚」，此據士昏禮言之，若大夫以上，有不止於特豚者矣。 舅姑降自西階，婦降自阼階，謂盥饋之明日，舅姑饗婦以一獻之禮，既饗而降也。 授之室者，西階爲客階，阼階爲主階，舅姑自由客階降，使婦由主階降，明以室事授之，而使爲家主也。 盥饋、授室，皆謂適婦之禮，若庶婦則不饋，舅姑亦不饗之，無著代之事也。

昏禮不用樂，幽陰之義也。樂，陽氣也。昏禮不賀，人之序也。

陳氏祥道曰：大司徒：「以陰禮教親，則民不怨。」昏之爲禮，其陰禮與？古之制禮者，不以吉禮干凶禮，不以陽事干陰事。 昏禮不用樂，幽陰之義也。 方氏慤曰：孔子曰：「取婦之家，三日不舉樂，思嗣親也。」彼言「思嗣親」，此言「幽陰之義」者，蓋有所思者，固欲其幽陰也。經云「齊之玄也，以陰幽思也」，是矣。 愚謂昏爲陰禮，而樂爲陽氣，故昏禮不用樂，與食、嘗無樂同義。 然既昏之後，猶不遽舉樂者，則以思嗣親之故，此與曾子問各據一義而言之也。 序，謂相傳之次第也。 昏禮，舅姑授婦以室，子有傳重之端，則親有代謝之勢，人子之所不忍言也，故不賀。 ○自「天地合而萬物興」至此，明昏禮之義。

有虞氏之祭也，尚用氣。血、腥、爓祭，用氣也。 「血、腥、爓祭」爲句。 鄭注：爓，或爲

「𦡆」。

鄭氏曰：尚，謂先薦之。　孔氏曰：尚謂貴尚，祭祀之時，先薦之也。血，謂祭初以血詔神於室。腥，謂朝踐薦腥肉於堂。爓，謂沈肉於湯次，腥亦薦於堂。以血、腥、爓三者而祭，是用氣也。以其並未熟，故云「用氣」。　愚謂用氣者，血、腥、爓三者皆不可食，但用其氣以歆神也。有虞氏祭禮不可考。禮運曰「薦其血、毛，腥其俎，孰其殽」，則三者之祭乃周之所因於夏、殷，而夏、殷所因於唐、虞者也。有虞氏尚氣，故於饋孰之前，先薦此三者，而後王因之而不變也。○自此以至篇終，皆明祭祀之禮。

殷人尚聲，臭味未成，滌蕩其聲。樂三闋，然後出迎牲。聲音之號，所以詔告於天地之間也。 釋文：滌音狄，又同弔反。三，如字，徐息暫反。

臭味未成，謂未殺牲之先，未有血、腥，故臭未成；未合亨饋孰，故味未成也。滌蕩者，播散之意。闋，止也。殷人先求諸陽，故作樂三闋以降神，而後迎牲。樂爲陽氣，聲音之呼號，所以詔告於天地之間，與魂氣之陽相感召也。○凡正樂有四節，而降神惟三闋。大司樂：「尸出入，奏肆夏。」左傳云：「金奏肆夏之三。」是尸入奏肆夏，亦奏肆夏之三矣。蓋大饗之納賓，祭祀之納尸與降神，其事相類，故樂皆以三爲節。商頌那之篇曰：「猗與那與！置我鞉、鼓。奏鼓簡簡，衎我烈祖。」此降神之樂也。又曰：「湯孫奏假，綏我思成。鞉、鼓淵淵，嘒嘒管聲，既和且平，依我磬聲。於赫湯孫，穆穆厥聲。庸鼓有斁，萬舞有奕。我有嘉客，亦不夷懌。」此正祭之樂也。大司樂：「奏無射，歌夾鍾，舞大武，以享先祖。」歌夾鍾，升歌也。舞大武，合舞也。「奏無射」在「歌夾鍾」之上，降神之樂也。降神三闋，而但言「奏無射」，豈三奏皆用無射之調與？抑或舉其一以該其三，若尸入奏肆夏之三，而但言「肆夏」與？大司樂又云：「黄鐘爲宫，大吕爲角，大簇爲徵，應鐘爲羽，路鼓、路鼗，陰竹之管，龍門之琴瑟，九德之歌，九磬之舞，於宗廟之中奏之。」此謂大禘、大祫之樂，故「黄鐘」以下有四調，蓋其上二調亦用以降神與？若然，則大禘、大祫降神有六闋矣。疏家謂大司樂「黄鐘」以下皆爲降神之樂，然商頌言正祭之樂詳，言降神之樂略，又大司樂言「奏無射」，則降神之樂蓋止以鐘鼓或笙管奏之，如尸入奏肆夏之比，而不升歌、合舞也。大司樂「黄鐘爲宫」以下，有琴瑟與管，則升歌、下管之器也。有九德之歌，九磬之舞，則合舞之事也。必非徒用以降神者矣。

周人尚臭，灌用鬯臭，句。鬱合鬯，句。臭陰達於淵泉。灌以圭璋，用玉氣也。既灌然後迎牲，致陰氣也。蕭合黍、稷，臭陽達於牆屋，故既奠然後焫蕭合羶、薌。凡祭慎諸此。釋文：鬱字又作「鬰」。焫，如悅反。合，如字，徐音閤。羶，依註音馨，許經反。薌音香。○鄭註：奠，或爲「薦」。○今按：羶如字。

鄭氏曰：灌，謂以圭瓚酌鬯，始獻神也。已，乃迎牲於庭殺之，天子諸侯之禮也。奠，謂薦孰時，特牲饋食禮所云「祝酌奠于鉶南」是也。蕭，薌蒿也，染以脂，合黍、稷燒之。詩云：「取蕭祭脂。」孔氏曰：饋孰有黍、稷，此云「蕭合黍、稷」，故知當饋孰時。愚謂臭，香氣也。鬯，秬鬯也。釀黑秬黍爲酒，芬芳鬯達，故謂之鬯。灌用鬯臭，言灌地降神，用秬鬯之香氣也。鬱，鬱金，香草也。鬱合鬯，言秬鬯之酒，煑鬱金香草以和合之也。曰「臭陰」者，酒醴之質下潤也。達於淵泉，言其所達之深，而足以感乎死者之體魄也。灌用圭、璋者，灌鬯盛以玉瓚，以圭、璋爲之柄也。用玉氣者，玉氣潔潤，言非但鬱鬯是用臭，圭、璋亦用臭之義也。既灌然後迎牲，周人先求諸陰也。蕭，香蒿也。蕭合黍、稷，謂以香蒿合於黍、稷而燔之也。曰「臭陽」者，燔燎之氣上升也。達於牆屋，言其所達之高，而足以感乎死者之魂氣也。既奠然後焫蕭合羶、薌，此明焫蕭之節也。奠，謂奠爵於鉶南也。焫，燒也。薌與香同。羶、薌，牛羊腸間脂也。羊膏羶，牛膏薌，周禮庖人「春行羔豚，膳膏薌」，「冬行鱻羽〔一〕，膳膏

〔一〕「冬」，原本作「秋」，據周禮庖人改。

羶」，是也。特牲禮尸未入時，設饌饗神，「祝酌奠于鉶南」。天子諸侯之祭，朝踐時事尸於堂，朝踐禮畢，尸未入室，亦先設饌於室，而酌酒奠之，然後焫蕭合羶、薌，迎尸入室而行饋孰之禮也。焫蕭合羶、薌，并有黍稷，上言「合黍、稷」，下言「合羶、薌」，亘相備也。灌用鬱鬯，所以求諸陰，焫蕭所以求諸陽，凡祭慎諸此者，周人尚臭，故於此灌與焫蕭之時尤致其慎也。○鄭氏小宰註云：「凡鬱鬯，受祭之，啐之，奠之。」此別無他據，蓋見特牲禮尸入，舉鉶南之奠觶，「祭酒、啐酒、奠觶」，遂據以推受祼之禮耳。不知鉶南之觶奠也，與祭饌並設，而在獻數之外者也，則但當啐之而已；鬱鬯之祼獻也，不與祭饌並設，而在獻數之內者也，則不但啐之而已也。宗廟之大饗，賓客之大饗，始皆有祼，其禮當相放。前「賓入門」章云：「卒爵而樂闋。」此爵即祼獻之爵，而云「卒爵」，則尸於鬱鬯亦卒爵，賓飲卒爵而酢主人，則尸卒爵亦當酢王，但獻尸無酬爵耳。飲鬱鬯之法，見於顧命。顧命云：「王受同、瑁，三宿、三祭、三咤。」又云：「大保受同，以異同秉璋以酢。」同，爵名。蓋圭瓚口徑八寸，不可以飲，故注之於同而祭之飲之，此飲鬱鬯之法也。圭瓚受五升，既以注於同者飲之，其餘鬯在瓚，仍陳於尸前，故典瑞云：「祼圭有瓚，以肆先王，以祼賓客。」肆，謂陳之也。或言「肆」，或言「祼」，互見之爾。人君饋孰之始，鉶南之奠亦酌於瓚，說見後。下文所謂「舉斝、角，詔妥尸」，是也。此則尸祭之、啐之而不飲者也。

魂氣歸于天，形魄歸于地，故祭，求諸陰陽之義也。殷人先求諸陽，周人先求諸陰。

魂氣歸於天者，陽也。形魄歸於地者，陰也。故祭祀之義，求諸陰陽而已。棫樸美文王而曰「奉璋峨峨」，則殷未嘗不灌而以求諸陽爲先也。大司樂言「奏無射」，「以享先祖」，則周未嘗無降神之樂而以求諸陰爲先也。殷人先求諸陽，先作樂而後灌也。周人先求諸陰，先灌而後作樂也。祭義云「建設朝事」，「以報氣也」，則有虞氏之尚氣，亦所以求諸陽。不言者，可知也。馬氏晞孟曰：有虞氏尚氣，殷人從而文之，故尚聲；殷人既尚聲，周人從而文之，故尚臭。周人既求諸陰，又求諸陽，則知有虞氏之用氣，非不用味也；殷人先求諸陽，非不求諸陰也。謂之尚氣，謂之尚聲，謂之尚臭，皆以始言之，而其意各有所主也。

詔祝於室，坐尸於堂，用牲於庭，升首於室。直祭祝于主，索祭祝于祊。不知神之所在，於彼乎，於此乎？或諸遠人乎？祭于祊，尚曰求諸遠者與？釋文：遠人，徐于萬反。與音餘。

此因上文言「求諸陰陽」而備言求神之法也，與禮器「納牲詔於庭」一章語意大同小異。詔祝於室，謂初殺牲時，以幣告神於室，即禮器云「血、毛詔於室」也。坐尸於堂，謂既告殺，尸出坐於户西，南面，而行朝踐之禮，即禮器云「設祭於堂」也。用牲於庭，謂納牲於庭而殺之，即禮器云「納牲詔於庭」也。此時尸尚在室。升首於室，謂殺牲而升其首於室中北墉下也。此時尸出在堂，薦腥之前也。直，正也。直祭祝于主，謂正行祭禮，則祝釋辭於主也，亦禮器「設祭於堂」之事也。索，求也。索祭祝于祊，謂求神之時，則祝釋辭於門外之祊，即禮器云「爲祊於外」也。以不知神之所在，故其求之之徧如此。尚，庶幾也。自室至堂，自堂至庭，自庭至祊，而祊爲最遠，於至遠之所而無不求焉，庶幾其可以得之與？○鄭氏曰：朝事，延尸於户西，南面，布主席東面，取牲膟膋，燎于鑪炭，洗肝于鬱鬯而燔之，入以詔神於室，又出以墮于主，主人親制其肝，所謂「制祭」也。時尸薦以籩、豆，至薦孰，乃更延主于室之奧，尸來升席，自北方，坐于主北焉。　愚謂禮運疏云：「朝踐之時，尸出於室，大祖之尸坐於户西，南面，昭在東，穆在西，主皆在其右。」此註則謂「尸南面，主東面」。然尸入室時坐於主北，則尸、主同面，不應在堂時獨異。且堂上之位，以南面爲尊，不應尸南面而主反東面也。又坐於户西，謂大祖之尸也。大祖之尸、主不同面，則羣廟之尸、主或東或西，或南或北，參差淆雜，必無是禮。當以禮運疏爲是。朝踐燔膟膋，及洗肝而祭之，謂之制祭，鄭於禮器及此注皆言之。然焫蕭在饋孰時，不在朝踐，制祭乃漢禮，於經亦無所見也。說詳禮器。

祊之爲言倞也，肵之爲言敬也。富也者，福也。首也者，直也。相，饗之也。嘏，長也，大也。尸，陳也。釋文：倞音諒。肵音祈。嘏，古雅反。相，息亮反。長，直良反，徐知兩反。○鄭註：倞，或爲「諒」。富也者，福也，或曰「福也者，備也」。直，或爲「犆」。

鄭氏曰：倞猶索也。肵也者，敬也，爲尸有肵俎，此訓也。富也者，福也，人君嘏辭有富，此訓之也。首也者，直也，訓所以升首祭也。相，謂詔侑也。詔侑尸者，欲使饗此饌也。特牲饋食禮曰：「主人拜妥尸，尸答拜，執奠，祝饗。」嘏，長也，大也，主人受祭福曰嘏，此訓也。尸或詁爲主，此尸神象，當從主訓之，言「陳」非也。孔氏曰：特牲、少牢尸祭饌訖，祝取牢心舌，載于肵俎，設于饌北，尸每食牲體，反置于肵俎。是主人敬尸之俎也。人君嘏辭有富者，少牢云：「皇尸命工祝承致多福無疆于女孝孫，使女受禄于天，宜稼于田，眉壽萬年，勿替引之！」此是大夫嘏辭也。人君則福慶之辭更多，故詩楚茨云「永錫爾極，時萬時億」，「卜爾百福，如幾如式」，是也。直，正也。言首爲一體之正。嘏，長也，大也，尸嘏主人，欲其長久廣大也。愚謂倞，遠也。祊也者，倞也，此因上文求諸遠之義而釋之也。直，正也。牲體載之尸俎者，但其右胖耳，惟首則全升之，故爲體之正。嘏，長也，大也，言福之長久而廣大也。尸以象神，神無形而尸陳見，故曰「尸，陳也」。

毛、血，告幽全之物也。告幽全之物者，貴純之道也。血祭，盛氣也。祭肺、肝、心，貴氣主也。祭黍稷加肺，祭齊加明水，報陰也。取膟膋燔燎升首，報陽也。釋文：齊，才細反，下「涚齊」同。膟音律。膋，力彫反。

毛、血，謂初殺牲時取毛、血以告尸於室，所謂「血、毛詔於室」也。血以告幽，表其内之無所傷；毛以告全，表其外之無所雜。純，謂内外皆善也。血祭，盛氣，謂取血非但告幽，又所以明其氣之盛也。血陰而氣陽，氣不可見而陰陽相資，故因血以表氣也。祭肺、肝、心者，肺載於正俎，肝以從獻，心載於肵俎也。貴氣主者，肺以藏魄而爲氣主，心肝亦與肺相附著，故皆以氣主言之。牲之五藏，惟用其三者，蓋肺、肝、心在前，故貴之，脾腎在後，故賤之，猶貴肩賤髀之義也。祭黍、稷，謂饋孰時也。此所謂祭，皆謂薦之於尸，非祭於豆間之祭，疏以「綏祭」解之，與記言「報陰」意不合。肺有離肺，有刌肺。離肺亦謂之舉肺，尸之所用以食者也；刌肺亦謂之祭肺，尸之所用以祭者也。此云「加肺」，謂離肺也。祭齊，謂以五齊獻於尸也。加明水，謂設五齊，以明水配之也。膟膋，腸間脂也。取膟膋燔燎，即所謂「焫蕭合羶、薌」也。升首，謂升首於室也。魂氣爲陽，體魄爲陰。黍稷、牲體、酒醴之屬，可以飲食而以味饗神者也，故曰「報陰」。燔燎、升首，不可以飲食，而以氣歆神者也，故曰「報陽」。○禮運云：「薦其血、毛。」禮器云：「血、毛詔於室。」郊特牲云：「毛、血，告幽全之物也。」又曰：「血祭，盛氣也。」此皆謂初殺牲時，取毛、血以告於室也。而註疏或以爲在室，或以爲在堂，而祭血有二時矣。郊特牲云：「蕭合黍稷，臭陽達於牆屋，故既奠然後焫蕭合羶、薌。」又云：「取膟膋燔燎。」祭義云：「燔燎羶、薌，覸以蕭光。」此皆謂饋孰之初也。而註疏或以爲饋孰時，或以爲朝踐時，而燔燎有二時矣。禮器云：「爲祊乎外。」郊特牲云：「祊之於東方。」又云：「索祭祝于祊。」祭統：「詔祝於室而出於祊。」此皆謂正祭求神也。而註疏或以爲正祭，或以爲繹祭，而祊有二名矣。此皆先儒繆誤之説，所當辨正者也。

明水涚齊，貴新也。凡涚，新之也。其謂之明水也，由主人之絜著此水也。釋文：説，始鋭反，又作「涚」。○鄭註：涚齊，或爲「汎齊」。

涚猶清也。凡酒初成必濁，以清者和而泲之，謂之涚。涚齊，謂五齊皆涚之也。新，謂明潔也。祭祀取明水於月，及涚五齊之酒，皆爲貴其明潔也。凡涚，新之也，釋涚齊之義，言主人之所以涚此酒者，致其新潔以敬鬼神也。「其謂之明水也」以下，又申明水之意。著，成也。主人齊潔，此水乃成，以見所謂新者之不徒在乎外也。

君再拜稽首，肉袒親割，敬之至也。敬之至也，服也。拜，服也。稽首，服之甚也。肉袒，服之盡也。

孔氏曰：言君所以再拜稽首，及肉袒親割，是恭敬之至極，恭敬之至極，乃是服順於親也。拜，服也，又釋「再拜」之文，拜者是服順於親也。稽首，服之甚也，釋「稽首」之文，拜既是服，稽首，首至於地，是服之甚極也。肉袒，服之盡也，釋「肉袒」之文，言心雖内服，外貌不盡，今肉袒去飾，是服之竭盡也。

祭稱「孝孫」、「孝子」，以其義稱也。稱曾孫某，謂國家也。

孔氏曰：祭稱孝孫，對祖爲言；稱孝子，對禰爲言。義，宜也。事祖、禰宜行孝道，故以義而稱孝也。國，謂諸侯。家，謂大夫。既有國家之尊，不但祭祖、禰，更祭曾祖以上，但自曾祖以上，唯稱曾孫而已，言已是曾重之孫。

祭祀之相，主人自致其敬，盡其嘉，而無與讓也。

庾氏蔚曰：賓主之禮，相告以揖讓之相，謂詔侑也。敬，謂内心之肅。嘉，謂外儀之善。祭祀之禮，則是主人自致其敬，盡其善，故詔侑尸者，不告尸以讓，是其無所讓也。

腥肆、爓、腍祭，豈知神之所饗也？主人自盡其敬而已矣。釋文：肆，敕歷反。腍，而審反。○鄭註：爓，或爲「膶」。

腥，腥肉也。肆，剔也，謂豚解也。士喪禮：「特豚，四鬄，去蹄，兩胉，脊。」蓋豚解有七體：殊左右肩、髀而爲四，又兩胉一脊而爲七也。腥肉用豚解之法解之，故曰「腥肆」。爓，湯沈也。腍，熟也。爓與腍，皆體解也。祭祀或進腥，或進爓，或進熟，豈知神之何所饗，但主人自盡其敬心，故備用之以祭耳。

舉斝、角，詔妥尸。古者尸無事則立，有事而后坐也。尸，神象也。祝，將命也。

鄭氏曰：妥，安坐也。尸始入，舉奠斝若奠角，祝則詔主人拜，妥尸，使之坐。尸即至尊之坐，或時不自安，則以拜安之也。天子奠斝，諸侯奠角。愚謂特牲禮祭初設饌饗神，「祝酌奠于鉶南」，「尸入，即席坐，主人拜妥尸，尸答拜，執奠，祝饗」。天子諸侯之祭，於堂上行朝踐禮畢，尸將入室，亦先於室中設饌酌奠。斝、角，所奠之爵也。斝，殷爵名。四升曰角。尸入，即席坐，舉所奠之爵，則主人拜以妥尸，此饋食未食之先也。楚茨之詩曰：「以爲酒食，以享以祀，以妥以侑。」此妥尸當饋食之節明矣。人君祭自灌獻始，饋孰乃酌奠者，蓋鉶南之奠，與祭饌俱設者也。灌獻時無饌，朝踐雖有籩、豆，而俎惟腥、爓，至合亨、饋孰，而俎、簋、籩、豆備設，於是奠觶鉶南，鄭註少牢禮謂「酒尊要成」是也。尸入舉奠，蓋以饌多不可偏執，而酒所以要饌之成，故特執之，以示其饗之之意也。祭初，尸已入室而坐，至此乃拜妥尸者，蓋灌獻一時之事耳，自饋食以至祭末，禮節多而爲時久，故恐尸之不安，而拜以安之也。少牢禮尸不執奠，避人君也。特牲禮「拜妥尸，尸答拜」，乃「執奠」，此舉斝、角乃拜妥尸，人君禮與士異也。古者尸無事則立，有事而後坐，謂夏時也。有事，謂飲食之事也。言此者，以明殷、周以來，尸即無事亦坐，所以有拜妥尸之禮也。尸，神象者，鬼神無形，立尸以象之也。祝，將命者，祝以傳達主人與神之辭命也。○禮運「醆斝及尸君，非禮也」，則斝惟天子用之。周禮鬱人：「與量人受舉斝之卒爵而飲之。」量人：「凡宰祭，與鬱人受斝歷而皆飲之。」蓋鉶南之奠，至上嗣舉奠飲之，還洗酌入，尸受祭之、啐之、奠之，祭畢，則鬱人、量人飲之。言「舉斝之卒爵」，以見其爲上嗣所飲而復奠之爵也。歷與瀝同。言「斝歷」，以見其爲尸所祭所啐之餘也。飲奠斝之卒爵以鬱人與量人者，蓋以嗣子舉奠食肝，而量人制從獻之脯燔，與鬱人和鬱鬯，其事相成也。然則天子酌奠用鬱鬯，於此可見矣。諸侯舉角，雖於禮無考，然「斝」「角」連文，則其爲諸侯禮可知。觶止爲酬爵，而角則特牲禮用以獻尸，是角尊於觶，故少牢、特牲禮皆奠觶，而諸侯奠角也。

縮酌用茅，明酌也。

鄭氏曰：謂泲醴齊以明酌也。司尊彝曰：「醴齊縮酌。」五齊，醴尤濁，和之以明酌，藉之以茅，縮去滓也。春秋傳曰：「爾貢包茅不入，王祭不共，無以縮酒。」明酌者，事酒之上也。酌猶斟也。酒已泲，則斟之以實尊、彝。孔氏曰：三酒之中，事酒尤濁，五齊之中，醴齊尤濁，故以事酒泲醴齊也。不云「泛齊」者，與醴齊同也。愚謂周禮司尊彝：「凡六彝、六尊之酌，鬱齊獻酌，醴齊縮酌，盎齊涚酌，凡酒脩酌。」人君祭用鬱鬯、五齊、三酒，惟三酒人所共知，而鬱鬯、五齊則自禮制久廢，時人無有能知之者，故記者就司尊彝之文，釋之以曉人，此釋醴齊縮酌之義也。凡酒新成必濁，用清者和之，又用筐筥之器泲之，以去其糟滓，謂之涚；又用茅藉泲酒之器，謂之縮。五齊皆涚，而醴齊尤濁，必縮而涚之乃可酌，故曰「縮酌」。縮醴齊用茅者，取其潔白也。曰「明酌」者，言涚醴齊用事酒也。○周禮「五齊、三酒」，鄭氏云：「泛齊者，成而滓浮，泛泛然如今宜成醪矣。醴齊，醴猶體也，成而汁滓相將，如今恬酒矣。盎齊，盎猶翁也，成而翁翁然葱白色，如今酇白矣。醍齊者，成而紅赤，如今下酒矣。沈齊者，成而滓沈，如今造清矣。自醴以上尤濁，盎以下差清。事酒，酌有事者之酒，其酒則今之醳酒也。昔酒，今之酋久白酒，所謂舊醳者也。清酒，今中山冬釀，接夏而成。」

醆酒涚于清，

此釋司尊彝「盎齊涚酌」之説也。鄭氏曰：謂涚醆酒以清酒也。醆酒，盎齊。盎齊差清，和之以清酒，涚之而已。涚盎齊必和以清酒者，皆久味相得。孔氏曰：盎齊和以清酒而後涚之，不用茅，以其差清。醍齊、沈齊，涚之與醆酒同。

汁獻涚于醆酒，釋文：汁，之十反。獻，依註爲「莎」，素何反。

此釋司尊彝「鬱齊獻酌」之説也。鄭氏曰：謂涚秬鬯以醆酒也。獻當讀爲莎，齊語聲之誤也。秬鬯中有煮鬱，和以盎齊，摩莎涚之，出其香汁，因謂之汁獻。不以三酒涚秬鬯者，秬鬯尊也。

猶明、清與醆酒于舊澤之酒也。釋文：澤，依註讀爲醳，音亦，徐詩石反。

鄭氏曰：猶，若也。澤讀爲醳。舊醳之酒，謂昔酒也。涚醴齊以明酌，涚醆酒以清酒，涚汁獻以醆酒，天子諸侯之禮也。天子諸侯禮廢，時人或聞此而不知，云「若今明酌、清酒與醆酒，以舊醳之酒涚之矣」，就其所知以曉之也。涚清酒以舊醳之酒者，爲其味厚腊毒也。孔氏曰：作記之時，明酌、清酒與醆酒，皆涚於舊醳之酒。古禮廢亡，就今日所知，以曉古者涚酒之事。愚謂凡酒速釀則味薄，久釀則味厚。味薄者尊，味厚者卑，反古復本之義也。

事酒因事而作，成最速，味最薄；昔酒爲酋久白酒，味差厚；清酒冬釀，接夏而成，味最厚。沸酒之法，皆以薄者涚於厚者，而作記時以清酒涚於舊醳之酒，則反是。蓋爲清酒味過厚，故用昔酒之稍薄涚之，以殺其毒，與他涚酒之意異也。

祭有祈焉，有報焉，有由辟焉。釋文：辟，依註作「弭」，亡妣反。○方氏辟讀婢亦反。

鄭氏曰：祈猶求也。謂祈福祥，求永貞也。報，謂若穫禾報社。由，用也。辟讀爲弭，謂弭灾兵，遠罪疾也。方氏慤曰：欲彼之有予也，故有祈以求之，若噫嘻「祈穀於上帝」，載芟「祈社稷」之類是也。因彼之有施也，故有報以反之，若豐年之「秋冬報」，良耜之「秋報社稷」是也。慮彼之有來也，故有辟以去之，若月令之「磔攘」「開冰」，而用桃弧棘矢以辟去不祥是也。於辟又言「由」者，以非祭之常禮，或有所以而用之故也。然禮器言「祭祀不祈」者，彼之所言，蓋爲己耳；此之所言，主爲民也。

齊之玄也，以陰幽思也。故君子三日齊，必見其所祭者。

齊之玄，謂齊服玄冠、玄衣、玄裳也。大夫士齊服玄端、玄裳，人君玄冕、玄衣、玄裳。蓋玄者幽陰之色，陽明則發散於外，幽陰則收斂於内。君子服以稱情，齊服幽陰之色，欲使稱其服，以專思慮於親也。思慮專，故三日齊，必見其所祭者。

禮記卷二十七

内則第十二之一

别録屬子法。

朱子曰：此古經也。又曰：鄭氏以爲記男女居室事父母舅姑之法，閨門之内，儀軌可則，故曰内則。此必古者學校教民之書。○趙氏師曰：内則一篇，文理密察，法度精詳，見古先聖王所以厚人倫、美教化者無所不用其全。某疑中間似有難看處，如「飯黍、稷、稻、粱」止「士於坫一」一節，與上下文似不相蒙，豈特載此因以著夫貴賤品節之差耶？又「凡養老」止「玄衣而養老」一節，疑王制文重出。不然，亦豈先王之成法，因子事父母而達之天下，以及人之老耶？又「曾子曰『孝子之養老』」一節，雖承上章「養老」之文而云，然此篇既曰「后王命冢宰降德于衆兆民」，則是古昔盛時朝廷所下教命，恐不應引曾子之言，某疑他簡脱誤在此耳。又「凡養老，五帝憲」止「皆有惇史」一節，疑簡錯，或當在上文「玄衣而養老」之下。又「淳熬」止「以與稻米爲酏」一節，亦疑簡錯，恐或當屬上文「冬宜鱻羽，膳膏羶」，及「雉兔皆有芼」之下。自此外數節，上下井井有條，獨此未易曉暢。愚謂自「養老，有虞氏以燕禮」，至「皆有惇史」，與通篇所言不相比附，而文體亦異，疑係他篇脱簡。若以「淳熬」接上「士於坫一」之下，則通篇條理秩然矣。

后王命冢宰降德于衆兆民：

鄭氏曰：后，君也。德猶教也。萬億曰兆。天子曰兆民，諸侯曰萬民。周禮冢宰掌飲食，司徒掌十二教，今一云「冢宰」，記者據諸侯也。諸侯并六卿爲三，或兼職焉。孔氏曰：君，謂諸侯；王，謂天子。蓋雖以諸侯爲主，而雜以天子言之，故又稱「王」及「兆民」也。飲食教令，所掌各有別官，今此篇内既有飲食，又有教令，則篇首當言「命冢宰、司徒」，今惟一云「冢宰」，不言「司徒」，是記者據諸侯并六卿爲三，司徒或兼冢宰之事也。意疑而不定，故稱「或」焉。朱子曰：註疏言「諸侯司徒兼冢宰」，是也。但此言「后王之命」，則冢宰實天子之冢宰耳。蓋周禮大宰「掌建邦之六典」，而二曰「教典」，則教民雖司徒之職，而冢宰無所不統，故以其重者言之。其在諸侯，則亦天子之宰施典於邦國，而諸侯承之以教其民，自不害冢宰爲司徒之兼官也。愚謂后王，天子也。不言「降教」而曰「降德」者，見王者身有此德，乃降之以教於民，所謂「有諸己而後求諸人」也。

子事父母，雞初鳴，咸盥、漱，櫛、縰、笄、總，拂髦、冠、緌、纓、端、韠、紳，搢笏，左右佩用。左佩紛帨、刀、礪、小觿、金燧，右佩玦、捍、管、遰、大觿、木燧，偪，屨著綦。釋文：漱，所救反，徐素遘反。縰，所買反，徐所綺反。韠音必。搢，徐音箭，又音晉。紛，芳云反，或作「帉」，同。帨，始鋭反。觿，許規反，本或作「鑴」。燧音遂。捍，户旦反。遰，時世反，徐作「滯」。偪，本又作「幅」，彼力反。綦，其記反。

鄭氏曰：咸，皆也。縰，韜髮者也。總，束髮也，垂後爲飾。拂髦，振去塵著之。髦用髮爲之，象幼時鬌，其制未聞也。緌，纓之飾也。端，玄端，士服也。庶人深衣。紳，大帶，所以自紳約也。搢猶扱也，扱笏於紳。笏，所以記事也。佩用，自佩也。必佩者，備尊者使令也。紛帨，拭物之佩巾，今齊人有言紛者。刀、礪，小刀及礪礱也。小觿，解小結也。觿貌如錐，以象骨爲之。金燧，可取火於日。捍，謂拾也，言可以捍弦也。管，筆彄也。遰，刀鞞也。木燧，鑽火也。偪，行縢。綦，屨繫也。孔氏曰：此「子」謂男子，以經云「端、韠、紳，搢笏」故也。盥，謂洗手；漱，謂漱口。此據年稍長者，若孺子則晏起，而不能雞初鳴也。縰，韜髮者也。士冠禮云「緇纚長六尺」，鄭云：「纚一幅長六尺，足以韜髮而結之矣。」盧云：「所以裹髻承冠，以全幅疊而用之。」盧説爲優。笄者，著縰既畢，以笄插之。熊氏云：

「此謂安髻之笄，以縰韜髮作髻，既訖，横施此笄於髻中以固髻也。故士喪禮云『笄用桑，長四寸，纋中』，是也。纋中，謂殺其中使細。非固冠之笄，故文在『冠』上。」緫者，裂練繒爲之，束髮之本，垂餘於髻後，以爲飾也。此經所陳，皆依事先後：櫛訖加縰，縰訖加笄，笄訖加緫，然後加髦著冠，冠畢然後服玄端，著韠，又加大帶也。「刀、礪」與「小觿」連文，故知刀爲小刀。玦當作「決」，以象骨爲之，著於右手大指，所以鈎弦闓體。拾，以皮爲之，著於左臂以遂弦，故亦名遂。自「玦當作決」以下至此，見朱子儀禮經傳通解所採孔疏，今本禮記註疏及衛氏集説皆無之。刀鞞之刀，大於左廂刀也。晴則以金燧取火於日，陰則以木燧鑽火。左旁用力不便，故佩小物；右廂用力爲便，故佩大物。皇氏云：「屨頭施繫，以爲行戒。」或云：屨上施繫，以結於足也。陳氏祥道曰：詩曰「赤芾在股，邪偪在下」，蓋以幅帛邪纏於足，故謂之邪偪，所以自偪束也，故謂之偪。男子事父母有偪，詩諸侯朝天子有偪，則凡行皆有偪。特婦人不用，故婦事舅姑無偪。朱子曰：屨繫，或説爲是，爲行戒者絢也。愚謂子事父母，謂男子已冠者也。下文言「男女未冠笄者」，而不顯女子已笄者之禮，蓋女子笄則適人，故略之。其或在室者，則其禮與子婦同也。婦人吉緫尺有二寸，則男子之緫亦然。刀皆有鞞，左言「刀」，右言「遰」，互見之爾。觿，錐也。字或作「鑴」，是有以金爲之者。小觿以解小結，大觿以解大結。「大觿」與「木燧」相連，蓋鑽燧亦用之也。金燧，以金爲之，考工記「金錫半謂之鑒燧之齊」，是也。司烜氏「掌以夫遂取明火于日，以鑒取明水于月」，鄭云：「夫遂，陽遂也。」成伯璵謂「冬至日子時鑄銅爲鑒，謂之陽遂；夏至日午時鑄銅爲鑑，謂之陰鑒」。是金遂亦鑒類，其狀相似，欲取火則向日照之，以引取其火也。木燧，以木爲之，春用榆柳，夏用棗杏，夏季用桑柘，秋用柞楢，冬用槐檀，用鑴鑽之以出火，論語云「鑽燧改火」是也。火出於日者屬陽，故金燧佩於左；火出於木者屬陰，故木燧佩於右。左所佩凡五物，奇數，陽也。右所佩凡六物，偶數，陰也。◯孔疏謂「玄冠有纓約，有纓者無笄」，蓋以士冠禮皮弁、爵弁有笄，而於冠不言笄耳。然士冠禮初加之冠乃大古之緇布冠，其制質略，不獨無笄，且無武矣，未可據此以決玄冠之制也。冕、弁有紘又有笄，冠有纓，何必無笄乎？國語范武子以杖擊文子，「折委笄」，註謂「委貌之笄」，則冠之有笄見於此矣。男子有二笄：一爲固髮之笄，一爲固冠之笄。此言「笄」在「冠」上，則爲固髮之笄，而非固冠之笄也。

婦事舅姑，如事父母：雞初鳴，咸盥、漱，櫛、縰、笄、總，衣紳。左佩紛帨、刀、礪、小觿、金燧，右佩箴、管、線、纊，施縏袠，大觿、木燧，衿纓、綦屨。釋文：如父母，一本作「如事父母」。衣如字，又於既反。箴，之林反。線，本又作「綫」，息賤反。纊音曠。縏，字又作

「槃」，同步干反。袠，陳乙反，又作「帙」。衿，本又作「紟」，其鴆反。嬰，又作「纓」。

鄭氏曰：笄，今簪也。衣紳，衣而著紳。鞶，小囊也。鞶袠言「施」，明爲箴、管、線、纊有之。衿猶結也。婦人有纓，示繫屬也。孔氏曰：婦人之笄，喪服所謂「女子吉笄尺二寸」者也。但婦人之笄異於上男子笄、縰乃皮弁、爵弁之笄，故鄭以簪解之也。衣，謂玄綃衣。熊氏云：「袠，刺也。」以鍼刺袠而爲鞶囊，故云「鞶袠」也。餘物皆不言「施」，獨於「箴、管、線、纊」之下而言「施鞶袠」，明爲四物而施矣。鄭註士昏禮云：「婦人十五許嫁，笄而禮之，因著纓，明有繫。蓋以五采爲之，其制未聞。」未笄無纓。下「男女未冠笄者」亦云「衿纓」，彼用以佩容臭，與此既笄之纓別也。朱子曰：婦人不冠，所謂「吉笄」，即爲固髻之用，亦名爲簪，而非如二弁之笄矣。愚謂男子有二笄：一以固髮，一以固冠。婦人惟有尺二寸之笄以固髮，而因以爲飾，與男子之冠相當，所謂「男子冠而婦人笄」也。而孔氏乃以當皮弁、爵弁之笄，故朱子非之。特牲禮「主人服玄端，主婦笄纚綃衣」，是婦人之笄纚綃衣與男子之玄端相當。士大夫以玄端爲常服，則其妻以笄纚綃衣爲常服也。婦人左佩五物，悉與男子同；右佩六物，管、大觿、木燧與男子同，餘三物則異。蓋玦、捍用於射，刀之大者用以割斷，皆非婦人之所當佩，而箴及線、纊則女工之所有事也。陳用之據士昏禮壻脱婦纓，謂「事舅姑之纓乃佩容臭之纓，非許嫁之纓」。然香纓惟男女未冠笄者有之，上男子已冠者無此，則婦人可知。昏禮「脱纓」，蓋昏夕暫脱之耳，非一脱不復著也。

以適父母舅姑之所。及所，下氣怡聲，問衣燠寒，疾痛苛癢，而敬抑、搔之。出入則或先或後，而敬扶持之。進盥，少者奉槃，長者奉水，請沃盥，盥卒，授巾。問所欲而敬進之，柔色以温之，饘、酏、酒、醴、芼、羹、菽、麥、蕡、稻、黍、粱、秫唯所欲，棗、栗、飴、蜜以甘之，堇、荁、枌、榆、免、薧、滫、瀡以滑之，脂、膏以膏之，父母舅姑必嘗之而后退。釋文：燠，本又作「奥」，同於六反。苛音何。養，本又作「癢」，以想反。少，詩召反，後皆同。奉，芳勇反，本或作「捧」。長，丁丈反。温，本又作「薀」，又作「慍」，同於運反。饘，之然反。酏，羊支反。芼，毛報反。蕡，字又作「黂」，扶云反，徐扶畏反。秫音述。飴，羊之反。堇音謹。荁音丸。枌，扶云反。免音問。薧，字又作「槀」，苦老反。滫，思酒反。瀡音髓。膏之，古報反。

鄭氏曰：怡，説也。苛，疥也。抑，按。搔，摩也。先後之，隨時便也。槃，承盥水者。巾以帨手。温，藉也，承尊者必和顔色。酏，粥也。芼，菜也。蕡，熬枲實。甘之、滑之、膏之，謂用調和飲食也。荁，堇類。冬用堇，夏用荁。榆白曰枌。免，新生者。薧，乾也。秦人溲曰滫，齊人滑曰瀡。父母舅姑必嘗之而後退，敬也。孔氏曰：「苛」與「癢」連文，故知是疥。藉者，所以承藉於物，言子事父母，當和柔顔色，承藉父母，若藻藉承玉然。酏是粥之薄者，則饘爲厚者。公食禮三牲皆有芼，「牛藿、羊苦、豕薇」，用菜雜肉爲羹也。釋草云：「蕡，枲實也。」菽豆以下，供尊者所食，悉皆須熟，故云「熬枲實」也。以甘之者，以此棗、栗、飴、蜜以甘和飲食。士虞禮記「夏用葵，冬用荁」，鄭云：「荁，堇類也，乾則滑。夏秋用生葵，冬春用乾荁。」此經「堇」「荁」相對，故知冬用堇，夏用荁也。釋木云「榆，白枌」，孫炎云：「榆白者名枌。」庖人云「共鱻、薧之物」，「鱻」「薧」相對。此經以「免」對「薧」，薧既是乾，故知免爲新生也。鱻、薧，周禮據肉爲言，此則以堇、荁等爲免、薧。以滑之者，言以此數物相和，滫瀡之令柔滑也。凝者爲脂，釋者爲膏。以膏之者，以膏沃之，使之香美。此等總爲調和飲食。陸氏德明曰：荁似堇而葉大。方氏慤曰：以甘之，周官所謂「調以甘」；以滑之，周官所謂「調以滑」；以膏之，周官所謂「膏香」「膏臊」之類也。愚謂槃以承盥水，其盛水蓋以匜，左傳「奉匜沃、盥」是也。槃輕，故少者奉之；水重，故長者奉之。飴，餳也，米蘖煎成，亦謂之糖，方言「餳謂之糖」是也。爾雅：「秫，黏粟也。」然凡黍稻之黏者皆謂之秫，不獨粟也。爾雅「齧，苦堇」，郭氏云：「今堇荼也。子如米，汋食之滑。」唐本草云：「俗謂之荎菜，葉似蕺，花紫色。」邢氏云：「本草云『味甘』，云『苦』者，古人語倒，猶甘草謂之大苦也。」荁，堇類。榆，刺榆也，一名樞，又名荎。陸璣云：「樞葉如榆，爲茹美，滑於白榆。」是枌爲白榆，榆爲刺榆，枌、榆之葉皆可爲茹，而刺榆尤美也。下云「命士父子異宫，昧爽而朝」，則此不命之士，至父母舅姑之所未昧爽也。又下言「命士以上，昧爽而朝，慈以旨甘」，「日入而夕，慈以旨甘」，此不命之士，父子同宫，在父母之所無時焉，不可以朝夕限也。若日入而慈以旨甘，則亦當與命士同，此不言者，文略爾。○陳氏澔曰：此篇所記飲食珍羞諸物，古今異制，風土異宜，不能盡曉，然亦可見古人察物之精，用物之詳也。

男女未冠笄者，雞初鳴，咸盥、漱，櫛、縰，拂髦，總角，衿纓，皆佩容臭。昧爽而朝，問「何食飲矣」？若已食則退，若未食，則佐長者視具。釋文：冠，古亂反。朝，直遥反，下「而朝」同。

鄭氏曰：總角，斂髮束之。容臭，香物。以纓佩之，爲迫尊者，給小使也。具，饌也。孔氏曰：臭，謂芬芳香物。庾氏云：「以臭物可以脩飾形容，故曰容臭。」方氏慤曰：臭，香物。蘭茝之類不佩用，而佩容臭，示未能即事也。朱子曰：恐身有穢氣觸長者，故佩香物。愚謂下文言「孺子蚤起」，則此「男女未冠笄」謂十年以上者，十年出就外傅，學幼儀，則其習此禮宜矣。容臭，謂爲小囊以容受香物也。昧，暗也。爽，明也。昧爽，謂天將明而未明時也。昧爽而朝，視成人差後也。

凡内外，雞初鳴，咸盥、漱，衣服，斂枕、簟，灑埽室堂及庭，布席，各從其事。釋文：衣如字，又於既反。灑，本又作「洒」，所買反，又所賣反。

鄭氏曰：斂枕、簟，不欲人見己褻者。簟，席之親身也。孔氏曰：此總論子婦而外卑賤之人，爰及僕隸之等。愚謂凡内外，謂尊卑長幼莫不皆然也。枕、簟親身之物，斂之者，爲其褻露，且避塵污也。灑埽室堂及庭，内外皆徧灑埽之也。自室及堂，自堂及庭，先後之序也。布席，布坐席也。各從其事，内治内事，外治外事也。

孺子蚤寢晏起，唯所欲，食無時。

鄭氏曰：孺子，小子也。方氏慤曰：蚤寢，則未與乎日入之夕；晏起，則未與乎昧爽之朝。唯所欲，食無時，則以弱而未勝其制節，且養之不可不備也。

由命士以上，父子皆異宮，昧爽而朝，慈以旨甘；日出而退，各從其事；日入而夕，慈以旨甘。

鄭氏曰：異宮，崇敬也。慈，愛敬進之。孔氏曰：此論命士以上事親異於命士以下之禮。程子曰：命士以上，愈貴則愈嚴，故異宮，猶今有逐位，非如異居也。方氏慤曰：尊卑之際，辨則敬，同則褻。朝見曰朝，夕見曰夕。愚謂宮，謂牆垣之所周也。凡言「宮」，有據牆之起乎大門而北周者，若昏義「祖廟未毀，教於公宮」，詩「于以用之，公侯之宮」，周禮小宰「掌宮刑」，宮正「掌王宮之戒令糾禁」，是也。有指牆之起乎寢門而北周者，若喪服傳「有死於宮中者，則爲之三月不舉祭」，公羊傳「羣公子之宮則已卑矣」，是也。父子異宮，謂牆之起乎寢門而北周者也。姑以大夫士言之：大門之内爲正寢門，正寢之後爲燕寢，燕寢之後爲妻之正寢，其旁爲側室。自燕寢以後，雖各有門，而正寢之門實北遶而周乎其外。不命之士，其子之寢室亦別有門，而包乎父之正寢門之内，故謂之同宮；命士父子各有寢門，故謂之異宮。異宮則父子之寢各有正寢、燕寢、側室之屬，而其制備；同宮則唯父備有此制，而其子或唯有燕寢及妻之寢而已，而其制簡。昧爽而朝，視不命之士稍晏也。不命之士賤，於父母抑、搔、沃、盥之事皆親之，故其朝宜蚤；命士既貴，其父母猥辱之事蓋僕御供之，故其朝可稍晏也。慈以旨甘，即上節所言「棗、栗、飴、蜜」諸物也，但命士之物或當更備耳。日出而退，視朝膳而退也。退則各治其官事。人君日出視朝，此命士日出猶得侍親者，疑人君視朝，惟卿大夫及一官之長則每日皆朝，餘則不必然。唐宋官制，有常參、九參、六參之別，意古制亦如此爾。日入又夕，每日再朝也。不命之士，在父母之所無時，命士父子異宮，則其體嚴敬，故其朝限以二時，自此以上以至於世子之事親皆然，世子記言「朝夕至於大寢之門外」是也。日入而夕，則當問親之夕膳，而又慈以旨甘，此又在夕食之後者也。

父母舅姑將坐，奉席請何鄉；將衽，長者奉席請何趾。釋文：奉，芳勇反。鄉，許亮反。止，本又作「趾」。

鄭氏曰：將衽，謂更卧處也。孔氏曰：此論父母舅姑將坐將卧奉席之禮。

少者執牀與坐，御者舉几，斂席與簟，縣衾篋枕，斂簟而襡之。釋文：縣音玄。篋，口協反。襡音獨。

古人坐皆席地，此云「執牀與坐」者，蓋尊者偶然暫憩之所用。周禮掌次「王大旅上帝，則張氈案，設皇邸」，賈疏謂「氈案，牀上置氈」。是王於次中暫憩亦有牀也。蚤旦親起之後，斂卧席，布坐席，則少者執牀與坐，侍御之人執几以進之，使長者暫憩以待，然後乃斂卧席等物也。少者執牀，則牀之制蓋不大鉅矣。孔氏曰：蚤旦親起，侍御之人捧舉其几以進尊者，使憑之，斂其所卧在下之席，與上襯身之簟，又縣其所卧之衾，以篋貯所卧之枕。簟既襯身，恐其污穢，故以襡韜藏之，席則否。

父母舅姑之衣、衾、簟、席、枕、几不傳，杖、屨祗敬之，勿敢近。敦、牟、卮、匜，

非餕莫敢用，與恒食飲，非餕莫之敢飲食。釋文：傳，丈專反。近，「附近」之近。敦音對，又丁雷反。牟，木侯反。卮音支。匜，羊支反，一音以氏反。

鄭氏曰：傳，移也。非餕莫敢用，餕乃用之也。牟讀曰堥。卮、匜，酒漿器。敦、牟，黍稷器也。非餕莫之敢飲食，餕乃食之。恒，常也，朝夕之常食。孔氏曰：父母舅姑之衣、衾、簟、席、枕、几，侍御之人停貯常處，子婦不得輒更傳移，令嚮他處。杖、屨是尊者服御之重，彌須恭敬，故祗敬之，勿敢偪近。敦，今之杯、盂也。隱義曰：「堥，土釜也。」今以木爲器，象土釜之形。卮，酒器也。匜，盛水漿之器，左傳云「奉匜沃、盥」是也。此論父母舅姑所用之物，子婦不得輒用；所恒飲食之饌，子婦不得輒食。愚謂敦，簋也。疏以爲杯、盂，非是。敦、牟、卮、匜非重物而不敢輒用，恒飲食非珍饌而不敢輒食，則其貴重者可知。

父母在，朝夕恒食，子婦佐餕，既食恒餕。父没母存，冢子御食，羣子婦佐餕如初。旨甘柔滑，孺子餕。

鄭氏曰：子婦佐餕，婦皆與夫餕也。既食恒餕，每食餕而盡之，末有原也。御，侍也，謂長子侍母食也。侍食者不餕，其婦猶皆餕也。孔氏曰：佐餕者，謂長子及長子之婦食必須盡。以父母食不能盡，故子婦佐助餕，食之使盡，勿使再進也。羣子婦，謂冢子之弟及衆弟婦。

佐餕如初者，如上「父母在」，「子婦佐餕」之禮。愚謂子婦佐餕，謂長子衆子及其婦皆佐餕也。甘滑之物，於孺子爲宜，故使孺子餕。以此記觀之，則士之禮夫婦共食矣，大夫以上則同庖而各食與？

在父母舅姑之所，有命之，應、唯敬對，進退、周旋慎齊，升降、出入、揖遊不敢噦、噫、嚔、咳、欠、伸、跛、倚、睇視，不敢唾、洟。寒不敢襲，癢不敢搔，不有敬事，不敢袒裼，不涉不撅，褻衣衾不見裏。釋文：唯，于癸反，徐伊水反。齊，側皆反。噦，於月反。噫，於界反。嚔音帝。咳，苦愛反。倚，於義反，又其寄反。睇，大計反。涕，本又作「洟」，同吐細反。撅，居衛反。見，賢遍反。

應、唯者不敢諾，敬對者不敢慢。升降於堂階，出入於門户。揖，俯身也。游，行也。進退、周旋於尊者之前，則其心必肅敬，其貌必齊莊，升降出入，雖於尊者稍遠，亦必俯身而行，而不敢縱肆其容體也。噦，氣逆聲。噫，飽食氣。嚔，噴嚔。咳，咳嗽。欠，張口出氣。伸，竦體也。立而偏任一足曰跛，依物曰倚。睇視，邪視也。自口出爲唾，自目出曰涕，自鼻出爲洟。襲，重衣也。敬事，爲尊者執勞事也。袒裼，露臂也。撅，揭衣也。褻衣衾不見裏，爲其穢而不潔也。此節言事父母恭敬之節也。〇孔氏玉藻疏云：「子於父以質爲文，故父母之所，不敢袒裼。」愚謂至敬無文，孔氏謂「父母之前不裼」，是也。但此所言「裼」「襲」，自爲別義，與玉藻「裼」「襲」不同：玉藻所謂襲，謂掩其中衣也；此所謂襲，謂重衣也。玉藻所謂裼，謂露其中衣也；此所謂裼，謂露臂也。若混而爲一，則誤矣。

父母唾、洟不見。冠帶垢，和灰請漱；衣裳垢，和灰請澣；衣裳綻裂，紉箴請補綴。五日則燂湯請浴，三日具沐。其間面垢，燂潘請靧；足垢，燂湯請洗。

釋文：澣，本又作「浣」，户管反。綻，字或作「䘺」，直莧反，徐治見反。裂，本又作「列」。紉，女陳反，徐而陳反。燂，詳廉反。潘，芳煩反。靧音悔。

鄭氏曰：唾、洟不見，輒刷去之也。手曰漱，足曰澣。愚謂唾、洟不見，恐父母見之而生憎穢也。綻，解也。紉，以線貫針也。燂，溫也。潘，米瀾也。此節言事父母服勤之禮也。

少事長，賤事貴，共帥時。

帥，循也。時，是也，謂上二節所言之禮也。○自篇首至此，言事父母舅姑及尊長之法。

男不言內，女不言外，非祭非喪，不相授器。其相授，則女受以篚；其無篚，則皆坐奠之而后取之。外內不共井，不共湢浴，不通寢席，不通乞假。男女不通衣裳，內言不出，外言不入。釋文：篚，非鬼反。湢，彼力反，本又作「偪」。

鄭氏曰：祭嚴喪遽，授器不嫌也。奠，停地也。湢，浴室也。孔氏曰：祭是嚴敬之時，喪是促遽之所，於此之時，不嫌男女有媟邪之意。愚謂内謂内事，外謂外事，在内言内，在外言外，各治其事而不得相預也。其相授，謂非喪祭而相授也。男不言内，女不言外，所以別男女之職；内言不出，外言不入，所以嚴内外之限。

男子入内，不嘯不指，夜行以燭，無燭則止。女子出門，必擁蔽其面，夜行以燭，無燭則止。釋文：嘯，依註音叱。○今按：嘯如字。

鄭氏曰：嘯讀爲叱，嫌有隱使也。孔氏曰：常事以言語處分，是顯使人也。如有姦私，恐人聞知，不以言語，但諷叱而已，故云「嫌有隱使也」。愚謂嘯，蹙口出聲也。不嘯不指，爲其聲容不肅，且惑人也。夜行必皆以燭者，所以遠暗昧之嫌也。

道路，男子由右，女子由左。

此謂宮中之道路也。地道尊右，男子由右，女子由左，蓋以相避遠，而因以爲尊卑之別也。

○自「男不言内」至此，論男女遠嫌厚別之法，朱子移於「男不入，女不出」之下。

子婦孝者敬者，父母舅姑之命勿逆勿怠。若飲食之，雖不耆，必嘗而待；加之衣服，雖不欲，必服而待。加之事，人代之，己雖弗欲，姑與之而姑使之，而后

復之。釋文：飲，於鴆反。食音嗣。耆，市志反。

鄭氏曰：嘗而待，待後命而去也。服而待，待後命釋藏也。朱子曰：勿逆勿怠，此謂不可變節以傷尊者平日慈愛之心也。人代之而弗欲者，慮以自逸而違命。姑與姑使者，嫌於怨懟而必争。愚謂子婦之孝敬者，必爲父母舅姑之所愛，恐其恃愛而驕，故戒以勿逆勿怠。加之事，人代之者，謂尊者既命之事，又惜其勞而使人代之也。弗欲者，爲其所爲不必能如己之意也。姑與之者，姑聽其代也。姑使之者，姑以己之意教使之也。而后復之者，俟代者休解而後復其本業於己也。凡此皆勿逆勿怠之事也。

子婦有勤勞之事，雖甚愛之，姑縱之而寧數休之。釋文：縱，本又作「從」，足用反。數，色角反。

鄭氏曰：不可愛此而移苦於彼也。

子婦未孝未敬，勿庸疾怨，姑教之。若不可教，而后怒之；不可怒，子放婦出而不表禮焉。

鄭氏曰：庸之言用也。怒，譴責也。表猶明也，猶爲之隱，不明其犯禮之過也。愚謂不可怒，謂怒之而不從命也。子放婦出而不表禮，忠厚之道也。○應氏鏞曰：自「子婦孝者敬者」而下，勉子婦之孝於父母舅姑；自「子婦有勤勞之事」而下，勉父母舅姑之慈於子婦。

父母有過，下氣怡色，柔聲以諫。諫若不入，起敬起孝，説則復諫；不説，與其得罪於鄉、黨、州、閭，寧孰諫。父母怒，不説而撻之流血，不敢疾怨，起敬起孝。釋文：説音悦。

下、怡、柔，皆和順之意，所謂「事父母幾諫」也。起者，悚然興起之意。諫之所以不入者，必己之孝敬有未至，故復興起其孝敬，冀以感動乎親而復進其説也。有隱無犯者，雖事親之道，而陷親不義者，乃不孝之大，故父母之過足以得罪於鄉、黨、州、閭者，雖不説而必圖復諫，雖犯顏而有所不憚也。孔氏曰：犯顏而諫，使父母不説，其罪輕；畏懼不諫，使父母得罪於鄉、黨、州、閭，其罪重。二者之間，寧可孰諫，謂純孰殷勤而諫，若物之成孰然。此一節論父母有過諫諍之禮。

父母有婢子若庶子庶孫，甚愛之，雖父母没，没身敬之不衰。

婢子，賤妾也，檀弓陳乾昔曰「使夫二婢子夾我」，是也。若，及也。高氏愈曰：父母愛而己則敬之，重親之意，愛之不足以盡其意故也。

子有二妾，父母愛一人焉，子愛一人焉，由衣服飲食，由執事，毋敢視父母所

愛，雖父母没不衰。

高氏愈曰：由，自也。視，比也。親之所愛，服食厚而執事常逸，己之所愛，服食薄而執事常勞，不敢以己之所愛並於親也。

子甚宜其妻，父母不説，出。子不宜其妻，父母曰「是善事我」，子行夫婦之禮焉，没身不衰。

高氏愈曰：宜猶善也。出，謂出其妻也。行夫婦之禮者，恩情不敢稍殺也。宜與不宜，子與父母未知孰是，然人子之心，即父母之僻惡僻愛而亦不敢有所違，順親之道當然也。愚謂婦以事舅姑也，能事舅姑則婦，不能事舅姑則不婦，而其他事之得失有不必計矣。此以上三節，言爲人子者當以父母之愛惡爲愛惡，雖婢妾庶孽之微賤而有所不敢忽，雖妻妾之親私而有所不敢專，至於父母没而不衰焉，則又事死如事生之孝也。

父母雖没，將爲善，思貽父母令名，必果；將爲不善，思貽父母羞辱，必不果。

高氏愈曰：貽，遺也。爲善未決，去惡未勇，人情之常也。喜其榮親，則善必爲；惡其辱親，則惡必去。榮辱不繫於其身而繫於親，蓋孝子之心如此。

舅没則姑老。冢婦所祭祀賓客，每事必請於姑，介婦請於冢婦。

老，謂傳家事於長婦也。男子七十而傳，婦人之傳重則不係於己之年而係於其夫，蓋祭必夫婦親之，夫没則妻不得不傳重矣。每事必請於姑者，婦雖受傳，猶不敢專行也。介婦，衆婦也。介婦請於冢婦，以其代姑統家事也。

舅姑使冢婦，毋怠、不友、無禮於介婦。

鄭氏曰：善兄弟曰友。娣姒，猶兄弟也。愚謂友猶愛也。不友、無禮，皆怠之所生也。怠於事而以勞加介婦，則不友矣。怠於敬而以慢加介婦，則無禮矣。舅姑使冢婦，冢婦不可以己之尊而懈怠，以至不友、無禮於介婦也。

舅姑若使介婦，毋敢敵耦於冢婦，不敢並行，不敢並命，不敢並坐。

命，謂使令其下。舅姑使介婦，介婦不可以舅姑之任己而敵耦於冢婦，至於並行、並命、並坐而皆不敢焉，其所以尊冢婦者至矣。蓋冢婦即異日之宗婦，介婦所宗而事之者，故雖未受傳而所以敬之者如此。此二節，言冢婦、介婦相與敬事之道。蓋家人睽常起於婦人，誠使爲冢婦者能屈己以下介婦，爲介婦者能盡禮以事冢婦，彼此各盡其道，而家無不和矣。

凡婦不命適私室不敢退。婦將有事，大小必請於舅姑。

鄭氏曰：婦侍舅姑者也，必請於舅姑，不敢專行。高氏愈曰：凡婦，通冢婦、介婦而言。

私室，婦所居室也。事，謂私事。私室不敢擅退，私事大小必請，蓋重舅姑之命如此。

子婦無私貨，無私畜，無私器，不敢私假，不敢私與。釋文：畜，許六反，又許又反，又敕六反。

畜，養牲也。假，以物借人。與，以物遺人也。鄭氏曰：家事統於尊也。

婦或賜之飲食、衣服、布帛、佩帨、茝蘭，則受而獻諸舅姑。舅姑受之則喜，如新受賜；若反賜之，則辭；不得命，如更受賜，藏以待乏。釋文：茝，本又作「芷」，昌改反，韋昭昌以反。

婦或賜之者，謂其私親兄弟也。茝、蘭，皆香草可佩者。新，初也。如初受賜者，如其初受於私親兄弟之時，蓋物之藏於舅姑，不啻其藏於己也。不得命，不見許也。如更受賜者，如更受舅姑之賜，蓋物雖出於私親兄弟，不啻其出於舅姑也。藏以待乏者，待舅姑之乏而獻之也。此言婦受賜之法，所以申上「無私貨」三句之意。

婦若有私親兄弟，將與之，則必復請其故，句。**賜而后與之。**

復，白也。復請其故者，謂以當與之故，白請於舅姑，舅姑賜之物而後與之。此申上「不敢私假，不敢私與」之義。

適子、庶子祇事宗子、宗婦，雖貴富，不敢以貴富入宗子之家；雖衆車徒，舍於外，以寡約入。

適子，謂父及祖之適子。庶子，謂適子之弟。宗子，謂大宗也。宗婦，大宗子之婦。舍，止也。舍於外而不敢畢入，所以降下於宗子也。

子弟猶歸器，衣服、裘衾、車馬則必獻其上，而后敢服用其次也。若非所獻，則不敢以入於宗子之門，不敢以貴富加於父兄宗族。

鄭氏曰：猶，若也。子弟若有功德，以物見饋賜，當以善者與宗子也。非所獻，謂非宗子之爵所當服也。愚謂貴富驕人，無往而可，故非但不敢以入宗子之家，至於父兄宗族，皆不可以此加之也。

若富，則具二牲，獻其賢者於宗子，夫婦皆齊而宗敬焉，終事而后敢私祭。

釋文：齊，側皆反。

孔氏曰：賢猶善也。大宗將祭，小宗夫婦皆齊戒助祭於大宗，以加敬焉。大宗祭畢，而後敢私祭祖、禰也。此文雖主事大宗，事小宗者亦然。愚謂宗子者，先祖之正體，尊祖，故敬宗。此上三節，言事宗子、宗婦之禮，又因事父母之孝敬而推而廣之者也。

飯：黍、稷、稻、粱、白黍、黄粱，稰、穛。釋文：稰，思吕反。穛，側角反。

鄭氏曰：飯，目諸飯也。孰穫曰稰，生穫曰穛。孔氏曰：此飯凡有六種。下云「白黍」，則上「黍」是黄黍也。下云「黄粱」，則上「粱」是白粱也。穛是斂縮之名，以其生穫，故斂縮也。「稰」既對「穛」，故爲孰穫。愚謂稰、穛者，言六種之飯，其穀皆有生穫孰穫之異也。○孔氏曰：案玉藻，諸侯朔食四簋：黍、稷、稻、粱。此則據諸侯，其天子則加以麥、苽爲六。愚謂諸侯朔食四簋，天子六簋，皆黍、稷也。蓋食以黍、稷爲正，以稻、粱爲加，四簋六簋，惟據其正者言之，其加者不在此數也。膳夫天子「食用六穀」，則朔食自當有麥、苽，但不在六簋之數耳。

膳：膷、臐、膮、醢、牛炙、醢、牛胾、醢、牛膾、羊炙、羊胾、醢、豕炙、醢、豕胾、芥醬、魚膾、雉、兔、鶉鴽。釋文：膷音香。臐，許云反。膮，許堯反，字林火攸反。鶉，順倫反。鴽音晏。

鄭氏曰：膳，目諸膳也。此上大夫之禮，庶羞二十豆也。以公食大夫禮校之，則「膮」「牛炙」間不得有「醢」，「醢」衍字也。又以「鴽」爲「鴽」。孔氏曰：案公食大夫禮二十豆：膷一，謂牛臛也。臐二，謂羊臛也。膮三，謂豕臛也。牛炙四。四物共爲一行，最在於北，從西爲始。醢五，謂肉醬也。牛胾六，謂切牛肉。醢七，牛膾八。四物爲第二行，從東爲始。羊炙九，羊胾十，醢十一，豕炙十二。四物爲第三行，從西爲始。醢十三，豕胾十四，芥醬十五，魚膾十六。四物爲第四行，從東爲始。以上十六豆，是下大夫之禮也。雉十七，兔十八，鶉十九，鷃二十。四物爲第五行，從西爲始。此是上大夫所加二十豆，公食大夫禮以「鷃」爲「鴽」。鴽，䳺母也。　愚謂醢、醬皆所以配胾、膾也。此饌綪設之：膷、臐、膮、牛炙最在北，牛炙南醢，醢西牛胾，醢爲牛胾設也。牛胾西醢，醢西牛膾，醢爲牛膾設也。牛膾南羊炙，羊炙東羊胾，羊胾東醢，醢爲羊胾設也。羊胾東豕炙，豕炙南醢，醢西豕胾，醢爲豕胾設也。豕胾西芥醬，醬西魚膾，芥醬爲魚膾設也。公食大夫記云：「凡炙無醬。」

飲：重醴，稻醴清、糟，黍醴清、糟，粱醴清、糟。或以酏爲醴，黍酏、漿、水、醷、濫。　釋文：重，直龍反。糟，子曹反，徐徂到反。醷，本又作「臆」，於紀反，徐於力反。濫，力暫反。

鄭氏曰：飲目諸飲也。重，陪也。糟，醇也。清，泲也。致飲有醇者，有泲者，陪設之也。以酏爲醴，釀粥爲醴也。漿，酢酨也。醷，梅漿也。濫，以諸和水也。以周禮「六飲」校之，則濫，涼也。紀、莒之間，名諸爲濫。　孔氏曰：漿人「六飲」有「涼」，註云：「涼，今寒粥，若糗飯雜水也。」康成以涼與濫爲一物，則此以諸和水，謂以諸雜糗飯之屬和水也。諸者，衆雜之名。案漿人「六飲」：一曰水，則此經「水」一也。二曰漿，則此經「漿」一也。三曰醴，則此經「重醴」一也。四曰涼，則此經「濫」一也。五曰醫，則此經「或以酏爲醴」一也。六曰酏，則此經「黍酏」一也。六飲之外，此經别有「醷」，若鄭司農之意，醷與醫爲一物，即以酏爲醴者，非康成義也。康成以醷爲梅漿者，見下文云「調之以醢」，「若醢醷」，則醷是醢之類，又云「獸用梅」，故知梅漿也。　愚謂或以酏爲醴，此即上文之「重醴」而爲之異法者。康成注漿人以此爲醫，非是。蓋醷爲梅漿，當從康成；醫、醷一物，當從司農。黍酏，以黍爲粥也。水，即井水也。此飲凡六物，與漿人「六飲」相當：醴一，酏二，漿三，水四，醷五，即漿人之「醫」，濫六，即漿人之「涼」也。

酒：清、白。

鄭氏曰：酒，目諸酒也。白，事酒、昔酒也。孔氏曰：清，謂清酒。事酒、昔酒俱白，故以一「白」標之，配清酒則爲三酒。此無「五齊」者，五齊祭祀所用，非人常用故也。

羞：糗餌、粉酏。釋文：糗，起九反，又昌糾反。餌音二。酏讀曰餈，又作「餰」，之然反，又之善反。

鄭氏曰：羞，目諸羞也。周禮「羞籩之實，糗餌、粉餈」；「羞豆之實，酏食、糝食」。此記似脱。酏當爲「餈」，以稻米與狼臅膏爲餈是也。　孔氏曰：案周禮「羞籩之實，糗餌、粉餈」，鄭註云：「合蒸曰餌，餅之曰餈。此二物皆粉稻米、黍米爲之。糗者，擣粉熬大豆。爲餌、糍之黏著，故以粉、糗擣之。」周禮「粉」下有「餈」，今無者，記人脱漏，更以「酏」益之。酏者，於周禮羞豆之實也，自當作「餈」。若黍酏則是粥，非膳羞之用。此「酏」與「糝食」文連，則是糝類。八珍内作「糝」與「餈」，其事亦相連，故知「酏」當作「餈」。且餈雖雜以狼臅膏，亦粥之般類。 愚謂羞有庶羞、内羞，上文「膳」是庶羞，此言内羞也。此云「羞」，蓋總籩、豆之内羞而言之，當云「糗餌、粉餈、酏食、糝食」，而「粉」下脱去一字，「酏」下脱去二字也。

食：蝸醢而苽食、雉羹，麥食、脯羹、雞羹，折稌、犬羹、兔羹，和糝不蓼，濡豚包苦實蓼，濡雞醢醬實蓼，濡魚卵醬實蓼，濡鼈醢醬實蓼，腶脩、蚳醢、脯羹、兔醢、麋膚、魚醢、魚膾、芥醬、麋腥、醢、醬、桃諸、梅諸、卵鹽。 釋文：食音嗣。蝸，力戈反。苽音孤，字又作「菰」，同。折，之列反。稌音杜，徐他古反。和，胡卧反。糝，三敢反。蓼音了。濡音而。醢，一本作「醯」。卵醬，依註音鯤，古門反。腶，丁亂反。蚳，直其反。卵鹽，力管反。○鄭註：卵，或作「攔」。膚，或爲「胖」。

鄭氏曰：食，目人君燕食所用也。苽，彫胡也。稌，稻也。凡羹齊宜五味之和，米屑之糝，蓼則不矣。此脯，所謂「析乾牛羊肉」也。凡濡，謂亨之以汁和也。苦，苦荼也，以包豚，殺其氣也。卵讀爲鯤，魚子也。腶脩，捶脯施薑桂也。蚳，蚍蜉子也。膚，切肉也。卵鹽，大鹽也。自「蝸醢」至此二十六物，似皆人君燕所食也。其饌則亂。孔氏曰：此節總明人君燕食所用，以蝸爲醢，以苽米爲飯，以雉爲羹，三者味相宜。以麥爲飯，析脯爲羹，又以雞爲羹，三者亦味相宜。細折稻米爲飯，以犬、兔爲羹，此三者亦味相宜。和糝不蓼者，此等之羹，宜以五味調和米屑爲糝，不須加蓼也。濡，亨煮之，以其汁調和也。知卵讀爲鯤者，鳥卵非爲醬之物，蚳醢是蚍蜉之子，「卵醬」承「濡魚」之下，宜是魚之般類，故讀爲鯤。鯤，魚子也。濡豚包裹以苦菜，殺其惡氣，濡雞加以醢及醬，濡魚以魚子爲醬，濡鼈亦加醢及醬，四者皆破開其腹，實蓼於其中，更縫而合之以煮也。食腶脩以蚳醢配之，食脯羹以兔醢配之，食麋膚以魚醢配之，食魚膾以芥醬配之，食麋腥以麋醢配之，食桃諸、梅諸以卵鹽配之。麋膚，孰肉。麋腥，生肉也。諸，菹也。桃菹、梅菹，今之藏桃、藏梅也。欲藏之，必先乾之，故周禮謂之「乾橑」，鄭云「桃諸、梅諸」是也。自「蝸醢」至此二十六物，蝸醢一，苽食二，雉羹三，麥食四，脯羹五，雞羹六，析稌七，犬羹八，兔羹九，濡豚十，濡雞十一，濡魚十二，濡鼈十三。自此以上，醢、醬皆和調、濡漬雞豚之屬，故不數；自此以下，醢及醬各自爲物，但相配而食，故數之。腶脩十四，蚳醢十五，脯羹重出，兔醢十六，麋膚十七，魚醢十八，魚膾十九，芥醬二十，麋腥二十一，醢二十二，醬二十三，桃諸二十四，梅諸二十五，卵鹽二十六。掌客諸侯相食，皆鼎、簋十有二，其正饌與此不同，其食臣下，則公食大夫禮具有其文，與此又異，故疑是人君燕食。上陳庶羞，依牲大小先後，此不依牲之次第，又飯食在簋，醢羹之屬在豆，是上下雜亂也。愚謂人君燕食，得用此諸物，然每用自有常數，非一食盡用之也。濡雞醢醬實蓼，「醢醬」承「濡雞」之下，即雞之之醢醬也。濡鼈之醢醬，即鼈之醢醬也。麋腥醢醬，即麋之醢醬也。腶脩乃籩實，不用於食。此與下「大夫有脯無膾」，皆以脯用於食者。案八珍中之熬，有濡食、乾食之異，熬捶而加薑桂，鄭氏以爲若今之火脯。是脯脩有濡食之法，則其用於食者也。其皆釋而煮之以醢，而盛之則以豆與？麋腥，謂生切麋肉，以醢釀之，即下文「麋、鹿、魚爲菹」是也。周禮之「乾䕩」亦籩實，此桃諸、梅諸，孔氏以爲菹，蓋亦用醢釀之者，故用之於食也。

凡食齊視春時，羹齊視夏時，醬齊視秋時，飲齊視冬時。釋文：食音嗣。齊，才細反。

鄭氏曰：食宜温，羹宜熱，醬宜凉，飲宜寒。

凡和，春多酸，夏多苦，秋多辛，冬多鹹，調以滑甘。

鄭氏曰：多其時味以養氣也。周禮註曰：「各尚其時味，而甘以成之，猶木、火、金、水之成於土。」孔氏曰：經方「春不食酸，夏不食苦，秋不食辛，冬不食鹹」，謂時氣壯者，減其時味以殺盛氣。此恐氣虛羸，故多其時味以養氣也。

牛宜稌，羊宜黍，豕宜稷，犬宜粱，鴈宜麥，魚宜苽。

鄭氏曰：言其氣味相成。孔氏曰：上云「折稌用犬羹」，此云「牛宜稌」，「犬宜粱」者，此據尊者正食，上據人君燕食以滋味爲美，故不同。自「食齊視春時」至此，皆周禮食醫文，而記者載之，論調和飲食之法。劉氏彝曰：周官食醫「掌和王之六食、六飲、六膳、百羞、百醬、八珍之齊」，而曰「凡君子之食恒放焉」。此大司徒以施諸教，人子皆視此以養親也。

春宜羔、豚，膳膏薌；夏宜腒、鱐，膳膏臊；秋宜犢、麛，膳膏腥；冬宜鮮、羽，膳膏羶。釋文：薌音香。腒，其居反。鱐，本又作「嘯」，所求反。臊，素刀反。腥音星，說文作「胜」。羶，升然反。

鄭氏曰：腒，乾雉也。鱐，乾魚。鮮，生魚。羽，鴈也。此八物，四時肥美，爲其大盛，煎以休廢之膏，節其氣也。牛膏薌，犬膏臊，雞膏腥，羊膏羶。鄭註周禮庖人曰：「牛屬司徒，土也。雞屬宗伯，木也。犬屬司寇，金也。羊屬司馬，火也。」孔氏曰：此記庖人論四時煎和膳食之宜，以王、相、休、廢相參，其味乃善。春爲木王，牛中央土畜，春東方木，木剋土，木盛則土休廢。犬屬西方金，夏南方火，火剋金，火盛則金休廢。雞屬東方木，秋西方金，金剋木，金盛則木休廢。羊屬南方火，冬水王，水剋火，水盛則火休廢。周禮鄭註云：「羔、豚物生而肥，犢、麛物成而充，腒、鱐暵熱而乾，魚、雁水涸而性定。此八物者，得四時之氣尤盛，爲人食之弗勝，是以用休廢之脂膏煎和膳之。」義與此同。士相見禮云「冬執雉，夏執腒」，故知腒爲乾雉。周禮籩人云「膴、鮑魚、鱐」，「鱐」與「鮑」相對，鮑爲溼魚，故知鱐是乾魚也。鱐既爲乾魚，故鮮爲生魚也。月令云「季冬獻魚」，又王制「獺祭魚，然後漁人入澤梁」，是冬魚成也。羽族既多，而冬來可食者唯雁，故知羽，雁也。周禮云「行」，謂行用，此云「宜」，謂氣味相宜，其事同也。賈氏公彦曰：殺牲謂之用，煎和謂之膳。五行：春，木王火相，土死金囚，水爲休廢。夏，火王土相，金死水囚，木爲休廢。以下推之，可知王所剋者死，相所剋者囚，新謝者爲休廢。若然，鄉所膳膏，皆是死之脂膏。鄭云「休廢」者，相對死與休廢，別散則死亦爲休廢，故鄭以「休廢」言之。

牛脩、鹿脯、田豕脯、麕脯、麇脯，麇、鹿、田豕、麇皆有軒，雉、兔皆有芼，爵、鷃、蜩、范、芝栭、蔆、椇、棗、栗、榛、柿、瓜、桃、李、梅、杏、樝、梨、薑、桂。釋文：麏，九倫反，本又作「麇」，又作「麕」。軒音憲，出註，後放此。栭音而，本又作「檽」。蔆音陵。柿音俟。樝，側加反。○鄭註：軒或爲「胖」。

鄭氏曰：軒讀爲憲，謂藿葉切也。蔆，芰也。椇，枳椇也。椇梨之不臧者[一]。此三十一物，皆人君燕食所加庶羞也。周禮天子「羞用百有二十品」，記者不能備録。孔氏曰：麋、鹿、田豕、麕，非但可爲脯，又可腥食，皆藿葉切之，而不細切，故云「皆有軒」。不言「牛」者，牛唯可細切爲膾，不宜爲軒也。雉、兔皆有芼者，雉羹、兔羹皆有菜以芼之。無華葉而生者曰芝栭。賀氏曰：「芝，木椹。栭，軟棗也。」愚謂孔氏以芝栭爲一，則爲三十一物，賀氏以芝栭爲二，則爲三十二物，未知孰是。脩、脯、蔆、棗、栗、榛、桃、梅，皆籩人之籩實也。芝栭、塓、柿、瓜、桃、杏、楂、梨，蓋亦盛之以籩，而不見於籩人，則此乃人君私燕所用也。麋、鹿、田豕、麕之軒，及雉、兔、爵、鷃、蜩、范，庶羞也，皆用以食者也。上大夫庶羞二十豆，惟有雉、兔及鷃，則此人君所用庶羞也。薑、桂二者，則調和羞膳及爲腶脩皆用之。鄭以此三十一物並爲庶羞，非也。庶羞盛於豆，皆濡物，無脯、脩之屬也。

大夫燕食，有膾無脯，有脯無膾；士不貳羹、胾；庶人耆老不徒食。

燕食，謂朝夕常食。周禮膳夫「王燕食則奉膳贊祭」，賈疏「燕食，朝夕常食」，是也。孔氏分

〔一〕「椇」，原本脱，據禮記注疏補。

燕食與朝夕常食爲二，非是。脯爲籩實，凡食無籩，惟飲酒有之。此大夫燕食乃有脯者，蓋燕食，物不必備，或偶無膾，則得以脯代之。蓋釋而煎之以醢，而盛之則以豆也。貳，重也。士燕食得有羹、胾，而不得重設也。胾出於牲，士朔食惟特豚，則不得貳胾矣。六十曰耆。庶人耆老不徒食者，六十非肉不飽，食得有胾，非六十者不得食也。羹則庶人皆有之，下云「羹食無等」是也。

膾，春用葱，秋用芥。豚，春用韭，秋用蓼。脂用葱，膏用薤，三牲用藙，和用醯，獸用梅。鶉羹、雞羹、鴽，釀之蓼；魴、鱮烝，雛燒，雉，薌，無蓼。釋文：韰，户界反，俗本多作「薤」，非也。藙，魚氣反。和，户卧反。鶉，雞羹，本又作「鶉羹、雞羹」。魴音房。鱮音叙。雛，仕俱反，又匠俱反。燒，如字，一音焦。○按皇氏「烝」字「燒」字「雉」字「薌」字爲句，賀氏讀「魴、鱮、烝雛」爲句。孔氏同皇，今從之。

鄭氏曰：此言調和菜釀之所宜也。芥，芥醬也。藙，煎茱萸也。漢律，會稽獻焉。爾雅謂之椴。三牲和用醯，畜與家物自相和也。獸用梅，亦野物自相和。釀，謂切雜之也。「鴽」在「羹」下，烝之不羹也。薌，蘇荏之屬也。燒，煙於火中也。孔氏曰：上云「魚膾、芥醬」，則謂秋時用芥，芥辛，於秋宜也。鶉、雞羹者，謂用鶉用雞爲羹，鴽唯烝煮之，不以爲羹，故文在「羹」下，三者皆釀之以蓼。魴、鱮二魚，皆烝熟之。雛是鳥之小者，火中燒之，然後調和，若今之臛也。雉或烝或燒，或可爲羹，其用無定，故直云「雉」。言魴、鱮烝及雛燒并雉三者，調和唯以蘇荏之屬，無用蓼也。愚謂此論調和之宜，與魚膾、芥醬食時相配者不同也。膾，春用葱，即下文云「肉腥，細者爲膾」，「切葱若薤，實諸醯以柔之」是也。若秋則用芥。豚，秋用蓼，即上文「濡豚包苦實蓼」是也。若春則用韭。自「葱」至「藙」五者，皆用以釀，醯及梅則用以和也。用菜謂之釀，用醯酸之屬謂之和。釀者雜之以亨煮，和則既熟而和之也。

不食雛鼈。狼去腸，狗去腎，狸去正脊，兔去尻，狐去首，豚去腦，魚去乙，鼈去醜。釋文：去，起呂反。尻，苦刀反。腦，奴老反。

鄭氏曰：皆爲不利人也。雛鼈，伏乳者。乙，魚體中害人者名也。今東海鰫魚有骨名乙，在目旁，狀如篆「乙」，食之鯁人不可出。醜，謂鼈竅也。陸氏佃曰：狼腸直，狗腎熱，狸脊上一道如界，兔尻有九孔，豕俯精聚在腦。醫方云：「豕腦食之昏人精神。」方氏慤曰：爾雅：「魚腸謂之乙。」餒自腸始，故去乙。

肉曰脱之，魚曰作之，棗曰新之，栗曰撰之，桃曰膽之，柤、梨曰攢之。釋文：膽，丁敢反。攢，再官反，本又作「鑽」。

鄭氏曰：皆治擇之名也。孔氏曰：肉曰脱之者，皇氏云：「除其筋膜，取好處。」爾雅李巡註云：「肉去其骨曰脱。」郭氏云：「剥其皮。」魚曰作之者，皇氏云：「作，謂動摇也。凡取魚，摇動之，視其鮮餒。」爾雅李巡註云：「作之，魚骨小，無所去。」郭氏爾雅今本作「斮之」，註云：「謂削鱗也。」棗曰新之者，棗易有塵埃，恒治拭之使新。栗曰撰之者，栗蟲好食，數數布揀。撰，省視也。桃曰膽之者，桃多毛，拭去之，令色青滑如膽也。或曰：謂若桃有苦如膽者，擇去之。柤、梨曰攢之者，恐有蟲，故一一攢視其蟲孔也。

牛夜鳴則庮；羊泠毛而毳，羶；狗赤股而躁，臊；鳥皫色而沙鳴，鬱；豕望視而交睫，腥；馬黑脊而般臂，漏。 釋文：庮音由。泠音零。毳，昌鋭反。麃，本又作「皫」，徐芳表反，又普表反。沙如字，一音所嫁反。睫音接。腥，依註作「星」，字林音先定反。般音班。臂，本又作「擘」，必避反。漏，依註音螻，力侯反。

鄭氏曰：亦皆不利人也。庮，酒，惡臭也。春秋傳曰：「一薰一庮。」泠毛毳，毛别聚於不解者也。赤股，股裏無毛也。皫色，毛變色也。沙猶嘶也。鬱，腐臭也。望視，遠視也。腥當爲「星」，聲之誤也。星，肉中如米者。般臂，前脛般般然也。漏當爲「螻」，如螻蛄臭也。孔氏曰：庮是臭惡之氣，牛若夜鳴，則其肉庮臭。泠，謂毛本希泠。毳，謂毛頭結聚。羊若如此，則其肉羶氣。赤股，股裏無毛。躁，謂舉動急躁。狗若如此，則其肉臊惡。皫色，色變而無潤澤。沙，嘶也，謂鳴而聲嘶。鳥若如此，則其肉腐臭。望視，謂豕視望揚。交睫，謂目睫毛交。豕若如此，則其肉如星。黑脊，謂馬脊黑。般臂，謂馬之前脛，其色般般然。馬若如此，其肉如螻蛄臭也。　愚謂此周禮內饔文，鄭司農云：「庮，朽木臭也。」說文「腥臊」之腥作「胜」。腥字云：「星見食豕，令肉中生小息肉也。」是腥者，豕生小肉如星，故從肉從星。

雛尾不盈握弗食，舒雁翠，鵠、鴞胖，舒鳧翠，雞肝、雁腎、鴇奥、鹿胃。釋文：鵠，胡篤反。鴞，于驕反。胖音判。鴇音保。奥，於六反。胃音謂，字又作「膶」，同。○鄭註：鵠或爲「鴇」。

鄭氏曰：舒雁，鵝也。翠，尾肉也。胖，脅側薄肉也。舒鳧，鶩也。奥，脾肶也。　孔氏曰：此廣言不堪食之物，亦爲不利人也。奥，謂脾肶藏之深奥處。　愚謂上節所言，全體之不可食者，因物形之變而察之也。此節所言，一體之不可食者，據物理之常而知之也。

肉腥，細者爲膾，大者爲軒。或曰：麋、鹿、魚爲菹，麕爲辟雞，野豕爲軒，兔爲宛脾，切葱若薤，實諸醯以柔之。釋文：腥音星，字林作「胜」。辟，必益反，徐芳益反。宛，于晚反。脾，婢支反。醢，本或作「醓」。○鄭註：軒或爲「胖」。宛或作「鬱」。

鄭氏曰：細者爲膾，大者爲軒，言大切、細切異名也。膾者必先軒之，所謂「聶而切之」也。軒、辟雞、宛脾，皆菹類也。釀菜而柔之以醯，殺腥肉及其氣，今益州有鹿矮者，近由此爲之矣。釋文云：益州人殺鹿埋地中令臭，乃出食之，名鹿矮。矮，於僞反。菹、軒，聶而不切。辟雞、宛脾，聶而切之。

孔氏曰：凡大切，若全物爲菹，細切者爲齏。牲體大者菹之，小者齏之。麋、鹿、魚爲菹，野豕爲軒，是菹也。辟雞、宛脾，是齏也。少儀曰：「麋鹿爲菹，野豕爲軒，皆腜而不切〔一〕。麕爲辟雞，兔爲宛脾，皆腜而切之〔二〕。」是菹大而齏小也。少儀不云「魚」，此云「魚」者，記者異聞也。此魚與麋、鹿並言，是魚之大者。肉及葱薤置之醋中，悉皆濡孰，故曰「柔之」。其辟雞、宛脾及軒之名，其義未聞。愚謂肉腥，謂用生肉釀而食之也。細者爲膾，大者爲軒，此謂不辨牲之大小，凡細切者皆爲膾，大切者皆爲軒也。或者之說，則謂切肉之名，牲各不同，故又記之。鄭註周禮云：「全物若腜爲菹，細切爲齏。」此謂切菜大小之異名，故醢人云：「掌五齏七菹。」此專謂菜爲齏、菹也。然齏、菹之名，菜肉通，故此言菹與軒，皆

〔一〕「腜」，禮記少儀作「聶」。
〔二〕「腜」，禮記少儀作「聶」。

菹也；辟雞、宛脾，皆䪥也。䪥、菹雖異，然皆是以醢釀牲肉，故鄭云「軒、辟雞、宛脾，皆菹類也」。

羹食，自諸侯以下至於庶人，無等。釋文：食音嗣。

鄭氏曰：羹食，食之主也，庶羞乃異耳。　愚謂無等，謂常食皆得有羹食也。士不貳羹、胾，庶人耆老不徒食，則庶人非耆老，常食不得有胾矣。大夫燕食，有脯無膾，有膾無脯，則士常食不得有脯、膾矣。諸侯日食特牲，則大夫日食不得有成牲矣。此之謂有等。若羹食，則上下皆有之，故曰「無等」。若羹食所用之物，與其多少之差，則諸侯以下遞有降殺，未嘗無等也。

大夫無秩膳，大夫七十而有閣。天子之閣，左達五，右達五。公侯伯於房中五，大夫於閣三，士於坫一。

鄭氏曰：大夫無秩膳，謂五十始命，未甚老者也〔一〕。七十有閣，有秩膳也。閣，以板爲之，庋食物也。達，夾室。　愚謂膳，美食也。秩膳，謂常置美食於左右，以備食也。夾室與

〔一〕「甚」，原本脱，據禮記注疏補。

房，謂燕寢之夾室與房也。檀弓：「始死之奠，其餘閣也與？」士喪禮「醴酒、脯、醢，升自阼階」，「奠於尸東」。疾必居正寢，而餘閣之奠别從他處來，是閣在燕寢明矣。士禮如此，天子諸侯可知。坫，土坫也。士不得爲閣，爲土坫以庋食也。公侯伯不言「閣」者，蒙天子之文也。大夫士不言「於房中」者，蒙公侯之文也。大夫特言「於閣」者，别於士之坫也。士之坫亦在房，王制曰「九十飲食不離寢」，則未九十者飲食不得在寢室，當在房可知也。曰「五」曰「三」曰「一」者，謂閣與坫之數，非謂膳之種數也。士於坫一，而餘閣有脯、醢，則大夫以上非一閣，惟置一種明矣。士坫亦七十乃有之。對文則板爲者曰閣，土爲者曰坫，散文則坫亦謂之閣，檀弓言「餘閣」是也。○鄭氏謂「諸侯之五，爲三牲、魚、腊」，非也。諸侯朔食止少牢，則閣不得備三牲矣。鄭氏又謂「大夫之閣與天子同處」，亦非也。諸侯於房中亦爲閣，大夫之閣、士之坫亦於房中，非大夫與天子同處也。孔疏謂「天子尊，庖厨遠，故左夾室五閣，右夾室五閣，諸侯卑，庖厨宜稍近，故於房中」，亦非也。夾室與房，特庋食之所耳，庖厨初不在此也。○自「飯黍稷」至此，雜記飲食之法。

禮記卷二十八

内則第十二之二

凡養老，有虞氏以燕禮，夏后氏以饗禮，殷人以食禮，周人脩而兼用之。凡五十養於鄉，六十養於國，七十養於學，達於諸侯；八十拜君命，一坐再至，瞽亦如之；九十者使人受。五十異粻，六十宿肉，七十貳膳，八十常珍，九十飲食不違寢，膳飲從於遊可也。六十歲制，七十時制，八十月制，九十日脩，唯絞、紟、衾、冒死而后制。五十始衰，六十非肉不飽，七十非帛不煖，八十非人不煖，九十雖得人不煖矣。五十杖於家，六十杖於鄉，七十杖於國，八十杖於朝，九十者，天子欲有問焉，則就其室，以珍從。七十不俟朝，八十月告存，九十日有秩。五十不從力政，六十不與服戎，七十不與賓客之事，八十齊喪之事弗及也。五十而爵，六十不親學，七十致政。凡自七十以上，唯衰麻爲喪。凡三王養老，皆引年。八十者一子不從政，九十者其家不從政，瞽亦如之。凡父母在，子雖老不坐。有虞氏養國老於上庠，養庶老於下庠；夏后氏養國老於東序，養庶老於西序；殷人養國老於右學，養庶老於左學；周人養國老於東膠，養庶老於虞庠，虞庠在國之西郊。有虞氏皇而祭，深衣而養老；夏后氏收而祭，燕衣而養老；殷人冔而祭，縞衣而養老；周人冕而祭，玄衣而養老。

子雖老不坐，謂在父母之側也。

曾子曰：「孝子之養老也，樂其心，不違其志，樂其耳目，安其寢處，以其飲食忠養之。孝子之身終，終身也者，非終父母之身，終其身也。是故父母之所愛亦愛之，父母之所敬亦敬之。至於犬馬盡然，而況於人乎！」釋文：樂音洛。忠養，羊亮反。

忠養，謂盡其心以養之，非徒養口體而已也。孝子之身終者，父母雖没，而事死如生，事亡如存，没身而後已也。父母之所愛亦愛之，所敬亦敬之，以父母之心爲心，而隨在曲體之也。孔氏曰：此因上養老之事，遂陳孝子事親之禮。

凡養老，五帝憲，三王有乞言。五帝憲，養氣體而不乞言，有善則記之爲惇史。三王亦憲，既養老而后乞言，亦微其禮，皆有惇史。釋文：惇音敦。

鄭氏曰：憲，法也。養之，法其德行而已，三王又從之求乞善言也。惇史，史惇厚者。微其禮者，依違言之，求而不切也。愚謂五帝以老人宜安静，故務養其氣體，而不欲乞言以勞動之，老人有德行之善，則記録之爲惇厚之史也。三王既養老而後乞言，則其求之也不敢遽；微略其禮，則其求之也不敢堅。然則雖曰「乞言」，而亦未至於勞老者之氣體矣。若夫憲之以爲法於一身，記之以垂訓於後世，則帝王養老之所同也。○自「凡養老，有虞氏以燕禮」至此，疑他篇之脱簡，説見篇首。

淳熬：煎醢加于陸稻上，沃之以膏，曰淳熬。釋文：淳，之純反。熬，五羔反。

孔氏曰：淳，沃也。熬，煎也。陸稻，陸地之稻也。以陸地稻米爲飯，煎醢使熬，加於飯上，恐其味薄，更沃之以膏，使味相湛漬。以沃之以膏，故曰淳；煎醢，故曰熬。

淳毋：煎醢加于黍食上，沃之以膏，曰淳毋。釋文：毋，依註音模。食音嗣。

鄭氏曰：毋讀曰模，模，象也。作此象淳熬。　孔氏曰：淳毋，法象淳熬爲之，但用黍爲異耳。食，飯也，謂以黍米爲飯。不言「陸」者，黍皆在陸，無在水之嫌。

炮：取豚若將，刲之刳之，實棗於其腹中，編萑以苴之，塗之以謹塗。炮之，塗皆乾，擘之，濯手以摩之，去其皽，爲稻粉，糔、溲之以爲酏，以付豚，煎諸膏，膏必滅之。鉅鑊湯，以小鼎，薌脯於其中，使其湯毋滅鼎，三日三夜毋絶火，而后調之以醯醢。釋文：炮，步交反。將，依註音牂，子郎反。刲，苦圭反。刳，口孤反，又口侯反。編，必縣反，又步典反。萑音丸。苴，子餘反。謹，依註作「墐」，音斤。塗，本亦作「涂」。擘，必麥反。去，起呂反。皽，章善反。糔，息酒反，又相流反，又息了反。溲，所九反。付，徐音賦。鑊，户郭反。使湯，一本作「使其湯」。

鄭氏曰：炮者，以塗燒之爲名也。將當爲「牂」，牂，牡羊也。刲、刳，博異語也。謹當爲「墐」，墐塗，塗有穰草也。皽，謂皮肉之上魄莫也。糔、溲，亦博異語也。糔，讀與「滫瀡」之滫同。薌脯，謂煮豚若羊於小鼎中，使之香美也。謂之脯者，既去皽，則解析其肉使薄，如爲脯然，唯豚全耳。豚、羊入鼎三日，乃内醯醢，可食也。　孔氏曰：萑，薍草也。苴，裹也。爲炮之法，或取豚，或取牂，刲刳其腹，實香棗於腹中，編連薍草，以裹匝豚、牂。裹之既畢，以穰草相和之塗塗之。炮之，塗皆乾，擘去乾塗也。濯手以摩之，去其皾者，手既擘涂，不淨，其肉又熱，故濯手摩之，去其皾莫也。爲稻粉，糔，溲之以爲酏，付全豚之外，若牂，則解析其肉，以粥和之。滅，没也。小鼎盛膏，以膏煎豚、牂於鼎中，膏必没此豚、牂也。鉅鑊湯，以小鼎，薌脯於其中者，謂用大鑊盛湯，以小鼎薌脯置於大鑊湯中也。使其湯毋滅鼎者，若湯入鼎中，則令食壞也。三日三夜毋絶火者，欲其微熱勢不絶。周禮有毛炮之豚。豚形既小，故知全體。周禮鄭註云：「毛炮豚者，爓去其毛而炮之。」豚既毛炮，則此牂亦當毛炮。愚謂裹物而燒之謂之炮。糔、溲，謂溲釋其粉也。付，傅也。此牂實不爲脯，以擘去乾塗之後，薄析其肉，有似脯然，故曰「薌脯」。上曰「付豚」，則知豚之置於鼎中者亦全體也，下曰「薌脯」，則知牂之用酏付之者亦薄析者也，互見之爾。

擣珍：取牛、羊、麋、鹿、麇之肉，必脄，每物與牛若一，捶反側之，去其餌，孰，出之，去其皾，柔其肉。釋文：脄音每，徐亡代反。餌音二，本或作「皾」，下句作「餌」。

鄭氏曰：脄，脊側肉也。捶，擣之也。餌，筋腱也。柔，汁和也。汁和亦醯醢與？　愚謂脄與脢同，背肉也。易曰：「咸其脢」。

漬：取牛肉，必新殺者，薄切之，必絶其理，湛諸美酒，期朝而食之以醢若醯、

醷。釋文：湛，子潛反，又直蔭反，又將鴆反。期音朞。

絶其理，謂横斷其肌理也。湛亦漬也。期朝，匝一日也。

爲熬：捶之，去其皽，編萑，布牛肉焉。屑桂與薑，以洒諸上而鹽之，乾而食之。施羊亦如之。施麋、施鹿、施麕皆如牛羊。欲濡肉，則釋而煎之以醢；欲乾肉，則捶而食之。釋文：洒，所買反，徐西見反。鹽音艷，又如字。乾而食之，一本無「而食之」三字。濡音儒。○鄭註：醢或爲「醓」。

鄭氏曰：熬，於火上爲之，今之火脯似矣。欲濡欲乾，人自由也。此七者，周禮「八珍」，其一肝膋是也。孔氏曰：七者，第一淳熬，第二淳毋，第三、第四炮豚若牂，第五擣珍，第六漬，第七熬也。其一肝膋，則此「糝」下「肝膋」也。但作記之人，文不依次，故在「糝」下。愚謂鄭氏以淳熬等八物爲八珍，因擣珍之名，以推其餘也。「肝膋」宜在「糝」上，簡錯在下耳。王制曰「八十常珍」，「九十者，天子欲有問焉，以珍從」，文王世子「養老之珍具」，則珍物者，老者之所需也。

糝：取牛、羊、豕之肉，三如一，小切之，與稻米，稻米二，肉一，合以爲餌，煎之。

鄭氏曰：此周禮「糝食」也。

肝膋：取狗肝一，幪之以其膋，濡炙之，舉燋其膋，不蓼。釋文：幪音蒙。焦，字又作「燋」，子消反。○鄭註：舉或爲「巨」。

膋，腸間脂也。炙，謂抗於火上而燒之也。濡炙之者，謂用膋濡潤其肝而炙之。舉，皆也。舉燋，謂徧皆燋也。其膋不蓼，則其肝當實蓼矣。

取稻米，舉糔、溲之，小切狼臅膏，以與稻米爲酏。釋文：臅，昌録反，徐又音燭。酏讀爲餰，之然反，又之善反。

鄭氏曰：狼臅膏，臆中膏也。此周禮「酏食」也。酏當從「餰」。愚謂「餰」與「饘」字同。餰與酏皆粥，而厚薄不同。酏用於六飲，則不可用爲豆實，故知此當作「餰」。餰食以稻米合狼臅膏爲之，則亦粥之類，但視粥差厚，故名曰「餰食」，言在食、粥之間爾。○自「淳熬」至此，記八珍及內羞之名物，當上與「士於坫一」相屬，説已見篇首。蓋飲食者，人子之所以孝養其親，故自「飯黍稷」至此，備言其品節制度，而因以著夫貴賤等級之差，如趙氏之所言也。

禮始於謹夫婦，爲宮室，辨外內，男子居外，女子居內。深宮固門，閽、寺守之，男不入，女不出。釋文：閽音昏。

有夫婦然後有父子，有父子然後有君臣，有君臣然後有上下，有上下然後禮義有所錯，故禮以謹夫婦爲始。爲宮室，辨外内者，燕寢在内，正寢在外也。宮深則内外之勢遠，門固則出入之限嚴。周禮閽人：「掌守中門之禁。」寺人：「掌内人之禁令。」大夫士之掌門禁者亦謂之閽，檀弓「閽者止之」是也。

男女不同椸枷，不敢縣於夫之楎、椸，不敢藏於夫之篋、笥，不敢共湢浴。 釋文：杝，本又作「椸」，以支反。枷音架。縣音玄。楎音輝。

鄭氏曰：竿謂之椸。楎，杙也。孔氏曰：爾雅釋宮云「在牆者謂之楎」，郭景純云：「植曰楎，横曰椸。」是楎、椸是同類之物。横者曰椸，以竿爲之。愚謂直曰楎，横曰椸，皆所以架衣也。方曰篋圓曰笥，皆所以藏衣也。夫婦無取乎遠嫌，然其謹之如此者，所以厚男女之别也。

夫不在，斂枕篋，簟、席襡器而藏之。少事長，賤事貴，咸如之。

重夫之所用，而不敢褻露也。前云「事父母舅姑，斂簟而襡之」，此簟、席並襡，又以器盛而藏之。前謂每日常禮，簟席晚即須用，此謂夫不在，簟、席未即用故也。

夫婦之禮，唯及七十，同藏無間。故妾雖老，年未滿五十，必與五日之御。 釋文：

間，徐讀「間厠」之間，皇如字。年未五十，本又作「年未滿五十」。與音預。鄭氏曰：同藏無間，衰老無嫌。御，侍夜勸息也。五十始衰，不能孕也，妾閉房，不復出御矣。五日一御，諸侯制也。諸侯取九女，姪、娣兩兩而御，則三日也；次兩媵，則四日也；次夫人專夜，則五日也。天子十五日乃一御。孔氏曰：同藏無間，謂同處居藏，無所間別，以其衰老無所嫌疑故也。妾未滿五十，必與五日之御，則妻雖五十猶與也。夫人、左、右媵各有姪、娣，凡六人，故三日。如鄭此言，夫人姪、娣卑於兩媵，如望前，則卑者在前，尊者在後，望後乃反之。

將御者，齊，漱、澣，慎衣服，櫛、縰、笄、總角，拂髦，衿纓，綦屨。釋文：齊，争皆反，下皆同。○鄭云：「角」，衍字。拂髦，或爲「繆髦」。愚謂「角、拂髦」皆衍字。

齊，以齊其心志。漱、澣，以潔其裏服。慎衣服，以謹其禮衣。妾之御於夫，猶臣之朝於君，故其致敬如此。角、拂髦，皆衍字。前婦事舅姑，不云「拂髦」，則婦人無髦。男女未冠笄者言「拂髦」，主男子言之耳。蓋髦者，子事父母之飾，父没去左，母没去右。婦人外成，若有髦，則無以爲除脱之節也。

雖婢妾，衣服飲食必後長者。釋文：後，胡豆反。

鄭氏曰：人貴賤不可以無禮。

妻不在，妾御莫敢當夕。

鄭氏曰：辟女君之御日也。　孔氏曰：此謂卿大夫以下。大夫一妻二妾，則三日御徧；士一妻一妾，則二日御徧。　高氏愈曰：一夕之微，而謹之如此，則少陵長，賤妨貴，以妾爲妻之禍絶矣。○自「禮始於謹夫婦」至此，明夫婦居室之禮。

妻將生子，及月辰，居側室。夫使人日再問之，作而自問之。妻不敢見，使姆衣服而對。至于子生，夫復使人日再問之。夫齊，則不入側室之門。

釋文：見，賢徧反，下同。姆音茂，字林亡又反，一音母，又亡久反。

鄭氏曰：側室，謂夾之室，次燕寢也。作，有感動。不入側室之門，若初時使人問。　孔氏曰：月辰謂生月之辰，初朔之日也。夫正寢之室在前，燕寢在後，側室又次燕寢，在燕寢之旁，故謂之側室。生子不於夫正室及妻之燕寢，必於側室者，以正室、燕寢尊故也。　愚謂作而自問之，謂感動之日，夫自問之也。妻不敢見，所以遠私媟之嫌也。姆，女師也，士昏禮註云：「婦人年五十無子，出不復嫁，能以婦道教人者。」至于子生，夫使人日再問之者，言自作之後，以至于子生，夫又日使人再問之也。夫齊，則不入側室之門者，謂作之日，適值夫齊，則夫不自問而使人問之也。齊必處正寢，故不入側室之門。

子生，男子設弧於門左，女子設帨於門右。三日，始負子，男射女否。

鄭氏曰：設弧、設帨，表男女也。弧者，示有事於武也。帨者，事人之佩巾也。三日男射，始有事也。負者，謂抱之而使鄉前也。愚謂男射女否者，女子卑，略其禮也。

國君世子生，告于君，接以大牢，宰掌具。三日，卜士負之，吉者宿齊，朝服寢門外，詩負之。射人以桑弧、蓬矢六，射天地四方，保受，乃負之。宰醴負子，賜之束帛。卜士之妻，大夫之妾，使食子。

釋文：接，依註音捷，字妾反，下「接子」同。射天地，食亦反。食音嗣。○今按：接如字。

接，接子也。就子生之室，陳設饌具，以禮接待之也。宰，膳宰也。掌具，掌爲接子之牢具也。宿齊，前一夕齊也。寢門外，路寢之門外也。不入門者，以子尚未見也。詩之言承也。詩負之，謂以手承下而接負之也。射人，司馬之屬。桑弧、蓬矢，本大古也。天地四方者，男子之所有事也。保，保母也。受乃負之，受之於士而負之也。醴，以醴禮之也。禮以一獻之禮，以束帛酬之，使宰主其禮，猶君燕，膳夫爲獻主之義也。食子，使乳之也。皇氏侃曰：士之妻，大夫之妾，隨課用一人。輔氏廣曰：諸母則擇之，乳母則卜之，豈非性情之發，尚有可見，而血氣之相宜，有不可知者耶？○内則「醴負子」，士冠禮「醴賓」，士昏禮「醴賓」「醴婦」，字皆作「醴」，惟聘禮「禮賓」作「禮」，鄭氏於「醴」字皆破爲「禮」，以從聘禮。然以醴醴人而謂之醴，猶以食食人而謂之食也，豈禮之重者則謂之禮，而其輕者但質言之與？

凡接子擇日，冢子則大牢，庶人特豚，士特豕，大夫少牢，國君世子大牢。其非冢子，則皆降一等。

鄭氏曰：雖三日之内，尊卑必皆選其吉焉。冢子大牢，謂天子世子也。冢子，猶言長子，通於下也。「庶人特豚」以下，皆謂長子也。非冢子，謂冢子之弟及妾子也。降一等，天子諸侯少牢，大夫特豕，士特豚，庶人猶特豚也。　愚謂上先言「接子」，而後言「三日，卜士負之」，則接子在負子之前，擇日者，於三日之内擇之也。

異爲孺子室於宮中，擇於諸母與可者，必求其寬裕、慈惠、温良、恭敬、慎而寡言者，使爲子師，其次爲慈母，其次爲保母，皆居子室。他人無事不往。

鄭氏曰：此人君養子之禮也。異爲孺子室於宮中，特掃一處以處之也。諸母，衆妾也。可者，傅、御之屬也。子師，教示以善道者。慈母，知其嗜欲者。保母，安其居處者。士妻食乳之而已。他人無事不往，爲兒精氣微弱，將驚動也。　愚謂寬裕、慈惠、温良則近於仁，恭敬、寡言則近於禮，故可以爲子師。養子備三母，人君之禮也。喪服「小功」章：「君子子爲庶母慈己者。」然則大夫之子，但以庶母爲慈母，而兼子師、保母之事與？

三月之末，擇日翦髮爲鬌，男角女羈，否則男左女右。是日也，妻以子見於父，貴人則爲衣服，由命士以下皆漱、澣，男女夙興，沐浴衣服，具視朔食。夫入門，升自阼階，立于阼西鄉。妻抱子出自房，當楣立，東面。釋文：鬌，丁果反，徐大果反。

此謂大夫以下之禮也。鬌，所留不翦之髮也。夾囟曰角，午達曰羈。貴人，卿大夫也。爲衣服，夫妻皆別製新服也。命士以下，雖不爲衣服，亦漱、澣以致其潔也。男女，謂下文「諸婦」「諸母」「諸男」之屬也。具，夫婦入食之饌具也。朔食，天子大牢，諸侯少牢，大夫特豕，士特豚。適子見在正寢，夫入門者，入正寢之門也。妻抱子出自房者，妻由側室至夫之正寢，升自北階而出於東房也。妻不使人抱子，子不升自西階，皆避人君之禮也。次棟之梁謂之楣。妻當楣立，在西階之上而當楣也。夫在阼，亦當楣，不言者，可知也。○鄭氏謂「大夫以下見適子於側室」，非也。側室卑於内寢，見庶子於内寢，豈見適子反在側室乎？

姆先相曰：「母某敢用時日祗見孺子。」夫對曰：「欽有帥。」父執子之右手，咳而名之。妻對曰：「記有成。」遂左還授師子，句。師辯告諸婦、諸母名，妻遂適寢。夫告宰名，宰辯告諸男名，書曰「某年、某月、某日某生」而藏之。宰告閭史，閭史書爲二：其一藏諸閭府，其一獻諸州史。州史獻諸州伯，州伯命藏諸州府。夫入食，如養禮。釋文：相，息亮反。孩，字又作「咳」，户才反。還音旋。辯音遍。養，羊尚反。○鄭註：祗或作「振」。

姆先，謂在妻側而稍前也。相，助之傳辭也。某，妻之氏也。祗、欽，皆敬也。帥，循也。欽有帥，謂其子當敬循善道也。執子右手，示將授以事也。咳，頷也。咳而名之，以手承子之咳而名之也。妻對者，代其子答父也。記有成者，言當記識父言而有所成就也。授師子，謂授師以子也。諸婦，大功以上卑者之妻。諸母，衆妾也。適寢，適夫之燕寢也。不言「入御」者，妻尊，不褻言也。宰，家臣之長也。諸男，謂子若昆弟之子也。諸婦、諸母、諸男見子時皆在，故遂以名告之。其位，蓋諸婦、諸母房中南面，諸男阼階下東面與？其大功以上尊屬，當使人就其寢告之也。藏之，藏於家也。二十五家爲閭，閭胥治之。二千五百家爲州，州長治之。州伯，即州長也。閭府、州府，閭胥、州長之府。藏史，其屬吏也。夫入食，自正寢入燕寢，而與妻同食也。如養禮，如平時夫婦供養之常禮也。鄭氏謂「養禮爲婦始饋舅姑之禮」，非也。舅姑之饋，婦饋之也，此夫婦自食耳，二禮不可相方。若謂指其饌具而言，則上文已言「具視朔食」，不應再出也。○黃氏乾行曰：命名即告州、閭，使藏諸府，將俟其長而就閭塾也。以承教訓，以受征役，以稽德行，以應賓興，皆始於是。安有時過後學，老壯不均，冒年冒籍，如後世之弊哉？

世子生，則君沐浴朝服，夫人亦如之，皆立于阼階，西鄉。世婦抱子升自西階，君名之，乃降。

鄭氏曰：子升自西階，則人君見世子於路寢也。諸侯夫人朝於君，次而褖衣。孔氏曰：案內司服注云：「展衣，以禮見王及賓客。」「褖衣，御于王之服。」諸侯夫人以下，所得之服各如王后，今既在路寢，與君同著朝服，則是以禮見君，合服展衣，此云「次而褖衣」者，此見子訖，則當進入君寢，侍御於君，故服進御之服，不服展衣。前文卿大夫見適子，既有「父執子手，咳而名之」，及戒告之辭，其文既具，故於見世子之禮略而不言，其實世子亦執手咳而名之及戒告也。愚謂見適子皆於正寢，但大夫士避世子之禮，故子不升自西階，而出自房耳。天子諸侯朝服不同，則后與夫人以禮見王之服亦當異：后以禮見王服展衣，則夫人以禮見君服褖衣宜也。特牲禮：「主人玄端，主婦笄纚綃衣。」男子玄端之上爲朝服，婦人笄纚綃衣之上爲褖衣，故少牢禮「主人朝服，主婦被錫衣侈袂」。被即次，錫衣即褖衣之誤也。此見子，君服朝服，則鄭謂「夫人次而褖衣」者不可易也。后御於王褖衣，則夫人御於君亦笄纚綃衣耳。

適子庶子見於外寢，撫其首，咳而名之。禮帥初，無辭。釋文：適，丁歷反。

適子庶子，謂適子之母弟也。蓋雖適妻所生，既非長適，則亦爲庶子矣。外寢，正寢也。辭，謂「欽有帥」、「記有成」之辭也。見適子之庶亦於正寢者，敬適妻也。不執其右手，又無辭者，降庶子也。此禮尊卑之所同與？

凡名子，不以日月，不以國，不以隱疾。大夫士之子，不敢與世子同名。

說並見曲禮。

妾將生子，及月辰，夫使人日一問之。子生三月之末，漱、澣，夙齊，見於内寢，禮之如始入室。君已食，徹焉，使之特餕，遂入御。釋文：三月之末，一本作「子生三月之末」。

此謂大夫士之妾也。不云「就側室」者，大夫士之妾居側室，即其所居而生子，不別就室也。

故左傳「趙氏有側室子曰穿」是也。夫使人日一問之，降於正妻也。內寢，夫之燕寢也。適子見於正寢而有辭，適子庶子見於正寢而無辭，庶子見於內寢，尊卑之差也。始入室，始來嫁時也。君，謂夫也。特，獨也。常時夫婦食畢，衆妾並餕，今使生子之妾特餕，如始來嫁之禮也。士昏禮媵餕夫餘，御餕婦餘，無特餕之法，豈妾之待年而後至者，或非媵而買諸他姓者，其始至特餕與？

公庶子生，就側室。三月之末，其母沐浴，朝服見於君，擯者以其子見。君所有賜，君名之，衆子則使有司名之。

公庶子生，就側室，人君宮室多也。君之世婦視大夫，諸妻視士，其朝服亦褖衣也。見於君，不言其所者，蒙上節「內寢」之文也。鄭氏曰：擯者，傅姆之屬也。人君尊，雖妾不抱子。有賜，於君有恩惠也。有司，臣有事者也。

庶人無側室者，及月辰，夫出居羣室。其問之也，與子見父之禮無以異也。

庶人或無側室，其燕寢夫婦共之而已，故妻及月辰，則夫出居羣室以避之。羣室，謂夾室之屬也。其問妻與見子之禮，則與大夫士同也。

凡父在，孫見於祖，祖亦名之，禮如子見父，無辭。

鄭氏曰：見子於祖，家統於尊也。父在則無辭，有適子者無適孫，與見庶子同也。父卒而有適孫，則有辭，與見冢子同。父雖卒，而庶孫猶無辭也。愚謂孫見於祖，亦就祖之正寢見之。

食子者三年而出，見於公宫則劬。大夫之子有食母，士之妻自養其子。釋文：食，並音嗣。

鄭氏曰：劬，勞也。士妻，大夫之妾，食國君之子三年，出歸其家，君有以勞賜之。大夫之子有食母，選於傅、御之中，喪服所謂「乳母」也。士之妻自養其子，賤不敢使人也。

由命士以上及大夫之子，旬而見。冢子未食而見，必執其右手；適子庶子已食而見，必循其首。釋文：旬音均，出註。○按旬，朱子讀如字，今從之。

鄭氏曰：未食已食，急正緩庶之義也。朱子曰：旬，謂十日也。别記異聞，或不待三月也。「冢子未食」以下，承上文記大夫禮，而又别其冢、適、庶子之異同也。愚謂適子，冢子之母弟也。庶子，妾之子也。循猶撫也。上文「三月而見」，此則云「旬而見」，上文冢子、庶子皆未食而見，此則冢子未食而見，適子庶子已食而見，蓋列國禮俗不同，記者並記之。然惟大夫士如此，則天子諸侯固無異禮矣。○自「妻將生子」至此，言尊卑生子之禮。

子能食食，教以右手；能言，男唯女俞。男鞶革，女鞶絲。釋文：食食，上如字，下音嗣。鞶，步干反。

鄭氏曰：俞，然也。鞶，小囊盛帨巾者，男用韋，女用繒，有飾緣之，則是鞶裂與？詩云：「垂帶如厲。」紀子帛名裂繻，字雖今異，意實同也。孔氏曰：春秋桓二年傳作「鞶厲」，鄭此注作「鞶裂」，謂鞶囊裂帛爲飾。若服虔、杜預，則以鞶爲大帶，厲是大帶之垂者，詩毛傳亦云「厲，帶之垂者」，與鄭異。陳氏祥道曰：古者大帶、革帶並謂之鞶，内則所謂「男鞶革」，帶也。愚謂曲禮「父召無諾」，「先生召無諾，唯而起」，虞書「帝曰俞，往欽哉」，又曰「俞，往哉汝諧」，是唯、俞皆應辭。但唯之聲直，俞之聲婉，故以爲男女之別。孔氏引服、杜、毛傳之説，蓋以鄭氏「鞶裂」之説爲非。左傳疏亦云：「禮記『男鞶革，女鞶絲』，鞶是帶之別稱，言其帶革、帶絲耳。」今按鞶一名而二物：前言「施縏袠」，士昏禮「庶母至門内施鞶」，揚子法言「繡其鞶帨」，此鞶爲小囊也。此言「鞶革」「鞶絲」，左傳言「鞶厲游纓」，乃馬之鞶纓，此鞶爲大帶也。玉藻云：「童子錦紳。」又云：「弟子縞帶。」此男子鞶革，蓋孩提時所用爾。男革而女絲者，革勁而絲柔也。○自此以下，皆言教子之法。

六年，教之數與方名。

六年，稍有知識，始可教也。數，一十百千萬也。方名，四方之名。

七年，男女不同席，不共食。

始示之別也。

八年，出入門户及即席飲食，必後長者，始教之讓。 釋文：後，胡豆反。

即，就也。長者，父兄也。徐行後長者謂之弟，疾行先長者謂之不弟。八年，始教以遜讓於長者，所以因其良知良能，而啟之以孝弟之端也。高氏愈曰：凡人質性之偏，莫不喜凌傲其上，故古人首以讓教之。出入後長者，行之讓；即席後長者，坐之讓；飲食後長者，食之讓。所以抑其驕慢之氣，而養其德性之和者至矣。

九年，教之數日。 釋文：數，所主反。

鄭氏曰：日，朔、望與六甲也。高氏愈曰：二者切於日用，且五行陰陽之理，具於干支中矣。此九年以内，宫中女師之教，兼男女而言者也。

十年，出就外傅，居宿於外，學書計。衣不帛襦袴。禮帥初，朝夕學幼儀，請肄簡諒。 釋文：襦，字又作「禣」，音儒。袴，苦故反。肄，本又作「肆」，同以二反。

鄭氏曰：外傅，教學之師也。不用帛爲襦袴者，爲大温，傷陰氣。高氏愈曰：居宿，日居夜宿也。十歲則男女已大，爲之别而女不出，男不入，蓋内外之防始嚴矣。書計，即六藝中六書、九數之學也。　愚謂襦，裹衣；袴，下衣。二者皆不以帛爲之，防奢侈也。禮帥初者，謂初所教長幼之禮，帥而行之，而不敢忘也。幼儀，幼少所行之儀法，其事甚多，不第出入飲食必後長者而已，朝夕學之，而益求其詳也。肄，習也，諒，信也。請肄簡諒，謂所請肄習者貴乎簡要而誠實也。簡則不流於泛濫，諒則不至於虚浮。自此至「凡男拜，尚左手」，專言教男子之法。九年以前，男女之教同；十年以後，男女之教異。○輔氏謂「衣不帛襦袴，則上服猶用帛」，非也。成人之服，深衣玄端，皆布爲之，朝服始用素帛爲裳，則童子之上服不用帛可知。玉藻「童子緇布衣，錦緣」，是童子之上服以緇布爲深衣之制也。以帛裹布，非禮也。童子上服用布，襦袴在内，其不用帛宜矣。

十有三年，學樂、誦詩、舞勺。成童舞象，學射御。

鄭氏曰：先學勺，後學象，文武之次也。成童，十五以上。　熊氏安生曰：勺，籥也。　愚謂學樂，學琴瑟之樂也。詩，樂章也。學樂、誦詩，弦誦相成也。勺，即所謂南籥也。「禴祠」之禴，亦作「礿」，是「勺」「籥」字通明矣。南籥，文王之文舞，象箾，文王之武舞，皆小舞也。射御，五射、五御之法也。蓋至此而六藝之事略備矣。以孝弟忠信爲之本，而餘力學文，蓋雖未及乎大學，而所以培養其德性，成就其才具者，固已深矣。○大戴禮云：「古者王子年八歲而就外舍，束髮而就大學。」尚書周傳：「王子，公、卿、元士之適子，十五入小學，二十入大學。」書傳略説：「餘子十三入小學，十八入大學。」白虎通：「八歲入小學，十五入大學。」曲禮：「人生十年曰幼學。」内則：「十年出就外傳。」今其詳固不可盡考，然周禮樂師「教國子小舞」，則國子之入大學固不待既冠矣。蓋古者公卿與庶民之子，其學不同：公卿之子以師氏所教者爲小學，以成均爲大學；庶民之子以家之塾，州、黨之序爲小學，以鄉之庠爲大學。公卿之子，其小學惟一，則其升於大學也速；庶民之子，其小學有三，則其遞升於大學也遲。而又人之材質有敏鈍，學業之成就有蚤暮，則其入大學固不可限以定期，大約自十三以上，二十以下，皆入大學之歲也與？○程子曰：古人爲學也易，八歲入小學，十三入大學，舞象舞勺，有弦歌以養其耳，舞干羽以養其氣，其心急則佩韋，緩則佩弦。出入閭里，則視聽游習與政事之施，莫不由此。如此，則非僻之心無自而入。又曰：古者家有塾，黨有庠，遂有序，故未嘗有不入學者。八歲入小學，十五擇其秀者入大學，不可教者歸之於農。三老坐於里門，出入，察其長幼、進退、揖讓之序。至於閭、里、鄉、黨之間，如三百五篇之類，人人諷誦，莫非止於禮義之言。十三，又使之舞象。然則雖未能深知義理，興起於詩，其心固已善矣。後世雖白首，未嘗知有詩。此古今異習也。以古所習，安得不厚？以今所習，安得不惡？張子曰：古者教童子先以舞者，欲柔其體也。心下則氣和，氣和則體柔。古者教胄子必以樂，欲其體和也。學者志則欲立，體則欲和。

二十而冠，始學禮，可以衣裘帛，舞大夏，惇行孝弟，博學不教，內而不出。釋文：冠，古亂反。衣，於既反。行如字，又下孟反。弟音悌。○內音納。

冠，加冠也。禮，吉、凶、軍、賓、嘉之禮也。大夏，禹樂，文舞之大也。大司樂：「以樂舞教國子，舞雲門、大卷、大咸、大磬、大夏、大濩、大武。」此言「舞大夏」，則六舞皆學可知。惇，篤也。前此但學幼儀，至此則學鄉國之通禮；前此不帛襦袴，至此則有裘帛之盛服；前此但學小舞，至此則學大夏之大舞；前此已知孝弟，至此則益惇而行之，而責以爲人子、爲人弟之全行。蓋成人之禮與大學之教，自二十而始也。博學不教者，廣見博聞以窮理，而善未可以及人。內而不出者，多識前言往行以畜德，而才未可以經世。蓋初進乎大學之事，而其德猶未幾乎成也。

三十而有室，始理男事，博學無方，孫友視志。釋文：孫音遜。

鄭氏曰：室猶妻也。男事，受田給政役也。方猶常也。無方，言學無常，在志所好也。孫，順也。順於友，視其所志也。輔氏廣曰：博學不教，内而不出，獨善而已，孫友視志，則善足以及人矣。愚謂博學無方，敬業而所以窮理者詳；孫友視志，樂羣而所以觀人者審。

四十始仕，方物出謀發慮，道合則服從，不可則去。

朱子曰：方猶比也。比方以窮理。方物出謀，則謀不過物；方物發慮，則慮不過物。愚謂四十則道明、德立、學成，而將以行之，始可仕也。比方事物而出發謀慮，則於所治之識，謀慮者無不當矣。服從，謂服其事而從君也。君臣以義合，故道合則服從，不合則去，不可以阿徇而取容也。○程子曰：古之爲士者，自十五入學，至四十始仕，中間二十五年有事於學，又無利可趨，則其志可知。此所以成德。故古之人必四十乃仕，然後志定業成。後世立法，自童稚即有汲汲利禄之誘，何由向善？

五十命爲大夫，服官政，七十致事。

王氏圻曰：四十始仕，爲士以事人，治官府之小事也。五十，爲大夫以長人，聞邦國之大事也。四十始仕，不躁進也。七十致仕，不固位也。中間三十年，盡力於王事，不負所學也。

凡男拜，尚左手。

鄭氏曰：左，陽也。

女子十年不出，姆教婉、娩、聽從；執麻枲，治絲繭，織紝、組、紃，學女事，以共衣服；觀於祭祀，納酒漿、籩豆、菹醢，禮相助奠。釋文：婉，紆晚反，徐紆願反。娩音晚，徐音萬。枲，思里反。紝，女金反，又如林反。組音祖。紃音巡。共音恭。相，息亮反。

鄭氏曰：不出，恒居内也。婉，謂言語也。娩之言媚也。媚，謂容貌也。紃，絛也。祭祀之禮，當及女時而知。孔氏曰：案九嬪註云：「婦德貞順，婦言辭令，婦容婉娩，婦功絲枲。」此分婉爲言語，娩爲容貌。鄭意以此上下備四德：以婉爲婦言，娩爲婦容，聽從爲婦順，「執麻枲」以下爲婦功。紝爲繒帛，故杜注左傳云：「紝，謂繒也。」組、紃，俱爲絛。皇氏云：「組是綬也。」然則薄闊爲組，似繩者爲紃。朱子曰：納，謂奉而入之。愚謂執麻枲，績事也。治絲繭，蠶事也。織紝組紃，織事也。此三者，皆女工之事，學之以供衣服也。納，謂納於廟室，以進於尸也。禮相助奠，謂以禮相長者，而助其奠置祭饌也。此又學祭祀之禮也。自「婉、娩、聽從」以下，皆姆教之。此以下，專言教女子之法。

十有五年而笄，二十而嫁，有故，二十三年而嫁。聘則爲妻，奔則爲妾。鄭註：奔或爲「衒」。

鄭氏曰：十五而笄，謂應年許嫁者。女子許嫁，笄而字之，其未許嫁，二十則笄。故，謂父母之喪。聘，問也。妻之言齊也。以禮聘問，則得與夫敵體。妾之言接也。聞彼有禮，走而往焉，以得接見於君子也。愚謂妾有隨妻爲媵者，有非媵而别買之者，皆未嘗有幣帛之聘也。女不待聘而嫁者謂之奔。周禮媒氏：「仲春之月，令會男女。於是時也，奔者不禁。」

凡女拜，尚右手。

鄭氏曰：右，陰也。

十三經清人注疏

禮記集解

第三册

〔清〕孫希旦 撰

沈嘯寰 王星賢 點校

禮記卷二十九

玉藻第十三之一

別録屬通論。

此篇首記天子諸侯衣服、飲食、居處之法，中間自「始冠緇布冠」至「其他則皆從男子」，專記服飾之制：始冠，次衣服，次笏，次韠，次帶，次及后、夫人、命婦之服，其前後又雜記禮節、容貌、稱謂之法。禮記中可以考見古人之名物制度者，此篇爲最詳，然其中多逸文錯簡云。

天子玉藻，十有二旒，前後邃延，龍卷以祭。 釋文：藻，本又作「璪」，音早。旒，力求反。邃，雖醉反。延如字，徐餘戰反，字林作「綖」，弋善反。卷音袞，古本反。

鄭氏曰：雜采曰藻。天子以五采藻爲旒，旒十有二。前後邃延者，言皆出冕前後而垂也，天子齊肩，延冕上覆也，玄表纁裏。龍卷，畫龍於衣。孔氏曰：藻，謂雜采之絲繩以貫於玉，以玉飾藻，故曰「玉藻」也。十有二旒者，前後各十有二旒。龍卷，言畫此龍形卷曲於衣。天子之旒十有二就，每一就貫以玉，就間相去一寸，則旒長尺二寸，故垂而齊肩。諸侯以下，各有差降，則九玉者九寸，七玉者七寸，以下各依旒數，垂而長短爲差。旒垂五采玉，依飾射侯之次，從上而下，初以朱，次白，次蒼，次黄，次玄。五采玉既貫徧，周而復始。其三采者，先朱，次白，次蒼。二采者，先朱，後緑。又王制疏曰：凡冕之制，皆玄上纁下，以木版爲中，以三十升玄布衣之於上，謂之延。以朱爲裏，但不知用布繒耳。當以繒爲之，以其前後旒用絲故也。按漢禮器制度，廣八寸，長尺六寸也。又董巴輿服志云：「廣七寸，長尺二寸。」皇氏謂「此爲諸侯冕」。應劭漢官儀廣七寸，長八寸，皇氏以爲卿大夫冕。若如皇氏言，豈董巴專記諸侯，應劭專記卿大夫？蓋冕隨代變異，大小不同，今依漢禮器制度爲定。

愚謂司服王冕有六，而大裘之冕爲最尊，祭天之所服也。凡冕之旒數，與衣之章數相配，大裘襲十二章之衣，其冕亦十二旒，則天數也。衮冕九章則九旒，鷩冕七章則七旒，毳冕五章則五旒，絺冕三章則三旒，玄冕一章宜一旒，而一旒不可以爲飾，進而與絺冕同，此弁師所以止言「五冕」也。王祭天之冕，其旒前後各十有二，每旒之上，以五采玉爲飾，又以五采絲爲繩，以繫玉，謂之藻。其玉之數與藻之就數，亦皆十二，故曰「天子玉藻，十有二旒」。聘禮記：「繅六等，朱、白、蒼。」圭藻之色，以五行相克爲次，冕藻亦然。五采則次以黄，又次以玄也。五色玉之次，亦當與藻同。王之冕自衮服以下，其旒數雖有差降，而每旒皆五采玉十二，皆五采藻十二就，則與十二旒之冕同。弁師云「王之五冕，皆玄冕，朱裏，延、紐，五采繅十有二就，皆五采玉十有二」是也。自公以下，其冕之旒數皆視服章爲差降，然弁師「諸侯之繅斿皆九就，瑉玉三采」，則五等諸侯之冕，旒數雖異，而其玉皆三采，繅皆九就也。以此差之，則孤、卿二采而七就，大夫一采而五就，就間皆相去一寸也。孔疏謂「旒之長短依旒數爲差」，則三旒者止三寸，似太短矣。又二采者當以朱、白，一采者當以朱，孔氏據周禮典瑞註，謂「二采用朱、緑」，亦非是。延者，冕之上覆。冕用三十升布，則延之表裏亦皆以三十升布爲之。前後邃延者，延在冕上，其前後皆長出於冕而深邃，邃指延言，不指旒言也。龍卷以祭，謂首服十二旒之冕，又身服龍卷之衣而祭天也。

玄端而朝日於東門之外，聽朔於南門之外，閏月則闔門左扉，立于其中。釋文：端音冕，出註，下「諸侯玄端」同。朝，直遥反，篇内皆同。闔，胡獵反。左扉，音非，一本作「則闔門左扉」。○鄭氏曰：端當作「冕」，字之誤也。玄冕，玄衣而冕也。朝日，春分之禮也。東門、南門，皆謂國門也。明堂在國之陽，每月就其堂而聽朔焉。閏月，非常月也，聽其朔於明堂門中，還處路寢門，終月。孔氏曰：凡衣服，皮弁尊，次以諸侯之朝服，次以玄端。下文「諸侯皮弁聽

按篇内「朝」「玄端」當如字。

朔」，「朝服視朝」，今天子皮弁視朝，若玄端聽朔，與諸侯不類。且聽朔大，視朝小，故知端當作「冕」，謂玄冕也。愚謂玄冕者，五冕之服皆玄也。蓋玄冕有指一章之冕言者，司服「祭羣小祀則玄冕」，又「卿大夫之服，自玄冕而下」，是也。有通指五冕言者，弁師「王之五冕皆玄冕」，郊特牲「玄冕齋戒」，疏謂「五冕通玄」是也。朝日、聽朔，其服不同，記不具言，故但以玄冕該之。司服：「王祀四望、山川則毳冕，祭社稷、五祀則絺冕。」日者，天神之尊，在四望、山川之上，國語「大采朝日」，「少采夕月」，孔晁以大采爲衮冕是也。少采降於大采，蓋鷩冕與？一章之玄冕，爲冕服之下，若朝日用一章之玄冕，則少采又爲何服乎？諸侯聽朔以皮弁，則天子聽朔不當以一章之玄冕矣。閏月則闔門左扉，立於其中，謂聽朔時也。每月聽朔於明堂之十二室，閏月非常月，於十二室無所當，故闔明堂應門之左扉，而立於其中以聽朔也。還則居路寢門終月，大史「閏月，詔王居門終月」是也。○朱子曰：禮經雖亡闕，然於覲見天子之禮，於燕、射、聘、食見諸侯之禮，餘則見大夫、士之禮，宫室名制不見其有異，特其廣狹隆殺有所不可考耳。按書顧命，成王崩於路寢，其陳位也，曰「設斧扆牖間，南嚮」，則户牖間也。「西序東嚮」，「東序西嚮」，則東西序也。「西夾南嚮」，則夾室也。「東房」「西房」，則左右房也。「賓階面」、「阼階面」，則兩階前也。「左塾之前」、「右塾之前」，則門内之塾也。「畢門之内」，則路寢門也。「兩階阼」，則堂廉也。「東堂」「西堂」，則東西廂也。「東垂」「西垂」，則東西堂之宇階上也。「側階」，則北階也。又曰「諸侯出廟門俟」，則與士喪禮「殯宫曰廟」合也。則鄭氏謂「天子廟及路寢如明堂制」者，蓋未必然。明堂位與考工記明堂之制度，非出於舊典，亦未敢必信也。愚謂考工記「夏后氏世室」，「殷人重屋」，「周人明堂」，此蓋三代明堂之異名，鄭氏誤以世室爲大廟，重屋爲路寢，而大廟、路寢、明堂同制之説自此起矣。天子路寢之制，見於顧命者可考，而覲禮在廟亦言「几俟于東箱」，皆不與明堂同制。要之，大廟、路寢，必前爲堂，後爲房室，東西爲兩序、兩夾、兩階，然後可以奉宗祏，適興居，以行朝、祭、獻、酬、揖讓之儀，以叙吉、凶、賓、主、内、外之位，有必不可與明堂同制者。自鄭氏爲三者同制之説，而疏家墨守其義，至其證之經典而不合，則爲之委曲以求其通，亦可謂甚難而實非者矣。

皮弁以日視朝，遂以食；日中而餕，奏而食。日少牢，朔月大牢。五飲：上水，漿、酒、醴、酏。卒食，玄端而居。 釋文：酏，以支反。

鄭氏曰：餕，食朝之餘也。奏，奏樂也。上水，水爲上，其餘次之。天子服玄端燕居。孔氏曰：皮弁視朝，遂以朝食，所以敬養身體。餕尚奏樂，即朝食奏樂可知也。月朔禮大，故用大牢。方氏慤曰：王食必以樂侑，所以和其心志，而助氣體之養也。愚謂天子視朝以皮弁服，以白鹿皮爲弁，而以素繒爲衣裳也。舊説謂「皮弁服之衣用十升白布爲之」，非也。衣之差，繒尊於布，玄尊於白，惟深衣、麻衣之屬用白布，玄端及朝服已緇之矣，皮弁尊於朝服，豈反用白布乎？日少牢，朔大牢，重朔以敬始，而殺常日，以爲豐儉之節也。膳夫：「王日一舉，鼎十有二物，皆有俎。」蓋每日之少牢，朔月之大牢，皆舉也。鼎十有二物，以舉之尤盛者言之，則專指朔食也。日出而朝食，逮日而夕食，此每日之正食也。餕非正食，在朝食、夕食之間，特餕朝食之餘而已。上水者，以水爲上，貴其自然之性也。周禮「六飲」有「涼、醫」而無「酒」，此「五飲」有「酒」而無「涼、醫」，記者所聞異也。卒食，謂既餕之後也。居，燕居也。天子朝皮弁，夕玄端。

動則左史書之，言則右史書之，御瞽幾聲之上下。釋文：上，時掌反。

鄭氏曰：左史、右史所書，春秋、尚書其存者。瞽，樂人也。幾猶察也。察其哀樂。孔氏曰：左陽，陽主動，故記動。右陰，陰主靜，故記言。周禮無左史、右史之名。熊氏云：「按周禮大史職云『大師，抱天時，與大師同車』，又左傳齊大史書『崔杼弑君』，是大史記動作之事，在君左廂，則大史爲左史也。周禮内史掌諸侯、孤、卿、大夫之策命，左傳王命内史叔興父策命晉侯爲侯伯，是皆言誥之事，是内史所掌在君之右，爲右史也。」御，侍也。瞽人侍側，故曰「御瞽」。幾，察也。瞽人審音，察樂聲上下哀樂，政和則樂聲樂，政酷則樂聲哀，察之以防君之失。愚謂史記言動，瞽察聲樂，凡視朝、燕居，無時不在君之側，皆所以防君之失而格其非心也。

年不順成，則天子素服，乘素車，食無樂。

氣不順則水旱至，物不成則饑饉生。素服，冠衣皆以素繒爲之也。素車，車不漆者。周禮巾車「王之喪車五乘」，次爲「素車，棼蔽，犬複、素飾」，是也。司服：「大札、大荒、大烖，素服。」大司樂：「大札、大凶、大烖，令弛縣。」此皆自貶損，以責己而憂民也。孔氏曰：若其臣下，則不恒素服，唯助君禱請之時乃素耳。故司服云「士服玄端、素端」，註云：「素端者，爲札、荒有所禱請也。」

諸侯玄端以祭，裨冕以朝，皮弁以聽朔於大廟，朝服以日視朝於内朝。釋文：裨，婢支反。大音泰。

鄭氏曰：祭先君也。端亦當爲「冕」，字之誤也。孔氏曰：玄端賤於皮弁，下文「皮弁聽朔」，不應玄端以祭，故知亦當爲「玄冕」。愚謂玄冕，亦謂五冕通玄也。祭統曰：「君衮冕立于阼，夫人副褘立于東房。」祭義獻繭之禮，「夫人副褘受之」。此上公之禮也。然則五等諸侯皆以上服祭其宗廟，公衮冕，侯伯鷩冕，子男毳冕，記亦不具言，言「玄冕」以該之。孤、卿、大夫自祭之服，皆降於助祭，而諸侯乃以上服祭者，北面之臣，近君而屈，南面之君，遠王而伸也。裨猶副也，益也。服冕者各以其上服之次爲裨冕，公服衮，自鷩以下爲裨冕；侯伯服鷩冕，自毳以下爲裨冕；子男服毳冕，自絺冕以下爲裨冕也。裨冕以朝者，入天子之國，宜自降下，故不敢服上服而服其次。覲禮「侯氏裨冕」，「乘墨車」，裨冕亦乘墨之義也。聽朔者，天子頒來歲十二月之朔於諸侯，諸侯受而藏之祖廟，每至月朔，以特羊告廟，受而聽之，謂之朝廟。天子聽朔於明堂，明受之天與祖也。諸侯聽朔於大廟，明受之王與祖也。朝服，玄端而緇衣、素裳也。士冠禮：「主人玄冠朝服，緇帶素韠。」凡裳與韠同色，故知朝服素裳，凡言「朝服」者，皆此服也。内朝，路寢門外之正朝也。皮弁聽朔，朝服視朝，皆降於天子也。孔氏曰：每月以朔告神，謂之告朔，論語云「告朔之餼羊」是也。於時聽此月朔之事，謂之聽朔，此玉藻文是也。聽朔又謂之視朔，文十六年「公四不視朔」是也。告朔又謂之告月，文六年「閏月不告月」是也。行此禮，天子於明堂，諸侯於大祖廟，訖，然後祭於諸廟，謂之朝享，司尊彝云「朝享」是也。按天子告朔於明堂，無祭於祖廟之禮。司尊彝言「朝享」，謂大祫之祭也。又謂之朝廟，文六年云「猶朝于廟」是也。又謂之朝正，襄二十九年「釋不朝正于廟」是也。又謂之月祭，祭法云「皆月祭之」是也。○盧氏辯曰：臣及命婦祭於君，皆盡其服，自祭於家降一等，陰爵不敢申也。君與夫人皆申其服，祭統曰「君衮冕立于阼，夫人副褘立于東房」是也。鄭氏頓貶公侯，使一同玄冕以祭於己，非其差也。且諸侯專國，禮樂車旗，王命有之，何獨抑其服乎？大戴禮註。愚謂鄭氏之說，可以決其必不然者三：一則南面之君，與北面之臣近君而屈者不同；二則衮冕、副褘，祭統有明文，不應其餘諸侯獨異；三則卿大夫自祭雖不申上服，然大夫朝服，士玄端，而雜記所言，則又有服爵弁者。其爲差等如此。若五等諸侯不辨命數，並服玄冕自祭，是反貶於其臣。以是知玄冕以祭，必非一章之玄冕也。○孔氏曰：天子諸侯皆三朝：大僕云「掌燕朝之服位」，註云「燕朝，朝於路寢之庭」，是一也。司士云「正朝儀之位」，註云「此王日視朝事於路門外」，是二也。朝士云「掌外朝之法」，註云「外朝在庫門之外，臯門之内」，是三也。諸侯三朝者，文王世子云：「公族朝於内朝。」「路寢朝，是一也。世子又云「其在外朝，司士爲之」，與此「視朝於内朝」，皆謂路寢門外朝，是二也。此云「内朝」，對中門外朝爲内；文王世子云「外朝」，對路寢庭爲外也。此據路寢門外而稱「内朝」，則知中門之外別更有朝，是諸侯中門外、大門内又有外朝，是三朝也。

諸侯三門：尋常諸侯，中門爲應門，外有皋門，若魯則庫、雉、路也。愚謂天子諸侯皆有三朝：一爲燕朝，一爲治朝，一爲外朝。此言「視朝於内朝」，即治朝也。燕朝在路寢庭，故燕禮「公立于阼階下」。治朝在路門外，故司士「正朝儀之位」：「王族故士、虎士在路門之右」，「大僕、大右、大僕從者在路門之左」。若外朝，則在大門之外。聘禮「賓至于朝」，「公迎賓于大門内，賓入門」。又聘禮「歸饔餼」，「明日，賓拜于朝」，鄭註云：「拜謝主君之惠於大門外。」賈疏云：「直言『賓拜於朝』，無『入門』之文，故知在大門外。」又聘禮賓死，「介復命，柩止于門外」，鄭云：「門外，大門外也。必以柩造朝者，達其忠心。」是諸侯外朝在大門外明矣。天子外朝所在，雖無明文可見，然周禮朝士：「掌建外朝之法：左九棘，孤、卿、大夫位焉，羣士在其後；右九棘，公、侯、伯、子、男位焉，羣吏在其後；面三槐，三公位焉，州長、衆庶在其後。」若朝位在門内，則當取節於門，今乃以槐、棘表位，亦必因朝位在門外，無可取節，故樹槐、棘以表臣民之位也。蓋外朝乃大詢衆庶之所，其人衆多而龐雜，故在大門之外，而且掌之以刑官之屬，以致其嚴肅之意。此疏謂「諸侯外朝在中門外、大門内」，鄭氏朝士註謂「外朝在庫門外、皋門内」，皆恐非是。又諸侯有庫門、雉門，無應門、皋門，説見明堂位。

朝，辨色始入。君日出而視之，退適路寢聽政，使人視大夫，大夫退，然後適小寢釋服。

朝，謂臣朝君也。辨色，昧爽之後也。臣入常先，君出恒後，尊卑之體然也。小寢，燕寢也。諸侯正寢一，燕寢三。君既退適路寢，卿大夫亦治事於治朝之左右，或事有當入謀於君者，若孔子攝齊升堂是也。故君未可即退，俟大夫治事畢退朝，然後退適小寢釋服也。此雖言諸侯禮，其實天子亦然。　鄭氏曰：釋服，服玄端。

又朝服以食，特牲，三俎，祭肺，夕深衣，祭牢肉。朔月少牢，五俎四簋。子卯稷食菜羹。夫人與君同庖。　釋文：簠，本或作「簋」。食音嗣。○按陸氏以「四簋」爲「四簠」，蓋據皇氏本。

鄭氏曰：食必復朝服，所以敬養身也。三俎，豕、魚、腊。祭牢肉，異於始殺也。天子言「日中」，諸侯言「夕」，天子言「餕」，諸侯言「祭牢肉」，互相挾。稷食菜羹，忌日貶也。同庖，不特殺也。　孔氏曰：紂以甲子死，桀以乙卯亡，後王以爲忌日。稷食者，食飯也。以稷穀爲飯，以菜爲羹而食之。　愚謂祭牢肉者，切肉爲小段以祭，士虞禮所謂「膚祭」是也。特牲而曰「牢」，通朔食言之也。五俎，謂羊也，豕也，魚也，腊也，膚也。四簋，黍稷各二也。不言「稻粱」者，食以黍稷爲正，稻粱爲加，此惟言其正者也。諸侯朔食四簋，則日食二簋，天子當朔食六簋，日食四簋也。子卯忌日貶損，所以致戒懼之意，稷食則無黍，菜羹則不殺也。夫人與君同庖，蓋以右胖爲君俎，以左胖爲夫人俎，凡牲體貴右也。○鄭氏曰：五俎，豕、魚、腊，加羊與其腸胃也。朔月四簋，則日食稻、粱各一簋而已。孔氏曰：少牢五俎，加羊與膚爲五，但少牢祭神，此人君所食，無膚而有腸胃也。朔月四簋，故知日食二簋。以稻粱美物，故知各一簋。詩云「每食四簋」，註云：「四簋：黍、稷、稻、粱。」是簋盛稻、粱也。且此文諸本皆作「簋」字，皇氏以註云「稻粱」，以簠宜盛稻粱，故以「四簋」爲「四簠」，未知然否。以此而推，天子朔月六簋，黍、稷、稻、粱、麥、苽各一簋，若盛食則八簋，故小雅「陳饋八簋」，當加以稻粱也。愚謂五俎之物，少牢禮有明文。此註言「五俎」，乃無「膚」而有「腸胃」者，蓋鄭氏以夕深衣，祭牢肉，膚既用以夕祭，則不當又爲五俎之實耳。孔氏乃以爲神、人之别，此誤解註意也。然五俎有膚，而别留之以供夕祭，未爲不可。鄭氏以腸胃備五俎，義無所據，不可從也。簋盛黍稷，簠盛稻粱。此言「四簋」，詩言「陳饋八簋」，祭統言「六簋」，皆謂黍、稷耳。蓋食以黍稷爲正，以稻粱爲加，凡言飯食，多舉其正而不及其加，故但言「簋」而不及「簠」。公食大夫禮備有黍、稷、稻、粱，而其後言上大夫之禮，云「八豆、八簋、六鍘、九俎」，亦不言「簠」，亦此義也。註疏於簋兼稻、粱言之，皆非是。○古者貴賤日皆五食：朝服以食，特牲，三俎，祭肺，此朝食也。夕深衣，祭牢肉，此夕食也。此二者爲每日之正食。又前於天子言「日中而餕」，此在朝食、夕食之間，三也。又内則「子事父母，雞初鳴」而衣服，「適父母舅姑之所」，「饘、酏、酒、醴、芼、羹、菽、麥、蕡、稻、黍、粱、秫唯所欲」，又云「命士以上，父子異宫，昧爽而朝，慈以旨甘」，此在朝食之前，四也。又云「日入而夕，慈以旨甘」，此在夕食之後，五也。王每食皆以樂侑，諸侯降於天子，昧爽及日入之食皆不侑，故魯有亞飯、三飯、四飯之官。白虎通乃謂「天子四飯，諸侯三飯」，誤矣。

君無故不殺牛，大夫無故不殺羊，士無故不殺犬豕。君子遠庖厨，凡有血氣之類，弗身踐也。釋文：遠，于萬反。踐音翦，子淺反，出註。

鄭氏曰：故，謂祭祀之屬。踐當爲「翦」，聲之誤也。翦猶殺也。愚謂諸侯朔食少牢，故無故不殺牛；以天子朔食大牢，諸侯朔食少牢差之，則大夫朔食特牲，故無故不殺羊；士朔食特豚，故無故不殺犬豕。君子之於禽獸也，見其生，不忍見其死，聞其聲，不忍食其肉，是以遠庖厨。至於凡有血氣之類，皆不忍親殺之，又不獨牲牢之大而已也。蓋於其不當殺者，既節制而不敢過，其不得已而殺者，亦未嘗不有以養其仁愛之心也。

至于八月不雨，君不舉。

鄭氏曰：爲旱變也。此謂建子之月不雨，盡建未月也。春秋之義，周之春夏無雨，未能成災，至其秋秀實之時而無雨，則雩。雩而得之，則書「雩」，喜祀有益也；雩而不得，則書「旱」，明災成也。　愚謂周之春夏不雨，則首種不入，宿麥不成，不必盡建未之月而已爲災矣。記者蓋見春秋於僖二年冬十月書「不雨」，至三年六月書「雨」，又文二年書「自十有二月不雨，至於秋七月」，皆歷時不雨，至建午、建未之月得雨而不書「旱」，故爲説如此。不知春秋書「不雨」即爲災，不必書「旱」也。舉，謂舉肺脊以祭也。君每日殺牲以食，則舉肺脊以祭，不舉，謂不殺牲也。

年不順成，君衣布搢本，關梁不租，山澤列而不賦，土功不興，大夫不得造車馬。

釋文：衣，於既反。搢，徐音箭，又如字。

鄭氏曰：皆爲凶年變也。君衣布者，謂若衛文公大布之衣，大帛之冠是也。搢本，去珽、荼，佩士笏也。士以竹爲笏，飾本以象。列之爲言遮迾也。雖不賦，猶爲之禁，不得非時取也。造，謂作新也。　愚謂衣布，以白布爲衣，又降於天子之素服也。搢，謂所搢之笏也。君笏用象，今但用象爲本，與大夫士同也。此於大司徒「荒政」爲「眚禮」「去幾」「舍禁」「弛力」之事，所以自貶責，省國用，而寬民力也。前言凶年天子貶降之禮，此又言諸侯貶降之禮，而其文各有詳略，亦所以互相備也。

卜人定龜，史定墨，君定體。

鄭氏曰：定龜，謂靈、射之屬所當用者。定墨，視兆坼也。定體，視兆所得也。周公曰：「體，王其無害。」孔氏曰：定龜者，按龜人云「天龜曰靈屬，地龜曰繹屬，東龜曰果屬，西龜曰靁屬，南龜曰獵屬，北龜曰若屬，各以其方之色與其體辨之」，鄭云：「屬，言非一也。色，謂天龜玄，地龜黃，東青，西白，南赤，北黑也。龜俯者靈，仰者繹，前弇果，後弇獵，左倪靁，右倪若。」定之者，定其所當用，謂卜祭天用靈，祭地用射，射則繹也，按周禮作「繹」，爾雅作「射」，射即繹也。釋文引爾雅作「謝」。春用果，秋用雷之屬也。史定墨者，凡卜必以墨畫龜，求其吉兆。若卜從墨而兆廣，謂之卜從。周禮占人註云：「墨，兆廣也。」體，謂五行之兆象。既得兆象，君定其體之吉凶，尊者視大，卑者視小。故占人云：「君占體，大夫占色，史占墨，卜人占坼。」愚謂卜人，卜師也。定龜，定龜體所當灼。卜師云「凡卜，辨龜之上下、左右、陰陽，以授命龜者」，鄭氏云：「上，仰者也。下，俯者也。左，左倪也。右，右倪也。陰，後弇也。陽，前弇也。」即此「卜人定龜」之事也。史，大史也。大史：「大祭祀，與執事卜日。」國語：

「晉獻公卜伐驪戎，史蘇占之。」左傳「晉趙鞅卜救鄭」，「占諸史趙、史墨、史龜」。凡卜，以火灼龜，視其裂紋，以占吉凶，其鉅紋謂之墨，其細紋旁出者謂之坼。謂之墨者，卜以墨畫龜腹而灼之，其從墨而裂者吉，不從墨而裂者凶，故卜吉謂之從。裂紋不必皆從墨，以其吉者名之，故總謂之墨也。體，謂五行之體，洪範「曰雨、曰霽、曰蒙、曰驛、曰克」是也。將卜，卜師定龜，以授命龜者；卜兆既成，君先視之，而定其五行之體；次則大夫視之，而占其色之明暗；次則大史視之，而占其墨之從否；次則卜人視其坼，而總斷其吉凶。故周禮占人云：「君占體，大夫占色，史占墨，卜人占坼。」此不言「大夫」與「卜人」者，文略也。

君羔幦虎犆；大夫齊車鹿幦豹犆，朝車；士齊車鹿幦豹犆。 釋文：幦音覓，徐苦狄反。犆，依註音直。齊，側皆反，下同。

鄭氏曰：幦，覆笭也。犆，讀皆如「直道而行」之直。直，謂緣也。羔幦虎犆，此君齊車之飾。臣之朝車，與齊車同飾。　孔氏曰：詩大雅「鞹鞃淺幭」，毛傳云：「幭，覆式。」即幦也。詩云「淺幭」，以虎皮爲幭，此用羔幦者，詩據以虎皮飾幦，謂之淺幭也。據此註，則君之朝車與齊車不同，但無文以言之。　愚謂士喪禮：「乘車鹿淺幦。」又曰：「道車載朝服。」道車則朝車也。「乘車」在「道車」之上，則齊車也。鹿淺幦，即此之「鹿幦豹犆」也。道車不言其辟，明與乘車同也。

君子之居恒當户，寢恒東首。若有疾風、迅雷、甚雨，則必變，雖夜必興，衣服冠而坐。釋文：首，手又反。迅音峻，又音信。衣，於既反，下「衣布」同，又如字。

鄭氏曰：當户，鄉明。東首，首生氣也。必變，必興而坐，敬天之怒。愚謂君子，謂卿大夫以下也。當，對也。當户者，坐於東北隅而南向，與户相對也。禮運曰：「死者北首，生者南鄉。」爾雅曰：「室東北隅謂之宧。」以其爲人所常處，故以頤養爲名。

日五盥，沐稷而靧粱，櫛用樿櫛，髮晞用象櫛，進禨進羞，工乃升歌。釋文：盥音館。靧音悔。櫛，則乙反。樿，章善反。禨，其既反。

鄭氏曰：晞，乾也。沐靧必進禨作樂，盈氣也。更言「進羞」，明爲羞籩豆之實。孔氏曰：盥，洗手也。沐，沐髮也。靧，洗面也。用稷粱之湯汁洗面沐髮，並須滑故也。人君靧沐皆粱。樿，白理木也。櫛，梳也。沐髮爲除垢膩，故用白理澀木以爲梳。晞，乾燥也。沐已，燥則髮澀，故用象牙滑梳以通之也。禨謂酒也。羞，謂羞籩羞豆之實。知非庶羞者庶羞爲食而設，今爲飲設羞，故知非庶羞也。進羞之後，樂工乃升堂，以琴瑟而歌，皆爲新沐體虛，補益氣也。

浴用二巾，上絺下綌。出杅，履蒯席，連用湯，履蒲席，衣布晞身，乃屨，進飲。釋文：杅音雩。蒯，苦怪反。連，力旦反。屨，本又作「履」。

鄭氏曰：用絺綌，刷去垢也。杅，浴器也。蒯席澀，便於洗足也。連猶釋也。進飲，亦盈氣也。孔氏曰：杅，浴之盤也。出杅，浴竟而出盤也。蒯菲草席澀，出杅而足踐履澀草席上，刮去垢也。連用湯，言釋去足垢而用湯闌也。輔氏廣曰：屨，服之末，進屨則衣服皆舉矣，故進飲焉。　愚謂絺精而綌粗，蒯席粗，蒲席精，上絺下綌，出杅履蒯席，既連用湯，乃履蒲席，皆用物之宜也。布，浴衣也。喪大記曰：「挋用浴衣如它日。」謂之布者，以別於巾之用絺綌也。晞，乾也。衣布晞身，言衣浴衣以拭乾其身也。進飲，即進禨也。不言「進羞」「升歌」者，蒙前可知也。或謂「浴之禮殺於沐」，非也。內則及聘禮皆言「三日沐」而「五日浴」，則浴之禮非殺於沐矣。

將適公所，宿齊戒，居外寢，沐浴。史進象笏，書思對命。既服，習容觀、玉聲，乃出，揖私朝，煇如也，登車則有光矣。釋文：煇音暉。○今按：觀當音古亂反。

鄭氏曰：思，所思念將以告君者也。對，所以對君者也。命，所受君命也。書之於笏，爲失忘也。玉聲，玉佩。私朝，自大夫家之朝也。揖其臣乃行。　愚謂此謂境邑之臣入見於君者也。宿，夙也。宿齊戒，謂前夕齊戒也。外寢，正寢也。齊必居正寢。臣之對君，如對神明，故宿齊戒，居外寢，沐浴，以祭祀之禮自處也。史，大夫之史也。雜記：「如笳，則史練冠長衣以笳。」象笏者，大夫之笏，以象爲本也。服，朝服也。容觀，謂容儀可以觀示於人也。玉聲，玉佩進退鏘鳴之聲。出，出寢門也。煇、光，皆謂儀容之盛，而光又盛於煇也。蓋内存乎齊肅之誠，而外發爲儀容之美，故揖私朝而已煇如，其登車而至君所，則有光明而不至隕越矣。

天子搢珽，方正於天下也。諸侯荼，前詘後直，讓於天子也。大夫前詘後詘，無所不讓也。釋文：珽，他頂反。荼音舒。詘，邱勿反。後，如字，徐胡豆反。

鄭氏曰：此亦笏也。謂之珽，珽之言珽然無所屈也。或謂之大圭，長三尺，杼上終葵首。終葵首者，於杼上又廣其首，方如椎頭，是謂無所屈，後則恒直。相玉書曰：「珽玉六寸，明自炤。」荼，讀爲「舒遲」之舒。舒懦者，所畏在前也。詘，謂圜殺其首，不爲椎頭。諸侯唯天子詘焉，是以謂笏爲荼。大夫，奉君命出入者也，上有天子，下有己君，又殺其下而圜。孔氏曰：此論天子以下笏制不同。方正於天下者，言珽然無所詘，示己之方平正直而布於天下。前詘，謂圜殺其首。後直，下角正方。讓於天子者，降讓於天子也。大夫前詘後詘，無所不讓者，大夫上有天子，下有己君，上下皆須謙退也。陳氏祥道曰：天子之朝日，執鎮圭，搢大圭，所執者贄也，所搢者笏也。諸侯執命圭，必搢荼；大夫執聘圭，必搢笏。及其合瑞而授圭，則執其所搢而已。天子之笏曰珽，諸侯曰荼，大夫以下曰笏，尊者文其名，卑者命其實也。　愚謂荀子云：「天子御珽，諸侯御荼，大夫服笏。」是珽與荼皆笏之異名也。笏長二尺有六寸，而玉人云「大圭長三尺」，則天子之笏，其終葵首長四寸也。而相玉書言「珽玉六寸」者，蓋珽玉别有長六寸者耳，非謂天子大圭之終葵首也。爾雅云「圭大尺二寸謂之玠」，而詩言「錫爾介圭」，則侯伯七寸之圭耳，豈相妨哉？

侍坐則必退席，不退則必引而去君之黨。

鄭氏曰：引，卻也。黨，鄉之細者。退〔一〕，謂旁側也。辟君之親黨也。　愚謂黨，所也。公羊傳曰：「往黨，衛侯會公于沓。」「反黨，鄭伯會公于棐。」臣侍君坐，則必退其席而遠君，如君命之勿退，則亦必引卻而稍離君所，皆所以明退讓之義也。鄭以黨爲親黨，非是。大夫士位次有定，豈以君之親黨而有異乎？

登席不由前，爲躐席。　釋文：爲，于僞反，本又如字。躐，力輒反。

〔一〕「退」，原本脱，據禮記注疏補。

鄭氏曰：升必由下也。庾氏蔚曰：失節而踐曰躐。愚謂此謂數人同坐之席也。數人同坐之席，以前爲上，後爲下，升必由下，於坐乃便也。若由前，則失其節矣。

徒坐不盡席尺。

鄭氏曰：示無所求於前，不忘謙也。孔氏曰：徒，空也。空坐，謂非飲食及講問時也。不盡席之前畔，有餘一尺，謙也。

讀書，食，則齊。豆去席尺。

鄭氏曰：讀書，聲當聞尊者。食，爲汚席也。愚謂齊，謂與席之前畔齊也。讀書則前有簡策，食則前有饌具，坐必盡前，乃於事便也。豆去席尺，言食所以齊席之故也。

若賜之食而君客之，則命之祭然後祭，先飯，辯嘗羞，飲而俟。釋文：飯，扶晚反，下至「三飯」皆同。辯音徧。

鄭氏曰：雖見賓客，猶不敢備禮也。君將食，臣先嘗之，忠孝也。飲而俟，俟君食而後食。孔氏曰：祭，祭先也。禮，敵者共食則先祭，若降等之客則後祭；若臣侍君而賜之食則不祭，若賜食而君以客禮待之則得祭；雖得祭，又先須君命之祭，後乃敢祭也。飯，食也。君未食而臣先食，徧嘗羞膳，嘗食之義也。飲而俟者，禮食未飧，必先啜飲，以利滑喉中，不令澀噎。君既未飧，故臣亦不敢飧，而啜飲以俟君飧，臣乃敢飧。愚謂共食之禮，皆主人先祭而客祭，曲禮「主人延客祭」是也。若侍君食，則不祭；若君客之，則命之祭，臣乃祭也。君食必有膳宰嘗食，若以客禮待臣，則不使膳宰嘗食，以主道自居也。故侍食者先飯，辯嘗羞，示代膳宰之事也。

若有嘗羞者，則俟君之食，然後食，飯，飲而俟。「飯」字句。

鄭氏曰：不祭，侍食不敢備禮也。不嘗羞，膳宰存也。飯、飲，利將食也。孔氏曰：此謂臣侍食，得賜食，而非君所客者也。既不得爲客，故不得祭，亦不得嘗羞，則君自使膳宰嘗羞也。既不祭不嘗，則俟君之食已乃食也。愚謂飯，飲而俟者，謂既飯，亦先啜飲，而俟君之飧也。

君命之羞，羞近者；命之品嘗之，然後唯所欲。凡嘗遠食，必順近食。

鄭氏曰：羞近者，辟貪味也。順近食，從近始也。孔氏曰：君命之羞，羞近者，猶是君所不客者也。雖君已食，己乃後食，而猶未敢食羞，故又須君命；雖得君命，猶未自專嘗，先食其近前一種者而止。若越次前食遠者，則爲貪味也。命之品嘗之，然後唯所欲者，品猶徧也，既未敢越次多食，故君又命己徧嘗，而已乃徧嘗之，後則隨己所欲，不復次第也。凡嘗遠食，先順近食，亦辟貪味也。客與不客，悉皆如此，故云「凡」。

君未覆手，不敢飧；君既食，又飯飧。飯飧者，三飯也。釋文：覆，芳服反。飧音孫。

鄭氏曰：覆手，以循咡，已食也。飧，勸食也。三飯也者，臣勸君食，如是可也。孔氏曰：覆手者，謂食飽必覆手以循口邊，恐有殽粒污著之也。飧，謂用飲澆飯於器中也。禮食竟，更作三飧以勸，助令飽實也。愚謂食畢者必覆手，弟子職曰：「既食乃飽，循咡覆手。」君未覆手，不敢飧者，飧以勸君之飽，君食未畢，不敢遽勸之也。君既食，又飯飧者，君已食覆手，臣乃又飯飧以勸其飽也。三飯，謂食三口也。飯飧者三飯也者，言飯飧以三飯爲節也。

君既徹，執飯與醬，乃出授從者。釋文：從，才用反。

飯醬者，食之主，執飯醬以授從者，重君之所賜而將之以歸也。「凡嘗遠食」以下之禮，客與不客之所同也。○凡食於人之禮，皆親徹，然大夫相食，客徹于西序端，而曲禮「客自前跪執飯齊，以授相者」，燕食之禮殺於禮食也。公食大夫：「賓取粱與醬，以降，奠于階西。」此乃執飯、醬出授從者，臣侍君食，異於爲賓客之禮也。

凡侑食，不盡食。食於人不飽。唯水漿不祭，若祭，爲已傑卑。釋文：傑，虛涉反。

鄭氏曰：已猶太也。水漿非盛饌，祭之爲太有所迫畏，臣於君則祭之。愚謂侑，勸也。侑食，謂侍食於尊者，主於勸尊者之飽，故不盡食，即上文云「飯飧者，三飯也」，是也。「食於人」以下，明敵者爲客之禮也。不飽者，謙退不敢取足也。水漿非盛饌，故不祭。傺，厭也。若祭水漿，則過於厭降卑微，而失禮之節也。若臣於君則祭之，故公食大夫禮「宰夫執觶漿以進」，「賓受，坐祭，遂飲」。

君若賜之爵，則越席再拜稽首受，登席祭之。句。**飲，卒爵而俟，君卒爵，然後授虛爵。君子之飲酒也，受一爵而色洒如也，二爵而言言斯，**句。**禮已三爵，而油油以退。**句。**退則坐取屨，隱辟而后屨，坐左納右，坐右納左。**釋文：洒，先典反，又西禮反，王肅作「察」，云：「明貌也。」言言，魚斤反。油油，音由，本亦作「由」。王肅本亦作「二爵而言」，註云：「飲二爵，可以語也。」又云「言斯禮」，註云：「語必以禮也。」「三爵而油」，註云：「悅敬貌。」無「已」及下「油」字也。辟，匹亦反，徐房亦反。「而后屨」，一本作「而後屨」。

此言臣侍君私燕受爵之禮也。燕禮「受賜爵者」，「公卒爵而後飲」。此乃先君飲者，蓋燕禮爲賓客，於君則有以賓禮自處之嫌，故後君而飲，所以明退讓之義。此侍飲於君，則有勸飲之義，故先君而飲，所以盡忠孝之懷也。洒如，肅敬貌。言言，與誾誾同，和敬貌。斯，語助詞。已，止也。禮已三爵者，侍燕之禮止於三爵也。左傳曰：「臣侍君宴，過三爵，非禮也。」

蓋私燕之禮如此。若正燕，則有無筭爵，不止於三爵也。油油，自得之貌。蓋始則專於敬，繼而兼於和，至油油則和之至矣。燕飲之間，其情之漸洽者如此。然禮止於三爵，則和而不流，又有以不失其敬矣。屨解於堂下，退則跪而取之，敬也。隱辟，謂堂下序東也。隱辟而後屨者，不敢對君納屨，故就君所不見之處而納之也。坐左納右，坐右納左者，雖在隱辟，猶不敢不敬也。

凡尊必上玄酒。

此明設尊之法也。凡設尊，必以玄酒配酒而設，而以玄酒爲上，重古之義也。故鄉飲酒、特牲禮東西列尊，玄酒在西，以西爲上；燕禮、大射南北列尊，玄酒在南，以南爲上。

唯君面尊。

面猶鄉也。燕禮：「公席于阼階上，西鄉。」「司宫尊于東楹之西，兩方壺，左玄酒，南上。公尊瓦大兩，有豐，在尊南，南上。」蓋人君燕其臣子，得專恩惠，故設尊於君之前，而君鄉之，言此酒出自君也。○孔疏以面尊爲尊鼻鄉君，又謂「兩君相見，尊於兩楹間」，皆非是，説見少儀及郊特牲。

唯饗野人皆酒。

鄭氏曰：飲賤者不備禮。孔氏曰：饗野人，謂蜡祭也。野人賤，不得本古，又無德，則宜貪味，故唯酒而無水也。

大夫側尊，用棜；士側尊，用禁。釋文：棜，於據反。

鄭氏曰：棜，斯禁也，無足，有似於棜。愚謂側尊，謂設尊於旁側，不專使主人鄉之，明與賓客共此酒也。鄉飲酒義曰「尊于房户之間〔一〕，賓主共之也」，是也。棜、禁，説見禮器。

始冠緇布冠，自諸侯下達。冠而敝之可也。釋文：始冠，古亂反，「冠而」同。敝音弊，本亦作「弊」。

鄭氏曰：本太古耳，非時王之法服也。愚謂自諸侯下達者，天子冠不用緇布冠也。○孔氏曰：自此至「魯桓公始也」，廣論上下及吉凶冠之所用，唯「五十不散送」及「親没不髦」，記者雜録，厠在其間。

玄冠朱組纓，天子之冠也。緇布冠繢緌，諸侯之冠也。釋文：繢，户内反。緌，耳隹反。○鄭註：繢或作「繪」。緌或作「蕤」。

鄭氏曰：皆始冠之冠也。玄冠，委貌也。諸侯緇布冠有緌，尊者飾也。愚謂諸侯以下，始

〔一〕儀禮鄉飲酒義「户」作「中」。

冠緇布冠，而天子玄冠朱組纓。緇布冠無緌，而諸侯則繢緌，尊者文縟也。緌，纓之垂者，繢緌則繢纓矣。於天子言「纓」不言「緌」，諸侯有緌，則天子可知也。於諸侯言「緌」不言「纓」，言「緌」則纓見，言「纓」則緌不見也。士冠禮：「緇布冠，青組纓。」繢之色華於青，朱之色盛於繢也。

玄冠丹組纓，諸侯之齊冠也。玄冠綦組纓，士之齊冠也。釋文：齊，側皆反。綦音其，徐其既反。

鄭氏曰：言齊時所服也。四命以上，齊、祭異冠。愚謂此言齊冠之纓之別也。丹，赤色。綦，蒼艾色。上舉諸侯，下舉士，則卿大夫助祭與自祭其宗廟，其齊無不以玄冠矣，特其纓有異耳。以丹與綦之色差次之，卿大夫蓋繢組纓與？此言玄冠爲諸侯之齊冠，而不及天子，則天子齊不以玄冠也。大戴禮哀公問曰「端衣玄裳，絻而乘輅者，志不在於食葷」，蓋謂天子之齊也。是天子齊服玄冕玄裳矣。諸侯齊雖玄冠，與大夫士同，其衣蓋以朝服而亦變其裳以玄與？○鄭氏謂「四命以上，齊、祭異冠」，此以自祭其宗廟言之，義自可通。若助祭於君，則雖士亦齊、祭異冠，豈待四命乎？孔疏乃欲曲通之於助祭，則其說愈支而愈窒矣。

縞冠玄武，子姓之冠也。

鄭氏曰：父喪未除，子爲之不純吉也。武，冠卷也。古者冠、卷殊。孔氏曰：卷用玄而冠用縞，冠、卷異色，故云「古者冠、卷殊」。如鄭此言，則漢時冠、卷共材。愚謂用縞爲冠，用玄爲武，縞爲凶，玄爲吉，冠在上，武在下，以象父猶有喪，而子已即吉也。姓，生也。孫乃子之所生，冠此冠者，自父言之則爲子，自父所爲服者言之則爲孫，故曰「子姓之冠」。

縞冠素紕，既祥之冠也。釋文：紕音埤，又婢支反。

縞，白色生絹。素，今之白色綾也。紕，緣也。衣冠之制，其用爲緣者，必視其爲衣冠者而加精美焉。喪既大祥，除去喪冠，則以縞爲冠，以素爲紕，素精於縞也。此冠或以其冠名之，則謂之縞冠，小記「除成喪者朝服縞冠」是也。或以其紕名之，則謂之素冠，詩「庶見素冠兮」是也。或但謂之縞，檀弓「祥而縞」，雜記「既祥，雖不當縞者必縞」是也。或兼謂之素縞，間傳「大祥素縞麻衣」是也。其名雖異，其實則一冠也。○先儒謂「祥日縞冠，既祥，以哀情未忘，更服微凶之服，故縞冠素紕；禫日玄冠黃裳，既禫，亦以哀情未忘，更服纖冠朝服」。見於此篇及小記、雜記、間傳諸篇之註疏者不一，蓋本於戴德變除禮。愚竊以爲不然。縞薄而素厚，縞惡而素美，以天子諸侯素帶，弟子縞帶觀之，亦可見矣。謂縞凶於素則可，謂素凶於縞則非。變除之禮，以漸即吉，未有既除而反服微凶之服者。果爾，則練祭練冠，練後何以不別製他冠乎？此云「縞冠素紕，既祥之冠」，雜記云「既祥，雖不當縞者必縞」，實一冠也。縞冠素紕，而或曰「縞冠」，或曰「素縞」，猶士練帶緇紕，而或謂「練帶」，或謂「緇帶」耳，未可因其名之不同而强生區別也。然則大祥之素縞，從祥日服之，以至於禫而除者也，禫之纖冠，從禫日服之，以至於吉祭而除者也，又何疑焉？

垂緌五寸，惰游之士也。玄冠縞武，不齒之服也。

鄭氏曰：惰游，罷民也。亦縞冠素紕，凶服之象也。不齒，所放不率教者。孔氏曰：以「惰游」與下「不齒」相連，故知是周禮坐嘉石之罷民。愚謂冠緌之長短未聞，以居冠屬武推之，則緌之長可自頷而上結於武，蓋吉冠尺有二寸，而祥冠一尺與？罷民凶冠，所以表其凶德以恥辱之，又減其緌，以別於既祥之服也。不齒者，圜土之罷民既出，而三年不齒者也。圜土之罷民，弗使冠飾而加明刑，其罪本重於坐嘉石者，及其既改而出圜土，則視坐嘉石者爲輕，故玄冠而縞武，亦視縞冠素紕爲稍優，然猶不得遽同於平人也，聖人激勸之權審矣。

居冠屬武，自天子下達，有事然後緌。釋文：屬，章欲反。

居，燕居也。燕居無事於飾，故以冠纓之垂者分屬於武之兩旁，有事然後垂之以爲飾也。

自天子以下皆然。

五十不散送。釋文：散，悉但反。

鄭氏曰：送喪不散麻，始衰不備禮。　愚謂始死要絰散垂，三日成服乃絞之；啟殯之後亦散垂，至葬乃絞之。五十不散送，則始死猶當散麻與？

親沒不髦。

鄭氏曰：去爲子之飾。

大帛不緌。帛，鄭氏讀爲白。今如字。

鄭氏曰：帛當爲「白」，聲之誤也。大白，白布冠也。不緌，凶服去飾。　愚謂大帛，謂以白色繒爲冠，所謂素冠也。左傳「衛文公大帛之冠」，蓋人君遭凶札，喪師邑，及士大夫去國之所服也。雜記曰「委武玄縞而后緌」，是冠有武者乃有緌，大帛之制，如喪冠而厭伏，故不緌。然大帛精於縞，縞冠有緌而大帛無緌者，蓋縞冠由凶而轉趨於吉，故有緌，以明變除之漸；大帛在吉而自處以凶，故去緌，以示貶損之意也。

玄冠紫緌，自魯桓公始也。

鄭氏曰：緌當用繢。　孔氏曰：上文云「緇布冠繢緌，諸侯之冠」，故知緌當用繢。　愚謂紫，間色不正，不當用爲冠緌。時人尚紫，故魯桓公用之。鄭氏謂「僭宋王者之後服」，臆説無據。

朝玄端，夕深衣。釋文：朝，直遥反。○今按：朝如字。

此謂大夫士燕居之服也。玄端，玄冠端衣也。端，正也。玄端之衣，以十五升布緇而爲之，前後各二幅，其長二尺二寸，幅廣亦二尺二寸，長與幅廣正等故曰「端」。深衣以十五升白布，連衣裳爲之，以其被體深邃，故曰「深衣」。天子皮弁視朝，遂以食，卒食，服玄端；諸侯朝服視朝，退適路寢，釋服，服玄端，又朝服以食，卒食，服深衣；大夫士朝服以朝，退朝，服玄端以食，卒食，服深衣也。若大夫士視私朝，亦朝服也。○凡禮服，皆端也。樂記「端冕而聽古樂」，大戴禮「端衣玄裳，絻而乘輅」，此冕服謂之端也。左傳「晏子端委立於虎門之外」，又劉定公曰「吾與子弁冕端委，以治民臨諸侯」，又子贑曰「大伯端委以治周禮」，此朝服謂之端也。而玄端獨以端爲名，蓋深衣連衣裳爲之，玄端乃禮服之下，衣之端者自此始，故專以端名焉。玄端之衣，雖與朝服以上同制，而其袂則異。雜記：「凡弁絰，其衰侈袂。」弁絰之衰侈袂，則吉時皮弁、爵弁之服侈袂可知。少牢禮：「主人朝服，主婦錫衣侈袂。」主婦衣侈袂，則主人朝服侈袂可知。特牲禮「主人玄端」，不言「侈袂」，則袂不侈也。玄端之制，雖不可考，而喪服記言喪衰之制云：「袂屬幅，衣二尺有二寸，袪尺二寸。」士之喪衰，與玄端同制者也。是玄端之袂屬於衣爲二尺二寸，至袖口而圜殺爲尺二寸，與深衣同。若朝服以上，則其袂不殺，不殺故侈，殺之故不侈。此端衣與朝服以上之異制也。○自此以下至「弗敢充也」，明衣服之制。

深衣三袪，縫齊倍要，衽當旁，袂可以回肘。 釋文：深衣三袪，起魚反，本或無「衣」字。縫音逢。齊音咨，本或作「齋」。要，一遥反。衽，而審反，又而鴆反。袂，面世反。肘，竹丑反。○鄭註：縫或爲「逢」，或爲「豐」。

此詳深衣之制也。袪，袂口也。三袂，謂其要中之度也。要，謂裳之上畔也。深衣三袪者，深衣袪尺二寸，圍之爲二尺四寸，而其要中七尺二寸，三倍於其袪之數也。縫，紩也。齊，裳之下畔也。縫齊倍要者，言裳之下畔縫紩之，而其度一丈四尺四寸，又倍於要中之數也。此二句，言裳之制也。衽，衣襟也。禮衣之衽在中，而深衣之衽掩於旁，與禮衣異也。袂可以回肘者，袂廣二尺二寸，肘長尺二寸，故可以回肘。此二句，言衣之制也。○凡衽者，皆所以掩衣裳之交際者也。然有禮衣之衽，有深衣之衽，有在衣之衽，有在裳之衽。鄭氏之註既未晰，而後之説者或混衣之衽於裳，或混禮衣之衽於深衣，或又即指深衣之裳幅爲衽，是以其説愈繁而愈亂也。古之禮衣，皆直領而對襟，其衽在左襟之上。若舒其衽以掩於右襟之内，謂之襲；摺其衽於左襟之内，謂之裼。此禮衣在衣之衽也。禮衣之裳，前三幅，後四幅，前後不屬。而其衽二尺有五寸，屬於衣而垂於裳之兩旁，以掩其前後際，此禮衣在裳之衽也。深衣之衣，爲曲領相交，其衽亦在左襟之上，而恒以掩於右襟之外，此深衣在衣之衽也。其裳則前六幅，後六幅，皆交裂之，寬頭在下，狹頭在上，於前裳之左爲衽而縫合於後裳，於前裳之右爲衽而不縫合，至衣時則交於後裳，此深衣在裳之衽也。在裳之衽，禮衣與深衣皆在兩旁，唯在衣之衽，則禮衣之衽狹而又掩於襟内，其襲而見於外，則當心而直下；深衣之衽稍闊，又緣其旁而掩於襟外，以交於右腋之側。此言「衽當旁」，以見其異於禮衣，乃指在衣之衽，而非指在裳之衽也。至小要之取名於衽，則當獨指深衣在裳之衽，而其在衣之衽與禮服之衽皆無與焉。喪服記云「衽二尺有五寸」，鄭註云：「上正一尺，燕尾二尺有五寸，凡用布三尺五寸。」賈疏云：「取布三尺五寸，廣一幅，留上一尺爲正。一尺之下，旁入六寸，乃邪向下一畔一尺五寸，去下畔亦六寸，横斷之，留下一尺爲正，則用布三尺五寸，得兩衽，衽各二尺五寸。」蓋禮衣在裳之衽，其制若此。深衣之衽，在裳之左右者亦然。闊頭在上，狹頭在下，其所交後裳之幅，則闊頭在下，狹頭在上。如此則上下相交，正如小要之形，故深衣記謂之「鈎邊」，而鄭氏喻之以「曲裾」也。

長、中，繼揜尺，袷二寸，袪尺二寸，緣廣寸半。釋文：袷音劫。緣，尹絹反。廣，徐公曠反，後放此。

鄭氏曰：其爲長衣、中衣，則繼袂揜一尺，若今襃矣。深衣則緣而已。袷，曲領也。袪，袂口也。緣，飾邊也。　愚謂長衣、中衣，皆衣於上服之内者也。吉服謂之中衣，喪服謂之長衣。蓋吉服之中衣恒服在内，凶服之中衣則如遭喪受聘之大夫，大夫筮葬之史，皆釋衰而即用爲外服，故不謂之中衣，而因其袂之長，謂之長衣也。繼揜尺者，更以一尺續於袂口，而揜覆於手也。長、中之制，悉與深衣同，其異於深衣者唯此也。蓋深衣用之燕居，故袂短，反屈之及肘而已。長、中在禮服之内，禮服袂長，故長、中之袂亦長，欲其與上服稱也。「袷二寸」以下，兼承深衣、長、中言之也。深衣用十五升白布爲之，長、中則各視其上服之所用焉。

以帛裏布，非禮也。

鄭氏曰：中外宜相稱也。冕服，絲衣也，中衣用素。皮弁服、朝服、玄端，麻衣也，中衣用布。　愚謂裏，謂中衣之裏也，長、中與深衣同制。然深衣襌而長中有裏，檀弓「練衣黄裏」

是也。中衣之所用與上服同：皮弁服、爵弁服、冕服，中衣用帛，其裏亦同帛；玄端、朝服，中衣用布，其裏亦宜用布也。鄭氏以裏爲中衣，非是。又中衣所用之色，亦並與上服同，祭服之中衣用玄，下言「玄綃衣」是也。鄭氏謂「冕服中衣用素」，亦非也。

士不衣織。無君者不貳采。釋文：衣，於既反。織音志。

鄭氏曰：織者，染絲織之。士衣染繒。大夫去位，宜服玄端玄裳。孔氏曰：織者，染絲織之，功多色重，士賤，不得衣也。大夫以上衣織。無君者不貳采，是有采色，但不貳耳。大夫士去國，服素衣素裳，三月之後，服玄端玄裳。愚謂染絲織之，若今之緞。染繒，織成而染之，若今之綾綢。

衣正色，裳間色。釋文：間，「間厠」之間。

鄭氏曰：謂冕服，玄上纁下。孔氏曰：玄是天色，故爲正；纁是地色，赤黄之雜，故爲間色。皇氏云：「正，謂青、赤、黄、白、黑，五方正色也。不正，謂五方間色，緑、紅、碧、紫、駵黄是也。青是東方正，緑是東方間。東爲木，木青，克土，土黄，並以所克爲間，故緑色青黄也。赤是南方正，紅是南方間。南爲火，火赤，克金，金白，故紅色赤白也。白是西方正，碧是西方間。西爲金，金白，克木，木青，故碧色青白也。黑是北方正，紫是北方間，北方水，水黑，克火，火赤，故紫色赤黑也。黃是中央正，騂黃是中央間。中央土，土黃，克水，水黑，故騂黃之色黃黑也。」愚謂正色，五方之純色。衣在上爲陽，故用正色，所以法陽之奇也。間猶雜也，謂兼雜二色。裳在下爲陰，故用間色，所以法陰之耦也。祭服上玄象天，下纁象地。纁兼赤黃之色，黃爲土之正色，而赤色屬火，火者土之母，故兼二色以象地焉。

非列采不入公門，振絺、綌不入公門，表裘不入公門，襲裘不入公門。釋文：振，依註爲「袗」，之忍反。

鄭氏曰：列采，正服。振讀爲袗，襌也。表裘，外裘也。二者形且褻，皆當表之乃出。襲裘不入公門，衣裘必當裼也。孔氏曰：袗絺、綌，其形露見。表裘在衣外，可鄙褻也。愚謂非列采，若衛渾良夫紫衣是也。絺、綌，夏之褻衣，裘，冬之褻衣，其上必有中衣與禮衣焉。袗絺、綌，表裘，皆謂以裘葛爲外服也。但絺、綌輕凉，故據其不加餘服而曰「袗」，裘有文采，故據其在外露見而曰「表」，其實則一也。朝君以裼爲敬，故襲裘不入公門。

纊爲繭，緼爲袍，襌爲絅，帛爲褶。釋文：纊音曠。緼，紆粉反，又紆郡反。絅，苦迥反，徐又音迥。褶音牒。

鄭氏曰：繭、袍，衣有著之異名也。纊，今之新綿也。緼，今之纊及舊絮也。絅，有衣裳而無裏。褶，有表裏而無著。　愚謂纊與緼，皆漬繭擘之，新而美者爲纊，惡而舊者爲緼。衣以纊著之者謂之繭，雜記子羔襲有「繭衣裳」，左傳楚薳子馮「重繭衣裘」是也。衣以緼著之者謂之袍，論語「衣敝緼袍」是也。衣之無裏者謂之襌，詩言「衣錦絅衣，裳錦絅裳」，此絅之加於禮服之外者也。此言「襌爲絅」，與袍、繭爲類，此絅衣之服於中服之内者也。衣之有表裏而無著者謂之褶，喪大記「君褶衣、褶衾」，士喪禮曰「襚者以褶，則必有裳」是也。絅與顈同。雜記「如三年之喪，則既顈，其練、祥皆行」，鄭云：「顈，草名。無葛之鄉，去麻則服顈。」是絅者麻、葛之類。襌以絅爲之，故曰「襌爲絅」。褶則表裏皆用帛爲之，故曰「帛爲褶」。褶既用帛，則袍、繭表裏用帛可知。裘與絺、綌，冬夏之褻衣也。此四者，春秋之褻衣也。四者之外，則有中衣，中衣之外，則有上服。袍、繭、褶服於稍寒之時，故皆用帛，貴其煖也。襌衣服於温煦之候，故用絅，貴其輕凉也。

朝服之以縞也，自季康子始也。孔子曰：「朝服而朝，卒朔然後服之。」

凡在朝，君臣同服。天子朝服皮弁服，衣以素，諸侯朝服玄冠緇衣。縞，色與素同而惡於素，康子以此爲朝服，蓋僭天子大夫朝服之衣，而又不敢盡同也。卒朔，謂卒視朔之事也。孔子言諸侯視朔用皮弁服，卒視朔之事，然後服朝服以朝。記者引此，以明朝服以縞之非禮也。

曰：「國家未道，則不充其服焉。」

鄭氏曰：謂若衛文公者。未道，未合於道。　愚謂國政治曰有道，國政亂曰無道。此曰「未道」者，言非國政之失而所值之時未平也。蓋或承喪亂之後，或值凶札之時，則君不充其服，自貶損以足用也。此上蓋有脱文。

唯君有黼裘以誓省，大裘非古也。釋文：省，依註作「獮」，息典反。○今按：省當讀爲社。

鄭氏曰：大裘，僭天子也。天子祀上帝，則大裘而冕。黼裘，以羔與狐白雜爲黼文也。省當作「獮」，秋田也。國君有黼裘誓獮田之禮。　愚謂夏小正季秋始裘，月令孟冬始裘，獮在仲秋，未可服裘也。郊特牲「君親誓社」，鄭註：「社或作省。」此「誓省」亦當作「誓社」，誓社，爲社田而誓衆也。誓衆尚嚴斷，故服黼裘。大裘，天子祭天之服。謂之大裘者，尊其稱，猶祭天之車謂之大路也。大裘之所用不可考，今裘以玄狐爲最尊，大裘蓋用玄狐爲之與？時魯僭郊禮，故服大裘以祭天。記者言諸侯唯得服黼裘以誓社，若服大裘，則非古禮也。○先儒謂大裘爲黑羔裘，蓋以祭服必玄，故據以推裘之所用耳。然羔裘自諸侯以下皆服之，而大裘則唯天子服以祀天，若大裘即羔裘，何以言「大裘非古」乎？

君衣狐白裘，錦衣以裼之。釋文：衣，於既反，下「不衣」同。

鄭氏曰：君衣狐白毛之裘，則以素錦爲衣覆之，使可裼也。袒而有衣曰裼。必覆之者，裘褻也。然則錦衣復有上衣明矣。天子狐白之上衣，皮弁服與？凡裼衣，象裘色也。孔氏曰：天子視朝，服皮弁服，内有狐白錦衣，諸侯在天子朝亦然。凡在朝，君臣同服。天子卿大夫及諸侯卿大夫，在天子之朝，亦狐白裘，其裼不用錦衣，當用素衣。士不衣狐白，天子之士及諸侯之士在天子之朝，當麛裘素裼也。諸侯朝天子，受皮弁之賜，歸國則亦錦衣狐裘以告廟，秦詩云「君子至止，錦衣狐裘」是也。其在國視朔，則素衣麛裘，卿大夫亦然。

愚謂錦衣及下「玄綃衣」之屬，皆中衣也。中衣之内，冬則有裘，夏則有絺、綌，春秋則有繭、袍、絅、褶，其外則有冕服、皮弁服、朝服之屬。舒上服之衽以掩中衣則爲襲，褶上服之衽而露其中衣則爲裼。中衣之所用與其色，皆隨禮服爲變易，若褻衣則絺、綌用葛，禪用絅，袍、繭、褶用帛，皆無異物者也。唯裘之取材不一，先王制禮，因别其貴賤輕重而服之，而又辨其色，使略與外服相稱，故此篇詳言之。鄭氏謂「袒而有衣曰裼」，又謂「錦衣上有上衣」，皆是也。然不能明錦衣之屬之即爲中衣，且又誤立裼衣之名，故於經義未晰。曲禮曰：「天子視不上於袷。」又此篇云：「凡侍於君，視帶以及袷。」袷者，中衣之交領，則在外服之内，裼而露見者即爲中衣明矣。裘褻，不露見，故服中衣於裘外，裼時則露見，此「衣裼」非衣名也。狐白裘，人君皮弁服之裘也。錦衣者，皮弁服以素爲中衣，而以朱錦爲之領緣也。以領緣名其衣，猶郊特牲之言「黼繡丹朱中衣」也。此不用黼繡丹朱中衣，而用錦衣者，以狐白裘華美，故異其領緣以表之。以人君中衣領用丹朱，故知此錦亦朱錦也。狐白裘、麛裘，皆皮弁服之裘。士不衣狐白，則大夫以上皮弁服兼用二裘。其所用之異不可考，孔氏之所區別，未知是否也。

君之右虎裘，厥左狼裘。

鄭氏曰：衛尊者宜武猛。　愚謂右、左，虎賁氏、旅賁氏之屬也。虎賁氏「掌先後王而趨，以卒伍」，旅賁氏「掌執戈盾夾王車而趨，左八人，右八人」。虎裘、狼裘，象其威猛以衛君也。

士不衣狐白。

鄭氏曰：辟君也。狐之白者少，以少爲貴也。

君子狐青裘豹褎，玄綃衣以裼之；麛裘青豻褎，絞衣以裼之；羔裘豹飾，緇衣以裼之；狐裘，黄衣以裼之。釋文：綃音消。麛音迷。豻音岸，胡地野犬。絞，户交反。

鄭氏曰：君子，大夫士也。綃，綺屬也，染之以玄，與狐青裘相宜。狐青裘，蓋玄衣之裘。

豻，胡犬也。絞，蒼黄之色也。孔子曰：「素衣麑裘，緇衣羔裘，黄衣狐裘。」孔氏曰：皇氏云：「玄衣，謂玄端也。畿内諸侯用緇衣，畿外用玄衣。此狐青，是畿外諸侯朝服之裘。凡六冕及爵弁無裘。」熊氏云：「六冕皆有裘。此云『玄』，謂六冕及爵弁也。天子諸侯皆然，而云『大夫士』者，君用純狐青，大夫士雜以豹褎。内外諸侯朝服皆緇衣，以羔爲裘，不用狐青也。」劉氏云：「凡六冕皆黑羔裘，故司服云『祭昊天大裘而冕』，以下冕皆不云『裘』，是皆用羔裘也。」劉氏以此玄衣爲玄端，與皇氏同。今按詩箋云：「羔裘豹袪，卿大夫之服。」檜風云：「羔裘逍遥。」論語云：「緇衣羔裘。」唐、檜、魯非畿内之國，何得云「畿内諸侯緇衣，畿外諸侯玄衣」？若此玄衣爲畿外諸侯，鄭註此何得云「君子，大夫士也」？又祭服無裘，文無所出，皇氏之説非也。六冕皆用大裘，是以小祭與昊天不異，劉氏之説非也。熊氏之説，踰於二家。聘禮「公裼降立」，註引玉藻云：「麛裘青豻褎，絞衣以裼之。」又引論語云「素衣麑裘」。皮弁時或素衣。如鄭此言，則裼衣或素或絞不定也。熊氏云：「君用素，臣用絞。」皇氏云：「素衣爲正，記者亂言絞耳。」愚謂君子狐青裘豹褎，此希冕、玄冕、爵弁服之裘也。麛，鹿子，其色白。麛裘青豻褎，皮弁服之裘也。羔裘豹飾，朝服、玄端服之裘也。豹飾，猶詩言「豹褎」也。狐裘玄端服，用於燕居之裘也。黄中衣不與上服同色者，以其用於燕居而略其制也。論語曰「褻裘長，短右袂」，「狐貉之厚以居」。褻裘，深衣之裘也。大夫士朝玄端則服狐裘，夕深衣則服貉裘。○旄邱之詩曰：「狐裘蒙茸，匪車不東。」都人士之詩曰：「狐裘黄黄。」晉士蔿言「狐裘蒙尨，一國三公」，以指獻公與二公子。魯人言「臧之狐裘」，以譏武仲。是狐裘者，自人君以下至於大夫士之所常服也。鄭氏云「黄衣，大蜡時臘祭先祖之服」，誤矣。郊特牲「黄衣黄冠以祭」，乃謂蜡祭時野夫之服，與此言「黄衣」不同。若如鄭氏之説，則黎人自賦其流離之狀，魯人作歌於敗北之餘，而乃獨舉臘祭之服以爲言，果何義乎？且周本無臘祭，説已見月令。

錦衣狐裘，諸侯之服也。

鄭氏曰：非諸侯則不用錦衣爲裼也。　愚謂錦衣狐裘，謂狐白裘以錦衣裼之也。士不衣狐白，大夫雖得衣狐白，但用素衣裼之，不得用錦衣也。

犬羊之裘不裼，不文飾也不裼。

鄭氏曰：犬羊之裘質略，亦庶人無文飾。　愚謂此下三節，雜明裼、襲之義。犬羊之裘，庶人之所服也。不裼者，賤而略之也。不文飾也不裼者，大夫士服裘雖裼，若非行禮之地，無事乎文飾者，亦不裼也，不裼則襲也。

裘之裼也，見美也。弔則襲，不盡飾也。君在則裼，盡飾也。釋文：見，賢遍反。

鄭氏曰：君子於事，以見美爲敬。弔則襲，喪非所以見美。孔氏曰：弔襲，謂主人既小斂之後。若未斂之前，則裼裘弔，檀弓「子游裼裘而弔」是也。凡敬有二體：子於父以質爲敬，故父母之所不敢袒裼；臣於君以文爲敬，故於君所則裼。若平敵以下亦襲，以其質略故也。愚謂凡中衣之領緣，皆華於外，服裼則露其中衣之領緣，故謂之見美。見美，所以致飾也。弔主哀，故去飾。君在主敬，故盡飾。

服之襲也，充美也。是故尸襲，執玉、龜襲。無事則裼，弗敢充也。

鄭氏曰：充，覆也。尸襲，尸尊也。執玉、龜襲，重寶瑞也。無事則裼，謂已致龜、玉也。孔氏曰：凡執玉得襲，故聘禮執圭璋致聘則襲，若執璧琮行享則裼。此「執玉」或容非聘、享，尋常執玉則亦襲也。龜是享禮庭實之物，執之亦裼，若尋常所執及卜則襲，敬其神靈也。無事則裼，謂行禮已致龜、玉之後則裼，不敢充覆其美，亦謂在君前故裼也。若不在君所，無事則襲。愚謂上文言「裘之裼」，此變言「服之襲」者，以明裼、襲四時皆有，不專屬於裘也。充者，足乎内而無待於外之意。裼以見美，凡以致敬而已，而襲則義非一端。犬羊之裘不裼，以其人之賤而不足見美也。不文飾也不裼，以其事之輕而不必見美也。弔則襲，以其主於哀戚而不當見美也。尸襲，執玉、龜襲，一則以其象鬼神之尊嚴而德充於内，一則以其執國家之重器而敬存於中，而無待於見美也。襲即不裼，而記或言「不裼」，或言「襲」者，據其禮之輕則見不裼之義，據其禮之重則見當襲之義也。凡行禮以裼爲常，其襲者皆有爲爲之也。

禮記卷三十

玉藻第十三之二

笏，天子以球玉，諸侯以象，大夫以魚須文竹，士竹。本，象可也。釋文：球音求。魚須文竹，崔云：「用文竹及魚班也。」隱義云：「以魚須飾文竹之邊。」須音班。○按「須」字，孔疏讀如字。鄭氏曰：球，美玉也。文猶飾也。大夫士飾竹以爲笏，不敢與君並用純物也。孔氏曰：按釋地云「西北之美者，有崑崙墟之璆、琳、琅玕焉」，李巡、孫炎、郭璞等並云：「璆、琳，美玉。」球與璆同。大夫以魚須文竹者，庾氏云：「以鮫魚須飾竹以成文。」愚謂象，象牙也。大夫士並以竹爲笏，大夫以魚須飾其側，士則不飾，而其本則大夫士並可用象也。故前云「史進象笏」，通謂大夫士之禮也。○自此以下至「其殺六分而去一」，明笏之制。

見於天子與射，無説笏。入大廟説笏，非古也。小功不説笏，當事免則説之。既搢必盥，雖有執於朝，弗有盥矣。釋文：見，賢徧反。説，本亦作「稅」，同他活反。免音問。

鄭氏曰：言凡吉事無所說笏也。大廟之中，唯君當事說笏也。免，悲哀哭踊之時，不在於記事也。小功輕，不當事，可以搢笏也。搢笏必盥，爲必執事。愚謂說笏，謂去於身也。笏或執於手，或搢於帶，不執不搢，是謂說笏。天子尊極，射禮文繁，大廟之中嚴敬，舉三事不說，以見笏之無時而離也。當廟中有事，則搢之而已，蓋雖主祭者亦然。典瑞「王搢大圭，執鎮圭」，「以朝日」，是天子主祭亦搢笏。鄭氏謂「大廟之中，君當事則說笏」，非也。喪事則說笏，哀不在於記事，且爲辟踊之有失墜也，小功輕喪，故不說笏。當殯斂之事而免，則說之，亦爲其妨於辟踊故也。既搢必盥者，言臣將朝君，搢笏而往，則必盥也。雖有執於朝，弗有盥矣者，搢笏既盥，自後雖在朝執笏，可以不復盥也。

凡有指畫於君前，用笏；造受命於君前，則書於笏。笏，畢用也，因飾焉。釋文：造，皇七報反，舊七刀反。

造，進也。謂人臣在朝，進而受命於君前也。畢，盡也，謂指畫記事盡用笏也。笏，忽也，其字從竹。蓋本以竹爲之，如簡札之用，執之以便記事，備忽忘而已。後王漸文，乃飾以他物，以美其觀，而天子諸侯又別用象玉爲之，復殊其稱，以爲尊卑之別焉。

笏度二尺有六寸，其中博三寸，其殺六分而去一。釋文：殺，色戒反，下同。去，起吕反。

鄭氏曰：殺猶杼也。天子杼上終葵首，諸侯不終葵首，大夫士又杼其下首，廣二寸半。孔氏曰：天子諸侯上首廣二寸半，其天子椎頭不殺也。大夫士下首又廣二寸半，唯中央同博三寸。周氏諝曰：考工記曰：「大圭長三尺，杼上終葵首，天子服之。」相玉書曰：「珽玉六寸，明自照。」此言「笏度二尺有六寸」，蓋考工記兼其杼上終葵首言之，故有三尺；相玉書指其終葵首言之；此去其杼上而言之。天子無所屈，則杼上四寸而終葵首；諸侯前屈，則杼上四寸而圜其首；大夫前屈後屈，則不特杼其上，圜其首，而又杼其下，圜其末。三等之笏雖殊，而其中皆博三寸，其殺皆六分去一，而止於二寸有五分。

韠，君朱，大夫素，士爵韋。 釋文：韠音必。

鄭氏曰：此玄端服之韠。韠之言蔽也。凡韠，以韋爲之，必象裳色，則天子諸侯玄端朱裳，大夫素裳。唯士玄裳、黃裳、雜裳也。皮弁服皆素韠。孔氏曰：祭服玄衣纁裳。知此朱韠非祭服者，若祭服則君與大夫士無別，何得云「大夫素，士爵韋」？且祭服名韍，不名韠也。愚謂韠，蔽膝也。上古衣皮，先知蔽前，後知蔽後。後世聖人易之以布帛，而猶存其蔽前，以示不忘古之意，而因備其飾，以爲尊卑之别焉。凡衣服之色，衣從冠，韠、屨從裳，各因其上下之類也。玄端服上下通以燕居，諸侯以下又用以祭，士又用以祭。齊服必玄，上下通用爵韠。此君朱，大夫素，燕居之韠也。大夫玄端、素裳、素韠，則與朝服同，但朝服侈袂，自別於玄端耳。特牲記：「玄端爵韠。」是士齊、祭服爵韠。此燕居玄端亦爵韠者，士賤，禮略也。○自此以下至「三命赤韍葱衡」，明韠韍之制。

圜、殺、直：天子直，公侯前後方，大夫前方後挫角，士前後正。釋文：圜音圓。挫，作卧反。

鄭氏曰：圜、殺、直，目韠制。天子四角直，無圜、殺。公侯殺四角，使之方，變於天子也。所殺者去上下各五寸。大夫圜其上角，變於君也。韠以下爲前，以上爲後。士前後正，士賤，與君同，不嫌也。正，直、方之間語也。天子之士則直，諸侯之士則方。吴氏澄曰：韠之制長三尺，上廣一尺，下廣二尺。天子之韠，自上之左右角，斜裁至下之左右角，直而無所屈，故曰「直」。諸侯上下左右角各正裁五寸，自上之左右角五寸，下斜裁至下之左右角不盡五寸止，上下各有五寸不斜裁，故方。大夫下之左右角亦正裁五寸，其上端不方，剡其兩角，故圜。士上下端亦裁方，上端不剡圜，前方而後直，故曰「前後正」。愚謂士前後正，吴氏之説爲是。鄭氏以直、方爲天子諸侯之士之别，無所據也。○孔氏曰：經云「前後方」，是殺四角也。上下各去五寸，所去之處，以物補飾之使方，變於天子也。按雜記云「韠會去上五寸」，是上去五寸。又云「紕以爵韋六寸，不至下五寸」，是去下五寸。鄭注雜記：「會，謂上領縫也。」又云：「純、紕之所不至五寸。」然則上去五寸，是領也；下去五寸，是純也。若然，唯去上畔下畔，而云「殺四角」者，蓋四角之處别異之，使殊於餘邊也。愚謂韠之會去上五寸，其紕不至下五寸，則其上下所殺，當以此爲度。故鄭氏云「所殺者去上下各五寸」，謂所殺之度離上畔下畔各五寸而止也。孔疏乃云「上下各去五寸，以物補之」，則以註中「去」字爲上聲讀之，與經、註之義皆不合。且鄭註此文，本以解「公侯前後方」之義，若韠之上有會，下紕以爵韋，純以素，則爲韠之通制，非獨公侯矣。疏乃謂「上去五寸是領，下去五寸是純」，其説尤混，不可曉也。

韠下廣二尺，上廣一尺，長三尺，其頸五寸，肩，革帶，博二寸。釋文：頸，吉井反，又吉成反。

鄭氏曰：頸五寸，亦謂廣也。頸中央，肩兩角，皆上接革帶以繫之，肩與革帶廣同。凡佩，繫於革帶。孔氏曰：韠、佩並繫於革帶者，以大帶用組約，其物細小，不堪繫韠、佩故也。

一命緼韍幽衡，再命赤韍幽衡，三命赤韍葱衡。釋文：緼音温。韍音弗。幽讀爲黝，出註，幼糾反。

鄭氏曰：此玄冕爵弁服之韠，尊祭服，異其名耳。韍之言亦蔽也。緼，赤黄之間色，所謂韎也。衡，佩玉之衡也。幽讀爲黝。黑謂之黝，青謂之葱。孔氏曰：他服稱韠，祭服稱韍。詩毛傳云：「天子純朱，諸侯黄朱。」黄朱色淺，卿大夫赤韍，色又淺耳。愚謂緼韍，即韎韐也。衡，佩上之珩也。珩在上而横，故曰「衡」。此據公侯伯之國，卿三命，大夫再命，士一命者言之。若子男之國，則卿再命而赤韍葱衡，大夫一命而赤韍幽衡，士不命而緼韍幽衡也。孔疏謂「子男大夫服緼韍」，非也。司服於諸侯卿大夫之服，其差降但以爵而不以命數，則其於韍必不以命數爲差也。

天子素帶，朱裏，終辟。而素帶，終辟，大夫素帶，辟垂，士練帶，率，下辟，居士錦帶，弟子縞帶。 釋文：帶音戴。辟，依註爲「裨」，婢支反，徐又音卑，下「緇辟」同。率音律。

○「而素帶」以下，及下節「并紐約用組」五字，舊在「韠，君朱」之前。鄭氏云：「宜承『朱裏終辟』，亂脱在是。」東滙陳氏云：「『而』下脱『諸侯』字。」

鄭氏曰：素帶，朱裏，終辟，謂大帶也。而素帶，終辟，謂諸侯也。諸侯不朱裏，合素爲之，如今衣帶爲之，下天子也。大夫亦如之。率，繂也。士以下皆禪，不合而繂積，如今作幧頭爲之也。辟讀如「裨冕」之裨。裨，謂以繒采飾其側。人君充之，大夫裨其紐及末，士裨其末而已。居士，道藝處士也。　愚謂練，白色熟絹也。率，義如左傳「藻率、鞞、琫」之率，以采色飾物也。雜記曰：「率帶，諸侯大夫五采，士二采。」辟在帶側，則率在帶中也。率下，謂率之所不至者。士以練帛爲帶，而但裨其率下也。大夫辟垂，士辟率下，則帶之率及其重屈者而止也。士帶裨以緇，大夫以上無文。居士錦帶，尚文也。弟子縞帶，尚質也。二帶不言其裨者，裨之度與士同也。○自此至「走則擁之」，明帶之制，舊本簡策倒錯，不相承接。孔氏已依鄭註次其先後，但據鄭註則自「而素帶終辟」以下，皆當移就「朱裏終辟」之下，而居「韠」之後。而孔疏則自「凡帶有率，無箴功」之上，並置於「韠，君朱，大夫素」之前。又自「肆束及帶」至「走則擁之」，鄭氏云：宜承「無箴功」，而孔疏尚依舊次。今並依鄭氏說移正。

并紐約用組，三寸，長齊于帶。紳長制：士三尺，有司二尺有五寸。子游曰：「參分帶下，紳居二焉。」紳、韠、結三齊。 釋文：并，必政反。紐，女九反。組音祖。紳音申，本亦作「申」。○鄭註云：結或爲「衿」。○自「三寸」以下，舊在「夫人揄狄」之下，鄭氏云：「宜承『約用組』。」

鄭氏曰：三寸，謂約帶紐組之廣也。長齊于帶，與紳齊也。紳，帶之垂者也，言其屈而重也。有司，府史之屬也。三分帶下而三尺，則帶高於中也。結，約餘也。　孔氏曰：并，並也。紐者，謂帶交結之處，以屬其紐。約者，謂以物穿紐約結其帶。謂天子以下，至弟子之等，其紐約之物，並用組爲之，組闊三寸也。長齊于帶者，言約紐組餘長三尺，與帶垂者齊也。紳，重也，謂重屈而舒申。紳謂紳帶，韠謂蔽膝，結謂約紐餘組，三者俱長三尺，故云「三齊」。人長八尺，大帶之下四尺五寸，分爲三分，紳居二分，紳長三尺也。陳氏祥道曰：紳、韠、結三齊，則有司之韠、結蓋亦二尺五寸與？

大夫大帶四寸。雜帶，君朱緑，大夫玄華，士緇辟二寸，再繚四寸。凡帶有率，無箴功。釋文：繚音了。箴音針。○此節舊在「肩革帶博二寸」之下，鄭氏云：「宜承『紳、韠、結三齊』。」

鄭氏曰：華，黄色也。愚謂大夫大帶四寸，則天子諸侯可知皆四寸也。上文但言「帶」，此特言「大帶」者，以下文又言「雜帶」，故言「大帶」以别之也。雜帶，雜服之帶，燕居之服之所用也。君大夫大帶之外，别有雜帶，其飾則君以朱緑，大夫以玄華也。雜記公襲「朱緑帶，申加大帶於上」，則人君大帶之外别有朱緑帶明矣。君大夫大帶五采，而雜帶唯二采，雜帶降於大帶也。緇辟，謂士之練帶以緇帛辟其側，故士冠禮、士喪禮謂之「緇帶」，以其辟名帶也。士無雜帶，唯有緇辟大帶，其博二寸也。繚，繞也。大夫以上，大帶四寸，其繞於身也重之；士帶二寸，而再繞不重，則其廣亦四寸矣。凡帶，凡天子以下之帶也。凡帶有率，則其箴功可以麤沽，以别有采飾在上故也，則其無率者宜精緻矣。

肆束及帶，勤者有事則收之，走則擁之。釋文：肆音肆，以四反。○此節舊在「皆朱錦也」之下，鄭氏云：「宜承『無箴功』。」

鄭氏曰：肆讀爲肄。肄，餘也。餘束，約紐之餘組也。勤，謂執勞辱之事也。孔氏曰：謂約帶之餘組及帶之垂者，若身充勤勞之事，則斂持在手；若身須趨走，則擁抱於懷也。愚謂此見雖有事，但當收之擁之，而不可扱之也。

王后褘衣，夫人揄狄，君命屈狄。釋文：褘音翬，許韋反。揄音摇，羊消反。屈音闕。

鄭氏曰：褘讀爲翬，揄讀爲摇，翬、摇皆翟名也。刻繒而畫之，著於衣以爲飾，因以爲名也，後世作字異耳。夫人，三夫人，亦侯伯之夫人也。王者之後，夫人亦褘衣。君，女君也。屈，周禮作「闕」，謂刻繒爲翟，不畫也。此子男之夫人也。禮，天子諸侯命其臣，后夫人亦命其妻以衣服，所謂「夫尊於朝，妻榮於室」也。孔氏曰：翬，謂畫翬於衣，六服之最尊也。夫人，謂三夫人及侯伯夫人也。狄讀如翟，摇翟，謂畫摇翟於衣。王者之後，祭其先王，夫人亦褘衣，禮記每云「君衮冕，夫人副褘」，若祭先君則降焉。魯祭文王周公，其夫人亦褘衣，故明堂位云「夫人副褘立于房中」。君，謂女君，子男之妻也。被后所命，故曰「君命」，或可女君謂后也。屈，闕也。直刻雉形，闕其采畫，故云「闕翟」。按鄭註內司服，引爾雅釋鳥：「伊、雒而南，素質五色皆備成章曰翬。江、淮而南，青質五色皆備成章曰摇。」王后之服，刻繒爲之形，而采畫之，綴於衣，以爲文章。褘衣，畫翬者；揄翟，畫摇者；闕翟，刻而不畫。此三者，皆祭服。鞠衣，色如鞠麈，服之以桑。展衣，以禮見王及賓客之服。褖衣，御於王之服。闕翟赤，摇翟青，褘衣玄，鞠衣黄，展衣白，褖衣黑。其六服皆以素紗爲裏，故內司服陳六服之下云「素沙」，鄭註云：「六服皆袍制，以白縳爲裏。」愚謂夫人，謂侯伯之夫人也。內司服：「辨外內命婦之服，鞠衣、展衣、褖衣。」是王之外內命婦無服三狄者矣。原其意，蓋於內命婦深防其並后之端，故於其服章使遠降於后，而外命婦則又欲其與內命婦相準，故孤、卿服冕，而其妻不服三狄，以此與？鄭此註於「夫人」兼言「三夫人」，周禮註又謂「三夫人闕狄」，恐皆未然也。君命，當作「五命」，字之誤也。婦人從其夫之爵位，故夫尊於朝，則妻榮於室，無别受爵命之法。內宰職所言贊王后之禮事者詳矣，而無贊王后爵命之事，是王后亦無爵命人之事。註疏謂君命爲受王后之命，非也。且如其言，則夫人及再命、一命之妻，孰非受命者，何獨於子男之妻言之？○自此以下至「其他則皆從男子」，明王后、夫人及命婦之服。

再命禕衣，一命襢衣，士褖衣。 釋文：禕，依註音鞠，居六反，又曲六反。襢，張戰反。褖，吐亂反。○鄭註：褖或作「税」。

鄭氏曰：禕當爲「鞠」。子男之卿再命，而妻鞠衣，則鞠衣、襢衣、褖衣者，諸侯之臣皆分爲三等，其妻以次受此服也。公之臣，孤爲上，卿大夫次之，士次之。侯伯子男之臣，卿爲上，大夫次之，士次之。孔氏曰：再命，謂子男之卿也。禕當爲「鞠」，謂子男卿妻服鞠衣也。襢，展也，子男大夫一命，其妻服展衣也。士褖衣者，子男之士不命，其妻服褖衣也。鄭註士喪禮：「褖之言緣，黑衣裳以赤緣之。」愚謂諸侯之臣之服爲三等：孤希冕，卿大夫皆玄冕，士皆爵弁也。其妻之服亦爲三等：孤、卿皆鞠衣，大夫皆展衣，士皆褖衣也。如鄭氏之説，則有孤之國，孤鞠衣，卿大夫皆展衣；無孤之國，則卿鞠衣，大夫展衣。孔氏又通其例於男子，謂有孤之國，孤希冕，卿大夫玄冕；無孤之國，卿希冕，大夫玄冕。然司服「卿大夫之服，自玄冕以下」，非專爲有孤之國言也。雜記復，「内子以鞠衣」，「下大夫以展衣」，非專爲無孤之國言也。

唯世婦命於奠繭，其他則皆從男子。 自「君命屈狄」以下至此，舊在「紳、韠、結三齊」之下，鄭氏云：「宜承『夫人揄狄』。」

世婦，謂諸侯之内世婦也。奠繭，猶獻繭也。諸侯有公桑蠶室，卜於三宫夫人、世婦之吉者使蠶，既成則從夫人而獻之於君也。世婦之尊視大夫，服展衣。凡夫尊於朝，妻榮於室，故卿大夫之妻皆得隨夫而服其服，唯世婦乃諸侯之妾，必因奠繭命之，乃得服其服，明君不以私寵加賜也。天子之内命婦蓋亦如此。

凡侍於君，紳垂，足如履齊，頤霤，垂拱，視下而聽上，視帶以及袷，聽鄉任左。

釋文：齊音咨，本又作「齋」。鄉，許亮反。

鄭氏曰：紳垂，則磬折也。齊，裳下緝也。袷，交領也。孔氏曰：紳，大帶也。身直則帶倚，磬折則帶垂。身折則裳前下緝委地，足如履之也。霤，屋簷。身俯，故頭臨前，垂頤如屋霤。視下而聽上者，視高則敖，故下矚也。聽上，謂聽尊者語宜諦聽，故仰頭而嚮上以聽之也。視帶以及袷者，視君之法，下不過帶，高不過袷。庾云：「聽上及聽嚮任左，皆備君教使也。」　愚謂此侍立於君之禮也。君佩倚，臣佩垂，君恒高於臣。視下而聽上者，視以形，聽以神，視雖在下，而神則恒屬乎君也。國君綏視，此云「視帶以及袷」者，坐則節於面，立則節於領，立則容俯故也。聽鄉者，聽之所鄉也。人右耳目不如左耳目明，任左，欲其聽之審也。○孔氏解「聽嚮任左」云：「鄭註少儀云『立者尊右』，則坐者尊左。侍君之時，君坐，是以聽嚮皆以左爲節。」此謬説也。坐者尊左，義無所出。且經云「紳垂，足如履齊，頤霤，垂拱」，則侍君者固未嘗坐。又云「視帶以及袷」，「視下而聽上」，則亦非君坐而臣立侍之，則安以「坐者尊左」爲説乎？

凡君召以三節，二節以走，一節以趨，在官不俟屨，在外不俟車。

此言人臣被召之法。鄭氏曰：節，所以明信輔君命也。使使召臣，急則持二，緩則持一。周禮曰「鎮圭以徵守」，其餘未聞也。今漢使者擁節。不俟屨，不俟車，趨君命也。必有執隨授之者。官，謂朝廷治事處也。孔氏曰：節，以玉爲之。君召臣，有二節時，有一節時，故合云「三」也。急則二節，臣故走；緩則一節，臣故趨。官，謂朝廷治事處也。外，謂其室及官府也。在官近，不須車，故言「屨」；在外遠，故言「車」。

士於大夫，不敢拜迎，而拜送。士於尊者，先拜，進面，答之拜則走。

士於大夫，謂於大夫之見己也。迎，謂迎於門外也。曲禮曰：「大夫士相見，雖貴賤不敵，主人敬客則先拜客，客敬主人則先拜主人。」然則士於大夫非不拜也，特不敢迎而拜耳。蓋拜迎者，敵者之禮也。士於尊者，謂士見於大夫也。先拜，進面者，大夫於士不迎，待之於門內，士於門外先拜之，乃進入門而見大夫也。答之拜則走者，若大夫於門內答拜，則走辟，不敢當大夫之拜也。此皆謂尋常相見之法。若始相見，則士相見禮云：「若先生異爵者，請見之，則辭，辭不得命，則曰：『某無以見，辭不得命，請走見。』先見之。」則迎於門外矣。又曰「士見於大夫，終辭其贄，於其入也，一拜其辱也」，則大夫先拜辱矣。

士於君所言，大夫没矣則稱謚若字，名士。與大夫言，名士，字大夫。「言」字並句絕。孔疏讀云「士於君所言大夫」，非是。

鄭氏曰：君所，大夫存亦名。愚謂稱謚若字者，有謚則稱謚，無謚則稱字也。大夫五十而受爵命，死乃有謚。名士，字大夫，謂其生者也。若没則所稱與君所同。

於大夫所，有公諱，無私諱。凡祭不諱，廟中不諱，教學臨文不諱。

鄭氏曰：公諱，若言語所辟先君之名。凡祭不諱，廟中不諱，謂祝嘏之辭中有先君之名者也。凡祭，祭羣神。廟中上不諱下。教學臨文不諱，爲惑未知者。孔氏曰：有公諱，無私諱，但諱公君，不得私諱父母也。廟中上不諱下，若有事於祖，則不諱父也。有事於父則諱祖。教學，謂師長也。教人若諱，疑誤後生也。臨文，謂簡牒及讀法律之事，若諱則失於事正也。

古之君子必佩玉，右徵、角，左宫、羽，趨以采齊，行以肆夏，周還中規，折還中

矩，進則揖之，退則揚之，然後玉鏘鳴也。故君子在車則聞鸞、和之聲，行則鳴佩玉，是以非辟之心無自入也。釋文：徵，張里反。趨，七須反，本又作「趣」。齊，依註作「薺」，疾私反。還音旋，本或作「旋」。辟，本亦作「僻」，匹亦反，又婢亦反，徐芳益反。

鄭氏曰：君子，士以上。徵、角、宮、羽，玉聲所中也。徵、角在右，事也，民也，可以勞；宮、羽在左，君也，物也，宜逸。趨以采齊，路門外之樂節也。門外謂之趨。齊，當爲「楚薺」之薺。行以肆夏，登堂之樂節。周還，反行也，宜圜。折還，曲行也，宜方。揖之，謂小俯見於前也。揚之，謂小仰見於後也。鏘，聲貌。鸞在衡，和在式。孔氏曰：路寢門外至應門，謂之趨，趨時歌采齊爲節。路寢門内至堂，謂之行，行時歌肆夏爲節。按爾雅釋宮云：「室中謂之時，堂上謂之行，堂下謂之步，門外謂之趨，中庭謂之走，大路謂之奔。」此對文耳。若總而言之，門内謂之行，門外謂之趨。鄭註樂師云：「行，謂於大寢之中。趨，謂於朝廷。然則王出，既服，至堂而肆夏作，出路門而采薺作；其反，入至於應門、路門亦如之。此謂步迎賓客。王如有車出之事，登車於大寢西階之前，反降於阼階之前。尚書傳曰：『天子將出，撞黄鍾之鐘，右五鐘皆應；入則撞蕤賓之鐘，左五鐘皆應。』」是也。反行，謂到反而行，假令從北鄉南，或從南鄉北。曲行，謂屈曲而行，假令從北鄉南行，曲折而東鄉、西鄉也。吴氏澄曰：徵，謂聲中林鍾，角則中姑洗也。宮，謂聲中黄鍾，羽則中南吕也。徵，陰音之首，故居右，角間二律，與徵近，故以角配徵。宮，陽音之始，故居左，羽間二律，與宮近，故以羽配宮。愚謂徵、角、宮、羽，謂左右兩璜之聲所中也。凡以律均鍾者，倍而又半。磬氏疏：「樂云：『磬前長三律，後長二律』。」蓋謂黄鐘之磬。此以律均磬之法也。佩玉四聲，亦必其大小、長短、厚薄之不同，但其詳不可考耳。周禮大司樂「函鍾爲宮」之屬，皆不用商，説者謂商有殺伐之意，故不用。此佩玉有徵、角、宮、羽而無商，蓋佩玉所以養德，故亦無取乎殺伐之義也。中矩，言其方。中規，言其圜。其身周折俯仰，故佩玉之璜觸衝牙而鳴鏘然也。此君子之養其心，非徒恃乎鸞、和、佩玉，而所以消其匪僻，而導其和平者，此亦有助焉爾。此節所言，蓋主謂天子諸侯之禮，故佩玉則備四聲，行步則有樂節，在車則有和、鸞。若大夫士，雖有佩玉，而其儀物則當有降殺矣。〇周禮之九夏，儀禮之笙詩，劉原父謂皆有聲而無辭，朱子以爲笙詩蓋如投壺「魯鼓」「薛鼓」之節。蓋以九夏、笙詩曰「奏」曰「笙」曰「樂」而不曰「歌」，以此決其無辭也。然大射、燕禮「管新宫」，文王世子云「下管象」，象，周頌維清之詩也。左傳宋公「賦新宫」，則新宫亦詩也。此二詩用以管，與南陔等六詩用以笙者一也。新宫、象爲詩，則南陔六篇之曰「笙」曰「樂」者，何害其爲詩乎？南陔、白華等名，必取詩辭而名之者也。若但如曲譜，則其曰南陔、曰白華、曰華黍者，何所取以名之？肆夏與采薺同用，觀采薺之名，亦必詩篇也。則肆夏亦詩，而王夏以下皆當爲詩矣。但先儒謂肆夏即周頌之時邁，則未有以見其必然耳。

君在不佩玉，左結佩，右設佩；居則設佩，朝則結佩。

此謂大夫士之禮也。君在，謂君出視朝時也。結佩，謂結其兩璜於綬而使不得鳴也。君在不珮玉，非全不佩也，結其左而設其右焉耳。君子於玉比德，結其左者，示其德之不敢擬於君也。居則佩玉，左右皆設之也。朝則結佩，結其左也。○鄭氏以此爲世子之禮，又以左結佩、右設佩爲事佩。然上文並未言「世子」，此何忽而及之？君在不佩玉，正與「君在則裼」同，鄭於彼註云「臣在君所」，此不當爲異義。又上下文俱言「佩玉」，亦不應結佩、設佩忽爲事佩也。

齊則綪結佩而爵韠。釋文：齊，側皆反。綪，側耕反。

鄭氏曰：綪，屈也，結又屈之。爵韠者，齊服玄端。孔氏曰：綪結佩，謂結其綬而又屈上之也。諸侯以下，皆以玄端齊，而以爵韋爲韠，同士禮。以其齊，故不用朱韠、素韠也。愚謂士喪禮「陳襲事於房中」，「不綪」，鄭云：「江、沔之間，謂縈收繩索爲綪。」是綪者，屈而又屈之義也。君在不佩玉，爲時暫，以兩璜上結之而已。齊有十日，則以璜及衝牙屈上當瑀與琚而結之，又屈而上當珩而結之也。蓋佩玉有聲，齊者欲静以致思，故綪結其佩，即齊者不樂之義也。不去而但綪結之者，君子無故玉不去身也。

凡帶必有佩玉，唯喪否。佩玉有衝牙，君子無故玉不去身，君子於玉比德焉。

鄭氏曰：喪主於哀，去飾也。凡，謂天子以至士。佩玉有衝牙，居中央以前後觸也。故，謂喪與灾眚。　朱子曰：佩玉上横曰珩，下繫三組，貫以蠙珠。中組之半，貫一大珠，曰瑀，末縣一玉，兩端皆鋭，曰衝牙；兩旁組半，各縣一玉，長博而方，曰琚，其末各縣一玉，如半璧而内向，曰璜。又以兩組貫珠，上繫珩兩端，交貫於瑀，而下繫於兩璜，行則衝牙觸璜而有聲也。

天子佩白玉而玄組綬，公侯佩山玄玉而朱組綬，大夫佩水蒼玉而純組綬，世子佩瑜玉而綦組綬，士佩瓀玟而緼組綬。釋文：綬音受。純讀爲緇，側其反。瑜，羊朱反。綦音其。瓀，而兖反，徐又作「瑌」，同。玟，武巾反，字又作「砇」，同。緼音温。

鄭氏曰：玉有山玄、水蒼者，視其文色所似也。綬者，所以貫佩玉，相承受者也。純當爲「緇」，古文「緇」字或作絲旁才。綦，文雜色也。緼，赤黄。　孔氏曰：山玄、水蒼，玉色似山之玄而雜有文，似水之蒼而雜有文。尊者玉色純，公侯以下，玉色漸雜，而世子及士唯論玉質，不明玉色，則色不定也。瑜是玉之美者，故世子佩之。然諸侯世子雖佩瑜玉，亦應降殺天子世子也。瓀玟，石次玉者，賤，故士佩之。　愚謂佩白玉、玄玉之屬，皆謂兩瑀、兩璜及衝牙之玉也。其在上之珩，則前云「一命、再命幽衡，三命葱衡」是也。

孔子佩象環五寸而綦組綬。

象環，以象牙爲環也。爾雅曰：「肉好若一謂之環。」　陳氏澔曰：象環五寸，燕居佩之，非禮服之正佩也。○鄭氏曰：孔子佩象環，謙不比德，亦不事也。象，有文理者也。環，取可循環而無窮。　孔氏曰：象環五寸，法五行也。　愚謂環玦之屬，古人所常佩。故晉獻公賜太子申生以金玦，叔孫穆叔之子孟丙見於公，公與之環而佩之。經解云：「行步則有環佩之聲。」孔子佩象環，蓋以象之貴次於玉，故用以爲燕居之佩。其取節於五寸者，亦大小之度宜然爾，註疏之説鑿矣。○自「古之君子必佩玉」以下至此，明佩玉之法。

童子之節也，緇布衣，錦緣，錦紳并紐，錦束髮，皆朱錦也。 釋文：并，必正反。

鄭氏曰：童子，未冠之稱也。冠禮曰「將冠者采衣紒」也。　愚謂童子之衣有緣，曲禮云「兩手摳衣，去齊尺」，是又有齊，則童子之衣，深衣之制也。深衣用白布，緣以繢及青。今童子用緇爲深衣，用錦爲緣，皆異於成人也。錦紳，以錦辟其帶紳也。弟子縞帶，則童子之帶以縞爲之，而辟其紳以錦，與士之率下辟同也。紐，帶之紐也。童子錦紳而錦紐，則凡帶紐之所用與辟同也。束髮，謂總也。士喪禮：「鬠用組」。又士冠禮：「緇纚長六尺」。總之色宜與纚同。是成人束髮用緇組，今童子用錦爲束髮。凡此童子所用之錦，皆朱錦也，取其華美也。

童子不裘不帛，不屨絇，無緦服，聽事不麻。無事則立主人之北，南面。見先生，從人而入。 釋文：絇，其俱反。見，賢徧反。

鄭氏曰：皆爲幼少，不備禮也。裘、帛溫，傷壯氣也。絇，屨頭飾也。愚謂童子冬不衣裘，其袍繭及褶，又皆以布爲之，不用帛，亦爲防其奢汰也。不屨絇，不備飾也。凡服必稱其情，童子無緦服，以未能惇行孝弟，情不能至緦也。當室則緦，既與族人相接，則使遂其服，責之以必當盡之情，而使之企而及也。聽事，往給喪家役使也。不麻，不加麻絰也。有服者至小斂而加麻，聽事不麻，亦謂所爲服緦者也。主人之位，在阼階下西面，立於其北者，爲教使便也。南面者，別於主人也。見先生，從人而入，不敢輕動長者也。〇問喪：「童子不緦，唯當室緦。緦者其免也。」然則不緦者固不免矣。鄭於此註云「雖不服緦猶免」，顯與問喪違。崔氏、熊氏謂「不當室而免者，謂未成服而來」，不知成服以後，雖成人亦不免矣，豈獨童子哉？

侍食於先生，異爵者後祭先飯。釋文：飯，扶晚反。

鄭氏曰：先生，致仕者也。異爵者，謂卿大夫也。士相見禮註。愚謂凡爲客之禮，皆後主人而祭，嫌此或異，故明之。先飯，示爲長者嘗食也。

客祭，主人辭曰：「不足祭也。」客飧，主人辭以「疏」。

鄭氏曰：祭者，盛主人之饌也。飧者，美主人之食也。疏之言麤也。孔氏曰：飧者，食竟作三飯飧也。飧是已飽猶食，美故也。

主人自置其醬，則客自徹之。

客自徹之，徹主人所自置者，禮欲其相當也，主人辭焉則止。曲禮「客自前跪，徹飯齊，以授相者，主人興辭於客，然後客坐」，是也。

一室之人，非賓客，一人徹。壹食之人，一人徹。凡燕食，婦人不徹。

鄭氏曰：一室之人，同事合居者也。賓客則各徹其饌也。壹猶聚也，爲赴事聚食也。婦人質，不備禮。孔氏曰：賓客則各徹其饌，今同事合居，既無的賓主，故必少者一人徹饌也。

壹食之人，謂暫爲赴事，壹聚共食，則亦推一人徹也。　愚謂一室之人，謂同事合食，而各設饌具者也。壹食，謂相聚共饌具而食也。燕食，朝夕常食也。

食棗、桃、李，弗致于核。瓜祭上環，食中，棄所操。釋文：操，七刀反。

鄭氏曰：弗致于核，恭也。上環，頭忖也。孔氏曰：弗致于核，謂懷其核，不置於地也。環者，橫斷，形如環也。上環是疐間，下環是脱華處，用上環祭先而食中，棄手所持者，此庶人法也。　愚謂祭上環者，以上爲尊。棄所操者，爲手持有垢澤也。

凡食果實者後君子，火孰者先君子。釋文：後，胡豆反。先，悉薦反。

鄭氏曰：果實，陰陽所成，非人事也。火孰者先君子，備火齊不得也。孔氏曰：果實是陰陽所成，非關人事，故不得先嘗。火熟調和是人之所爲，恐和齊不備，故先君子而嘗之。

有慶，非君賜不賀。

鄭氏曰：唯君賜爲榮也。　愚謂有慶，謂或有喜慶之事。君賜，如孔子生伯魚，而君賜以鯉是也。雖有喜慶之事，而非有君賜，則不足爲榮，故不賀。周禮大宗伯：「以賀慶之禮親異姓之國。」凡賀者必有物以將之，蓋若乘壺酒、束脩、一犬之類與？

有憂者。

鄭氏曰：此下絶亡，非其句也。

勤者有事則收之，走則擁之。

鄭氏曰：此補脱，重。

孔子食於季氏，不辭，不食肉而飧。

鄭氏曰：以其待己及饌非禮也。　愚謂孔子於季氏，降等之客也，禮宜執食興辭，今孔子不辭。凡食，先食胾，既飽乃飧。今孔子不食肉而飧，蓋以季氏失禮，故以此示其意也。

君賜車馬，乘以拜賜；句。**衣服，服以拜賜。**句。**君未有命，弗敢即乘、服也。**按孔疏本「拜」字絶句，陸氏佃曰：「『拜賜』句。」今從陸氏讀。

受君車馬衣服之賜，既拜受之矣，至明日，更乘、服所賜，往至君所而拜也。既拜之後，君再命之乘、服，乃敢乘、服之，若未有命，則不敢乘、服也。左傳魯叔孫豹受大路之賜於王，及卒，杜洩將以路葬。南遺謂季孫曰：「叔孫未乘路，將焉用之？」蓋叔孫豹受賜歸，魯王無再使乘路之命，故終身不敢乘。此雖受賜於天子之事，受賜於其君者亦然也。

君賜，稽首，據掌，致諸地。酒肉之賜弗再拜。

鄭氏曰：稽首，致首於地。據掌，以左手覆按右手也。酒肉之賜，輕也。受重賜者，拜受，又拜於其室。　愚謂君賜，稽首，謂拜君賜者，當爲稽首之拜也。據掌，致諸地，謂爲稽首之拜之法也。據掌，以左手據右手之掌也。致諸地，謂首及手俱至地也。再拜者，賜時拜受，明日又往拜也。酒肉之賜輕，雖君賜不再拜。

凡賜，君子與小人不同日。

鄭氏曰：慎於尊卑。

凡獻於君，大夫使宰，士親，皆再拜稽首送之。

鄭氏曰：宰，家臣之長也。皆再拜稽首送之者，大夫使人，則於阼階下南面拜送；士親，則於君之門外拜送也。

膳於君，有葷、桃、茢，於大夫去茢，於士去葷，皆造於膳宰。釋文：葷，許云反。茢音列，又音例。去，起呂反。造，七到反。○鄭註：葷或作「焄」。

鄭氏曰：膳，美食也。葷、桃、茢，辟凶邪也。大夫用葷、桃，士桃而已。葷，薑及辛菜也。茢，菼帚也。造於膳宰，既致命而授之。　陳氏祥道曰：膳，致福之膳也。非是，則無事於桃、茢。鄭氏以膳爲凡美食，誤也。　愚謂少儀曰：「爲己祭而致膳於君子，曰膳。」用葷、桃、茢者，以其爲鬼神之餘，恐有不祥之干也。葷，辛物，能去穢惡。桃、茢，能解不祥。於君備三者，大夫去其一，士去其二，尊卑之差也。造猶内也。膳宰，膳夫也。周禮膳夫：「受致福者而膳之。」祭僕：「凡祭祀致福者，展而受之。」造於膳宰者，蓋祭僕受而内之也。

大夫不親拜，爲君之答己也。鄭氏曰：不敢變動至尊。孔氏曰：解大夫所以不自獻之義也。自獻則屈動君答拜己，故不親也。釋文：爲，于僞反。

大夫拜賜而退。士待諾而退，又拜。弗答拜。鄭氏曰：小臣受大夫之拜，復以入告，大夫拜，便辟也。孔氏曰：大夫拜賜而退者，大夫往拜，至於門外，告君之小臣，小臣受其辭，入以白君，大夫乃拜，拜竟則退，不待白報，恐君召進答己故也。士待諾而退者，君不拜士，士故於外拜，拜竟，又待小臣傳君之報諾而退也。又拜者，小臣傳君諾出，士又拜君之諾報也。弗答拜者，謂君不答士拜也。愚謂鄭氏知小臣入告君者，以周禮小臣「掌王之小命」，「掌三公、孤、卿之復逆」，故知諸侯亦小臣掌羣臣之復逆也。

大夫親賜士，士拜受，又拜於其室。衣服弗服以拜。敵者不在，拜於其室。釋文：敵，本又作「適」，音狄。

鄭氏曰：弗服以拜，異於君惠也。拜受，又就拜於其家，是所謂再拜也。敵者不在，謂來賜時不見也，見則不復往也。愚謂士於大夫之賜亦再拜，大夫尊也。衣服弗服以拜，則車馬亦然。敵者來饋，己不在家拜受，則明日當往拜，若孔子於陽貨蒸豚之饋是也。若在家拜受，則不再拜也。

凡於尊者有獻，而弗敢以聞。

鄭氏曰：此謂獻辭也。少儀曰：「君將適他，臣若致金玉貨貝於君，則曰：『致馬資於有司。』」是其類也。孔氏曰：謂有物獻尊者，其辭不敢云「獻」，聞於尊者，但當云「致馬資於有司」及「贈從者」之屬也。

士於大夫不承賀。下大夫於上大夫承賀。

鄭氏曰：承，受也。士有慶事，不聽大夫親來賀己，不敢變動尊也。愚謂承，進也。賀乃禮之輕者，士於大夫不承賀，尊卑遠，不敢以輕禮褻之也。下大夫於上大夫承賀，尊卑近也。

親在，行禮於人稱父。人或賜之，則稱父拜之。

鄭氏曰：事統於尊。○自「君賜車馬」至此，明受賜及獻人之法。

禮不盛，服不充，故大裘不裼，乘路車不式。鄭註：或曰「乘兵車不式」。

鄭氏曰：禮盛者服充，大事不崇曲敬。孔氏曰：服襲是充美於内，唯盛禮乃然，故大裘不裼，證禮盛服充也。路車，郊天車。乘路車不式，亦是禮盛不爲曲敬之例。愚謂禮盛則服充者，專其敬於内，則不敢致其飾於外也。大裘不裼者，外襲衮服也。

父命呼，唯而不諾，手執業則投之，食在口則吐之，走而不趨。釋文：唯，于癸反，徐以水反。

皆爲急趨父命也。

親老，出不易方，復不過時。親瘠，色容不盛，此孝子之疏節也。釋文：瘠，才細反。

鄭氏曰：言非至孝也。瘠，病也。王季有疾，文王色憂，行不能正履。方氏慤曰：出不易方，有定所也。復不過時，無愆期也。孝子事親，豈必老而後如此，以親老者尤不可不知也。愚謂易方，則恐召己而莫知所在；過時，則恐失期而貽親之憂。色容不盛，所謂「色憂不滿容」也。疏節，謂疏略之節，而未足爲至孝也。於疏略之節苟不能盡，固不可以爲子，然而孝子之於親，更有進於是者，則亦在夫人之自勉而已。

父没而不能讀父之書，手澤存焉爾。母没而杯、圈不能飲焉，口澤之氣存焉爾。 釋文：圈，起權反。

鄭氏曰：孝子見親之器物，哀惻不忍用也。圈，屈木所爲，謂卮、匜之屬。孔氏曰：手澤，平生所持手之潤澤。口澤，平生口飲潤澤之氣。書是男子所有，故父言「書」。杯、圈，婦人所用，故母言「杯、圈」。○自「父命呼」至此，明事親之禮。

君入門，介拂闑，大夫中棖與闑之間，士介拂棖。 釋文：闑，魚列反。棖，直衡反。

鄭氏曰：此謂兩君相見也。棖，門楔也。君入必中門，上介夾闑，大夫介、士介雁行於後，示不相沿也。君若迎聘客，擯者亦然。孔氏曰：闑，門中所豎短木。棖，門之兩旁長木。上介近君，故拂闑。大夫介微遠於闑，故當棖與闑之間。士介卑，去闑遠，故拂棖。崔氏、皇氏云：「君入當棖、闑之中，主君在闑東，賓在闑西。主君上擯在君之後，稍近西而拂闑；賓之上介在賓之後，稍近東而拂闑；大夫擯、介各當君後，在棖、闑之中。」愚謂門中設闑者，所以界別左右，以表賓主之所行也。下文云「賓入不中門」，此大夫得中棖與闑之間者，下文謂「大夫出聘，不敢僭君禮」，此謂介隨君後而行，故不嫌也。又聘禮賈疏云：「主君於東闑之内，賓於西闑之内，並行而入。上介於西闑之外，上擯於東闑之外，皆拂闑。次介、次擯，皆大夫，中棖與闑之間；末介、末擯皆士，各自拂棖。」如賈氏之説，則門中有二闑，而君以下入門之法，皆與崔氏、皇氏之説不同。然儀禮於凡宫室之制有東西者，皆著言之，若「東楹」「西楹」，「東塾」「西塾」，「東堂」「西堂」之類，無不然。而士冠禮筮日，「布席于門中闑西閾外」，士喪禮「卜日」，「席於闑西閾外」，特牲禮「筮日」，「席于門中闑西閾外」，皆但曰「闑」，無「東」「西」之文，則門唯一闑明矣。賈氏説非是。

賓入不中門，不履閾，公事自闑西，私事自闑東。釋文：閾音域，又況域反。

鄭氏曰：此謂聘客也。不中門，不履閾，辟尊者所行也。閾，門限。公事，聘、享也。私事，覿面也。孔氏曰：不中門，謂不當闑西棖、闑之中，而稍東近闑也。聘、享奉君命，故謂之公事。自闑西，用賓禮也。私事，謂私覿也。非行君命，故謂之私事。自闑東，從臣禮也。愚謂聘禮「賓覿」，「入門右，北面奠幣，再拜稽首，擯者辭，賓出」，「奉幣入門左」，是私事亦自闑西，但初從闑東，辭之乃就闑西耳。

君與尸行接武，大夫繼武，士中武。

鄭氏曰：尊者尚徐。接武，蹈半迹。繼武，迹相及。中武，迹間容迹。孔氏曰：君，謂天子諸侯也。武，迹也。接武者，二足相躡而蹈其半也。繼武者，兩足迹相繼也。中猶間也。

中武，每徙，足間容一足地也。 愚謂此謂在君宗廟之中，尊卑行步之法也。君與尸尊，故其行接武，大夫稍卑，故繼武，士又卑，故中武，尊者行徐，卑者行疾也。

徐趨皆用是，疾趨則欲發，而手足毋移。○鄭註：欲或爲「數」。

鄭氏曰：疾趨，謂直行也，疏數自若。發，謂起屨也。移之言靡迤也。毋移，欲其直且正。

孔氏曰：移，謂靡迤動摇也。 愚謂徐趨，徐行也。上言「行」，此言「徐趨」，一也。皆用是者，言不獨宗廟之中，尊卑行步如上文之所言，凡君臣相與行禮，其徐趨之法，皆用是接武、繼武、中武之差，所謂「君行一，臣行二」也。聘禮：「公當楣再拜，賓三退，負序，而公受玉於中堂與東楹之間。」君接武，大夫繼武之節，於此可見矣。疾趨，疾行也。發，起也，謂起踵也。徐趨，舉前曳踵。疾趨，則欲起踵而離地也，行疾則手足易動，故欲其無移。○凡行步疾徐之節有三：徐曰行，疾曰趨，甚疾曰走。此云「徐趨」，即行也，下文所謂「圈豚行」也。疾趨，即趨與走也。趨則下文所謂「端行」，走則下文所謂「弁行」也。若别而言之，唯端行正名爲趨，故曰：「行以肆夏，趨以采齊。」又曰：「二節以走，一節以趨。」又曰：「父命呼，走而不趨。」曲禮曰：「堂上不趨，執玉不趨。」此皆正指端行爲趨也。若通而言之，則行亦名爲趨。此云「徐趨」，聘禮云「將授志趨」是也。走亦名爲趨，此云「疾趨」，包下「端行」「弁行」

是也。

圈豚行，不舉足，齊如流。席上亦然。釋文：圈，舉遠反，又去阮反。豚，本又作「豚」，同大本反，徐徒困反。齊音咨，本又作「齎」，同。

鄭氏曰：圈，轉也。豚之言若有所循。不舉足，曳踵則衣之齊如水之流矣。孔子執圭則然。此徐趨也。　孔氏曰：圈豚，言曳轉足循地而行也。不舉足，謂足不離地也。齊，裳下緝也。足既不舉，身又俯折，則裳下委地，曳足如水流狀也。席上亦然者，言在席上未坐，其行之時，亦如是圈豚行，齊如流也。

端行，頤霤如矢。弁行，剡剡起屨。釋文：弁，皮彥反。剡，以漸反，字林因冉反。○鄭註：頤或爲「霤逭」。

鄭氏曰：此疾趨也。端，直也。　愚謂端行，謂趨也。趨則張拱端好，故曰「端行」。頤霤，身俯而頭前臨，其頤如屋霤之垂也。如矢，謂行直而不邪曲也。弁行，走也。弁，急也。行莫急於走，故曰「弁行」。剡剡，起屨貌。行疾，故見其起屨剡剡然也。士相見禮曰：「庶人見於君，不爲容，進退走。」蓋趨爲容而走不爲容，故但狀其起屨之急疾而已。

執龜、玉，舉前曳踵，蹜蹜如也。釋文：宿宿，色六反，本或作「蹜」，同。

鄭氏曰：著徐趨之事。孔氏曰：蹜蹜，舉足促狹也。

凡行，容惕惕，廟中齊齊，朝廷濟濟翔翔。釋文：惕音傷，又音陽。齊，才兮反，賀在啟反。濟，徐子禮反。翔，本又作「洋」，音詳。

鄭氏曰：凡行，謂道路也。惕惕，直疾貌。齊齊，恭慤貌。濟濟翔翔，莊敬貌也。○自「君與尸行」至此，明行步之法。

君子之容舒遲，見所尊者齊遬。釋文：齊遬，音咨，又側皆反，下音速。○按齊當音側皆反，皇氏讀咨，非是。

鄭氏曰：齊遬，謙慤貌。遬，猶蹙蹙也。孔氏曰：舒遲，閑雅也。尋常，舒遲，若見所尊之人，則齊遬，謂自斂持迫促，不敢自寬奢也。愚謂君子之容舒遲，申申夭夭是也。齊則莊嚴而不敢舒散，遬則急速而不敢遲緩。

足容重，手容恭，目容端，口容止，聲容靜，頭容直，氣容肅，立容德，色容莊，坐如尸。釋文：德如字，徐音置。○按德當如字。

鄭氏曰：足容重，舉欲遲也。手容恭，高且正也。目容端，不睇視也。口容止，不妄動也。聲容靜，不噦欬也。頭容直，不傾顧也。氣容肅，似不息也。立容德，如有予也。色容莊，勃如戰色。坐如尸，尸居神位，敬慎也。孔氏曰：德，得也。立則磬折，如人授物予己，己受得之形也。應氏鏞曰：立容德，蓋中立不倚，儼然有德之氣象也。愚謂立容德，不動移也，所謂「山立」是也。德者得也。凡人有所得於己，則無所奪於外也。色容莊，不惰慢也。坐如尸，不箕踞也。凡此皆君子容貌之常也。○問：禮記九容，與論語「九思」同。本原之地，固欲存養，於容貌之間，又欲隨事省察。朱子曰：即此便是涵養本原。這處不是存養，更於甚處存養？

燕居告溫溫。

鄭氏曰：告，教使也。孔氏曰：燕居色尚和善。教人使人之時，唯須溫溫，不欲嚴慄。

凡祭，容貌顏色如見所祭者。

孔氏曰：祭如在也。愚謂下文「喪容」「戎容」分別言之，此言「祭」獨否者，蓋祭祀無言，而容貌即一身之容，顏色即視容、色容，而皆不外於本愛慤之誠，以著爲如在之敬，不容以別言也。

喪容纍纍，色容顛顛，視容瞿瞿梅梅，言容繭繭。釋文：纍，良追反。顛，字又作「𩔲」，音田，又丁年反。視容，又作「目容」。瞿，紀具反，又紀力反。

鄭氏曰：纍纍，羸憊貌。顛顛，憂思貌。瞿瞿梅梅，不審貌。繭繭，聲氣微也。孔氏曰：纍纍，謂容貌毀瘠。顛顛，顔色憂思，不舒暢也。瞿瞿，驚遽貌。梅梅，謂微昧也。孝子在喪，所視不審，故瞿瞿梅梅然。繭繭，猶綿綿，聲氣微細。陸氏佃曰：張則瞿瞿，收則梅梅。　愚謂「喪容」對下三者，謂身容也。下「戎容」亦然。

戎容暨暨，言容詻詻，色容厲肅，視容清明。釋文：暨，其記反。詻，五格反。視，如字，徐市志反。

鄭氏曰：暨暨，果毅貌。詻詻，教令嚴也。厲肅，義形貌。清明，察於事也。吴氏澄曰：喪容之哀，先觀顔色，故色容在先。戎容之嚴，先在號令，故言容在先。

立容辨，卑毋讇，頭頸必中。釋文：辨讀爲貶，彼檢反，字林貶音方犯反。讇音諂，舊又音鹽。○按鄭氏讀辨爲貶，以「立容貶卑」爲句。黄氏辨如字，以「立容辨」爲句，「卑毋讇」爲句，今從之。

黄氏曰：立容辨，謂明辨尊卑上下之分，無僭上也。又慮其卑退失分，則近於讇媚，故云「卑毋讇」。　愚謂立容辨者，立容有佩倚、佩垂、佩委之不同，宜辨别其宜也。卑毋讇者，立固以卑俯爲恭，又不可以過卑而失之讇也。頭頸必中者，立或頤霤向前，而頭頸不可傾側也。

山立，時行，盛氣顛實揚休，玉色。釋文：顛，依註讀爲闐，音田。

鄭氏曰：山立，不摇動也。時行，時而後行也。顛讀爲闐，揚讀爲陽，聲之誤也。盛身中之氣，使之闐滿，其息若陽氣之休物也。玉色，色不變也。愚謂揚讀如字，盛氣顛實揚休，謂盛其氣以闐實於内，而發揚其休美於外，若聘禮記所謂「發氣盈容」也。玉色，謂温潤也。上節通戒儀容，此節似專屬一事而言，「山立」之上疑有脱文。○吴氏澄曰：舊註以「立容辨」止「玉色」，合上「戎容」四句共爲一節。今按「立容」以下五句，於戎容無所當，宜别爲一節。愚謂自「立容辨」以下，鄭氏本不專指戎容，至孔疏乃上合於「戎容」解之，其義非是。

凡自稱，天子曰「予一人」，伯曰「天子之力臣」。諸侯之於天子，曰「某土之守臣某」；其在邊邑，曰「某屏之臣某」；其於敵以下，曰「寡人」。小國之君曰「孤」，擯者亦曰「孤」。釋文：守，手又反。

伯，謂九州之長也。力臣，謂天子宣力之臣。此擯於諸侯之辭也。若擯於天子，則曲禮云「九州之長，入天子之國曰牧」是也。諸侯之於天子，謂擯於天子之辭也。某土者，稱其方，若東土、西土也。左傳：「魏、駘、芮、岐、畢，吾西土也。」「蒲姑、商奄，吾東土也。巴、濮、楚、鄧，吾南土也。肅慎、燕、亳，吾北土也。」守臣，言天子守土之臣。左傳欒盈曰「得罪於王之守臣」是也。某者，稱其名，約曲禮當曰「某土之守臣某侯某」也。其在邊邑，曰「某屏之臣某」，謂四夷之長，入天子之國，擯者所稱也。某屏者，亦稱其方也。屏者，言在邊境爲天子之屏蔽也，約曲禮當曰「某屏之臣某子某」也。其於敵以下曰「寡人」，謂諸侯自稱於諸侯及其臣民也。其擯於諸侯，則曰「寡君」。小國之君，謂庶方小侯也。曰「孤」，亦自稱於敵以下之辭也。擯，傳辭也。賓主行禮，有介以傳客之辭，有擯以傳主人之辭，皆謂之擯也。擯者亦曰「孤」，謂擯於諸侯之辭也。其擯於天子，則曰「某人某」。○鄭氏曰：「伯，上公九命，分陝者。」按曲禮，二伯擯於諸侯，曰「天子之老」，不曰「天子之力臣」也。○自此至末，明尊卑稱謂之事。

上大夫曰「下臣」，擯者曰「寡君之老」。下大夫自名，擯者曰「寡大夫」。

孔氏曰：上大夫，卿也。自於己君之前稱曰「下臣」。君前臣名，稱「下臣某」也。若出使他國，擯者稱上大夫爲「寡君之老」。下大夫對己君稱名，不敢稱「下臣」，卑遠於卿也。若出使，擯者稱爲「寡大夫」，不敢云「寡君之老」。

世子自名，擯者曰「寡君之適」。公子曰「臣孽」。釋文：適，丁歷反。孽音枿，五葛反，徐五列反。

鄭氏曰：孽當爲「枿」，聲之誤。　孔氏曰：世子自名，公子曰「臣孽」，皆謂對己君也。　愚謂公子，謂諸侯庶子也。木之旁萌者曰孽，故以爲庶子之稱。父前子名，亦當稱云「臣孽某」也。

士曰「傳遽之臣」，於大夫曰「外私」。釋文：傳，陟戀反。遽，其庶反。

鄭氏曰：傳遽，以車馬給使者也。士臣於大夫者曰「私人」。孔氏曰：遽是促遽，士位卑，給車馬役使，故稱「傳遽」，亦謂對己君也。皇氏以爲對他國君，其義亦通。愚謂此稱於他國君、他國大夫之辭也。周禮行夫「掌邦國傳遽之事」，鄭云：「傳遽，若今時乘傳騎驛而使者也。」釋文云：「以車曰傳，以馬曰遽。」蓋傳遽乃事之至賤者，以此自稱甚謙之辭也。私，私臣也。士於同國大夫曰「賤私」，士相見禮曰「某也夫子之賤私」，是也。於他國大夫曰「外私」，雜記士訃於他國大夫曰「吾子之外私某死」，是也。

大夫私事使，私人擯則稱名，公士擯則曰「寡大夫」、「寡君之老」。釋文：使，色吏反。

私事使，謂以私事自使人於諸侯也。私人，家臣也。私人擯，謂私行出疆，而使家臣傳辭於諸侯也。家臣將命，則不得稱其主爲「寡大夫」、「寡君之老」，故稱名，謂稱曰「君之外臣某」也。公士擯，謂奉君命出使聘，而公士爲之傳辭也。大聘使卿，曰「寡君之老」；小聘使大夫，曰「寡大夫」。然卿出大聘，其爲上介者乃大夫，此但曰「公士擯」者，蓋卿聘則介有大夫、士，若大夫聘，唯士介，故此曰「公士擯」，兼上下大夫言之也。○鄭氏曰：私事使，謂以君命私行，非聘也。若魯成公時，晉侯使韓穿來言汶陽之田。劉氏敞曰：趙襄子使人弔夫差曰：「寡君之老無卹，使陪臣隆敢展布之。」此則名者也。愚謂既以君命行，則非私事矣，註說非是。陪臣不得稱諸侯爲寡君，楚隆於趙襄子雖稱名，然其曰「寡君之老」則失辭矣。此乃春秋之僭禮，不可引以證經。

大夫有所往，必與公士爲賓也。釋文：賓，必刃反。

鄭氏曰：謂聘也。大聘使上大夫，小聘使下大夫。公士爲賓，謂作介也。

禮記卷三十一

明堂位第十四

別録屬明堂陰陽。

此篇記周公相成王朝諸侯於明堂以致太平，而成王賜魯以天子之禮樂也。○魯用天子禮樂，蓋東遷以後之僭禮，惠公始請之，而僖公以後始行之者也。孔子曰：「魯之郊、禘，非禮也。周公其衰矣！」使果成王所賜，孔子何以發此歎乎？記者不知其非，而反盛誇之以爲美。且四代之尊，魯用犧、象、山罍而已，三代之爵，魯用玉琖仍雕而已，三代之灌尊，魯用黄目而已，其餘未嘗用也，而記於魯之所未嘗用者亦備陳之。烝、嘗、社、蜡，諸侯之常祀也，而以爲天子之祭；振木鐸，諸侯之常政也，而以爲天子之政；分器，同姓諸侯之所同得也，而以爲天子之器。其鋪張失實如此。唯四代之制，略有見於此者，君子亦有考焉爾。

昔者周公朝諸侯于明堂之位，天子負斧依，南鄉而立。釋文：朝，直遥反，下皆同。依，本又作「扆」，同於豈反。鄉，許亮反。

鄭氏曰：周公攝王位，以明堂之禮儀朝諸侯也。天子，周公也。負之言背也。斧依，爲斧文屏風於户牖之間，周公於前立焉。孔氏曰：皇氏云：「斧依，在明堂中央大室户牖間。」陳氏祥道曰：成王宅憂，周公位冢宰，百官總己以聽。及既成洛邑，輔成王以朝諸侯，乃率以祀文王。若曰「代之而受朝」，則誤矣。「代之」之説，始於荀卿，盛於漢儒，於是以「復子明辟」爲還政之事，以「誕保文武受命，惟七年」爲攝政之年，是皆不知書者也。愚謂周公營洛邑爲東都，侯、甸、男、邦、采、衛咸在，王在新邑。烝祭歲，王賓，殺、禋咸格，朝諸侯於明堂必在是時。四時常朝受於廟，大朝覲則爲壇明堂，以祀天布政，本非朝諸侯之所，此蓋以洛邑初成，故大朝覲之事特於明堂行之，蓋異其事以新天下之耳目，乃一時創行之典也。成王免喪即政，求助羣臣，見於閔予小子諸詩，必無至六年尚不能朝諸侯之理。且成王既至東都，率諸侯以祀文武，而周公乃代之受朝，是二天子也。尚書、左傳之言周公，不過曰「位冢宰，正百工」而已，曰「相王室以尹天下」而已，未有言其踐天子位者，而荀卿始言之。禮記出於漢儒，遂有「周公踐阼，朝諸侯於明堂」之説，皆欲侈周公之事而失其實者也。

三公，中階之前，北面，東上。諸侯之位，阼階之東，西面，北上。諸伯之國，西階之西，東面，北上。諸子之國，門東，北面，東上。諸男之國，門西，北面，

東上。九夷之國，東門之外，西面，北上。八蠻之國，南門之外，北面，東上。六戎之國，西門之外，東面，南上。五狄之國，北門之外，南面，東上。九采之國，應門之外，北面，東上。四塞，世告至。此周公明堂之位也。釋文：采，七在反。塞，先代反。此周公明堂之位也，本或無「周公」「之」字。

三公，謂二伯。統領諸侯者也。明堂九階：東西北各二階，而南面三階。中階、阼階，賓階，南面之三階也。三公中階之前，以對王爲尊也。門東門西，應門之左右也。明堂四面有門，而南門之内又有應門也。諸侯言「位」，諸伯以下言「國」，互見之也。諸侯、諸伯、諸子、諸男，此侯、甸、男、采、衛五服之諸侯在中國者也。九夷、八蠻、六戎、五狄在九服之外，所謂「四海」者也。九采之國，謂蠻服諸侯也。王制：「千里之外，曰采曰流。」自蠻服以内，皆謂之采，其地在九州之内，采取美物以貢天子，大行人侯服「貢祀物」，至要服「貢貨物」是也。采之地盡於蠻服，故謂蠻服爲九采。四塞，四方邊塞之國，夷、鎮、蕃三服之諸侯在九州之外者也。世告至者，謂無朝貢常期，每父死子立，及嗣王即位，乃一來至，大行人「九州之外，謂之蕃國，世壹見」，是也。四塞之國，蓋在四門之内，與夷、蠻、戎、狄相近，象蕃國之守侯邊塞而外與四海接也。侯、甸、男、采、衛在應門内，要服在應門外，蕃國在四門内，四海在四門外。以應門之內象中國，以四門之內象九服，近者在內，遠者在外。此諸侯朝位之差也。孔氏曰：九夷之國，在東門外之南，故北上。八蠻在南門外之西，故東上。六戎在西門外之北，故南上。五狄在北門外之西，故東上。陳氏祥道曰：周禮外朝之位，左孤、卿，右公、侯、伯、子、男，射人「孤東面，卿大夫西面」，皆尚右，東西面者皆尚北，路門之左右者皆尚中。而明堂位諸侯西面，諸伯東面，則不尚右，在門東、門西者東上，則不尚中，在西門之外者東面南上，則不尚北，何也？儀禮諸侯覲於天子，壇壝宮於國外，上介皆奉其君之旂置於宮，尚左，公、侯、伯、子、男皆就其旂而立，位皆東上。是朝於國外與國內之禮異也。明堂位與壇壝宮相類，蓋亦國外之禮然也。

明堂也者，明諸侯之尊卑也。

鄭氏曰：朝於此，所以正儀辨等也。　愚謂明堂蓋以其在國之陽而洞然通明，故以爲名，朝諸侯特一時之事耳。以爲明諸侯之尊卑，乃附會之說也。

昔殷紂亂天下，脯鬼侯以饗諸侯，是以周公相武王以伐紂。武王崩，成王幼弱，周公踐天子之位，以治天下。六年，朝諸侯於明堂，制禮作樂，頒度量，而天下大服。七年，致政於成王。釋文：相，息亮反。頒音班。量，徐音亮。

鄭氏曰：以人肉爲薦羞，惡之甚也。踐猶履也。頒讀爲班。度，謂丈尺、高卑、廣狹也。量，謂豆、區、斗、斛、筐、筥所容受。致政，以王事歸授之。孔氏曰：鬼侯，史記作「九侯」。方氏慤曰：紂之惡不止於脯鬼侯，蓋舉其甚者，以明武王之所以伐也。愚謂制禮以定民志，作樂以和民心，頒度量以一民俗，故天下之服由此也。

成王以周公爲有勳勞於天下，是以封周公於曲阜，地方七百里，革車千乘，命魯公世世祀周公以天子之禮樂。釋文：乘，繩證反。

鄭氏曰：王功曰勳，事功曰勞。曲阜，魯地。上公之封，地方五百里，加魯以四等之附庸，方百里者二十四，并五五二十五，積四十九，開方之得七百里。革車，兵車也。兵車千乘，成國之賦也。詩魯頌曰：「王謂叔父：建爾元子，俾侯于魯，大啟爾宇，爲周室輔。乃命魯公，俾侯于東，錫之山川，土田附庸。」又曰：「公車千乘，朱英綠縢。」祀周公以天子之禮樂，同之於周，尊之也。魯公，伯禽。孔氏曰：臣瓚註漢書云：「魯城內有曲阜，逶迤長八九里。」魯受上公五百里之封，又加四等附庸。四等，謂侯、伯、子、男也。按大司徒註云：「公無附庸，侯附庸九同，伯附庸七同，子附庸五同，男附庸三同。」總爲二十四同。同，謂百里也。既受五百里之封，五五二十五，爲二十五同，又加二十四同，故云「四十九同，開方計之得七百里」。愚謂鄭氏「四等附庸」之説，本無所出。周禮「諸公之地，方五百里」，國之大者，無踰於此。若地方七百里，半天子之地，則雖漢時封三庶孽幾半天下者，其廣大亦不至此。此記者之夸辭耳。以魯之封域考之，北抵汶上，東盡於海，西鄰宋、衛，南至泗水得淮，其不得爲方七百里明矣。公羊傳曰「周公白牡，魯公騂犅，羣公不毛」，「周公盛，魯公燾，羣公廩」，則魯之祀周公，其禮固有異矣，然未有以見其用天子之禮樂也。魯僭郊、禘，見於禮運。孔子之歎，及吕氏春秋之書；武宫之立，見於春秋；乘大路，設兩觀，朱干玉戚以舞大武，八佾以舞大夏，皆僭天子之禮，見於公羊傳子家駒之言。則其所用四代之器服以爲出於成王之所賜者，亦未可盡信也。

是以魯君孟春乘大路，載弧韣，旂十有二旒，日月之章，祀帝于郊，配以后稷，天子之禮也。 釋文：載音戴，又如字。弧音胡。韣音獨。旂，其衣反，本又作「旗」，音其。旒，本又作「斿」，力求反。○按載如字亦通。

孟春，夏正之孟春也。左傳「啟蟄而郊」，孟獻子曰：「郊祀后稷，以祈農事也。故啟蟄而郊，郊而卜耕。」此魯郊在建寅之月明矣。凡經典所言祭祀之月，皆舉夏正。周禮大宗伯「以祠春享先王，以禴夏享先王，以嘗秋享先王，以烝冬享先王」，大司樂「冬日至，圜丘」，「夏日至，方丘」之類，無不皆然，唯春秋所書郊、禘、嘗、烝之月則爲周正耳。天子祭天，歲有九，而魯僭其二焉，郊及大雩是也，皆祈祭也。其冬至大報天之祭，則魯未嘗行也。大路，天子祭天之車也。弧，以竹爲之，其形象弓，以張旌旗之幅，考工記「弧旌、枉矢，以象弧」，是也。韣，所以韜弧之衣也。日月之章，大常之旗也。

季夏六月，以禘禮祀周公於大廟，牲用白牡，尊用犧、象、山罍，鬱尊用黄目，灌用玉瓚大圭，薦用玉豆、雕篹，爵用玉琖仍雕，加以璧散、璧角，俎用梡嶡。

釋文：大廟，音泰，後「大廟」皆同。犧，素何反，下同。罍音雷。瓚，才旦反。彫，本亦作「雕」。篹，息緩反，又祖管反。琖，側眼反。散，先旦反。梡，苦管反。嶡，居衛反，又作「橛」，音同。○按犧又如字。

鄭氏曰：禘，大祭也。周公曰大廟，魯公曰世室，羣公稱宫。白牡，殷牲也。尊，酒器。犧尊，以沙羽爲畫飾。象骨飾之。鬱鬯之尊也，黄彝也。按此文誤脱，當云：「象尊，象骨飾之，黄目，黄彝也，鬱鬯之尊也。」灌，酌鬱尊以獻也。瓚形如槃，容五升，以大圭爲柄，是謂圭瓚。篹，籩屬也，以竹爲之。彫，刻飾其直者也。爵，君所進於尸也。仍，因也，因爵之形爲之飾也。加，加爵也。散、角，皆以璧飾其口也。梡，始有四足也，嶡爲之距。　愚謂此言魯禘所用之禮也。季夏六月，夏正之六月也。禘者，天子之大祭，祭始祖所自出之祖於大廟，而以始祖配之也。魯之禘，蓋祀周公，而以魯公配之，故曰「以禘禮祀周公於大廟」。以記之所言考之，魯之禘祭，其禮皆視天子而有降焉，則其不及文王可知矣。其謂之禘者，蓋以不及羣廟之主，而所用者乃禘之禮樂也。白牡者，周公之牲也。祭周公以先代之牲，蓋出於成王之命，以示其不敢臣周公之意也。尊用犧、象、山罍，薦用玉豆、雕篹，爵用玉琖仍雕，俎用梡嶡，皆兼用前代之器也。天子宗廟之祭，於前代之器備用之，諸侯唯用當代之器，魯兼用前代之器而不備焉，降於天子而隆於諸侯也。籩、豆皆飾以玉而雕鏤之，豆言「玉」，篹言「雕」，互見之也。玉琖，夏后氏之爵也。玉琖仍雕者，蓋夏后氏以玉爲琖，不加雕鏤，今因其舊制而加以雕鏤也。加，謂九獻之後，諸臣爲加爵也。四升曰散，五升曰角。犧、象，説見禮器，黄目見郊特牲，玉瓚見王制，梡嶡見後。

升歌清廟，下管象；朱干玉戚，冕而舞大武；皮弁素積，裼而舞大夏。昧，東夷之樂也。任，南蠻之樂也。納夷蠻之樂於大廟，言廣魯於天下也。 釋文：昧音妹。任，而林反，或而鴆反。

鄭氏曰：清廟，周頌也。朱干，赤大盾也。戚，斧也。大武，周舞也。大夏，夏舞也。周禮：「昧師掌教昧樂。」愚謂此言魯禘所用之樂也。升歌清廟，下管象，説見文王世子。朱干，赤盾也。玉戚，以玉飾斧也。朱干玉戚，冕而舞大武者，武王伐紂，初執朱干以待諸侯，樂記「總干而山立」是也；後執黄鉞以臨六師，牧誓「王左仗黄鉞」是也。天子宗廟之中，舞大武之舞，則王親在舞位，執朱干玉戚以象武王。服冕者，因祭時之服也。諸侯雖得舞大武，然其所象者，但自周公、召公以下，而不得象武王。朱干玉戚以舞大武，魯之僭禮也。皮弁素積，裼而舞大夏者，皮弁，天子之朝服也。大夏文舞，所以象治功之成，故舞者朝服。不云「冕」者，君不親舞也。然則大武自王以外，蓋韋弁服與？武王未受命，作大武之舞，以象伐紂之功，而未及作文舞，宗廟之祭，則因夏之大夏修而用之，以配大武，備文武之舞，而以大武爲重，祭統曰「舞莫重於武宿夜」是也。昧，周禮作「韎」，言服韎韋以舞也。任之義未詳。廣魯於天下，言廣大周公之德於天下也。天子有四夷之樂，魯唯用其二，降於天子也。魯在東南，與淮夷、徐戎近，大廟用夷蠻之樂，蓋欲示以周公之德以感服之與？○陳氏祥道曰：王者舞先代之樂，示有法也。舞當代之樂，示有制也。舞四夷之樂，示有懷也。

君卷冕立于阼，夫人副褘立于房中。君肉袒迎牲于門，夫人薦豆、籩，卿大夫贊君，命婦贊夫人，各揚其職。百官廢職服大刑，而天下大服。 釋文：褘音輝。

鄭氏曰：副，首飾也，今之步摇是也。詩云：「副笄六珈。」周禮追師：「掌王后之首服，爲副。」褘，王后之上服，唯魯及王者之後夫人服之，諸侯夫人則自揄狄以下。贊，佐也。命婦，於内則世婦也，於外則大夫之妻也。祭祀，世婦以下佐夫人。揚，舉也。大刑，重罪也。天下大服，知周公之德宜饗此也。愚謂房中，東房之中也。肉袒迎牲者，爲牲入當親殺也。郊特牲曰：「肉袒親割，敬之至也。」職，謂廟中之職事。百官廢職服大刑，蓋祭前誓戒之辭也。

是故夏礿、秋嘗、冬烝，春社、秋省而遂大蜡，天子之祭也。釋文：礿音藥。省讀爲獮，仙淺反。○按省當作「社」。

礿當作「禘」。古「禘」「禴」字相亂，或以「禴」爲「禘」，或以「禘」爲「礿」。四時皆祭，但言夏秋冬者，記者見春秋不書魯春祭，遂以爲魯但有三時之祭也。省當作「社」，説見玉藻。春社，祈也。秋社，報也。天子大蜡八，諸侯之蜡蓋有所降與？方氏慤曰：凡此亦諸侯之所同。

大廟，天子明堂。庫門，天子皋門。雉門，天子應門。

天子於明堂聽朔，魯於大廟聽朔，故曰「大廟，天子明堂」。鄭氏因此遂謂魯大廟爲明堂制，又謂天子大廟爲明堂制，皆誤也。天子三門，諸侯亦三門，但其名異而其制亦殺焉。庫門，天子皋門者，皋門，天子之外門，庫門，諸侯之外門，魯之庫門，制如天子之皋門也。雉門，天子應門者，應門，天子之朝門，雉門，諸侯之朝門，魯之雉門，制如天子之應門也。子家駒曰：「設兩觀，天子之禮也。」兩觀在雉門之兩旁，是魯之雉門，用天子之制明矣。○劉氏敞曰：此經有五門之名，而無五門之實。以詩、書、禮、春秋考之，天子有皋、應、畢，無庫、雉、路；諸侯有庫、雉、路，無皋、應、畢。天子三門，諸侯三門，門同而名不同。何以言之？詩曰：「乃立皋門。」「乃立應門。」書曰：「二人雀弁執惠，立于畢門之內。」又曰：「王出在應門之內。」此皆言天子也。畢門或謂之虎門，蓋王在國，則虎賁氏守王之宮，蓋居此門，故曰虎門。又或謂之路門，蓋建路鼓於此門之外，故曰路門。無道庫、雉者，非天子門故也。明堂位所言，蓋魯用王禮，故門制同王門，而名不同也。諸侯有路寢，路寢之門，是謂路門。此諸侯三門也。春秋曰「雉門及兩觀災」，譏兩觀不譏雉門也。無道皋、應、畢者，非諸侯門故也。

戴氏震曰：天子諸侯皆三朝，則天子諸侯皆三門。禮説曰「天子五門，皋、庫、雉、應、路，諸侯三門，皋、應、路」，失其傳也。天子之宮，有皋門，有應門，有路門。路門一曰虎門，一曰畢門，不聞天子庫門、雉門也。郊特牲云「獻命庫門之內」，此亦據魯之事。記者以魯用天子禮樂，故推魯事合於天子，所稱多傳會失實。諸侯之宮，有庫門，有雉門，有路門，不聞諸侯皋門、應門也。

振木鐸於朝，天子之政也。

木鐸，以金爲口，以木爲舌，將有新令，則奮之以令於衆，使明聽也。檀弓曰：「既卒哭，宰夫執木鐸徇於宫。」是諸侯之朝亦振木鐸矣。

山節，藻棁，復廟，重檐，刮楹，達鄉，反坫，出尊，崇坫，康圭，疏屏，天子之廟飾也。

釋文：藻，本又作「繰」，音早。棁，專悦反。復音福。重，直龍反。檐，以占反。刮，古八反。鄉，許亮反。坫，丁念反。康音抗，苦浪反。

鄭氏曰：山節，刻欂櫨爲山也。藻棁，畫侏儒柱爲藻文也。復廟，重屋也。重檐，重承壁材也。刮，刮摩也。鄉，牖屬，謂夾户窗也。每室八窗爲四達。反坫，反爵之坫也。出尊，當尊南也。唯兩君爲好，既獻，反爵於其上。崇，高也。康讀爲「亢龍」之亢。又爲高坫，抗所受圭，奠於上焉。屏謂之樹，今桴思也。刻之爲雲氣蟲獸，如今闕上爲之矣。孔氏曰：節名欂櫨，今之斗栱。釋宫云「宋廇謂之梁，其上楹謂之棁」，李巡云：「梁上短柱也。」重檐，謂就外檐下壁復安板檐，以避風雨之灑壁。刮，摩也。楹，柱也。以密石摩柱。漢時謂屏爲桴思，解者以爲天子外屏，人臣至屏，俯伏思念其事。按匠人註云：「城隅，謂角桴思也。」漢時東闕桴思灾，則桴思，小樓也，故城隅闕上皆有之。然則屏上亦爲屋以覆屏牆，故稱屏曰

「桴思」。　愚謂此言魯大廟之飾同於天子也。復廟，鄭氏以爲重屋。考工記註云：「重屋，復笮。」笮在瓦之下，椽之上，以竹或木爲之。復笮，謂椽上有笮，椽下復爲笮也。椽端横木謂之檐，漢人謂之承壁材，蓋以其在壁外而承受於壁也。重檐，謂於檐下復安板檐，以避風雨之灑壁也。刮楹，刮摩其柱也。穀梁傳曰「天子之桷，斲之礱之，加密石焉」，則其柱刮之可知。鄉，牖也。達，謂疏達之，使顯明也。覲禮：「天子設斧依于户牖之間。」是天子之廟室亦東户西牖明矣。鄭氏以八窗四達解「達鄉」，蓋以魯大廟爲明堂制，其説非是。反坫，説見郊特牲。設反坫者，爲諸侯之大饗於此；設崇坫者，爲諸侯之朝聘於此也。兩君相見，授玉於兩楹之間，則崇坫設於兩楹間也。

鸞車，有虞氏之路也。鉤車，夏后氏之路也。大路，殷路也。乘路，周路也。

釋文：駒，古侯反。乘，徐食證反。○鄭註：鸞或爲「欒」。

鄭氏曰：鸞，有鸞、和也。鉤，有曲輿者也。大路，木路也。乘路，玉路也。漢祭天乘殷之路，今謂之桑根車也。

孔氏曰：鉤，曲也。曲輿，謂曲前闌也。虞質，未有鉤矣。　愚謂古時車制質略，虞始爲之和、鸞，夏始爲之曲闌，至殷而制略備，周有金、玉等五路，而用殷之大路以祀天。魯之乘路爲金路，而祀天亦乘大路焉。

有虞氏之旂，夏后氏之綏，殷之大白，周之大赤。釋文：綏，依註爲「緌」，耳佳反。

鄭氏曰：綏當作「緌」，讀如「冠蕤」之蕤。有虞氏當言緌，夏后氏當言旂。此蓋錯誤也。緌，謂注旄牛尾於杠首，所謂「大麾」。

愚謂有虞氏始爲交龍之旂；夏后氏於旂之外又爲綏，殷人又增爲大白，周人又增爲大赤也。綏及大白、大赤，皆染旄注於竿首而無旒。緌之色黑，夏所尚也。謂之綏者，言其垂旄緌緌然也。周禮謂之「大麾」，言其可指麾也。書牧誓曰：「王右秉白旄以麾。」白旄，即大白也。此三旗皆在九旗之外，而可以秉之麾之，則其杠蓋視九旗而稍小也。周禮王之玉路建大常，以祀；金路建大旂，以賓；象路建大赤，以朝；革路建大白，以即戎；木路建大麾，以田。諸侯則同姓封以金路，異姓以象路，四衛以革路，蕃國以木路，皆建龍旂，而大麾、大白、大赤亦各因其事而用之焉。○鄭氏註周禮，謂「大赤即司常之『通帛』，曰旜」，非也。旜乃孤、卿所建，而大赤，王用以朝，可合而爲一乎？

夏后氏駱馬黑鬣，殷人白馬黑首，周人黃馬蕃鬣。釋文：駱音洛。鬣，力輒反。蕃，字又作「番」，音煩。

鄭氏曰：順正色也。白馬黑鬣曰駱。殷黑首，爲純白凶也。

孔氏曰：駱，白黑相間也。

此馬白身黑鬣，故曰駱。夏尚黑，故用黑鬣。殷尚白，頭黑而鬣白也。蕃，赤也。似三代但以鬣爲所尚也。愚謂檀弓「夏后氏戎事乘驪」，「殷人乘翰」，「周人乘騵」，皆用純色。與此不同者，檀弓專謂戎事所用，此皆祭祀所乘，及用以爲幣者也。康王之誥曰：「皆布乘黄朱。」雜記曰：「陳乘黄大路於庭中。」是周人以馬爲幣者，皆尚黄也。左傳「宋公子地有白馬四」，「公取而朱其尾鬣」，則馬鬣之色蓋有以人爲之者矣。

夏后氏牲尚黑，殷白牡，周騂剛。釋文：騂，息營反，又呼營反。

各用其所尚之色也。剛猶牡也，公羊傳作「犅」。

泰，有虞氏之尊也。山罍，夏后氏之尊也。著，殷尊也。犧、象，周尊也。釋文：大音泰，本亦作「泰」。著，直略反。

鄭氏曰：泰，用瓦。著，著地無足。孔氏曰：罍，猶雲雷也，畫爲山雲之形也。殷尊著地無足，故謂之著，則泰、罍、犧並有足也。方氏慤曰：山罍，即山尊也。禮器亦謂之「罍尊」，非謂諸臣所酢之罍也。以山罍爲尊，因謂之罍尊，亦猶以壺爲尊，因謂之壺尊也。愚謂泰，泰古之瓦尊無飾者，燕禮曰「公尊瓦大兩」是也。瓦尊起於大古，而有虞氏用焉。此以「泰」與「山罍」連言，司尊彝以「大尊」「山尊」連言，則山罍即山尊可知。司尊彝既言「山尊」，又言「皆有罍，諸臣之所酢」，則山尊非諸臣所酢之罍可知。天子春夏用犧尊、象尊，秋冬用著尊、壺尊，追享、朝享用大尊、山尊，諸侯唯用當代之尊。魯禘兼用山罍，而大尊、著尊未嘗用也。

爵，夏后氏以琖，殷以斝，周以爵。

鄭氏曰：斝，畫禾稼也。　陳氏祥道曰：斝有耳。　愚謂天子朝獻以斝，饋獻以琖，酳尸以爵，説詳禮運。諸侯唯得用當代之爵，魯禘兼用玉琖仍雕，而斝則未嘗用也。

灌尊，夏后氏以雞夷，殷以斝，周以黄目。其勺，夏后氏以龍勺，殷以疏勺，周以蒲勺。　釋文：勺，市灼反。

鄭氏曰：夷讀爲彝。周禮：「春祠夏禴，祼用雞彝鳥彝。」「秋嘗冬烝，祼用斝彝、黄彝。」龍，龍頭也。疏，通刻其頭。蒲，合蒲如鳧頭也。又曰：雞彝，刻而畫之爲雞形。斝讀爲稼。稼彝，畫禾稼也。司尊彝註。　孔氏曰：刻爲鳧頭，其口微開，如蒲草本合而末微開也。　愚謂灌尊，盛鬱鬯以灌者也。三代之彝，天子備用之，魯用黄目而已。勺，所以酌鬱鬯而注於瓚者也。

土鼓、蕢桴、葦籥，伊耆氏之樂也。　釋文：蕢讀爲凷，苦對反。桴音浮。

土鼓、凷桴，説見禮運。葦籥，截葦爲籥也。此上古之樂，而蜡祭用焉。伊耆氏掌爲蜡，因謂其樂爲伊耆氏之樂焉。

拊搏、玉磬、揩擊，大琴、大瑟，中琴、小瑟，四代之樂器也。釋文：拊，芳甫反。搏音博。揩，居八反。大琴，徐本作「瑟」。

鄭氏曰：拊搏，以韋爲之，充之以穅，形如小鼓。揩擊，謂柷、敔，皆所以節樂者也。四代，虞、夏、殷、周也。　愚謂周禮大師：「帥瞽登歌，令奏擊拊。」周禮謂之「拊」，虞書謂之「搏拊」，此謂之「拊搏」，一也。拊搏所以令登歌，而大師擊之，樂器之重者也。玉磬，特懸之磬也。周禮但有編磬，無玉磬，然郊特牲謂擊玉磬爲諸侯之僭禮，則天子之樂，編磬之外，别有玉磬明矣。揩，擽也。揩擊，書作「戛擊」，鄭氏及書孔傳皆以爲即柷、敔。蓋敔以木擽其齟齬刻，故謂之揩；柷中有椎柄，連底撞之，令左右擊，故謂之擊。升歌與下管之樂，皆擊柷以起之，擽敔以止之，故虞書此「戛擊」「以詠」，以配堂上之樂；又言「合止柷、敔，笙鏞以間」，以配堂下之樂也。釋樂「大琴謂之離」，郭氏云：「或曰：琴大者二十七弦。」釋樂又云「大瑟謂之灑」，郭氏云：「長八尺一寸，二十七弦。」邢疏云：「禮舊圖：『雅瑟長八尺一寸，二十三弦，其常用者十九弦。頌瑟長七尺二寸，二十五弦盡用之。』」有中琴則有中瑟，有小瑟則有小琴，蓋天子備之，而魯有不盡得焉。虞書曰：「戛擊鳴球，搏拊琴瑟以咏。」凡此樂器，皆升歌之所用。琴瑟在堂上，拊搏、玉磬、揩擊在堂下，琴瑟以升歌，而拊搏以令之，玉磬以節之，擊以起之，揩以止之也。

魯公之廟，文世室也。武公之廟，武世室也。

鄭氏曰：此二廟，象周有文王武王之廟也。世室者，不毀之名也。魯公，伯禽也。武公，伯禽之玄孫也，名敖。孔氏曰：按成六年「立武宮」，公羊、左傳並譏之，不宜立者也。又武公之廟，立在武公卒後；其廟不毀，在成公之時。此記所云，美成王褒崇魯國而已，因武公廟不毀，遂連文而美之，非實辭也。愚謂文王之廟謂之文世室，武王之廟謂之武世室，以其百世不毀故也。魯以伯禽有文德，其廟不毀，擬於周之文世室，武公有武功，其廟亦不毀，擬於周之武世室也。春秋文公十三年「世室屋壞」〔一〕，公羊傳曰：「世室者何？魯公之廟也。周公稱太廟，魯公稱世室。」是文公時唯有魯公世室而已。成公六年「立武宮」，公羊傳曰：「武宮者何？武公之宮也。」蓋武公之廟，親盡已毀，而至是復立也。禮，諸侯五廟，魯以周公爲太祖，而魯公乃始封之君，其廟不可毀，故別立爲世室，已非諸侯五廟之常。至武公，又非魯公之比，而其廟已毀，乃再立於成公之時，而與魯公之廟並稱爲世室，以擬文武，

〔一〕「三」，原本作「五」，據春秋經改。

則其非禮甚矣，而以爲出成王之所賜，可乎？

米廩，有虞氏之庠也。序，夏后氏之序也。瞽宗，殷學也。頖宮，周學也。釋文：頖音判。

鄭氏曰：庠、序，亦學也。庠之言詳也，於以考禮詳事也。魯謂之米廩。虞帝上孝，今藏粢盛之委焉。瞽宗，樂師瞽矇之所宗也，古者有道德者使教焉，死則以爲樂祖，於此祭之。

孔氏曰：明魯立四代之學也。

崇鼎、貫鼎、大璜、封父龜，天子之器也。釋文：貫，古喚反。璜音黄。父音甫。

鄭氏曰：崇、貫、封父，皆國名。文王伐崇。古者伐國，遷其重器，以分同姓。大璜，夏后氏之璜也。春秋傳曰：「分魯公以夏后氏之璜。」孔氏曰：書傳有崇侯虎。貫與崇連文，故知崇、貫皆國名。定四年左氏傳：「夏后氏之璜，封父之繁弱。」封父與夏后氏相對，故知封父亦國名。輔氏廣曰：諸侯之國，皆有分器，不獨魯有之，而曰「天子之器」，亦夸辭也。愚謂封父，疑古諸侯之字。

越棘、大弓，天子之戎器也。

鄭氏曰：越，國名也。棘，戟也。春秋傳曰：「子都拔棘。」

夏后氏之鼓足，殷楹鼓，周縣鼓。釋文：縣音玄。

鄭氏曰：足，謂四足也。楹謂之柱，貫中上出也。縣，縣之簨虡也。殷頌曰：「植我鞉鼓。」周頌曰：「應朄縣鼓。」孔氏曰：殷頌，那之篇。鄭註云：「置讀爲植。」引之者，證殷楹鼓。引周頌者，證周縣鼓。陳氏祥道曰：足不若楹之高，楹不若縣之垂，亦後世之彌文耳。

垂之和鍾，叔之離磬，女媧之笙簧。釋文：鍾，章凶反，説文作「鐘」，以此「鍾」爲酒器，字林之用反。媧，徐古蛙反，又古華反。

鄭氏曰：垂，堯之共工也。女媧，三皇承宓犧者。叔，未聞也。和、離，謂次序其聲縣也。笙簧，笙中之簧也。世本作曰：「垂作鍾，無句作磬，女媧作笙簧。」孔氏曰：和鍾，調和之鍾。離磬，編離之磬也，言其縣時希疏相離也。世本，書名，有作篇，記諸作事，云「無句作磬」。皇氏云：「無句，叔之別名。」義或然也。愚謂上言四代之樂器，升歌之所用也。此節所言，下管、間歌之所用也。

夏后氏之龍簨虡，殷之崇牙，周之璧翣。釋文：簨，本又作「筍」，恤尹反。虡音巨。翣，所甲反，又作「萎」。

鄭氏曰：簨虡，所以縣鍾、磬也。橫曰簨，飾之以鱗屬。植曰虡，飾之以贏屬、羽屬。簨以大板爲之，謂之業，殷又於龍上刻畫之爲重牙，以挂縣紘也。周又畫繒爲翣，載以璧，垂五采羽於其下，樹於簨之角上，飾彌多也。孔氏曰：按考工記筍飾以鱗屬，鍾虡飾以贏屬，磬虡飾以羽屬，則是筍飾以龍。此并云「虡」者，蓋夏時簨虡皆飾以龍，至周乃別，或因簨連言「虡」也。崇，重也。簨上更加大版，刻畫重疊爲牙，謂之業，詩大雅云「虡業維樅」是也。翣，扇也。周畫繒爲扇，戴小璧於扇之上。云「垂五采羽於其下，樹於簨之兩角」者，按漢禮器制度而知也。

有虞氏之兩敦，夏后氏之四璉，殷之六瑚，周之八簋。釋文：敦音對，又都雷反。連，本又作「璉」，同力展反。瑚音胡。

鄭氏曰：皆黍稷器，制之異同未聞。愚謂特牲禮先云「主婦設兩敦」，而後云「分簋鉶」，則周之簋亦謂之敦矣。是敦、璉、瑚、簋，四代之名雖異，而其實爲一物也。有虞氏始爲兩敦，三代遞加焉，亦後王之彌文也。特牲禮二敦，少牢禮四敦，以此差之，諸侯當用六簋，天子當用八簋。魯之禘祭，蓋亦八簋與？

俎，有虞氏以梡，夏后氏以嶡，殷以椇，周以房俎。釋文：椇，俱甫反。

鄭氏曰：梡，斷木爲四足而已。嶡之言蹷也，謂中足爲橫距之象，周禮謂之「距」。椇之言枳椇也，謂曲橈之也。房，謂足下跗也，上下兩間，有似於堂房。魯頌曰：「籩、豆大房。」孔氏曰：嶡，謂足似横蹷，故鄭讀爲蹷，謂足横辟不正也。俎，足間有横，似有横蹷之象也。周禮謂之「距」者，言周代禮儀謂此俎之横者爲距，故少牢禮「腸三胃三，長皆及俎距」。椇枳之樹，其枝多曲撓，殷俎似之。房俎，俎頭各有兩足，足下各别爲跗，足間横者似堂之壁，横下二跗似堂東西頭各有房也。

夏后氏以楬豆，殷玉豆，周獻豆。釋文：楬，徐苦瞎反，又苦八反。獻，素何反。

鄭氏曰：楬，無異物之飾也。獻，疏刻之。齊人謂無髪爲秃楬。孔氏曰：獻音娑。娑是希疏之名，故爲疏刻之。愚謂楬豆，斵木爲之，而無他飾也。士喪禮大斂「毼豆兩」，鄭云：「毼，白也。」毼豆即楬豆。殷、周豆既有飾，故以夏后氏之楬豆用之喪奠也。周禮外宗「佐王后薦玉豆」，是周亦名玉豆矣。蓋殷之豆飾以玉而不雕，周飾以玉而又雕刻其柄，故别名獻豆。

有虞氏服韍，夏后氏山，殷火，周龍章。鄭註：韍或作「黻」。

鄭氏曰：韍，冕服之韠也。舜始作之，以尊祭服，禹、湯至周，增以畫文，後王彌飾也。山，取其仁可仰也。火，取其明也。龍，取其變化也。天子備之，諸侯火而下，卿大夫山，士韎韋而已。

有虞氏祭首，夏后氏祭心，殷祭肝，周祭肺。

方氏慤曰：有虞氏祭首，尚用氣也。氣以陽爲主，首者氣之陽也。至於三代，則各祭其所勝者焉：夏尚黑，爲勝赤，心赤也。殷尚白，爲勝青，肝青也。周尚赤，爲勝白，肺白也。

夏后氏尚明水，殷尚醴，周尚酒。

鄭氏曰：此皆言其時之用耳，言「尚」非。孔氏曰：夏后氏尚質，故用水。殷人稍文，故用醴。周人轉文，故用酒。案儀禮設尊尚玄酒，是周亦尚明水也。禮運云「澄酒在下」，則周不尚酒，故知言「尚」非也。

有虞氏官五十，夏后氏官百，殷二百，周三百。

書言「唐、虞稽古，建官惟百」，「夏、殷官倍」，與此不同。此記特以時代差次略計之耳。周官三百六十，而言「三百」，舉成數也。輔氏廣曰：魯侯國，必不能盡備四代之官，此皆夸辭。

有虞氏之綏，夏后氏之綢練，殷之崇牙，周之璧翣。釋文：綏，耳佳反。綢，吐刀反，徐音籌。

鄭氏曰：綏亦旌旗之緌。夏韜其杠，以練爲之旒。殷又刻繒爲重牙，以飾其側，亦飾彌多也。此旌旗及翣，皆喪葬之飾。周禮大喪葬，巾車「執蓋從車持旌」，御僕「持翣」，旌從遣車，翣夾柩路左右前後。天子八翣，皆戴璧垂羽。諸侯六翣，皆戴圭。大夫四翣，士二翣，皆戴緌。孔子之喪，公西赤爲志，亦用此焉。爾雅說旌旗曰：「素錦綢杠，纁帛縿，素升龍於縿，練旒九。」　愚謂此其喪葬旌旗之飾也。綏，謂以旄及羽注於旗竿之首也。綢練，綢其杠而以練帛爲之旒也。士喪禮有二旌：一爲銘旌，一爲乘車所建之旜。此綢練之旌，謂乘車之所建，諸侯則爲交龍之旂，爾雅所言「纁帛縿，素升龍於縿」者是也。天子則爲大常，鄭氏引巾車大喪執旌，此旌是銘旌，故可執，非車上之大常。又銘旌當在柩路前，亦不從遣車也。樂虡有崇牙以懸鐘、磬之紘，此崇牙蓋刻於旌竿之首，以懸緌者也。天子翣戴璧，諸侯翣戴圭。此云「周之璧翣」，則是魯之喪制用天子之璧翣與？

凡四代之服、器、官，魯兼用之。是故魯，王禮也，天下傳之久矣，君臣未嘗相弒也，禮樂、刑法、政俗未嘗相變也。天下以爲有道之國，是故天下資禮樂焉。釋文：弒，本又作「殺」，音試。○鄭注：資或爲「飲」。

孔氏曰：既陳四代服、器、官於前，此經結之。然言伊耆氏之樂，又有女媧之笙簧，非唯四代而已。此據其多者言之，其間亦有止舉三代者。此四代服器，魯每物中得有用之，不謂事事用也。作記之時，是周代之末，唯魯獨存周禮，故以爲有道之國。左傳云：「諸侯宋、魯，於是觀禮。」是天下資禮樂也。○鄭氏曰：春秋時，魯三君弑，又士之有誄，由莊公始，婦人髽而弔，始於臺駘，云「君臣未嘗相弑」，「政俗未嘗相變」，亦近誣矣。朱子曰：夏父躋僖公，禮之變也。季氏舞八佾，歌雍詩，樂之變也。僖公欲焚巫尪，刑之變也。宣公初稅畝，法之變也。政逮於大夫，政之變也。婦人髽而弔，俗之變也。陳氏澔曰：此篇主於夸大魯國，故歷舉其禮樂之盛如此。不知魯之郊、禘，非禮也，則此記所陳，適足以彰其僭而已。

禮記卷三十二

喪服小記第十五之一

別録屬喪服。

朱子曰：儀禮喪服，子夏作傳，此篇是解傳中之曲折。吴氏澄曰：喪服經後有記，蓋以補經之所未備。此篇記喪服各章，又以補喪服經後記之所未備，又廣記喪禮雜事，其事瑣碎，故名小記，所以別於經後之記也。

斬衰：括髮以麻。爲母，括髮以麻，免而以布。釋文：衰，七雷反，下並同。爲，于僞反。免音汶，篇内同。

斬衰者，主人爲父之服也。括髮以麻者，以麻自項中前交於額，又卻繞於後，以約束其髮，爲父小斂以後未成服以前之所服也。蓋親始死笄纚，既小斂後，則去笄纚，而其髮下垂，恐其散亂，故以麻約之，而因以爲飾也。爲母括髮以麻者，母喪，至小斂後亦括髮以麻，與父禮同也。免者，亦去笄纚，而其髮不垂，以布約之，如括髮之爲也。免而以布，此言其與父異者也。爲父自小斂後，括髮以至成服，爲母則自奉尸俠於堂之後，主人降自西階東，即阼階下之位而踊，襲絰於序東，於此時改括髮而免焉。蓋齊、斬之服不同，故未成服之前，其服亦異。然父母之喪，其哀痛迫切之情初無降殺，唯以家無二尊，而母之服殺而爲齊衰，故其始亦爲之括髮，至序東襲絰而後改而免焉。所以明其服之本同於父，而其降特有所爲焉爾。

箭笄終喪三年。齊衰：惡笄、帶以終喪。釋文：齊音咨，又作「齋」。○「箭笄終喪三年」句，舊在「除喪則已」之下，今詳文義，宜在此。「惡笄」下，各本俱無「帶」字，據鄭氏註兼解笄、帶，當有「帶」字明矣。

鄭氏曰：笄所以卷髮，帶所以持身也。婦人質，於所以自卷持者，有除無變。孔氏曰：箭笄終喪三年，是女子在室爲父也。惡笄以終喪，是女子爲母也。愚謂喪服傳注：「箭笄者，篠笄也。」箭笄終喪三年，此女子子在室爲父，妻爲夫，妾爲君之服也。喪服傳云：「惡笄者，櫛笄也。」檀弓「南宮縚之妻之姑之喪」，「榛以爲笄」。豈櫛以榛木爲之，以其木言之則曰「榛」，以其用言之則曰「櫛」與？喪服記曰：「女子子適人者爲其父母，婦爲舅姑，惡笄有首以髽。卒哭，子折笄首以笄」。又曰：「妾爲女君、君之長子，惡笄有首。」然則惡笄終喪者，女子子在室，父在爲母也，婦爲舅姑也，妾爲女君、君之長子也。若女子子適人爲其父母，卒哭折吉笄之首以笄，則不以惡笄終喪矣。惡笄終喪之服，止於喪服記所言者，則此外齊衰皆不以惡笄終喪矣。婦人之帶，有除無變，斬衰至練而除之，自齊衰以下皆終喪而除也。

男子冠而婦人笄，男子免而婦人髽。其義：爲男子則免，爲婦人則髽。 釋文：冠，古亂反。髽，側巴反。

鄭氏曰：別男女也。　孔氏曰：吉時，男子首有吉冠，則女首有吉笄，是男女首飾之異。若親始死，男去冠，女則去笄。若成服，爲父，男則六升布爲冠，女則箭篠爲笄；爲母，男則七升布爲冠，女則榛木爲笄。故云「男子冠而婦人笄」也。吉時首飾既異，遭齊衰之喪，首飾亦別：當襲、斂之節，男子著免，婦人著髽，故云「男子免而婦人髽」。　愚謂男子冠而婦人笄者，吉時男子有冠，喪自成服之後亦有冠，婦人吉時有笄，喪自成服之後亦有笄，婦人之笄與男子之冠相當也。男子免而婦人髽者，初喪，男子有免，則婦人有髽，婦人之髽與男子之免相當也。髽，露紒也。始死將斬衰，婦人去笄而纚，齊衰以下，骨笄而纚。小斂後，男子既免則斬衰，婦人去纚而髽，而以麻繞額，齊衰以下，去笄纚而髽，而以布繞額，皆如男子括髮與免之爲也。去纚則髮露，髽髽然，故謂之髽。婦人之麻髽，所以當男子之括髮；婦人之布髽，所以當男子之免。於男子但言「免」，而不言「括髮」者，避文繁也。又括髮散垂其髮，而以麻約之，免則髮不散垂，婦人之髽，雖有麻布之異，而其髮皆不散垂，與男子之免同，故曰「男子免而婦人髽」也。其義，爲男子則免，爲婦人則髽者，言免與髽之義無他，特以爲男女之別而已也。○孔氏曰：髽者形有多種，有麻、有布、有露紒。麻髽之形，與括髮如一，其著之以對括髮時也。前云「斬衰，括髮以麻」，則婦人於時髽亦用麻也。又知有布髽者，此云「男子免」，對「婦人髽」，男子免既用布，則婦人髽不用麻，是男子爲母免則婦人布髽也。知又有露紒髽者，喪服云「布總、箭笄、髽、衰，三年」，三年之内，男不恒免，則婦人不用布髽，故知恒露紒也。又齊衰輕期髽無麻、布。案檀弓：「南宫縚之妻之姑之喪，夫子誨之髽，曰：『爾無總總爾！爾無扈扈爾！』」是但戒其高大，不云有麻布别物，是知露紒悉名髽也。又案奔喪云「婦人奔喪」、「東髽」，鄭謂「姑、姊、妹、女子子也」，「去纚大紒曰髽」。若如鄭旨，既謂「姑、姊、妹、女子子」，還爲本親父母等，唯云「去纚大紒」，不云「麻」「布」，當知期以下無麻、布也。然露紒恒居之髽則有笄，以對冠，男在喪恒冠，婦則恒笄也。此三髽之殊，是皇氏之説。今考校以爲止有二髽：一是斬衰麻髽，一是齊衰布髽，皆名露紒。必知然者，以喪服「女子子在室爲父，箭笄、髽、衰」，是斬衰之髽用麻，鄭註以爲露紒，明齊衰布髽亦謂之露紒髽也。愚謂皇氏謂「婦人之髽有麻髽、布髽、露紒髽」，爲三，孔氏則謂「止有麻、布二髽」，皇氏之説爲是。蓋未成服之前，斬衰婦人有麻髽，以對男子之括髮，齊衰以下，婦人有布髽，以對男子之免，此爲二髽。然齊斬婦人又有成服後之髽。喪服「妻爲夫」，「妾爲君」，「女子子在室爲父，皆布總、箭笄、髽、衰，三年」，此以髽終喪者也。喪服記「女子子適人者爲其父母，婦爲舅姑，惡笄有首以髽，卒哭，子折笄首以笄」，此婦則以髽終喪，子則以髽卒哭者也。髽由露髻得名，未成服之髽有麻、布而無笄、總，既成服之髽有笄、總而無麻、布，而皆無韜髮之纚，無纚則紒露，故皆名爲髽。鄭氏註喪服「髽、衰三年」云：「髽猶男子之括髮。斬衰括髮以麻，則髽亦以麻矣。」此以釋髽則可，以釋三年之髽則不可。男子括髮之麻，免之布，成服則除矣。男子不以括髮終喪，婦人豈以麻髽終喪哉。然露紒髽唯施於成服以後，而皇氏謂期以下無麻布爲露紒髽，則又非是。未成服之前，男子自齊衰以下悉免，則婦人自齊衰以下悉髽，免皆用布，則髽亦皆用布。故婦人之布髽，正期以下未成服時之服也，若期以下髽無麻、布，則布髽何所施乎？

苴杖，竹也。削杖，桐也。釋文：苴，七余反。

杜氏預曰：削杖，圓削之象竹。〔一〕　愚謂此明齊、斬之杖之所用也。苴，麻之有蕡者，其色黧黑，斬衰之喪用爲衰裳及絰。苴杖，斬衰之杖也。斬衰用竹爲杖，以配苴衰，而其色亦相似，故謂爲苴杖。削杖，齊衰之杖也，用桐而削治之，故謂之削杖。杖大如絰，絰圓則杖亦圓。竹小而體本圓，故斬而用之；桐木大，又不必皆圓，故必削治之也。苴杖黧黑，削杖稍澤而晳，故以爲齊、斬輕重之别。

祖父卒，而后爲祖母後者三年。

鄭氏曰：祖父在，則其服如父在爲母也。　孔氏曰：此論適孫承重之服，若父在則不然。

爲父、母、長子稽顙。釋文：爲，于僞反，下「爲夫」同。長，丁丈反。

鄭氏曰：喪尊者及正體，不敢不盡禮。　愚謂此言爲喪主拜賓之法。喪拜以稽顙爲重，自期以下，則吉拜而已。

大夫弔之，雖緦必稽顙。

鄭氏曰：尊大夫，不敢以輕禮待之。

〔一〕「圓削」，萬有文庫本作「圓割」。

婦人爲夫與長子稽顙，其餘則否。鄭氏曰：恩殺於父母。　愚謂婦人於父母之喪，無爲主之法，則其不稽顙不待言矣。其餘則否，謂爲期喪以下爲主也。蓋稽顙唯施於三年，婦人所爲主而三年者，唯夫與長子耳，其餘期以下則手拜而已。

男主必使同姓，婦主必使異姓。鄭氏曰：謂爲無主後者爲主也。異姓，同宗之婦也。婦人外成。　庾氏蔚曰：喪有男主以接男賓，女主以接女賓。若父母之喪，則適子爲男主，適婦爲女主。今或無子婦，遣他人攝主，若攝男主，必使喪家同姓之男；婦主，必使喪家異姓之女。　愚謂婦主必使異姓，士虞記：「女，女尸，必使異姓。」古人之慎辨於族類如此。

爲父後者，爲出母無服。釋文：爲出，于僞反。鄭氏曰：不敢以己私廢父所傳重之祭祀。　朱子曰：此尊祖敬宗，尊無二上之意。　愚謂喪者不祭，而母出與廟絶，故不敢以其喪廢宗廟之祭也。

親親以三爲五，以五爲九，上殺、下殺、旁殺而親畢矣。釋文：殺，所戒反，徐所例反。此言先王制服之義也。先王之制服，至親以期斷，加隆焉則三年，而其漸殺也，極於三月，由親有遠近，故服有隆殺也。親親以三爲五者，己上親父，下親子，並己爲三。又以父而親父之父，則及祖，以子而親子之子，則及孫，是以三爲五也。以五爲九者，己上親祖，下親孫，爲五。又以祖而親祖之父、祖，則及曾祖、高祖，又以孫而親孫之子、孫，則及曾孫、玄孫，是以五爲九也。上殺者，謂服之由父而上而漸殺者也。至親以期斷，服父加隆，故三年。祖由期殺，應大功，加隆故期。曾祖由期殺，應小功，高祖應緦麻，而曾祖、高祖乃正尊，不敢以大功、小功旁尊之服服之，故曾祖則減其日月，重其衰麻，而服齊衰三月，高祖從齊衰三月，無可殺，故與曾祖同也。下殺者，謂服之由子而下而漸殺者也。子服父加隆至三年，父尊，自適子外，但以本服報之，故期。孫爲祖加隆至期，祖尊，亦以本服報之，故九月。曾孫服曾祖齊衰三月，曾祖報服亦三月，而曾孫卑，正服緦麻。玄孫自緦麻三月無可降，故與曾孫同也。旁殺者，謂由己而殺己之昆弟，由父、祖而殺父、祖之昆弟，由子、孫而殺子、孫之昆弟也。昆弟至親故期。從父昆弟大功，從祖昆弟小功，族昆弟緦麻，此皆己之昆弟，由己而旁殺者也。世叔父從期殺，宜九月，而服父三年，世叔父與父一體，故加至期。從祖父既疎，加所不及，從大功而殺，故五月。族父又疎，故緦麻，此外無服也。此皆父之昆弟由父而旁殺者也。祖加隆，故至期。而從祖疎，加亦不及，據大功而殺，故五月。族祖又疎，故緦麻。曾祖據期殺，本應五月，曾祖之昆弟據五月而殺，故三月。此外無服。此祖及曾祖之昆弟由祖及曾祖而殺者也。父爲子期。昆弟之子宜九月，而昆弟之子爲世叔父加期，世叔父旁尊，不足以加尊，故報服期。從父昆弟之子服從祖父母無加，故正報五月，族兄弟之子正報緦麻。此子之昆弟由子而漸殺者也。祖爲孫大功。兄弟之孫服從祖小功，報亦小功。從父兄弟之孫服族祖緦麻，報亦緦麻。族曾孫爲族曾祖緦麻，報亦緦麻。此外無服。此孫及曾孫之昆弟由孫及曾孫而殺者也。上殺極於高祖，下殺及於玄孫，旁殺又極於高祖之所出而止，故曰「親盡」。蓋其由隆而遞殺，極乎九族，而此外無可復推也。○沈氏括曰：喪服但有曾祖、曾孫，而無高祖、玄孫。或曰：經之所不言，則不服。是不然。曾，重也。自祖以上，皆曾祖也。自孫以下，皆曾孫也。雖百世可也。苟有相逮者，則必爲服喪三月。故成王於后稷，亦稱曾孫。祭禮祝辭，無遠近皆曰「曾孫」。愚謂沈氏之言是也。喪服不言高祖之服，然族曾祖父母、族祖父母、族父母、族昆弟謂之四緦麻，此皆出於高祖之親而有服，則高祖有服可知。是喪服「齊衰三月」章之「曾祖」，原非專謂祖之父，而沈氏所謂「自祖以上，苟相逮者，必爲服喪三月」，此雖聖人復起，不能易者也。然則旁殺之服，雖盡於九族，而上殺、下殺之服有不盡於九族者矣，而曰「親畢」何也？蓋據其本服之所殺者而言也。至親以期斷，則祖應九月，曾祖宜五月，高祖宜三月，服之殺極於三月，夫是以謂之「親畢」。

禮，不王不禘。王者禘其祖之所自出，以其祖配之。釋文：王，如字，又於況反。

○「禮，不王不禘」句，舊在「則不爲女君之子服」之下，清江劉氏云：「當在『王者禘其祖之所自出』之上。」以大傳證之，良是。今從之。

王氏肅曰：禘，宗廟五年祭之名，祭其祖之所自出，而以其祖配之。若虞氏之祖出自黄帝，以祖顓頊配黄帝而祭。趙氏匡曰：不王不禘，明諸侯不得有也。禘者，帝王既立始祖之廟，猶謂未盡其追遠尊先之意，故又推始祖所自出之帝，追祀之於始祖之廟，而以始祖配祭。此祭不兼羣廟之主，爲其疏遠而不敢褻故也。朱子曰：禘之意最深長，如祖考與自家身心未相遼絶，祭祀之理亦自易理會。至如郊天祀地，猶有天地之顯然者，不敢不盡其心。至祭其始祖，已自大段闊遠，難盡其感格之道。今又推其始祖所自出而祀之，苟非察理之精微，誠意之極至，安能與於此哉！

而立四廟。

陳氏祥道曰：韋玄成曰：「王者禘其祖所自出，以其祖配之，而立四廟。言始受命而王，祭天以其祖配，不爲立廟，親盡也。」玄成以禘爲祭天，固不足信；以立四廟爲始受命而王者，於理或然。蓋始受命而王者，不必備事七世，故立四廟，止於高祖而已，其上親盡，不祭可也。　劉氏敞曰：此句上有脱簡，當曰「諸侯及其大祖而立四廟」。　愚謂商自湯始王，而咸有一德已言「七世之廟」。周自武王始王，而周禮「守祧八人」，自姜嫄之外，亦已爲七廟。是始受命而王者不唯立四廟明矣。此必言諸侯之禮，劉氏之説得之。諸侯五廟，自大祖外，又立親廟四也。

庶子王亦如之。

鄭氏曰：世子有廢疾不可立，而庶子立，其祭天立廟亦如世子之立也。　陳氏祥道曰：庶子爲王，雖有正統七廟，其可輒廢祖、考之祭乎？於是自立四廟，所以著其不忘本也。　陸氏佃曰：此言王者後世，中更衰亂，統序既絶，其子孫有起者，若漢光武復有天下，既立七廟，則其曾、祖、禰當別立廟祀之，故曰「庶子王亦如之」也。　劉氏敞曰：此一句當承後文「慈母與妾母不世祭也」之下，脱誤在前耳。　愚謂鄭註謂「世子不得立而庶子立，其立廟亦如世子」，果爾，則庶子王當言「立七廟」，不當承「立四廟」之文也。若如陳氏、陸氏之説，則國統中絶而庶子別起爲王，三代時固未嘗有此。且天子之支庶，非爲王朝卿大夫，則出封爲諸侯，自當有廟。若入繼正統者爲祖父之庶，則自有適子主其廟祭；若入繼者爲祖父之適，則自當別立昆弟爲卿、大夫、諸侯，以主其廟祭。是其四廟固無待庶子王然後立，而其廟祭亦非庶子王之所主也。劉氏不以此句承「立四廟」之文，獨爲得之，而謂當承「慈母與妾母不世祭也」之下，則恐亦未必然。疑此上當有言庶子爲君，爲其母之服，而此文承之。大約此篇簡策多爛脱，當闕所疑。

別子爲祖，繼別爲宗。

鄭氏曰：別子爲祖者，諸侯之庶子，別爲後世爲始祖也。謂之別子者，公子不得禰先君。繼別爲宗者，別子之世長子，爲其族人爲宗，所謂百世不遷之宗也。孔氏曰：別子者，謂諸侯適子之弟，別於正適，故稱別子。爲祖者，別子子孫爲卿大夫，立此別子爲始祖。繼別爲宗，謂別子之世世長子，恒繼別子，與族人爲百世不遷之大宗。愚謂繼別之宗，謂之大宗，言其百世不遷，宗之者衆也。

繼禰者爲小宗。有五世而遷之宗，其繼高祖者也。

鄭氏曰：繼禰者爲小宗，謂別子庶子之長子，爲其昆弟爲宗也。謂之小宗者，以其將遷也。五世而遷，謂小宗也。小宗有四：或繼高祖，或繼曾祖，或繼祖，或繼禰，皆至五世則遷。

孔氏曰：別子之後，族人衆多，或有繼高祖者，與三從兄弟爲宗；或有繼曾祖者，與再從兄弟爲宗；或有繼祖者，與同堂兄弟爲宗；或有繼禰者，與親兄弟爲宗。族人一身，凡事四宗，兼大宗爲五也。小宗雖四，初皆繼禰爲始，據初爲元，故特云「繼禰」也。五世，謂上從高祖，下至玄孫之子。此玄孫之子，則合遷徙，不得與族人爲宗。此五世合遷之宗，其實是繼高祖者之子，但記文要略，唯云「繼高祖」也。　愚謂繼禰者爲小宗，以其五世則遷，宗之者少也。禰，即別子之庶子。繼禰者，即別子庶子之子也。別子庶子之子，一世爲繼禰之宗，二世爲繼祖之宗，三世爲繼曾祖之宗，四世爲繼高祖之宗，至五世則爲繼高祖之父，而同出於高祖之父者不復宗之矣。宗至於繼高祖而止，又一世則遷，故曰「有五世而遷之宗，其繼高祖者也」。

是故祖遷於上，宗易於下。尊祖故敬宗，敬宗所以尊祖、禰也。

此言小宗之所以遷也。祖遷於上，謂高祖之父，親盡於上而不復祭也。宗易於下，謂小宗至五世爲繼高祖之父，則其同出於高祖之父者不復宗之也。蓋自高祖以下，皆祭之所及者也，故其宗子之主祭者，族人莫不宗事焉。蓋以支子不祭，而我之祖、禰由之而祭焉爾。高祖之父不祭，故繼高祖之父者亦不爲宗，此小宗之所以五世則遷也。○陳氏祥道曰：人生而莫不有孝弟之心，親睦之道。先王因其有是道而爲之節文，故立五宗以糾序族人，使之親疎有以相附，赴告有以相通，然後恩義不失，而人倫歸厚。

庶子不祭祖者，明其宗也。

庶子不祭祖，此謂祖之庶也。祖庶不祭祖，以自有繼祖之宗主祖之祭，故曰「明其宗也」。

庶子不爲長子斬，不繼祖與禰故也。釋文：爲，于僞反。

鄭氏曰：尊先祖之正體，不二其統也。言「不繼祖、禰」，則長子不必五世。譙氏周曰：不繼祖與禰，謂庶子身不繼禰，故其長子爲不繼祖，合而言之也。劉氏智曰：不繼祖與禰，兩舉之者，明父之重長子，以其當爲禰後也。其所繼者，於父則禰，於子則祖也。愚謂喪服父爲長子服斬衰三年。蓋以正體於上，又所將傳重者也。若身是庶子，則不得爲長子服斬。蓋庶子不祭，無傳重之義故也。然身爲繼禰之適，則將傳重矣。記乃言「不繼祖與禰」，喪服傳又云「不繼祖」者，鄭氏謂「容祖、禰共廟」者是也。譙氏、劉氏之説亦通，但玩記、傳並據庶子立文，則祖、禰皆指謂庶子之祖、禰，鄭氏之説於經意爲尤協也。馬季長註喪服，謂「五世之適，父乃爲之服斬」，孔氏又引庾氏，謂「已承二重爲長子斬」，皆非也。◯孔氏曰：禮，爲後者有四條皆不爲斬：有體而不正，庶子爲後是也。有正而不體，適孫爲後是也。有傳重而非正體，庶孫爲後是也。有正體而不傳重，適子有廢疾不立是也。四者皆期，唯正體又傳重者乃極服耳。　愚謂庶子不爲長子斬，此乃正體而無重可傳者，又在孔氏所言「四條」之外者也。○敖氏繼公曰：「殤小功」章云「大夫、公之昆弟」，「爲庶子之長殤」。公之昆弟爲其庶子，服與大夫同，則爲其適子服亦三年，與大夫同矣。公之昆弟，不繼祖、禰者也，而其服乃若是，則所謂「庶子不得爲長子三年」者，其誤矣乎？　愚謂以「殤小功」章推之，則公之昆弟爲其長子三年，誠當如敖氏之説，然欲以是推凡爲庶子者爲長子之服，則非也。蓋公之昆弟，雖上無所承，而身爲後世之大祖，則其子乃繼别之宗子，與尋常庶子之子不同，此所以爲之三年與？

庶子不祭殤與無後者，殤與無後者從祖祔食。

鄭氏曰：此二者，當從祖祔食而已，不祭祖，無所食之也。共其牲物，而宗子主其禮焉。

愚謂殤，謂未成人而死者也。無後，謂成人而無後者也。殤唯祔與除服二祭則止。曾子問「宗子爲殤而死，其吉祭特牲」，鄭云：「卒哭成事之後曰吉祭。」此殤之祔祭也。小記曰：「除殤之喪也，其服必玄。」此殤之除服之祭也。成人而無後者亦然。殤與無後者無四時吉祭之禮，而云「庶子不祭殤與無後者」，蓋殤與無後者既祔於祖，自後祭祖之時，則其神依祖而食，此即殤之祭也。殤與無後者從祖祔食，而庶子不祭宗廟，則不得祭殤與無後者矣。曾子問曰：「凡殤與無後者，祭於宗子之家。」○鄭氏曰：不祭殤者，父之庶也。不祭無後者，祖之庶也。　愚謂己爲父庶，則己子之殤與無後者皆不得祭矣。己爲祖庶，則昆弟之殤與無後者皆不得祭之矣。鄭氏謂「庶殤不祭」，故以不祭殤專爲父庶，不祭無後者爲祖庶，其説非是，説詳曾子問。

庶子不祭禰者，明其宗也。

此謂父之庶子也。父庶不祭禰，以有繼禰之宗主禰之祭也。○朱子曰：庶子不祭，明其宗也，此大傳文。直謂非大宗則不得祭别子之爲祖者，非小宗則各不得祭其四小宗所主之祖、禰也。其小記則云：「庶子不祭禰，明其宗也。」又云：「庶子不祭祖，明其宗也。」文意重複，似是衍字。而鄭氏曲爲之説，於「不祭禰」則曰：「謂宗子、庶子俱爲下士，得立禰廟也。雖庶人亦然。」於「不祭祖」則曰：「明其尊宗以爲本也，禰則不祭矣。言不祭祖者，主謂宗子、庶子俱爲適士，得立祖、禰廟者也。凡正體在乎上者，謂下正，猶爲庶也。」疏云：「庶子、適子，俱是人子，並宜供養，而適子烝、嘗，庶子獨不祭者，正是推本崇適，明有所宗也。父庶即不得祭父，何假言祖？而言『不祭祖』，故知是宗子、庶子俱爲適士。適士得立祖、禰二廟。宗子得立祖廟祭之，而已是祖庶，雖俱爲適士，得自立禰廟，而不得立祖廟祭之也。正體，謂祖之適也。下正，謂禰之適也。雖正爲禰適，而於祖猶爲庶，故禰適謂之庶也。五宗悉然。」今姑存之，然恐不如大傳語雖簡而事反該悉也。愚謂上言「不祭祖」，此言「不祭禰」，一據祖庶，一據父庶。若約而言之，則大傳云「庶子不祭」者，其義固已該矣。祭法：「適士二廟。」「官師一廟。」適士，謂大宗子爲士者。鄭氏以適士爲上士，故解上條「不祭祖」，謂「宗子、庶子俱爲適士，得立祖、禰廟者」，解此條「不祭禰」，謂「宗子、庶子俱爲下士，得立禰廟者」，用意雖深，而實則皆非也。

親親、尊尊、長長，男女之有別，人道之大者也。

鄭氏曰：言服之所以降殺。吴氏澄曰：親親，謂親而非尊非長者，大傳謂之「下治子、孫」，此章所謂「下殺之親」也。尊尊，謂親而又尊者，大傳謂之「上治祖、禰」，此章所謂「上殺之親」也。長長，謂親而又長者，言長則兼幼矣，大傳謂之「旁治昆弟」，此章所謂「旁殺之親」也。男女之有別，謂他姓之女來爲本姓婦，本姓之女往爲他姓婦者，是謂「内治夫婦之親」，大傳之「服術」所謂「名服」、「出入服」也。愚謂此與大傳「服術有六」一節義同，不及君之服者，蓋此及大傳皆據治親，而但言其服之以恩制者也。然君之服謂之方喪，乃準乎父之服而起，則尊尊之服雖但主於一家而言，而君之服已該乎其中矣。

從服者，所從亡則已。屬從者，所從雖没也服。

從服，謂徒從者也。徒，空也，謂非親屬而空服之者也。其服有二：一是子從母服母之君母，二是妾子從君母服君母之黨。屬從，謂有親屬而服之者也。其服有三：一是妻從夫服夫之黨，二是子從母服母之黨，三是夫從妻服妻之黨。徒從本非親屬，故所從亡則不服。屬從本有親屬，故所從雖没猶服。○孔氏曰：徒從有四：一是妾服女君之黨，二是子從母服於母之君母，三是妾子爲君母之黨，四是臣從君而服君之黨。此四徒之中，唯女君雖没，妾猶服女君之黨，其餘三徒，所從亡則已。　愚謂妾服女君之黨，與從服之義不同，説見於後。若臣從君而服君之黨，則喪服「齊衰」章云「爲君之父、母、妻、長子、祖父母」也。君没之後，其長子則新君也，其妻則固小君也，其父母、祖父母，君没之後，新君承重，皆爲之三年，則臣亦從新君而服也，皆不可謂「所從亡則已」也。大傳疏言「徒從」内有「妻爲夫之君」，則所從亡不服者。但此與大傳皆主言治親之服，則臣服君之黨，妻服夫之君，皆與此所言「從服」無與。此所謂「徒從」，唯謂子服母之君母，妾子服君母之黨而已，皆所從亡則已者也。

妾從女君而出，則不爲女君之子服。釋文：爲，于僞反，下「爲妻」同。

鄭氏曰：妾爲女君之黨服，得與女君同，而今俱出，女君猶爲子期，妾於義絶，無施服。孔氏曰：從而出，謂姪、娣也。出母爲子猶期，姪、娣不復服出女君之子，已義絶故也。

世子不降妻之父母；其爲妻也，與大夫之適子同。釋文：適，丁歷反。

鄭氏曰：世子，天子諸侯之適子也。不降妻之父母，爲妻故，親之也。爲妻亦齊衰不杖者，君爲之主，子不得伸也。主言「與大夫之適子同」，據喪服之成文也。本所以正見父在爲妻不杖，於大夫適子者，明大夫以上雖尊，猶爲適婦爲主。愚謂君大夫皆不降適婦之服，故其子亦不降其妻，蓋尊厭之法，於正體皆不厭也。妻之父母，從服也。公子厭於君，爲其妻無服，故不從而服其父母。世子服其妻，與大夫之適子同，故於其妻之父母之服不降。喪服「緦麻」章云「妻之父母」，不顯大夫以上之服。以此記推之，則雖大夫無緦服，而妻之父母之服與士同矣。所以然者，夫婦一體，妻之父母乃妻之正尊，故其夫皆遂服，此與尊降之法不降其正尊者同義也。

父爲士，子爲天子諸侯，則祭以天子諸侯，其尸服以士服。

鄭氏曰：祭以天子諸侯，養以子道也。尸服士服，父本無爵，子不敢以己爵加之，嫌於卑之。　愚謂此謂父賤而子貴者祭祀之法。言父爲士，子爲天子諸侯，舉極賤極貴者以槩其餘也。衣服隨爵命，爵命者，上之所施於下，故以己爵加其父，適所以卑其父也。

父爲天子諸侯，子爲士，祭以士，其尸服以士服。

此亦舉極尊極卑者以概之也。　鄭氏曰：謂父以罪誅，尸服以士服，不成爲君也。天子之子，當封爲王者後，以祀其受命之祖。云「爲士」，則擇其宗之賢者若微子者，不必封其子爲王者後，及所立爲諸侯者，祀其先君以禮卒者，尸服天子諸侯之服。如遂無所封立，則尸也祭也，皆如士，不敢僭用尊者衣物。　愚謂天子見滅，而其子不得封，别封其族之賢者以繼其先世，諸侯見廢，而其子不得立，别立其族之賢者以繼其先君，則廢滅之君之子，祭此廢滅之天子諸侯，尸以士服；而所封立之諸侯，祭其先君以禮卒者，其尸得用卒者之上服也。若遂無所封立，則其子孫之祭宗廟，雖先君以禮卒者，其尸亦服士服也。天子諸侯廢滅，其尸不得服天子諸侯之服宜矣，至於以禮卒者之君，而亦不得服其服者，則以其子之爲士，士之廟固不可以有天子諸侯之服也。○應氏鏞曰：此所言固當時所絶無而僅有，自周、秦以降，而後興替之不常，貴賤之懸殊，比比有之。先王制禮，以該括古今之變，而將來之人情事物不能違焉，所以百世以俟聖人而不惑也。

婦當喪而出，則除之。爲父母喪，未練而出則三年，既練而出則已；未練而反則期，既練而反則遂之。釋文：爲，于僞反，下「不爲」同。期音朞，下文皆同。

鄭氏曰：當喪，當舅姑之喪也。出除喪，絶族也。孔氏曰：此明婦人遭喪出入之節。當喪而出者，謂正當舅姑之喪，被夫遣出，恩情既離，故出即除服也。爲父母喪，未練而出則三年者，女出嫁，爲父母期，若父母喪未小祥，而被出，值兄弟之小祥，則隨兄弟服三年之受，以既絶夫族，情更隆於父母也。既練而出則已者，已，止也，若父母喪已小祥，而女被出，期喪已除，則不復反服。所以然者，若反本服，須隨兄弟之節，兄弟小祥之後無變服節，故女遂止也。未練而反則期者，喪未小祥而夫命已反，則還夫家，至小祥而除，依期服也。既練而反則遂之者，已隨兄弟小祥，服三年之受，而夫命反之，則猶遂三年乃除，隨兄弟故也。愚謂既練而出則已者，喪事即遠，已除之喪，無復服之理也。既練而反則遂之者，練後祥前，無除服之節故也。

再期之喪，三年也。期之喪，二年也。九月、七月之喪，三時也。五月之喪，二時也。三月之喪，一時也。

鄭氏曰：七月之喪，大功殤服也。成人期喪，其長、中殤皆爲之大功，長殤九月，中殤七月。

曰：言喪之節應歲時之氣。

故期而祭，禮也。期而除喪，道也。祭不爲除喪也。

鄭氏曰：此謂練祭也。禮，正月存親，親亡至今而期，期則宜祭。期，天道一變，哀惻之情益衰，衰則宜除，不相爲也。愚謂期而祭者，謂期而行小祥之祭，再期而行大祥之祭也。期而除喪者，謂練而男子除首絰，婦人除要帶，祥而總除衰杖也。禮，謂舉祭禮以存親。道，謂順天道以變除也。由夫禮，則有不忍忘其親之心；順乎道，則有不敢過於哀之意。二者之義，各有所主，而不相爲也。然親固不可忘，而哀亦不可過。不忍忘，故有終身之憂，不敢過，故送死有已，復生有節，又並行而不相悖者也。

三年而后葬者必再祭，其祭之間不同時，句。**而除喪。**

鄭氏曰：再祭，練、祥也。間不同時，當異月也。既祔，明月練而祭，又明月祥而祭。必異月者，以葬與練、祥本異歲，宜異時也。而除喪者，祥則除，不禫。愚謂上言「祭不爲除喪」，此又言除喪不可以無祭也。三年而后葬，謂以事故久不得葬者也。未葬則不得以虞易奠，雖閱再期，而練、祥之祭不得行，故既葬而必再爲練、祥也。其祭之間不同時者，謂宜於祔之明月而練，於練之明月而祥，其祭之中間間隔一月，而不可同時，以練、祥之祭本異歲，雖喪已三年，而其祭亦必異月也。而除喪者，久而不葬者，其喪不除，至是而於練除首絰，於祥總除衰杖也。三年而后葬者，服已將除，固無存親之義，而必爲練、祥，則以服必因祭而除也。既練、祥，則亦當有禫，蓋即於祥後爲之，而不必中月與？所以僅言「再祭」，而不及禫者，蓋三年而葬，或尚在禫月之前，則其當禫無疑，故不必言也。鄭氏謂「不禫」，非也。服之變除有漸，豈有甫畢祥祭而遽服吉服者哉？

大功者主人之喪，有三年者則必爲之再祭，朋友虞、祔而已。釋文：爲，于僞反，下同。

鄭氏曰，謂死者之從父昆弟來爲喪主。有三年者，謂妻若子幼少，大功爲之再祭，則小功、緦麻爲之練可也。孔氏曰：親重者爲之遠祭，親輕者爲之近祭。故大功爲之祥及練，小功、緦麻爲之練，朋友但爲之虞、祔也。若死者有期親，則大功主者爲之至練。期喪無練，此「練」字當作「期」。若死者但有大功，則大功主者至期，既惟大功，則不當至期，當云「至大功」。或期讀如字，謂大功九月之期。小功、緦麻至祔。若又無大功，則各依服月數而止。故雜記云：「凡主兄弟之喪，雖疏亦虞之。」謂無三年及期者也。○田氏瓊曰：劉德議問：「朋友虞、祔，謂主幼而爲虞、祔也。若都無主族，神不歆非類，當虞、祔否？」曰：「虞，安神也。祔，以死者祔於祖也。朋友恩舊親愛，固當安之祔之，然後義備，但後日不當祭之耳。」應氏鏞曰：爲死者無主後，而慮生者不能久其事，故以親疎爲之節。若盡送往拊孤之義，則雖過於厚而無傷也。

士妾有子而爲之緦，無子則已。

謂妾之賤者也。喪服「緦麻」章云「士爲庶母」，「貴臣、貴妾」，則士妾之貴者不必有子而爲之緦矣。○鄭氏註喪服，謂「士妾賤，不足殊」，而以貴臣、貴妾爲大夫之服，非也。士爲妾之有子者緦，故其子得伸期；大夫不服其妾，故其子厭降而爲大功。若大夫爲貴妾有服，則妾子爲其母不當厭降矣。妾以姪、娣爲貴，士昏禮云：「雖無娣，媵先。」姪、娣爲貴妾，士皆爲之緦，則有子而爲之緦者，其爲非姪、娣者可知也。

生不及祖父母、諸父、昆弟而父稅喪，已則否。釋文：稅，皇他活反，徐他外反，下同。

鄭氏曰：謂子生於外者也。父以他故居異邦而生己，己不及此親存時歸見之，今其死，於喪服年月已過乃聞之，父爲之服。己則否者，不責非時之恩於人所不能也。當其時則服。稅，讀如「無禮則稅」之稅。稅喪者，喪與服不相當之言。愚謂祖父母也，諸父也，昆弟也，此皆期服而不稅者。蓋先王之制服，必使情足以稱其文，而非徒以其服而已。今此諸親，恩既不接，喪又已遠，勉而服之，情必有所不能及者矣。夫唯不以不能及之情制服，而後服其服者必不敢不致其情矣。

降而在緦、小功者則税之。舊在「君已除喪而后聞喪，則不税」下，鄭氏云：「宜承『父税喪，已則否』。」

降而在緦、小功者，謂本齊衰、大功之親，而或以出降，或以殤降者也。税之者，以其本服本在宜税之限者也。凡喪，大功以上爲親，小功以下爲疏，親者税，疏者否。下節明期喪有不税，此節明緦、小功有税，相對爲義，所以明税喪之變也。

爲君之父、母、妻、長子，君已除喪而后聞喪，則不税。釋文：爲，于僞反。

鄭氏曰：臣之恩輕也。謂卿大夫出聘問，以他故久留。愚謂君之父母，此謂適子有廢疾不立，而適孫受重，故臣爲君之父母服期也。爲君之父、母、妻、長子皆期，然君之父、母、長子，從服也。君之妻，小君之服也。君爲父、母、長子三年，君服除則臣不税者，恩輕而日月已遠也。君爲妻期，若君除喪而臣不税，則爲小君全無税法矣，殆非也。然則「妻」蓋衍字與？

近臣，君服斯服矣。其餘從而服，不從而税。

鄭氏曰：謂君出，朝覲不時，反而不知喪者。近臣，閽、寺之屬也。其餘，羣介、行人、宰、史也。孔氏曰：君服而近臣從君服之，非稅義也。愚謂近臣在君側，故不計聞喪早晚，君服則服。其餘則從而服，謂君限内聞喪，君服則從而服也。不從而稅，謂君限外聞喪，君稅則不從而稅也。

君雖未知喪，臣服已。

鄭氏曰：臣服者，所從雖在外，自若服也。孔氏曰：此謂君出而國内有親喪，君雖未知，在國之臣自如尋常依限著服也。凡從服者悉然。

禮記卷三十三

喪服小記第十五之二

虞，杖不入於室；祔，杖不升於堂。

鄭氏曰：哀益衰，敬彌多也。虞於寢，祔於祖廟。

爲君母後者，君母卒，則不爲君母之黨服。釋文：不爲，于僞反，下「爲君」同。

鄭氏曰：徒從也，所從亡則已。孔氏曰：爲君母後，謂無適立庶子爲後也。妾子於君母之黨悉徒從，嫌爲後者同於適，故特明之。愚謂喪服傳曰「爲人後者」，「爲其妻之父、母、昆弟，昆弟之子如子」。子於母黨，不以母没不服，則爲人後者，於母黨必不以母没不服矣。庶子爲君母後，宜與爲人後之禮不殊。蓋既爲君母後，則其於君母之黨，乃屬從而非徒從矣。服問曰「母出則爲繼母之黨服，母死則爲其母之黨服。爲其母之黨服，則不爲繼母之黨服」，鄭云：「外親亦不二統。」喪服記曰：「庶子爲父後者，爲其外祖父母、從母舅無服。」

夫外親不二統，而亦不可以無統也。庶子爲後，不爲其母之黨服，則當爲君母之黨服，不可以君母没而不服矣。然則此「不」字其衍文與？

絰殺，五分而去一。杖大如絰。釋文：殺，去聲。去，起吕反，下「去杖」同。

絰，五服之首絰也。五服之絰，重者大，輕者小。斬衰苴絰，大搹圍九寸，五分去一，以爲齊衰之絰。齊衰絰大七寸五分寸之一，五分去一，以爲大功之絰。大功絰大五寸二十五分寸之十九，五分去一，以爲小功之絰。小功絰大四寸百二十五分寸之七十六，五分去一，以爲緦麻之絰。緦麻絰大三寸六百二十五分寸之三百有六。杖，斬衰、齊衰之杖也。杖大如絰，謂斬衰之苴杖，齊衰之削杖，各如其首絰之大也。

妾爲君之長子，與女君同。

鄭氏曰：不敢以恩輕輕服君之正統。孔氏曰：女君爲長子三年，妾亦爲女君長子三年。

愚謂妾之服自爲其私親外，其餘悉與女君同。唯爲君之長子之服，嫌正統傳重之義係於女君而不係於妾，故特明之。

除喪者先重者，易服者易輕者。

除喪，謂練時也。重，謂男子首絰，婦人要絰也。凡絰，男子重首，婦人重要。既卒哭，男子變麻服葛，婦人則變首絰，不變要絰。至練而男子除葛絰，婦人除麻帶，各除其所重也。易服，謂以輕喪之新服，易重喪之舊服也。輕，謂男子要絰，婦人首絰也。易服者易輕者，謂若先遭斬衰，卒哭已變麻服葛。又遭齊衰之喪，男子則以齊衰之要絰變斬衰之葛帶，而首絰不變；婦人則以齊衰之首絰變斬衰之葛絰，而要絰不變也。蓋二喪兼服，而變其輕者，所以明新喪之爲輕；留其重者，所以表舊喪之爲重也。若齊衰既虞，而遭大功之喪者亦然。間傳曰：「斬衰之喪，既虞、卒哭，遭齊衰之喪，輕者包，重者特。」「齊衰之喪，既虞、卒哭，遭大功之喪，麻葛兼服之。」是也。小功以下無變。

無事不辟廟門，哭皆於其次。釋文：辟，婢亦反，徐扶亦反。

鄭氏曰：無事不辟廟門，鬼神尚幽暗也。廟，殯宮。哭皆於其次，無時哭也。有事則入即位。孔氏曰：辟，開也。廟門，殯宮門也。鬼神尚幽暗，若朝夕哭及受弔，入門即位，則暫開之，若無事，則不開也。次，謂倚廬。朝夕哭入門，若晝夜無時之哭，則皆於倚廬之中也。

凡葬前哭，晝夜無時。

復與書銘，自天子達於士，其辭一也。男子稱名，婦人書姓與伯仲，如不知姓，則書氏。釋文：一本無「知姓」二字。

復，招魂也。書銘，謂爲銘旌而書死者於其上也。其辭一者，謂復之辭與銘之辭同也。男子稱名，謂復也。士喪禮復曰「某復」，是稱名也。銘亦書名。士喪禮：「爲銘，各以其物，亡則以緇，長半幅，經末，長終幅，廣三寸，書名於末，曰：『某氏某之柩。』」是也。婦人書姓與伯仲，謂書銘也。如曰「伯姬之柩」、「叔姬之柩」也。其復則亦曰「伯姬復」、「叔姬復」。如不知姓，則書氏，曰「某氏之柩」，復亦曰「某氏復」也。此皆謂大夫士之禮。若天子則曰「天子復」，書銘曰「天子之柩」，諸侯曰「某甫復」，書銘曰「某甫之柩」，王后則曰「王后」。若夫人，亦以字配姓與？

斬衰之葛與齊衰之麻同，齊衰之葛與大功之麻同，麻同皆兼服之。

鄭氏曰：斬衰之葛，齊衰之麻，其經之大，俱七寸五分寸之一，帶五寸二十五分寸之十九。齊衰之葛，大功之麻，其經之大，俱五寸二十五分寸之十九，帶四寸百二十五分寸之七十六。皆者，皆上二事也。兼服之，謂服麻又服葛也。男子則經上服之葛，帶下服之麻；婦人則經下服之麻，固自帶其故帶也，所謂易服易輕者也。「兼服」之文，主於男子。愚謂葛，謂既虞、卒哭受服之葛經帶也。麻，謂始喪之麻經帶也。麻同皆兼服之者。凡要帶必視其首經五分而去一，今此麻、葛之經、帶同，故兼服之，而首經與要帶仍得爲五分去一之差也。

報葬者報虞，三月而后卒哭。釋文：報，依註音赴，芳付反。

鄭氏曰：報讀爲「赴疾」之赴。謂不待期而葬也。既葬即虞。虞，安神也。卒哭之祭，待哀殺也。孔氏曰：安神宜急，而奪哀不忍急也。愚謂既虞而未卒哭，則每日朝夕哭，猶在殯宫，但不奠耳。

父母之喪偕，先葬者不虞、祔，待後事。其葬，服斬衰。

鄭氏曰：偕，俱也。謂同月若同日死也。先葬者，母也。曾子問曰：「葬先輕而後重。」又曰：「反葬奠，而後辭於殯，遂修葬事。其虞也，先重而後輕。」待後事，謂如此也。其葬，服斬衰者，喪之隆哀宜從重，不葬不敢變服也。言「其葬，服斬衰」，則虞、祔各以其服矣。及練、祥皆然。卒事反服重。愚謂先葬者不虞、祔者，父喪未葬，則不敢爲母行安神適祖之祭也。後事，謂葬父之事也。待後事者，待父喪既葬，而虞、祔，卒哭畢，乃爲母行虞、祔、卒哭之祭也。其葬，服斬衰者，言葬母葬父皆服斬衰也。○鄭氏曰：假令父死在前月，而同月葬，猶服斬衰。孔氏曰：前月，謂母死前之月也。或一月，或二月三月，但是未葬之間，皆是前月。愚謂葬有定月，父母之喪偕，以同月死，則當以同月葬，故先輕而後重。若父死在母之前月，則固當先葬父而後葬母矣。鄭云「父死在前月，而同月葬，猶服斬衰」，此謂父死在前月之末，母死在後月之初，雖云隔月，而相去祇數日，則仍當先葬母，而後葬父。此於情事固當有之，而孔疏乃申其説，以至於二月三月，則是有五月而尚未葬者矣，有是禮乎？

大夫降其庶子，其孫不降其父。

大夫厭其庶子，降爲大功，其衆子隨父而降其昆弟，孫則不隨祖而降其父，父之尊近，而祖之尊遠也。諸侯庶子之子亦然。○鄭氏以此爲祖不厭孫，非也。大夫爲衆子大功，此以尊厭降其衆子也。爲庶孫小功，此以尊厭降其庶孫也。何謂祖不厭孫乎？喪服言「厭」者，皆謂厭死者，非厭生者也。大夫降其庶子，其子不從祖而降，非所謂「不厭孫」也。

大夫不主士之喪。

鄭氏曰：士之喪雖無主，不敢攝大夫以爲主。孔氏曰：士死無主後，其親屬有爲大夫者，尊，不得主之也。

爲慈母之父母無服。釋文：爲，于僞反，下「其妻爲」、「爲母之」、「爲妻禫」、「爲庶母」、「爲祖庶母」，皆同。

鄭氏曰：恩不能及。孔氏曰：父雖命爲母子，本非骨肉，故不爲慈母之父母服。愚謂母之父母，從服也。爲因母之父母服，以親屬之而從焉者也。爲君母之父母服，以尊統之而從焉者也。慈母，親則非因母，尊則非君母，故不服其父母。

夫爲人後者，其妻爲舅姑大功。

鄭氏曰：以不貳降。一作「降」，非。孔氏曰：賀云：「此謂子出時已昏，故此婦還服本舅姑大功。若子出時未昏，至所爲後家方昏者，不服本舅姑，以婦本是路人，來又恩義不相接，猶臣從君而服，不從君而税，人生不及祖之徒而皆不責非時之恩也。」今案夫爲本生父母期，故其妻降一等服大功。是從夫而服，不論識舅姑與否。假令夫之伯叔在他國而死，其婦雖不識，豈不從夫服也？熊氏云：「然賀義未善。」愚謂夫爲人後，謂所後者爲父母，則其妻當謂夫所後者爲舅姑，而於夫之本生父母乃亦稱舅姑者，據其本親言之，亦猶喪服「齊衰不杖」章「爲人後者爲其父母」之義也。爲人後者爲其父母期，嫌其妻或據所後者之親疏以服其舅姑，故特明之。

士祔於大夫則易牲。

鄭氏曰：不敢以卑牲祭尊者也。大夫少牢。孔氏曰：賤不祔貴，而云「士祔於大夫」者，謂無士可祔，猶如妾無妾祖姑，易牲而祔於女君也。愚謂此主謂祖適爲士，而祔於祖之爲大夫者也。而孔氏所言「無士可祔」者亦該焉。雜記曰：「士不祔於大夫。」此謂祖庶爲士者耳。適孫乃祖之正體，祖遞遷於上，則祖之廟，士將於是祭焉，不祔於是而安祔乎？適孫爲祖服斬，祖爲之服期，不聞大夫之爲士而有異也。豈有於其死而卑遠之，使不得祔者？禮本人情，雖經記未明言，而可以義決也。若庶孫既卑，固不可以士之卑祔於大夫之尊，然而無士可祔，則亦唯有祔於大夫而已。蓋大夫雖尊，與天子諸侯之絶宗者固不同也。

繼父不同居也者，必嘗同居。皆無主後，同財而祭其祖、禰，爲同居；有主後者爲異居。

鄭氏曰：録恩服深淺也。見同財則期；同居異財，故同居，今異居，及繼父有子，亦爲異居，則三月；未嘗同居，則不服。　愚謂繼父者，子隨母嫁，而謂母所嫁之夫也。喪服同居繼父齊衰期，不同居繼父齊衰三月，而此釋其同居不同居之異也。繼父不同居也者，必嘗同居，此釋不同居之義也，言必嘗同居，而後異居，乃謂之不同居。繼父若本未嘗同居，則不得謂之繼父，不爲之服也。皆無主後，同財而祭其祖、禰，爲同居，此釋同居之義也。無主，謂無大功以上之親可以主其喪者也。無後，謂無子也。皆者，皆此二事也。同財，與此子共貨財也。祭其祖、禰，築宮廟而使此子自祭其祖、禰也。備此三者，然後爲同居也。有主後者爲異居，此又釋不同居之義也。繼父初無大功之親，與此子同財而祭其祖、禰，則是同居矣。而其後繼父或自有子，或雖無子而有大功以上之親自他國而至，則不得終其同居，而謂之不同居也。蓋繼父本非骨肉，必其恩之甚厚，又無主後之甚可憫，乃爲之齊衰期；若其恩雖厚，而其喪不至於無主，則爲之齊衰三月而已也。

哭朋友者於門外之右，南面。

鄭氏曰：變於有服之親也。門外，寢門外。　愚謂門外之右，寢門外之西也。哭於門外而在西，避内喪朝夕哭門外之位也。凡於非骨肉之喪而哭之者，於門内則在中庭，於門外則在西，所以爲親疏内外之别也。南面者，哭而不爲位之禮也。凡哭而不爲位者，主人南面，弔者北面。

祔葬者不筮宅。

祔葬，謂葬於祖之旁也。宅，墓兆也。族葬之法，始祖居中，以昭穆爲左右，孫從其祖，若祔廟然。不筮者，以其昭穆有一定之次。

士大夫不得祔於諸侯，祔於諸祖父之爲士大夫者。其妻祔於諸祖姑，妾祔於妾祖姑，亡則中一以上而祔，祔必以其昭穆。釋文：亡如字，又音無。

鄭氏曰：士大夫，謂公子、公孫之爲士大夫者。不得祔於諸侯，卑別也。既卒哭，各就其先君爲祖者兄弟之廟而祔之。中猶閒也。孔氏曰：禮，孫死祔祖。今祖爲諸侯，孫爲士大夫而死，則不得祔之，謂祖貴，宜自卑遠之也。諸祖父爲士大夫者，謂祖之兄弟也。既不得祔祖，當祔祖之兄弟亦爲大夫士者也。諸祖姑，是夫之諸祖父兄弟爲士大夫者之妻也。夫既不得祔祖，故妻亦不得祔於祖姑，而祔於諸祖姑也。若祖無兄弟可祔，亦祔宗族之屬不爲諸侯者也。然上云「士易牲而祔於大夫」，而大夫不得易牲祔於諸侯者，諸侯之貴絕宗，故大夫士不得祔也。妾祔於妾祖姑，言妾死亦祔夫祖之妾也。亡則中一以上而祔者，亡，無也，中，閒也，若夫祖無妾，則又閒曾祖而祔高祖之妾也。祔必以其昭穆者，解所以祖無妾，不祔曾祖而祔高祖之義也。下文云「妾母不世祭」，則妾無廟，今乃云祔及高祖者，當爲壇祔之。愚謂妾無廟而得祔者，祭於寢而祔之也。凡無廟者，祭皆於寢。○人之始死，其神無所依則不安，故爲之祔焉，使其託於祖以安。故祔者，所以畢送死之事也。唯天子諸侯及宗子，自祖適以上，則其所祔之廟即祭之之所，此外祔廟，其所祔皆非其所祭也。且有但祔而已，而不復特祭者，如妾之無子者，殤與無後者，女子未嫁而死者，出而歸者，未廟見而歸葬者，皆是也。然可以不祭，而不可以不祔，祭可以別所，而祔必於其祖，此先王制禮之精意，非通幽明之故而知死生之説者，其孰能與於斯？

諸侯不得祔於天子。天子諸侯大夫可以祔於士。

鄭氏曰：天子諸侯大夫可以祔於士，人莫敢卑其祖也。　愚謂諸侯不得祔於天子，此謂始封君及封君之子也。不得祔於天子，如周公薨於周，則不可祔於王季之廟也。天子諸侯大夫可以祔於士，此謂士庶特起居尊位者也。可以祔於士，孫之尊無自別於祖之理也。如天子之子若孫爲諸侯，不得祔於祖，其祖之昆弟有爲諸侯大夫者皆可祔也。諸侯之子若孫爲大夫，不得祔於祖，其祖之昆弟爲大夫士者皆可祔也。

爲母之君母，母卒則不服。

鄭氏曰：母之君母，外祖適母，徒從也，所從亡則已。　愚謂爲母之君母，母卒則不服。爲母之妾母，母卒猶服也。母之君母，徒從也。母之妾母，屬從也。

宗子母在爲妻禫。

鄭氏曰：宗子之妻，尊也。　孔氏曰：賀瑒云：「父在，適子爲妻不杖，不杖則不禫。若父没母存，則爲妻得杖又得禫。凡適子皆然。嫌宗子尊厭其妻，故特云然。」賀循云：「宗子母在爲妻禫，則非宗子，其餘適、庶母在，爲妻並不得禫也。婦人尊微，不奪正服，並厭其餘哀。」　愚謂此條二賀氏之説不同，而後説爲是。妻之喪，雖天子諸侯不降，亦何嫌於宗子之厭其妻而特明其不禫乎？蓋爲妻之服，與父在爲母悉同，故母在則不禫，微殺其服，以示其不敢盡同於母之意，而非厭降之謂也。宗子母在爲妻禫者，舅没則姑老，宗子之妻，與宗子上承宗廟，下統族人，故其夫爲之申禫，五宗悉然。賀循又有「杖有不禫，禫有不杖」之説：杖有不禫，若出妻之子爲母，庶子在父之室爲其母，皆是也。禫有不杖，謂適子父在母没爲妻也。適子父在爲妻不杖，而母没得申禫也。

爲慈母後者，爲庶母可也，爲祖庶母可也。按「爲」字舊並于僞反，今當如字。

此因喪服「慈母如母」一條而欲廣其義也。喪服傳曰：「慈母者何也？妾之無子者，妾子之無母者，父命妾曰：『女以爲子。』命子曰：『女以爲母。』若是，則生養之，終其身，死則喪之三年。」此所謂「爲慈母後」者也。爲慈母後者，猶云「爲慈母之子」云爾，非立後之義也。庶母，父妾之有子者也。祖庶母，祖妾之有子者也。記者欲廣慈母之義，故言爲慈母後者，非但可與父妾之無子者爲子；即與父妾之有子者爲子亦可也。非但可與父妾之有子者爲子，即與祖妾之有子者爲子亦可也。蓋子之幼少而無母者，不能不資乎撫育，而己或但有有子之妾，或無妾而但有父妾，皆可命爲母子以撫育之，所以通禮之窮，而盡事之變也。

爲父、母、妻、長子禫。釋文：爲，于僞反，下文「則爲其母」、「子爲妻」皆同。

鄭氏曰：目所爲禫者也。

慈母與妾母，不世祭也。

鄭氏曰：以其非正。春秋傳曰：「於子祭，於孫止。」　孔氏曰：穀梁隱五年傳云：「庶子爲君，爲其母築宫，使公子主其祭。於子祭，於孫止。」鄭引此明不得世祭也。　愚謂大夫士之妾母蓋祭於寢。

丈夫冠而不爲殤，婦人笄而不爲殤。釋文：冠，古亂反。

鄭氏曰：不爲殤，言成人也。婦人許嫁而笄，未許嫁，與丈夫同。

爲殤後者，以其服服之。

鄭氏曰：言「爲後」者，據承之也。殤無爲人父之道，以本親之服服之。　孔氏曰：爲殤後者，謂大宗子爲殤而死，而族人爲後大宗，以殤之父爲父，而不得後此殤者爲子，以其殤無父義故也。曰「爲後」者，據已承其處爲言也。既爲殤者父作子，則應服殤以兄弟之服，而云「以本親之服服之」者，蓋在未後之先，不復追服，不責人以非時之恩。推此時本親兄弟亡在未後之前者，亦宜終其本服之日月。唯所後如有母亡，而猶在三年之内，則宜接其餘服，不可以吉居凶。若出三年，則不復追服矣。　愚謂爲後者以殤之父爲父，乃不服殤以兄弟之服，而以其服服之者，蓋爲後者於殤之父，其父子之義定於來後之日，而殤之亡在先也。所後如有母亡未練而來後，則三年；已練而來後，則不服。

久而不葬者，唯主喪者不除，其餘以麻終月數者，除喪則已。

鄭氏曰：其餘，謂旁親也。以麻終月數，不葬者喪不變也。　孔氏曰：久而不葬，謂有事故，不得依月葬者，則三年服皆不得祥除也。云「唯主喪者」，欲廣説子爲父、妻爲夫、臣爲君、孫爲祖得爲喪主，四者悉不除也。其餘，謂期以下至緦也。以麻終月數者，主人既未葬，故諸親不得變葛，仍猶服麻，各至服限竟而除也。除喪則已者，謂月數足而除喪，不待主人葬除也。然此皆藏之，至葬則反服之，故下云「及其葬也，反服其服」，雖緦亦然，以其未經葬故也。　盧云：「子孫皆不除，以主喪爲正耳，餘親以麻終月數除矣。」庾云：「君所主夫人妻、大子、適婦。以尊主卑，不得同以卑主尊，無緣以卑之未葬而使尊者長服衰絰也。是知『主喪不除，無爲下流』之義，唯於承重之身爲其祖、曾。若子之爲父，臣之爲君，妻之爲夫，此之不除也。」盧氏云「子孫皆不除」，蕭望之又云「獨謂子」，皆未善也。　愚謂主喪者不除，此主謂子爲父母，適孫受重爲祖父母也。然爲長子服斬，亦宜在主喪不除之内，未可以卑者之服槩之。若臣爲君，衆子爲父母，則雖非主喪而不除者也。祖爲正尊，以「縞冠玄武，子姓之冠」推之，或亦俟葬而後除與？經言「主喪者不除」，據其尤重者言之耳。

齊衰三月，與大功同者繩屨。

鄭氏曰：雖尊卑異，於恩有可同也。　愚謂繩屨，繩麻屨也。齊衰之服爲四等，而其屨有三：三年與杖期者疏屨，不杖期者麻屨，三月者繩屨。大功亦繩屨，蓋齊衰三月輕於齊期，大功亦輕於齊期，其差次略相似，故其屨同。

練，筮日、筮尸、視濯，皆要絰、杖、繩屨，有司告具而后去杖。筮日、筮尸，有司告事畢，而后杖拜送賓。

鄭氏曰：臨事去杖，敬也。濯，謂溉祭器也。　孔氏曰：喪至小祥，男子除首絰，唯有要絰，而病尚深，故猶有杖屨，是末服變爲繩麻。將小祥前，筮祭日，筮祭尸，視濯具，則豫服小祥之服，以臨此三事也。不言「衰」與「冠」者，亦同小祥矣。有司，執事者也。　愚謂筮而去杖，敬蓍筮也。喪大記曰：「聽卜有事於尸，則去杖。」視濯去杖，敬祭事也。視濯，主人即位於堂下，練祭，杖不入於門，故於視濯先去之。筮日、筮尸、視濯皆有賓，事畢皆拜送於門外，此云「筮日、筮尸，告事畢，而後杖拜送賓」，不言「視濯」者，蓋自此至祭畢然後杖，其視濯畢送賓時不杖也。孔疏謂「視濯輕，無賓，故不言」，非也。特牲禮前祭之夕，「兄弟、賓及衆賓從主人即位於堂下，主人升自西階，視壺濯及豆、籩」，「事畢，賓出，主人拜送」。此吉祭視濯有賓，則練、祥視濯有賓必矣。

大祥吉服而筮尸。

鄭氏曰：凡變除者，必服其吉服以即祭事，不以凶臨吉也。孔氏曰：吉服，朝服也。大祥縞冠朝服，今將欲祥，亦於前日豫服大祥之服，以臨筮日、筮尸、視濯。唯云「筮尸」者，從小祥可知也。大祥則并去絰、杖、繩屨，故不云「杖、絰、屨」。

庶子在父之室，則爲其母不禫。

鄭氏曰：妾子父在厭也。孔氏曰：此謂不命之士父子同宫者也。若異宫則禫，如下言「則猶杖」也。禫爲服外微奪之耳。愚謂士爲妾之有子者緦，是未嘗厭其妾也。不禫者，爲近父屈也。○喪服有厭有屈：所爲服者見厭謂之厭，服之者自抑謂之屈。喪服「大功」章「公之庶昆弟」「爲母、妻、昆弟」，傳曰：「何以大功也？先君餘尊之所厭不得過大功也。」此厭之説也。「齊衰杖期」章「父在爲母」，傳曰：「何以期也？屈也。」此屈之説也。蓋子與父同有服，而父於所爲服者以尊故，或降之，或絶之者，則其子亦降之絶之，謂死者爲尊者所厭而不得伸也。屈則異於是。有父之所服，未嘗以尊厭之，而子自屈於父者，若父在爲母期是也。有父於死者無服，非父尊之所厭，而子自屈於父者，若公子不服妻之父母是也。其餘以此推之可見矣。

庶子不以杖即位。

鄭氏曰：下適子也。位，朝夕哭位。孔氏曰：適子得執杖至阼階哭位，庶子至中門外而去之，以下於適子也。愚謂喪不二主，適子爲喪主者杖，則庶子不以杖即位，避正主也。

父不主庶子之喪，則孫以杖即位可也。

父主適子之喪而杖，則其子不以杖即位，亦喪不二主也。父不主庶子之喪，則其子爲喪主，故得以杖即位。○鄭註此條云「祖不厭孫，孫得伸也」，又註「姑在爲夫杖」云「姑不厭婦」，皆非也。喪之杖、不杖，以杖即位、不以杖即位，皆不由於厭不厭也。若謂庶子之子得以杖即位爲祖不厭孫，則於適子之子又何以反厭之？

父在，庶子爲妻，以杖即位可也。

父主適婦之喪，適子爲妻不杖，爲其疑於喪主也。父不主庶婦之喪，則其子自主之，故得以杖即位。

諸侯弔於異國之臣，則其君爲主。鄭氏曰：君爲主，弔臣，恩爲己也，子不敢當主，中庭北面哭，不拜。孔氏曰：諸侯無親弔異國臣之禮，若來在此國，遇主國之臣喪，爲彼君之故而弔，故主國君代其臣之子爲主。

諸侯弔，必皮弁錫衰。所弔雖已葬，主人必免。主人未喪服，則君亦不錫衰。鄭氏曰：必免者，尊人君，爲之變也。未喪服，未成服也。既殯成服。愚謂皮弁錫衰，諸侯弔其卿大夫及大夫自相弔之服也。皮弁，即弁絰也。周禮弁師：「王之皮弁，會五采玉璂，象邸。王之弁絰，弁而加環絰。」上言「皮弁」而下但言「弁」，蒙上之辭也，則其爲一物可知，但弔弁無飾耳。不言「君弔」而曰「諸侯弔」者，蒙上「弔異國之臣」，見與弔其臣之服同也。凡喪，小斂而免，至成服則不免；將葬，既啟而免，既葬變葛則不免。所弔雖已葬，主人必免者，尊人君，特爲之變也。已葬必免，則葬前可知。主人未成服時括髮，此但免而不括髮，又所以異於未成服之前也。下文云「親者皆免」，則自大功以上皆免，此但言「主人」者，舉其重者言之也。未喪服，謂未成服也。君不錫衰，則皮弁襲裘也。若未小斂，則吉服。陸氏佃曰：凡諸侯弔，皆皮弁錫衰，言「必」者，著諸侯弔無内外皆如此。○孔氏曰：凡五服，大功以上爲重，重服爲免之節，自始死以至卒哭，卒哭乃不免。小功以下爲輕，輕服爲免之節，自始死至殯，殯後不復免，至葬啟殯之後而免，以至卒哭，如始死。　愚謂免者，未成服之飾也。成服以後，啟殯以前，悉無免法，親疎皆然。孔氏謂「重服爲免之節，自始死至卒哭」，非是。

養有疾者不喪服，遂以主其喪。釋文：養，羊尚反。

鄭氏曰：不喪服，求生主吉，惡其凶也。遂以主其喪，謂養者有親也，死則當爲之主。其爲主之服，如素無喪服。　孔氏曰：如素無喪服者，養時既去其服，今疾者身死，己爲之主，還與素無服同也。　愚謂養疾者必玄端，喪無服玄端之法，蓋稅衰而以長衣養與？遂以主其喪，此蓋功、緦之喪，或重喪之末而疾者，乃大功以上之親，故有喪服而爲之養疾，及死而遂爲之主喪也。

非養者入主人之喪，則不易己之喪服。

鄭氏曰：入，來也。謂養者無親於死者，不得爲主，其有親來爲主者，素有喪服與素無喪服者異。素無服、素有服，爲死者當服，則皆三日成也。　孔氏曰：若本有服重，而新死者輕，則一成服而反前服；若新死重，則仍服死者新服。　愚謂此謂疾者無子，或子幼而養者無服，及死而已來主其喪也。不易喪服者，己死則不以凶爲嫌也。及三日，則爲之成服。

養尊者必易服，養卑者否。

鄭氏曰：尊謂父兄，卑謂子弟之屬。

妾無妾祖姑者，易牲而祔於女君可也。

鄭氏曰：女君，適祖姑也。易牲而祔，則凡妾下女君一等。孔氏曰：妾祔於妾祖姑，無妾祖姑當祔於高祖之妾，高祖又無妾，則用女君之牲祔於女君可也。下一等者，若女君少牢，妾則特牲；女君特牲，妾則特豚。愚謂不言「適祖姑」而言「女君」者，姑者對婦之稱，妾不得謂夫之祖妣爲祖姑，而女君之稱則通乎其上也。

婦之喪，虞、卒哭，其夫若子主之；祔則舅主之。

鄭氏曰：婦，謂凡適婦、庶婦也。虞、卒哭祭婦，非舅事也。祔於祖廟，尊者宜主焉。愚謂雜記云：「主妾之喪，則自祔至於練、祥，皆使其子主之。」此主適婦之喪，虞、卒哭，其夫若子主之，則練、祥可知。然則舅主適婦之喪，唯主其拜賓之事，而不主其祭也。

士不攝大夫，士攝大夫唯宗子。

鄭氏曰：士之喪雖無主，不敢攝大夫以爲主。宗子尊，可以攝之。吴氏澄曰：大夫死無後，其親屬爲士者不得攝大夫，唯宗子尊，可以士而攝大夫之喪也。愚謂宗子，大宗子也。鄭氏、吴氏之説皆通。蓋大夫士貴賤殊，故士死無主，不敢攝大夫爲之主；大夫死無主，士亦不得攝爲之主。唯大宗子尊，故爲士而死，可攝大夫以主其喪，亦得攝主大夫之喪也。然前既云「大夫不主士之喪」，而又記此，則此條之義當如吴氏之説也。攝，謂爲主者不在，而代爲之拜賓也。雜記曰：「士之子爲大夫，其父母弗能主也，使其子主之。無子則爲之置後。」大夫之無子者必置後，則無事乎攝人以主其喪矣。宗子亦然。

主人未除喪，有兄弟自他國至，則主人不免而爲主。

鄭氏曰：親質，不崇敬也。孔氏曰：葬後唯君來弔，雖非時亦爲之免。崇敬，欲新其事故也。若五屬之親非時而奔喪，則主人不須爲之免也。愚謂兄弟之奔喪者必免，嫌爲主者亦當免，故明之。唯言未除喪者奔喪，禮已除喪而后奔喪，主人之待之也無變於服，則其不免不待言也。

陳器之道，多陳之而省納之可也，省陳之而盡納之可也。釋文：省，所領反。

鄭氏曰：多陳之，謂賓客之就器也，以多爲榮。省陳之，謂主人之明器也，以節爲禮。孔氏曰：朋友賓客贈遺明器，多陳之以爲榮，而不可盡納壙中，以納有常數故也。主人所作明器，依禮有限，陳之既少，盡納於壙可也。

奔兄弟之喪，先之墓而后之家，爲位而哭。所知之喪，則哭於宮而后之墓。

鄭氏曰：兄弟先之墓，骨肉之親不由主人也。宮，故殯宮也。孔氏曰：兄弟骨肉，自然相親，不由主人，故先往之墓。所知之喪，由主人乃致哀戚，故先哭於宮而後至墓。

父不爲衆子次於外。釋文：爲，于僞反，下「爲出母」、「爲夫杖」同。

鄭氏曰：於庶子略，自若居寢。孔氏曰：長子則次於外。

與諸侯爲兄弟者服斬。

鄭氏曰：謂卿大夫以下也。與尊者爲親，不敢以輕服服之。言「諸侯」者，明雖在異國，猶來爲三年也。愚謂兄弟，謂族親也。喪服傳曰：「小功以下爲兄弟。」喪服經、傳凡所言「兄弟」者皆然。此篇言「奔兄弟之喪」，「與諸侯爲兄弟者服斬」，皆言「兄弟」，而不言「昆弟」者，以疏該親也。卿大夫爲君服斬不疑，此言「與諸侯爲兄弟者服斬」，蓋謂出在他國者也。諸侯之兄弟在他國，若仕爲他國大夫士，則自當爲其君服斬三年，而得爲諸侯服斬者，蓋各以其本服之月數服之，而其始服則皆以斬衰，猶如爲宗子皆服齊衰之義也。蓋與尊者爲親，不敢以輕服服之，而非臣爲君斬衰三年之服也。然則斬衰之服，亦有不至三年者與？曾子問「娶女有吉日而女死」，「壻齊衰而弔，既葬而除之，夫死亦如之」，鄭氏謂「女服斬衰」。斬衰可以既葬而除，則亦何不可以期與九月、五月而除乎？

下殤小功，帶澡麻不絶本，詘而反以報之。釋文：澡，本又作「藻」，音早。一本無「麻」字。不絶，本或作「不絶本」，非也。詘，邱勿反。

鄭氏曰：報猶合也。下殤小功，本齊衰之親，其絰、帶，澡率治麻爲之。帶不絶其本，屈而上至要，中合而糾之，明親重也。　愚謂此言下殤小功之帶之重也。下殤小功，本齊衰之親也。帶澡麻者，其帶澡治牡麻爲之也。喪服於齊衰、大功、小功皆言「牡麻帶、絰」，而「殤小功」章特言「澡麻」，蓋大功以上麻絰不澡，小功以下澡之。獨於殤小功言「澡」，以見上下也。本者，麻之根也。麻以有本爲重，大功以上麻不斷本，小功以下斷之。下殤小功雖首絰無本，而其帶猶不絶本也。報，合也。謂成服之時，屈所垂散麻上至於要，然後合而糾之也。帶以散爲重，以絞爲輕。成人大功以上之喪，未成服之前散帶，成服而絞之。大功殤，雖成服不絞帶；下殤小功，則散其屈者，絞其垂者。至本服大功之爲殤而降者，則其帶皆不散矣。蓋下殤小功雖輕於大功之殤，而重於餘殤，故其帶既有本，而又不盡絞之，皆所以明其重也。

婦祔於祖姑。祖姑有三人，則祔於親者。

鄭氏曰：謂舅之母死，而又有繼母二人也。親者，謂舅所生。愚謂大夫士繼娶並祔之禮，於此可以見之。

其妻，爲大夫而卒，而后其夫不爲大夫而祔於其妻，則不易牲。妻卒而後夫爲大夫，而祔於其妻，則以大夫牲。

鄭氏曰：此謂始來仕無廟者，無廟者不祔。不易牲，以士牲也。愚謂婦隨夫爲尊卑者也。言「不易牲」，以見與士祔於大夫者不同也。無廟者不祔，始封君亦然。

爲父後者，爲出母無服。無服也者，喪者不祭故也。

鄭氏曰：適子正體於上，當祭祀也。

婦人不爲主而杖者，姑在爲夫杖。

父主適婦之喪，子不杖。母主適子之喪，婦猶杖者，斬衰無不杖也。然母既爲主，則爲夫雖杖，其禮當有所降矣。其房中則杖，即位於阼階之上則輯杖與？

母爲長子削杖。 爲，于僞反，下文「爲父母」同。

鄭氏曰：嫌服男子當竹杖也。母爲長子服，不可以重於子爲己也。愚謂苴杖，斬衰之杖也。削杖，齊衰之杖也。父爲長子斬衰則苴杖，母爲長子齊衰則削杖，各如其爲己之服以服之也。

女子子在室爲父母，其主喪者不杖，則子一人杖。

鄭氏曰：女子子在室，亦童子也。無男昆弟，使同姓爲攝主，不杖，則子一人杖，謂長女也。孔氏曰：若主喪者杖，則此童子不杖。○此三節明婦人應杖之節。

緦、小功，虞、卒哭則免。

鄭氏曰：棺柩已藏，嫌恩輕可以不免也。孔氏曰：葬時棺柩已啟，著免可知。嫌虞與卒哭棺柩已掩，不復著免，故特明之。愚謂虞、卒哭則免，已卒哭變葛，乃不免也。

既葬而不報虞，則雖主人皆冠，及虞則皆免。釋文：報音赴。冠如字，又古亂反，下同。

鄭氏曰：有故不得疾虞，雖主人皆冠，不可久無飾也。皆免，自主人至緦麻。愚謂喪自既啟以後，卒哭以前，其服與未成服之前同。然未成服時，主人括髮，齊衰以下免，啟後則雖主人亦免。士喪禮啟殯，「丈夫髽」。蓋雖丈夫亦不垂其髮而結爲紒如婦人矣。是葬時之免，即婦人之布髽也。既不垂其髮，又以布而不以麻，以葬時行於道路，宜稍飾也。曾子問：「如小斂，則子免而從柩。」是行於道路，雖初喪，主人亦免也。

爲兄弟，既除喪已，及其葬也，反服其服，報虞，卒哭則免，如不報虞則除之。

釋文：爲，于僞反，下「爲之小功」同。

爲兄弟，既除喪已，謂久而不葬，而以麻終月數者也。及其葬也，反服其服，報虞，卒哭則免，言皆與常禮同，不以已除喪而有異也。不報虞則除之，喪本已除故也。如報虞，則於卒哭而除之。

遠葬者，比反哭者皆冠；及郊而后免，反哭。釋文：比，必利反。

鄭氏曰：遠葬，墓在四郊之外。孔氏曰：郊野之外，不可無飾，故葬訖，臨欲反哭之時，乃皆著冠。至郊而后去冠著免，反哭於廟。

君弔，雖不當免時也，主人必免，不散麻。雖異國之君，免也，親者皆免。鄭註：異國之君免，或爲「弔」。

鄭氏曰：不散麻者，自若絞垂，爲人君變，貶於大斂之前，既啟之後也。親者，大功以上也。

孔氏曰：凡大斂之前著免，大功以上散麻。大斂以後著冠，不散麻，糾其垂也。至將葬，啟殯之後，已葬之前，亦免，大功以上亦散麻。若君弔，雖不當免時，必爲之著免，不散麻者，貶於大斂之前，及既啟之後。雖他國君來，與己國君同，主人爲之著免，大功以上親者皆從主人之免，敬異國君也。異國之君尚然，己君來弔，親者皆免可知也。愚謂不當免時，謂成服以至啟前，既葬卒哭以後也。○自「緦、小功」至此，記著免之節。

除殤之喪者，其祭也必玄。

鄭氏曰：殤無變，文不縟。玄冠、玄端、黄裳而祭，不朝服，未純吉也。於成人爲釋禫之服。孔氏曰：以經云「必玄」，故知玄端、玄冠也。知黄裳者，若其素裳，則與朝服純吉同，故知黄裳也。知不玄裳者，以玄、黄相對之色，故知釋禫之服若玄裳，即與上士吉服玄端同也，非釋禫服也。陸氏佃曰：言「必玄」，則裳亦玄。鄭氏謂「玄端、黄裳」，非是。據齊之以玄也，以陰幽思也。齊玄而養。愚謂陸氏之説是也。凡言「玄」者，皆謂冠及衣、裳俱玄者也。玄冠、玄衣、玄裳，此士吉祭之服也。殤文不縟，無變除之漸，故服吉服以除其喪。又鄭氏以玄冠、玄端、黄裳爲釋禫之服，乃據變除禮而言，然變除禮多，不足據，説見玉藻及間傳。

除成喪者，其祭也朝服縞冠。釋文：朝，直遥反。

成喪，成人之喪。縞冠，縞冠素紕也。

奔父之喪，括髮於堂上，袒，降、踊，襲絰于東方。奔母之喪，不括髮，袒於堂

上，降、踊，襲免于東方。絰即位，成踊，出門，哭止，三日而五哭三祖。

鄭氏曰：凡奔喪，謂道遠，已殯乃來也。爲母不括髮，以至成服，一而已，貶於父也。「即位」以下，於父母同也。三日五哭者，始至，訖夕反位哭，乃出就次，一哭也。與明日又明日之朝、夕而五哭。三祖者，始至祖，與明日又明日之朝而三也。孔氏曰：此論奔喪之法。括髮於堂上者，於殯宮堂上。不笄纚者，奔喪異於初死也。祖，降、踊，襲絰于東方者，祖，謂堂上去衣，降堂阼階東而踊，襲，謂掩所祖之衣，東方，謂東序東，既踊畢，襲帶絰于東序東。奔母之喪，不括髮者，初時括髮，至又哭以後至於成服，不括髮。祖於堂上，降、踊，與父同。父則括髮而加絰，母則不括髮而著免。加絰即位於阼階之東而更踊，父母同也。於此之時，賓來弔者則拜之，奔喪禮所謂「反位拜賓成踊」是也。出門，哭止者，出殯宮之門就於廬，故哭者止。五哭者，初來一哭，與明日又明日朝、夕之哭爲五哭。三祖者，初至祖，明日朝祖，又明日朝祖爲三祖。在家之時，始死哭踊無節，今聞喪已久，奔喪禮殺，故三日五哭，異於在家也。若未殯前來，與在家同。愚謂降、踊，降自西階，即位於阼階下而踊也。東方，堂下之東序東也。即位，自東序東反即阼階下之位也。孔疏「襲帶絰于東序東」，上有「升堂」二字，蓋傳寫之誤也。

適婦不爲舅後者，則姑爲之小功。

鄭氏曰：謂夫有廢疾他故，若死而無子，不受重者。小功，庶婦之服也。凡父母於子，舅姑於婦，將不傳重於適，及所傳重者非適，服之皆如庶子、庶婦也。

禮記卷三十四

大傳第十六別録屬通論。

鄭氏曰：名曰大傳者，以其記祖宗人親之大義。吴氏澄曰：儀禮十七篇，唯喪服經有傳，此篇通引喪服傳之文而推廣之。喪服傳逐章釋經，如易之彖、象傳；此篇不釋經而統論，如易之繫辭傳，故名爲大傳。愚謂此篇之義，言先王治天下必自人道始。篇中言祭法，言服制，言宗法，皆所以發明人道之重，而篇末尤歸重於親親。蓋人道雖有四者，而莫不由親親推之，所謂「孝弟爲爲仁之本」也。

禮，不王不禘。王者禘其祖之所自出，以其祖配之。諸侯及其大祖。大夫士有大事，省於其君，干祫及其高祖。釋文：王如字，又于況反。大祖音泰，下文「大王」同。省，舊仙善反，善也。按爾雅省即訓善，息靖反，無煩改字。○今按：省讀如字，爲省録之義。

趙氏匡曰：不王不禘，明諸侯不得有也。所自出，謂所系之帝。禘者，帝王既立始祖之廟，猶謂未盡其追遠尊先之意，故又推尋始祖所自出之帝而追祀之，以其祖配之者，謂於始祖廟祭之，以始祖配祭也。此祭不兼羣廟之主，爲其疏遠而不敢褻狎故也。其年數，或每年，或數年，未可知也。諸侯五廟，唯大廟百世不遷。言「及」者，遠祀之所及也。不言「禘」者，不王不禘，無所疑也，不言「祫」者，四時皆祭，故不言「祫」也。省，謂有功見省記也。干者，逆上之意，言逆上及高祖也。據此體勢相連，皆説宗廟之事，不得謂之祭天。鄭玄注祭法云「禘，謂配祭昊天上帝於圜丘」，蓋見祭法説「禘」，文在「郊」上，謂爲郊之最大者，故爲此説耳。祭法所論禘、郊祖宗，謂六廟之外，永世不絶者有四種耳。禘之所及最遠，故先言之，豈關圜丘哉？鄭氏又云：「祖之所自出，謂感生帝靈威仰也。」此文出自讖緯，哀、平間僞書也，而鄭氏通之於經，其爲誣蠹甚矣。愚謂祖，始祖也。天子大禘之祭，追祭始祖所自出於始祖之廟，始祖所自出之帝居西南隅東向之位，而始祖居東北隅南向之位而配食也。得姓之祖，謂之始祖；始封之君，謂之大祖。諸侯不禘，唯得祭其大祖，而於大祖以上則不得祭矣。有大事，省於其君者，謂有大功，而爲其君所省録也。干者，自下而進取乎上之意。祫本諸侯以上之禮，而大夫士用之，故曰「干祫」。大夫三廟，士一廟，雖並得祭高祖以下，然每時但犆祭一祖，而不得合祭。唯有大功而爲其君之所省録，命之大祫，然後得合祭高祖以下也。左傳曰「祭以特牲，殷以少牢」，殷祭即祫也。蓋大夫士之祫，亦如諸侯之大祫，間歲行之，而不常舉者也。大夫士之爲宗子者，皆有大祖之廟，其祫祭當於大祖之廟，而合食高祖以下。此乃言「及高祖」而不言「大祖」者，若言及其大祖，嫌大祖以下並得合食，與諸侯大祫之禮同，故言「及其高祖」，以見大祖而外，其得與於合食者，唯高祖以下爾，蓋其禮僅如諸侯之時祫而已，然則雖曰「干祫」，而不嫌於亡等矣。此節言天子以下祭祀所及之不同。蓋德厚流光，德薄流卑，故其差降如此。然因其分之所及，以盡其報本追遠之意，則上下一也。○喪服「齊衰不杖」章「爲人後者爲其父母」傳曰：「爲人後者孰後？後大宗也。曷爲後大宗？大宗者，尊之統也。禽獸知母而不知父。野人曰：『父母何算焉？』都邑之士則知尊禰矣，大夫及學士則知尊祖矣。諸侯及其大祖，天子及其始祖之所自出。尊者尊統上，卑者尊統下。大宗者，尊之統也。大宗者，收族者也。」此篇首言祭法，末言宗法，皆本此傳之義而推廣之者也。

牧之野，武王之大事也。既事而退，柴於上帝，祈於社，設奠於牧室，遂率天下諸侯執豆、籩，逡奔走，追王大王亶父、王季歷、文王昌，不以卑臨尊也。釋文：逡，息俊反。追王，于況反。亶，丁但反。父音甫。

鄭氏曰：柴、祈、奠，告天地及先祖也。牧室，牧野之室也。古者郊關皆有館焉。先祖者，行主也。逡，疾也。疾奔走，言勸事也。不以卑臨尊，不用諸侯之號臨天子也。愚謂戎事爲大事，而牧野之事，武王所以伐暴救民，尤戎事之大者也。既事而退，謂既克紂而退也。柴、祈、奠，謂於牧野祭天地先祖，而以克紂之事告之也。柴，燔柴也。社，社主也。此告社而曰「祈」者，因告而有祈也。設奠於牧室，謂於牧野之室而奠遷主也。逡，書作「駿」，疾也。奔走，謂有事於廟中也。此謂武王克紂之後，歸至於豐，而率諸侯以祭宗廟也。武成曰「丁未，祀于周廟」，「越三日庚戌，柴望。」蓋臣子無爵君父之義，故武王歸於豐，既祀宗廟，復行祭天之禮，而以三王之功德告於天而追王之，亦稱天而誄之義也。武成稱文王爲文考〔一〕，至庚戌柴望之後，大告武成，而文王與大王、王季皆稱王，則三王之追王在庚戌之柴無疑也。中庸曰：「周公成文武之德，追王大王、王季。」蓋以周之禮制皆出於周公，故繫而言之，其實追王在武王時也。此篇言聖人之治天下自人道始，而首以祭祀之法與追王之禮言之者，以上治之事於人道爲尤重也。○呂氏祖謙曰：謂「不以卑臨尊」，此出於漢儒之説，而非追王之本意也。三王乃武王之祖、父，其尊孰大於是，曷爲待追王而後尊哉？武成

〔一〕「武成」，原本作「牧誓」，據尚書周書改。

曰：「大王肇基王迹，王季其勤王家，我文考文王克成厥勳，誕膺天命。」蓋三王皆肇基之主，所以追王之也。　愚謂追王之禮，夏、商之所未有，而始於周。蓋周之王業，實由三王積累而成，與前代不同，所謂「禮以義起」者也。若謂「不以卑臨尊」，則后稷爲始祖，猶諸侯爾，祖孫、父子之間，其尊卑豈以爵位哉？

上治祖、禰，尊尊也。下治子、孫，親親也。旁治昆弟，合族以食，序以昭繆，別之以禮義，人道竭矣。釋文：禰，本或作「祢」，年禮反。繆音木。別，彼列反，下至「其庶姓別」並同。

鄭氏曰：治猶正也。繆讀爲穆，聲之誤也。竭，盡也。　愚謂治，謂立爲法制以別其親疏厚薄之宜也。尊尊自上而殺，所以上治也。親親由下而殺，所以下治也。合族以食，謂聚合族人而與之飲食，大宗伯「以飲食之禮親宗族兄弟」是也。合族以食，以聯其情之同，別以昭穆，以辨其等之異，皆旁治之事也。別之以禮義，謂以禮義治男女而使之有別也。旁治昆弟，即下文所謂「長長」；別之以禮義，即下文所謂「男女有別」也。竭，盡也。言人道之大，竭盡於是四者而無遺也。上文言祭祀之法，追王之禮，皆上治祖、禰之事也。此又備言聖人之治人道，有此四者，篇中所言，皆所以發明此義也。

聖人南面而聽天下，所且先者五，民不與焉：一曰治親，二曰報功，三曰舉賢，四曰使能，五曰存愛。五者一得於天下，民無不足，無不贍者；五者一物紕繆，民莫得其死。聖人南面而治天下，必自人道始矣。釋文：聽，體寧反。與音預。贍，本又作「儋」，食豔反。紕，匹彌反，徐孚夷反。繆音謬，本或作「謬」。

且先者，言未暇及其他，而且以此爲先也。民不與者五者，雖皆所以爲民，而猶未及乎民事也。治親，即治人道之事也。蓋人道別而言之，則有親親、尊尊、長長、男女之不同；合而言之，祖禰、子孫、昆弟、男女皆親也，尊之親之長之別之，皆所以治親也。功，功臣也。報功，若賚之詩言「大封功臣」也。賢，謂有德者。能，謂有才者。存愛，以愛人之事存於心而不忘也。一得，猶言盡得也。無不足，力皆足以自給。無不贍，財皆足以自養。紕繆，乖錯而失其道也。蓋五者雖未及乎民事，而實爲民事之所從出，故其得失之係乎民如此。然治天下以五者爲先，而五者又以治親爲先。蓋取人以身，脩身以道，親親而仁民，仁民而愛物，苟於人道有所未盡，則所謂報功、舉賢、使能、存愛者皆無其本矣。此二句乃一篇之大旨。

立權、度、量，考文章，改正、朔，易服色，殊徽號，異器械，別衣服，此其所得與民變革者也。釋文：量音亮。正音征。徽，諱韋反。別，彼列反。○鄭注：徽或作「褘」。

鄭氏曰：權，稱也。度，丈尺也。量，斗斛也。文章，禮法也。服色，車馬也。徽號，旌旗之名也。器械，禮樂之器及兵甲也。衣服，吉凶之制也。孔氏曰：立者，言始有天下必造此物也。考，校也。文章，國之禮法也。正，謂年始。朔，謂月初。周子、殷丑，夏寅，是改正也。周夜半，殷雞鳴，夏平旦，是改朔也。服色，車馬也。易之謂各隨所尚赤白黑也。殊，別也。徽號，旌旗也。周大赤，殷大白，夏大麾，各有別也。器，謂楬豆、房俎，禮樂之器。械，謂戎路、革路、兵甲之屬也。陳氏祥道曰：左傳曰：「揚徽者，公徒也。」蓋用兵之法，以旌旗待晝事，以名號待夜事，則徽號者，徽幟之號也。愚謂言「立權、度、量」，則此三者三代之法不同也。文章，謂禮樂制度。檀弓疏引春秋緯元命包、樂緯稽耀嘉云「夏以十三月爲正，息卦受泰」，註云：「物之始，其色尚黑，以平旦爲朔。」「殷以十二月爲正，息卦受臨」，註云：「物之牙，其色尚白，以雞鳴爲朔。」「周以十一月爲正，息卦受復」，註云〔一〕：「其色尚赤，以夜半爲朔。」是三代改正、朔，易服色之事也。服如「服牛乘馬」之服，謂戎事所乘，若夏乘驪，殷乘翰，周乘騵是也。色，謂祭祀所用之牲色，若夏玄牡，殷白牡，周騂犅是也。徽，謂旌旗，若周禮九旗。號，謂號名，周禮大司馬「仲夏，教茇舍」，「辨號名之用」，是

〔一〕「註云」二字原本脱，萬有文庫及檀弓注疏亦同，據文例補。

也。別衣服，若冠則夏毋追，殷章甫，周委貌；弁則周弁，夏收，殷冔；養老之衣，則虞深衣，夏燕衣，殷縞衣，周玄衣之類是也。此節言數度文爲之末，隨時變革，所以明下文不可變革者之重也。○輔氏廣曰：聖人之治，有所更易，無非所以奉天命而順人心，固非私意所能與也。

其不可得變革者則有矣。親親也，尊尊也，長長也，男女有別，此其不可得與民變革者也。釋文：長長，並丁丈反。別，彼列反。

四者乃人道之大故，不可得而變革。孔子言「殷因於夏禮，周因於殷禮」，董子言「王者有改制之名，無變道之實」，是也。上文言人道之當先，此又言人道之不變，唯其不可變，所以必當先也。

同姓從宗，合族屬。異姓主名，治際會，名著而男女有別。

鄭氏曰：合，合之宗子之家，序昭穆也。異姓，謂來嫁者也。主於母與婦之名耳。際會，昏禮交接之會也。著，明也。母、婦之名不明，則人倫亂也。孔氏曰：同姓，父族也。從宗，謂從大、小宗也。合族屬，謂合聚族人，同時而食也。異姓，謂他姓之女來爲己姓之妻者。繫夫之親，主爲母、婦之名，夫若爲父行，則主母名；夫若子行，則主婦名。治，正也。主此母、婦之名，以正昏姻、交接、會合之事。母、婦之名著，則男女尊卑異等，不相淫亂。愚謂同姓從宗，合族屬者，若宗子祭則族人皆侍是也。異姓主名，治際會者，異姓之女，於己本無親屬，故繫其夫而定母、婦之名，以治際會之事也。際會，謂於吉凶之事相交際而會合也。若特牲禮宗婦在房中，士喪禮婦人俠牀東面，衆婦人户外北面是也。鄭氏專以昏禮言，非是。蓋同姓族屬漸衆，懼其離，有宗以統之，則不至於離。異姓男女相聚，懼其亂，有名以别之，則不至於亂。

其夫屬乎父道者，妻皆母道也；其夫屬乎子道者，妻皆婦道也。謂弟之妻「婦」者，是嫂亦可謂之「母」乎？名者，人治之大者也，可無慎乎！釋文：屬音燭。嫂，本又作「㛮」，悉早反。治，直吏反。

鄭氏曰：言母、婦無昭穆於此，統於夫耳。母焉則尊之，婦焉則卑之，尊之卑之，明非己倫以厚别也。愚謂此一節本儀禮喪服傳之文，言婦人爲夫之昆弟無服之義。此篇引之，則以明昆弟之妻所以不爲母、婦之名也。道，謂昭穆之行列也。異姓婦人來嫁己族，唯繫其夫以爲尊卑。故其夫爲父道，則其妻有母道，而其名謂之母；其夫爲子道，則其妻有婦道，而其名謂之婦。昆弟昭穆同，兄長於我，而非有父道，則其妻不可謂之母；弟幼於我，而非有子道，則其妻不可謂之婦也。爾雅曰：「兄之妻曰嫂，弟之妻曰婦。」是後世稱於兄妻猶但稱爲嫂，不稱爲母，而於弟妻則稱爲婦，故記者緣類以曉之，言若稱弟之妻爲婦，則是嫂亦可謂之母矣，而可乎？言其不可也。人治，言治人道也。蓋尊屬卑屬之妻，其際會主名以治之，昆弟之妻，其際會又以不爲之名者治之，以其無尊卑之分，而尤嚴其別也。蓋人道有四：篇首二節，言上治祖、禰之事；此上二節，申言男女有別之事；此下二節，申言旁治昆弟之事。不言下治子、孫者，子、孫與祖、禰相對，能事祖、禰，則子、孫之治在其中矣。

四世而緦，服之窮也。五世祖免，殺同姓也。六世，親屬竭矣。釋文：免音問。殺，色界反，徐所例反。

鄭氏曰：四世共高祖，五世高祖昆弟，六世以外，親盡無屬名。孔氏曰：四世，謂上至高祖，下至己兄弟，同承高祖之後者爲族兄弟，相報服緦也。爲親兄弟期，一從兄弟大功，再從兄弟小功，三從兄弟同承高祖，服緦麻，是服盡於此也。五世，謂共承高祖之父者也，服祖免而無正服，減殺同姓也。六世，共承高祖之祖者也，不服祖免，同姓而已，故云「親屬竭矣」。愚謂四世而緦者，由高祖之子至己爲四世，凡旁親承高祖之後者爲之服緦麻，喪服「族曾祖、族祖父母、族父母、族昆弟」爲四緦麻，是也。窮猶終也。五服之殺，至緦麻而終也。同高祖之親謂之族，以在九族之内也。五世在九族之外，不得爲同族，但同姓而已。同姓既疏，故殺其恩誼，但爲之袒免而無服也。竭，盡也。五世而别族，則親屬固竭矣，然相爲袒免，則猶有未盡竭者焉。至六世，并不爲袒免，則相弔而已，蓋其異於途人之泛然者幾希矣，故曰「親屬竭矣」。

其庶姓别於上而戚單於下，昏姻可以通乎？釋文：單音丹。

鄭氏曰：昏姻可以通乎，問之也。玄孫之子姓别於高祖，解「庶姓别於上」。五世而無服。解「戚單於下」。姓，世所由生。又明姓之所以别。

孔氏曰：作記之人，見殷人五世以後可以通昏，故將殷法以問於周，言周家五世以後，庶姓别異於上，與高祖不同，各爲氏族也。戚，親也。單，盡也。戚單於下，謂四從兄弟恩親盡於下，各自爲宗，不相尊敬也。庶，衆也。高祖以外，人轉廣遠，分姓衆多，故曰「庶姓」。姓别親盡，雖是周家，昏姻可以通乎？問其可通與否。

愚謂庶姓，謂共高祖之親，皆係於高祖以爲姓，所謂族也。正姓唯一，高祖之姓衆多，故曰「庶姓」。庶姓别於上，謂高祖之父，親盡於上，其出於高祖之父者，别有所繫以爲族，而不復繫高祖之父以爲族也。戚單於下，謂同出於高祖之父者，親盡而不相爲服也。姓别戚單，疑可通昏，故據而問之。

繫之以姓而弗別，綴之以食而弗殊，雖百世而昏姻不通者，周道然也。釋文：繫音計，又户計反。別，皇如字，舊彼列反。綴，丁衛反。食音嗣。

鄭氏曰：周之禮，所建者長也。姓，正姓也。始祖爲正姓，高祖爲庶姓。繫之弗別，若今宗室屬籍也。周禮小史：「掌定繫、世，辨昭穆。」孔氏曰：此記者據周法答問也。周法雖庶姓別異於上，而有世、繫，連繫之以本姓而不分別，連綴族人以飲食之禮而不殊異，雖相去百世，而昏姻不通。周道然者，言周道異於殷也。愚謂百世而昏姻不通者，周道然也，則自殷以上，男女別姓之禮固不如周之嚴矣。然孔氏謂「殷不繫姓，無繼別之宗，五世而昏姻可通」，王制及小記疏。則恐不然。盤庚告其臣曰：「茲予大享于先王，爾祖其從與享之。」可知殷之臣其有功而祭於大烝者，爲其後世之太祖矣。周初分封列國，所謂「殷民六族」，「殷民七族」，「懷姓九宗，職官五正」，此皆殷之世家大族，與國家相爲終始者，何謂無繼別之宗乎？姓本之始祖，其所從來遠；宗繫之別子，其所從來近。殷之昏姻，雖辨姓之禮未嚴，未必遂不辨宗也。○孔氏曰：天子賜姓賜氏，諸侯但賜氏，不得賜姓，降於天子也。故左傳：「天子建德，因生以賜姓，胙之土而命之氏，諸侯以字爲謚，因以爲族。官有世功，則有官族，邑亦如之。」天子因諸侯先祖所生，賜之曰姓，杜預云：「若舜生嬀汭，賜姓曰嬀。封舜之後於陳，以所封之土命爲氏，舜後姓嬀而氏曰陳。」故鄭駁異義云：「炎帝姓姜，大皞之所賜也。黄帝姓姬，炎帝之所賜也。堯賜伯夷姓曰姜，賜禹姓曰姒，賜契姓曰子，賜稷姓曰姬。」是天子賜姓也。諸侯賜卿大夫以氏，若同姓公之子曰公子，公子之子曰公孫。公孫之子，其親已遠，不得上連於公，故以王父字爲氏。若適夫人之子，則以五十伯仲爲氏，若魯之仲孫、季孫是也。若庶子妾子，則以二十字爲氏，若展氏、臧氏是也。若異姓，則以父祖官及食邑爲氏。又曰：始祖爲正姓，若炎帝姓姜，黄帝姓姬。周姓姬，本於黄帝；齊姓姜，本於炎帝；宋姓子，本於契是也。高祖爲庶姓，若魯之三桓，慶父、叔牙、季友之後，及鄭之七穆子游、子國之後爲游氏、國氏之等。愚謂姓氏之别有三：一曰姓，始祖所受，若殷之子，周之姬，百世不别者也，此篇所謂「繫之以姓而弗别」是也。二曰氏，别子之孫所受，若魯之三桓，鄭之七穆，亦百世不别者也，此篇所謂「别子爲祖，繼别爲宗」是也。三曰族，出於高祖者，繫於高祖以爲稱，若魯季氏之别出爲公甫氏，孟氏之别出爲子服氏，五世則别者也，此篇所謂「庶姓别於上」是也。姓者，諸侯所受於天子，氏者，大夫所受於諸侯，而族則凡大夫士皆可係其高祖以爲稱，而不必有所受也。然通而言之，則姓亦曰氏，春秋書「姜氏」「子氏」是也。氏亦曰族，左傳「無駭卒，羽父請謚與族」是也。族亦曰姓，此言「庶姓」是也。

服術有六：一曰親親，二曰尊尊，三曰名，四曰出入，五曰長幼，六曰從服。

術猶道也。親親，謂正卑之服。尊尊，謂正尊之服。名，謂異姓之女，來嫁於己族，主母、婦之名而爲之服也。喪服傳曰：「世母、叔母何以亦期也？以名服也。」又曰：「從母」，「何以小功也？以名加也。」是也。出入，謂己族之女有出有入，而服因之而有隆殺也。未適人及反而在室者曰入，適人曰出。長，謂旁親屬尊者之服。幼，謂旁親屬卑者之服也。從服，謂非己之正服，從於人而服者也。蓋親親者所以下治子、孫，尊尊者所以上治祖、禰，名者所以爲男女之別，長幼者所以旁治昆弟也。若出入，則女子子爲親親之服，姑、姊妹爲長幼之服，而特其在家與適人之不同而已。從服則夫之從妻，但服其正尊，子之從母，妻之從夫，兼服其旁尊，亦皆不出乎尊尊長幼之義。是服雖有六，莫不由乎人道之四者而起也。

從服有六：有屬從，有徒從，有從有服而無服，有從無服而有服，有從重而輕，有從輕而重。

屬從、徒從，說見小記。鄭氏曰：從有服而無服，公子爲其妻之父母。從無服而有服，公子之妻爲公子之外兄弟。從重而輕，夫爲妻之父母。從輕而重，公子之妻爲其皇姑。鄭氏說皆服問文，說見本篇。愚謂從服有六，實不外乎屬從、徒從而已，其下四者，皆屬從之別者也。

此上二節，言服制不外乎人道也。

自仁率親，等而上之至于祖，名曰輕；自義率祖，順而下之至于禰，名曰重。一輕一重，其義然也。釋文：上，時掌反。

此又以服之上殺，明上治祖、禰之義也。自猶從也。率，循也。親，謂父也。輕重，謂服之隆殺也。仁主於恩厚，義主於斷制。從乎仁，則服隆於三年，而其事循乎親，等而上之，而爲祖期，爲曾祖三月，而其服漸殺，故曰輕。輕者，義之制也。從乎義，則服殺於三月，而其事循乎祖，順而下之，而爲祖期，爲父母三年，而其服轉隆，故曰重。重者，仁之厚也。一輕一重，無非天理所當然，非以私意爲隆殺也。蓋祖、禰皆尊尊之服，然父則尊、親並極，祖則尊雖極而恩稍遠矣。此服之輕重所以不同也。

君有合族之道，族人不得以其戚戚君，句。**位也。**鄭氏讀「族人」以下十一字爲句，石梁王氏讀「君」字爲句，「位也」爲句，今從之。

鄭氏曰：君恩可以下施，而族人皆臣也，不得以父兄子弟之親，自戚於君。位，謂齒列也，所以尊君別嫌也。孔氏曰：合族，謂設族食燕飲，有合會族人之道。輔氏廣曰：君有合族之道，親親仁也。族人不敢以其戚戚君，位尊尊義也。愚謂此言君雖有綴姓合食之道，以篤親族之恩，而族人則不敢以其戚戚君，以尊卑之位不同也。以明人君絶宗，而宗法之所以立，爲下文發其端也。

庶子不祭，明其宗也。庶子不得爲長子三年，不繼祖也。釋文：爲，于僞反，下「爲其士」同。

鄭氏曰：族人上不戚君，下又辟宗，乃後能相序。朱子曰：庶子不祭，謂非大宗則不得祭適子之爲祖者，非小宗則各不得祭其四小宗所立之祖、禰也。愚謂庶子不得祭祖、禰，而祖、禰由適子而祭，此宗法之所以重也。

別子爲祖，繼別爲宗，繼禰者爲小宗。

鄭氏曰：別子，謂公子，若始來在此國者，後世以爲祖也。繼別爲宗，別子之世適也，族人尊之，謂之大宗，是宗子也。繼禰者，父之適也，兄弟尊之，謂之小宗。孔氏曰：別子，謂諸侯之庶子。諸侯之適子、適孫繼世爲君，而第二子以下悉不得禰先君，別於正適，故稱別子也。爲祖者，言爲後世之太祖也。始來在此國，此謂非君之親，或是異姓，始來亦謂之別子，以其別於在本國不來者也。繼別爲宗，謂別子之適子世繼別子爲大宗也。族人與之絶族者，皆爲之服齊衰三月，母、妻亦然。繼禰者爲小宗，謂父之適子上繼於禰，諸兄弟皆宗之，謂之小宗，以本親之服服之。　愚謂上言「族人不得戚君」，下言「公子有宗道」，則別子本主謂諸侯之庶子，鄭氏欲廣言立大宗之法，故并始來在此國者言之。　蓋公子之重視大夫，若始來此國而爲大夫，固當爲其後世之大祖，與公子同也。　其不爲大夫者，仍宗其宗子之在故國者，而不得自立宗，曲禮所謂「反告於宗後」是也。

有百世不遷之宗，有五世則遷之宗。　百世不遷者，別子之後也。　宗其繼別子之所自出者，百世不遷者也。　宗其繼高祖者，五世則遷者也。　尊祖故敬宗，敬宗，尊祖之義也。　朱子曰：「之所自出」四字疑衍，註中亦無此文，至作疏時方誤耳。

鄭氏曰：繼別子者，別子之世適也。　繼高祖者，亦小宗也。　先言「繼禰者」，據別子子弟之子也。　以高祖與禰皆有繼者，則曾祖亦有也。　則小宗四，與大宗凡五。　孔氏曰：百世不遷之宗，謂大宗也。　五世則遷之宗，謂小宗也。　經言繼高祖爲小宗，何以前文先言「繼禰者爲小宗」？　鄭解此意，先言「繼禰者」，承上「繼別爲大宗」之下，則從別子言之。　別子子者，別子之適子也；弟之子者，別子適子之弟所生子也。　弟則是禰，其長子則是小宗，故云「繼禰者爲小宗」，因別子而言也。　小宗四，謂一是繼禰，與親兄弟爲宗；二是繼祖，與同堂兄弟爲宗；三是繼曾祖，與再從兄弟爲宗；四是繼高祖，與三從兄弟爲宗；并大宗凡五也。　大宗是遠祖之正體，小宗是高祖之正體。尊崇其祖，故敬宗子。所以敬宗子者，尊崇先祖之義也。

有小宗而無大宗者，有大宗而無小宗者，有無宗亦莫之宗者，公子是也。

鄭氏曰：公子有此三事也。公子，謂先君之子，今君昆弟。孔氏曰：諸侯之子，身是公子，上不得宗君，下未爲後世之宗，不可無人主領。君無適昆弟，遣庶昆弟一人爲宗，領公子，禮如小宗，是有小宗而無大宗。君有適昆弟，使之爲宗，以領公子，更不立庶昆弟爲宗，是有大宗而無小宗。公子唯一，無他公子可爲宗，是無宗；亦無他公子來宗己，是莫之宗也。公子有此三事，他人無也。愚謂上言立宗之義已盡，此下二節，又言公子立宗之法，乃立宗之權也。

公子有宗道。公子之公，爲其士大夫之庶者宗其士大夫之適者，公子之宗道也。

鄭氏曰：公子不得宗君，君命適昆弟爲之宗，使之宗之，是公子之宗道也。此解本文之義。所宗者適，則如大宗死爲之齊衰九月，其母則小君也，爲其妻齊衰三月。此解上文「有大宗而無小宗」。無適子而宗庶，則如小宗死爲之大功九月，其母、妻則無服。此解上文「有小宗而無大宗」。

公子唯己而已，則無宗亦莫之宗也。此解上文「無宗亦莫之宗」。　愚謂公子，即别子也。繼别爲宗，則當公子之身未有宗道，而有宗道者，則以有公命爲宗之法也。上言公子有三事，而此獨以宗適言之者，蓋宗適者其正也，無適乃宗庶耳。然宗子本以主祖、禰之祭，故爲族人之所宗，若公子之爲宗，則但有收族之責，而無尊祖之義。蓋君既絶宗，兄弟不可以無統，故權時立之如此。至公子之適子，則各自主其父之祭，以爲後世之大宗，而不復相宗矣。自「君有合族之道」至此，言立宗之法；又承上文「同姓從宗，合族屬」而申言之，以明旁治昆弟之義也。

絶族無移服，親者屬也。釋文：移，或本或作「施」，同以豉反。

鄭氏曰：絶族無移服，族昆弟之子不相爲服。親者屬，有親者，服各以其屬親疏。　孔氏曰：在旁而及曰移。絶族無移服者，族兄弟緦麻，族兄弟之子及四從兄弟爲族屬〔一〕，既絶，服不延移及之。親者屬者，謂有親者各以屬而爲之服也。　愚謂此二句本喪服傳所引「傳曰」之文，所以釋「出妻之子爲外祖父母無服」之義，此篇引之，則主於本宗之服，以明人道親親之義也。

〔一〕「爲」字原本脱，據禮記注疏補。

自仁率親，等而上之至于祖，自義率祖，順而下之至于禰，是故人道親親也。

上節引喪服傳，以旁治明親親之義；此覆舉前文，又以上治明親親之義也。蓋人道雖有四者，而不外於親親，而親親之義，則又以屬於禰者爲最隆，故於此歸本而言之，以明人道之所尤重也。

親親故尊祖，尊祖故敬宗，敬宗故收族，收族故宗廟嚴，宗廟嚴故重社稷，重社稷故愛百姓，愛百姓故刑罰中，刑罰中故庶民安，庶民安故財用足，財用足故百志成，百志成故禮俗刑，禮俗刑然後樂。詩云：「不顯不承，無斁於人斯。」此之謂也。

釋文：中，丁仲反。斁音亦。

祖者，親之所尊也。能親親，則必以親之心爲心，而遞推之以至於無窮而尊祖矣。親親尊祖，則必敬其主祖、禰之祭者而敬宗矣。收，聚也。敬宗，則族人皆祗事宗子而收族矣。收族則宗子祭而族人皆侍，而宗廟嚴矣。卿大夫之宗廟，與君之社稷相爲休戚者也，故宗廟嚴則必重社稷，而效忠於上者篤矣。百姓，百官也。臣能重社稷而效忠於君，則君亦愛百姓而體恤其臣矣。君臣交相忠愛，則無事乎操切督責之政而刑罰中矣。刑罰中而和氣洽，庶民之所以安也。庶民安而樂事勸功，財用之所以足也。財用足，則富可以備禮，和可以廣樂，百志之所以成也。刑亦成也。制之於上之謂禮，行之於下之謂俗。百志成則化行俗美，禮俗之所以刑也。禮俗刑，然後上下和樂而不厭矣。詩，大雅清廟之篇。承，尊奉也。不顯，豈不顯也。不承，豈不承也。斁，厭也。引詩以明禮俗成而樂，則無厭斁於人也。蓋治天下必始於人道，而人道不外於親親。先王治天下，必以治親爲先，使天下之人莫不有以親其親。而其效至於如此，則其始雖若無與於民，而其終至於無不足、無不贍者，用此道也。○顧氏炎武曰：人君之於天下，不能以獨治也，獨治之而刑繁矣，衆治之而刑措矣。古之王者，不忍以刑窮天下之民也，是故一家之中，父兄治之，一族之間，宗子治之，其有不善之萌，莫不自化於閨門之内，而猶有不帥教者，然後歸之士師。然則人君之所治者約矣。然後原父子之親，立君臣之義以權之；意論輕重之序，慎測淺深之量以别之；悉其聰明，致其忠愛以盡之。夫然，刑罰焉得而不中乎？是故宗法立而刑清。天下之宗子，各治其族，以輔人君之治，罔攸兼于庶獄，而民自不犯於有司，風俗之醇，科條之簡，有自來矣。詩曰：「君之宗之。」吾是以知宗子之次於君道也。又曰：民之所以不安，以其有貧有富。貧者至於有不能自存，而富者常恐人之有求而多爲吝嗇之計，於是乎有争心矣。夫子有言：「不患貧而患不均。」夫惟收族之法行，而歲時有合食之恩，吉凶有通財之義。本俗六安萬民，三曰「聯兄弟」，而鄉三物之所興者，六行之條，曰「睦」曰「恤」，不待王政之施，而矜、寡、孤、獨、廢、疾者皆有所養矣。此所謂「均無貧」者，而財用有不足乎？至於葛藟之刺興，角弓之賦作，九族乃離，一方相怨，而瓶罍交恥，泉池並竭，然後知先王宗法之立，其所以養人之欲而給人之求爲周且豫矣。

禮記卷三十五

少儀第十七

別録屬制度。○釋文：少，詩照反。

孔氏曰：此篇雜明細小威儀。　陸氏佃曰：內則曰「十歲學幼儀」，此篇其類也。　朱子曰：此篇言少者事長之節，疏以爲細小威儀，非也。　愚謂此篇固多爲少者事長之事，而亦有不專爲少時者，但其禮皆於少時學之，所謂「見小節，踐小義」也。　名篇之義，朱子之説爲確，而鄭、孔所謂「細小威儀」者，其義亦未嘗不兼之焉。

聞始見君子者，辭曰：「某固願聞名於將命者。」不得階主。釋文：見，賢遍反，下文並同。聞如字，徐音問。

鄭氏曰：君子，卿大夫若有異德者。固，如故也。將猶奉也。即君子之門，而云「願以名聞於將命者」，謙遠之也。重則云「固」。奉命，傳辭出入。階，上進者。言賓之辭不得指斥主人。　孔氏曰：聞始見君子者，作記之人謙退，不敢自專制其儀，而云「傳聞舊説」也。辭，客之辭也。某，客名也。再辭曰「固」。不云「初辭」而云「固」者，欲明主人不即見己，己乃再辭，故云「固」。若初辭，則不云「固」也，當唯云「某願聞名於將命者」耳。聞名，謂名得通達也。將命，謂傳辭出入者。階，進也。階是階級，人升階必上進也。主，謂主人。客實願見主人，而云「願以己名聞於傳命者」，客宜卑退，故其辭不得進斥主人也。愚謂始見，謂執贄相見者也。始見君子，降等之客也。不得階主，降於敵者之禮也。

敵者，曰「某固願見」。

鄭氏曰：敵，當也。願見，願見於將命者，謙也。孔氏曰：亦應云「願見於將命者」，因上已有，故此略之。愚謂敵者始見，其辭曰「某固願見」，不云「聞名於將命者」，以其體敵，故其辭得階主也。士相見之禮曰：「某也願見，無由達，某子以命命某見。」註疏說非是。

罕見曰「聞名」，亟見曰「朝夕」。釋文：亟，去冀反，下同。

此又承前「見君子」而言。罕見情疏，故曰「聞名」，蓋雖不執贄，而其辭則與始見同也。亟，數也。亟見情親，故其辭曰「某願朝夕於將命者」。

瞽曰「聞名」。

鄭氏曰：瞽，無目也。以無目，辭不稱「見」。孔氏曰：不問見貴賤，並云「願聞名於將命者」，其目無所見，故不云「願見」。　愚謂此亦始見與罕見之辭也。

適有喪者曰「比」，童子曰「聽事」。

鄭氏曰：適，之也。曰「某願比於將命者」。比，猶比方，俱給事。童子曰「某願聽事於將命者」。　孔氏曰：前明吉禮相見，此明凶禮相見也。喪不主相見，凡往皆是助事，故云「比」，謂比方其年力以給其事也。若五十從反哭，四十待盈坎，皆是比方其事。童子未成人，往適他喪，不敢與成人比方，但來聽主人以事見使，故云「願聽事於將命者」。　愚謂比於將命，謂來與將命者同執事爾。孔氏「比方年力」之說，非是。玉藻：「童子無緦服，聽事不麻。」

適公卿之喪，則曰「聽役於司徒」。

鄭氏曰：喪憂戚，無賓主之禮，皆爲執事來也。　孔氏曰：前明往敵者喪家，此適貴者喪，不敢云「比」，但聽主人見役也。司徒主國之事，公卿之喪，皆率其屬掌之。故司徒職云：「大喪，率六鄉之衆庶，屬其六引而治其政令。」又檀弓云「孟獻子之喪，司徒旅歸四布」，隱義云「公卿亦有司徒官以掌喪事」也。　愚謂公，謂大國之孤也。少牢禮大夫有宰，有司馬，有司士。宰即司徒也。天子有宰，有司徒。諸侯大夫皆兼官，諸侯之司徒，聘禮謂之宰，以其兼宰之事也，故大夫之宰亦謂之司徒也。司徒主公卿之家事，故適公卿之喪曰「聽役於司徒」。司徒職「大喪，屬其六引」，此謂王之喪，非卿大夫之喪也。周禮「三公六卿之喪」，宰夫「與職喪率官有司而治之」，司徒不掌其事，疏説非是。

君將適他，臣如致金玉貨貝於君，則曰「致馬資於有司」。敵者曰「贈從者」。

釋文：它音他，本亦作「他」。從，才用反。

鄭氏曰：適他，行朝會也。資猶用也。贈，送也。孔氏曰：前明吉凶相見之禮，此下明吉凶送遺之禮，此明送吉也。君朝會出往他國，臣若奉獻財物，以充君路費，君體尊備物，不敢言以物贈君，故云「此物充君馬資」。有司，謂主典君物者。物送敵者，亦不敢言贈送敵者，當言「贈於左右從行者」也。愚謂貨，布也。致馬資於有司，言己物菲薄，不堪充用，但致於有司，以給馬之芻秣而已。敵者曰「贈從者」，言己物菲薄，不足以給敵者之用，但以送從行之人而已。

臣致襚於君，則曰「致廢衣於賈人」。敵者曰「襚」。釋文：襚音遂。賈音價，徐音估。

鄭氏曰：言廢衣，不必其以歛也。賈人，知物善惡者。周禮玉府「掌凡王之獻：金玉、兵器、文織、良貨賄之物，受而藏之」，有賈八人。孔氏曰：前明送吉，此明送凶。襚者，以衣送死人之稱，言遂彼生時之意也。若臣以衣襚君，不得言「襚」，但云「致廢衣」，言不敢必充君斂，但充廢置不用之例也。賈人識物貴賤，主君衣物，不敢云與君，故云「致賈人」也。敵者無謙，故云「襚」。　愚謂司服掌王之吉凶衣服，其下無賈；玉府掌王之燕衣服，有賈八人。今致襚者言「致廢衣於賈人」，蓋以己之襚不足爲禮衣，但致於玉府之賈人，以充燕衣服之數而已。

親者兄弟不以襚進。

鄭氏曰：不執將命也，以即陳而已。　孔氏曰：此明親者相襚之法。進，謂執之將命也。若非親者相襚，則擯者傳辭將進；若親者，直將進陳之，不須執以將命也。案士喪禮，大功以上同體之親，襚不將命，小功以下及同姓等皆將命。　愚謂凡族親皆謂之兄弟。親者兄弟，言兄弟之親者，謂大功以上也。

臣爲君喪，納貨貝於君，則曰「納甸於有司」。

鄭氏曰：甸，謂田野之物。　孔氏曰：納，入也。甸，田也。臣受君地，此物田野所出，合獻入於君之有司也。衣是送君，故與賈人；貨貝供喪用，故付有司。　愚謂致貨貝於君，謂致賻也。

賵馬入廟門。賻馬與其幣，大白兵車，不入廟門。

鄭氏曰：賵馬入廟門，以其主於死者。賻馬與其幣不入廟門，以其主於生人也。兵車，革路也。雖爲死者來，陳之於外，戰伐田獵之服，非盛者也。周禮：「革路建大白以即戎。」孔氏曰：此論賵、賻之異。以馬送死曰賵。賵，副也，言副亡者之意，欲供駕魂車也。以馬助生者營喪曰賻馬。諸侯之喪，鄰國有以大白兵車而賵者，或國家自有也。愚謂諸侯致賵有主，若大夫士亦有幣。賵馬不言其幣者，馬既入，則圭與幣可知。賻用貨貝，或亦用馬，用馬則并有幣以將之。賻馬特言「與其幣」者，嫌馬雖不入，幣猶當入也。士喪禮下篇：「賓賵者將命，擯者出請，入告，出告『須』，馬入設，賓奉幣。擯者先入，賓從。」是賵馬與其幣入廟門也。又曰：「若賻，入告，主人出門左，西面，賓東面將命。主人拜，賓坐委之。」此所委蓋貨貝之屬，是賻物不入廟門也。其用馬爲賻者亦然。大白兵車，言兵車之上建大白也。大白兵車，賵也，而亦不入廟門者，諸侯賵物多，若皆入，則庭之廣不足以容，而革路既卑，故不入廟門。

賻者既致命，坐委之，擯者舉之，主人無親受也。

鄭氏曰：喪者非尸柩之事則不親也。舉之，舉以東。孔氏曰：此明賻者授受之儀。吉時饋物，主人皆自拜受；喪主哀戚，賻物悉不得拜受，故使擯者舉之而已。舉之，謂幣之屬也。知舉以東者，雜記「含者委于殯東南」，「宰夫朝服即喪屨，升自西階，西面坐取璧，降自西階以東」。後襚者賵者並然，若賻則擯者不升堂也。　愚謂雜記諸侯致賵，上介升堂致命，此謂在殯或既葬以後。若葬時致賵，則雖君命不升堂，蓋爲其時柩在堂下，不可居堂上以臨死者。故士喪禮「公賵玄纁束，馬兩」，「賓奉幣，由馬西，當前輅，北面致命」。是葬時君賵亦不升堂。孔疏云「若賻則擯者不升堂」，其義猶未爲晰也。擯者，主人之宰也。周禮小宰：「喪荒，受其含襚幣玉之事。」士喪禮下篇曰：「賓賻，東面將命，坐委之，宰由主人之北，東面舉之。」賻者用貨貝，則執貨貝以將命，用馬、幣，則執幣以將命，既將命，則坐委之，而主人之擯者舉之。此禮賵、賻皆然，獨言「賻」者，蒙上文「賻馬與其幣」之文也。

受立授立，不坐，性之直者，則有之矣。

朱子曰：性之直，猶所謂「直情而徑行」者與？　愚謂受立不坐，爲煩人之坐而授也。授立不坐，爲煩人之坐而受也。性之直者則有之，則固不可以爲禮而安之也。

始入而辭，曰「辭矣」。即席，曰「可矣」。

鄭氏曰：可猶止也。謂擯者爲賓主之節也。始入則告之辭，至就席則止其辭。　孔氏曰：

始入而辭者，謂始入門，主人辭謝賓之節。曰「辭矣」者，擯者告主人辭，讓賓令先入也。至階時，亦應告主人讓登，此不言者，「始入」之文包入門、登階也。即席，謂賓主升堂，各就席而立也。曰「可矣」者，擯者告之，言既即席，不須辭也。愚謂此謂以禮相見，而席於堂者也。可矣者，賓主既皆就席，告之以可坐也。

排闔說屨於户内者，一人而已矣。有尊長在，則否。釋文：闔，初臘反，又音合。說，吐活反，本又作「脱」。長，丁丈反。

鄭氏曰：雖衆敵，猶有所尊也。有尊長者在内，後來之衆皆說屨於户外。愚謂此謂燕見而席於室者也。闔，户扇也。凡席於堂，則屨說於堂下；席於室，則屨說於户外，唯尊者一人說屨於席側。若尊卑相敵之人，相與排闔入室，雖無尊者，亦唯推年長一人說屨於户内也。有尊長在則否者，謂若先有尊長在内，則後入者皆說屨户外也。

問品味，曰：「子亟食於某乎？」問道藝，曰：「子習於某乎？」「子善於某乎？」

鄭氏曰：不斥人，謙也。道，三德三行也。藝，謂六藝。孔氏曰：雖先知其所食、所習、所善，及其問之，猶疑而稱「乎」，乎者，謙退之辭，是不正指斥人所能也。道難，故稱「習」；藝易，故稱「善」。愚謂道藝，謂六藝也。周禮鄉大夫：「考其德行道藝，而興賢者能者。」德謂六德，行謂六行，道藝謂六藝，此鄉大夫之三物。道藝人容有能否，故須問；若德行，則不當問矣。或稱「習」，或稱「善」，博異言也。

不疑在躬，不度民械，不願於大家，不訾重器。釋文：度，大洛反。訾，子斯反。○今按：訾當讀爲「不苟訾」之訾，音紫。

鄭氏曰：躬，身也。不服行所不知，使身疑也。械，兵器也。大，謂富之廣也。訾，思。重猶寶也。孔氏曰：大家，謂富貴廣大之家，謂卿大夫之家也。見彼富大，不可願效之，非分而願，必有亂心也。重器，珍寶之物。見之不可思玩，若思玩之，則憎疾己貧賤，生淫亂濫惡也。朱子曰：不訾度民家之器物，爲不欲校人之强弱，且嫌不審也。訾，猶計度也。下「無訾金玉成器」，字義同此。國語云「訾相其質」，漢書云「爲無訾省」，又云「不訾之身」，皆此義。此言「不訾重器」者，謂不欲量物之貴賤，亦避不審也。愚謂在躬，謂冠服之屬也。左傳：「衣服附在吾身。」不疑在躬者，衣服各有所宜，若疑於其義而服之，則亂於禮也。兵械，非常之器，不度之者，恐人以非心疑己也。不願於大家者，君子素位而行，不願乎外，不可以妄慕富貴也。訾，毀也。重器，人所寶貴，若指其瑕纇而訾毀之，非人之所樂也。願大家，近於求；訾重器，近乎忮。○此節通戒爲人之法。孔疏蒙上「即席」，專以賓主之禮言，非是。

氾埽曰埽，埽席前曰拚。拚席不以鬣，執箕膺擖。釋文：氾，芳劍反。拚，弗運反，又作「攢」。鬣，力輒反。擖，以涉反，徐音葉。

鄭氏曰：鬣，謂帚也。帚恒埽地，不潔清也。膺，親也。擖，舌也。持箕將去糞者，以舌自鄉。孔氏曰：拚是除穢，埽是滌蕩。内外俱埽謂之埽，止埽席前謂之拚。鬣，謂埽地帚也。埽席上，不得用埽地帚也。膺，人之胸前。擖，箕之舌也。箕是去穢物之具，賤者執之，不可持鄉尊者，當持其舌自鄉胸前。愚謂孔疏以此節亦蒙前「即席」，以賓客來言之，非是。洒埽室堂及庭，每日之常，非必爲有賓客也。弟子職云「執箕膺擖，厥中有帚」，此謂初往糞時也。又云「以葉適己，實帚于箕」，此謂糞畢將去時也。是初往及糞畢時執箕皆膺擖也。

不貳問。

貳，猶貳心之義。問宜專向一人，若貳問，則令人難爲答也。○註疏以問爲問卜、筮，非是。下句方言「問卜、筮」，則此「問」不謂卜、筮。

問卜、筮，曰：「義與，志與？」義則可問，志則否。釋文：與音餘。

鄭氏曰：義，正事也。志，私意也。　輔氏廣曰：問卜、筮，必義而後可，不可行險以僥幸。左傳「南蒯將叛」，「筮而遇坤之比」，子服惠伯曰：「忠信之事則可，不然則否。」又曰：「易不可以占險。」　愚謂義與、志與者，將問而先審度於己也。義則當質於神，以審其從違；若志則當以義自斷，而其吉凶不必問矣。

尊長於己踰等，不敢問其年。

鄭氏曰：踰等，父兄黨也。問年，則己恭孫之心不全。　愚謂踰等，謂輩行尊於己者，同姓則世叔父之屬，異姓則父之執，母之昆弟之屬。君之路馬不齒，有貳車者之乘馬服車不齒，而況尊長可問其年乎？

燕見不將命。釋文：見，賢徧反，下「請見」同。

鄭氏曰：自不用賓主之正來，則若子弟然。　孔氏曰：私燕而見，不使擯者將命，無賓主之禮。

遇於道，見則面，不請所之。

鄭氏曰：可以隱則隱，不敢煩動也。不請所之，長者所之或卑褻。　愚謂不請所之，亦爲煩長者之答己。

喪俟事，不犆弔。釋文：犆，本亦作「植」，音特。

鄭氏曰：亦不敢故煩動也。事，朝夕哭時。

侍坐，弗使不執琴瑟，不畫地，手無容，不翣也。釋文：翣，本又作「萐」，所甲反。

鄭氏曰：端慤所以爲敬也。尊長若使彈琴瑟，則爲之可。孔氏曰：此卑侍尊者之法也。不畫地，不無故畫地也。手無容，不弄手也。翣，扇也。雖暑亦不敢搖翣也。此皆端慤所以爲敬。愚謂此四者皆侍坐之法。

寢，則坐而將命。

鄭氏曰：將命，有所傳辭也。坐者，不敢臨之。孔氏曰：長者寢卧，立則恐臨尊者。愚謂燕見不將命，謂己不敢使人將命也。寢，則坐而將命，謂己爲尊長將命也。

侍射則約矢，侍投則擁矢。釋文：射，食夜反。

鄭氏曰：約矢，不敢與之拾取也。擁矢，不敢釋於地也。投，投壺也。投壺坐。孔氏曰：矢，箭也。凡射必計耦，先設楅於中庭，倚箭於楅上，上耦前取一矢，下耦又進取一矢，如是更進，各得四箭。若卑者侍射，則不敢更拾、進取，但一時並取四箭，故云「約矢」。投，投壺也。擁，抱也。矢，投壺箭也。投壺禮亦賓主各四矢，從委於前，一一取之以投。若卑者侍投，則不敢釋置於地，但手並抱之也。　愚謂此謂侍尊者射及投壺，而與尊者爲耦也。

勝則洗而以請。客亦如之。不角，不擢馬。釋文：勝，詩證反。擢，直角反。

鄭氏曰：洗而以請，洗爵請行觴，不敢直飲之。客射，若投壺不勝，主人亦洗而請之。角，謂觵，罰爵也。於尊長與客，如獻酬之爵。擢，去也，謂徹也。　孔氏曰：勝則洗而以請者，若敵射及投壺竟勝者，弟子酌酒置豐上，豐在西階上西楹之西，而下堂揖不勝者升堂，北面取豐上爵飲之。若卑者得勝，則不敢直酌，當先洗爵而請行酒，然後乃行也。客亦如之者，客若不勝，則主人亦洗而請，如卑侍尊之法，所以優賓也。不角者，罰爵用角，詩云「酌彼兕觵」是也。飲尊者及客，則不敢用角，但用如常獻酬之爵也。不擢馬者，擢，去也，徹也。投壺立籌爲馬，馬有威武，射者所尚也。凡投壺，每一勝輒立一馬，至三馬而成勝。但頻勝三馬難得，若一朋得二馬，一朋得一馬，二馬之朋，徹取一馬爲三馬，以足成己勝。若卑者之朋，雖得二馬，不敢徹尊者馬足成己勝也。　愚謂勝則洗而以請者，謂洗爵酌酒，就其席前而請之，不敢奠爵於豐上，而揖尊者使飲。鄉射禮若「賓主人大夫不勝」，「執爵者取觶降洗升，實之以授于席前」，是也。註疏說未晰。毛詩傳：「兕觵，罰爵也。」疏云：「觵是觚、觶、角、散之外別有此器，不用於正禮。」蓋觵以兕角爲之，故亦名爲角，而非「四升曰角」之角也。然鄉射、大射罰爵皆用觶，此用角者，豈燕射與投壺之禮然與？投壺禮請賓云「一馬從二馬」，「請主人亦如之」，則與客投壺者得擢馬矣。此云「客亦如之」，唯謂「勝則洗而以請」一事，若不角、不擢馬，則唯施於尊者，而不施於客也。孔疏於下二事亦兼尊者與客言之，非是。

執君之乘車則坐。釋文：乘，繩證反。

鄭氏曰：執，執轡，謂守之也，君不在中。坐，示不行也。孔氏曰：凡御則立，今守空車則坐，示君不在車，車不行也。愚謂此謂初乘車驅之五步而立之時也。坐，跪也。爲君子御者，始乘則式，爲君御者，始乘則坐，皆所以爲敬也。

僕者右帶劍，負良綏，申之面，拖諸幦，以散綏升，執轡然後步。釋文：拖，徒可反，又他佐反。幦，徐音覓。

鄭氏曰：面，前也。幦，覆笭也。良綏，君綏也。負之，由左肩上入右腋下，申之於前覆笭上也。步，行也。孔氏曰：僕，御者也。右帶劍者，帶之於腰右邊也。帶劍之法在左，右手抽之便也。今御者右帶劍者，御在中，君在左，若左帶劍，則妨君，故右帶也。良，善也。善綏，君綏也。負良綏，申之面者，君由後升，僕者在車，背君，面向前，按自「君由後升」以下十三字當删。取君綏，由左腋下加左肩上，繞背入右腋下，申綏之末於面前。拖諸幦者，拖猶擲也，亦引也。幦，車覆闌。綏申於面前，而擲末於車前幦上也。散綏，副綏也。僕登車不得執君綏，故執副綏而升也。執轡然後步者，步，行也，既升車，執策分轡，而後行車也。行車五步而立待君，君出，則授良綏而升君也。朱子曰：僕在車下，帶劍負綏，而擲綏末於幦上，君固未就車也。及僕以散綏升之後，君方出而就車。此疏乃言「君由後升，僕者在車，背君」，「取綏而拖諸幦」，誤矣。又按綏制，當是以索爲環，兩頭相屬，故負者得以如環處自左腋下過前後各上至背，則合而出於右腋之中，以申於前，而自車下擲於幦上，君升則還身向後，復以覆幦如環處授君，使君得以兩手執之而升也。又曰：此條非專爲君御之事。蓋劍妨左人，自當右帶，綏欲授人，自當負之以升，又當升時無人授己，故但取散綏以升，乃僕之通法。註疏皆誤。　愚謂綏蓋繫於車之左右闌，君由左升，良綏在左；僕右，由右升，其綏在右。僕必負綏者，君升授綏，必繞之於背以挽君，乃有力，故於未升時預擬君升授綏之法，而負之以升也。此節固爲僕之通法，註疏承上文，專以御君言之，於義亦無害。至疏謂負綏在車上，則非是。又君升則僕當向君，而以綏授君，疏乃謂「背君向前」，而「申綏於面」，尤不可曉。疑是疏文有誤脱，若删去「君由後升」至「向前」十三字，則其文義亦自通曉也。

請見不請退。朝廷曰退，燕遊曰歸，師役曰罷。釋文：見，賢遍反。朝，直遥反，後「朝廷」皆同。罷音皮。○按朱子罷如字，今從之。

鄭氏曰：請見不請退者，去止不敢自由。朝廷曰退，近君爲進也。燕遊曰歸，禮褻，主於家也。罷之言罷勞也。孔氏曰：卑者於尊者，有請見之理，既見，退必由於尊者，故不敢請退。朝廷之中，若欲散還，則稱曰退，以近君爲進。還私遠君，故曰退。論語「子退朝」，「冉子退朝」，俱是對進爲言也。在燕及遊退還，稱曰歸，以燕遊禮褻，主於歸家。於師役之中，欲退散之時，稱曰罷勞。朱子曰：按易曰：「或鼓或罷。」與史記「將軍罷休就舍」之罷亦同。愚謂師，兵衆也。役，徒役也。罷，休也。凡用師役，曰作曰興，散師役曰罷。

侍坐於君子，君子欠伸，運笏，澤劍首，還屨，問日之蚤莫，雖請退可也。釋文：還音旋。莫音暮。

鄭氏曰：以此皆解倦之狀。伸，頻伸也。運、澤，謂玩弄也。金器弄之，易生汗澤。孔氏曰：志倦則欠，體疲則伸。運，動也。謂君子摇動於笏。澤，謂光澤。玩弄劍首，則生光澤。還，轉也。尊者脱屨户内，是屨恒在側，故得自還轉之也。「欠伸」以下諸事，皆是君子體倦欲起，或欲臥息之意，故侍者請退可也。　愚謂此承上文而言。請見雖不請退，若君子有此諸事，則雖請退可也，所以體尊者之意也。

事君者量而后入，不入而后量。凡乞假於人、爲人從事者亦然。然，故上無怨而下遠罪也。　釋文：量音亮。乞如字，又音氣。爲，于僞反。遠，于萬反。

鄭氏曰：量，量其事意合成否。　孔氏曰：凡臣之事君，欲請爲其事，先商量事意堪合與否，而後入而請之，不先入請，然後始商量成否。非但事君如此，凡乞貸假借，求請事人，亦須先商量事意成否，故曰「亦然」。然，猶如此。事君如此，則下不忤上，故上無怨；上不責下，故下遠罪。　然唯結上下，不結「乞假」「從事」者，略可知也。

不窺密，不旁狎，不道舊故，不戲色。

鄭氏曰：密，隱曲處。不窺密，嫌伺人之私也。不旁狎，妄相服習，終或爭訟。道舊故，言知識之過失，損友也。　朱子曰：旁，泛及也。泛與人狎習，不恭敬也。舊事既非今日所急，或揚人宿過，以取憎惡，如陳勝賓客言勝故情，爲勝所殺之類也。　戲色，謂嬉笑侮慢之容。　愚謂此四者皆非恭敬長厚之道，故戒之。

爲人臣下者，有諫而無訕，有亡而無疾，頌而無諂，諫而無驕，怠則張而相之，

廢則埽而更之，謂之社稷之役。釋文：訕，所諫反，徐所姦反。讇，敕檢反。相，息亮反。更音庚。

鄭氏曰：亡，去也。疾，惡也。頌，謂將順其美也。驕，謂言行謀從，恃知而慢也。怠，惰也。相，助也。廢，政教壞亂，不可因也。孔氏曰：訕，謂道君之過惡及謗毀也。君有過，臣當諫之，而不得向人謗毀。諫若不聽，當出竟亡去，不得强留而憎惡君也。頌，美盛德之形容也。讇，謂以惡爲美，横求見容也。君有盛德，臣當美而頌之，而不得虚妄以惡爲美也。君若從己諫，則不得因言行謀用，恃知而生驕慢也。君政怠惰，則臣當張起而助成之；君政若已廢壞，無可張助，則當埽蕩而更創立新政也。事君如上所言，則可爲社稷之臣也。

毋拔來，毋報往，毋瀆神，毋循枉，毋測未至。釋文：拔，蒲末反，王本作「校」，古孝反。報音赴。

鄭氏曰：報，讀爲「赴疾」之赴。拔、赴，皆疾也。人來往所之，當有宿漸，不可卒也。瀆，謂數而不敬。毋循枉，謂前日之不正，不可復遵行以自伸。測，意度也。朱子曰：來、往，只是向背之意。二句文勢，猶云其就義若熱，則其去義若渴。言人見有箇好事，火急歡喜要做，這樣人不耐久，少間心懶意闌，則速去之矣，所謂「其進鋭者其退速」也。愚謂測未至，孔子所謂「逆詐億不信」也。拔來、報往則輕躁，瀆神則不敬，循枉則恥過作非，測未至則不誠。

士依於德，游於藝。工依於法，游於説。 釋文：説如字，又始鋭反。○鄭註：説或爲「伸」。鄭氏曰：德，三德也：一曰至德，二曰敏德，三曰孝德。藝，六藝也：一曰五禮，二曰六樂，三曰五射，四曰五御，五曰六書，六曰九數。法，謂規矩尺寸之數也。説，謂鴻殺之意所宜也。考工記曰：「薄厚之所震動，清濁之所由出，侈弇之所由興，有説。」　愚謂依於德以立其本，游於藝以該其末，依於法以循其所當然，游於説以知其所以然。

毋訾衣服成器，毋身質言語。 釋文：訾，子斯反。○今按：訾字亦當音紫。鄭氏曰：質，成也。聞疑則傳疑，若成之，或有所誤也。　朱子曰：毋訾衣服成器，與不訾重器之意同。毋身質言語，即疑事毋質之意。　愚謂毋訾衣服成器者，爲其非人之所樂也。毋訾重器，毋訾衣服成器，皆所謂「不苟訾」也。

言語之美，穆穆皇皇。朝廷之美，濟濟翔翔。祭祀之美，齊齊皇皇。車馬之美，匪匪翼翼。鸞和之美，肅肅雍雍。 釋文：美音儀，出註。濟，子禮反。齊齊皇皇，齊如字，皇音往，徐于況反。匪讀爲騑，芳菲反。○今按：「美」字「皇」字皆當如字。

鄭氏曰：匪讀爲「四牡騑騑」。齊齊皇皇，讀如「歸往」之往。美皆當爲「儀」，字之誤也。周禮教國子六儀：「一曰祭祀之容，二曰賓客之容，三曰朝廷之容，四曰喪紀之容，五曰軍旅之容，六曰車馬之容。」孔氏曰：知美皆當爲「儀」者，以保氏云「教國子六儀」，「一曰祭祀之容」，容即儀也。故知美皆當爲「儀」。鄭彼註「祭祀之容」、「朝廷之容」、「車馬之容」，皆引此文，其「賓客之容」，則此「言語穆穆皇皇」是也。彼註「喪紀之容，纍纍顛顛，軍旅之容，暨暨詻詻」，是玉藻文也。穆穆皇皇，皆美大之貌。濟濟翔翔，威儀厚重寬舒之貌。皇讀爲「歸往」之往，謂孝子祭祀，心有所繫往，故齊齊皇皇。騑騑翼翼，皆是馬之嚴正之狀。肅肅，敬貌。雍雍，和貌。愚謂鄭氏引此文以解保氏，義固無害，然此所言，與「六儀」不悉相當，則不當破「美」爲「儀」，以從保氏也。穆穆，和靜不吴敖也。皇皇，顯明不蹇躓也。濟濟，齊一也。翔翔，猶蹌蹌，軒舉也。齊齊，謹慤。皇皇，猶「皇皇然如有求而弗得」之意，言祭時求神而如弗得也。匪匪，舒散貌。翼翼，嚴正貌。「車馬」以上四者，言其容之美。鸞和肅肅雍雍，言其聲之美。

問國君之子長幼，長，則曰「能從社稷之事矣」；幼，則曰「能御」、「未能御」。

問大夫之子長幼，長，則曰「能從樂人之事矣」；幼，則曰「能正於樂人」、「未能正於樂人」。問士之子長幼，長，則曰「能耕矣」，幼，則曰「能負薪」、「未能負薪」。釋文：長，丁丈反。樂音岳。

長謂已冠，幼謂未冠。曲禮曰：「人生十年曰幼，二十曰弱。」御，御車也。成童學射御，能御，成童以上；未能御，成童以下也。能從樂人之事，二十而舞大夏，學大舞也。能正於樂人，十三舞勺，成童舞象，學小舞也。保氏教國子以六藝，御與樂皆六藝之事，故君大夫之子以此爲言。士禄薄，其子或別受田，漢書食貨志「士工商受田，五口乃當農夫。一人」是也，故以耕與負薪爲言。古者民年二十而受田，能負薪未能負薪，亦謂成童上下與？○孔氏曰：曲禮問其父身，此問其子者，記人之意異耳。應氏鏞曰：曲禮之問，乃他人旁自相問，故對之者其辭文；此則人問其子於父，故對之者其辭卑。

執玉、執龜筴不趨，堂上不趨，城上不趨。釋文：筴音策。

鄭氏曰：於重器，於近尊，於迫狹，無容也。行張足曰趨。

武車不式，介者不拜。

說並見曲禮。○鄭氏謂「軍中肅拜」，非也。凡拜必跪，介者不拜，以其不能跪也。左傳郤至「三肅使者」，肅非拜也。立而引手曰肅，跪而引手曰肅拜。

婦人，吉事雖有君賜，肅拜；爲尸坐，則不手拜，肅拜；爲喪主，則不手拜。鄭註：雖或爲「唯」。

鄭氏曰：肅拜，拜低頭也。手拜，手至地也。婦人以肅拜爲正，凶事乃手拜耳。爲尸，爲祖姑之尸也。士虞禮曰：「男，男尸；女，女尸。」爲喪主不手拜者，爲夫與長子當稽顙也，其餘亦手拜而已。愚謂肅拜，跪引手而下之也。婦人以肅拜爲正，故雖受君賜亦然。士昏禮婦廟見，「拜，扱地」，鄭云：「扱地，手至地也。」婦人之扱地，猶男子之稽首，則婦人拜君賜亦當扱地，蓋扱地乃肅拜之重者，其異於手拜者，首不至手也。爲尸坐，謂爲尸而坐也。手拜，手至地而以首至手，即九拜之空首也。婦人以手拜爲喪拜。婦人爲尸，則祖姑之尸也。婦人爲祖姑大功，其虞、祔、卒哭之祭，服尚未除，乃不手拜而肅拜者，尸以象神，故不用己之喪拜也。婦人吉拜皆肅拜，重則扱地；喪拜用手拜，重則稽顙。

葛經而麻帶。

鄭氏曰：謂既虞、卒哭也。帶，所以自結束。婦人質，少變，於喪之帶，有除而無變。

取俎、進俎不坐。

鄭氏曰：以其有足，亦柄尺之類。孔氏曰：俎有足，立而進取便，故不坐。管子書弟子職云「進柄尺」，按弟子職云：「柄尺不跪。」此係傳寫脱誤。謂爵、豆之屬也。

執虚如執盈，入虚如有人。

鄭氏曰：重慎。輔氏廣曰：敬謹有常心，不以在外者變也。愚謂此二句形容主敬全體之功，與論語「出門如見大賓，使民如承大祭」之義同。人之所以操存其心者，苟能如此，則可以無患乎惰慢邪辟之干矣。

凡祭，於室中、堂上無跣，燕則有之。 釋文：跣，悉典反。

鄭氏曰：祭不跣者，主敬也。燕則有跣，爲歡也。天子諸侯祭，有坐尸於堂之禮。祭所尊在室，燕所尊在堂。將燕，降説屨，乃升堂。孔氏曰：凡祭，謂天子至士悉然也。跣，脱屨也。士祭在室，大夫祭在室，儐尸在堂，天子諸侯則有室有堂。祭禮主敬，非唯室中不脱屨，堂上亦不脱屨，故云「凡祭，於室中、堂上無跣」。燕則有之者，謂堂上有跣也。燕禮主歡，故脱屨而升堂安坐，相親之心也。愚謂坐而飲酒乃脱屨，祭主嚴敬，始終皆不坐，故無跣。燕主歡樂，徹俎之後，坐而飲酒，故有跣。

未嘗不食新。

鄭氏曰：嘗，謂薦新物於寢廟。愚謂嘗，秋祭也。食新，食新穀也。左傳：「不食新矣。」

秋時黍稷始熟，嘗祭用以饋熟，未嘗則未薦宗廟，故人子不忍先食新。此謂大夫士之禮，人君時祭之外，别有薦新之禮，既薦新，則可以食之矣。

僕於君子，君子升、下則授綏，始乘則式，君子下行，然後還立。釋文：還音旋。

僕於君子，謂爲尊者御也。升、下則授綏者，升時則授綏以升，下時則授綏以下也。凡僕人之禮，必授人綏，但非降等之僕則不受耳。始乘則式，謂君子未出時，御者式以待之，所以爲敬也。爲君御，始乘則跪，爲君子御，始乘則式，敬有隆殺也。然則非降等之僕，有不必式者與？還，謂轉車就旁側也。立，駐車也。君子既下而行，然後還車而立，以俟君子。公食禮曰：「賓之乘車，在大門外西方，北面立。」

乘貳車則式，佐車則否。

鄭氏曰：貳車、佐車，皆副車也。朝祀之副曰貳，戎獵之副曰佐。孔氏曰：朝祀尚敬，乘副車者必式。戎獵尚武，乘副車者不式也。愚謂乘貳車則式，所謂「乘君之乘車，不敢曠左，左必式」也。佐車則否，所謂「武車不式」也。

貳車者，諸侯七乘，上大夫五乘，下大夫三乘。釋文：乘，繩證反，下文除「乘車」同。

鄭氏曰：此蓋殷制也。周禮貳車，公九乘，侯伯七乘，子男五乘，卿大夫各如其命之數。

愚謂貳車，諸侯七乘，據侯伯之禮也。周禮大行人上公「貳車九乘」，侯伯「貳車七乘」，子男「貳車五乘」。又大行人云：「凡諸侯之卿，其禮各下其君二等以下，及其大夫士亦如之。」此上大夫五乘，侯伯之卿也。下大夫三乘，侯伯之大夫也。士昏禮曰：「乘墨車，從車二乘。」士昏禮攝盛，貳車二乘，則常禮宜一乘也。以此差之，則公之孤、卿貳車七乘，其大夫五乘；子男之卿貳車三乘，其大夫二乘；士卑，五等之國略爲一節，貳車皆一乘與？鄭氏以此爲殷禮，蓋以典命言「車服各如其命數」，而此言「上大夫五乘，下大夫三乘」，皆與命數不合，故疑其非周禮也。然唯五等諸侯，車服各如其命數，至其卿大夫，則但視其命數之尊卑爲差等，非能盡如其命之數也。公、侯、伯之卿三命，子、男之卿二命，而服同三章，公、侯、伯之大夫再命，子、男之大夫一命，而服同一章，則車服不可盡以命數準矣。舊説謂「士無貳車」。士昏禮「從車二乘」，疏以爲攝盛，然士喪禮「貳車白狗攝服」，則非攝盛始有貳車矣。國語大夫有貳車，士有陪乘。陪乘即貳車也，殊其名耳。謂「士無貳車」，非也。

有貳車者之乘馬、服車不齒，觀君子之衣服、服劍、乘馬弗賈。釋文：賈音嫁。

鄭氏曰：不齒，尊有爵者之物，廣敬也。服車，所乘車也。車有新舊。弗賈，平尊者之物，非敬也。

孔氏曰：齒，論其年數多少。賈，評其賈數貴賤。

其以乘壺酒、束脩、一犬賜人；若獻人，則陳酒、執脩以將命，亦曰「乘壺酒、束脩、一犬」。

鄭氏曰：陳重者，執輕者，便也。乘壺，四壺也。酒，謂清也，糟也。不言「陳犬」，或無脩者，牽犬以致命也。於卑者曰賜，於尊者曰獻。孔氏曰：四馬曰乘，故四壺酒亦曰乘壺。束脩，十脡脯也。沛酒曰清，不沛曰糟。陳，列也。酒重脯輕，故陳列重者於門外，而執輕者進以奉命也。亦曰「乘壺酒、束脩、一犬」者，謂將命之辭也。愚謂犬與酒、脯並獻者，食犬也。下云「守犬、田犬則授擯者」，則食犬不授擯者矣，食犬賤也。

其以鼎肉，則執以將命。

鄭氏曰：鼎肉，謂牲體已解，可升於鼎。孔氏曰：此謂無脯、犬而有酒肉者，陳酒而執肉以將命也。

其禽加於一雙，則執一雙以將命，委其餘。

孔氏曰：二隻曰雙。委其餘，陳於門外。愚謂聘禮記曰「凡獻禽，執一雙，委其餘於面」，非陳於門外也。然則陳酒、執脩以將命，其所陳亦不在門外矣。

犬則執緤，守犬、田犬則授擯者，既受乃問犬名。牛則執紖，馬則執靮，皆右

之，臣則左之。 釋文：緤，息列反。守，手又反，又如字。紖音引。靮，丁歷反。

鄭氏曰：緤、紖、靮，皆所以繫制之者。守犬、田犬問名，畜養者當呼之。名，謂若韓盧、宋鵲之屬。右之者，執之宜由便也。臣，謂囚俘。左之，異於衆物。　孔氏曰：犬有三種：一曰守犬，守禦宅舍；二曰田犬，田獵所用；三曰食犬，以充庖厨。田犬、守犬有名，食犬無名。皆右之者，謂以右手牽之。此謂田犬、守犬，畜養馴善，無可防禦，若充食之犬，則左手牽之，右手防禦，故曲禮云「效犬者左牽之」是也。臣，征伐所獲民虜也。左之者，臣虜或起惡慮，故以左手操其右袂，右手當制之也。　愚謂授擯者，謂主人既拜受，又自以授擯者也。守犬、田犬授擯者，則食犬不授擯者，蓋以授庖人之屬與？

車則説綏，執以將命。甲，若有以前之，則執以將命；無以前之，則袒櫜奉冑。

釋文：稅，本又作「脱」，又作「説」，同吐活反。袒音但。櫜音羔。奉，芳勇反。

鄭氏曰：甲，鎧也。有以前之，謂他摯幣也。櫜，弢鎧衣也。冑，兜鍪也。袒其衣，出兜鍪以致命。　孔氏曰：獻車馬者執策、綏，故陳車馬而説綏，執以將命。甲若有他物以前之，則陳甲而執他物輕者以將命。袒，開也。櫜，弢鎧衣也。若無他物，則開甲櫜出冑，奉以將命，曲禮曰「獻甲者執冑」是也。

器則執蓋。

鄭氏曰：謂有表裏。孔氏曰：凡器則陳底執蓋以將命，蓋輕便也。

弓則以左手屈韣執拊。釋文：韣音獨。拊，芳武反。

鄭氏曰：韣，弓衣也。左手屈衣，并於拊執之，而右手執簫。

劍則啟櫝，蓋襲之，加夫襓與劍焉。釋文：櫝音讀。夫音扶。襓，如遥反。○鄭註：夫或爲「煩」。

鄭氏曰：櫝，謂劍函也。襲，郤合之。夫襓，劍衣也，加劍於衣上。夫，發語聲。孔氏曰：蓋，劍函之蓋也。開函而以蓋郤合於函底之下，加衣於函中，而以劍置衣上也。「襓」字從衣，當繒帛爲之，熊氏用廣雅「以木爲之」，其義未善也。

笏、書、脩、苞苴、弓、茵、席、枕、几、穎、杖、琴、瑟、戈有刃者櫝、筴、籥，其執之皆尚左手。釋文：茵音因。穎，京領反，又坰迥反。

鄭氏曰：苞苴，謂編束萑葦以裹魚肉也〔一〕。茵，著蓐也。穎，警枕也。筴，著也。籥如笛，

〔一〕「萑」，原本作「菅」，據禮記注疏改。

三孔。皆，十六物也。左手執上，上陽也。右手執下，下陰也。孔氏曰：案既夕禮云：「葦苞長三尺。」內則云「炮，取豚」，「編萑以苴之」。是苞苴是編萑葦以裹魚及肉也。亦兼容他物，故禹貢云「厥包橘柚」，孔叢子云「我於木瓜之惠，見苞苴之禮行」，是也。蓐有著者謂之茵，既夕云：「茵著用荼。」荼謂茅秀也。「枕」外別言「潁」，潁是警發之義，故爲警枕。云「籥如笛，三孔」者，案漢禮器知之，詩箋或云「籥六孔」。兩不同者，蓋籥有大小。愚謂戈有刃者櫝，謂戈有刃而用函盛之者也。笏也，書也，脩也，苞苴也，弓也，茵也，席也，枕也，几也，潁也，杖也，琴也，瑟也，戈有刃者櫝也，筴也，籥也，此十六物，其執之皆尚左手也。尚左手，以左手爲尊也。蓋物之有上下者，則以左手執其上端，以右手執其下端；其無上下者，則亦但以左手之所執爲尊。蓋授受之法，主人在左，必如是，乃得以尊處授主人也。孔氏謂「尚左手，以左手在上而執之，以右手在下而承之」，似謂用兩手在一處，而上下捧持之，其義非是。曲禮言「遺人弓者，右手執簫，左手承弣」，則執物尚左手之法見矣。戈刃在上，其授人宜辟刃，此乃尚左手，而以刃授人者，以其有櫝故也。

刀，卻刃授潁，削授拊。凡有刺刃者，以授人則辟刃。釋文：潁，役頂反。削音笑。刺，七賜反，又七亦反。辟，匹亦反。○今按：辟當音避。

鄭氏曰：穎，鐶也。拊，謂把。辟刃，不以正鄉人也。孔氏曰：授人以刀，卻仰其刃，以刀鐶授之。削，謂曲刀。以削授人，則以把授之。穎是警發之義。刀之在手，禾之秀穗，枕之警動，皆謂之爲穎，其事雖異，大意同也。愚謂此言執有刃而無櫝者之法也。辟刃，不以其鋒向人也。辟猶卻也，鄭氏解爲「偏僻」之僻，非是。以刀授人，卻其刃向下，又卻辟其鋒末，而以鐶授之也。以削授人，亦卻辟其鋒末，而以其把授之。不言「卻刃」，從上可知也。授穎、授拊，即是辟刃。然非獨刀、削如此，凡有刺刃者以授人，其法皆然。刀、削之屬，以手之所執者爲首。辟刃而授穎、授把，則是以末授人，與他執物尚左手之法異也。〇自「其以乘壺酒」至此，明獻遺執物之法。

乘兵車，出先刃，入後刃。

鄭氏曰：不以刃向國也。

軍尚左，卒尚右。

鄭氏曰：左，陽也，陽主生。將軍有廟勝之策，左將軍爲上，貴不敗績。右，陰也，陰主殺。卒之行伍，以右爲上，示有死志。

賓客主恭，祭祀主敬，喪事主哀，會同主詡。軍旅思險，隱情以虞。釋文：詡，況矩反。

鄭氏曰：恭在貌，敬在心。詡，謂敏而有勇，若齊國佐。險阻，出奇覆謏之處也。隱，意也，思也。虞，度也。當思念己情之所能，以度彼之將然否。輔氏廣曰：交際以禮相示，故以容貌之恭爲主。祭祀以誠感格，故以内心之敬爲主。思險，謂臨事而懼，慮敗不慮勝也。隱情以虞，謂好謀而成，且兵事露則不神也。愚謂詡，發皇之意。禮器曰：「德發揚，詡萬物。」會同主詡，子産所謂「國不競亦陵」也。隱情者，隱己之情，使敵不能測。虞者，度彼之情，使敵不能欺。

燕侍食於君子，則先飯而後已，毋放飯，毋流歠，小飯而亟之，數噍，毋爲口容。釋文：飯，煩晚反。歠，昌悦反。亟，紀力反。數，色角反。噍，字又作「嚼」，子笑反，又在笑反。

鄭氏曰：先飯後已，所以勸也。亟，疾也。小飯而亟之，備噦噎若見問也。口容，弄口。孔氏曰：先飯，若嘗食然。後已，若勸飽然。小飯，謂小口而飯，備噦噎也。亟，速也。速咽之，備見問也。數噍，謂數數嚼之。無爲口容，無得弄口以爲容也。

客自徹，辭焉則止。

曲禮曰：「卒食，客自前跪，執飯齊以授相者。主人興，辭於客，然後客坐。」此通言燕食之法，不與上「侍食於君子」相蒙。

客爵居左，其飲居右。介爵、酢爵、僎爵皆居右。釋文：僎音遵。○鄭註：酢或爲「作」。僎或爲「騶」。

鄭氏曰：客爵，謂主人所酬賓之爵也，以優賓耳。賓不舉，奠于薦東。介爵、酢爵、僎爵，皆飲爵也。介，賓之輔也。酢，所以酢主人也。古文禮僎作「遵」。遵，謂鄉人爲卿大夫來觀禮者。孔氏曰：鄉飲酒禮介爵及主人受酢之爵及僎爵，皆不明奠置之所，故記者明之。愚謂此明鄉飲酒禮奠爵之法也。主人酬賓之爵曰客爵者，鄉飲酒禮自介以下無酬爵，唯賓有之，故謂酬爵爲客爵也。居左者，鄉飲酒禮主人酬賓，「奠于薦西」，賓取，「奠于薦東」是也。賓席于牖間，南向，以西爲右，東爲左。其飲，謂主人獻賓之爵，及一人舉觶之爵也。酬爵，賓奠于薦東而不舉，此二爵則賓飲之，故曰「其飲」。居右者，鄉飲酒禮主人獻賓，「賓受爵」，「奠于薦西」，又「一人升，舉觶于賓」，「奠觶于薦西」，是也。介爵，主人獻介之爵。酢爵，賓酢主人之爵。僎爵，主人獻僎之爵也。主人席于阼階上西面，以北爲右；介席于西階上東面，以南爲右；僎席于賓東，亦以西爲右。三爵皆飲，故居右。鄉飲記曰：「凡奠者于左，將舉于右。」○其飲居右，孔疏專指爲一人舉觶于賓之爵，然介爵、僎爵皆指獻爵，不應賓爵乃專言旅酬而遺正爵也。又註以酬爵爲優賓，蓋以介無酬，唯賓有之，此乃主人所以優賓，故賓奠之而不舉。然主人酬賓，本奠薦西，賓轉奠于薦東耳。孔疏以奠于薦東爲優賓，既失鄭氏之意，且謂「薦東即爲主人所奠」，與鄉飲酒禮相違，其失甚矣。

羞濡魚者進尾，冬右腴，夏右鰭，祭膴。釋文：濡音儒。腴，以朱反。鰭音祁。膴，舊火吴反，依註音冔，況甫反，徐況紆反。

鄭氏曰：濡魚進尾，擗之由後，鯁肉易離也。乾魚進首，擗之由前，理易析也。腴，腹下也。冬右腴，氣在下。鰭，脊也。夏右鰭，氣在上。膴，大臠，謂刳魚腹也。孔氏曰：濡，溼也。冬時陽氣下在魚腹，夏時陽氣上在魚脊，凡陽氣所在之處肥美，故進魚使向右，以右手取之便也。祭膴者，謂刳魚腹下爲大臠，此處肥美，故刳取以祭先也。此謂尋常燕食所進魚體，非祭祀及饗食正禮也。若祭祀，魚在俎皆縮載，俎既横設，魚則隨俎而從於人爲横，無進尾進首之理。故少牢：「魚用鮒十五，而俎縮載。」公食大夫禮：「魚七，縮俎。」愚謂魚之縮載者，正法也，少牢及公食禮是也。若與牲同俎，則從載牲之法而横載，少牢禮祝俎及少牢賓尸之魚皆横載，是也。此所言是私燕，禮簡，魚亦與牲同俎而並横載者，魚縮載則生人進鬐，鬼神進腴；横載則乾魚進首，濡魚進尾。魚用於飲酒，則有膴祭，少牢賓尸，司士載魚，皆加膴祭於其上，是也。若用於食，則但振祭而無膴祭，特牲、少牢禮尸舉魚皆振祭是也。振祭，食乃祭之，公食禮「魚不祭」，賓不食魚故也。

凡齊，執之以右，居之於左。 釋文：齊，才細反，下「以齊」同。

鄭氏曰：齊，謂食羹醬飲有齊和者也。居於左手之上，右手執而正之，由便也。 孔氏曰：凡齊，謂以鹽梅齊和之法：執鹽梅於右手，居處羹食於左手，以右手鹽梅調和正之，於事便也。

贊幣自左，詔辭自右。

鄭氏曰：自，由也。謂爲君授幣，爲君出命也。立者尊右。 孔氏曰：贊，助也。謂爲君授幣之時，由君左。詔辭，謂爲君傳辭也。君辭貴重，若傳與人時，則由君之右也。

酌尸之僕，如君之僕。其在車，則左執轡，右受爵，祭左右軓、范，乃飲。 釋文：軓，媿美反。范音犯。

鄭氏曰：當其爲尸則尊。周禮大馭：「祭兩軹，祭軓，當作「軏」。乃飲。」軓與軹於車同，謂轄頭也。軓亦當作「軏」。與范聲同，謂軾前也。 孔氏曰：尸之僕爲尸御車，將欲祭軷，酌酒與尸之僕，令爲軷祭，如酌酒與君僕之禮，以尸之尊似君也。尸位在左，僕立於右，故左執轡，右受爵祭酒也。軌，謂轂末。范，謂式前。僕受爵，則祭酒於車左右軌及前范，爲其神助己不傾危也。祭畢，乃自飲。愚謂軌爲車轊，軹爲轂末，二者不同。而註謂「軌與軹於車同爲轊頭」者，蓋兩轊之下即爲車轍，祭酒兩軹，則下及於軌矣。大馭言「祭兩軹」，此言「祭左右軌」，所據雖異，而其實一也。然此言在車祭酒之禮，而曰「其」曰「則」，則酌僕與僕之祭不獨在車上矣。大馭云：「及犯軷，王自左馭，馭下，祝，登，受轡，犯軷，遂驅之。及祭，酌僕，僕左執轡，右祭兩軹，祭軓，乃飲。」以大馭與此文參觀之，蓋下祝時已酌僕，而僕祭之，至登車，又酌僕而僕祭之如此與？「軌」字從車旁九，音媿美反，車轍也。此之「祭兩軌」及中庸「車同軌」是也。「軓」字從車旁凡，字亦作「軋」，又作「范」，並音犯，車式前也。大馭「祭軓」，及考工記「軓前十尺，而策半之」，是也。「軹」字從車旁只，音旨。此字有二義：一是輢之植者、衡者，考工記「參分較圍，去一以爲軹圍」，是也。一是轂末，大馭「祭兩軹」，及考工記「五分其轂之長，去一以爲賢，去三以爲軹」，又「弓長六尺，謂之庇軹」，是也。但「軌」「軓」二字，形體相似，經典或相亂，而先儒亦有誤解者。周禮大馭「祭軓」之軓，當從「軓」，而經書爲「軌」，故杜子春云：「軌當爲軋。」此經典傳寫之誤也。詩「濟盈不濡軌」，「軌」字與「牡」字爲韻，當從九，而毛傳云：「由輈以上爲軌。」釋文云「軌，舊龜美反，謂車轊頭」，依傳意直音犯。此先儒傳註之誤也。又案大馭「祭兩軹」，故書軹爲「軒」，杜子春云：「軒當作軹。或讀軒爲『簪笄』之笄。」東原戴氏云：「轂末名軒。轂末出輪外，似笄出髮外也。杜子春改軒爲軹，遂與輢之直者衡者同名。一車之中，二名混淆。」其說甚爲有理。但周禮中言「軹」者非一，如「立當車軹」，「五分其轂之長」，「去三以爲軹」，「弓長六尺，謂之庇軹」，未必皆故書爲「軒」者，似未可竟以軒易軹也。今姑述其說以俟考焉。

凡羞有俎者，則於俎内祭。

鄭氏曰：俎於人爲横，不得祭於間也。孔氏曰：羞在豆則於豆間祭，在俎則於俎内而祭。俎横於人前，故不得祭於俎外及兩俎間也。

君子不食圂腴。釋文：圂與豢同，音患。

鄭氏曰：圂，犬豕之屬。腴，有似人穢。孔氏曰：圂腴，豬犬腸也。豬犬食穀米，其腹與人相似，故君子避其腴，謂腸胃也。故俎闕一也。愚謂羊牛之腸胃用爲俎實，而豕則不用，故記者釋之。

小子走而不趨，舉爵則坐祭立飲。

鄭氏曰：小子，弟子也，卑，不得與賓、介俱備禮容也。孔氏曰：弟子不得與賓主參預禮，但給役使，故宜驅走，不得趨翔爲容。若得酒，舉爵時則坐祭，祭竟而立飲之也。愚謂成人有趨翔之容，小子走而不趨，是容不備。成人舉爵坐祭，遂飲之，小子坐祭立飲，是禮不備。

凡洗必盥。

鄭氏曰：先盥乃洗爵，先自潔也。

牛羊之肺，離而不提心。 釋文：提，丁禮反。

鄭氏曰：提猶絶也。刲離之，不絶中央少者，使易絶以祭耳。愚謂割離其四旁，不絶其中央少許，食時則絶之以祭也。○肺有二：一爲祭肺，亦曰刌肺，特牲記「刌肺三」是也。亦曰切肺，少牢下篇「侑俎切肺一」是也。一爲舉肺，亦曰離肺，特牲記「離肺一」是也。亦曰嚌肺，少牢下篇「羊肉湇嚌肺一」是也。祭肺爲祭而設，舉肺爲食而設，祭祀兼有二肺，生人唯有舉肺。有祭肺則舉肺但振祭而已，無祭肺則於舉肺絶末以祭，鄉飲酒禮「弗繚，右絶末以祭」，是也。賓尸禮有祭肺，而舉肺亦絶祭者，賓尸乃飲酒禮，其有舉肺者正也，其有祭肺，乃以其爲尸而盛之。故雖有二肺，而祭、舉肺之禮不殺也。

凡羞有湇者，不以齊。 釋文：湇，起及反。

湇，大羹也。齊，謂鹽梅之齊和也。大羹不和。

爲君子擇葱薤，則絶其本末。釋文：爲，于僞反。薤，户戒反。

鄭氏曰：爲有萎乾。孔氏曰：葱薤根不淨，末萎乾，故擇者必絶其二處。

羞首者，進喙，祭耳。釋文：喙，許穢反。

鄭氏曰：耳出見也。孔氏曰：羞，亦膳羞也。喙，口也。若膳羞有牲頭者，則進喙以向尊者。尊者若祭，先取牲耳祭之也。愚謂羞，進也。此篇言「羞」者五，而義不同。「凡羞有俎者，則於俎内祭」，「凡羞有湇者，不以齊」，此二「羞」字皆總指殽饌而言也。「未步爵，不嘗羞」，此專謂庶羞也。「羞濡魚」，「羞首」，此二「羞」字皆當爲「進」字之義。此疏以羞爲膳羞，非是。祭耳，謂羞之者先割耳以供尊者之祭，與魚之祭膴同。

尊者以酌者之左爲上尊。

鄭氏曰：尊者，設尊者也。酌者鄉尊，其左則右尊也。愚謂上尊，玄酒之尊也。凡尊必上玄酒，尊於房户之間。玄酒在西，酌酒者向北，以西爲左，上尊在酌者之左也。○朱子曰：設尊之法，鄉飲酒云「玄酒在西」，鄉射云「左玄酒」，而鄭註云「設尊者北面，西曰左」，即此所謂「尊者以酌者之左爲上尊」者。蓋言設尊之人，方其設時，即預度酌酒人之左尊而實以玄酒也。若燕禮，則設尊者西面，而左玄酒，南上，公乃即位於阼階上，則酌者不得背公，自當東面以酌，而上尊乃在其右矣。故此經所云，以爲爲鄉飲、鄉射言則可，以爲爲燕禮言則正與之反。鄭註既不明，而庾、孔皆引燕禮，而反謂酌者西面，其辟戾甚矣。愚謂此所言，不獨爲鄉飲、鄉射，凡賓主體敵，而尊于房户間者，其設尊皆如此。又特牲禮「尊於户東，玄酒在西」，少牢「司宫尊兩甒于房户之間」，則祭祀設尊亦以酌者之左爲上尊也。唯君燕其臣則面尊，而與此相反耳。經泛言「尊」者，所該者廣，非專爲一禮也。

尊壺者面其鼻。

鄭氏曰：鼻在面中，言鄉人也。愚謂尊壺，亦謂設壺也。上泛言「尊者」，此特言「尊壺」，則尊之有鼻者唯壺與？面其鼻，謂設尊或傍於壁，或傍於楹，而其鼻皆在外而向人也。孔疏云：「尊鼻宜向尊者，故面其鼻。」此誤解玉藻「唯君面尊」之語，而專以此爲燕禮之尊耳。唯君面尊，謂君之面向尊也。尊壺者面其鼻，謂尊鼻之向外也。若謂尊之鼻向君，則非是。燕禮「公在阼階上」，而「尊于東楹之西」，則尊傍於楹，而鼻乃西向，非向公也。蓋尊面必與酌者相對，燕禮酌者不得背公，則尊不得向公矣。

飲酒者、機者、醮者，有折俎不坐。釋文：機，其記反。醮，子笑反。折，之設反。

鄭氏曰：折俎尊，徹之乃坐也。已沐飲曰機。

愚謂飲酒，即燕禮也。左傳：「齊侯欲享，公子家曰：『朝夕立於其廷，又何享焉？其飲酒也。』乃飲酒。」鄉飲酒、燕禮牲皆用狗，是其禮同明矣。左傳「季氏飲大夫酒」，國語「公父文伯飲南宮敬叔酒」，是飲酒之類多矣。醮，謂冠禮饗賓也。冠禮醴賓以一獻之禮，此云「醮」者，蓋冠禮於冠者有醴有醮，用醴則曰醴，用酒則曰醮，其於賓亦然。折俎，折牲體爲俎也。三事禮末皆坐，其初有折俎時則不坐，折俎尊也。故鄉飲酒、鄉射皆云：「『請坐於賓。』賓辭以俎。主人請徹俎。」燕禮司正「請徹俎，公許，告于賓。賓北面坐取俎以降，膳宰徹公俎」，乃皆坐。是有折俎時不坐也。○鄭氏謂「醮爲酌始冠者」，非也。冠禮每加皆醮，至三醮乃有折俎，而於初醮、再醮時亦不坐。蓋酌始冠者之禮，皆無酬酢，無論其爲醴、爲醮與折俎之有無，皆無坐而飲酒之事也。醴賓用壹獻之禮，贊冠者爲介，贊者皆與，則是名雖曰醮，而實爲燕禮之輕者，故曾子問謂之「饗」。壹獻之後，有旅酬、無筭爵，而贊者皆與於飲焉。故至其末，則徹俎而坐而飲酒，若未徹俎，則不得坐也，故曰「有折俎者不坐」。○孔疏謂「飲酒者即下『機者、醮者』，總以飲酒目之」，非也。此平列三事，不得以飲酒包機、醮也。疏又云「折俎尊，機醮小事卑，故不得坐」，亦非也。鄉飲酒、燕禮亦徹俎乃坐，非因機、醮禮卑不得坐也。疏又云「庶子冠於房户之前，冠者受醮，不敢坐」，亦非也。庶子冠於房户之間，因醮焉。而冠義云「醮於客位」，則適子亦有醮禮，是冠禮初不以醴與醮分適、庶也。冠者受酌，本無坐法，雖醴亦然，非所謂「不敢坐」也。疏又云「鄉飲酒、燕禮有折俎者皆不坐，獨言『禨、醮不坐』者，以禨、醮無折俎之時則得坐，嫌畏有折俎亦坐，故特明之」，亦非也。鄉飲酒、燕禮無折俎之時亦坐，豈獨禨、醮乎？

未步爵，不嘗羞。

鄭氏曰：步，行也。孔氏曰：羞本爲酒設，若爵未行而先嘗羞，是貪食矣。此謂無筭爵之時。羞，庶羞，行爵之後始嘗之。若正羞脯醢折俎，未飲酒之前則嘗之。故鄉飲酒、鄉射、燕禮、大射獻後薦賓，皆先祭脯醢，嚌肺，乃飲，卒爵。愚謂旅酬無筭爵之爵謂之行。燕禮「公坐，取賓所媵觶，興，唯公所賜」，「乃就席，坐行之」，又曰「執散爵者乃酌行之」，是也。鄉飲酒禮「乃羞，無筭爵」，是設羞在無筭爵之先。然設羞本爲案酒，未步爵之時雖已設羞，而不得輒嘗也。

牛與羊魚之腥，聶而切之爲膾。麇鹿爲菹，野豕爲軒，皆聶而不切。麕爲辟雞，兔爲宛脾，皆聶而切之，切葱若薤，實之醯以柔之。釋文：聶，之涉反。軒音獻。

臠，俱倫反。辟音璧，又補麥反，徐扶益反。宛，於阮反。脾，毗支反。菹，莊居反。「切葱若薤實之」絶句。○今按：此當以「切葱若薤」爲句，「實之醢以柔之」爲句。

鄭氏曰：聶之言牒也。先藿葉切之，復報切之，則成膾。軒、辟雞、宛脾，皆菹類也。其作之法，以醢與葷菜淹之，殺肉及腥氣也。孔氏曰：聶而切之者，謂先牒爲大臠，而後細切之爲膾也。「麋鹿爲菹」以下，已於内則具釋之。

其有折俎者，取祭肺[一]，反之，不坐，燔亦如之。尸則坐。釋文：燔音煩。

鄭氏曰：亦爲柄尺之類也。燔，炙也。鄉射曰：「賓奠爵于薦西，興，取肺，坐，絶祭，左手，嚌之，興，加于俎，坐帨手。」尸則坐，尸尊也。少牢饋食禮曰：「尸左執爵，右兼取肝，擩于俎鹽，振祭，嚌之，加于菹豆。」孔氏曰：折俎，謂折骨於俎。俎既有足柄尺之類，故就俎取所祭肺，祭畢，反此所祭於俎，皆立而爲之，唯祭時坐耳。燔，謂燔肉。雖非折骨，其肉在俎，故取祭、反之亦皆不坐。此謂賓客耳，若尸尊，雖折俎，取祭、反之皆坐也。愚謂燔，所以從獻者也。特牲禮主人獻尸，「賓長以肝從」；主婦獻尸，「兄弟長以燔從」，肝，炙肝。燔，謂燔肉也。鄭以燔爲炙者，蓋燔是火燒之名，炙者遠火之稱，以難熟者近火，易熟者遠之，故

[一]「肺」字原本脱，據禮記注疏補。

肝炙而肉燔也。詩楚茨疏。燔、炙實亦通名。周禮量人「制其從獻之燔脯」，此云「燔亦如之」，所謂「燔」，實兼燔、炙而言，故鄭以炙解燔，欲明燔中兼有燔、炙也。尸取祭肺亦坐，鄭氏獨引少牢禮「取肝」者，蓋祭肺，佐食取以授尸，而燔則尸所自取也。然則取祭、反之不坐，其義有二：一則折俎高，坐而取、反不便，與柄尺不坐同義。一則折俎尊，故取祭、反之不坐，與飲酒有折俎者不坐同義，唯尸尊則坐也。○自「凡羞有俎者」至此，雜明燕飲及膳羞之事。

衣服在躬，而不知其名爲罔。釋文：罔，本亦作「冈」，又作「誷」，亡兩反。

鄭氏曰：罔，猶罔罔，無知貌。孔氏曰：衣服文章，所以表人之德，亦勸人慕德，若著之而不知其名義，則是無知之人也。愚謂名者，義之所寓也。衣服之名，人莫不知，然不知其所以名之義，猶之不知也。以附在我身者而昧之，此非昏罔無知而何？

其未有燭，而後至者，則以在者告。道瞽亦然。釋文：道音導。○石經「而」下有「有」字。

鄭氏曰：爲其不見，意欲知之也。師冕見，及階，子曰：「階也。」及席，子曰：「席也。」皆坐，子告之曰：「某在斯，某在斯。」

凡飲酒，爲獻主者執燭抱燋，客作而辭，然後以授人。釋文：燋，側角反，又子約反，或音在遥反。

鄭氏曰：爲宵言也。主人親執燭，敬賓，示不倦也。言「獻主者」，容君使宰夫也。未爇曰燋。應氏鏞曰：執已然之燭，又抱未爇之燋，其愛客有加而無已也。

執燭，不讓、不辭、不歌。

鄭氏曰：以燭繼晝，禮殺。孔氏曰：禮，賓主有讓，及更相辭謝，又各歌詩相顯。今既夜暮，所以殺於三事。

洗、盥、執食飲者勿氣，有問焉，則辟咡而對。釋文：辟，匹亦反，徐孚益反。咡，而志反。

鄭氏曰：示不敢歆臭也。口旁曰咡。孔氏曰：洗，謂爲尊長洗足。盥，謂爲尊長盥手。爲尊長洗、盥及執尊長食飲，則不得鼻嗅尊長食飲。若洗、盥、執食飲之時，尊長有問，則辟口而對，不使口氣及尊者。愚謂鄭氏總以「不敢歆臭」解此，則以洗、盥爲盥手、洗爵而酌酒，孔氏則以洗、盥爲洗足盥手。以下文觀之，疏義似長。但如孔氏説，則勿氣當爲不敢以氣觸長者之手足及食飲，辟咡而對亦當爲恐氣及尊長及其食飲，其義乃備耳。

爲人祭曰致福，爲己祭而致膳於君子曰膳，祔、練曰告。

鄭氏曰：此皆致祭祀之餘於君子。攝主言「致福」，申其辭也。自祭言「膳」，謙也。祔、練言

「告」，不敢以爲福、膳也。孔氏曰：致福，言致祭祀之福於君子也。膳，善也。自祭不敢云「福」，言「致善味」也。告，以祭胙告君子，使知已祔、練而已，顔淵之喪，饋孔子祥肉是也。愚謂此謂臣致胙於君之禮，觀下言「再拜稽首」可見。

凡膳告於君子，主人展之，以授使者于阼階之南，南面，再拜稽首送；反命，主人又再拜稽首。其禮，大牢則以牛左肩、臂、臑折九箇，少牢則以羊左肩七箇，犆豕則以豕左肩五箇。釋文：臂，本又作「辟」，以豉反。臑，奴報反，又奴到反。説文讀若儒，字林人於反。箇，古賀反。犆，大得反。

鄭氏曰：折，斷分之也。皆用左者，右以祭也。羊豕不言臂、臑，因牛序之可知。孔氏曰：展，省視也。敬君子，故主人自省視多少備具，而阼階南稽首拜送使者；使從君子處還反，主人亦再拜稽首，亦當在阼階南，南面也。曲禮云「使者反，必下堂而受命」，是也。大牢者唯牛，少牢者唯羊，並用上牲，不必備饌也。周人牲體尚右，右以祭，所以獻左也。周貴肩，故用左肩也。九箇者，取肩自上斷折之，至蹄爲九段也。臂、臑，謂肩腳也。愚謂此臣致膳於君，有大牢者，蓋大夫殷祭及上大夫練、祥得用大牢也。肩、臂、臑，前脛三體之名。九箇者，折每體爲三段也。少牢特豕，唯言「肩」，唯有肩也。少牢不賓尸禮，主人俎用臂，主婦俎用臑，唯肩不見所用，是留肩以致膳，而致膳無臂、臑也。特牲禮胙俎用臂，而肩、臑不見所用，然少牢致膳無臑，則特牲可知也。少牢賓尸之禮，羊左肩以爲侑俎，臂以爲胙俎，臑以爲主婦俎，然則少牢賓尸禮不致膳與？

國家靡敝，則車不雕幾，甲不組縢，食器不刻鏤，君子不履絲屨，馬不常秣。釋文：靡，亡皮反。幾，其衣反。組音祖。縢，大登反。常如字，本亦作「嘗」。秣音末。○今按：「靡」字當讀爲縻。

鄭氏曰：靡敝，賦税亟也。雕，畫也。幾，附纏爲沂鄂也。組縢，以組飾之及紟帶也。詩云：「公徒三萬，貝胄朱綅。」亦鎧飾也。孔氏曰：靡，謂侈靡。敝，謂彫敝。由造作侈靡，賦税煩急，財物彫敝，則改往脩來。或可「靡」爲「縻」，謂財物靡散彫敝，古字通用。幾，謂沂鄂。車不雕幾，不雕畫漆飾以爲沂鄂也。縢，謂紟帶其甲。甲不組縢，不用組以爲飾及紟帶也。不履絲屨，謂絇、繶、純之屬不以絲爲之。愚謂靡讀爲糜，是也。國家遭值災變，而財物靡散秏敝，則當貶損以足用也。組縢，謂以組綴甲，左傳楚子重「組甲三百」是也。食器，常食之器也。祭祀賓客之器不可貶，所貶者常食之器而已。秣，以粟食馬也。馬有時當秣，特不常秣耳。

禮記卷三十六

學記第十八 別録屬通論。

鄭氏曰：名學記者，以其記人教學之義。 朱子曰：此篇言古者學校教人傳道授受之次序，與其得失興廢之所由，蓋兼大、小學言之。○程子曰：禮記除中庸、大學，唯學記、樂記最近道。

發慮憲，求善良，足以謏聞，不足以動衆。就賢體遠，足以動衆，未足以化民。君子如欲化民成俗，其必由學乎！ 釋文：謏，思了反，徐所穆反。聞音問。

鄭氏曰：憲，法也。言發計慮當擬度於法式也。求，謂招來也。謏之言小也。就，謂躬下之。體猶親也。所學者，聖人之道在方策。 孔氏曰：聞，聲聞也。言人起發謀慮，必擬度於法式，又能招求善良之士以自輔，此是人身小善，故小有聲聞，恩未被物，故不足以動衆也。就賢體遠，恩被於外，故足以動衆，識見猶淺，仁義未備，故未足以化民也。 朱子曰：

動衆，謂聳動衆聽。守常法，用中才，其效不足以致大譽。遠，謂疏遠之士。下賢親遠，足以聳動衆聽，使知貴德而尊士，然未有開導誘掖之方也，故未足以化民。唯教學可以化民，使成美俗。　愚謂人君而能就賢體遠，亦可謂有志於治矣。然苟未知學，則所以化民者無其本也。唯由學，則明德以新民，而可以化民成俗矣。

玉不琢不成器，人不學不知道。是故古之王者建國君民，教學爲先。兑命曰：「念終始典于學。」其此之謂乎！釋文：兑，依註作「説」，音悦，下「兑命」放此。

鄭氏曰：教學，謂内則設師、保以教，使國子學焉；外則有大學、庠、序之官。兑當爲「説」，字之誤也。高宗夢傅説，求而得之，作説命三篇。典，經也。言學之不舍業也。　愚謂玉之質美矣，然不琢則不成器。人而不學，雖有美質，不可恃也。教學，以大學之道教人而使學之也。古之王者，既盡乎脩己治人之道，又以爲化民成俗非一人之所能獨爲，故立爲學校以教人；而使人莫不由乎學。故其進而爲公、卿、大夫者，莫非聖賢之徒，而民莫不蒙其澤矣。典，常也。言人君當始終思念常於學而不舍也。

雖有嘉肴，弗食不知其旨也。雖有至道，弗學不知其善也。是故學然後知不足，教然後知困。知不足，然後能自反也。知困，然後能自强也。故曰：教學

相長也。兑命曰：「學學半。」其此之謂乎！釋文：强，其丈反，又其良反。長，丁兩反。學學，上胡孝反，下如字。

鄭氏曰：旨，美也。學則覩己行之所短，教則見己道之所未達。自反，求諸己也。自强，脩業不敢倦。學學半，言學人乃益己之學半。張子曰：困者，益之基也。學者之病，正在不知困爾。自以爲知，而問之不能答，用之不能行者多矣。吕氏大臨曰：人皆病學者自以爲是，但恐其未嘗學耳。使其果用力於學，則必將自進之不足，而何敢自是哉！

古之教者，家有塾，黨有庠，術有序，國有學。釋文：塾音孰，一音育。術音遂，出註。

鄭氏曰：術當爲「遂」，聲之誤也。古者仕焉而已者，歸教於閭里，朝夕坐於門，門側之堂，謂之塾。周禮五百家爲黨，萬二千五百家爲遂。黨屬於鄉，遂在遠郊之外。孔氏曰：此明立學之所在。家有塾者，周禮百里之内，二十五家爲閭，同共一巷，巷首有門，門邊有塾。民在家之時，朝夕出入，恒就教於塾，故云「家有塾」。白虎通云：「古之教民，百里皆有師。里中之老有道德者爲里右師，其次爲左師，教里中之子弟以道藝、孝悌、仁義也。」黨有庠者，黨，謂周禮五百家也。庠，學名也。於黨中立學，教閭中所升者也。術有序者，術，遂也。周禮萬二千五百家爲遂。序，亦學名。於遂中立學，教黨中所升者也。國有學者，國，謂天子所都及諸侯國中也。天子立四代學，諸侯但立時王之學也。鄭註州長職云「序，州、黨之學」，則黨學曰序。鄉飲酒云「主人拜迎賓于庠門之外」，註云「庠，鄉學也」，則鄉學曰庠。此云「黨有庠」者，是鄉之所居，黨爲鄉學之庠，不別立序。凡六鄉以内，州學以下，皆爲庠；六遂之内，縣學以下，皆爲序也。皇氏云「遂學曰庠」，與此文違，其義非也。庾氏云：「黨有庠，謂夏、殷禮，非周法。」義或然也。陳氏祥道曰：州曰序，記言「遂有序」何也？周禮遂官各降鄉官一等，則遂之學亦降鄉一等矣。降鄉一等，而謂之州長，其爵與遂大夫同，則遂之學其名與州序同可也。顧氏炎武曰：術有序，水經注引此作「遂有序」。月令「審端經術」，注：「術，周禮作遂。」春秋文公十二年「秦伯使術來聘」，公羊傳、漢書五行志並作「遂」。管子度地篇「百家爲里，里十爲術，術十爲州」，術音遂。此古「遂」「術」二字通用之證。陳可大改術爲「州」，非也。愚謂遂有序者，言六遂之中，縣鄙之屬有序也。六鄉之中，閭側有塾，州、黨有序，鄉有庠，則六遂之中，里側有塾，縣鄙有序，遂有庠。此於鄉但言「黨」，於遂但言「術」，略舉而互見之也。

比年入學，中年考校：一年視離經辨志，三年視敬業樂羣，五年視博習親師，七年視論學取友，謂之小成。九年知類通達，强立而不反，謂之大成。夫然

後足以化民易俗，近者説服而遠者懷之。此大學之道也。記曰：「蛾子時術之。」其此之謂乎！釋文：比，毗志反。中，徐丁仲反。樂，五孝反，又音嶽，下「不能樂學」同。説音悦。蛾，魚綺反，本或作「蟻」。

鄭氏曰：比年入學，學者每歲來入學也。中猶間也。間歲則考學者之德行道藝。離經，斷句絶也。辨志，謂别其志意所趣向也〔一〕。知類，知事義之比也。强立，臨事不惑也。不反，不違失師道。懷，來也，安也。蛾，蚍蜉也。蚍蜉之子，微蟲耳，時術蚍蜉之所爲，其功乃復成大垤。孔氏曰：蚍蜉所爲，謂銜土也。張子曰：離經，離析經之章句也。事師而至於親敬，則學之篤而信其道也。論學取友，能講論其學，而取友必端也。知類通達，比物醜類是也。九年者，言其大略，人性有遲敏，氣有昏明，豈有齊也？强立而不反，可與立也。學至於立，則自能不息以至於聖人，而教者可以無恨矣。朱子曰：鄭註、張説，皆是也。辨志者，自能分别其心所趨向，如爲善、爲利，爲君子、爲小人也。敬業者，專心致志，以事其業也。樂羣者，樂於取益，以輔其仁也。博習者，積累精專，次第該遍也。親師者，道同德合，愛敬兼盡也。論學者，知言而能論學之是非。取友者，知人而能識人之賢否也。

〔一〕「志意」，禮記注疏作「心意」。

知類通達，聞一知十，而觸類貫通也。强立不反，知止有定，而物不能移也。蓋考校之法，逐節之中，先觀其學業之淺深，徐察其志行之虚實，讀者宜深味之，乃見進學之驗。陳氏澔曰：前言「成俗」，成其美俗也。此言「易俗」，易其污俗也。愚謂敬業、博習，所以專其業於己也。至能論學，則深造以道，而所得於己者深矣。樂羣、親師，所以集其益於人也。至能取友，則中有定識，而所見於人者明矣。離經者，窮理之始，至於知類通達，則物格知至，而精粗無不貫，知之成也。辨志者，力行之端，至於强立不反，則意誠心正，而物欲不能奪，行之成也。此皆明明德之事也。己德既明，然後推以及民，以之化民易俗，而近遠莫不歸之，則其德化之所及者深，而所被者廣，非謏聞動衆者之所得而侔矣。術，學也。蚍蜉之子，其爲力微矣，然時時學術蚍蜉之所爲，則能成大垤。爲學之功，由始學以至於大成，雖若非一蹴之所能幾，然爲之以漸，而亦無不可至也。○鄭氏曰：周禮三歲大比乃考焉。孔氏曰：鄭引周禮「三年大比考校」，則此中年考校非周禮也。愚謂周禮「三年大比」者，興賢能之期也。此中年考校者，學校中考察之期也。二者各爲一事，初不相悖。

大學始教，皮弁祭菜，示敬道也。宵雅肄三，官其始也。入學鼓篋，孫其業也。夏、楚二物，收其威也。未卜禘不視學，游其志也。時觀而弗語，存其心也。幼者聽而弗問，學不躐等也。此七者，教之大倫也。記曰：「凡學，官先事，士先志。」其此之謂乎！釋文：宵音消。肄，本又作「肆」，同以二反。篋，古協反。孫音遜，下皆同。夏，古雅反。語，魚庶反。學不躐等，學，胡孝反。○今按：觀爲觀示之義，當音古亂反。

鄭氏曰：皮弁，天子之朝朝服也。祭菜，禮先聖先師也。菜，謂芹藻之屬。宵之言小也。肄，習也。習小雅之三，謂鹿鳴、四牡、皇皇者華也。此皆君臣宴樂相勞苦之詩，爲始學者習之，所以勸之以官，且取上下相和厚。鼓篋，擊鼓警衆，乃發篋出所治經業也。孫，猶恭順也。夏，槄也。楚，荆也。二者所以撲撻犯禮者。收，謂收斂整齊之。威，威儀也。禘，大祭也。天子諸侯既祭，乃視學考校，以游暇學者之志意。時觀而弗語，使之憤憤悱悱，然後啟發也。學不躐等，學，教也，教之長稺。倫，理也。自「大學始教」至此，其義七也。官，居官者也。士，學士也。孔氏曰：熊氏云：「始教，謂始立學教人，天子使有司服皮弁，祭先聖先師以蘋藻之菜也。」示敬道者，服皮弁，祭菜蔬，並是質素，示學者以謙敬之道。入學鼓篋，謂學士入學之時，大胥之官先擊鼓以召之，學者既至，發其篋篋以出其書也。故大胥云：「用樂者，以鼓徵學士。」視學，謂考試學者經義，或君親往，或命有司爲之。未卜禘祭不視學，欲優游縱閒學者之志，不急切之也。時觀而弗語，謂教者時時觀之，而不丁寧告語，欲學者存其心，心憤憤，口悱悱，然後啟之也。學不躐等者，學，教也，躐，踰越也，幼者但聽長者解說，不得輒問，教此學者令其謙退〔一〕，不得踰越等差也。朱子曰：觀，示也。謂示之以所學之端緒。語，告也。愚謂始立學，必釋菜於先聖先師，文王世子「始立學者，既興器用幣，然後釋菜」是也。先聖先師，乃先世有道德者。皮弁祭菜，所以示學者尊敬道德，使知所以仰慕而興起也。詩者，學者之所弦誦，始入學者先習小雅鹿鳴之三篇。蓋以此三篇皆君之所以燕樂其臣，而臣之所以服事於君者，故以入官之道示之於入學之始，所以擴充其志意，使知學之當爲用於國家也。入學發篋，必擊鼓以警告之，所以提撕警覺，使之遜心於學業之中，而不至於外馳也。夏、楚二物，即虞書所謂「扑作教刑」，所以收攝學者威儀，而不至於惰慢。小胥云「巡舞列而撻其怠慢者」，是也。禘者，夏祭之名。言「卜禘」者，禘必先卜也。視學，謂考學者之業，即一年視離經辨志，以至於九年視知類通達也。入學在春，而考視則在夏祭之後，所以寬其期，以優游其志意，而使之不至於迫蹙也。凡人之於學，得之也易，則其守之不固，故時時觀示，而不輒語以發之，所以使學者存其心，以求之於內，待其自有所得，而後告之也。年有長幼，則學有淺深，故其進而受教於師，使長者諮

〔一〕「教此學者」，萬有文庫作「此教學者」。

問，而幼者從旁聽之，所以教之使循序而進，而不可踰越等級也。此七者，雖未及乎講貫服習之事，然振興鼓舞之方，整齊嚴肅之意，從容涵養之益，皆在是焉。是設教之大倫也。大倫，猶言大義也。官，已仕者。士，未仕者。官與士之所學，理雖同而分則異，故一以盡其事爲先，一以尚其志爲先。引此者，以證上文七者皆士先志之事也。

大學之教也，時教必有正業，退息必有居學。不學操縵，不能安弦；不學博依，不能安詩；不學雜服，不能安禮；不興其藝，不能樂學。故君子之於學也，藏焉，脩焉，息焉，游焉。夫然，故安其學而親其師，樂其友而信其道，是以雖離師輔而不反也。兑命曰：「敬孫務時敏，厥脩乃來。」其此之謂乎！釋文：操，七刀反。縵，末但反。依，於豈反。興，虚應反。樂其，音嶽，又音洛，又五教反。離，力智反。〇鄭註：依或爲「衣」。雜或爲「雅」。〇舊讀「時」字「居」字句絶，「學」字自爲一句，陸氏、朱子讀「時教必有正業」爲句，「退息必有居學」爲句，今從之。「依」字當從張子讀爲「聲依永」之依，如字。

鄭氏曰：操縵，雜弄也。博依，廣譬喻也。雜服，冕服皮弁之屬。興之言喜也，歆也。藝，謂禮、樂、射、御、書、數。藏，謂懷抱之。脩，習也。息，謂作勞休止之爲息。游，謂閒暇無事之爲游。敬孫，敬道孫業也。敏，疾也。厥，其也。學者務及時而疾，其所脩之業乃來。

孔氏曰：弦，琴瑟之屬。若不先學操調雜弄，則手指不便，故不能安弦也。張子曰：依，聲之依永者也。服，事也。雜服，灑埽、應對、投壺、沃盥細碎之事。藝，禮、樂之文，如琴瑟笙磬，古人皆能之，以中制節；射、御亦必合於禮樂之文，如不失其馳，舍矢如破，騶虞、和、鸞，動必相應也。書、數，其用雖小，但施於簡策，然莫不出於學。故人有倦時，又用此以游其志，所以使樂學也。孫其志於仁則得仁，孫其志於義則得義，唯其敏而已。陸氏佃曰：正業，時教之所教也，若春誦夏弦，春秋教以禮樂，冬夏教以詩書是也。居學，退息之所學也，若操縵、博依是也。朱子曰：時教，如春夏禮樂，秋冬詩書之類。居學，謂居其所學，如易之言「居業」，蓋常時所習，如下文操縵、博依、興藝、藏、脩、息、游之類，所以學者能安其學而信其道。愚謂居學，謂私居之所學也。依，當如張子讀爲「聲依永」之依。博依，謂雜曲可歌詠者也。雜服，謂私燕之所服，若深衣之屬也。操縵，非樂之正也，然不學乎此，則於手指不便習，而不能以安於琴瑟之弦矣。博依，非詩之正也，然不學乎此，則於節奏不嫻熟，而不能以安於詩矣。雜服，非禮之重也，然不學乎此，則於儀文不素習，而不能以安於禮矣。樂學，謂樂正學也。弦也，詩也，禮也，皆正學而時教之所學也。操縵也，博依也，雜服也，所謂藝也，皆退息之所學也。正業於人至切，而居學若在可緩，然二者之爲，理相通而事相資，有不可以偏廢者，故不游之於雜藝以發其歡欣之趣，則不能安於正業而生其翫樂之心也。藏，謂入學受業也。脩，脩正業也。息，退而私居也。游，謂游心於居學也。藏焉必有所脩，息焉必有所游，無在而非義理之養。其求之也博，其入之也深；理浹於心，而有左右逢原之樂；身習於事，而無艱難煩苦之迹。是故内則信乎己之所得，外則樂乎師友之相成，至於學之大成而强立不返也。敬孫，書作「孫志」。孫則其心虛而有近裏切己之功，時敏則其業勤而有日新不已之益，故其所脩之道來而不已也。

今之教者，呻其占畢，多其訊，言及于數，進而不顧其安，使人不由其誠，教人不盡其材，其施之也悖，其求之也佛。夫然，故隱其學而疾其師，苦其難而不知其益也。雖終其業，其去之必速。教之不刑，其此之由乎！釋文：呻音申，一音親。佔，敕沾反。訊，字又作「誶」，音信。佛，本又作「拂」，扶弗反。去如字，又起吕反。○鄭註：呻或爲「慕」。訊或爲「訾」。

鄭氏曰：呻，吟也。佔，視也。簡謂之畢。訊猶問也。言今之師自不曉經之義，但吟誦其所視簡之文，多其難問也。言及於數，其發言出說，不首其義，動云「有所法象」而已。進而不顧其安，務其所誦多，不惟其未曉。由，用也。使學者誦之而爲之說，不用其誠。材，道也。

教人不盡其材，謂師有所隱也。施之也悖，求之也佛，教者言非，則學者失問也。隱，不稱揚也。速，疾也。學不心解，則忘之易。刑猶成也。張子曰：人未安之又進之，未喻之又告之，徒使人生此節目，不盡其材，不顧安，不由誠，皆是施之妄也。教人至難，必盡人之材，乃不誤人，觀可及處，然後告之。聖人之明，直若庖丁之解牛，皆知其隙，刃投餘地，無全牛矣。人之材足以有爲，但以其不由於誠，則不盡其材，若勉率而爲之，則豈有由其誠者哉？朱子曰：數，謂形名度數，欲以是窮學者之未知，非求其本也。註疏「法象」之説恐非。隱其學，謂以學爲幽隱而難知，如曰「二三子以我爲隱」之意。愚謂進，謂進學也。進而不顧其安，謂不量其材之所能受也。使人、教人，皆謂師之施教也。誠，教者之誠。材，學者之材也。多其訊問，而務窮之以其所不知，進而不顧其安，而欲强之以其所未至，則其使人也，不出於愛人之誠矣。呻其所視之簡畢，而徒務乎口耳之麤繁，稱乎度數，而不究乎義理之本，則其教人也，不足以盡人之材，而使之有所成就矣。悖、佛，皆謂不順其道也。不由其誠，不盡其材，則教者之施之也悖，而學者之求之也亦佛，是以其學幽隱不明，而至於疾其師，徒苦其難而不知其益也。雖勉强卒業，而無自得之實，故其去之必速，則其與强立不反者相去遠矣。此教之所以不成也。

大學之法：禁於未發之謂豫，當其可之謂時，不陵節而施之謂孫，相觀而善之謂摩。此四者，教之所由興也。釋文：摩，本又作「靡」，莫波反，徐忘髮反。

鄭氏曰：未發，謂情欲未生。當其可，謂適當其可告之時也。相觀而善謂之摩，謂觀人之能而於己有益，如以兩物相摩而各得其助也。朱子曰：禁於未發，謂豫爲之防。愚謂少成若天性，習貫若自然，豫之謂也。八歲入小學，十五入大學，時之謂也。中人以上，可以語上，中人以下，不可以語上，孫之謂也。夫子以回方賜，而子貢自知其弗如，摩之謂也。

發然後禁，則扞格而不勝；時過然後學，則勤苦而難成；雜施而不孫，則壞亂而不脩；獨學而無友，則孤陋而寡聞；燕朋逆其師；燕辟廢其學。此六者，教之所由廢也。釋文：扞，胡半反。格，胡客反，又户隔反。勝音升，又升證反。過，姑卧反。壞音怪，徐胡拜反。燕音鷰。辟音譬，下「罕辟」同。

鄭氏曰：格讀如「凍洛」之洛。扞，堅不可入之貌。扞格不勝，謂教不能勝其情欲。時過然後學，則思放也。雜施而不孫，則小者不達，大者難識，學者所惑也。孔氏曰：扞，謂拒扞也。格，謂堅强，譬如地凍，則堅强難入。情欲既發，而後乃禁教，則扞拒堅强，教之不復入也。學時已過，則心情放蕩，雖勤苦四體，終難成也。施教雜亂越節，則大才輕其小業，小才苦其大業，並是壞亂不可脩治也。獨學而無朋友，則有疑無可諮問，而學識孤偏鄙陋，寡有所聞也。燕朋，是私褻之友，如損者三友之類。燕辟，謂私褻之談，無益於學，而反有所害也。朱子曰：燕朋，是私褻之友，如損者三友之類。燕辟，謂私褻之談，無益於學，而反有所害也。愚謂燕辟，如所謂「羣居終日，言不及義」也。上言教之所由興有四，此言教之所由廢有六者，蓋發然後禁，四者固爲教之失其方而學之無其助，然其天資之高而向學之勤者，或猶能奮發以有所成就。若又加以私褻之朋，私褻之談，則固無望其能勤於學，而雖有美質，亦將漸移於邪僻而不自覺矣，教有不廢者哉？

君子既知教之所由興，又知教之所由廢，然後可以爲人師也。故君子之教喻也，道而弗牽，强而弗抑，開而弗達。道而弗牽則和，强而弗抑則易，開而弗達則思。和、易以思，可謂善喻矣。釋文：道音導。强，沈其良反，徐其兩反。易，以豉反。

鄭氏曰：道，示之以道塗也。開，爲發頭角。思而得之則深。孔氏曰：喻猶曉也。牽，謂牽偪。方氏慤曰：道之使有所向，而弗牽之使從，則人有樂學之心。强之使有所勉，而弗抑之使退，則人無難能之病。開之使有所入，而弗達之使知，則人有自得之益。愚謂教唯其豫也，故道之而無牽引之煩而和矣。和者，扞格之反也。教唯其時也，故强之而無屈抑之患而易矣。易者，勤苦之反也。教唯其孫也，故迎其機以道之，開其端，不遽達其意，而人將思而得之矣。思者，壞亂之反也。蓋君子唯知學之所由廢興，故其教喻之善如此。若相觀而善，則存乎朋友之益焉。

學者有四失，教者必知之。人之學也，或失則多，或失則寡，或失則易，或失則止。此四者，心之莫同也。知其心，然後能救其失也。教也者，長善而救其失者也。釋文：長，丁丈反，下同。

鄭氏曰：失於多，謂才少者。失於寡，謂才多者。失於易，謂好問不識者。失於止謂好思不問者。張子曰：爲人則多，好高則寡，不察則易，畏難則止。愚謂失則多，謂多學而識而未能貫通，若子貢。失則寡，謂志意高遠而略於事爲，若曾晳。失則易，謂無所取裁，若子路。失則止，謂畏難自畫，若冉有。多者欲其至於會通，寡者欲其進於篤實，易者欲其精於所知，止者欲其勉於所行。

善歌者使人繼其聲，善教者使人繼其志。其言也約而達，微而臧，罕譬而喻，可謂繼志矣。釋文：教如字，一本作「學」，胡孝反。

朱子曰：繼聲、繼志，皆謂微發其端而不究其説，使人有所玩索而自得之也。約而達，微而臧，罕譬而喻，皆不務多言而使人自得之意。吴氏澄曰：教者之言，雖至約不煩，而能使人通之；雖至微不顯，而能使人善之；雖少有所譬，而能使人曉之。約、微、罕譬，皆教者之不盡言也。達、臧、喻，學者之能自得也。如此，可謂能使人繼其志者矣。

君子知至學之難易而知其美惡，然後能博喻，能博喻然後能爲師，能爲師然後能爲長，能爲長然後能爲君。故師也者，所以學爲君也，是故擇師不可不慎也。記曰：「三王、四代唯其師。」此之謂乎！釋文：惡，烏路反，又如字。○孔疏，「此」上有「其」字。

張子曰：知學者至於學之難易，又知其資質材性之美惡也。朱子曰：能爲師以教人，則能爲君以治人。能爲師者，其人難得，故不可不擇也。顧氏炎武曰：三代之時，凡民之俊秀，皆入大學，而教之以治國平天下之事。孔子之於弟子也，四代之禮樂以教顏淵，五至三無以告子夏，而又曰「雍也可使南面」，然則內而聖，外而王，無異道矣。其繫易也，以九二「見龍在田，利見大人」爲君德，故曰「師也者，所以學爲君也」。愚謂至學之難易，謂學者入道之深淺次第。美惡，謂人之材質不同：無失者爲美，有失者爲惡也。博喻，謂因學者之材質而告之，而廣博譬喻，不拘一途也。長，謂鄉大夫、州長、黨正之屬，周禮所謂「使民興賢，出使長之」是也。長與君，皆有教民之責，故能爲師然後能爲長，能爲君也。能爲師者難其人，故擇之不可不慎也。夏、商、周爲三王，并虞爲四代。唯其師者，唯以擇師爲重也。

凡學之道，嚴師爲難。師嚴然後道尊，道尊然後民知敬學。是故君之所不臣於其臣者二：當其爲尸，則弗臣也；當其爲師，則弗臣也。大學之禮，雖詔於天子，無北面，所以尊師也。

鄭氏曰：嚴，尊敬也。詔於天子，無北面，尊師重道，不使處臣位也。武王踐阼，召師尚父而問焉，曰：「昔黄帝、顓頊之道存乎？意亦忽不可得見與？」師尚父曰：「在丹書。王欲聞之，則齊矣。」王齊三日，端冕，師尚父亦端冕，孔疏云：「『師尚父亦端冕』，大戴禮無此文，鄭所加也。」奉書而入，負屏而立。王下堂，南面而立。師尚父曰：「先王之道不北面。」王行西折而南，疏云：「南字亦鄭所加。」今按：今大戴禮與鄭氏所引悉同，蓋後人因鄭註增之，非孔所見也。東面而立。師尚父西面道書之言。皇氏侃曰：王在賓位，師尚父在主位，此王庭之位。若尋常師徒之教，則師東面，弟子西面也。輔氏廣曰：嚴師爲難，言盡嚴師之道爲難，非心悅誠服，致敬盡禮，如七十子之於孔子不可也。師所以傳道，師嚴然後道尊，道未嘗不尊也，因其尊而尊之，則在乎人之嚴師也。師嚴道尊，然後民皆興起於學。

善學者師逸而功倍，又從而庸之；不善學者師勤而功半，又從而怨之。善問

者如攻堅木，先其易者，後其節目，及其久也，相說以解；不善問者反此。善待問者如撞鐘，叩之以小者則小鳴，叩之以大者則大鳴，待其從容，然後盡其聲；不善答問者反此。此皆進學之道也。釋文：說音悅。撞，丈江反。從，依註讀爲舂，式容反。○鄭註：從或爲「松」。○今按：說，當從輔氏讀爲脱。從容，當讀如中庸「從容中道」，從，七容反。

鄭氏曰：從，隨也。庸，功也。功之，愛其道有功於己〔一〕。善問者先易後難，以漸入。從，讀如「富父舂戈」之舂。舂容，謂重撞擊也。始者一聲而已，學者既開其端意，進而復問，乃極說之，如撞鐘之成聲矣。朱子曰：註說非是。從容，正謂聲之餘韻從容而將盡者也。言必盡答所問然後止也。輔氏廣曰：治木者，柔者既去，然後堅者可脱而解矣，故曰「相說以解」。音悅恐非，悅則以學者言矣。以後譬觀之，不然。撞鐘，以莛擊之，則其聲小，以楹擊之，則其聲大。聲之大小雖不同，然必待叩者之從容，然後盡其聲，若亟撞之，未有能盡其聲者也。愚謂功之，謂歸功於師也。節目，木之堅而難攻處。易說卦曰：「其於木也，爲堅多節。」說，當讀爲脱。相說以解，謂彼此相離脱而解也。從容，義如「從容中道」，

〔一〕「愛」，禮記注疏作「受」。

「從容以和」。鐘雖叩之而無不鳴，然必撞之者不急迫，從容間歇，而後其餘聲乃盡，若急迫叩之，則鐘聲有不能盡者矣。善待問者，於學者之問無不答，若鐘之小叩小鳴，大叩大鳴，然必問者不急迫，從容閒暇，然後盡發其旨意，若急迫問之，則教者有不盡告者矣。非其於學者有所靳也，蓋非從容則無沈潛詳審之意，而不足以爲領受之地故也。

記問之學，不足以爲人師，必也其聽語乎！力不能問，然後語之。語之而不知，雖舍之可也。 釋文：語，魚據反。舍音捨，又如字。

鄭氏曰：記問，謂豫誦雜難、雜説，至講時爲學者論之。此或時師不心解，或學者所未能問。聽語，必待其問，乃説之。舍之，須後。 朱子曰：記問之學，無得於心，而所知有限，故不足以爲人師。 愚謂聽語，謂聽學者之問，而因而語之，所謂「小叩小鳴，大叩大鳴」是也。此唯學有心得，而義理充足者，然後能之，然教者之語，雖因乎學者之問，而亦有不待其問而語之者。蓋其心有憤悱，而力不能問，然後語以發之。語之而不知，則又當舍之，以俟其後也。論語「不憤不啟，不悱不發，舉一隅，不以三隅反，則不復也」，即此義也。

良冶之子，必學爲裘；良弓之子，必學爲箕；始駕馬者反之，車在馬前。君子察於此三者，可以有志於學矣。 釋文：冶音也。始駕者，一本作「始駕馬者」。

鄭氏曰：良冶之子，必學爲裘者，仍見其家錮補穿鑿之器也。補器者，其金柔乃合，有似於爲裘。良弓之子，必學爲箕者，仍見其家撓角幹也。撓角幹者，其材宜調，調乃三體相稱，有似於爲柳木之箕。始駕馬者反之，車在馬前，以言仍見則貫，即事易也。君子仍讀先王之道，則爲來事不惑。孔氏曰：良，善也。冶，謂鑄冶也。積世善冶之家，其子弟見父兄鋾鑄金鐵，使之柔合，以補治破器，使之完好，故子弟仍能學爲裘袍補續獸皮，片片相合，以至完全也。善爲弓之家，使角幹撓屈調和以成弓，故其子弟亦觀其父兄世業，仍學取柳和軟，撓之成箕也。始駕，謂馬子始學駕車之時。反之者，駕馬之法，大馬本駕在車前，今將馬子繫隨車後，故曰「反之，車在馬前」。所以然者，此駒未曾駕車，若忽駕之，必當驚奔，今以大馬牽車於前，而繫駒於後，使此駒日日見車之行，慣習而後駕之，不復驚也。三事皆須積習，非一日所成。君子察此三事之由，則可以有志於學矣。愚謂良冶之子之能爲裘也，良弓之子之能爲箕也，馬之能駕車也，此三者，非皆生而能之，由於見聞習熟而馴而致之也。然則君子之於道，苟時習而不已，豈有不能至之理哉？故察於此而可以有志於學矣。

古之學者，比物醜類。鼓無當於五聲，五聲弗得不和；水無當於五色，五色弗得不章；學無當於五官，五官弗得不治；師無當於五服，五服弗得不親。釋文：當，丁浪反。治，直吏反。○鄭註：醜或爲「計」。

鄭氏曰：比物醜類，以事相況而爲之。醜猶比也。當猶主也。五服，斬衰至緦麻之親。

孔氏曰：古之學者，比方其事以醜類，謂以同類之事相比方，則學易成。朱子曰：比物醜類，此句詳文義，當屬上章，仍有闕文。愚謂比物醜類一句，與下文義不相屬，朱子以爲有闕文，是也。自「鼓無當於五聲」以下，則言學當尊師之意，以上三事引起下一事也。夫五服之親，骨肉也。然非有師以講明其理，則或有不知其當親者，或有知其當親而所以親之非其道者。人倫賴師而後明，此師之所以無當於五服，而實爲在三之一者也。

君子曰：「大德不官，大道不器，大信不約，大時不齊。察於此四者，可以有志於本矣。」釋文：約，徐於妙反，沈於略反。齊如字。

鄭氏曰：大德不官，謂君也。大道不器，聖人之道，不如器施於一物。大信不約，謂若「胥命于蒲」，無盟約。大時不齊，或時以生，或時以殺。孔氏曰：春夏花卉自生而薺麥自死，秋冬草木自死而薺麥自生，故云「不齊」。不官爲諸官之本，不器爲諸器之本，不約爲諸約之本，不齊爲諸齊之本。朱子曰：大德不官，言大德者不但能專一官之事，如荀子所謂「精於道者兼物物」也。大信不約，謂如天地四時，不言而信者也。愚謂德以人之所得而言，道則指其自然之本體也。大德不官，言聖人之德盛大，不但偏治一官之事也。大道不器，言大道之體，不偏主一器，易所謂「形而上者謂之道，形而下者謂之器」也。大信不約，謂至誠感物，不待有所要約，而人無不信之，若所謂「誓告不及五帝，盟會不及三王」也。大時不齊，謂天之四時，寒暑錯行，未嘗齊一，而卒未嘗有所違也。此引君子之言，本主於大德不官，以明學必務本之意，而兼及於其下三者，猶上章言「師無當於五服，五服弗得不親」，而兼及於五色、五聲之屬也。蓋大德者，務乎學之本者也；才效一官者，專乎學之末者也。德成而上，藝成而下；行成而先，事成而後。得其本者，可以該末；而逐於末者，不足以達本。故君子必有志於學，而學必有志於本。大學之道，使人明德以新民，而家以之齊，國以之治，天下以之平。此學之所以可貴也。不然，而役役於一長一技之末，雖終其身從事於學，亦豈足以化民而成俗哉！

三王之祭川也，皆先河而後海，或源也，或委也。此之謂務本。釋文：原，本又作「源」。委，於僞反。

鄭氏曰：源，泉所出也。委，流所聚也。孔氏曰：源則河也，委則海也。朱子曰：所以先河後海者，以其或是源，故先之；或是委，故後之。疏有二説，此説是也。愚謂疏引皇氏之説云：「河海之外，源之與委。」此一説也。又引或解云：「源則河，委則海。」此又一説也。詳經文之意，源、委即指河海，非謂河海外别有源、委也。水之源可以至委，而委不可以達源，猶學之本可以兼末，而末不可以達本。故三王之祭川，必先河而後海，而君子之爲學，亦必先本而後末也。

禮記卷三十七

樂記第十九之一 別録屬樂記。

鄭氏曰：名樂記者，以其記樂之義。蓋十一篇合爲一篇，有樂本，有樂論，有樂施，有樂言，有樂禮，有樂情，有樂化，有樂象，有賓牟賈，有師乙，有魏文侯。此鄭氏目録次第，與經不同。今雖合此，略有分焉。孔氏曰：周衰禮廢，其樂先微，以音律爲節，又爲鄭、衛所亂，故無遺法。漢興，制氏以雅樂聲律，世爲樂官，頗能記其鏗鏘鼓舞，而不能言其義。武帝時，河間獻王好古，與諸生采周官及諸子言樂事者爲樂記，其内史丞王度傳之，以授常山王禹，成帝時爲謁者，數言其義，獻二十四卷。劉向校書，得二十三篇，與禹不同，著於别録。今樂記斷取十一篇，餘有十二篇，其名猶在，二十四卷，記無所録也。其十二篇之名，按劉向别録云「奏樂第十二，樂器第十三，樂作第十四，意始第十五，樂穆第十六，説律第十七，季札第十八，樂道第十九，樂義第二十，昭本第二十一，昭頌第二十二，竇公第二十三」，是也。按別録，禮記四十九篇，樂記第十九，則樂記十一篇入禮記在劉向前矣。至向爲別録，更載所入樂記十一篇，又載餘十二篇，總爲二十三篇也。愚謂此篇鄭、孔皆不言作者之人，惟史記正義以爲公孫尼子所作，未知何據。樂以義理爲本，以器數爲用。古者樂爲六藝之一，小學、大學莫不以此爲教，其器數，人人之所習也，獨其義理之精有未易知者，故此篇專言義理而不及器數。自古樂散亡，器數失傳，而其言義理者，雖賴有是篇之存，而不可見之施用，遂爲簡上之空言矣。然而樂之理終未嘗亡，苟能本其和樂莊敬者以治一身，而推其同和、同節者以治一世，則孟子所謂「今樂猶古樂」者，而其用或亦可以漸復也。

凡音之起，由人心生也。人心之動，物使之然也，感於物而動，故形於聲。聲相應，故生變，變成方，謂之音。比音而樂之，及干戚、羽旄，謂之樂。釋文：應，「應對」之應，篇内同。比，毗志反。

鄭氏曰：宮、商、角、徵、羽雜比曰音，單出曰聲。形猶見也。樂之器，彈其宮則衆宮應，然不足樂，是以變之使雜也。易曰：「同聲相應，同氣相求。」春秋傳曰：「若以水濟水，誰能食之？若琴瑟之專一，誰能聽之？」方，猶文章也。干，盾也，戚，斧也，武舞所執。羽，翟羽，旄，旄牛尾也，文舞所執。孔氏曰：音，即今之歌曲也。愚謂此言樂之所由起也。人心不能無感，感不能無形於聲。聲，謂凡宣於口者皆是也。聲之别有五，其始形也，止一聲而已。然既形則有不能自已之勢，而其同者以類相應。有同必有異，故又有他聲之雜焉，而變生矣。變之極而抑揚高下，五聲備具，猶五色之交錯而成文章，則成爲歌曲而謂之音矣。然猶未足以爲樂也，比次歌曲，而以樂器奏之，又以干戚、羽旄象其舞蹈以爲舞，則聲容畢具而謂之樂也。

樂者，音之所由生也，其本在人心之感於物也。是故其哀心感者，其聲噍以殺；其樂心感者，其聲嘽以緩；其喜心感者，其聲發以散；其怒心感者，其聲粗以厲；其敬心感者，其聲直以廉；其愛心感者，其聲和以柔。六者非性也，感於物而后動。釋文：噍，子遥反，徐在堯反，沈子堯反。殺，色界反，徐所列反。其樂，音洛。嘽，昌善反。粗，采都反，又才古反。

鄭氏曰：言人聲在所見，非有常也。噍，踧也。嘽，寬綽貌。發猶揚也。孔氏曰：此聲皆據人心感於物而口爲聲，是人聲也。皇氏云「樂聲」，失之矣。方氏慤曰：凡人之情，得所欲則樂，喪所欲則哀；順其心則喜，逆其心則怒；於所畏則敬，於所悦則愛。噍則竭而無澤，殺則減而不隆，蓋心喪其所欲，故形於聲者如此。嘽則寬綽而有餘，緩則舒徐而不迫，蓋心得其所欲，故形於聲者如此。發則宣出而無留遺，散則四暢而無鬱積，蓋順其心，故形於聲者如此。粗則壯猛以奮發，厲則高急而淩物，蓋逆其心，故形於聲者如此。直則無委曲，廉則有圭角，蓋心有所畏，故形於聲者如此。和則不乖，柔則致順，蓋心有所悦，故形於聲者如此。方氏原文多有未安，今略爲改定如此。陳氏澔曰：六者之動，乃情也，非性也。性則喜怒哀樂之未發者是也。愚謂首節言人心之感而爲聲，由聲而爲音，由音而爲樂。其自微而至著，有是三者之次。自此以下六節，皆承首節而遞申之。此二節言人之感而發爲聲者由於政，所以申首節言「聲」之義。所謂聲，皆指人聲而言也。

是故先王慎所以感之者。故禮以道其志，樂以和其聲，政以一其行，刑以防其姦。禮、樂、刑、政，其極一也，所以同民心而出治道也。釋文：道音導。行，下孟反。治，直吏反。

禮以示其所履，而所志因有定向，故曰「禮以道其志」。樂以養其心，而發於聲者乃和，故曰「樂以和其聲」。聲，即上所言六者之聲也。感人心固以樂爲主，然萬物得其理而後和，故道以禮而後可和以樂也。政者，所以布禮樂之具，而刑又所以爲政之輔者也。極猶歸也。民心，即喜、怒、哀、樂、愛、敬之心也。同，謂同歸於和也。六者之心，人之所不能無，惟感之得其道，則所發中其節，而皆不害其爲和矣。故禮、樂、刑、政，其事雖異，然其歸皆所以同民之心而出治平之道也。

凡音者，生人心者也。情動於中，故形於聲，聲成文，謂之音。是故治世之音安以樂，其政和；亂世之音怨以怒，其政乖；亡國之音哀以思，其民困。聲音之道，與政通矣。釋文：「治世之音」，絶句。安以樂，音洛，絶句。雷讀上至「安」絶句，樂音岳，「以樂」二字爲句。崔讀上句依雷，下「以樂其政和」爲一句，下「亂世」「亡國」各放此。思，息吏反，又音笥。○今按：樂當音洛，「治世之音安以樂」爲一句，「其政和」爲一句。下四句放此。

鄭氏曰：言八音和否隨政也。孔氏曰：治平之世，其音安静而和樂，由其政和平而人心安樂也。禍亂之世，其音怨懟而恚怒，由其政乖僻而人心怨怒也。亡國，謂將亡之國也。亡國之時，其音悲哀而愁思，由其民困苦而人心哀思也。亡國不言「世」者，以國將亡，無復繼世也。不云「政」者，言國將滅，無復有政也。愚謂此節言人心之感而成爲音者由於政，所以申首節言「音」之義。所謂音，皆謂民俗歌謡之類，而猶未及乎樂也。

宫爲君，商爲臣，角爲民，徵爲事，羽爲物。五者不亂，則無怗懘之音矣。釋文：徵，張里反，後放此。怗，徐昌廉反。懘，昌制反，又昌紙反。

此乃言音之比而爲樂者也。鄭氏曰：五者，君、臣、民、事、物也。凡聲濁者尊，清者卑。怗懘，敝敗不和貌。孔氏曰：宫爲君者，鄭註月令云：「宫屬土，土居中央，總四方，君之象也。」又：「五音以絲多聲重者爲尊，宫絃最大，用八十一絲，故宫爲君。」商爲臣者，鄭註月令云：「商屬金，以其濁次宫，臣之象也。」解者云：「商七十二絲，次宫，如臣之次君。」角爲民者，鄭註月令云：「角屬木，以其清濁中，民之象也。」解者云：「宫濁而羽清，角六十四絲，居宫、羽之中，半清半濁。民比君、臣爲劣，比事、物爲優，故角清濁中，爲民之象也。」徵爲事者，鄭註月令云：「徵屬火，以其徵清，事之象也。」解者云：「徵五十四絲，是徵清。事由民造爲，先事乃後有物。事勝於物而劣於民，所以徵爲事之象也。」羽爲物者，鄭註月令云：「羽屬水，以其最清，物之象也。」解者云：「羽最清，用四十八絲而爲物，物劣於事，故處最末。」敝敗，謂不和之貌。若君、臣、民、事、物五者各得其所，不相壞亂，則五聲之響無敝敗矣。劉氏曰：五聲之本，本生於黄鐘之律，其長九寸，每寸九分，九九八十一，是爲宫聲之數。三分損一以下生徵，徵數五十四；徵三分益一以上生商，商數七十二；商三分損一以下生羽，羽數四十八；羽三分益一以上生角，角數六十四；角之數三分之不盡一算，其數不行，故聲止於五。此其相生之次也。宫屬土，弦八十一絲爲最多，而聲至濁，於五聲獨尊，故爲君象。商屬金，弦用七十二絲，聲次濁，故次於君而爲臣。角屬木，弦用六十四絲，聲半清半濁，居五聲之中，故次於臣而爲民。徵屬火，弦用五十四絲，其聲清，有民而後有事，故爲事。羽屬水，弦用四十八絲爲最少，而聲至清，有事而後用物，故爲物。此其大小之次也。五聲固本於黄鐘爲宫，然還相爲宫，則其餘皆可爲宫。宫必爲君，而不可下於臣；商必爲臣，而不可上於君；角民、徵事、羽物，各以次降殺。其有臣過君、民過臣、事過民、物過事者，則不用正律，而以半聲應之。此八音所以克諧而無相奪倫也。然聲音之道，與政相通，必君、臣、民、事、物五者各得其理而不亂，則聲音和諧，而無怗懘敝敗也。愚謂此下三節，承首節「比音而樂」之義而申之，而言樂之通於政；此節則以政之得而感爲樂者言之也。

宫亂則荒，其君驕；商亂則陂，其官壞；角亂則憂，其民怨；徵亂則哀，其事勤；羽亂則危，其財匱。五者皆亂，迭相陵，謂之慢。如此，則國之滅亡無日矣。

釋文：陂，彼義反。○陳氏官作「臣」。

鄭氏曰：君、臣、民、事、物，其道亂，則其音應而亂。荒，散也。陂，傾也。孔氏曰：五音敝敗，各有所由。宫音亂，則其聲放散，由其君驕溢故也。商音亂，則其聲欹斜而不正，由其臣不治於官故也。角音亂，則其聲憂愁，由政虐，其民怨故也。徵音亂，則其聲哀苦，由徭役不休，其事勤勞故也。羽音亂，則其聲傾危，由其君賦重，其民貧乏故也。樂緯動聲儀云：「宮爲君，君者當寬大容衆，故聲宏以舒，其和情以柔，動脾也。商爲臣，臣者當發明君之號令，其聲散以明，其和温以斷，動肺也。角爲民，民者當約儉，不奢僭差，故其聲防以約，其和清以靜，動肝也。徵爲事，事者君子之功，既當急就之，其事當久流亡，故其聲貶以疾，其和平以功，動心也。羽爲物，物者不有委聚，故其聲散以虚，其和斷以散，動腎也。」動聲儀又云：「若宮唱而商和，是爲善，太平之樂。角從宮，是謂哀，衰國之樂。羽從宮，往而不返，是謂悲，亡國之樂也。」又云「音相生者和」，註云：「彈羽角應，彈宮徵應，是其和樂。」以此言之，相生、應即爲和，不以相生、應即爲亂也。愚謂此二節，又以政之失而應於樂音者言之也。五者偏有所亂者，亂世之音也。五者皆亂，至於迭相陵侮而爲慢者，亡國之音也。周禮大司樂：「凡建國，禁其淫聲、過聲、凶聲、慢聲。」四者由輕而重，則聲之失莫甚於慢矣。

鄭、衛之音，亂世之音也，比於慢矣。桑間、濮上之音，亡國之音也，其政散，其民流，誣上行私而不可止也。釋文：比，毗志反。濮音卜。

鄭氏曰：濮水之上，地有桑間者，亡國之音於此之水出也。昔殷紂使師延作靡靡之樂，已而自沈於濮水。後師涓過焉，夜聞而寫之，爲晉平公鼓之。事見史記樂書。桑間，在濮陽南。誣，罔也。孔氏曰：比猶同也。鄭音好濫淫志，衛音促速煩志，並是亂世之音。雖亂而未滅亡，故云「比於慢」。濮水之上，桑林之間，所得之樂，是亡國之音。其政散者，謂君之政教荒散也。其民流者，流謂流亡，君既荒散，民自流亡也。誣上行私而不可止者，君既失政，在下則誣罔於上，行其私意，不可禁止也。愚謂比，近也。近於慢，猶未遽至於慢也。慢者，亡國之音，若桑間、濮上是也。○孔氏曰：異義云：「論語説，鄭國之爲俗，有溱、洧之水，男女聚會，謳歌相感，故云『鄭聲淫』。左傳説，煩手淫聲謂之鄭聲，言煩手躑躅之聲使淫過矣。」許君謹按：「鄭詩二十一篇，説婦人者十九，故鄭聲淫。」今按鄭詩説婦人者九篇，異義云「十九」，誤也。張子曰：鄭、衛地濱大河，沙地土薄，故其人氣輕浮；其地平下，故其質氣弱；其地肥饒，不費耕耨，故其人心怠惰。其人性情如此，其聲音亦然，故聞其樂使人解慢。愚謂孔氏謂「鄭詩説婦人者九」，據毛詩而言，許慎言「鄭詩説婦人者十九」，疑齊、魯、韓三家詩説有如此者。今朱子集傳於鄭詩多以爲淫詩，與毛傳不同，豈非即由慎説發其端與？然鄭詩不可以爲鄭聲，説見後魏文侯篇。

凡音者，生於人心者也。樂者，通倫理者也。是故知聲而不知音者，禽獸是

也。知音而不知樂者，衆庶是也。唯君子爲能知樂。是故審聲以知音，審音以知樂，審樂以知政，而治道備矣。是故不知聲者不可與言音，不知音者不可與言樂，知樂則幾於禮矣。禮樂皆得，謂之有德。德者，得也。

鄭氏曰：倫，類也。理，分也。禽獸知此爲聲耳，不知其宫商之變也。八音並作克諧曰樂。幾，近也。聽樂而知政之得失，則能正君、臣、民、事、物之禮也。方氏慤曰：凡耳有所聞者，皆能知聲；心有所識者，則能知音；通於道者，則能知樂。若瓠巴鼓瑟，游魚出聽，伯牙鼓琴，六馬仰秣，此禽獸之知聲者也。魏文侯好鄭、衛之音，齊宣王好世俗之樂，此衆庶之知音者也。孔子在齊之所聞，季札聘魯之所觀，則君子之知樂者也。愚謂樂通倫理，謂其通於君、臣、民、事、物五者之理也。禮樂之爲用雖異，而理則相通，故知樂則幾於禮矣。禮樂皆得，則惟實體其理於身者能之，又非僅知之而已，故謂之有德。自第二節以下，承首節「聲」「音」「樂」三者之義而遞申之，至此則合而結之，而歸重於知樂，以起下章之義也。

○右第一章，本樂之所由生也。

是故樂之隆，非極音也。食饗之禮，非致味也。清廟之瑟，朱弦而疏越，壹倡而三歎，有遺音者矣。大饗之禮，尚玄酒而俎腥魚，大羹不和，有遺味者矣。

是故先王之制禮樂也，非以極口腹耳目之欲也，將以教民平好惡而反人道之正也。釋文：食音嗣，下「食饗」同。和，胡卧反。好，呼報反。惡，烏路反，又並如字。後「好惡」二字相連者皆放此。

鄭氏曰：隆，盛也。極，窮也。清廟，謂作樂歌清廟也。朱弦，練朱弦，練則聲濁。越，瑟底孔也，畫疏之，使聲遲也。倡，發歌句也。三歎，三人從歎之耳。大饗，祫祭先王。以腥魚爲俎實，不臑熟之。大羹，肉湆，不調以鹽菜。遺猶餘也。平好惡，教之使知好惡也。孔氏曰：清廟之瑟，謂歌清廟之詩所彈之瑟。朱弦，謂練朱絲爲弦，練則聲濁也。疏越，疏通底孔，使聲遲。聲濁又遲，是質素之聲，非要妙之響。初發首一倡之時，唯有三人歎之，是人不愛樂，雖然，有遺餘之音，以其貴在於德，念之不忘也。尚玄酒，在五齊之上也。腥，生也。俎腥魚，俎有三牲，而兼載腥魚也。大羹，肉湆，不以鹽菜和之。此皆質素之食，人所不欲也，雖然，有遺餘之味，以其有德質素，其味可重也。玄酒、腥魚、大羹，是非極口腹也。朱弦疏越，是非極耳目也。先王制禮樂，不爲口腹耳目，將以教民均平好惡，而反歸人道之正也。朱子曰：一倡三歎，謂一人倡而三人和也。愚謂鄉飲酒禮「工四人，二瑟」，燕禮、大射「工六人，四瑟」，皆歌工二人。若諸侯大饗之禮，歌工當有四人，以一人發歌句而三人應和之也。虞書言「搏拊琴瑟以咏」，則升歌并有琴。此言「瑟」而不言「琴」，然則升歌用琴，惟天子宗廟之祭乃有之與？致猶極也。俎腥魚，謂朝踐薦血腥之時，魚亦腥而載之於俎也。樂以升歌爲始，合舞爲終，故樂未嘗不極音，而其隆者，則在於升歌清廟，以發明先王之德，而不在於極音也。食饗之禮，設尊則以玄酒在西，醴酒在東；薦牲則以薦腥在先，饋熟在後。故食饗未嘗不致味，而其隆者，則在於玄酒、腥魚，以反先代質素之本，而不在於致味也。樂在於示德，故不極音而有餘於音；禮在於反古，故不極味而有餘於味也。人道本無不正，惟其徇於好惡而失之；人之好惡之出於本然者，亦無不平，惟其徇於耳目口腹之欲而失之。今使人皆知貴德反古之意，則不至徇於耳目口腹之欲，而好惡自此平，人道之正可以反矣。

人生而靜，天之性也。感於物而動，性之欲也。物至知知，然後好惡形焉。好惡無節於內，知誘於外，不能反躬，天理滅矣。夫物之感人無窮，而人之好惡無節，則是物至而人化物也。人化物也者，滅天理而窮人欲者也。於是有悖逆詐僞之心，有淫泆作亂之事。是故强者脅弱，衆者暴寡，知者詐愚，勇者苦怯，疾病不養，老幼孤獨不得其所。此大亂之道也。釋文：泆音逸。知者，音智。

朱子曰：人生而靜，天之性也，感於物而動，性之欲也，何也？曰：此言性情之妙，人之所生而有者也。蓋人受天地之中以生，其未感也，純粹至善，萬理具焉，所謂性也。然人有是性即有是形，有是形即有是心，而不能無感於物，感於物而動，則性之欲者出焉，而善惡於是乎分矣。性之欲，即所謂情也。物至知知，然後好惡形焉，何也？曰：上言性、情之別，此指情之動處爲言，而性在其中也。物至而知知之者，心之感。好之惡之者，情也。形焉者，其動也。所以好惡而有自然之節者，性也。好惡無節於內，知誘於外，不能反躬，天理滅矣，何也？曰：此言情之所以流，而性之所以失也。好惡本有自然之節，唯其不自覺知，無所涵養，而大本不立，是以天則不明於內，外物又從而誘之，此所以流濫放逸而不自知也。苟能於此覺其所以然者，而反躬以求之，則其流也庶乎其可制矣。不能如是，而唯情是徇，則人欲熾盛而天理滅息，尚何難之有哉！此一節，明天理人欲之機，間不容息處，唯其反躬自審，念念不忘，則天理益明，存養自固，而外誘不能奪矣。夫物之感人無窮，而人之好惡無節，則是物至而人化物也。人化物也者，滅天理而窮人欲者也，何也？曰：上言情之所以流，此則以其流之甚而不反者言之也。好惡之節，天之所以與我也，而至於無節；宰制萬物，人之所以爲貴也，而反化於物。天理唯恐其存之不至也，而反滅之；人欲唯恐其制之不力也，而反窮之。則人之所以爲人者，至是盡矣。然天理秉彝，終非可殄滅者，雖化物窮欲，至於此極，苟能反躬以求，則天理之本然者初未嘗滅也。但習染之深，難覺而易昧，難反而易流，非厲知恥之勇，而致百倍之功，則不足以復其初爾。又曰：人生而靜以上不容說。人生而靜以上，即是人物未生時，只可謂之理，說性不得，此程子所謂「在天曰命」也。纔說性時，便已不是性，纔謂之性，便是人生以後，此理已墮在形氣中，不全是性之本體矣，此程子所謂「在人曰性」也。然性之本體，原未嘗離，亦未嘗雜，要人就上面見得其本體耳。性不可形容，善言性者，不過即其發見之端言之，而性之理固可默識矣，如孟子言「性善」與「四端」是也。又曰：物至知知，上「知」字是體，下「知」字是用。又曰：物之誘人固無窮，然亦是自家好惡無節，所以被物誘去。若是自有主宰，如何被誘去？愚謂上文言先王之制禮樂，所以教人平好惡而反人道之正，此節又以人之好惡本於性而流於情者言之。蓋人之好惡之失，乃大亂之所由起，此禮樂之所以不可不作也。

是故先王之制禮樂，人爲之節。衰麻哭泣，所以節喪紀也。鐘鼓干戚，所以和安樂也。昏姻冠笄，所以别男女也。射鄉食饗，所以正交接也。禮節民心，樂和民聲，政以行之，刑以防之。禮、樂、刑、政，四達而不悖，則王道備矣。

鄭氏曰：言爲作法度，以遏其欲。男二十而冠，女許嫁而笄，成人之禮。射、鄉，大射、鄉飲酒也。愚謂射、鄉，鄉射、鄉飲酒也。人之好惡無節，先王之制禮樂，於天下之人皆爲之節。安樂者，所謂「治世之音安以樂」也。和安樂者，言導之於和，而使之發於聲者皆安樂也。和安樂者，樂之所以和民聲也。節喪紀，別男女，正交接者，禮之所以節民心也。又爲之政以一其行，爲之刑以防其姦。此四者，聖人脩道之教，人道之所以正，而大亂之所以息也。○右第二章，本樂之所由作也。

釋文：衰，七雷反。安樂，音洛。冠，古亂反。別，彼列反，下文皆同。

右樂本篇第一。○十一篇之次，禮記與劉向別録、史記樂書皆不同。蓋別録乃二十三篇之舊次，而禮記則取以入禮者之所更定，樂書本取諸禮記，而褚少孫又自以其意升降之也。鄭氏註禮記，一依經文，而目録之次又不同。觀其於賓牟賈、師乙、魏文侯三篇，皆以年代次之，則其意似以禮記之舊次爲未善，又以經文次第，不欲輒更，而於目録見其意也。又鄭謂「十一篇略有分」，則自魏文侯、賓牟賈、師乙三篇確然可見者之外，其餘分篇，鄭氏原無明說，孔疏亦言「仔細不可的知」。疏中及史記正義分篇之說，皆本於皇氏，雖未有以知其必然，然別無可考證，今姑從之。

樂者爲同，禮者爲異。同則相親，異則相敬。樂勝則流，禮勝則離。合情飾貌者，禮樂之事也。禮義立，則貴賤等矣。樂文同，則上下和矣。好惡著，則賢不肖别矣。刑禁暴，爵舉賢，則政均矣。仁以愛之，義以正之。如此，則民治行矣。釋文：勝，始證反。飭音敕，本亦作「飾」，音式。著，張慮反。

鄭氏曰：同，謂協好惡。異，謂别貴賤。禮樂，欲其並行彬彬然。陳氏澔曰：和以統同，序以辨異。樂勝則流，過於同也。禮勝則離，過於異也。合情者，樂之和於内，所以救其離之失。飾貌者，禮之檢於外，所以救其流之失。愚謂禮言「義」，見其有以相辨，而貴賤之所以等也。樂言「文」，見其有以相接，而上下之所以和也。好惡者，刑爵之本；刑爵者，好惡之用。仁以愛之，而有惻怛之實，義以正之，而得裁制之宜，又所以爲禮、樂、刑、爵之本者也。民治行者，言以此治民而民無不治也。○右第一章，言禮樂之爲用異，而實以相濟也。蓋禮之與樂，若陰之與陽，仁之與義，其理同出於一原，其用相須而不離。樂所以和禮，而禮之從容不迫者即樂也。禮所以節樂，而樂之節制不過者即禮也。且萬物得其理而後和，其序尤有不可紊者，故樂記一篇，每以禮相配而言之。

樂由中出，禮自外作。樂由中出，故静；禮自外作，故文。大樂必易，大禮必簡。樂至則無怨，禮至則不争。揖讓而治天下者，禮樂之謂也。暴民不作，諸侯賓服，兵革不試，五刑不用，百姓無患，天子不怒，如此則樂達矣。合父子之親，明長幼之序，以敬四海之内，天子如此，則禮行矣。釋文：易，以豉反。争，「争鬬」之争。長，丁丈反。

鄭氏曰：樂由中出，和在心。禮自外作，敬在貌。文猶動也。易、簡，若於清廟、大饗然。至猶達也，行也。賓，協也。試，用也。　愚謂禮樂之本，皆在於心。然樂以統同，舉其心之和順者達之而已，故曰「由中出」。禮以辨異，其親疎貴賤之品級，必因其在外者而制之，故曰「自外作」。樂由中出，故無事乎品節之煩，而其意静；禮由外作，故必極乎度數之詳，而其事文。樂之大者必易，一倡三歎而有遺音，而不在乎幼眇之音也。禮之大者必簡，玄酒、腥魚而有遺味，而不在乎儀物之繁也。然則由中出者，固非求之於外，而由外作者，正當反而求之於中矣。樂至則無怨者，神人治而上下和也。禮至則不争者，上下辨而民志定也。必易必簡者，禮樂之所以立乎其本；無怨不争者，禮樂之所以達乎其用。如此，則第相與揖讓以行禮樂，而天下自治矣。天子不怒者，言無可怒之事也。合父子之親，使民父子有親；明長幼之序，使民長幼有序。以敬四海之内者，使四海之内皆粲然有文以相接，相敬而無相褻也。「暴民不作」，至「天子不怒」，樂至則無怨之事也。「合父子之親」以下，禮至則不爭之事也。○右第二章，言禮樂之作不同，而其治天下之功一也。

大樂與天地同和，大禮與天地同節。和，故百物不失；節，故祀天祭地。明則有禮樂，幽則有鬼神。如此，則四海之内合敬同愛矣。

鄭氏曰：同和同節，言順天地之氣與其數。百物不失，不失其性。祀天祭地，成物有功，報焉。禮樂，教人者。鬼神，助天地成物者也。　愚謂天地有自然之和，而大樂與天地同其和；天地有自然之節，而大禮與天地同其節。百物不失者，百物得和以生，各保其性也。祀天祭地者，萬物得節以成，本其功於天地而報之也。鬼神者，天地之功用，自然之和節也。禮樂者，聖人之功用，同和同節者也。鬼神體物而不遺，禮樂體事而無不在，二者一明一幽，同運並行，故能使四海之内無不得其節而合於敬，無不得其和而同於愛也。

禮者，殊事合敬者也。樂者，異文合愛者也。禮樂之情同，故明王以相沿也。故事與時並，名與功偕。鄭註：沿或作「緣」。

鄭氏曰：沿，猶因述也。　孔子曰：「殷因於夏禮，所損益可知也。周因於殷禮，所損益可知也。」事與時並，爲事在其時也〔一〕。禮器曰：「堯授舜，舜授禹，湯放桀，武王伐紂，時也。」名與功偕，爲名在其功也。偕猶俱也。堯作大章，舜作大韶，禹作大夏，湯作大濩，武王作大武，各因其得天下之功。愚謂禮之事異，而敬之情則同；樂之文殊，而愛之情則同。禮樂之文與事者其末，而愛敬之情者其本，末可變而本不可變，故明王以相沿也。事與時並者，禮有質文損益，視乎時以起事。名與功偕者，樂有韶、夏、濩、武，隨乎功以立名也。明王之於禮樂，因其情之不可變者以爲本，故因時以制禮，象功以作樂，而皆有以成一代之治也。

故鐘、鼓、管、磬，羽、籥、干、戚，樂之器也。屈伸俯仰，綴、兆、舒、疾，樂之文也。簠、簋、俎、豆，制度、文章，禮之器也。升降上下，周還、裼、襲，禮之文也。故知禮樂之情者能作，識禮樂之文者能述。作者之謂聖，述者之謂明。明聖者，述作之謂也。釋文：綴，丁劣反，徐丁衛反，下「綴遠」「綴短」皆同。上，時掌反。還音旋。

鄭氏曰：綴，謂酇，舞者之位也。兆，其外營域也。述，謂訓其義也。愚謂禮樂之文，所謂

〔一〕「爲」，禮記注疏作「舉」。

「殊事異文」者也，器則文之所寓也。其文易識，其情難知。知其情，則得其本以達其末，而化裁變通，其文由之而出，故能作。識其文，則於其本猶有所未逮也，而於其已然之迹，亦可以守之而不失，故能述。作者之謂聖，禹、湯、文、武、周公是也。述者之謂明，游、夏、季札是也。○右第三章，言禮樂之本在乎愛敬之情也。

樂者，天地之和也。禮者，天地之序也。和，故百物皆化；序，故羣物皆別。樂由天作，禮以地制，過制則亂，過作則暴。明於天地，然後能興禮樂也。

劉氏曰：前言「大樂與天地同和，大禮與天地同節」，以成功之所合而言也。此言「樂者天地之和，禮者天地之序」，以效法之所本而言也。天地之和，陽之動而生物者也，氣行而不乖，故百物皆化。天地之序，陰之靜而成物者也，質具而有秩，故羣物皆別。樂者，法乎氣之行於天者而作，故動而屬陽。聲音，氣之爲也。禮者，法乎質之具於地者而制，故靜而屬陰。儀則，質之爲也。過制則失其序，如陰過而肅，則物之成者復壞，故亂。過作則失其和，如陽過而亢，則物之生者反傷，故暴。明乎天地之和與序，然後能興禮樂以贊化育也。愚謂禮以節行，非所以爲亂也，然過制則不足以爲節，而反至於亂矣。樂以道和，非所以爲暴也，然過作則不足以爲和，而反至於暴矣。上言「樂者天地之和，禮者天地之序」，下又以樂專屬天，以禮專屬地者，蓋天地各有自然之和、序，而樂之動而屬乎陽，禮之靜而屬乎陰，於天地又各有所專屬焉。猶之立天之道曰陰與陽，立地之道曰柔與剛，而分而言之，則陽與剛屬乎天，陰與柔屬乎地，雖若各爲一理，而實則相通也。

論倫無患，樂之情也；欣喜歡愛，樂之官也。中正無邪，禮之質也；莊敬恭順，禮之制也。若夫禮樂之施於金石，越於聲音，用於宗廟社稷，事乎山川鬼神，則此所與民同也。釋文：邪，字又作「耶」，同似嗟反。

鄭氏曰：倫猶類也。患，害也。官猶事也。質猶本也。愚謂論倫無患者，言其心之和順足以論説樂之倫理，而不相悖害也。樂之情，禮之質，以其根於心者言，聖人制禮樂之本也。樂之官，禮之制，以其著於事者言，聖人用禮樂之實也。至於禮樂既達，而施而用之，又欲以情、官、質、制偏化天下之人，而與民同之也。○右第四章，言禮樂之作，本於天地而達於民也。

右樂論篇第二。

王者功成作樂，治定制禮，其功大者其樂備，其治辯者其禮具。干戚之舞，非備樂也；孰亨而祀，非達禮也。五帝殊時，不相沿樂；三王異世，不相襲禮。樂極

則憂，禮粗則偏矣。及夫敦樂而無憂，禮備而不偏者，其唯大聖乎！釋文：王如字，徐于況反。治，直吏反。辯，本又作「辨」，音遍。亨，沈普衡反，徐許兩反。夫音扶，下皆放此。

鄭氏曰：功主於王業，治主於教民。辯，偏也。達，具也。郊特牲曰：「郊血，大饗腥，三獻爓，一獻孰，至敬不饗味而貴氣臭也。」不相沿樂，不相襲禮，言其有損益也。愚謂聲容者，樂之末也，故干、戚之舞非備樂，而朱弦、疏越有遺音者矣。儀物者，禮之末也，故孰亨而祀非達禮，而玄酒、腥魚有遺味者矣。樂之文，五帝未嘗相沿，禮之事，三王不必相襲，以其非禮樂之本故也。帝王皆有禮樂，於五帝言「樂」，於三王言「禮」，互文也。樂失其本，而致飾於聲容之盛，則反害於和樂之正而至於憂矣。禮失其本，而徒務乎儀物之粗，則不根於忠信之實而失之偏矣。敦厚其樂而不至於憂，禮節詳備而不至於偏，則惟其情足以稱之，而能與天地同其和節故也，非大聖其孰能之？○右第一章，言惟聖人能作禮樂也。

天高地下，萬物散殊，而禮制行矣。流而不息，合同而化，而樂興焉。春作夏長，仁也。秋斂冬藏，義也。仁近於樂，義近於禮。樂者敦和，率神而從天；禮者別宜，居鬼而從地。故聖人作樂以應天，制禮以配地。禮樂明備，天地官矣。釋文：長，丁丈反。近，「附近」之近，又其靳反。惇音純，本又作「敦」。

天地定位，萬物錯陳，此天地自然之禮也。流而不息，而闔闢不窮，合同而化，而渾淪無間，此天地自然之樂也。春作夏長者，天地生物之仁也。仁者陽之施，故近於樂。秋斂冬藏者，天地成物之義也。義者陰之肅，故近於禮。敦和者，厚其氣之同；别宜者，辨其體之異。率神者，氣之流行而不息，循乎神之伸也。居鬼者，體之一定而不易，主乎鬼之屈也。率神則屬乎陽而從天，居鬼則屬乎陰而從地。聖人作樂以應天，法乎陽以爲生物之仁；制禮以配地，法乎陰以爲成物之義也。天地官，言天地各得其職，猶中庸之言「天地位」也。蓋聖人法天地以作禮樂，而禮樂又能爲功於天地，此聖人所以贊化育而上下同流者也。○朱子曰：「『天高地下』一段，意思極好，非孟子以下所能作。其文似中庸，必子思之辭。左傳云『爲六畜、五牲、三犧以奉五味』云云，都是做這箇去合那天，卻無自然之理。如云『天高地下，萬物散殊，而禮制行矣，流而不息，合同而化，而樂興焉』，皆是自然合當如此。」

天尊地卑，君臣定矣。卑高已陳，貴賤位矣。動靜有常，小大殊矣。方以類聚，物以羣分，則性命不同矣。在天成象，在地成形，如此，則禮者，天地之别也。釋文：卑如字，又音婢。

鄭氏曰：卑高，謂山澤也。愚謂此申言天高地下，萬物散殊，而禮制行之義也。禮有君臣，而天尊地卑，即自然之君臣也。卑謂澤，高謂山。禮有貴賤，而山澤之卑高，即自然之貴賤也。易之義以陽爲大，陰爲小。禮有小大，而陽動陰靜各有其常，即自然之小大也。方以道言，物以形言。方以類聚，而剛柔燥濕之相從；物以羣分，而飛潛動植之各異，由其所稟之性命不同也。在天而日月星辰之成象，在地而山川人物之成形，凡此皆禮之見於天地者，乃天地自然之別也。

地氣上齊，天氣下降，陰陽相摩，天地相蕩，鼓之以雷霆，奮之以風雨，動之以四時，煖之以日月，而百化興焉。如此，則樂者，天地之和也。釋文：上，時掌反。齊，註讀爲躋，又作「隮」，子兮反。摩，本又作「濵」，末何反。蕩，本又作「盪」，同大儻反。霆音廷，又音挺。煖，徐許爰反，沈況遠反。

鄭氏曰：齊讀爲躋。躋，升也。摩猶迫也。蕩猶動也。奮，迅也。百化，百物化生也。愚謂此申言流而不息，合同而化，而樂興焉之義也。言其體，謂之天地；言其氣，謂之陰陽。陰之氣上升，陽之氣下降，則陰陽相摩矣。天下交於地，地上交於天，則天地相蕩矣。煖，易作「烜」。鼓之、奮之、動之、煖之，皆指萬物而言。凡此皆樂之見於天地者，乃天地自然之和也。

化不時則不生，男女無辨則亂升，天地之情也。

鄭氏曰：辨，别也。升，成也。樂失則害物，禮失則害人。　愚謂此又言在人者不可以無禮樂也。蓋天地雖有自然之禮樂，而禮樂之在人者乃所以贊天地之化育也。故無樂則氣化不時，而至於乖沴，故萬物不生；無禮則男女無别，而至於相瀆，故禍亂興作。蓋禮樂與天地相感通，故禮樂之不興，雖人事之所爲，而其足以害物而致亂者，乃天地之情也。

及夫禮樂之極乎天而蟠乎地，行乎陰陽而通乎鬼神，窮高極遠而測深厚。

釋文：蟠，步丹反，或蒲河反。

鄭氏曰：蟠猶委也。高遠，三辰也。深厚，山川也。言禮樂之道，上至於天，下委於地，則其間無所不之。　孔氏曰：禮樂取象於天地，功德又能遍滿乎天地之間。天降膏露，是極乎天；地出醴泉，是蟠乎地。日月歲時無易，百穀用成，是行乎陰陽；用之祭祀，百神俱至，是通乎鬼神。天之三光，皆應禮樂而明，是禮樂窮極高遠也。地之山川，皆應禮樂而出瑞應，是測深厚也。　朱子曰：此以理言，有是理即有是氣。一氣之和，無所不通。　愚謂此言聖人作禮樂之功效，所謂「禮樂明備而天地官」者也。

樂著大始，而禮居成物。著不息者天也，著不動者地也，一動一靜者，天地之

間也。故聖人曰「禮樂」云。釋文：樂著，直略反。大音泰。

鄭氏曰：著之言處也。大始，百物之始生。著不息，著不動，著猶明白也，息猶休止也。愚謂樂者陽之動，故氣之方出而爲物之大始者，樂之所著也。禮者陰之靜，故質之有定而爲物之已成者，禮之所居也。著不息者，天之動也。著不動者，地之靜也。一動一靜，充周乎天地之間，以始物而成物者，自然之禮樂也。惟天地之禮樂如此，故聖人之治天下，亦必曰「禮樂」云。云者，語辭也。○右第二章，言天地有自然之禮樂，聖人法而制之，又能爲功於天地也。

右樂禮篇第三。史記正義作「禮樂」。○今按十一篇之名，別録及史記正義與孔疏間有不同。今其名篇之義已不可盡考知，亦無以質其得失也。

昔者舜作五弦之琴以歌南風，夔始制樂以賞諸侯。

王氏肅曰：尸子及家語云：「舜彈五弦之琴，其辭曰：『南風之薰兮，可以解吾民之慍兮！南風之時兮，可以阜吾民之財兮！』」孔氏曰：案世本「神農作琴」，今云「舜作」者，特用琴歌南風始自舜，或五弦始舜也。陳氏祥道曰：賞諸侯以樂，前此無有也，而夔始制之。

故天子之爲樂也，以賞諸侯之有德者也。德盛而教尊，五穀時孰，然後賞之以樂。故其治民勞者，其舞行綴遠；其治民逸者，其舞行綴短。故觀其舞，知其德；聞其謚，知其行也。釋文：舞行，户剛反。其行，下孟反。

鄭氏曰：民勞則德薄，酇相去遠，舞人少也。民逸則德盛，酇相去近，舞人多也。○右第一章。

大章，章之也。咸池，備矣。韶，繼也。夏，大也。殷、周之樂盡矣。

鄭氏曰：大章，堯樂名也。言堯德章明也。周禮闕之，或作「大卷」。咸池，黄帝所作樂名也，堯增脩而用之。咸，皆也。池之言施也。言德之無不施也。周禮曰大咸。韶，舜樂名也。韶之言紹也。言舜能紹堯之德。周禮曰大磬。夏，禹樂名也。言禹能大堯、舜之德。周禮曰大夏。殷、周之樂，周禮曰大濩、大武。盡，言盡人事也。孔氏曰：按樂緯及禮樂志云「黄帝曰咸池」。咸池雖黄帝之樂，至堯更增改脩治而用之，則世本名「咸池」是也。周禮謂之大咸。黄帝之樂，堯不增脩者，則别立其名，則此大章是也。至周，謂之大卷，更加以雲門之號。周禮「雲門、大卷」在「大咸」之上，此「大章」在「咸池」之上，故知大卷當大章。愚謂此與周禮大司樂皆言歷代樂名，此言「大章」，與周禮「雲門、大卷」相當，則大章即雲門、大卷無疑也。鄭氏周禮註云：「黄帝曰雲門、大卷。黄帝能正名百物，以明民共財，其德如雲之出，民得以有族類。大咸，咸池，堯樂也。堯能殫均刑法以儀民，言其德無所不施。」是雲門、大卷爲黄帝樂，咸池爲堯樂也。樂緯及禮樂志云「黄帝曰咸池」，「堯曰大章」，而莊子亦言「黄帝張咸池於洞庭之野」，故鄭於此註又以大章爲堯樂，咸池爲黄帝樂，又以其於先後之序不合，則謂「黄帝之樂，堯增脩而用之」。夫五帝不相沿樂，舜、禹、湯、武皆自作一代之樂，何以堯不作樂而但脩黄帝之樂而用之乎？周用六代之樂，於先代之樂未嘗别爲立名，何以堯用黄帝之樂乃别爲之名乎？秦人事不師古，始改周舞曰五行舞，至漢高帝又改舜招舞曰文始舞，三代時未聞有是也。大章爲黄帝樂，咸池爲堯樂，以周禮六樂之序斷之，無可疑者。緯書繆妄，莊生寓言，而漢志之言即本之緯書，均未可據也。○右第二章。

天地之道，寒暑不時則疾，風雨不節則饑。教者，民之寒暑也，教不時則傷世；事者，民之風雨也，事不節則無功。

鄭氏曰：教，謂樂也。　愚謂教不時則傷世，故必有樂以教民；事不節則無功，故必有禮以節事。

然則先王之爲樂也，以法治也，善則行象德矣。釋文：行，下孟反。

鄭氏曰：以法治，以樂爲治之法。行象德，民之行順君之德也。　愚謂此承上「教不時則傷世」，而言先王以樂教民之事也。

夫豢豕爲酒，非以爲禍也，而獄訟益繁，則酒之流生禍也。是故先王因爲酒禮。壹獻之禮，賓主百拜，終日飲酒而不得醉焉，此先王之所以備酒禍也。故酒食者，所以合歡也。

鄭氏曰：以穀食犬豕曰豢。爲，作也。言豢豕作酒，本以饗祀養賢，而小人飲之，善酗以致獄訟。壹獻，士飲酒之禮。百拜，以喻多。孔氏曰：凡獻數，按大行人云上公「九獻」，侯伯「七獻」，子男「五獻」，並依命數。其臣介則孤同子男，卿大夫略爲一節，但三獻，則天子諸侯之士同壹獻。故昭六年：「季孫宿如晉，晉侯享之，有加籩。武子退，使行人告曰：『得貺不過三獻。』」但春秋亂世，或有大夫五獻者，故昭元年鄭伯享趙孟，「具五獻之籩、豆於幕下」。愚謂此承上「事不節則無功」，而言先王以禮節民之事也。無禮則酒食至於興訟，有禮則酒食可以合歡，事之不可以無節如此。然禮之節民非一事，獨以備酒禍言之者，略舉以見其餘也。

樂者，所以象德也。禮者，所以綴淫也。釋文：綴，知劣反。

鄭氏曰：綴猶止也。愚謂樂所以使民象君之德，禮所以綴止民之淫亂。此承上二節，以起下文也。

是故先王有大事，必有禮以哀之；有大福，必有禮以樂之。哀樂之分，皆以禮終。釋文：樂音洛，下「所樂」「哀樂」「康樂」皆同。分，扶問反。

鄭氏曰：大事，謂死喪。張氏守節曰：民有喪，則先王制衰麻哭泣之禮以節之，使各遂其哀情，是有禮以哀之也。大福，祭祀吉慶也。民慶必歌舞飲食，禮使之不過，而各遂歡樂，是有禮以樂之也。哀樂皆用禮節，各終其分，故云「皆以禮終」。愚謂此結言先王以禮節民之事。

樂也者，聖人之所樂也，而可以善民心。其感人深，其移風易俗，故先王著其教焉。釋文：著，知慮反。○漢書禮樂志「易俗」下有「易」字。

鄭氏曰：著，立也。謂立司樂以下，使教國子。愚謂此結言先王以樂教人之事也。○右第三章。

右樂施篇第四。

夫民有血氣心知之性，而無哀樂喜怒之常，應感起物而動，然後心術形焉。是故志微、噍殺之音作，而民思憂；嘽諧、慢易、繁文、簡節之音作，而民康樂；粗厲、猛起、奮末、廣賁之音作，而民剛毅；廉直、勁正、莊誠之音作，而民肅敬；寬裕、肉好、順成、和動之音作，而民慈愛；流辟、邪散、狄成、滌濫之音作，而民淫亂。釋文：知音智。應，於甑反，篇内同。殺，色界反，又色例反。思，息吏反，又音斯。慢，本又作「嫚」，莫諫反。易，以豉反。賁，依註讀爲憤，扶粉反。肉，而救反。好，呼報反。辟，匹亦反。狄，他歷反。○鄭註：肉或爲「潤」。○今按「志微」，漢書作「纖微」，當從之。

鄭氏曰：言在所以感之也。術，所由也。形猶見也。志微，意細也。吳公子札聽鄭風，而曰：「其細已甚，民弗堪也。」簡節，少易也。奮末，動使四支也。賁讀爲憤。憤，怒氣充實也。春秋傳曰：「血氣狡憤。」肉，肥也。狄滌，往來疾貌也。濫，僭差也。此皆民心無常之傚也〔一〕。孔氏曰：此言人心不同，隨感而變。樂聲善惡，本由民心而生，合成爲樂，又下感於人，猶如雨出於山而還雨山，火出於木而還燔木，故此篇之首，論人能興樂，此章之意，論樂能感人也。身爲本，手足爲末，故云「奮末，動使四支」。詩云「踧踧周道」，字雖異，與此「狄」同。詩又云「滌滌山川」，皆物之形狀，故云「往來疾貌」。狄成、滌濫，言樂之曲折，疾速而成，速疾而止。陳氏祥道曰：肉倍好者璧，好倍肉者瑗，肉好如一，旋而不可窮者

〔一〕「傚」，原本作「徵」，據禮記注疏改。

環。肉好之音，豈其音旋而不可窮邪？陳氏澔曰：狄與逖同，遠也。成者，樂之一終。狄成，言其一終甚長，淫泆之意也。滌，洗也。濫，侵僭也。言其音之泛濫侵僭，如以水洗物，而浸漬侵濫，無分際也。愚謂志微，漢書樂志作「纖微」，是也。纖微，謂樂音纖細而微眇也。諧，和也。慢，疏也。易，平也。繁文，文章繁。簡節，節奏簡也。猛起，謂樂之始剛猛。奮末，謂樂之終奮迅。廣賁，謂樂音廣大而憤怒也。肉好，以璧之肉好喻音之圓轉而潤澤也。順成者，以順而成。和動者，以和而動也。流辟者，流宕而偏辟。邪散者，淫邪而散亂。狄成，言樂之一成，節奏逖遠，所謂「流湎以忘本」也。滌濫，如水之滌蕩放濫，往而不返也。纖微、噍殺之音，出於哀者也，以此感民，則民之心亦應之而哀矣。嘽諧、慢易、繁文、簡節之音，出乎樂者也，以此感民，則民之心亦應之而樂矣。粗厲、猛起、奮末、廣賁之音，出於怒者也，以此感民，則民之心亦應之而怒矣。廉直、勁正、莊誠之音，出於敬者也，以此感民，則民之心亦應之而敬矣。寬裕、肉好、順成、和動之音，出於愛者也，以此感民，則民之心亦應之而愛矣。流辟、邪散、逖成、滌濫之音，出於喜者也，以此感民，則民之心亦應之而喜矣。此所言六者之音，與第一篇同，但彼言人心之感而爲聲，此則言樂音之感人而人心應之也。○孔氏以志微爲君之志意，噍殺爲樂音；嘽諧、嫚易爲君德，繁文、簡節爲樂音；粗厲爲人君氣性，猛起、奮末、廣賁爲樂音；廉直、勁正爲君德，莊誠爲樂音；寬裕爲君德，肉好、順成、和動爲樂音；流辟爲君志，邪散、狄成、滌濫爲樂音。皆上論君德，下論樂音。蓋因首句「志微」二字，推類以言其餘。然如其言，則上下衡決，不成文理。且首篇云「其聲嘽以緩」、「其聲粗以厲」、「其聲直以廉」，則此云「嘽緩」「粗厲」「廉直」〔一〕，皆指聲言亦明矣。鄭氏引左傳「其細已甚」，以解志微，則於「志微」二字原不指君德，然以「志」言，音義又不合，當從漢志作「纖微」爲是。

是故先王本之情性，稽之度數，制之禮義，合生氣之和，道五常之行，使之陽而不散，陰而不密，剛氣不怒，柔氣不懾，四暢交於中而發作於外，皆安其位而不相奪也。然後立之學等，廣其節奏，省其文采，以繩德厚，律小大之稱，比終始之序，以象事行，使親疏、貴賤、長幼、男女之理皆形見於樂，故曰：「樂觀其深矣。」釋文：道音導。行，下孟反。稱，尺證反。比，毗志反。長，丁丈反。見，賢徧反。

情性，先王一己之情性也。先王之性，天理渾然，其發而爲情者無不中節，此中和之極，而

〔一〕「嘽緩」，據經文當作「嘽諧」。

作樂之本也。鄭氏曰：生氣，陰陽氣也。五常，五行也。密之言閉也。等，差也，各用其才之差學之。廣，謂增習之。省猶審也。文采，謂節奏合也。繩，度也。周禮大司樂：「以樂語教國子：興、道、諷、誦、言、語。以樂舞教國子：舞雲門、大卷、大咸、大磬、大夏、大濩、大武。」小大，謂高聲、正聲之類也。終始，謂始於宮，終於羽。以象事行，謂宮爲君，商爲臣。陳氏澔曰：度數，十二律上生下生，損益之數也。禮義，貴賤、隆殺、清濁、高下各有其義也。生氣之和，造化絪緼之妙也。五常之行，仁、義、禮、智、信之德也。合生氣之和，使其陽之動而不至於散，陰之靜而不至於密；道人心五常之行，使剛氣不至於怒，柔氣不至於懾。天地之陰陽，人心之剛柔，四者各得其中而和暢焉，則交於中而發見於外矣。於是宮君、商臣、角民、徵事、羽物，皆安其位而不相奪倫，然後推樂之教以化民成俗也。立之學，若樂師掌國學之政，大胥掌學士之版是也。立之等，若十三舞勺，成童舞象之類是也。廣其節奏者，增益學者之所習也。省其文采，省察其音曲，使五聲相和相應，若五色之相雜以成文采也。厚，如書「惟民生厚」之厚。以繩德厚，謂檢約其固有之善，而使之成德也。律，以法度整齊之也。比，以次序聯合之也。宮音至大，羽音至小，律之使各得其稱，始於黄鐘，終於仲吕，比之使各得其序，以此法象，而寓其事之所行也。人倫之理，皆可於樂而見之，故曰：「樂之所觀，其義深奧矣。」蓋古有是言，而記者引以爲證。

土敝則草木不長，水煩則魚鼈不大，氣衰則生物不遂，世亂則禮慝而樂淫。是故其聲哀而不莊，樂而不安；慢易以犯節，流湎以忘本；廣則容姦，狹則思欲；感條暢之氣，而滅平和之德。是以君子賤之也。 釋文：易，以豉反。湎，綿鮮反。和，胡卧反。〇今按：和當讀平聲。石經「滅」上無「而」字。

鄭氏曰：遂猶成也。慝，穢也。廣，謂聲緩也。狹，謂聲急也。感，動也。動人條暢之善氣，使失其所。 孔氏曰：土衰敝，故草木不長；水煩擾，故魚鼈不大；陰陽之氣衰，故生物不得遂成；世道衰亂，上下無序，男女無別，故禮慝而樂淫。此以上三事喻下一事也。感，感動也。條，遠也。暢，舒也。感條暢之氣，謂感動人心長遠舒暢之善氣也。 愚謂萬物得其理而後和，禮既慝，則樂亦淫矣。哀之過，故其聲纖微、噍殺，太急而不莊；樂之過，故其聲嘽諧、慢易，太緩而不安。不莊，故慢易以犯節；不安，故流湎以忘本。忘本，故其節奏廣，廣則寬博而容姦邪；犯節，故其節奏狹，狹則迫切而思嗜欲。感條暢之氣，則無以合生氣之和；滅平和之德，則無以道五常之行。此皆淫樂之害也。

右樂言篇第五。 史記正義作「言樂」。

禮記卷三十八

樂記第十九之二

凡姦聲感人而逆氣應之，逆氣成象而淫樂興焉。正聲感人而順氣應之，順氣成象而和樂興焉。倡和有應，回邪曲直各歸其分，而萬物之理各以類相動也。釋文：分，扶問反。

孔氏曰：姦聲感動於人，而逆氣來應，二者相合而成象，淫樂遂興，紂作靡靡之樂是也。正聲感動於人，而順氣來應，二者相合而成象，和樂遂興，若周室太平，頌聲作也。聲感人，是倡也。氣應之，是和也。善倡則善和，惡倡則惡和，是倡和有應。回，謂乖違。邪，謂邪僻。乖違邪僻，及曲之與直，各歸其善惡之分限，善歸善分，惡歸惡分，是萬物之情理各以類自相感動也。　愚謂姦聲、正聲，皆謂人聲也。

是故君子反情以和其志，比類以成其行，姦聲、亂色不留聰明，淫樂、慝禮不接心術，惰慢、邪辟之氣不設於身體，使耳、目、鼻、口、心知、百體皆由順正以行其義。釋文：其行，下孟反。辟，匹亦反。知音智。○石經淫樂作「淫聲」。

情懼其流也，反之，則所發者不過其節而其志和矣。行懼其失也，比擬善惡之類，去其惡而從其善，則其行成矣。此二者，正心脩身之事也。姦聲、亂色不留聰明，防其接於外者也。淫樂、慝禮不接心術，謹其存於中者也。惰慢之氣自内出，邪辟之氣自外入，而皆不設於身體，則内外皆得其養矣。君子之反情、比類如此，故能使小大之體莫不順而不逆，正而不邪，而所行皆合於義也。此言聖人作樂之本也。

然後發以聲音，而文以琴瑟，動以干戚，飾以羽旄，從以簫管，奮至德之光，動四氣之和，以著萬物之理。釋文：著，張慮反。

發以聲音，謂升歌也。仲尼燕居云「升歌清廟，發德也」，是也。文以琴瑟，謂以琴瑟合於歌咏而文飾之，堂上之樂也。干戚武舞，故言「動」；羽旄文舞，故言「飾」。從，隨也。簫管輕，故言「從」。此皆堂下之樂也。聖人之至德著於外而有光輝，樂以象之，而至德之光奮矣。四氣之和，四時之和氣也，樂以合之，而四氣之和動矣。親疏、貴賤、男女、長幼之理，皆形見於樂，而萬物之理著矣。

是故清明象天，廣大象地，終始象四時，周還象風雨，五色成文而不亂，八風從律而不姦，百度得數而有常，小大相成，終始相生，倡和清濁，迭相爲經。釋文：還音旋。

清明，言其聲之無所淆雜，猶論語之言「皦如」也。廣大，言其體之無不包載，猶季札言地之「無不載」也。終始，言其先後之有序。周還，言其循環而不窮。樂以五聲相生而成音節，猶五色相次而成文章。不亂者，君、臣、民、事、物之各安其位也。八風者，八方之風：東方曰明庶風，東南曰清明風，南方曰景風，西南曰涼風，西方曰閶闔風，西北曰不周風，北方曰廣莫風，東北方曰條風。樂之八音，應乎八風：竹音生於震而屬東，木音生於巽而屬東南，絲音生於離而屬南，土音生於坤而屬西南，金音生於兑而屬西，石音生於乾而屬西北，革音生於坎而屬北，匏音生於艮而屬東北。從律而不姦，謂八音應八風之氣，克諧而無奪倫也。百度，言其多也。百度得數而有常者，若宫之八十一絲，以至於羽之四十八絲，黄鐘之九寸，以至於應鐘之四寸二十七分寸之二十，莫不得其常數也。宫聲最大，羽聲最小。國語曰：「琴瑟尚宫，鐘尚羽，石尚角，匏竹利制。」是聲雖有大有小，然相成而不相戾也。終始相生者，十二律始於黄鍾，終於中吕，五音始於宫，終於角，雖有終有始，然相生而不相廢也。先發者爲倡，後應者爲和。短者爲濁，長者爲清。經，常也。十二律或倡或和，或濁或清，更迭用之，以爲常法，所謂「旋相爲宫」也。

故樂行而倫清，耳目聰明，血氣和平，移風易俗，天下皆寧。倫，類也。樂行倫清，言樂達於天下，而倫類清美也。耳目聰明，血氣和平，就一身而言之也。移風易俗，天下皆寧，合一世而言之也。

故曰：「樂者，樂也。」君子樂得其道，小人樂得其欲。以道制欲，則樂而不亂；以欲忘道，則惑而不樂。

鄭氏曰：道，謂仁義也。欲，謂邪淫也。愚謂樂者，人之所歡樂也。然君子小人所樂不同：君子樂得其道，而能自制其欲，故得其所樂而不至於亂。小人樂得其欲，而至於忘道，則適足以爲惑而不足以爲樂矣。言此以明先王之作樂，正以道制欲之事，故能使人各得其所樂，以起下文之所言也。

是故君子反情以和其志，廣樂以成其教。樂行而民鄉方，可以觀德矣。釋文：鄉，許亮反。

反情以和其志，結首節之義。不言「比類以成其行」者，省文，可知也。廣樂以成其教，結次節之義。方，道也。民知鄉方，結第三節「樂行倫清」之義。此一節，總結上文。○右第一章，言聖人之作樂，皆本於己之德以教人也。

德者，性之端也。樂者，德之華也。金石絲竹，樂之器也。詩，言其志也。歌，咏其聲也。舞，動其容也。三者本於心，然後樂器從之。是故情深而文明，氣盛而化神，和順積中，而英華發外，唯樂不可以爲僞。釋文：詩，言其志，一本無「言」字。

端，猶孟子言「四端」之端。性在於中，而發而爲德，德者，性之端緒也。德不可見，而象之爲樂，樂者，德之光華也。非器無以成樂，金石絲竹，樂之器也。詩也，歌也，舞也，三者合而爲樂，而其本則在乎心之德也。德具於心，發而爲三者，而後樂器從而播之。情深者，謂喜怒哀樂之中節。氣盛者，謂陰陽剛柔之交暢。文明者，文采著明，五色成文而不亂，八風從律而不姦也。化神者，行乎陰陽，通乎鬼神，窮高遠，測深厚，而無所不至也。情深而氣盛者，德也，和順之積中者也。文明而化神者，樂也，英華之發外者也。有是德，然後有是樂，故樂不可以爲僞。○右第二章，承上章「可以觀德」，而言德爲作樂之本也。

樂者，心之動也。聲者，樂之象也。文采節奏，聲之飾也。君子動其本，樂其象，然後治其飾。是故先鼓以警戒，三步以見方，再始以著往，復亂以飭歸，奮疾而不拔，極幽而不隱，獨樂其志，不厭其道，備舉其道，不私其欲。是故情見而義立，樂終而德尊，君子以好善，小人以聽過。故曰：「生民之道，樂爲大焉。」釋文：見，賢遍反。著，張慮反。復音伏。拔，步葛反，又皮八反。獨樂，皇音洛，庾音岳。好，呼報反。以聽過，本或作「以聖過」，如字。

鄭氏曰：文采，樂之威儀也。先鼓，謂將作樂，先擊鼓，以警戒衆也。三步，謂將舞，必先三舉足，以見其舞之漸也。

孔氏曰：樂者，心之動也者，心動而見聲，聲成而爲樂，樂由心動而成也。聲者，樂之象也者，樂本無體，由聲而見，是聲爲樂之形象也。文采節奏，聲之飾也者，聲無曲折，則太質素，故以文采節奏而飾之使美也。動其本，則心之動也。樂其象，則樂之象也。治其飾，則亦聲之飾也。此結上三事。自此以下，記者引周之大武之樂，以明此三者之義。

愚謂先鼓以警戒者，大武將舞之先，擊鼓以警戒其衆，所謂「備戒之已久」也。三步以見方者，舞之初作，先三舉足，以示其所往之方，所謂「始而北出」也。再始以著往者，舞者於二成之初，又再始舉足，以著其所往，所謂「再成而滅商」也。亂，終也。

復亂以飭歸者，舞者之終，從末表復於第一表，以整飭其歸，所謂「六成復綴以崇天子」也。拔，急疾也。奮疾而不拔者，武舞發揚蹈厲，欲及時事，有奮發迅速之象，而不至於大疾而失其節也。極幽而不隱者，言武王之病不得衆，恐不逮事，臨事而懼，情意幽深，大武之樂，唱歎淫液，以發明其幽深之情，而著見而不隱也。獨樂其志，不厭其道者，樂其德之備於己也。欲，謂可願欲之事。備舉其道，不私其欲者，廣其化之被於民也。此則周、召之治，以文止武而周道四達也。情見而義立者，武王愛民之情見而弔伐之義立也。樂終而德尊者，六成復綴以崇天子，而見武王之德之尊也。君子樂得其道，故聽之而生其好善之心；小人樂得其欲，故聽之而知其情慾之過。「故曰」以下，又引古語以結之。註疏自「先鼓以警戒」以下，皆以大武言之，其説是也。惟其解「再始著往」，謂「武王除喪，觀兵孟津，二年乃復伐紂」，則出於張霸僞泰誓之説而不可信；而以「極幽」爲歌者，其義亦爲未安耳。○右第三章，又言樂所以爲德之象也。

樂也者，施也。禮也者，報也。樂，樂其所自生，而禮反其所自始。樂章德，禮報情、反始也。釋文：施，始豉反。○石經無「而」字。

鄭氏曰：言樂出而不反，而禮有往來也。孔氏曰：言作樂之時，衆庶皆聽之，而無反報之意，但有恩施而已。禮尚往來，受人禮事，必當報之也。樂，樂其所自生者，又廣明上「樂者，施也」，言王者作樂，歡樂其己之所由生。若武王，民樂其由武功而生王業，即以武爲樂名，以受施處立名，無報反之義也。禮反其所自始者，王者制禮，追反其所自始。若周由后稷爲始祖，即追祭后稷，報其王業之由，是禮有報也。樂章德者，樂是章明其德，不求其報。禮報情反始者，言行禮者，他人有恩於己，己則報其情；先祖既爲始於子孫，子孫則反報其初始。以人意言之，則謂之報情，以子孫言之，則謂之反始，其實一也。朱子曰：樂，樂其所自生，禮反其所自始，亦如樂由中出，禮自外作。樂是和氣中間直出，無所待於外；禮卻是初始有這意思，外面卻做一個節文抵當他，卻是人做底。雖説是人做，原不曾杜撰，因他本有這意思。故下文云「樂章德，禮報情反始也」。和順積諸中，英華發諸外，便是章著其内之意。横渠説：「樂則得其所樂，即是樂也，更何所待？是樂其所自成。」説得亦好。只是「樂其所自成」，與「樂其所自生」，用字不同耳。

所謂大輅者，天子之車也。龍旂九旒，天子之旌也。青黑緣者，天子之寶龜也。從之以牛羊之羣，則所以贈諸侯也。釋文：流，本又作「旒」，音流。緣，悦絹反。

鄭氏曰：贈諸侯，謂來朝將去，報之以禮。孔氏曰：前明樂者爲施，禮者爲報；此明禮報之事。諸侯奉其土地所有來朝天子，天子以此等之物報之。不覆明樂施，以樂施之恩，其事易知，記者略之也。大輅，謂上公及同姓侯伯則金輅，異姓象路，四衛革輅，蕃國木輅，受於天子，總謂之大輅也。龍旂九旒，據上公言之，若侯伯則七旒，子男則五旒。青黑緣者，寶龜之甲，並以青黑爲之緣也。從之以牛羊之羣者，天子既與大輅之屬，又隨從以牛羊，非一也。愚謂公羊傳曰「龜青純」，何休云：「純，緣也。謂緣甲頓也。千歲之龜青髯。」則龜之緣乃其本質自然，非爲之也。牛羊之羣，饔餼所陳之牲牢也。孔氏以此合於上章，今考其文義，與上文似不相蒙，疑係他篇錯簡，否則或有闕文耳。○右第四章。

右樂象篇第六。史記樂書移「樂也者，施也」以下於樂施章之末。

樂也者，情之不可變者也。禮也者，理之不可易者也。樂統同，禮辨異。禮樂之説，管乎人情矣。

鄭氏曰：統同，同和合也。辨異，異尊卑也。管猶包也。愚謂樂由中出，而本乎中節之情，故曰「情之不可變」，若其可變，則非情之和而不足以爲樂矣。禮由外作，而合乎萬事之理，故曰「理之不可易」，若其可易，則非理之當而不足以爲禮矣。情欲其無所乖戾，故統同；理貴乎有所分別，故辨異。人情萬變不窮，然有禮樂以統同辨異，則懽然有恩以相愛，粲然有文以相别，天下之人情皆管攝於是而不能外也。○右第一章，言禮樂可以治人情也。

窮本知變，樂之情也。著誠去僞，禮之經也。禮樂偩天地之情，達神明之德，降興上下之神，而凝是精粗之體，領父子君臣之節。釋文：去，起吕反。偩音負。

鄭氏曰：偩，猶依象也。降，下也。興猶出也。凝，成也。精粗，謂萬物大小也。領，猶理治也。　愚謂窮，極也。本，謂樂本心而起也。變，即後篇所謂「聲音動静，性術之變」也。極其和順之本於心，而知其發爲聲音動静之變，則情之發皆中節而無不和，故爲樂之情。禮以忠信爲本，著誠去僞則本立，而其文由之而出，故爲禮之經。天地之情，以其發見者言。偩天地之情者，言依象天地之情，同和同節，而與天地同其用也。神明之德，以其存主者言。達神明之德，言通於神明之德，必易必簡，而與天地同其體也。降興上下之神，言禮樂用之祭祀，可以感格鬼神，若周禮言「天神皆降，地祇皆出」是也。凝，如中庸「至道不凝」之凝。精者，形而上之道；粗者，形而下之器。禮樂者，道與器合，而精粗之體皆凝聚於是也。領，猶統會也，言君臣父子之節皆統會於禮樂之中也。○朱子曰：禮之誠，便是樂之本；樂之本，便是禮之誠。若細分之，則樂只是一箇周流底物，禮則兩箇相對，著誠與去僞也。禮則相刑相尅，以此尅彼；樂則相生相長，其變無窮。樂如晝夜之循環，陰陽之闔闢，周流貫通，而禮則有向背明暗，所以樂記内外、同異只管相對説。

是故大人舉禮樂，則天地將爲昭焉。天地訢合，陰陽相得，煦嫗覆育萬物，然後草木茂，區萌達，羽翼奮，角觡生，蟄蟲昭蘇，羽者嫗伏，毛者孕鬻，胎生者不殰，而卵生者不殈，則樂之道歸焉耳。釋文：訢，依註音熹，許其反，一讀依字，音欣。煦，許具反，徐況甫反。嫗，於具反，徐於甫反。區，依註音句，古侯反，徐邱于反，一音烏侯反。觡，古伯反。伏，扶又反。鬻音育，徐又扶袁反。殰音燭。殈，呼闃反，范音溢，徐況逼反，一音況狄反。

鄭氏曰：訢讀爲熹，熹猶蒸也。氣曰煦，體曰嫗。屈生曰區，無觡曰觡。昭，曉也。蟄蟲以發出爲曉，更息曰蘇。孕，任也。鬻，生也。内敗曰殰。殈，裂也，今齊人語有殈者。孔氏曰：天地訢合，言二氣蒸動，天氣下降，地氣上升也。言體謂之天地，言氣謂之陰陽。天地動作，則是陰陽相得也。天以氣煦之，地以形嫗之，天煦覆而地嫗育也。草木據其成體，故云「茂」。區萌據其新生，故云「達」。羽翼奮者，謂飛鳥之屬皆得奮動也。角觡生者，謂走獸之屬悉皆生養也。蟄蟲昭蘇者，言蟄伏之蟲皆得昭曉蘇息也。羽者嫗伏，謂飛鳥之屬皆得體伏而生子也。毛者孕鬻，謂走獸之屬以氣孕鬻而繁息也。胎生者不殰，謂不殰敗也。卵生者不殈，言不殈裂也。所以致此諸物各順其性，由樂道使然，故云「樂之道歸焉耳」。樂由人心而生，人心調和，故樂音純善，協律呂之體，調陰陽之氣，二氣既調，故萬物得所也。愚謂二氣絪縕而發育萬物者，固造化自然之功用，然非聖人作樂以感召其和氣，則天地之氣且不免於乖沴，而萬物有不得遂其生矣，故以此爲樂之道歸焉。此聖人致中和而位天育物之效也。○右第二章，言禮樂之功，非徒可以治人情，而可以徧及乎天地之間也。

樂者，非謂黄鐘、大吕、弦、歌、干、揚也，樂之末節也，故童者舞之。鋪筵、席，陳尊、俎，列籩、豆，以升降爲禮者，禮之末節也，故有司掌之。樂師辨乎聲詩，故北面而弦；宗、祝辨乎宗廟之禮，故後尸；商祝辨乎喪禮，故後主人。是故德成而上，藝成而下，行成而先，事成而後。是故先王有上有下，有先有後，然後可以有制於天下也。釋文：鋪，普胡反，又音敷。上如字，或時掌反。行，下孟反。

鄭氏曰：言禮樂之本，由人君也。樂本窮本知變，禮本著誠去僞。辨猶别也，正也。弦謂鼓琴瑟也。後尸，居後贊禮儀。此言知本者尊，知末者卑。德，三德也。行，三行也。藝，才技也。先，謂位在上也。後，謂位在下也。尊卑備，乃可制作以爲治法。孔氏曰：樂師辨曉聲詩，但知樂之末節，故北面而鼓弦。宗，謂宗人。祝，謂大祝。宗、祝但辨曉於宗廟詔相之禮，故在尸後。商祝，謂習商禮而爲祝者，但辨曉死喪擯相之禮，故後主人。皆言其位處卑也。德在内而行在外，行成則德成矣。在身謂之藝，所爲謂之事，事成則藝成矣。輔氏廣曰：德成，非遺藝也，藝成則局於藝者爾。行成，非廢事也，事成則役於事者爾。本末具舉，精粗一貫，然後可以制禮作樂。愚謂揚，戚也。干、揚，皆舞者之所執。童者，謂國子也。樂師，大師、小師也。周禮大師：「大祭祀，帥瞽登歌。」小師：「大祭祀登歌。」北面而弦，謂在堂上北面而鼓弦也。士喪禮有商祝、夏祝。凡襲、斂，皆使商祝；設奠，皆使夏祝。蓋二祝皆周禮之喪祝，習商禮者爲商祝，習夏禮者爲夏祝。此獨言「商祝」者，以其主襲、斂之事，與主人相隨也。德，六德也。行，六行也。藝，六藝也。○右第三章，言禮樂貴得其本也。

右樂情篇第七。史記樂書第五。

魏文侯問於子夏曰：「吾端冕而聽古樂，則唯恐卧；聽鄭、衛之音，則不知倦。敢問古樂之如彼何也？新樂之如此何也？」

鄭氏曰：魏文侯，晉大夫畢萬之後，僭諸侯者也。端，玄衣也。古樂，先王之正樂也。愚謂端冕，端衣而服冕也。凡冕服皆用正幅，故曰「端」。古樂用於祭祀，祭時端冕，故端冕而聽古樂。厭之，故唯恐卧；悦之，故不知倦。

子夏對曰：「今夫古樂，進旅退旅，和正以廣，弦、匏、笙、簧，會守拊、鼓，始奏以文，復亂以武，治亂以相，訊疾以雅。君子於是語，於是道古，修身及家，平均天下，此古樂之發也。釋文：夫音扶，下同。廣如字，舊古曠反。拊音撫。復音伏。相，息亮反，徐思章反。訊音信。

鄭氏曰：旅猶俱也。俱進俱退，言其齊一也。和正以廣，無姦聲也。會，合也，皆也。言衆皆待擊鼓乃作。周禮大師職曰：「大祭祀，帥瞽登歌，令奏擊拊；下管播樂器，令奏鼓朄。」文，謂鼓也。武，謂金也。相，即拊也，亦以節樂。拊者，以韋爲表，裝之以糠，糠一名相，因以名焉。今齊人或謂糠爲相。雅，亦樂器，狀如漆筩，中有椎。孔氏曰：文，謂鼓也。始奏樂之時，先擊鼓也。武，金鐃也。舞畢，擊金鐃而退。周禮笙師「掌舂牘、應、雅」，鄭司農云：「雅狀如漆筩而弇口，大二圍，長五尺六寸，以羊韋鞔之，有兩紐疏畫。」並以漢時制度而知。方氏慤曰：語，即大司樂所謂「樂語」也。道古，道古之事。鄭氏釋大司樂曰「道者，言古以剴今」，蓋謂是矣。愚謂旅進旅退者，舞也。和正以廣者，聲也。弦，謂琴瑟，堂上之樂也。笙，堂下之樂也。笙，以匏爲體，而植管於其中。簧，管中金葉，所以鼓動而出聲者也。守猶待也。大師登歌，先擊拊以令之，是堂上之樂必待拊而後作也。下管，先鼓朄以令之，是堂下之樂必待鼓而後作也。始奏以文，謂樂始作之時，升歌清廟，以明文德也。亂，樂之終也。復亂以武，謂樂終合舞，舞大武以象武功也。論語曰：「關雎之亂。」彼謂合樂爲亂，此謂合舞爲亂，蓋合樂合舞皆在樂之終也。治亂以相，謂正治合舞之時，擊拊以令之也。登歌擊拊，則凡令歌，皆先擊拊；合舞之時，堂上亦歌詩以合之，故擊拊以令之也。訊猶聽也。訊疾以雅，謂舞者迅疾之時，舂雅以節之，所謂「奮疾而不拔」也。「始奏以文」以上三句，承「和正以廣」，而以聲言；「復亂以武」以下，承「進旅退旅」，而以舞言也。語，謂樂終合語也。道古者，合語之時，論説父子、君臣、長幼之道，并道古昔之事也。文王世子曰：「既歌而語，以成之也。」蓋合語之事，與樂相成，故并言之。

今夫新樂，進俯退俯，姦聲以濫，溺而不止，及優、侏儒，獶雜子女，不知父子。樂終，不可以語，不可以道古。此新樂之發也。釋文：俯，本又作「府」。侏音朱。儒音儒。獶，乃刀反，字亦作「猱」。○鄭註：獶或爲「優」。

鄭氏曰：俯猶曲也，言不齊一也。濫，濫竊也。溺而不止，聲淫亂，無以治之。獶，獮猴也。

言舞者如獮猴戲，亂男女之尊卑。孔氏曰：新樂者，謂今世所作淫聲也。進俯退俯，謂俯僂曲折，行伍雜亂，不能進退齊一也。姦邪之聲，濫竊不止〔一〕；不能和正以廣也。聲既淫妙，人所貪溺，不可禁止，不能始奏以文，復亂以武也。及優、侏儒，獿雜子女者，言作樂之時，及有俳優雜戲，侏儒短小之人，舞戲之時，狀如猴獮，間雜男子婦人，言似獮猴男女無別也。不知父子，言樂之雜亂，不知有父子尊卑之禮也。樂終不可以道古者，言作樂既終，盡皆邪僻，不可以追道於古也。愚謂進俯退俯，則與進退齊一者異矣。而又有俳優、侏儒之戲，雜男女，亂尊卑，蓋其舞之失如此。姦聲以濫，則與和正以廣者異矣。而又沈溺而不止，蓋其聲之失如此。

今君之所問者樂也，所好者音也。夫樂者，與音相近而不同。」釋文：好，呼報反。近，「附近」之近，徐如字。

鄭氏曰：言文侯好音而不知樂也。鏗鏘之類皆爲音，應律乃爲樂。孔氏曰：古樂有音聲律呂，今樂亦有音聲律呂，是樂與音相近也。樂則德正聲和，音則心邪聲亂，是不同也。

文侯曰：「敢問何如？」子夏對曰：「夫古者天地順而四時當，民有德而五穀

〔一〕「止」，禮記注疏作「正」。

昌，疾疢不作而無妖祥，此之謂大當。然後聖人作爲父子君臣以爲紀綱，紀綱既正，天下大定，天下大定，然後正六律，和五聲，弦歌詩、頌。此之謂德音，德音之謂樂。詩云：『莫其德音，其德克明。克明克類，克長克君。王此大邦，克順克俾。俾于文王，其德靡悔。既受帝祉，施于孫子。』此之謂也。

釋文：當，丁浪反。疢，敕覲反。莫，亡伯反。長，竹丈反。王此，于放反。俾，依註音比，必履反，徐扶志反。施，以豉反。○今按二「俾」字皆當作「比」，上音必履反，下音毗志反。

鄭氏曰：此有德之音，所謂樂也。德正應和曰「莫」，照臨四方曰「明」，勤施無私曰「類」，教誨不倦曰「長」，慶賞刑威曰「君」，慈和偏服曰「順」。俾當爲「比」，聲之誤也。擇善從之曰「比」。施，延也。孔氏曰：禮緯含文嘉云：「三綱，謂君爲臣綱，父爲子綱，夫爲妻綱。六紀，謂諸父有善，諸舅有義，族人有叙，昆弟有親，師長有尊，朋友有舊也。」陳氏澔曰：祥亦妖也。書序言「亳有祥」。愚謂時和年豐，故民無疾疢；物各得其所，故無妖祥。大當，言天地之間無不得其當也。此以上言聖人養民之事也。既養，然後教之。作爲父子君臣以爲紀綱，制禮以教民也。紀以治其條理之詳，綱以總其禮節之大。紀綱既正，天下大定，則禮達於天下矣。禮達然後制樂，周子所謂「禮先而樂後」也。詩，謂風、雅也。德音，謂道德之聲音也。詩自「克順克比」以上，皆言王季之德也。比于，至于也。至于文王，而其德尤無所悔，故能受上帝之福，而延及孫子也。引詩以證德音之説，斷章之義也。

今君之所好者，其溺音乎！」文侯曰：「敢問溺音何從出也？」子夏對曰：「鄭音好濫淫志，宋音燕女溺志，衛音趨數煩志，齊音敖辟喬志。此四者，皆淫於色而害於德，是以祭祀弗用也。釋文：燕，於見反。趨音促。數音速。敖，字又作「傲」，同吾告反。辟，匹亦反。喬音驕，本或作「驕」。

鄭氏曰：言四國皆出此溺音。濫，濫竊姦聲也。燕，安也。趨數，讀爲促速，聲之誤也。煩，勞也。祭祀者不用淫樂。孔氏曰：濫，竊也，謂男女相偷竊。言鄭國樂音好濫相偷竊，是淫邪之志也。溺，没也，即前「溺而不止」是也。言宋音所安唯女子，使人意志没溺也。衛音既促又速，使人意志煩勞也。齊音敖狠辟越，使人意志驕逸也。鄭音好濫，宋音燕女，其事是一，而爲别音者，濫竊，非己儔匹，别相淫竊，燕女，燕安己之妻妾而已。所以别也。又此四者，皆淫於色，而經唯云「衛音趨數煩志，齊音敖辟驕志」者，衛音淫泆之外更有促速，齊音亦女色之外加以敖辟也。愚謂淫志者，樂音好濫，則有淫邪之志，聽之亦能生人淫邪之志也。下三者放此。先儒皆以鄭詩爲鄭聲，然此言「溺音」，有鄭、宋、齊、衛四者，而宋初未嘗有詩，則鄭、衞之聲固不係於其詩矣。列國之樂，雖不用於祭祀賓客之正樂，然至無算樂皆用之，周禮所謂「燕樂」「縵樂」是也。周樂十五國之風與南、雅、三頌，並肄於樂官。大司樂：「凡建國，禁其淫聲、過聲、凶聲、慢聲。」若十五國之鄭風、衞風即鄭、衞之淫聲，周樂豈當有之？蓋國風、雅、頌皆雅樂之所歌也，若鄭、衞之聲，則別爲當時之俗樂，雖亦必有歌曲，然其所歌，必非十五國風之詩也。朱子疑桑中、溱洧等篇用之何等之鬼神，何等之賓客，是固然矣，然如淇澳、緇衣等篇，未嘗不可用之雅樂也。三百篇之詩，固有用於樂者，有不用於樂者，如大、小雅則正者用而變者不用，二南則如野有死麕、行露等篇，豳風則自東山以下，亦未必皆用於樂，而不妨與其用者並列也，何獨鄭、衞哉？故以淫聲概鄭、衞之風，反無以處淇澳、緇衣等篇，若離詩與聲而二之，則鄭、衞之聲自爲當時之俗樂，而其詩則美者同用於雅樂，而其淫者則雖並列於三百篇之中，而初未嘗用也，亦豈相妨哉？

詩云：『肅雍和鳴，先祖是聽。』夫肅肅，敬也。雍雍，和也。夫敬以和，何事不行？

鄭氏曰：言古樂敬且和，故無事而不用，溺音無所施。顧氏炎武曰：詩本「肅」「雍」一字，而引之二字者，長言之也。詩云「有洸有潰」，毛公傳曰「洸洸，武也，潰潰，怒也」，即其例也。　愚謂何事不行者，言無事而不成，以起下文「誘民孔易」之意也。

爲人君者，謹其所好惡而已矣。君好之，則臣爲之；上行之，則民從之。詩云：『誘民孔易。』此之謂也。　釋文：易，以豉反。○按誘，詩作「牖」。

鄭氏曰：誘，進也。孔，甚也。言民從君所好惡，進之於善無難。　愚謂人君化民甚易，故聖人有和敬之德，以之化民而民無不從，然後作樂以道其和也。詩，大雅板之篇。

然後聖人作爲鞉、鼓、椌、楬、壎、篪，此六者，德音之音也。然後鐘、磬、竽、瑟以和之，干、戚、旄、狄以舞之。此所以祭先王之廟也，所以獻、酬、酳、酢也，所以官序貴賤各得其宜也，所以示後世有尊卑長幼之序也。　釋文：鞉音桃。椌，苦江反。楬，苦瞎反。壎，許袁反。篪，直支反。和如字，徐胡卧反。長，丁丈反。○鄭註：壎篪，或爲「簨虡」。

鄭氏曰：六者爲本，以其聲質也。椌、楬，謂柷、敔也。　孔氏曰：鞉、鼓、椌、楬、壎、篪，其聲質素，是道德之音也。鼓，革也。椌、楬，木也。周語云「革、木一聲」，註云：「一聲，無宫商清濁。」是質素也。既用質素爲本，然後用鐘、磬、竽、瑟華美之音以贊和之，使文質相雜。干，楯也。戚，斧也。狄，羽也。聲既文質備足，又用干、戚、旄、狄以舞動之，鄭、宋、齊、衛四者祭祀所不用。此六者爲道德之音，及四器之和，文武之舞，並可於宗廟之中奏之也。愚謂獻，謂祭祀獻尸也。酬，旅酬也。酳，尸食畢而酳之也。酢，尸酢主人主婦也。官序貴賤，謂廟中助祭之卿、大夫、士也。樂在宗廟之中，君臣上下同聽之，莫不和敬，故官序貴賤各得其宜，若詩言「奉璋峩峩，髦士攸宜」也。尊卑長幼之理，皆形見於樂，故可以示後世尊卑長幼之序也。

鐘聲鏗，鏗以立號，號以立橫，橫以立武。君子聽鐘聲，則思武臣。釋文：號，胡到反。橫，古曠反。

鄭氏曰：號，號令，所以警衆也。橫，充也，謂氣作充滿也。孔氏曰：鐘聲鏗鏗然堅剛，故可以興立號令，號令威嚴則軍士勇敢而壯氣充滿，壯氣充滿則武事可立也。君子，謂識樂之情者。聞聲達事，鐘既含號令立武，故聽之而思武臣也。愚謂鏗以立號，鏗屬聲言，立號屬人言。言鐘聲堅剛，故可法之以立號令。下放此。

石聲磬，磬以立辨，辨以致死。君子聽磬聲，則思死封疆之臣。釋文：石聲磬，依註音罄，口挺反，一音口定反。

鄭氏曰：石聲磬，磬當爲「罄」，字之誤也。辨，謂分明於節義。孔氏曰：石響輕清，叩之其聲罄罄然，分明辨別也。能分辨於節義，則不愛其死。死封疆之臣者，言守分不移，即固封疆之義。磬含守分，故聞其聲而思其事也。

絲聲哀，哀以立廉，廉以立志。君子聽琴瑟之聲，則思志義之臣。

鄭氏曰：廉，廉隅也。　孔氏曰：哀，謂哀怨。絲聲婉妙，故哀怨；哀怨，故能立廉隅，不越其分也；不越分，故能自立其志。思志義之臣者，絲聲含志不可犯，故聞之而思其事。　愚謂樂則其意舒而同於人，哀則其心斂而貞於己。絲聲哀怨，有介然不苟之意，故聞之使人立廉隅，廉隅立則志節成矣。

竹聲濫，濫以立會，會以聚衆。君子聽竽、笙、簫、管之聲，則思畜聚之臣。　釋文：濫，力敢反。會，户外反，又古外反。畜，敕六反。○鄭註：聚或爲「冣」。○按「濫」字，方氏讀如字，今從之。

鄭氏曰：濫之意猶擥聚也。　孔氏曰：竹聲擥然有積聚之意，故能立會。思畜聚之臣者，亦聞其聲而思其事也。笙，在竹聲之中者。笙以匏爲體，插竹於匏，匏、竹兼有也。　方氏愨曰：濫，汎濫之意。　愚謂笙、竽之聲繁會，有汎濫旁行之義，故聞之使人立會，謂會聚其人民也。會聚其民人，則其民無不聚矣。畜亦聚也。易曰：「君子以容民畜衆。」

鼓鼙之聲讙，讙以立動，動以進衆。君子聽鼓鼙之聲，則思將帥之臣。　釋文：鼙，步西反。讙，呼端反，又音喧。將，子亮反。帥，本又作「率」，同所類反。○鄭注：讙或爲「歡」。動或爲

「動」。

鄭氏曰：聞讙囂，則人意動作。孔氏曰：鼓鼙之聲讙囂，故使人意動作，以動作，故能進發其衆也。思將帥之臣者，鼓能進衆，故聞其聲而思其事也。

君子之聽音，非聽其鏗鎗而已也，彼亦有所合之也。」釋文：鎗，七羊反，又叱衡反，徐敕庚反。

鄭氏曰：以聲合成己之志。愚謂君子所欲得者賢才也，而樂聲有以合之，故聞其聲則思其人。如此，則將欣悅之不暇，何至於聽之而欲倦乎？蓋子夏以此規文侯之失，而其言婉而不迫。如此，亦可謂善告君矣。○孔氏曰：崔氏云：「八卦屬四方，四維之音，所感皆應，與四方同。水生木，匏同竹音；木生火，木音同絲；火生土，土不當於方；土生金，土處金火之間，土音屬金；金生水，石不可屬於水，故不同於革。以乾爲君父，君父之音不可屬於人，故磬別有所感。乾爲天，坤爲地，坤不別出者，坤卑故也。」今按崔氏所説浮虚，體例不等，上下混雜，記人之意，不應如此。八音唯論五者，以五器有此五事，匏與土、木無此象，故記不言。

右魏文侯篇第八。史記樂書第九。

賓牟賈侍坐於孔子，孔子與之言，及樂，曰：「夫武之備戒之已久，何也？」對曰：「病不得其衆也。」釋文：牟，亡侯反。坐，才卧反，又如字。

鄭氏曰：武，謂周舞也。備戒，擊鼓警衆。病猶憂也。以不得衆心爲憂，憂其難也。孔氏曰：賓牟姓，賈名。愚謂已，太也。備戒之已久，謂武之將作，先擊鼓以戒警其衆，擊鼓甚久，而後舞乃作也。病不得其衆者，憂未能得士衆之心也。

「咏歎之，淫液之，何也？」對曰：「恐不逮事也。」釋文：液音亦。

鄭氏曰：咏歎、淫液，歌遲之也。逮，及也。事，戎事也。愚謂凡舞必歌詩以奏之，周頌桓、賚諸篇，左傳皆謂之武，蓋奏大武之所歌也。咏歎，謂長言而唱歎。淫液，謂流連而羨慕也。舞者在下，歌者在上，而其節奏相應，此謂先鼓備戒之時，歌者之聲如此也。武舞六成，而左傳言武有七篇，則其首篇乃未舞之先所歌也，其戒備之久亦可見矣。恐不逮事者，謂武王恐諸侯後至，不及用師之事，故致其長吟歎慕之意也。○武王以至仁伐不仁，而曰「病不得其衆」，「恐不逮事」，若惴惴然惟恐其不勝者，何也？曰：此聖人臨事而懼之意也。聖人應天順人，固非若後世用兵，徒僥倖於一戰者，然其心則未嘗不致其戒懼焉。觀於書之泰誓、牧誓，所以誓戒其衆者，諄諄焉不憚其煩，而詩於牧野之事，亦曰「上帝臨女，無貳爾心」，則聖人之情可見矣。

「發揚蹈厲之已蚤，何也？」對曰：「及時事也。」

孔氏曰：發揚蹈厲，初舞之時，手足發揚蹈地而猛厲也。初舞則然，故云「已蚤」。愚謂用兵之時，其發揚蹈厲宜也，今大武於初作之時已如此，故言「已蚤」。及時事者，言欲及時而行討伐，故初舞即致其勇決之意也。

「武坐，致右憲左，何也？」對曰：「非武坐也。」釋文：憲，依註音軒。

鄭氏曰：致，謂膝至地也。憲讀爲軒，聲之誤也。孔氏曰：軒，起也。愚謂武坐致右軒左，謂武舞五成之時，舞者之坐致右膝於地，而軒起其左足也。非武坐者，武亂皆坐，坐則當兩足皆致於地，今乃致其右而軒其左，則非武坐也。

「聲淫及商，何也？」對曰：「非武音也。」子曰：「若非武音，則何音也？」對曰：「有司失其傳也。若非有司失其傳，則武王之志荒矣。」子曰：「唯。丘之聞諸萇弘，亦若吾子之言是也。」釋文：萇，直良反。

鄭氏曰：有司，典樂者也。言典樂者失其傳，而時人妄說也。愚謂淫，過也。商，商聲也。商聲主殺伐，此承「武坐，致右憲左」而問，則亦謂武亂有此聲也。用兵之時，宜有殺伐之聲，至武舞之亂，則戎商已克，偃武脩文之時，而乃過有殺伐之聲，則與勝殷遏劉之意異矣。有司失其傳者，言有司傳授之誤而失其本也。不然，則武王之志荒亂，而有意於黷武矣。唯者，應辭也。吾子之言，謂賈所答五者之説也。萇宏，周大夫。既曰「唯」，復曰「是也」者，所以深然賈之言也。○孔疏謂賈言有三是兩非。以下言「發揚蹈厲，太公之志」，而謂賈言「及時事」之非；以下言「武亂皆坐，周、召之治」，而謂賈言「非武坐」之非。此皆誤也。此孔子五問，賈五答，而孔子曰「某聞諸萇宏，亦若吾子之言是也」，是賈所答皆是矣。若有二非，孔子應即正之，不應俟賈再問而後告之也。發揚蹈厲，固爲欲及時事，而所以欲及時事者，則太公之志也。武亂皆坐，固非致右憲左，而所以皆坐，則所以象周、召之治也。此皆因賈言而發其未盡之義，非非之也。

賓牟賈起，免席而請曰：「夫武之備戒之已久，則既聞命矣，敢問遲之遲而又久，何也？」釋文：遲，直詩反，徐直尼反。

免席，避席也。聞命，謂聞孔子是賈之言也。賈所言凡五事，孔子皆是之，而但言「備戒之已久」者，舉其始問者以該其餘也。遲之遲而又久者，武舞六成，每成皆遲久而後終，故重言以見其意也。賈既聞孔子是己所言，又自以其所疑者問之也。○鄭氏以遲之遲專指久立於綴，非也。觀下文歷言「武舞」，而以「武之遲久」結之，則遲之遲而又久，乃通言一舞之始終，而非惟專指一事矣。

子曰：「居！吾語女。夫樂者，象成者也。總干而山立，武王之事也。發揚蹈厲，大公之志也。武亂皆坐，周、召之治也。釋文：語，魚據反。女音汝，下「且女」同。大音泰。召音邵。治，直吏反。

鄭氏曰：居，猶安坐也。成，謂已成之事也。總干，持盾也。山立，猶正立也。象武王持盾正立待諸侯也。愚謂象成，謂象所成之功。「夫樂，象成者也」，此一句總包下文之所言，與篇末「武之遲久，不亦宜乎」二句相爲首尾。「總干而山立」以下，歷言象成之事也。總，持也。干，盾也。武舞初起，武王持盾正立，不震不動，天子威重之容也。大公總率士卒，發揚蹈厲，以奮其武，將帥勇決之氣也。武亂者，武舞之終也。皆坐，舞者皆坐也。武舞至五成，而分周公左，召公右，於此時，舞者皆坐，象周公、召公以文止武也。此一節，因賈之所答，而發其未盡之義也。

且夫武，始而北出，再成而滅商，三成而南，四成而南國是疆，五成而分周公左，召公右，六成復綴，以崇天子。釋文：夫音扶。綴，丁劣反，又丁衛反，下同。○按註疏讀

「以崇」句絶，「天子」屬下「夾振之」爲句，非是。今從王肅讀，「天子」上屬。

成者，舞之一終也。武舞爲六表，而東西列之。其在西者，自南而北；其在東者，自北而南。始而北出者，自西之第一表至西之第二表，象武王始出伐紂，至孟津而大會諸侯也。紂都朝歌，在周之東北，故曰「北出」。再成而滅商者，自西之第二表至西之第三表，象武王渡河，至牧野而克商也。三成而南者，自西之第三表至東之第一表，象武王既克商，而旋師南向也。南國，謂青、兖二州之諸侯，在紂都之南，未服於周者也。四成而南國是疆者，自東之第一表至東之第二表，象旋師而因定南國之未服者也。五成而分周公左，召公右者，自東之第二表至東之第三表，象天下既定，而周公、召公分陝而治也。六成復綴，以崇天子者，自東之第三表復歸於西之第一表，象周公、召公既成治功，而歸其功於天子，以尊崇之，若王制言「考禮、正刑、一德，以尊於天子」也。孔疏用熊氏之説，謂武舞立四表，自南而北，又自北而南，以爲六成。皇氏則謂六成乃舞者更迭出入，而無立表往反之法。今以六成復綴推之，則熊氏爲是，但其言唯立四表者，尚未善耳。自此以下，又爲賈詳言武舞象成之事。此一節，統論一舞之始終也。

夾振之而駟伐，盛威於中國也。分夾而進，事蚤濟也。久立於綴，以待諸侯

之至也。釋文：分，扶問反。

鄭氏曰：駟當爲「四」。武舞，戰象也。每奏四伐，一擊一刺爲一伐。牧誓曰：「今日之事，不過四伐五伐。」愚謂此申言再成滅商之事也。振，謂振鐸也。周禮大司馬職曰：「兩司馬振鐸。」又曰：「司馬振鐸，車徒皆作。」夾振之而四伐，謂舞者象牧野之戰，兩司馬夾士卒之兩旁，振鐸以作之，而士卒以戈矛四度擊刺也。盛威於中國者，牧野之戰，盛大威武於中國，書言「我武惟揚」是也。分，部分也。分夾而進，謂舞者象將帥部分士卒，又振鐸夾之而使之進也。濟，濟河也。事蚤濟者，言所以分夾而進，欲其急濟河而伐紂也。久立於綴，以待諸侯之至者，言再成將發時，久立於綴而未即舞，象武王將濟河時，待諸侯之至而俱發，書言「戊午，王次于河朔，羣后以師畢會」是也。再成時，始立於綴，次乃渡河，次乃四伐，此乃逆言之，蓋滅商之功，成於四伐，故先言之，而逆溯以及其前也。

且女獨未聞牧野之語乎？武王克殷反商，未及下車而封黄帝之後於薊，封帝堯之後於祝，封帝舜之後於陳；下車而封夏后氏之後於杞，投殷之後於宋，封王子比干之墓，釋箕子之囚，使之行商容而復其位。庶民弛政，庶士倍禄。釋文：反，依註音及。薊音計，今涿郡薊縣是也，即燕國之都也。孔安國、司馬遷及鄭皆云：「邵公與周同姓。」

按黄帝姓姬，君奭蓋其後也。或黄帝之後封薊者滅絶，而更封燕乎？疑不能明也。而皇甫謐以邵公爲文王庶子，記傳更無所出，又左傳富辰之言亦無燕也。祝，之六反。行，下孟反。商容如字，孔安國云：「殷之賢人也。」鄭云：「商禮樂之官也。」復音伏。○鄭注：薊或爲「續」。祝或爲「鑄」。○今按：反如字。使之，當從家語作「使人」。政當音征。

鄭氏曰：封，謂故無土地者也。投，舉徙之辭也。時武王封紂子武庚於殷墟，所徙者微子也，後周公更封而大之。積土爲封。封比干墓，崇賢也。行猶視也。使箕子視商禮樂之官，賢者所處皆令反其居也。弛政，去其紂時苛政也。倍禄，復其紂時薄者也。孔氏曰：容爲禮樂。漢書儒林傳云：「孝文時，徐生善爲容。」是善禮樂者謂之容也。武成篇云「式商容閭」，則商容人名。鄭不見古文，故云「商善禮容之官」也。張子曰：古樂於旅也語，説此樂之義。牧野之語，語武也。愚謂反商，謂反紂之虐政，書所謂「反商政，政由舊」。下文所言，皆其事也。薊，漢之薊縣，屬廣陽。祝，漢之祝阿縣，屬平原。祝或爲「鑄」，左傳「初，臧宣叔娶於鑄」，杜預云：「今濟北蛇邱縣，鑄所治也。」投殷之後於宋，謂封紂子武庚於殷墟也。其後武庚被誅，封微子於宋以繼之，故因謂殷爲宋耳。武庚未叛之先，微子行遯未出，武王未得而封之也。投猶棄也。商本天子，今以諸侯封其後，故不曰「封」而曰「投」也。封黄帝、堯、舜之後，所謂三恪也。封夏、殷之後，所謂二代也。三恪之世遠，求之宜急，故未下車而封之。封二代之禮重，故封之不可卒行，故既下車乃封之也。封比干之墓者，葬之邱封，貴賤有等，比干以誅死，葬不如禮，故使人加封於其墓，以致尊崇之意也。使人，謂使畢公也。行，謂行視也。商容，商賢臣。史記云：「使畢公釋箕子之囚，復商容之位。」政讀爲征，如周禮均人「掌均地政」之政。弛政，弛其征役以休息之。倍禄，厚其禄稍以優養之也。

濟河而西，馬散之華山之陽而弗復乘，牛散之桃林之野而弗復服，車甲衅而藏之府庫而弗復用，倒載干戈，包之以虎皮，將帥之士使爲諸侯，名之曰『建橐』。然後天下知武王之不復用兵也。釋文：華如字，又户化反。復，扶又反。衅，字又作「釁」，同許靳反。建，依註讀爲鍵，其展反，徐其偃反。橐音羔。

鄭氏曰：散，放也。桃林，在華山旁。甲，鎧也。衅，「釁」字也。包干戈以虎皮，明能以武服兵也。建讀爲鍵，字之誤也。兵甲之衣曰「橐」。鍵橐，言閉藏兵甲也。詩曰：「載橐弓矢。」春秋傳曰：「垂橐而入。」周禮曰：「橐之欲其約也。」孔氏曰：倒載干戈者，倒載而還鎬京也。熊氏云：「凡載兵之法，皆刃向外，今倒載者，刃向國，不與常同也。」虎皮，武猛之物也。虎皮包裹兵器，示武王威猛，能包制天下兵戈也。或以虎皮有文，欲見以文止武也。將帥之士使爲諸侯，以報賞其功也。鍵，籥牡也。櫜，兵甲之櫜也。言鎧及兵戈悉櫜韜之，置於武庫而鍵閉之，故云「名之曰鍵櫜」也。天下見武王放牛藏器，故知不復用兵也。愚謂牛所以駕重車，馬所以駕兵車也。衅與釁同，磔攘之祭名也。包之以虎皮者，凡兵甲之衣，皆用虎皮爲之，取其威猛之意，詩言「虎韔鏤膺」是也。此節言武王之偃武，下二節言武王之脩文，又所以深明聲淫及商之非也。

散軍而郊射，左射貍首，右射騶虞，而貫革之射息也。裨冕搢笏，而虎賁之士説劍也。祀乎明堂，而民知孝。朝覲，然後諸侯知所以臣。耕藉，然後諸侯知所以敬。五者，天下之大教也。釋文：射，食亦反，沈食夜反。騶，側由反。搢音進。賁音奔。説，吐活反。朝，直遥反。

鄭氏曰：郊射，爲射宮於郊也。左，東學也。右，西學也。貍首、騶虞，所以歌爲節也。貫革，射穿甲革也。裨冕，衣裨衣而冠冕也。裨衣，衮之屬也。搢猶插也。賁，憤怒也。耕藉，藉田也。孔氏曰：此論克商之後脩文教也。郊射，射於射宮，在郊學之中也。左，東學也，在東郊。諸侯射於東學，歌貍首詩也。右是西學，在西郊。天子於西學中習射，歌騶虞詩也。貫，穿也。革，甲鎧也。貫革之射，所謂「軍射」也。軍中不習於儀容，又無別物，但取甲鎧張之而射，唯穿多重爲善，謂爲「貫革」，春秋養由基射七札是也。此既習禮射於學，故貫革之射止息也。裨冕，入廟之服也。搢笏，插笏也。虎賁，言奔走有力，如虎之在軍。説劍者，既並習文，故皆説劍也。六服更朝，故諸侯知爲臣之道。王自耕藉田，以供粢盛，故諸侯見而知其敬，亦還國而耕也。五者，天下之大教者，郊射一，裨冕二，祀乎明堂三，朝覲四，耕藉五。此五者，大益於天下，故使諸侯還其本國而爲教。愚謂祀乎明堂，而民知孝，謂祀上帝於明堂，而以文王配之也。祀文王以配上帝，始於武王，而孝經以爲周公者，以周之禮樂皆周公之所贊成也。如追王大王、王季，亦在武王時，而中庸亦以爲周公之事也。事先主於孝，事神主於敬，明堂主於嚴父，故言「孝」，耕藉兼有外神，故言「敬」，其實亦互文爾。

食三老、五更於大學，天子袒而割牲，執醬而饋，執爵而酳，冕而總干，所以教諸侯之弟也。釋文：食音嗣。更，古衡反。大音泰。弟，大計反。

鄭氏曰：冕而總干，親在舞位也。周名大學曰東膠。孔氏曰：天子養三老、五更，親袒衣而割牲，親執醬而饋之，親執爵而酳口，親自著冕，手執干戚而舞也。此冕當爲鷩冕，養老、饗、射之類。愚謂食三老、五更於大學，謂以食禮養老於大學也。執醬而饋者，醬爲食之主，凡食禮，主人必親置其醬，故公食大夫禮「宰夫自東房授醯醬，公設之」，今天子養老亦然也。執爵而酳者，天子親執酒漿之爵，以供老、更食畢酳口也。公食禮：「飲酒，實于觶，加于豐。宰夫右執觶，左執豐，進設于豆東。」又云：「宰夫執觶漿飲，與其豐以進，賓挩手興受。宰夫設其豐于稻西。」是公食禮酒漿不親執。今養老，天子親執爵而酳者，敬老、更之至，與尋常食禮異也。冕而總干，謂服冕而執干以舞，所謂「朱干玉戚，以舞大武」也。祭祀之禮，人君袒而割牲，及親在舞位，冕而總干，今養老亦然，尊敬老、更，與祭祀之禮同也。此疑當在上節「五者，天下之大教」之上。韓詩外傳云：「廢軍而郊射，左射貍首，右射騶虞，然後天下知武王之不復用兵也。祀乎明堂，而民知孝。朝覲，然後諸侯知所以敬。坐三老於大學，天子執醬而饋，執爵而酳，所以教諸侯之悌也。此四者，天下之大教也。」以此觀之，則「散軍郊射」，「裨、冕、搢笏」，當屬於上節，與「不復用兵」同爲一事，所以教天下之禮讓也，與教孝、教臣、教敬、教悌而爲五。韓詩外傳止言四教者，以不及耕藉也。

若此，則周道四達，禮樂交通，則夫武之遲久，不亦宜乎！釋文：夫音扶。

孔氏曰：凡功小者易就，其時速也。功大者難成，其時久也。周之禮樂功大，故作此大武之時，遲停而久，不亦宜乎！愚謂樂以象成。武王戡亂之勤已如彼，致治之備又如此，其功非一朝夕之所成，則所以象其成者，安得而不遲久乎？

右賓牟賈篇第九。史記樂書第十。

君子曰：禮樂不可斯須去身。致樂以治心，則易、直、子、諒之心油然生矣。易、直、子、諒之心生則樂，樂則安，安則久，久則天，天則神。天則不言而信，神則不怒而威，致樂以治心者也。致禮以治躬，則莊敬，莊敬則嚴威。釋文：易，以豉反。子、諒，子如字，徐將吏反。○朱子云：「子、諒，當從韓詩外傳作『慈、良』。」今從之。

鄭氏曰：善心生則寡於利欲，寡於利欲則樂矣。志明行成，不言而見信如天也，不怒而見威如神也。

愚謂人之身心，其和樂者爲樂，其莊敬者爲禮。禮樂之器，有時而離，而禮樂之理，則無時而可去也。致者，極至之謂。致樂以治心者，無斯須之失其和樂；致禮以治身者，無斯須之失其莊敬也。易、直、慈、良之心，人之善心也。樂者，樂於此而不厭也；安者，安於此而不遷也；久者，久於此而不息也。久則體性自然，而無作爲之勞，故曰「天」。天則神妙不測，而無擬議之迹，故曰「神」。自然，故不言而人自信；不測，故不怒而人自畏。莊敬，言其敬德之具於身；嚴威，言其儀象之接於物。○真氏德秀曰：禮之治躬，止於嚴威，不若樂之至於天且神者，何也？樂之於人，能變化其氣質，消融其渣滓，故禮以順之於外，而樂以和之於中。此表裏交養之功，而養於中者實爲之主，故聖門之教，立之以禮，而成之以樂也。

心中斯須不和不樂，而鄙詐之心入之矣。外貌斯須不莊不敬，而易慢之心入之矣。

斯須，暫時也。此言禮樂之所以不可斯須去也。

故樂也者，動於内者也。禮也者，動於外者也。樂極和，禮極順，内和而外順，則民瞻其顏色而弗與争也，望其容貌而民不生易慢焉。故德煇動於内，而民莫不承聽；理發諸外，而民莫不承順。故曰：「致禮樂之道，舉而錯之天下無難矣。」

釋文：争，「争鬭」之争。煇音輝。錯，本亦作「措」，同七路反。

樂曰「極和」，而禮不曰「極敬」者，蓋禮之用，和爲貴，禮之順，即敬之根於心而行之以從容不迫者也。德煇見於外，而本乎内之和樂，故曰「動於内」。理具於内，而著爲外之節文，故曰「發於外」。禮樂交錯，内外互養，而根心生色，睟面盎背，故見之者自然敬信而莫不順聽也。○右第一章，言人以禮樂治身心，則可以化民也。

樂也者，動於内者也。禮也者，動於外者也。故禮主其減，樂主其盈。禮減而進，以進爲文；樂盈而反，以反爲文。禮減而不進則銷，樂盈而不反則放，故禮有報而樂有反。禮得其報則樂，樂得其反則安。禮之報，樂之反，其義一也。釋文：減，胡斬反，又古斬反。報，依註讀曰褒，保毛反。則樂樂，上音洛，下音岳。○今按：報如字。

鄭氏曰：禮主其減，人所倦也。樂主其盈，人所歡也。進，謂自勉强也。反，謂自抑止也。文猶美也，善也。放，淫於聲，樂不能止也。報讀曰褒，猶進也。得，謂曉其義，知其吉凶之歸。愚謂禮動於外而接於人者，以撙節退讓爲敬，故主其減。樂動於内而發於己者，以欣喜歡愛爲和，故主其盈。減則恐其煩苦而易倦，故以進爲美，嚴而用之以和也。盈則恐其流宕而不止，故以反爲美，和而濟之以節也。禮減而不進，則有見於嚴，無見於和，必至於倦略，故銷。樂盈而不反，則有見於和，無見於節，必至於流宕，故放。於禮上言「進」而下變言「報」者，蓋進者由己而進，報者因物而報，言「進」，猶有勉强易倦之意，言「報」，則見我之行禮皆因情之不容已於物者而起，而有不得不勉者矣。禮得其報，則有以達我之情，故樂。樂得其反，則有以止乎其節，故安。樂則不至於銷，安則不至於放，故曰「其義一也」。○右第二章，承上章而言禮樂之用，又當有以救其偏也。

夫樂者，樂也，人情之所不能免也。樂必發於聲音，形於動靜，人之道也。聲音動靜，性術之變盡於此矣。

鄭氏曰：免，猶自止也。人道，人之所爲也。性術，言此出於性。盡於此，不可過。孔氏曰：樂者，樂也，言樂之爲體，是人情所歡樂也。人情之所不能免者，免猶止退也，歡樂動心，是人情之所不能自抑退也。樂必發於聲音，則嗟歎之，咏歌之是也。形於動靜，則不知手之舞之，足之蹈之是也。内心歡樂，發見聲音動靜，是人道自然之常。術，謂道路。變，謂變動。口爲聲音，貌爲動靜，人性道路之變動，竭盡於此而不可過也。

故人不耐無樂，樂不耐無形。形而不爲道，不耐無亂。先王耻其亂，故制雅、頌之聲以道之，使其聲足樂而不流，使其文足論而不息，使其曲直、繁瘠、廉肉、節奏足以感動人之善心而已矣，不使放心邪氣得接焉。是先王立樂之方也。

釋文：耐，古「能」字。以道，音導。肉，如又反。

鄭氏曰：流，謂淫放也。文，篇辭也。曲直，歌之曲折也。繁瘠、廉肉，聲之鴻殺也。節奏，闋作進止所應也。方，道也。孔氏曰：雅、頌之聲，作之有節，使人愛樂，不至流蕩也。文，謂樂之篇章，足以談論義理而不止息也。曲，謂聲音迴曲。直，謂聲音放直。繁，謂繁多。瘠，謂省約。廉，謂廉稜。肉，謂肥滿。節奏，謂作止，作則奏之，止則節之。言聲音之或曲或直，或繁或瘠，或廉或肉，或節或奏，隨分而作，以會其宜，足以感動人之善心，如此而已。既節之以雅、頌，又調之以律吕，貌得其敬，心得其和，故放心邪氣不得接於性情矣。愚謂論，謂樂終合語。論説其義也。雅、頌之義理深遠，故足以論説而不息也。肉，與「寬裕、肉好」之肉同，謂聲之圓轉，廉之反對也。

是故樂在宗廟之中，君臣上下同聽之則莫不和敬；在族長鄉里之中，長幼同聽之則莫不和順；在閨門之内，父子兄弟同聽之則莫不和親。故樂者，審一以定和，比物以飾節，節奏合以成文，所以合和父子君臣，附親萬民也。是先王立樂之方也。釋文：長，丁丈反。比，毗志反。

鄭氏曰：審一，審其人聲也。比物，謂雜金、革、土、匏之屬也。以成文，五聲八音，克諧相應和。愚謂一者，謂中聲之所止也。左傳云：「先王之樂，所以節百事也。故有五節，遲速本末以相及，中聲以降，五降之後，不容彈矣。於是有煩手淫聲，慆堙心耳，乃忘平和。」蓋五聲下不踰宫，高不過羽，若下踰於宫，高過於羽，皆非所謂和也。故審中聲者，所以定其和也。然五聲皆爲中聲，而宫聲乃中聲之始，其四聲者皆由此而生，而爲宫聲之用焉，則審中聲以定和者，亦審乎宮聲而已，此所以謂之一也。比，合也。審一以定和，而以之上下相生，以爲五聲，而又比合於樂器，以飾其節奏也。○朱子聲律辨曰：宮最大而沈濁，羽最細而輕清，商之大次宮，徵之細次羽，而角居四者之中焉。然世之論中聲者，不以角而以宮，何也？曰：凡聲，陽也，自下而上，未及其半，則屬於陰而未暢，故不可用。上而及半，然後屬於陽而始和，故即其始而用之以爲宮，因其每變而益上，則爲商，爲角，爲變徵，爲徵，爲羽，爲變宮，而皆以爲宮之用焉。蓋以其正當衆聲，和與未和，用與未用，陰陽際會之中，所以爲盛。若角，則雖當五音之中，而非衆聲之會，且以七均論之，又有變徵以居焉，亦非五聲之所取正也。然自其聲之始和者推而上之，亦至於變宮而止耳。自是以上，則又過乎輕清而不可以爲宮，於是就其兩間而細分之，則其別又十有二，以其最大而沈濁者爲黃鐘，其極細而輕清者爲應鐘。及其旋相爲宮，而上下相生，以極乎五聲二變之用，則宮聲常不越乎十二之中，而四聲者或時出乎其外，以取諸律半聲之管，然後七均備而一調成也。黃鐘之與餘律，其所以爲貴賤者亦然。若諸半聲以上，則又過乎輕清之甚，而不可以爲樂矣。蓋黃鐘之宮，始之始，中之中也。十律之宮，始之次而中少過也。應鐘之宮，始之終而中已盡也。諸律半聲過乎輕清，始之外而中之上也。半聲之外過乎輕清之甚，則又外之外，上之上，而不可以爲樂者也。由是言之，則審音之難，不在於聲而在於律，不在於宮而在於黄鐘。蓋不以十二律節之，則無以著夫五聲之實，不得黄鐘之正，則十一律者又無所受以爲本律之宮也。

愚謂朱子此辨，所以發明中聲之義者最爲詳盡，而西山蔡氏亦曰：「律者，致中和之用，寫其所謂黄鐘一聲而已。雖有十二律、六十調，然實一黄鐘也。」觀於此，則所謂「審一以定和」者可識矣。

故聽其雅、頌之聲，志意得廣焉。執其干戚，習其俯仰詘伸，容貌得莊焉。行其綴兆，要其節奏，行列得正焉，進退得齊焉。故樂者，天地之命，中和之紀，人情之所不能免也。 釋文：詘，邱勿反。要，一遥反。行列，户剛反。

鄭氏曰：綴，表也，所以表行列也。兆，域也，舞者進退所至也。要猶會也。紀，總要之名也。 愚謂雅、頌之聲，發於聲音者也。「干戚」至「節奏」，形於動静者也。天地之命，以其本於性者而言。中和之紀，以其發爲情者而言。紀，言其各有條理也。○右第三章，言先王之立樂，因人情所不能自已者而導之於和也。

夫樂者，先王之所以飾喜也。軍、旅、鈇、鉞者，先王之所以飾怒也。故先王之喜怒皆得其儕焉。喜則天下和之，怒則暴亂者畏之。先王之道，禮樂可謂

盛矣。釋文：鈇，方夫反，又音甫。

鄭氏曰：儕猶輩類。天子之於天下，喜怒節之以禮樂，則兆民和從而畏敬之。方氏慤曰：軍、旅、鈇、鉞，軍禮也。五禮特言「軍」者，對喜而言怒故也。喜合於樂，則非作好；怒合於禮，則非作惡。愚謂軍旅所以征討，鈇鉞所以刑殺。儕猶類也。左傳曰：「喜怒以類者鮮。」先王之喜怒，惟義理之所在，而己不與焉。故喜則飾之以羽、旄、干、戚，而天下莫不和；怒則飾之以軍、旅、鈇、鉞，而天下莫不畏。先王之喜怒，非禮樂不足以達之，禮樂達而天下莫不和且畏焉，其道豈不盛乎！○右第四章，言禮樂之化之盛也。

右樂化篇第十。史記樂書第八。

子贛見師乙而問焉，曰：「賜聞聲歌各有宜也。如賜者宜何歌也？」師乙曰：「乙，賤工也，何足以問所宜！請誦其所聞，而吾子自執焉。釋文：贛音貢。

鄭氏曰：子贛，孔子弟子。師，樂官也。乙，名。聲歌各有宜，氣順性也。孔氏曰：子贛請，七潁反，徐音情。欲令師乙觀己氣性宜聽何歌。

寬而靜，柔而正者，宜歌頌。廣大而靜，疏達而信者，宜歌大雅。恭儉而好禮者，宜歌小雅。正直而靜，廉而謙者，宜歌風。肆直而慈愛愛者，宜歌商。温良而能斷者，宜歌齊。夫歌者，直己而陳德也，動己而天地應焉，四時和焉，星辰理焉，萬物育焉。釋文：好，呼報反。斷，丁亂反。○鄭註：愛或爲「哀」。○自「寬而靜」至「慈愛」四十九字，舊在「五帝之遺聲也」之下。鄭氏云：「此文換簡失其次，『寬而靜』宜在上，『愛者宜歌商』宜承此下行，讀云『肆直而慈愛者宜歌商』。」今考史記樂書，「寬而靜」至「慈愛」，在「者宜歌商」之上，正如鄭氏之説，今移正。又樂書云「肆直而慈愛者」，此叠衍「愛」字。

孔氏曰：寬，謂德量寬大。靜，謂安靜。柔，謂和柔。正，謂正直。頌成功德澤宏厚，若性寬靜柔正者，乃能歌之。志意廣大而安靜，疏朗通達而誠信，宜歌大雅。但廣大而不寬，疏達而不柔，包容未盡，故不能歌頌。恭，謂以禮自持。儉，謂以約自處。好禮而動，不越法也。性既恭儉好禮而守分，不能廣大疏達，故宜歌小雅。正直而不能包容，靜退即不知機變，廉約自守，謙恭卑退，不能好禮自處，其德狹劣，故宜歌諸侯之風，未能聽天子之雅。愚謂寬宏而安靜，和柔而中正者，頌之德也，故德如此者宜歌頌。廣大而安靜，疏朗通達而誠信者，大雅之德也，故德如此者宜歌大雅。恭儉而好禮者，小雅之德也，故德如此者宜歌小雅。正直而安靜，廉潔而謙讓者，國風之德也，故德如此者宜歌風。明乎商之音者，臨事而屢斷，肆直而慈愛，則能斷事，故宜歌商。明乎齊之音者，見利而讓，温良而能斷，則能讓利，故宜歌齊。皆因其德性之所近而歌以合之也。國風、雅、頌，此以詩而論其德性之所近者也。商聲、齊聲，此以聲而論其德性之所近者也。然商聲、齊聲，亦必有所歌之詩。淮南子云「寧戚商歌車下」，而其辭則非今三百篇之詩。是商與齊別有所歌之詩矣。或三百篇之詩亦可以商聲歌之而謂之商，以齊聲歌之而謂之齊與？直己而陳德，謂直己之所行，而用歌以陳列之也。天地萬物皆我一體，故歌者動己之志氣，而天地、四時、星辰、萬物皆與之相應，蓋莫非德之所感也。

故商者，五帝之遺聲也，商之遺聲也，商人識之，故謂之商。齊者，三代之遺聲也，齊人識之，故謂之齊。明乎商之音者，臨事而屢斷；明乎齊之音者，見利而讓。臨事而屢斷，勇也。見利而讓，義也。有勇有義，非歌孰能保此？

鄭註云：「商之遺聲也」，衍字。

鄭氏曰：屢，數也。數斷事，以其肆直也。見利而讓，以其温良能斷也。斷猶決也。保猶安也，知也。　愚謂上節歷言國風、雅、頌與商聲、齊聲，此獨以商聲、齊聲申言之者，豈非國風、雅、頌學者之所常弦誦，而二者之聲，或有不能盡識者與？保，謂保其德性之美也。

故歌者，上如抗，下如隊，曲如折，止如槀木，倨中矩，句中鉤，纍纍乎端如貫珠。釋文：上，時掌反。隊，直愧反。槀，古老反。倨音据。中，丁仲反。句，紀具反。鉤，古候反。纍，本又作「累」，力追反。

鄭氏曰：言歌聲之著，動人心之審。孔氏曰：此論歌聲感動人心。上如抗者，言歌聲上饗，感動人意，如似抗舉。下如隊者，言音聲下饗，感動人意，如似隊落。曲如折者，言音聲迴曲，感動人意，如似方折。止如槀木者，言音聲止靜，感動人意，如似枯槀之木，止而不動。倨中矩，言音聲雅曲，感動人意，如中當於矩。句中鉤，言歌聲大曲，感動人心，如中當於鉤。纍纍乎端如貫珠者，言歌聲纍纍然，感動人心端正，其狀如貫於珠。方氏慤曰：抗，言聲之發揚。隊，言聲之重濁。曲，言其回旋而齊也。止，言其闋後而定也。倨則不動，不動者方之體，故中矩。句則不直，不直者曲之體，故中鉤。纍纍乎，言其聲相繫屬。端如貫珠，言其兩端相貫而各有成也。郝氏敬曰：此七者，歌之法也。上者聲高，下者聲卑，曲者聲回，止者聲絶。愚謂上下七句，方氏、郝氏皆以歌聲言，是也。回轉謂之曲，小折謂之倨，大折謂之句。纍纍者，相連繫而不絶也。此節形容歌聲之妙如此，此所以直己陳德，而可以感動天地萬物者也。

故歌之爲言也，長言之也。說之，故言之；言之不足，故長言之；長言之不足，故嗟歎之；嗟歎之不足，故不知手之舞之，足之蹈之也。」釋文：說音悦。

鄭氏曰：長言之，引其聲也。嗟歎，和續之也。不知手之舞之，足之蹈之，歡之至也。孔氏曰：詩序先云「嗟歎」，後云「咏歌」；此先云「長言」，後云「嗟歎」。不同者，詩序是屬文之體，略言之；此委曲說歌之狀，其言備具，故言之。言之不足，故長言之；長言之不足，始云「嗟歎之」矣。愚謂歌之引聲者，謂之長言，虞書言「歌永言」是也。歌之歎和流連者，謂之嗟歎，賓牟賈篇所謂「詠歎之，淫液之」是也。此言歌之所由生，出於長言、嗟歎之不能自已，此所以抑揚高下而有上文所言七者之聲也。至於嗟歎之不足，而至於手之舞之，足之蹈之，則又由歌而爲舞，而性術之變盡矣。

子貢問樂。

此篇題之名。古書篇題皆在篇末，此十一篇蓋皆有之。先儒合十一篇爲一篇，而删去其每篇末篇題之名，獨此失於删去，故尚存耳。

右師乙篇第十一。

禮記卷三十九

雜記上第二十之一 別録屬喪服。

喪服小記者，以其所記之瑣碎而名之也。喪大記者，以其所記之繁重而名之也。此篇所記，有與小記相似者，有與大記相似者，又有非喪事而亦記之者，以其所記者雜，故曰雜記。

諸侯行而死於館，則其復如於其國；如於道，則升其乘車之左轂，以其綏復。

釋文：乘，繩證反，下同。綏，依註音緌，耳佳反，下同。

鄭氏曰：館，主國所致舍。復，招魂復魄也。如於其國，主國館賓，予使有之，得升屋招用褎衣也。如於道，道上廬宿也。升車左轂，象升屋東榮。綏當爲「緌」，旌旗之旄也。去其旒而用之，異於生也。孔氏曰：乘車，其所自乘之車也。此車以南面爲正，則左在東也。升車左轂，象在家升屋東榮也。不於廬宿之舍復者，廬宿供待衆賓，非死者所專有。愚謂聘禮及郊「斂旜」，蓋旗之旒縿，至郊皆斂之，而但載其綏，故周禮夏采「以乘車建綏復于四郊」。此死於道，則升車而以綏復，以生時在道惟建綏故也。鄭氏謂「去其旒而用之，異於生」，失其義矣。在道升乘車而復，乘車象宮室南鄉，復者北鄉而復，則車之左轂在東也。

其輤有裧，緇布裳帷，素錦以爲屋而行。釋文：輤，千見反。裧，昌占反。緇裳帷，本或作「緇布帷裳」。

此謂新死在塗，載尸之車飾也。輤者，載尸車飾之總名。若分而言之，則蓋於上者爲輤，屬於輤而四垂者爲裧，周於四旁者爲裳帷，在輤之内而周於尸者爲屋。言「緇布」於「裧」與「裳帷」之間，明二者皆緇布爲之也。屋，幄也。四合象宮室，故曰屋。此承上言「復」之文，又下云「不毀牆」，又於大夫云「舉自阼階」，則此經主謂未大斂而歸者明矣。若既大斂，載柩而歸，其車飾蓋亦如此，而其禮則有異也。○輤之義未詳。鄭氏曰：輤取名於櫬與蒨。櫬，棺也。蒨，染赤色者也。裳帷用緇，則輤用赤。愚謂遣車之障亦曰輤，則非有取於櫬也。大夫用布亦曰輤，則非有取於蒨也。且古人器服之飾，其法象皆不苟。凡飾用玄纁者，必玄上而纁下，以象天地之定位；否則玄表而纁裏，以象陰陽之内外。若輤用赤，裳帷用緇，則纁上而玄下，其於法象逆矣，必無是理也。

至於廟門，不毀牆，遂入，適所殯，唯輤爲說於廟門外。釋文：說，吐奪反，本亦作

「脱」，下同。

廟門，殯宫之門也。毁牆，毁殯宫門之西牆也。不毁牆，以未大斂也。凡以柩歸者入自闕，則毁牆；以尸歸者入自門，則不毁牆。所殯，謂堂上也。死於家者，小斂於户内畢，乃奉尸侇於堂；尸自外來，則升堂而遂侇尸焉。言「遂入，適所殯」，明不入於室而後出也。輤者，裧與裳帷之總名。唯輤爲説於廟門外，明車不易也。鄭氏曰：去輤乃入廟門，以其入自有宫室也。

大夫士死於道，則升其乘車之左轂，以其綏復。如於館死，則其復如於家。

鄭氏曰：綏亦緌也。大夫復於家，以玄冕，士以爵弁服。愚謂如於家，謂升屋而以上服復也。

大夫以布爲輤而行，至於家而説輤，載以輲車，入自門，至於阼階下而説車，舉自阼階，升適所殯。釋文：輲，依註作「輇」，市專反，又市轉反。○鄭注：輲讀爲輇，或作「槫」。

○按「輲」字，戴氏如字，今從之。

鄭氏曰：布，白布不染也。不言「裳帷」，俱用白布，無所别也。至門，亦説輤乃入。輲讀爲輇，或作「槫」。許氏説文解字曰：「有輻曰輪，無輻曰輇。」周禮又有蜃車，天子以載柩。蜃、輇聲相近，其制同乎輇。崇蓋半乘車之輪。戴氏震曰：蜃車即輲車，「蜃」乃假借字，「輲」其本字也。輲車，四輪迫地而行，其輪無輻。然鄭以爲即輇，亦非也。輲者車之名，輇者輪之名。愚謂以布爲輤，謂上之輤，及裧旁之裳帷，中之屋，皆以白布爲之也。至於家而説輤，亦至廟門外而説之也。言「載以輲車」，明不易以輁軸也。於諸侯言「不毁牆」，於大夫言「入自門」，互相明也。轝，謂説車而以人轝之，象在家者男女奉尸侇於堂之禮也。諸侯及士亦然，獨於大夫言之，轝中以見上下也。入自門，轝自阼階，尸入之禮然也。若柩則入自闕，至西階下而説輲車，諸侯則載以輴車，大夫士則載以輁軸，而皆升自西階也。○孔氏曰：凡在路載柩，天子以下至士皆用蜃車。鄭註既夕禮云：「蜃車之轝，其狀如牀，中央有轅，前後出，設前後輅。轝上有四周，下則前後有軸，以輇爲輪。」鄭又註周禮遂師云：「四輪迫地而行，有似於蜃，因取名焉。」輴車制與蜃車同，但不用輇爲輪，天子諸侯殯皆用之。大夫士殯不用輴，其朝廟，大夫以上用輴，士用輁軸。輴有四周，輁軸則無。鄭註既夕禮云：「軸狀如轉轔，刻兩頭爲軹。輁狀如長牀，穿桯前後，著金而關軸焉。」愚謂在道載柩載尸，皆以輲車，以其上有四周，下有四輪，又輪用全木，承載隱，行地安，而無傾敗之患也。

士輤，葦席以爲屋，蒲席以爲裳帷。

士之輤，其内之屋，外之裳帷，皆以席爲之。屋以葦席，裳帷以蒲席，葦席精於蒲席也。士葬無褚，此乃有屋者，亦以未有柩故也。不言「裧」者，諸侯裧與裳帷同以緇布，大夫裧與裳帷同以布，則士之裧與裳帷同以蒲席可知也。

凡訃於其君，曰：「君之臣某死。」父、母、妻、長子，曰：「君之臣某之某死。」釋文：長，丁丈反。○鄭註：訃，或皆作「赴」。

鄭氏曰：訃，至也。臣死，其子使人至君所告之。父、母、妻、長子，此臣於其家喪所主者。孔氏曰：君之臣某之某死，上「某」是生者臣名，下「某」是臣之親屬死者。愚謂君之臣某之某死者，若父死則曰「君之臣某之父某死」，長子則曰「君之臣某之長子某死」。若母、妻，則以氏配字稱之，若曰「伯姬」「叔姬」也。長子亦赴於君者，以其爲三年之喪而自主之者也。然則君亦當使人弔之矣。

君訃於他國之君，曰「寡君不禄，敢告於執事」。夫人，曰「寡小君不禄」。大子之喪，曰「寡君之適子某死」。釋文：太音泰，後「大子」同。適，丁歷反。

鄭氏曰：君夫人不稱薨，告他國君謙也。孔氏曰：不敢指斥鄰國君身，故云「敢告於執事」。夫人、大子皆當云「告於執事」，不言者，略也。愚謂諸侯之喪，訃告之辭曰「不禄」，國中書之曰「薨」，鄰國書之曰「卒」。一以爲謙己，一以爲尊君，一以别外内之辭，義各有所當也。

大夫訃於同國，適者，曰「某不禄」。訃於士，亦曰「某不禄」。訃於他國之君，曰「君之外臣寡大夫某死」。訃於適者，曰「吾子之外私寡大夫某不禄，使某實」。訃於士，亦曰「吾子之外私寡大夫某不禄，使某實」。釋文：適，依註音敵，大歷反。實，依註音至。○今按：實當讀爲告。

鄭氏曰：適，讀爲「匹敵」之敵，謂爵同者也。實當爲「至」，此讀周、秦之人聲之誤也。孔氏曰：尊敬他君，不敢申辭，故云「某死」。赴大夫，其辭得申，故云「某不禄」。愚謂實當爲「告」，上文云「敢告於執事」是也。

士訃於同國，大夫，曰「某死」。訃於士，亦曰「某死」。訃於他國之君，曰「君之外臣某死」。訃於大夫，曰「吾子之外私某死」。訃於士，亦曰「吾子之外私某死」。

孔氏曰：士賤，赴大夫及士皆曰「某死」，但於他君稱「外臣」，於大夫士言「外私」耳。愚謂士喪禮朝夕哭有他國異爵者之位，而此記亦有大夫士死，赴於他國君、大夫、士之辭，則大夫以吉凶慶弔之事接於境外者，固禮之所未嘗禁，而所謂「人臣無私交」者，初非絕不往來之謂也。

大夫次於公館以終喪，士練而歸，士次於公館。大夫居廬，士居堊室。

公館，謂喪次在公所者也。士練而歸於其家，亦爲喪次於寢門外以居，故謂次之在公所者爲公館，別於在家之次也。大夫次於公館以終喪，士練而歸，此以恩之淺深爲居次久暫之差也。士次於公館，大夫居廬，士居堊室，言未練之前，士亦次於公館，但大夫居廬，士居堊室，又以恩之深淺爲居次重輕之差也。喪大記曰：「公之喪，大夫俟練，士卒哭而歸。」此謂異姓之大夫士，與君無服者也。大夫次於公館以終喪，士練而歸，謂同姓之大夫士，與君有服者也。周禮宮正「大喪，別其親疏貴賤之居」，可見臣爲君居喪之次，不惟貴賤有不同，其親疏亦不同矣。○鄭氏以練而歸之士爲邑宰，非也。人君以國爲家，若君喪而悉聚一國之大夫士於君所，則内無以治其民人，外無以固其邊圉，有必不可者。且爲人既衆，則廬、堊室亦不足以容也。大夫士之宰邑者，其於君之喪，蓋如諸侯之於天子，各於其邑爲喪次以居喪爾。

大夫爲其父、母、兄弟之未爲大夫者之喪服如士服，士爲其父、母、兄弟之爲

大夫者之喪服如士服。釋文：爲其，于僞反。

鄭氏曰：大夫雖尊，不以其服服父、母、兄弟，嫌若踰之也。士，謂大夫庶子爲士者也。己卑，又不敢服尊者之服。孔氏曰：大夫適子雖未爲士，猶服大夫之服，故知此士爲父、母、兄弟服士服，是庶子也。

愚謂大夫之喪服異於士者，不可盡考，然其見於禮者，略可推而得也。喪大記曰「君將大斂，子弁絰即位于序端」，曾子問曰「共殯服，則子麻、弁絰、疏衰、菲屨」，此人君之禮也。雜記曰「大夫與殯弁絰，大夫與他人殯弁絰」，則其於父母之殯弁絰必矣。人君將殯，弁絰而疏衰，則大夫弁絰亦疏衰與？士始死，笄、纚、深衣，至小斂，加素冠，斂後括髮以至成服，大夫則至大斂而弁絰、疏衰，此未成服以前之服異於士者也。周官司服：「凡弔事，弁絰服。」「凡喪事，服弁服。」大夫弔既弁絰，則喪亦服弁矣。服弁，蓋用喪冠之升數，而如弁之制爲之。雜記曰「凡弁絰，其衰侈袂」，則服弁亦必侈袂矣。士喪之首服以冠，其衰衣二尺二寸，袂圜殺爲尺二寸，大夫則首服以弁，袂侈之而不圜殺，此成服以後之服異於士者也。至其升數之多寡，鍛治之功沽，則所謂「端、衰無等」者，未嘗有大夫士之異也。大夫爲不爲大夫者之服，皆如士服，嫌爲父、母、兄弟或異，故特明之。蓋服所以施於死者，故不可以踰於死者之服，亦猶司服「享先王則衮冕，享先公則鷩冕」之義也。○

鄭氏曰：大夫喪服禮逸，與士異者，未得而備聞也。春秋傳曰：「齊晏桓子卒，晏嬰麤衰斬，苴絰、帶，杖，菅屨，食粥，居倚廬，寢苫、枕草。其老曰：『非大夫之禮也。』曰：『惟卿爲大夫。』」此平仲之謙也。言己非大夫，故爲父服士服耳。麤衰斬者，其縷在齊、斬之間，謂縷如三升半而三升，不緝也。斬衰以三升爲正，微細焉則屬於麤也。然則士與大夫爲父服異者，有麤衰斬、枕草矣。其爲母五升縷而四升，爲兄弟六升縷而五升乎？惟大夫以上，乃能備儀盡飾，士以下則以臣服君之斬衰爲其父，以臣從君而服之齊衰爲其母與兄弟，亦以勉人爲高行也。　愚謂晏嬰爲其父之服，乃喪父之達禮也。當時大夫行禮者少，惟晏嬰服之，故其老怪而問之。晏子不欲顯言他人之失禮，故遜辭以答之，曰「惟卿爲大夫」，言時人所行大夫之禮，惟卿乃得行之，己未爲卿，不得行此禮也。鄭乃以晏嬰之麤衰、枕草爲士爲父之異於大夫者，又謂「麤衰在齊、斬之間」，而并以推士爲母及兄弟之服，臆説甚矣。寢苫、枕塊，士喪記之明文，可謂枕塊爲大夫禮，而枕草爲士禮乎？喪服一經，雖兼有大夫以上之禮，然實主士禮言之。其言五服之精麤，曰「斬衰三升、三升有半」，「齊衰四升」，安有如鄭所云「縷如三升半而三升」，「縷如五升而四升」，「縷如六升而五升」者乎？孟子之告滕文公曰：「齊、疏之服。」新書六術篇曰：「服有麤衰、齊衰、大紅、細紅、緦麻。」蓋對大功以下而言，則齊衰爲麤；對齊衰而言，則斬衰爲尤麤。晏嬰所服之麤衰，即斬衰，初非齊、斬之間別有所謂麤衰也。

大夫之適子，服大夫之服。

服，謂爲其父母之服也。服以施於死者，而適子主喪，故一視乎死者之爵，而不以其子之尊卑。此即大夫爲其父母之不爲大夫者服士服之義也。

大夫之庶子爲大夫，則爲其父母服大夫服，其位與未爲大夫者齒。釋文：則爲，于僞反，下「則爲之」同。

鄭氏曰：雖庶子，得服其服，尚德也。使齒於士，不可不宗適。愚謂其位與未爲大夫者齒，則不但下於適子，雖他庶子有長於大夫者，大夫猶不敢先之，貴貴長長之義並行而不悖如此。

士之子爲大夫，則其父母弗能主也，使其子主之，無子則爲之置後。

主，謂爲主而拜賓也。士之子爲大夫，則其父弗能主者，非以大夫之尊卑其父，乃不敢以士之賤褻弔賓也。大夫之子雖爲士，而可以主其父之喪者，父貴，有及子之義故也。置後，謂立族人爲大夫之子，而以子之禮主其喪也。然則大夫之無子者，雖非大宗而得立後矣。

大夫卜宅與葬日，有司麻衣、布衰、布帶，因喪屨，緇布冠不蕤，占者皮弁。

鄭氏曰：此服非純吉，亦非純凶也。皮弁，則純吉之尤者也。　愚謂宅，葬地也。麻衣，大祥所服，以十五升白布爲之而縓緣者也。布，謂十五升吉布也。緇布冠本無蕤，特言之者，嫌因事變服，或與始冠之禮異也。用大祥之衣，又用吉布爲衰及帶，又用太古之齊冠，則於喪服皆變之矣。大夫之貴臣爲其君菅屨，衆臣繩屨，凡喪中因事而變服者，唯其屨無變也。此有司，乃大夫之臣，本爲其君服斬者，爲不敢以凶服臨鬼神，故其服如此。皮弁，吉服也。占者，乃公有司，故吉服。卜之事，有涖卜、陳龜、貞龜、眂高、命龜、作龜。士喪禮「族長涖卜」，宗人命龜、眂高，卜人陳龜、貞龜、作龜。鏘鳴按：士喪禮云「卜人先奠龜于西塾上南首」，是陳龜也。又云「卜人抱龜燋，先奠龜，西首」，是貞龜也。貞龜，謂正龜於卜位也，見周禮太卜註。下文云「大夫之喪」，「小宗人命龜，卜人作龜」，則眂高者亦小宗人，陳龜、貞龜者亦卜人。此「有司」乃涖卜者也。命龜、作龜，於接鬼神尤親，宜使無服者，故以公有司涖卜；贊主人出命，宜使親者，故以私臣。士喪禮「族長涖卜」「吉服」，此不純用吉服者，族長蓋士期功以下之親，故變服純吉；大夫之臣爲大夫斬衰，故變服猶不純吉也。

如筮，則史練冠、長衣以筮，占者朝服。釋文：朝，直遥反。

鄭氏曰：練冠、長衣，純凶服也。朝服，純吉服也。愚謂曰「如筮」者，宅與日或卜或筮，隨人所用也。或俱用卜，或俱用筮，或一卜一筮。士喪禮筮宅而卜日，蓋於卜、筮各舉其一，以見其禮，非謂士之禮，宅必用筮，日必用卜也。史，家臣主筮事者也。練冠，小祥之冠也。長衣，喪服之中衣也。中衣上有喪衰，今以不敢純凶，故脱喪衰，而即以中衣爲外服也。此「史」與上涖卜之「有司」，皆本服斬，而因事變服者也。涖卜之有司吉服而不純，此則凶服而稍變，蓋卜重而筮輕，故服之不同如此。占者，亦公有司也。朝服降於皮弁，亦以筮輕於卜故也。

大夫之喪，既薦馬，薦馬者哭踊，出，乃包奠，而讀書。釋文：薦音薦，本又作「薦」。

鄭氏曰：嫌與士異，記之也。既夕禮曰：「包牲取下體。」又曰：「主人之史請讀賵。」孔氏曰：案士喪禮下篇薦馬有三時：柩初出至祖廟，設遷祖之奠訖，乃薦馬，一也。至日側祖奠之時又薦馬，二也。明日將行，設遣奠之時又薦馬，三也。此謂第三薦馬之時。包奠者，取遣奠牲下體包裹之以送死者也。書，謂凡送死賵物之書也。讀，謂省録也。既夕禮「薦馬，馬出」之後，包奠「讀賵」，記者嫌大夫之尊與士異，故特記之，明與士同也。愚謂薦馬者，謂圉人與御者也。士喪禮下篇云「薦馬」，「圉人夾牽之，御者執策立於馬後，哭，成踊，右還出」。喪無人不致其哀，故薦馬者雖賤亦哭，成踊乃出也。薦馬者哭踊，出，乃包奠，而讀書，謂包奠讀書，以薦馬者之出爲節也。

大夫之喪，大宗人相，小宗人命龜，卜人作龜。 釋文：相，悉亮反。

鄭氏曰：謂卜葬及日也。相，相主人禮也。命龜，告以所問事也。作龜，謂揚火灼之以出兆。 皇氏侃曰：大小二宗，並是其君之職，來爲喪事，如司徒旅歸四布是也。故肆師云：「凡卿大夫之喪相其禮。」 愚謂凡相禮事者皆曰宗人，雖私臣亦以名之。此大小二宗並公臣，乃宗伯上、中、下士之屬，自以尊卑分爲大小，非大宗伯、小宗伯之官也。命龜，述命以告卜人也。其出命，以命宗人，則涖卜者爲之。 ○賈氏公彦曰：士命龜有二，命筮有一。士喪禮命筮者「命曰『哀子某，爲其父某甫筮宅，度兹幽宅兆基，無有後艱』」，筮人許諾，不述命」，註云：「既命而申之曰述。不述者，士禮略。」及卜葬日云涖卜「命曰『哀子某，來日某卜葬其父某甫，考降，無有近悔』」。許諾，不述命，還即席，西面坐命龜」。卜云「不述命」，猶有西面命龜。是士命龜辭有二，命筮辭有一。大夫以上命筮辭有二，命龜辭有三。 少牢云「史執筮」，「受命於主人。主人曰：『孝孫某，來日丁亥，用薦歲事於皇祖伯某，以某妃配，某氏，尚饗！』史曰『諾』」。又述命曰「假爾大筮有常，孝孫某」，以下與前同，述前辭以命筮。

大夫筮既述命，即卜亦述命，是命龜有三，命筮有二也。應氏鏞曰：大小宗及卜人皆春官，而以贊大夫之喪。大夫之喪，力有不能盡具，皆仰之於公，又俾有司贊其事，所謂「體羣臣」者，此類是也。

復，諸侯以褒衣、冕服、爵弁服。

鄭氏曰：冕服者，上公五，侯伯四，子男三。褒衣，亦始命爲諸侯及朝覲見加賜之衣也。褒猶進也。愚謂褒衣者，謂天子所褒賜之衣，或用其本服，或加賜於本服之外。韓奕之詩曰：「王錫韓侯，玄袞、赤舄。」韓以侯而賜袞衣，則褒衣之法可見矣。冕服者，五等諸侯之上服：公則袞冕，侯伯則鷩冕，子男則毳冕也。諸侯復之衣三：褒衣一，冕服二，爵弁三也。士喪禮復用爵弁服。此言諸侯之復，自褒衣至爵弁服而止，皮弁服以下，復皆不用也。

夫人稅衣、揄狄，狄、稅素沙。 釋文：稅，他喚反，下文放此。揄音遥。

孔氏曰：復用稅衣上至揄狄，謂侯伯夫人也。狄、稅素沙，言從揄狄下至稅衣，皆以素沙白縠爲裏。愚謂諸侯復之衣三，則夫人亦然。此但言「揄狄」「稅衣」者，蓋二衣之間，又科用一衣也。以其蒙上可知，故略言之。

內子以鞠衣、褒衣，素沙。下大夫以禮衣。其餘如士。釋文：鞠，九六反，又曲六反。禮，張戰反。○此節舊在「復，諸侯以褒衣」之上，鄭云：「當在『夫人狄、稅素沙』下，脱爛失處。」今移正。

鄭氏曰：內子，卿之適妻也。下大夫，謂下大夫之妻。禮，周禮作「展」。王后之服六，唯上公夫人亦有褘衣，侯伯夫人自揄狄而下，子男夫人自闕狄而下，卿妻自鞠衣而下，大夫妻自展衣而下，士妻稅衣而已。素沙，若今紗縠之帛也。六服皆袍制，不禪，以素紗裏之，如今袿、袍，襈重繒矣。褒衣者，始爲命婦見，加賜之衣也。其餘如士之妻，則亦用稅衣。　愚謂內子有褒衣者，夫榮於朝，妻貴於室，其夫受加賜之服，則其妻亦視夫之所加者服之，而謂之褒衣也。夫人、內子之服特言「素沙」者，明與男子之衣異也。男子禮衣皆禪，婦人禮衣皆有裏，陽奇陰偶之義也。士妻復用禒衣。其餘如士，謂內子與大夫之妻皆得兼用禒衣也。內子與下大夫之妻，復之衣皆二：內子以鞠衣與褒衣，如無褒衣，則以鞠衣與稅衣也。大夫之妻用禮衣與稅衣，如有褒衣，則亦用褒衣與禮衣也。然則卿與下大夫，復之衣亦二：卿以希冕服與爵弁服，下大夫以玄冕服與爵弁服，其有褒衣者，則皆去爵弁服也。士復之衣一，卿大夫復之衣二，諸侯復之衣三。以此差而上之，則天子自十二章以下，王后自褘衣以下，而復之衣皆四也。

復西上。

鄭氏曰：北面而西上，陽長左也。　愚謂凡位以西爲尊，西上，謂衣之尊者在西也。士喪禮復「以爵弁」，而「復者一人」，則復之禮蓋一衣而一人，卿大夫二人，諸侯三人，天子四人也。孔疏謂「復之人如命數然」，非是。案周禮天子之禮，夏采「以冕服復于大廟，以乘車建綏復于四郊」，祭僕「復于小廟」，隸僕「復于小寢、大寢」，而夏采惟下士四人，隸僕下士二人，而得每處復有四人者，蓋當使他官攝職以佐之也。

大夫不揄絞屬於池下。 釋文：絞，户交反。屬音燭，下「條屬」同。

鄭氏曰：揄，揄翟也。采青黃之間曰絞。屬猶繫也。人君之柳，其池繫絞繒於下，而畫翟雉焉，名曰振容，又有銅魚在其間。大夫去振容，士去魚。此無「人君」及「士」，亦爛脱。　愚謂揄絞有在池上者，有在池下者。在池上者，士以上皆用之，喪大記於士言「揄絞」是也。在池下者名振容，惟人君得用之，喪大記於大夫言「不振容」是也。

大夫附於士。士不附於大夫，附於大夫之昆弟，無昆弟則從其昭穆。雖王父母在亦然。 釋文：附，依註作「祔」，音同，下並同。

鄭氏曰：附讀皆爲祔。大夫祔於士，不敢以己尊自殊於其祖也。士不祔於大夫，自卑，別於尊者也。大夫之昆弟，謂爲士者也。孔氏曰：從其昭穆，謂祔於高祖爲士者，若高祖爲大夫，則祔於高祖昆弟爲士者。愚謂凡祖適無不附於祖者，大夫祔於士，士不祔於大夫，皆爲祖庶言之耳。説已見喪服小記。雖王父母在亦然者，王父母尚在無可祔，若王父有昆弟前死，則祔於王父之昆弟，無昆弟可祔則祔於高祖也。

婦附於其夫之所附之妃，無妃則亦從其昭穆之妃。妾附於妾祖姑，無妾祖姑則亦從其昭穆之妾。

婦祔於祖姑，言「祔於夫所祔之妃」者，容祖姑爲大夫而祔於從祖姑也。無妃，謂夫所祔之妃尚在也。從其昭穆之妃中一而祔於高祖姑也。

男子附於王父則配，女子附於王母則不配。

鄭氏曰：配，謂并祭王母；不配，則不祭王父也。有事於尊者可以及卑，有事於卑者不敢援尊。配與不配，祭饌如一，祝辭異，不言「以某妃配某氏」耳。女子，謂未嫁者也。嫁未廟見而死，猶歸葬於女氏之黨。愚謂婦祔於祖姑亦不配，獨言「女子」者，祖舅尊嚴，孫婦之祔自然不敢祭之，王父親女孫之祔嫌當祭及王父，故特明之。

公子附於公子。

大夫士不敢祔於諸侯也。

君薨，太子號稱「子」，待猶君也。 鄭注：待或爲「侍」。

鄭氏曰：謂未踰年也。雖稱「子」，與諸侯朝會如君矣。春秋僖公九年夏，葵丘之會，宋襄公稱「子」而與諸侯序。　愚謂緣始終之義，一年不二君，故君薨，世子立踰年然後行即位之禮，即位然後稱「公」，若未即位、未葬，則稱「子某」，春秋書「子野」「子般」是也。蓋尸柩尚在，猶用父前子名之義，故稱名也。已葬則稱「子」，春秋文公十八年，「六月癸酉，葬我君文公」，「冬十月，子卒」，是也。蓋未即位則未成爲君，故不稱「公」而稱「子」，子者，男子之美稱也。待猶君者，謂人民所以事之者，鄰國弔、襚之使及以他事相接者，皆以君禮待之。下文弔者之辭曰：「寡君聞君之喪，寡君使某，如何不淑！」又上客臨，曰：「寡君命，使臣某毋敢視賓客。」是皆以人君之禮待之也。

有三年之練冠，則以大功之麻易之，唯杖、屨不易。

鄭氏曰：謂既練而遭大功之喪者也。練除首絰，要絰葛，又不如大功之麻重也。言練冠易麻，互言之也。唯杖、屨不易，言其餘皆易也。屨不易者，練與大功俱用繩耳。　孔氏曰：杖、屨不易，其餘冠也，衰也，要帶也，悉易也。然練之首絰除矣，無可易也。大功無杖，亦無可易，而云「易」與「不易」，因其餘有易者，連言之。　愚謂父喪既練，衰七升；母喪既練，衰八升。大功初喪降服七升，正服八升，義服九升，則是大功之服有輕於既練之服者矣。而悉得易三年之練衰者，蓋練爲三年之末，而大功新喪爲重，故得變前服，不計其升數之多寡也。服問曰「小功不變喪之練冠」，則大功固變練冠矣。三年之練冠，或八升，或九升，而大功十升、十一升之冠得以變之，則大功八升、九升之衰得變七升、八升之練衰宜矣。大功既葬，則反服三年之功衰，因其故葛帶，絰期之葛絰。

有父母之喪尚功衰，而附兄弟之殤，則練冠，附於殤，稱「陽童某甫」，不名神也。釋文：衰，七雷反。

鄭氏曰：斬衰、齊衰之喪練，皆受以大功之衰，此之謂功衰。兄弟之殤，謂大功親以下之殤也。大功親以下之殤輕，祔之不易服。兄爲殤，謂同年者也。兄十九而死，己明年因喪而冠。　孔氏曰：大功正服變三年之練，此著練冠，故知大功親以下之殤。若成人合服大功，其長殤小功；成人小功，其長殤緦麻。小功兄弟長殤，則是祖之兄弟之後，所以得祔者，己是曾祖適孫，其小功兄弟身及父是庶人，不合立祖廟，則曾祖適孫爲之祔於從祖也。　皇氏云：「小功兄弟爲士，從祖爲大夫，士不可祔於大夫，當祔於大功親以下從祖爲士者，故祔小功兄弟長殤於己祖廟。」義亦得通。案服問大功親，長、中殤變三年之葛，得易首絰、要帶，不得易服，故此祔祭著練冠也。愚謂小功之親，乃待從祖兄弟爲之附者，所謂「士不祔於大夫，祔於諸祖父之爲士者」，皇氏之説是也。若無廟者，自祔於寢，不必祔於從祖之廟也。男子爲殤曰「陽童」，女子爲殤曰「陰童」。某甫者，因其伯、仲、季以爲之字也。不名神也者，以鬼神之道待之，故不稱其名，所謂「周人以諱事神」也。

凡異居，始聞兄弟之喪，唯以哭對可也。其始麻，散帶絰。

鄭氏曰：唯以哭對，惻怛之痛，不以言辭爲禮也。其始麻，散帶絰，與居家同也。凡喪，小斂而麻。孔氏曰：其始麻，散帶絰，謂大功以上兄弟，其初聞喪始服麻之時，散垂要帶。若小功以下服麻，則糾垂不散也。愚謂其始麻，散帶絰者，謂始服麻之時，其要絰散之而不糾，而加首以絰也。奔喪禮：凡聞喪即奔喪者，至家而襲、絰、絞帶，三日而成服；聞喪不得奔喪者，聞喪即襲、絰、絞帶，亦三日而成服。此聞喪即服麻，乃不得奔喪而成服於外者，其始帶散麻，至三日成服，乃絞其帶也。○孔氏云：「案奔喪禮聞喪即襲、絰，絞帶不散者，彼謂有事未得奔喪，故不散麻，此即奔喪，故散麻。」其説非也。凡聞喪即奔者，其服皆深衣，此聞喪即加麻，散帶，其爲不得即奔喪者明矣。又孔氏云「奔喪禮聞喪則襲、絰，至即絞帶，不散帶者，彼謂奔喪來遲，不見尸柩，此奔喪來至猶散帶者，以見尸柩故也」，則其説尤不可曉。奔喪禮襲、絰、絞帶皆於一時爲之，初無聞喪襲、絰，至而絞帶之事。此「麻，散帶絰」，特謂在外初聞喪之服，疏乃謂「至家猶散麻」，不知於何見之？

未服麻而奔喪，及主人之未成絰也，疏者與主人皆成之，親者終其麻帶絰之日數。

此謂聞喪即奔者也。聞喪即奔，故在外不服麻。成絰，謂成服而絞要絰也。及主人之未成絰，謂至在主人小斂加麻之後，成服之前也。疏者，小功以下。親者，大功以上也。疏者與主人皆成之，謂與主人同日成服也。親者終其麻帶絰之日數，謂以至家之日加麻散帶，至三日而後成服，不用主人三日成服之期也。○疏謂「未成絰，爲未小斂之前」，非也。喪至小斂而加麻，若至在主人未小斂之前，則與主人同時加麻，即與主人同時成服矣，何得云「終其麻帶絰之日數」乎？

主妾之喪，則自祔，至於練、祥，皆使其子主之，其殯、祭不於正室。

孔氏曰：妾賤，得自主之者，崔氏云：「謂女君死，攝女君也。雖攝女君，猶下正適，故殯與祭不在正室。」愚謂妾祔於妾祖姑，其祭不於廟而於寢，然必自祔之者，蓋妾祖姑非父之所生，即世叔父之所生，故其祔不可以不親之，至於練、祥，則祭妾而已。小記曰：「婦之喪，虞、卒哭，其夫若子主之，祔則舅主之。」此主妾之喪，其練、祥既使子主之，則虞與卒哭亦當使子主之也。祭，虞、祔、練、祥之祭也。正室，夫之正寢也。適妻死於正室，則殯、祭皆於正室；妾雖攝女君，其死猶在側室，則殯、祭皆於側室也。此謂士禮，妾子爲其母，十一月而練，十三月而祥；若大夫，妾子爲母大功，無練、祥之祭也。

君不撫僕、妾。

鄭氏曰：略於賤也。　愚謂撫，撫其尸也。僕，謂宮中臣僕内小臣、閽、寺之屬也。妾，賤妾。曲禮「諸侯有夫人，有世婦，有妻，有妾」，是也。喪大記曰「君撫大夫，撫内命婦」，鄭氏云：「内命婦，世婦也。」喪大記又曰：「君於大夫、世婦，大斂焉，爲之賜，則小斂焉。」「於士，既殯而往，爲之賜，大斂焉。」君於世婦與大夫同，則於諸妻與士同。君於大夫、世婦，或大斂或小斂而往，則皆撫之；於士及諸妻，爲之賜，大斂而往，則亦撫之；惟僕、妾賤，君不撫其尸也。

女君死，則妾爲女君之黨服，攝女君則不爲先女君之黨服。釋文：爲，于僞反。

鄭氏曰：妾於女君之黨，若其親然。　愚謂妾服女君之黨，舊説以爲從服，然從服之服，必視其所從者而有降焉，妾爲女君之黨，其服乃與女君同，則非從服也。蓋妾有爲女君之娣者，不待從女君，而其服固與女君同矣。有爲女君之姪者，女君之所服，妾亦服之，而輕重有不同者；有非女君之姪、娣者，女君之所服，妾則皆無服者也。今乃壹使與女君同服者，於女君則欲其於妾皆聯以同生之誼，而不致生其妬忌；而於妾則又示以統於女君，而不敢以自外。女君雖没，猶使妾爲其黨服，所以深嚴適庶之分，以明女君之尊不替於身後，則女君而在，必無敢以賤妨貴，少陵長者矣。攝女君，所以統内政也，故不爲女君之黨服，又所以明攝女君之尊有以殊於衆妾，而後内政出於一也。

聞兄弟之喪，大功以上，見喪者之鄉而哭。

孔氏曰：奔喪禮云「齊衰，望鄉而哭；大功，望門而哭」。此云「大功以上，見喪者之鄉而哭」者，盧云：「謂降服大功也。」愚謂云「見喪者之鄉而哭」，以明其不待及門而哭爾，未必專爲降服大功也。

適兄弟之送葬者弗及，遇主人於道，則遂之於墓。

鄭氏曰：言骨肉之恩，不待主人也。

凡主兄弟之喪，雖疏亦虞之。

祔也。

鄭氏曰：喪事虞、祔乃畢。　孔氏曰：小記云「大功者，主人之喪，有三年者，則必爲之再祭」，鄭註云：「小功、緦麻，爲之練祭可也。」今此疏者亦虞，謂無服者，朋友相爲，亦虞、祔也。

凡喪服未畢，有弔者，則爲位而哭，拜踊。

鄭氏曰：客始來，主人不可以殺禮待之。　愚謂喪服未畢，謂禫以前也。禫而内無哭者，雖有弔者不哭。　檀弓：「將軍文子之喪，既除喪，而后越人來弔，主人深衣、練冠，待於廟，垂涕洟。」是不哭也。

大夫之哭大夫，弁絰。大夫與殯，亦弁絰。釋文：與音預。

鄭氏曰：弁絰者，大夫錫衰相弔之服也。　孔氏曰：大夫之哭大夫弁絰者，此謂成服以後，大夫往哭大夫，身著錫衰，首加弁絰。大夫與殯亦弁絰者，此謂未成服之前，與殯之時，首加弁絰，身著當時之服。　愚謂弁，皮弁也。諸侯大夫以皮弁、錫衰爲弔服，不言「弔」而言「哭」者，大夫相爲，有僚友之恩，非徒弔之而已也。大夫之哭大夫弁絰，皮弁而加麻絰也。大夫與殯亦弁絰，皮弁而加葛絰也。　服問曰：「公爲卿大夫，錫衰以居，出亦如之，當事則弁絰。大夫相爲亦然。」是大夫相爲與朋友同矣。　喪服記云：「朋友麻。」弔服葛絰，而朋友麻，則大夫相爲亦麻絰矣。朋友弔於未成服之前亦葛絰，蓋弔於未成服者皆吉服，麻不加於采也，則大夫與殯亦葛絰矣。大夫之哭大夫弁絰，則其非相哭雖錫衰以居，而不弁絰矣。大夫之哭大夫弁絰，大夫與殯亦弁絰，則大夫之爲士若士爲大夫，皆不弁絰矣，不弁絰則素冠加絰也。

大夫有私喪之葛，則於其兄弟之輕喪則弁絰。

鄭氏曰：私喪，妻子之喪也。輕喪，緦麻也。大夫降焉，弔服而往，不以私喪之末臨兄弟。　愚謂葛，謂既葬變麻服葛也。大夫爲父母兄弟之不爲大夫者之服如士服，此爲其兄弟弁絰，謂尊同者也。大夫無緦服，故雖尊同不服，但於往哭而爲之服弁絰也。凡喪服未除，於兄弟之喪雖輕，必服其服以哭之。此大夫哭兄弟之輕喪，蓋亦爲服其本服之麻與？

爲長子杖，則其子不以杖即位。

喪不貳主也。

爲妻，父母在，不杖，不稽顙。釋文：稽，徐音啟。

下文別言「母在，不稽顙」，則此「母」衍字也。爲妻，父在不杖，不稽顙，謂適子爲妻也。父主適婦之喪，故其子避之而不杖，又不得拜賓而稽顙也。

母在，不稽顙。稽顙者，其贈也拜。

父没母在，則己主妻喪而得杖，而亦不得稽顙也。然此「不稽顙」與上節不同：父在不稽顙，謂父既拜賓，則己不敢拜賓而稽顙也。父没母在，則妻之喪己當爲主而拜賓，但不敢爲稽顙之拜也。蓋妻之服與父在爲母悉同，故母在則微殺其禮，以示其不敢盡同於母之意，與母在爲妻不禫同意。上節專屬適子之禮，此禮則適、庶之所同也。贈，謂賻、襚之屬也。稽顙者，其贈也拜者，言母在而爲妻或有稽顙者，惟於人之以物贈己則爲稽顙之拜。蓋於人之厚恩不敢以輕禮待之，則此外弔者皆不稽顙也。

違諸侯，之大夫，不反服。違大夫，之諸侯，不反服。

鄭氏曰：其君尊卑異也。愚謂二者之不服，皆爲尊諸侯也。一則尊其舊君而不敢自援，一則尊其新君而不敢自貶。

喪冠條屬，以别吉凶。三年之練冠，亦條屬，右縫。小功以下左，緦冠繰纓。

釋文：别，徐彼列反。縫音逢，又扶用反。繰，依註音縿，所銜反。○按繰，鄭氏讀爲「澡麻帶、絰」之澡，音當爲早，而釋文乃云「依注讀作縿，音所銜反」，未詳其説。豈陸氏本不同耶？然以義言之，作「澡」爲是。

鄭氏曰：别吉凶者，吉冠不條屬也。繰讀爲「澡麻帶、絰」之澡，聲之誤也。謂有事其布以爲纓。　敖氏繼公曰：條屬者，以一條繩爲纓，而又屬於武也。右縫者，以纓之上端縫屬於武之右邊也。其屬之以下端向上，而結於武之左邊以固冠也。　愚謂吉冠有武，其纓左右各一而交結於頤下。下文云「委武玄縞而後蕤」，則喪冠自大祥以前無武，蓋别以布一條，約冠而固之，若緇布冠之缺項。然其纓惟一條屬於固冠之布，亦若緇布冠之青組纓屬於缺也。緇布冠之纓，屬於左而上結於右，喪冠之纓，則縫屬於右而上結於左，所以反吉也。小功以下服輕，其纓雖條屬而左縫之，稍用吉冠之制也。　繰當作「澡」。喪冠之纓，惟斬衰用麻繩；自齊衰以下，皆用其冠之布爲之；緦冠之纓，其布亦與冠同，而又澡治之。緦冠既有事其纓，其纓又有事其布，布、纓兼治，則其布精矣，以緦喪輕故也。然則喪冠自小功以上，纓皆不澡也。

大功以上散帶。

孔氏曰：小斂之後，主人襲、絰於序東，小功以下，帶皆絞之；大功以上，散帶垂，至成服乃絞。

朝服十五升，去其半而緦，加灰錫也。　釋文：朝，直遥反，後「朝服」放此。去，起吕反。

鄭氏曰：緦精麤與朝服同。去其半，則六百縷而疏也。又無事其布，不灰焉。　孔氏曰：

緦麻於朝服十五升之内抽去其半，以七升半爲之。取緦以爲布，又加灰治之，則曰「錫」，言錫然滑易也。緦衰不加灰，不治布也。愚謂周禮司服「王爲三公六卿錫衰，爲諸侯緦衰，爲大夫士疑衰」，是錫衰重於緦衰也。加灰，謂用灰鍛治之也。喪服記曰：「有事其縷，無事其布，曰緦。」「有事其布，無事其縷，曰錫。」喪服記言「有事」，此云「加灰」，一也。蓋朝服用吉布十五升，布、縷皆有事者也。緦衰用朝服縷數之半，而成布之後，不復加灰鍛治，故曰「無事其布」。錫衰則成布之後，加灰鍛治，而其縷則不鍛治，故曰「無事其縷」。無事其縷者，哀在内也。無事其布者，哀在外也。此緦衰、錫衰輕重之别也。

禮記卷四十

雜記上第二十之二

諸侯相襚，以後路與冕服，先路與褒衣不以襚。釋文：襚音遂。

鄭氏曰：不以己之正者施於人，以彼不以爲正也。孔氏曰：後路，謂上路之後次路也。冕服，謂上冕之後次冕也。愚謂諸侯各以路之上者爲先路，同姓則金路，異姓則象路也。其次於先路者，皆爲後路。鄭氏以爲貳車，非是。褒衣，亦冕服也。以其爲天子之所褒賜，故曰「褒衣」。冕服，謂其次於褒者也。先路與褒衣，皆所受於天子者，故不以襚人。

遣車視牢具，疏布輤，四面有章，置於四隅。釋文：遣，弃戰反，下「遣車」「遣奠」皆放此。章，本或作「鄣」，音同。

鄭氏曰：言車多少各如所包遣奠牲體之數也。遣奠，天子大牢，包九个；諸侯亦大牢，包七个；大夫亦大牢，包五个；士少牢，包三个。大夫以上，乃有遣車。輤，其蓋也。四面皆有章蔽，以隱翳牢肉。四隅，椁中之四隅。　愚謂每牲體一段，謂之一个。周禮大司馬「喪祭，奉詔馬牲」，鄭云：「王喪之以馬祭者，蓋遣奠也。」是天子遣奠大牢之外兼有馬牲也。士喪禮「苞牲，取下體」，鄭云：「前脛折取臂、臑，後脛折取骼。」天子四牲，每牲取全體三折，分八十一个，分爲九包，每包九个，而遣車九乘。諸侯遣奠大牢，每牲各取全體三折，分四十九个，分爲七包，每包七个，而遣車七乘。大夫遣奠亦大牢，每牲取全體三折，分二十五个，分爲五包，每包五个，而遣車五乘。是遣車之多寡，各比視其牢具之多寡也。以疏布爲車蓋，又四面設障蔽，所以避塵土之污也。

載粻，有子曰：「非禮也。喪奠脯、醢而已。」釋文：粻，陟良反。

鄭氏曰：粻，米糧也。　愚謂當時有遣奠兼設黍、稷而并載於遣車者，有子非之，以爲喪奠牲牢而外，惟有脯、醢而無黍、稷，不當載粻也。案士喪禮喪奠皆無黍、稷，而黍、稷之奠自設於下室，月朔薦新，有黍、稷，則下室之奠不設也。既啟以後，遷祖之奠及祖奠、遣奠，亦皆無黍、稷，蓋亦以有下室之奠故耳。然遣奠雖無黍、稷，而黍、稷、麥別盛於筲，則固有粻矣，不當又載於遣車也。鄭氏以爲死者不食糧，故喪奠無黍、稷。果爾，則牲、牢、脯、醢，死者豈嘗食之耶？

祭稱「孝子」「孝孫」，喪稱「哀子」「哀孫」。

鄭氏曰：各以其義稱也。　孔氏曰：祭，吉祭也，自卒哭以後之祭也。吉則申孝子之心，故祝辭云「孝」。喪，凶祭，自虞以前之祭也。喪則哀慕未申，故稱「哀」。　愚謂士虞禮卒哭猶稱「哀子」，至祔乃稱「孝子」。蓋卒哭雖以吉祭易喪祭，猶未忍遽稱「孝」，至祔祭於廟，始同之於吉祭也。兼言「孫」者，容父先没，而適孫主祖父母之喪者也。

端衰、喪車，皆無等。

鄭氏曰：喪車，惡車也。喪者衣衰，及所乘之車，貴賤同，孝子於親一也。衣衰言「端」者，玄端吉時常服，喪之衣衰當如之。　孔氏曰：端衰，謂喪服上衣。端，正也。吉時玄端服，身與袂同以二尺二寸爲正，喪衣亦如之，而綴六寸之衰於心前，故曰「端衰」也。喪車，孝子所乘之惡車也。等，等差也。喪之衣衰及惡車，天子至士制度同，無貴賤等差之别，以孝子於其親，情如一也。　愚謂禮服自玄端以上，衣之長與幅廣相等，故謂之端。喪衰之制亦然，故謂之端衰。然吉時禮服皆端，而玄端之袂圜殺，與朝服以上侈袂者不同。喪衰與玄端同制者，惟士之喪衰爲然，若大夫以上，其喪衰與朝服等同制，其袂亦侈，不與玄端同也。端衰無等，謂其布之升數及齊、斬之制也。爲父皆斬衰三升，爲母皆齊衰四升，是端衰無等也。天子喪車五乘，而士喪禮「主人乘惡車，白狗禩，蒲蔽」，與天子始喪之車同，是喪車無等也。

大白冠、緇布之冠，皆不蕤。委武玄、縞而后蕤。 釋文：縞，古老反，又古報反。

鄭氏曰：大白冠，大古之布冠也。不蕤，質無飾。委武，冠卷也。秦人曰委，齊人曰武。玄，玄冠也。縞，縞冠也。　愚謂蕤者，冠纓之結於頤下而垂餘以爲飾者也。大白冠、緇布冠皆無武，而别爲缺項以固冠，其纓惟一條，屬於武而上結之，故皆無蕤。水之下曰委，足之下曰武。卷在冠下，故以名焉。玄冠，吉冠。縞冠，大祥之冠也。喪冠無武，與古制同，故其纓亦無蕤。玄冠、縞冠皆有武，與古冠異，故其纓亦與古異，而有垂餘之緌也。

大夫冕而祭於公，弁而祭於己。士弁而祭於公，冠而祭於己。士弁而親迎，然則士弁而祭於己可也。 釋文：迎，魚敬反。

鄭氏曰：弁，爵弁也。冠，玄冠也。祭於公，助君祭也。大夫爵弁而祭於己，唯孤爾。可也者，緣類，欲許之也。親迎雖亦己之事，攝盛服爾，非常也。　孔氏曰：儀禮少牢大夫自祭用玄冠，此云「弁而祭於己」，與少牢異，故知是孤。親迎一時之極，故許其攝盛；祭祀常所供養，故須依班序。　愚謂特牲禮玄端，少牢禮朝服，皆特祭也。大夫弁而祭於己，其干祫之禮與？大夫干祫服爵弁，殷祭禮盛也。然則士之干祫蓋朝服與？服之差等，爵弁之下爲皮弁，皮弁之下爲朝服。皮弁純白，不用於祭祀。士以玄端特祭，以朝服祫祭；大夫以朝服特祭，以爵弁祫祭。進朝服而上，即爲爵弁，故記者欲許士以爵弁也。若如鄭氏之説，則大夫尚不得服爵弁，而遽以許士，恐不然矣。

暢，臼以椈，杵以梧，枇以桑，長三尺，或曰五尺。畢用桑，長三尺，刊其柄與末。釋文：鬯，本亦作「暢」。椈，弓六反。枇音匕，本亦作「朼」。長，直亮反。刊，苦干反。

鄭氏曰：臼、杵，所以擣鬱也。椈，柏也。枇，所以載牲體者。此謂喪祭也。吉祭枇用棘。畢，所以助主人載者。刊猶削也。孔氏曰：梧，桐也。擣鬱鬯用柏臼桐杵，爲柏香，桐潔白，於神爲宜。從鑊以枇升入於鼎，從鼎以枇載之於俎。用桑，喪祭也。吉祭枇用棘，特牲禮枇用棘心是也。畢以助主人舉肉。用桑者，亦喪祭故也，吉時亦用棘。畢末頭亦刊削之，枇亦宜然。愚謂此言「暢」「臼」及「杵」，亦謂喪事之所用者。周禮肆師：「大渳以鬯，則築鬻。」鬯人「大喪之大渳」，「共其釁鬯」。

率帶，諸侯大夫皆五采，士二采。釋文：率帶，上音律，下音帶，本亦作「帶」。

此謂大帶之飾也。率，讀如左傳「藻率、鞞、琫」之率，以采飾物之名也。凡飾三采者，以朱、白、蒼，此二采，其朱、白與？生時大帶，死則用以襲尸，故於此言之。鄭氏謂「此襲尸之大帶，異於生」，非。士襲變玄端爲稅衣，以其在內也。若其在外之服，皆與生時無異，何獨於帶而異之？

醴者，稻醴也。甕、甒、筲、衡，實見間，而后折入。 釋文：甕，於貢反。甒音武。筲，所交反。衡，依註作「桁」，户剛反，徐户庚反。見音「間厠」之間，棺衣也。間如字，徐古莧反。一解云：「鄭合『見間』二字共爲『覵』字，音古辨反。」折，之設反。○按「見」字當音賢徧反。

鄭氏曰：此謂葬時藏物也。衡當爲「桁」，所以庪甕、甒之屬，聲之誤也。實見間，藏於見外、椁内也。孔氏曰：醴者，稻醴也者，言此醴是稻米所爲也。甕盛醯、醢，甒盛醴、酒，筲盛黍、稷。衡者，以大木爲桁，所以庪舉甕、甒之屬也。見，謂棺外之飾。既夕禮註云：「折猶庪也。方鑿連木爲之，蓋如牀而縮者三，横者五，無簀。」實此甕、甒、筲、衡於見外、椁内二者之間，而後以折加於椁上，以承抗席。案既夕禮「藏器於旁，加見」，註云：「器，用器、役器也。」既夕禮又云「藏苞、筲於旁」，註云：「於旁，在見外。」則見内是用器、役器，見外是明器也。此是士禮略，實明器耳。大夫以上，兼有人器、鬼器。人器實，鬼器虛。愚謂此言葬時藏器之法。醴，即所盛於甕者。醴有黍醴、稻醴、粱醴，故言此醴是稻醴也。甕實一穀，甒實五斗。筲，畚屬，以竹或菅草爲之。見，謂棺飾帷荒之屬。棺在帷荒之内，而帷荒在外露見，故因謂之見也。藏器既畢，乃可加折，故曰「而後折入」。

重，既虞而埋之。 釋文：重，直龍反。

鄭氏曰：就所倚處埋之。　孔氏曰：既夕禮初啟朝禰廟，重止于門外之西，不入。明日，自禰廟隨至祖廟庭，厥明將出之時，「重出自道，道左倚之」。此註「就所倚處埋之」，謂於祖廟門外之東也。　愚謂鄭知就所倚處埋之者，士喪禮「重出自道」之後，無再「入廟」之文，故知埋重在祖廟門外也。

凡婦人，從其夫之爵位。

鄭氏曰：婦人無專制，生禮死事，以夫爲尊卑。　愚謂觀此則謂婦人有受命之法者非矣。

小斂、大斂、啟，皆辯拜。 釋文：辯音徧。

鄭氏曰：嫌當事來者終不拜，故明之。　孔氏曰：凡當大斂、小斂及啟殯之時，唯君來則止事而出拜之。若他賓客至，則不止事，事竟乃即堂下之位悉徧拜。

朝夕哭不帷，無柩者不帷。

鄭氏曰：朝夕哭不帷，緣孝子之心欲見殯、肂也。既事則施其㡯，鬼神尚幽闇也。無柩者不帷，謂既葬也。棺柩已去，鬼神在室，堂無事焉，遂去帷。

君若載而后弔之，則主人東面而拜，門右北面而踊，出待，反而后奠。

鄭氏曰：主人拜踊於賓位，不敢迫君也。君即位車東，出待，不必君留也。君反之使奠。

孔氏曰：謂君來弔臣之葬，臣喪朝廟，柩已下堂，載在柩車，而君弔之，故云「君若載而后弔之」。則主人東面而拜者，君既弔位於車東，故主人在車西，東面而拜也。門右北面而踊者，門，謂祖廟門也。右，西邊也。若門外來，則右在東；若門内出，右在西。此據車出家，故右在西，孝子拜君竟，立近門内西邊，北面而哭踊爲禮也。出待者，孝子踊畢，先出門待君，君來則出門拜迎，君去則出門拜送也。君弔事畢，便應去，不敢必君之久留，故孝子先出待君。反，謂君使人命孝子反還喪所也。而后奠者，凡君來必設奠，告柩知之也。或云：此在廟載柩車時，奠謂設祖奠也。　愚謂此謂士之喪未啟之前，君有故不得弔，而至是始弔也。曰「若」者，明其爲非弔禮之常也。檀弓：「君於大夫之喪，將葬，弔於宫，將出，命引之，三步則止。如是者三，乃退。」彼謂大夫之喪，君始死已來弔，至葬又特弔，故有引車之禮。此乃君始來弔，弔非因葬，故不云「引車」也。知非弔大夫之喪者，喪大記云「大夫士既殯而君往」，「大夫則奠可也，士則出俟于門外，命之反奠，乃反奠」。此亦云「出待，反而後奠」，故知爲士禮。柩既在堂下，則君即位於阼階下西面，故主人在柩西中庭東面而拜也。門右，門東也。凡君弔，主人受禮於阼階南中庭，即位於門右北面。此以君在堂下柩東，迫狹，故變位受禮柩西之中庭，其即位於門右北面自如常法耳。此非有事於柩，左右不據柩言也。奠，或説以爲祖奠，是也。檀弓君弔於葬，「命引之」，乃退，不云「命奠」。此必命之奠，亦始弔之禮然也。

子羔之襲也，繭衣裳與税衣、纁袡爲一，素端一，皮弁一，爵弁一，玄冕一。曾子曰：「不襲婦服。」釋文：税，他喚反。袡，字又作「衻」，而占反。○鄭註：玄冕，或爲「玄冠」，或爲「玄端」。

鄭氏曰：繭衣裳者，若今大襺也。纊爲繭，緼爲袍，表之以税衣，乃爲一稱。税衣，若玄端而連衣裳者也。大夫而以纁爲之緣，非也。唯婦人纁袡。禮以冠名服，此襲其服，非襲其冠。曾子譏襲婦服而已。玄冕又大夫服，未聞子羔曷爲襲之。愚謂此襲衣凡五稱：繭衣裳者，衣裳相連，而著以綿纊者也。繭衣裳乃褻衣，必以禮服表之，乃成一稱，故喪大記曰「袍必有表」。税衣、纁袡，所以表繭衣也。税衣色黑，即玄端也。謂之税衣者，以其衣裳相連，若婦人之税衣也。所以連衣裳者，生時禮服内有中衣，襲時内有袍、繭，外有皮弁服之屬，而玄端服在其間，故如中衣之制，爲之衣裳相連，以一服而兼二，蓋士之襲禮然也。纁，絳色也。衻，猶緣也。素端，制若玄端，而用素爲之，蓋凶札祈禱致齊之服也。周禮司服曰：「其齊服有玄端、素端。」此爲第二稱也。皮弁爲第三稱，爵弁爲第四稱，玄冕爲第五稱。案士喪禮襲衣三稱：爵弁服、皮弁服、褖衣。此襲衣五稱，而又有玄冕，則大夫之禮也。子羔未嘗爲大夫，玄冕其褒衣與？襲衣不用偶數，有褒衣則復加一衣以合奇數，蓋禮然也。不襲婦服者，纁衻，婦人嫁時之服也。蓋大夫士中衣用纁緣，子羔之襲，其玄端服連衣裳爲之，如中衣之制，遂并用中衣之緣，與婦人嫁時之服相似，故曾子譏之。以此推之，則用衣以表袍者，雖連衣裳爲之，而不當用緣也。

爲君使而死，公館復，私館不復。公館者，公宮與公所爲也。私館者，自卿大夫以下之家也。釋文：爲，于僞反，又如字。使，色吏反。館，本亦作「觀」，音同。

說見曾子問。

公七踊，大夫五踊，婦人居間；士三踊，婦人皆居間。

鄭氏曰：公，君也。始死及小斂、大斂而踊，君、大夫、士一也。君五日而殯，大夫三日而殯，士二日而殯。士小斂之朝不踊，君大夫大斂之朝乃不踊。婦人居間者，踊必拾，主人踊，婦人踊，賓乃踊。　孔氏曰：居間，謂婦人與丈夫更踊，居賓主之間也。皆者，皆於貴賤婦人也。親始死，及動尸、舉柩，哭踊無數。今云「七」「五」「三」者，謂爲禮有節之踊。每踊三者，三爲九而謂爲一也。　愚謂諸侯五日而殯，五日爲五踊，加以小斂、大斂時又踊爲七。大夫三日而殯，三日爲三踊，加以小斂、大斂時又踊爲五。士亦三日而殯，始死踊，小斂、大斂之朝不踊，至斂時皆踊爲三也。以此差而上之，則天子七日而殯，當九踊也。觀此踊數，則君大夫殯日皆數死日明矣。

公襲：卷衣一，玄端一，朝服一，素積一，纁裳一，爵弁二，玄冕一，褒衣一，朱緑帶，申加大帶於上。　釋文：卷音衮。

鄭氏曰：士襲三稱，子羔襲五稱，今公襲九稱，則尊卑襲數不同矣。諸侯七稱，天子十二稱與？　孔氏曰：公襲以上服最在内者，公身貴，故以上服親身也。玄端一者，燕居之服，玄端、朱裳也。朝服一者，緇衣、素裳，公日視朝之服也。素積一者，皮弁之服，公視朔之服也。纁裳一者，冕服之裳也，鷩、毳中間任取一服也。爵弁二者，此始命之服，示之重本，故二通也。褒衣一者，所加賜之衣，最在上，華君賜也。　愚謂公，君也。上文「公七踊」，下文「公、大夫、士一也」，「公升」，皆通謂五等之君，此不當獨爲異義。卷衣一，據上公言之，若侯伯則鷩冕，子男則毳冕也。此襲有褒衣而九稱，則公襲本七稱，有褒衣，故加二稱而爲九也。然則襲之衣數，士三稱，大夫五，諸侯七，有褒衣者皆加焉，天子蓋十二稱與？喪大記大斂之衣，君同以百稱，則襲、斂所用之衣數，五等之君亦同也。朱緑帶者，玉藻所謂「雜帶」，燕居之所用也。兼用燕居之帶者，以襲有玄端服也。申，重也。申加大帶於上，言重加大帶於雜帶之上，順其衣之在内外也。○凡生人之衣，最内爲明衣，其外則冬有裘，夏有葛，春秋有袍、褶之屬，又其外有中衣，又其外乃有禮衣，若玄端、皮弁、冕服之屬也。襲衣衣之於身，所用與生時悉同，但四時皆用袍、褶，而不用裘、葛耳。士喪禮襲衣内有明衣裳，外有褖衣、皮弁、爵弁三稱，而褖衣連衣裳爲中衣之制，則不復用中衣。上文言「子羔之襲，繭衣裳與褖衣、纁袡爲一」，即此制也。公襲衮最在内，不爲連衣裳之制，則袍、褶之外，衮衣之内，又當有中衣矣。蓋大夫以上之襲皆如此與？○鄭氏曰：朱緑帶者，襲衣之帶，飾之雜以朱緑，異於生也。此帶亦以素爲之。申，重也，重於革帶也。革帶以繫韍，必言「重加大帶」者，明雖有變，必備此二帶也。孔氏曰：朱緑帶者，襲衣之帶，既非革帶，又非大帶，祇是衣之小帶。愚謂士惟有大帶，君大夫有大帶，又有雜帶。玉藻「天子素帶，朱裏，終辟」，而諸侯「素帶，終辟，大夫素帶，辟垂」，及此篇所言「率帶，君大夫五采，士二采」者，大帶也。玉藻「雜帶，君朱緑，大夫玄華」，及此所言「朱緑帶」者，雜帶也。鄭氏解玉藻，謂「君之大帶以朱緑爲飾」，至此篇言「率帶，君大夫五采，士二采」，則「君大帶飾以朱緑」之説已不可通，則云「襲尸之大帶異於生」，至此節又言「朱緑帶」，則謂「襲衣别用此小帶異於生」，其説支離無據。蓋率帶之帶，即生時之大帶，朱緑帶即生時之雜帶，而襲尸皆用之，初未嘗異於生也。士喪禮襲有韎韐，韎韐必繫於革帶，則襲固當有革帶矣。然此「朱緑帶」，言「申加大帶於上」，則所加者實朱緑帶，而非革帶也。且生時大帶、雜帶不一時並施，而其所繫則同處，故襲時加大帶於雜帶之上。若革帶則生時與大帶並用，而繫於大帶之下，故韠繫於革帶，而其下與紳相齊，則襲時亦不得加大帶於革帶之上矣。

小斂環絰，公、大夫、士一也。

環絰，謂以絰環加於首也。小斂環絰者，小斂奉尸侇于堂畢，乃降而東襲、絰焉。士喪禮「苴絰，大搹」，「要絰小焉」，「饌于東方」，「卒斂」，「主人即位拜賓」，「襲、絰于序東」，是也。公、大夫、士一者，蓋他服如衰、杖、屨之屬，君、大夫、士變服之節有不盡同者，而環絰則皆以小斂畢時也。○鄭氏謂「環絰爲一股之纏絰」，非也。一股之絰，舊説所謂「弔服之環絰」也。環絰説見檀弓。經、記初無言小斂時主人加弔服之環絰者。小斂環絰，謂環加苴絰，豈可以弔服之環絰混之？

公視大斂，公升，商祝鋪席，乃斂。

鄭氏曰：喪大記曰：「大夫之喪，將大斂，既鋪絞、紟、衾，君至。」此君升乃鋪席，則君至爲之改始，新之也。　孔氏曰：公升，謂公來升堂。商祝，主斂事者也。臣喪，大斂雖已鋪席，布絞、紟、衾，聞君將至，則徹去之，比君升而商祝更鋪席，榮君來，爲新之也。　亦示若事由君也。　愚謂席最在下，云「商祝鋪席」，則知絞、紟、衾、衣皆再布之矣，爲君欲視其衣、衾之美惡也。

魯人之贈也，三玄二纁，廣尺，長終幅。

釋文：廣，古曠反。長，直亮反。

鄭氏曰：言失之也。士喪禮下篇曰：「贈用制幣，玄纁束。」　孔氏曰：記魯失也。贈，謂以物送亡人於槨中也。贈用制幣，玄纁束，今魯人雖三玄二纁，而用廣尺，長終幅，不復丈八尺，則失禮也。　愚謂内宰職註引天子巡守禮、聘禮註引朝貢禮，皆云：「制幣丈八尺，純四咫。」賈疏引趙商問「純四咫」之義，鄭氏謂：「咫八寸，四咫三尺二寸，太廣，四當爲『三』，三八二尺四寸。」幅，廣也。是制幣長丈八尺，廣二尺四寸也。今魯贈幣廣止一尺，長僅終幅二尺四寸，是長、廣皆不如禮也。

弔者即位于門西，東面。其介在其東南，北面，西上，西於門。主孤西面。相者受命曰：「孤某使某請事。」客曰：「寡君使某，如何不淑！」相者入告，出曰：「孤某須矣。」弔者入，主人升堂，西面。弔者升自西階，東面，致命曰：「寡君聞君之喪，寡君使某，如何不淑！」子拜稽顙，弔者降，反位。釋文：相，息亮反。

鄭氏曰：賓立門外，不當門。主孤西面，立於阼階下。受命，受主人命以出也。不言「擯」者，喪無接賓也。淑，善也。如何不淑，言君痛之甚，使某弔。稱其君名者，君薨稱「子某」，使人知適嗣也。須矣，不出迎也。降反位者，出反門外位。無「出」字，脱。孔氏曰：自此以下，終於篇末，明諸侯相弔、舍、襚、賵之禮，此明弔禮也。門西，謂主國大門之西。其介在其東南，北面西上，以其凶事異於吉也。相者，謂主人傳命者也。喪無接賓，故不言「擯」而言「相」。此對文耳，若通而言之，吉事亦云「相」，故司儀云「每門止一相」。又大宗伯：「朝、覲、會、同，則爲上相。」凶事亦稱「擯」，故喪大記云「君弔，擯者進」。又案士喪禮「賓有襚，擯者入告，出請」，是也。孤，謂嗣子也。某爲嗣子之名。必稱嗣子名者，欲使使者知適嗣之名。云「須矣」者，異於吉禮，不出迎也。主人升堂西面者，從阼階升也。知者，以弔者升由西階故也。又下文「孤降自阼階，拜之」，明升亦阼階也。子拜稽顙，不云「孤某」而稱「子」者，今有事於殯，故稱「子」，對殯之辭也。若對賓，則稱「孤某」也。愚謂弔者，謂上客也。凡門外之位，以客禮者東面，以臣禮者北面。以燕禮賓東面、大射賓北面觀之，可見弔者即位于門西，東面者，客禮也。介在其東南，北面者，下賓也。西上者，統於賓也。西於門，不敢當門也。蓋凡諸侯聘、弔之使，在主國門外之位皆如此。鄭氏聘禮註謂「聘賓北嚮，介西面」，故孔疏以此爲異於吉，然鄭説實無所據也。主孤西面，在阼階下西面，主人之位也。如何不淑，弔辭也。孤某者，諸侯在喪未葬自稱之辭也。下文云「既葬蒲席」，知此本據未葬之禮也。若已葬，但稱「孤」也。孤某須矣，肅賓之辭也。升堂而弔者，諸侯之禮然也。兩君相弔，則賓主皆升堂；君弔其臣，則弔者升堂，主人受禮於中庭；若大夫士相弔，則賓主行禮於堂下也。弔者降，不言「子降」者，子不降，待後事也。下含者、襚者、賵者皆言「出」，則此脱「出」字明矣。

含者執璧將命，曰：「寡君使某含。」相者入告，出曰：「孤某須矣。」含者入，升堂致命，子拜稽顙。含者坐委於殯東南，有葦席，既葬蒲席。降，出反位。宰夫朝服，即喪屨，升自西階，西面坐取璧，降自西階，以東。釋文：含，本又作「唅」，説文作「琀」，同胡闇反。

鄭氏曰：含玉爲璧制，其分寸大小未聞。春秋有既葬，「歸含、賵、襚」，無譏焉。即，就也。以東，藏於内也。孔氏曰：此明含禮。宰夫朝服者，宰謂上卿也。言「夫」，衍字。朝服者，吉服也。執玉不麻，故著朝服，以仍在喪，不可純吉，故即喪屨。此弔者既是上客，又賵者是上介，則此含者、襚者當是副介、末介。愚謂聘義「上公七介，侯伯五介，子男三介」，弔使亦然。此上客弔，上介賵，又以次介二人爲含者、襚者，據上公、侯、伯之禮也。若子男三介，則賵、含皆以上介與？諸侯五日而殯，鄰國弔、含之使，鮮有以殯前至者，其含與襚蓋亦但致其禮而已。含玉皆碎之，此致璧擬爲含用耳，非謂即用此璧以含也。此璧蓋亦五寸以下，致命之辭亦曰「寡君使某含」。凡奠于殯東南者，在殯東而稍南，凡含、襚之物南上，以柩南首也。有葦席者，含、襚之物不可委於地，故設席以受之。既葬蒲席者，凡諸侯相於喪禮，皆始死遣使來弔，葬時又遣使會葬，或國中有事故，始死未得即遣使，故既葬而弔使乃至也。既葬稍吉，故用蒲席，蒲席精於葦席也。喪大記大斂，「大夫蒲席，士葦席」。但言「既葬蒲席」，而不別言他禮之異，則葬後含、襚、賵，其委襚衣、圭璧，仍於殯之東南，以柩本在此故也。宰，小宰也。周禮小宰：「喪荒，受其含、襚、幣、玉之事。」朝服，玄冠、緇衣、素裳也。案聘禮，遭喪則使大夫練冠、長衣受于廟。此宰取璧乃朝服者，彼代主國君受禮，故練冠、長衣，此主孤自服衰絰受弔，故宰取璧朝服也。宰取璧朝服，則含者亦朝服與？屨爲服末，凡喪中因事而變服者，惟其屨無變也。○孔氏云：「此遭喪已久，故嗣子親受禮。若新遭喪，則主人不親受，故聘禮『遭喪，入境則遂也』，『將命于大夫，主人練冠、長衣以受』。」此謬説也。聘賓非爲喪事而來，其所聘者乃薨君，故使大夫受於殯宫。若弔、含之賓，本爲喪事而來，未有爲喪主而不接弔賓者，雖初喪，豈有使大夫受之之禮乎？

襚者曰：「寡君使某襚。」相者入告，出曰：「孤某須矣。」襚者執冕服，左執領，右執要，入，升堂致命曰：「寡君使某襚。」子拜稽顙，委衣于殯東。襚者降，受爵弁服於門内霤，將命，子拜稽顙如初。受皮弁服於中庭，自西階受朝服，自西階受玄端，將命，子拜稽顙，皆如初。襚者降，出，反位。宰夫五人舉以東，降自西階，其舉亦西面。釋文：要，一遥反。

鄭氏曰：委衣于殯東，亦於席上所委璧之北，順其上下。授襚者以服者賈人。舉者亦西面者，亦襚者委衣時。孔氏曰：此明襚禮也。上文含者稱「執璧」，下文賵者稱「執圭」，則此襚者當稱「執衣」，不云者，文不備也。以下文云「襚者執冕服」，故於此略之。經文先「含」而後「襚」，則含重而襚輕。所委殯東，西面，南頭爲上，故曰「順其上下」，謂上者在前，下者在後。聘禮有賈人，故知授襚者以服者是賈人也。襚者西面，舉者亦西面也。其服重者，使執以入，爵弁受於內霤，皮弁受於中庭，朝服受於西階，玄端受於堂。既受處不同，則陳於璧北亦重者在南。凡諸侯相襚，衣數無文，據此，其服有五。又「大路、褎衣不以襚」，此外無文。　愚謂含、襚、賵之辭同，獨於襚言之，以見上下也。襚衣東西委之，南領西上，孔氏謂「重者在南」，非也。受服以次而近者，欲於事敏也。宰夫，宰之屬也。周禮：「宰夫，下大夫四人，上士八人，中士十有六人。」不言其服者，不變服也。

上介賵，執圭將命，曰：「寡君使某賵。」相者入告，反命曰：「孤某須矣。」陳乘黃、大路於中庭，北輈，執圭將命。客使自下由路西，子拜稽顙，坐委於殯東南隅，宰舉以東。釋文：賵，芳鳳反。孤須矣，從此盡篇末，皆無「某」字，有者非。乘，繩證反。輈，竹由反。○今按：孤某當有「某」字，陸本非是。○鄭註：使或爲「史」。

鄭氏曰：自，率也。下，謂馬也，馬在路之下。覲禮曰：「路下四亞之。」客給使者入，設乘黃於大路之西，客入則致命矣。　孔氏曰：此明賵禮。乘黃，謂馬也。大路，謂車也。陳四黃之馬於大路之西，在殯宮中庭。喪禮，車馬以屬主人，故路在東，統於主人也。若尋常吉禮，車馬爲賓而設，則路在馬西，故覲禮「路下四亞之」註云：「亞之，次車而東。」是車在西，統於賓也。既夕禮車以西爲上者，彼爲死者而設於鬼神之位。北輈者，謂大路輈轅北嚮也。愚謂賵以上介賵者，賵禮重於含、襚也。賵在含、襚之後者，賵物以助葬，先含、次襚、次賵，以喪事之先後爲次也。執圭將命者，小行人「合六幣，圭以馬」，犬馬不上於堂，故執圭以將命也。乘黄，四馬黄色也。周人黄馬蕃鬣，故馬之爲庭實者皆以黄，康王之誥曰「皆布乘黄、朱」，是也。大路，賵車也。先路不以襚，此曰「大路」者，尊其名也。士喪禮：「公賵玄纁束，馬兩。」又：「賓賵者將命，擯者出請，入告。出告須，馬入設，賓奉幣。」是士禮賓賵亦玄纁、兩馬也。此諸侯禮，有乘黄、大路，執圭將命，然則大夫之禮蓋玄纁束、四馬與？北輈者，向内也。凡喪自未祖以前，陳車皆北向，故此車亦然。馬在路西者，此時柩在堂上，主孤在堂下，堂上之物則統於柩而西上，堂下之物則統於主人而東上也。既夕禮車以東爲上者，爾時柩在堂下，車直東榮，統於柩也。言「執圭將命」，於車馬之間者，客使先設車竟，乃率馬設於路西。言「上介執圭將命」，與客使設馬之節相當也。坐委於殯東南隅者，圭尊於璧，委於席上，而在璧之南也。宰不言其服者，因前「朝服」可知也。○孔氏曰：隱元年公羊傳云「車馬曰賵，貨財曰賻，衣被曰襚」。穀梁云「乘馬曰賵，衣衾曰襚，貝玉曰含，錢財曰賻」。散而言之，車馬亦曰襚，故前文云「諸侯相襚以後路」是也。此無賻，賻是加厚，非常故也。故宰夫註云：「其間加恩厚則有賻。」雖有貨，亦有馬，故少儀云：「賻馬不入廟門。」既夕有「贈」。贈施於死，必及葬節，此未必一當葬時也。既夕有「奠」。此無奠者，以奠主於親者。故既夕禮云：「兄弟，賵奠。所知，則賵而不奠。」此諸侯相於既疏，故無奠。案釋廢疾云：「天子於諸侯，含之賵之。諸侯於卿大夫，如天子於諸侯。諸侯於士，如天子於諸侯臣，襚之賵之。天子於二王之後，含爲先，襚則次之，賵爲後。諸侯相於，如天子於二王後。」鄭知天子於二王後含、襚、賵者，爲約此雜記兩諸侯相敵，明天子於二王後亦相敵也。知諸侯亦然者，約雜記文。鄭知天子於諸侯含、賵者，約文五年「榮叔歸含且賵」，二傳但譏兼禮，不譏其數是也。鄭知天子於諸侯臣襚之賵之者，約士喪禮諸侯於士有襚有賵，明天子於諸侯臣亦然。鄭知諸侯於卿大夫如天子於諸侯者，更無所尊，明尊此卿大夫如諸侯也。凡此，於其妻亦如其夫。知者，約「宰咺來歸惠公仲子之賵」，又約魯夫人成風之喪，「王使榮叔歸含且賵」，以外推此可知。愚謂孔氏所言含、襚、賵、賻、奠禮數之差，皆是也。有喪相弔、含、襚、賵者，邦交之常禮也。其有甥舅昏姻之好者，則又有賻焉。至贈，則會葬時之禮，非行於弔時者也。蓋古者諸侯弔、聘之所及者，皆其同在方岳之下者也。故左傳曰「諸侯五月而葬，同盟至」。先王之世，非同方岳則無同盟之事也。以春秋考之，隱、桓、莊、閔之世，所書者皆東諸侯之事也。以晉之强大，而自僖公以前，其事無書於册者，蓋晉在并，魯在兖，赴告、聘、弔之使原不相及，蓋先王之舊制如此。自霸者既興，邦交日繁，於是赴告交馳於四國，而其禮或亦不能備，故有如秦於魯成風之喪僅有襚，徐於邾宣公僅有含者，蓋以舊制本不當相弔、襚，故其禮止於如此而已足也。至諸侯之於天子，必當備含、襚、賵、賻之禮，故春秋「武氏子來求賻」，蓋以禮之所有者責之也。若天子於諸侯，則如惠公仲子僅有賵，成風有含、賵，此或周衰不能備禮，大約同姓、異姓、庶姓其恩禮當有厚薄，但其詳不可考耳。諸侯於其臣，則士喪禮有襚有賵，卿大夫宜更有含，天子於其卿、大夫、士亦當如此。鄭釋廢疾所推，亦大略得之，惟其言「天子於諸侯之臣，當如諸侯之於士」者，則非是。蓋陪臣疎賤，其喪固不敢上赴於天王，而天王於諸侯之臣亦必不能一一而弔、襚之也。

凡將命，鄉殯將命，子拜稽顙，西面而坐委之。宰舉璧與圭，宰夫舉襚，升自西階，西面坐取之，降自西階。釋文：鄉，許亮反。

鄭氏曰：凡者，説不見者也。鄉殯將命，則將命時立於殯之西南。此言「宰舉璧與圭」，則上「宰夫朝服」衍「夫」字。愚謂子拜稽顙，西面而坐委之者，言於子拜稽顙之時，而西面委之，亦若避子之拜然也。宰，小宰也。周禮小宰：「喪荒，受其含、襚、幣、玉之事。」又宰夫：「凡禮事，贊小宰比官府之具。」襚衣輕，故宰夫主之。圭璧重，故宰舉之。凡臣之升降，宜統於君，此主孤自阼階，宰與宰夫乃自西階者，含、襚之物皆在西，由便也。

賵者出，反位于門外。

鄭氏曰：乃著言「門外」，明禮畢將更有事。　愚謂鄭氏云「禮畢」者，弔、含、襚、賵，奉君命而行者，其禮畢於此也。

上客臨，曰：「寡君有宗廟之事，不得承事，使一介老某相執綍。」相者反命，曰：「孤某須矣。」臨者入門右，介者皆從之，立于其左，東上。宗人納賓，升，受命于君。降曰：「孤敢辭吾子之辱。請吾子之復位。」客對曰：「寡君命，某毋敢視賓客，敢辭。」宗人反命曰：「孤敢固辭吾子之辱。請吾子之復位。」客對曰：「寡君命，某毋敢視賓客，敢固辭。」宗人反命曰：「孤敢固辭吾子之辱。請吾子之復位。」客對曰：「寡君命，使臣某毋敢視賓客，是以敢固辭。固辭不獲命，敢不敬從。」客立于門西，介立于其左，東上。孤降自阼階，拜之，升，

哭，與客拾踊三。客出，送于門外，拜稽顙。釋文：臨如字，徐力鴆反。介音界，舊古賀反。相，息亮反。綍音弗。「寡君命」絶句，下放此。使，色吏反。○今按：「寡君命某毋敢視賓客」爲一句，陸氏「命」字絶句，非是。

鄭氏曰：上客，弔者也。臨，視也。言欲入視喪所不足而給助之，謙也，其實爲哭耳。入門右，不自同於賓客。賓三辭而稱「使臣」，爲恭也。爲恭者，將從其命。拜客，謝其厚意。不迎而送，喪無接賓之禮。孔氏曰：云「一介老某」者，則若曲禮云「七十使於四方，稱老夫」之類。前四禮皆奉君命而行，如聘禮之聘與享，故在門西。此臨是私禮，若聘禮之私覿，故在門東。愚謂臨，入哭也。弔所以慰主人，臨則使者自致其哀。上四事皆奉君命而行，臨則使者之私禮也。一介，猶一个也。老，所謂「寡君之老」，則此客乃諸侯之卿也。相執綍，謂助執其喪事也。門右，門東也。入門右者，入闑東而右。東上者，統於主人也。以非爲其君行禮，故不敢以賓客自居，所謂「私事自闑東」也。按聘禮：「賓覿，奉束錦，總乘馬，二人贊，入門右，北面奠幣，再拜稽首。擯者辭，賓出。擯者坐取幣，出，有司二人牽馬以從，出門，西面于東塾南。擯者請受，賓禮辭。聽命，牽馬右之，入設。賓奉幣入門左，介皆入門左，西上。」此弔者既從主人之辭，亦當如私覿之禮，出門而復從闑西以入，而立於門西。此但客立于門西，不言「出而復入」者，文略也。聘禮介立于賓左而東上者，變於吉也。於此言「孤降自阼階」，則自與客升之後，未嘗降矣。弔爲君行禮，故客升堂致命，主人亦升堂而拜之。臨爲臣禮，其位在門西，故主人必降階而拜之也。孤降自阼階，則升亦自阼階矣。居喪之禮，升降不由阼階，此以客由西階，故主人避之而由阼階，有爲爲之也。升堂哭踊者，亦諸侯之弔禮然也。若未葬，則哭踊之後，主人當降即阼階下位，客當復門西之位而設朝奠，即奠然後客出。此於「哭」「踊」下即言「客出」者，文略也。凡喪禮不迎賓，於其去則送之。送于門外，送於大門之外也。○孔氏曰：案左傳昭三十年云：「君之喪，士弔，大夫會葬。」文、襄之霸，君喪，大夫弔，卿會葬。此上客者，若於古禮，士也；若於文、襄，則大夫也。愚謂此言「一介老」，則諸侯之卿也。然會葬之使，例尊於弔，若諸侯相弔使卿，則會葬亦必使卿。然諸侯三卿，若爲一國之喪而頻使二卿於外，則勢有所不能。然則此弔者蓋攝卿以行者與？然自稱「一介老」，則其非士決矣。而子大叔言「先王之制，士弔，卿會葬」者，凡左傳中所言「先王之制」，不必皆可據。且諸侯國有大小，則其相弔之禮，容有隆殺。或弔於大國使大夫攝卿，敵國使大夫，小國則使士也。但子大叔對晉人，特舉其殺者言之耳。

其國有君喪，不敢受弔。

鄭氏曰：辟其痛傷己之親如君。孔氏曰：國有君喪，而臣又有親喪，則不敢受他國賓來弔也。以義斷恩，哀痛主於君，不私於親也。愚謂國有君喪，其臣皆服斬，無弔人之法，故疏惟以「他國來弔」者言之。

外宗房中南面，小臣鋪席，商祝鋪絞、紟、衾，士盥于盤北，舉遷尸于斂上。卒斂，宰告，子馮之踊，夫人東面坐馮之，興踊。釋文：馮，皮冰反，本或作「憑」。

鄭氏曰：此喪大記脱字，重著於此。愚謂此與喪大記小異，蓋上有脱文與？

士喪有與天子同者三：其終夜燎，及乘人，專道而行。釋文：燎，力召反，又力弔反。乘，繩證反。

鄭氏曰：乘人，謂使人引車也。專道，人避之。孔氏曰：終夜燎，謂柩遷之夜須光明，故竟夜燎也。乘人，謂人引車，不用馬也。專道而行，喪在路不避人也。三事爲重，故與天子同。愚謂終夜燎，孔疏專以啟後言之，然未殯之前，設燎亦終夜也。故士喪禮小斂之後，「宵爲燎于中庭，厥明滅燎」，是也。蓋始死，柩未藏，既啟，柩已露，須備非常，而治殯、斂，爲葬具，爲事嚴急，亦非窮日夜之力不可，故必終夜設燎也。柩車駕馬或有傾覆奔軼之患，故必以人輓之也。專道而行者，道路，男子由右，婦人由左，車由中央，今此柩車專一道而行也。柩車執紼者，天子千人，諸侯五百人，大夫三百人。以差次言，士當用百人，人既衆多，非專道不可行也。此三者，皆無尊卑之異，故雖士得與天子同也。

禮記卷四十一

雜記下第二十一之一

有父之喪，如未没喪而母死，其除父之喪也，服其除服，卒事，反喪服。

鄭氏曰：没，竟也。除服，謂祥祭之服也。卒事，既祭。反喪服，反後死者之服。孔氏曰：未没喪者，謂父喪小祥後，大祥前，未竟之時也。愚謂父喪小祥後遭母喪，則應服母之服，而爲父祥、禫則必服父除喪之服，以明遭母喪以後，服雖主於新死者，而於舊喪之哀亦未嘗不兼隆焉，故服其除服，以明哀之至此而除也。若母喪未没而有父喪，亦如之。○孔氏曰：若母喪未葬，而值父二祥，則不得服其祥服也。所以爾者，二祥之祭爲吉，未葬爲凶，故不忍凶時行吉禮也。愚謂母喪未葬，則練、祥之祭不行，既葬而祭，而亦服其服也。

雖諸父昆弟之喪，如當父母之喪，其除諸父昆弟之喪也，皆服其除喪之服，卒事，反喪服。

鄭氏曰：雖有親之大喪，猶爲輕服者除，骨肉之恩也。唯君之喪不除私服。言「當」者，期、大功之喪，或終始皆在三年之中，小功、緦麻則不除，殤長、中乃除。孔氏曰：言此諸親，自始死至除喪，皆在父母服内，亦爲服除服也。然但舉此輕，足明前之重，而前文言「母喪得爲父變除」者，庾氏云：「蓋以變除事大故也。」愚謂此謂一時而並遭期與三年之喪者也。一時而並有此二喪，則當爲重喪服，而當輕喪之除，則必服其服，以明哀雖隆於重喪，而亦未嘗不兼有焉，故以除喪之服表之也。除，謂卒哭變麻服葛，及於主人之練而釋服也。若諸父昆弟無三年者，則至期已爲之祭而除服。若父母之喪既葬而有期喪，則變服期服，於期喪卒哭而反重服，於親喪既練而反期服，於期服除而反練服。若既練而有期喪，則爲期喪服，其除父母之喪也，服父母之服。此雖但言「諸父昆弟」，然喪服大功以上爲親，則從父昆弟之服亦當然。蓋三年之喪，齊衰變，既葬大功變，既練，既於三年之喪而並爲之服，則必於三年之喪而並爲之除矣。三年之喪，雖既練，不爲小功、緦變服，故不除，惟於哭之也，則服其服而往。

如三年之喪，則既潁，其練、祥皆行。釋文：潁，口迥反，徐孔穎反，沈苦頂反。

鄭氏曰：言今之喪既服潁，乃爲前三年者變除而練、祥祭也。此主謂先有父母之喪，今又喪長子者。其先有長子之服，今又喪父母，疏云：依禮，父在不爲長子三年，今云「先有長子之服，今又喪父母」者，誤也。當云「今又喪母」，不得并稱「父」也。其禮亦然。然則言「未没喪」者，已練、祥矣。潁，草名。無葛之鄉，去麻則服潁。孔氏曰：既潁者，謂後喪既虞、卒哭，合變麻服葛，無葛之鄉則服潁也。後喪既潁之後，其前喪須練祭、祥祭，皆舉行之。庾氏云：「後喪既潁，前喪練、祥皆行；若後喪既殯，得爲前喪虞、祔。」若先有父喪，而後母死，練、祥亦然，以前文「父死爲母三年」也。故喪服「齊衰三年」章云「父卒則爲母」，是也。若先有母喪，而後父卒，母喪雖期，父喪既潁，母之練、祥亦皆行也。

王父死未練、祥，而孫又死，猶是附於王父也。釋文：附義作「祔」，出註。

鄭氏曰：未練、祥，嫌未祫祭序於昭穆爾。王父既祔，則孫可祔焉。猶當爲「由」。由，用也。附皆當作「祔」。孔氏曰：禮，孫死祔祖。今此明若祖喪雖未二祥，而孫死，則孫亦得用是禮祔於祖也。禮，祔在練前。若祔後未練則得祔，直云「未練」足矣，兼言「祥」者，案文二年穀梁傳云：「作主壞廟有時日，於練焉壞廟。壞廟之道，易檐可也，改塗可也。」則練時壞祖與高祖之廟，改塗易檐，以高祖入於太祖廟，其祖傳入高祖廟，新死者入祖廟。是練時遷廟，又三年喪畢，祫於太祖之廟，是祥後祫也，故云「未練、祥」，嫌未祫祭序於昭穆爾。兼言

「祥」者，恐未祫故也。然王父未練，孫得祔於祖，其孫就王父所祔祖廟之中而祔祭王父焉。

愚謂喪既卒哭而祔，祔畢還祭於寢，至練而後壞廟。天子諸侯則於練後祫祭之時以次遷其廟，大夫士雖無祫，亦於練後將大祥時遷毀其廟，至除喪乃奉新死者入廟而吉祭焉。今祖未練而孫死，則高祖之廟尚未遷，未祥而孫死，則高祖雖或已遷，而祖尚未入廟，皆疑於孫之無可祔，嫌當如王父在而祔於高祖之禮，故言「猶是祔於王父」，猶如字，言猶祔於王父而不祔於高祖也。祔於王父者，王父練、祥祭於寢，蓋於寢祭王父而祔其孫與？

有殯，聞外喪，哭之他室。入奠，卒奠出，改服即位，如始即位之禮。

鄭氏曰：哭之他室，明所哭者異也，哭之爲位。後日之哭，朝入奠於其殯，既乃更即位就他室，如始哭之時。孔氏曰：外喪，謂兄弟喪在遠者也。他室，别室也。若哭於殯宮，嫌是哭殯，故於别室哭之，明所哭者爲新喪也。入奠者，謂明日之朝，著己重喪之服，入奠殯宮及下室。卒奠出者，卒終已奠而出。改服即位者，改已重喪服，著新死未成服之服，而即昨日他室之位。如始即位之禮，謂今日即哭位之時，如昨日始聞喪即位之時。愚謂外喪，謂兄弟不同國者之喪也。他室，側室也。哭同姓有服之喪，宜於阼階下西面，今乃哭於别室者，殯宮朝夕哭之位在阼階下，若哭外喪於此，則有哭殯之嫌也。「入奠，卒奠出」以下，謂聞喪之明日又哭之禮也。凡哭者，三日而畢。檀弓曰：「有殯，聞遠兄弟之喪，哭於側室，無側室，哭於門内之右。同國則往哭之。」

大夫士將與祭於公，既視濯而父母死，則猶是與祭也。次於異宮，既祭，釋服，出公門外哭而歸。其它如奔喪之禮。如未視濯，則使人告，告者反而后哭。釋文：與音預，下同。濯，大角反。它音他。

鄭氏曰：猶亦當作「由」。次於異宮，不可以吉與凶同處也。使者反而後哭，不敢專己於君命也。　愚謂既視濯，謂祭之前夕，既視滌濯祭器及甑、甗之屬也。猶亦當如字。祭事始於視濯，既視濯，則不可以中輟，故雖父母死而猶與祭也。然臣將與君祭而父母疾病將死，則固當以情告於君而使人攝之矣。今乃猶與於視濯者，蓋謂猝然遇疾，若魯叔弓涖事而卒者也。

如諸父、昆弟、姑、姊妹之喪，則既宿則與祭，卒事，出公門，釋服而后歸。其它如奔喪之禮。如同宮，則次于異宮。

鄭氏曰：宿則與祭，出門乃解祭服，皆爲差緩也。　孔氏曰：宿，謂祭前三日將致齊之時，既受宿戒也。

曾子問曰：「卿大夫將爲尸於公，受宿矣，而有齊衰内喪，則如之何？」孔子曰：「出舍乎公宫以待事，禮也。」孔子曰：「尸弁、冕而出，卿、大夫、士皆下之。尸必式，必有前驅。」

說見曾子問。

父母之喪，將祭而昆弟死，既殯而祭。如同宫，則雖臣妾，葬而后祭。祭，主人之升降散等，執事者亦散等。雖虞、附亦然。

鄭氏曰：將祭，謂練、祥也。言若同宫，則是昆弟異宫也。古者昆弟異居同財，有東宫，有西宫，有南宫，有北宫。有父母之喪，當在殯宫，而在異宫者，疾病或歸者。主人，適子。散等，栗階，爲新喪略威儀。孔氏曰：若同宫，雖臣妾，葬而後祭者，吉凶不相干。故喪服傳云：「有死於宫中者，則爲之三月不舉祭。」庾氏云：「小祥之祭，已涉於吉，尸柩至凶，故不可以相干，其虞、祔則得爲之矣。若喪柩即去者，則亦祭，不待三月也。」祭，猶謂二祥祭。散，栗也。等，階也。吉祭則涉級聚足，喪祭則栗階。燕禮記云「栗階不過二等」，註云：「其始升猶聚足連步，越二等，左右足各一發而升堂。」散等、栗階，是一也。愚謂同宫，謂新死者在殯宫也。如同宫，則雖臣妾，葬而後祭，舉輕以明重也。臣妾且然，兄弟可知。凡命士以上，父子皆異宫，則不命之士，兄弟固有在父母之殯宫而死者矣。若本非同宫，雖在喪次而死，自當還殯於其寢，亦既殯而祭，非徒疾病而歸者爲異宫也。祭，主人之升降散等，謂兄弟既殯、既葬，而爲父母二祥，其禮皆然也。二祥吉祭，不當栗階，爲新有兄弟之喪故也。雖虞、祔亦然者，謂爲父母將虞、祔，而有兄弟死，亦如此既殯而祭，既葬而祭也。殯宫有死者，則輟虞、祔之祭，故小記有「既葬不赴虞」之事。庾氏謂「虞、祔得爲」，非也。若既葬而祭，則葬畢當先爲父母練、祥，然後爲兄弟虞、祔。孔氏云「雖虞、祔亦然者，謂主人至昆弟虞、祔而行父母二祥祭，執事亦散等」，亦非也。

自諸侯達諸士，小祥之祭，主人之酢也嚌之，衆賓、兄弟則皆啐之。大祥，主人啐之，衆賓、兄弟皆飲之可也。釋文：嚌，才細反。啐，七内反，徐蒼快反。

鄭氏曰：嚌、啐，皆嘗也。嚌至齒，啐至口。孔氏曰：主人之酢也嚌之者，謂主人獻賓長，賓長酢主人，主人受賓長酢則嚌之也。衆賓、兄弟祭，末受獻之時，則啐之，以其差輕故也。鄭註曾子問云「虞不致爵，小祥不旅酬，大祥無無算爵」，知小祥之祭，旅酬之前皆爲之也。士虞禮主人、主婦獻尸受酢，皆卒爵。神惠爲重，雖在喪亦卒爵。皇氏云「主人之酢爲受尸酢」，其義非也。

凡侍祭喪者，告賓祭薦而不食。

鄭氏曰：薦，脯、醢也。吉祭告賓祭薦，賓既祭而食之。喪祭賓不食。孔氏曰：侍，謂相於喪祭禮者。薦，謂脯、醢也。吉祭，相者告賓祭薦，賓祭竟而食之。喪禮不主飲食，主人獻賓之時，賓受獻，主人設薦，相者告賓，但祭其薦而不食。謂練、祥祭也，其虞、祔不獻賓也。

子貢問喪。子曰：「敬爲上，哀次之，瘠爲下。顏色稱其情，戚容稱其服。」釋文：稱，尺證反。

鄭氏曰：問喪，問居父母之喪也。愚謂敬者，哀、禮之兼盡，而附身、附棺一無所悔者也。哀則慼有餘，而禮或有未盡者也。哀者無不瘠，瘠則勉爲瘠，而情有所未至者也。極乎情之哀，而見於顏色者足以稱乎其情，備乎服之重，而見於戚容者足以稱乎其服，此能哀之實也。方氏慤曰：顏色在乎面目，顏色稱其情，以外稱內也。戚容兼乎四體，戚容稱其服，以本稱末也。外不稱其內，則色爲僞；本不稱其末，則服爲虛。

「請問兄弟之喪。」子曰：「兄弟之喪，則存乎書策矣。」

鄭氏曰：疏者如禮行之，未有加也。齊、斬之喪，哀容之體，經不能載矣。

君子不奪人之喪，亦不可奪喪也。

孔氏曰：不奪人喪，恕也。不奪己喪，孝也。　愚謂此上有闕文。

孔子曰：「少連、大連善居喪，三日不怠，三月不解，期悲哀，三年憂，東夷之子也。」釋文：少，詩照反。解，佳買反。期音基。

鄭氏曰：言其生於夷狄而知禮也。怠，惰也。解，倦也。　孔氏曰：三日，親之初死。不怠，謂水漿不入口之屬。三月不解者，未葬之前，朝奠、夕奠，哀至則哭之屬。期悲哀者，謂練以前常悲哀，朝哭、夕哭之屬。三年憂者，以服未除，顦顇憂戚也。

三年之喪，言而不語，對而不問。廬、堊室之中，不與人坐焉。在堊室之中，非時見乎母也不入門。釋文：堊，烏各反，字亦作「惡」，同。見，賢遍反。

鄭氏曰：言，言己事也。爲人説爲語。在堊室之中，以時事見乎母，乃入門，則居廬時不入門。　孔氏曰：言而不語，謂大夫士言而後行事者，故得自言己事，而不得爲人講説也。對而不問，謂有問者得對，而不得自問於人。此謂與有服之親行事之時，若與賓客疏遠者言，則間傳云「斬衰唯而不對，齊衰對而不言」，是也。　愚謂三年之喪，立不羣，行不旅，坐不與人俱，皆爲其狎處忘哀也。

疏衰皆居堊室，不廬。廬，嚴者也。鄭氏曰：言廬哀敬之處，非有其實則不居。

妻視叔父母，姑、姊妹視兄弟，長、中、下殤視成人。釋文：長，丁丈反。

鄭氏曰：視猶比也。所比者，哀容居處也。孔氏曰：此等之親，服雖有異，其哀戚輕重各視所正之親：妻居廬而杖，抑之視叔父母；姑、姊妹出適降服，進之視兄弟；長、中、下殤服輕，上從本服，視其成人也。

親喪外除，兄弟之喪內除。

兄弟之喪，自期以下之喪也。黄氏榦曰：內除、外除，皆謂日月已竟，服重者則外雖除而未內除，服輕者則不惟外除而內亦除也。

視君之母與妻，比之兄弟，發諸顏色者亦不飲食也。

鄭氏曰：小君服輕，亦內除也。發諸顏色，謂醲美酒食使人醉飽。

免喪之外，行於道路，見似目瞿，聞名心瞿，弔死而問疾，顏色戚容必有以異於人也。如此而后，可以服三年之喪，其餘則直道而行之是也。釋文：瞿，九遇反。

鄭氏曰：惻隱之心能如是，則其餘齊衰以下直道而行，盡自得也。似，謂容貌似親者。名，與親同。　孔氏曰：見似云「目瞿」，聞名應云「耳瞿」，而云「心瞿」者，但耳狀難明，因心至重，惻隱之慘本瞿於心，故直云「心瞿」。顔色戚容，必有以殊異於無喪之人，餘行皆應如是，獨云「弔死、問疾」者，以弔死、問疾是哀痛之處，身又除喪，戚容應甚也。　愚謂瞿者，瞿瞿然，驚貌。蓋親喪外除，故雖免喪而餘哀未忘若此，其餘期喪以下，則直道而行之，服既除而哀亦與之俱除可也。

祥，主人之除也，於夕爲期，朝服。祥因其故服。釋文：朝，直遥反，及下「武叔朝」皆同。

鄭氏曰：爲期，爲祭期也。朝服爲期，至明日而祥祭亦朝服。　愚謂凡祭皆前夕爲期，特牲禮「請期曰羹飪」，是也。吉時朝服玄冠、緇布衣、素裳，大祥朝服用朝服之衣、裳，其冠則縞冠也。士祭服玄端，而祥、禫之祭乃服朝服者，玄端，純吉服也，朝服素裳，與喪服之色相似，故祥祭服之，既祭則服麻衣以居，其冠無變也。間傳曰「大祥素縞、麻衣」，「禫而纖」。祥祭縞冠、朝服，則禫祭綅冠、玄端與？大夫以上之祥祭，其服蓋與此同，其首服則用縞而如弁之制爲之與？○鄭氏曰：釋禫之禮云「玄衣、黄裳」，則是禫祭玄冠矣。黄裳者，未大吉也。既祭乃服禫服，朝服、綅冠，踰月吉祭，乃玄冠、朝服，既祭玄端而居，復平常也。　孔氏曰：從祥至吉，其服有六：祥祭朝服、縞冠，一也。祥訖素縞、麻衣，二也。禫祭玄、冠黄裳，三也。禫訖朝服、綅冠，四也。踰月吉祭，玄冠、朝服，五也。既祭玄端而居，六也。愚謂註疏所言大祥後變除之服，皆本於變除禮，而變除禮實未足據也。大祥素縞、麻衣，此自祥祭服之，以至於禫而除者也。禫而玄端、綅冠，此自禫祭服之，以至於吉祭而除者也。說詳玉藻。既禫則纖冠、深衣以居，以既祥縞冠、麻衣推之可知也。深衣者，燕居之所常服也。麻衣即深衣，但其緣異耳。至吉祭玄冠、玄端。特牲禮主人祭玄端，除喪吉祭，當用平時吉祭之服也。既祭則朝玄端，夕深衣，復其常也。

子游曰：「既祥，雖不當縞者必縞，然後反服。」

陸氏佃曰：此言親喪既祥，有他喪未除，今以祥故縞，既祭然後反他喪之服。愚謂此謂親喪既練而有大功以上之喪者也。前言「有父之喪，未没喪而母死，則其除父之喪也，服其除服」，義與此同。但前專言父喪將没而遭母喪，此廣言親喪將没而遭他喪耳。蓋三年之葛，大功以上之麻，皆得變之，至大祥之祭，則必還服重喪之縞，所謂「服其除服」也。

當袒，大夫至，雖當踊，絶踊而拜之，反，改成踊，乃襲。於士，既事成踊，襲而后拜之，不改成踊。

鄭氏曰：尊大夫，來至則拜之，不待事已也。更成踊者，新其事也。於士，士至也。事，謂大、小斂之屬。孔氏曰：當袒，謂斂竟時也。絶踊，止踊也。檀弓云「大夫弔，當事而至則辭焉」，此云「絶踊而拜之」，故知是斂已竟，袒、踊時也。乃襲者，謂踊竟襲初袒之衣也。此云「乃襲」，則知鄉者止踊拜大夫時未襲。愚謂此謂大夫士於主人於斂畢，既即位而後至者。大夫尊，不待成禮而拜之。反，反阼階下之位也。改成踊者，爲初尚未成乎踊也。踊以三者，三爲成。士卑，成禮而後拜之，不改成踊，爲已成乎踊也。若至在主人即位之先，則於降、即位時皆先拜之，乃即位而踊也。

上大夫之虞也少牢，卒哭成事、附皆大牢。下大夫之虞也犆牲，卒哭成事、附皆少牢。 釋文：犆音特，同。

鄭氏曰：卒哭成事、附言「皆」，則卒哭成事、附與虞異矣。下大夫虞以犆牲，與士虞禮同與？孔氏曰：上大夫平常吉祭少牢，虞依常禮用少牢也。卒哭謂之成事，言成吉事也。附，附廟也。此二祭皆大，並加一等，故皆大牢也。下大夫吉祭用少牢，今虞祭降一等，用犆牲也。卒哭成事、附皆少牢，依平時吉祭禮也。不云「遣奠加」者，略可知也。士虞禮云「三虞、卒哭，他用剛日」，先儒以三虞、卒哭同是一事。鄭因此經云「上大夫虞用少牢，卒哭用大牢」，明虞與卒哭不同，微破先儒之義。　愚謂卒哭之祝辭曰「哀薦成事」，故卒哭謂之成事。　士虞用特牲，與平常吉祭同。　士虞記不言卒哭、祔用牲之異，則與虞祭同特牲也。下大夫虞用犆牲，與士同，而卒哭與祔皆少牢，則隆於士也。　上大夫虞用少牢，卒哭與祔用大牢，則隆於下大夫也。　上大夫之虞，下大夫之卒哭與祔，其牲皆平時吉祭之牲也。　上大夫之卒哭、祔加於吉祭一等而用大牢，下大夫之虞降於吉祭一等而用犆牲，或隆或殺，亦視其宜以爲之等而已。　士遣奠進用少牢。　檀弓曰「大夫五个，遣車五乘」，則上、下大夫遣奠皆大牢矣。　練、祥之牲，蓋各與其卒哭與祔同與？

祝稱卜葬、虞，子孫曰「哀」，夫曰「乃」，兄弟曰「某」，卜葬其兄弟曰「伯子某」。

釋文：祝，之六反，徐之又反。　稱，昌升反，徐尺證反。

鄭氏曰：祝稱卜葬、虞者，卜葬、卜虞，祝稱主人之辭也。　孫，謂爲祖後者，稱曰「哀孫某卜葬其祖某甫」。　夫曰「乃某卜葬其妻某氏」。　兄弟相爲卜，稱名而已。　孔氏曰：此謂卜葬擇日，而卜人祝龜所稱主人之辭也。　云「葬、虞」者，虞用葬日，故并言「葬、虞」也。　愚謂此謂卜葬日命龜之辭。　告神謂之祝，非謂大祝、小祝之屬也。　士喪禮卜葬，祝無事焉。　「子孫曰哀」三句，謂所稱主喪者之辭也。　子孫曰「哀子某」「哀孫某」，夫曰「乃某」，兄弟相爲，直稱名而已。卜葬其兄弟曰「伯子某」，謂所稱死者之辭也。伯子，謂其居長者也。其辭曰「弟某來日某卜葬其伯子某甫」。若仲、叔，亦各因而稱之，卜葬其弟則曰「季子某」。上言「兄弟」，下但言「伯子某」，舉一端以發其凡也。

古者貴賤皆杖。叔孫武叔朝，見輪人以其杖關轂而輠輪者，於是有爵而后杖也。釋文：轂，工本反。輠，胡罪反，又胡瓦反，又胡管反。

鄭氏曰：記庶人失禮所由始也。叔孫武叔，魯大夫叔孫州仇也。輪人，作車輪之官。孔氏曰：關，穿也。輠，迴也。謂作輪之人以杖關穿車轂中而迴轉其輪。愚謂喪服傳曰：「杖者何？爵也。無爵而杖者何？擔主也。」蓋哀深故病，病故資杖以扶之。此惟脩飾之君子能之，而非可概諸愚不肖之人也。故杖本爲有爵者設，而其後乃推而用之庶人，蓋亦予之服以責其情，而使之企而及也。齊衰不以邊坐，大功不以服勤，杖所以服至尊，乃以之關轂而輠輪，則其鄙褻甚矣。故自是有爵者始杖，而庶人不復杖也。

鑿巾以飯，公羊賈爲之也。釋文：飯，扶晚反。

飯，以米、貝實死者口中也。士喪禮：「布巾環幅不鑿。」言「不鑿」，則當有鑿者，蓋大夫以上之禮也。士飯不鑿巾者，士覆面之巾短，不逮於口，不必鑿而可以飯也。大夫以上巾長，逮於口下，故必鑿之乃可飯。公羊賈鑿巾以飯，以士而僭大夫之禮也。○鄭氏謂「士親飯，必發其巾，大夫以上，賓爲飯，則有鑿巾」，非也。大宰職「大喪，贊含玉」，贊謂助王也。王親含而大宰助之，猶士親含而宰洗柶建于米以從也。然則王猶親含矣。飯含之事，豈有主人不親而直使他人執其事者乎？

冒者何也？所以揜形也。自襲以至小斂，不設冒則形，是以襲而后設冒也。

鄭氏曰：言設冒者，爲其形，人將惡之也。襲而設冒，言「后」，衍字耳。孔氏曰：冒所以揜，蓋尸形未襲之前，事須沐浴，自既襲以後，以至小斂，雖已著衣，若不設冒，則尸象形見，爲人所惡，是以襲而設冒也。至小斂之時，則以衣總覆於冒上。皇氏云「大斂脱冒」，未之聞也。愚謂未襲以前，沐浴衣尸，雖形而未可設冒，故言「襲而后設冒」，「后」非衍字也。

或問於曾子曰：「夫既遣而包其餘，猶既食而裹其餘與？君子既食則裹其餘乎？」曾子曰：「吾子不見大饗乎？夫大饗，既饗，卷三牲之俎，歸于賓館，父母而賓客之，所以爲哀也。子不見大饗乎？」釋文：遣，弃戰反。裹音果。與音餘。夫音扶。卷，紀轉反，又厥挽反。歸如字，徐音匱。

鄭氏曰：言遣既奠而又包之，是與食於人，已而裹其餘將去何異與？君子寧爲是乎？言傷廉也。既饗歸賓俎，所以厚之也。言父母，家之主，今賓客之，是孝子哀親之去也。孔氏曰：或人言喪禮既設遣奠，事畢，包裹遣奠之餘以去，猶如生人食於他家，食畢而裹其餘相似。君子食於他家，不應裹其餘食以去，既設遣奠，亦不應包餘而去。愚謂或人謂既食而裹其餘，則傷於廉，非君子之道。今既遣而包其餘，是不以君子之道處其親也。大饗，諸侯相饗也。大饗卷三牲之俎，歸於賓館，乃主人之所以待賓，而非賓之所自取，則初無傷於廉也。父母，家之主，今長往不返，其奠餘之物，乃俟主人而送之，正與待賓客同，是乃人子之所以致其哀也。再言「子不見大饗乎」，所以深曉或人也。

非爲人喪，問與？賜與？釋文：爲，于僞反。與音餘。

鄭氏曰：此上滅脱，未聞其首云何。言非是爲人喪而問之與？人喪而賜之與？問，遺也。久無事曰問。孔氏曰：此語接上之辭，故鄭云「滅脱」。與，語助也。豈非爲人之有喪而問遺之與？人之有喪而賜與之與？平敵則問，卑下則賜。

三年之喪，以其喪拜；非三年之喪，以吉拜。

鄭氏曰：謂受問、受賜者也。孔氏曰：此論身有喪，拜謝之禮。三年之喪，謂父母、長子也。其實杖期以上皆爲喪拜。愚謂喪拜有二法：稽顙而後拜，拜而後稽顙也。吉拜，頓首之拜也，其異者尚右手耳。説詳檀弓上。

三年之喪，如或遺之酒肉，則受之，必三辭。主人衰絰而受之。如君命，則不敢辭，受而薦之。釋文：遺，於季反，下文同。必三，如字，又息暫反。

鄭氏曰：受之必正服，明不苟於滋味。薦於廟，貴君之禮。孔氏曰：衰絰而受之，雖受之而不得食也。尊者食之，乃得食肉，猶不得飲酒。故喪大記云：「既葬，若君食之，則食之。大夫、父之友食之，則食之矣。不辟粱肉，若有酒醴則辭。」愚謂喪不食肉飲酒，故遺之酒肉，必三辭，至其不可辭而後受之也。於受之，特言「主人」者，明雖在喪，不使人代受也。在喪，衰絰不離身，特言「衰絰以受之」，又明不爲受賜變喪服也。薦，謂薦於死者。受而薦之，榮君賜也。

喪者不遺人。人遺之，雖酒肉，受也。從父昆弟以下，既卒哭，遺人可也。

鄭氏曰：言齊、斬之喪重，志不在施惠於人。愚謂從父兄弟，大功之服也。言此，則期喪以上，既卒哭不遺人可知矣。然「可」也者，略許之辭，則不若不遺人之爲尤得也。○自「非爲人喪」至此，明在喪受問遺之法。

縣子曰：「三年之喪如斬，期之喪如剡。」釋文：縣音玄。期音基，下同。剡，徐以漸反。

鄭氏曰：言其痛之惻怛有淺深也。愚謂剡，削也。斬之痛深，剡之痛淺。

三年之喪，雖功衰，不弔，自諸侯達諸士。如有服而將往哭之，則服其服而往。

鄭氏曰：功衰，既練之服也。孔氏曰：重喪，小祥後衰，與大功同，故曰「功衰」。衰雖外輕，而痛猶内重，故不得弔人也。自諸侯達諸士，貴賤同然也。如有服，謂有五服之親喪。功衰雖不弔人，若自有五服之親喪而往哭之，則不著己功衰，而依彼親之服以服之，申骨肉之情也。賀瑒云：「新死者服輕，不爲制服，往哭之則蹔服其服，事畢反服故服也。」庾氏云：「此謂小功以下之親，始聞喪，不爲制服，至於往弔哭，乃服其服。」皇氏云：「此文雖在『功衰』之下，而實通初喪。假令初喪而有五屬之親死，則亦蹔服五服之服而往彼哭也。」愚謂三年，爲父既練，衰七升，與降服大功同，爲母既練，衰八升，與正服大功同，故曰「功衰」。曾子問曰：「『三年之喪弔乎？』孔子曰：『三年之喪，練不羣立，不旅行。君子禮以飾情，三年之喪而弔哭，不亦虚乎！』」功衰雖不弔人，若有五服之親喪，則服新死者之服而往哭之。此雖承「功衰」而言，其實未練亦然。檀弓曰：「有殯，聞遠兄弟之喪，雖緦必往。」皇氏謂「實通初喪」，是也。大功之麻，變三年既練之葛。此僅服其服而哭之，賀氏、庾氏謂「惟據小功以下輕喪」，亦是也。服問曰：「小功不易喪之練冠，如免，則絰其緦、小功之絰，因其初葛帶。」○鄭氏曰：諸侯服新死者之服而往哭，謂所不臣也。孔氏曰：所不臣者，謂始封君不臣諸父、昆弟。　愚謂諸侯絕旁期，惟尊同乃服，非尊同，雖所不臣不服也。若遥哭諸侯，則不得云「往哭」，此「自諸侯達諸士」，惟據功衰不弔而言，「如有服」以下，特謂大夫士之禮耳。

期之喪，十一月而練，十三月而祥，十五月而禫。練則弔。釋文：禫，大感反。○自「十五月而禫」以上十八字，舊在「三年之喪，雖功衰不弔」上，鄭云：「當在『練則弔』上。」

鄭氏曰：此謂父在爲母也。父在爲母功衰，可以弔人者，以父在，故輕於出也。然則凡齊衰十一月皆可以出矣。　愚謂此謂父在爲母及爲妻之服也。爲母本三年，以父在而降。周景王有后與大子之喪，而叔向謂其有三年之喪。是妻之喪雖非三年，亦本有三年之義，以不敢同於母而降。凡期之喪至十三月，於主人之練而除。若無三年者，則亦於十三月而除，惟父在爲母及爲妻，則有練有祥有禫，與三年之喪同，以其本由三年而降也。既有練有祥有禫，則其變除之服亦悉與齊衰三年同矣。十一月而練者，以期喪皆十三月而除，此練後尚有祥、禫，故視三年練祭減其二月也。十三月而祥者，凡期喪以十三月而除，此亦於大祥而除衰、杖也。十五月而禫者，三年之喪，祥、禫中間一月，故此亦祥後二月而禫，仿三年之禫而制之也。三年之喪，練不弔，此練則弔者，爲其去除喪之期近也。

既葬，大功弔，哭而退，不聽事焉。石經無「而」字。

鄭氏曰：聽猶待也。事，謂襲、斂、執紼之屬。　愚謂既葬，大功弔者，謂大功既葬可以弔人也。哭而退，不聽事者，言大功既葬弔人，哭畢即退，不待主人襲、斂之事，爲其忘己哀也。

孔氏曰：期喪練弔亦然。

期之喪未葬，弔於鄉人，哭而退，不聽事焉。功衰弔，待事，不執事。釋文：功衰弔，本又作「大功衰弔」，庾云：「有大字非。」

鄭氏曰：謂爲姑、姊妹無主，殯不在己族者。　孔氏曰：期喪既葬，受以大功衰。執事，擯相也。　愚謂大功既葬乃弔，此期喪未葬即弔者，蓋以殯不在己族故也。然則凡姑、姊妹之大功皆如此，而大功既葬而弔，專爲本族之服矣。

小功、緦，執事，不與於禮。釋文：與音預。

鄭氏曰：禮，饋奠也。　孔氏曰：緦、小功服輕，故未葬便可弔人，不論鄉人之同異也。亦爲彼擯相，但不得助彼饋奠耳。曾子問云：「説衰與奠，非禮也，以擯相可也。」是擯相輕而饋奠重也。

相趨也，出宫而退。相揖也，哀次而退。相問也，既封而退。相見也，反哭而退。朋友，虞、附而退。釋文：封，彼驗反，又如字。

鄭氏曰：此弔者恩薄厚、去遲速之節也。相趨，謂相聞姓名，來會喪事也。相揖，嘗會於他也。相問，嘗相惠遺也。相見，嘗執摯相見也。附，皆當爲「祔」。孔氏曰：相趨，謂與孝子本不相識，但相聞姓名而來會，趨喪也。情既輕，故柩出廟之宫門而退。相揖，謂經會他處相揖者也。恩微深，故柩出至大門外哀次而退。相問，恩轉深，故至窆竟而退。相見，恩轉厚，故至葬竟，孝子反哭至家而退。朋友情重，生死同殷，故至主人虞、祔而退也。然與死者相識，其禮亦當有弔。禮，知生者弔，知死者傷，今註云「弔」，則知是弔生人也。恩謂知生者弔，知死者傷，若通而言之，皆謂之弔也。此所言「相趨」之等，蓋皆與死者恩誼淺深之異也。相趨，謂嘗相聚會而趨就，若檀弓「趨而就子服伯子於門右」是也。相揖，謂嘗相聚會而相與爲禮，若陳司敗揖巫馬期是也。

弔非從主人也，四十者執綍。鄉人五十者從反哭，四十者待盈坎。釋文：坎，口敢反。○鄭註：坎或爲「壙」。

鄭氏曰：言弔者必助主人之事。從猶隨也。成人二十以上至四十，丁壯時。非鄉人則少長皆反，優遠也。孔氏曰：鄉人，同鄉之人也。盈坎者，謂窆竟以土盈滿其坎。五十始衰，故窆竟，孝子反哭，老者亦從孝子反也；四十强壯，故待土滿坎而反也。若非鄉人，則無問少長，皆從主人反，優饒遠者。○從「三年之喪」至此，明弔喪之節。

喪食雖惡，必充飢。飢而廢事，非禮也；飽而忘哀，亦非禮也。視不明，聽不聰，行不正，不知哀，君子病之。故有疾飲酒食肉，五十不致毁，六十不毁，七十飲酒食肉，皆爲疑死。釋文：視如字，徐市志反。爲，于僞反。

鄭氏曰：疑猶恐也。愚謂目昏則視不明，耳聵則聽不聰，肢體憊則行不正，心志瞀則不知哀，四者，皆哀毁之過也。病，謂病其不知禮也。

有服，人召之食，不往。大功以下，既葬適人，人食之，其黨也食之，非其黨弗食也。釋文：人食之，音嗣。

鄭氏曰：往而見食，則可食也，爲食而往則不可。黨猶親也。非親而食，則是食於人無數也。孔氏曰：親族不多，若非親而輒食，則無復限數，必至忘哀。愚謂期、三年之喪，既葬適人，雖其黨不食也。喪大記曰「既葬，若君食之則食之，大夫、父之友食之則食之」，則外此皆不食矣。

功衰，食菜果，飲水漿，無鹽、酪。不能食食，鹽、酪可也。釋文：酪音洛。食食，上如字，下音嗣。

鄭氏曰：功衰，齊、斬之末也。酪，酢截。　呂氏大臨曰：不能食食，鹽、酪可也，喪大記曰：「不能食粥，羹之以菜可也。」蓋人有所不能，亦不可强也。

孔子曰：「身有瘍則浴，首有創則沐，病則飲酒食肉。毁瘠爲病，君子弗爲也。毁而死，君子謂之無子。」釋文：瘍音羊。創，初良反。

鄭氏曰：毁而死，是不重親。○自「喪食雖惡，必充飢」至此，明居喪毁瘠節制之事。

非從柩與反哭，無免於堩。釋文：免音問。堩，古鄧反。

鄭氏曰：言喪服出入，非此二事皆冠也。免，所以代冠，人於道路，不可以無飾。堩，道路。孔氏曰：從柩，謂送葬從柩去時也。反哭，葬竟還時也。道路不可無飾，故孝子送柩、反哭於道得免，非此則不得免於道路也。　此謂葬近而反哭者，若葬遠反哭，在路則著冠，及郊而後反著免。

凡喪，小功以上，非虞、附、練、祥無沐浴。

鄭氏曰：言不有飾事則不沐浴。　孔氏曰：言小功以上，各在其服限如此。練、祥，不主大功、小功也。士虞禮「沐浴，不櫛」，鄭註云：「唯三年之喪不櫛，期以下櫛可也。」又士虞禮云「明日，以其班祔，沐浴，櫛」，註云：「彌自飾。」此雖士禮，大夫以上亦然。　愚謂虞、祔、練、祥必沐浴，接神宜自潔也。非是則否，哀不在於飾也。緦麻恩輕，雖沐浴可也。

疏衰之喪，既葬，人請見之則見，不請見人。小功，請見人可也。大功不以執摯。唯父母之喪，不辟涕泣而見人。釋文：辟音避。

鄭氏曰：言重喪不行求見人爾，人來求見己，亦可以見之也。不辟涕泣，至哀無飾也。　孔氏曰：小功請見人可也，則大功不可也。此「小功」文承「疏衰」「既葬」之下，則小功亦謂既葬也。凡言「見」者，謂與人尋常相見，不論執摯之事，而皇氏謂「見人爲執贄相見」。若然，父母之喪，豈謂執贄相見乎？　愚謂凡相見之禮，賓主以摯相授，此「執摯」，謂受賓摯而執之也。大功之喪，若尋常人來見己，則可見，若人執贄見己，則己不可見之而執摯也。大功如此，則疏衰可知。

三年之喪，祥而從政。期之喪，卒哭而從政。九月之喪，既葬而從政。小功、緦之喪，既殯而從政。釋文：期音基。

從政，謂出而從國家之政也。禮運曰：「三年之喪，期不使。」蓋三年之喪，祥而從政者正也，期而從政者權也。

曾申問於曾子曰：「哭父母有常聲乎？」曰：「中路嬰兒失其母焉，何常聲之有？」

鄭氏曰：嬰，猶鷖彌也。言其若小兒亡母啼號，安得常聲乎？所謂「哭不偯」。

卒哭而諱。王父母、兄弟、世父、叔父、姑、姊妹，子與父同諱。

鄭氏曰：卒哭而諱，自此而鬼神事之，尊而諱其名。父爲其親諱，則子不敢不從諱也。爲王父母以下之親諱，謂士也。天子諸侯諱羣祖。孔氏曰：父之王父母，於己爲曾祖父母，正服小功，不合諱，以父爲之諱，故子亦同於父而諱之。父之兄弟，於己爲叔伯，正服期，父亦爲之期，是父與子同有諱也。父之世父、叔父，於己是從祖，正服小功，父之姑，於己爲從祖姑，在家正服小功，出嫁緦麻，皆不合諱，以父爲之諱，故己從父而諱。父之姊妹，於己爲姑，在家正服期，出嫁大功，是己與父同爲之諱也。愚謂曲禮：「逮事父母，則諱王父母；不逮事父母，則不諱王父母。」此又諱及曾祖者，蓋父逮事其父，故爲其祖諱；己又逮事其父，故又爲父之祖諱也。不言父之父母者，王父母與父同諱，則父母可知。父之王父母、世父、叔父及姑，若不逮事父者，皆不諱也。

母之諱，宮中諱。妻之諱，不舉諸其側。與從祖昆弟同名，則諱。

鄭氏曰：母爲其親諱，子孫於宮中不言；妻爲其親諱，夫於其側亦不言也。孝子聞名心瞿，凡不言人諱者，亦爲其相感動也。子與父同諱，則子可盡曾祖之親也。從祖昆弟在其中，於父輕，不爲諱；與母、妻之親同名，重則諱之。孔氏曰：從祖昆弟，父服小功，不爲之諱，己又不得從父而諱。若母、妻諱與從祖昆弟名相重累，則諱之。不但宮中、旁側，其餘處皆爲之諱也。愚謂母之諱，於己小功親也，妻之諱，於己緦親也，皆不在應諱之限。故母之諱，在宮則諱之，妻之諱，在其側則諱之，出宮則不諱矣。上文「子與父同諱」，雖盡曾祖之親，然皆父之尊長與其兄弟也。從父昆弟，父報服期，然卑屬也，父不爲之諱，於己爲大功，亦不諱。若從祖昆弟，視從父昆弟又疎，乃反諱之，何耶？且親之有諱不諱，爲恩之有淺深也。從祖昆弟乃小功之親，雖與母、妻之諱同，其恩非因而加隆也，何以遂當爲之諱耶？疑此文有誤脱耳。註疏之説，蓋未必然。

以喪冠者，雖三年之喪可也。既冠於次，入哭踊三者三，乃出。釋文：冠，古亂反，下同。三，息暫反。○鄭註：雖或爲「唯」。

鄭氏曰：言「雖」者，明齊衰以下皆可以喪冠也。始遭喪以其冠月，則喪服因冠矣。非其冠月，待變除、卒哭而冠。次，廬也。孔氏曰：冠於次者，謂加冠於廬次之中。若齊衰以下，加冠於次舍之處。愚謂以喪冠者，謂既及冠年而遭喪，則於成服之日，就喪次而冠之。雖三年之喪可也者，冠爲嘉禮，而三年之服尤重，疑非用嘉禮之時，故曰「雖三年之喪可也」。然則齊衰、大功得因喪而冠可知矣。入者，入於殯宫也。入哭踊三者三，乃出，蓋若見之然。此三年之喪以喪冠者之禮也。若冠年在遭喪之明年，則因變除而冠，其禮亦如之。其非三年之喪，則冠畢，至明日朝夕哭乃入即位也。○孔氏曰：夏小正二月「綏多士女」，是冠用二月。假令正月遭喪，則二月不得因喪而冠，必待變除受服乃可冠矣。愚謂因喪而冠者，固當以成服之日或變除之節，然士冠記云「屨，夏用葛，冬皮屨」，則冬夏皆可冠，初無限以二月之法。因變除而冠，喪在隔年，至明年受服乃及冠年者則然。然亦惟齊、斬之服有此，若大功、小功，則喪末可用吉禮而冠矣。

大功之末，可以冠子，可以嫁子。父小功之末，可以冠子，可以嫁子，可以取婦。己雖小功，既卒哭，可以冠、取妻，下殤之小功則不可。釋文：取，七住反，又如字。

鄭氏曰：此皆謂可用吉禮之時。父大功卒哭，而可以冠子、嫁子；小功卒哭，而可以取婦。

己大功卒哭，而可以冠子；小功卒哭，而可以取妻。下殤小功、齊衰之親，除喪而後可爲昏禮。　孔氏曰：大功之末，云身不云「父」，小功之末，云「父」不云身，互而相通。是於身大功之末，可以冠子、嫁子，小功之末，非但得冠子、嫁子，復可取婦也。下殤之小功不可冠、取，若長、中殤之大功，理不得冠、取矣。　愚謂大功九月，小功五月，皆以卒哭後爲末。蓋喪以卒哭、練、祥爲變除之大節，期、功之喪，自卒哭以至除喪，其間别無變除，故止爲一節，而皆謂之末也。昏禮攝盛，視冠爲重，而嫁子則禮成於壻家，取婦則禮成於己家，故大功之末，可以冠子、嫁子，而未可取婦也。下殤小功之末，非但不可取妻，且不可冠，以其本齊衰之親也，則齊衰之末，不可冠、取明矣。然上言「以喪冠者，雖三年之喪可也」，則齊衰以下得因喪冠明矣。此又言大功、小功之喪，至喪末乃用吉禮冠者，蓋因喪冠爲不欲以未成人之服服其親也。然喪有輕重，而應冠之人亦有當室不當室之異，故或因喪服而冠，或待喪末用吉禮而冠也。說詳曾子問。

禮記卷四十二

雜記下第二十一之二

凡弁絰，其衰侈袂。

弁絰，大夫以上之弔服也。侈，大也。士之弔衰，袂二尺二寸，圜殺之至袪而爲一尺二寸，與玄端服同。大夫以上之弔衰，其袂不圜殺，故曰「侈袂」。○鄭氏曰：侈猶大也。袂之小者二尺二寸，大者半而益之，則袂侈三尺三寸。孔氏曰：士則其衰不侈。故周禮司服「有玄端、素端」，註云「變『素服』言『素端』者，明異制」，「大夫以上侈之」。明士不侈，故稱端。愚謂註疏之説非也。少牢禮「主人朝服」，「主婦襐衣侈袂」。鏘鳴按：儀禮作「錫衣」，此從敖氏繼公説，讀錫爲襐。主人之朝服，與襐衣相當，襐衣侈袂，則朝服可知；朝服侈袂，則弁、冕之服亦侈袂可知。左傳「晏子端委立於虎門」，則朝服亦名端。魏文侯端冕而聽古樂，大戴禮武王端冕而受丹書，大戴禮哀公問「端衣、玄裳，冕而乘輅」，韓非曰「築社者攓撅而置之，端冕而祀之」，是冕服亦名端。朝服與冕服皆侈袂，而其制皆端，則謂「侈袂爲益其袂爲三尺三寸」者，必不然矣。喪衰名爲端衰。喪服記言喪衰之制曰：「衣帶下尺，衽二尺有五寸，袂屬幅。衣二尺有二寸，袪尺二寸。」此士之喪衰也。士以玄端爲祭服，其喪衰與玄端同制，是玄端服衣與袂皆二尺二寸，而其袂則圜殺之爲一尺二寸。蓋玄端服自天子以下皆用以燕居，故殺其袂者，所以便事也。自朝服以上，皆用於朝祭，故其袂二尺二寸而不圜殺，不殺則袂侈矣。雖士之朝服、爵弁服亦然。士之喪衰及弔衰皆用玄端服之制，大夫則喪衰、弔服其首服皆以弁，故其衣皆侈袂，與士異也。

父有服，宮中子不與於樂。母有服，聲聞焉，不舉樂。妻有服，不舉樂於其側。大功將至，辟琴瑟。小功至，不絶樂。釋文：與音預。聞音問，又如字。辟音避，一音婢亦反。

鄭氏曰：宮中子，與父同宮者也。禮，由命士以上，父子異宮。不與於樂，謂出行見之，不得觀也。大功將至，辟琴瑟，亦所以助哀也。崔氏靈恩曰：父有服，齊衰以下之服也。若重服，則期後猶有子姓之冠，自當不得與於樂。愚謂大功將至，謂他人有大功之喪者也。己於其將至而爲之辟琴瑟，君子不奪人之喪，忠恕之道也。大功且然，則重者可知。小功至，不絶樂者，服輕也。

姑、姊妹，其夫死，而夫黨無兄弟，使夫之族人主喪。妻之黨，雖親弗主。夫若無族矣，則前後家，東西家；無有，則里尹主之。或曰：主之，而附於夫之黨。鄭註：里或爲「士」。

鄭氏曰：此謂姑、姊妹無子，寡而死也。夫黨無兄弟，無緦之親也。其主喪不使妻之黨，而使夫之族人，婦人外成，主必宜得夫之姓類。里尹主之，喪無無主也。里尹，閭胥、里宰之屬。王度記曰：「百户爲里，里一尹，其禄如庶人在官者。」諸侯弔於異國之臣，則其君爲主。里尹主之，亦斯義也。或曰「主之者，謂妻之黨自主之」，非也。夫之黨，其祖姑也。孔氏曰：周禮六鄉之内，二十五家爲閭，閭置一胥，中士也。六遂之内，二十五家爲里，里置一宰，下士也。愚謂四民羣萃州處，而乃有死而無前後家、東西家者，謂其所與居者皆妻之黨，而無可以主其喪者也。里尹於民爲親，故無主則爲之主，蓋哀其顛連無告，而爲之治其殯、葬、虞、祔之事。古者吏之於民，其所以用恩者如此其至也。或曰主之者，記者又引或人之説，以爲夫若無族，而又無前後家、東西家，則妻之黨可以主之，而還祔於夫之黨，蓋不得已而通禮之窮也。

麻者不紳，執玉不麻，麻不加於采。

鄭氏曰：吉凶不相干也。麻，謂絰也。紳，大帶也。喪以要絰代大帶也。麻不加於采者，采者不麻，謂弁絰者必服弔服是也。采，玄纁之衣。孔氏曰：麻者不紳，言著要絰者不得著大帶也。執玉不麻者，謂平常手執玉行禮，不得服衰麻也。案聘禮己國君薨，至於主國，「衰而出」，註云：「於是可以凶服將事。」似行聘、享之事，執玉得服衰絰者，彼謂受主君小禮，得以凶服，若行聘、享大事，則吉服。故鄭云：「其聘、享之時，自若吉也。」麻不加於采者，謂弁絰之屬不得加於玄衣、纁裳之上也。愚謂麻者不紳，此麻謂首絰也。謂首著麻絰，則身著麻帶，不得以大帶配之也。執玉不麻，麻不加於采，此「麻」兼謂絰、帶也。執玉不麻，謂喪中執玉則不得服首絰、麻帶也。故聘禮「遭喪」，「大夫練冠、長衣以受」。上篇致含，「宰朝服」「取璧」，皆不服絰、帶也。麻不加於采，謂首服玄冠，則不加麻絰；身服玄纁，則不加麻帶也。麻不加於采而弔者，小斂加武、帶、絰，其時主人未成服，弔者猶玄冠、緇衣也。以是知弔絰皆葛絰也，惟朋友則至成服而易以麻。

國禁哭則止，朝夕之奠即位，自因也。

鄭氏曰：禁哭，謂大祭祀。時雖不哭，猶朝夕奠。自因，自用故事。

童子哭不偯，不踊不杖，不菲不廬。釋文：偯，於豈反，説文作「悠」。屝，本又作「菲」，扶味反。

鄭氏曰：未成人者不能備禮也。當室則杖。孔氏曰：案問喪云童子「當室，則免而杖矣」。戴德云：「童子當室。」謂十五以上。若世子生則杖，故曾子問云「子衰、杖」，成子禮是也。皇氏云：「童子當室，則備此經中五事，特云『杖』者，舉重言也。」愚謂偯，哭之餘聲也。間傳曰「大功之哭，三折而偯」，則父母之喪，雖成人哭亦不偯矣。而此云「童子哭不偯」者，彼謂始死之時，雖成人哭父母亦不偯，所謂「嬰兒中路失其母」是也。若既葬以後，則成人哭有曲折餘聲，惟童子不偯也。童子當室則杖，以其爲喪主也。喪服傳曰「杖者」，所以「擔主也」。喪大記曰「喪有無後，無無主」，主幼則使人抱之。既使人抱之，則必當爲之執杖，是爲喪主始生即杖，不獨世子也。至於踊與居廬，則非孩提所能，雖世子亦必待稍長矣。皇氏謂「杖則備此五事」者，亦未必然。大約十五以上，則五者備有，而天性淳至者，或亦非年之所能限也。

孔子曰：「伯母、叔母疏衰，踊不絶地。姑、姊妹之大功，踊絶於地。如知此者，由文矣哉！由文矣哉！」

鄭氏曰：伯母、叔母，義也。姑、姊妹，骨肉也。陸氏佃曰：疏衰、大功，文也。踊絶不絶，情也。伯、叔母之喪，文至而情不至；姑、姊妹之大功，文不至而情至。知此者，則凡於禮知由於内矣，故曰「由文矣哉」。若夫徒文具而無至誠惻怛之實，失是矣。

泄柳之母死，相者由左；泄柳死，其徒由右相。由右相，泄柳之徒爲之也。釋文：相，息亮反。

鄭氏曰亦記失禮所由始也。泄柳，魯穆公時賢人也。相，相主人之禮。愚謂詔辭自右，以代尊者出命也。相禮與詔辭别，當由左，由右非也。案檀弓：「有若之喪，悼公弔焉，子游擯由左。」是子游之先，擯者失禮由右，而子游正之也。泄柳之母死，擯者尚知由左，至泄柳死，其徒又復失禮也。

天子飯九貝，諸侯七，大夫五，士三。釋文：飯，扶晚反。

鄭氏曰：此謂夏時禮也。周禮天子飯、含用玉。孔氏曰：典瑞云「大喪，共飯玉、含玉」，是周禮天子飯、含用玉。案禮戴説，天子飯以珠，含以玉；諸侯飯以珠，含以璧；大夫士飯以珠，含以貝。此等皆非周禮，並夏、殷之法。左傳成十七年子叔聲伯夢食瓊瑰，哀十一年「齊陳子行，命其徒具含玉」，此等皆是大夫而以珠玉爲含者。以珠玉是所含之物，故言之，非謂當時實含用珠玉也。愚謂飯，含也。對文則米曰飯，貝玉曰含；通而言之，含亦謂之飯也。周禮玉府「共含玉」，典瑞「大喪，共飯玉、含玉」，上篇諸侯致含以璧，左傳「陳子行，命其徒具含玉」，士喪禮「實貝三」，不用玉，則大夫以上含用貝、玉，士惟用貝也。此但言「貝」者，據上下之所通用者言其差爾。鄭氏以爲夏禮，無所據也。

士三月而葬，是月也卒哭。大夫三月而葬，五月而卒哭。諸侯五月而葬，七月而卒哭。士三虞，大夫五，諸侯七。

鄭氏曰：尊卑恩之差也。天子至士，葬即反虞。孔氏曰：大夫以上，葬與卒哭異月者，以其位尊，念親情深，於時長遠；士職卑位下，禮數未申，故三月而葬，葬罷即卒哭。天子至士，葬即反虞者，以其不忍一日未有所歸，尊卑皆然。

諸侯使人弔，其次含、襚、賵、臨，皆同日而畢事者也。其次如此也。釋文：臨如字，徐力鴆反。

諸侯於鄰國之喪，先行弔禮，其次致璧以飯、含，其次致襚以襲、斂，其次致賵物以助葬，皆以喪事之所用爲先後，末則弔使自臨，故曰「其次如此也」。案士喪禮始死有致襚，葬時有致賵，此含、襚、賵同日畢事者，蓋同國之禮，襚、賵異時各致，異國之禮則襚、賵一時並施。故春秋文五年成風之喪，「天王使榮叔歸含且賵」，而「子高之喪，孔氏之使者未至，冉子攝束帛、乘馬以將之」，亦始死即致賵，皆異國之禮也。雖賵、襚並施，至葬時别遣人會葬，故文五年「王使召伯來會葬」，會葬則當致贈也。

卿大夫疾，君問之無算；士壹問之。君於卿大夫，比葬不食肉，比卒哭不舉樂；爲士，比殯不舉樂。 釋文：比，必利反。爲，于僞反。

孔氏曰：喪大記「君於大夫疾，三問之」，此云「無算」，謂有師、保恩舊之親，故問之無算。或可喪大記云「三問」者，君自行；此云「無算」者，遣使也。愚謂問之者，或親往，或使人也。「無算」，謂無一定之數也。喪大記「君於大夫疾，三問之」，此云「無算」者，疾有久暫劇易之不同，不可爲一定之數，故曰「無算」，要其多者，不過三問也。於士，但一問之而已。大司樂「諸侯薨，令去樂」，「大臣死，令弛縣」。此君爲大夫比卒哭不舉樂，當弛縣；爲士，比殯不舉樂，則但去樂也。

升正柩，諸侯執紼五百人，四紼皆銜枚，司馬執鐸，左八人，右八人，匠人執羽葆御柩。大夫之喪，其升正柩也，執引者三百人，執鐸者左右各四人，御柩以茅。 釋文：葆音保。引，以慎反。

鄭氏曰：升正柩者，謂將葬朝於祖，正棺於廟也。廟中曰「紼」，在塗曰「引」，互言之。御柩者，居前道正之。大夫士皆二綍。孔氏曰：升正柩者，謂將葬朝於祖廟，柩升廟之西階，正於兩楹之間。其時柩北首，故既夕禮云「遷于祖，用軸」，「升自西階，正柩于兩楹間」，是也。皆銜枚者，謂執綍之人，口皆銜枚，止諠囂也。司馬，夏官，主武，故執金鐸率衆，左右各八人，夾柩以號令於衆也。匠人，工人。羽葆者，以鳥羽注於柄頭如蓋，謂之羽葆。葆，謂蓋也。執蓋物御柩，謂執羽葆居柩前，御行於道，示指揮於路，爲進止之節也。愚謂周禮鄉師：「大喪用役，則帥其民而至，遂治之。」遂人「大喪，帥六遂之役而致之」，「及葬，帥而屬六綍」。天子執綍之人，出於六鄉、六遂，則諸侯執綍之人出於三鄉、三遂也。諸侯三鄉、三遂，而執綍五百人，則天子六鄉、六遂，而執綍者千人矣。執綍者，天子千人，諸侯五百人，大夫三百人，則士百人與？周禮大司馬註云：「枚如箸，銜之，有繣結項中，軍法止語，爲相疑惑也。」「司馬，謂兩司馬也。」周禮大司馬「教大閱」，「兩司馬振鐸」。兩司馬，即鄉、遂之閭胥、里宰，平時則屬於地官，而掌閭、里之政教，有事則屬於司馬，而主徒役之政令也。匠人，匠師，蓋冬官之考也。執羽葆於柩前以指揮，爲柩行抑揚左右之節也。周禮喪祝「及朝御匶」，「及葬御匶，出宫乃代」。又鄉師「大喪」，「執纛，以與匠師御匶而治役」。是王喪朝廟，以喪祝御匶，及出宫而代以鄉師與匠師也。士喪記云：「遂、匠納車于階間。」是柩車者，匠師之所職，而鄉師統領六鄉徒役，是其所主，故以此二人御匶。諸侯之禮，蓋亦然。此不言「喪祝」及「鄉師」者，文略也。朝廟屬於輴軸謂之綍，在塗屬於柩車謂之引。於諸侯言「執綍」，於大夫言「執引」，互相備，以見所用之人數，及執鐸御柩之法，朝廟與在塗時並同也。大夫二綍，不言者，從上差之可知也。不言「銜枚」者，大夫執引之人或出於朋友、鄉黨之助，不可以徒役之法治之也。茅，編緝白茅爲之，亦所以指麾也。左傳楚軍前茅，蓋此類也。士御柩以功布。

孔子曰：「管仲鏤簋而朱紘，旅樹而反坫，山節而藻棁，賢大夫也，而難爲上也。晏平仲祀其先人，豚肩不揜豆，賢大夫也，而難爲下也。君子上不僭上，下不偪下。」釋文：弇，於檢反，本亦作「揜」。偪音逼，本又作「損」。

說見禮器及郊特牲。鄭氏曰：難爲上，言其僭天子諸侯。難爲下，言其偪士庶人。

婦人非三年之喪，不踰封而弔；如三年之喪，則君夫人歸。鄭註：踰封，或爲「越疆」。

婦人無境外之事，故非三年之喪，不逾封而弔，則雖兄弟之喪不奔也。如三年之喪，則君夫人尚歸，又以明父母之喪無不奔者也。孔氏曰：女子出適，爲父母期，而云「三年」者，據本親言之也。

夫人，其歸也以諸侯之弔禮，其待之也若待諸侯然。夫人至，入自闈門，升自側階，君在阼。其他如奔喪禮然。釋文：闈音韋，劉昌宗音暉。○鄭註：闈門，或爲「帷門」。

鄭氏曰：以諸侯之弔禮，謂其行道車服。待之若諸侯然，謂主國所致禮。入自闈門，升自側階，女子子不自同於女賓也。宮中之門曰闈門，爲相通者也。側階，旁階也。他，謂哭、踊、髽、麻。愚謂闈門，宮旁小門也。左傳齊「子我屬徒攻闈與大門」。考工記曰：「闈門，容小扃參个。」側階，北階也。側，特也。堂南，東西有階，其北惟東方有之，故曰「側階」。升自側階，自東房而出於堂也。入自闈門，則不入大門，升自側階，則不升路寢前之兩階，皆變於吉時也。君在阼，謂在阼階下之位，明不爲變位，以其非賓客也。

嫂不撫叔，叔不撫嫂。

鄭氏曰：遠別也。

君子有三患：未之聞，患弗得聞也。既聞之，患弗得學也。既學之，患弗能行也。君子有五恥：居其位，無其言，君子恥之。有其言，無其行，君子恥之。既得之而又失之，君子恥之。地有餘而民不足，君子恥之。衆寡均而倍焉，君子恥之。釋文：其行，下孟反。

孔氏曰：地邑民居，必參相得，今不能撫養，使民逃散，故土地有餘而民不足。役用民衆，彼此均等，而他人功績倍多於己，由己不能勸課督率也。愚謂三患皆爲學之事：弗得聞則無以知其理，弗得學則無以習其事，弗能行則無以體其實也。五恥皆從政之事：居其位，無其言，則謀謨不足以稱其位；有其言，無其行，則猷爲不足以副其言；既得之，而又失之，則才德不足以保其禄；地有餘而民不足，則恩惠不足以懷其民；衆寡均而倍焉，則才力不足以立其事也。○方氏慤曰：孔子嘗謂「鄙夫事君，其未得之，患不得之；既得之，患失之」，此乃言「既得之，又失之」。蓋鄙夫之心在乎固其位，君子之心在乎稱其位。勢不足以固其位而失之者，鄙夫所患也。德不足以稱其位而失之者，君子所恥也。此所以爲異。愚謂君子之所恥者，謂己之職業不脩而見褫奪也。若不當失而失之，君子固未嘗以爲恥；而當失而不失，君子尤不能以一日安也。

孔子曰：「凶年則乘駑馬，祀以下牲。」

鄭氏曰：自貶損，亦取易供也。駑馬，六種最下者。下牲，少牢，若特豕、特豚也。孔氏曰：校人馬六種：種馬、戎馬、齊馬、道馬、田馬，此五路所乘；駑馬，負重致遠所乘。凶年，人君自貶損，乘駑馬也。天子、諸侯及天子大夫，常祭用大牢，凶年降用少牢；諸侯大夫常祭少牢，降用特豕；士常祭特豕，降用特豚。如此之類，皆爲下牲也。

恤由之喪，哀公使孺悲之孔子學士喪禮，士喪禮於是乎書。

鄭氏曰：時人轉而僭上，士之喪禮已廢矣，孔子以教孺悲，國人乃復書而存之。

子貢觀於蜡，孔子曰：「賜也樂乎？」對曰：「一國之人皆若狂，賜未知其樂也。」子曰：「百日之蜡，一日之澤，非爾所知也。張而不弛，文武弗能也。弛而不張，文武弗爲也。一張一弛，文武之道也。」釋文：樂音洛。

鄭氏曰：蜡也者，索也，歲十二月，合聚萬物而索饗之也。國索鬼神而祭祀，則黨正以禮屬民，而飲酒于序，以正齒位。於是時，民無不醉者，如狂矣。曰「未知其樂」，怪之。蜡之祭，主先嗇而祭司嗇，勞農以休息之，言民皆勤稼穡，有百日之勞，喻久也。今一日使之飲酒燕樂，是君之恩澤。非女所知，言其義大。孔氏曰：蜡祭飲初，正齒位，及飲末醉，無不如狂者也。子貢以禮儀有序，乃是可樂，今酣飲號呶，人皆若狂，則非歡樂，故曰「未知其樂」也。孔子言蜡而飲，是報民一年之勞苦，故云「百日之蜡」也。言「百日」者，舉其全數，喻久，其實是一年之勞苦也。今日歡休，恣其醉如狂，是由於君之恩澤，故云「一日之澤」也。其義深遠，故曰「非爾所知」也。張，謂張弦。弛，謂落弦。孔子以弓喻民：弓張而不落弦，則絕其弓力，喻民久勞而不息，則亦損民之力，縱令文武之治，亦不能使人之得所也。弓久落弦而不張設，則失其往來之體，喻民久休息而不勞苦，則民有驕逸之志，民若如此，文武不能爲治也。弓一張一弛，喻民勞逸相參，調之以道，化之以理，則文武治民之道也。○愚謂鄉飲酒之禮，安燕而不亂，而蜡祭飲酒，至於一國之人皆若狂，何也？蓋賓賢能之禮專於士，故節之以禮而不過；蜡祭飲酒逮乎民，故恩惠浹洽，而醉飽有所不禁也。

孟獻子曰：「正月日至，可以有事於上帝；七月日至，可以有事於祖。」七月而禘，獻子爲之也。

孔氏曰：左傳襄公七年：「夏四月，三卜郊，不從。孟獻子曰：『郊祀后稷，以祈農事也。是故啟蟄而郊，郊而後耕〔一〕。今既耕而卜郊，宜其不從也。』」據獻子此言，郊天用周之三月。而禮記云：「『正月日至，可以有事於上帝；七月日至，可以有事於祖。』七月而禘，獻子爲之也。」此與禮記俱稱獻子，二文不同，必有一謬。禮記後人所録，左傳當得其真。若七月而禘，獻子爲之，則當獻子之時，應有七月禘者。烝、嘗過則書「禘」，過亦宜書，何以獻子之時不書「七月禘」也？左傳襄七年疏。　愚謂魯無夏至禘，亦無冬至郊，魯郊皆以孟春正月。此

〔一〕「後」，原本作「卜」，據左襄七年傳改。

記所言，其誤無疑。

夫人之不命於天子，自魯昭公始也。

郝氏敬曰：魯昭公之世，王命不行於天下久矣。諸侯繼世自立且不由天子，況其夫人乎？諸侯之不娶同姓者，未必皆有王命也，因昭公娶吴女附會之耳。愚謂郝氏之説似矣，而未盡也。婦人從其夫之爵位，夫榮於朝，則妻貴於室矣。故玉藻曰「唯世婦命於奠繭，其他則皆從男子」，未有既命其夫，又命其妻者也。春秋於魯適夫人之喪，皆書「夫人某氏薨」，獨昭公夫人書「孟子卒」，定公夫人書「姒氏卒」。蓋當時不以夫人之禮治其喪，故春秋不稱「夫人」，不書「薨」，以見當時臣子怠慢之罪。讀者不察，遂以爲二夫人不命於天子，故其書之如此。又以昭在定先，而所娶者乃吴女，遂以爲昭公取同姓，故不請命於天子，而夫人之不命自此始，而不知夫人本無受命之法也。

外宗爲君、夫人，猶内宗也。釋文：爲，于僞反，下「爲夫」「爲之服」同。

外宗，宗婦也。以其自他族來嫁於宗内，故曰「外宗」。周禮外宗「宗廟之祭，佐王后薦玉豆，眡豆、籩」，「王后以樂羞齍則贊。凡王后之獻亦如之」。祭統云「宗婦執盎從」，特牲禮「宗婦執兩籩，户外坐」，主婦「致爵於主人」，「宗婦贊豆」，皆與周禮外宗之所職者相合，則外宗即宗婦明矣。內宗，宗女也。服問曰諸侯爲天子服斬，「夫人猶外宗之爲君也」。此言「外宗爲君」，猶內宗臣爲君服斬，其妻從服齊衰。是諸侯夫人之於天子，與內、外宗之於君，皆服齊衰期也。然諸侯夫人之爲天子，乃從服也，從服不累從，故但爲天子服而不服王后；內、外宗於君、夫人，本有服者也，故不但爲君服，而並爲夫人服。其爲君皆齊衰期，其爲夫人，則各依本服之月數而服，則皆以齊衰也。○鄭氏曰：外宗、內宗，皆謂嫁於國中者也。爲君服斬，夫人齊衰，不敢以其親服服至尊也。外宗，謂姑、姊妹之女，舅之女，及從母，皆是也。內宗，五屬之女也。其無服而嫁於諸臣者，從爲夫之君；嫁於庶人，從爲國君。孔氏曰：古者大夫不外娶，故君之姑、姊妹嫁於國內大夫爲妻，是其正也。舅之女及從母在國中者，非正也，以諸侯不內娶。諸侯雖曰外取，舅之女及從母原在他國，不得來嫁與己國卿大夫爲妻，以大夫不外娶。愚謂鄭氏以內宗爲五屬之女，及言內宗無服而嫁者之服，皆是也。至其以外宗爲姑、姊妹之女之屬，及謂「內、外宗皆爲君服斬」，則非是。婦人不貳斬，故女子子適人者爲其父母，降服齊衰不杖期，雖諸侯之女子子適人者亦然也，豈有內、外宗乃爲君服斬乎？與諸侯爲兄弟者服斬，特主男子言之耳。至大夫不外娶，雖公羊之說，然士昏禮有饗他邦送者之禮，則卿大夫亦非不可外娶矣。

廏焚，孔子拜鄉人爲火來者。拜之，士壹，大夫再，亦相弔之道也。

鄭氏曰：言「拜之」者，爲其來弔己。宗伯職曰：「以弔禮哀禍灾。」

孔子曰：「管仲遇盜，取二人焉，上以爲公臣，曰：『其所與遊，辟也。可人也。』管仲死，桓公使爲之服。宦於大夫者之爲之服也，自管仲始也，有君命焉爾也。」釋文：上，時掌反。辟，匹亦反。

鄭氏曰：管仲言此人可也，但居惡人之中，使之犯法。自管仲始，亦記失禮所由也，善桓公不忘賢者之舉。宦猶仕也。此仕於大夫，更升於公，與違大夫之諸侯同，禮不反服。愚謂上以爲公臣者，蓋初以爲己臣，而其後薦之於公也。辟，邪辟也。言二人才本可用，特所與遊者非其人，故至於爲盜耳。使爲之服者，使爲服舊君齊衰三月之服也。

過而舉君之諱則起。與君之諱同則稱字。

鄭氏曰：舉，言也。起立者，失言而變自新。與君之諱同，謂諸臣之名也。

内亂不與焉，外患弗辟也。釋文：與音預。辟音避。

鄭氏曰：謂卿大夫也。同僚將爲亂，己力不能討，不與而已。至於鄰國爲寇，則當死之也。

春秋魯「公子友如陳葬原仲」，傳曰：「君子辟内難而不辟外難。」孔氏曰：内亂不與，謂力不能討也。若力能討則討之。　愚謂内亂，謂國内篡弑。不與，言不可從於爲亂。蓋雖威劫利誘，而毅然不回，若晏子之於崔、慶，蘧伯玉之於孫、寧是也。外患，謂國見圍滅。弗避，謂見危授命。

贊大行曰：「圭，公九寸，侯伯七寸，子男五寸，博三寸，厚半寸，剡上，左右各寸半，玉也。藻，三采六等。」釋文：厚，户豆反。剡，以冉反。

鄭氏曰：贊大行者，書説大行人之禮者名也。藻，薦玉者也。三采六等，以朱、白、蒼畫之再行也。子男執璧，作此贊者失之矣。　孔氏曰：贊，明也。周禮有大行人篇。作此記之前，别有書論説大行人之禮，其篇名謂之贊大行。剡，殺也，殺上左右角各寸半也。五等諸侯，圭、璧俱以玉爲之，故曰「玉也」。藻，謂以韋衣木，以藉玉者。三采，朱、白蒼、也。六等，六行也。畫上三色，每色爲二行，是三采六等。案聘禮記云「朝天子，圭與繅皆九寸」，「繅三采六等：朱、白、蒼，朱、白、蒼」。按今聘禮記無重「朱、白、蒼」字，蓋轉寫失去。既重云「朱、白、蒼」，是一采爲二等，相間而爲六等也。五等諸侯皆一采爲一就。典瑞云公、侯、伯「皆三采三就」，謂一采爲一就，故「三采三就」，其實采别二就，三采則六等也。典瑞又云子、男「二采再就」，二采，謂朱、緑也。二采故二就，其實采别二就，二采則四等也。典瑞又云：「瑑圭、瑑、璧、琮，繅皆二采一就，以覜、聘。」此謂卿大夫每采唯一等，是二采共一就也，與諸侯不同。其天子，則典瑞云「繅五采五就」，亦一采爲一就。五采，故五就，其實采别二就，五采則十等也。敖氏繼公曰：繅以帛爲之，表玄裏纁，所以藉玉而又揜其上者也。圭與繅皆九寸，其長同。若其廣，則玉三寸，而繅蓋一尺許也。愚謂公、侯、伯執圭，子、男執璧，此乃俱蒙「圭」言之者，文不具也。「博三寸」以下，明圭之制也。剡上，左右各寸半者，距圭上端之一寸半，斜嚮上削之，各至上端之中央而止。其殺之度，從上端之中央至兩畔，從上端至下，皆一寸半也。聘禮記云「繅皆玄纁」，則以帛爲之明矣。舊説謂「以韋衣木」者非。典瑞言公、侯、伯「繅皆三采三就」，而此云「三采六等」，則凡藻皆以二等爲一就也。此三采者以朱、白、蒼，用五行相克之次，則五采者以朱、白、蒼、黄、玄，而二采者以朱、白也。

哀公問子羔曰：「子之食奚當？」對曰：「文公之下執事也。」釋文：當如字，舊丁浪反。

鄭氏曰：子之食奚當者，問其先人始仕食禄，以何君時。愚謂下執事，謂士也。記此者，以其對辭得禮。

成廟則釁之，其禮：祝、宗人、宰夫、雍人皆爵弁、純衣。雍人拭羊，宗人祝之，

宰夫北面于碑南，東上。雍人舉羊升屋，自中，中屋南面刲羊，血流于前，乃降。釋文：純，側其反。拭音式。刲，苦圭反。

鄭氏曰：廟新成必釁之，尊而神之也。宗人先請於君曰：「請命以釁某廟。」君諾之，乃行。居上者，宰夫也。宰夫，攝主也。拭，靜也。自，由也。孔氏曰：爵弁，士服，純衣，謂絲衣，則玄衣、纁裳也。大戴禮釁廟篇云：「成廟，則釁以羊。君玄服立於寢門內，南鄉。祝、宗人、宰夫、雍人皆玄服。宗人曰：『請命以釁某廟。』君曰：『諾。』遂入。雍人拭羊。乃行，入廟門。」既云「拭羊，乃行，入廟門」，是拭羊在廟門之外。玄服，謂朝服緇衣、素裳，其祝、宗人等入廟之時，則爵弁、緇衣。雍人舉羊升屋，自中者，熊氏云：「謂抗舉其羊升於屋，由屋東西之中，兩階之間而升也。」中屋南面者，謂當屋棟之上，東西之中，而南面刲割其羊，使血流于前，雍人乃降。皇氏云：「舉羊，謂縣羊。升屋，謂掛羊於屋。自中，謂在屋之中。中屋，謂羊在屋棟之下，縣之上下空處〔一〕。」今謂屋者，謂室之在上之覆也。前云「升屋」，下云「乃降」，與喪大記「復者升屋」，其文正同，何得以升爲縣？又中屋爲屋棟，去地上下爲中？此正得云「屋中」，不得云「中屋」。若室裏縣羊，血則當羊而下，何得云「血流于前」？

〔一〕「空處」，禮記注疏作「處中」。

又下文「其衈皆於屋下」，明知其釁則在屋上。檢勘上下，皇氏之説非也。愚謂此章皆大戴禮諸侯釁廟禮文。成廟則釁之者，謂祖廟新遷，改塗易檐，既成則釁之也。故大戴禮宗人請於君曰「請命以釁某廟」，謂高祖廟遷則釁高祖廟，祖廟遷則釁祖廟也。釁，磔禳之祭名。毛牲謂之幾，羽牲謂之衈，釁其大名也。周禮幾又作「刉」，又作「祈」，衈或作「珥」。祈者祈福祥，珥者弭禍灾，釁者欲其消釁咎也。下文「門、夾室用雞」曰「衈」，此不曰「幾」而曰「釁」者，下文用羽牲曰「衈」，明此用毛牲是「幾」，此用毛牲曰「釁」，明下用雞亦是「釁」，互相備也。祝，小祝也。小祝掌侯禳禱祠之祝號。宗人掌禮，宗伯之屬也。宰夫於諸侯，司徒之屬也。雍人，内饔也。周禮内饔：「凡宗廟之祭祀，掌割亨之事。」大戴禮云：「君玄服立於寢門内南向。祝、宗人、宰夫、雍人皆玄服。」玄服，即純衣也。爵弁、純衣，士之祭服，則此四官皆諸侯之士也。君亦玄衣者，敬其事也。不服冕者，釁廟禮輕也。據大戴禮，請命時已玄服，則亦已爵弁。孔氏謂「廟門外朝服緇衣，入廟乃爵弁、純衣」，非也。凡言「玄衣」「玄服」，皆祭服，朝服色緇，不可謂之玄衣。且此言「爵弁、純衣」於「拭羊」之上，可謂「入廟乃爵弁」乎？祝之，以辭告神也。碑，以石爲之，在庭之中，所以識陰陽，引日景也。北面於碑南，蓋參分庭一在南也。東上者，宰夫攝主最在東，宗人掌禮事次之，祝掌告神又次之，雍人掌割牲又次之也。自中，自兩階間東西之中。中屋，當屋極上東西之中也。

門、夾室皆用雞，先門而後夾室。其衈皆于屋下。割雞：門當門，夾室中室。有司皆鄉室而立，門則有司當門，北面。既事，宗人告事畢，乃皆退。釋文：衈，如志反。鄉，許亮反。

孔氏曰：門，廟門也。夾室，東西箱也。減於廟室，故釁不用羊也。門與夾室各一雞，凡用三雞，故曰「皆」也。先門而後夾室，夾室又卑於門也。愚謂東西箱夾堂之兩旁，故曰「夾室」。門當門，謂在門内南面而當門之中也。夾室中室，謂在夾室之中，亦南面也。衈不於屋上者，衈之禮略也。有司，宰夫、宗人與祝也。有司鄉室、當門，皆北面東上。告事畢，告於宰夫也。○鄭氏曰：衈，謂將刲割牲以釁，先滅耳旁毛薦之。孔氏曰：其衈皆於屋下者，謂未刲割羊與雞之時，先滅耳旁毛以薦神，廟則在廟之屋下，門與夾室則在門、夾室之屋下，衈訖然後升屋而釁。門當門，夾室中室者，謂衈訖爲釁之時，門則當門屋之上中，夾室則當夾室上之中，割雞使血流。愚謂據記文，則廟用羊，升屋而刲之，而謂之釁。門、夾室用雞，於屋下割之，門當門，夾室中室，而謂之衈。疏乃謂羊亦有屋下之衈，雞亦有屋上之釁，似欲以補記之所未及，然此記所言，實出於大戴禮釁廟篇。彼云「門以雞，有司當門北面，雍人割雞屋下，當門，郟室割雞於室中」，可見門、夾室即在屋下割雞，別無屋上之釁，而廟亦未必有屋下之衈矣。蓋釁、衈自爲二禮，釁之禮重，故在屋上；衈之禮輕，故於屋下。周禮司約云：「若有訟者，則珥而辟藏。」此亦於屋下爲之，未必升屋也。鄭氏云「衈，謂將封割牲以釁，先滅耳旁毛薦之」，則似先衈後釁，故疏家申其說如此。然「衈，滅耳旁毛」之說，本無所據，而先衈後釁，記中實無此義也。盧辨大戴禮註云：「小戴禮『割雞屋上』。」然小戴記實無此語，蓋南北朝講師相傳之說耳。

反命于君曰：「釁某廟事畢。」反命于寢，君南鄉于門內，朝服。既反命，乃退。

釋文：朝，直遥反。

鄭氏曰：君朝服者，不至廟也。　愚謂門內，路寢門內也。反命時，君南鄉於門內，則請命時亦然。始請命，君亦玄衣，此反命，君朝服者，事畢禮殺也。鄭氏謂「君朝服者，不至廟」，故疏謂「大戴禮之玄衣爲朝服」，非也。

路寢成，則考之而不釁。釁屋者，交神明之道也。凡宗廟之器，其名者成，則釁之以豭、豚。 釋文：豭音加。

鄭氏曰：路寢，生人所居。不釁者，不神之也。考之者，設盛食以落之爾。檀弓曰「晉獻文子成室，諸大夫發焉」，是也。宗廟名器，謂尊、彝之屬。孔氏曰：落，謂與賓客燕會，以酒食澆落之，即歡樂之義也。器之名者，成則釁之，殺豭、豚血塗之也。不及廟，故不用羊。若細者成，則不釁也。愚謂宗廟之器，名者成，則釁之以豭、豚，而齊宣王以牛釁鐘者，戰國人君奢侈耳。

諸侯出夫人，夫人比至于其國，以夫人之禮行。至，以夫人入，使者將命曰：「寡君不敏，不能從而事社稷、宗廟，使使臣某敢告於執事。」主人對曰：「寡君固前辭『不教』矣，寡君敢不敬須以俟命。」有司官陳器皿，主人有司亦官受之。釋文：比，必利反。使者，色吏反，下「使臣」「使者」同。皿，武景反，字林又音猛。

鄭氏曰：行道以夫人之禮者，棄妻致命其家乃義絶，不用此爲始。前辭「不教」，謂納采時也。此辭賓在門外，擯者傳焉。賓入，致命如初，主人卒辭曰：「敢不聽命。」器皿，其本所齎物也。律，棄妻畀所齎。孔氏曰：云「官」者，明付受悉如法也。愚謂前辭「不教」者，士昏禮納采，主人曰「某之子惷愚，又弗能教」，是也。敬須以俟命者，謂不敢嫁，以俟後命，冀其反之也。左傳齊桓公歸蔡姬，「未絶之也，蔡人嫁之」，齊侯伐蔡。寡君固前辭「不教」矣，敢不敬須以俟命，此即主人之卒辭。鄭氏謂「別有『敢不聽命』之語」，非也。官陳器皿者，夫人之器物，各有典主之官，今其官各以所典者陳之，主人亦使有司各以其官受之也。

妻出，夫使人致之，曰：「某不敏，不能從而共粢盛，使某也敢告於侍者。」主人對曰：「某之子不肖，不敢辟誅，敢不敬須以俟命。」使者退，主人拜送之。如舅在則稱舅，舅没則稱兄，無兄則稱夫。主人之辭曰：「某之子不肖。」如姑、姊妹亦皆稱之。釋文：共音恭。辟音避。

鄭氏曰：肖，似也。言不如人。誅猶罰也。棄妻者，父兄在則稱之，命當由尊者出也。唯國君不稱兄。姑、姊妹見棄，亦曰「某之姑、某之姊若妹不肖」。愚謂舅之辭則曰「某之子不敏」，兄則曰「某之弟不敏」，餘與夫之辭同。

孔子曰：「吾食於少施氏而飽，少施氏食我以禮。吾祭，作而辭曰：『疏食不足祭也。』吾飧，作而辭曰：『疏食也，不敢以傷吾子。』」釋文：少，詩召反。食我，音嗣。飧音孫。

鄭氏曰：貴其以禮待己而爲之飽也。時人倨慢，若季氏則不以禮矣。少施氏，魯惠公子施父之後。愚謂玉藻曰：「客祭，主人辭，曰：『不足祭也。』客飧，主人辭以『疏』。」則少施氏之所以待孔子者，乃禮之所當然，而非有所過也。但時人知禮者少，故孔子於少施氏而善之。

納幣一束，束五兩，兩五尋。

鄭氏曰：納幣，謂昏禮納徵也。十箇爲束，貴成數。兩兩合其卷，是謂五兩。八尺曰尋，一兩五尋，則每卷二丈也，合之四十尺，今謂之匹，猶匹偶之云與？愚謂納幣用帛，以五兩并而束之，故曰「納幣一束」。束五兩，五兩即五匹也。謂之兩者，指其卷數言之也。帛長四十尺，從兩頭各卷至中央，每卷二丈，則每匹爲兩卷矣。凡用帛爲禮者，皆以束。納幣，庶人用緇，士以上用玄纁，而其爲一束則同也。

婦見舅姑，兄弟、姑、姊妹皆立于堂下，西面，北上。是見已。見諸父各就其寢。釋文：見，賢徧反。

鄭氏曰：婦來爲供養也。其見主於尊者，兄弟以下在位，是爲已見，不復特見。諸父，旁尊也，亦爲見時不來。孔氏曰：兄弟、姑、姊妹皆立于堂下，皆立於舅姑之堂下，東邊西鄉，以北爲上，近堂爲尊也。舅姑在堂上，婦自南門入，從兄弟、姑、姊妹前度，即爲相見，不復更就其室見之。諸父，夫之叔伯也。既是旁尊，故婦明日各往其寢而見之。愚謂姑亦旁尊也，其尊與舅姑敵，不當立於舅姑之堂下，此不當有「姑」字，蓋經中多連言「姑、姊妹」者，遂誤衍耳。兄弟、姊妹立於舅姑之堂下，蓋兄弟爲一行，姊妹爲一行，而兄弟在姊妹之前也。其見諸父，蓋在明日舅姑醴婦之後與？

女雖未許嫁，年二十而笄，禮之婦人執其禮。燕則鬈首。釋文：鬈音權，又居阮反。

鄭氏曰：雖未許嫁，年二十亦爲成人矣。禮之，酌以成之。言「婦人執其禮」，明非許嫁之笄。既笄之後去之，鬈首，猶若女有鬠、紒也。孔氏曰：十五許嫁而笄，則主婦及女賓爲笄禮，主婦爲之著笄，女賓以醴禮之。未許嫁而笄，則婦人執其禮，無主婦、女賓，不備儀也。既笄之後，尋常在家燕居，則去其笄而鬈首，謂分髮爲鬠、紒也。此既未許嫁，雖已笄，猶爲少者處之。愚謂女子十五而許嫁，許嫁則笄矣。未許嫁則二十而笄，以二十乃成人之年，故雖未許嫁亦笄也。禮之，謂既笄而以醴禮之也。婦人，謂在家之婦人，若兄弟之妻及世叔母之屬也。男子之冠，使賓爲之加冠，又爲之酌醴以禮之；女子許嫁而笄，其加笄及醴之之禮，亦使女賓執之。若未許嫁之笄，則使家之婦人執其禮，而不以女賓。蓋婦人以得所從爲榮，女行著聞，然後采擇加焉，故未許嫁者於其笄貶其禮，亦所以媿勵之也。鬈首，謂分髮爲鬠、紒，未笄者之法也。許嫁者笄後恒笄，未許嫁者雖行笄禮，而在家燕居，則去其笄而鬈首，仍爲少者處之，亦所以貶於許嫁者也。

韠長三尺，下廣二尺，上廣一尺，會去上五寸。紕以爵韋六寸，不至下五寸。純以素，紃以五采。釋文：韠音必。長，直諒反。廣，古曠反。會，古外反。紕，婢支反，又方移反。純，之閏反，又支允反。紃音巡，徐辭均反。

鄭氏曰：會，謂領上縫也。領之所用，蓋與紕同。在旁曰紕，在下曰純。素，生帛也。紕六寸者，中執之，表裏各三寸也。純、紕所不至者五寸，與會去上同。紃施諸縫中，若今時條也。

孔氏曰：韠長三尺，與紳齊也。下廣上狹，象天地數也。會去上五寸者，會，謂韠之領縫也。此縫去韠上畔廣五寸，謂會上下廣五寸也。紕以爵韋六寸者，謂會縫之下，韠之兩邊，紕以爵韋倒襵之，兩廂各三寸也。不至下五寸者，謂紕、韠之兩邊，不至韠之下畔闊五寸也。純以素者，謂紕所不至之處，横純之以生帛，此帛上下各闊五寸也。紃以五采者，紃，條也，謂以五采之條，置於諸縫之中也。愚謂帛，今之白色綾也。紃以五采，謂上之會，兩畔之紕，下之純，其縫中皆以紃飾之，其紃皆用五采絲織之也。此爲韠之制，蓋君、大夫、士同也。其異者，天子前直，公侯前後方，大夫前方後挫角，士前後正。

十三經清人注疏

禮記集解

第四册

〔清〕孫希旦 撰
沈嘯寰 王星賢 點校

禮記卷四十三

喪大記第二十二之一 別録屬喪服。

孔氏曰：按鄭目録云：「名曰喪大記者，以其記人君以下始死、小斂、大斂、殯、葬之事。」劉元云：「記謂之大者，言其委曲、詳備、繁多。」　愚謂士喪禮有記，專記士喪禮之所未備者也。此所記兼有君、大夫、士之禮，所記廣大，故曰喪大記。

疾病，外内皆埽。

鄭氏曰：疾困曰病。　應氏鏞曰：埽庭及堂，正家之常道，今於此又皆埽者，肅外内以謹變，致潔敬以慎終也。　敖氏繼公曰：埽者，爲將有事也。

君、大夫徹縣，士去琴瑟。釋文：縣音玄。去，起吕反。

鄭氏曰：凡樂縣[一]，天子宫縣，諸侯軒縣，大夫判縣，士特縣。去琴瑟者，不命之士。　愚

〔一〕「縣」，禮記注疏作「器」。

謂爲將死不用，且妨於喪事也。大夫士賜樂者乃有縣，士賜樂者少，而琴瑟其所常御，故言「去琴瑟」。

寢東首於北牖下。釋文：首，手又反。○鄭注：北牖下，或爲「北墉下」。○今按：室北無牖，作「墉」爲是。士喪禮正作「墉」。

鄭氏曰：謂君來視之時也。病者恒居北牖下。孔氏曰：論語：「疾，君視之，東首，加朝服。」東方生長，故東首，鄉生氣。疾者恒在北牖下，若君來視之，則暫移南牖下，東首，令君得南面視之。愚謂疾者居正寢北墉下也。玉藻「君子寢必東首」，所以受生氣也。又室南近牖户而光明，北則深靜，於寢處爲宜。是東首於北墉下者，平時寢處之常也。嫌疾病時或異平時，故特明之。至君視之，則其東首雖同，而當遷於南牖下矣。鄭氏以此爲君來視之時，則是臣處北墉下，君乃當北面視之，其説非是，故孔疏駁正之。

廢牀，徹褻衣，加新衣，體一人。

鄭氏曰：廢，去也。人始生在地，去牀，庶其生氣反。徹褻衣，則所加者新朝服矣，互言之也。加朝服者，明其終於正也。體，手足也。四人持之，爲其不能自屈伸也。敖氏繼公曰：褻衣，死衣也。必易之者，爲其不可服故衣以死也。衣云「褻」，見其非上衣。然則新者亦非上衣矣。上衣者，朝服玄端之類。不加上衣者，爲其後有襲、斂等事，皆用上衣，故於此略之。

始死體僵者，魄之散也，故廢牀而以尸就地，冀魄之依之而還也。既而氣絶者，魂之散也，故使人持衣而復，欲魂之識之而返也。廢牀與復，同一義也。褻衣，裘、葛、袍、繭、絅、褶之屬也。上言「褻」，下言「新」，互見之也。然則非朝服明矣。自此以至於沐浴之前，皆用人持手足，至綴足用燕几，則御者一人坐持其足，而持手者猶二人也。

愚謂人之魂魄聚則生，散則死。魂陽而魄陰，人死則魂升於天，而魄降於地。

男女改服。

鄭氏曰：爲賓客來問病，亦朝服也。庶人深衣。又士喪記註曰：「主人深衣。」愚謂男女改服者，男子笄、纚深衣，婦人斬衰者去笄而深衣，齊衰者骨笄而深衣也。檀弓曰：「始死，羔裘、玄冠者，易之而已。」問喪曰：「親死，笄、纚，徒跣，扱上衽，交手哭。」此即下文「始卒，主人啼，兄弟哭」之節也。衽，深衣之衽也。始死云「扱上衽」，則前此已服深衣，而至此第扱其衽，則深衣爲改服所服無疑也。蓋疾時養者玄端，非養或朝服或玄端，婦人則纚、笄、總、玄綃衣。此皆吉服，非可施於始死，而由吉趨凶，必有其漸，深衣在吉凶之間，故總服之，其所以改服者，固非爲賓客來問疾，而其服亦非朝服也。士喪記註以爲深衣者雖得之，而以爲但主人服此，則亦未爲得也。

屬纊以俟絶氣。 釋文：屬音燭。纊音曠，一音古曠反。

鄭氏曰：纊，今之新綿，易動摇，置口鼻之上以爲候。　愚謂復以氣絶爲節，氣絶然後遷尸於牀而復。

男子不死於婦人之手，婦人不死於男子之手。

鄭氏曰：君子重終，爲其相褻。　愚謂死，謂氣絶也。男子不死於婦人之手者，謂所使持四體、屬纊之人，皆以男子，而不以婦人也。

君夫人卒於路寢，大夫世婦卒於適寢，内子未命則死於下室，遷尸于寢，士之妻皆死于寢。 釋文：適，丁歷反。

鄭氏曰：言死者必皆於正處也。寢、室通耳，其尊者所不燕焉。君謂之路寢，大夫謂之適寢，士或謂之適室。内子，卿之妻。下室，其燕處也。　熊氏安生曰：諸侯夫人、大夫妻及士之妻卒，皆於夫之正寢。　愚謂熊氏之説是也。凡妻之死，皆與夫同處。君夫人，謂君之夫人也。大夫世婦，謂大夫之世婦也。内子，卿之妻也。曰「路寢」，曰「適寢」，曰「寢」，皆其夫之正寢也。凡婦人從其夫之爵位，内子未命，謂其夫未受爵命於太廟也。君於卿大夫，年五十乃假祖廟而命之。下室，謂妻之寢也。士喪禮既卒，「設牀第，當牖」而「遷尸」，遷而後行復事。遷尸於寢，由下室而遷於夫正寢之牖下，既遷尸乃復也。内子未命者如此，則世婦可知。蓋喪事有卿大夫之位，君夫人則天子諸侯弔焉，大夫士之妻則君夫人、卿、大夫弔焉，皆不可於婦人之寢褻之，故其死必皆於夫寢也。内子未命者既死而遷尸，則凡卒於夫寢者皆於疾病而已遷矣。不言男子死處者，死於適室，士喪禮有明文，則大夫以上亦從可知。惟婦人之禮未顯，故特言之。○鄭氏曰：此變「命婦」言「世婦」者，明尊卑同。世婦以君下寢之上爲適寢。愚謂天子之次婦曰三夫人，諸侯之適妻亦曰夫人，諸侯之次婦曰世婦，大夫之適妻亦曰世婦，皆以其尊相當也。此篇所言「世婦」，有指大夫之適妻者：「大夫世婦卒於適寢。」復，「世婦以禮衣」，内子「爲世婦之命授人杖」，士「於大夫世婦之命如大夫」，是也。有指諸侯之次婦者：「君之喪」，「五日授世婦杖」，「夫人、世婦在其次則杖」，「夫人、世婦、諸妻皆疏食水飲」，「君於大夫、世婦，大斂焉」，「夫人於世婦，大斂焉」，是也。鄭氏似以此「世婦」爲兼言君之世婦，非也。「君夫人」、「大夫世婦」與下「士之妻」一例，不得兼言君之世婦也。且君之下室，固無適寢之稱，而世婦之喪，君所不主，其赴告不及於鄰國，其治喪蓋即於其寢耳。

復，有林麓則虞人設階，無林麓則狄人設階。

鄭氏曰：復，招魂復魄也。階，所乘以升屋者。虞人，主林麓之官。狄人，樂吏之賤者。階，梯也。簨虡之類。　愚謂此謂人君之禮也。有林麓，謂其地與林麓近也。使虞人設階者，以其常升山陵，於設階之事習也。無林麓，謂其地與林麓遠也。狄人，蓋冬官之屬。鄭氏以狄人爲樂吏，蓋據祭統而言。然此篇言「狄人設階」，又言「狄人出壺」，書顧命云「狄設黼扆、綴衣」，此其事皆與樂官無與，疑冬官别有狄人，非祭統所言也。大夫士之復，其設階蓋私臣隸子弟之屬爲之。

小臣復，復者朝服。君以卷，夫人以屈狄，大夫以玄赬，世婦以襢衣，士以爵弁，士妻以税衣，皆升自東榮，中屋履危，北面三號，卷衣投于前，司服受之，降自西北榮。釋文：朝，直遥反。以卷，本又作「衮」，同古本反。屈音闕。赬，赤貞反。襢，知彦反。税，他亂反。榮如字，劉昌宗音營。號，户高反。卷衣，居勉反，徐紀阮反。

鄭氏曰：小臣，君之近臣也。朝服而復，所以事君之衣也。用朝服而復之者，敬也。復用死者之祭服，以其求於神也。君以卷，謂上公也。夫人以屈狄，互言耳。上公以衮，則夫人用褘衣；而侯伯以鷩，其夫人用揄狄；子男以毳，其夫人乃用屈狄矣。赬，赤也。玄衣、赤裳，所謂「卿大夫自玄冕而下」之服也。其世婦亦以襢衣。榮，屋翼。升東榮者，謂卿、大夫、士也。天子諸侯言「東霤」。危，棟上也。號，若云「皐某復」也。司服以篋待衣於堂前。孔氏曰：小臣，君之親近。冀君魂來依之，則大夫士以下悉用近臣也。復之人服朝服，奉事君之魂神，故朝服。君以卷者，謂上公自卷冕而下。夫人以屈狄者，謂子男之夫人自屈狄以下。大夫以玄赬者，大夫用玄冕、玄衣、纁裳，故曰「玄赬」。世婦，大夫妻也。世婦上服惟襢衣，故用以復。君之世婦亦襢衣也。士以爵弁者，六冕以衣名冠，爵弁以冠名服，此用其衣，非用其冠。稅衣，六衣之下也，士妻得服之。榮，屋翼也。天子諸侯四注爲屋，大夫以下不得四注，但南北二注而爲直頭，以其體下於屋，在屋兩頭似翼，故名屋翼。升自東榮者，復者升東翼而上也。中屋者，當屋東西之中央。履危者，履屋棟上高危之處也。復者北面，求諸陰之義也。三號者，一號於上，冀神在天而來；一號於下，冀神在地而來；一號於中，冀神在天地之間而來也。每號輒云：「皐某復矣！」皐，長聲也。三招魂竟，卷斂所復之衣，從屋前投下，司服之官以篋待衣於堂前也。降自西北榮者，初復是求生，故升東榮而上，求既不得，不忍虛從所求不得之道還，故自幽陰而下也。不正西而西北者，因取西北扉爲便也。必取西北扉者，亦用幽陰之所也。故鄭註士喪禮曰：「不由前降，不以虛反也。降因取西北扉，若云此室凶，不可居也。」高氏閌曰：今淮南風俗，民有暴死，使數人升其居屋及於路旁徧呼之，有蘇活者，豈復之遺意與？愚謂小臣復，謂諸侯之禮也。若大夫士復，當亦私臣之親近者爲之，而其服皆朝服也。於君言上公之「卷」，舉上以見其下；於夫人言子男之「屈狄」，舉下以見其上也。不言「卿」與「内子」者，文不具也。爾雅：「一染謂之縓，再染謂之赬，三染謂之纁。」此於大夫不言「玄纁」，而曰「玄赬」，豈冕服之纁裳，其色亦有淺深之差與？三號者，禮成於三也。降自西北榮，則升亦自東南榮，蓋東西榮之中皆偏高，不便於升降也。若人君四注之屋，則升降皆於東西霤也。升自東南，降自西北，禮以相變爲敬也。司服，春官之屬。司服受之，亦諸侯之禮也。此始言「小臣復」，中言「升自東榮」，末言「司服受之」，錯舉之，皆所以互相備也。按周禮夏采「復於大祖」及四郊，祭僕「復於小廟」，隸僕「復於小寢、大寢」，此「小臣」蓋即祭僕、隸僕之屬。蓋以其聯職共事，故皆得謂之小臣也。周禮小臣四人，而燕禮小臣相工四人，又有辭賓下拜者，請媵爵者，皆小臣也。則知小臣之名，通於祭僕之屬矣。天子大廟以夏采復，諸侯兼官，或大廟亦小臣之屬復與？諸侯復於小寢、大寢、小祖、大祖、庫門、四郊，士惟復於寢，卿大夫當兼復於寢、廟。然自人君四郊之外，其復皆用此禮也。

其爲賓，則公館復，私館不復。其在野，則升其乘車之左轂而復。釋文：乘，繩證反。

說見曾子問及雜記。

復衣不以衣尸，不以斂。釋文：衣尸，於既反。

鄭氏曰：不以衣尸，謂不以襲也。復者，冀其生也，若以其衣襲、斂，是用生施死，於義相反。

士喪禮云：「以衣衣尸，浴而去之。」

婦人復，不以袡。釋文：袡，而廉反。

鄭氏曰：袡，嫁時上服，而非事鬼神之衣。

凡復，男子稱名，婦人稱字。

鄭氏曰：婦人不以名行。　愚謂此謂大夫士也。曲禮：「天子曰天子復，諸侯曰某甫復。」以此推之，王后宜曰「王后復」，而諸侯夫人亦稱字與？

唯哭先復，復而後行死事。

鄭氏曰：氣絶則哭，哭而復，復而不蘇，可以爲死事。

始卒，主人啼，兄弟哭，婦人哭踊。

鄭氏曰：悲哀有深淺也。嬰兒中路失母，能勿啼乎？孔氏曰：孝子哀痛，嗚咽不能哭，如嬰兒失母，故啼也。有聲曰哭。愚謂始卒，謂復前氣絶時也。問喪曰「親始死，笄、纚，徒跣，扱上衽，交手哭」，謂此時也。主人，適子及衆子也。兄弟，期喪以下之親也。婦人，亦謂期喪以下者。若死者之妻亦啼踊者，主人、兄弟、婦人皆踊也。

既正尸，子坐于東方；卿、大夫、父、兄、子姓立于東方；有司、庶士哭于堂下，北面；夫人坐于西方；内命婦、姑、姊妹、子姓立于西方；外命婦率外宗哭于堂上，北面。

鄭氏曰：正尸，謂遷尸牖下，南首也。子姓，謂衆子孫，姓之言生也。其男子立於主人後，女子立於夫人後。世婦爲内命婦，卿大夫之妻爲外命婦。孔氏曰：夫人坐於西方者，亦近尸，故士喪禮「婦人俠牀，東面」。但士禮略，但言「俠牀」，人君則當以帷障之也。外命婦、外宗疏於内命婦，故在户外。婦人無堂下之位，故皆堂上，北面。愚謂此言人君初喪，主人以下之位也。遷尸牖下謂之正尸者，始廢牀時猶東首，至是始卒，始正其南首之法也。子，世子也。坐於東方，爲喪主也。父、兄，大功以上尊長之親也。子姓，謂衆子及諸孫也，而大功以上卑幼之親亦該焉。立於東方者，立於主人之後也。有司，三等之士也。庶士，謂未命之士，燕禮所謂「士旅食」者也。哭於堂下，當兩階間而西上也。北面，向尸也。夫人坐於西方，爲女主也。若無夫人，則適婦爲女主。内命婦，世婦以下也。子姓，謂女子子也，而諸子婦之屬亦該焉。立於西方者，立於夫人之後也。外命婦，卿大夫之妻爲君有服者也。外宗，同宗之婦也。既言「外命婦」，又言「外宗」者，以外宗不皆爲外命婦也。若卿大夫之妻爲君無服者，則不與於君喪也。哭於堂上，當户牖間而西上也。此以室之内外别親疏之位，而在室内者以尸西、尸東爲男女之别，在室外者以堂上、堂下爲男女之别也。於東方、西方者不言「哭」，不嫌不哭也。於堂下、堂上者不言「立」，不嫌不立也。○楊氏信曰：始死哭位，必辨室中、堂上、堂下之位，非特男女、内外、親疏、上下之分不可以不正，亦治喪馭繁、整雜之大法也。陸氏佃曰：卿、大夫序父、兄、子姓之上者，國事先君臣也。諸侯爲卿、大夫服，而不服父、兄、子姓，以此。愚謂下文言「君將大斂」，「卿大夫即位於堂廉，楹西」，而「父、兄在堂下北面」，則卿、大夫親於父、兄矣。然喪事以服之精粗爲序，子姓乃衆子，未可以卿、大夫先之。疑立於東方者卿、大夫，則序尊卑而北上；父、兄、子姓，則序服之精粗而南上與？○孔疏謂「人君位尊，不可不正定世子之位，卿、大夫等或當在户外東方，遥繼主人之後」，非也。世子主喪而坐，而衆子立於其後，則尊卑之位固不患其不定矣。

堂上爲婦人之位，不可以父、兄、子姓參之也。疏又謂「父、兄、子姓雖小功以下，皆在堂上西面」，亦非也。君有服之親，其爲卿、大夫者，在卿、大夫之位；其不爲卿、大夫者，大功以上與父、兄、子姓齒，小功以下與有司、庶士齒。記所以不言小功以下者，有司、庶士内該之也。疏又謂「子姓中有女之女」，亦非也。女之女爲外祖父母本服小功，則當哭於堂上，不言者，外命婦内該之也。

大夫之喪，主人坐于東方，主婦坐于西方，其有命夫、命婦則坐，無則皆立。

鄭氏曰：命夫、命婦來哭者，同宗父、兄、子姓，姑、姊妹、子姓也。凡此哭者，尊者坐，卑者立。　孔氏曰：大夫之喪，不顯父、兄、子姓及姑、姊妹哭位者，約上文君喪及下文士喪可知也。　愚謂君尊於父、兄、子姓，故主人皆坐，而餘人則立。大夫有命夫、命婦則坐，其尊敵故也。

士之喪，主人、父、兄、子姓皆坐于東方，主婦、姑、姊妹、子姓皆坐于西方。

鄭氏曰：士賤，同宗尊卑皆坐。　愚謂主人與衆主人尊卑不殊也。士喪記曰：「室中唯主人、主婦坐，兄弟有命夫、命婦在焉亦坐。」與此不同者，蓋室中唯主人、主婦得坐者，上下之達禮也，非但以其尊，亦所以定喪主之位也。但士賤，故餘人亦許其坐，而不以坐爲常。若命夫、命婦在焉，則得常坐，與主人、主婦同也。

凡哭尸于室者，主人二手承衾而哭。

鄭氏曰：承衾哭者，哀慕若欲攀援。

君之喪未小斂，爲寄公、國賓出；大夫之喪未小斂，爲君命出；士之喪於大夫，不當斂則出。 釋文：爲，于僞反，下皆同。

鄭氏曰：父母始死悲哀，非所尊不出也。出者，或至庭，或至門。國賓，聘大夫。不當斂，其來非斂時。孔氏曰：此謂未小斂之前，主人出迎賓之節。世子迎寄公及國賓，士出迎大夫，皆至庭，故下文云「降自西階」，又云「士於大夫親弔，則與之哭，不逆於門外」，是也。大夫於君命，迎於寢門外，以此言之，則世子於天子之命，士於君命，亦皆然也。君與大夫云「未小斂」，謂去小斂遠也。士於大夫云「不當斂」，謂去小斂近也。士於大夫，雖於小斂相偪，尚爲大夫出，若未小斂之前，爲大夫出可知也。未襲之前，唯爲君命出，其餘則不出，故士喪禮未襲之前，「君使人弔，主人迎於寢門外，見賓不哭，先入門右，北面」，是也。君使退，主人哭拜送於外門外。於時賓有大夫，則特拜之，因送君使而拜之，非謂特出迎賓也。雜記云「士喪當袒，大夫至，絶踊而拜之」，亦謂斂後，正斂時不出也。愚謂寄公，謂諸侯失地而寄寓於諸侯者也。國賓，謂諸侯來賓者也。周禮司几筵「筵國賓於牖前」，是也。聘禮遭主國君喪，不言有致弔之禮，蓋使者奉命出聘，未復命則不得私致弔於他國君也。左傳：「衛穆公卒，晉三子自役弔焉，哭於大門之外。衛人逆之，婦人哭於門内。」此已是春秋時失禮，然猶不敢至喪所，則此「國賓」非聘者明矣。君爲寄公、國賓出，士爲大夫出，出至庭而拜之也。大夫之喪，爲君命出，出至門而迎之也。蓋父母初死，哀痛方深，且喪事急遽，故非所尊敬則不出也。喪不迎賓，惟臣於君命則迎於寢門之外。

凡主人之出也，徒跣，扱衽，拊心，降自西階。君拜寄公、國賓于位。大夫於君命，迎于寢門外，使者升堂致命，主人拜于下。士於大夫親弔，則與之哭，不逆於門外。釋文：使，色吏反。

鄭氏曰：拜寄公、國賓於位者，於庭鄉其位而拜之。此時寄公位在門西，國賓位在門東，皆北面；小斂之後，寄公東面，國賓門西，北面。士於大夫親弔，謂大夫身來弔士也。與之哭，既拜之，即位西階東面哭。

愚謂士喪禮朝夕哭弔賓之位，「卿大夫在主人之南，諸公門東，少進，他國之異爵者門西，少進」，士西方東面；而於始死以後至殯以前，皆不見弔賓之位。蓋其位與朝夕哭同，故不別見之。故士喪禮「有賓則拜之」，鄭氏云「其位如朝夕哭」是也。若諸侯，則羣臣之位，始死之時，親而尊者在室，疏而卑者在堂下，即上經之所陳者是也。既小斂，則卿大夫皆在主人之南，西面，士西方東面。而士禮門東，北面，少進之位，於諸侯則當爲寄公之位；士禮門西，北面，少進之位，於諸侯則當爲國賓之位。自始死以至於朝夕哭皆然。若鄰國卿大夫來弔者，則當在門西，北面，但始死之時，鄰國弔使亦未能即至耳。君拜寄公、國賓於位者，南向就其位而拜之也。主人拜於下，拜於中庭也。凡臣於君之弔，皆即位於門右，北面，受弔於中庭。故士喪始死，君使人弔，主人迎於寢門外，見賓不哭，先入門右，北面。弔者入，升自西階，主人進中庭，弔者致命，主人哭拜稽顙成踊。賓出，主人拜送於外門外。大夫於君命亦然。士於大夫親弔，則與之哭者，大夫西面於阼階下之南，主人即西階下位，與之俱東面而哭也。○鄭氏云：「大夫特來，則北面。」此據檀弓「曾子北面而弔」爲説，不知曾子北面乃弔於不爲位者之禮，非可以決弔位之正。

夫人爲寄公夫人出，命婦爲夫人之命出，士妻不當斂則爲命婦出。

鄭氏曰：出，拜之於堂上也。此時寄公夫人、命婦位在堂上，北面，小斂之後，尸西，東面。孔氏曰：婦人尊卑與夫同，故所爲出者亦同也。愚謂出，謂出於室也。寄公夫人、命婦位在堂上北面者，以婦人無堂下之位，而尸在室中，宜北面鄉之也。蓋寄公夫人在外命婦之西，命婦在衆婦人之西，而皆西上，其拜之皆於户外南嚮而拜之也。命婦爲夫人之命，拜稽顙於庭。○孔氏謂「出爲出房」，非也。此時尸在室，主婦在尸西，東面，不得在房也。又謂「命婦爲夫人之命，不下堂」，亦非也。未斂之前，主人爲君命，亦拜於庭，則主婦亦然，約下夫人弔之禮可見也。

小斂，主人即位于户内，主婦東面，乃斂。卒斂，主人馮之踊，主婦亦如之。主人袒，説髦，括髮以麻，婦人髽，帶、麻于房中。釋文：馮，皮冰反，本或作「凴」，後皆同。説，本又作「税」，同他活反，徐他外反。

鄭氏曰：士既殯説髦，此云「小斂」，蓋諸侯禮也。士之既殯，諸侯之小斂，於死者俱三日也。婦人之髽，帶、麻於房中，則西房也。天子諸侯有左右房。孔氏曰：初時尸在牖下，主人在尸東，今小斂在户内，故主人在户内稍東，西面嚮。小斂不袒，今方有事，故袒衣也。士喪禮馮尸已竟而髺髮、袒，此未括髮先袒，或人君禮也。髦，幼時翦髮爲之，至年長則垂著兩邊，明人子事親恒有孺子之義也。若父死説左髦，母死説右髦，二親並死則並説之，親没不髦，是也。今小斂竟，喪事已成，故説之也。按鄭註「士既殯説髦」，今小斂而説者，人君禮也。括髮以麻者，人君小斂説髦訖而括髮用麻也。士小斂後亦括髮，但未説髦耳。婦人髽者，婦人髽亦用麻，對男子括髮也。帶麻於房中者，帶麻，麻帶也，謂婦人要經也。士喪禮云：「婦人之帶，牡麻，結本，在房。」此齊衰婦人，若斬衰婦人亦苴經也。此經兼明諸侯之禮，有東西房，男子既括髮於東房，故婦人髽及帶麻於西房也。愚謂此篇凡言諸侯之禮，皆著言「君」「夫人」，此但言「主人」「主婦」，則謂上下之達禮也。斂，謂以衣、衾斂尸也。衣少謂之小斂，衣多謂之大斂。小斂之時，主人即位於户内西面，主婦即位於户内東面。於主人言「户内」，於主婦言「東面」，互見之也。袒者，袒左袖扱於右腋之下也。凡禮事皆左袒，主人有事於尸，乃袒小斂之袒，爲將奉尸侇於堂也。士喪禮「既殯説髦」，此小斂説髦，禮俗不同，記者各據所聞言之。曲禮居喪之禮，「皆如其國之故，謹脩其法而審行之」，謂此類是也。括髮以麻者，初死笄、纚而未有他服，至是主人乃散垂其髮，而以麻約之，謂之括髮，衆主人則用布而謂之免。蓋始變飾爲成服之漸也。括髮乃袒，自首及身，事之次也。或先言「括髮」，或先言「袒」，由文便爾。髽，去纚而露紒也。婦人之髽，猶男子之括髮與免也。帶、麻，加要帶與麻經也。房中，註疏以爲西房，是也。知房爲西房者，士喪禮「衆主人免於房」，此爲東房，故知婦人之帶、麻宜在西房也。又士喪禮云「婦人髽於室」，此不言者，文略也。此時男子尚未加經，而婦人已帶、麻者，蓋男子之經帶，饌於東方，故降階即位後乃加之，婦人之髽在室，其帶在房，二事相連爲之，故先於男子也。

徹帷，男女奉尸夷于堂，降拜。 釋文：奉，芳勇反。夷，本或作「侇」，同音移，一本作「奉尸于堂」。

鄭氏曰：夷之言尸也。於遷尸，主人、主婦以下從而奉之，孝敬之心。降拜，拜賓也。孔氏曰：初死，恐人惡之，故有帷，至小斂，衣尸畢有飾，故除帷也。此士禮耳，諸侯及大夫賓出乃徹帷，事見下文。夷，陳也。小斂竟，相者舉尸將出户，陳於堂，而孝子、男女親屬並扶捧之，以極孝敬之心也。降，下也。既陳於堂，則孝子下堂拜賓也。愚謂此與上節相承，此爲士禮，則上節不專爲諸侯禮亦明矣。奉尸夷于堂，正尸於兩楹之間也。

君拜寄公、國賓，大夫士拜卿大夫於位，於士旁三拜。夫人亦拜寄公夫人於堂上，大夫内子、士妻特拜命婦、氾拜衆賓於堂上。 釋文：氾，芳劍反。

鄭氏曰：衆賓，謂士妻也。尊者皆特拜，拜士與其妻皆旅之。愚謂此言小斂後拜賓之法也。君拜寄公、國賓者，言君之所拜者惟寄公、國賓也。大夫士拜賓，於卿大夫則各就其位而拜之，卿大夫尊，故特拜也。於士則鄉其方而三拜之，士賤，故旅拜也。大夫内子，謂大夫之内子也。命婦，卿大夫之妻也。衆賓，謂士妻也。氾，廣也。氾拜，謂人雖多，但一拜之也。大夫士之妻拜賓於堂上，於命婦亦特拜，於士妻亦旅拜。然大夫士於士旁三拜，此拜衆賓不言「旁三拜」者，婦人質弱，但有奇拜也。小斂之後，寄公夫人當在堂上尸東，西面，以士喪禮「諸公門東少進」之位準之也。大夫士之喪，命婦之位當在阼階上主婦之北，可以士喪禮「卿大夫在主人南」者準之也。衆賓之位，當在西房户外之西，可以士喪禮「士西方東面」者準之也。夫人拜寄公夫人北面，大夫内子、士妻拜命婦東面，拜衆賓西面，皆既拜乃東即、阼階上之位也。○孔疏讀「君拜寄公、國賓、大夫、士」爲句，謂嗣君拜寄公、國賓，又拜大夫士，非是。君喪無拜大夫士之禮，天子於諸侯亦不拜，惟先代之後則拜。左傳宋「於周爲客」，天子「有喪拜焉」，則其餘諸侯皆不拜也。

主人即位，襲、帶、絰、踊。母之喪，即位而免，乃奠。釋文：免音問。

鄭氏曰：即位，阼階下位也。襲、絰乃踊，尊卑相變也。孔氏曰：士喪禮先踊乃襲、絰，此先襲、絰乃踊者，士禮卑，此據人君爲尊，故曰「尊卑相變」。奠，謂小斂奠。　愚謂此亦上下之達禮，與士喪禮不同者，亦禮俗異耳，母之喪，初在堂上時亦括髮，至降即阼階下位，則改而免，殺於爲父之禮也，説詳小記。惟於此著言爲「母」之異，則上文所言之禮皆父母同也。

弔者襲裘，加武，帶、絰，與主人拾踊。釋文：拾，其劫反。

鄭氏曰：始死，弔者朝服，裼裘，如吉時也，小斂則改襲而加武與帶、絰矣。武，吉冠之卷也。加武者，明不改冠，亦不免也。孔氏曰：加武者，賀氏云：「武，謂吉冠之卷。主人既素冠、素弁，故弔者加素弁於武。」帶，謂要帶。絰，謂首絰。總言絰、帶，以朋友之恩也。無朋友之恩，則無帶，惟絰而已。熊氏云：「加武，帶、絰，謂有朋友之恩，以絰加於武，連言帶耳。」拾，更也，謂主人先踊，婦人踊，弔者踊三者三，是與主人更踊。愚謂加武，熊氏謂「加絰於武」，是也。加武，帶、絰者，以弔絰加於冠之武，而要又著帶也。麻不加於采，小斂之後，弔者猶玄冠、朝服而加帶、絰，以此知弔絰乃葛絰也。加武，帶、絰，弔者之服皆然，非專爲有朋友之恩，説見檀弓。○熊氏安生曰：小斂之時，君於臣，大夫於士，士於朋友之恩，若兩大夫不假朋友之恩，皆朝服、襲裘加絰於玄冠之上；若大夫士無朋友之恩，皆玄冠、朝服，襲裘而已。若士大斂之時，有朋友之恩者，及兩大夫相爲，并君於大夫，皆皮弁服、襲裘加弁絰。故雜記云「大夫與殯亦弁絰」，殯則大斂也。君於士大夫，士自相於無朋友恩者，則亦皮弁服，襲裘，無弁絰也。故士喪禮云「君於士視大斂」，註云「皮弁服，襲裘無絰」也。故服問云「公爲卿大夫錫衰，若當事則弁絰」，不云「士」，則士雖當事不弁絰。君於士尚皮弁，則君於卿大夫亦皮弁。此皆未成服之前弔服也。愚謂熊氏之説皆未是。凡弔於小斂之後、未成服之前者，天子於諸侯以爵弁、紂衣，檀弓「天子之哭諸侯，爵弁絰、紂衣」，是也。諸侯於大夫以皮弁服，小記：「諸侯弔，必皮弁、錫衰。」「主人未喪服，則君不錫衰。」未喪服但不錫衰，則未喪服已皮弁可知也。又雜記云：「大夫之哭大夫弁絰，大夫與殯亦弁絰。」是大夫相弔皆以皮弁，與諸侯同也。若君大夫於士，及士自相弔，則皆玄冠、朝服也。若其服皆襲而不裼，其首及腰皆加帶、絰，則上下同也。凡未成服之前，弔者皆葛絰，若君爲大夫，及大夫相爲，及士爲朋友，則既成服之後皆爲之服麻，若非朋友，則既成服之後弔者亦葛絰而已。

君喪，虞人出木、角，狄人出壺，雍人出鼎，司馬縣之，乃官代哭。大夫官代哭，不縣壺。士代哭不以官。釋文：縣音玄。

鄭氏曰：代，更也。未殯，哭不絶聲，爲其罷倦，既小斂可以爲漏刻分時而更哭也。木，給爨竈。角，以爲䕒水斗。壺，漏水之器也。冬漏以火爨鼎，沸而後沃之。此挈壺氏所掌也，屬司馬，司馬涖縣其器。大夫不縣壺，下君也。士代哭不以官，自以親疏哭也。孔氏曰：虞人，主山澤之官，故出木與角；雍人主烹飪，故出鼎。冬月恐水凍，故取鼎煖水，用木爨之。

縣漏分時，均其官屬，使更代而哭。夏官挈壺氏云：「凡喪，縣壺以代哭者。」

君堂上二燭，下二燭。大夫堂上一燭，下二燭。士堂上一燭，下一燭。

鄭氏曰：燭所以照饌也。滅燎而設燭。孔氏曰：有喪則於中庭終夜設燎，至曉滅燎，而日光未明，故須燭以照祭饌。

賓出，徹帷。鄭註：徹或爲「廢」。

鄭氏曰：君與大夫之禮也。士卒斂即徹帷。愚謂此上蓋有脱文。

哭尸于堂上，主人在東方，由外來者在西方，諸婦南鄉。釋文：鄉，許亮反。

鄭氏曰：由外來，謂奔喪者也。無奔喪者，婦人猶東面。孔氏曰：小斂後尸出在堂時，主人位在尸東，婦人位在尸西。如室中若有新奔喪從外來者，則居尸西方，欲見異於在家者也。婦人位本在西方東鄉，今既有奔喪者，故移辟之而近北鄉南也。

婦人迎客、送客不下堂，下堂不哭。男子出寢門外見人〔一〕，不哭。

鄭氏曰：婦人所有事自堂及房，男子所有事自堂及門，非其事處而哭，猶野哭也。出門見

〔一〕禮記注疏無「外」字。

人，謂迎賓也。孔氏曰：婦人於敵者不下堂，若君夫人弔，則主婦下堂至庭，稽顙而不哭也。男子於敵者來弔不出門，若有君命，則出門，亦不哭也。

其無女主，則男主拜女賓于寢門内；其無男主，則女主拜男賓于阼階下。子幼，則以衰抱之，人爲之拜。爲後者不在，則有爵者辭，無爵者人爲之拜。在竟内則俟之，在竟外則殯、葬可也。喪有無後，無無主。釋文：衰，七雷反。人爲，于僞反。竟音境。

鄭氏曰：拜者，皆拜賓於位也。爲後者有爵，攝主爲之辭於賓，不敢當尊者禮也。愚謂喪禮男主拜男賓，女主拜女賓，無女主則男主拜女賓，無男主則女主拜男賓，不得已而通禮之窮也。女賓之位在堂上，則拜女賓於寢門内者，北面也。男賓之位在阼階下西面，則拜男賓於阼階下者，南面也。女主拜賓於堂上，今乃於寢門内，男主拜賓於庭，今乃於阼階下，所以别於正主之禮，且欲相遠，以謹男女之别也。有爵者，謂死者及其爲後者爲大夫也。大夫至五十，則君假祖廟而命之，故曰「五十爵命爲大夫」。大夫有受爵命之法，則雖其爲大夫而未爵者，亦以是稱之矣。凡曰「有爵」者，曰「命夫、命婦」者，皆據大夫而言也。辭，告也。謂告賓以主人不在，未得拜賓也。有爵者辭，所謂「士不攝大夫」也。無爵者，謂士也。人爲之拜者，蓋或庶子，或期親以下，推一人親者攝主而拜賓也。在竟内則俟之，在竟外則殯、葬可者，殯、葬有常期，不可久稽也。喪有無後，無無主，人之嗣續有時而乏，而禮不可闕也。

君之喪，三日，子、夫人杖；五日既殯，授大夫、世婦杖。子、大夫寢門之外杖，寢門之内輯之；夫人、世婦在其次則杖，即位則使人執之。子有王命則去杖，國君之命則輯杖，聽卜、有事於尸則去杖。大夫於君所則輯杖，於大夫所則杖。釋文：輯，側立反。去，起吕反，下「去杖」皆同。

鄭氏曰：三日者，死之後三日也。爲君杖不同日，人君禮大，可以見親疏也。輯，斂也。斂之，謂舉之，不以拄地也。夫人、世婦次於房中，即位堂上，堂上近尸殯，使人執杖，不敢自持也。子於國君之命輯杖，下成君，不敢敵之也。卜，卜葬、卜日也。凡喪祭，虞而有尸。大夫於君所輯杖，謂與之俱即寢門外位也，獨焉則杖。君，謂子也。於大夫所杖，俱爲君杖，不相下也。孔氏曰：大夫之喪既殯，主人、主婦、室老皆杖，今君喪，親疏杖不同日，是人君禮大也。寢門之内輯之者，謂大夫特來，不與子相隨也。若與子相隨，子杖則大夫輯，子輯則大夫去杖也。有王命則去杖，尊王命也。聽卜、有事於尸則去杖，敬卜及尸也。

愚謂世婦，謂諸侯之次婦也。士及諸妻，爲君皆杖，不言者，諸侯五日而殯，殯而成服，則無不杖者矣。言「五日，大夫、世婦杖」，則其餘可知也。大夫寢門之外杖，謂自在其次也。大夫寢門之内輯杖，謂與君俱即位時也。庶子不以杖即位，所以正適、庶之分，大夫於君不嫌也。喪服傳大夫之喪，「衆臣杖不以即位」，則大夫之貴臣以杖即位也。大夫之貴臣以杖即位，則諸侯之卿大夫以杖即位可知矣。故檀弓曰：「公之喪，諸達官之長杖。」大夫寢門之内輯杖，則士之杖不以入寢門也。諸妻之杖，蓋不以出於房與？

大夫之喪，三日之朝既殯，主人、主婦、室老皆杖。大夫有君命則去杖，大夫之命則輯杖。内子爲夫人之命去杖，爲世婦之命授人杖。釋文：爲，于僞反。

鄭氏曰：大夫有君命去杖，此指大夫之子，而云「大夫」者，通實大夫有父母之喪也。授人杖，與使人執之同也。孔氏曰：内子，卿妻也。有夫及長子喪，君夫人有命弔己，皆爲之去杖也。若有君之世婦命弔，則使人執杖以自隨也。經云「大夫之喪」，不舉「命婦」而舉「内子」卿妻者，舉「内子」則命婦可知，文相互也，欲見卿喪與大夫同。愚謂大夫之臣，爲大夫皆杖，而獨言「室老」者，以衆臣賤而略之，亦猶君之喪不言「授士杖」之義也。世婦，謂大夫之世婦。若於君之世婦之命，其禮亦然。

士之喪，二日而殯，三日之朝，主人杖，婦人皆杖。於君命、夫人之命如大夫，於大夫、世婦之命如大夫。

鄭氏曰：士二日而殯者，下大夫也。士之禮，死與往日，生與來日，此「二日」，於死者亦得三日也。婦人皆杖，謂主婦，容妾爲君，女子子在室者。孔氏曰：前大夫之喪，云「主人、主婦」，此士之喪，直云「婦人皆杖」，婦人是衆羣婦，故知容妾爲君及女子子在室者也。愚謂上言「主人、主婦」，此言「婦人皆杖」，亦所以互見也。

子皆杖，不以即位。

鄭氏曰：子，凡庶子也。不以即位，與去杖同。孔氏曰：君、大夫、士之庶子，並不得以杖即位，宜在寢門之外去之。

大夫士哭殯則杖，哭柩則輯杖。

鄭氏曰：哭殯，謂既塗也。哭柩，謂啟後也。大夫士之子於父，父也，尊近，哭殯可以杖。天子諸侯之子於父，父也，君也，尊遠，杖不入寢門。孔氏曰：知非未殯之前哭柩者，大夫士之喪，未殯之前則未杖也。愚謂大夫士哭殯則杖，人君輯之；大夫士哭柩輯杖，則人君去杖矣。

弃杖者，斷而弃之於隱者。 釋文：棄，本亦作古「弃」字。斷，丁管反。

鄭氏曰：杖以喪至尊，爲人得而褻之也。

始死，遷尸于牀，幠用斂衾，去死衣，小臣楔齒用角柶，綴足用燕几，君、大夫、士一也。 釋文：幠，荒胡反。去，起呂反。楔，息結反。柶音四。綴，竹劣反，又竹衛反。

鄭氏曰：牀，謂所設牀笫當牖者也。士喪禮曰：「士死於適室。」幠用斂衾，去死衣，病時所加新衣及復衣也，去之以俟沐浴。孔氏曰：遷尸於牀，離初死處，近南當牖，即前所謂「正尸」也。幠，覆也。斂衾者，將擬大斂之衾被也。既用斂衾覆之，故除去死時所加新衣及復衣，爲尸將浴故也。楔，柱也。柶，以角爲之，長六寸，兩頭屈曲。爲將含，恐口閉急，故使小臣以柶柱張尸齒令開也。綴足用燕几者，爲尸將著屨，恐足辟戾，亦使小臣用燕几拘綴之令直也。按既夕禮云「綴足用燕几，校在南，御者坐持之」，鄭注云：「尸南首，几脛在南以拘足。」如鄭此言，則側几於足，令几腳南出，以拘尸足兩邊，不令辟戾。所以死後必遷當牖南首者，以生平寢卧之處。故士昏禮同牢在奧。又云「御衽於奧，媵衽良席在東」，「北止」。又曲禮云：「爲人子者，居不主奧。」是尊者常居之處。若晝日常居則當户，故玉藻云：「君子之居恒當户。」若病時亦當户，在北牖下，取鄉明之義。故鄭前註「病者恒居北牖下」，明不病不恒居北牖下也。愚謂玉藻:「君子之居恒當户,寢必東首。」居不常在奥,則寢亦不常在奥也。惟人子朝夕供養父母,則席於奥,故昏禮婦盥饋舅姑皆席於奥。曲禮言「人子居不主奥」,以此也。奥非寢處之所,而昏禮「衽於奥」者,以奥爲尊處,重昏禮,故特布席於此,異於常法也。始死,設牀笫當牖者,亦欲於尊處正尸,猶奉尸侇於堂,及朝廟正柩皆在兩楹間之義,非以兩楹間爲生平之所常處也。孔氏説非是。小斂一衾,大斂二衾,必用大斂衾覆尸者,以小斂時近,其衾當陳之,而大斂之衾尚未用也。先覆以衾而後去衣,重形也。燕几,燕私所用之几也。綴之者,横設於兩足之上,使人持之。特言「燕几」,則燕几與禮席所設之几蓋有異也。必用燕几綴足者,取其長僅容兩足,可以拘之也。

管人汲,不説繘,屈之,盡階不升堂,授御者。御者入浴,小臣四人抗衾。御者二人浴,浴水用盆,沃水用枓,浴用絺巾,挋用浴衣,如它日。小臣爪足。浴餘水棄于坎。其母之喪,則内御者抗衾而浴。釋文:管人,如字,掌管鑰之人。又古亂反,掌管舍之人也。説,吐活反。繘,均必反。抗,苦浪反。枓音主,又音斗。絺,勑其反,一本作「綌」,去逆反。挋音震。

鄭氏曰:抗衾者,蔽上,重形也。挋,拭也。爪足,斷足爪也。

孔氏曰:此一節,明浴時

也。管人，主館舍者。汲，謂汲水。不説繘，屈之者，繘，汲水瓶索也，遽促於事，故不説去此索，但縈屈執之於手中。盡階不升堂者，水從西階，而升盡不上堂。知西階者，以士喪禮「爲垼于西牆下」，故知從西階而升也。浴水用盆者，以盆盛浴水也。沃水用枓者，以枓酌盆水沃尸。熊氏云：「用盤於牀下承浴水。」浴用絺巾者，絺是細葛，除垢爲易，故用之也。士喪禮云：「浴巾二，皆用綌。」熊氏云：「此蓋人君與大夫禮，或可大夫上絺下綌，故玉藻云『浴用二巾，上絺下綌』，是也。」挋用浴衣者，挋，拭也，用生時浴衣拭尸肉令燥也。賀氏云：「以布作之。」士喪禮云「浴衣於篋」，註云「已浴所衣之衣，以布爲之，其制如今通裁」，是也。它日，謂平生尋常之日也。小臣爪足者，尸浴竟而小臣翦其足爪也。浴餘水棄于坎者，浴盆餘水棄之於坎中。坎者，是甸人所掘，於階間取土爲竈之坎。甸人，主郊野之官。其母之喪，則内御抗衾而浴者，内外宜别，故用内御舉衾也。内御，婦人，亦管人汲，事事如前，唯浴用人不同耳。愚謂此言浴尸之事也。主館舍之人謂之管人者，言其主舍中之管鑰也。舍必有井，是管人之所主，故使共沐浴之水焉。聘禮曰：「管人爲客三日具沐，五日具浴。」汲水不説繘而遂以授御者，則浴水汲而用之，不煮也。小臣，蓋大僕之屬也。御者，於諸侯則御僕也。抗，舉也。四人舉衾，四隅各一人也。舉衾，令可浴而不至於形也。二人浴者，左右各一人也。料，㪺水器，長柄，沃、盥用之。少牢禮曰：「司宮設罍水于洗東，有料。」如它日者，如生時之常法，謂「浴水用盆」以下四事也。棄沐浴餘水於坎，而甸人築之，士喪記曰「甸人築坅坎」是也。蓋以浴尸之餘，恐人見而憎惡之也。內御者抗衾而浴，言抗衾及浴者皆用內御者也。周禮女御：「大喪，掌沐浴。」母喪之異者惟此，則餘事皆與上同也。按士喪禮浴用水而已，此云「管人汲」，又曰「小臣抗衾而浴」，又云「浴用絺巾」，據諸侯而言，則諸侯以下浴皆用水也。周禮小宗伯：「王崩大肆，以秬鬯渳。」肆師：「大喪，大渳以鬯，則築鬻。」鬱人：「大喪之渳，共其肆器。」鬯人：「大喪之大渳，設斗，共其釁鬯。」大祝：「始崩，以肆鬯渳尸。」小祝：「大喪，贊渳。」是天子之喪，鬯人共秬鬯，肆師涖築鬻，鬱人共肆器，大祝主其渳，小祝贊之，而小宗伯涖之，與諸侯以下異矣。

管人汲，授御者，御者差沐于堂上。君沐粱，大夫沐稷，士沐粱。甸人爲垼于西牆下，陶人出重鬲。管人受沐，乃煑之；甸人取所徹廟之西北厞薪，用爨之。管人授御者沐，乃沐。沐用瓦盤，挋用巾，如它日。小臣爪手翦須。濡濯棄于坎。釋文：差，七何反。垼音役。重，直龍反。鬲音歷。厞，扶味反，隱也。舊作「扉」，門扉也。盤，本或作「槃」，步干反。濡，奴亂反。濯，直孝反。

鄭氏曰：差，淅也，淅飯米，取其潘以爲沐也。浴沃用枓，沐於盤中，文相變也。士喪禮沐稻，此云「士沐粱」，蓋天子之士也。以差率而上之，天子沐黍與？孔氏曰：此一節明沐也。君沐粱，大夫沐稷，士沐粱者，皆謂用其米取汁而沐也。甸人爲垼於西牆下者，謂將沐之時，甸人之官爲垼於西牆下，土垼塹竈，甸人具此垼竈以煑沐汁。陶人出重鬲者，陶人，作瓦器之官也。重鬲，謂縣重之罌也。是瓦瓶，受三升，以沐米爲粥，實於瓶，以疏布冪口，繫以篾縣之，覆以葦席。管人受沐，乃煑之者，淅於堂上，管人亦升，盡階不上堂，而就御者受淅汁，下往西牆，於垼竈鬲中煑之也。謂正寢爲廟，神之也。舊云「厞是屋簷」。熊氏謂「西北隅屋外厞隱處薪」。取此薪而用者，示主人已死，此堂無復用，故取之也。管人授御者沐者，煑汁竟，而管人又取以升階，授堂上御者使沐也。乃沐者，御者受沐，乃爲尸沐也。沐用瓦盤者，盤貯沐汁，就中而沐也。沐與浴俱有枓有盤，浴云「枓」，沐云「盤」，是文相變也。挋用巾者，用巾拭髮及面也。如它日，事事亦如平生也。小臣爪手翦須者，浴竟而翦手爪，又治須，象平生也。濡濯棄于坎者，皇氏云：「濡，謂煩潤其髮〔一〕。濯，謂不淨之汁也。言所濡濯汁，棄於坎中。」鄭註士喪禮云：「巾、櫛、浴衣，亦并棄之其坎。」按既夕禮云：

〔一〕「潤」，原本作「撋」，據禮記注疏改。

「掘坎南順，廣尺，輪二尺，深三尺，南其壤。」沐汁、浴汁皆棄於坎也。愚謂管人汲，汲水以備淅米也。不言「不説繘」及「盡階不升堂」者，從上可知也。差，淅也，謂差摩之也。淅米而取其潘，煑之以沐尸，其米則用以飯尸，又以其餘鬻鬻而縣於重也。士喪禮云：「祝淅米於堂，南面，用盆。」此云「御者差沐」者，蓋祝淅而御者佐之也。士喪禮沐稻，此「士沐粱」，禮俗所用不同也。甸人，有司主田野者。曰「重鬲」者，此鬲暫用煑潘，既則以盛鬻而縣於重也。廟，殯宫也。厞，蔽也。廟之西北厞，謂殯宫西北隅之檐也。甸人徹取此厞爲薪者，爲此室死者不復居，亦毁廟改塗、易檐之意也。用此爨堊者，一則爲其潔淨，一則取其乾久而易於然也。甸人，賈氏公彦云：「當是甸師之屬。」周禮甸師掌「帥其徒以薪蒸役外内饔之事」，故此爲堊及取薪皆使供其事也。沐用瓦盤，用以承潘也。沐浴之潘水，皆以盆盛之，以枓酌之，以盤承之。於浴言「盆」言「枓」，於沐言「盤」，互相備也。沐巾亦用絺，不言者，蒙前可知也。如它日者，謂「沐用瓦盤」以下也。按士喪禮先沐後浴，蓋自首及身，事之次也。此先浴後沐，記者由便言之爾。○前「復者降自西北榮」，孔疏云：「不正西而西北者，因取西北厞爲便也。必取西北厞者，亦用陰殺之所也。故鄭註士喪禮云：『不由前降，不以虚反也。降因取西北厞，若云此室凶，不可居也。』」此節孔疏云：「甸人爲竃竟，又取復魄人所徹正寢西北厞薪，以然竈煑沐汁。」　愚謂前云「降自西北榮」，不云「取厞」，此云「甸人取所徹廟之西北厞薪」，不云「取復者所徹廟之西北厞薪」，則是復者降時未嘗取薪，而徹廟之西北厞者實即甸人也。　疏特以前後「西北」二字偶合，遂以取薪即復者，臆説甚矣。且士惟復於寢，諸侯則廟、寢皆復，練始壞廟，豈有復時即徹取其西北厞乎？

君設大盤，造冰焉。大夫設夷盤，造冰焉。士併瓦盤，無冰。設牀，襢笫，有枕。 釋文：造，七到反。併，步頂反。襢，之善反。○此連下節，舊在「始死，遷尸于牀」之上，鄭氏云：「宜承『濡濯弃于坎』下。」今從之。

鄭氏曰：造猶内也。襢笫，袒簀也，謂無席。禮自仲春之後，尸既襲，既小斂，先内冰盤中，乃設牀於其上，不施席而遷尸焉，秋涼而止。士不用冰，以瓦爲盤，併以盛水耳。漢禮大盤廣八尺，長丈二，深三尺，赤中，夷盤小焉。周禮天子夷盤。士喪禮君賜冰亦用夷盤。然則其制宜同之。　愚謂沐浴之時，若值仲春至仲秋用冰之時，則君大夫皆内冰於盤以寒尸也。夷亦大也。對文則君謂之大盤，大夫謂之夷盤，散文則大盤亦謂夷盤。周禮凌人「大喪，共夷盤冰」，是也。士盤小，故併兩盤而用之。於士特言「瓦盤」，則大盤、夷盤皆有漆飾矣。士有君賜，亦得用冰，故士喪禮：「有冰，用夷盤可也。」此盤皆即浴時承水者，而因内冰焉，既浴以後，則專用以盛冰也。設牀，謂爲沐浴而設牀也。襢，露也，謂去簟席而襢露其笫，使浴水得以下流，通於盤也。言「有枕」者，嫌襢笫並去枕也。士喪禮不言沐浴設牀，或謂「沐浴即於舍牀」。然含牀設於南牖下，尚有莞簟。坊記云：「浴於中霤，飯於牖下。」此云「設牀，襢笫」，則沐浴與含別牀明矣。○鄭氏謂「此事在沐浴之後」。又謂「尸既襲，既小斂，乃内冰盤中，設牀於其上而遷尸」。孔氏曰：既襲，謂大夫也。既小斂，謂士也。皆是死之明日。若天子諸侯，亦三日而設冰，在襲、斂之前也。愚謂此言設盤内冰於含、襲之前，士喪禮「有冰，用夷盤可也」，亦言於沐浴之前。是喪禮用冰者，皆於沐浴時即用之，不待襲、斂也。設牀，襢笫，欲使浴水下流，非爲用冰之故。既浴之後，遷尸含、襲，以至小斂之後，奉尸侇於堂，其内冰於盤而設牀其上，皆與浴時同，但其牀皆有簟席而不襢，下文所言是也。

含一牀，襲一牀，遷尸于堂又一牀，皆有枕蓆，君、大夫、士一也。釋文：含，胡暗反。

此言用牀之事。坊記曰「浴於中霤，飯於牖下」，則浴與含別牀明矣。上言「設牀，襢笫」，此沐浴之牀設於中霤者也。士喪記曰「設牀笫，當牖衽，下莞上簟，設枕」，此始死正尸之牀，既沐浴則又遷尸於其上而含焉，故謂之含牀。襲牀在含牀之東。遷尸于堂，謂既小斂，奉尸侇於堂也，設於堂上兩楹之間。含牀下莞上簟，襲牀與遷尸于堂之牀亦然。然則此時雖用冰，其牀不襢第矣。

君之喪，子、大夫、公子、衆士皆三日不食。子、大夫、公子、衆士食粥，納財，朝一溢米，莫一溢米，食之無算。士疏食水飲，食之無算。夫人、世婦、諸妻皆疏食水飲，食之無算。釋文：粥，之育反，又音育。溢音逸，劉昌宗又音實。莫音暮。疏食，音嗣，下同。

鄭氏曰：納財，謂食穀也。二十兩曰溢。於粟米之法，一溢爲米一升二十四分升之一。諸妻，御妾也。同言「無算」，則是皆一溢米，或粥或飯。孔氏曰：財，謂穀也。故大宰云「以九賦斂財賄」，註云：「財，謂泉、穀。」言「納財」者，以一日之中，或粥或飯，作之無時，當須預納其米，故云「納財」。古秤有二法。按律曆志云「黄鐘之律」，其實「一龠」，「重十二銖」。合龠爲合，則二十四銖合重一兩。十合爲一升，升重十兩，二十兩則米二升。說左傳者云「百二十斤爲石」，則一斗十二斤，爲兩則一百九十二兩，則一升爲十九兩有奇。今一兩爲二十四銖，則二十兩爲四百八十銖，計一十九兩有奇爲一升，則總有四百六十銖。八絫以成，四百八十銖唯有十九銖二絫在，是爲米一升二十四分升之一。此大略而言之。食之無算者，居喪困病，不能頓食，隨須則食，故云「無算」。疏，麤也。食，飯也。士賤病輕，故疏食水飲。婦人質弱，恐食粥傷性，故亦疏食水飲也。陸氏喪服釋文曰：王肅、劉逵、袁準、孔倫、葛洪皆云：「滿手曰溢。」敖氏繼公曰：小爾雅「一手之盛謂之溢，兩手曰掬」，一升也。愚謂財，讀如漢書「太僕見馬遺財足」之財。疏，謂糲米也。粟一石舂米六斗爲糲。九章粟米之法云：「粟率五十，糲米三十，粺二十七，糳二十四，侍御二十一。」言粟五升爲糲米三升，以下漸細。侍御者，蓋人君之所食。然則大夫士常食，蓋以粺與糳與？食粥與疏食水飲，皆謂三日不食之後也。疏食但不爲粥，亦不過朝一溢米，莫一溢米也。水飲，言但飲水而已，無漿酪之屬也。衆士食粥，謂君有服之親也。士疏食水飲，異姓之士也。食之無算，哀痛不能多食，稍稍進之也。○孔氏曰：按檀弓主人、主婦歠粥，此夫人、世婦、妻皆疏食者，熊氏云：「檀弓『主婦』謂女主，故食粥。」愚謂君之喪，女主則夫人也。大夫之喪，女主則其妻也。如熊氏之説，則夫人、妻、妾之外别有女主，殊不可曉。檀弓謂主婦三日不食之時，君命之歠粥也，此謂三日之外，妻妾得疏食，義不相妨。

大夫之喪，主人、室老、子姓皆食粥，衆士疏食水飲，妻妾疏食水飲。士亦如之。

鄭氏曰：室老，其貴臣也。衆士，所謂「衆臣」。士亦如之者，如其子食粥，妻妾疏食水飲。愚謂子姓，衆子也。士亦如之，鄭氏止以「子」與「妻妾」言之者，蓋鄭氏謂士無臣故也。特牲記「公有司門西，北面，東上」，「私臣門東，北面，西上」，喪服記「士爲庶母」、「貴臣、貴妾」，則士有臣明矣。士冠禮、士喪禮有宰，此士之貴臣也，其餘則衆臣也。其貴臣食粥，衆臣疏食水飲，亦皆如大夫之禮也。

既葬，主人疏食水飲，不食菜果，婦人亦如之，君、大夫、士一也。練而食菜果，祥而食肉。

鄭氏曰：果，瓜桃之屬。孔氏曰：既葬哀殺，可以疏食，不復用一溢米也。愚謂既葬疏食，則不止朝一溢米，莫一溢米，當以足爲度也。主人未葬食粥，兼可解渴，故不飲水，既葬疏食，然後亦飲水也。

食粥於盛，不盥，食於篹者盥。食菜以醯、醬。始食肉者先食乾肉，始飲酒者先飲醴酒。釋文：篹，本又作「匴」，又作「算」，悉緩反，又蘇管反。乾音干。○鄭註：篹或作「簨」。

鄭氏曰：盛，謂今時杯、杅也。篹，竹筥也。歠者不盥，手飯者盥。孔氏曰：歠粥不用手，故不盥。飯盛於篹，以手取之，故盥也。「食肉」「飲酒」，文承「既祥」之下，謂祥後也。然間傳曰「父母之喪」，「大祥有醯、醬」，「禫而飲醴酒」，二文不同。庾氏云：「記者所聞之異。大祥既鼓琴，亦可以食乾肉矣。食菜用醯、醬，於情爲安。」熊氏云：「此據病而不能食者，練而食醯、醬，祥而飲酒也。」　愚謂食於篹，此吉凶每日常食之器也，禮食乃以簋。先食乾肉，先飲醴酒者，皆以其味差薄故也。

期之喪，三不食，食疏食，水飲，不食菜果。三月既葬，食肉飲酒。期，終喪不食肉，不飲酒。父在，爲母爲妻，九月之喪，食飲猶期之喪也。食肉飲酒，不與人樂之。釋文：期音基。爲，並于僞反。與音預。○樂音洛，下同。

鄭氏曰：食肉飲酒，亦謂既葬。　孔氏曰：期之喪，三不食，謂大夫士旁期之義服也。其正服則二日不食。故間傳云：「齊衰二日不食。」　愚謂下文言「叔母、世母」「食肉飲酒」，此即旁期之義服，則此云「疏食水飲，不食菜果」者，非專指義服明矣。蓋期之正服，如爲祖父母，爲世叔父，爲兄弟，爲兄弟之子，其輕重亦自不同。故此云「三不食」，間傳云「二日不食」，各據其一端言之，或亦禮俗之有不同也。

五月、三月之喪，壹不食，再不食可也。比葬，食肉飲酒，不與人樂之。叔母、世母、故主、宗子，食肉飲酒。釋文：比，必利反。

鄭氏曰：叔母、世母食肉飲酒，義服恩輕也。故主，謂舊君也。言「故主」者，容大夫君也。

孔氏曰：壹不食，謂緦麻；再不食，謂小功。併言之者，容殤降之緦麻再不食，義服小功壹不食。愚謂比葬，食肉飲酒，謂自成服以至於葬，得食肉飲酒也。叔母、世母、故主、宗子食肉飲酒，亦謂成服後，葬前也。○葉味道問：「喪大記有『叔母、世母、故主、宗子食肉飲酒』之文，註云：『義服恩輕。』不知自死至未葬之前，可以通行何如？但一人向隅，滿堂不樂。服既不輕，而飲酒居處獨不爲之節制，可乎？」朱子曰：「禮經無文，不可强説。竊意在喪次則當如本服之制，歸私家則自如，其或可也。」

不能食粥，羹之以菜可也。有疾，食肉飲酒可也。五十不成喪，七十唯衰麻在身。

鄭氏曰：性不能食粥者，可食飯、菜羹也。有疾食肉飲酒者，爲其氣微。成猶備也。所不能備，謂不致毁、不散送之屬也。唯衰麻在身，言其居處飲食與吉時同也。愚謂不能食粥，則當疏食，而云「羹之以菜」，凡疏食者必有菜羹也。不能食粥，羹之以菜，謂未葬之前；有疾，飲酒食肉，謂既葬之後也。

既葬，若君食之則食之，大夫、父之友食之則食之矣。不辟粱肉，若有酒、醴

則辭。釋文：君食之，友食之，食並音嗣。辟音避。

鄭氏曰：尊者之前可以食美也。變於顏色亦不可。愚謂雜記曰「大功以下，既葬，適人，人食之，其黨也食之，非其黨不食也」，則三年之喪不食於人矣。惟尊者之命，則不敢辭。不辟粱肉，亦爲重違尊者之命也。有酒、醴則辭者，酒、醴能動人之志氣，爲其散哀心也。

禮記卷四十四

喪大記第二十二之二

小斂於户内，大斂於阼。君以簟席，大夫以蒲席，士以葦席。

鄭氏曰：簟，細葦席也。三者下皆有莞。孔氏曰：按士喪記「設牀，當牖，下莞上簟」，士喪經云「布席於户内，下莞上簟」，謂小斂席也。大斂云：「布席如初。」是士初死至大斂，用席皆同也。士尚有莞，則知君及大夫皆有莞也。但大夫辟君，上席以蒲。若吉禮祭祀，則蒲在莞下。故司几筵「諸侯祭祀席蒲筵、繢純，加莞席、紛純」，與此異也。士以葦席，與君同者，士卑，不嫌也。愚謂詩箋云：「竹葦曰簟。」士喪禮「下莞上簟」，是士之葦席亦謂之簟也。但葦席有二。雜記曰：「士輤，葦席以爲屋，蒲席以爲裳帷。」此葦席之精於蒲席者也，君斂之所用也。又雜記曰：「有葦席，既葬蒲席。」此葦席之麤於蒲席者也，士斂之所用也。

小斂，布絞，縮者一，横者三。君錦衾，大夫縞衾，士緇衾，皆一，衣十有九稱。君陳衣于序東，大夫士陳衣于房中，皆西領，北上，絞、紟不在列。釋文：絞，户交反。稱，尺證反。杜預云：「衣單、複具曰稱。」後放此。紟，其鴆反，後同。○鄭註：或曰「縮者二」。

鄭氏曰：絞，既斂所用束堅之者。縮，從也。衣十有九稱，法天地之終數也。絞、紟不在列，以其不成稱，不連數也。小斂無紟，因絞不在列見之也。孔氏曰：以布爲絞，從者一幅，横者三幅。從者在横者之上，舒衾於絞上，衣布於衾上，然後舉尸於衣上，屈衣裹，又屈衾裹之，然後以絞束之。賈氏公彦曰：絞直言幅數，不言長短者，人有長短不定，取足而已。愚謂大斂之絞言「不辟」，則小斂之絞辟之矣。辟者，謂用全幅布爲之，而析其末爲二也。凡斂之絞、紟、衾、衣，皆先言者在下，後言者在上；在上者先斂，在下者後斂。此云「縮者一，横者三」，則縮者在下，横者在上也。士喪禮曰「絞横三縮一」，先横後縮，蓋禮俗不同也。縞，生絹也。緇，緇布也。士喪禮曰：「緇衾，赬裏，無紞。」然則凡衾皆複爲之也。小斂之衣，雖尊卑同用十九稱，而陳衣多寡不同：君陳衣於東序，衣多也；大夫士陳於東房，衣少也。序東、房中，皆在户東，故皆西領。士喪禮「陳衣於房，南領，西上」，與此不同。小斂在户内，陳衣當統於户。君陳衣於序東，故西領，北上，皆統於尸。若大夫士陳衣於房中，則不當北上，皆如士喪禮之所言也。絞、紟不在列，則衾在列矣。衾得在列者，以其複爲之故也。○孔氏曰：此以下至「絺、綌、紵不入」，廣明君、大夫、士小斂、大斂及襚所用之衣，并所陳之處。

大斂，布絞，縮者三，横者五，布紟，二衾，君、大夫、士一也。君陳衣于庭，百稱，北領，西上。大夫陳衣于序東，五十稱，西領，南上。士陳衣于序東，三十稱，西領，南上。絞、紟如朝服。絞一幅爲三，不辟。紟五幅，無紞。釋文：幅，本又作「畐」，方服反。「爲三」，絶句。辟，補麥反，又音璧，徐扶移反。紞，丁覽反。○鄭註：紞或爲「點」。

鄭氏曰：二衾者，或覆之，或薦之。如朝服者，謂布精粗。朝服十五升。小斂之絞，廣終幅，析其末，以爲堅之强也。大斂之絞，一幅三析用之，以爲堅之急也。紞，以組類爲之，綴之領側，若今被識矣。生時禪被有識，死者去之，異於生也。孔氏曰：紟，禪被也。大斂二衾，其所用與小斂同。此衾一是始死覆尸者，故士喪禮「幠用斂衾」，註：「大斂所用之衾。」一是大斂時復製。北領者，尸在堂也。西上者，由西階取之便也。大夫士小斂衣少，統於尸，故北上，大斂衣多，故南上，亦取之便也。賈氏公彦曰：大斂衣不依命數，喪禮略上下。大夫及五等諸侯各同一節，則天子宜百二十稱。小斂惟一衾，大斂用二衾者，大斂衣多，宜用二衾裹之也。大斂衾不言其所用之異，則與小斂同也。愚謂君陳衣於庭，大夫士陳衣於序東，皆爲大斂之衣多於小斂也。百稱、五十稱、三十稱，皆據用以斂者言之，其陳者不必止於此也。大斂時，尸在阼，君陳衣於庭，蓋在阼階下之東，故北領，西上。此云「大夫士皆陳衣於序東，西領，南上」，士喪禮「大斂陳衣於房，南領，西上」，與此不同，亦禮俗異也。序東西領南上，房中南領西上，亦皆統於尸也。辟，擘也。小斂之絞擘其末，大斂之絞，用一幅布析爲三而用之，而不復擘也。

小斂之衣，祭服不倒。 釋文：倒，丁老反。

鄭氏曰：不倒，尊祭服也。斂者要方，散衣有倒。

君無襚。大夫士畢主人之祭服，親戚之衣受之，不以即陳。 釋文：襚音遂。○「君無襚」爲句。熊氏以「君無襚大夫士」爲句，非是。

君無襚，言君之小斂不用襚衣也。士喪禮襲衣「庶襚繼陳，不用」，蓋君之小斂亦陳襚衣而不用也。畢，盡也。大夫士小斂兼用襚衣，然必先盡用主人之祭服，而後以襚衣繼之，主人先自盡也。親戚，謂大功以上之親也。不以即陳，謂主人不使人陳之也。士喪禮云「親者襚，不將命，以即陳」，與此不同者，蓋襚者之衣皆委於尸東，而主人之人以之即陳，若大功以上之襚，則襚者自以即陳，而主人不使人陳之，蓋與士喪禮文似異而義實同也。

小斂，君、大夫、士皆用複衣、複衾。大斂，君、大夫、士祭服無算。君褶衣、褶衾，大夫、士猶小斂也。釋文：複音福。褶音牒。

鄭氏曰：褶，袷也。君衣尚多，去其著也。　愚謂有著者謂之複，有表裏而無著者謂之褶。君大斂衣多，故衣、衾之有著者爲其太厚，不便於斂也。大夫、士猶小斂，猶用複衣、複衾也。複衣，即袍也。袍、褶與裘、葛，皆褻衣也。襲、斂兼用褻衣，然用袍、褶而不用裘、葛，爲裘太厚，葛太疏，取其中者而用之也。

袍必有表，不襌，衣必有裳，謂之一稱。釋文：襌音單。

鄭氏曰：袍，褻衣，必有以表之乃成稱也。雜記曰「子羔之襲，繭衣裳與税衣、纁袡爲一」，是也。論語「當暑袗絺綌，必表而出之」，亦爲其褻也。　愚謂袍，有著之衣也，而曰「不襌」者，謂不專用一衣，與玉藻「襌曰絅」之義異也。衣必有裳，釋所以袍必有表之義也。衣、裳具，乃謂之稱。袍乃長襦，故必以有裳之衣若褖衣者爲之表，乃謂之一稱也。士喪禮曰：「襚者以褶，則必有裳。」必有裳，即必有表之謂。袍、褶皆褻衣，故用之之法同。○孔氏曰：熊氏云：「褻衣所用，尊卑不同。士襲用褻衣，故士喪禮『陳襲事』，有『褖衣』，註云：『褖，所以表袍者。』是襲有袍。士喪禮小斂，云『散衣次』，註云：『褖衣以下袍、繭之屬。』是小斂有袍。士喪禮大斂『散衣』，是亦有袍。若大夫，襲亦有袍，雜記『子羔之襲，繭衣裳』是也。斂則必用正服，不用褻衣，故檀弓『季康子之母死，陳褻衣，敬姜』『命徹之』。若公，則襲及大、小斂皆不用褻衣。雜記『公襲』，無袍、繭。襲輕尚無，大、小斂可知。」愚謂敬姜命徹褻衣，謂婦人之褻服不當陳於序東，使賓客見之耳，非謂不可用以斂也。上文「小斂，君、大夫、士皆用複衣」，大斂，「君褶衣」。大夫、士猶小斂複衣，褶衣即褻衣也，則君、大夫、士大、小斂無不用褻衣矣。人君襲無褻衣，所用衣少也。大、小斂用褻衣，所用衣多也。

凡陳衣者實之篋，取衣者亦以篋，升降者自西階。釋文：篋，古協反。

取衣，謂取之於所陳之處而用之也。隋方曰篋。鬼神之位在西，衣是死者所用，故升降皆由西階。

凡陳衣不詘，非列采不入，絺、綌、紵不入。釋文：詘，丘勿反。紵，直呂反。

鄭氏曰：不詘，謂舒而不卷也。列采，謂正色之服也。絺、綌、紵，當暑之褻衣也。周禮典枲註曰：「白而疏細曰紵。」孔氏曰：列采，謂五方正色；非列采，謂雜色也。絺是細葛，綌是粗葛，紵是紵布。此褻衣，故不入陳也。愚謂絺、綌不以入，則袍、褶固陳之矣。論語

「紅紫不以爲褻服」，則紅紫而外，其他間色或用爲褻服矣，惟陳之而用以斂者必以正色也。

凡斂者袒，遷尸者襲。

鄭氏曰：袒者，於事便也。　愚謂斂，大、小斂也。遷尸有八：始死遷於牖下，一也。遷於浴牀，二也。遷於含牀，三也。遷於襲牀，四也。小斂遷尸，五也。奉尸侇於堂，六也。大斂遷尸，七也。遷尸於棺，八也。祖者，於事便也。斂事多，故袒；遷尸事少，故襲。若主人奉尸皆袒也。

君之喪，大胥是斂，衆胥佐之。大夫之喪，大胥侍之，衆胥是斂。士之喪，胥爲侍，士是斂。　釋文：胥，依註作「祝」，之六反。

鄭氏曰：胥，樂官也，不掌喪事。胥當爲「祝」，字之誤也。侍猶臨也。大祝之職，大喪贊斂；喪祝，卿大夫之喪掌斂。士喪禮商祝主斂。　愚謂士喪禮大、小斂皆商祝布衣，鄭氏謂「胥當爲祝」，是也。周禮小宗伯大喪，「帥執事而涖大斂、小斂」，鄭云：「親斂者，蓋事官之屬爲之。」又大祝「大喪」「贊斂」，疏云：「冬官主斂事，大祝贊之。」是天子之斂，事官之屬主斂，大祝贊之，而小宗伯涖之也。君之喪，大祝主斂，衆祝佐之，降於天子也。衆祝，小祝、喪祝也。其涖者蓋亦小宗伯與？大夫之喪，大祝侍之，衆祝是斂，又降於君也。士之喪，祝爲侍，士是斂，又降於大夫也。士，謂喪祝之胥徒也。

小斂、大斂，祭服不倒，皆左衽，結絞不紐。釋文：紐，女九反，舊而慎反。

鄭氏曰：左衽，衽鄉左，反生時也。孔氏曰：前已言「小斂，祭服不倒」，此又言「小斂」者，爲下諸事出也。愚謂生時之衽在左而鄉右，謂之右衽；大、小斂之衽在右而鄉左，謂之左衽也。結絞，謂結大、小斂之絞也。生時大帶綴紐，而用組約之，大、小斂之絞不綴紐，直取兩端交結之，欲其束之堅急也。

斂者既斂必哭，士與其執事則斂，斂焉則爲之壹不食。凡斂者六人。釋文：與音預。○鄭註：執或爲「慹」。

士與其執事則斂者，言喪祝之士與執是人之喪事者，則必爲之斂，周禮所謂「掌事而斂」，蓋其職然也。既斂必哭，又爲之壹不食者，喪無人不致其哀，而親有事於尸者，尤情之所不能已者也。大夫士之喪，祝與其士之與於斂者皆然，但言「士」者，承上文「士是斂」言之也。若君之喪，則大祝、衆祝皆其臣也，其哀又不待言矣。孔氏曰：凡者，貴賤同也。兩邊各三人，故用六人。

君錦冒，黼殺，綴旁七。大夫玄冒，黼殺，綴旁五。士緇冒，赬殺，綴旁三。凡

冒，質長與手齊，殺三尺。自小斂以往用夷衾，夷衾質、殺之裁猶冒也。釋文：冒，莫報反。殺，色戒反，徐所例反。裁，才再反。○鄭注：裁或爲「材」。

鄭氏曰：冒者，既襲所以韜尸，重形也。殺，冒之下帬，韜足上行者也。小斂又覆以夷衾。裁猶制也。孔氏曰：冒作兩囊，上者曰質，下者曰殺。縫合一頭，又縫合一邊，餘一邊不縫，安帶綴以結之。愚謂冒者，質、殺之總名。錦冒、玄冒、緇冒，皆指其質而言也。質，正也。冒之在上者，上下方正，故曰質。殺，削也。冒之在下者，向足而漸削，故曰殺。大、小斂之衾，大夫以縞，士以緇布，則大夫之玄冒、黼殺亦以帛爲之，士之緇冒、赬殺亦以布爲之也。緇冒、赬殺，所以象天地之色，則錦冒者玄錦，黼殺者皆纁帛而畫以黼文也。長與手齊者，人之長短不一，皆以齊於手爲度也。自小斂以往用夷衾者，始死覆用大斂之衾，既小斂，則大斂之衾須陳，故别制夷衾以覆尸，至大斂而去之也。夷衾質、殺之裁猶冒者，夷衾之制如衾，其上下所用繒色及長短之度，則與冒同也。既夕禮：「幠用夷衾。」蓋夷衾乃殯時所用以覆棺於殯中者，故既啟而其覆如故也。小斂後暫用夷衾以覆尸，猶始死暫用斂衾以覆尸也。賈疏云：「朝廟及入壙，雖不言『用夷衾』，又無『徹』文，以覆棺言之，當隨柩入壙矣。」

君將大斂，子弁絰，即位于序端；卿大夫即位于堂廉，楹西，北面，東上；父兄堂下北面；夫人、命婦尸西，東面；外宗房中南面。小臣鋪席，商祝鋪絞、紟、衾、衣，士盥于盤上。士舉遷尸于斂上。卒斂，宰告，子馮之踊，夫人東面亦如之。釋文：鋪，普吴反，又音敷。

鄭氏曰：子弁絰者，未成服也。弁如爵弁而素。大夫之喪，子亦弁絰。愚謂鄭氏謂「大夫之喪，亦弁絰」，是也；弁謂「如爵弁而素」，則非也。弁師云：「王之皮弁，會五采，玉璂、象邸，玉笄。王之弁絰，弁而加環絰。」是凡言「弁絰」者，其弁皆皮弁也。若其絰，則有弔服之弁絰，其絰爲環絰。此言「弁絰」，則其絰爲小斂時所加之苴絰，大鬲者也。雜記云：「大夫與殯弁絰。」大夫與他人殯尚弁絰，則其爲父母弁絰必矣。檀弓「叔孫武叔」「小斂」「投冠」。曾子問：「『君出疆，以三年之戒，以椑從。君薨，其入如之何？』子曰：『共殯服，則子弁絰、疏衰。如小斂，則子免而從柩。』」則是君大夫之弁絰，至大斂乃服之，而小斂猶素冠也。士喪禮小斂後「袒，括髮」，「襲、絰於序東」，以至成服。人君至大斂則素弁而加絰，此禮之異於士者也。序端，東序之南頭也。即位於序端者，以大斂在阼階上也。堂廉，堂之南畔廉稜之上也。楹西，東楹之西也。北面，向尸也。堂廉，南北節也。楹西，東西節也。必立於堂廉上者，斂於阼階上，必直阼階上之南，乃得北面而鄉之也。必立於東楹之西者，不敢迫近斂處也。以此子與卿大夫之位觀之，則大斂之處蓋在阼階上直西楹之南矣。其西直、西序，則爲殯所也。東上，統於君也。父兄，謂旁親自期以下者，舉尊長以該卑幼也。父兄若爲卿大夫者，自在卿大夫之位。堂下北面，謂其不爲卿大夫者也。小斂之後，主人即位阼階下西面，卿、大夫、父、兄繼而南；及大斂，君與卿大夫升堂，而父兄之爲士者，以賤不得升堂，故在阼階下北面也。不言「東上」者，蒙上可知也。人君初喪，室中之位，父、兄、子姓同在東方，大斂時，父兄在堂下北面，則子姓亦然。人君尊，故衆子遠辟喪主也。命婦，内命婦也。外宗，宗婦也。房中南面者，在西房中而南面也。知在西房者，此時夫人在尸西，外宗之位宜統於夫人也。不言「姑、姊妹、子姓」者，以命婦之位見之也。不言「外命婦」者，以外宗之位見之也。商祝，喪祝之習於商禮者也。士喪禮凡襲、斂，皆使商祝，鄭氏云：「商人教之以敬，於接神宜。」鋪絞、紟、衾、衣者，先鋪絞，次紟，次衾，次衣；及斂，則先衣，次衾，次紟，卒乃以絞束之也。士，喪祝之士也。舉尸先盥者，致其潔也。盤，所以承盥水也。馮，謂以身就尸而馮依之也。夫人，薨君之夫人也。

大夫之喪，將大斂，既鋪絞、紟、衾、衣，君至，主人迎，先入門右，巫止于門外。

君釋菜，祝先入，升堂。君即位于序端；卿大夫即位于堂廉，楹西，北面，東上；主人房外南面；主婦尸西，東面。遷尸。卒斂，宰告，主人降，北面于堂下，君撫之，主人拜稽顙。君降，升主人馮之，命主婦馮之。釋文：巫止，本或作「巫止門外」，「門外」衍字耳。

鄭氏曰：先入右者，入門而右也。巫止者，君行必與巫，巫主辟凶邪也。釋菜，禮門神也。必禮門神者，禮，君非問疾、弔喪不入諸臣之家也。敖氏繼公曰：主人不迎賓，若有所迎則不哭，蓋禮然爾。周官喪祝、男巫皆於王弔則前。國君不得並用巫、祝，於廟門外則巫前，至廟門則祝前，互用其一，所以下天子也。必用巫、祝者，其亦與神交之道與？巫至廟門乃止，則君下之處差遠於廟門矣。愚謂主人迎者，迎於外門外也。凡主人於君命，則迎於寢門外；於君親至，則迎於外門外。迎君不拜者，蓋喪禮不迎賓，以主於哀戚，而不暇於接賓也。若君弔，則出迎而不拜，蓋於迎之禮有所不備，亦猶其不迎賓之義也。先入門右者，君弔於臣，主人之位在門右北面也。君至臣家，即位於阼階，此「即位於序端」，亦以大斂在阼階上而避之也。士喪禮：「君升主人，主人西楹東，北面。」此不待君命即升堂，又在房外南面，大夫之子尊也。主婦尸西，東面者，時尸猶在兩楹之間，主婦在其西而東面也。北面於堂下，在阼階下中庭也。阼階下中庭，臣於君弔受禮之處也。撫，撫尸也。君撫尸則視斂事畢，故降。命主人、主婦馮之者，君雖已撫之，必使主人、主婦得自盡其情也。此與下文「大夫士既殯而君往」，其禮略同，而文各有詳略，互相備也。

士之喪，將大斂，君不在，其餘禮猶大夫也。

鄭氏曰：其餘，謂卿大夫及主婦之位。　孔氏曰：士卑，君不視斂，故云「君不在」。其餘禮猶大夫者，謂鋪衣、列位、男女之儀，事悉如大夫也。若有大夫來而君在位，則卿大夫位亦在堂廉近西。　愚謂卿大夫視斂在堂廉楹西者，位之正也。士喪禮君視大斂，「主人西楹東，北面，卿大夫繼之，東上」，蓋以士卑不敢近君，而卿大夫不可越主人而東也。若君不在，則主人當在序端，而卿大夫自在堂廉楹西之位矣。

鋪絞、紟踊，鋪衾踊，鋪衣踊，遷尸踊。斂衣踊，斂衾踊，斂絞、紟踊。

鄭氏曰：目孝子踊節。　愚謂此無算之踊，不以三者三爲節，且惟主人踊，而賓客不與拾踊者也。

君撫大夫，撫内命婦。大夫撫室老，撫姪、娣。釋文：姪，大結反。娣，大計反。

鄭氏曰：撫，以手按之也。内命婦，君之世婦。

君、大夫馮父、母、妻、長子，不馮庶子。士馮父、母、妻、長子、庶子。庶子有子，則父母不馮其尸。凡馮尸者，父、母先，妻、子後。釋文：長，竹丈反。

鄭氏曰：目於其親所馮也。馮，謂扶持、服膺。孔氏曰：君、大夫之庶子雖無子，並不得馮也。

君於臣撫之，父母於子執之。子於父母馮之，婦於舅姑奉之，舅姑於婦撫之。妻於夫拘之，夫於妻、於昆弟執之。釋文：奉，芳勇反。

鄭氏曰：此恩之深淺尊卑之儀也。馮之類必當心。孔氏曰：撫之，以手撫按尸心，身不服膺也。馮之，服膺心上也。奉之，捧當心上衣也。拘之，微引心上衣也。執之，執其心上衣也。馮者爲重，奉次之，拘次之，執次之。尊者則馮、奉，卑者則撫、執。執雖輕於撫而恩深，故君於臣撫，父母於子執。吴氏澄曰：總言之，皆謂之馮尸；分言之，則有馮、奉、撫、拘、執五者之異。愚謂夫者妻之天也，乃於其尸不馮之者，廉恥之道存焉。拘者，奉其衣而稍引以自向，視奉則爲親，視執則爲尊也。舅姑於婦，婦於舅姑及昆弟，非主其喪則不馮也。

馮尸不當君所。

鄭氏曰：不敢與尊者所馮同處。

凡馮尸，興必踊。

鄭氏曰：悲哀之至，馮尸必坐。　愚謂馮尸必坐者，尸斂於地，必坐乃得馮之也。凡馮尸，興必踊，則不獨子之於父母然也。

父母之喪，居倚廬，不塗，寢苫枕凷，非喪事不言。君爲廬，宮之，大夫士禫之。釋文：枕，子鴆反。凷，苦内反。禫，章善反。

鄭氏曰：倚廬，倚木爲廬，在中門外，東方北户。苫，編稾。凷，塩也。喪服註。宮，謂圍障之也。禫，袒也，謂不障。　孔氏曰：宮之者，謂廬外以帷障之，如宮牆。禫之，不帷障也。

愚謂倚廬，於殯宮門外，就東牆爲之，以木抵於地，而斜倚於牆，用草蓋之，其南北亦以草爲屏蔽，而於其北開户以出入也。於殯宮則褻，於異室則遠，故爲廬於殯宮門外者，欲其近殯宮而無至於褻也。

既葬，拄楣，塗廬，不於顯者，君、大夫、士皆宮之。釋文：拄，張主反。楣音眉。

鄭氏曰：不於顯者，不塗見面。　孔氏曰：拄楣以納日光，又泥塗以辟風寒。不於顯者，言塗廬不塗廬外顯處。　朱子曰：始者無拄與楣，檐著於地，至是乃施楣，又施短柱，以柱起其楣，架其檐令稍高，而下可作户也。

凡非適子者，自未葬，以於隱者爲廬。釋文：適，丁歷反。○按儀禮喪服賈疏引此作「倚於隱者爲廬」。

鄭氏曰：不欲人屬目，蓋廬於東南角。既葬猶然。　愚謂言「自未葬」者，嫌至葬後乃改廬於此，故言自未葬以至於葬後其禮皆然也。

既葬，與人立。君言王事，不言國事。大夫士言公事，不言家事。

鄭氏曰：此常禮也。　孔氏曰：未葬不與人立，既葬後可與人並立也，猶不羣立。　庾氏云：「曾子問『三年之喪，練不羣立，不旅行』，此既葬而與人立者，曾子問據無事之時，此有事須言故也。」　愚謂王事，謂朝聘、會盟、征伐之事，施於境外，以蕃輔天子者也。國事，政令之施於一國，以治其人民者也。

君既葬，王政入於國，既卒哭而服王事。大夫士既葬，公政入於家，既卒哭，弁、絰、帶，金革之事無辟也。釋文：辟音避。

鄭氏曰：此權禮也。　愚謂弁，服弁也。司服：「凡凶事，服弁服。」服弁者，用喪冠之物，而如弁之制爲之者也。士喪服以冠，大夫以上喪服以弁。絰、帶，卒哭所受之葛絰、葛帶也。

弁、絰、帶，金革之事無辟，言服喪服以從軍事也。上云「大夫士既葬」，而下言「弁、絰、帶」，惟據大夫言之者，士位卑人衆，大夫位尊人少，卒哭而從金革之事者在士恒少，在大夫恒多也。○王制：「父母之喪，三年不從政。」又曰：「喪不貳事。」雜記：「三年之喪，祥而從政。」公羊傳：「古者臣有大喪，君三年不呼其門。」此皆謂尋常無事之時，必終三年之喪，然後出而從政也。喪大記：「既葬，君言王事，不言國事。大夫士言公事，不言家事。」此謂議論謀度之爾，非謂出而從政也。喪大記又云：「君既葬，王政入於國，既卒哭而服王事。大夫士既葬，公政入於家，既卒哭，弁、絰、帶，金革之事無避也。」禮運云：「三年之喪，與新有昏者，期不使。」檀弓云：「父母之喪，使必知其反也。」此皆謂國家有事，則或有既卒哭、既練而出而從公者，鄭氏所謂「權制」也。然金革之事尤急，故以卒哭爲斷，出使之事稍緩，故以期年爲則，於權制之中，而其中又有權衡。然此皆謂國家安危所係，不得已而變通之者，苟非不得已，則君三年不呼其門，所謂「君子不奪人喪」也。

既練，居堊室，不與人居。君謀國政，大夫士謀家事。既祥，黝堊。祥而外無哭者，禫而内無哭者，樂作矣故也。 釋文：堊，烏路反，又烏各反。黝，於糾反。禫，大感反。

○鄭註：黝堊，或爲「要期」。禫，或皆作「道」。

堊室者，疏衰者始喪之所居。卒哭之後，疏衰者還居寢室，斬衰者既練則徙而居焉。鄭註喪服云：「堊室，於中門外屋下壘墼爲之，不塗塈。」蓋在殯宫門外東霤之下，就東塾之外壁，而累土於其三面以爲室焉。黝，黑也，謂平治其土令黑也。堊，白土也，謂以堊塗牆壁令白也。爾雅：「地謂之黝，牆謂之堊。」既祥之後，入居殯宫，閒傳曰「大祥居復寢」是也。殯宫乃死者所居，故塗其屋令白，又平治其地令黑，若欲新之然也。其甸人所徹西北厞，亦當於祥前修治之也。内、外，謂殯宫門之内、外也。大祥入居殯宫，故外無哭者，而猶有無時思憶之哭在於殯宫。至禫則不復哭，故内無哭者。樂作有漸，檀弓曰：「孔子既祥，五日彈琴而不成聲，十日而成笙歌。」又曰：「孟獻子祥，縣而不作。」又曰：「是月禫，徙月樂。」是樂之作始於琴瑟，成於笙歌，而極於金石也。哀樂之情不並行，哀除故樂作，而哭於是乎止也。

○鄭氏以黝堊爲堊室，非也。祥而復寢，豈復居堊室乎？

禫而從御，吉祭而復寢。

鄭氏曰：從御，御婦人也。復寢，不復宿殯宫也。孔氏曰：杜預以從御爲從政、御職事，鄭必爲御婦人者，下文云「期，終喪不御於内」，既言「不御於内」，故知此「御」是御婦人也。愚謂吉祭乃復寢，則禫後尚在殯宫也。殯宫乃正寢，非御婦人之所，而曰「從御」者，謂婦人當御者從於燕寢侍御之所，而主人猶未入，檀弓「孟獻子禫，比御而不入」是也。所以雖未入而必比御者，亦示即事之漸也。吉祭，謂奉主入廟，而以吉禮祭之也。士虞記曰：「是月也，吉祭，猶未配。」禫祭若當四時常祭之月，則於禫月行吉祭；若常祭在禫之後月，則待後月而祭。間傳言「祥而復寢」者，謂復於平時之正寢也。此云「吉祭而復寢」者，謂復於平時之燕寢也。孔氏謂「間傳既祥復寢，謂不復宿中門外，復於殯宮之寢；吉祭後不復宿殯宮，復於平常之寢」，是也。

期，居廬，句。**終喪不御於內者，父在爲母爲妻。齊衰期者，大功布衰九月者，皆三月不御於內。** 釋文：期音基，下同。爲，于僞反，下「爲之賜」同。

期，期喪也。父在爲母及爲妻，雖並爲期喪，而初喪居倚廬，不居堊室，且終喪不御於內。此二事，與餘期喪異也。蓋父母之恩一也。爲父三年，而父在爲母止於期，則以不敢同於父也。凡尊長於卑幼之服皆報，夫婦齊體，妻爲夫三年，則夫宜報服，而其服乃止於期，則以不敢同於母也。二服本由三年而屈，故其初喪居倚廬，終喪不御內，與其祥、禫之祭，杖屨之服，皆與三年者同也。三年之喪，既練而居堊室，此初喪居廬，蓋爲母既練而居堊室，爲妻既葬而居堊室與？然父在爲母，終喪不御於內，特對夫他期喪之三月不御於內而言爾，其實喪雖已除，而心喪以終三年，未三年，不可以御於内也。喪服傳曰：「父必三年然後娶，達子之志也。」用是推之，則妻喪雖除，亦未可遽御於内矣。○朱子曰：小功、緦，禮既無文，即當自如矣，服輕故也。

婦人不居廬，不寢苫。喪父母，既練而歸；期、九月者，既葬而歸。

不居廬者，婦人居喪於房中，不次於外也。不寢苫，以質弱，優之也。不居廬，不寢苫，據三年者言，則期以下輕喪可知也。孔氏曰：女子出嫁，爲祖父母及兄弟爲父後者皆期。九月，謂本是期而降在大功者。按喪服「女子爲父母」，「卒哭折笄首」，鄭謂「卒哭，喪之大事畢，可以歸於夫家」。熊氏云：「卒哭可以歸，其實歸在練後也。」

公之喪，大夫俟練，士卒哭而歸。

歸，謂歸其家。此謂異姓之卿、大夫、士與君無服者，若與君有服，則雜記云：「大夫次於公館以終喪，士練而歸。」

大夫士，父母之喪既練而歸，朔月、忌日則歸哭于宗室；諸父、兄弟之喪，既卒哭而歸。

鄭氏曰：歸，謂歸其宫也。忌日，死日也。宗室，宗子之家，謂殯宫也。禮，命士以上，父子異宮。孔氏曰：大夫士，謂庶子爲大夫士也。宗室，適子家，殯宮也。賀氏云：「此『弟』，謂適弟。」下云「兄不次於弟」，謂庶弟也。愚謂大夫士爲君既練、既卒哭而歸，及庶子爲父母既練而歸，皆於其宮之外爲喪次以居，其飲食居處皆與其次於殯宮外者無異也。

父不次於子，兄不次於弟。

鄭氏曰：謂不就其殯宮爲次而居。愚謂子，謂衆子也。小記曰：「父不爲衆子次於外。」

君於大夫、世婦，大斂焉，爲之賜，則小斂焉。於外命婦，既加蓋而君至，於士，既殯而往，爲之賜，大斂焉。夫人於世婦，大斂焉，爲之賜，小斂焉。於諸妻，爲之賜，大斂焉。於大夫、外命婦，既殯而往。

鄭氏曰：爲之賜，謂有恩惠也。君於外命婦加蓋而至，於臣之妻略也。愚謂世婦，皆謂君之世婦也。外命婦，卿大夫之妻也。凡爲之賜而小斂者，皆於小斂、大斂而再往也。夫人於大夫、外命婦，既殯而往，謂有親屬之恩者也，非是則不往。

大夫士既殯而君往焉，使人戒之。主人具殷奠之禮，俟于門外，見馬首，先入門右。巫止于門外，祝代之先。君釋菜于門内，祝先升自阼階，負墉南面。君即位于阼，小臣二人執戈立于前，二人立于後。擯者進，主人拜稽顙。君稱言，視祝而踊，主人踊。大夫則奠可也，士則出俟于門外，命之反奠乃反奠。卒奠，主人先俟于門外。君退，主人送于門外，拜稽顙。

鄭氏曰：殷，大也。朝夕小奠，至月朔則大奠。君將來，則具大奠之禮以待之，榮君之來也。祝負墉南面，直君北，房户東也。小臣執戈先後君，君升而夾階立。大夫殯即成服，成服則君亦成服，錫衰而往弔之。稱言，舉所以來之辭也。視祝而踊，祝相君之禮，當節之也。

孔氏曰：君即位於阼者，主人不敢有其室，故君位在阼而西鄉也。盧云：「上言『即位於序端』，謂君臨大夫將大斂時，禮未成，辟執事，故即位於序端。此大夫士既殯而君往，禮已成，故即位於阼階也。」前後二小臣各執戈，辟邪氣也。君升，而小臣夾階北面俟。君言，謂弔辭也。愚謂上云「於士，既殯而往」，謂殯日既殯之後也。此云「既殯而往」，謂既殯以後，未葬以前也。戒猶告也。既殯君往，無常期，故先使人告之。士喪禮「小臣二人執戈先，二人後」，謂君行時也。此云「二人執戈立於前，二人立於後」者，謂君升即位時也。君即位於阼階上，西面，二人北面立於阼階東，在君之後，二人北面立於阼階西，在君之前也。小臣執戈先後君者，君之常儀也，故左傳「二執戈者前矣」，非謂臨喪辟凶邪也。檀弓「君臨臣喪，以巫、祝、桃、茢、執戈」先，此既有巫，則亦有桃、茢矣，不言者，文略也。擯，相主人之禮者也。擯者之位，蓋負東塾，君既即位，則進而告主人使受弔也。拜稽顙，拜於阼階下之中庭也。凡臣於君臨其喪，皆即位於門右，受禮於中庭。士喪禮：「主人中庭，君哭，主人哭，拜稽顙，成踊。」君稱言者，蓋舉其慰問主人之辭，非弔辭也。出俟於門外，不敢必君之留也。門外，外門外也。○鄭氏云「迎不拜，拜送者，拜迎則爲君之答己」，非也。禮，弔賓不答拜，況君之於臣乎？臣於君弔不拜迎，蓋禮然爾，説已見前。

君於大夫疾，三問之；在殯，三往焉。士疾，壹問之；在殯，壹往焉。石經壹並作「一」。

鄭氏曰：所以致殷勤也。愚謂在殯而往者，謂既弔又於殯後更往，以致其慰問殷勤之意，即上文「大夫既殯而君往」是也。然士喪禮不見有殯後君弔之禮，此蓋謂於君有親屬之恩，故在殯又往與？

君弔，則復殯服。鄭註：復或爲「服」。

鄭氏曰：復，反也。反其未殯、未成服之服，新君事也。謂臣喪既殯後，君乃始來弔也。

孔氏曰：殯服，謂殯時未成服之服，苴絰、免、布深衣也，不散帶。愚謂復殯服，謂免也。

小記曰：「君弔，雖不當免時也，主人必免，不散麻。親者皆免。」其齊、斬之服無變也。註疏謂「殯服爲殯時未成服之服」，非也。小記又曰君弔，「必皮弁、錫衰」，「主人未喪服，則君亦不錫衰」，則君弔於殯後，主人之服不變也，惟加免爲異耳。

夫人弔於大夫士，主人出迎于門外，見馬首，先入門右。夫人入，升堂即位，主婦降自西階，拜稽顙于下。夫人視世子而踊，奠如君至之禮。夫人退，主婦送于門内，拜稽顙，主人送于大門之外，不拜。

夫人於大夫士，既殯而往，升堂即位，即位於阼階上也。拜稽顙於下，拜於阼階下中庭。必以主婦拜者，喪禮男主拜男賓，女主拜女賓，雖於君、夫人之弔亦然也。世子非所以相夫人之禮事者，周禮女巫：「王后弔，則與祝前。」祝，謂天官女祝也。則夫人之弔，當女巫止於門外，女祝代之而詔相其禮矣。前云「君視祝而踊」，則夫人當視女祝而踊，「世子」蓋「女祝」之誤也。孔氏曰：奠如君至之禮者，主婦拜竟而設奠事，如君弔禮，若士則亦如主人先出而聽命反奠也。主婦送於門内，門，寢門也。婦人迎送不出門。主人送於大門外，不拜者，喪無二主，主婦已拜，故主人不拜。

大夫君，不迎于門外，入即位于堂下。主人北面，衆主人南面，婦人即位于房中。若有君命，命夫、命婦之命，四鄰賓客，其君後主人而拜。

鄭氏曰：入即位于下，不升堂而立阼階之下，西面，下正君也。衆主人南面於其北，婦人即位於房中，君雖不升堂，猶避之也。後主人而拜者，將拜賓，使主人陪其後，而君前拜。不俱拜者，主人無二也。孔氏曰：大夫君，謂大夫之臣稱大夫爲君也。不迎於門外，貶於正君。入即位於堂下者，即阼階下位而西鄉也。主人，適子也。君既即阼階下位，故適子避之，在君之南而北面也。婦人即位於房中者，婦人之位在堂，其君既來，故婦人並爲位於東房中也。又前君臨大斂，主婦尸西，不辟者，大斂哀深，故不辟君；今既斂後哀殺，故辟也。按未大斂之前，君雖來，主婦猶在尸西，其既殯已後，君雖來，不顯婦人之位。今此大夫君云「婦人即位房中」，明正君既殯而來，婦人亦即位房中也。又若大夫君妻來，當同夫人禮也。愚謂大夫君即位於堂下，非徒下正君，亦爲不可以君道臨其臣之賓客也。主人北面，在阼階下中庭而北面也。此所降於正君之禮有三焉：不迎於門外，一也。即位於堂下，二也。主人北面，不即位於門右，三也。此謂大夫君於既殯後至者，若當大斂時，則當升堂視斂，大夫君與主人、主婦、卿、大夫之位，皆當如君視大夫大斂之禮也。衆主人南面，爲君辟也。士喪禮君視大斂，「衆主人辟於東壁，南面」，註云：「南面，則當坫之東。」賈疏云：「南面，則西頭爲首者當堂角之坫。」此衆主人之位亦然也。其君後主人而拜者，其君使主人陪於其後，而已代主人拜賓，亦猶諸侯弔於異國之臣，其君爲主之義也。然君命與命夫、命婦之命及四鄰賓客來弔，大夫君與主人之位不同。若君命，則弔者升堂西面，大夫君當在中庭稽顙，主人北面於門内之右，在大夫之後，哭而不拜也。若命夫、命婦之命及四鄰賓客來弔，則弔賓即位於阼階之南，大夫君東面拜之，主人亦東面立於大夫君之後，哭而不拜也。疏謂「君拜在前，主人拜在後」，誤也。如其說，則是喪有二孤矣，此季康子之所以見譏也。

君弔，見尸、柩而后踊。鄭註：踊或爲「哭」，或爲「浴」。

見尸，謂未殯時；見柩，謂未葬時也。故上言「既殯君往」，「視祝而踊」，若既葬君弔，則不踊也。檀弓曰：「葬也者，藏也。」又曰：「反而亡焉，失之矣。」殯時柩雖在塗内，猶爲未藏未亡也。

大夫士若君不戒而往，不具殷奠，君退必奠。

鄭氏曰：榮君之來。孔氏曰：君來不先戒，當時雖不得殷奠，君去後必設奠告殯，以榮君來故也。愚謂殷奠非倉卒可具，不具殷奠，亦爲不敢久留君也。

君大棺八寸，屬六寸，椑四寸。上大夫大棺八寸，屬六寸。下大夫大棺六寸，

屬四寸。士棺六寸。釋文：屬音燭。椑，步歷反。

鄭氏曰：大棺，棺之在表者也。檀弓曰：「天子之棺四重：水、兕革棺被之，其厚三寸，杝棺一，梓棺二。四者皆周。」此以内説而出也。然則大棺及屬用梓，椑用杝。庶人之棺四寸。上大夫，謂列國之卿也。趙簡子云「不設屬、椑」，時僭也。孔氏曰：孔子爲中都宰，制四寸之棺，五寸之椁。是庶人之棺四寸。哀公二年，趙簡子與鄭師戰於鐵，簡子自誓云「桐棺三寸，不設屬、椑」，「下卿之罰也」。大夫依禮無椑，今云「罰」始無椑，是當時大夫常禮用椑，僭也。愚謂君，謂五等之君也。大棺，外棺也。椑，親身之棺也。大棺與屬，以梓木爲之，檀弓所謂「梓棺」也。椑以杝木爲之，檀弓所謂「杝棺」也。天子之棺四重：水、兕革棺被之，一也。梓棺二，三也。杝棺一，四也。諸侯無水、兕革棺，棺三重；大夫無椑，棺二重；士惟大棺一重而已。庶人棺四寸，士棺六寸，大夫加屬四寸爲一尺，上大夫大棺及屬加二寸爲一尺四寸〔一〕，君加椑四寸爲一尺八寸。天子之大棺蓋九寸，屬六寸，椑四寸，水、兕革棺三寸，共爲二尺二寸。鏘鳴按：此説天子棺制，與檀弓注互異，似當再考。天子以下至士，皆以四寸爲差降也。

〔一〕「及屬」二字原本脱，據經文及文義補。

君裏棺用朱、緑，用雜金鐕。大夫裏棺用玄、緑，用牛骨鐕。士不緑。釋文：鐕，子南反。

鄭氏曰：鐕，所以琢著裏。孔氏曰：裏棺，謂以繒貼棺裏也。朱繒貼四方，緑繒貼四角。鐕，釘也。舊説云：「用金釘，又用象牙釘，雜之以琢朱、緑著棺也。」隱義云：「朱、緑，皆繒也。」雜金鐕，尚書云：「貢金三品，黄、白、青色。」大夫裏棺用玄、緑者，四面玄，四角緑。用牛角鐕，不用牙金也。士不緑者，悉用玄也。亦用牛骨鐕，不言，從可知也。

君蓋用漆，三衽三束。大夫蓋用漆，二衽二束。士蓋不用漆，二衽二束。

鄭氏曰：用漆者，塗合牝牡之中也。衽，小要也。愚謂君蓋用漆者，謂棺既加蓋，而用漆塗合其縫際牝牡之間也。衽，小要也，所以連合棺之縫際者。以木爲之，兩端廣，中央狹，有似深衣之衽，故名焉。古棺無釘，君與大夫以漆塗合縫際，又鑿身與蓋合際處作坎，內小要於坎中，以連合之。又每當衽上，用牛皮束之以爲固也。衽與束有横有縮，此云「三束」「二束」，惟據其横者言之也。大夫二衽二束，降於君也。士蓋不用漆，又降於大夫也。檀弓曰「棺束，縮二，衡三，衽每束一」，謂天子也。諸侯之衽與束，其横者與天子同，則其縮者亦與天子同矣。大夫士横者二，則其縮者一與？○棺束有二：一是大斂加蓋後之束，專屬於棺者，此與檀弓所言者是也。一是葬時柩車既載後之束，以繫棺於柩車者，士喪禮「乃載，踊無算，卒束，襲」，是也。在棺之束有横有縮，柩車之束則但有横者耳。

君、大夫鬊、爪實于緑中，士埋之。釋文：鬊音舜。○鄭註：緑或爲「簍」。

鄭氏曰：緑當爲「角」，聲之誤也。角中，謂棺内四隅也。鬊，亂髮也。將實爪、髮棺中，必爲小囊盛之。孔氏曰：士亦有物盛而埋之。愚謂緑當作「簍」。檀弓曰：「設蔞、翣。」簍，柳也。實於簍中者，殯時置棺外，及葬則實於棺外柳内也。士埋之者，沐浴之後，埋於甸人所掘兩階間之坎也。

君殯用輴，欑至于上，畢塗屋。大夫殯以幬，欑置于西序，塗不暨于棺。士殯見衽，塗上。帷之。釋文：輴，敕倫反。欑，才冠反。幬音道。見，賢遍反。○鄭註：幬或作「錞」，或作「埻」。○按欑置，毛本誤作「至」。疏中作「欑置」，不誤。

鄭氏曰：欑猶菆也。屋，殯上覆如屋者也。幬，覆也。暨，及也。此記參差，以檀弓參之：天子之殯，居棺以龍輴，欑木題湊象椁，上四注如屋以覆之，盡塗之。諸侯輴不畫龍，欑不題湊象椁，其他亦如之。大夫之殯，廢輴，置棺西牆下，就牆欑其三面。塗之不及棺者，言欑中狹小，裁取容棺。然則天子諸侯差寬大矣。士不欑，掘地下棺，見小要耳。帷之，鬼神尚幽闇也，士達於天子皆然。孔氏曰：君，諸侯也。凡殯之禮，天子先以龍輴置於客位殯處，然後從阼階舉棺於輴中，以木攢聚輴之四邊。木高於棺，乃從上加綃黼於棺上，然後以木題湊象椁上之四注以覆之，如屋形，以泥塗之。於屋之上，又加席三重於殯上。按周禮掌次：「凡喪，王則張帟三重，諸侯再重，孤、卿、大夫不重。」註云：「張帟柩上承塵。」此「席」字誤，當作「帟」。其諸侯則居棺以輴，亦菆木輴外，木高於棺，後加布幕於棺上，又菆木於塗上，不題湊象椁也。雖不象椁，亦中央高似屋形，但不爲四注，故經云「畢塗屋」，總包君也。塗上加席三重。按此當云「加帟再重」。大夫殯以幬者，幬，覆也，謂棺衣覆之也。大夫言「幬覆」，則王、侯並幬覆也。攢置于西序者，大夫不輴，又不四面攢，以一面倚西壁而三面攢之，又上不爲屋也。塗不暨于棺者，暨，及也，王、侯塗之而攢廣，去棺遠，大夫亦塗而攢狹，去棺近，裁使塗不及棺也。士掘肂見衽，其衽上出處亦以木覆而塗之，故謂塗上也。帷之者，帷障也，貴賤悉然，朝夕哭乃徹也。鄭云「此記參差」者，若君據天子，應稱龍輴，不得直云「輴」；若君據諸侯，不得云「欑至于上，畢塗屋」。其文或似天子，或似諸侯，故云「參差」。愚謂喪自大斂之後，未葬之前，必殯之者，所以爲火備也。蓋棺柩重大，猝難移徙，故預爲之備如此。且不獨此也，尸柩者，人子之所見而深感，而不能以暫離者也。若如是以至於葬，使之晝夜哀號乎其側，必至於滅性矣。故既斂於棺，則殯之而使暫藏焉。於是節之以朝夕哭，而哀痛可以少殺；休之以喪次，而勞憊亦可以少息也。輴，輴車也，天子畫龍於輴，諸侯不畫龍。欑，叢木也。塗，以土塗之也。諸侯之殯，以輴居柩，欑木於柩之四旁，上高於柩，乃以木題湊而盡涂之。屋者，言其題湊之形，中高而旁下，如屋之形也。左傳「宋葬文公，椁有四阿」，言其僭天子也。天子椁有四阿，其菆塗象椁亦爲四阿可知。諸侯椁不得爲四阿，則爲兩下之形，其攢塗亦爲兩下之形，象椁也。四阿者，殿屋之形。兩下者，夏屋之形。故檀弓言「天子之殯」，此言諸侯之殯，而皆曰「畢塗屋」也。鄭氏以此言諸侯「畢塗屋」爲參差，非也。孔疏云「諸侯雖不象椁，亦中央高似屋形，但不爲四注」，此則已破鄭義矣。然謂「諸侯不象椁」，亦非也。天子椁四阿，諸侯椁兩下，其菆塗正各象其椁形爾。幬，覆也，謂覆棺以夷衾也。尊卑皆然，獨於大夫言之者，舉中以見上下也。大夫殯無輴車，以一面倚西序，欑木於其三面而塗之，其上正，不爲屋形也。

熬，君四種八筐，大夫三種六筐，士二種四筐，加魚、腊焉。 釋文：熬，五羔反。種，章勇反。腊音昔。

鄭氏曰：熬者，煎穀也。將涂，設於棺旁，所以惑蚍蜉，使不至棺也。士喪禮曰：「熬，黍稷各二筐。」又曰：「設熬，旁各一筐。」大夫三種，加以粱；君四種，加以稻。四筐則首足皆一，其餘設於左右。孔氏曰：腊，謂乾腊。特牲士用兔，少牢大夫用麋。天子諸侯當用六獸之屬。賈氏公彦曰：天子當加麥、苽，六種十筐。敖氏繼公曰：孝子以尸柩既殯，不得復奠於其旁，雖有奠在室，而不知神之所在，故置熬於棺旁，亦所以致其愛敬也。愚謂加魚、腊，蓋以腊節折之，而與魚各加於每筐之中也。葬時椁内有黍、稷、遣奠之屬，故殯時略仿其禮，亦有熬與黍稷之屬，皆孝子事死如事生之意。敖氏謂「致其愛敬」，是也。鄭以爲惑蚍蜉，謬説也。

飾棺，君龍帷，三池，振容，黼荒，火三列，黻三列，素錦褚，加僞荒，纁紐六，齊，五采，五貝，黼翣二，黻翣二，畫翣二，皆戴圭，魚躍拂池。君纁戴六，纁披六。釋文：褚，張吕反。僞，依注讀爲帷。齊如字，徐才細反。翣，所甲反。戴，丁代反。披，彼義反，徐甫髲反。○鄭注：僞或作「于」。

鄭氏曰：飾棺者，以華道路及壙中，不欲衆惡其親也。荒，蒙也。在旁曰帷，在上曰荒，皆所以衣柳也。黼荒，緣邊爲黼文，火、黻爲列於其中耳。僞當爲「帷」，聲之誤也。大夫以上，有褚以襯覆棺，乃加帷荒於其上。紐，所以結連帷荒者也。池，以竹爲之，如小車笭，衣以青布。柳象宫室，縣池於荒之爪端，若承霤然。君大夫以銅爲魚，縣於池下。揄翟，青質五色，畫之於絞繒而垂之，以爲振容，象水草之動摇，行則魚上拂池。雜記曰：「大夫不揄絞屬於池下。」是不振容也。士則去魚。齊，居柳之中央，鏘鳴按：齊，居柳之中央，參用既夕禮注。若小車蓋上蕤，縫合雜采爲之，形如瓜分然，綴貝絡其上及旁。戴之言值也，所以連繫棺束與柳材，使相值，因而結前後披也。漢禮，翣以木爲筐，廣三尺，高二尺四寸，方兩角高，衣以白布。畫者，畫雲氣，其餘各如其象，柄長五尺，車行使人持之而從，既窆，樹於壙中。周官司士注曰：披，柩車行，所以披持棺者。有紐以結之，謂之戴。結披必當棺束，於束繫紐。

孔氏曰：帷，柳車邊障也，以白布爲之，王、侯皆畫爲龍，象人君之德也。池，織竹爲籠，衣以青布，掛著荒之爪端，象平生宫室有承霤也。天子屋四注，四面承霤，柳亦四池。諸侯屋亦四注，而柳降一池，闕於後一，故三也。振，動也。容，飾也。振容，以絞繒爲之，長丈餘，如旛，畫爲雉，縣於池下爲容飾，車行則旛動，故曰振容。荒，柳車上覆，謂鼈甲也。列，行也。火，形如半環。黻，兩「己」相背也。黼荒，火三列，黻三列者，緣荒邊爲白黑斧文，又於荒中央畫火、黻各三行也。素錦，白錦也。褚，屋也。於荒下用白錦爲屋，葬在路，象宫室也。加帷荒者，褚覆竟而加帷荒於褚外也。纁紐六者，上蓋與邊牆相離，又以纁爲紐連之，旁各三，凡用六紐也。齊，五采，五貝者，鼈甲上，當中形圓如車蓋，高三尺，徑二尺餘，人君以五采繒衣之，列行相次，又連貝爲五行，交絡齊上也。翣形似扇，在路則障車，入椁則障柩。禮器云：「天子八翣，諸侯六，大夫四。」皆戴圭者，謂諸侯六翣，兩角皆戴圭也。鄭註縫人云：「漢禮器制度『飾棺，天子龍、火、黼、黻皆五列』，又有龍翣二，其戴皆加璧也。」魚躍拂池者，凡池必有魚，故縣銅魚於池下，若車行則魚跳躍上拂池也。君纁戴六者，事異飾棺，故更言「君」也。纁戴，謂用纁帛繫棺紐，著柳骨也。棺横束有三，每束兩邊屈皮爲紐，三束有六紐，今穿纁戴於紐，以繫柳骨，故有六戴也。纁披六者，亦用纁帛，一頭繫柳戴，一頭出帷外，人牽之，每戴繫之，故亦有六也。謂之披者，若牽車登高，則引前以防軒車，適下則引後以防翻車，欹左則引右，欹右則引左，使車不傾覆也。賈氏公彦曰：齊居柳之中央，以若人之臍，居身之中央也。戴兩頭皆結於柳材，又以披在棺上絡過，然後貫穿戴之連繫棺束者，乃結於戴，餘披出之於外，使人持之，以備虧傾也。愚謂棺飾，蓋以柳木爲骨，衣以繒綵，而外加帷荒焉。故或謂之柳，指其木材言之也。或謂之牆，言其四周於棺，有似於宮室之牆也。三池者，闕其後也。池視重霤，諸侯屋雖四注，而北無重霤，故池亦象之。褚，囊也，所以韜藏於物者。左傳成三年：「荀罃之在楚也，鄭賈人或謀置諸褚中以出。」柩以素錦韜之，若囊形然，故謂之褚。紐有二：經言「纁紐」，用帛爲之，而連屬帷荒者也。疏言「用纁帛繫棺紐」，屈束棺之皮爲之，而戴之所貫者也。士喪禮註云：「披絡柳棺上，貫結於戴。」賈疏謂「披在棺上絡過，然後穿戴而結之」，則是披横絡棺上，而兩端出於棺外，以帛一條而爲二披也。孔疏謂「披一頭繫柳戴，一頭出帷外」，則帛一條止爲一披也。士喪禮飾柩、設牆而後設披，則披不得復絡棺而過，以礙於帷荒故也。且帛之長不過四十尺，而古之尺度短，若絡於棺上，下結於戴，則兩端之外出者無幾，於牽挽亦不便，疑孔氏之說爲是。

大夫畫帷，二池，不振容，畫荒，火三列，黻三列，素錦褚，纁紐二，玄紐二，齊三采，三貝，黻翣二，畫翣二，皆戴綏，魚躍拂池。大夫戴前纁後玄，披亦如之。釋文：綏音蕤，耳隹反，下同。

鄭氏曰：畫荒，緣邊爲雲氣。綏當爲「蕤」，蓋五采羽注於翣首也。孔氏曰：大夫畫帷者，不得爲龍，畫爲雲氣。二池者，庾云：「兩邊而已。」賀云：「前後各一。」不振容者，謂不以揄絞屬於池下，其池上揄絞則有也。齊三采者，絳、黄、黑也。皆戴綏者，翣角不圭，但用五采羽作綏，注翣兩角也。陸氏佃曰：戴玉者必戴綏，戴綏者不必戴玉。陳氏澔曰：披亦如之，謂色與數悉與戴同也。愚謂二池在前後，大夫屋南北有承霤，故其池象之也。士喪禮註云：「齊，以三采繒爲之，上朱、中白、下蒼。」疏云：「聘禮記『三采朱、白、蒼』，彼據繅藉，此齊用三采亦然。」此疏以三采爲絳、黄、黑，絳乃「降」字之誤，言大夫降於人君，少黄、黑二色也。

士布帷，布荒，一池，揄絞，纁紐二，緇紐二，齊三采，一貝，畫翣二，皆戴綏。士戴前纁後緇，二披，用纁。 釋文：揄音遥。緇，則其反。

孔氏曰：士布帷、布荒，皆白布爲之而不畫也。一池者，唯一池在前也。揄絞者，亦畫雉於絞，在於池上，而池下無振容也。士戴前纁後緇，通兩邊爲四戴也。二披用纁者，據一邊前後各一披，故云「二披用纁」，若通兩旁，則亦四披也。　愚謂此云「士一貝」，士喪禮云「無貝」，蓋亦禮俗之不同也。披繫於棺束之横者，其數亦與棺束同。人君棺三束，故兩旁各三披；大夫士棺二束，故兩旁各二披。但大夫旁二披前纁後玄，士則前後皆纁，亦降於大夫也。

君葬用輴，四綍，二碑，御棺用羽葆。大夫葬用輴，二綍，二碑，御棺用茅。士葬用國車，二綍，無碑，比出宫，御棺用功布。 釋文：輴，依註音輇，市專反，王敕倫反。綍音弗。御棺，一本作「御柩」。國，依注亦作「輇」，市專反，王如字，云「一國所用」。比，必利反。○鄭注：綍或爲「率」。○今按：輴當如字，音敕倫反。「國」字亦當如字，王說爲是。

鄭氏曰：大夫廢輴，此言「輴」，非也。輴皆當爲「載以輇車」之輇，聲之誤也。輇，字或作「團」，是以又誤爲「國」。輇車，柩車也，尊卑之差也。在棺曰紼，行道曰引，至壙將窆，又曰紼而設碑，是以連言之。碑，桓楹也。御棺，居前爲節度也。士言「比出宮」、「用功布」，則出宮而止，至壙無矣。愚謂載柩之車，名爲輲車，又曰蜃車。此云「君葬用輴」、「大夫葬用輴」，則是柩車又名爲輴車也。天子諸侯所用以殯之車，與載柩之車，其制相似，但其輪異耳，是以皆名爲輴車也。士之國車，亦輴車也，曰「國車」者，言其爲國人所同用也。鄉師云：「鄉共吉、凶、禮、樂之器。」君大夫之輴皆自造之，士之柩車乃鄉器，故謂之國車。紼，以麻爲之。殯及朝廟時屬於輴及輁軸，謂之紼，葬時在涂，屬於柩車，謂之引，及至壙說載除飾，屬於柩束，又謂之紼，其實則一物也，是以或通其名焉。朝廟與在涂之紼，皆屬於車兩旁，至葬時說載，則屬於柩。天子六紼，以四紼屬於前後之縮束，以二紼屬於兩旁當中横束。諸侯四紼，於前後左右分屬之。大夫士二紼，惟屬於前後束也。碑，以木爲之，所以繞紼以下棺者也。天子謂之豐碑，諸侯謂之桓楹，通而名之，則大夫以上皆謂之碑也。天子四碑，分樹於壙之四旁：前後二碑重鹿盧繫以四紼，左右二碑分繫二紼也。諸侯二碑，樹於壙之前後，繫以二紼，其左右二紼，則使人背壙而負之。大夫二碑，亦樹於壙之前後，分繫二紼。士無碑，其二紼亦使人背而負之也。御棺者，居前指麾，爲柩行抑揚進止之節也。周禮喪祝：「及朝，御匶，乃奠。及祖，飾棺，乃載，遂御。及葬，御匶出宫，乃代。」代，謂代以鄉師及匠師也。是天子之喪，自朝廟以至葬，皆有御匶。諸侯大夫亦然。比，及也。士喪禮朝廟無御柩，至將爲祖奠還車之時，乃云「商祝御柩」；及將行，又云「商祝執功布以御柩」。此言「比出宫，御棺用功布」，明朝廟無御柩也。士朝廟無御柩者，士柩車差輕，宫内道近，且無險阻故也。士祖時已御柩，而云「比出宫，御棺」者，祖時但還車而未行，故據出宫言之。鄭氏謂「士出宫無御柩」，非是。功布，大功布也。大夫之茅，不如羽葆之華，功布則又加質矣。

凡封，用紼去碑負引。君封以衡，大夫士以咸。君，命毋譁，以鼓封；大夫，命毋哭；士，哭者相止也。釋文：封，依注作「窆」，彼驗反。咸，依注讀爲緘，古鹹反。○鄭注：封或皆作「斂」。咸或爲「椷」。

鄭氏曰：封，周禮作「窆」。窆，下棺也。此「封」或皆作「斂」。檀弓曰「公輸若方小斂，般請以機封」，謂此「斂」也。然則棺之入坎爲斂，與斂尸相似，記時同之耳。咸讀爲緘。凡柩車及壙，説載除飾，而屬紼於柩之緘，又樹碑於壙之前後，以紼繞碑間之鹿盧，輓棺而下之。

此時棺下窆，使輓者皆繫紼而繞腰，負引，舒縱之，備失脱也。用紼去碑者，謂縱下之時也。衡，平也。人君之喪，又以木横貫緘耳，居旁持而平之，又擊鼓爲縱舍之節。大夫士旁牽緘而已；庶人縣窆，不引紼也。禮，唯天子葬有隧。今齊人謂棺束爲緘繩。孔氏曰：下棺之時，將紼一頭繫棺緘，一頭繞碑間鹿盧，負引之人在碑外，背碑而立，漸漸應鼓聲而下，故云「用紼去碑負引」也。諸侯四紼二碑：前後二紼各繞前後二碑之鹿盧，其餘兩紼於壙之兩旁，人挽之而下。其天子六紼四碑：前後各重鹿盧，前後每一碑用二紼二碑，用四紼，其餘二紼繫於兩旁之碑也。前經「士二紼，無碑」，紼有人持之法，不要在碑也。君封以衡者，諸侯禮大物多棺重，恐棺不正，别以大木爲衡，貫穿棺束之緘，平持而下，備傾頓也。大夫士以咸者，大夫士無衡，以紼直繫棺束之緘，而下於君也。君命毋譁，以鼓封者，謂君下棺時，命令衆人無得喧嘩，以擊鼓爲窆時縱舍之節，每一鼓漸縱紼也。大夫命毋哭者，大夫卑，不得擊鼓，直使人無哭耳。士哭者相止也者，士又卑，不得施教令，直以哭者自相止。愚謂君封以衡者，諸侯下棺，以木貫於棺束，而以紼繫之，其木横而平正，若稱之衡然也。大夫士以緘者，大夫士不得用衡，直以紼繫於棺緘也。命毋譁者，主徒役者命之，蓋鄉師、遂師之屬也。以鼓封，又擊鼓以爲下棺縱舍之節也。大夫命毋哭，蓋其宰命之也。大夫但命毋哭，則不得擊鼓也。命毋譁者，命徒役之辭也。命毋哭者，命主人以下之辭也。君不命毋哭，君尊，不敢直命也。士哭者相止，主人以下，自相止勿哭也。周禮鄉師「及葬」，「執斧以涖匠師」，冢人「及窆，執斧以涖」。諸侯窆以鼓，或未必用斧與？

君松椁，大夫柏椁，士雜木椁。

鄭氏曰：椁，謂周棺者也。天子柏椁以端，長六尺。夫子制於中都，使庶人之椁五寸。五寸，謂端方也。自天子、諸侯、卿、大夫、士、庶人六等，其椁長自六尺而下，其方自五寸而上，未聞其差所定也。孔氏曰：按檀弓「柏椁以端，長六尺」，註云：「其方蓋一尺。」以此差之，諸侯方九寸，卿八寸，大夫七寸，士六寸，庶人五寸。愚謂天子柏椁以端，而大夫亦用柏椁者，天子之柏椁，諸侯之松椁，皆用松柏之心，所謂「黄腸」也；大夫雖用柏椁，而不得用黄腸，則降於人君矣。諸侯與上大夫大棺同八寸，下大夫與士大棺同六寸，庶人四寸。庶人棺四寸，而椁五寸，椁大於棺一寸，則棺六寸者椁七寸，棺八寸者椁九寸[一]。天子椁一尺，則大棺九寸也。鏘鳴按：此説天子椁制，亦與檀弓注異。

棺、椁之間，君容柷，大夫容壺，士容甒。 釋文：甒音武。

[一]「棺」，原本作「椁」，據文義并參萬有文庫本改。

鄭氏曰：間可以藏物，因以爲節。　孔氏曰：君棺、椁間容柷，若天子棺、椁間則差寬大，故司几筵云「柏席用萑」，玄謂「柏，椁字摩滅之餘，椁席，藏中神坐之席」，是也。諸侯棺、椁間亦容席，故司几筵云「柏席」，「諸侯則紛純」，稍狹於天子，故此云「容柷」。愚謂柷，樂器。壺、甒，皆盛酒之器也。柷方二尺四寸。壺容一石，甒容五斗。士喪禮：「甒二，醴、酒。」凡藏器於棺、椁之間，君之藏器柷爲大，大夫之藏器壺爲大，士之藏器甒爲大，其棺、椁間皆可以容此物，言以此爲廣狹之度也。據司几筵，則諸侯椁内有席，席制三尺三分寸之一，則視柷爲大。今不據席而據柷者，豈諸侯椁内之席小於常席與？

君裏椁、虞筐，大夫不裏椁，士不虞筐。

鄭氏曰：裏椁之物，「虞筐」之文未聞也。　吴氏澄曰：言君之椁有物裏之，而又有虞筐。大夫雖不裏椁，而猶有虞筐也。士則並虞筐亦無。

禮記卷四十五

祭法第二十三

別録屬祭祀。

鄭氏曰：祭法者，以其記有虞氏至周天子以下所制祀羣神之數也。愚謂此篇首言禘、郊、祖、宗之法，及篇末「夫聖王之制祭祀也」以下，見於國語，爲展禽論臧文仲祀爰居之言；至其中間所言，不見於國語者，多有詭異，而考之其他經傳，往往不合。禮記固多出於漢儒，而此篇尤駁雜不可信。

祭法：有虞氏禘黄帝而郊嚳，祖顓頊而宗堯。夏后氏亦禘黄帝而郊鯀，祖顓頊而宗禹。殷人禘嚳而郊冥，祖契而宗湯。周人禘嚳而郊稷，祖文王而宗武王。

釋文：嚳，口毒反。顓音專。頊，許玉反。鯀，本又作「鮌」，古本反。契，息列反。

首言「祭法」，以冠通篇之義也。趙氏匡曰：虞氏禘黄帝，蓋舜祖顓頊出於黄帝，所謂「禘其祖之所自出」也。郊嚳者，帝王郊天，當以始祖配，則舜合以顓頊配天，爲身繼堯緒，不可舍唐之祖，故推嚳以配天，而舜之世系出自顓頊，故以爲始祖。凡祖者，創業傳世之所自來也。宗者，德高而可尊，其廟不遷也。楊氏復曰：禘、郊、祖、宗，乃宗廟之大祭：禘者，禘其祖之所自出，而以其祖配之也。郊者，祀天，以祖配食也。祖者，祖有功，宗者，宗有德，其廟世世不毁也。有虞氏、夏后氏皆禘黄帝，殷、周皆禘嚳者，舜、禹皆祖顓頊，而黄帝者，顓頊之所自出也；殷祖契，周祖稷，而帝嚳者，稷、契之所自出也。有虞氏郊嚳，夏后氏郊鯀，殷人郊冥，周人郊稷者，顓頊，舜之祖也，有虞氏當以顓頊配天，爲身嗣堯位，故推帝嚳以配天，而以顓頊爲始祖，仁之至，義之盡也；鯀治水非無功也，以其蔽於自用，而績用弗成，禹能修鯀之功，則前日未成之功成矣，故夏后氏以鯀配天也；冥，契六世孫也，冥勤其官而水死，其功烈與先聖並稱，故殷人以冥配天也；禮，以祖配天，后稷，周之大祖也。禮運曰「杞之郊也禹也，宋之郊也契也」，與此不同。杞、宋以先代之後，統承先王，脩其禮物，而有所改更，疏以爲時王所命也。愚謂趙氏、楊氏謂「顓頊爲舜之祖」，據大戴禮帝繫篇而言也。然宗廟必序昭穆，舜既宗堯，則顓頊必堯之祖，而大戴禮未可據矣。舜典言「受終於文祖」，又言「格於藝祖」，藝祖、文祖蓋即顓頊也。舜受堯禪，其所祭者即堯之宗廟，蓋受天下於人者之禮然也。大禹謨言「受命於神宗」，神宗即堯也。舜受天下於堯，故以天下傳禹必告於堯，情理之所宜然也。禹爲顓頊之後，而受天下於舜，夏后氏禘黄帝而祖顓頊，所因於堯、舜而無變者也；郊鯀而宗禹，蓋其後世子孫之所爲也。當禹之時，蓋郊堯而宗舜耳。有虞氏祖顓頊，而以黄帝爲所自出之帝，顓頊非親黄帝子也，則禘之所祭，由始祖而上，推其有功德之帝而祭之，而不必祭始祖之父也。殷有三宗，獨言「宗湯」者，據其功德尤盛者言之也。自殷以前，皆於始祖而外别推一帝以配天。周以后稷爲始祖，即以后稷配天，此周禮所監於前代而精焉者也。郊特牲曰「萬物本乎天，人本乎祖」，此所以配上帝也。虞、夏、殷之祖，始祖也。周祖文王，大祖也，其始祖則后稷也。雝之頌曰「既右烈考，亦右文母」，而序以爲「禘大祖」，白虎通義曰「有始祖，有大祖，后稷爲始祖，文王爲大祖」，是也。周立文武之廟爲世室，而文王稱祖，武王稱宗，皆百世不遷者也。夏宗禹，而書曰「明明我祖」，殷宗湯，而詩曰「衎我烈祖」，然則祖、宗亦通名與？

燔柴於泰壇，祭天也。瘞埋於泰折，祭地也。用騂、犢。釋文：燔音煩。瘞，於滯反。折，之設反。

鄭氏曰：壇、折，封土爲祭處也。壇之言坦也。坦，明貌也。折，炤晳也。必爲炤明之名，尊神也。地，陰祀，用黝牲，與天俱用犢，連言爾。孔氏曰：燔柴於泰壇者，謂積薪於壇上，而取玉及牲置柴上燔之，使氣達於天也。瘞埋於泰折者，謂瘞繒埋牲，祭地祇於北郊也。陰祀用黝牲，祭地宜用黑犢，今文承「祭天」之下，故連言「用騂、犢」也。馬氏晞孟曰：燔柴於泰壇，所謂「祭天於地上圜丘」；瘞埋於泰折，所謂「祭地於澤中方丘」。折旋中矩，矩，方也。愚謂燔柴所以降天神，瘞埋所以出地祇也。祭宗廟始於灌，祭天神始於燔柴，祭地祇始於瘞埋，皆用之以降神者也。郊特牲曰：「灌用圭璋，用玉氣也。」典瑞曰「四圭有邸以祀天」，「兩圭有邸以祀地」，「裸圭有瓚以肆先王」，則燔柴、瘞埋兼用玉矣。泰壇者，南郊之壇也。泰折者，北郊之坎也。泰者，尊之之稱也。壇以言其高，則知泰折之爲坎矣。折以言其方，則知泰壇之爲圜矣。

埋少牢於泰昭，祭時也。相近於坎、壇，祭寒暑也。王宮，祭日也。夜明，祭月也。幽宗，祭星也。雩宗，祭水旱也。四坎、壇，祭四方也。山林、川谷、丘陵能出雲，爲風雨，見怪物，皆曰神。有天下者祭百神。諸侯在其地則祭之，亡其地則不祭。釋文：相近，依註讀爲禳祈，如羊反，下巨依反，王肅作「祖迎」。幽宗、雩宗，並依註讀爲禜，禜敬反，王如字。見，賢遍反。亡如字，無也，一音無。

鄭氏曰：昭，明也，亦謂壇也。時，四時也，亦謂陰陽之神也。埋之者，陰陽出入於地中也。凡此以下，皆祭用少牢。相近，當爲「禳祈」，聲之誤也。禳猶卻也。祈，求也。寒暑不時，則或禳之，或祈之。寒於坎，暑於壇。王宮，日壇。王，君也。日稱君，宮，壇營域也。夜明，月壇也。宗皆當爲「禜」，字之誤也。幽禜，星壇也。星以昏始見，禜之言營也。雩禜，水旱壇也，雩之言吁嗟也。春秋傳曰：「日、月、星辰之神，則雪霜風雨之不時，於是乎禜之。山川之神，則水旱癘疫之不時，於是乎禜之。」四方，即謂山林、川谷、丘陵之神也。祭山林、丘陵於壇，川谷於坎，每方各爲坎爲壇。怪物，雲氣非常見者也。有天下，謂天子也。百神，假成數也。孔氏曰：祭時者，謂四時之氣不和，祭此氣之神也。泰昭，壇名也。春夏爲陽，秋冬爲陰。祈陰則埋牲，祈陽則不應埋之，今並云「埋」者，以陰陽之氣俱出入於地中而生萬物也。用少牢者，降於天神也。自此以下，及「日」「月」至「山林」並少牢，先儒云「不薦孰，惟殺牲埋之」也。祭寒暑者，若寒暑太甚，祭以禳之；寒暑頓無，祭以祈之。寒則於坎，寒，陰也。暑則於壇，暑，陽也。王，君也。宮亦壇也，營域如宮也。日神尊，故其壇曰「君宮」。月明於夜，故其壇曰「夜明」。星至夜而出，故曰「幽」。爲營域而祭之，故曰「幽禜」。水旱爲人所吁嗟，亦爲營域而祭之，故曰「雩禜」。四坎、壇，祭四方者，四方各爲一坎一壇，壇以祭山林、丘陵，坎以祭川谷、泉澤。山林、山谷、丘陵，此即四坎、壇所祭之神也。有天下者祭百神，謂天子祭山林、川澤在天下而益民者也。諸侯祭山林、川澤在封内者，亡，無也，境内無此山川則不得祭也。周禮大宗伯備列諸祀，而不見祭四時、寒暑、水旱者，宗伯所言，依歲時常祀，此所載，謂四時乖序，寒暑僭逆，水旱失時，須有祈禱之禮，非關正禮，故不列於宗伯也。按小司徒「小祭祀，奉牛牲」，則王者之祭無不用牛。此祈禱之祭也，故用少牢。按聖證論王肅「六宗」之説，用家語之文，以此四時也，寒暑也，日也，月也，星也，水旱也，爲六宗歲之常祀。孔註尚書亦同。愚謂周禮有「圜丘」「方澤」之名，此南北郊祭天地之壇也。此則云「燔柴於泰壇，瘞埋於泰折」，固已不合於周禮矣。至於泰昭、王宫、夜明之屬，名號詭異，言不雅馴，尤非三代淳質時所有。王肅以此爲歲之常祀，然日、月、天神之尊，不應止用少牢；祀日、月、星辰用實柴，不應埋牲。周禮、春秋、月令言「雩」及「大雩」而已，無「雩宗」之名；天子雩上帝，諸侯雩山川，不聞别祭水旱之神也。鄭、孔以爲此祈禱之祭，故皆用少牢。又孔氏云「此非歲時常祀，故不列於宗伯」，然上文言「禘」「郊」「祖」「宗」及「泰壇」「泰折」，未嘗專言「祈禱」，此不當獨異。又篇末云「非此族也，不在祀典」，是此篇所言皆常祀，不得爲祈禱。又凡祈禱之祭，本皆歲時常祀，至有事又祈禱之爾，未有無常祀而獨祭祈禱者。又祈禱之祭，皆就正祭之兆：祭日宜於東郊，祭月宜於西郊，不宜曰「王宮」「夜明」。祈禱之禮，雖簡於正祭，然亦未嘗相悖戾，祭日、月、星辰當燔柴，不當埋牲。凡此以鄭、王二說考之，無一而可通者。惟相近於坎、壇，祭寒暑，疑即周禮籥章「迎寒」「逆暑」之祭，而「相近」二字，孔叢子作「祖迎」。祖猶餞也，謂送其往也。迎，謂迓其來也。寒暑循環，於其來者迎之，則於其往者送之矣。而四坎、壇，祭四方，則與周禮小宗伯「兆山川、丘陵、墳衍，各因其方」者正合。迎寒逆暑用土鼓，其禮甚簡質，而山林、川澤在地祇亦非甚尊，諸侯社稷用少牢，則此二者用少牢亦宜。但四方爲地祇，固當瘞埋，而寒暑爲陰陽之氣，非專屬於地者，乃概用埋牲，亦恐未必然耳。

大凡生於天地之間者皆曰命，其萬物死皆曰折，人死曰鬼，此五代之所不變也。七代之所更立者，禘、郊、宗、祖，其餘不變也。釋文：大如字，徐音泰。更，古行反。○宗、祖，今本並作「祖、宗」。據孔疏，作「禘、郊、宗、祖」。疏又云：「上先祖後宗，此先宗後祖，故鄭上注云：『祖、宗通言爾。』」是當作「宗、祖」無疑，今正之。

命，猶「天命之謂性」之命。人物之生，其形氣皆稟之於天，故生於天地之間者皆曰命。折者，斷絶也。斷則不復續矣。鬼者，氣之屈也。有屈則有伸矣。蓋人物之受命於天地雖同，然物則氣質昏濁，故其死也謂之折，言其斷絶而不復續也。人爲萬物之靈，故其死也，屈而能伸，是以有昭明、焄蒿、凄愴之感，此立廟祭祀之法所由起也。上文言禘、郊、宗、祖之所及，自黄帝以至於周，黄帝爲立法之祖，歷顓頊、帝嚳、唐、虞、三代爲七代，專數唐、虞、三代則爲五代。於所不變言「五代」，於所變特言「七代」者，以明禘、郊、宗、祖之法起於黄帝以來，而不始於虞也。其餘不變者，謂自天子以下立廟多寡之法也。

天下有王，分地建國，置都立邑，設廟、祧、壇、墠而祭之，乃爲親疏多少之數。

釋文：廟，本亦作「庿」，古字。墠音善。

鄭氏曰：建國，封諸侯也。置都立邑，爲卿大夫之采地，及賜士有功者之地。廟之言貌也。宗廟者，先祖之尊貌也。祧之言超也，超上去意也。封土曰壇，除地曰墠。愚謂大者謂之都，小者謂之邑。祖、禰爲親，遠者爲疏。廟少者止祭其親，廟多者兼及其疏。

是故王立七廟、一壇、一墠：曰考廟，曰王考廟，曰皇考廟，曰顯考廟，曰祖考廟，皆月祭之；遠廟爲祧，有二祧，享嘗乃止。去祧爲壇，去壇爲墠。壇、墠，有禱焉祭之，無禱乃止。去墠曰鬼。

釋文：禱，丁老反，一音丁報反。

鄭氏曰：王、皇，皆君也。顯，明也。祖，始也。名先人以君、明、始者，所以尊本之意也。天子遷廟之主〔一〕，以昭穆合藏於二祧之中。諸侯無祧，藏於祖、考之廟中。聘禮曰「不腆先君之祧」，是謂始祖廟也。享嘗，謂四時之祭。天子諸侯爲壇、墠，所禱，謂後遷在祧者也。既事則反其主於祧。鬼亦在祧，顧遠之於無事，祫乃祭之爾。春秋文二年秋「大事於大廟」，傳曰「毀廟之主陳於大祖，未毀廟之主皆升合食於大祖」，是也。魯煬公者，伯禽之子也，至昭公、定公，久已爲鬼，而季氏禱之而立其宮，則鬼之主在祧明矣。唯天子諸侯有主禘、祫，大夫有祖考者，亦鬼其百世，不禘、祫無主爾。其無祖考者，庶士以下鬼其考、王考，官師鬼其皇考，大夫、適士鬼其顯考而已。凡鬼者，薦而不祭。楊氏復曰：「三壇同墠」之說，出於金縢，乃因有所禱而爲之，非宗廟之外預爲壇、墠以待他日有禱也。孝經「爲之宗廟，以鬼享之」，非去墠爲鬼也。晉張融謂「祭法『去祧爲壇，去壇爲墠』，『去墠爲鬼』，爲衰世之法，所言難以盡信」。愚謂大戴禮諸侯遷廟篇曰：「告於皇考某侯。」士虞、特牲、少牢稱祖曰「皇祖」，曲禮「王父曰皇祖考」，「父曰皇考」。今乃稱曾祖爲皇考，則與父之稱相亂。又凡始祖謂之大祖，今稱爲祖考，則與祖之稱相亂。且以皇考、顯考爲曾祖、高祖之異稱，於義亦無所取也。春秋於周公稱大廟，魯公稱世室，羣公稱宮，故有武宮、煬宮、桓宮、僖宮

〔一〕「主」，原本作「祖」，據禮記注疏改。

之名。是羣廟皆以謚配宮爲名，未聞其曰「考廟、王考廟、皇考廟、顯考廟、祖考廟」也。鄭氏周禮守祧註云：「先公之遷主藏於后稷之廟，先王之遷主藏於文武之廟。」此註云「天子遷廟之主，以昭穆合藏於二祧之中」，是以二祧爲文武之廟也。夫謂「先王之遷主藏於文武廟中」，是也，而以二祧爲文武廟則非也。春秋稱魯公廟爲世室，而明堂位云：「魯公之廟，文世室也。武公之廟，武世室也。」是文武二廟名世室，不名祧也。此言「遠廟爲祧」，蓋謂高祖之父、高祖之祖之廟也。謂之遠廟者，言其世數遠而將遷也。不及文武二廟者，蓋以七廟常數言之，而不及功德之祖，劉歆所謂「七者，其正法宗不在此數」，是也。然周禮「守祧八人」，則祧不徒爲遠廟矣。聘禮云「不腆先君之祧」，左傳「其敢愛豐氏之祧」，臧武仲言「失守宗祧」，是雖五廟、三廟者亦有祧矣。蓋祧即寢也，其字從兆，乃窈窕幽邃之義。寢在廟後，故以名焉。廟以奉神主，寢以藏衣冠，故守祧云「其遺衣服藏焉」。聘禮言「不腆先君之祧」，自謙，故不言「廟」而言「寢」也。然則記之言亦非也。祭神祇於壇，祭人鬼於廟。祭人鬼而爲壇者，必其廟非己之所當祭，有爲爲之也。周公禱三王，爲三壇同墠，蓋周公爲支子，非有武王之命則不敢自禱於天子之廟，故爲壇。宗子去國，庶子無爵而居者，望墓而爲壇，以時祭，亦以宗廟非庶子之所得祭故也。若天子諸侯自祭其祖，何必爲壇耶？廟雖已遷，然大祫之禮，遷廟主固祭於廟矣，有祈禱於遷廟之主，出主於廟而禱焉可也。自祭法有「壇、墠」之説，而注疏又爲推廣之。曾子問「凡殤與無後者，祭於宗子之家」，鄭氏云：「無廟者爲墠祭之。」喪服小記「庶子不祭殤與無後者，殤與無後者從祖祔食」，鄭氏云：「宗子之諸父無後者，爲墠祭之。」「妾祔於妾祖姑，亡則中一以上而祔」，孔氏云：「妾無廟，今乃云祔及高祖者，當爲壇祔之。」雜記「有父母之喪，尚功衰，而祔兄弟之殤」，鄭氏云：「此兄弟之殤，謂大功以下親也。」孔氏云：「小功兄弟當祔於從祖之廟，其小功兄弟身及父是庶人，不合立祖廟，則曾祖適孫爲之立壇，祔小功兄弟之長殤於從祖。」昏義「古者婦人先嫁三月，祖廟未毁，教於公宫，祖廟已毁，教於宗室」，「教成，祭之」，鄭氏云：「宗子之家，若其祖廟已毁，則爲壇而告焉。」凡此皆愚所未敢以爲然者也。

諸侯立五廟、一壇、一墠：曰考廟，曰王考廟，曰皇考廟，皆月祭之；顯考廟、祖考廟，享嘗乃止。去祖爲壇，去壇爲墠。壇、墠，有禱焉祭之，無禱乃止。去墠爲鬼。

朱子曰：月享無明文，只祭法、國語有之，恐未足據。愚謂周禮及春秋經、傳皆言「四時祭宗廟」而已，惟國語有「日祭」「月祀」之文。日祭蓋謂喪中朝夕奠，月祀蓋謂每月告朔也。

此篇言天子四親廟及大廟皆月祭，諸侯曾祖以下皆月祭，以爲告朔則不可通。蓋天子告朔於明堂，不於廟；諸侯告朔於大廟，不及羣廟也。此外惟有薦新之禮，然新物非每月皆有，若告朔、薦新之外又有月祭，則瀆而不敬。諸侯月祭，止及曾祖，而高祖、大祖不與，則又有豐昵之嫌。先王之典，必不如此。

大夫立三廟、二壇：曰考廟，曰王考廟，曰皇考廟，享嘗乃止。顯考、祖考無廟，有禱焉，爲壇祭之。去壇爲鬼。

鄭氏曰：大夫祖考，謂別子也。　愚謂王制：「大夫三廟，一昭，一穆，與大祖之廟而三。」今此曾祖有廟，而大祖乃無廟，亦非也。大夫非大宗子則以曾祖備三廟耳。

適士二廟、一壇：曰考廟，曰王考廟，享嘗乃止。顯考無廟，有禱焉，爲壇祭之。去壇爲鬼。官師一廟：曰考廟。王考無廟而祭之。去王考爲鬼。庶士、庶人無廟，死曰鬼。釋文：適，丁歷反，篇内同。顯考，顯音皇，出註。

鄭氏曰：適士，上士也。官師，中士、下士。庶士，府史之屬。此「適士」云「顯考無廟」，非也。當爲「皇考」，字之誤。　孔氏曰：大宗子爲士，得立祖、禰二廟也。曾子問疏。　愚謂適士，謂大宗世適爲士者也。鄭氏以適士爲上士，孔疏雖順註爲義，而曾子問疏有「大宗子爲士，得立祖、禰二廟」之説，蓋已陰識鄭説之非矣。適士二廟者：一爲考廟，一則別子爲祖者之廟也。此乃以爲王考廟，亦非也。官師，三等之士也。春秋襄十五年「劉夏逆王后於齊」，左傳云：「官師從單靖公逆王后於齊。」杜預釋例云：「元士、中士稱名，劉夏、石尚是也。下士稱人，『公會王人于洮』是也。」是官師非專爲中、下士明矣。官師一廟者，凡三等之士非爲大宗子者，皆惟立一廟也。庶士、庶人無廟，祭於寢也。

王爲羣姓立社，曰大社；王自爲立社，曰王社。諸侯爲百姓立社，曰國社；諸侯自爲立社，曰侯社。大夫以下，成羣立社，曰置社。釋文：爲，並于僞反。

鄭氏曰：大夫以下，謂下至庶人也。大夫不得特立社，與民族居，百家以上則共立一社，今時里社是也。孔氏曰：羣姓，謂百官以下及兆民也。大社在庫門内之右，故小宗伯云「右社稷」。王社所在，書傳無文，或云「與大社同處」。崔氏云：「在藉田。王所自祭，以供粢盛。」詩頌云「春藉田而祈社稷」，是也。諸侯亦然。大夫以下，滿百家以上得立社，爲衆特置，故曰置社。言「以上」，皆不限多少，故鄭駁異義引「州長職曰『以歲時祭祀州社』」，是二千五百家爲社也」。雖云「百家以上」，惟治民大夫乃得立社。愚謂大社祭畿内之地祇，國社祭一國之地祇。郊特牲曰：「惟社，邱、乘共齊盛。」州、黨祭社，其齊盛出於民之所自供，則其社固民之所自立也。蓋大夫以下，於所居之州、黨，得與同居之民相與立社，而治地大夫若州長者爲之主其祭也。○「王社」「侯社」，不見於他經，鄭氏於此篇亦無註説，崔氏謂「王社在藉田」。今按天子之社，祭畿内之土神也。諸侯之社，祭一國之土神也。州社，祭一州之土神也。所載有廣狹，故其神有尊卑，其祭之之禮有隆殺。故王制云：「天子之社稷用大牢，諸侯之社稷用少牢。」大司樂「奏大簇，歌應鐘，舞咸池，以祭地祇」，此天子社稷之祭也。舞師「教帗舞，帥而舞社稷之祭祀」，此大夫以下所置社稷之祭也。若藉田，天子止千畝，諸侯止百畝，則未知其神居何等，而祭之又用何禮耶？天子有大社，諸侯有國社，則藉田已在其中矣，又别立社稷於藉田，而名之曰王社、侯社，於禮則瀆，於情則私，必非先王之典也。

王爲羣姓立七祀：曰司命，曰中霤，曰國門，曰國行，曰泰厲，曰户，曰竈；王自爲立七祀。諸侯爲國立五祀：曰司命，曰中霤，曰國門，曰國行，曰公厲；諸侯自爲立五祀。大夫立三祀：曰族厲，曰門，曰行。適士立二祀：曰門，曰行。庶士、庶人立一祀：或立户，或立竈。

鄭氏曰：此非大神所祈報大事者也，小神居人之間，司察小過，作譴告者爾。司命，主督察三命；疏云：「援神契云：『命有三科：有受命以保慶，有遭命以謫暴，有隨命以督行。受命，謂年壽也。遭命，謂行善而遇凶也。隨命，謂隨其善惡而報之。』」中霤，主堂室、居處；門、户，主出入；行，主道路、行作；厲，主殺罰；竈，主飲食之事。明堂月令：「春曰其祀户，祭先脾。夏曰其祀竈，祭先肺。中央曰其祀中霤，祭先心。秋曰其祀門，祭先肝。冬曰其祀行，祭先腎。」聘禮曰使者出，「釋幣於行」；歸，「釋幣於門」。士喪禮曰「疾病」，「禱於五祀」。司命與厲，其時不著。今時民家，或春秋祠司命、行神、山神，門、户、竈在傍，是必春祠司命，秋祠厲也；或者合而祠之。山即厲也。民惡言「厲」，巫、祝以厲，山爲之，謬乎！春秋傳曰：「鬼有所歸，乃不爲厲。」孔氏曰：司命者，宫中小神。熊氏云：「非天之司命，故祭於宫中。」皇氏云「司命者，文昌宫星」，其義非也。泰厲，謂古帝王無後者也。此鬼無所依歸，好爲民作禍，故祀之。公厲，謂古諸侯無後者。族厲，謂古大夫無後者。族，衆也。大夫無後者衆多，故言「族厲」。陳氏祥道曰：周官雖天子止於五祀，儀禮雖士亦備五祀，則五祀無尊卑隆殺之數矣。祭法曰「七祀」，推而下之，至於「適士二祀」，「庶人一祀」，非周制也。愚謂五祀有二：其大者爲五行之神，大宗伯「以血祭」「祭五祀」，左傳「社、稷、五祀，是尊是奉」，是也。其小者爲户、竈、門、行、中霤之神，曲禮、王制、月令、周禮小祝、士喪禮之所言者是也。蓋户、竈、門、行、中霤，皆關於飲食起居之至切近者，故自天子以下皆祭其神。若司命以爲文昌宫星，則大宗伯以槱燎祭之者不當祭於宫中；若如以爲宫中小神督察三命者，則不知其於天神、地祇、人鬼何所屬耶？至泰厲、公厲，則天子諸侯所祭因國之在其地而無主後者，亦不當與中霤、户、竈、門、行爲類。且五祀爲宫中之神，故自天子以下各自祭之，今乃謂「天子爲羣姓立七祀」，有中霤、户、竈，「諸侯爲國立五祀」，有中霤，則是國人宫内之神，而乃祭之於天子諸侯之宫，有是理乎？

王下祭殤五：適子、適孫、適曾孫、適玄孫、適來孫。諸侯下祭三，大夫下祭二，適士及庶人祭子而止。

鄭氏曰：祭適殤者，重適也。祭適殤於廟之奥，謂之陰厭。王子、公子祭其適殤於其黨之廟，大夫以下，庶子祭其適殤於宗子之家，皆當室之白，謂之陽厭。凡庶殤不祭。　愚謂殤惟祔與除服二祭。凡死未有不祔，其服未有不除者也，豈限適、庶耶？殤與無後者從祖祔食，如士、庶人之孫死，若己爲適子，則當爲之祔於禰，若己爲庶子，則己之昆弟爲父後者又當爲之祔矣，安有祭子而止者耶？鄭氏於曾子問及小記註，皆云「庶殤不祭」，此爲祭法所誤也，説已詳曾子問。

夫聖王之制祭祀也，法施於民則祀之，以死勤事則祀之，以勞定國則祀之，能禦大菑則祀之，能捍大患則祀之。是故厲山氏之有天下也，其子曰農，能殖百穀。夏之衰也，周棄繼之，故祀以爲稷。共工氏之霸九州也，其子曰后土，能平九州，故祀以爲社。帝嚳能序星辰以著衆，堯能賞均、刑法以義終，舜勤衆事而野死，鯀鄣鴻水而殛死，禹能脩鯀之功，黄帝正名百物以明民共財，顓頊能脩之，契爲司徒而民成，冥勤其官而水死，湯以寬治民而除其虐，文王以文治，武王以武功去民之菑，此皆有功烈於民者也。及夫日、月、星辰，民所瞻仰也，山林、川谷、丘陵，民所取財用也，非此族也，不在祀典。釋文：鄣音章。殛，紀力反。顓頊能脩之，本或作「顓頊脩黄帝之功」。文治，直吏反。去，起吕反。

鄭氏曰：厲山氏，炎帝也，起於厲山，或曰有烈山氏。棄，后稷名也。共工無録而王謂之霸，在大昊、炎帝之間。著衆，謂使民興事，知休作之期也。賞，賞善，謂禪舜封禹、稷等也。能刑，謂去四凶。義終，謂既禪二十八載乃死也。野死，謂征有苗，死於蒼梧也。明民，謂使之衣服有章也。民成，謂知五教之禮也。冥，契之六世孫。其官，玄冥，水官也。虐、菑，謂桀、紂也。烈，業也。孔氏曰：法施於民，若神農、后土、帝嚳與堯，及黄帝、顓頊與契之屬是也。以死勤事，若舜及鯀、冥是也。以勞定國，若禹是也。禦大菑，捍大患，若湯及文武是也。農，謂厲山氏後世子孫名柱，能殖百穀，爲農官，因名農。夏之衰也，周棄繼之者，以夏末湯七年大旱，變置社稷，故廢農祀棄。祀以爲稷者，謂農及棄皆祀之以配稷之神。后土，是共工氏後世之子孫，爲后土之官。后，君也。爲君而掌土，能治九州五土，故祀之以配社之神。嚳能紀星辰、序時候以明著，使民休作有期，不失時節，故祀之也。堯以天下授舜，封禹、稷，官得其人，是能賞均平也。五刑有宅，是能刑有法也。禪舜而老，二十八載乃殂，是義終也。舜征有苗，仍巡守陟方而死，是勤衆事而野死。鯀塞鴻水，亦有微功，故得祀之。若無微功，焉得治水九載？上古雖有百物而未有名，黄帝爲物作名，正名其體也。以明民者，謂垂衣裳，使貴賤分明，得其所也。共財者，謂山澤不障，教民取百物以自贍也。顓頊能脩之，謂能脩黄帝之法。契爲司徒，掌五教，故民之五教得成。湯除其虐，謂放桀也。文武去民之菑，謂伐紂也。此皆有功烈於民者也，結上「厲山」以下得祀之人，有功烈於民故也。及夫日、月、星辰，民所瞻仰者，釋上「燔柴於泰壇」，「瘞埋於泰折」，「祭日」「祭月」「祭星」之等。上有「祭天」「祭地」「祭四時」「祭寒暑」「祭水旱」，此不言者，舉日月則天地可知，四時、寒暑、水旱則日月陰陽之氣，故舉日月以包之也。非此族也，不在祀典者，合結上事也。族，類也。若非上自「厲山」以下，及日、月、星辰之等無益於民者，悉不得預於祭祀之典也。按上陳宗廟及七祀，并通適殤以下，此經不覆明之者，此經所云，謂是外神有功於民，其宗廟與殤以下及親屬、七祀之等，宫中小神，所以不載。愚謂以義終，謂堯崩，以天下授舜，而不私其子也。共，給也。明民共財者，百物之名定，則民之視聽不惑，故俗定事成，而財用給足也。冥嗣爲商侯，入爲王朝玄冥之官，溺死於河，事見竹書紀年。紂爲民患，文王脩德，使民忘如燬之虐，而樂孔邇之仁，是以文治去民之菑也。武王伐紂救民，是以武功去民之菑也。此所言，自「武王」以上，農及后土，配食社、稷之人也，其餘則皆四代之所禘、郊、宗、祖。孔疏以爲並外神，非也。蓋惟四親廟不論功德，至於禘、郊、宗、祖，必其功德足以堪之，非子孫之所得而私也。

禮記卷四十六

祭義第二十四

別録屬祭祀。

方氏慤曰：陳乎外者祭之法，存乎中者祭之義。君子於祭，豈徒法爲哉，亦有義存焉爾。愚謂此篇自篇首至「公桑蠶室」章，皆明祭祀之義。次言禮樂之養人，次言孝親之道，次言尚齒之義。篇末又專以祭祀言之。蓋事死事生，其道一也，故因祭而言孝。事父事兄，其道一也，而敬老之義即因事兄之心而推之者，故又因孝親而言尚齒。獨其言禮樂者，於前後不相比附，而本見於樂記，疑樂記重出之文而錯在此篇耳。

祭不欲數，數則煩，煩則不敬。祭不欲疏，疏則怠，怠則忘。是故君子合諸天道，春禘、秋嘗。釋文：數，色角反。○按「禘」字當讀爲禴，下同。

方氏慤曰：數、疏言其時，煩、怠言其事，不敬與忘言其心。愚謂禘當作「禴」，諸侯春祭之名也。四時皆祭，言「春」「秋」則該冬夏矣。天道每時一變，而孝子思親之心因之，故一歲四祭者，不疏不數之節也。

霜露既降，君子履之，必有悽愴之心，非其寒之謂也。春雨露既濡，君子履之，必有怵惕之心，如將見之。

鄭氏曰：非其寒之謂，謂悽愴及怵惕皆爲感時念親也。霜露既降，禮說在秋，此無「秋」字，蓋脱爾。孔氏曰：如將見之，念親如得見親也。悽愴云「非其寒之謂」，則怵惕非其煖之謂，怵惕云「如將見之」，則悽愴亦如將見之，是其互也。

樂以迎來，哀以送往，故禘有樂而嘗無樂。

鄭氏曰：迎來而樂，樂親之將來也。送去而哀，哀其享否不可知也。小言之，則爲一祭之間，孝子不知鬼神之期；推而廣之，放其去來於陰陽。孔氏曰：小言之，爲一祭之間，既不知鬼神來去期節，故祭初若來而樂，祭末似去而哀。推一祭而廣論一年，神之去來似於陰陽二氣，但陽主生長，春夏陽來，似神之來，故祭有樂；秋冬陰，似神之往，故祭無樂。然周禮四時之祭皆有樂，殷則烝、嘗之祭亦有樂。故那詩云「庸、鼓有斁，萬舞有奕」，下云「顧予烝、嘗」，則殷秋冬亦有樂。愚謂春者，陽氣之至而申者也，故其祭也，所以迎乎親之來；秋者，陰氣之反而屈者也，故其祭也，所以送乎親之往。樂其來，故有樂；哀其往，故無樂。然天子四時祭皆用樂，嘗祭無樂，蓋諸侯之禮也。説已見郊特牲。

致齊於内，散齊於外。齊之日，思其居處，思其笑語，思其志意，思其所樂，思其所嗜。齊三日，乃見其所爲齊者。釋文：齊，側皆反，後不出者同。樂音洛，又五教反。

鄭氏曰：致齊，思此五者也。散齊，不御、不樂、不弔耳。見所爲齊者，思之熟也。所嗜，素所欲飲食也。

孔氏曰：先思其麤，漸思其精，故居處在前，樂、嗜在後。愚謂致齊於内，專其内之所思也。散齊於外，防其外之所感也。所樂，所樂爲之事也。所嗜，所嗜飲食之物也。齊三日，必見所爲齊者，由其專精之至也。

祭之日，入室，僾然必有見乎其位；周還出户，肅然必有聞乎其容聲；出户而聽，愾然必有聞乎其歎息之聲。釋文：僾音愛。還音旋，本或作「旋」。愾，開代反。

入室，謂始祭時也。僾然，髣髴有見之貌。周還出户，謂朝事之時，出户而事尸於堂也。出户而聽，謂祭畢，尸將謖而主人出户也。特牲禮「主人出立于户外，西面」，「祝東面」，「告利成」，尸謖。少牢禮：「主人出立于阼階上，西面，祝出立于西階上，告利成。祝入，主人降立于阼階東，西面。」「尸謖」，祭畢而送之，故如聞乎其歎息之聲。蓋人子之於祖、考，以送其往爲哀，則祖、考之心亦必以其往爲哀，故宜有歎息之聲也。

馬氏晞孟曰：僾然言其貌，

肅然言其容，愾然言其氣。

是故先王之孝也，色不忘乎目，聲不絶乎耳，心志嗜欲不忘乎心。致愛則存，致慤則著。著、存不忘乎心，夫安得不敬乎！

方氏慤曰：色不忘乎目，常若承顏之頃也。聲不絶乎耳，常若受命之際也。愚謂先王事死如生，事亡如存，故其耳目之所接，心之所念，無時不在於親，非特祭祀之時而已也。致其愛親之心，則雖亡如存；致其誠慤之意，則雖幽而著。著、存不忘乎心者，言其愛、慤無時而或怠也。如此，則安得有斯須之不敬者乎？

君子生則敬養，死則敬享，思終身弗辱也。君子有終身之喪，忌日之謂也。忌日不用，非不祥也，言夫日，志有所至，而不敢盡其私也。釋文：養，羊尚反。夫音扶。言夫日，或作「言夫忌日」。

鄭氏曰：忌日，親亡之日。忌日，不用舉他事，如有時日之禁也。祥，善也。志有所至，至於親以此日亡，其哀心如喪時。愚謂思終身弗辱者，敬養、敬享之心無時而或忘，而思以守其身者孝其親也。既言君子有終身之敬，又言君子有終身之哀。忌日，親之死日，不用，不以爲他事也。夫日，此日也。志有所至，言志極於念親也。不敢盡其私，不敢盡其心於私事也。

唯聖人爲能饗帝，孝子爲能饗親。饗者，鄉也，鄉之然後能饗焉。是故孝子臨尸而不怍。君牽牲，夫人奠盎；君獻尸，夫人薦豆。卿大夫相君，命婦相夫人。齊齊乎其敬也！愉愉乎其忠也！勿勿諸其欲其饗之也！釋文：鄉，許亮反。齊齊，如字。○鄭註：上饗或爲「相」。

馬氏晞孟曰：饗帝、饗親，致其誠而已。蓋德不足以與之對，則亦非鄉之之盡也。聖人盡天道者也，孝子盡人道者也。愚謂色不和而有所變動曰怍。臨尸而不怍者，惟其誠於鄉之而已。祭祀之禮，主人、主婦獻尸，尸皆親受之，不奠也。奠當作「薦」，禮器曰「君親牽牲，大夫贊幣而從，君制祭，夫人薦盎」，是也。注疏以此所言爲繹祭，又以奠盎爲設盎齊之尊，蓋亦以「奠盎」之文爲疑，而欲曲通之，然其説益無據矣。祭禮先薦豆，次君獻尸，次夫人獻尸。此於三事乃逆陳之者，蓋於君、夫人各以一事相對言之，故不以先後爲序也。齊齊乎其敬者，言其敬容之齊一也。愉愉乎其忠者，言其和順之發於誠也。勿勿者，勸勉之意，詩「黽勉從事」，劉向引之，作「密勿從事」是也。勿勿諸其欲其饗之者，言其欲神之饗之，勉勉而不敢懈也。

文王之祭也，事死者如事生，思死者如不欲生，忌日必哀，稱諱如見親，祀之忠也。如見親之所愛，如欲色然，其文王與？詩云「明發不寐，有懷二人」，文王之詩也。祭之明日，明發不寐，饗而致之，又從而思之。祭之日，樂與哀半：饗之必樂，已至必哀。釋文：樂音洛。

孔氏曰：思死者如不欲生者，言思念死者，意欲隨之而死也。稱諱如見親者，廟中上不諱下，於祖廟稱親之諱，如似見親也。愚謂欲色，謂有欲得之色也。大戴禮文王官人篇：「欲色嫗然以愉。」蓋致齊之時，思親之所樂、嗜，故祭之日如見親之所愛，若有欲得之色然也。詩，小雅小宛之篇。明發，謂將旦而光明開發也。二人，謂父母也。祭之明日，明發不寐者，謂祭畢之夕，思念父母不寐，以至於明日之旦也。饗而致之者，謂祭時如見其親也。又從而思之者，既祭而又明發不寐以思之也。樂與哀半，樂其來格，而哀其將往也。樂以迎來，哀以送往，此以一歲之來往爲哀樂者也。饗之必樂，已至必哀，此以一祭之始終爲哀樂者也。上章言唯「仁人爲能饗帝，孝子爲能饗親」，此又言文王之祭如此，蓋必仁孝如文王，然後以之饗帝、饗親而無不盡也。

仲尼嘗，奉薦而進，其親也慤，其行也趨趨以數。已祭，子贛問曰：「子之言祭，濟濟漆漆然。今子之祭，無濟濟漆漆，何也？」子曰：「濟濟者，容也遠也。漆漆者，容也自反也。容以遠，若容以自反也，夫何神明之及交？夫何濟濟漆漆之有乎？反饋樂成，薦其薦、俎，序其禮樂，備其百官，君子致其濟濟漆漆，夫何慌惚之有乎？夫言豈一端而已，夫各有所當也。」釋文：趨音促。數，色角反，徐音速。濟，子禮反。漆，依註音切。客也，口白反，下「客以遠」同。容也，羊凶反，下「若容以自反」同。慌，況往反，一音荒。惚音忽，本又作「忽」。當，丁浪反。○按容也遠也，容以遠，王肅本及釋文並作「客」，今從鄭作「容」。反饋，孔疏以「及，至」釋之，是孔氏本作「及饋」。又疏云：「定本作反。」按反義爲長，今從定本。

鄭氏曰：嘗，秋祭也。親，謂身親執事時也。慤與趨趨，言少威儀也。趨讀如促。數之言速也。漆漆，讀如朋友切切。自反，猶言自脩整也。容以遠，言非所以接親親也。容以自反，言非孝子所以事親也。及，與也。此皆非與神明交之道也。孔氏曰：濟濟者，容貌自疏遠。漆漆者，容貌自反復而脩整也。愚謂反饋者，天子諸侯之祭，既行朝踐之禮於堂，乃反於室而行饋食之禮也。樂成者，樂至合舞而成，合舞當饋食之節也。上薦，謂進也。下薦，謂籩、豆之實也，此謂所進饋食之籩、豆也。俎，謂饋熟之俎也。百官，廟中助祭者。君子，即百官也。諸侯祭禮，二灌朝踐，君與夫人交獻而已，至饋食而後賓長酳尸，至爲加爵而後長兄弟、衆賓長獻尸，於此時而君子乃致其濟濟漆漆。蓋濟濟漆漆乃助祭者之容，而非主祭者之容也。慌惚，髣髴若有見聞之意。若事鬼神而有濟濟漆漆之容，則情意疏遠，而無如將見之誠矣。

孝子將祭，慮事不可以不豫，比時，具物不可以不備，虛中以治之。釋文：比，必利反。○「比時」句絶。

比時，及祭時也。虛中，謂心無他念之雜，專致其精明以交於神明也。

宫室既修，牆屋既設，百物既備，夫婦齊戒、沐浴、盛服，奉承而進之。洞洞乎！屬屬乎！如弗勝，如將失之，其孝敬之心至也與！薦其薦、俎，序其禮樂，備其百官，奉承而進之。於是諭其志意，以其慌惚以與神明交，庶或饗之。庶或饗之，孝子之志也。釋文：洞音動。屬音燭。弗，本亦作「不」。勝音升。

鄭氏曰：脩，設，謂糞除及黝、堊也。備其百官，奉承而進之，百官助主人進之也。諭其志意，謂使祝祝饗及侑尸也。愚謂宫室既脩，牆屋既設，慮事之豫也。百物，謂三牲、魚、腊及籩、豆之實。百物既備，具物之備也。上言「奉承而進之」，謂朝踐時；下言「奉承而進之」，謂饋熟時也。洞洞、屬屬，以其慌惚以與神明交，誠意專一，如將見之，虛中以治之之驗也。

孝子之祭也，盡其愨而愨焉，盡其信而信焉，盡其敬而敬焉，盡其禮而不過失焉。進退必敬，如親聽命，則或使之也。

盡其愨，盡其信，盡其敬，盡其禮，謂存於內者無不盡也。愨焉，信焉，敬焉，而不過失焉，謂著於外者無不盡也。孔氏曰：禮包衆事，非一可極，故不得云「盡其禮」，云「不過失」則是禮也。如或使之，如父母或使之也。輔氏廣曰：愨與信，皆誠也。愨以其固言之，信以其實言之。

孝子之祭可知也：其立之也敬以詘，其進之也敬以愉，其薦之也敬以欲。退而立，如將受命，已徹而退，敬齊之色不絕於面，孝子之祭也。釋文：詘，求勿反。齊如字，又側皆反。

孝子之祭可知也，言觀其祭而可以知其孝也。立，謂立於其位也。詘，容之俯也。進，謂進至於尸前也。愉，色之和也。薦，謂奉物而進之也。欲，欲親之饗之也。退，謂反其位也。如將受命，如親之有所教使也。詘言其容，愉言其色，欲言其心。

立而不詘，固也。進而不愉，疏也。薦而不欲，不愛也。退立而不如受命，敖也。已徹而退，無敬齊之色，而忘本也。如是而祭，失之矣。釋文：敖，五報反。○鄭注：而忘本，「而」衍字。

固，謂固陋而不知禮也。敬齊之色，根於心之誠敬而發，誠敬之心，所以祭祀之本也。忘本，忘其所以祭祀之本，蓋其所根於心者淺而失之速也。

孝子之有深愛者必有和氣，有和氣者必有愉色，有愉色者必有婉容。孝子如執玉，如奉盈，洞洞屬屬然如弗勝，如將失之。嚴威儼恪，非所以事親也，成人之道也。

鄭氏曰：成人，既冠者。然則孝子不失其孺子之心也。愚謂孝子事死如事生，其事親於生時者如此，故没而祭之，亦必如上文之所言，而後可以爲孝也。

先王之所以治天下者五：貴有德，貴貴，貴老，敬長，慈幼。此五者，先王之所以定天下也。貴有德何爲也？爲其近於道也。貴貴，爲其近於君也。貴老，爲其近於親也。敬長，爲其近於兄也。慈幼，爲其近於子也。是故至孝近乎王，至弟近乎霸。至孝近乎王，雖天子必有父；至弟近乎霸，雖諸侯必有兄。先王之教，因而弗改，所以領天下國家也。釋文：長，竹丈反。近，「附近」之近。乎王，於況反。弟音悌。

德者，行道而有得於心也。人有一德，雖未必遽盡乎道之全，然亦道之所散而見也，故曰「近乎道」。霸，諸侯之長也。事親者，仁之實，由仁而極之，則王者天下一家之心也，故曰「至孝近乎王」。從兄者，義之實，由義而極之，則霸者尊主庇民之事也，故曰「至弟近乎霸」。天子必有父，諸侯必有兄，言孝弟之心根於固有，不以勢位之尊而有所異也。先王因人心固有之孝弟而教之，則天下國家之人情皆統領於是而不能外矣。○項氏安世曰：王者君位之極，霸者臣位之極。霸，即「伯」字，諸侯之長也。堯舜有四岳，夏殷有二伯，文武時周、召爲二伯。自孟子、荀子明王、霸之辨，而後學者以霸爲羞，不知孟、荀所闢，謂春秋時五霸耳。

子曰：「立愛自親始，教民睦也。立敬自長始，教民順也。教以慈睦，而民貴有親；教以敬長，而民貴用命。孝以事親，順以聽命，錯諸天下，無所不行。」釋文：錯，千路反。

王者無不愛也，而愛必自親始；王者無不敬也，而敬必自長始。愛敬自盡其道，而其民則而效之，則所以教民者在是矣，所謂「不出家而成教於國」也。民貴有親，則睦矣。民貴用命，則順矣。蓋人莫不有孝順之心，我以人之所同然者感之，則其聽從之易有不期然而然者矣。

郊之祭也，喪者不敢哭，凶服者不敢入國門，敬之至也。

說見郊特牲。

祭之日，君牽牲，穆答君，卿大夫序從。既入廟門，麗于碑，卿大夫袒而毛牛，尚耳，鸞刀以封取膟、膋，乃退。爓祭祭腥而退，敬之至也。釋文：封，苦圭反。膟音律。膋，力彫反。爓音尋。○鄭注：序或爲「豫」。爓祭祭腥，或爲「合祭腥、泄、熠、熟」。

祭，謂祭宗廟也。君牽牲者，謂二灌後，君出迎牲，牽之而入也。穆，謂主祭者之嗣子也。答，對也。君牽上牲，嗣子牽其次，與君相對而牽之也。嗣子答君牽牲者，以其有傳重之端也。卿大夫序從者，卿大夫贊幣，士奉芻，以次序從君也。禮器曰「君親牽牲，大夫贊幣而從」，祭統曰「卿大夫從，士執芻」，是也。麗，繫也。碑在廟之中庭，所以爲行禮之節，繫牲於其上，因其便而用之也。毛牛，取其毛以告純也。三牲皆然，獨言「牛」者，以上牲爲主也。尚耳，以耳毛爲尚也。鸞刀，刀之有鈴者。刲，割也。膟，血也。膋，腸間脂也。取血以告殺，又與膋並以供爇蕭也。乃退，殺牲之事畢而退也。爓，沈肉於湯也。朝祭之時，先祭腥，次祭爓。而退者，朝踐之禮畢而退也。孔氏曰：此腥肉即禮運云「腥其俎」，爓肉即禮運云「孰其殽」。先云「爓」者，記者文便耳。

郊之祭，大報天而主日，配以月。夏后氏祭其闇，殷人祭其陽，周人祭日以朝及闇。

鄭氏曰：主日者，以其光明，天之神可見者莫著焉。闇，昏時也。陽，讀爲「曰雨曰暘」之暘，謂日中時也。朝，日出時也。夏后氏大事以昏，殷人大事以日中，周人大事以日出。孔氏曰：周人尚文，祭天自朝及闇。季氏大夫之家，祭禮應少，而亦以朝及闇，故夫子譏之。愚謂郊禮於經無可考。覲禮曰「天子乘龍，載大旂」，「出拜日於東門之外，反祀方明，禮日於南門外，禮月與四瀆於北門外，禮山川、丘陵於西門外」。祀方明以禮天地四方之神，蓋略放郊禮而爲之者也。拜日於東門之外者，祭天主日，故拜之於東門之外，以迎其神而禮之也。所祀之神非一，而獨迎日者，若鄉飲酒禮「主人迎賓」而「衆賓從之」者然也。禮日於南門外，禮月於北門外，所謂「主日而配以月」也。祭天之禮，於天神兼祭日月，而不及其餘，於此可見矣。禮日於南門外，禮月與四瀆於北門外，禮山川、丘陵於西門外，所謂「三望」者也。春秋僖公三十一年「四卜郊，不從，乃免牲，猶三望」，傳曰：「望，郊之細也。」祭天之禮，兼及三望，此所以終日而後畢也。天尊，可以統地祇，故兼祭四瀆及山川、丘陵。周禮掌次「祀五帝則張大次、小次」，鄭註云：「小次，王接祭退俟之處。」周禮祭天，以朝及闇，雖有强力，孰能支之？是以退俟，與諸臣代有事焉，此所以終日行禮而無跛倚之失也與？

祭日於壇，祭月於坎，以別幽明，以制上下。祭日於東，祭月於西，以別外內，以端其位。日出於東，月生於西，陰陽長短，終始相巡，以致天下之和。釋文：別，彼列反。巡，依注音沿。○按巡，今如字。

此謂春分朝日，秋分夕月之禮也。日照於晝爲明，而壇亦在上而明者也。月照於夜爲幽，而坎亦在下而幽者也。祭日於壇，祭月於坎，別日月之幽明，而制其上下之位也。東，謂東郊。西，謂西郊。端，正也。位，所祭之兆也。日爲陽，陽主外，而東方亦陽方也。月爲陰，陰主內，而西方亦陰方也。祭日於東郊，祭月於西郊，又因日月之東西以正其外內之位也。日生於東，日以朝出於東方也。月生於西，月晦後生明，始見於西方也。陰謂夜，陽謂日。

夏陽長而陰短，冬陰長而陽短。始，謂日之朝，月之朔；終，謂日之夕，月之晦也。巡，行也，徧也，謂其運行周徧，代明而不已也。以致天下之和者，陰陽相濟，和氣由此而致也。○陳氏祥道曰：祀日月之禮有六。祭義曰「郊之祭，大報天而主日，配以月」，一也。玉藻曰「朝日於東門之外」，祭義曰「祭日於東，祭月於西」，二也。小宗伯兆四類於四郊，兆日於東郊，兆月於西郊，三也。大司樂「樂六變而致天神」，月令孟冬「祈來年於天宗」，四也。覲禮「禮日月」，五也。「雪霜風雨之不時，於是乎禜之」，六也。因郊蜡而祀之，非正祀也。類禜而祀之，與覲諸侯而禮之，非常祀也。春分朝之於東門外，秋分夕之於西門外，此祀之正與常也。　愚謂兆日於東郊，兆月於西郊，即春秋分所祭之兆，非有二也。祭天宗，乃秦禮，以樂六變而致天神爲蜡祭，兼祭日月，鄭氏之誤也。去此二祭，則祀日月之禮凡有四，而惟朝日、夕月乃其祀之正也。

天下之禮，致反始也，致鬼神也，致和、用也，致義也，致讓也。致反始，以厚其本也。致鬼神，以尊上也。致物用，以立民紀也。致義，則上下不悖逆矣。致讓，以去爭也。合此五者以治天下之禮也，雖有奇邪，而不治者則微矣。釋文：去，起吕反。奇，紀宜反。

鄭氏曰：因祭之義，汎説禮也。致之言至也，使人勤行至於此也。至於反始，謂報天之屬也。至於鬼神，謂祭宗廟之屬也。至於和用，謂治民之事以足用也。物猶事也。變「和」言「物」，互文也。微，少也。孔氏曰：此一節，明禮之大用凡五事，若行之得理，則天下治矣。和，謂百姓和諧。用，謂財用豐足。義，謂斷制得宜。讓，謂遞相推讓。反始報天，是厚重其本。祭祀鬼神，是尊嚴其上。民豐物用，則知榮辱禮節，故可以立人紀，義能除凶去暴，故上下不悖逆。奇謂奇異，邪謂邪惡，皆據異行之人。合此五者以治天下之禮，雖有異行不從治者，亦當少也。事必須和，和能立事，故云「互」也。

宰我曰：「吾聞鬼神之名，不知其所謂。」子曰：「氣也者，神之盛也。魄也者，鬼之盛也。合鬼與神，教之至也。」

鄭氏曰：氣，謂噓吸出入者也。耳目之聰明爲魄。合鬼神而祭之，此聖人教之至極也〔一〕。

朱子曰：人之精神知覺，與夫運動云爲，皆是神，但氣是充盛發於外者，故謂之神之盛。四肢九竅，與夫精血之屬，皆是魄，但耳目能視聽而精明，故謂之鬼之盛。愚謂鬼神體物不遺，程子所謂「天地之功用，造化之迹」，張子所謂「二氣之良能」也。而夫子乃專以氣與魄

〔一〕禮記注疏作「此聖人之教致之也」。

言之者，蓋宰我所問者祭祀之鬼神，故夫子專以其在人身者言之，以明報氣、報魄之禮所由起也。○朱子曰：子産有言：「人生始化曰魄，既生魄，陽曰魂。」孔子曰「氣也者，神之盛，魄也者，鬼之盛」，鄭氏注曰：「噓吸出入者氣也，耳目之精明爲魄。」氣則魂之謂也。淮南子曰「天氣爲魂，地氣爲魄」，高誘注曰：「魂，人陽神也。魄，人陰神也。」此數説者，其於魂魄之義詳矣。物生始化云者，謂受形之初，精血之聚，其間有靈者名之曰魄也。既生魄，陽曰魂者，既生此魄，便有煖氣，其間有神者名之曰魂也。二者既合，然後有物，易所謂「精氣爲物」是也。及其散也，則魂升而爲神，魄降而爲鬼矣。又曰：陰主藏受，陽主運用。凡能記憶，皆魄之所藏受也。至於運用，發出來是魂。魂魄雖各自分屬陰陽，然陰陽中又各自有陰陽也。又曰：魂魄是形氣之精英。

衆生必死，死必歸土，此之謂鬼。骨肉斃于下，陰爲野土。其氣發揚于上，爲昭明，焄蒿、悽愴，此百物之精也，神之著也。釋文：斃，本亦作「弊」，婢世反。陰，依註音廕，於鴆反。焄，許云反。蒿，許高反。○鄭注：蒿或作「藨」。

鄭氏曰：陰讀爲「依廕」之廕，言人之骨肉廕於地中爲土壤也。焄，謂香臭也。蒿，氣蒸出貌。上言「衆生」，此言「百物」，明其與人同也，不如人貴爾。愚謂衆生，兼人、物而言也。

陰猶掩也。昭明，謂其光景之著見也。焄蒿，謂其香臭之發越也。悽愴，謂其感動乎人，而使人爲之悽愴也。骨肉之掩於下者，魄之降而爲鬼也。氣之發揚於上者，魂之升而爲神也。此皆人、物之所同，但人爲萬物之靈，其魂魄爲尤盛耳。

因物之精，制爲之極，明命鬼神，以爲黔首則，百衆以畏，萬民以服。

鄭氏曰：明命，猶尊名也。尊極於鬼神，不可復加也。黔首，謂民也。則，法也。孔氏曰：明猶尊也。命，名也。黔，黑也。凡人以黑巾蒙頭，故謂之黔首。百衆，謂百官、衆庶。萬民，謂天下衆民。言聖人因人、物之精靈，制爲尊極之稱，謂之鬼神，以爲百姓之法則，而天下皆畏敬之也。

聖人以是爲未足也，築爲宫室，設爲宗、祧，以别親疏遠邇，教民反古復始，不忘其所由生也。衆之服自此，故聽且速也。

周於外者謂之宫，處於内者謂之室。前爲廟謂之宗，後爲寢謂之祧。古、始，皆謂祖、考也。以其已往則曰古，以其爲身之所自始則曰始。反古復始，謂設爲祭祀之禮，以追而事之也。聖人以明命鬼神，其名雖尊，而無所以事之之禮，則於情爲未足，於是立宗廟，制祀典，使天下之人莫不有以盡其報本追遠之意，而衆莫不服之。蓋鬼神之感人，而人之欲敬事其祖、考，乃出於人心之同然而不容已者，而聖人因而導之，故人莫不服從而速於聽命也。

二端既立，報以二禮：建設朝事，燔燎羶、薌，見以蕭光，以報氣也，此教衆反始也。薦黍稷，羞肝、肺、首、心，見間以俠甒，加以鬱鬯，以報魄也。教民相愛，上下用情，禮之至也。釋文：羶，依注音馨。見以，依注見作「覸」，見間，合爲「覸」字，並音「間厠」之間。俠，古洽反。甒音武。○今按：羶讀如字。

二端，謂鬼也神也。二禮，報氣、報魄之禮也。聖人既立爲鬼神之名，又設二禮以報之也。朝事，謂薦血、腥也。羶薌，牛羊腸間脂也。羊膏羶，牛膏薌。見與見間，鄭氏皆讀爲覸，覸，雜也。蕭，香蒿也。蕭光，謂爇之而有火光也。燔燎羶、薌，間以蕭光，謂取膟、膋燔之，而間雜以香蒿之光。此饋食之初，尸未入室時也。以報氣者，血、腥與燔燎皆不可以飲食，而以其氣感神，所以報氣之陽也。祖、考爲人之始，氣又爲祖、考之始，故報氣者，所以教民反始也。薦黍、稷，謂饋熟時也。羞，謂熟而羞之於俎也。肝、肺、首、心，皆所以共尸祭：有虞氏祭首，夏后氏祭心，殷祭肝，周祭肺也。俠，兩也。甒，所以盛酒者。必用兩者，以玄酒配設也。覸以俠甒者，謂既有黍稷及俎，又間雜以甒酒以獻尸也。加以鬱鬯，謂加以祭初鬱鬯之灌也。以報魄者，黍、稷、牲、酒之屬可以飲食，而以其味享神，所以報魄之陰也。薦黍、稷，羞俎實，與二灌不同時，以其俱所以報魄，故合而言之。教民相愛者，飲食之具，所以致其相愛之實也。主人事尸，下用情以愛其上；尸酢主人，上用情以愛其下也。禮之至者，言報氣、報魄，所以事鬼神之禮，此爲至極也。鄭氏曰：報氣以氣，報魄以實，各首其類。○孔疏據禮器及郊特牲注，謂「朝踐、饋食皆有焫蕭」，長樂陳氏、草廬吳氏又謂「焫蕭專在朝踐時」，皆非也。郊特牲曰：「既奠，然後焫蕭合羶、薌。」奠，謂祝酌奠于鉶南，乃饋熟之始，尸在堂行朝踐禮畢，未入室時也。既奠然後焫蕭，則固不當朝踐之節，而亦非兩度焫蕭矣。陸農師謂「既奠，謂奠灌爵」，又非也。灌以瓚酌，奠以斝、角，郊特牲「舉斝、角，詔妥尸」是也，豈可比而一之哉？禮器曰「君牽牲」，「夫人薦盎。君割牲，夫人薦酒」。此云「薦黍稷，羞肺、肝、首、心，間以俠甒」，則是諸侯祭惟朝踐獻盎齊，而饋食獻以酒矣。祭統曰：「執醴授之，執鐙。」坊記曰：「醴酒在室，醍酒在堂。」彼得用醴齊、醍齊者，或上公之禮，或大祫禮盛也。郊特牲以升首爲報陽，謂初殺牲時，腥而升之者也。此以羞首爲報魄，謂有虞氏祭首，熟而升之者也。鬱鬯亦爲報魄，則鬱鬯，尸亦飲之明矣。

君子反古復始，不忘其所由生也。是以致其敬，發其情，竭力從事以報其親，不敢弗盡也。

致其敬者，盡之於心；發其情者，達之於事。竭力從事，謂下文所言「耕藉」、「巡牲」、「蠶」、「繅」之事也。

是故昔者天子爲藉千畝，冕而朱紘，躬秉耒，諸侯爲藉百畝，冕而青紘，躬秉耒，以事天地、山川、社稷、先古，以爲醴、酪、齊盛，於是乎取之，敬之至也。釋文：藉，在亦反，説文作「耤」。紘音宏。齊音咨，本亦作「齍」。藉，藉田也。天子藉田在南郊，諸侯在東郊。冕而耕者，敬其事也。躬秉耒者，躬耕三推，示親其事也。先古，先祖也。稷曰明齊。盛，謂盛之於簠也。祭祀兼有黍、稷，言「齊盛」者，以稷爲主也。酪，酢截也。

古者天子諸侯必有養獸之官，及歲時，齊戒沐浴而躬朝之，犧、牷、祭牲必於是取之，敬之至也。君召牛，納而視之，擇其毛而卜之，吉然後養之。君皮弁、素積，朔月、月半，君巡牲，所以致力，孝之至也。釋文：朝，直遥反。牷音全。養獸之官，謂充人也。周禮充人：「掌繫祭祀之牲、牷，祀五帝則繫于牢，芻之三月。享先王亦如之。」歲時，謂每歲依時也。色純曰犧，體具曰牷。「君召牛」以下，覆明上文之事也。納而視之，謂納於牧人而視之也。擇其毛，謂擇其完具而不雜者也。卜，謂祭前三月卜牲也。牲之未卜者養於牧人，既卜而後，養之於充人也。朔月、月半，即上文所謂「歲時」也。巡牲，即上文所謂「齊戒沐浴而躬朝之」，蓋以察其芻豢之肥瘠也。皮弁、素積，天子視朝之服也。以視朝之服巡牲，敬其事也。天子以皮弁，則諸侯以朝服也。君不可自養牲，每月巡視之，亦所以自致其力也。於耕藉言「敬之至」，於養牲言「孝之至」，互相明也。

古者天子諸侯必有公桑、蠶室，近川而爲之，築宫，仞有三尺，棘牆而外閉之。及大昕之朝，君皮弁、素積，卜三宫之夫人、世婦之吉者，使入蠶于蠶室，奉種浴于川，桑于公桑，風戾以食之。歲既單矣，世婦卒蠶，奉繭以示于君，遂獻繭于夫人。夫人曰：「此所以爲君服與？」遂副、褘而受之，因少牢以禮之。古之獻繭者，其率用此與？及良日，夫人繅，三盆手，遂布于三宫夫人、世婦之吉者，使繅，遂朱、緑之，玄、黄之，以爲黼黻、文章。服既成，君服以祀先王、先公，敬之至也。釋文：近，「附近」之近。昕，許斤反。奉，芳勇反。種，章勇反。食音嗣。單音丹。與音餘。褘音暉。率音類，又音律，又所律反。

鄭氏曰：大昕，季春朔日之朝也。諸侯夫人三宫，半王后也。風戾之者，及早涼脆採之，風戾之使露氣燥，乃以食蠶，蠶性惡溼也。歲單，謂三月月盡之後也。言「歲」者，蠶，歲之大功，事畢於此也。副、褘，王后之服，而云「夫人」，容二王之後與？禮之，禮奉繭之世婦也。三盆手者，三淹也。凡繅，每淹大總而手振之，以出緒也。　孔氏曰：公桑、蠶室者，謂官家之桑於其處，而築養蠶之室也。近川而爲之，取其浴蠶種便也。築宮，謂築養蠶宮。牆七尺曰仞，仞有三尺，牆高一丈也。棘牆，牆上置棘。外閉，謂扇在門外閉也。大昕之朝，季春朔日之朝也。諸侯夫人半王后，故三宮。世婦，諸侯之世婦。此雜互天子之禮言之。天子有三夫人，若諸侯，唯有世婦也。養蠶非一人，唯云「世婦之吉者」，擇其吉者以爲主領也。奉種浴于川者，初於仲春時已浴之，至蠶將生之時又浴之也。戾，乾也。風戾以食之者，淩早采桑，必帶露而溼，蠶性惡溼，故乾而食之。單，盡也。歲既單，謂三月之末，四月之初。蠶是婦人之事，故獻繭于夫人。擬爲君之祭服，故夫人首著副，身著褘衣，受此所獻之繭。少牢以禮之，接獻繭之世婦也。良日，吉日也。更擇吉日，日至而後，夫人自繅也。三盆手者，猶三淹也。每淹，以手振出其絲，故曰三盆手。婦人不與外祭，故云「以祀先王、先公」，其實養蠶爲衣，亦事天地、山川、社稷。　陳氏澔曰：三盆手者，置繭於盆中，而以手三次淹之，每淹則以手振出其緒也。　愚謂仞，説文云「伸臂一尋，八尺」，是也。考工記匠人「爲溝洫」：「井間廣四尺，深四尺，謂之溝」；「成間廣八尺，深八尺，謂之洫」；「同間廣二尋，深二仞，謂之澮」。溝、洫之廣、深同，則澮之廣、深亦同，是二仞即二尋也。但古人言廣者多曰尋，言高深者多曰仞，若七尺曰仞，則此「仞有三尺」言「一丈」可矣，何必繁其辭乎？

君子曰：「禮、樂不可斯須去身。致樂以治心，則易、直、子、諒之心油然生矣。易、直、子、諒之心生則樂，樂則安，安則久，久則天，天則神。天則不言而信，神則不怒而威，致樂以治心者也。致禮以治躬則莊敬，莊敬則嚴威。心中斯須不和不樂，而鄙詐之心入之矣。外貌斯須不莊不敬，而慢易之心入之矣。故樂也者，動於內者也；禮也者，動於外者也。樂極和，禮極順，內和而外順，則民瞻其顏色而不與爭也，望其容貌而衆不生慢易焉。故德煇動乎內，而民莫不承聽；理發乎外，而衆莫不承順。故曰：『致禮、樂之道，而天下塞焉，舉而錯之無難矣。』樂也者，動於內者也。禮也者，動於外者也。故禮主其減，樂主其盈。禮減而進，以進爲文；樂盈而反，以反爲文。禮減而不進則銷，樂盈而不反則放，故禮有報而樂有反。禮得其報則樂，樂得其反則安。禮之報，樂之反，其義一也。」

説已見樂記。

曾子曰：「孝有三：大孝尊親，其次弗辱，其下能養。」釋文：養，羊尚反，後同。

孔氏曰：大孝尊親，即下文「大孝不匱」，聖人爲天子者也。尊親，嚴父配天也。其次弗辱，謂賢人爲諸侯、卿、大夫、士，各保社稷、宗廟、祭祀，不使傾危以辱親也，即下文「中孝用勞」也。其下能養，謂庶人也，與下文「小孝用力」爲一。能養，謂因天分地以養父母也。黄氏裳曰：自天子至庶人，孝道有三：立身行道，有大功大德，俾人頌美其先而尊重之，上也。生事、葬祭之以禮，全父母遺體，没身無毁者，次也。事父母盡其色養者，下也。愚謂下文言「小孝用力，中孝用勞，大孝不匱」，以位之尊卑而異者也。此言「大孝尊親，其次弗辱，其次能養」，以行之優劣而分者也。蓋大孝之極，非天子之博施備物，固不足以盡之，然即大夫士而言，其孝亦未嘗不有大小焉。亨、熟、羶、薌，嘗而薦之，此僅能養而已者也。使國人稱願然，曰「幸哉有子如此」，此則能尊親者也。

公明儀問於曾子曰：「夫子可以爲孝乎？」曾子曰：「是何言與！是何言與！君子之所謂孝者，先意承志，諭父母於道。參直養者也，安能爲孝乎？」釋文：與音餘。先，悉薦反。

諭猶曉也。善承父母之意，能諭之於道，蓋非大舜之得親順親不足以當此。直，但也。

曾子曰：「身也者，父母之遺體也。行父母之遺體，敢不敬乎？居處不莊，非孝也。事君不忠，非孝也。涖官不敬，非孝也。朋友不信，非孝也。戰陳無勇，非孝也。五者不遂，裁及於親，敢不敬乎？釋文：莅音利，本又作「涖」。陳，直覲反。

方氏慤曰：身者，父母之遺體，五者不遂，則裁及其身，裁及其身，是及其親也，豈孝也哉！

亨、孰、羶、薌，嘗而薦之，非孝也，養也。君子之所謂孝也者，國人稱願然曰『幸哉有子如此』，所謂孝也已。衆之本教曰孝，其行曰養。養可能也，敬爲難；敬可能也，安爲難；安可能也，卒爲難。父母既没，慎行其身，不遺父母惡名，可謂能終矣。仁者，仁此者也。禮者，履此者也。義者，宜此者也。信者，信此者也。强者，强此者也。樂自順此生，刑自反此作。」釋文：亨，普彭反。遺如如字，又于計反。

方氏慤曰：論語云「不敬何以别」，故敬爲難。揚子曰「孝莫大於寧親」，故安爲難。孝經曰「立身行道，揚名於後世，以顯父母，孝之終也」，故卒爲難。　愚謂衆之本教曰孝，言聖人之教衆人，其根本在於孝也。其行曰養者，言孝之見於行事之實者謂之養也。養固未足以盡孝，而孝未有離乎養者，故首以此言之，而遞推之以及其至焉。曰養、曰安、曰卒，皆事親之事也，卒則守身之事也，能以守身爲事親，則其爲孝也大矣。「仁此」以下，七「此」字皆指孝而言。仁、禮、義、信、强五者之德，無所不在，而無非所以成其孝也。順乎此則樂，而至於手舞足蹈，樂之所以生也。反乎此，則三千之罪莫大，刑之所以作也。

曾子曰：「夫孝，置之而塞乎天地，溥之而横乎四海，施諸後世而無朝夕，推而放諸東海而準，推而放諸西海而準，推而放諸南海而準，推而放諸北海而準。詩云：『自西自東，自南自北，無思不服。』此之謂也。」釋文：溥，本亦作「敷」。放，甫往反。

方氏慤曰：置，謂直而立之。溥，謂敷而散之。施，謂其出無窮。推，謂其進不已。愚謂孝之德本乎天地，協乎人心，無古今之殊，無遠近之異，此所以置之、溥之、施之、推之而無所不同也。放，至也。

曾子曰：「樹木以時伐焉，禽獸以時殺焉。夫子曰：『斷一樹，殺一獸，不以其時，非孝也。』」釋文：斷，丁管反。

「夫子曰」以下，曾子述孔子之言也。君子親親而仁民，仁民而愛物，故由愛親之心而推之，則雖一物之微，有不可不愛者，而況其大焉者乎！

孝有三：小孝用力，中孝用勞，大孝不匱。思慈愛忘勞，可謂用力矣。尊仁、安義，可謂用勞矣。博施、備物，可謂不匱矣。釋文：施，始豉反。

鄭氏曰：勞猶功也。愚謂不匱，言其所及者遠，而所致者大也。思父母之慈愛，而忘其躬耕之勞，庶人之孝也。尊仁安義，則體不虧而名不辱，士大夫之孝也。博施，謂德教加於四海，刑於百姓。備物，謂天地之間，可薦者無不咸在，人君之孝也。

父母愛之，喜而弗忘；父母惡之，懼而無怨。父母有過，諫而不逆；父母既没，必求仁者之粟以祀之。此之謂禮終。」釋文：惡，烏路反。

雖困窮不能備祭禮，然猶不敢苟取以事其親，則其平日之謹身守道可見矣。禮終，所謂「能卒」也。此言中孝用勞之事，蓋君子既不能爲不匱之孝，又不可止爲用力之孝，所當自勉者，用勞而已。黄氏曰：粟者，禄也。父母既没，必仕於仁諸侯、賢大夫之朝，立身行道，以終祭祀，恐辱先也。

樂正子春下堂而傷其足，數月不出，猶有憂色。門弟子曰：「夫子之足瘳矣，數月不出，猶有憂色，何也？」樂正子春曰：「善如爾之問也！善如爾之問也！吾聞諸曾子，曾子聞諸夫子，曰：『天之所生，地之所養，無人爲大。父母全而生之，子全而歸之，可謂孝矣。不虧其體，不辱其身，可謂全矣。故君子頃步而弗敢忘孝也。』今予忘孝之道，予是以有憂色也。壹舉足而不敢忘父母，壹出言而不敢忘父母。壹舉足而不敢忘父母，是故道而不徑，舟而不游，不敢以先父母之遺體行殆。壹出言而不敢忘父母，是故惡言不出於口，忿言不反於身。不辱其身，不羞其親，可謂孝矣。」釋文：頃讀爲跬，缺婢反，又邱弭反。

天地之間，無人爲大，以其全天地之心，而爲萬物之靈也。父母全而生之，子全而歸之，蓋無愧於天地，然後能無忝於父母也。頃當作「跬」，字亦作「蹞」。荀子曰：「不積蹞步，無以致千里。」徑，步邪趨疾也。游，川行也。言悖而出者，亦悖而入，惡言不出於口，則忿言不反於身矣。○自「曾子曰『孝有三』」至此。明孝之道，而多爲曾子之言，其義與孝經相爲表裏。

昔者有虞氏貴德而尚齒，夏后氏貴爵而尚齒，殷人貴富而尚齒，周人貴親而尚齒。虞、夏、殷、周，天下之盛王也，未有遺年者。年之貴乎天下久矣，次乎

事親也。

方氏慤曰：四代之所貴不同，由救弊之政異也。貴德之弊，至於忘君，故夏后氏救之以貴爵，貴爵所以明貴賤也。貴爵之弊，至於忘功，故殷人救之以貴富，貴富所以明世禄也。三者之弊，至於忘親，故周人救之以貴親。愚謂左傳曰「周之宗盟，異姓爲後」，周禮「王天揖同姓，時揖異姓，土揖庶姓」，周人之尚親者然也。貴與尚，皆尊之也。四代之所貴不同，而無不尚齒者，言各於其所貴之中，而又皆以齒爲尚也。

是故朝廷同爵則尚齒。七十杖於朝，君問則席，八十不俟朝，君問則就之，而弟達乎朝廷矣。釋文：朝，直遥反。弟音悌，後皆同。

鄭氏曰：同爵尚齒，老者在上也。君問則席，爲之布席於堂上而與之言。凡朝位立於庭，不俟朝，君揖之即退，不待朝事畢也。就之，就其家也。老而致仕，君或不許，異其禮而已。孔氏曰：此經所云，是君不許致事者，故七十杖於朝，君問則席；八十不俟朝，君問則就之。若許致事，則王制云：「七十不俟朝，八十杖於朝。」愚謂席，謂席於路寢之堂也。凡朝，君既揖羣臣，退適路寢聽政，卿大夫亦就治朝左右而治事。君有疑，召而問之，則入至路寢之堂。若七十者，則君命爲之布席，而使之坐焉，所以優禮之也。卿大夫在朝，皆待治事畢而後退，八十不俟朝，謂不待朝事畢而先退，君有疑則使人就其家而問之，彌優之也。

行，肩而不併，不錯則隨，見老者則車、徒辟，斑白者不以其任行乎道路，而弟達乎道路矣。釋文：併，步頂反，徐扶頂反。辟音避。

鄭氏曰：錯，雁行也。父黨隨行，兄黨雁行。斑白，髮雜色也。孔氏曰：行，肩而不併者，謂老少並行，少者差退在後。肩臂不得相併，則朋友肩隨是也。不錯則隨者，若兄黨則爲雁行之參錯，若父黨則隨從而在後也。見老者則車、徒辟，謂少者或乘車，或徒步，逢老者則辟之。任，謂擔持。斑白者不以其任行乎道路，少者必代之也。

居鄉以齒，而老、窮不遺，强不犯弱，衆不暴寡，而弟達乎州、巷矣。釋文：遺，本又作「匱」。

鄭氏曰：老、窮不遺，以鄉人尊而長之，雖貧，且無子孫，無棄忘也。一鄉者五州。巷猶閭也。

古之道，五十不爲甸徒，頒禽隆諸長者，而弟達乎獀狩矣。釋文：甸，田見反。獀，本又作「廋」，音蒐。○今按：甸讀爲田。

甸讀爲田，周禮小宗伯「若大甸，則帥有司而饁獸于郊」，肆師「凡師甸，用牲于社宗，則爲位」，是也。小司徒：「凡起徒役，毋過家一人，以其餘爲羡，唯田與追胥，竭作。」五十不爲甸徒，免於竭作之役也。頒，分也。隆，多也。頒禽隆諸長者，謂未五十而與於田役者，則計其年之長者，而多與之禽也。

軍旅什伍，同爵則尚齒，而弟達乎軍旅矣。

什伍，謂士卒部曲也。五人曰伍，二伍曰什。

孝弟發諸朝廷，行乎道路，至乎州、巷，放乎獀狩，脩乎軍旅，衆以義死之而弗敢犯也。

吴氏澄曰：朝廷，政令所自出，故先言之。道路，民所行。州、巷，民所居。獀狩，用衆於内。軍旅，用衆於外。義，謂所宜行。衆人以孝弟爲所宜行，故寧死而不敢犯不孝不弟之事也。

祀乎明堂，所以教諸侯之孝也。食三老、五更於大學，所以教諸侯之弟也。祀先賢於西學，所以教諸侯之德也。耕藉，所以教諸侯之養也。朝覲，所以教諸侯之臣也。五者，天下之大教也。釋文：食音嗣。更，古衡反。大音泰，下同。

祀乎明堂，宗祀文王於明堂以配上帝也。大學，成均也。先賢，謂學之先師也。西學，瞽宗也。祀先賢於西學，周禮大司樂「掌成均之法」，「有道者、有德者使教焉，死則以爲樂祖，祭于瞽宗」，是也。先賢有德，尊而祀之於學，所以教諸侯，使自勉於德也。周氏謂曰：先王之教也，豈必諄諄然命之哉！禮行於此，而人自得於彼者，乃教之至也。

食三老、五更於大學，天子袒而割牲，執醬而饋，執爵而酳，冕而總干，所以教諸侯之弟也。是故鄉里有齒，而老窮不遺，强不犯弱，衆不暴寡，此由大學來者也。

由大學來者，言由天子躬行尚齒之教於大學，故天下化之，而孝弟無所不達也。

天子設四學，當入學而大子齒。

天子立四學，周制也。周立四代之學：虞庠在北，瞽宗在西，東序在東，而當代之學居中，南面，謂之成均。齒，謂與學士以年齒爲次序也。

天子巡守，諸侯待于竟，天子先見百年者。釋文：守，手又反，本亦作「狩」。竟，居領反。

百年者，齒之最尊者也。天子巡守，諸侯待于竟，天子未見諸侯而先見百年者，急於致敬而不敢稍緩也。

八十、九十者，東行西行者弗敢過，西行東行者弗敢過，欲言政者，君就之

可也。

八十、九十者，齒之尊次乎百年者也。其行乎道路之中，若東行，則西行之人皆駐立以待之，而不敢過；若西行，則東行之人皆駐立以待之，而不敢過也。前言「見老者則車、徒辟」，謂辟之而旁行也。此遇之而弗敢過，則不但辟之而已。君就之，謂君親就其家也。前云「八十不俟朝，有問焉，則就之」，謂不許致仕者也。此云「欲言政者，君就之」，謂已致仕者也。

壹命齒于鄉里，再命齒于族，三命不齒。族有七十者弗敢先。

壹命齒于鄉、里，再命齒于族，三命而不齒，此周禮黨正職之文，據天子之國，蜡祭正齒位禮言之也。天子下士一命，中士再命，上士三命。齒於鄉里，謂與其同鄉里之人以年齒爲次序也。族，同高祖之親也。齒於族，謂與其同族之人以年齒爲次序也。不齒，謂雖有同族之人，不與之計年齒也。弗敢先，不敢先之而入也。雖有三命之尊，然猶不敢先七十者而入，所以深明七十者之尊也。鄭氏曰：不復齒，席之於賓東。不敢先，謂既一人舉觶，乃入也。雖非族亦然。承「齒乎族」，故言「族」爾。熊氏安生曰：黨正「飲酒」「正齒位」，故有七十者，若鄉飲酒之禮，則無七十者，故鄉飲酒「明日」，「乃息司正」，「告于先生、君子」，是老者明日乃入也。葉氏夢得曰：三命不齒，貴貴也。七十者不敢先，長長也。先王之道，其並行而不悖者如此。○此據周禮黨正之文。三命不齒者，天子之上士也。鄉飲酒禮據諸侯之國，故云「諸公大夫」「皆席於賓東」。三等之國，卿或三命，或再命，大夫或再命，或一命，而皆席於賓東，是卿大夫皆不齒，不以命數爲限也。鄉飲酒雖據賓賢能之禮，其實黨正正齒位亦然。孔疏謂「列國鄉飲酒，卿大夫皆得不齒，黨正『正齒位』，三命乃不齒」，非也。正齒位之禮，六十者坐，五十者立於堂下。諸侯之黨正，士也。若子男之國，正齒位之禮，黨正坐於堂上爲主人，而其卿再命，大夫一命，反位於堂下，可乎？

七十者，不有大故不入朝。若有大故而入，君必與之揖讓而后及爵者。釋文：朝，直遥反。

此謂致仕在家者也。大故，謂兵寇。讓猶辭也。君既先揖之，則辭讓令退，不欲久勞之也。○自「有虞氏貴德而尚齒」至此，明弟長之義。

天子有善，讓德於天。諸侯有善，歸諸天子。卿大夫有善，薦於諸侯。士、庶人有善，本諸父母，存諸長老。禄爵慶賞，成諸宗廟，所以示順也。釋文：長，竹丈反。

鄭氏曰：薦，進也。成諸宗廟，於宗廟命之。孔氏曰：有善讓於尊上，以示敬順之道，不敢專也。

昔者聖人建陰陽天地之情，立以爲易。易抱龜南面，天子卷冕北面，雖有明知之心，必進斷其志焉，示不敢專，以尊天也。善則稱人，過則稱己，教不伐，以尊賢也。

釋文：卷，古本反。知音智。斷，丁亂反。

建，立也。天地言其體，陰陽言其氣。情，謂吉凶之著見也。易，謂卜、筮之書也。周禮卜有「三兆」，筮有「三易」，此言「易」而不言「兆」，下言「抱龜」而不言「蓍」，皆互相備也。易抱龜南面，此「易」謂卜、筮之官也。按士冠禮、特牲、少牢筮日，主人與筮者皆西面，士喪禮「卜日」，「主人北面」，而卜者「席于闑西、閾外」，則西面。此卜者南面，天子北面，蓋卜郊之禮，與特牲禮「筮日主人玄端」，少牢禮筮日「朝服」，是卜、筮祭日者皆用其祭之服。此云「天子袞冕」，蓋十二章之冕服也。此因上言天子讓善於天，因舉卜、筮一事，以見聖人之尊天，又因聖人之尊天，而言聖人之尊賢，皆所以教天下以謙讓之德也。○此上二節，又因弟長之意而推廣言之。

孝子將祭祀，必有齊莊之心以慮事，以具服物，以脩宮室，以治百事。及祭之

日，顔色必温，行必恐，如懼不及愛然。其奠之也，容貌必温，身必詘，如語焉而未之然。宿者皆出，其立卑靜以正，如將弗見然。及祭之後，陶陶遂遂，如將復入然。是故慤善不違身，耳目不違心，思慮不違親。結諸心，形諸色，而術省之，孝子之志也。釋文：齊，側皆反。語，魚御反。陶音遥。遂，本又作「燧」。思，息嗣反。術，義作「述」。○今按：陶如字。

顔色必温者，爲親之將饗之，而和顔以承之也。行必恐，如懼不及愛然者，又恐親之不果饗，而不及致其愛親之心也。此謂初祭時也。奠之，謂奠置祭饌於神前也。容貌必温，身必詘者，爲親之已饗，而若受命於其前也。如語焉而未之然，如親之將語己而猶未語然。此皆謂正祭時也。宿者，謂助祭之賓也。助祭之賓，於祭前必宿之。宿者皆出，謂祭畢而出也。祭畢而親往，故其立卑靜以正，如將弗復見親，而致其送之之意也。陶，如「鬱陶」之陶。陶陶，思之結於中也。遂遂，思之達於外也。如將復入然者，思之深，而如親將復入也。行必恐，身必詘，立必卑，靜以正者，身容之慤也。顔色容貌必温者，身容之善也。術與述同。思慮不違親，故結諸心而發於耳目；耳目不違心，故形諸色而著爲慤善。術則循乎慤善者而無所違也，省則察乎慤善者而不敢失也。

建國之神位：右社稷而左宗廟。

右，路門外之西。左，路門外之東也。陳氏祥道曰：宗廟陽也，故居左。社稷陰也，故居右。戴氏震曰：聘禮曰「公出送賓，及大門内」，周官司儀曰「出，及中門之外」，廟在中門内明矣。春秋「桓宫、僖宫灾」，「火自司鐸踰公宫」，至桓、僖二廟，廟邇公宫也。「季桓子至，御公立於象魏之外」，立當遠火也。春秋穀梁傳曰：「禮，送女，父不下堂，母不出祭門，諸母、兄弟不出闕門。」廟門謂之祭門，雉門謂之闕門。闕門在外，祭門在内，不出闕門者，得出祭門者也。春秋左氏傳曰「間于兩社，爲公室輔」，以朝廷執政所在爲言，宜繫君臣日見之朝，社在中門内明矣。愚謂綿之詩曰：「乃立皋門，皋門有伉。乃立應門，應門將將。乃立冢土，戎醜攸行。」冢土，大社也。君子將營宫室，宗廟爲先。此詩上章先言「作廟」，此章乃以自外及内之序言之：首作皋門，次作應門，次立社稷。社稷與宗廟左右相對，天子在應門内，諸侯在雉門内，曉然可見矣。

禮記卷四十七

祭統第二十五

別録屬祭祀。

統猶本也。祭有物有禮，有樂有時，而其本則統於一心，故以祭統名篇。篇中凡五段：首言祭禮之重，又自未祭之先，以及於祭末，次第言之，而皆歸本於心之自盡，以明祭統之義。次言祭有十倫，又次言祭有四時，皆以申首段末盡之義也。又次言鼎銘，又次言魯賜重祭，又因祭祀致敬而廣其義也。

凡治人之道，莫急於禮；禮有五經，莫重於祭。

鄭氏曰：禮有五經，謂吉、凶、賓、軍、嘉也。莫重於祭，以吉禮爲首也。

夫祭者，非物自外至者也，自中出，生於心也，心怵而奉之以禮。是故唯賢者能盡祭之義。

釋文：怵，敕律反。○鄭注：怵或作「述」。

陳氏澔曰：怵，即前篇「必有怵惕之心」，謂心有感動也。愚謂物猶事也。冠、昏、賓客之禮，皆先有其事於外，而後以我之心應之。唯祭則不然，乃由思親之心先動於中，而後奉之以禮，此祭之義也。若無思親之實心，則不足以盡乎祭之義矣。

賢者之祭也，必受其福。非世所謂福也，福者，備也，備者，百順之名也。無所不順者之謂備，言内盡於己而外順於道也。忠臣以事其君，孝子以事其親，其本一也。上則順於鬼神，外則順於君長，内則以孝於親，如此之謂備。唯賢者能備，能備然後能祭。是故賢者之祭也，致其誠信與其忠敬，奉之以物，道之以禮，安之以樂，參之以時，明薦之而已矣，不求其爲。此孝子之心也。釋文：長，竹丈反。道之，音導。爲，于僞反。

輔氏廣曰：必受其福，以理必之，世所謂福，則不可必也。名，猶「名言」之名，猶言備者百順之謂而已。内盡於己，外順於道，則仰不愧天，俯不怍人，心安體胖，是賢者之所謂福也。鄭氏曰：其本一者，言忠孝俱由順出也。愚謂順於鬼神，以事死言；孝於其親，以事生言。能備，則以事鬼神，事君長，事其親，而無乎不順也。誠信、忠敬，所謂「内盡於己」也。時，謂一歲四祭，不煩不怠也。「奉之以物」，至「參之以時」，所謂外順於道也。爲，謂鬼神之佑助。蓋賢者之祭，有得福之理，而無求福之心也。

祭者，所以追養繼孝也。孝者，畜也。順於道，不逆於倫，是之謂畜。釋文：養，羊尚反，下同。畜，許六反。

孔氏曰：親没而祭之，追生時之養，繼生時之孝也。畜，謂畜養。愚謂順於道，謂立身行道，而能諭諸其親也。不逆於倫，謂承順乎親，而於倫理無所忤也。不逆於倫者，得親之謂；順於道者，順親之謂。

是故孝子之事親也，有三道焉：生則養，没則喪，喪畢則祭。養則觀其順也，喪則觀其哀也，祭則觀其敬而時也。盡此三道者，孝子之行也。釋文：行，下孟反。

内盡於己，則有誠、信、忠、敬，舉「敬」以見誠、信與忠；外盡於道，則有禮、樂、物、時，舉「時」以見物與禮、樂也。

既内自盡，又外求助，昏禮是也。故國君取夫人之辭曰：「請君之玉女與寡人共有敝邑，事宗廟、社稷。」此求助之本也。釋文：取，七住反。

鄭氏曰：玉女者，美言之，君子於玉比德焉。取夫人之辭，謂納采之辭也。

夫祭也者，必夫婦親之，所以備外內之官也。官備則具備：水草之菹，陸産之醢，小物備矣。三牲之俎，八簋之實，美物備矣。昆蟲之異，草木之實，陰陽之物備矣。凡天之所生，地之所長，苟可薦者，莫不咸在，示盡物也。外則盡物，內則盡志，此祭之心也。

官猶職也。具，祭饌也。具備，謂君割牲，夫人薦籩、豆之屬也。水草之菹，若周禮醢人「茆菹」「芹菹」之屬。陸産之醢，若醢人「鹿臡」「麇臡」之屬。陸産亦謂之小物者，以其莝之以爲醢，非體骨之全也。簋盛黍、稷。祭用八簋，天子之禮也。昆蟲之異，若醢人「蚳醢」「蠯醢」之屬。草木之實，若籩人「菱」、「芡」、「榛」、「㮚」之屬也。祭祀之具，莫非陰陽之氣所生，獨於昆蟲、草木言「陰陽之物」者，言其如是而後備也。此一節，申言「奉之以物」也。

是故天子親耕於南郊以共齊盛，王后蠶於北郊以共純服；諸侯耕於東郊亦以共齊盛，夫人蠶於北郊以共冕服。天子諸侯非莫耕也，王后、夫人非莫蠶也，身致其誠信，誠信之謂盡，盡之謂敬，敬盡然後可以事神明。此祭之道也。

釋文：齊，本亦作「齍」，與粢同，音咨。純，側其反，下「純冕」亦同。○鄭注：齊或爲「粢」。

此及下節，皆承內則「盡志」而言。鄭氏曰：純服，亦冕服也，互言之爾。純以見繒色，冕以著祭服。東郊，少陽，諸侯象也。夫人不蠶於西郊，婦人禮少變也。

及時將祭，君子乃齊。齊之爲言齊也，齊不齊以致齊者也。是故君子非有大事也，非有恭敬也，則不齊。不齊則於物無防也，耆欲無止也。及其將齊也，防其邪物，訖其耆欲，耳不聽樂。故記曰「齊者不樂」，言不敢散其志也。心不苟慮，必依於道；手足不苟動，必依於禮。是故君子之齊也，專致其精明之德也。故散齊七日以定之，致齊三日以齊之。定之之謂齊，齊者，精明之至也，然後可以交於神明也。釋文：齊也、齊不齊、以致齊、以齊之，並如字，餘側皆反。

齊之爲言，言齊一也。大事，謂祭祀之事也。恭敬，則以其心言之，蓋亦有非祭祀而致其恭敬者，如齊戒以見君是也。物自外至，故曰「防」。耆欲自内出，故曰「止」。防其邪物者，謂若不飲酒、不茹葷之類。酒與葷不可謂之邪物，然於齊時則不當飲，不當食，雖謂之邪物可也。訖亦止也。訖其耆欲，謂不御也。君子未嘗苟慮、苟動，特於齊尤致其慎爾。定之之謂齊，申言「散齊以定之」；齊者精明之至，申言「致齊以齊之」也。

是故先期旬有一日，宮宰宿夫人，夫人亦散齊七日，致齊三日。君致齊於外，夫人致齊於內，然後會於大廟。君純冕立於阼，夫人副、褘立於東房。君執圭瓚裸尸，大宗執璋瓚亞裸。及迎牲，君執紖，卿大夫從，士執芻，宗婦執盎從，夫人薦涚水。君執鸞刀，羞嚌，夫人薦豆。此之謂「夫婦親之」。釋文：先，悉薦反，又如字。大廟，音泰，下同。紖，以忍反。從，才用反。涚，舒鋭反。嚌，本亦作「齊」，才細反。○鄭注：芻或爲「䅳」。

鄭氏曰：宿讀爲肅，肅猶戒也。戒輕，肅重也。　愚謂先期旬有一日者，容散齊七日，致齊三日也。周禮大宰職：「前期十日，帥執事而卜日，遂戒。」彼不數祭日，故云「十日」，此兼數祭日，故云「旬有一日」也。宮宰，内宰也。外，君之正寢；内，夫人之正寢也。大廟，大祖之廟也。純冕，純衣而冕服也。立於阼，謂初入即位時也。瓚，裸器，以圭璋爲之柄。大宗，大宗伯也。半圭曰璋。諸侯祭禮，夫人亞君而裸，此既云「夫人副、褘」，又云「大宗執璋瓚亞裸」者，容夫人有故，則宗伯攝而裸獻也。紖，牛鼻繩。君親牽牲，故執紖。卿大夫從者，或驅牲，或執幣以供告殺也。芻，藁也。殺牲則以芻藁藉之，故士執之以從也。宗婦，同宗之婦也。盎，盎齊也。薦，獻也。涚即盎也，盎齊曰涚酌。水，明水也。獻尸用齊，而不用明水，因明水配齊而設，故并言「涚水」也。宗婦執盎從者，謂於夫人獻尸之時，宗婦執盎以從之也。主人與主婦獻尸，併獻祝與佐食，故夫人執盎齊獻尸，宗婦執獻祝與佐食之爵，以從夫人。周禮外宗職「王后以樂羞齍，則贊，凡王后之獻亦如之」，是也。特牲禮主婦獻尸，宗婦不贊，少牢禮雖有「婦贊者受爵」，然獻祝及佐食皆主婦自洗、酌於房中，夫人則宗婦實盎於爵以從，尊卑之禮異也。羞，進也。嚌，謂俎實也。特牲、少牢禮尸舉肺及牲體，皆「振祭，嚌之」，故謂俎實爲嚌也。此一節，申言「道之以禮」也。

及入舞，君執干戚就舞位。君爲東上，冕而總干，率其羣臣以樂皇尸。是故天子之祭也，與天下樂之；諸侯之祭也，與竟内樂之。冕而總干，率其羣臣以樂皇尸，此與竟内樂之之義也。 釋文：樂，並音洛。竟音境，篇内皆同。

鄭氏曰：君爲東上，近主位也。皇，君也。言「君尸」者，尊之。愚謂君執干戚就舞位，所謂「朱干玉戚，以舞大武」也。舞有文、武，獨言「干戚」者，以武舞爲重也。冕而總干，象武王之總干山立也。朱干玉戚，以舞大武，此天子之禮，兼云「諸侯」者，據魯禮言之也。與天下樂之，得萬國之歡心，以事其先王也。與竟内樂之，得一國之歡心，以事其先君也。此一節，申言「安之以樂」也。

夫祭有三重焉：獻之屬莫重於祼，聲莫重於升歌，舞莫重於武宿夜。此周道也。凡三道者，所以假於外而以增君子之志也，故與志進退：志輕則亦輕，志

重則亦重。輕其志而求外之重也，雖聖人弗能得也。是故君子之祭也，必身自盡也，所以明重也。道之以禮，以奉三重而薦諸皇尸，此聖人之道也。釋文：獻之屬，一本無「之屬」二字。

升歌，謂升歌清廟也。大武之第一成謂之武宿夜，象武王之師次孟津而宿也。祼者獻之始，升歌者聲之始，武宿夜者舞之始。天子祭禮十二獻，上公九獻，侯伯七，子男五，而祼爲重。聲有下管、間歌，而升歌爲重。武有六成，而武宿夜爲重。志，即上所謂「誠信」「忠敬」也。有誠信、忠敬之志，則能自盡矣。此一節，又因祭之用禮樂，而歸本於自盡之義也。

夫祭有餕，餕者，祭之末也，不可不知也。是故古之人有言曰「善終者如始」，餕其是已。是故古之君子曰「尸亦餕鬼神之餘」也。惠術也，可以觀政矣。是故尸謖，君與卿四人餕。君起，大夫六人餕，臣餕君之餘也。大夫起，士八人餕，賤餕貴之餘也。士起，各執其具以出，陳于堂下，百官進，徹之，下餕上之餘也。凡餕之道，每變以衆，所以別貴賤之等，而興施惠之象也。是故以四簋黍，見其脩於廟中也。廟中者，竟内之象也。祭者，澤之大者也。是故上有大澤，則惠必及下，顧上先下後耳，非上積重而下有凍餒之民也。是故上有大澤，則民夫人待于下流，知惠之必將至也，由餕見之矣。故曰：「可以觀政矣。」釋文：百官進，依注作「餕」。別，彼列反。見其，賢遍反。修，一本作「偏」。重，直龍反。見之，如字。

食餘曰餕。鬼神享氣，朝踐時先薦腥、爓，至饋食，尸乃食之，故曰「尸亦餕鬼神之餘」。祭之餕，以上之所食者逮及於下，此施惠之道也。爲政在於施惠，故於餕可以觀政也。謏，起也。君與卿四人餕，君與三卿也。文王世子曰：「其登、餕、獻、受爵，則以上嗣。」此君自與卿餕，蓋未立世子者之禮與？大夫士衆多，其六人、八人餕者，皆有事於廟中者也。特牲禮以長兄弟爲下養，少牢禮以二佐食養，則非有事於廟中者不得餕可見矣。士起，各執其具以出者，士既餕畢，各執其所餕之簋、鉶以出於室也。百官，謂餘士之無事於廟者也。進當作「餕」。餕徹，言既餕而遂徹之也。餕之道每變以衆，既以爲貴賤之別，而又以象其惠之漸廣也。簋，盛黍、稷之器也。特牲禮二敦，以一敦餕，留一敦爲陽厭；少牢禮四敦，以二敦餕，留二敦爲陽厭。又少牢禮二佐食養，「司士進一敦黍於上佐食，又進一敦黍於下佐食」，則是餕皆以黍矣。蓋尸食黍而不食稷，餕宜以尸之所食者也。諸侯六簋，黍惟三簋，此得有四簋黍者，蓋别用一簋分之，六人餕則遞分爲六簋，八人餕則遞分爲八簋，若特牲禮佐食分簋、鉶之爲也。脩，整治也。廟中者，竟内之象者，鬼神之惠徧於廟中，猶君之惠徧於竟内也。

夫祭之爲物大矣，其興物備矣。順以備者也，其教之本與？是故君子之教也，外則教之以尊其君長，内則教之以孝於其親。是故明君在上，則諸臣服從；崇祀宗廟、社稷，則子孫順孝。盡其道，端其義，而教生焉。是故君子之事君也，必身行之：所不安於上，則不以使下；所惡於下，則不以事上。非諸人，行諸己，非教之道也。是故君子之教也，必由其本，順之至也，祭其是與？故曰：「祭者，教之本也已。」釋文：長，竹丈反。惡，烏路反。

爲物，猶爲禮也。備以物言，順兼心與禮言。人君教民之事非一，而盡禮於祭祀者，乃其本也。祭祀事尸如事君，所以教民尊其君長也。追養繼孝，所以教民孝於其親也。教之以尊其君長，則諸臣服從；教之以孝於其親，則子孫順孝。「盡其道」以下，皆以明設教之必本於身也。

夫祭有十倫焉：見事鬼神之道焉，見君臣之義焉，見父子之倫焉，見貴賤之等焉，見親疏之殺焉，見爵賞之施焉，見夫婦之别焉，見政事之均焉，見長幼之序焉，見上下之際焉。此之謂十倫。釋文：見，並賢徧反。殺，色界反。

倫，謂義禮之次序也。

鋪筵，設同几，爲依神也。詔、祝於室，而出于祊，此交神明之道也。釋文：爲，于僞反。

鋪筵，設同几，謂祭以某妃配，而同鋪一筵，同設一几也。特言「同几」者，几小筵大，几同則筵可知。爲依神者，言所以依神者異於生人也。詔、祝於室，所謂「血毛詔於室」；出于祊，所謂「爲祊於外」也。蓋生時形體異，故男女别筵；死時精氣合，故男女同几。生人有象可接，故事之有定所；死則不知神之所在，故求之非一處。此二者，皆所以交神明之道也。

君迎牲而不迎尸，别嫌也。尸在廟門外則疑於臣，在廟中則全於君；君在廟門外則疑於君，入廟門則全於臣，全於子。故不出者，明君臣之義也。

鄭氏曰：不迎尸者，欲全其尊也。尸，神象也。鬼神之尊在廟中，人君之尊出廟門則伸。

愚謂君出迎尸，則君屈於臣，故不出者，所以全君之尊，而君臣之義所以明也。

夫祭之道，孫爲王父尸，所使爲尸者，於祭者子行也。父北面而事之，所以明

子事父之道也。此父子之倫也。釋文：行，户剛反，徐胡孟反。

尸用所祭者之孫，無孫則取族中孫行者爲之，以其昭穆同也。此據祭考廟而言之，故尸於主祭者爲子行，主祭者於尸爲諸父也。北面而事之者，天子諸侯之禮，朝踐時尸在堂上南面，主人北面而事之也。

尸飲五，君洗玉爵獻卿；尸飲七，以瑤爵獻大夫；尸飲九，以散爵獻士及羣有司。皆以齒，明尊卑之等也。

蓋凡禮記言諸侯之祭，多據魯禮，此謂上公九獻者也。尸飲五者，裸獻二，朝獻二，至饋食，主人獻尸而爲五也。夫人又獻尸而爵止，君乃以玉爵獻卿。玉爵，獻尸所用之爵，以玉爲飾者。以玉爵獻卿，因獻尸之爵也。尸飲七者，尸作止爵，及食畢君酳尸而爲七也。既則夫人又酳尸而爵止，君乃以瑤爵獻大夫也。瑤爵，酳尸所用之爵，以瑤爲飾者。周禮内宰職曰「后之裸、獻，則贊，瑤爵亦如之」，鄭氏云「瑤爵，后酳尸之爵」，是也。以瑤爵獻大夫，亦因酳尸之爵也。尸飲九者，尸作止爵飲之，賓長又酳尸而爲九也。既則長兄弟爲加爵而爵止，君乃以散爵獻士也。五升曰散，以璧飾之。爲加爵者用璧散，明堂位曰「加以璧散、璧角」是也。以散爵獻士，亦用獻尸之爵也。獻士，謂獻士之有事於廟者也。羣有司，衆士也。皆以齒，同爵則尚齒也。特牲禮賓長以下，同以三獻爵止後獻之，此獻卿、大夫、士不同時者，人君之臣尊卑殊，故其尊者先獻之，卑者後獻之，是明尊卑之等也。○周禮司尊彝疏謂「此據侯伯禮」，尸飲五，獻卿，爲酳尸三獻之後。此篇鄭氏注云：「尸飲五，謂酳尸五獻也。」疏謂「此據九獻之禮，主人酳尸爲尸飲五」。蓋注疏之説，皆謂二祼尸不飲故也。人君獻尸用玉爵，酳尸用瑶爵，此獻卿用玉爵，因獻尸之爵，此必在酳尸之前，而二祼，尸亦卒爵，益可見矣。特牲禮賓長獻尸，爵止而主人、主婦致爵，尸作止爵飲畢，而主人獻賓。此於尸飲五而獻賓，則致爵當在其前，其於主人饋獻之後與？

夫祭有昭穆，昭穆者，所以别父子、遠近、長幼、親疏之序而無亂也。是故有事於大廟，則羣昭羣穆咸在而不失其倫。此之謂親疏之殺也。

羣昭羣穆，謂子孫之昭穆也。宗廟之禮，始祖爲大廟，自此以下，每一世爲昭，每一世爲穆，而子孫亦以爲稱。其在大廟之中，昭爲一列，穆爲一列，雖其世數之久，人衆之多，而其父子、遠近、長幼、親疏皆可得而序也。孔氏曰：祭大廟則羣昭羣穆咸在，若餘廟唯所出之子孫來耳。

古者明君爵有德而禄有功，必賜爵禄於大廟，示不敢專也。故祭之日，一獻，

君降立于阼階之南，南鄉，所命北面，史由君右執策命之，再拜稽首，受書以歸，而舍奠于其廟。此爵賞之施也。釋文：鄉，許亮反。舍，依注音釋。

鄭氏曰：一獻，一酳尸也。舍當爲「釋」。孔氏曰：酳尸之前，皆爲祭事，承奉鬼神，未暇策命，至尸食已畢，祭事方了，可以行爵賞也。若天子命羣臣，則不因常祭之日，特假於廟。故大宗伯云「王命諸侯，則儐」，註云「王將出命，假祖廟，立依前，南鄉」，是也。舍奠于其廟者，卿大夫既受策書，歸而釋奠於家廟，告以受君之命也。愚謂史，内史也。由君右者，詔辭自右也。策，所以書命辭者也王於卿大夫，蓋亦因祭時命之，其命諸侯及有大功若召穆公者，則不待祭時與？

君卷冕立于阼，夫人副、褘立于東房。夫人薦豆執校，執醴授之執鐙；尸酢夫人執柄，夫人受尸執足。夫婦相授受，不相襲處，酢必易爵，明夫婦之別也。釋文：卷，古本反。校，户教反，又户交反。鐙音登，又丁鄧反。○夫人受尸，舊本誤作「授尸」，今據孔疏及石經正之。

鄭氏曰：校，豆中央直者也。鐙，豆下跗也。孔氏曰：執醴授之執鐙者，夫人獻尸，此人執醴以授夫人；至夫人薦豆，又執豆以授夫人。獻與薦，皆此人所掌。執醴之人授夫人以豆，執鐙；夫人受之，乃執校也。爵爲雀形，以尾爲柄。尸酢夫人執爵尾，夫人受尸執爵足也。夫婦相授受，不相襲處，謂夫婦交相致爵之時，其執之不相因故處也。酢必易爵，謂主人致爵於主婦，更爵自酢。鄭註特牲云：「男子不承婦人爵也。」愚謂特牲、少牢禮主人、主婦獻尸，皆親洗、酌，主婦薦豆自東房，亦無贊授之者，此云「執醴授之執鐙」，是夫人獻尸不親酌，其薦豆又有贊授之者，皆與大夫士禮異矣。尸酢夫人執柄，夫人受尸執足，則夫人獻尸亦執足，尸受夫人亦執柄矣。夫婦，猶言男女。君與夫人所立之異所，執器之異處，主人自酢之易爵，皆以明男女之別也。

凡爲俎者，以骨爲主。骨有貴賤。殷人貴髀，周人貴肩。凡前貴於後。俎者，所以明祭之必有惠也。是故貴者取貴骨，賤者取賤骨，貴者不重，賤者不虛，示均也。惠均則政行，政行則事成，事成則功立，功之所以立者不可不知也。俎者，所以明惠之必均也。善爲政者如此。故曰：「見政事之均焉。」釋文：髀，必氏反，又必履反。重，直龍反。

鄭氏曰：殷人貴髀，爲其厚也。周人貴肩，爲其顯也。凡前貴於後，謂脊、脅、臂、臑之屬。

孔氏曰：殷質，貴髀之厚，賤肩之薄。周文，貴肩之顯，賤髀之隱。凡前貴於後，據周言之。

愚謂爲俎，謂主人以下及助祭者之俎也。凡牲之體骨，兩肱各三：肩、臂、臑也。兩股各三：髀、肫、骼也。脊三：正脊、脡脊、横脊也。兩胉各三：代脅、長脅、短脅也。其右胖以爲尸俎，其左胖以爲主人、主婦及助祭者之俎。殷人貴後，而髀則後體之上者；周人貴前，而肩則前體之上者。貴者取貴骨，賤者取賤骨，言自主人以下之俎，以貴賤次第用之也。然骨雖有貴賤，而未嘗不各有所取，則惠無不均矣。人君欲恩惠周徧，必由於政事之均平，故於爲俎而可以見政事之均焉。

凡賜爵，昭爲一，穆爲一，昭與昭齒，穆與穆齒。凡羣有司皆以齒。此之謂長幼有序。

賜爵，謂獻之也。羣有司，謂異姓之士也。卿、大夫及士之有事於廟者，皆别獻之，前云「玉爵獻卿」，「瑶爵獻大夫」，「散爵獻士」，是也。其士之無事於廟者，同姓則使昭爲一列，穆爲一列，而以年齒爲序；異姓則雖不序昭穆，而亦以齒爲序，而皆次第獻之也。此獻昭穆及羣有司，即上云「尸飲九」，「獻羣有司皆以齒」，是也。但上則通卿、大夫、士而等其位，所以明貴賤，此則就同於爲士之中而序其齒，所以别長幼，義各有所主也。

夫祭有畀煇、胞、翟、閽者，惠下之道也，唯有德之君爲能行此。明足以見之，

仁足以與之，畀之爲言與也，能以其餘畀其下者也。煇者，甲吏之賤者也。胞者，肉吏之賤者也。翟者，樂吏之賤者也。閽者，守門之賤者也。古者不使刑人守門。此四守者，吏之至賤者也。尸又至尊，以至尊既祭之末而不忘至賤，而以其餘畀之，是故明君在上，則竟内之民無凍餒者矣。此之謂上下之際。釋文：煇，依注作「韗」，況萬反，又音運。胞，步交反。畀，謂頒胙及之也。鄭氏曰：明足以見之，見此畀者也。仁足以與之，與此畀者也。煇，周禮作「韗」，謂韗磔皮革之官也。翟，謂教羽舞者也。古者不使刑人守門，謂夏、殷時。孔氏曰：夏、殷不使刑人守門，故雖賤人得受恩賜。際，接也。言至尊與賤者，其道相接也。方氏慤曰：祭之有俎，固已見惠均矣，然未足以盡惠下之道。以至尊之尸，而畀至賤之吏，然後見惠下也。此政事之均，與上下之際所以異焉。○此以上，明十倫，又以申「道之以禮」之義也。

凡祭有四時：春祭曰礿，夏祭曰禘，秋祭曰嘗，冬祭曰烝。礿、禘，陽義也。嘗、烝，陰義也。禘者，陽之盛也。嘗者，陰之盛也。故曰：「莫重於禘、嘗。」古者於禘也，發爵賜服，順陽義也。於嘗也，出田邑，發秋政，順陰義也。故記曰：「嘗之日，發公室，示賞也。」草艾則墨，未發秋政，則民弗敢草也。釋文：礿，羊灼反，字又作「禴」。艾音刈。

鄭氏曰：莫重於禘、嘗者，夏時尊卑著，而秋萬物成。爵命屬陽，國邑屬陰。愚謂礿、禘、嘗、烝，夏、殷四時之祭名也。天子别有大禘之祭，故周改春夏祭名以避之：春曰祠，夏曰禴。而諸侯之祭，其名不改，故春秋魯有禘祭，而晉人亦曰「寡君之未禘祀」，是也。莫重於禘、嘗者，魯之大禘，因夏禘行之，諸侯之大祫，因秋嘗行之，故記者因以禘、嘗爲重也。秋政，謂刑殺之政也。發公室，謂發公室之貨財以賞賜也。草艾，謂季秋草木黄落，伐薪爲炭之時也。墨，五刑之輕者，每歲行刑，自輕者始，象天道之殺物有漸也。行墨刑則發秋政矣，故其時可以艾草；未發秋政，則民弗敢艾草也。孔氏曰：左傳云「賞以春夏，刑以秋冬」。其實四時皆有賞，故車服屬夏，田邑屬秋。

故曰：「禘、嘗之義大矣，治國之本也，不可不知也。」明其義者，君也。能其事者，臣也。不明其義，君人不全；不能其事，爲臣不全。

明其義者，知其所以然。能其事者，循其所當然也。

夫義者，所以濟志也，諸德之發也。是故其德盛者其志厚，其志厚者其義章，其義章者其祭也敬，祭敬則竟内之子孫莫敢不敬矣。是故君子之祭也，必身親涖之，有故，則使人可也。雖使人也，君不失其義者，君明其義故也。其德薄者其志輕，疑於其義而求祭，使之必敬也弗可得已。祭而不敬，何以爲民父母矣！

濟，成也。志，即「與志進退」之志。義明然後志重，故義者所以濟志也。義非有德者不能明，故明於其義，乃諸德之所發見也。祭而不敬，則無以爲立教之本，故不可以爲民父母。

○此上三節，申前「參之以時」之義，而又歸本於志也。

夫鼎有銘，銘者，自名也，自名以稱揚其先祖之美，而明著之後世者也。爲先祖者，莫不有美焉，莫不有惡焉，銘之義，稱美而不稱惡。此孝子孝孫之心也，唯賢者能之。

鄭氏曰：銘，謂書之刻之以識事者也。自名，謂稱揚其先祖之德，著己名於下。

銘者，論譔其先祖之有德善、功烈、勳勞、慶賞、聲名，列於天下，而酌之祭器，自成其名焉，以祀其先祖者也。顯揚先祖，所以崇孝也。身比焉，順也。明示後世，教也。鄭氏曰：烈，業也。王功曰勳，事功曰勞。酌之祭器，言斟酌其美，傳著於鐘鼎也。身比焉，謂自著名於下也。自著名以稱揚先祖之德，孝順之行也。教，所以教後世也。釋文：譔音撰。比，毗志反。

夫銘者，壹稱而上下皆得焉耳矣。是故君子之觀於銘也，既美其所稱，又美其所爲。爲之者，明足以見之，仁足以與之，知足以利之，可謂賢矣。賢而勿伐，可謂恭矣。釋文：知音智。見，賢遍反。○今按：見如字。

鄭氏曰：見之，見其先祖之美也。與之，與其先祖之銘也。利之，利己名得比於先祖。愚謂上，謂先祖；下，謂己身。美其所稱，美其先祖有可稱之美也。美其所爲，美其子孫能稱其先祖之美也。

故衛孔悝之鼎銘曰：「六月丁亥，公假于大廟，公曰：『叔舅！乃祖莊叔，左右成公，成公乃命莊叔隨難于漢陽，即宮于宗周，奔走無射。釋文：悝，孔回反。假，加百反。左右，音佐又，又如字。難，乃旦反。奔，本又作「犇」。射音亦。

鄭氏曰：孔悝，衛大夫也。公，衛莊公蒯聵也。德孔悝之立己，依禮褒之。假，至也。至於大廟，謂以夏之孟夏禘祭。公曰「叔舅」者，公爲策書，尊呼孔悝而命之也。乃猶女也。莊叔，悝七世祖孔達也。隨難者，成公爲晉文公所伐，出奔楚，命莊叔從焉。漢，楚之川也。即宫于宗周，後反得國，坐殺弟叔武，晉人執而歸之於京師，寘之深室也。射，厭也。言莊叔奔走勞苦而不厭倦也。孔氏曰：按左傳哀公十五年冬，蒯聵得國；十六年六月，飲孔悝酒而逐之。此得六月命之者，蓋命後即逐之。孔悝是異姓大夫，故稱叔舅。

啟右獻公，獻公乃命成叔纂乃祖服。

鄭氏曰：獻公，衛侯衎，成公曾孫也，亦失國得反。右，助也。言莊叔之功流於後世，啟右獻公，使得反國也。成叔，莊叔之孫成子烝鉏也。纂，繼也。服，事也。獻公反國，命成子繼莊叔之事，欲其忠如孔達也。

乃考文叔，興舊耆欲，作率慶士，躬恤衛國。其勤公家，夙夜不解。民咸曰：「休哉！」』釋文：耆，市志反。解，古賣反。

鄭氏曰：文叔者，成叔之曾孫文子圉，即悝父也。應氏鏞曰：耆欲者，心志之所存，言其先世之忠，皆以愛君憂國爲耆欲，文叔嚮慕而興起之也。作率，奮起而倡率之也。慶士，卿士也。古「卿」「慶」字通，故「慶雲」亦言「卿雲」。

公曰：『叔舅！予女銘，若纂乃考服。』悝拜稽首，曰：『對揚以辟之勤大命施

于烝彝鼎。』」此衛孔悝之鼎銘也。

若、乃，皆女也。言予命女以此辭銘著於器，女當繼乃考文叔之事也。蓋成公、獻公、莊公皆失國得反，故莊公稱悝先世之功以褒美之，而因以勉其後也。對，答。揚，舉也。以，用也。辟，君也。勤大命，殷勤尊大之命也。烝，冬祭也。彝，法也。彝鼎，法度之鼎也。言君有此殷勤尊大之命，己當對答稱揚，用以施於烝祭法度之鼎也。獨言「烝」者，大夫干祫在冬與？天子大祫以冬，司勳「凡有功者，銘書于王之大常，祭于大烝」，是也。諸侯大祫以秋，避天子也。大夫干祫以冬，又避其君也。

古之君子，論譔其先祖之美，而明著之後世者也，以比其身，以重其國家如此。子孫之守宗廟、社稷者，其先祖無美而稱之，是誣也；有善而弗知，不明也；知而弗傳，不仁也。此三者，君子之所恥也。

自「夫鼎有銘」至此，明鼎銘之義。因上文言祭祀致敬，而稱揚先祖亦敬親之一端也，故廣而言之。然孔悝之事，本無足道，記者亦節取之耳。

昔者周公旦有勳勞於天下，周公既没，成王、康王追念周公之所以勳勞者，而欲尊魯，故賜之以重祭。外祭則郊、社是也，内祭則大嘗、禘是也。夫大嘗、禘，升歌清廟，下而管象，朱干玉戚以舞大武，八佾以舞大夏，此天子之樂也，康周公，故以賜魯也。子孫纂之，至于今不廢，所以明周公之德，而又以重其國也。

鄭氏曰：言此者，王室所銘，若周公之功。干戚，武舞之所執也。佾，列也。大夏，禹樂，文舞也，執羽籥。文武之舞皆八列，互言之耳。康，猶褒大也。愚謂大嘗，大祫也。諸侯皆得社與大祫，惟不得郊與大禘。此因郊而并言「社」，因禘而并言「嘗」耳。然魯之郊、禘，本惠公以後之僭禮，而託言出於王賜耳。記之所言，則因魯之所自託者而遂傳以爲實也。餘說已見文王世子及明堂位。

禮記卷四十八

經解第二十六別録屬通論。

此篇凡爲三段：首論六經教人之得失，次言天子之德，終言禮之正國，其義各不相蒙，蓋記者雜採衆篇而録之者也。○古者學校以詩、書、禮、樂爲四術。易掌於大卜，第爲卜、筮之書，然春秋時，學士大夫多能言其義者。春秋者，列國之史，非獨魯有之。晉國語司馬侯曰『羊舌肸習於春秋』，乃使叔嚮傅太子彪」。楚國語「莊王使士亹傅太子箴」，「問於申叔時，叔時曰：『教之春秋，而爲之聳善而抑惡焉，以戒勸其心。』」是易與春秋亦先王之所以教人者也。蓋四術盡人皆教，而易則義理精微，非天資之高者不足以語此；春秋藏於史官，非世胄之貴或亦莫得而盡見也。孔氏贊周易，删詩、書，定禮、樂，脩春秋，因舉六者而言其教之得失，然其時猶未有經之名。孔子没後，七十子之徒尊孔子之所删定者，名之爲經，因謂孔子所語六者之教爲經解爾。

孔子曰：「入其國，其教可知也：其爲人也，温柔、敦厚，詩教也。疏通、知遠，書教也。廣博、易良，樂教也。絜靜、精微，易教也。恭儉、莊敬，禮教也。屬辭、比事，春秋教也。故詩之失愚，書之失誣，樂之失奢，易之失賊，禮之失煩，春秋之失亂。釋文：易良，以豉反。屬音燭。比，毗志反。

温柔，以辭氣言；敦厚，以性情言。疏通，謂通達於政事；知遠，言能遠知帝王之事也。廣博，言其理之無不包；易良，言其情之無不順。洗心藏密，故絜靜；探賾索隱，故精微。屬辭者，連屬其辭，以月繫年，以日繫月，以事繫日也。比事者，比次列國之事而書之也。失，謂不善學者之失也。蔽於温柔、敦厚而不知通變，故至於愚。蔽於疏通、知遠而不知闕疑，故至於誣。蔽於廣博、易良而不知所反，故至於奢。蔽於絜靜、精微而入於隱怪，故失之賊。賊，害也，謂害於正理也。蔽於恭儉、莊敬而失其所安，故至於煩。蔽於屬辭、比事而妄爲褒貶，故至於亂。

其爲人也，温柔、敦厚而不愚，則深於詩者也。疏通、知遠而不誣，則深於書者也。廣博、易良而不奢，則深於樂者也。絜靜、精微而不賊，則深於易者也。恭儉、莊敬而不煩，則深於禮者也。屬辭、比事而不亂，則深於春秋者也。」

深，謂學之而能深知其義也。深知其義，則有得而無失矣。

天子者，與天地參，故德配天地，兼利萬物；與日月並明，明照四海，而不遺微小。其在朝廷則道仁聖、禮義之序，燕處則聽雅、頌之音，行步則有環佩之聲，升車則有鸞、和之音。居處有禮，進退有度，百官得其宜，萬事得其序。詩云：「淑人君子，其儀不忒。其儀不忒，正是四國。」此之謂也。釋文：道音導。

鄭氏曰：環佩，佩環、佩玉也，所以爲行節也。環取其無窮止，玉則比德焉。孔子佩象環五寸。人君之環，其制未聞也。鸞、和，皆鈴也，所以爲車行節也。韓詩內傳曰：「鸞在衡，和在軾前。」升車則馬動，馬動則鸞鳴，鸞鳴則和應。居處，朝廷與燕處也。進退，行步與升車也。孔氏曰：田車鸞在鑣，乘車鸞在衡。吴氏澄曰：聖者，生知之智，無所不通者也。序，謂言之有次第也。愚謂天子之所以德配天地，明並日月，非求之於遠也，亦惟自其一身正之，使外無非禮之動，而內無非僻之干而已，故引詩言「其儀不忒，正是四國」者以明之。

發號出令而民說謂之和，上下相親謂之仁，民不求其所欲而得之謂之信，除去天地之害謂之義。義與信，和與仁，霸王之器也。有治民之意而無其器，則不成。釋文：説音悦。王，徐于況反。

上言其德之具於身，此又言其德之施於政者也。人君操四者以治民，猶人操器以作事，有治民之意而無其器則不成，所謂徒善不可以爲政也。

禮之於正國也，猶衡之於輕重也，繩墨之於曲直也，規矩之於方圜也。故衡誠縣，不可欺以輕重；繩墨誠陳，不可欺以曲直；規矩誠設，不可欺以方圜；君子審禮，不可誣以姦詐。釋文：圜音圓。縣音玄。○鄭注：誠或作「成」。

鄭氏曰：衡，稱也。縣，謂錘也。陳、設，謂彈、畫也。

是故隆禮、由禮謂之有方之士，不隆禮、不由禮謂之無方之民，敬讓之道也。故以奉宗廟則敬，以入朝廷則貴賤有位，以處室家則父子親，兄弟和，以處鄉、里則長幼有序。孔子曰：「安上治民，莫善於禮。」此之謂也。釋文：長，竹丈反，下同。

隆，謂尊奉之。由，謂踐履之。方，道也。禮以敬讓爲道，故以之奉宗廟，入朝廷，處室家、鄉黨，無所往而不得其宜。

故朝覲之禮，所以明君臣之義也。聘問之禮，所以使諸侯相尊敬也。喪祭之禮，所以明臣子之恩也。鄉飲酒之禮，所以明長幼之序也。昏姻之禮，所以明男女之別也。夫禮禁亂之所由生，猶坊止水之所自來也。故以舊坊爲無所用而壞之者，必有水敗；以舊禮爲無所用而去之者，必有亂患。釋文：別，彼列反。坊音房，本又作「防」。

鄭氏曰：昏姻，謂嫁娶也。壻曰昏，女曰姻。

故昏姻之禮廢，則夫婦之道苦，而淫辟之罪多矣。鄉飲酒之禮廢，則長幼之序失，而爭鬭之獄繁矣。喪祭之禮廢，則臣子之恩薄，而倍死、忘生者衆矣。聘、覲之禮廢，則君臣之位失，諸侯之行惡，而倍畔、侵陵之敗起矣。釋文：辟，匹亦反。倍音背。行，下孟反。

鄭氏曰：苦，謂不至、不答之屬。孔氏曰：倍畔，謂倍畔天子。侵陵，謂侵陵鄰國。上經尊重者在前，卑輕者在後，故先朝覲，後昏姻；又殊別君臣，故先朝覲，後聘問。此經據人倫急切者在前，故先昏姻，後聘、覲，而聘、覲合言者，以倍畔、侵陵其惡相通也。愚謂鄉飲酒有正齒位之禮，故廢則長幼之序失。覲禮廢則君臣之位失，而至於倍畔；聘禮廢則諸侯之行惡，而至於侵陵。

故禮之教化也微，其止邪也於未形，使人日徙善遠罪而不自知也，是以先王隆之也。易曰：「君子慎始。差若豪氂，繆以千里。」此之謂也。釋文：遠，于萬反。差，初佳反。豪，依字作「毫」。氂，李其反，本又作「釐」。

所引「易曰」，周易無此文，史記集解、漢書顔師古註皆以爲易緯之辭也。

哀公問第二十七

別録屬通論。

哀公所問有二：前問禮，後問政。二者非一時之言，記者合而記之。

哀公問於孔子曰：「大禮何如？君子之言禮，何其尊也！」孔子曰：「丘也小人，不足以知禮。」君曰：「否。吾子言之也。」孔子曰：「丘聞之，民之所由生，禮爲大。非禮無以節事天地之神也，非禮無以辨君臣、上下、長幼之位也，非禮無以別男女、父子、兄弟之親，昏姻、疏數之交也。君子以此之爲尊敬然。釋文：長，竹丈反。別，彼列反。數，色角反。

節，制限也。天地之神，尊卑不同，各以其制限事之，若天子祭天地，諸侯祭社稷也。疏數，謂交際往來或疏或數也。哀公言「君子」，謂孔子也。孔子言「君子」，謂行禮之君子也。君子尊敬此禮，故其行之不敢不勉，此所以爲教民之本者也。

然後以其所能教百姓，不廢其會節。有成事，然後治其雕鏤、文章、黼黻以嗣。其順之，然後言其喪筭，備其鼎、俎，設其豕、腊，脩其宗廟，歲時以敬祭祀，以序宗族，即安其居，節醜其衣服，卑其宮室，車不雕幾，器不刻鏤，食不貳味，以與民同利。昔之君子之行禮者如此。」釋文：雕，本亦作「彫」。備其鼎、俎，本亦無此句。腊音昔。幾音祈。

方氏慤曰：以其所能教百姓，所謂「以身教」者也。有成事，言教之有成也。治其雕鏤、文章、黼黻以嗣，治其器以嗣其道也。鼎、俎，祭器也。豕、腊，祭物也。宗廟，祭所也。歲時以敬祭祀，孝經所謂「春秋祭祀，以時思之」也。以序宗族，祭統所謂「昭與昭齒，穆與穆齒」也。即安其居者，即其所居而安之，無事乎改爲也。節醜其衣服者，節之使各從其類，而不至於僭差也。自「即安其居」以下，至於「食不貳味」，皆言其以儉爲德也。儉者不奪人，故能與民同其利。愚謂禮貴得中，奢則不孫，儉則固。當時人君僭侈，故此言行禮而專歸之於儉，蓋所以救時之失，所謂「國奢則示之以儉」也。

公曰：「今之君子，胡莫之行也？」孔子曰：「今之君子，好實無厭，淫德不倦，怠荒敖慢，固民是盡，午其衆以伐有道，求得當欲，不以其所。昔之用民者由前，今之用民者由後。今之君子莫爲禮也。」釋文：好，呼報反。厭，于艷反。敖，五報反。午，五故反，一音如字，王肅作「迕」。當，丁浪反。

鄭氏曰：實猶富也。淫，放也。固猶故也。午其衆，逆其族類也。當猶稱也。所猶道也。由前，用上所言。由後，用下所言。孔氏曰：午，忤也。忤，違逆也。陳氏澔曰：固，猶「固獲」之固，言取之力也。盡，竭其所有也。愚謂伐國非人之所欲也，況伐有道乎？今乃逆而行，是求當於一己之欲，而不顧民之失其所也。禮以恭敬、辭讓爲本，當時諸侯所行如此，則禮之本固已亡矣，其將何以行禮哉！

孔子侍坐於哀公，哀公曰：「敢問人道誰爲大？」孔子愀然作色而對曰：「君之及此言也，百姓之德也。固臣敢無辭而對：人道政爲大。」釋文：坐，才卧反。愀，七小反，又音秋。

鄭氏曰：愀然，變動貌也。作猶變也。德猶福也。辭，讓也。愚謂人道，謂治人之道也。

固臣，自謙言固陋之臣也。無辭而對，言不辭讓而對也。

公曰：「敢問何謂爲政？」孔子對曰：「政者，正也。君爲正，則百姓從政矣。君之所爲，百姓之所從也。君所不爲，百姓何從？」公曰：「敢問爲政如之何？」孔子對曰：「夫婦別，父子親，君臣嚴，三者正，則庶物從之矣。」

庶物，謂衆事也。爲政在於修身，三綱正，則身修道立，以之正朝廷，正百官，正萬民，而莫不一於正矣。有夫婦然後有父子，有父子然後有君臣，故其序如此。

公曰：「寡人雖無似也，願聞所以行三言之道，可得聞乎？」孔子對曰：「古之爲政，愛人爲大。所以治愛人，禮爲大。所以治禮，敬爲大。敬之至矣，大昏爲大，大昏至矣。大昏既至，冕而親迎，親之也。親之也者，親之也。是故君子興敬爲親，舍敬，是遺親也。弗愛不親，弗敬不正。愛與敬，其政之本與？」釋文：迎，逆敬反。舍音捨。不親、不正，一本不皆作「弗」。與音餘，下並同。

似，肖也。無似，猶言不肖也。大昏，謂天子諸侯之昏也。爲國以禮，而禮以敬爲本，而敬之至極之中，尤莫大於大昏也。大昏既爲敬之至極，故國君雖尊，必服冕服以親迎也。士親迎服爵弁，則親迎皆服其上服：公衮冕，侯伯鷩冕，子男毳冕也。蓋夫婦之道，乃父子、君臣之所從出。哀公以妾爲妻，國人不服，則夫婦失其正，而父子、君臣從之矣。故問所以行三言之道，而孔子特以大昏之重告之。輔氏廣曰：冕而親迎，躬親之也。躬親之者，所以致其親愛之意也，是興敬所以爲親也。彼以褻爲親者，未要其終也，惟以敬爲親，則愛得其正矣。方氏慤曰：弗愛則無以相合而疏，弗敬則無以相别而褻。愛敬之道，始於閨門之内，夫婦之間，及乎廣而充之，其愛至於不敢惡於人，其敬至於不敢慢於人，而德教加於百姓，刑於四海，故曰：「愛與敬，其政之本與？」〇胡氏安國曰：娶妻必親迎，禮之正也。天子不親迎，使卿逆，公監之，禮也。若夫邦君，以爵則有尊卑，以國則有大小，以道塗則有遠邇，或迎之於其國，或迎之於境上，或迎之於所館，禮之節也。愚謂下文言「合二姓之好」，「以爲天地、宗廟、社稷之主」，朱子以爲通天子而言，則天子亦親迎矣。春秋十二公皆不書出國迎夫人，惟桓公書「會齊侯于讙」，則以齊侯親送女故也。然則天子諸侯之昏，皆於其國爲館而行親迎之禮與？胡氏謂「天子不親迎」，及言諸侯親迎遠邇之差，恐皆未然。

公曰：「寡人願有言然。冕而親迎，不已重乎？」孔子愀然作色而對曰：「合二姓之好，以繼先聖之後，以爲天地、宗廟、社稷之主，君何謂已重乎？」釋文：

好，呼報反。

鄭氏曰：已猶太也。怪親迎乃服祭服。先聖，周公也。朱子曰：天地，蓋通天子而言。愚謂婦人不與外祭，然后、夫人蠶繅以爲衣服，郊廟之服皆后、夫人之所共也，故曰「爲天地、宗廟、社稷之主」。

公曰：「寡人固，句。**不固，焉得聞此言也？寡人欲問，不得其辭。請少進！」孔子曰：「天地不合，萬物不生。大昏，萬世之嗣也，君何謂已重焉？」孔子遂言曰：「内以治宗廟之禮，足以配天地之神明；出以治直言之禮，足以立上下之敬。物恥足以振之，國恥足以興之。爲政先禮，禮其政之本與？」**釋文：焉得，於虔反。○舊以「寡人固不固」爲句，陸氏佃讀「寡人固」爲句，今從之。

固，謂固陋也。哀公自言固陋，故不知大昏之重，然若不固陋，則不問，不得聞孔子此言也。蓋公欲再問，而先爲謙辭以發其端也。大昏者，所以繼祖宗，延嗣續，故上以「繼先聖之後」明其重，此又以「萬世之嗣」明其重也。宗廟之禮，謂祭祀之禮也。宗廟之中，君在阼，以象日之生於東，夫人在房，以象月之生於西，所謂「配天地之神明」也。直，正也。言，謂教令也。名不正則言不順，言不順則不足以服人而致其敬。若夫婦之分定，則名正言順，所出之教令皆合於禮，而上而朝廷，下而萬民，莫敢不敬矣。如哀公爲妾齊衰，而曰「魯人以妻我」，則其有愧於心而言之不直甚矣。故其立也，則宗人辭之，國人惡之，其喪也，則有若譏之，其何以取敬於人哉！物，事也。物恥，謂事之廢壞而可恥。國恥，謂國之衰弱而可恥也。有禮則綱紀立，國家安，故物恥可振而國恥可興也。

孔子遂言曰：「昔三代明王之政，必敬其妻子也，有道。妻也者，親之主也，敢不敬與？子也者，親之後也，敢不敬與？君子無不敬也，敬身爲大。身也者，親之枝也，敢不敬與？不能敬其身，是傷其親；傷其親，是傷其本；傷其本，枝從而亡。三者，百姓之象也。身以及身，子以及子，妃以及妃，君行此三者，則愾乎天下矣，大王之道也。如此，則國家順矣。」釋文：大音泰。

鄭氏曰：愾猶至也。方氏慤曰：三者，百姓之象，言身與妻、子者百姓之象也。蓋能敬其身，則能敬百姓之身矣，以至妻也子也，亦莫不然。葉氏夢得曰：三者，君行於上而民傚於下，故曰「百姓之象也」。百姓象其行，莫不敬其身，亦莫不敬其妻、子，所謂「愾乎天下」也。大王愛厥妃，至於内無怨女，外無曠夫，蓋得其政矣。

公曰：「敢問何謂敬身？」孔子對曰：「君子過言則民作辭，過動則民作則。

君子言不過辭，動不過則，百姓不命而敬恭。如是，則能敬其身，能敬其身，則能成其親矣。」

鄭氏曰：則，法也。民者，化君者也。君之言雖過，民猶稱其辭；君之行雖過，民猶以爲法。

馬氏晞孟曰：擬之而後言，則無過言；議之而後動，則無過動。言而世爲天下則，動而世爲天下法，百姓不命而敬恭，能敬身之效也。能敬身，則能立身揚名以顯父母矣。愚謂敬於言而無過辭，敬於動而無過則，則百姓不命而敬恭矣。未至於此，則必我之敬有未至也。故曰「如是，則能敬其身」。

公曰：「敢問何謂成親？」孔子對曰：「君子也者，人之成名也。百姓歸之名，謂之君子之子，是使其親爲君子也，是爲成其親之名也已。」

方氏慤曰：君子者，君國、子民之稱也。達則能居是位，窮則能全是德，如是則成而無虧矣，故曰「人之成名也」。祭義所謂「不遺父母惡名」者，如是而已。愚謂君子者，道德成就之名。己能立身行道，以顯父母，推本其所從來者，未嘗不歸美於其親焉，故曰「是使其親爲君子也」。

孔子遂言曰：「古之爲政，愛人爲大。不能愛人，不能有其身；不能有其身，

不能安土，不能安土，不能樂天；不能樂天，不能成其身。」釋文：樂音洛。

鄭氏曰：有猶保也。　朱子曰：不能有其身，謂不能持守其身而陷於非僻。安土，謂安其所處之位而無外求。樂天，謂樂循天理。講義曰：我與人本無有異，不能愛人，決不能自愛，不能自愛，則雖有此身，猶無有也。有其身者，知有其身而不至於自棄也。不能有其身，則心隨放蕩，豈能安土？不能安土，則以欲、惡而爲欣、戚，豈能樂天？安土者，無適而不自得之謂。樂天者，以禍福得喪一歸之於天，而順之之謂也。人能安於平易之地，至迫於利害，鮮有不動者，是未識樂天之理也。故惟樂天，而後身之成可必。

公曰：「敢問何謂成身？」孔子對曰：「不過乎物。」

鄭氏曰：物猶事也。　朱子曰：家語作「夫其行己也不過乎物，謂之成身。不過乎物，是天道也」。以上下文推之，當從家語。○周氏諝曰：詩云：「天生蒸民，有物有則。」孟子曰：「萬物皆備於我矣。」則凡在我身者，雖一毫髮之微，莫不具性命之理，則求其所以成身者，其能過此乎？　應氏鏞曰：物者，實然之理也。易曰「言有物」，大學言「格物」，蓋性分之内，萬物皆備，即物而觀，其理尤實。仁人孝子，不過乎物者，即其身之所履，皆在義理之内，而不過焉，猶大學所謂「止於仁」、「止於孝」也。違則過之，止則不過矣。夫物有定理，理有定體，雖聖人豈能加毫末於是哉，亦循循然而不過耳。愚謂不過乎物，則於一事一物莫不有以止乎至善之地，而性無不盡，形無不踐矣。天生蒸民，有物有則，故不過乎物者，是乃天道之本然也。

公曰：「敢問君子何貴乎天道也？」孔子對曰：「貴其不已。如日月東西相從而不已也，是天道也。不閉其久，是天道也。無爲而物成，是天道也。已成而明，是天道也。」

朱子曰：不閉其久，當從家語作「不閉而能久」。方氏愨曰：物成而功可見，故曰「已成而明」。愚謂孔子言「不過乎物」，「是天道也」，故哀公又以天道爲問。天道如此，君子貴之，而其法天也，純亦不已，篤恭而天下平焉。

公曰：「寡人惷愚、冥煩，子志之心也。」釋文：惷，如容反，一音丁絳反。冥，莫亭反，徐忌定反。志，依註音識。○今按：志如字。

惷亦愚也。冥者，暗於理；煩者，亂於事。志猶記也。哀公言己之愚昧不明，乃孔子素所志記於心者，欲其告以要言，而使之易曉也。

孔子蹴然辟席而對曰：「仁人不過乎物，孝子不過乎物。是故仁人之事親也如事天，事天如事親。是故孝子成身。」釋文：蹴，子六反。辟音避。

鄭氏曰：蹴然，敬貌。事親、事天，孝敬同也。孝經曰：「事父孝，故事天明。」舉無過事，以孝事親，是所以成身。真氏德秀曰：仁人之事親如事天，事天如事親，此與孝經明察之指略同。先儒張氏作西銘，即事親以明事天之道。大略謂：天之予我以是理也，莫非至善，而我悖之，即天之不才子也。具人之形而盡人之性，即天之克肖子也。禍福吉凶之來，當順其正。天之福澤我者，非私我也，予之以爲善之資，乃所以厚其責。譬之事親，則父母愛之，喜而不忘也。天之憂戚我者，非厄我也，將以拂亂其心志，而增益其不能。譬之事親，則父母惡之，懼而不怨也。即此推之，親即天也，天即親也，其所以事之者，豈容有二哉！夫事親如天，孝子事也，而孔子以爲仁人，蓋孝之至則仁矣。愚謂仁人之事親如事天，事天如事親，此二語實張子西銘之所自出。仁孝無二道，事天與事親亦無二理，故曰「孝子成身」。

公曰：「寡人既聞此言也，無如後罪何！」孔子對曰：「君之及此言也，是臣之福也。」

罪猶過也。哀公既聞孔子之言，而自恐其行之不能無過也。孔子言「是臣之福」者，以哀公有志於行而勉之也。

禮記卷四十九

仲尼燕居第二十八別録屬通論。

仲尼燕居，子張、子貢、言游侍，縱言至於禮。子曰：「居！女三人者。吾語女禮，使女以禮周流，無不徧也。」釋文：女音汝，後同，本亦作「汝」。語，魚據反，下同。

鄭氏曰：退朝而處曰燕居。縱言，汎説事。居，使之坐。凡與尊者言，更端則起。愚謂禮經緯萬端，故明於禮則可以此周旋流轉，而無所不徧也。

子貢越席而對曰：「敢問何如？」子曰：「敬而不中禮謂之野，恭而不中禮謂之給，勇而不中禮謂之逆。」子曰：「給奪慈仁。」釋文：中，竹仲反。

三子侍坐，以齒爲序。子貢居子張之次，越子張之席而先對也。敬以主於中者言，恭以見於貌者言。敬而不中禮，則質勝其文，故失於鄙野。恭而不中禮，則文過其質，故失於便給。勇而不中禮，則不度於禮義而妄動，故失於逆亂。然野與亂，猶爲徑情直行之失，給則有務外説人之意，故足以奪其本心慈仁之德，張釋之所謂「徒文具而無惻怛之意」也。就三子言之，則子張之辟，於給爲近與？

子曰：「師！爾過，而商也不及。子産猶衆人之母也，能食之，不能教也。」子貢越席而對曰：「敢問將何以爲此中者也？」子曰：「禮乎禮。夫禮，所以制中也。」釋文：食音嗣。

過，不及之義，朱子於論語訓之至矣。子産於其民，能食而不能教，猶母之於子，親而不尊，蓋於仁爲過，而於義爲不及者也。始言「禮乎」者，設爲疑辭以問之也。繼又曰「禮」者，又爲決辭以答之也。禮者天理之節文，所以裁制人事之宜，而使歸於中者也。

子貢退，言游進曰：「敢問禮也者，領惡而全好者與？」子曰：「然。」「然則何如？」子曰：「郊、社之義，所以仁鬼神也。嘗、禘之禮，所以仁昭穆也。饋、奠之禮，所以仁死喪也。射、鄉之禮，所以仁鄉黨也。食、饗之禮，所以仁賓客也。」釋文：與音餘。穆亦作「繆」，音同。食音嗣。

領猶治也。惡者氣質之偏，好者德性之美。領惡、全好，猶禮器之言「釋回增美」也。仁者，謂行之以至誠惻怛之意，而不徒以其文也。射，謂鄉射。鄉，謂鄉飲酒。吴氏澄曰：上言「以禮制中」，損其過，益其不及，蓋因其氣質之偏而除治之，所謂「領惡」也。此言「仁鬼神」至「仁賓客」，蓋因其德性之美而充周之，所謂「全好」也。

子曰：「明乎郊、社之義，嘗、禘之禮，治國其如指諸掌而已乎！是故以之居處有禮，故長幼辨也。以之閨門之内有禮，故三族和也。以之朝廷有禮，故官爵序也。以之田獵有禮，故戎事閑也。以之軍旅有禮，故武功成也。是故宫室得其度，量、鼎得其象，味得其時，樂得其節，車得其式，鬼神得其饗，喪紀得其哀，辨説得其黨，官得其體，政事得其施，加於身而錯於前，凡衆之動得其宜。」釋文：長，竹丈反，後皆同。量音諒。錯，七故反，本又作「措」。

鄭氏曰：三族，父、子、孫也。量，豆、區、斗、斛也。味，酸苦之屬。四時有所多，及獻所宜也。黨，類也。方氏慤曰：戎事閑於無事之日，故於田獵言之。武功成於尚功之時，故於軍旅言之。量爲器之大，鼎爲器之重。大者、重者得其宜，則小者、輕者可知。車有六等之數，作車之得其式也。辨五路之用，乘車之得其式也。鬼神得其饗，若天神皆降，地示皆出是矣。喪紀得其哀者，發於容體、聲音、言語、飲食、居處、衣服，而各得其宜也。辨説得其黨，若在官言官，在府言府，在庫言庫之類。官得其體，若天官掌邦治，地官掌邦教之類。

子曰：「禮者何也？即事之治也。君子有其事必有其治。治國而無禮，譬猶瞽之無相與，倀倀乎其何之？譬如終夜有求於幽室之中，非燭何見？若無禮，則手足無所錯，耳目無所加，進退、揖讓無所制。是故以之居處，長幼失其別，閨門、三族失其和，朝廷、官爵失其序，田獵、戎事失其策，軍旅、武功失其制，宮室失其度，量、鼎失其象，味失其時，樂失其節，車失其式，鬼神失其饗，喪紀失其哀，辨説失其黨，官失其體，政事失其施，加於身而錯於前，凡衆之動失其宜。如此，則無以祖洽於衆也。」釋文：治，並直吏反。相，息亮反。倀，敕良反。倀倀，狂行不知所如也。鄭氏曰：祖，始也。洽，合也。言失禮無以爲衆倡始而合和之。

子曰：「慎聽之！女三人者。吾語女：禮猶有九焉，大饗有四焉。苟知此矣，雖在畎畝之中，事之，聖人已。兩君相見，揖讓而入門，入門而縣興，揖讓而升堂，升堂而樂闋，下管象，句。武、夏籥序興，陳其薦、俎，序其禮樂，備其百官，如此而后，君子知仁焉。行中規，還中矩，和、鸞中采齊，客出以雍，徹以振羽，是故君子無物而不在禮矣。入門而金作，示情也。升歌清廟，示德也。下而管象，示事也。是故古之君子，不必親相與言也，以禮樂相示而已。」釋文：縣音玄。中，竹仲反。還音旋。齊本又作「薺」，在細、在絲二反。

大饗，謂諸侯相饗也。大饗有四者，金作示情，一也。升歌清廟示德，二也。下管象示事，三也。武、夏籥序興，四也。禮有九而大饗有四，則其餘五事不在大饗也。事，行也。識禮樂之文者能述，知禮樂之情者能作。述者之謂明，作者之謂聖。知此者，知禮樂之情者也。故雖在畎畝之中，體此禮於身而行之，而可以爲聖人也。縣，鐘鼓之縣也。興，作也。入門縣興，謂大饗納賓，金奏肆夏之三也。凡九夏之詩，皆以鐘鼓奏之，下文獨言「金作」者，以金爲重也。闋，止也。升堂而樂闋者，升堂之時，主人獻賓，賓飲卒爵而酢主人，主人又飲，卒爵而樂止。郊特牲云「賓入大門而奏肆夏」，「卒爵而樂闋」，是也。「升堂而樂闋」下，當有「升歌清廟」一句，文脱也。象，周頌維清之篇也。序云：「維清，奏象舞也。」維清以奏象舞，故因謂維清爲象。下管象，謂堂下之樂，以管播維清之詩也。武，大武之舞也。夏籥，言大夏之舞執籥以舞也。序興者，言文武之舞次第而起也。入門，金奏納賓之樂也。升歌、下管、合舞，正樂之三節也。正樂有歌、管、間、合四節，而惟舉其三者，以間歌非樂之所重而略之也。知仁者，知主人以恩意相接，上文云「食、饗之禮，所以仁賓客」是也。和、鸞中采齊，謂車出迎賓之時，奏采齊之詩，以爲車行之節，而車之和、鸞，其聲與樂相應也。周禮樂師：「教樂儀，行以肆夏，趨以采齊。車出亦如之。」此獨言「和、鸞中采齊」者，凡車及行步之節，門内行，門外趨，迎賓之時，車行宜疾，蓋雖門内亦趨，故惟言其趨之節也。雍、振羽，皆周頌篇名。振羽，即振鷺也。王饗諸侯，徹時歌雍，賓出奏肆夏。大司樂「大享不入牲，其他皆如祭祀」是也。兩君相見，客出奏雍，徹時歌振羽，降於天子也。物，事也。示情者，取金聲之和，以示其情之和也。示德者，清廟以發文王之德也。示事者，維清以奏象舞，所以象文王征伐之事也。「金作」以下，覆明四者之禮。不言「武、夏籥序興」者，文王世子曰「下管象，舞大武，大合樂以事」，蓋管象、合舞，皆所以示事，故舉其一以該之也。大饗之禮如此，故不必親相與言，而賓主情意之洽，先王功德之盛，皆可得而見也。○鄭氏曰：春秋傳曰：「肆夏繁、遏、渠，天子所以享元侯也。文王、大明、綿，兩君相見之樂也。」然則諸侯相與燕，升歌大雅，合小雅，天子與次國、小國君燕亦如之；與大國君燕，升歌頌，合大雅。其笙、間之詩未聞。鏘鳴按：此引儀禮燕禮注。賈氏公彦曰：天子享元侯，升歌頌，合大雅；享五等諸侯，升歌大雅，合小雅；享臣子，歌小雅，合鄉樂。若兩元侯自相享，及五等諸侯自相享，皆與天子同。鏘鳴按：此引周禮鍾師疏。愚謂春秋傳「三夏，天子所以享元侯」，謂納賓之樂也。「文王，兩君相見之樂」，謂升歌之樂也。周禮大司樂「王出入，奏王夏；尸出入，奏肆夏；牲出入，奏昭夏」；「大饗不入牲，其他皆如祭祀」，則是天子享諸侯，其納賓皆奏肆夏之三，不獨元侯矣。而穆叔獨言「元侯」者，蓋舉其尤尊者以明其樂之重也。此及郊特牲皆言「升歌清廟」，則大饗皆升歌頌也。春秋傳謂「文王爲兩君相見之樂」，不云「饗」，則兩君相見者，燕也。天子饗諸侯，及兩君相饗，皆升歌頌；天子燕諸侯，及諸侯自相燕，皆升歌大雅；天子及諸侯燕諸侯之臣子，皆升歌小雅。此燕、饗尊卑用樂之差也。鄭、賈以三夏爲升歌之樂，又謂「燕大國，君升歌頌，享五等諸侯，升歌大雅」，其說皆非是。又鄉飲酒禮、燕禮樂有「工歌」、「笙入」、「間歌」、「合樂」，凡四節，而無舞，益稷謨言「笙、鏞以間」，即繼之以「簫韶九成」，而不言「合樂」，則是樂之輕者，間歌之後合樂，樂之重者，間歌之後合舞，合舞即合樂也。大饗舞大武，諸侯燕臣子舞勺，以此差之，則天子燕諸侯及諸侯自相燕皆舞象與？舞大武則歌周頌桓、賚等七篇以奏之，舞象則歌周頌維清之篇以奏之。勺即籥也。籥謂之南籥，則歌二南之詩以奏之也。然燕禮有不用舞者，則升歌大雅者合小雅，升歌小雅者合鄉樂，蓋合樂所用，例降於升歌一等也。

子曰：「禮也者，理也。樂也者，節也。君子無理不動，無節不作。不能詩，於禮繆。不能樂，於禮素。薄於德，於禮虛。」釋文：繆音謬。

鄭氏曰：繆，誤也。素猶質也。歌詩，所以通禮意也。作樂，所以同成禮文也。崇德，所以實禮行也。

愚謂禮之文至繁，然各有其理，故不煩。樂之情至和，然各有其節，故不流。禮古人行禮之際，每歌詩以見志，不能詩，將有賦「相鼠」「茅鴟」而不知者，能不繆於禮乎？禮主其減，樂主其盈。不能樂，則有撙節退讓之意，而無欣喜歡愛之情，其於禮不亦樸素乎？忠信之人，可以學禮，薄於德，則無忠信之實，其於禮不爲虛僞乎？

子曰：「制度在禮，文爲在禮，行之其在人乎！」

馬氏晞孟曰：制度者，文爲之體；文爲者，制度之用。簠、簋、俎、豆，所謂制度也。升降上下，所謂文爲也。制度、文爲，皆禮之法也，徒法不能以自行，故行之在人。輔氏廣曰：所謂人者，必興於詩，成於樂，厚於德，然後可。不然，非所謂其人也。

子貢越席而對曰：「敢問夔其窮與？」子曰：「古之人與！古之人也。達於禮而不達於樂，謂之素；達於樂而不達於禮，謂之偏。夫夔達於樂而不達於禮，是以傳於此名也，古之人也。」

輔氏廣曰：達，謂窮盡其義而無不至也。愚謂子貢以夔達於樂而不達於禮，故疑其窮。然夔之於禮，非全不達，特不如其於樂深耳，可謂之偏，未可謂之窮也。再言「古之人」者，深明其未可以輕議也。

子張問政。子曰：「師乎，前！吾語女乎！君子明於禮樂，舉而錯之而已。」子張復問。子曰：「師！爾以爲必鋪几、筵，升降，酌、獻、酬、酢，然後謂之禮乎？爾以爲必行綴兆，興羽籥，作鐘鼓，然後謂之樂乎？言而履之，禮也。行而樂之，樂也。君子力此二者，以南面而立。夫是以天下太平也，諸侯朝，萬物服體，而百官莫敢不承事矣。釋文：復，扶又反。樂之，音洛。

言而履之，曲禮所謂「脩身踐言」也。行而樂之，孟子所謂「樂則生」而至於「手舞」「足蹈」也。如此，則內和外理，而以之平治天下不難矣。物，事也。服猶順也。萬物服體，言萬事莫不順其理也。

禮之所興，衆之所治也。禮之所廢，衆之所亂也。目巧之室，則有奧、阼，席則有上下，車則有左右，行則有隨，立則有序，古之義也。室而無奧、阼，則亂於堂、室也。席而無上下，則亂於席上也。車而無左右，則亂於車也。行而無隨，則亂於塗也。立而無序，則亂於位也。昔聖帝、明王、諸侯，辨貴賤、長幼、遠近、男女、外内，莫敢相踰越，皆由此塗出也。」釋文：奥，又作「隩」，烏報反。鄭氏曰：衆之所治，衆之所以治也。衆之所亂，衆之所以亂也。目巧，謂但用巧目善意作室，不由法度，猶有奥、阼賓主之處也。自「目巧」以下，古今常事，不可廢改也。陳氏澔曰：衆之治亂，由禮之興廢，此所以爲政先禮也。目巧，謂不用規矩準繩，但據目力相視之巧也。言雖苟簡爲之，亦必有奥、阼之處。室之有奥，以爲尊者所處；堂之有阼，以爲主人之位也。愚謂遠近以地言，外内以位言。此「塗」，謂禮也。

三子者既得聞此言也於夫子，昭然若發矇矣。鄭氏曰：乃曉禮樂不可廢改之意也。若發矇者，謂若目不明，爲人所發而有所見也。

孔子閒居第二十九

別録屬通論。

孔子閒居，子夏侍。子夏曰：「敢問詩云『凱弟君子，民之父母』，何如斯可謂民之父母矣？」孔子曰：「夫民之父母乎！必達於禮樂之原，以致五至，而行三無，以横於天下。四方有敗，必先知之。此之謂民之父母矣。」釋文：凱，本又作

「愷」，又作「豈」，邱在反。弟，本又作「悌」，徒禮反。横，古曠反。

鄭氏曰：退燕避人曰閒居。凱弟，樂易也。横，充也。愚謂禮樂之原，即下文謂「無聲之樂，無體之禮，無服之喪」也。由此而推於彼，謂之致。由心而達於事，謂之行。横於天下，即下文所謂「志氣塞乎天地」也。四方有敗，必先知之者，惟其有憂民之實心，而其識又足以察乎幾微也。蓋聖人之於天下，明於其利，達於其患，所以維持而安全之者，無所不用其極，使四海之内，無一物不得其所，故可以爲民之父母。

子夏曰：「民之父母，既得而聞之矣，敢問何謂五至？」孔子曰：「志之所至，詩亦至焉；詩之所至，禮亦至焉。禮之所至，樂亦至焉；樂之所至，哀亦至焉。哀樂相生。是故正明目而視之，不可得而見也。傾耳而聽之，不可得而聞也。志氣塞乎天地。此之謂五至。」釋文：哀樂，音洛。

鄭氏曰：凡言「至」者，至於民也。志，謂恩意也。言君恩意至於民，則其詩亦至也。詩，謂好惡之情也。自此以下，皆謂民之父母者善推其所有，以與民共之。人耳不能聞，目不能見，行之在心胸也。愚謂在心爲志，發言爲詩，既有憂民之心存於内，則必有憂民之言形於外，故詩亦至焉。既有憂民之言，則必有以踐之，而有治民之禮，故禮亦至焉。既有禮以節之，則必有樂以和之，故樂亦至焉。樂者樂也。既與民同其樂，則必與民同其哀，故哀亦至焉。五者本乎一心，初非見聞之所能及，而其志氣之發，充滿乎天地而無所不至，故謂之五至。

子夏曰：「五至既得而聞之矣，敢問何謂三無？」孔子曰：「無聲之樂，無體之禮，無服之喪，此之謂三無。」子夏曰：「三無既得略而聞之矣，敢問何詩近之？」孔子曰：「『夙夜其命宥密』，無聲之樂也。『威儀逮逮，不可選也』，無體之禮也。『凡民有喪，匍匐救之』，無服之喪也。」釋文：近，「附近」之近。其，依注音基。逮，大計反。選，宣面反。

無聲之樂，謂心之和而無待於聲也。無體之禮，謂心之敬而無待於事也。無服之喪，謂心之至誠惻怛而無待於服也。三者存乎心，由是而之焉則爲志，發焉則爲詩，行之則爲禮、爲樂、爲哀，而無所不至。蓋五至者禮樂之實，而三無者禮樂之原也。宥，宏深也。密，靜謐也。其，詩作「基」。基者，積累於下，以承籍乎上者也。此詩周頌昊天有成命之篇，言成王夙夜積德，以承籍乎天命者甚宏深而靜謐，無聲之樂之意也。逮逮，詩作「棣棣」，閑習之意。此詩邶風柏舟之篇，言仁人之威儀無不閑習，而不可選擇，無體之禮之意也。匍匐，手足並行之貌。此詩邶風谷風之篇，言凡民非於己有親屬，然聞其喪則匍匐而往救，無服之喪之意也。

子夏曰：「言則大矣、美矣、盛矣，言盡於此而已乎？」孔子曰：「何爲其然也？君子之服之也，猶有五起焉。」

服猶行也，言行此三無也。起猶發也，言君子行此三無，由内以發於外，由近以及於遠，其次第有五也。

子夏曰：「何如？」孔子曰：「無聲之樂，氣志不違；無體之禮，威儀遲遲；無服之喪，内恕孔悲。無聲之樂，氣志既得；無體之禮，威儀翼翼；無服之喪，施及四國。無聲之樂，氣志既從；無體之禮，上下和同；無服之喪，以畜萬邦。無聲之樂，日聞四方；無體之禮，日就月將；無服之喪，純德孔明。無聲之樂，氣志既起；無體之禮，施及四海；無服之喪，施于孫子。」釋文：施，以豉反。畜，許六反。聞音問，下「令聞」同。

氣志不違者，言其發之中節而無所乖戾也。既無乖戾，則合於理矣，故曰「既得」，得，謂得於理也。既得於理，則順於民矣，故曰「既從」，從，順也。既順於民，則著聞於四方矣，既著聞乎四方，則民之氣志皆起而應之矣。威儀遲遲，行禮以和，而從容不迫也。和而有節，則又見其翼翼而嚴正矣。禮達而分定，則上下和睦而齊同矣。上下既一於禮，則日有所就，月有所將，而行之不倦矣。人皆行禮不倦，則道德一，風俗同，而施及四海矣。内恕孔悲者，以己度人而實致其惻怛、慈愛之意也。既有愛人之心，則必有及物之恩，而施及於四國矣。既有及物之恩，則民有被恩之實，而可以養畜萬邦矣。恩足以畜萬邦，則其德純一而顯明矣。德既甚顯明，則不惟及於當時，而又施及孫子，使後世亦蒙其澤矣。蓋禮樂之原於一心，而横乎天下者如此。

子夏曰：「三王之德，參於天地，敢問何如斯可謂參於天地矣？」孔子曰：「奉三無私以勞天下。」子夏曰：「敢問何謂三無私？」孔子曰：「天無私覆，地無私載，日月無私照，奉斯三者以勞天下，此之謂三無私。其在詩曰：『帝命不違，至於湯齊。湯降不遲，聖敬日齊。昭假遲遲，上帝是祗。帝命式于九圍。』是湯之德也。釋文：炤音照，本亦作「照」。湯齊，依注音躋，亦作「躋」，子兮反，詩如字。日齊，側皆反，詩作「躋」。假音格。祗，諸夷反。

勞，勞來也。詩，商頌長發之篇。日齊，詩作「日躋」。躋，升也。朱子曰：商之先祖，既有明德，天命未嘗去之，以至於湯。湯之生也，應期而降，適當其時。其聖敬又日躋升，以至昭假於天，久而不息，惟上帝是敬，故帝命之使爲法於九州也。愚謂引詩以證湯有無私之德，故帝命之使爲法於天下也。

天有四時，春秋冬夏，風雨霜露，無非教也。地載神氣，神氣風霆，風霆流形，庶物露生，無非教也。吕氏大臨曰：此衍「神氣風霆」四字。

鄭氏曰：言天之施化收殺，地之載生萬物，非有所私也。愚謂此言天地之無私也。神氣，五行之精氣也。露生，謂露見而發生也。天以四時運於上，地以神氣應於下，播五行於四時也。雨及霜露降於天，雷霆出乎地，而風則鼓盪於天地之間，故於天地皆言之。乾資始，故言「風雨霜露」，舉其所以施之者而已。坤資生，故言「品物露生」，而究其功用之著焉。無非教者，天何言哉？四時行焉，百物生焉，莫非天地無私之政教也。

清明在躬，氣志如神。耆欲將至，有開必先。天降時雨，山川出雲。其在詩曰：『嵩高維嶽，峻極于天。維嶽降神，生甫及申。維申及甫，維周之翰。四國于蕃，四方于宣。』此文武之德也。釋文：耆，市志反。翰，胡旦反，徐音寒。

耆欲，謂所願欲之事也。聖人之所願欲者，德澤之及於民也。人之德本清明，惟其有物欲之累也，故不能無所蔽。聖人無私，故其德之在躬者極其清明，合於神明，而能上格乎天焉。其於所願欲之事，但爲之開其端，而天必先爲生賢臣以輔佐之，猶天之將降雨澤，而山川先爲之出雲也。詩，大雅嵩高之篇。甫，甫侯，穆王時賢臣。申，申伯，宣王時賢臣。此詩宣王時尹吉甫送申伯所作，而記者引之，以證文武之事，斷章之義也。

三代之王也，必先其令聞。詩云『明明天子，令聞不已』，三代之德也。『弛其文德，協此四國』，大王之德也。」子夏蹶然而起，負牆而立，曰：「弟子敢不承乎！」釋文：弛，徐式氏反，一音式支反，皇作「施」。大音泰。蹶，居衛反，徐音厥。

鄭氏曰：弛，施也。協，和也。大王，文王之祖。周道將興，始有令聞。承，奉承不失隊也。起負牆者，所問竟，辟後來者。　孔氏曰：三代所以王天下者，必父、祖未王之前先有令聞也。以其無私，故令聞不已。詩本作「矢其文德」，矢，陳也，言宣王陳其文德，和協此四方之國。此云「弛其文德」，弛，施也，言大王施其文德，和此四方之國。三代之王，前文唯云「湯」與「文武」，不稱「夏」者，以夏承禹後有天下，治水過門不入，無私事，明殷、周以戰爭取天下，恐其有私，故特舉之。　愚謂令聞者，無私之德之著見而不可掩者也。先其令聞，謂先有令聞爾，非謂三代之王先以令聞爲務也。然三王皆有令聞，而周之積累尤久，故又引詩以明大王之德，以見周之先有無私之德者不獨文武已也。

禮記卷五十

坊記第三十別録屬通論。

此篇言先王以制度坊民之事。

子言之：「君子之道，辟則坊與？坊民之所不足者也。大爲之坊，民猶踰之，故君子禮以坊德，刑以坊淫，命以坊欲。」釋文：辟，匹亦反。坊音防，徐扶訪反。○今按：「辟」字，張子讀爲「譬喻」之譬，今從之。

鄭氏曰：民所不足，謂仁義之道也。命，謂教令。　愚謂辟讀爲譬。君子之道，所以坊民之失，譬如水之有坊，所以止水之放泆也。民之所不足者，德也。民不足於德，則入於邪辟，故先王設爲制度以坊之。大爲之坊，民猶踰之，所以深明坊之不可廢也。禮以教之於未然，故曰「坊德」，坊其悖於德也。刑以治之於已犯，故曰「坊淫」，坊其入於淫也。命，謂政令。命以禁之於將發，故曰「坊欲」，坊其動於欲也。君子之坊民，以禮爲本，而刑與政輔之。篇中所言，皆以禮坊民之事也。○陸氏佃曰：命以坊欲，孟子所謂「有命焉，君子不謂性也」。應氏鏞曰：天理人欲，相與消長，欲動情勝，人欲熾盛而有餘，天理消滅而不足。禮坊其所不足，制其所有餘。性之善爲德，禮以坊之而養其源；性之蕩爲淫，刑以坊之而遏其流。出德則入於淫，故出禮則入於刑，聖人坊民之具至是盡矣。然人之欲無窮，非防閑所可盡，聖人於是有命之説焉。命出於天，各有分限，以是防之，則覬覦者塞，羡慕者止，而欲不得肆矣。詩曰：「抱衾與裯，寔命不猶。」苟不知命有貴賤，則賤妾進御求逞，其欲何能盡其心乎？愚謂「命」字，鄭氏之説爲確。宋時諸儒皆以爲「子罕言命」之命，其義亦通。○孔氏曰：此篇凡三十九章，三十八章悉稱「子云」，唯此一章是一篇總要，故特稱「子言之」。

子云：「小人貧斯約，富斯驕。約斯盜，驕斯亂。禮者，因人之情而爲之節文，以爲民坊者也。故聖人之制富貴也，使民富不足以驕，貧不至於約，貴不慊於上，故亂益亡。」釋文：喬音驕，本亦作「驕」。慊，口簟反。○鄭注：慊或爲「嫌」。

鄭氏曰：約猶窮也。節文，謂農有田里之差，士有爵命之級也。慊，恨，不滿之貌也。孔氏曰：聖人之制富貴，制爲富貴貧賤之法也。不云「貧賤」，文略也。富不足以驕者，制富者居室、丈尺、俎豆、衣服之事皆有法度，不足至於驕也。貧不至於約者，制農田百畝，桑麻自贍，比閭相賙，不令至於約也。貴不慊於上者，制其禄秩，隨功而施，則貴臣無復恨君爵禄之薄也。不云「賤」者，從可知也。方氏慤曰：家富不過百乘，所以制富而不使之驕。匹夫受田百畝，所以制貧而不至於約。伐冰之家不畜牛羊，所以制貴而不使之慊。輔氏廣曰：慊，謂滿足。貴不慊於上，如滿而不溢，高而不危之意。愚謂慊有不滿之義，孟子「吾何慊乎哉」是也。又有滿足之義，孟子「行有不慊於心則餒矣」是也。此「慊」字，鄭氏以不滿解之，方氏、輔氏以滿足解之，義皆可通。

子云：「貧而好樂，富而好禮，衆而以寧者，天下其幾矣！詩云：『民之貪亂，寧爲荼毒。』故制國不過千乘，都城不過百雉，家富不過百乘。以此坊民，諸侯猶有畔者。」釋文：好，呼報反。幾，居豈反。乘，繩證反。

鄭氏曰：寧，安也。大族衆家，恒多作亂。詩言「民之貪」爲「亂」者，安其荼毒之行，惡之也。古者方十里，其中六十四井，出兵車一乘，此兵賦之法也。成國之賦千乘。雉，度名也。高一丈，長三丈爲雉。百雉爲長三百丈，方五百步。子男之城方五里。百雉者，此謂大都，三國之一。孔氏曰：千乘之國，地方三百一十六里有畸。按周禮，公五百里，侯四百里，則是過千乘。云「不過千乘」者，其地雖廣，其兵賦唯千乘，故論語註云：「雖大國之賦，亦不是過焉。」子男之城五里，其大都，三國之一爲百雉也。但國城之制，凡有二義：鄭之此註，子男五里，則侯伯七里，公九里，天子十二里。又鄭駁異義云：「天子城九里，公七里，侯伯五里，子男三里。」此云「百雉」者，謂侯伯之大都，杜預同焉，與鄭此註異也。於時卿大夫亦多畔，而言「諸侯」者，舉其重也。○馬氏融曰：司馬法：「六尺爲步，步百爲畝，畝百爲夫，夫三爲屋，屋三爲井，井十爲通，通十爲成。成出革車一乘。」千乘之賦，其地千成，居地方三百一十六里有畸，唯公侯之封乃能容之，雖大國之賦亦不是過焉。邢氏昺曰：云「居地方三百一十六里有畸」者，以方百里者一，爲方十里者百，方三百里者三，三而九，則爲方百里者九，合成方十里者九百，得九百乘也，計千乘猶少百乘，方百里者一也。又以此方百里者一，六分破之，每分得廣十六里，長百里，引而接之，則長六百里，廣十六里也。半折之，各長三百里，將埤前三百里南西兩邊，是方三百一十六里也。然西南角猶缺方十六里者一也。方十六里者一，爲方一里者二百五十六，然𠁼割方百里者爲六分，餘方一里者四百，今以方一里者二百五十六，埤西南角猶餘方一里者一百四十四，又復破而埤三百一十六里兩邊，則每邊不復得半里，故云「三百一十六里有畸」也。云「唯公侯之封乃能容之」者，按周禮大司徒云「諸公之地，封疆方五百里」，「諸侯之地，封疆方四百里」，「諸伯之地，封疆方三百里」，「諸子之地，封疆方二百里」，「諸男之地，封疆方百里」。此千乘之國，居地方三百一十六里有畸，伯、子、男自方三百以下，則莫能容之，故云「唯公侯之封乃能容之」。制國不過千乘，地雖廣大，以千乘爲限，故云「雖大國之賦，亦不是過焉」。

子云：「夫禮者，所以章疑别微，以爲民坊者也。故貴賤有等，衣服有别，朝廷有位，則民有所讓。」釋文：别，彼列反，下同。朝，直遥反。

孔氏曰：疑，謂是非不決，用禮以章明之。微，謂幽隱不著，用禮以分别之。

子云：「天無二日，土無二王，家無二主，尊無二上，示民有君臣之别也。春秋不稱楚、越之王喪，禮，君不稱天，大夫不稱君，恐民之惑也。詩云：『相彼盍旦，尚猶患之。』」釋文：相，息亮反。盍音渴，徐苦蓋反。

鄭氏曰：楚、越之君，僭號稱王，不稱其喪，謂不書「葬」也。春秋傳曰：「吴、楚之君不書葬，辟其僭號也。」臣者天君，稱天子爲天王，稱諸侯不言天公，辟王也。大夫有臣者稱之曰主，不言君，辟諸侯也。此皆爲使民疑惑，不知孰者尊也。盍旦，夜鳴求旦之鳥也，求不可得。人猶惡其反晝夜而亂昏明，況於臣之僭君也？孔氏曰：此逸詩也。夜是闇時，盍旦必欲求明，欲反夜而爲晝，猶臣之奢僭，欲反臣而爲君。愚謂大夫之家臣，稱大夫亦曰君。左傳「司徒老祁、慮癸」謂「南蒯曰『羣臣不忘其君』」，此謂季氏爲君也。又「晉祁盈之臣」曰「憖使吾君聞勝與臧之死也以爲快」，此稱盈爲君也。又宋司馬「命其徒攻桓氏」，「其新臣曰『從吾君之命』」，此稱皇野爲君也。然但稱於其臣，至他人稱之則不然，故曰「大夫不稱君」。

子云：「君不與同姓同車，與異姓同車不同服，示民不嫌也。以此坊民，民猶得同姓以弒其君。」釋文：殺音試，本又作「弒」。

鄭氏曰：同姓者，謂先王、先公子孫，有繼及之道者也。其非此則無嫌也。僕、右恒朝服，君則各以時事，唯在軍同服。

子云：「君子辭貴不辭賤，辭富不辭貧，則亂益亡。故君子與其使食浮於人也，寧使人浮於食。」釋文：自此以下，「子云」本或作「子曰」。

鄭氏曰：食，謂禄也。在上曰浮。禄勝己則近貪，己勝禄則近廉。愚謂人不甘於貧賤，而必求富貴，爭亂之所由起也。富與貴，不以其道得之不處焉，貧與賤，不以其道得之不去焉，則退讓之道著，而爭亂之禍息矣。君子不使食浮於人，不以非道而處富貴也。寧使人浮於食，不以非道而去貧賤也。

子云：「觴酒、豆肉，讓而受惡，民猶犯齒。衽席之上，讓而坐下，民猶犯貴。朝廷之位，讓而就賤，民猶犯君。詩云：『民之無良，相怨一方。受爵不讓，至于己斯亡。』」

鄭氏曰：犯猶僭也。齒，年也。禮，六十以上，籩、豆有加。貴，秩異者。愚謂觴酒，盛酒於觴也。豆肉，盛肉於豆，謂庶羞胾、炙之屬也。酒肉所以養老，老者宜美，少者宜惡，若鄉飲酒義云「五十者二豆」，「六十者三豆」，是也。衽席，謂享、燕所設之席也。朝廷之位，謂人君視朝，卿、大夫、士所立之位也。席位、朝位，尊卑不同，皆所以爲君臣貴賤之別。於衽席言「犯貴」，於朝廷言「犯君」，互見之也。讓而受惡，讓而坐下，讓而就賤，皆君子躬行禮讓以示民，而民猶不免於有所犯也。引小雅角弓之詩，以證犯貴、犯君之事也。

子云：「君子貴人而賤己，先人而後己，則民作讓。故稱人之君曰君，自稱其君曰寡君。」

鄭氏曰：寡君，猶言「少德之君」，言之謙。

子云：「利禄先死者而後生者，則民不偝；先亡者而後存者，則民可以託。詩云：『先君之思，以畜寡人。』以此坊民，民猶偝死而號無告。」釋文：偝音佩。畜，許六反，毛詩作「勗」。

鄭氏曰：言不偷於死亡，則於生存信。　愚謂亡，謂出在國外者。存，謂在國者。仕者之子孫，恒世其禄，先死而後生也。臣有故而去君，三年不收其田里，先亡而後存也。偝，謂死而背之也。託，謂寄託也。若孟子言「託其妻子於其友」是也。詩，邶風燕燕之篇，莊姜送歸妾戴嬀之詩也。先君，謂莊公。畜，詩作「勗」，勉也。寡人，莊姜自謂也。莊姜言戴嬀恒勉己思念莊公。引之，以證不偝死之義也。號無告，謂負人之託，使老弱呼號而無所告訴也。

子云：「有國家者貴人而賤禄，則民興讓；尚技而賤車，則民興藝。故君子約言，小人先言。」

人，謂有德之人也。人君貴尚有德，而不愛其爵禄，則人知爵禄之不可以無德受也，故皆興起於禮讓。人君貴尚技能，而不愛其車服，則人知車服之不可以無能得也，故皆興起於技藝。約，寡也。君子尚德而不尚言，故約言。約言者，讓也。小人尚言而不尚德，故先言。先言者，不讓也。　鄭氏曰：約與先，互言耳。君子約則小人多矣，小人先則君子後矣。

子云：「上酌民言，則下天上施。上不酌民言，則犯也；下不天上施，則亂也。故君子信讓以涖百姓，則民之報禮重。詩云：『先民有言：詢于芻蕘。』」釋文：施，始豉反。

鄭氏曰：酌，猶取也。取衆民之言以爲政教，則得民心，得民心，則恩澤所加，民受之如天矣。愚謂犯，猶左傳「衆怒難犯」之犯，言不順於民之心也。上不酌民言，則乖戾而至於犯民；下不天上施，則怨怒而至於作亂。民者至愚而不可欺，至弱而不可勝，信則有不敢欺之心，讓則有不求勝之意。如是，則民感其德，而所以報之者重矣。引大雅板之詩，以證酌民言之意。

子云：「善則稱人，過則稱己，則民不争。善則稱人，過則稱己，則怨益亡。詩云：『爾卜爾筮，履無咎言。』」釋文：履如字，毛詩作「體」。○今按：履讀爲體。

争見於事，怨在於心，怨亡則不止於不争矣。履，詩作「體」，謂兆卦之體也。引詩言爾之卜、筮本無咎言，而致咎者在己，以明過則稱己之意。此與詩之本義不同，蓋斷章取之爾。

子云：「善則稱人，過則稱己，則民讓善。詩云：『考卜惟王，度是鎬京。惟龜正之，武王成之。』」釋文：度，徒洛反，毛詩作「宅」。

讓善者，以善相讓，則又不止於無怨而已。陳氏澔曰：詩，大雅文王有聲之篇。言武王以龜爲正，而成此鎬京，是武王不自以爲功，而讓之龜卜也。故引以爲讓善之證。

子云：「善則稱君，過則稱己，則民作忠。君陳曰：『爾有嘉謀嘉猷，入告爾君於內，女乃順之於外。曰：「此謀此猷，惟我君之德。」於乎！是惟良顯哉！』」釋文：於乎，音烏，下火吳反。

子云：「善則稱親，過則稱己，則民作孝。大誓曰：『予克紂，非予武，惟朕文考無罪。紂克予，非朕文考有罪，惟予小子無良。』」

子云：「君子弛其親之過，而敬其美。論語曰：『三年無改於父之道，可謂孝矣。』高宗云『三年其惟不言，言乃讙』。」釋文：大音泰。弛，式豉反。讙，依註音歡，火官反。

鄭氏曰：弛，猶棄忘也。孝子不記藏父母之過。讙當爲「歡」。愚謂引高宗者，周書無逸篇述殷高宗之事也。不言，謂不出教令也。讙，書作「雍」，喜悅也。言高宗居喪三年不言，不欲遽出教令以改父之所行，是以既言而人喜悅之也。

子云：「從命不忿，微諫不倦，勞而不怨，可謂孝矣。詩云：『孝子不匱。』」

鄭氏曰：微諫不倦者，子於父母尚和順，不用鄂鄂。論語曰：「事父母幾諫，見志不從，又敬不違。」內則曰：「父母有過，下氣怡色，柔聲以諫。諫若不入，起敬起孝，悦則復諫。」此所謂「不倦」。匱，乏也。孝子無乏止之時。愚謂父母之命雖不合於理，爲人子者且當從之，而不可遽有忿怒之心。又當幾微以諫，而不可怠倦，雖父母不悦，至於勞之而不可以怨也。孝子不匱，言人子之諫父母，雖不見從，而不敢乏止也。

子云：「睦於父母之黨，可謂孝矣。故君子因睦以合族。詩云：『此令兄弟，綽綽有裕；不令兄弟，交相爲瘉。』」釋文：綽，昌灼反。瘉，羊主反。

孔氏曰：因睦以合族者，言君子因親睦之道以會聚宗族，爲燕食之禮。詩，小雅角弓之篇。令，善也。瘉，病也。言有德之人善於兄弟，綽綽然有寬裕；無德之人不善兄弟，交相爲病害也。

子云：「於父之執，可以乘其車，不可以衣其衣，君子以廣孝也。」釋文：上「衣」字於既反。

鄭氏曰：父之執，與父執志同者也。可以乘其車，車於身差遠也。謂今與己位等。陳氏澔曰：廣孝，謂敬之同於父，亦錫類之義也。

子云：「小人皆能養其親，君子不敬，何以辨？」釋文：養，羊尚反。何以辨者，言何以别於小人也。

子云：「父子不同位，以厚敬也。書云：『厥辟不辟，忝厥祖。』」釋文：辟，並必亦反。

鄭氏曰：同位，尊卑等，爲其相褻。孔氏曰：書，太甲三篇，伊尹戒太甲之辭。辟，君也。忝，辱也。言爲君不自尊高，而與臣下相褻，則辱其先祖。若爲人父不自尊嚴，而與卑下相瀆，亦辱累其先祖也。

子云：「父母在，不稱老，言孝不言慈，閨門之内，戲而不歎。君子以此坊民，民猶薄於孝而厚於慈。」石經「猶」下有「有」字。

鄭氏曰：戲，謂孺子言笑者也。孟子曰：「舜年五十，而不失其孺子之心。」歎，謂有憂戚之聲也。

不稱老，爲其感動親也。不言慈，嫌以恩望其親也。

子云：「長民者，朝廷敬老，則民作孝。」釋文：長，竹丈反。

子云：「祭祀之有尸也，宗廟之有主也，示民有事也。脩宗廟，敬祀事，教民追孝也。以此坊民，民猶忘其親。」

鄭氏曰：有事，有所尊事。

子云：「敬則用祭器，故君子不以菲廢禮，不以美没禮。故食禮，主人親饋則客祭，主人不親饋則客不祭。故君子苟無禮，雖美不食焉。易曰：『東鄰殺牛，不如西鄰之禴祭寔受其福。』詩云：『既醉以酒，既飽以德。』以此示民，民猶争利而忘義。」

鄭氏曰：祭器，籩、豆、簋、鉶之屬也。有敬事於賓客則用之，謂饗食也。盤、盂之屬爲燕器。不以菲廢禮，不以美没禮，言不可以其薄不及禮而不行禮，亦不可以其美過禮而去禮。引易，以喻奢而慢，不如儉而敬也。引詩，言君子饗、燕，非專爲酒肴，亦以觀威儀，講德美。　愚謂食有宜於菲而薄者，有宜於美而豐者，而莫不以禮爲重焉。食薄而禮不行，則禮廢而不存矣。食美而禮不逮，則禮没而不見矣。食者利之所在，禮者義之所出，君子於飲食之際，務於行禮，而不惟其物之厚薄，凡以重義而輕利而已。

子云：「七日戒，三日齊，承一人焉以爲尸，過之者趨走，以教敬也。醴酒在室，醍酒在堂，澄酒在下，示民不淫也。尸飲三，衆賓飲一，示民有上下也。因其酒肉，聚其宗族，以教民睦也。故堂上觀乎室，堂下觀乎上。詩云：『禮

儀卒度，笑語卒獲。』」釋文：齊，側皆反。醍音體。度如字，法度也，徐徒洛反。

戒，謂散齊也。承，事也。過之者趨走，謂爲君尸者，大夫士見之則下車而趨走也。蓋尸乃神象，故齊戒以承之，趨走以避之，教民以敬事其祖、考也。醴酒，醴齊也。醍酒，醍齊也。澄，清也。澄酒，三酒也。醴齊、醍齊味薄而在室堂，三酒味厚而在堂下，示民以不淫於味也。尸飲三，謂大夫士祭禮饋食之後，主人、主婦、賓長各酳尸而爲三也。衆賓飲一，謂主人於衆賓唯一獻之也。尸尊，故得獻多，賓客卑，故得獻少，示民以上下之分也。因祭祀之酒肉，聚其宗族於宗廟而獻酬之，教民以和睦也。堂上觀乎室，言堂上之人觀乎在室之人以爲法也。堂下觀乎上，言堂下之人觀乎堂上之人以爲法也。卒，盡也。引小雅楚茨之詩，以證祭祀之禮無不盡得其度也。○孔氏曰：禮運云「醴、醆在户」，此云「在室」，不同者，在户之内則是在室也。愚謂特牲禮「尊於户東」，少牢禮「尊於房、户之間」，以禮運及此記推之，天子諸侯之祭，其盎齊之尊蓋當特牲、少牢禮設尊之處，在室、户外之東，泛齊、醴齊設於室内，而在盎齊之北。禮運云「醴、醆在户」，則醴齊在室、户内之東，而泛齊又在其北也。醍齊、沈齊設於堂上，而在盎齊之南。醍齊之尊，蓋當燕禮設尊之處，在東楹之西，而沈齊又在其南也。五齊之上，又有鬱鬯。禮運云「玄酒在室」，謂鬱鬯也。鬱鬯又當在泛齊之北，則在北墉下也。

子云：「賓禮每進以讓，喪禮每加以遠。浴於中霤，飯於牖下，小斂於户内，大斂於阼，殯於客位，祖於庭，葬於墓，所以示遠也。殷人弔於壙，周人弔於家，示民不偝也。」子云：「死，民之卒事也，吾從周。以此坊民，諸侯猶有薨而不葬者。」釋文：飯，户晚反。○鄭注：阼或爲「堂」。

喪至葬而送死之事乃畢，故自内而外，每加以遠，所以爲即事之漸也。殷人弔於壙，既窆而弔也。周人弔於家，反哭而弔也。蓋以尸柩既藏，孝子哀慕迫切，故從而弔之，所以示民不偝其親也。卒，終也。死爲人之終事，反而亡焉失之矣，哀痛之情，於是爲甚，故弔於壙者不如弔於家者之情文爲尤盡也。諸侯五月而葬，薨而不葬，謂不能如期而葬也。趙氏汸曰：周末文繁禮備，葬或有缺，則不敢以葬期告諸侯。坊記云「諸侯猶有薨而不葬者」，謂不成喪也。是故諸侯不書「葬」，非皆由魯不會，苟其國葬不以禮，而不以葬期來告，亦無由往會之爾。

子云：「升自客階，受弔於賓位，教民追孝也。未沒喪，不稱君，示民不争也。故魯春秋記晉喪曰：『殺其君之子奚齊，及其君卓。』以此坊民，子猶有弒其父者。」釋文：殺音弒。

鄭氏曰：升自客階，受弔於賓位，謂反哭時也。既葬矣，猶不由阼階，不忍即父位也。愚謂居喪之禮，升降不由阼階，至反哭猶然。受弔之禮，皆在阼階下，惟反哭受弔則在西階上。蓋西階之上，殯之所在，今上堂而不見，孝子之哀於是爲甚，故不忍離其所而於此受弔也。此二者，皆所以追孝於其親也。未沒喪，不稱君，謂史册所書也。以下文引春秋推之，當云「未踰年，不稱君」，記者之誤爾。蓋一歲不二君，未踰年而稱君，則是急於受國而有争奪其父之心矣。奚齊及卓，皆晉獻公之子。春秋僖公九年秋九月：「晉侯佹諸卒。」「冬，晉里克弑其君之子奚齊。」奚齊不稱君，立未踰年也。十年春正月：「里克弑其君卓。」卓稱君，已踰年也。

子云：「孝以事君，弟以事長，示民不貳也。故君子有君不謀仕，唯卜之日稱二君。喪父三年，喪君三年，示民不疑也。父母在，不敢有其身，不敢私其財，示民有上下也。故天子四海之内無客禮，莫敢爲主焉。故君適其臣，升自阼階，即位於堂，示民不敢有其室也。父母在，饋獻不及車馬，示民不敢專也。以此坊民，民猶忘其親而貳其君。」釋文：弟音悌。饋，本又作「餽」，音同。

孝以事君，謂以事親之孝事君也。弟以事長，謂以事兄之弟事長也。鄭氏曰：不貳，不自貳於尊者也。君子有君，謂君之子父在者也。不謀仕，嫌遲爲政也。卜之日，謂君有故而爲之卜也。一當爲「貳」，唯卜之時，辭得曰「君之貳某」爾。晉惠公獲於秦，命其大夫歸擇立君，曰：「其卜貳圉也。」喪君三年，示民不疑於君之尊也。君無骨肉之恩，不重其服，至尊不明。有猶專也。不敢有其身，私其財，身及財皆當統於父母也。不敢有其室，臣亦統於君也。車馬，家物之重者。孔氏曰：不貳者，不敢自副貳於其君，謂與尊者相敵。

子云：「禮之先幣、帛也，欲民之先事而後祿也。先財而後禮則民利，無辭而行情則民争，故君子於有饋者弗能見，則不視其饋。易曰：『不耕穫，不菑畬，凶。』以此坊民，民猶貴祿而賤行。」釋文：行，下孟反。○鄭註：或云「禮之先辭而後幣、帛」。

鄭氏曰：禮，謂所執之贄以見者也。既相見，乃奉幣、帛以脩好也。財，幣、帛也。利猶貪也。不能見，謂有疾也。不視，猶不内也。孔氏曰：先相見，是先事。後幣、帛，是後祿。愚謂禮之先幣、帛，若聘禮先執圭以聘，而後用束帛加璧以享也。辭，賓主相接之辭。表記曰「無辭不相接也，無禮不相見也」，是也。行情，謂用幣、帛以致其情也。賓主相接，先有辭以相通，然後執贄以相見；既相見，然後用幣、帛以致其情。先財而後禮，無辭而行情，則是不務行禮，而唯以貸財爲尚，故民化之，而有貪利争奪之心也。君子於有饋者不能見，則不視其饋者，爲其不能行禮，而徒取財也。易無妄六二爻辭云「不耕獲，不菑畬，則利有攸往」，無「凶」字，此蓋衍文也。爾雅曰：「田一歲曰菑，二歲曰新田，三歲曰畬。」菑，謂始墾之而菑殺其草木也。畬，謂既耕之而其土舒緩也。引易言不耕則不得獲，不菑則不得畬，以喻爲其事而後獲其利，先事而後禄之意也。

子云：「君子不盡利，以遺民。詩云：『彼有遺秉，此有不斂穧，伊寡婦之利。』故君子仕則不稼，田則不漁，食時不力珍。大夫不坐羊，士不坐犬。詩云：『采葑采菲，無以下體。德音莫違，及爾同死。』以此坊民，民猶忘義而争利，以亡其身。」釋文：遺，唯季反。穧，子賜反，又才計反。葑，芳容反。菲，芳尾反。

孔氏曰：不盡利以遺民，謂不盡竭其利，而以餘利遺與民也。詩，小雅大田之篇。言歲時豐稔，田稼既多，穫刈促遽，彼處有遺秉把，此處有不斂之穧束，與寡婦捃拾以爲利，證以利遺民也。愚謂仕則不稼者，仕而受禄，則不得復稼穡也。田則不漁者，田獵取禽，則不得復漁，故魯隱矢魚，臧僖伯諫之。食時不力珍者，食四時之利，則不得力求珍羞。周禮：「王珍用八物。」王制：「八十常珍。」蓋珍物唯天子及養老用之，士大夫不得常食也。大夫得食羊，士得食犬，則不得復坐其皮。然則古者燕居之席，蓋有以皮爲之者與？葑，蔓菁也。菲，蔔類也。下體，根也。引邶風谷風之詩，言采葑菲者既取其葉，無得兼取其根，以證不盡利之義。此與詩之本義不同，亦斷章之法爾。

子云：「夫禮，坊民所淫，章民之别，使民無嫌，以爲民紀者也。故男女無媒不交，無幣不相見，恐男女之無别也。以此坊民，民猶有自獻其身。詩云：『伐柯如之何？匪斧不克。取妻如之何？匪媒不得。』『蓺麻如之何？横從其畝。取妻如之何？必告父母。』」釋文：别，彼列反。取，七樹反。從，子容反。告音谷。○按伐柯，詩作「析薪」。

鄭氏曰：淫猶貪也。章，明也。嫌，嫌疑也。獻猶進也。愚謂淫，貪也，謂貪於色。男女無别，則族姓不明，故嫌疑生也。無媒不交，男女行媒，然後交相知名也。幣，納徵之幣也。納徵而昏禮成，然後行親迎之禮，執贄以相見也。自獻其身，謂不待媒妁、幣聘而奔人者。詩，齊風南山之篇。引之，以證昏姻之禮必待媒妁之言，父母之命也。○孔氏曰：自此以下，總坊男女淫欲之事。

子云：「取妻不取同姓，以厚别也。故買妾不知其姓則卜之。以此坊民，魯春秋猶去夫人之姓，曰『吴』，其死，曰『孟子卒』。」釋文：去，起吕反。

去夫人之姓，曰「吴」者，春秋於取夫人皆書其姓，如取齊女則曰「夫人姜氏至自齊」是也。昭公取於吴爲同姓，故諱書其姓，但云「夫人至自吴」也。然今春秋無此文，此所引蓋魯史之舊文，而孔子已删之者也。其卒曰「孟子卒」者，孟，字；子，宋姓也。凡春秋於夫人之喪，曰「夫人某氏薨」。昭公諱取同姓，謂之吴孟子，使若宋女者然。故哀十二年昭夫人薨，經但書「孟子卒」，蓋因昭公之所稱者而書之也。

子云：「禮，非祭，男女不交爵。以此坊民，陽侯猶殺繆侯而竊其夫人，故大饗廢夫人之禮。」釋文：殺音弑，一音如字。繆音穆。

祭時男女得交爵，特牲禮主婦獻尸，并獻祝及佐食，賓長獻尸，致爵於主婦是也。蓋祭事嚴敬，不嫌也。陽、繆，疑二國名。淮南子繆作「蓼」。古者於大賓客，其敬之與祭祀同，必皆夫婦親之，故天子饗諸侯，及諸侯相饗，后、夫人皆與於獻賓。内宰「凡賓客之祼、獻、瑶爵，皆贊」是也。繆侯饗陽侯，陽侯説其夫人，遂滅其國而竊之，蓋若楚文王之取息嬀然也。由是而大饗廢夫人之禮，使人攝之而已。

子云：「寡婦之子，不有見焉，則弗友也，君子以辟遠也。故朋友之交，主人不在，不有大故則不入其門。以此坊民，民猶以色厚於德。」釋文：見，賢遍反。辟音避。

鄭氏曰：大故，喪、病。愚謂色厚於德，謂好色厚於好德也。

子云：「好德如好色，諸侯不下漁色，故君子遠色，以爲民紀。故男女授受不親，御婦人則進左手，姑、姊妹、女子子已嫁而反，男子不與同席而坐，寡婦不夜哭，婦人疾，問之，不問其疾。以此坊民，民猶淫佚而亂於族。」釋文：好，呼報反。遠，于萬反。佚，本又作「逸」。

鄭氏曰：好德如好色，此句似不足。論語曰「未見好德如好色」，疾時人厚於色之甚，而薄於德也。内取於國中，爲下漁色。昏禮始納采，謂采擇其可者也。國君而内取，象捕魚然，中網取之，是無所擇。寡婦不夜哭，嫌思人道也。婦人疾，問之，不問其疾者，嫌媚，略之也，問增損而已。亂於族，犯非妃匹也。愚謂好德如好色者，言人好德之心當如好色之誠也。婦人之疾，或有不可以語人者，故不問之，亦爲其相褻故也。

子云：「昏禮，壻親迎，見於舅姑，舅姑承子以授壻，恐事之違也。以此坊民，婦猶有不至者。」釋文：迎，魚敬反。

鄭氏曰：舅姑，妻之父母也。妻之父爲外舅，妻之母爲外姑。愚謂親迎之禮，壻與主人揖讓升堂，再拜奠雁，母立於房、户外之西，南面，是見於舅姑也。女出房，父西面戒之，母南面戒之，壻降出而婦從，是承子以授壻也。父戒之曰「夙夜毋違命」，母戒之曰「夙夜無違宫事」，恐其女於室家之事有違也。不至，謂男親迎而女不行，若陳風東門之楊之所刺是也。父母欲女無違於其夫，而婦乃有不隨夫以行者，則其不能承順其夫又不待言矣。

中庸第三十一

朱子章句。

禮記卷五十一

表記第三十二別録屬通論。

程子曰：表記亦近德，其言正。朱氏申曰：仁者，天下之表也。此篇記孔子言仁爲詳，故以表記名篇。愚謂此篇凡爲八支：自首章至第九章爲第一支，言君子持身莊敬、恭信之道，而言敬之義爲詳。自第十章至第十六章爲第二支，兼明仁、義、報三者之道。自第十七章至第二十三章爲第三支，專明仁之道。自第二十四章至第二十七章爲第四支，專明義之道。自第二十八章至第三十三章爲第五支，以虞、夏、殷、周之治，明「凱弟君子」之義。自第三十四章至第四十五章爲第六支，明事君之道。自第四十六章至第五十章爲第七支，明言行之要。自第五十一章至第五十五章爲第八支，明卜、筮之重。孔疏云：「此篇稱『子言之』者八，皇氏云：『皆是發端起義，事之頭首，記者詳之。下更廣開其義，或曲説其理，則直稱「子」曰。』」今按「後世雖有作者」一章，結前章「凱弟君子」之義，非發端之辭，而稱「子言之曰」。「君子不以辭盡人」一章，與前數章不相蒙，乃更端之辭，而稱「子曰」。豈傳寫之誤與？

子言之：「歸乎！君子隱而顯，不矜而莊，不厲而威，不言而信。」

歸乎者，孔子道不行而思歸之辭也。隱而顯者，言君子雖隱處於下，而道德顯著也。君子不待矜持而自然莊敬，不待嚴厲而自有威儀，不待言語而人自信之，蓋其道德之盛如此，此所以雖隱而顯也。

子曰：「君子不失足於人，不失色於人，不失口於人。是故君子貌足畏也，色足憚也，言足信也。甫刑曰：『敬、忌而罔有擇言在躬。』」尚書無「而」字。

不失足，故貌足畏；不失色，故色足憚；不失口，故言足信。上章所言，聖人之盛德，自然而然者也。此章所言，則學者持守省察之事也。甫刑，尚書呂刑篇。忌，戒也。罔，無也。罔有擇言在躬，謂所言皆合於道，不可擇而去之也。

子曰：「裼、襲之不相因也，欲民之毋相瀆也。」

燕居恒襲，玉藻謂「不文飾也不裼」是也。行禮則改襲而裼；若禮之至重，則又改裼而襲。蓋禮以變爲敬，若相因則瀆，瀆則不敬矣。

子曰：「祭極敬，不繼之以樂。朝極辨，不繼之以倦。」釋文：樂音洛。朝，直遥反。倦，本又作「勌」。

樂，謂歡樂，若燕飲之禮，脱屨升坐，而無不醉也。祭禮雖有旅酬、無算爵，然皆立而飲酒，不若燕禮之歡樂也。辨，謂辨治。祭以奉事鬼神，始終貴乎敬，樂則不足於敬矣。朝廷，政事之所出，始終貴乎辨，倦則不足於辨矣。

子曰：「君子慎以辟禍，篤以不揜，恭以遠恥。」釋文：辟音避。遠，于萬反。

篤，謂篤厚也。揜者，困迫之意，易曰「困，剛揜」，是也。人能敬慎，則擇地而蹈，而可以辟禍患矣。人能篤厚，則誠以感人，而不至於被困迫矣。人能恭敬，則人亦敬之，而可以遠恥辱矣。

子曰：「君子莊敬日强，安肆日偷。君子不以一日使其躬儳焉如不終日。」釋文：儳，徐在鑑反，又仕鑑反。○鄭注：肆或爲「褻」。

程子曰：常人之情，纔放肆，則日就曠蕩；自檢束，則日就規矩。應氏鏞曰：收斂則精神内固，操存則血氣不浮，故日進於强。宴安則物欲肆行，縱肆則膚體懈弛，故日至於偷。儳然，差錯不齊之貌。心無所檢束，故儳焉散亂，外既散亂，内亦拘迫，故如不終日也。君子主一以直内，無斯須之不莊、不敬，則心廣體胖，何至於如不終日乎？

子曰：「齊戒以事鬼神，擇日月以見君，恐民之不敬也。」釋文：齊，側皆反。見，賢遍反。

鄭氏曰：擇日月以見君，謂臣在邑境者。

子曰：「狎侮死焉而不畏也。」

鄭氏曰：忕於無敬心也。　愚謂小人好相狎暱、侮慢，不知畏死亡也，而死亡恒及之，此慎以辟禍之反也。

子曰：「無辭不相接也，無禮不相見也，欲民之毋相褻也。易曰：『初筮告。再三瀆，瀆則不告。』」釋文：三，息暫反，又如字。

鄭氏曰：辭，所以通情也。禮，謂摯也。春秋傳曰「古者諸侯有朝聘之事」，「號辭必稱先君以相接」也。　愚謂辭，賓主相接之辭，若士相見禮曰「某也願見，無由達，某子以命命某見」，是也。禮，謂執贄以相見也。相接必以辭，相見必以禮者，恐其輕於相見而至於褻也。蓋罕見則尊嚴，尊嚴則相敬，交之所以全也。數見則狎習，狎習則相褻，交之所以離也。引易蒙卦之辭，言人再三相見，則至於不相告語也。

子言之：「仁者，天下之表也。義者，天下之制也。報者，天下之利也。」

鄭氏曰：報，謂禮也。禮尚往來。孔氏曰：仁爲行之盛極，故爲天下之儀表。義，宜也。制，謂裁斷於事也。呂氏大臨曰：天下有道，所謂德、怨之報者皆出於天下之公而已。有德者報以官，有功者報以賞，所謂「以德報德」，民知所勸矣。傷人者報以刑，滅人者報以殺，所謂「以怨報怨」，民知所懲矣。愚謂呂氏以報爲德、怨之報，是也。德、怨之報得其公，則人皆知怨之不宜樹而競於德矣，故曰「天下之利」。○此下七章，兼明仁、義、報三者之道也。

子曰：「以德報德，則民有所勸。以怨報怨，則民有所懲。詩曰：『無言不讎，無德不報。』大甲曰：『民非后，無能胥以寧；后非民，無以辟四方。』」釋文：大音泰。無能胥以寧，尚書作「罔克胥匡以生」。辟音璧。

勸者，勉於施德；懲者，戒於樹怨。引大甲言君能安其民，則民能戴其君，以德報德之義也。

子曰：「以德報怨，則寬身之仁也。以怨報德，則刑戮之民也。」

呂氏大臨曰：以德報怨，雖過於寬而本於厚，未害其爲仁也。以怨報德，則反易天常，天下之亂民，法所當誅者也。愚謂寬猶容也。以德報怨，則天下無不釋之怨矣。雖非中道，而可以寬容其身，亦仁之一偏也。若以怨報德，則爲人情之所共忿，而刑戮必及之矣。

子曰：「無欲而好仁者，無畏而惡不仁者，天下一人而已矣。是故君子議道自己，而置法民。」

鄭氏曰：一人而已，喻少也。　呂氏大臨曰：無欲而好仁，無畏而惡不仁，所謂「性之」者也，安仁者也。安仁者，天下一人而已，則非聖人不足以性仁。苟志於仁矣，無惡也，則衆人皆可以爲仁。以聖人所性而議道，則道無不盡；以衆人所能而制法，則法無不行。

子曰：「仁有三，與仁同功而異情。與仁同功，其仁未可知也。與仁同過，然後其仁可知也。仁者安仁，知者利仁，畏罪者强仁。釋文：知者，音智。

呂氏大臨曰：仁者安仁，無欲而好仁，無畏而惡不仁者也。知者利仁，有欲而好仁者也。畏罪者强仁，有畏而惡不仁者也。三者之功，同歸於仁，而其情則異。此堯、舜性之，湯、武身之，五霸假之，所以異也。功者，人所貪也，假之者有之。桓公九合諸侯，一匡天下，湯、武之舉，不過乎是，而其情則不同，故其仁未可知也。過者，人所避也，有不幸而致焉。周公使管叔監殷，管叔以殷畔，過於愛兄而已，孔子對陳司敗以「昭公知禮」，過於諱君而已，皆出於情而無僞，故其仁可知。　愚謂功者，人之所有心而勉之者也，故與仁同功，未足以知其情之異也。過者，人之所無意而失之者也，故與仁同過，而後其仁可知。觀人者，不於其所勉，而於其所忽也。安仁者，與仁爲一者也。利仁者，真知仁之可好，而必欲得之者也。畏罪者强仁，自恐蹈於不仁之罪，而勉力於爲仁者也。論語言「好仁者無以尚之」，利仁者也。「惡不仁者，其爲仁矣，不使不仁者加乎其身」，强仁者也。

仁者右也，道者左也。仁者人也，道者義也。厚於仁者薄於義，親而不尊；厚於義者薄於仁，尊而不親。

吴氏澄曰：日用動作之便，右優而左稍劣。仁者，中心所具之德，體也。道者，事物所由之路，用也。仁右道左，猶云「禮先樂後，志至氣次」云爾。仁之爲體，以此心之在人者言，故曰「人也」。道之爲用，以事物之義理而言，故曰「義也」。人之氣稟，得生物之氣多者，仁厚而義薄；得收物之氣多者，義厚而仁薄。仁者，温然之慈惠，故人親愛之；義者，截然之裁制，故人尊敬之。

道有至義有考。至道以王，義道以霸，考道以爲無失。釋文：道有至義，依注讀爲有至有義。王，于況反。

鄭氏曰：此讀當言「道有至、有義、有考」，字脱一「有」耳。有至，謂兼仁義者。有義，則無仁矣。　呂氏大臨曰：至道者，至於道之極，不可以有加也，故以王。義道者，揆道而裁之，制節謹度，可以有國而長諸侯，故以霸。考道者，必稽古昔，稱先王，所謂「非法不言，非道不行」，雖未達道，亦庶幾乎不失矣。　馬氏晞孟曰：考道，非體道者也，惟稽考而已，故止於無失。　應氏鏞曰：至道，即仁也。至道渾而無迹，故得其渾全、精粹以爲王。義道嚴而有方，故得其裁制、割斷而爲霸。盡稽考之道，而事無輕舉，亦可以無失矣。

子言之：「仁有數，義有長短小大。中心憯怛，愛人之仁也。率法而强之，資仁者也。詩云『豐水有芑，武王豈不仕，詒厥孫謀，以燕翼子，武王烝哉』，數世之仁也。國風曰『我今不閱，皇恤我後』，終身之仁也。」釋文：憯，七感反。我今，毛詩作「我躬」。

鄭氏曰：資，取也。數與長短小大，互言之耳。性仁義者其數長大，取仁義者其數短小。

孔氏曰：言仁有數，則義亦有數，義有長短小大，則仁亦有長短小大，互言之耳。　呂氏大臨曰：中心憯怛，仁發於性者也。率法而强之，外鑠於仁者也。以其誠心愛人，故曰「愛人之仁」；以其有取於外，故曰「資仁」。此所發淺深之數也。數世之仁，終身之仁，此所施遠近之數也，故曰「仁有數」。義有長短小大者，義無定體，長短小大唯其所宜而已。如孔子可以仕則仕，可以止則止，可以久則久，可以速則速是也，故曰「義有長短小大」。此章論仁，而兼及義者，蓋仁之數，是亦義也。○此下七章，專明仁之道也。

子曰：「仁之爲器重，其爲道遠，舉者莫能勝也，行者莫能致也。取數多者，仁也。夫勉於仁者，不亦難乎！是故君子以義度人，則難爲人；以人望人，則賢者可知已矣。」釋文：勝音升。度，徒洛反。

呂氏大臨曰：仁爲器重，爲道遠，隨其所舉之多少，所至之遠近，皆可以謂之仁。故管仲之功，微子之去，箕子之囚，比干之死，皆得仁之名，語仁之盡，則堯、舜其猶病諸，此仁所以取數之多也。舉莫能勝，行莫能致，勉之者之爲難也。以義度人者，盡義以度人者也。以人望人者，舉今之人以相望也。盡義以求人，非聖人不足以當之，故難爲人。舉今之人以相望，則大賢愈於小賢，小賢愈於不賢，故賢者可知已矣。此亦以數而言仁也。愚謂仁之取數多，故人皆可以與於仁，然非勝其重，致其遠，則不足以盡仁之道，故勉於仁者難其人也。陸氏佃曰：以義度人，若春秋是也。齊桓、晉文，皆罪人也，以諸侯望之，可謂賢矣，故曰「春秋無義戰」，彼善於此則有之。

子曰：「中心安仁者，天下一人而已矣。大雅曰：『德輶如毛，民鮮克舉之，我

儀圖之。惟仲山甫舉之，愛莫助之。』釋文：輶音酉，一音由。鮮，息淺反。引大雅烝民之篇，言安仁者少，其有能至之者，又非有待於人之助也。

小雅曰：『高山仰止，景行行止。』」子曰：「詩之好仁如此。鄉道而行，中道而廢，忘身之老也。不知年數之不足也，俛焉日有孳孳，斃而后已。」釋文：仰止，本或作「仰之」。景行，下孟反。行止，詩作「行之」。好，呼報反。俛音勉，本或作「僶」，非也。斃音弊，本又作「弊」。○按「行」字，朱子讀如字，今從之。

朱子曰：景行，大道也。高山則可仰，大道則可行。愚謂鄉道而行，仁以爲己任也。廢，謂廢竭。中道而廢，若所謂「既竭吾才」，言其力之廢竭而無餘也。年數之不足，謂既老而將來之年少也。俛焉，用力之篤而無他顧之意。此言其欲罷不能，死而後已也。詩之於仁如此，此所以能勝其重而致其遠與？

子曰：「仁之難成久矣。人人失其所好，故仁者之過易辭也。」釋文：易，以豉反。

呂氏大臨曰：仁者之心公，衆人之心私。公則所好者兼容博愛，私則所好者克伐怨欲，此人人失其所好者也。心誠鄉仁，雖有過差，其情則善，不待辭而辨矣，故曰「仁者之過易辭」。愚謂仁之爲道，人莫不知其可好，此秉彝好德之心也。然鮮能勝其重，致其遠，此所以人人失之也。辭，猶解免也。仁者有過，如日月之食，人皆見之，未嘗有自解免之意，然人皆知其心之無他，故易辭。

子曰：「恭近禮，儉近仁，信近情，敬讓以行，此雖有過，其不甚矣。夫恭寡過，情可信，儉易容也。以此失之者，不亦鮮乎！詩曰：『温温恭人，惟德之基。』」釋文：近，「附近」之近。

呂氏大臨曰：恭則不侮，得禮之意，近乎禮矣。儉則不奪，得仁之意，近乎仁矣。言語必信，存心正行，近乎情矣。三者之行，以敬讓行之，雖有過差，其情則善，故不甚矣。不侮人，則人亦不侮，斯寡過矣。近乎情，則不志乎欺，斯可信矣。不奪人則知足，斯易容矣。如是而失之者，鮮可與進於德矣。愚謂仁者，德之全也。引大雅抑之詩，言人能有上三者之行，則可以爲德之基而漸進於仁也。

子曰：「仁之難成久矣，唯君子能之。是故君子不以其所能者病人，不以人之所不能者愧人。是故聖人之制行也，不制以己，使民有所勸勉愧恥，以行其言，禮以節之，信以結之，容貌以文之，衣服以移之，朋友以極之，欲民之有壹也。小雅曰：『不愧于人，不畏于天。』」釋文：制行，下孟反。移，昌氏反。○今按：移讀如字。

呂氏大臨曰：人人失其所好，此仁之所以難成。君子責人以恕，而成人有道，則仁不難成矣，故曰「唯君子能之」。君子之所能，衆人必有不能者，使衆人傚己之所能則病，使衆人自彰其不能則愧矣。故聖人制行以立教，必與天下共之，以天下之所能行者爲之法，所以爲達道也。曾子執親之喪，水漿不入口者七日，此曾子之所能也。水漿不入口者三日，此衆人之所能也。故喪以三日爲節，則不取乎七日，此所謂「不制以己」也。唯不制以己，故民知跂乎此而有所勸勉，知不及乎此而有所愧恥。非特此也，制禮以節其行而使之齊，立信以結其志而使之固，其容貌必稱其志，其衣服必稱其容，朋友切磋相成，至於極而後已，則一道德而同俗矣。蓋脩其外則知愧於人，脩其内則知畏於天，故曰「不愧于人，不畏于天」。陸氏佃曰：孔子曰「衰麻、苴、杖者，志不存乎樂」，非耳弗聞，服使然也。「黼黻、衮冕者，容不褻慢」，非性矜莊，服使然也。是之謂移。愚謂壹，謂專壹於爲善也。

是故君子服其服，則文以君子之容；有其容，則文以君子之辭；遂其辭，則實以君子之德。是故君子恥服其服而無其容，恥有其容而無其辭，恥有其辭而無其德，恥有其德而無其行。是故君子衰絰則有哀色，端冕則有敬色，甲胄則有不可辱之色。詩云：『維鵜在梁，不濡其翼。彼記之子，不稱其服。』釋文：衰，七雷反。行，下孟反。鵜音啼。○記，今詩作「其」。

此申上「衣服以移之」，「容貌以文之」之義。德者，道之得於心者也。行者，道之見於事者也。有其辭而無其德，則辭爲勦説。有其德而無其行，則知之而未能蹈之也。蓋衣服容貌若在於外，然養其外者以及其内，脩其粗者以及其精，而言語、德行皆由此而出焉。聖人之使人勸勉愧恥以行其言如此。引曹風候人之篇，言人之德必稱其服也。呂氏大臨曰：此皆脩其外以移其内，率法而强之者也。及其成也，則與中心安仁者一也。

子言之：「君子之所謂義者，貴賤皆有事於天下。天子親耕，粢盛、秬鬯以事上帝，故諸侯勤以輔事於天子。」

有事，有所尊事也，與坊記「示民有事」義同。天子之事天，諸侯之事天子，皆出於理之所當然，所謂義也。在上者先有以自盡，則在下者莫敢不從矣。孔氏曰：天地不裸，此祭上帝有秬鬯者，凡鬯有二：若和之以鬱，謂之鬱鬯，鬱人所掌是也，祭宗廟而裸也。若不和鬱，謂之秬鬯，鬯人所掌是也。謂五齊之酒，以秬黍爲之，芬芳鬯達，故得以事上帝。○此下四章，專明義之道也。

子曰：「下之事上也，雖有庇民之大德，不敢有君民之心，仁之厚也。是故君子恭儉以求役仁，信讓以求役禮，不自尚其事，不自尊其身，儉於位而寡於欲，讓於賢，卑己而尊人，小心而畏義，求以事君，得之自是，不得自是，以聽天命。詩云：『莫莫葛藟，施于條枚。凱弟君子，求福不回。』其舜、禹、文王、周公之謂與？有君民之大德，有事君之小心。詩云：『惟此文王，小心翼翼，昭事上帝，聿懷多福。厥德不回，以受方國。』」釋文：藟，力水反。施，以豉反。凱，本亦作「愷」，又作「豈」。與音餘。

鄭氏曰：無君民之心，是思不出其位。愚謂役，謂爲其事也。儉猶約也。儉於位，謂不求處尊位也。不自尚，不自尊，恭也。儉於位而寡於欲，儉也。讓於賢，卑己而尊人，讓也。小心而畏義，信也。盡仁禮以事君，不以外之得失而有變焉。蓋得與不得者命也，我之所當爲者義也。義則盡之自己，命則聽之於天，此君子之心也。

子曰：「先王謚以尊名，節以壹惠，恥名之浮於行也。是故君子不自大其事，不自尚其功，以求處情；過行弗率，以求處厚；彰人之善，而美人之功，以求下賢。是故君子雖自卑而民敬尊之。」釋文：行，下孟反。下，户嫁反。

謚者，行之迹也。先王論行以爲謚，所以尊崇其名譽，而使可傳於後也。惠猶善也。人之善行雖多，唯節取其大者以爲謚，使其善有所專。如文王非不足於武，而謚曰文；武王非不足於文，而謚曰武也。君子恥名浮於行，故制謚之法如此。情，實也。過行，過高之行，所以欺世而盜名者也。率，循也。厚，謂篤厚也。君子不自矜大以求處情，則專於爲己而無馳騖之心；不爲過高之行以求處厚，則篤於庸行而有踐履之實；彰人之善，而美人之功以求下賢，則人皆樂告以善而有輔仁之益。如此，則德業日進於崇高，故雖自卑而人尊敬之也。蓋小人求名浮於行，行隳而名不可得；君子求行浮於名，行脩而名隨之矣。

子曰：「后稷，天下之爲烈也。豈一手一足哉，唯欲行之浮於名也，故自謂便人。」釋文：行，下孟反。

孔氏曰：烈，業也。后稷播殖之功，豈止一人之手、一人之足哉，言用之者多也。唯欲實行過於名，故自謂便於稼穡之人，不自謂神聖也。

愚謂人莫不有所當事，知其當事而事之，盡禮義也。然人之情多好自夸大，而有不欲下人之心，則有於所當事而不能事者矣。故上章引夫子之言，以明君子之謙卑自下，此章又引夫子言后稷之事如此，皆不自尚、不自尊之意，與舜、禹、文王、周公有君民之大德，有事君之小心者，其道一也。

子言之：「君子之所謂仁者，其難乎！詩云：『凱弟君子，民之父母。』凱以强教之，弟以説安之，樂而毋荒，有禮而親，威莊而安，孝慈而敬，使民有父之尊，有母之親。如此而后可以爲民父母矣，非至德其孰能如此乎？釋文：强，其良反，徐其兩反。説音悦。樂音洛。

强教，謂强勸而教訓之。説安，謂和悦而安定之。毋荒也，有禮也，威莊也，敬也，皆强教之效，而使民有父之尊者也。樂也，親也，安也，孝慈也，皆説安之效，而使民有母之親者也。於二者兼盡之而不偏，則可以謂之仁，可以謂之民父母矣。

今父之親子也，親賢而下無能；母之親子也，賢則親之，無能則憐之。母親而不尊，父尊而不親。水之於民也，親而不尊，火尊而不親。土之於民也，親而不尊，天尊而不親。命之於民也，親而不尊，鬼尊而不親。」釋文：下，户嫁反。

下，謂卑下之也。命，謂君之政令。鬼，謂鬼神。父母之尊、親，以其情言之；水火之尊、親，以其勢言之；土與天之尊、親，以其體言之；命與鬼之尊、親，以其道言之也。尊、親之道，各有所偏主，而兼之者之所以爲難也。呂氏大臨曰：地載我者也，然近人，人可得而載；

天覆我者也，然遠人，人不可階而升。君之命見於事，近人而可行；鬼之道存諸理，遠人而不可形也。

子曰：「夏道尊命，事鬼敬神而遠之，近人而忠焉。先祿而後威，先賞而後罰，親而不尊。其民之敝，惷而愚，喬而野，朴而不文。釋文：遠，于萬反。近，「附近」之近。惷，傷容反，徐昌容反，范陽江反，又丁降反，字林音丑降反。喬音驕。

尊命，謂尊上之政教也。遠之，謂不以鬼神之道示人也。蓋夏承重黎絶地天通之後，懲神人雜糅之敝，故事鬼敬神而遠之，而專以人道爲教。忠，情實也。敝，謂其後世政教之失也。喬與驕同。上之文網疏，則下之機智少，故其敝也，惷愚而少知識。内之忠誠勝，則外之文飾寡，故其敝也，驕倨而鄙野，朴陋而無文。○此下五章，引孔子論虞、夏、殷、周之道，以申上章「凱弟君子」之義也。

殷人尊神，率民以事神，先鬼而後禮，先罰而後賞，尊而不親。其民之敝，蕩而不靜，勝而無恥。釋文：勝，始證反。

夏忠勝而敝，其失野，救野莫如敬，故殷人承之而尊神，尊神則尚敬也。觀盤庚之篇，諄諄於先后之降罰，則可以知殷人之先鬼；觀商之詩、書，皆駿厲而嚴肅，則可以知殷人之先罰。

尚鬼神，則馳心於虛無，故其敝也，心意放蕩而不安靜；畏刑罰，則相競於機變，故其敝也，求勝上以苟免，而無愧恥之心。

周人尊禮尚施，事鬼敬神而遠之，近人而忠焉。其賞罰用爵列，親而不尊。其民之敝，利而巧，文而不慚，賊而蔽。」釋文：蔽，畢世反，又音弊。○按「蔽」字，今讀爲敝。殷敬勝而敝，其失鬼，救鬼莫若文，故周人承之而尊禮尚施，尊禮尚施則文勝。列，等也。周之賞罰，不分先後，但以爵位之等爲輕重之差也。文勝則實意衰，習於威儀揖讓之節，故其敝也，便利而儇巧；相接以言辭，故其敝也，文辭多而不以捷給爲慚；儀物繁多，故其敝也，傷害於財力，至於困敝而不能振也。呂氏大臨曰：賞罰用爵列，如刑不上大夫，禮不下庶人，賜君子、小人不同日，命夫、命婦不躬坐獄訟之類。○三代之道，或强教之意多，或説安之意多，其於或尊或親，皆不能無偏勝焉。非聖人之德有所未至，蓋所值之時不同，而救敝之道有不得不然者爾。

子曰：「夏道未瀆辭，不求備，不大望於民，民未厭其親。殷人未瀆禮，而求備於民。周人强民，未瀆神，而賞爵、刑罰窮矣。」

未瀆辭者，夏道尚忠，尚行而不尚辭也。刑罰寬，故所求於民者不備；禮文簡，故所望於民者易從。是以其民安其政教，而親愛其上，不至於厭斁也。忠之俗既敝，行脩而人猶未信，故殷人始瀆辭，然其於禮尚簡，未至於瀆，亦不大望於民。然先罰後賞，則法網密而所求於民者備矣。敬之俗又敝，辭雖瀆而未足以取信，故周人始瀆禮，而事爲之制，曲爲之防，則大望於民，而强之使從上之教矣。未瀆神者，事鬼敬神而遠之也。窮，盡也。言周人遠鬼神而盡於人事，爵賞、刑罰，所以爲治之具備盡而無遺也。

子曰：「虞、夏之道寡怨於民，殷、周之道不勝其敝。」釋文：勝音升。敝音弊。

呂氏大臨曰：虞、夏之道質，質者責人略，故寡怨於民。殷、周之道文，文者責人詳，民之不從，則窮刑賞以驅之，故不勝其敝。

子曰：「虞、夏之質，殷、周之文，至矣。虞、夏之文不勝其質，殷、周之質不勝其文。」釋文：勝，世證反，又音升。

方氏慤曰：至矣者，言其質文不可復加也。加乎虞、夏之質，則爲上古之洪荒；加乎殷、周之文，則爲後世之虚飾。

子言之曰：「後世雖有作者，虞帝弗可及也已矣。君天下，生無私，死不厚其子，子民如父母，有憯怛之愛，有忠利之教，親而尊，安而敬，威而愛，富而有禮，惠而能散。其君子尊仁畏義，恥費輕實，忠而不犯，義而順，文而靜，寬而有辨。甫刑曰『德威惟威，德明惟明』，非虞帝其孰能如此乎？」釋文：費，芳貴反。威，依尚書音畏。

呂氏大臨曰：三代之道，或親而不尊，或尊而不親，不免流於一偏。若虞帝則子民如父母：有母之親，故有憯怛之愛；有父之尊，故有忠利之教。愚謂有忠利之教者，言其實心於利民而教之也。威，畏也。安也，愛也，富也，惠也，皆由於憯怛之愛，而民之所以親之也。敬也，威也，有禮也，能散也，皆由於忠利之教，而民之所以尊之也。尊仁者，尊行仁道。畏義者，顧畏義理。恥費者，恥於靡費，儉也。輕實者，輕於貨財，廉也。忠而不犯，愛而將之以敬也。義而順，剛而克之以柔也。文則不朴陋而又能靜，則非浮華之文也。寬則不慘刻而又有辨，則非縱弛之寬也。尊仁也，恥費也，不犯也，順也，文也，寬也，皆由於憯怛之愛，而君子之所以親之也。畏義也，輕實也，忠也，義也，靜也，辨也，皆由於忠利之教，而君子之所以尊之也。蓋所謂「凱弟君子」者，惟舜可以當之。

子言之：「事君先資其言，拜自獻其身，以成其信。是故君有責於其臣，臣有死於其言。故其受祿不誣，其受罪益寡。」

資，藉也。拜，謂受其命。獻，謂進於朝。先藉其言以告君，所謂「敷奏以言」也。度君之能用我言焉而後進，故無不可踐之言，而能成其信。君有責於其臣，於其所資者課之也。臣有死於其言，於其所資者守之也。功與位稱，故受禄不誣。事與言符，故受罪益寡。○此下十二章，皆明事君之道也。

子曰：「事君，大言入則望大利，小言入則望小利。故君子不以小言受大禄，不以大言受小禄。易曰：『不家食吉。』」

吕氏大臨曰：大言則所言者大，小言則所言者小。利及天下，澤及萬世，大利也。進一介之善，治一官之事，小利也。諫行言聽，利斯從之矣。愚謂言，即所資之言也。利，謂臣所建白之效也。禄，臣所受於君之食也。禄必稱其位之大小。小言入，則所望者小利而已，受大禄則禄浮於其言，而不足以稱其職。大言入，則所望者大利也，受小禄則言浮於其禄，而不足以行其道。引大畜卦辭，言臣之受禄不可苟也。若以小言受大禄，以大言受小禄，則不可謂之吉矣。

子曰：「事君不下達，不尚辭，非其人弗自。小雅曰：『靖共爾位，正直是與。神之聽之，式穀以女。』」釋文：共音恭，本亦作「恭」，同。女音汝。

呂氏大臨曰：以下達之事事其君，則賊其君者也。尚辭而實不稱，則欺其君者也。非其人而自達，枉己以事君者也。傳曰：「君子上達，小人下達。」上達者，進於高明，如伊尹恥其君不爲堯、舜，孟子非堯、舜之道不敢以陳於王前者也。下達者，趨乎污下，如孟子所謂「吾君不能謂之賊」者也。愚謂自，由也，所由以進者也。非其人而由之以進，則己先不正，而無以正君矣。如楊龜山之於蔡京，吴康齋之於石亨，猶不免爲賢者之累，況其下者乎！詩，小雅小明之篇。與，助也。穀，善道也。靖則不尚繁辭，恭則責難於君。正直之人是助，則無比匪之失，而所自必正矣。

子曰：「事君遠而諫則讇也，近而不諫則尸利也。」釋文：讇，本亦作「諂」。

孔氏曰：遠而諫，謂與君疏遠，强欲諫争，則是讇佞之人，望欲自達也。呂氏大臨曰：既無言責，又遠於君，非其職而諫之，凌節犯分，以求自達，故曰「讇」。有言責之臣，不諫則曠厥官，懷禄固寵，主於爲利，故曰「尸利」。

子曰：「邇臣守和，宰正百官，大臣慮四方。」

邇臣，謂侍御、僕從之臣。邇臣日在君側，慮其便辟、側媚，故欲其和而不同，獻可替否，以成君德也。冢宰統百官，故欲其以正率之。大臣，謂卿大夫也。大臣謀慮四方之大事，非徒治一職而已。宰非不慮四方也，而以正百官爲急，百官正則四方無不正矣。

子曰：「事君欲諫不欲陳。詩云：『心乎愛矣，瑕不謂矣？中心藏之，何日忘之？』」

陳，謂陳數其君之失也。引詩以明諫君者由於心之愛君，而陳者不能然也。

子曰：「事君難進而易退，則位有序；易進而難退，則亂也。故君子三揖而進，一辭而退，以遠亂也。」釋文：易，以豉反。遠，于萬反。

周氏諝曰：其進也以禮，故難。其退也以義，故易。呂氏大臨曰：位有序者，小德役大德，小賢役大賢之謂。亂者，賢不肖倒置之謂也。愚謂事君難進而易退，則量而後入，而位必與其德相稱，故有序；易進而難退，則干進務入，而且至於蔽賢矣。故事君者易進而難退，則亂賢否之分。相見者易進而難退，則亂賓主之分。故君子三揖而進，一辭而遂退，所以遠亂也。

子曰：「事君三違而不出竟，則利禄也。人雖曰『不要』，我弗信也。」釋文：竟音境。要，於遥反。

違猶去也。利猶貪也。要，求也。人臣以道去君，或猶有望其道之行，而不忍遽出其竟者，若孟子三宿而後出晝是也。然至於三違，則我之必不合於君，而君之必不能行其道，聽其言亦可見矣。如是而猶不出竟，則必其貪慕爵禄，而有所求於君，而非真有不忍去其君之意也。

子曰：「事君慎始而敬終。」

鄭氏曰：輕交易絶，君子所恥。愚謂慎始，不敢苟進。敬終，不敢苟去也。孔子於魯，以微罪行；孟子於齊，三宿而後出晝。蓋君子雖難進易退，而其去亦必有其道也，不然，則未免爲小丈夫矣。

子曰：「事君可貴可賤，可富可貧，可生可殺，而不可使爲亂。」

吕氏大臨曰：臣之事君，富貴、貧賤、生殺，唯君所命，其不可奪者，吾之理義而已。凡違乎理義者，皆亂也。

子曰：「事君，軍旅不辟難，朝廷不辭賤。處其位而不履其事，則亂也。故君使其臣，得志則慎慮而從之，否則孰慮而從之，終事而退，臣之厚也。易曰：『不事王侯，高尚其事。』」釋文：辟音避。難，乃旦反。朝，直遥反。慎亦作「昚」。○鄭注：終事，事或爲「身」。

賤，謂卑辱之役也。事君處其位則有其事，雖患難之事，卑辱之役，不可辭也。若避難辭辱，則職守亂矣。得志，謂諫行、言聽也。慎慮而從之，敬慎以從事，不可以得志而自滿也。否，謂不得其志，而君之所使者非己之所欲也。孰慮而從之，謂詳孰思慮，欲其無悖乎君之命，而又無貶乎己之道也。終事，謂終竟所使之事。退，謂去位也。仕不得志而遽退，則顯其君之失，故孰慮以從之；既終事而後退，忠厚之道也。呂氏大臨曰：此篇言亂有三：易進而難退，亂於賢不肖者也。不可使爲亂，亂於理義者也。處其位而不履其事，亂於名實者也。易，蠱之上九之辭。唯不事王侯，乃可以高尚其事，若委質而仕，反欲高尚而不事事，則曠官尸利，無所逃罪矣。

子曰：「唯天子受命于天，士受命于君。故君命順則臣有順命，君命逆則臣有逆命。詩曰：『鵲之姜姜，鶉之賁賁，人之無良，我以爲君。』」釋文：唯音雖。鶉，士倫反。賁音奔。〇今按：唯如字。姜，詩作「彊」。

呂氏大臨曰：此章重述事君不可使爲亂之義也。天道無私，莫非理義，君所以代天而治者，推天之理義，以治斯人而已。君命合乎理義爲順天命，爲臣者將不令而從；不合則爲逆天命，爲臣者雖令不從矣。此所以有逆命、順命之異，然後知其不可使爲亂也。愚謂唯，發端之辭。天子於天之命，臣於君之命，皆當順而不當逆也。然惟天命無不順，君之命則有順有逆。君命逆則君不順於天，而臣亦將不順乎君矣。上章言「終事而退」，謂其事雖非己之所欲，而猶無甚害於義理者也。命逆則害於義理，而不可以苟從矣，可諫則諫，不可諫則去之可也。

子曰：「君子不以辭盡人，故天下有道，則行有枝葉；天下無道，則辭有枝葉。是故君子於有喪者之側，不能賻焉，則不問其所費；於有病者之側，不能饋焉，則不問其所欲；有客不能館，則不問其所舍。故君子之接如水，小人之接如醴。君子淡以成，小人甘以壞。小雅曰：『盜言孔甘，亂是用餤。』」釋文：行，下孟反。費，方貴反。餤音談，徐本作「鹽」，以占反。○鄭注：接或爲「交」。問其所費，石經無「所」字。

君子不以辭盡人，不以言而決人之賢否也。天下有道，則人尚行，故行有枝葉；天下無道，則人尚辭，故辭有枝葉。行有枝葉，則行有餘於其言；言有枝葉，則言有餘於其行。故以言觀人者，皆不足以盡其賢否之實也。然君子之行己，則但當致力於行，而不可致飾於言，故不爲無實之言以取悦於人也。君子與人以實，一時若無可悦，而其後不至於相負，如水之淡而可久。小人悦人以言，一時雖可以結人之歡，而其後至於相怨，如醴之甘而必敗。

呂氏大臨曰：凡言之甘而不出乎誠心者，必將有以盜諸人，故曰「盜言孔甘，亂是用餤」。○皇氏謂「篇中凡八稱『子言之』，皆是發端起義」。然此章實發端之辭，而不稱「子言之」，説已見篇首。此下四章，皆論言行之要，蓋以申明第一支言信之義也。

子曰：「君子不以口譽人，則民作忠。故君子問人之寒則衣之，問人之飢則食之，稱人之美則爵之。國風曰：『心之憂矣！於我歸説。』」釋文：衣，于既反。食音嗣。説音悦，又始鋭反。

以口譽人，言徒譽之以口，而不根於實心也。君子不以口譽人，其言必本於心，忠之道也，故民化之而作忠。引曹風蜉蝣之篇，言憂其人則欲其於我歸説，不以口譽人之事也。

子曰：「口惠而實不至，怨菑及其身。是故君子與其有諾責也，寧有已怨。國風曰：『言笑晏晏，信誓旦旦。不思其反，反是不思，亦已焉哉！』」釋文：菑音灾。信誓，本亦作「矢誓」。旦如字，字林作「悬」。

鄭氏曰：善言而無信，人所惡也。已，謂不許也。言諾而不與，其怨大於不許。愚謂引衛風氓之篇，言約誓者不思其後之反覆，以致於乖離，猶輕諾者不思其後之不能踐，以至於見怨也。

子曰：「君子不以色親人。情疏而貌親，在小人則穿窬之盜也與？」釋文：與音餘。

君子待人以誠，故不以色親人。親人以貌，而不本於誠心，此必有所利於人，而又恐人之窺其實也，故擬之以穿窬之盜。

子曰：「情欲信，辭欲巧。」

孔氏曰：君子情貌欲得信實，言辭欲得巧美，不違逆於理，與巧言令色者異也。愚謂孔子言「巧言令色，鮮矣仁」，而詩曰「令儀令色」，此曰「辭欲巧」，何也？蓋孔子惡巧言，謂其無誠心而徒致飾於言者也。此云「情欲信」，則其心固已有其實矣。但恐恃其信而發爲言者或失之鄙朴，或失之徑遂，故又欲其巧，巧，謂善達其情，而非致飾於外也。○朱子曰：容貌、詞氣之間，正學者持養用力之地。然有意於巧、令，以悦人之觀聽，則心馳於外而鮮仁矣。若就此持養，發禁躁妄，動必温恭，只要體當自家直内、方外之實事，乃是爲己之切，求仁之要，復何病乎？故夫子告顔淵以克己復禮之目，不過視、聽、言、動之間，而曾子將死之善言，亦不外乎容貌、顔色、辭氣三者而已。夫子所謂「遜以出之」，辭欲巧者亦其一事也。

子言之：「昔三代明王，皆事天地之神明，無非卜、筮之用，不敢以其私褻事上帝。是故不犯日月，不違卜、筮。

鄭氏曰：所不違者，日與牲、尸也。愚謂私，謂情之所便。褻，謂事之所習。犯，謂犯其不吉之日也。卜、筮吉，然後用，故不犯日月。既卜、筮，必從之，故不違卜、筮。○此以下皆言卜、筮之義，又以申明第五章「貴賤皆有事於天下」之義也。

卜、筮不相襲也。

說見曲禮。

大事有時日，小事無時日，有筮。

鄭氏曰：有事於大神，有常時常日也。有事於小神，無常時常日，臨有事筮之。孔氏曰：此經皆論祭祀之事，故解「小事」爲有事於小神。愚謂大事雖有常日，亦必卜之，但以常日爲主耳。周禮大宰「祀五帝」，「帥執事而卜日」，「祀大神示亦如之」，是也。天子大事先卜後筮，小事專用卜，故云「天子無筮」。此云小事有筮者，謂諸侯之禮也。

外事用剛日，内事用柔日。

說見曲禮。

不違龜筮。子曰：「牲牷、禮樂、齊盛，是以無害乎鬼神，無怨乎百姓。」釋文：牷音全，本亦作「全」。齊音粢，本亦作「齍」。

「子曰」二字，疑當在「不違龜筮」之上。言不違龜筮，故用牲牷、禮樂、齊盛以祭祀，而無傷害乎鬼神；神降之福，故無怨乎百姓。

子曰：「后稷之祀易富也。其辭恭，其欲儉，其禄及子孫。詩曰：『后稷兆祀，庶無罪悔，以迄于今。』」釋文：易，以豉反。

鄭氏曰：富之言備也。以傳世之禄，共儉者之祭，易備也。孔氏曰：后稷乃帝嚳之子，世有禄位，后稷又祭祀恭儉，以世禄之饒，供儉薄之祭，故易豐備。以前明不違龜筮，動合神明，故此明后稷祭祀，福流後世，以證成其義。愚謂后稷之祀，見於生民之篇，其辭則曰「以興嗣歲」而已，無祈禱之辭，是恭也。其所欲則秬、秠、穈、芑，「取蕭祭脂，取羝以軷」而已，是儉也。兆，始也，今毛詩作「肇」。言自后稷始爲祭祀，以迄於今，而無罪悔，唯其易備故也。

子曰：「大人之器威敬。天子無筮，諸侯有守筮。天子道以筮，諸侯非其國不以筮，卜宅寢室。天子不卜處大廟。」釋文：大廟，音泰。

大人之器，謂龜筴也。威敬，言其威重、嚴敬，而不可以褻用也。天子無筮，無徒筮也。大卜，凡國之大事，先卜而後筮〔一〕。守筮，猶言守龜，言其所寶守之蓍筴也。道，道路也。天子言「道」，諸侯言「非其國」，互見之也。在道，天子但用筮，諸侯不筮，皆簡於其在國之禮也。宅，處也。卜宅寢室者，諸侯適他國，於所舍之寢室，卜而後處之，備不虞也。天子不卜處大廟者，天子適諸侯，必舍其大廟，不須卜之，至尊無所疑也。

子曰：「君子敬則用祭器。是以不廢日月，不違龜筮，以敬事其君長。是以上不瀆於民，下不褻於上。」

言「君子敬則用祭器」，以引起下文之所言也。諸侯朝於天子，竟邑之大夫入見於其君，皆卜、筮其日月而後行。祭祀卜日，事君上亦卜日，是敬事其長上與祭祀同，亦敬則用祭器之義也。上有以全其尊，故不瀆於民；下有以致其敬，故不褻於上。

〔一〕周禮大卜無此文，簭人作「凡國之大事，先簭而後卜」。

禮記卷五十二

緇衣第三十三

陸氏德明曰：劉瓛云：「公孫尼子所作也」。鄭目録云：「名曰緇衣者，善其好賢者厚也。」別録屬通論。愚謂此篇言君上化民，人臣事君，及立身行己之道。其曰緇衣者，取次章之語以名篇。

子言之曰：「爲上易事也，爲下易知也，則刑不煩矣。」釋文：易，以豉反。

鄭氏曰：言君不苛虐，臣無姦心，則刑可以措。呂氏大臨曰：上以機心待民，則民亦以機心報上。上下之交，機心相勝，姦生詐起，欲刑之不煩不可得矣。

子曰：「好賢如緇衣，惡惡如巷伯，則爵不瀆而民作愿，刑不試而民咸服。大雅曰：『儀、刑文王，萬國作孚。』」釋文：好，呼報反。惡惡，上烏路反，下如字。

緇衣，鄭國風篇，周人美鄭武公之賢，欲改爲其衣，又欲適其館而授之粲，其殷勤無已如此，好賢之誠也。巷伯，小雅篇名，詩人惡讒人，欲投之豺虎、有北、有昊，惡惡之誠也。人君之好賢惡惡，其誠苟能如此，則民莫不趨其所好而避其所惡，不待勸以賞而民自愿慤，不待加以刑而民皆畏服矣。儀、刑，皆法也。孚，信也。文王明德慎罰，故其德爲民所信，人君能法文王之德，則亦爲民所信也。

子曰：「夫民教之以德，齊之以禮，則民有格心。教之以政，齊之以刑，則民有遯心。故君民者子以愛之，則民親之；信以結之，則民不倍；恭以涖之，則民有孫心。甫刑曰：『苗民匪用命，制以刑，惟作五虐之刑，曰法。』是以民有惡德，而遂絶其世也。」釋文：遯亦作「遁」。倍音佩。孫音遜。

格，至也，謂至於善也。遯，逃也，謂苟逃刑罰而已。子，如中庸「子庶民」之子，言親民如子也。子以愛之，信以結之，恭以涖之，皆教德齊禮之事。親、遜、不倍，則民之格也。匪用命，書作「弗用靈」。靈，善也。引甫刑之言，以極言尚刑之失也。

子曰：「下之事上也，不從其所令，從其所行。上好是物，下必有甚焉者矣。故上之所好惡，不可不慎也，是民之表也。」

令之被民也淺，行之感民也深。故上之所好，民亦好之，非令所能禁也。上之所惡，民亦惡之，非令所能勸也。呂氏大臨曰：一國之風俗，出於上之好惡。好惡之端，其發甚微，其風之行，或至於不可止，其俗之成，或至於不可敗，此不可不慎也。

子曰：「禹立三年，百姓以仁遂焉，豈必盡仁？詩云：『赫赫師尹，民具爾瞻。』甫刑曰：『一人有慶，兆民賴之。』大雅曰：『成王之孚，下土之式。』」

遂，成也。以仁遂，言民之仁無不成也。然此非民之皆能仁也，由禹好仁，故民皆化於仁爾。

子曰：「上好仁，則下之爲仁爭先人。故長民者章志、貞教，尊仁以子愛百姓，民致行己以說其上矣。詩云：『有梏德行，四國順之。』」釋文：長，竹丈反。說音悦。梏音角。行，下孟反。○今按：梏如字，音谷。

仁者，民之所固有，上好之則下爲之矣。章，明也。章志者，明己之志，使民皆知我之好仁而惡不仁也。貞教者，以正道導民，使民皆知所以爲仁而去不仁也。志之在己，與教之及民者，皆在於尊尚仁道以愛其民，則民莫不盡力於行仁，以趨上之所好也。梏，爾雅云：「直也。」今毛詩作「覺」。

子曰：「王言如絲，其出如綸；王言如綸，其出如綍。故大人不倡游言：可言也不可行，君子弗言也。可行也不可言，君子弗行也。則民言不危行，而行不危言矣。詩云：『淑慎爾止，不僭于儀。』釋文：綸音倫，又古頑反。紼音弗。危行、而行，並下孟反。僭，起虔反。○按僭，詩作「愆」，同。

綸，綬也。紼，引柩索也。綸大於絲，紼大於綸。游言，浮游無實之言也。王者之言，宣之爲政教，成之爲風俗，其端甚微，其末甚大，苟以游言倡之，則天下亦相率爲游言，而虛浮之風作矣。可言不可行，謂過高之言，不可見之於行事者。可行不可言，謂過高之行，不可言之以率人者。危，高峻也。君子之言行，不越乎中庸，而民效之。故言不敢高於行，言必顧行也；行不敢高於言，行必顧言也。呂氏大臨曰：引詩，言爲人上者，當善慎其容止，不過於先王曲禮之儀，以證言行之不可過也。

子曰：「君子道人以言，而禁人以行，故言必慮其所終，而行必稽其所敝，則民謹於言而慎於行。詩云：『慎爾出話，敬爾威儀。』大雅曰：『穆穆文王，於緝熙敬止。』」釋文：道音導。於緝，音烏。

道者，率其爲善；禁者，防其爲惡。於言言「道」，於行言「禁」，互相備也。敝，敗也。人之言行，有其初本善，而其流不能無失者，故君子之於言，於其始而遂慮其所終；君子之於行，於其成而先稽其所敗。故其見於言行者，皆可法於當時，傳於後世，其民則而傚之，而於言無不謹，於行無不慎也。

子曰：「長民者衣服不貳，從容有常，以齊其民，則民德壹。詩云：『彼都人士，狐裘黄黄。其容不改，出言有章，行歸于周，萬民所望。』」釋文：長，竹丈反。貳，本或作「貸」，同音二。黄，徐本作「横」，音同。行，下孟反。

貳，差忒也。衣服之不忒，言貌之有常，皆德之所發也。故以此化民，而民之德亦歸於一也。周，忠信也。

子曰：「爲上可望而知也，爲下可述而志也，則君不疑於其臣，而臣不惑於其君矣。尹吉曰：『惟尹躬及湯，咸有壹德。』詩云：『淑人君子，其儀不忒。』」釋文：吉，依注爲「告」，音誥。忒，他得反，本亦作「貳」，音二。

志猶識也。可述而志，謂其言可稱述而記識也。上以誠待下，而見於貌者平易而可親，下以誠事上，而見於言者終始之不渝，則君臣之間情意交孚，而無所疑惑矣。尹吉，當作「尹告」。此書咸有一德伊尹告大甲之言也。

子曰：「有國家者章善癉惡，以示民厚，則民情不貳。詩云：『靖共爾位，好是正直。』」釋文：章義，尚書作「善」。癉，丁但反。共音恭，本亦作「恭」。好，呼報反。

鄭氏曰：章，明也。癉，病也。　呂氏大臨曰：明之斯好之矣，癉之斯惡之矣。善居其厚，惡居其薄，此所以示民厚也。好善惡惡，則民壹歸於義理，此民情所以不貳也。

子曰：「上人疑則百姓惑，下難知則君長勞。故君民者章好以示民俗，慎惡以御民之淫，則民不惑矣。臣儀行，不重辭，不援其所不及，不煩其所不知，則君不勞矣。詩云：『上帝板板，下民卒癉。』小雅曰：『匪其止共，惟王之邛。』」釋文：好，呼報反。惡，烏路反。行如字。亶，丁但反，本亦作「癉」。共音恭，皇本作「躬」。邛，其恭反。

疑，謂好惡不明也。難知，謂陳言於君，而其旨意不顯白也。爲上者章其所好，慎其所惡，使民皆知我之好善而惡惡，則從違定而不至於惑矣。儀，度也。儀行，儀度君之所行也。不重辭，不多爲辭說也。援，引也。爲臣者度君之所能行而引之，則不至援其所不及；不多爲辭說以瀆之，則不至煩其所不知。如此，則君坦然知我言之可行而不至於勞矣。蓋爲人臣者雖當責難於君，然時勢有難易緩急，而君之材質又有昏明强弱，若不量度乎此，而遽爲高遠難行之說，强其君以必從，亦豈事之所可行者乎？引板之詩，以證君使民惑；引巧言之詩，以證下使上勞也。

子曰：「政之不行也，教之不成也，爵禄不足勸也，刑罰不足恥也。故上不可以褻刑而輕爵。康誥曰：『敬明乃罰。』甫刑曰：『播刑之不迪。』」播，書作「布」，又無「不」字。

鄭氏曰：播，施也。不，衍字耳。迪，道也。　愚謂刑罰必加於有罪，則民知所恥，民知所恥則政行；爵禄必加於有德，則民知所勸，民知所勸則教成。所刑者不必有罪，則刑褻而民不恥；所爵者不必有德，則爵輕而民不勸矣。播刑之不迪者，言民之不迪者，乃施之以刑也。今書無「不」字。

子曰：「大臣不親，百姓不寧，則忠敬不足，而富貴已過也。大臣不治，而邇臣比矣。故大臣不可不敬也，是民之表也；邇臣不可不慎也，是民之道也。君毋以小謀大，毋以遠言近，毋以內圖外，則大臣不怨，邇臣不疾，而遠臣不蔽矣。葉公之顧命曰：『毋以小謀敗大作，毋以嬖御人疾莊后，毋以嬖御士疾莊士大夫、卿、士。』」釋文：治音值。比，毗志反。○葉當作「祭」，側界反。

大臣不親者，謂君疏其大臣，而大臣亦自疏於其君也。大臣者，所以出政令以治民，大臣疏則政令不行而百姓不寧矣。忠，謂待以實心也。忠不足則疑，敬不足則慢。君之於大臣，既富貴之，則宜敬信之。忠敬不足，而徒厚以富貴，則君臣之間以利相與，以貌相承，此大臣之所以不親也。大臣疏於上而不得治其職，則壅蔽之患生，故邇臣皆得比周以欺其君也。大臣尊重，民所視以爲表率，故待之不可以不敬。慎，謂慎擇其人也。邇臣朝夕左右，所以成君德以導民，故擇之不可以不慎也。葉當作「祭」，字之誤也。將死而言曰顧命。祭公之顧命者，祭公謀父將死告穆王之言也。今見逸周書祭公解篇。小謀，小臣之所謀；大作，大臣之所爲也。嬖御人，謂嬖寵之妾。莊后，謂齊莊之后也。嬖御士，嬖寵之近臣也。莊士大夫、卿、士，謂齊莊之士爲大夫、卿、士者也。陸氏德明曰：賤而得幸曰嬖。

子曰：「大人不親其所賢，而信其所賤，民是以親失，而教是以煩。詩云：『彼求我則，如不我得。執我仇仇，亦不我力。』君陳曰：『未見聖，若己弗克見；既見聖，亦不克由聖。』」釋文：陳，本亦作古「陳」字。

所賢，謂貴者，所賤，謂不肖者，互言之也。民，謂臣下也。蓋人君所貴者必賢，所賤者必不肖，賢者宜親，不肖者宜疏，此理之常也。今乃反之，則賢者不見親，而所親者又未必賢，此親之所以失也。貴者之權，賤者起而奪之，此教之所以煩也。引正月之詩及君陳之書，皆以爲不親賢臣之證也。

子曰：「小人溺於水，君子溺於口，大人溺於民，皆在其所褻也。夫水近於人而溺人，德易狎而難親也，易以溺人。口費而煩，易出難悔，易以溺人。夫民閉於人而有鄙心，可敬不可慢，易以溺人。故君子不可以不慎也。大甲曰：『毋越厥命以自覆也。』『若虞機張，往省括于厥度則釋。』兑命曰：『惟口起羞，惟甲胄起兵，惟衣裳在笥，惟干戈省厥躬。』大甲曰：『天作孽，可違也；自作孽，不可以逭。』尹吉曰：『惟尹躬天見于西邑夏，自周有終，相亦惟終。』」釋文：近，「附近」之近。費，方貴反。慢，本又作「漫」。大音泰。度如字，又大各反。尚書無「厥」字。兑音悦，本亦作「説」。兵，尚書作「戎」。孽，魚列反。尚書作「天作孽，猶可違也」。不可以逭，本又作「逭」，呼亂反。尚書作「弗可逭」，無「以」字。吉音告。天，依注作「先」。相，息亮反。○鄭注：費或爲「哱」，或爲「悖」。見或爲「敗」。邑或爲「予」。

鄭氏曰：言人不溺於所敬者。溺，謂覆没不能自理出也。閉於人，不通於人道。忠信爲周。

吕氏大臨曰：小人，謂民也。君子，謂士大夫。大人，謂王、公。凡人覆没於禍患，不能以自出者，皆在其易而褻之也。水之德至柔，民狎之而不戒，此取溺之道也。古之君子，辭達而已，若於己則費，於人則煩，其甚至於害身喪德，易出而不可悔，非口之溺人乎？民愚且賤，上之所易也。惟愚，故蔽於心而不可理喻；惟賤，故有鄙心，多怨而無恥。爲王、公者，慢而不敬，則輕身輕上，無所不至，此民之溺人也。引大甲，言爲政者如虞人之射禽，張機省括而後發，則無溺於民之患。兑命言庶政不可不慎，大甲言禍患之來，莫非自取，尹告言君以忠信有終，皆君所自致也。

子曰：「民以君爲心，君以民爲體。心莊則體舒，心肅則容敬。心好之，身必安之；君好之，民必欲之。心以體全，亦以體傷；君以民存，亦以民亡。詩云：『昔吾有先正，其言明且清，國家以寧，都邑以成，庶民以生。誰能秉國成？不自爲正，卒勞百姓。』君雅曰：『夏日暑雨，小民惟曰怨。資冬祁寒，小民亦惟曰怨。』」釋文：好，呼報反。「昔吾有先正」至「庶民以生」五句，今詩皆無此語，餘在小雅節南山篇，或皆逸詩也。清，舊才性反，一云「此詩協韻，宜如字」。上「先正」，當音征。誰能秉國成，毛詩無「能」字。雅音牙，尚書作「牙」。夏，户嫁反。尚書無「日」字。資，尚書作「咨」。○按小民亦惟曰怨，尚書「怨」下有「咨」字。

民之欲惡由於君，而君之存亡係於民。然則君之所好，其公私得失之間，乃存亡之所由分也，可不謹與？詩，逸詩。先正，先世之賢臣也。國成，邦之八成也。呂氏大臨曰：心、體之說，姑以爲譬，然求之實理，則非譬也。體完則心說，猶有民則有君也。體傷則心憯，猶民病則君憂也。引詩，言君不正，民之所以勞也。引君雅，言天之寒暑，小民且怨之，況君之政教乎？

子曰：「下之事上也，身不正，言不信，則義不壹，行無類也。」釋文：行，下孟反，下「行有格」同。

陳氏祥道曰：下之事上，以身爲本，而信以成之也。身正，然後無好異之行，是以行有類。言信，然後有不可移之義，是以義主於壹。身不正，則動皆反常矣，其形於可見之行者斯無類；言不信，則德二三矣，其見於事君之義者斯不壹。

子曰：「言有物而行有格也，是以生則不可奪志，死則不可奪名。故君子多聞，質而守之；多志，質而親之；精知，略而行之。君陳曰：『出入自爾師虞，庶言同。』詩云：『淑人君子，其儀一也。』」釋文：是故，一本作「以」。○鄭注：精或爲「清」。也，今詩作「兮」。

呂氏大臨曰：有物則無失實之言，有格則無踰矩之行，生乎由是，死乎由是，故志與名不可得而奪也。義重於生，舍生而取義，不義之名，君子所不受也。多聞，所聞欲博也。多志，多見而識之也。質，正也。不敢信己，質衆人之所同，然後用之也。守之者，服膺弗失也。親之者，學問不厭也。由多聞多志而得之，又當精思以求其至約而行之。略，約也。此皆義壹、行類之道也。 愚謂鶴山魏氏引「侵敗王略」、「封畛土略」，證此「略」字之義，是也。「略」字從田從各，乃土田之界別，故此借以爲分別之義。蓋多聞多志，則所以考之於古者博矣。質而守之，質而親之，則所以辨之於人者審矣。於是又反之於己，而體驗之，思索之，使所知者極其精，然後分別其可否而行之。如此，必無無物之言，踰格之行矣。引書，以明凡事必度之於衆，所謂「質而守之，質而親之」也。引詩，言儀度當歸於純一，所謂「略而行之」也。

子曰：「唯君子能好其正，小人毒其正。故君子之朋友有鄉，其惡有方。是故邇者不惑，而遠者不疑也。詩云：『君子好仇。』」釋文：好，呼報反，下皆同。正音匹。鄉，許亮反。惡，烏路反。○今按：正如字。仇，詩作「逑」。

正，謂益者之友，能正己之失者，唯君子能好之，若小人則反毒害之矣。方亦鄉也。君子所交之朋友，有一定之鄉，必其善者也；其所惡亦有一定之方，必其不善者也。是以能見信於遠邇也。

子曰：「輕絶貧賤，而重絶富貴，則好賢不堅，而惡惡不著也。人雖曰『不利』，吾不信也。詩云：『朋友攸攝，攝以威儀。』」

貧賤者未必不賢也，而輕於絶之，則必有以賢而見絶者，而好賢之心不堅矣。富貴者未必不惡也，而重於絶之，則必有以惡而見容者，而惡惡之心不著矣。如此，則其交也，徒以勢利而不以道義也。引詩，言人之交友，當相攝以威儀，不可以貧賤富貴爲向背也。

子曰：「私惠不歸德，君子不自留焉。詩云：『人之好我，示我周行。』」釋文：行，户剛反，又如字。○鄭注：歸或爲「懷」。

君子愛人以德，苟有私惠於我，而不歸於德義之公，則君子不以其身留之。齊景公待孔子以季、孟，而不能行其道，則孔子去之矣。齊王饋孟子以兼金，而不能處以禮，則孟子辭之矣。周行，大道也。引詩，言人之相好，當相示以大道，而不可以私惠也。

子曰：「苟有車，必見其軾；苟有衣，必見其敝。人苟或言之，必聞其聲；苟或行之，必見其成。葛覃曰：『服之無射。』」釋文：軾音式。敝，鄭裨世反，敗也。庾必世反，隱蔽也。人苟或言之，一本無「人」字。射音斁。○今按：「敝」字當從庾氏讀。

敝當作「蔽」。車成則必駕之，而見其軾之高；衣成則必衣之，而見其蔽於體。人有言行，不可得而掩，亦猶是也。引葛覃者，證有衣必見其蔽之義。

子曰：「言從而行之，則言不可飾也。行從而言之，則行不可飾也。故君子寡言而行，以成其信，則民不得大其美而小其惡。詩云：『白圭之玷，尚可磨也。斯言之玷，不可爲也。』小雅曰：『允也君子，展也大成。』君奭曰：『在昔上帝，周田觀文王之德，其集大命于厥躬。』」釋文：行從，下孟反，下「則行」同。寡音顧，出註。周田觀文，依註讀爲割申勸寧。○今按：寡如字。允也，詩作「允矣」。「割」字句絶。

君子之言，必從而行之，故言不可飾，飾則言不顧行矣。君子之行，必從而言之，故行不可飾，飾則行不顧言矣。信，謂能踐其言也。君子不尚多言，而惟致力於行。其所言者無不踐，而無虚僞之言，故民不得張大其美，而減小其惡也。蓋本無美而以言飾之使著，是爲張其美；本有惡而以言飾之使滅，是爲小其惡。不得大其美而小其惡者，由化於君子，皆尚行而不尚言，故自有所不得然爾，非禁於勢也。吕氏大臨曰：言之不信，所謂玷也。允也君子，展也大成，言君子非信則不成也。君奭言文王有誠信之德，爲天所命，況於人乎！

子曰：「南人有言曰：『人而無恒，不可以爲卜、筮。』古之遺言與？龜筮猶不能知也，而況於人乎！詩云：『我龜既厭，不我告猶。』兑命曰：『爵無及惡德，民立而正事。』『純而祭祀，是爲不敬。事煩則亂，事神則難。』易曰：『不恒其德，或承之羞。』『恒其德偵，婦人吉，夫子凶。』釋文：與音餘。兑音説。偵音貞，周易作「貞」。○鄭注：純或爲「煩」。○按書無作「罔」，又無「民立而正事」一句，純而作「黷于」，事煩作「禮煩」。

鄭氏曰：恒，常也。不可爲卜、筮，言卦兆不能見其情，定其吉凶也。猶，道也。言褻而用之，龜厭之，不告以吉凶之道也。惡德，無恒之德也。惡德之人使事煩，事煩則亂；使事鬼神，又難以得福也。愚謂民立而正事者，言以爵加人，而立之爲卿大夫，必其有恒而行正道者。若無恒之人，專求之於鬼神，是爲讇黷不敬。其事煩則亂於典禮，而事神難以得福也。引易恒卦九三爻辭〔一〕，以明無恒之取羞；引六五爻辭，又以明所謂恒者，當因義而制其變通，而不可如婦人之專一也。

〔一〕「恒卦」二字原本脱，據周易補。

禮記卷五十三

奔喪第三十四別録屬喪服。

鄭氏曰：奔喪者，居於他邦，聞喪奔歸之禮，實逸曲禮之正篇也。漢興後得古文，而禮家又貪其説，因合於禮記耳。奔喪禮，屬凶禮也。孔氏曰：鄭云「逸禮」者，漢書藝文志云：「漢興，始於魯淹中得古禮五十七篇，其十七篇與今儀禮正同，其餘四十篇，藏在秘府，謂之逸禮，其投壺禮亦此類也。」又六藝論云：「漢興，高堂生得禮十七篇。後孔子壁中得古文禮五十七篇，其十七篇與前同，而字多異。」按漢書藝文志：「禮古經五十六卷。」又云：「漢興，高堂生傳士禮十七篇。」「禮古經者，出於魯淹中」，「多三十九篇」。此引漢志，云「古禮五十七篇，多今儀禮四十篇」。又引六藝論，亦云「古文禮五十七篇」，視今漢志所言，多一篇，未詳其説。以此言之，此奔喪禮十七篇外，既謂之逸，下文鄭注又引逸奔喪禮者，此奔喪禮對十七篇爲逸禮，録入於記，其不入於記者又比此爲逸，其實祇一篇也。愚謂此篇與投壺皆儀禮之正經也。儀禮古經五十六篇，藏在秘府，世莫之見，後遂散逸。此篇與投壺爲小戴録入禮記，故幸而得存。然此篇雖爲小戴所録，而其中已有删之者，鄭注所引逸奔喪禮，即戴氏之所删者，而鄭氏尚得見之也。

奔喪之禮：

奔喪者，在外聞其親屬之喪而歸也。曰「奔」者，著其急也。以喪之輕重，則有父，有母，有齊衰以下；以奔之遲速，則有聞喪即奔，有聞喪不得奔，有既殯而至，有既葬而至，有除喪而後歸。其禮各不同。首云「奔喪之禮」，所以總目一篇之事也。孔氏曰：此奔喪禮，兼記天子諸侯，然以士爲主。

始聞親喪，以哭答使者，盡哀；問故，又哭盡哀。

鄭氏曰：親，父母也。以哭答使者，驚怛之哀無辭也。問故，問親喪所由也。雖非父母，聞喪而哭，其禮亦然。愚謂下文言唯「父母之喪」，則此言「親喪」，謂大功以上之親。此「哭」，即於其聞喪之所而哭也。

右始聞喪。

遂行，日行百里，不以夜行；

鄭氏曰：雖有哀戚，猶辟害也。晝夜之分，别於昏明。哭則遂行者，不爲位。愚謂日行百里，行，兼程也。吉行日五十里。

唯父母之喪見星而行，見星而舍；

鄭氏曰：侵晨冒昏，彌益促也。言「唯」，著異也。愚謂身，父母之身也，爲父母之喪而奔，雖患不敢避也，非是則不以父母之身痁患。舍，就館舍也。

若未得行，則成服而后行。

鄭氏曰：謂以君命有爲者也。成喪服，得行則行。右行。

過國至竟，哭，盡哀而止。釋文：竟音境，下同。

鄭氏曰：感此念親。

哭辟市朝，釋文：辟音避。朝，直遥反。

鄭氏曰：爲驚衆也。愚謂凡治民之處皆曰朝。

望其國竟哭。

鄭氏曰：斬衰者也。自是哭且遂行。愚謂過國至竟哭，望其國竟哭，皆謂奔父母之喪者也。

右過國至望其國竟。

至於家，入門左，升自西階，殯東，西面坐，哭盡哀，括髮、袒，降，堂東即位，西鄉哭，成踊，襲、絰于序東，絞帶，

鄭氏曰：括髮、袒者，去飾也。未成服者，素委貌、深衣；已成服者，固自喪服矣。降，堂東即位者，已殯者位在下。襲，服衣也。不於又哭乃絰者，發喪已踰日，節於是可也。其未小斂而至，與在家同。孔氏曰：升自西階者，曲禮云爲人子者，「升降不由阼階」，今父母新死，未忍異於生也。曾子問云「壻親迎，女在塗」，遭喪，「改服，布深衣，縞總」。女人之縞總，似男子之素冠，故知布深衣、素冠。又小記云「遠葬者，比反哭皆冠，及郊而後免」，故知在路皆冠也。愚謂此謂未成服而奔喪者也。入門左，變於吉也。升自西階，居喪之禮不由阼階也。始至即括髮、袒者，至在殯後者之禮也。絰不著殯前至者之禮，蓋始至笄、纚、深衣，明日乃袒、括髮，與在家者之禮同。但未小斂至者，成服與在家者同日；既小斂，未殯至者，則終其散麻之日數，其成服與在家者異日也。降自西階，堂東即位，即阼階東，西面之位也。絰，首絰、要帶也。絞帶，絞苴麻爲之。吉時有大帶，有革帶，凶時有要絰象大帶，又有絞帶以象革帶也。要絰自大功以上，初喪皆散垂，至成服乃絞之。其象革帶之帶，初服時即絞之，故謂之絞帶。蓋吉服之革帶輕於大帶，凶服之絞帶亦輕於要絰也。○鄭氏云：「不散帶者，不見尸柩。」此誤以絞帶爲絞要絰也。士喪記「小斂」，「既馮尸，主人袒、髻髮，絞帶，衆主人布帶」。主人小斂即絞帶，而衆主人又用布，此皆象革帶之帶也。奔喪者至三日乃成服，未成服之先，要絰亦散垂，其絞者特象革帶之帶耳，正與士喪記同，非以不見尸柩不散帶也。雜記「凡異居，始聞兄弟之喪」章孔疏之支謬，皆鄭氏此語啟之也。又鄭氏謂「未小斂而至，與在家同」，蓋士小斂之前，則死日也。奔喪者若以小斂前至，則始至笄、纚、深衣，至小斂而括髮，小斂後拜賓而襲、絰，皆與在家者同日。疏乃謂「帶、絰自用其奔喪日數」，此因雜記言「親者終其麻、帶、絰之日數」，故生此說，不知雜記所言，自謂至在小斂後者也。

反位，拜賓，成踊，送賓，反位。有賓後至者，則拜之、成踊、送賓皆如初。

鄭氏曰：拜賓者就其位，既拜，反位，哭踊。　愚謂反位，反阼階東之位也。反位，拜賓，謂於反位之時而拜賓，拜賓而後反位也。士喪禮小斂後，「主人拜賓」，而後「即位，踊，襲、絰于序東」。此於襲、絰後乃拜賓者，變於在家者之禮也。若有大夫，則袒而拜之，不待襲也。送賓，送之於殯宫門外。

衆主人、兄弟皆出門，出門哭止，闔門，相者告就次。釋文：相，息亮反。

衆主人，大功以上之親。兄弟，小功以下之親也。主人出送後至之賓，殯宫事畢，則衆主人、兄弟皆出也。闔門，闔殯宫門也。次，倚廬也。

於又哭，括髮、袒，成踊。於三哭，猶括髮、袒，成踊。

鄭氏曰：又哭，至明日朝也。三哭，又其明日朝也。皆升堂括髮、袒，如始至。必又哭、三哭者，象小斂、大斂時也。雜記曰：「士三踊。」其夕哭從朝。夕哭不括髮，不袒，不踊，不以爲數。孔氏曰：小記云「三日五哭三袒」，故知夕哭不袒。愚謂初至三日，皆升堂鄉殯而哭者，象在家者襲及大、小斂三時之哭也。其夕哭，但即阼階下位，不升堂也。

三日成服，拜賓送賓皆如初。

鄭氏曰：三日，三哭之明日也。既哭，成其喪服，杖於序東。愚謂鄭知成服於序東者，以小斂襲、絰于序東決之也。然則凡成服者皆於此矣。若婦人，則成服於西房與？凡奔大功以上之喪，小斂前至者，成服與在家者同日；小斂後至者，成服與在家者異日。雜記曰「未服麻而奔喪，及主人之未成絰也，疏者與主人遂成之，親者終其麻、帶、絰之日數」，是也。

右至家成服。

奔喪者非主人，則主人爲之拜賓送賓。釋文：爲，于僞反。

非主人，謂衆子也。此著其異者，其餘禮與主人同。

右奔喪者非主人。

奔喪者自齊衰以下，入門左，中庭北面，哭盡哀，免、麻於序東，即位袒，與主人哭，成踊。釋文：齊音咨。免音問。

鄭氏曰：不升堂哭者，非父母之喪，統於主人也。麻，亦絰、帶也。於此言「麻」者，明所奔喪雖有輕者，不至喪所，無改服也。凡袒者於位，襲於序東，袒、襲不相因位，此麻乃袒，變於爲父母也。愚謂殯在西階。中庭，西階下南北之中也。北面，鄉殯也。入門左，與奔父母之喪同；中庭北面，與奔父母之喪異。衆主人在家，免於房，絰於序東，此既不升堂，故其免與絰皆於序東。免、麻一時爲之，又既麻乃袒，皆異於爲父母也。既成踊，乃襲。

於又哭、三哭，皆免、袒。有賓則主人拜賓送賓。

鄭氏曰：又哭、三哭，亦入門左，中庭北面，如始至時也。

丈夫、婦人之待之也，皆如朝夕哭位，無變也。

鄭氏曰：待奔喪者無變，嫌賓客之也。於賓客以哀變爲敬，此骨肉，哀則自哀矣。於此乃言

「待之」，明奔喪者至三哭猶不以序入也。愚謂朝夕哭之位，丈夫在阼階下，婦人在阼階上。在家者皆先即朝夕哭位，奔喪者乃入至中庭北面哭也。孔疏謂「奔喪者急哀，但獨入哭，不俟主人爲次序」，非也。喪禮於弔賓，皆即朝夕哭位以待之，未嘗爲之變也。此乃特言之者，嫌骨肉之親始至待之或異也。

右齊衰以下奔喪。

奔母之喪，西面哭盡哀，括髮、袒，降，堂東即位，西鄉哭，成踊，襲、免、絰于序東。拜賓送賓，皆如奔父之禮。於又哭，不括髮。

奔母喪之禮，皆與奔父喪同，其異者，即位後改括髮而免耳。襲、免、絰於序東，謂於東序之東，襲衣而著免加絰也。又哭，謂明日又明日之哭也。又哭不括髮，則免而已。上既云「免於序東」矣，此又云「不括髮」者，嫌明日又明日之哭，升堂向殯時亦括髮，至即位後乃免，故又明之，言又哭升堂時即免，與初至時異也。鄭氏於此註及小記註，皆以又哭爲堂下即位之哭，誤也。孔氏曰：此謂適子，若庶子則亦主人爲之拜賓送賓。

右奔母之喪。

婦人奔喪，升自東階，殯東，西面坐，哭盡哀，東髽，即位，與主人拾踊。釋文：

拾，其劫反。

鄭氏曰：婦人，謂姑、姊妹、女子子也。東階，東面階也。婦人入者由闈門。去纚大紒曰髽。東髽，髽於東序，不髽於房，變於在室者也。拾，更也。愚謂婦人非父母、兄弟之喪不奔。東階，東房北下之階也，亦謂之側階。雜記夫人奔喪，「升自側階」是也。升自側階，則出自東房也。東髽，謂就堂上東序而髽也。凡踊皆拾，婦人居間。○鄭氏云「主人與之拾踊，賓客之」，非也。經於主人奔喪，但云「成踊」，蓋主人踊則衆主人以下隨之皆踊可知。於齊衰以下奔喪，云「與主人哭成踊」，於婦人奔喪，云「與主人拾踊」，蓋以齊衰以下及婦人之奔喪，主人或不與之俱踊，故特言之。奔喪者，主人無不與之俱踊，豈由賓客之而然乎？

右婦人奔喪。

奔喪者不及殯，先之墓，北面坐，哭盡哀。主人之待之也，即位於墓左，婦人墓右，成踊，盡哀，括髮，東即主人位，絰、絞帶，哭，成踊。拜賓，反位，成踊。相者告事畢。釋文：相，息亮反。

鄭氏曰：主人之待之，謂在家者也。哭於墓，爲父母則袒。愚謂此亦聞喪即奔，而以道遠，葬後乃至也。主人，在家之子也。括髮不言「袒」，文略也。下文「除喪而後歸」者，其在墓尚袒，則未除喪者可知。括髮而後東即主人位，則括髮即於北面時爲之也。告事畢，告以於墓無事，可以歸也。

遂冠，歸入門左，北面，哭盡哀，括髮、袒，成踊，東即位，拜賓，成踊。賓出，主人拜送。有賓後至者，則拜之、成踊、送賓如初。衆主人、兄弟皆出門，出門哭止，相者告就次。

冠者，行道不可無飾也。不升堂者，柩已葬也。北面，哭盡哀，鄉所殯之處，而深哀其不復見也。言主人拜賓，兼容奔喪者，非主人之禮也。

於又哭，括髮，成踊。於三哭，猶括髮、成踊。三日成服，於五哭，相者告事畢。

又哭不言「袒」，文略也。成服日又哭爲四哭，至明日又哭爲五哭。五哭，謂於殯宫即位之哭也。是時在家者已卒哭矣，故五日而奔喪者，殯宫之哭可以止，此後朝夕哭皆於次而已。告事畢者，告以於殯宫無事也。○鄭氏云「又哭、三哭不袒者，哀戚已久，殺之也」，非也。袒輕而括髮重，袒有不括髮，括髮未有不袒者。果哀久而殺，何以殺其輕者，而重者反不殺乎？又鄭氏曰：「逸奔喪禮説：『不及殯日，於又哭猶括髮，即位，不袒。』」疑此「不袒」之文，乃鄭氏自以意足成之，非逸禮本文也。下文齊衰者奔喪不及殯，於又哭、三哭皆免、袒，則爲父括髮，安有不袒者乎？

爲母所以異於父者，壹括髮，其餘免以終事。他如奔父之禮。

鄭氏曰：壹括髮，謂歸入門哭時也。於此乃言「爲母異於父」者，明及殯、不及殯，其異者同。　愚謂爲母之異於父者，前既著之矣，又言此者，嫌不及殯者之禮或異也。

右奔父母喪不及殯。

齊衰以下不及殯，先之墓，西面哭盡哀，免、麻于東方，即位，與主人哭，成踊，襲。有賓則主人拜賓送賓。賓有後至者，拜之如初。相者告事畢。

鄭氏曰：不北面者，亦統於主人。　愚謂於成踊言「襲」，則即位時亦袒可知。

遂冠，歸入門左，北面，哭盡哀，免、袒，成踊，東即位，拜賓，成踊。賓出，主人拜送。

拜賓者亦主人。

於又哭，免、袒，成踊。於三哭，猶免、袒，成踊。三日成服，於五哭，相者告事畢。

孔氏曰：小功以下不稅，若奔在葬後三月之外，則不得有三日成服。　愚謂稅與不稅，以聞喪之日爲斷。若奔喪至家，雖在葬後，而聞喪在先，則至家之日，其免、絰成服之禮皆不異也。

右奔齊衰以下之喪不及殯。

聞喪不得奔喪，哭盡哀；問故，又哭盡哀。乃爲位，括髮、袒，成踊，襲、絰、絞帶，即位，拜賓，反位，成踊。賓出，主人拜送于門外，反位。若有賓後至者，拜之、成踊、送賓如初。

鄭氏曰：聞父母喪而不得奔，謂以君命有事，不然者，不得爲位。位有鄭列之處，如於家朝夕哭位矣。不於又哭乃絰者，喪至此踰日，節於是可也。孔氏曰：若非君命有事，則不得爲位，當須速奔，今乃爲位，故知以君命有事者也。不於又哭乃絰，謂不於明日之又哭也。初聞喪，象始死；明日又哭，象小斂時。士喪禮小斂乃絰，此亦當又哭乃絰，今於聞喪之日即絰、帶者，以喪至此，赴者至，踰其日節，故於聞喪之日即加絰、帶也。愚謂凡聞喪不得奔喪，乃爲位；聞喪即奔者，哭不爲位也。爲位，敍列親疏，而已即阼階下西面之位也。上言「乃爲位」，指其將爲位之事；下言「即位」，正言爲位之禮也。襲、絰、絞帶乃即位，又變於至家者之禮也。袒、括髮、成踊在堂上，襲、絰、絞帶於序東，不言者，蒙前可知也。即位拜賓，反位成踊者，謂於即位之時先拜賓，而後反位成踊也。

於又哭，括髮、袒，成踊。於三哭，猶括髮、袒，成踊。三日成服，於五哭，拜賓送賓如初。

鄭氏曰：不言「就次」者，當從其事，不可以喪服廢公職也。其在官，亦告就次。言「五哭」者，以迫公事，五日哀殺，亦可以止。　愚謂五哭，謂爲位之哭也。五哭之後，哭於喪次而已。

右聞喪不得奔喪。

若除喪而后歸，則之墓，哭，成踊，東括髮、袒，絰，拜賓，成踊，送賓，反位，又哭盡哀，遂除。於家不哭。

鄭氏曰：東，東即主人位，如不及殯者也。遂除，除於墓而歸。　愚謂東括髮、袒者，括髮、袒而東即主人之位也。東括髮、袒，不言「成踊」，文略也。

主人之待之也，無變於服，與之哭，不踊。

鄭氏曰：無變於服，自若時服也。亦即位于墓左，婦人墓右。　孔氏曰：不踊者，在家者服已除，哀情已殺也。

自齊衰以下，所以異者免、麻。

孔氏曰：齊衰以下，除服之後奔喪，唯著免、麻，不括髮，墓所哭罷即除。

右除喪而后歸。

凡爲位，非親喪，齊衰以下皆即位，哭盡哀，而東免、絰，即位，袒，成踊，襲，拜賓，反位，哭，成踊，送賓，反位。相者告就次。

鄭氏曰：謂無君事，又無故，可得奔喪，而以己私未奔者也。父母之喪，則不爲位，其哭之，不離聞喪之處。孔氏曰：必知無君事者，若銜君命，於事爲重，唯父母之喪乃敢顯然爲位也。愚謂此言齊衰以下爲位之禮也。齊衰以下皆即位者，言齊衰以下不得奔喪皆得爲位也。爲位之禮，亦於堂上，哭盡哀，乃降而免、絰于序東，然後即阼階下西面之位。凡受弔於外者，雖非主人，皆拜賓，但不稽顙耳。

三日五哭，卒。主人出送賓，衆主人、兄弟皆出門，哭止，相者告事畢。成服，拜賓。按「主人出送賓」至「哭止」十五字，於上下不相屬，注疏皆無解説，蓋衍文。

鄭氏曰：卒猶止也。三日五哭者，始聞喪，訖夕爲位，乃出就次，一哭也。與明日又明日之朝、夕而五哭。不五朝哭，而數朝、夕，備五哭而止，亦爲急奔喪，己私事當畢，亦明日乃成服也。凡云「五哭」者，其後有賓，亦與之哭而拜之。

若所爲位家遠，則成服而往。

鄭氏曰：謂所當奔者外喪也。外喪緩而道遠，成服乃行，容待齎也。愚謂上言有故不得奔喪者，此非有他故，直以道遠服輕，故成服乃往耳。

右齊衰以下爲位。○上爲正經，此下乃其記也。

齊衰望鄉而哭，大功望門而哭，小功至門而哭，緦麻即位而哭。

鄭氏曰：奔喪哭，親疏遠近之差也。

右記奔齊衰以下喪哭遠近之節。

哭父之黨於廟，母、妻之黨於寢，師於廟門外，朋友於寢門外，所識於野張帷。

鄭氏曰：此因五服聞喪而哭，列人恩諸所當哭者也。黨，謂族類無服者也。逸奔喪禮曰：「哭父族與母黨於廟，妻之黨於寢，朋友於寢門外，壹哭而已，不踊。」言「壹哭而已」，則不爲位矣。沈氏曰：事由父者哭之廟，事由己者哭之寢。愚謂母之黨哭於寢，謂母在也。哭諸廟，謂母没也。檀弓「師哭諸寢」，由己事之者也。此言「師於廟門外」，謂奉父命事之者，若父在則亦哭之於寢也。

右記哭無服之喪之處。

凡爲位不奠。

鄭氏曰：以其精神不在乎是。

右記爲位不奠。

哭天子九，諸侯七，卿大夫五，士三。

鄭氏曰：此臣聞君喪而未奔，爲位而哭，尊卑日數之差也。　愚謂觀此，則士之有臣亦可見矣。

右記哭天子以下之差。

大夫哭諸侯，不敢拜賓；

鄭氏曰：謂哭其舊君，不敢拜賓，避爲主。

諸臣在他國，爲位而哭，不敢拜賓；

鄭氏曰：謂大夫士使於列國。

與諸侯爲兄弟，亦爲位而哭。

鄭氏曰：族親昏姻在異國者。

右記爲位不敢拜賓。

凡爲位者壹袒。

鄭氏曰：始聞喪，哭而袒，其明日則否。父母之喪，自若三袒也。

右記爲位壹袒。

所識者弔，先哭于家而後之墓，皆爲之成踊，從主人北面而踊。釋文：爲，于僞反。

鄭氏曰：從主人而踊，拾踊也。北面，自外來便也。主人墓左西鄉。愚謂奔父母之喪不及殯，之墓北面。齊衰以下則西面，變於親喪也。所識者弔於墓北面，又變於有服之親也。

右記所識者弔。

凡喪：父在，父爲主；父没，兄弟同居，各主其喪；親同，長者主之；不同，親者主之。釋文：長，竹丈反。

凡喪，父在，父爲主者，謂父子皆可主其喪，則尊者爲之主。若舅主適婦之喪，則其夫不爲主；祖主適孫之喪，則其世叔父不爲主是也。父之所不主者，則子自主之。

右記凡喪爲主。

聞遠兄弟之喪，既除喪而后聞喪，免、袒，成踊，拜賓則尚左手。

鄭氏曰：小功、緦麻不税者也，雖不服，猶免、袒。尚左手，吉拜也。逸奔喪禮曰：「凡拜，吉、喪皆尚左手。」

右記遠兄弟之喪除喪而后聞喪。

無服而爲位者，唯嫂叔，及婦人降而無服者麻。

鄭氏曰：雖無服，猶弔服加麻，袒、免，爲位哭也。婦人降而無服，族姑、姊妹嫁者也。逸奔喪禮曰：「無服袒、免爲位者，唯嫂與叔。凡爲其男子服，其婦人降而無服者麻。」愚謂哭有服之親乃爲位，嫂叔無服而爲位者，以其本親也。爲兄弟之妻皆然，獨言「嫂叔」者，避文繁也。麻者，以麻爲弔服之絰也。凡弔服用葛絰，嫂叔及婦人降而無服者雖服弔服，而以麻爲絰，重之也。蓋二者本應有服，一以遠嫌絶之，一以出嫁降之，故哭之皆爲位，且重其弔服之絰，以别於其餘無服者之親也。○鄭氏云：「正言『嫂叔』，尊嫂也。兄公，於弟之妻則不能也。」孔氏云：「兄公，於弟妻不服者，卑遠之也。弟妻於兄公不服者，尊絶之也。」非也。曲禮曰：「嫂叔不通問。」檀弓曰：「嫂叔之無服也。」雜記：「嫂不撫叔，叔不撫嫂。」凡舉嫂叔以該兄公與弟妻者多矣，豈容於此獨生異義？且夫之世叔父又尊於兄公矣，然且爲之服而報焉，何以不遠之絶之乎？

右記無服爲位。

凡奔喪，有大夫至，袒，拜之，成踊，而后襲；於士，襲而后拜之。鄭注：或曰「大夫後至者，袒拜之，爲之成踊」。

鄭氏曰：主人袒，降哭，而大夫至，因拜之，不敢成己禮，乃禮尊者。

右記奔喪拜大夫士之異。

禮記卷五十四

問喪第三十五別録屬喪服。

此篇設爲問答，以發明居喪之禮，故曰問喪。

親始死，雞斯，徒跣，扱上衽，交手哭。惻怛之心，痛疾之意，傷腎、乾肝、焦肺，水漿不入口，三日不舉火，故鄰里爲之糜粥以飲食之。釋文：雞斯，依注爲「笄、纚」。笄，古兮反。纚，色買反，徐所綺反。扱，初拾反。乾音干。漿，本亦作「漿」。糜，本亦作「𩞄」。飲音蔭。食音嗣。

鄭氏曰：親，父母也。雞斯，當爲「笄、纚」，聲之誤也。親始死，去冠，二日乃去笄、纚，括髮也。今時始喪者邪巾貊頭，笄、纚之存象也。徒猶空也。上衽，深衣之裳前。五臟，腎在下，肝在中，肺在上，舉三者之焦、傷，而心、脾在其中矣。五家爲鄰，五鄰爲里。孔氏曰：笄，骨笄也。纚，謂韜髮之繒。親始死，孝子去冠，唯留笄、纚也。徒跣，無屨而空跣也。扱深衣上袵於帶，以號踊履踐爲妨也。交手哭，謂交手拊心而爲哭也。糜厚而粥薄：薄者以飲之，厚者以食之。○陳氏祥道曰：檀弓「始死，羔裘、玄冠者易之而已」，則始死有易冠，無去冠。又云：「主人既小斂，袒、括髮。」又云：「袒、括髮，變也。」「袒、括髮，去飾之甚也。」又「叔孫武叔之母死，既小斂，舉者出户，出户袒，且投其冠」，則小斂乃投冠，但投冠在尸未出户之前耳。　愚謂雞斯之義未詳，鄭氏讀爲笄、纚，此雖别無考據，然古人於吉凶之變，皆有其漸。始死而去冠，至小斂而去笄、纚，自吉而變凶，其漸固當如此。且冠履相配，始死徒跣，則首宜去冠。此鄭氏之説所以雖他無明據，而可以遵信者也。然檀弓言叔孫武叔去冠，則知大夫士小斂之有冠；喪大記「君將大斂，子弁經即位于序端」，則知人君大斂之有弁。蓋大、小斂，喪之大事也，故不敢以不冠臨之。笄、纚者，所以爲變；冠且弁者，所以爲敬。喪之有冠，蓋自小斂始與？又喪大記「主人之出也，徒跣、扱衽」，則非出時不必徒跣、扱衽矣。笄、纚與徒跣、扱衽爲類，非出時不徒跣、扱衽，則亦不必笄、纚。蓋自始死踊日始小斂，而時有寒暑，體有强弱，故小斂以前，雖出時必笄、纚，而室中亦或有深衣、素冠之時，此孔子所以言「始死，羔裘、玄冠者易之」也。

夫悲哀在中，故形變於外也。痛疾在心，故口不甘味，身不安美也。

口不甘味，故水漿不入口。身不安美，故有筓、纚、徒跣、扱衽之變也。

三日而斂，在牀曰尸，在棺曰柩。動尸舉柩，哭踊無數。惻怛之心，痛疾之意，悲哀志懣、氣盛，故袒而踊之，所以動體、安心、下氣也。婦人不宜袒，故發胸、擊心、爵踊，殷殷田田，如壞牆然，悲哀痛疾之至也。故曰「辟踊哭泣，哀以送之，送形而往，迎精而反」也。釋文：懣，忘本反，又音滿，范音悶。殷殷，並音隱。壞音怪，字林作「敷」。辟，婢尺反，徐扶亦反。

鄭氏曰：故袒而踊之，言聖人制法故使之然也。爵踊，足不絕地。辟，拊心也。哀以送之，謂葬時也。迎其精神而反，謂反哭及日中而虞也。孔氏曰：爵踊，似爵之躍，其足不離於地也。如壞牆，言將欲崩倒也。愚謂動尸，謂斂及殯時遷尸也。舉柩，謂啟殯及載時也。婦人發胸，以代袒也。擊心亦拊，爵踊亦踊也，但視男子爲輕耳。辟踊哭泣，哀以送之，引孝經語以證之也。送，謂送柩也。送形而往，謂葬時送其體魄而往。迎精而反，謂反哭時迎其精氣而反也。

其往送也，望望然，汲汲然，如有追而弗及也。其反哭也，皇皇然，若有求而弗得也。故其往送也如慕，其反也如疑。

鄭氏曰：望望，瞻望之貌也。慕者，以其親之在前。疑者，不知神之來否。孔氏曰：望望然者，瞻望之意。汲汲然者，促急之情。皇皇然者，意彷徨也。如慕，如孺子啼慕父母。如疑，不知神之來否，如人之有疑也。愚謂其往送如慕，其反也如疑，見檀弓，亦孔子語也。

求而無所得之也，入門而弗見也，上堂又弗見也，入室又弗見也，亡矣喪矣，不可復見已矣！故哭泣辟踊，盡哀而止矣。心悵焉愴焉，惚焉愾焉，心絶志悲而已矣。祭之宗廟，以鬼享之，徼幸復反也。釋文：上，時掌反。復，扶又反。

鄭氏曰：說反哭之義也。孔氏曰：祭之宗廟，以鬼享之，謂虞祭於殯宫，神之所在，故稱宗廟。愚謂檀弓曰「反哭升堂，反諸其所作也。主婦入于室，反諸其所養也」。故曰「上堂弗之見，入室又弗見」。反而歸，不見尸柩，故其心悵恨悽愴，恍惚愾歎，皆言其無可奈何之貌也。其形體不可復見，故爲虞祭以安之，冀幸其精氣之復反也。孝經曰：「爲之宗廟，以鬼享之。」蓋葬前殯宫有朝夕奠，猶用事生之禮，至反哭以虞易奠，然後以鬼神之道享之也。

成壙而歸，不敢入處室，居於倚廬，哀親之在外也。寢苫枕塊，哀親之在土也。故哭泣無時，服勤三年，思慕之心，孝子之志也，人情之實也。釋文：枕，之蔭反。○鄭注：入處室，或爲「入宫」。鄭氏曰：言親在外在土，孝子不忍反室自安也。勤，謂憂勞。孔氏曰：人情之實，言非詐僞爲之，是人情悲慕之實也。

或問曰：「死三日而后斂者何也？」曰：「孝子親死，悲哀志懣，故匍匐而哭之，若將復生然，安可得奪而斂之也？故曰：三日而后斂者，以俟其生也。三日而不生，亦不生矣，孝子之心亦益衰矣，家室之計，衣服之具，亦可以成矣，親戚之遠者亦可以至矣。是故聖人爲之斷決，以三日爲之禮制也。」釋文：爲之，于僞反。斷，丁亂反。○鄭注：匍匐，或作「扶服」。

此以下，皆設問以發其義也。鄭氏曰：三日而后斂，問之者，怪其遲也。孔氏曰：三日斂者，以士言之，則大斂也；以大夫言之，則小斂也。愚謂家室之計，言計其家室之所有以治喪也。三日而后斂，謂小斂也。士雖以二日而斂，然死有早晚，如日晚而死，死日不及襲，則明日乃襲，又明日乃斂，固事之所必至矣。記者欲明斂之遲，故總據三日發問也。

或問曰：「冠者不肉袒，何也？」曰：「冠至尊也，不居肉袒之體也，故爲之免以代之也。」釋文：免音問。

鄭氏曰：問之者，怪冠、衣之相爲也。身無飾者不敢冠，冠爲褻尊服，肉袒則著免。免狀如冠，而廣一寸。孔氏曰：此冠不居肉袒者，謂心既悲哀，肉袒形褻，故不可褻其尊服而冠也。若吉事而内心肅敬，則雖袒而著冠，郊特牲「君袒而割牲」是也。

然則秃者不免，傴者不袒，跛者不踊，非不悲也，身有錮疾，不可以備禮也，故曰『喪禮唯哀爲主』矣。女子哭泣悲哀，擊胸傷心，男子哭泣悲哀，稽顙觸地無容，哀之至也。」釋文：秃，吐禄反。傴，於縷反，一音符距反。跛，補火反。○鄭注：或曰「男女哭踊」。

免者，小斂後既去笄、纚，而以布約其髮也。秃者無髮，故不免，以其無髮可約也。傴者曲背，故不袒，以其不便於袒也。跛者足廢，故不踊，以其不能乎踊也。稽顙觸地無容，謂爲喪主拜賓也。喪禮以哀爲主，故有疾之人雖於禮有所不能備，亦盡其哀而已矣。○鄭氏云「將踊先袒，將袒先免，此三疾俱不踊、不袒、不免」，非也。袒、免、踊雖一時爲之，然喪禮襲而踊者固多矣，三疾於禮各廢其一，非皆不踊、不袒、不免也。又鄭氏云「擊胸傷心，稽顙觸地，不踊者若此而可」，亦非也。婦人不袒、不踊，故上文云「發胸擊心、爵踊」，初非爲有疾不能袒、踊而以此代之也。稽顙乃主人拜賓之禮，自非主人，雖不踊，而可以稽顙乎？

或問曰：「免者以何爲也？」曰：「不冠者之所服也。禮曰：『童子不緦，唯當室緦。』緦者其免也，當室則免而杖矣。」釋文：爲，于僞反。

鄭氏曰：怪本所爲施也。不冠者，猶未冠也。當室，謂無父兄而主家者也。童子不杖，不杖者不免，當室則杖而免。免，冠之細，別以次成人也。緦者其免也，言免乃有緦服也。孔氏曰：成人肉袒之時應著免，今非成人亦免，故問之。不冠者之所服，謂未冠童子之所服也。當室，謂無父兄，當室主家事。愚謂童子不免、不緦、不杖，蓋免所以代冠，童子本未冠，則不必有以代之也。緦者服之末，杖者服之重，童子未能惇行孝弟，恩不能以至緦，而其於父母之喪，亦未可責其病而予之以杖也。惟無父兄而主家事，則與族人有相接之恩，而情不可以不免，故爲應緦者服緦，又於應著免之時則免也。當室既應著免，則於其父母之喪，又當爲喪主而杖矣。

或問曰：「杖者何也？」曰：「竹、桐一也。故爲父苴杖，苴杖，竹也。爲母削杖，削杖，桐也。」釋文：苴，七餘反。

鄭氏曰：杖者何也，怪其義各異。竹、桐一也，言所以杖者義一也，顧所用異耳。愚謂此怪爲父母之杖不同而問之也。竹、桐一也者，言其皆所以輔病，皆所以擔主，其義一也。苴杖用竹，因其苴惡之色，故施之於父喪之斬衰；削杖用桐而削之，則差皙而澤，故施之於母喪之齊衰。此桐、竹之所以不同也。

或問曰：「杖者以何爲也？」曰：「孝子喪親，哭泣無數，服勤三年，身病體羸，以杖扶病也。則父在不敢杖矣，尊者在故也。堂上不杖，辟尊者之處也。堂上不趨，示不遽也。此孝子之志也，人情之實也，禮義之經也。非從天降也，非從地出也，人情而已矣。」釋文：羸，力垂反。辟音避。處，昌慮反。○鄭注：數或爲「時」。

鄭氏曰：杖者以何爲也，怪所爲施。父在不杖，謂爲母喪也。尊者在不杖，有事不趨，皆爲其感動，使之憂戚也。孔氏曰：此問孝子居喪何以須杖之義也。爲母，親對父之時不敢杖，以尊者在，故不敢也。堂上，父之所在，避尊者之處，故爲母，堂上不杖也。爲母，堂上不爲喪趨，示父以閒暇，不促遽也。若堂上而趨，則感動父情，使之憂戚也。

服問第三十六別録屬喪服。

上篇廣言居喪之禮，此篇專言喪服之義，故因上篇之名而謂之服問。

傳曰「有從輕而重」，公子之妻爲其皇姑；釋文：從如字。爲，于僞反，下皆同。

此下四條，皆引大傳之文而釋之也。公子，諸侯之庶子也。皇姑，謂公子之母也。皇，君也。曰「皇姑」者，由公子之妻尊稱之，明非適夫人。公子之妻爲其皇姑，從公子而服者也。然公子爲其母練冠縓緣，既葬除之，而其妻爲其姑服齊衰期，是從輕而重也。蓋凡尊厭之法，惟子於父之所厭者不得伸其服，其妻則遠矣。此與大夫降其庶子，其孫不降其祖者同義也。

「有從重而輕」，爲妻之父母。

妻爲父母服齊衰，夫從妻服緦麻，是從重而輕也。○鄭氏云「妻齊衰而夫從緦麻，不降一等，非服差」，非也。凡妻從夫之服皆降一等，子從母之服皆降二等，夫從妻之服皆降三等，其差正當然爾。

「有從無服而有服」，公子之妻爲公子之外兄弟；

鄭氏謂公子之外兄弟爲「公子之外祖父母、從母」，非也。公子爲外祖父母、從母，從服也。從服不累從，其妻安得又從而服之？兄弟，謂族親也。喪服記曰：「夫之所爲兄弟服，妻降一等。」此「公子之外兄弟」，謂公子旁親，如世叔父母及昆弟之子之屬也。曰「外兄弟」者，以明非公子之親昆弟，猶曰「遠兄弟」云爾，非外親之謂也。公子之外兄弟厭於君，公子爲之無服，而其妻自服其從服，亦猶爲其皇姑服之義也。

「有從有服而無服」，公子爲其妻之父母。

公子之妻爲其父母齊衰期，公子屈於父，不敢伸其私服，故爲妻之父母無服。

傳曰：「母出則爲繼母之黨服，母死則爲其母之黨服。」爲其母之黨服，則不爲繼母之黨服。

傳，舊傳也。爲其母之黨服，則不爲繼母之黨服，記者申釋舊傳之義也。爲出母之父母不服，故爲繼母之黨服。鄭氏曰：雖外親，亦無二統。○此上五節，皆明從服之義。

三年之喪既練矣，有期之喪既葬矣，則帶其故葛帶，絰期之絰，服其功衰。釋文：期音基。

此謂三年既練，又值期喪既葬之節也。鄭氏曰：帶其故葛帶者，三年既練，期既葬，差相似也。絰期之葛絰，三年既練，首絰除矣。爲父既練，衰七升；母既葬，當作「練」。衰八升。凡齊衰既葬，衰或八升，或九升。服其功衰，服麤衰也。孔氏曰：謂三年未練之前，有期喪未葬，爲前三年之喪爲練祭，至期喪已葬，乃帶其故葛帶，絰期之葛絰也。期喪未葬，得爲三年練祭者，雜記云：「三年之喪，既潁，其練、祥皆行。」後喪三年既潁，得行前喪三年練祭，則知後喪期年未潁之前，得爲前三年之喪而練也。故葛帶，謂三年練葛帶也。三年既練，要帶四寸百二十五分寸之七十六。期喪既葬，其葛帶亦然。但父帶爲重，故帶其故葛帶也。三年既練，男子首絰既除，其首空，故絰期之葛絰。此文主於男子，若婦人，則首絰練之故葛絰，練後麻帶已除，則要絰期之麻帶也。服其功衰，謂七升，父之衰也。不云「服其父衰」而云「功衰」者，經稱「三年之喪」，則父爲長子，父卒爲母，並是三年，母喪既練，雖衰八升，與正服既葬齊衰同，以母服爲重，亦服母之齊衰也。　愚謂三年既練而遭期喪，固改服期喪之服矣。至期喪既葬，則又以三年之練服爲重，故於既虞、卒哭而反服練服之冠衰、要帶，惟練無首絰，則絰期喪之絰也。◯鄭氏云「爲父既練，衰七升，母既練，衰八升」，此言三年既練之衰也。「凡齊衰既葬，衰或八升，或九升」，此言期喪既葬之衰也。而「母既練」誤爲「既葬」，則似釋「期喪既葬」之文。儀禮賈疏據之，遂謂「父喪未除而母死，止服期」。喪服「齊衰三年」章「父卒則爲母」，賈疏：「服問注云『爲母既葬，衰八升』，亦據父卒爲母，與父在爲母同：五升衰裳，八升冠，既葬，以其冠爲之受衰八升。是父卒爲母，未得伸三年之驗。」又謂「父在爲母服齊期，正服五升」。夫爲母之所以服齊衰期者，爲父在屈也，父没則得伸矣，何以必待終父喪乎？母喪本三年，其齊衰期乃因父在而降也。齊期正服五升，則降服宜四升，既葬衰七升，既練衰八升矣。詳鄭氏之意，上言父母三年既練之服，下言齊衰既葬之服，其旨甚明。若云「父在爲母既葬，衰八升」，則下文「齊衰既葬，衰八升」之内足以該之矣，又何必特出其文於上哉？

有大功之喪亦如之。

鄭氏曰：大功之麻，變三年之練葛，期當作「大功」。既葬之葛帶，小於練之葛帶，又當有絰，亦反服其故葛帶，絰期之絰，差之宜也。此雖變麻服葛，大小同耳，亦服其功衰。凡三年之喪，既練始遭齊衰、大功之喪，絰、帶皆麻。孔氏曰：此言三年之喪，練後有大功之喪既葬也。不云「既葬」者，從上省文也。亦如之者，言亦帶其故葛帶，絰期之絰也。三年練之葛帶四寸有餘，大功既葬葛帶三寸有餘，小於練之葛帶，故反服練之故葛帶也。又大功既葬，首絰四寸有餘，若要服練之葛帶，首服大功既葬之絰，麤細相似，不得爲五分去一之差，故首服期之絰五寸有餘，進與期之既葬同也。愚謂三年既練而遭大功之喪，則改服大功之服。雜記「有三年之練冠，則以大功之麻易之，唯杖、屨不易」，是也。至大功既葬，則亦帶其故葛帶，絰期之絰，服其功衰，一如三年既練遭期喪既葬之禮也。

小功無變也。

鄭氏曰：無所變於大功、齊、斬之服，不用輕累重也。愚謂斬衰既虞、卒哭遭齊衰則變服，既練遭大功則變服；齊衰既虞、卒哭遭大功則變服。若小功之喪值上喪，虞、練之後悉不得變之，蓋大功以上謂之親，小功以下謂之疏，不以疏變親也。

麻之有本者，變三年之葛。

鄭氏曰：有本，謂大功以上也。小功以下，澡麻斷本。孔氏曰：大功以上爲帶，麻之根本並留之，合糾爲帶。如此者，得變三年之練葛。小功以下，其帶澡麻斷本，是麻之無本，不得變三年之葛也。愚謂有本，兼首絰、要帶而言。喪自大功以上，首絰、要帶，其麻皆有本；下殤小功，首絰去本，而帶猶不絶本；成人小功，則首絰、要帶皆無本也。三年之葛，謂葬後變麻服葛也。三年之喪，齊衰變既葬，大功變既練，故曰「麻之有本者，變三年之葛」。

既練，遇麻斷本者，於免絰之，既免去絰，每可以絰必絰，既絰則去之。 釋文：斷，丁管反。免音問。去，起吕反。

鄭氏曰：雖無變，緣練無首絰，於有事則免、絰如其倫。免無不絰，絰有不免，其無事則自若練服也。愚謂麻之斷本者，小功以下之麻也。練已除首絰，乃不絰輕服之絰者，小功之首絰，三年之練帶，皆四寸百二十五分寸之七十六，麤細相似，不得爲五分去一之差，緦之絰又小焉。而小功緦既輕，故不絰。其絰於免絰之者，以當事爲重也。

小功不易喪之練冠，如免，則絰其緦、小功之絰，因其初葛帶。

小功不易喪之練冠者，小功之冠輕於三年練冠故也。因其初葛帶，因練服之帶也。雜記曰父母之喪，「雖功衰，不弔」，「如有服而將往哭之，則服其服而往」，則三年既練，於哭小功、緦麻之喪，不惟絰其絰，又當爲之變服矣，其不變者惟葛帶耳。既哭，則反其練服。

緦之麻不變小功之葛，小功之麻不變大功之葛，以有本爲税。釋文：税，吐外反。

鄭氏曰：税亦變易也。小功以下之麻，雖與上葛同，猶不變也，此要其麻有本者乃變上耳。

雜記曰「有三年之練冠，則以大功之麻易之，唯杖、屨不易」也。孔氏曰：緦與小功，麻絰既無本，不合税變前喪也。

殤長、中，變三年之葛，終殤之月筭，而反三年之葛。是非重麻，爲其無卒哭之税。下殤則否。釋文：長，竹杖反。重，直勇反，徐治龍反。爲，于僞反。

鄭氏曰：謂大功之親，爲殤在緦、小功者也。可以變三年之葛，正親親也。三年之葛，大功變既練，齊衰變既虞、卒哭。凡喪卒哭，受麻以葛。殤以麻終喪之月數，非重之而不變，爲殤未成人，文不縟耳。下殤則否，言賤也。男子爲大功之殤中從上，服小功；婦人爲之中從下，服緦麻。孔氏曰：長、中殤，謂本服大功之喪，降在長、中殤，男子則爲之小功，婦人爲長殤小功，中殤則緦麻。如此者，得變三年之葛也。愚謂此本服大功之殤也。喪服小記云：「下殤小功，帶澡麻不絶本。」此謂本服期之下殤降在小功者。若大功親之長、中殤，帶皆斷本矣，而得變三年之葛者，以此長、中殤本大功之親，其本服乃應服有本之麻者也。成人大功，得變三年練服，此長、中殤降在小功、緦，故男子則爲之變葛帶，婦人則爲之變葛經，其冠衰則不易也。終殤之月筭者，小功終五月，緦麻終三月也。稅，變易也。凡以下服之麻，變上服之葛者，皆於下服既卒哭而反上服之葛，不待終喪。而大功親之長、中殤降在小功者，乃終殤之月筭，而反三年之葛，非特重此長、中殤之麻而不變，爲殤無卒哭變除之節故也。下殤則否，亦謂大功親之下殤也。若齊衰之下殤，則得變三年之葛，以齊衰之下殤帶不絶本，重於大功親之長、中殤也。○自「三年之喪既練矣」至此，明遭喪變易之法。

君爲天子三年，夫人如外宗之爲君也。釋文：爲，于僞反，後皆同。

外宗，宗婦也。説詳雜記。外宗之夫爲君服斬，外宗從服期。諸侯爲天子服斬，其夫人亦從服期，故曰「如外宗之爲君也」。○鄭氏云「外宗，君外親之婦也，其夫與諸侯爲兄弟，服斬，妻從服期」，非也。君之外親，其人不等：有爲己之臣子者，有爲諸侯者，有爲諸侯之大夫者。

惟己之臣子爲君服斬，其妻當從服期。若諸侯，則服其本服，諸侯之大夫則用本服之月數，而服之以齊衰，其妻則皆無服也。

世子不爲天子服。

鄭氏曰：遠嫌也。不服，與畿外之民同也。愚謂畿内之民爲天子齊衰三月，畿外則無服。

君所主：夫人妻，大子，適婦。釋文：大音太，下同。適，丁歷反。

鄭氏曰：言「妻」，見大夫以下亦爲此三人爲喪主也。孔氏曰：三人既正，雖君之尊，亦主其喪也。愚謂言「夫人妻」者，嫌爲天子之三夫人，故正言「妻」以明之。

大夫之適子爲君、夫人、大子，如士服。

鄭氏曰：大夫不世子，不嫌也。士爲國君斬，小君期。大子，君服斬，臣從服期。

君之母非夫人，則羣臣無服，唯近臣及僕、驂乘從服，唯君所服服也。釋文：驂，七南反。乘音剩。

君之母非夫人，謂妾母也。君爲妾母之服，私服也，故羣臣不從而服。近臣，閽寺之屬。僕，御車者。驂乘，車右也。近臣朝夕在君側，僕、右與君同車，不可吉凶參差，故皆從君而服。曾子問：「古者天子練冠以居。」此庶子爲君，爲其母之服也。大夫士之庶子，父在爲其母，或大功或期，父没皆三年，而爲父後者但服緦。人君之庶子，父在爲其母練冠縓緣，既葬除之，父没服大功，而爲父後者服練冠，蓋與父在爲其母之服同也。練冠在五服之外，則無可從，而服制有定，亦非可唯君所服者。而記之言乃如此，是知庶子爲君者，爲其母雖有練冠之制，而人君各以其意加隆，無復定制，故至春秋而遂有以小君之服服之者，蓋禮之失非一日也。○鄭氏云：「禮，庶子爲後，爲其母緦。言『唯君所服』，伸君也。春秋之義，有以小君服之者。時若小君在，則益不可。」於是曾子問孔疏及喪服賈疏遂有「小君没得伸」之說，皆非也。婦人無以尊厭人之法。公子爲其母之服，皆厭於君，非厭於小君，則不因小君之存没以爲伸不伸矣。且喪者不祭，庶子爲後者，爲其母緦。嗣君奉先君之宗廟，豈因小君没而得伸其私服乎？庶子爲君，爲其母練冠以居，記言「唯君所服」，蓋周末禮失耳。鄭氏謂爲「伸君」者，蓋以庶子爲後者，爲其母服緦，而唯君所服則當不限以服緦，故曰「伸君」。此雖未有以正記文之失，而順文爲解，其意尚未誤也。孔疏乃謂「公子爲其母練冠縓緣，既葬除之，君得服緦，爲伸君」，則并鄭氏之意而失之。練冠縓緣，乃公子父在爲其母之服也，父没則服大功矣，其可以服緦爲伸君乎？

公爲卿大夫錫衰以居，出亦如之，當事則弁絰。大夫相爲亦然。爲其妻，往

則服之，出則否。釋文：錫，思歷反。

錫衰以居，謂成服之後也。主人未成服，則君亦不錫衰。出，出至他所也。君於卿大夫有腹心手足之誼，爲之服錫衰，蓋既葬而後除也。當事，謂當殯、斂之事。弁絰，皮弁而加絰也。當事弁絰，則非當事當錫衰、素冠也。大夫相爲有僚友之恩，故其服亦然。喪服記曰：「朋友麻。」君爲大夫，及大夫相爲，皆錫衰以居，則其首亦加麻絰與？爲其妻，往則服之，謂往弔其喪則服錫衰也。出則否，謂既弔而出則不服也。君及大夫弔於士，皆素冠、疑衰。

凡見人無免絰，雖朝於君無免絰，唯公門有稅齊衰。傳曰：「君子不奪人之喪，亦不可奪喪也。」釋文：免音勉。朝，直遥反。稅，吐活反。

鄭氏曰：見人，謂行求見人也。無免絰，絰重也。稅猶免也。有稅齊衰，謂不杖齊衰也。於公門有免齊衰，則大功有免絰也。

愚謂下曲禮曰：「蕪屨不入公門。」蕪屨，杖齊衰之屨也。喪大記曰「大夫士既葬，公政入於家，既卒哭，弁絰、帶，金革之事無辟也」，則爲母之喪必無以齊衰、蕪屨入公門者矣。此與曲禮所言，蓋主謂齊衰期，自父在爲其母以外者也。朝於君無免絰，則冠不易矣。然則齊衰之入公門者，衣與屨皆易之，唯其在首者無變也。下曲禮又曰：「厭冠不入公門。」冠既不入，則固當免絰矣，其爲大功以下者與？

傳曰：「罪多而刑五，喪多而服五。上附下附，列也。」釋文：罪，本或作「辠」。上，時掌反。列，徐音列，本亦作「例」。○今按：列如字。

列，等也。罪雖多，刑止於五；喪雖多，服止於五。重者上附於重，輕者下附於輕，各從其等列也。

禮記卷五十五

問傳第三十七

別録屬喪服。

鄭氏曰：名曰間傳者，以其記喪服之間輕重所宜也。吴氏澄曰：間當讀爲「間厠」之間。此篇總論喪禮哀情之發，非釋經之正傳，而厠於喪服之正傳者也。愚謂名篇之義未詳，吴氏之說稍爲近是。

斬衰何以服苴？苴，惡貌也，所以首其内而見諸外也。斬衰貌若苴，齊衰貌若枲，大功貌若止，小功、緦麻容貌可也。此哀之發於容體者也。釋文：苴，七余反。見，賢遍反。齊音咨。枲，思里反。○鄭注：枲或爲「似」。○首，去聲。

鄭氏曰：有大憂者，面必深黑。止，謂不動於喜樂之事。吴氏澄曰：儀禮經「斬衰、苴絰、杖」，「齊衰、牡麻絰」，傳曰：「苴，麻有蕡者。」「牡麻，枲也。」斬衰服苴，謂衰裳、絰、杖並苴色也。苴色蒼黑，貌之惡似之。首其内而見諸外，謂内有哀情則外有此惡貌也。枲無子，麻色亦蒼而黑淺，齊衰稍輕於斬，衰絰不用苴而用枲。若苴若枲，貌各如其絰之色也。止，不動也。貌活動者象春之生，貌靜止者象秋之殺。若止，有慘戚，無歡欣也。容貌，謂貌如平常之容。小功、緦麻之服雖輕，然情之厚者，貌亦略變於常，其或不能，然而但如平常之容，則情不爲厚，而亦未至於甚薄也。

斬衰之哭若往而不反，齊衰之哭若往而反，大功之哭三曲而偯，小功、緦麻哀容可也。此哀之發於聲音者也。釋文：偯，于起反，説文作「㤅」。

鄭氏曰：三曲，一舉聲而三折也。偯，聲餘從容也。吴氏澄曰：往而不反，謂氣絶而不續。往而反，謂氣絶而微續。三曲而偯，謂聲不質直而稍文也。哀容，則彌文矣。愚謂哀容者，言雖致哀而稍爲容飾，喪彌輕也。

斬衰唯而不對，齊衰對而不言，大功言而不議，小功、緦麻議而不及樂。此哀之發於言語者也。釋文：唯，于癸反，徐以水反。

鄭氏曰：議，謂陳説非時事也。愚謂唯者，應人而已，對則有言辭矣。對者，對其所問而已，言則及於他事矣。至於議，則又有論説之詳焉。及樂，謂及於聽樂也。此與上節，皆謂始死時之聲音、言語然也。雜記云「三年之喪，言而不語，對而不問」，謂既殯居廬時，故與此不同也。

斬衰三日不食，齊衰二日不食，大功三不食，小功、緦麻再不食，士與斂焉則壹不食。故父母之喪既殯食粥，朝一溢米，莫一溢米；齊衰之喪疏食水飲，不食菜果；大功之喪不食醯、醬；小功、緦麻不飲醴酒。此哀之發於飲食者也。

釋文：與音豫。莫音暮。疏食，音嗣。醯，本亦作「醓」。

孔氏曰：齊衰二日不食，皇氏云：「謂正服齊衰也。」喪大記云「三不食」，當是義服齊衰。愚謂此云「齊衰二日不食」，喪大記云「三不食」，此云「小功、緦麻再不食」，大記云「一不食，再不食」，此云「大功既殯，不食醯、醬」，大記云大功「食飲猶期之喪」，則「疏食水飲，不食菜果」，蓋齊衰以下之喪，有降服、正服、義服之不同，故其情不能無隆殺，記者各言其大略而已。然參而觀之，則同爲一服之中，而情隆者從其隆，情殺者從其殺，其差等亦可得而見矣。

父母之喪既虞、卒哭，疏食水飲，不食菜果；期而小祥，食菜果；又期而大祥，有醯、醬；中月而禫，禫而飲醴酒。始飲酒者先飲醴酒，始食肉者先食乾肉。

釋文：期音基。中如字，徐竹仲反。禫，大感反。乾音干。

此又明父母之喪既虞、卒哭以後，飲食變除之節也。　吴氏澄曰：父母之喪既虞、卒哭，所食與齊衰既殯同，小祥後所食與大功既殯同，大祥後與小功既殯同，禫得食肉飲酒，漸復常矣。

父母之喪，居倚廬，寢苫枕塊，不説絰、帶；齊衰之喪，居堊室，芐翦不納；大功之喪，寢有席；小功、緦麻，牀可也。此哀之發於居處者也。　釋文：説，吐活反。芐，户嫁反。

鄭氏曰：芐，今之蒲苹也。　孔氏曰：蒲苹爲席，翦頭爲之，不編納其頭而藏於内也。　敖氏繼公曰：喪莫重於絰、帶，非變除之時及有故，雖寢猶不敢説，明其頃刻不忘哀也。

父母之喪，既虞、卒哭，柱楣翦屏，芐翦不納；期而小祥，居堊室，寢有席；又期而大祥，居復寢；中月而禫，禫而牀。　釋文：柱，知矩反，一音張炷反。楣音眉。

此又專明父母之喪既虞、卒哭以後，居處變除之節也。　吴氏澄曰：既、虞卒哭，芐翦不納，與齊衰初喪同，特居廬爲異耳。小祥寢有席，與大功初喪同；禫而牀，乃與小功、緦麻初喪同也。　愚謂大記云「練而食菜果」，「食菜以醯、醬」，此大祥始食醯、醬，喪服傳虞而「寢有席」，此小祥乃有席，蓋禮文曲折，禮俗或有不同，記者各記所聞也。

斬衰三升，齊衰四升、五升、六升，大功七升、八升、九升，小功十升、十一升、十二升，緦麻十五升去其半。有事其縷，無事其布，曰緦。此哀之發於衣服者也。

鄭氏曰：此齊衰多二等，大功、小功多一等，服主於受，是極列衣服之差也。孔氏曰：喪服記「齊衰四升」，「大功八升若九升，小功十升若十一升」；此經齊衰多於喪服二等，大功、小功多於喪服一等。喪服主於受服而言，以大功之殤無受服，不列大功七升。又喪服父母爲主，欲其文相值，故略而不言。喪服既略，故記者於是經備列之也。愚謂喪服記斬衰二等，此惟一等，蓋喪服主於服之相受，斬衰雖有「三升、三升有半」二等，而其受服同以六升也。此記主言親屬之服，而三升有半之斬衰乃臣爲君之服，故略之也。○賈氏公彦曰：凶服所以表哀，哀有淺深，故布有精粗。喪服十有一章，從斬至緦，升數有異。斬有正、義不同，爲父三升爲正，爲君三升半爲義，其冠同六升。齊衰三年，惟有正服四升，冠七升。繼母、慈母雖是義以配父，故與因母同。齊衰杖期，父在爲母爲妻同，正服五升，冠八升，有正而已。齊衰不杖期，有正有義：正則五升，冠八升；義則六升，冠九升。齊衰三月，皆義服，六升，冠九升。曾祖父母是正服，但正服合服小功，以尊其祖，不服小功而服齊衰，非本服，故同義服也。殤大功有降有義：爲夫之昆弟之子之長殤爲義，其餘皆降，降服衰七升，冠十升；義服衰九升，冠十一升。大功有降、有正、有義：姑、姊妹出適之等是降，婦人爲夫族是義，其餘皆正，正服衰八升，冠十升。緦衰唯有義服四升半，冠七升，諸侯之大夫爲天子而已。殤小功有降有義：婦人爲夫之族類是義，其餘皆降，降則衰冠同十升，義則同十二升。小功亦有降、有正、有義，正服衰冠同十一升也。緦麻亦有降、有正、有義，但衰冠同十五升去其半而已。　愚謂「齊衰杖期」章之「父在爲母」，「不杖」章之「爲人後者爲其父母」，「女子子適人者爲其父母」，皆由三年而降者也。周景王有后與大子之喪，而叔向謂其有三年之喪二，則妻之服雖非由三年而降，亦本有三年之義者也，則亦當爲降服矣。齊衰期正服衰五升，冠八升，則降服衰四升，冠七升，賈氏謂「齊衰期無降服」，非也。吉布十五升，而喪衰則極於小功十二升而止。十三升、十四升之布不用爲衰者，以其升數與吉布相近，不可爲吉凶之別，故緦麻用十五升去其半而爲之，蓋布雖疏而縷則精矣。

斬衰三升，既虞、卒哭，受以成布六升，冠七升。爲母疏衰四升，受以成布七升，冠八升。去麻服葛，葛帶三重。　釋文：爲，于僞反。重，直龍反。

此下四節，又申言父母之喪卒哭以後衣服變除之節也。但言「爲母疏衰四升」，然則爲母雖有三年、期之異，而其服同也。鄭氏曰：葛帶三重，謂男子也，五分去一而四糾之。帶輕，既變因爲飾也。婦人葛絰，不葛帶。舊説云：「三糾之，練而帶去一股。」去一股，則小於小功之絰，似非也。孔氏曰：三升、四升、五升之布，縷既麤疏，未爲成布；六升以下，其縷漸細，與吉布相參，故稱成布也。葛帶三重者，既虞、卒哭，要帶以葛代麻，又差小於前五分去一，唯有四分。見在三重，謂作四股糾之，積而相重，四股則三重，未受服之前麻帶爲兩股相合也。此直云「葛帶三重」，則首絰雖葛，猶兩股糾之也。○張子謂「成布事布、事縷，但未加灰練」，此似不然。雜記曰：「朝服十五升去其半而緦，加灰焉錫也。」喪服傳曰「無事其縷，有事其布，曰錫」，則所謂「有事」者，即加灰練之耳。三年之練冠，始練大功布爲之，然則齊衰之冠，既葬而練之，大功、小功始喪而練之矣。練冠特練其布，則喪冠之縷皆無事也。緦衰有事其縷，錫衰有事其布，則小功以上之衰，布、縷皆無事也。小功衰三等，其冠衰之升數皆同，而其冠則有事之，則亦精於衰矣。緦衰有事其縷，則其冠布、縷皆有事與？

期而小祥，練冠、縓緣，要絰不除。男子除乎首，婦人除乎帶。男子何爲除乎首也？婦人何爲除乎帶也？男子重首，婦人重帶。除服者先重者，易服者易輕者。釋文：縓，七戀反。緣，徐音掾，悦絹反。要，一遥反。

練冠、縓緣，說見檀弓。鄭氏曰：婦人重帶，帶在下體之上，婦人重之，辟男子也。其爲帶猶五分絰去一耳。易服，謂爲後喪所變也。

又期而大祥，素縞、麻衣。 釋文：縞，古老反，又古報反。

鄭氏曰：麻衣十五升，布深衣也。大祥除衰杖。愚謂素縞，縞冠素紕也。說見玉藻。大祥之祭，縞冠、朝服，既祭，其冠不變，而服麻衣以居，麻衣用十五升吉布爲之，而以縓爲緣者也。練中衣已用縓緣，然喪服之中衣皆用其衰之布爲之，而其袂繼揜尺，是以謂之長衣。麻衣用吉布爲之，而其袂不復繼揜尺，故不曰「長衣」而曰「麻衣」也。大祥既除喪，則服之爲外服。喪服記曰：「公子爲其母，練冠麻，麻衣、縓緣；爲其妻，縓冠，葛絰、帶，麻衣、縓緣。皆既葬除之。」此其冠即小祥之冠，其衣即大祥之衣也。蓋公子爲其母及妻之服，本有練、有祥者也，特以厭於君而不得伸，故雖既葬而除，而其服則練、祥皆備，所以明其本有此服，而有爲而降也。由彼推此，則大祥麻衣之制，灼然可見矣。鄭乃謂「麻衣無采飾」，非也。

中月而禫，禫而纖，無所不佩。 釋文：纖，息廉反。○鄭注：纖或作「綅」。

鄭氏曰：黑經白緯曰纖。疏云：戴德變除禮文。舊說：「纖，冠者采纓也。」無所不佩，紛帨之屬如平常也。又士虞記注曰：「中猶間也。禫，祭名也，與大祥間一月。自喪至此，凡二十七月。禫之言澹澹然，平安意也。」孔氏曰：無所不佩，此謂禫祭既畢，吉祭以後，始得無所不佩。若吉祭以前，禫祭雖竟，未得無所不佩，以其尚纖冠、玄端、黄裳，故知吉祭以後始從吉也。愚謂自祥而禫，自禫而即吉，其服有六：祥祭縞冠、朝服，一也。既祭縞冠、麻衣，二也。禫祭玄端、綅冠，三也。禫訖綅冠、深衣，四也。吉祭玄冠、玄端，五也。祭後復常，六也。説詳雜記。

易服者何爲易輕者也？斬衰之喪既虞、卒哭，遭齊衰之喪。輕者包，重者特。

自此以下，皆因上文易服之義而申之也。鄭氏曰：既虞、卒哭，謂齊衰可易斬服之節也。輕者可施於卑，服齊衰之麻，以包斬衰之葛，謂男子要，婦人首也。重者宜主於尊，謂男子之首，婦人之要，特其葛不變之也。此言「包」「特」者，明於卑可以兩施，而尊者不可貳。愚謂包，謂以新包舊也。特，獨也，謂獨主於重喪也。婦人不葛帶，鄭云「特其葛」，據男子言之耳。

既練，遭大功之喪，麻、葛重。釋文：重，直龍反。

鄭氏曰：此言大功可易斬服之節也。斬衰已練，男子除絰，而帶獨存，婦人除帶，而絰獨存，謂之單。單，獨也。遭大功之喪，男子有麻絰，婦人有麻帶，又皆易其輕者以麻，謂之重麻。既虞、卒哭，男子帶其故葛帶，絰期之葛絰，婦人絰其故葛絰，帶期之葛帶，謂之重葛。孔氏曰：云「絰期之葛絰」，「帶期之葛帶」者，麤細與期同，其實是大功之絰，大功之帶也。

齊衰之喪既虞、卒哭，遭大功之喪，麻、葛兼服之。

鄭氏曰：此言大功可易齊衰期服之節也。兼猶兩也。不言「包」「特」而言「兩」者，包、特著其義，兼者明有絰、有帶耳。不言「重」者，三年之喪既練，或無絰，或無帶。言「重」者，以明今皆有，期以下固皆有矣；兩者，有麻、有葛耳，葛者亦特其重，麻者亦包其輕。孔氏曰：此即前「輕者包，重者特」之義。齊衰既虞、卒哭，遭大功之喪，男子則以大功麻帶易齊衰之葛帶，其首猶服齊衰葛絰，是首有葛，要有麻，故云「麻、葛兼服之」。「兼服」之文，據男子也。婦人則首服大功之麻絰，要服齊衰之麻帶，上下俱麻，不得云「麻、葛兼服」也。

斬衰之葛，與齊衰之麻同；齊衰之葛，與大功之麻同；大功之葛，與小功之麻同；小功之葛，與緦之麻同。麻同則兼服之。

鄭氏曰：此竟言有上服，既虞、卒哭，遭下服之差也。唯大功有變三年既練之服，小功以下，則於上皆無易焉。此言「大功之葛與小功之麻同，小功之葛與緦之麻同」，主爲大功之殤長、中言之。孔氏曰：後服之麻與前服之葛麤細同，則得服後麻，兼服前葛也。按服問，小功、緦不得變大功以上。此小功之麻得變大功之葛，緦之麻得變小功之葛，謂成人大功之殤在長、中者也。

兼服之服重者，則易輕者也。

鄭氏曰：服重者，謂特之也。則者，則男子與婦人也。凡下服，虞、卒哭，男子反其故葛帶，婦人反其故葛絰，其上服除，則固自受以下服之受矣。孔氏曰：前文「麻、葛兼服」，但施於男子，不包婦人；此言「易輕者」，男子則易於要，婦人則易於首，男子、婦人俱得易輕也。云「凡下服，虞、卒哭，男子反其故葛帶，婦人反其故葛絰」者，此明遭後服初喪，男子、婦人雖易前服之輕，至後服既葬之後，還須反服其前喪，故云「男子反服其故葛帶，婦人反服其故葛絰」。但經文據其後喪初死，得易前喪之輕，註意則謂後喪服滿，還反服前喪輕服，故經、註稍異也。愚謂兼服之者，謂兼輕重服之絰、帶而服之也。服重者，謂爲重喪服其重者，謂男子首絰，婦人要帶也。易輕者，謂以輕服易其輕者，謂男子要帶，婦人首絰也。至輕喪既虞、卒哭，則反服重喪；至重喪既除，則又專服輕喪也。鄭氏註自「凡下服，虞、卒哭」以下，皆以補記文之所未及，疏謂「經、註稍異」，非也。

三年問第三十八別録屬喪服

此篇設問，以發明喪服年月之義，又見於荀卿之書，蓋其所作也。

三年之喪何也？曰：稱情而立文，因以飾羣，别親疏、貴賤之節，而弗可損益也。故曰：「無易之道也。」釋文：稱，尺證反。别，彼列反。

鄭氏曰：稱情而立文，稱人情之輕重，而制其禮也。無易，猶不易也。孔氏曰：飾，謂章表也。羣，謂五服之親，因三年之喪差降，而各表其親黨也。親，謂大功以上。疏，謂小功以下。貴，謂天子諸侯絶期、卿大夫降期以下。賤，謂士、庶人服族也。無易之道，引舊語、成文也。愚謂此雖問三年之喪，其實總問三年以下五服之義也。人於親黨，其情之有厚有薄，乃天理之當然而不可易者。先王稱此以立禮文，故服制不可得而損益也。

創鉅者其日久，痛甚者其愈遲。三年者，稱情而立文，所以爲至痛極也。斬衰、苴杖，居倚廬，食粥，寢苫枕塊，所以爲至痛飾也。釋文：創音瘡，初良反。愈，徐音庾。枕，之鴆反。

此下五節，專明三年之喪之義。孔氏曰：鉅，大也。創小則易差，創大則難愈。愈，差也。

賢者喪親，傷腎乾肝，齗斵之痛，其創既甚，故其差亦遲也。既痛甚差遲，故稱其病情而立三年之文以表之。愚謂三年之喪若斬，故創鉅痛甚。

三年之喪，二十五月而畢，哀痛未盡，思慕未忘，然而服以是斷之者，豈不送死有已，復生有節也哉！釋文：思如字，一音息吏反。斷，丁亂反。復音伏。鄭氏曰：復生，除喪反生者之事也。吳氏澄曰：大祥後所服，非喪之正服也。喪之正服，止於二十五月。

凡生天地之間者，有血氣之屬必有知，有知之屬莫不知愛其類。今是大鳥獸則失喪其羣匹，越月踰時焉，則必反巡過其故鄉，翔回焉，鳴號焉，蹢躅焉，踟蹰焉，然後乃能去之。小者至於燕雀，猶有啁噍之頃焉，然後乃能去之。故有血氣之屬者莫知於人，故人於其親也，至死不窮。釋文：喪，息浪反。號音豪。蹢，本又作「躑」，直亦反，徐治革反。躅，徐音馳，字或作「踟」。蹰音厨。啁，張留反。噍，子流反。知音智。鄭氏曰：言燕雀之恩不如大鳥獸，大鳥獸不如人，含血氣之類，人最有知而恩深也。於其五服之親，念之無止已。愚謂於其親，謂於其父母也。

將由夫患邪淫之人與？則彼朝死而夕忘之，然而從之，則是曾鳥獸之不若也。夫焉能相與羣居而不亂乎？釋文：夫音扶。人與，音餘。曾，則能反。焉，於虔反。

鄭氏曰：言惡人薄於恩，死則忘之，其相與聚處，必失禮也。　愚謂恩莫厚於父母，淫邪之人於父母且朝死而夕忘之，則其於所薄者可知矣，此所以羣居而必至於亂也。

將由夫修飾之君子與？則三年之喪，二十五月而畢，若駟之過隙，然而遂之，則是無窮也。

鄭氏曰：駟之過隙，喻疾也。遂之，謂不時除也。　孔氏曰：駟，謂駟馬。隙，謂空隙。駟馬峻疾，空隙狹小，以峻疾而過狹小，急速之甚。釋文：過，古卧反，徐音戈。隙，本又作「郤」，去逆反。

故先王焉爲之立中、制節，壹使足以成文理，則釋之矣。

鄭氏曰：立中、制節，謂服之年月也。釋猶除也，去也。　孔氏曰：焉是語辭。君子、小人，其意不同，故先王爲之立中人之制，以爲年月限節。壹，謂齊同。言君子、小人皆齊同。三年一閏，天道小成，又子生三年，然後免於父母之懷，故服以三年，使足以成文章、義理，則除去其服。　愚謂由淫邪之人，則哀不足以及乎三年；由脩飾之君子，則哀不止於三年。故先王斟酌乎賢、不肖之間，立爲中道，制其節限，使賢者俯而就之，不肖者企而及之。文，謂文章。理，謂條理。三年之中，有殯、葬、虞、祔、練、祥之禮，而使之足以成文章；有變除之節，而使之足以成條理。如此，則可以除去其服矣。此喪之所以斷以三年也。

然則何以至期也？曰：至親以期斷。是何也？曰：天地則已易矣，四時則已變矣，其在天地之中者，莫不更始焉，以是象之也。釋文：期音基。斷，丁亂反。更，古衡反。

此明期喪之義也。何以至期，問期喪何以至期而畢也。○何以至期也，鄭氏以爲此「期」謂爲人後者，及父在爲母；孔氏以爲禮期而練，男子除絰，婦人除帶，此問其一期應除之義。今按下文「何以三年也」，問三年之義，「由九月以下何也」，問大功以下之義，則此「何以至期」，乃泛爲期喪設問。故下文又總之曰「故三年以爲隆，緦、小功以爲殺，期、九月以爲間」，固非問三年之練除，亦非專問爲人後者及父在爲母之服也。按「然則何以至期也」，荀子作「然則何以分之」，是總問五服之分限，故下文歷言五服之日月以釋之，其義尤明。楊倞注：「分，半也，謂半於三年。」是欲以牽合禮記「何以至期」之意而反失之。

然則何以三年也？曰：加隆焉爾也。焉使倍之，故再期也。釋文：加隆焉爾，一本作「加隆爲爾」。倍，步罪反。

此因至親以期斷而轉明三年之義也。

由九月以下何也？曰：焉使弗及也。

此明九月以下之喪之義也。至親以期斷，恩隆於期則爲三年，不及乎期則爲九月、五月、三月之喪也。

故三年以爲隆，緦、小功以爲殺，期、九月以爲間。上取象於天，下取法於地，中取則於人，人之所以羣居和壹之理盡矣。

鄭氏曰：取象於天地，謂法其變易也。自三年以至緦，皆歲時之數也。釋文：殺，所界反。

孔氏曰：間，隆殺之間也。上取象於天，下取法於地者，天地之氣，三年一閏，是三年取象於一閏；天地一期物終，是一期取象於一周；九月象陽數，又象三時而物成也；五月象五行，三月象天地一時而氣變。此五服之節皆取法於天地也。中取則於人者，子生三年，然後免於父母之懷，故服三年；人之一歲，情意改變，故服一期；九月、五月、三月之屬，亦逐人情而減殺。是中取則於人。取法天地與人，三才並備，故能調和羣衆聚居，和諧專壹，義理盡備矣。愚謂此總結五服之義。大功以上謂之親，小功以下謂之疏。期、九月者雖不及三年之加隆，而其情未至於殺也，故曰「期、九月以爲間」，言在隆殺之間也。三年之喪，以象三年一閏，期之喪象一年，九月象三時，五月象二時，三月象一時，此法象於天地也。人情莫隆於父母，由此而上殺、下殺、旁殺，而服之輕重出焉，此取則於人也。親屬相爲服，則親親之誼篤，故人之所以羣衆居處，和睦而不至於乖離，純壹而不至於僞薄者，其理盡於此矣。

故三年之喪，人道之至文者也。夫是之謂至隆。

此以下，又專明三年之義也。文，以禮言；隆，以情言。

是百王之所同，古今之所壹也，未有知其所由來者也。

鄭氏曰：不知其所由來，喻此三年之喪，前世行之久矣。孔氏曰：古之葬者，厚衣之以薪，葬之中野，喪期無數。尚書云：「百姓如喪考妣，三載。」此云「不知所從來者」，但不知定在何時。唐、虞以前，喪服與吉服同，皆以白布爲之。故郊特牲云「大古冠布，齊則緇之」，若不齊則皆用白布。至三代以下，吉凶異也。愚謂三年之喪，人情之實也。蓋自天地生人，而親愛其父母之心固已與之俱生矣。則親死而哀之者，乃生人所自有之心，而先王特因而飾其禮焉爾。其由來不已久乎！

孔子曰：「子生三年，然後免於父母之懷。」夫三年之喪，天下之達喪也。

鄭氏曰：達，謂自天子至於庶人。○馬氏晞孟曰：世衰道微，狃於習俗，宰我親受業於聖門，猶以「期可已」爲問，則此書亦有爲而作也。

禮記卷五十六

深衣第三十九

別録屬制度。

鄭氏曰：深衣，用十五升布，鍛濯灰治，純之以采。　孔氏曰：諸侯、大夫、士夕時之服也。故玉藻曰：「朝玄端，夕深衣。」庶人吉服亦深衣，皆著之在表也。餘服上衣、下裳不相連，深衣衣、裳相連，被體深邃，故謂之深衣。　愚謂禮衣上衣、下裳，深衣連衣、裳爲之，以其用於燕私，尚簡便也。自深衣之外，與深衣同制而其用不同者有三：一曰中衣，衣於禮服之内者，玉藻所言「錦衣」、「玄綃衣」、「絞衣」、「緇衣」之屬是也。中衣之所用，與禮服同。祭服皮弁用繒，朝服玄端用布，故玉藻曰：「以帛裏布，非禮也。」而别以華美之物爲之領緣，故郊特牲言「黼、繡、丹朱、中衣」。大夫士亦以采色爲之，故裼謂之見美，謂見此中衣之領緣也。一曰長衣，喪服之中衣也。中衣、長衣之袂皆繼掩尺。　聘禮：「遭喪，將命於大夫，主人長衣、練冠以受。」雜記：「如筮，則史練冠、長衣以筮。」蓋喪中因事而脱衰，則不復加餘服，而即以中衣爲上服，故喪服之中衣不謂之中衣，而謂之長衣，以其袂名其衣也。檀弓：「練，練衣黄裏、縓緣。」又曰：「袪，裼之可也。」蓋練中衣始用縓緣，故可裼以見美，然則自練以前未有飾也。一曰麻衣，大祥之所服也。麻衣用十五升布爲之，而亦緣以縓，喪服記「公子爲其母，練冠，麻衣縓緣」，是也。縓緣者，布也。麻衣即深衣。大祥既除衰，故服麻衣以居。深衣之緣，或以繢，或以青，或以素，皆繒也。而麻衣仍小祥之縓緣，則猶未離乎凶也。此篇專明深衣之制。由深衣之制以推之，則中衣、長衣、麻衣之制亦可見矣。

古者深衣蓋有制度，以應規、矩、繩、權、衡。釋文：應，於證反。

鄭氏曰：言聖人制事必有法度。　愚謂此爲一篇之綱，其説在下。

短毋見膚，長毋被土，釋文：見，賢遍反。被，彼義反。

鄭氏曰：毋見膚，衣取蔽形。毋被土，爲汙辱也。　愚謂此總言衣、裳長短之制也。人身雖有長短，而深衣皆以及踝爲度也。

續衽鉤邊，要縫半下。釋文：鉤，古侯反。要，一遥反。縫，扶用反。○鄭注：續或爲「裕」。要或爲「優」。

此言裳之制也。　鄭氏曰：續猶屬也。衽，在裳旁者也。屬連之，不殊裳前後也。鉤邊，若今曲裾也。三分要中，減一以益下，下宜寬也。　愚謂深衣之裳，用布六幅，而斜裁爲十二幅：前六幅，後六幅。於前幅左右之兩旁，用布續之，以掩其前後際，謂之衽。衽之在左者，續於前幅，而縫著於後幅；其在右者，但續於前幅而不縫著，至衣之，則掩於後幅也。鉤，曲也。邊，即衽之交掩處也。深衣之裳，幅上狹而下廣，其衽之掩於後幅者則上廣而下狹，二者相交，上下皆廣，而中央獨狹，則其形鉤曲矣。勉齋黄氏與朱子論深衣之制云「曲裾，以一幅布交解之爲兩條，上闊下狹，綴之兩旁，如燕尾然」，是也。禮衣之衽，垂於裳之兩旁，而不屬於裳。其裳用正幅而襞積之，與衽相值之處亦無鉤邊之象，故續衽鉤邊惟深衣之制爲然。要縫，謂要中所縫紩之度也。下，謂齊也。深衣之裳，用布六幅，斜裁爲十二幅。布廣二尺二寸，除四寸爲縫，餘布一尺八寸，三分之：狹頭得一分，爲六寸，合十二幅，則爲七尺二寸也；闊頭得二分，爲一尺二寸，合十二幅，則爲一丈四尺四寸也。以七尺二寸爲要，以一丈四尺四寸爲齊，是要縫之度，半於齊縫之度也。

袼之高下，可以運肘；袂之長短，反詘之及肘。釋文：袼，本亦作「貉」，音各。肘，竹九反，又張柳反。袂，彌世反。詘，邱勿反。○鄭注：肘或爲「腕」。

此言衣之制也。袼之高下，可以運肘，言袂之寬隘之度也。袂之長短，反詘之及肘，又言其長短之度也。鄭氏曰：肘不能不出入。袼，衣袂當掖之縫也。袂屬幅於衣，詘而至肘，當臂中爲節。臂骨上下各尺二寸，則袂，肘以前尺二寸。孔氏曰：袼，謂當臂之處，宜稍寬大，可以運動其肘。袂二尺二寸，肘尺二寸，是可運肘也。袂之長短，反詘之及肘者，袂長二尺二寸，并緣寸半，爲二尺三寸半，除去其縫之所殺各一寸，餘有二尺一寸半在，從肩至手二尺四寸。今二尺一寸半之袂，得反詘及肘者，以袂屬於衣，幅闊二尺二寸，自脊至肩但尺一寸，從肩覆臂又尺一寸，是衣幅之畔覆臂將盡，今又屬袂於衣又二尺一寸半，故反屈其袂，得及於肘也。劉氏曰：古者布幅二尺二寸，深衣裁身用布八尺八寸，中屈而四疊之，則正方。袖本齊之，而漸圜殺以至袪，則廣一尺二寸，故下文云「袂圜應規」也。衣四幅，而要縫七尺二寸，又除負繩之縫與領旁之屈積各寸，則兩腋之餘，前後各三寸許，續以二尺二寸幅之袖，則二尺有五寸也。然周尺二尺五寸，不滿今舊尺二尺，僅足齊手，無餘可反屈也，曰「反屈及肘」，則接袖初不以一幅爲拘矣。經言「短無見膚，長無被土」，及「袼可運肘」，「袂反及肘」，皆以人身爲度，而不言尺寸者，以人身有大小長短之殊故也。朱子云「度用指尺，中指中節爲寸」，則各自與身相應矣。愚謂反屈及肘，劉氏與鄭、孔之說不同，以人情言之，劉氏爲近是。

帶，下毋厭髀，上毋厭脅，當無骨者。釋文：厭，於甲反。髀，卑婢反。脅，許劫反。當，丁郎反。

此言束帶之法也。大夫以上有雜帶，深衣之帶也。士無雜帶，則深衣亦用大帶矣。髀與脅皆有骨，脅之下，髀之上，無骨之處也。鄭氏曰：帶當骨，緩急難爲中也。

制十有二幅，以應十有二月，袂圜以應規，曲袷如矩以應方，負繩及踝以應直，下齊如權、衡以應平。故規者，行舉手以爲容，負繩、抱方者，以直其政，方其義也。故易曰：「坤六二之動，直以方也。」下齊如權、衡者，以安志而平心也。五法已施，故聖人服之。故規、矩取其無私，繩取其直，權、衡取其平。故先王貴之。釋文：應，「應對」之應。圜音圓。袷音劫。踝，胡瓦反。齊音咨，亦作「齎」。○鄭注：政或爲「正」。

此總言深衣制度，以釋首節之義也。鄭氏曰：制十有二幅，裳六幅，幅分之，以爲上下之殺也。袂圜，謂胡下也。袷，交領也。古者方領，如今小兒衣領。繩，謂裻與後幅相當之縫也。踝，跟也。齊，緝也。行舉手，謂揖讓。引易者，言深衣之直、方，應易之文也。心平志安，行乃正，或低或昂，則心有異志者與？五法已施，聖人服之，言非法不服也。孔氏曰：

鄭以漢時領皆向下交垂，故云「古者方領」；似今擁咽，故云「若今小兒衣領」，但方折之也。衣之背縫，及裳之背縫，上下相當，如繩之正，故云「負繩」。負繩，背之縫也。抱方，領之方也。直其政，解「負繩」；方其義，解「抱方」也。　愚謂五法，謂規、矩、繩、權、衡也。言「聖人服之」，則天子或亦服之與？

故可以爲文，可以爲武，可以擯、相，可以治軍旅。完且弗費，善衣之次也。釋文：相，息亮反。費，芳貴反。

此又言深衣之所用也。治軍旅，謂若卿大夫以下作民師田、行役之事也。擯、相，謂大夫士相見，而爲之接賓、相禮也。擯、相，文事；軍旅，武事。言深衣不獨施於燕私也。　鄭氏曰：完且弗費，言可苦衣而易有也。善衣，朝、祭之服也。自士以上，深衣爲之次，庶人吉服，深衣而已。　呂氏大臨曰：深衣之用，上下不嫌同名，吉凶不嫌同制，男女不嫌同服。諸侯朝朝服，夕深衣；大夫士朝玄端，夕深衣；庶人吉服深衣。此上下同也。有虞氏深衣而養老；將軍文子除喪受弔，練冠、深衣；親迎，女在途，壻之父母死，深衣、縞、總以趨喪。此吉凶、男女同也。推其義類，則非朝、祭皆可服之，故曰「可以爲文，可以爲武，可以爲擯、相，可以治軍旅」也。

具父母、大父母，衣純以繢。具父母，衣純以青。如孤子，衣純以素。純袂、緣、純邊，廣各寸半。釋文：大音太。純，之允反。繢，户對反。緣，悦絹反。廣，古曠反。○孔疏：「緣讀爲緆。」音錫，又以豉反。

此言純、緣之法也。鄭氏曰：尊者存，以多飾爲孝。純，謂緣之也。繢，畫文也。三十以下無父，稱孤。緣袂，謂其口也。緣，緆也。緣邊，衣、裳之側。廣各寸半，則表、裏共三寸矣。唯袷廣二寸。孔氏曰：具父母、大父母，所尊俱在，純以繢。若其不具，一在一亡，不必純以繢也。有父母而無祖父母，以爲吉不具，故飾少而純以青，降於繢也。若無父母，唯祖父母在，亦當純以青。純，緣也。純袂，謂純其袂口也。緣讀爲緆。既夕禮云明衣「縓綼、緆」，鄭注云：「在幅曰綼，在下曰緆。」此云「緆」，則深衣之下緣也。純邊，謂深衣之旁側也。深衣外衿之邊有緣，裳雖前後相連，然外邊曲裾掩處，其側亦有緣也。廣各寸半者，言純袂口及裳下之緆，并純旁邊，其廣各寸半。陳氏祥道曰：純以繢，備五采以爲樂也。純以青，體少陽以致敬也。純以素，存凶飾以致哀也。愚謂繢、青、素，皆繒也。朝、祭之服，其飾有一定，深衣用於燕居，故其飾有是三者之異。上云「具父母，衣純以青」，下言「孤子，衣純以素」，則是無父者皆孤也。鄭云「三十以下無父爲孤」，非也。家無二尊，父没母存，則純當以素；母没父存，純猶以青也。大父母亦然。孔概云「一在一亡，不得純以繢」，亦非也。

投壺第四十

別録屬吉禮。

大夫士與賓客燕飲，而投壺以樂賓，其禮如此，亦儀禮經之正篇也。孔氏曰：投壺與射爲類，此於五禮宜屬嘉禮，或云：「宜屬賓禮。」

投壺之禮：

此亦總目一篇之事也。呂氏大臨曰：投壺，射之細也。燕飲有射以樂賓，以習容而講藝也。或庭之脩廣不足以張侯置鵠，賓客之衆不足以備官比耦，則用是禮也。雖弧矢之事不能行，而比禮比樂，志正體直，所以觀德者猶在，此先王所以不廢也。應氏鏞曰：壺，飲器也。其始必於燕飲之間，謀以樂賓，或病於不能射也，舉席間之器以寓射節焉。制禮者因爲之節文，此投壺之所由興也。孔氏曰：投壺是大夫士之禮。經云「主人請賓」，是平敵之辭，與鄉飲、鄉射同，故知是大夫士也。若諸侯，則燕禮、大射，每事云「請於公」，不得云「主人請賓」也。諸侯相燕，亦有投壺，故左傳「晉侯與齊侯燕」，「投壺」。然則天子亦有之。　愚謂投壺，射之類也。然射禮重而投壺禮輕，射禮繁而投壺禮簡。燕禮云：「若射，則大射正爲司射，如鄉射之禮。」諸侯燕射之禮如鄉射，大夫士之燕射，其禮宜簡於諸侯，其投壺之禮又簡於燕射也。

主人奉矢，司射奉中，使人執壺。釋文：奉，芳勇反。

鄭氏曰：燕飲酒，既脱屨升坐，主人乃請投壺也。否則或射，所謂燕射也。矢，所以投者也。中，士則鹿中也。射人奉之者，投壺，射之類也。其奉之，西階上，北面。　孔氏曰：知脱屨升坐，主人乃請投壺者，按燕禮「取俎以出」，「卿大夫皆降」，「賓反入，及卿大夫皆脱屨，升就席」，「羞庶羞」之後，乃云「若射，則大射正爲司射」，則知此投壺亦脱屨升坐之後。若鄉射之禮，則在飲酒未旅之前爲射，以其詢衆庶，禮重，異於燕射也。中，謂受算之器。鄉射記云「大夫兕中」，「士鹿中」，其形刻木爲之，狀如兕、鹿而伏，背上立圓圈，以盛算。云「奉之西階上，北面」者，按鄉射禮將射，司射「升自西階，階上北面，告於賓」，故知此司射奉中亦在西階上北面。使人執壺者，使人執所投之壺於司射之西而北面也。所以皆在西階上者，欲就賓處也。唯云「使人」，不言官者，以賤略之也。　愚謂鄉射主於射，故射行於未旅酬之前；燕禮主於飲酒，故燕射與投壺行於既旅酬，脱屨升坐之後。矢用木爲之，而不去皮，無羽、鏃之屬，與射者之矢不同。但投壺本所以代射，故亦因名爲矢焉。鄉射禮盛矢以楅，「設於中庭，南北當洗」。投壺之禮，蓋亦於中庭設楅以盛矢，主人將請賓，則贊者取矢於楅，以授主人，主人受之以奉於賓也。主人席於阼，賓席於牖間；主人奉矢時，降席立於阼階上，西面，客亦降席立於西階上，東面。射禮有司射，以主其禮，投壺，射之類，故其主禮者亦曰司射。中，盛算之器，蓋刻木爲兕、鹿之形，而鑿其背以受算也。奉中、執壺者，爲將設之也。設壺、設中，皆司射之事，執壺者贊爲之耳。投壺於堂，則釋算當在堂上。下文云「設中，東面」，則設之在西也，是中設於西階上矣。司射之位在中西，東面，是時奉中升堂，預度所設中西之位而立焉，執壺者在其南，皆東面。

主人請曰：「某有枉矢、哨壺，請以樂賓。」賓曰：「子有旨酒、嘉肴，某既賜矣，又重以樂，敢辭。」釋文：哨，七笑反，徐又以救反。樂音洛，下同，一讀下「以樂」音岳。重，直用反。

鄭氏曰：枉、哨，不正貌，爲謙辭。王氏肅曰：枉，不直。哨，不正也。愚謂又重以樂，言又重以投壺之禮以爲歡樂也。

主人曰：「枉矢、哨壺不足辭也，敢固以請。」賓曰：「某既賜矣，又重以樂，敢固辭。」主人曰：「枉矢、哨壺不足辭也，敢固以請。」賓曰：「某固辭不得命，敢

不敬從。」

鄭氏曰：不得命，不以命見許。　愚謂鄉射禮請射，賓不辭，此賓乃再辭者，鄉射爲射而舉，投壺則燕飲之間所以樂賓者也。燕禮不言「請射」「賓辭」，臣於君命不敢辭也。若敵者行燕射，則賓亦當有辭讓之辭如此禮與？鄉射禮「司射請射」，「賓許，適阼階上，告主人」。此主人親請賓，投壺禮簡故也。

賓再拜受，主人般還，曰：「辟。」主人阼階上拜送，賓般還，曰：「辟。」釋文：般，步干反。還音旋。辟音避，徐扶亦反。

鄭氏曰：賓再拜受，拜受矢也。主人既辟，進授矢兩楹之間也。拜送，送矢也。辟亦於其階上。　孔氏曰：般還，謂盤曲折還。曰「辟」者，言辟而不敢受也。賓既許主人投壺，乃於西階上北面再拜遥受矢。主人般還曰「辟」者，欲止賓之拜也。於是賓及主人各來兩楹之間，俱南面，主人在東，授矢與賓。主人既授矢，還歸阼階上，北面拜送矢也。賓受矢之後，歸於西階上，見主人之拜，般還曰「辟」，亦止主人拜也。

右請投。

已拜，受矢，進即兩楹間，退反位，揖賓就筵。

鄭氏曰：主人既拜送矢，又自受矢。進即兩楹間者，言將有事於此也。退乃揖賓即席，欲與偕進，明爲耦也。賓席、主人席皆南鄉，間相去如射物。孔氏曰：投壺是射之類，故知席相去如射物。物，射者所立之處，兩物相去容一弓。故鄉射記云：「物長如笴，其間容弓。」愚謂已拜者，主人已拜送矢也。受矢者，贊者以主人所投之矢授主人，而主人受之也。進即兩楹間，示將投壺於此，而使人設筵也。鄉射記云：「序則物當棟，堂則物當楣。」此設筵在兩楹間，則亦當楣矣。反位，反阼階上之位也。主人既反位，使者設筵，主人遂揖賓就筵也。衆耦投壺，皆就兩楹間之筵，主人與賓爲耦，先投，故先揖賓就筵也。投壺或在堂，或在室，或在庭，此言「進即兩楹間」，謂在堂之禮也。若室中，蓋在中霤之稍北，庭中，蓋在兩階間之少南與？以室中迫狹，而庭中曠遠，其設筵皆宜近北也。

右賓主就筵。

司射進度壺，間以二矢半，反位，設中，東面，執八算興。釋文：度，徒洛反。

鄭氏曰：度壺，度其所設之處也。壺去坐二矢半，則堂上去賓席、主人席邪行各七尺也。反位，西階上位也。設中，東面，既設中，亦實八算於中，横委其餘於中西，執算而立，以請賓俟投。孔氏曰：投壺有三處，室中、堂上及庭中。矢有長短，隨地廣狹，而度壺皆使去席二矢半也。室中矢五扶，壺去席五尺；堂上矢七扶，壺去席七尺；庭中矢九扶，壺去席九尺。既設中於中西，東面，手執八算而起，其中裹亦實八算。鄉射禮：「實八算於中。」投壺，射之類，故亦然。愚謂進度壺者，受壺於執壺者，進至筵前，度其遠近之節而設之也。間以二矢半，其所度之度也。先設壺而後設中，事之次也。反位，反其西階上之位也。司射受壺之時，其中蓋以授執壺者，既設壺反位，則受中於執壺者而設之也。鄉射禮：「釋獲者設中。」投壺無釋獲者，故司射設之東面者，中象兕、鹿，使其面向東也。司射之位在中西，東面，於此言「反位，設中」，則知司射奉中時已在此位矣。算，所以記獲之籌也。執八算興者，一耦共投八矢，執八算於手，擬釋賓與主人之獲也。

右度壺、設中。

請賓曰：「順投爲入，比投不釋，勝飲不勝者。正爵既行，請爲勝者立馬，一馬從二馬。三馬既立，請慶多馬。」釋文：比，毗志反。勝飲，上尺證反，下於鴆反。爲，于僞反。

○釋文無「一馬從二馬」句。孔疏云：「定本無此句。」

鄭氏曰：請猶告也。順投，矢本入也。比投，不拾也。正爵，所以正禮之爵也。或以罰，或以慶。馬，勝算也。謂之馬者，若云技藝如此，任爲將帥乘馬也。射、投壺，皆所以習武，因爲樂。孔氏曰：此經明司射執八算，起而告賓爲投壺之法也。順投爲入者，矢有本、末，投矢於壺，以矢本入者乃名爲入，爲之釋算。若以矢末入，則不名爲入，不爲釋算也。比，頻也。賓主當更遞而投，若不待後人投而己頻投，雖入亦不爲之釋算也。正爵，謂勝飲不勝之爵也。慶馬勝算，亦爲正爵，以其爲正禮也。立馬，取算以爲馬，表於勝數也。一馬從二馬者，每一勝即立一馬，禮以三馬爲成，但勝偶未必專頻得三，若勝偶得二，劣偶得一，一既劣於二，故徹取劣偶之一，以足勝耦爲三也。三馬既立，請慶多馬者，若頻得三馬，或取彼馬足爲三馬，是其勝已成，又酌酒慶賀於多馬之偶也。按鄉射禮三耦先射，賓主乃射。投壺禮不立三耦者，投壺輕於射也。方氏慤曰：上言「入」，下言「釋」，互明之也。呂氏大臨曰：矢本入，則本、末之序正；左右拾投，則賓主之儀答。不如是，則雖投不爲入，雖入不釋算，所以責審固，詳節文也。故射與投壺，所以觀人之德，必容體比於禮，容節比於樂，不尚於苟中也。愚謂自「順投爲入」以下，皆請賓之辭也。矢以木爲之，以本爲下，以末爲上，故以本投者謂之順。罰爵、慶爵，固皆謂之正爵，然此云「正爵」，乃專指罰爵而言。鄭兼下文解之，故云「或以罰，或以慶」也。馬，所以表勝者也。周禮大司馬註引漢田律云「爭禽不審者，罰以假馬」，賈疏謂「馬爲獲禽之籌」。陳用之云：「漢人格五之法，有功馬、散馬，皆刻馬象而植焉。」或投壺之馬亦如此與？為勝者立馬者，司射為勝者立馬以表之。孔疏「勝者自表堪爲將帥」，非也。

右請賓。

請主人亦如之。

孔氏曰：鄉射禮司射請賓於西階上，請主人於阼階上，此請賓、請主人亦皆就賓主之前也。

右請主人。

命弦者曰：「請奏貍首，間若一。」大師曰：「諾。」釋文：貍，吏持反。間，「間厠」之間。大音泰。○今按：「間」字，孔疏讀「中間」之間，釋文讀爲「間厠」之間，釋文爲長。

鄭氏曰：弦，鼓瑟者也。貍首，詩篇名也，今逸。間若一者，投壺當以爲志、取節焉。孔氏曰：鄭知鼓瑟者，約鄉射禮用瑟也。間若一者，謂前後樂節，中間疏、數如一也。投壺者當聽之以爲志，取、投合於樂節，故須中間若一也。既非諸侯投壺，而奏貍首者，猶如鄉射「奏騶虞」，不計人之尊卑。按鄉射禮第一番偶射不釋算，第二番釋算不作樂，第三番乃用樂。此發初即用樂者，投壺禮輕，主於歡樂故也。愚謂命弦者，亦司射也。鄉射禮「樂正命大師」，此無樂正，故司射命弦者也。弦者，樂工，鼓瑟以爲投壺之節者也。大師，工之長也。

鄉射禮「工四人」，投壺禮輕，蓋歌者、弦者各一人也。樂尊人聲，則歌者當爲大師，此不命大師而命弦者，大師尊也。鄉射禮直命大師，鄉射禮重也。命弦者而大師曰「諾」，統於其長也。鄉射禮曰「大師則爲之洗」，則此或亦不必有大師矣。無大師，則當命歌者，而歌者曰「諾」與？奏貍首者，歌貍首之詩，而奏瑟以倚其聲也。周禮樂師：「王以騶虞爲節，諸侯以貍首爲節，大夫以采蘋爲節，士以采蘩爲節。」此大夫士投壺，乃奏貍首者，樂師所言，特謂大射之樂節，鄉射歌騶虞及采蘋，皆五終，是餘禮用射節，與大射異，故此投壺禮得奏貍首也。鄉射歌五終，則五節也，投壺蓋三終與？間讀爲「離間」之間，言每終相離間當如一也。

右命作樂。

左右告矢具，請拾投。有入者，則司射坐而釋一算焉。賓黨於右，主黨於左。

釋文：拾，其劫反。

鄭氏曰：告矢具，請拾投者，司射也。拾，更也。司射東面立，釋算則坐。以南爲右，北爲左也。已投者退，各反其位。孔氏曰：約鄉射禮射畢則各反其位，此投壺者畢亦各反其位也。愚謂司射告時北面。左謂賓，右謂主人也。釋算則賓黨於右，主黨於左，以南爲上也。

鄉射禮「釋獲者東面」，司射西面視之，投壺禮簡，故司射釋算也。已投退，各反其位：賓反其牖間之位，主人反其阼階上之位，餘耦各反其堂西之位也。○孔疏云：「反位，謂主黨於東，賓黨於西。」按鄉射禮衆耦之位皆在堂西，投壺禮賓主之黨亦當皆在堂西，孔疏非是。

右請投。

卒投，司射執算曰：「左右卒投，請數。」二算爲純，一純以取；一算爲奇。遂以奇算告，曰：「某賢於某若干純。」奇則曰「奇」，鈞則曰「左右鈞」。釋文：數，色主反。純音全，鄭注儀禮如字。奇，居衣反。

卒投，賓主之黨皆已投也。執算，執爲末耦所釋之餘也。鄉射禮云：「釋獲者東面，於中西坐，先數右獲。二算爲純，一純以取，實於左手，十純則縮而委之，每委異之，有餘純則橫於下。一算爲奇，奇則又縮諸純下。興，自前適左，東面坐，兼斂算，實於左手，一純以委，十則異之，其餘如右獲。」投壺數算之法亦如之。一純以取者，取之皆以右手，數右算則從地取置於左手，滿十純則委之於地，每委各爲一處也。數左算則斂而實於左手，從左手取而委諸地也。每一純則一委，每滿十純，亦別而異之，各爲一處也。先數右算者，尊賓也。數右算、左算不同者，以相變爲文也。奇，零也。上言「一算曰奇」，一純所餘之零數也。下言

「奇算」，賓主二算相校，而勝者所多之零數也。以奇算告，執勝者所多之算，以告賓於其席前也。賢，謂勝也。曰「某」者，或賓或主，不定之辭也。某賢於某若干純，奇則曰「奇」者，謂若多二算則曰一純，一算則曰一奇，三算則曰一純一奇也。鈞，等也。鄉射禮曰：「若右勝，則曰『右賢於左』；左勝，則曰『左賢於右』。以純數告。若有奇者，亦曰『奇』；若左右鈞，則左右皆執一算以告，曰『左右鈞』。」「左右卒投」二句，請數算之辭也。「二算爲純」三句，數算之法也。「遂以奇算告」以下，告勝算之法也。

右卒投數算。

命酌，曰：「請行觴。」酌者曰：「諾。」當飲者皆跪，奉觴曰：「賜灌。」勝者跪曰：「敬養。」釋文：奉，芳勇反。養，羊尚反。

鄭氏曰：酌者，勝黨之弟子。酌者亦酌奠於豐上，不勝者坐取，乃退而跪飲之。灌猶飲也。言「賜灌」者，服而爲尊敬辭也。周禮曰：「以灌賓客。」賜灌、敬養，各與其耦於西階上，如飲射爵。孔氏曰：知賜灌、敬養各與其耦於西階上者，約鄉射禮而知也。愚謂命酌，司射命勝者之弟子酌酒以行罰爵也。弟子之位，在西階之西，東面，司射命行酌，蓋降階而西面命之也。命弟子而曰「請」者，辭無所不敬也。注疏謂「請於賓與主人」，非也。鄉射禮「司射命設豐」，不請，則投壺可知也。已諾，弟子設豐於西楹之西。勝者之弟子，洗酌奠於豐上，勝者乃揖不勝者，俱升於西階上，北面，勝者在右，不勝者在左，取爵跪而飲之。敬養者，酒所以養老、養病也。此實罰爵，而曰「賜灌」，曰「敬養」，皆謙、敬之辭也。若飲賓，則弟子洗爵升實之，以授賓於席前，不置於豐上，而揖之使飲也。少儀曰「侍投則擁矢，勝則洗而以請，客亦如之」，是也。於主人亦然。

右勝飲不勝者。

正爵既行，請立馬，馬各直其算。

鄭氏曰：飲不勝者畢，司射又請爲勝者立馬，當其所釋算前也。愚謂正爵既行者，勝者各揖其耦飲畢也。請立馬者，請於賓與主人也。馬各直其算者，賓黨勝則立馬直右算，主黨勝則立馬直左算，所以表明孰勝也。

右立馬。

一馬從二馬，以慶。慶禮曰：「三馬既備，請慶多馬。」賓主皆曰：「諾。」

鄭氏曰：三立馬者，投壺如射，亦三而止也。一黨不得三勝，其一勝者并其馬於再勝者以慶之。飲慶爵者，偶親爵，不使弟子，無豐。孔氏曰：鄉射禮初番三耦射，但唱獲而已，未釋算，亦未飲不勝者。第二番耦射畢，賓主之黨皆射畢，乃釋算，飲不勝者。第三番賓主等皆射中鼓節，乃釋算，飲卒觶。今投壺初則不立三耦，唯賓主三番而止。

右三投慶多馬。

正爵既行，請徹馬。

鄭氏曰：投壺禮畢，可以去其勝算也。既徹馬，無算爵乃行。　愚謂上云「正爵既行」，謂罰爵也。此云「正爵既行」，謂慶爵也。罰爵與慶爵皆謂之正爵者，對無算爵言之也。

右徹馬。○以上投壺正經，以下乃其記也。

算多少視其坐。釋文：坐如字，又才卧反。

鄭氏曰：算視坐投壺者之衆寡爲數也。投壺者人四矢，亦人四算。

右記算之多少。

籌，室中五扶，堂上七扶，庭中九扶。釋文：籌，直由反。扶，方于反。

鄭氏曰：籌，矢也。鋪四指曰扶，一指按寸。春秋傳曰：「膚寸而合。」投壺者，或於室，或於堂，或於庭，其禮褻，隨晏早之宜，無常處。　孔氏曰：投壺，日中於室，日晚於堂，大晚則於庭。矢之長短，隨地廣狹：室中狹，矢長五扶；堂上差寬，矢長七扶；庭中彌寬，矢長九扶。

四指曰扶，扶廣四寸。五扶則二尺，七扶則二尺八寸，九扶則三尺六寸也。愚謂投壺蓋以堂上爲常禮，以燕飲本在堂也。故經言主人「進即兩楹間」，據禮之常者言之也。然其禮本簡易，故或在室以避風塵，或於庭以就明顯，又可以各隨其宜也。投壺之處雖不同，而主人與賓飲酒之席位不異，投畢皆各反其位，其設豐行爵，亦皆在西階上也。

右記籌之長。

算長尺二寸。 釋文：長，直亮反。○鄭注：或曰「算長尺，有握」。握，數也〔一〕。

鄭氏曰：其節三扶可也。

右記算之長。

壺：頸修七寸，腹修五寸，口徑二寸半，容斗五升。壺中實小豆焉，爲其矢之躍而出也。 釋文：爲，于僞反。

鄭氏曰：修，長也。腹容斗五升，三分益一則爲二斗，得圜囷之象，積三百二十四寸也。以腹脩五寸約之，所得求其圜周，圜周二尺七寸有奇，是爲腹徑九寸有餘也。實以小豆，取其

〔一〕數，禮記注疏作「素」。

滑且堅。　朱子曰：經言「容斗五升」，注乃以「二斗」釋之，經言圜壺之實數，注乃借方體言之，算法所謂「虛加之數」也。然其言知借而不知還，知加而不知減，乃於下文遂併方體之所虛加以爲實數，又皆必取全寸，不計分釐，定爲圜壺腹徑九寸，而圍二尺七寸，則爲失之。今以算法求之。此言二斗之量者，計其積實當爲三百二十四寸，而以其高五寸者分之，則每高一寸，爲廣六十四寸八分。此六十四寸者爲正方，又取其八分者割裂而加於正方之外，則四面各得二釐五毫之數，乃復合此六十四寸八分者五，爲一方壺，則其高五寸，其廣八寸五釐，而外方三尺二寸二分，中受二斗，如註之初説矣。然此方形者，算術所借以爲虛加之數，若欲得圜壺之實數，則當就此方形，規而圜之，去其四角虛加之數四分之一，使六十四寸八分者但爲四十八寸六分，三百二十四寸者但爲二百四十三寸，則壺腹之高雖不減於五寸，其廣雖不減於八寸五釐，而其圍則僅爲二尺四寸一分五釐，其中所受僅爲斗有五升，如經之云，無不諧會矣。

右記壺。

壺去席二矢半。

右記壺去席之度。

矢以柘若棘，毋去其皮。釋文：柘，止夜反。去，起呂反。

鄭氏曰：取其堅且重也。舊説云：「矢大七分。」或以棘取無節〔一〕。呂氏大臨曰：毋去其皮，質而已矣。

右記爲矢之木。

魯令弟子辭曰：「毋幠，毋敖，毋偝立，毋踰言！偝立、踰言有常爵。」薛令弟子辭曰：「毋幠，毋敖，毋偝立，毋踰言！若是者浮。」釋文：幠，如吾反。敖，五報反，又五羔反。偝音佩，徐符代反，舊又蒲來反。浮，縛謀反。○鄭注：浮或作「匏」，或作「符」。踰或爲「遥」。

鄭氏曰：弟子，賓黨、主黨年穉者也。爲其立堂下相褻嫚，司射戒令之。謂魯、薛者，禮衰乖異，不知孰是也。幠、敖，慢也。偝立，不正鄉前也。踰言，遠談語也。常爵，常所以罰人之爵也。浮，亦謂是也。晏子春秋曰：「酌者奉觴而進曰：『君令浮！』」晏子時以罰梁邱據。愚謂幠，大言也。敖，容不肅也。毋幠毋敖，猶詩言「不吴不敖」也。令弟子辭異，異國禮俗不同，記者兩記之。

〔一〕禮記注疏作「或言去其皮節」。

右記令弟子辭。

鼓：○□○○□□○□○○□。半，○□○□○○○□□○□。○魯鼓：○□○○□□○□○○□□○□○○□□○。半，○□○○□□。○薛鼓：取半以下爲投壺禮，盡用之爲射禮。

鄭氏曰：此魯、薛擊鼓之節也。圜者擊鼙，方者擊鼓。古者舉事，鼓各有節，聞其節則知其事矣。投壺之鼓，半射節者，投壺，射之細也。射，謂燕射。愚謂此鼓之一節也。樂師：「天子以騶虞爲節，諸侯以貍首爲節，大夫以采蘋爲節，士以采蘩爲節。」射人天子「九節」，諸侯「七節」，大夫士「五節」。每奏詩一終爲一節，而鼓節與之相應，每奏詩一終則鼓亦一終也。然鼓節可以增減，而詩篇長短有定，投壺鼓節用射節半，其歌詩之法未知何如。意者詩辭雖有一定，而其長言咏歎之間，固有可舒可蹙者與？不然，則天子之騶虞反少於大夫士之采蘋、采蘩，何以爲尊卑之差別哉？

右記鼓節。

司射、庭長及冠士立者皆屬賓黨，樂人及使者、童子皆屬主黨。釋文：長，竹丈反。

冠古亂反。

鄭氏曰：庭長，司正也。使者，主人所使薦羞者。樂人，國子能爲樂者。此皆與於投壺。愚謂司射、司正，蓋以私臣、公有司之屬爲之。冠士、童子，主人之子弟觀禮者也。立者，自「司射」以下皆立，惟賓與主人有堂上之席耳。樂人，奏樂之人，謂若擊鼓、擊鼙者。而弦歌之人，自大師以外，或不用瞽蒙，即以私臣、公有司及弟子之習於樂者爲之，亦謂之樂人也。樂人非一，使之彼此相代，故得與於投壺也，使者，主人所使令之人，若執壺者，設筵者，授主人以矢者，皆是也。此賓主之黨，皆主人之人，因投壺而分爲二黨耳。以尊而長者爲賓黨，卑而幼者爲主人黨，尊賓之意也。

右記賓主之黨。

魯鼓：○□○○□□○○。半，○□○○○石經無此○。□○○○○□○□○。大戴禮下尚有一□一○，朱子從之。**薛鼓**：○□○○○○□○□○□○○○□○□○○□○。半，○□○□○○○○□○。

此二國鼓節之異，禮家所傳不同，記者兼記之。

右別記鼓節之異。

禮記卷五十七

儒行第四十一

別録屬通論。

孔子爲魯哀公陳儒者之行也。吕氏大臨曰：儒者之行，一出於義理，皆吾性分所當爲，非以是自多而求勝於天下也。此篇之説，有誇大勝人之氣，少雍容深厚之風，竊意末世儒者將以自尊其教，謂「孔子言之」，殊可疑。然考其言，不合於義理者殊寡，學者果踐其言，亦不愧於爲儒矣，此先儒所以存於篇也與？

魯哀公問於孔子曰：「夫子之服，其儒服與？」孔子對曰：「丘少居魯，衣逢掖之衣；長居宋，冠章甫之冠。丘聞之也：君子之學也博，其服也鄉。丘不知儒服。」釋文：與音餘。少，詩照反。衣逢，于既反，逢如字。掖音亦。長，竹丈反。冠章，古亂反。

鄭氏曰：哀公館孔子，見其服與士大夫異，又與庶人不同，疑爲儒服而問之。逢猶大也。大掖之衣，大袂禪衣也，此君子有道藝者所衣也。孔子生魯，長而之宋而冠焉。宋，其祖所出也。衣少所居之服，冠長所居之冠，是之謂鄉。言「不知儒服」，非哀公志不在於儒，乃問其服。孔氏曰：禮，臣朝於君，應著朝服，而著常服者，時孔子自衞反魯，哀公館之，故衣冠異也。

呂氏大臨曰：古者衣服之制，自天子至於庶人，皆有差等，未聞儒者之有異服也。末世上下僭亂，至於無别，儒者獨守法度，此衆所以謂之儒服，哀公所以發問也。愚謂孔子之所服，蓋深衣也。孔子見君，不以朝服者，諸侯、大夫、士皆夕深衣，時哀公蓋服深衣就見孔子，故孔子亦服深衣以見之，蓋不敢以有加於君之服也。時人尚簡易，深衣之袂，不復二尺二寸，故哀公見孔子之服，疑其爲儒者之服，有異於人也。逢，大也。逢掖之衣，即深衣也。深衣之袂，其當掖者二尺二寸，至袪而漸殺，故曰「逢掖之衣」。孔子少衣逢掖之衣，則童子之衣爲深衣之制於此可見矣。章甫，殷玄冠之名，宋人冠之，所謂「脩其禮物」也。孔子既長，居宋而冠，冠禮始冠緇布冠，既冠而冠章甫，因其俗也。君子貴乎學問之廣博，其衣服則但隨其鄉俗，而不求異於人也。孔子不欲直言哀公之服之失，但言己之所服者乃鄉俗之舊法，非儒服之特異，既以見當時深衣之失其制，而儒者之異於人不在衣服亦可見矣，故哀公因之遂問儒行也。

哀公曰：「敢問儒行。」孔子對曰：「遽數之不能終其物，悉數之乃留。更僕，未可終也。」釋文：行，下孟反。數，色主反。更，古衡反，一加孟反。

鄭氏曰：遽猶卒也。物猶事也。留，久也。僕，大僕也，君燕朝則正位，掌擯、相。更之者，爲久將倦，使之相代。　愚謂哀公聞孔子之言，知儒者之所以異於人者不在服，故進而問其行也。僕，侍御之人，若夏官大僕、小臣之屬也。言儒者之行，遽數之則不能盡其事，盡數之乃當久留，至於僕侍之人怠倦而更代，猶未可盡，極言儒行之廣博而深厚也。

哀公命席，孔子侍，曰：「儒有席上之珍以待聘，夙夜强學以待問，懷忠信以待舉，力行以待取。其自立有如此者。釋文：强，居兩反。

鄭氏曰：爲孔子布席於堂，與之坐也。君適其臣，升自阼階，所在如主。　愚謂侍，侍坐也。哀公在阼階上，西向，孔子侍，蓋負東房而南向與？珍，玉也。席，筵也。待聘，謂待諸侯聘問之事而用之也。此以玉之待聘，喻君子之待問、待舉、待取也。儒者之强學，所以自致其知，非爲君之來問也，而自可以待問。儒者之懷忠信，所以自立其本，非爲君之舉我也，而自可以待舉。儒者之力行，所以自盡其道，非爲君之取我也，而自可以待取。猶玉之在席上，非有求於人，而聘問者自不能舍也。夫無求於世，而其君自不能舍，則可謂能自立矣。

儒有衣冠中，動作慎；其大讓如慢，小讓如僞；大則如威，小則如愧；其難進而易退也，粥粥若無能也。其容貌有如此者。釋文：易，以豉反。粥，徐本作「鬻」，章六反。

孔氏曰：粥粥，柔弱專愚貌。張子曰：大讓，如讓國、讓天下，誠心而讓，其貌若不屑也。飲食辭辟之間，是小讓也，如僞爲之，以爲儀爾。呂氏大臨曰：衣冠中，謂得其中制，不異於衆，不流於俗而已。動作慎，非禮勿履而已。非其義也，禄之以天下弗顧也。辭其大者，若自尊以驕人然，非自尊也，尊道也。辭其小者，若矯飾而不出於情然，非矯飾也，欲由禮也。尊道而不屈於世，若有所威；由禮而不犯非禮，若有所愧。非義不就，所以難進；色斯舉矣，所以易退。

儒有居處齊難，其坐起恭敬；言必先信，行必中正；道塗不爭險易之利，冬夏不爭陰陽之和；愛其死以有待也，養其身以有爲也。其備豫有如此者。釋文：齊，側皆反。難，乃旦反。行，皇如字，舊下孟反。爲，于僞反。○今按：爲當如字。

鄭氏曰：齊難，齊莊可畏難也。行不爭道，止不選處，所以遠鬬訟。呂氏大臨曰：居處齊難，坐起恭敬，言必先信，行必中正，如見大賓，如承大祭也。不爭險易，不爭陰陽，己所不願，弗施於人也。懲忿窒慾，身立德充，可以當天下之變，任天下之重，備豫之至也。愚謂儒者之居處必慎，坐起不苟，所以遠其身之害，言必先信，行必中正，所以進其身之德，皆所以養其身也。不争險易，不争陰陽，不妄與人争競者，皆所以愛其死也。夫愛其死，非貪生也，蓋以懲其血氣之忿，而養其義理之勇，以待夫事之大者而争之也。養其身，非私其身也，蓋以我之身乃民物之所託命，故慎以養之，而將以大有爲於世也。儒者之備豫如此。

儒有不寶金玉，而忠信以爲寶；不祈土地，立義以爲土地；不祈多積，多文以爲富；難得而易禄也，易禄而難畜也。非時不見，不亦難得乎！非義不合，不亦難畜乎！先勞而後禄，不亦易禄乎！其近人有如此者。釋文：積，子賜反，又如字。易，以豉反。畜，許六反。見，賢遍反。近，「附近」之近。○鄭註：積或爲「貨」。

呂氏大臨曰：儒者所以自爲者，德而已。所以應世者，義而已。趙孟之所貴，趙孟能賤之。我之所貴，人不得而奪也。故金玉、土地、多積，不如信、義、多文之貴也。難得、難畜，主於義，而所以自貴也。愚謂寶者，人之所珍藏也，儒者則内藴忠信，故曰「忠信以爲寶」。土地，各有所宜者也，儒者之立義，亦因事制宜，故曰「立義以爲土地」。積聚之多，人之所謂富也，儒者則多學於詩、書六藝之文，故曰「多文以爲富」。夫儒者之内足乎己而無求於外若此，似乎高峻而不可攀矣，然而難得而易禄也，易禄而難畜也，其先勞後禄，固未嘗遠乎人情。而其非時不見，若見爲難得者，值其時又未嘗不見也。其非義不合，若見爲難畜者，處以義又未嘗不可得而畜也。蓋儒者之近人如此。

儒有委之以貨財，淹之以樂好，見利不虧其義；劫之以衆，沮之以兵，見死不更其守；鷙蟲攫搏，不程勇者；引重鼎，不程其力；往者不悔，來者不豫；過言不再，流言不極；不斷其威，不習其謀。其特立有如此者。釋文：樂，五教反。好，呼報反。沮，在吕反。鷙，與摯同，音至。攫，俱縛反，一音九碧反。搏音博。斷音短，直卵反，又丁亂反。○鄭注：斷或爲「繼」。○勇者，家語作「其勇」。

鄭氏曰：淹，謂浸漬之。劫，劫脅也。沮，謂恐怖之也。鷙蟲，猛鳥、猛獸也，字從鳥，鷙當作「摯」。省聲也。程猶量也。不再，猶不更也。不極，不問所從來也。吕氏大臨曰：見利不虧其義，見死不更其守，所謂「富貴不能淫，貧賤不能移，威武不能屈」也。鷙蟲攫搏，不程勇者，自反而縮，千萬人吾往矣，其勇也非慮勝而後動也。引重鼎，不程其力者，仁之爲器重，舉之莫能勝也，其自任也不自知其力之不足也。方氏慤曰：不程勇，勇足以犯難而無所顧。不程力，材足以任事而有所勝。往者不悔，非有所吝而不改也，爲其動足以當理而無所悔。來者不豫，非有所忽而不防也，爲其機足以應變而不必豫。愚謂鷙蟲攫搏，以喻凶暴之威也。勇者，當從家語作「其勇」。重鼎，以喻艱鉅之任也。言雖有凶暴之威，苟自反而縮，則不自程其勇，而有所必赴也。雖有艱鉅之任，苟義所當爲，則不自量其力，而有所必任也。極，窮也。過言，出於己者也。有不善未嘗復，何再之有？此改過之勇也。流言，起於人者也。在己者可以自信，何窮之有？此自反之功也。不斷其威者，氣配道義而無所餒。不習其謀者，道立於豫而不疑其所行也。

儒有可親而不可劫也，可近而不可迫也，可殺而不可辱也。其居處不淫，其飲食不溽，其過失可微辨而不可面數也。其剛毅有如此者。釋文：溽音辱。數，所具反。○今按：「數」字宜色主反。

鄭氏曰：恣滋味爲溽，溽之言欲也。呂氏大臨曰：儒者立於義理而已。以義交者，雖疏必親，非義加之，雖强禦不畏，故可親、可近、可殺而不可劫、迫、辱也。淫，侈濫也。溽，濃厚也。侈其居處，厚其飲食，欲勝之也。不淫不溽，立義以勝欲也。其過失可微辨而不可面數，此尚氣好勝之言，於義理未合。所貴於儒者，以見義必爲，聞過而能改也。子路聞過則喜，成湯改過不吝，推是心也，苟有過失，雖怨詈且將受之，況面數乎？

儒有忠信以爲甲胄，禮義以爲干櫓；戴仁而行，抱義而處；雖有暴政，不更其所。其自立有如此者。釋文：戴，本亦作「載」，音同。○更，平聲。

鄭氏曰：甲，鎧。胄，兜鍪也。干櫓，小楯、大楯也。孔氏曰：甲胄、干櫓，所以禦患難，儒者以忠信、禮義禦患難，謂有忠信、禮義則人不敢侵侮也。戴仁而行，仁之盛。抱義而處，義不離身。愚謂忠信以感人，則人莫之欺；禮義以服人，則人莫之侮。忠信、禮義，可以禦人之欺侮，猶甲胄、干櫓之可以禦患也。仁者元善之長，戴仁而行，言其尊仁而行之。義者事之宜，抱義而處，言無事不在乎義也。不更其所，不變其所立之仁義也。呂氏大臨曰：首章言「自立」，論其所學、所行足以待天下之用而不窮。此章言「自立」，論其所信、所守足以更天下之變而不易。二者皆自立，而有本末先後之差焉。

儒有一畝之宮，環堵之室；篳門圭窬，蓬户甕牖；易衣而出，并日而食；上答之不敢以疑，上不答不敢以諂。其仕有如此者。釋文：堵音睹。篳音畢。窬，徐音豆，郭璞三倉解詁音臾，左傳作「竇」。

鄭氏曰：言貧窮屈道，仕爲小官也。宮，謂牆垣也。環堵，面一堵也。五版爲堵，五堵爲雉。篳門，荆竹織門也。圭窬，門旁窬也，穿牆爲之如圭矣。并日而食，二日用一日食也。上答之，謂君應用其言。孔氏曰：一畝之宮者，徑一步，長百步爲畝，若折而方之，則東西南北各十步爲宅也。環，周迴也。環堵之室，東西南北唯一堵。篳門，謂以荆竹織門也。杜氏云：「柴門也。」圭窬，門旁窬，穿牆爲之如圭，故曰「圭窬」。説文云：「穿木爲户。」左傳作「竇」，謂門旁小户也。上鋭下方，形如圭也。蓬户，謂編蓬爲户，又以蓬塞門，謂之蓬户也。甕牖，謂牖窗圓如甕口也。又云：「以敗甕口爲牖。」易衣而出者，王云：「更相衣而後可以出。」是合家共一衣，出則更著之也。并日而食者，謂不日日得食，或二日、三日併得一日之食也。愚謂堵雉之説，諸家不同。公羊傳「五版而堵，五堵而雉」，何休以爲堵四十尺，雉二百尺。五經異義引戴禮及韓詩説，謂「八尺爲版，五版爲堵」；古周禮及左傳説，「一丈爲版，版廣二尺；五版爲堵，一堵之牆，長丈廣丈；三堵爲雉，長三丈，廣一丈」。鄭注坊記，用左氏之説。此註所引，乃公羊傳文，以左氏「堵長一丈」，室無周環衹一丈之理；公羊説一堵有四十尺，庶幾近之耳。甕牖者，牖如甕口，言其室狹而牖小也。上答之不敢以疑，自信者篤也。上不答不敢以諂，自守者堅也。此言儒者之仕，將以行道，若不得其志，則辭尊居卑，辭富居貧，至於窮約如此，不欲諂媚以求厚禄也。

儒有今人與居，古人與稽；今世行之，後世以爲楷；適弗逢世，上弗援，下弗

推。讒諂之民，有比黨而危之者，身可危也，而志不可奪也；雖危，起居竟信其志，猶將不忘百姓之病也。其憂思有如此者。釋文：推，昌誰反。比，毗志反。信音伸。思，息嗣反。

鄭氏曰：援猶引也，取也。推猶進也，舉也。危，欲毁害之也。起居，猶舉事動作。愚謂儒者上有所考於古人，下可以法於來世，雖生弗逢世，至於見危，而其志不可屈，猶且以百姓之病爲憂，而不爲一己之私計也。蓋其憂思之深如此。

儒有博學而不窮，篤行而不倦；幽居而不淫，上通而不困；禮之以和爲貴，忠信之美，優游之法；慕賢而容衆，毁方而瓦合。其寬裕有如此者。釋文：行，下孟反。上，時掌反。

鄭氏曰：幽居，謂獨處時也。不困，既仕則不困於道德不足也。陳氏澔曰：博學不窮，温故知新之益也。篤行不倦，賢人可久之德也。幽居不淫，窮不失義也。上通不困，達不離道也。禮之體嚴，而用貴於和。忠信，禮之質也，故以忠信爲美。優游，用之和也，故以優游爲法。賢固在所當慕，衆亦不可不容，汎愛衆而親仁也。陶瓦之事，其初則圓，剖之爲四，其形則方，毁其圓以爲方，合其方而復圓，蓋於涵容之中，未嘗無分辨之意也，故曰「其寬裕有如此者」。　愚謂「博學」七句，言行己之寬裕也。「慕賢」二句，言接物之寬裕也。

儒有内稱不辟親，外舉不辟怨，程功積事，推賢而進達之，不望其報，君得其志。苟利國家，不求富貴。其舉賢援能有如此者。釋文：辟音避。

鄭氏曰：君得其志者，君所欲爲，賢臣成之。　孔氏曰：稱亦舉也。君得其志，謂此賢者輔助其君，使君得遂其志也。　應氏鏞曰：程算其功，積累其事，不苟薦也。下不求報於人，上不求報於國。　愚謂不求其報，不望所舉者之報也。不求富貴，不求國家之賞也。蓋薦賢以爲國，而不以爲私，此儒者舉賢援能之心也。

儒有聞善以相告也，見善以相示也；爵位相先也，患難相死也；久相待也，遠相致也。其任舉有如此者。釋文：難，乃旦反。

吕氏大臨曰：舉賢援能，儒者所以待天下之士也。任舉者，所以待其朋友而已。爲同其好惡也，故聞善相告，見善相示。爲同其憂樂也，故爵位相先，患難相死。彼雖居下，不待之同升則不升。彼雖疏遠，不致之同進則不進。此任舉朋友，加重於天下之士者，義有厚薄故也。

儒有澡身而浴德，陳言而伏；静而正之，上弗知也；麤而翹之，又不急爲也；

不臨深而爲高，不加少而爲多；世治不輕，世亂不沮；同弗與，異弗非也。其特立獨行有如此者。釋文：澡音早。靜如字，徐本作「諍」，音争。治，直吏反。沮，在吕反。行，下孟反，又如字。

陳氏澔曰：翹，與「招其君之過」「招」字同，舉也。舉其過而諫之也。吕氏大臨曰：惟大臣爲能格君心之非，在我者未正，未有能正人者也。故澡身浴德者，所以正己也。陳言而伏者，入告嘉謀而順之於外也。靜而正之者，將順其美，匡救其惡，常在於未形也。故曰「上弗知也」。方氏慤曰：靜而正之者，隱進之也。麤而翹之者，明告之也。靜而正之，既不見知，然後麤而翹之，然亦緩而不迫，故曰「又不急爲也」。鄭氏曰：不臨深而爲高，臨衆不以己位尊自振貴也。不加少而爲多，謀事不以己少勝自矜大也。愚謂人臣之事君，雖功如伊、周，皆分之所當盡，無可以自高而自多也。苟臨深爲高，加少爲多，則是有自滿假之心，此齊桓之震矜之所以爲假之也。蓋澡身浴德，所以爲事君之本也。「陳言而伏」四句，言其正君之實也。「不臨深而爲高」二句，言其忠勤匪懈之心也。世治不輕，道可以行之於世也。世亂不沮，節可以守之於己也。同乎己者弗與，則不黨同。異乎己者弗非，則不伐異。和而不同，以義理爲主，而己不與也。前言「特立」，以行己言；此言「特立獨行」，以事君言也。

儒有上不臣天子，下不事諸侯；慎靜而尚寬，强毅以與人，博學以知服；近文章，砥厲廉隅；雖分國，如錙銖，不臣不仕。其規爲有如此者。釋文：近，「附近」之近。砥音脂，又音旨。分如字。錙，側其反。銖音殊。

鄭氏曰：雖分國如錙銖，言君分國以祿之，視之輕如錙銖矣。八兩曰錙。愚謂與人，猶論語「可者與之」之與。服，行也。君臣之義，無所逃於天地之間，儒者非不臣天子也，枉其道則有所不臣矣。非不事諸侯也，枉其道則有所不事矣。不臣天子，不事諸侯，其心可謂慎靜，其操可謂强毅矣。慎靜則恐其規模之太狹，而又能貴尚乎寬容；强毅則慮其風裁之太峻，而又能汎愛以與人。所學極其博，然博學則慮其泛濫而失歸，而又能知其所當行。多文以爲富，然近文章則慮其浮華而無實，而又能砥厲乎廉隅。二十四銖爲兩，八兩爲錙。非其道義，雖國君分國以祿之，視之如錙銖之輕，而不臣不仕，蓋其廉隅之峻飭如此。此皆言其道德周備，而不倚於一偏，所以爲儒者之規爲也。

儒有合志同方，營道同術；並立則樂，相下不厭；久不相見，聞流言不信。其行本方立義，同而進，不同而退。其交友有如此者。釋文：樂音洛。下，户嫁反。行，下孟反。

鄭氏曰：同方、同術，等志行也。聞流言不信，不信其友所行，如毁謗也。愚謂所合之志同其方，心意之同也。所營之道同其術，學業之同也。並立，謂聚處也。其並立也，則樂而相下不厭，敬業樂羣，以受勸善規過之益也。其不相見也，則聞流言不信，同心斷金，而不間於出處語默之異也。其行本乎方，而存於心者無阿諛取容之意；立乎義，而見於外者無便辟善柔之失。同者，益友也，同方、同術者也，則進而交之。不同者，損友也，異方、異術者也，則退而遠之。此儒者交友之道也。

温良者，仁之本也。敬慎者，仁之地也。寬裕者，仁之作也。孫接者，仁之能也。禮節者，仁之貌也。言談者，仁之文也。歌樂者，仁之和也。分散者，仁之施也。儒者兼此而有之，猶且不敢言「仁」也。其尊讓有如此者。釋文：孫音遜。施，始豉反。

吕氏大臨曰：質之温良者可與爲仁，故曰「仁之本」。行之敬慎者可與行仁，故曰「仁之地」。其規模寬裕，則稱仁之動作。其與人遜接，則習仁之能事。威儀中節，敬於仁者也，故爲仁之貌。出言有章，仁之見於外者也，故爲仁之文。詠歌之不足，不知手之舞之，足之蹈之，則安於仁而至於和者也。貨不爲己，則利與人同，與人爲善，則善與人同，凡以分散與物，共而不私，則仁術之施不吝也。入者，儒必兼而有之，然後可以盡儒行之實，猶且不敢言「仁」，則聖人之志存焉。有聖人之志存，則可與入聖人之域矣。愚謂温良禀乎性，敬愼存乎心；寬裕見乎事，孫接應乎物。本以基之，地以居之，作以發之，能以爲之，貌以表之，文以飾之，和以積其順，施以廣其恩。蓋道莫大於仁，儒者之爲仁，必兼此入者而有之，然猶不敢自以爲仁也。夫子曰：「若聖與仁，則吾豈敢！」蓋其尊讓如此，聖不自聖之心也。

儒有不隕穫於貧賤，不充詘於富貴；不慁君王，不累長上，不閔有司。故曰『儒』。今衆人之命儒也妄，常以儒相詬病。」釋文：隕，于敏反。穫，本又作「獲」，同戶各反。詘，求勿反，徐邱勿反。慁，胡困反。累，力僞反，一音力追反。長，竹丈反。閔，本亦作「愍」，武謹反。

○鄭注：充或爲「統」。閔或爲「文」。

鄭氏曰：隕穫，困迫失志之貌也。充詘，歡喜失節之貌。慁猶辱也。累猶繫也。閔，病也。言不爲天子、諸侯、卿、大夫、羣吏所困迫而違道，孔子自謂也。愚謂隕穫者，困於貧賤，若草之隕落、斬艾，而失其生意也。充詘者，淫於富貴，志意充滿，而不能自强於義理也。命，名也。妄，無實也。言今衆人之命爲儒者，本未嘗有儒之實，故爲人所輕，常以儒相詬病。若有儒行之實者，不可得而詬病也。○孔氏云：「孔子説儒，凡十七條。其從上以來，至下十五條，皆明賢人之儒。其第十六條，明聖人之儒，包上十五條賢人儒也。其十七條之儒，是夫子自謂也。」愚謂從上十五條所言，未見其專爲賢人之事；而第十六條所言，亦未足以盡聖人之道也。且聖人之儒，非孔子固不足以當之，而又專以十七條爲孔子自謂，亦恐不然也。

孔子至舍，哀公館之，聞此言也，言加信，行加義，終没吾世，不敢以儒爲戲。

鄭氏曰：儒行之作，蓋孔子自衛初反魯時也。孔子歸至其舍，哀公就而禮館之，問儒服，而遂問儒行，乃始覺焉。言「没世不敢以儒爲戲」，當時服。　孔氏曰：此經明孔子自衛反魯，歸至其家，哀公就而館之，聞孔子之言，遂敬於儒也。言加信，行加義，是記者所録也。終没吾世，不敢以儒爲戲，是哀公之言，記者述而録之。哀公終竟不能用孔子，是當時暫服，非久也。按左傳哀十一年冬：「衛孔文子將攻大叔疾，訪於仲尼。仲尼曰：『胡簋之事，則嘗學之矣。甲兵之事，未之聞也。』退，命駕而行。」「文子遽止之」，「將止，魯人以幣召之，孔子乃歸」。以傳文無館事，故鄭稱蓋以疑之。　愚謂舍，居也。孔子至舍，謂自衛反魯，歸至其家也。哀公館之，謂哀公館禮孔子。此二句追述前事，明哀公就見孔子，而得聞儒行之由也。此篇不類聖人氣象，先儒多疑之。而哀公爲人多妄，卒爲三桓所逐。其於孔子，則生不能用，没而誄之，所謂「言加信，行加義，終没吾世，不敢以儒爲戲」者，亦夸大之辭爾。蓋戰國時儒者見輕於世，故爲孔子之學者託爲此言，以重其道。其辭雖不粹，然其正大剛毅之意，恐亦非荀卿以下之所能及也。

大學第四十二朱子章句。

禮記卷五十八

冠義第四十三

釋文：冠，古亂反。篇内惟「玄冠」如字，以外並同。

○別録屬吉事。

此下六篇，皆據儀禮正經之篇而言其義，其辭氣相似，疑一人所作。此篇釋士冠禮之義也。　吕氏大臨曰：冠、昏、射、鄉、燕、聘，天下之達禮也。儀禮所載謂之禮者，禮之經也。禮記所載謂之義者，訓是經之義也。先王制禮，其本出於君臣、父子、長幼、尊卑之間，其詳見於儀章、度數、周旋、曲折之際，皆義理之所當然。故禮之所尊，尊其義也。失其義，陳其數，祝、史之事也。知其義，則禮雖先王未之有，可以義起也。

凡人之所以爲人者，禮義也。禮義之始，在於正容體，齊顔色，順辭令。容體正，顔色齊，辭令順，而後禮義備。以正君臣，親父子，和長幼。君臣正，父子親，長幼和，而后禮義立。故冠而后服備，服備而后容體正，顔色齊，辭令順。

故曰：「冠者，禮之始也。」是故古者聖王重冠。釋文：長，竹丈反。

鄭氏曰：言人爲禮，以正容體、齊顏色、順辭令三者爲始。三始既備，乃可求以三行也。立猶成也。言服未備者，未可求以三始也。童子之服，采衣紒。呂氏大臨曰：容體，動乎四體者也。顏色，發乎面目者也。辭令，見乎言語者也。三者，脩身之要也。必學而後成，必成人而後備。童子於三者未能備，不可以不學，學之而至於二十，則三者備矣，故冠而責以成人之事。愚謂禮義之始，在於正容體，齊顏色，順辭令者，朱子謂「爲學之序，須自外面分明有形象處把捉扶竪起來」，是也。蓋容體、顏色、辭令者，五事之要，身之所具者也。君臣、父子、長幼者，人倫之重，身之所接者也。身之所具者無所忒，而後禮義備，身之所接者無不盡，而後禮義立，未有不謹其身之所具，而能善其身之所接者也。故禮義備，而後可以正君臣，親父子，和長幼。服所以章德，童子未冠，則其於禮義固有所未能備矣。成人則服備，服備則必備乎禮義，而後可以稱其服也。故冠爲行禮之始，自是授之室則有昏禮，賓於鄉則有射、鄉，仕於朝則有燕、聘，皆於是基之矣。

古者冠禮筮日、筮賓，所以敬冠事。敬冠事所以重禮，重禮所以爲國本也。釋文：重，直用反。

日，冠日也。賓，爲子加冠者。呂氏大臨曰：筮日、筮賓，質之神明，敬之至也。敬至則禮重，禮重則人道立，故曰「以爲國本」。馬氏晞孟曰：筮日必吉，所以要其終身之吉。筮賓必賢，所以要其終身之賢。冠禮者，君臣、父子、長幼之道所自出，而國之所由重也，故曰「爲國本」。

故冠於阼，以著代也。醮於客位，三加彌尊，加有成也。已冠而字之，成人之道也。釋文：著，張慮反。醮，子笑反。

鄭氏曰：阼，謂主人之北也。適子冠於阼。若不醴，則醮用酒於客位，敬而成之也。戶西爲客位。庶子冠於房戶外，又因醮焉，不代父也。冠者初加緇布冠，次加皮弁，次加爵弁，每加益尊，所以益成也。孔氏曰：二十有爲父之道，不可復稱其名，故冠而加字之，成人之道也。愚謂阼，阼階也。著，明也。阼階乃主人之階，冠於阼階之上，明其將代父而爲主也。酌而無酬酢曰醮。客位，戶牖間之位也。用醴謂之醴，用酒謂之醮。冠禮或用醴，或用醮，醴質而醮文，隨人之所用也。獨言「醮於客位」者，蓋周末文勝，用醮者多，故據而言之也。冠禮三加：始加緇布冠，再加皮弁服，三加爵弁服。皮弁尊於緇布冠，爵弁又尊於皮弁，故曰「三加彌尊」。既三加，則冠禮成於此矣，故醮之於客位，以尊異之也。冠於阼，醮於客位，皆適子之禮也。若庶子，則冠於房外，南面，遂醮焉。成人之道者，幼時稱名，成人則稱字也。

見於母，母拜之，見於兄弟，兄弟拜之，成人而與爲禮也。釋文：見，賢遍反。

士冠禮冠者既醴，「取脯」，「見於母，母拜受，子拜送，母又拜」；既字，「見於兄弟，兄弟再拜，冠者答拜」。以母兄之尊，而先拜子弟者，重其爲成人之始而敬之也。敬之之深，正所以明其望之之重，責之之備，而冠者益不可不思所以稱其服矣。呂氏大臨曰：孔疏：「冠子，以酒、脯奠廟，子持所奠脯以見母，母以脯從廟來，故拜之，非拜子也。」此説未然。冠禮所薦脯、醢，爲醴子設，非奠廟也。蓋禮有斯須之敬，母雖尊，有從子之道，故當其冠也，以成人之禮禮之。若謂「脯自廟來，拜而受之」，則子拜送之後，母又拜，何居？

玄冠、玄端，奠摯於君，遂以摯見於鄉大夫、鄉先生，以成人見也。釋文：摯，本亦作「贄」。

鄭氏曰：易服，不朝服者，非朝事也。摯，雉也。鄉先生，鄉中老人爲卿、大夫致仕者。賈氏公彦曰：易服者，爵弁，助祭之服，不可服見君及鄉大夫等也。初冠服玄端，爲緇布冠，服以緇布冠，冠而敝之，故易玄冠配玄端也。士冠禮注疏。敖氏繼公曰：見於君，不朝服，以其未仕也。所見者亦玄端見之。鄉大夫，鄉之異爵者。或曰：「即主治一鄉者。」未知孰是。先生，齒、德俱尊者也。士相見禮曰：「士見於大夫，終辭其摯，於其入也，一拜其辱。」見於先生之禮，亦宜如之。　愚謂君子敬其事，則命以始。冠者始見於君，必不用冠之餘日，蓋別擇日以見之。表記言「日月以見君」，此亦其一端與？冠者見於母及兄弟，皆用三加之爵弁服，見於君則易服者，蓋爵弁乃助祭於君之服，冠時暫服之耳。母及兄弟，以冠日見，用冠服可也；既冠見君，則易服玄端也。奠摯，謂奠置於地而不敢授，臣見於君之禮也。以成人見者，以其爲成人之始，故見之也。國語「趙文子冠」，徧見六卿，皆有戒諭之辭。凡冠而見鄉大夫、鄉先生者，其禮皆如此與？

成人之者，將責成人禮焉也。責成人禮焉者，將責爲人子、爲人弟、爲人臣、爲人少者之禮行焉。將責四者之行於人，其禮可不重與？釋文：少，詩照反。之行，下孟反。

鄭氏曰：言責人以大禮者，己接之不可以苟。　呂氏大臨曰：所謂成人者，非謂四體膚革異於童穉也，必知人倫之備焉。親親、貴貴、長長，不失其序之謂備。　愚謂爲人弟，專以事兄言之。爲人少，則凡在宗族而屬之尊於我，在鄉黨而齒之長於我，在朝廷而德位之先於我，皆我爲之少，而當事之者也。四者之行重，故必重其禮而後可以責之也。

故孝、弟、忠、順之行立，而后可以爲人，可以爲人而后可以治人也。故聖王重禮。故曰：「冠者，禮之始也，嘉事之重者也。」釋文：弟音悌。治，直吏反。

鄭氏曰：嘉事，嘉禮也。宗伯掌五禮：有吉禮，有凶禮，有軍禮，有賓禮，有嘉禮。而冠屬嘉禮，周禮曰「以昏、冠之禮親成男女」也。　吕氏大臨曰：孝、弟、忠、順之行，有諸己而後可以責諸人，故人倫備，然後謂之成人，成人然後可以治人也。　愚謂孝於親，弟於兄，忠於君，順於長，則於人道無不盡，而可以謂之成矣。能爲人子，然後可以爲人父；能爲人弟，然後可以爲人兄；能爲人臣，然後可以爲人君；能爲人幼，然後可以爲人長。故成人然後可以治人。嘉禮之别有六，而冠爲成人之始，其禮爲重，他如飲食、慶賀之類，視冠禮則爲輕矣。

是故古者重冠。重冠故行之於廟，行之於廟者，所以尊重事。尊重事而不敢擅重事，不敢擅重事，所以自卑而尊先祖也。

吕氏大臨曰：古者重禮必行之廟中，昏禮納采至親迎，皆主人筵几於廟，聘禮廟受，爵有德，禄有功，必策命於大廟，所以示有尊而不敢專也。冠禮必行諸廟，猶是義也。　愚謂冠禮行於廟，有二義：一則尊重事，一則不敢擅重事。尊重事者，所以明成人之禮之重，所以厚責其子；不敢擅重事者，以明重禮必成於禰，又所以尊敬其父也。

昏義第四十四 別録屬吉事。

此篇釋儀禮士昏禮之義。自篇首至「禮之大體也」，明昏禮之重。自「夙興」以下四節，明婦事舅姑之義。「古者婦人先嫁三月」一節，言婦順由於教成。「古者天子」以下，又因昏義而廣言之也。

昏禮者，將合二姓之好，上以事宗廟，而下以繼後世也。故君子重之。釋文：昏者，一本作「昏禮者」。合如字，徐音閤。好，呼報反。

鄭氏曰：娶妻之禮，以昏爲期，因名焉。必以昏者，取其陽往陰來之義。日入三商爲昏。○呂氏大臨曰：物不可以苟合，必受之以賁。蓋天下之情，不合則不成，而其所以合也，敬則能終，苟則易離。必受之以致飾者，所以敬而不苟也。昏禮者，其受賁之義乎？故自納采至親迎，皆男先乎女，所以別疑遠恥，成婦之順正也。朱子曰：男女居室，人之至近，而道行乎其間。幽暗之中，衽席之上，人或褻而慢之，則天命有所不行矣。然非知幾慎獨之君子，其孰能體之？易首乾、坤，而中於咸、恒，禮謹大昏，而詩以二南爲正，其以此與？

是以昏禮納采、問名、納吉、納徵、請期，皆主人筵几於廟，而拜迎於門外，入揖讓而升，聽命於廟，所以敬慎、重正昏禮也。

鄭氏曰：聽命，謂主人聽使者所傳壻家之命。孔氏曰：納采，謂納采擇之禮也。問名，問其女之所生母之姓名。故昏禮云「爲誰氏」，言女之母何姓氏也。此二禮，一使而兼行之。納吉，謂男家既卜吉，以告女氏也。納徵者，納聘財也。徵，成也。先納聘財，而后昏成。春秋則謂之「納幣」。其庶人則緇帛五兩，卿大夫則玄纁，玄三纁二，加以儷皮，諸侯加以大璋，天子加以穀圭。請期者，謂男家使人請女家以昏期，由男家告於女家。必請者，男家不敢自專，執謙敬之辭，故云「請」也。女氏終聽男家之命，乃告之。納吉、納徵、請期，每一事則使者一人行。惟納徵無雁，以有幣故，其餘皆用雁。主人，謂女父母，行此等禮時，皆設几筵於禰廟也。聽命於廟，謂女之父母聽受壻家之命於廟堂之上，兩楹之間也。愚謂問名者，問女之名，將以加諸卜也。故曲禮曰：「男女非有行媒，不相知名。」士昏記問名辭云：「敢請女爲誰氏？」謙不敢質言，故言「誰氏」。疏家疑婦人不以名通，故孔氏謂「問其母所生之姓名」，賈氏又謂「問女之姓氏」，皆非也。既已納采，固無不知其姓氏之理，而母所生之女，非止爲一人，而姓氏者尤非一人之所專也，將何以卜其吉凶乎？

父親醮子而命之迎，男先於女也。子承命以迎，主人筵几於廟，而拜迎于門外。壻執鴈入，揖讓升堂，再拜奠鴈，蓋親受之於父母也。降出，御婦車，而壻授綏，御輪三周，先俟于門外。婦至，壻揖婦以入，共牢而食，合巹而酳，所以合體、同尊卑，以親之也。釋文：迎，魚敬反。先，悉薦反。子承命，本或作「子承父母命」，誤。壻，本又作「聟」，依字從士從胥，俗從知，下作「耳」。巹音謹，説文作「𢀿」。

鄭氏曰：酌而無酬酢曰醮。醮之禮如冠醮與？其異者於寢耳。壻御婦，車輪三周，御者代之，壻自乘其車，先道之歸也。共牢而食，合巹而酳，成婦之義。孔氏曰：共牢而食者，在夫之寢，壻東面，婦西面，共一牲牢而食，不異牲。合巹而酳者，酳，演也，謂食畢飲酒，演安其氣。巹，謂半瓢。以一瓠分爲兩瓢，謂之巹。壻與婦各執一片以酳，故曰「合巹而酳」。愚謂親迎而父親醮之者，重其事也。男子親迎，男先乎女，剛柔之義也。親迎受禮於廟，亦敬慎重正之義，不言者，蒙上可知也。父母，女之父母也。昏禮母在房户外南面，女出房南面，父西面誡之，女西行，母南面誡之，故言「親受之於父母」，猶坊記言「舅姑承子以授壻」也。二牲以上謂之牢，士昏禮用特豚，此云「共牢」，容大夫以上之禮也。昏禮夫婦「酳，用巹」。

巹，以一匏分而爲二，夫婦各用其半以酳，而合之則實爲一匏，故曰「合巹而酳」也。凡牢禮，以尊卑爲差。合巹而酳，合體之義；共牢而食，同尊卑之義。

敬慎重正，而后親之，禮之大體，而所以成男女之別，而立夫婦之義也。男女有別，而后夫婦有義；夫婦有義，而后父子有親；父子有親，而后君臣有正。故曰：「昏禮者，禮之本也。」釋文：別，彼列反。

此承上二節而結之。敬慎重正，則男女之別成；親之，則夫婦之義立。禮運曰：「夫義婦順。」此不言「順」而言「義」者，夫婦之道，不患其不順也，患其苟於順而傷於義也，失義則順亦不可保矣，故曰「立夫婦之義」。物之苟合者，親也不可以久，故男女有別，而后夫婦有義；有夫婦然後有父子，故父子之親由於夫婦之別；有父子然後有君臣，故君臣之正由於父子之親。

夫禮始於冠，本於昏，重於喪、祭，尊於朝、聘，和於鄉、射。此禮之大體也。釋文：朝，直遥反。

鄭氏曰：始猶根也。本猶幹也。鄉，鄉飲酒。　愚謂鄉、射，謂鄉飲酒及鄉射二禮也。

夙興，婦沐浴以俟見。質明，贊見婦於舅姑，婦執笲，棗、栗、段脩以見。贊醴

婦，婦祭脯、醢，祭醴，成婦禮也。釋文：見，賢遍反。笲音煩，一音皮彥反。段，丁亂反，本又作「腶」，或作「鍛」，同。○醴，鄭云：「當作禮。」今如字。

夙，早也，謂昏明日之早晨也。興，起也。質明，正明也。贊，贊助行禮者，蓋以婦人爲之。見婦於舅姑，謂通言於舅姑，使得見也。笲，竹器，緇被纁裏，以盛棗、栗、段脩者。棗、栗、段脩，婦見舅姑之摯也。見舅以棗、栗，見姑以段脩。士昏禮舅席於阼階，西面，姑席於房外，南面，婦執笲，棗、栗，拜奠於舅席，又執笲，段脩，拜奠於姑席。此婦見舅姑之禮也。贊醴婦者，婦既見，宜有以答之，故贊爲舅姑酌醴以禮婦也。凡主人於賓客之初見，則必有以禮之，故聘禮、冠禮皆醴賓。舅姑之醴婦，其義亦然。但舅姑尊，故不自醴而使贊代之也。婦受醴，贊者薦脯、醢。祭，謂祭之於地也。成婦禮者，婦見醴於舅姑，乃成其爲婦之禮也。

舅姑入室，婦以特豚饋，明婦順也。釋文：饋，其位反。一本無「婦」字。

鄭氏曰：以饋明婦順者，供養之禮主於孝順。孔氏曰：士昏禮：「舅姑入於室，婦盥饋，特豚，合升，側載，無魚、腊，無稷，並南上。其他如取女禮。」鄭註云：「側載者，右胖載之舅俎，左胖載之姑俎，異尊卑。並南上者，舅姑共席於奧，其饌各以南爲上。」是特豚饋也。此是士昏禮，若大夫以上，非惟特豚。愚謂供養舅姑者，爲婦孝順之道也。既成婦禮，則宜盡婦道，故繼之以盥饋者，所以明婦順也。

厥明，舅姑共饗婦以一獻之禮，奠酬，舅姑先降自西階，婦降自阼階，以著代也。

鄭氏曰：言既獻之，而授之以室事也。降者，各還其燕寢。婦見及饋饗於適寢。賈氏公彦曰：饗婦亦於舅姑適寢之上，與醴婦同在客位也。舅獻姑酬，共成一獻。朱子曰：以鄉飲酒禮約之，席在室户外西，舅酌酒獻婦，婦於席西飲畢，更爵酢，舅姑乃酌自飲畢，更爵以酬婦，婦受爵奠於薦左，不舉，正禮畢也。楊氏復曰：舅姑之位，當如婦見，舅席於阼，姑席於房外，而婦行酢，舅奠酬之禮與？愚謂厥明，謂盥饋之明日也。凡饗禮，主人獻賓，賓酢主人，主人又酌自飲畢，更爵以酬賓，爲一獻。此饗婦之禮，舅獻而姑酬，故曰「共饗婦以一獻之禮」。凡飲酒，拜送於阼階上，拜受於西階上。醴婦，婦席西，東面拜者，避贊者之位也。朱子謂「饗婦，婦亦於席西拜受」，蓋以婦於舅姑不敢當賓主之禮與？西階者，客階。阼階者，主人之階。舅姑既饗婦，則授之以室事，故已降自客階，使婦降自主階，明使婦代己爲主也。盥饋、饗婦，皆適婦之禮。士昏記云：「庶婦，則使人醮之，婦不饋。」婦既不饋，則舅姑不饗之可知。蓋供養之事統於適婦，而著代之義亦惟適婦有之也。○疏謂「士禮饗婦與盥饋同日，此厥明饗婦爲大夫禮」，非也。士昏禮「饗婦」不言「厥明」，特文略耳。婦見之後，繼以醴婦，又繼以盥饋，禮亦煩矣，饗婦用其明日爲宜。士昏禮「饗婦」後又有「饗送者」之禮，亦不言異日，其皆爲文略可知也。

成婦禮，明婦順，又申之以著代，所以重責婦順焉也。婦順者，順於舅姑，和於室人，而后當於夫，以成絲麻、布帛之事，以審守委積、蓋藏。是故婦順備而后内和理，内和理而后家可長久也。故聖王重之。釋文：當，丁浪反。委，於僞反。積，子賜反。藏，才浪反。

此又承上三節而結言之。鄭氏曰：室人，女妐、女叔、諸婦也。當猶稱也。後言稱夫者，不順舅姑，不和室人，雖有善者，猶不爲稱夫也。愚謂婦順備，言所以順於舅姑、室人者，周備而無闕也。婦順備，而能當於夫，故内和；能成絲麻、布帛，守委積、蓋藏，故内理。情無不和，事無不理，此家室長久之道也。家之興衰，基於婦人，可不重與？

是以古者婦人先嫁三月，祖廟未毀，教于公宫，祖廟既毀，教于宗室，教以婦德、婦言、婦容、婦功。教成，祭之，牲用魚，芼之以蘋藻，所以成婦順也。

鄭氏曰：謂與天子諸侯同姓者也。嫁女者，必就尊者教成之。教成之者，女師也。祖廟，女所出之祖也。公，君也。宗室，宗子之家也。婦德，貞順也。婦言，辭令也。婦容，婉娩也。

婦功，絲麻也。祭之，祭其所出之祖也。魚、蘋藻，皆水物，陰類也。魚爲俎實，蘋藻爲羹菜。祭無牲牢，告事爾，非正祭也，其齊盛用黍云。君使有司告之。孔氏曰：祖廟未毀，謂與君同高祖以下，廟未毀除也。祖廟已毀，謂與君同高祖之父以上，其廟既遷也。公宮，謂官家之宮爾，非謂諸侯公宮也。宗室，大宗、小宗之家。與大宗近者，於大宗教之；與小宗近者，於小宗教之。此謂君之同姓，若異姓，亦有大宗、小宗，族人嫁女，皆教於其家也。按內則「女子十年，不出，使姆教之」，明前此恒教，但嫁前三月特就公宮教之，尊之也。愚謂祖廟未毀，謂與君同高祖以下者，則宗室亦謂繼高祖以下之宗，非大宗也。女子無祭祖廟之法，教成之祭輕，君又不當親祭，故鄭氏謂「使有司告之」。若卿大夫之家，則宗子主其祭，而祭饌則此女設之，詩所謂「誰其尸之？有齊季女」，是也。女子之事夫，猶男子之事君也。然男子二十而冠，其仕乃寬以二十年之久，而女子則笄而遂嫁，故雖教之有素，而深懼其未習也。爲之特舉其禮，嚴之以君宗之所，以動其禮法之慕，重之以宗廟之告，以生其恭敬之心，此婦順之所由成也。

古者天子后立六宮、三夫人、九嬪、二十七世婦、八十一御妻，以聽天下之內治，以明章婦順，故天下內和而家理。天子立六官、三公、九卿、二十七大夫、八十一元士，以聽天下之外治，以明章天下之男教，故外和而國治。故曰：「天子聽男教，后聽女順；天子理陽道，后治陰德；天子聽外治，后聽内治。教順成俗，外内和順，國家理治，此之謂盛德。」釋文：嬪，毗人反。治，直吏反，除「后治陰德」皆同。

鄭氏曰：天子六寢，而六宫在後，六官在前，所以承副，司外内之政也。内治，婦學之法也。陰德，謂主陰事、陰令也。愚謂御妻，周禮之女御也。后之六宫，以三夫人、九嬪以下分屬焉。周禮春官：「世婦，每宫卿二人，下大夫四人，中士八人。」世婦之卿，以三夫人、九嬪充之，下大夫以世婦充之，中士以女御充之。然合六宫，而世婦止二十四人，女御止四十八人，則二十七世婦、八十一御妻亦略言三相倍之法如此，而其數有所不必備矣。蓋先王之立内官，所以佐后之内治，非淫於色也。故雖設此數，而無其人則闕，周禮天官於世婦、女御不言其數，以此也。外官三公、九卿以下，亦以三相倍言之，欲見内外官之相當，以明其職之並重耳。二十七大夫、八十一元士，亦惟謂其分屬於六卿之下，若大宰之小宰、宰夫，司徒之小司徒、鄉師，非謂六官之屬盡於此也。以體言則曰「男女」，以德言則曰「陰陽」，以位言則曰「外内」，其實一也。天子與后分治内外，乃夫婦之道之尤重者，故因昏禮而上言之。匡衡曰：大上者，民之父母。后、夫人之行不侔於天地，則無以承神靈之統，而理萬物之宜。是故國家理治，非天子與后皆有盛德，則不可得而致也。

是故男教不修，陽事不得，適見於天，日爲之食；婦順不修，陰事不得，適見於天，月爲之食。是故日食則天子素服而修六官之職，蕩天下之陽事；月食則后素服而修六宮之職，蕩天下之陰事。故天子之與后，猶日之與月，陰之與陽，相須而後成者也。釋文：適，直革反。見，賢遍反。爲，于僞反。

鄭氏曰：適之言責也。食者，見道有虧傷也。蕩，盪滌，去穢惡也。

天子修男教，父道也。后修女順，母道也。故曰：「天子之與后，猶父之與母也。」故爲天王服斬衰，服父之義也。爲后服資衰，服母之義也。釋文：衰，七雷反。資，依註作「齊」，音咨。

爲天王服斬衰，爲后服齊衰，謂天子之臣及列國諸侯也。諸侯之臣爲天子服繐衰，既葬而除，爲后無服。

禮記卷五十九

鄉飲酒義第四十五別録屬吉禮。

此釋儀禮鄉飲酒禮之義也。篇中凡爲四段：首段凡五節，皆引鄉飲酒禮之文而釋之；第二段專明黨正正齒位之禮；第三段引孔子之言，明鄉飲酒備五行；第四段本別爲一篇，而記者合之，説見於後。孔氏曰：此篇凡有四事：一則鄉大夫三年賓賢能；二則鄉大夫飲國中賢者；三則州長習射飲酒；四則黨正蜡祭飲酒。知此篇有四事者，此篇本説儀禮鄉飲酒，儀禮所據，是諸侯之鄉大夫三年賓賢能之禮也。此篇又云「鄉人、士、君子」，鄉人即鄉大夫，君子謂國中賢者。又云「六十者坐，五十者立侍」，是黨正飲酒之事。又云「合諸鄉射」，是州長習射之禮。鄉則三年一飲，州則一年再飲，黨則一年一飲。

鄉飲酒之義：主人拜迎賓于庠門之外，入三揖而后至階，三讓而后升，所以致尊讓也。盥、洗、揚觶，所以致絜也。拜至、拜洗、拜受、拜送、拜既，所以致敬也。尊讓、絜、敬也者，君子之所以相接也。君子尊讓則不争，絜、敬則不慢。不慢不争，則遠於鬬、辨矣，不鬬、辨，則無暴亂之禍矣，斯君子所以免於人禍也。故聖人制之以道。釋文：庠音詳。絜音結。致絜，一本作「致絜敬」。遠，于萬反。○鄭注：

揚，今禮皆作「騰」。

鄭氏曰：庠，鄉學也。州、黨曰序。揚，舉也。孔氏曰：此謂鄉大夫，故迎賓於庠門外，若州長、黨正，則於序門外也。愚謂「鄉飲酒之義」，此一句所以總目下文之事也。序、庠惟一門，三揖而後至階，謂賓主既入門而三揖也。三讓，讓升也。盥，盥手。洗，洗爵。揚，舉也。盥、洗、揚觶，謂主人盥手洗爵，而舉爵以獻賓也。獻、酢以爵，酬以觶，此言獻賓而曰「觶」者，以觶與爵俱所以盛酒，故通而言之。下文「卒觶，致實於西階上」，亦謂爵爲觶也。拜至，主人於賓之初至而拜之也。鄉飲酒禮「賓升，主人阼階上當楣北面再拜」，是也。拜洗，主人洗爵，升，賓於西階上北面再拜，拜主人爲己洗爵也。拜受者，主人獻賓，賓於西階上拜受爵也。拜送者，賓既受爵，主人於阼階上拜送也。既，盡也。拜既，賓飲卒爵而拜也。鬬，謂逞於力。辨，謂競於言。道猶禮也。

鄉人、士、君子，尊於房户之間，賓主共之也。尊有玄酒，貴其質也。羞出自

東房，主人共之也。洗當東榮，主人之所以自絜而以事賓也。釋文：下「共」字音恭。

鄭氏曰：鄉人，鄉大夫也。士，州長、黨正也。君子，謂卿、大夫、士也。卿、大夫、士飲國中賢者亦用此禮也。共尊者，人臣卑，不得專大惠。羞出自東房，羞，燕私，可以自專也。

孔氏曰：設尊於東房之西，室户之東，示賓主共有此酒也。酒雖主人之物，賓亦以酢主人，故曰「賓主共之」。北面設尊，玄酒在左，謂在酒尊之西也。所以玄酒在西者，地道尊右，貴其質素故也。共，共於賓也。榮，屋翼也。設洗於庭，當屋翼也。必在東者，示主人所以自絜以事賓。愚謂鄉人，謂鄉大夫、州長、黨正之屬也。士，所賓賢能之士也。君子，卿大夫爲僎者也。羞，謂籩、豆之實也。鄉射記曰「薦，脯以籩」，「醢以豆，出自東房」，是也。又鄉飲酒記曰「俎由東壁，自西階升」，則俎實與庶羞不由房中出矣。

賓主，象天地也。介、僎，象陰陽也。三賓，象三光也。讓之三也，象月之三日而成魄也。四面之坐，象四時也。釋文：僎音遵。坐，才卧反，又如字。

鄭氏曰：陰陽，助天地養成萬物之氣也。古文禮僎皆作「遵」。遵者，謂此鄉之人仕至於大夫，主人之所榮而遵法也。孔氏曰：賓主象天地，介、僎象陰陽者，天地則陰陽著成爲天地，故賓在西北，天地嚴凝之氣著；主在東南，天地温厚之氣著；介在西南，象陰之微氣；僎在東北，象陽之微氣。四面之坐象四時者，主人東南象夏始，賓西北象冬始，僎東北象春始，介西南象秋始。　愚謂賓者，主人之所敬事，象乎天之尊，主人以禮下人，象乎地之卑，故曰「賓主象天地」。介、僎以輔賓主之禮，猶陰陽以助天地之化，故曰「介、僎象陰陽」。三賓，衆賓之長也。衆賓不惟三人，其長者三人耳。鄉飲酒禮主人「西階上獻衆賓，衆賓之長升拜受者三人」，是也。三賓席於賓西，衆賓立於堂下。三賓之尊次於介，猶三光之尊次於月，故曰「三賓象三光」。三日，謂望後三日也。魄，月之有體而無光處也。月二日而明生，三日而明著，故三日謂之朏。既望二日而魄生，三日而魄著。明著則進而盈，魄著則退而闕，故三讓者，象月之三日而成魄也。

天地嚴凝之氣，始於西南而盛於西北，此天地之尊嚴氣也，此天地之義氣也。天地温厚之氣，始於東北而盛於東南，此天地之盛德氣也，此天地之仁氣也。主人者尊賓，故坐賓於西北，而坐介於西南以輔賓。賓者，接人以義者也，故坐於西北；主人者，接人以仁、以德厚者也，故坐於東南；而坐僎於東北，以輔主人也。仁義接，賓主有事，俎、豆有數，曰聖。聖立而將之以敬曰禮，禮以體長幼曰德。德也者，得於身也。故曰：「古之學術道者，將以得身也。是故聖人務焉。」釋文：凝，魚矜反。

賓席於牖間，其位在西北；介席於西階上，其位在西南；主人席於阼階上，其位在東南；僎席於賓東，其位在東北。賢能之士，方進身之始，則貴於難進易退，而有介然不苟之意，故其接人也主於義，主於義則其進也必正矣。主人與賢能而獻之君，則貴於愛賢下士，而有藹然相親之情，故其接人也主於仁，主於仁則其好賢也有誠，而其德厚矣。介者賓之次，故坐於西南以輔賓。鄉飲酒之禮，就先生而謀賓、介，則僎乃贊成主人之禮者，故坐於東北以輔主人。「仁義相接」以下，又兼習射尚齒之禮而言之。蓋賓以不苟進爲義，主人以好賢爲仁，仁義相接者，賓賢能之義也。賓主相與有事，以習禮樂者，習射之義也。六十者三豆，以至九十者六豆，俎、豆有數，以明齒讓者，尚齒之義也。明乎三者之義，則謂之聖，言其有通明之識也。通明之識立，而以敬心奉而行之，則謂之禮。體猶成也，立也。禮行於賓賢，則以體仁義；行於習射，則以體禮樂；行於尚齒，則以體長幼。獨言「體長幼」者，舉其一，餘從可知也。得於身，言身實有此德也。古之學術道者，非徒明乎其義，必將得之於身，故聖王務於行此三者之禮，欲天下之勉於德也。

祭薦、祭酒，敬禮也。嚌肺，嘗禮也。啐酒，成禮也。於席末，言是席之正，非專爲飲食也，爲行禮也，此所以貴禮而賤財也。卒觶，致實於西階上，言是席之上，非專爲飲食也，此先禮而後財之義也。先禮而後財，則民作敬讓而不争矣。釋文：薦，本亦作「廌」，同。嚌，才細反。啐，七内反。爲，于僞反。

鄭氏曰：非專爲飲食，言主於相敬以禮也。致實，謂盡酒也。酒爲觴實。祭薦、祭酒、嚌肺於席中，唯啐酒於席末也。孔氏曰：祭薦者，主人獻賓，賓即席祭所薦脯、醢也。祭酒者，賓既祭薦，又祭酒也。敬禮，言敬重主人之禮也。嚌肺，嘗禮者，賓既祭酒，興，取俎上之肺，齒嚌之，所以嘗主人之禮也。啐酒，成禮者，啐，謂飲酒入口，成主人之禮也。席末，席西頭也。鄉飲酒禮嚌肺在先，祭酒在後，此「祭酒」與「祭薦」相連，表其俱敬禮之事也。敬主人之物，故祭薦、祭酒、嚌肺皆在席中，啐酒入於己，故在席末。席上祭薦、祭酒，是貴禮；於席末啐酒，是賤財也。啐，纔始入口，猶在席末；卒觶則盡爵，故遠在西階上。云「卒觶」者，論其將欲卒觶之時；致實，論其盡酒之體也。吕氏大臨曰：人之所以争者，無禮而志於財也。如知貴禮而賤財，則敬讓行矣。

鄉飲酒之禮，六十者坐，五十者立侍以聽政役，所以明尊長也。六十者三豆，七十者四豆，八十者五豆，九十者六豆，所以明養老也。民知尊長養老，而后乃能入孝弟；民入孝弟，出尊長養老，而后成教；成教而后國可安也。君子之所謂孝者，非家至而日見之也，合諸鄉射，教之鄉飲酒之禮，而孝弟之行立矣。

釋文：弟音悌。行，下孟反。

鄭氏曰：此說鄉飲酒，謂黨正「國索鬼神而祭祀，則以禮屬民而飲酒於序，以正齒位」之禮也。其鄉射，則州長「春秋以禮會民而射於州序」之禮也。謂之鄉者，州、黨乃鄉之屬也。或則鄉之所居州、黨，鄉大夫親爲主人焉，如今郡國下令長於鄉射飲酒，從太守相臨之禮也〔一〕。

孔氏曰：按鄉飲酒禮賓賢能則用處士爲賓，其次爲介，其次爲衆賓，皆以年少者爲之。此正齒位之禮，賓、介等皆用年老者爲之，其餘爲衆賓。賓內年六十以上，於堂上，於賓席之西，南面坐；若不盡，則於介席之北，東面北上。其五十者，則立於西階下，東面，北上，示有陪侍之義也。以聽政役，謂立於堂下，聽受六十以上政事役使也。六十者以上，每十年加一豆，非正禮，故不得爲籩、豆偶也。五十者但二豆而已，則鄉飲酒禮衆賓立於堂下者皆二

〔一〕「禮」，原本作「法」，據禮記注疏改。

豆，其賓、介之豆無正文，當依衆賓之年而加之也。立侍，是陪侍之義，故云「明尊長」。豆，供養之物，故云「明養老」。合諸鄉射，謂合聚其民於州長鄉射之禮。教之鄉飲酒之禮，謂十月黨正飲酒，教之以禮也。愚謂上文所言，皆以釋儀禮鄉飲酒禮之義也。此又别言正齒位之禮，事與上殊，故又以「鄉飲酒之禮」别起其文也。鄉飲酒禮自賓、介以至於堂下之衆賓，皆惟一籩一豆，脯、醢而已。疏謂「堂下衆賓有二豆」，誤也。籩、豆必偶，而士冠禮醴子，士昏禮饗婦，鄉飲酒禮、燕禮，皆惟脯、醢，蓋以籩、豆相配而爲偶也。鄉飲酒禮之一籩一豆者，禮之正也。養老以飲食爲重，正齒位之禮，豆以十年遞加者，禮之變也。然豆加則籩亦加，籩、豆相配，亦皆爲偶數矣。鄉射之禮，自賓、介以下亦尚齒，故合諸鄉射，教以鄉飲酒之禮，而孝弟之行立矣。

孔子曰：「吾觀於鄉而知王道之易易也。」釋文：易，以豉反。

鄭氏曰：鄉，鄉飲酒也。易易，謂教化之本，尊賢尚齒而已。愚謂禮行於鄉，而人無不化者，故可以知王道之易行也。

主人親速賓及介，而衆賓自從之，至于門外，主人拜賓及介，而衆賓自入，貴賤之義别矣。釋文：别，彼列反。

敖氏繼公曰：主人既速介，即先歸，介及衆賓皆同至賓之門外，俟賓同往也。愚謂主人於賓及介皆拜迎，於衆賓揖之而已，故曰「拜賓及介，而衆賓從之」。

三揖至于階，三讓，以賓升，拜至，獻、酬辭讓之節繁；及介，省矣。至于衆賓，升受、坐祭、立飲，不酢而降，隆殺之義辨矣。釋文：省，所領反。殺，色戒反。

鄭氏曰：繁猶盛也。小減曰省。辨猶別也。尊者禮隆，卑者禮殺，尊卑別也。孔氏曰：主人於賓，三揖三讓，拜其來至，又酌酒獻賓，賓酢主人，主人又酌而自飲以酬賓，是辭讓之節其數繁多也。介酢主人則止，主人不酬介，是及介省矣。愚謂鄉飲酒禮「主人以介揖、讓、升，拜如賓禮」，則其揖、讓、拜至之禮亦與賓同。然其獻之也，於其席前，而不於阼階上，介之受獻，不拜洗，不嚌肺，不啐酒，不告旨，不親酢，又主人不酬，是其禮省於賓矣。至於衆賓，則升而拜受者惟其長三人，坐祭、立飲，不酢主人而降。賓之禮隆，介殺於賓，衆賓又殺於介，此隆殺之義也。

工入，升歌三終，主人獻之。笙入三終，主人獻之。間歌三終，合樂三終，工告「樂備」，遂出。一人揚觶，乃立司正焉，知其能和樂而不流也。釋文：間，「間厠」之間。合如字，徐音閤。○鄭注：一人，或爲「二人」。

鄭氏曰：工，謂樂正也。樂正既告備而降，言「遂出」者，自此至去，不復升也。流，猶失禮也。立司正以正禮，則禮不失可知。孔氏曰：工入，升歌三終者，謂升堂歌鹿鳴、四牡、皇皇者華，每一篇爲一終也。主人獻之，謂獻工也。笙入三終者，謂吹笙之人，入於堂下，奏南陔、白華、華黍，每一篇一終也。主人獻之，謂獻笙人也。間歌三終者，間，代也，堂上歌魚麗，則堂下笙由庚爲一終；堂上歌南有嘉魚，則堂下笙崇丘爲一終；堂上歌南山有臺，則堂下笙由儀爲三終。堂上堂下一歌一吹，相代而作也。合樂三終者，工歌關雎，則笙吹鵲巢合之；工歌葛覃，則笙吹采蘩合之；工歌卷耳，則笙吹采蘋合之。堂上下歌、瑟及笙俱作也。工，謂樂正。工先告樂正，樂正告賓以「樂備」，而遂下堂也。言「遂出」者，樂正自此至去，不復升堂也。鄉飲酒云「工告于樂正」，「樂正告于賓，乃降」，註云：「樂正降者，以正歌備，無事也。降立西階東，北面。」一人揚觶，乃立司正者，一人，謂主人之吏，舉觶示將行旅酬，爲有懈惰，故主人使相禮者一人爲司正以監之也。流，失禮也。立司正以正之，故飲酒不流邪失禮也。愚謂升歌而笙不升者，貴人聲也。先升歌，次笙，次間歌，次合樂，此正樂之四節也。四者備，則樂備矣。鄉飲酒禮末有無算樂，正樂雖備，弦歌之工尚未得降，惟樂正既告「樂備」，遂降立於堂下，以至於禮畢而遂出也。一人揚觶者，謂主人獻衆賓之後，一人舉觶於賓，賓取奠於薦西，至旅酬，則賓取以酬主人於阼階上也。司正，飲酒之間監察儀法者也。行禮之始謂之相，將旅酬則立之爲司正。蓋旅酬之後，爵行無算，恐飲多或至惰慢，故立司正以監之也。一人舉觶在升歌之前，立司正在樂備之後，而謂「一人舉觶，乃立司正」者，蓋立司正爲將旅酬，而一人舉觶乃旅酬之始，二事相因故也。作樂樂賓，可謂「和樂」矣，又立司正以防其失，此和樂而不流也。○儀禮賈疏謂「合樂者，堂上有歌、瑟，堂下有笙、磬，合奏是詩」，與孔疏異，朱子是賈氏而非孔疏。竊謂歌與笙以三篇爲三終，間歌與合樂皆以六篇爲三終，蓋間歌則以二篇相間爲一終，合樂則以二篇相合爲一終，若如賈氏，則合樂爲六終矣。似當以孔疏爲是。

賓酬主人，主人酬介，介酬衆賓，少長以齒，終於沃、洗者焉，知其能弟長而無遺矣。釋文：少，詩召反。沃，於木反。弟音悌。

孔氏曰：旅酬之時，賓主人之黨，各以少長爲齒，以次相旅，至於執掌罍洗之人，以水沃、盥、洗爵者，皆預旅酬也。終於沃、洗，是無算爵之節，鄉飲酒記「主人之贊者西面，北上，不與，無算爵然後與」，是也。此因旅酬，遂連言「無算爵」，欲見無不周徧也。弟，少也。言少之與長，皆被恩澤而無遺棄也。朱子曰：弟，悌也，敬順之意。言使少者皆承順以事長者，而無所遺棄也。

降，說屨升坐，脩爵無數。飲酒之節，朝不廢朝，莫不廢夕。賓出，主人拜送，節文終遂焉，知其能安燕而不亂也。釋文：說，徒活反。廢朝，直遥反。莫音暮。

鄭氏曰：朝、夕，朝莫聽事也。不廢之者，既朝乃飲，先夕則罷，其正也。終遂，猶充備也。

孔氏曰：說屨升坐，謂無筭爵之初也。以前皆立而行禮，未徹俎，故未說屨，至此徹俎之後，乃說屨升堂坐也。脩爵無數，謂無筭爵也。朝不廢朝，朝後乃行飲酒之禮也。莫不廢夕，飲酒禮畢，乃治私家之事也。此謂鄉飲酒禮，若黨正飲酒，一國若狂，無不醉也。飲畢，主人備禮，拜而送賓，節制文章，終竟申遂，不有闕少，知其能安燕樂而不亂也。

貴賤明，隆殺辨，和樂而不流，弟長而無遺，安燕而不亂，此五行者，足以正身安國矣。彼國安而天下安，故曰：「吾觀於鄉，而知王道之易易也。」

合結上文五節之義。

鄉飲酒之義，立賓以象天，立主以象地，設介、僎以象日月，立三賓以象三光。古之制禮也，經之以天地，紀之以日月，參之以三光，政教之本也。

鄭氏曰：日出於東，僎所在也。月生於西，介所在也。三光，三大辰也。天之政教，出於大辰。孔氏曰：此覆説鄉飲酒之義有所法象，前文雖備，此更詳也。賓者，主之所尊敬，故以賓象天。主供物以養賓，故以主象地。日月，即前經「陰陽」也。但陰陽據其氣，日月言其體。僎在東北，象日出也。介在西南，象月出也。公羊傳：「大辰者何？大火也。」「伐爲大辰，北辰亦爲大辰。」故爾雅云：「大辰，房、心、尾也。大火謂之大辰。」「北極謂之北辰。」是三大辰也。何休云：「大火與伐，天所以示民時早晚，天下取以爲正，故謂之大辰。辰，時也。」是天之政教出於大辰。呂氏大臨曰：飲酒之禮，莫先於賓主，立賓象天，立主象地，禮之經也。介、僎以輔之，輔之者紀也。三賓以陪之，陪之者參也。政教之立，必有經、有紀、有參，然後可行，故飲酒之禮，必有此三者，然後可行也。愚謂自此以下，與首一段大同小異，而别以「鄉飲酒之義」起其端。蓋傳禮之家，各爲解説其義，本異人之作，别爲一篇，記者見其與前篇所言，義雖大同，而間有爲前之所未備者，不忍割棄，因録而附於前篇之末也。

亨狗於東方，祖陽氣之發於東方也。洗之在阼，其水在洗東，祖天地之左海也。尊有玄酒，教民不忘本也。釋文：亨，普萌反。

鄭氏曰：祖猶法也。海，水之委也。教民不忘本者，太古無酒，用水而已。愚謂狗者，燕禮之牲也。鄉飲酒牲亦用狗者，鄉飲酒者，大夫士之燕禮也，狗不爲牢數，牲之小而輕者也；燕禮視饗食爲簡，於籩、豆惟用其一，故其牲亦惟以狗，欲其禮之稱也。東方，謂堂之東北，鄉飲酒記「亨于堂東北」是也。烹飪以火，火爲陽氣之盛，亨於東方者，所以法陽氣之發於東方也。洗當東榮，水又當洗之東，法天地之左海也。古者無酒，用水而已。尊有玄酒，非但貴其質素，且教民不忘禮之本始也。敖氏繼公曰：堂東北，爨所在也，就而亨焉。凡學宮惟有一門，故牲爨不於門外，而於堂東北，堂東北即東夾之東北。學宮有左右房，則亦當有夾室。

賓必南鄉。東方者春，春之爲言蠢也，産萬物者聖也。南方者夏，夏之爲言假也，養之、長之、假之，仁也。西方者秋，秋之爲言愁也，愁之以時，察守義者也。北方者冬，冬之爲言中也，中者藏也。是以天子之立也，左聖鄉仁，右義偝藏也。釋文：鄉，許亮反。蠢，尺允反。假，古雅反。愁，依註讀爲揫。藏如字，徐才浪反。偝音背。○鄭注：察或爲「殺」。

鄭氏曰：春猶蠢也。蠢動，生之貌也。聖之言生也。假，大也。愁讀爲揫。揫，斂也。察，猶察察，嚴殺之貌也。南鄉、鄉仁，貴長大萬物也。孔氏曰：五行春爲仁，夏爲禮，今春爲聖，夏爲仁者，春夏皆是生育長養，俱有仁恩之義，故此夏亦仁也。生物於春，如通明之聖，故東方爲聖也。各以義言之，理亦通也。愚謂春作夏長，仁也。秋斂冬藏，義也。蓋天地以仁之德生物，生物之功成於夏，而聖則其氣之初通者也。天地以義之德成物，成物之功始於秋，而藏則其氣之歸根者也。聖人法天，以仁育萬物，以義正萬民，二者不可偏廢。故其立也，於聖則左之，法天之生物於春也；於義則右之，法天之成物於秋也。然天雖生、成並用，而常以生物爲本；聖人雖仁義並施，而常以仁民爲先。故聖人於仁則鄉之，法天地之陽居大夏，而以生育長養爲事也；於藏則偝之，法天之陰居大冬，而積於虚空不用之處也。聖人之立如此，而賓之南鄉亦如之，尊賓之至也。此一節，明賓之坐位之義也。

介必東鄉，介賓主也。

介猶間也。賓在牖間，主人在阼，介在西階上東鄉。蓋介亦主人之所敬事，而其尊次於賓，故其位間厠於賓主之間也。此明介之坐位之義也。

主人必居東方。東方者春，春之爲言蠢也，産萬物者也。主人者造之，産萬物者也。

造，作也，謂作此飲酒之禮也。主人爲禮之所從出，猶春爲萬物之所從生也。此明主人坐位之義也。

月者三日則成魄，三月則成時。是以禮有三讓，建國必立三卿。三賓者，政教之本，禮之大參也。

禮有三讓，非但法於月之三日而成魄，又取法於三月而成時也。建國必立三卿，行禮必立三賓，故三賓爲政教之本。三賓輕於賓、介，言「三賓」則賓、介可知也。○此篇所記孔子之言，所以發明鄉飲酒之義者備矣，而所謂「觀於鄉而知王道之易易」者，尤非聖人不能道也。其餘則多附會牽合之説，似皆不出於先王制禮之本義也。

禮記卷六十

射義第四十六別録屬吉事。

此篇釋儀禮大射儀之義也。冠、昏、燕、聘、鄉飲酒等，皆引儀禮正經而釋之，此篇不引儀禮，但泛論習射之義，與他篇不同。凡禮射有四：一曰大射，君臣相與習射而射也。自天子以下至於士，皆有之，今惟諸侯大射禮存。二曰賓射，天子諸侯饗來朝之賓，而因與之射。亦謂之饗射，司服「饗射則鷩冕」是也。饗禮在廟，故服鷩冕。諸侯饗聘賓，亦與之射，左傳晉士鞅「來聘」，「公享之」，「射者三耦」，是也。今其禮並亡。三曰燕射，天子諸侯燕其臣子或四方之賓，而因與之射；大夫士燕其賓客，亦得行之。燕禮云「若射」，「則如鄉射之禮」。此諸侯燕射之可見者也。四曰鄉射，州長與其衆庶習射於州序，儀禮鄉射禮是也。而鄉大夫以五物詢衆庶，亦用是禮焉。四者之禮，賓射爲重，而大射爲大。燕禮記云「君與射，則爲下射」，鄉射禮「賓、主人、大夫若皆與射，則遂告于賓」，則燕射、鄉射君若賓以下或有不與者，惟大射則無不與射也。此外又有主皮習武之射。周禮司弓矢「王弓、弧弓，以授射甲革、椹質者」，鄭氏云：「質，正也。樹椹以爲射正。射甲與椹，試弓習武也。」鄉射記云「禮射不主皮，主皮之射者，勝者又射，不勝者降」，是也。

古者諸侯之射也，必先行燕禮；卿、大夫、士之射也，必先行鄉飲酒之禮。故燕禮者，所以明君臣之義也；鄉飲酒之禮者，所以明長幼之序也。釋文：長，丁丈反。

鄭氏曰：言別尊卑老穉，然後射，以觀德行也。呂氏大臨曰：射者，男子所有事也。天下無事，則用之於禮義，故習大射、鄉射之禮，所以習容、習藝，觀德而選士；天下有事，則用之於戰勝，故主皮、呈力，所以禦侮克敵也。諸侯之射，必先行燕禮者，大射儀也。卿、大夫、士之射，必先行鄉飲酒之禮者，鄉射也。愚謂此「射」皆謂大射也。鄉飲酒者，卿、大夫、士之燕禮也。諸侯謂之燕，卿、大夫、士謂之飲酒，其禮一也。諸侯與其臣行大射，必先行燕禮；卿、大夫、士與其臣大射，必先行鄉飲酒之禮。左傳昭公二十七年：「齊侯請饗公，子家子曰：『朝夕立於其朝，又何饗焉？其飲酒也。』乃飲酒，使宰獻，而請安。」是燕禮亦謂之飲酒也。

故射者，進退周旋必中禮，内志正，外體直，然後持弓矢審固，持弓矢審固，然後可以言中。此可以觀德行矣。釋文：中，丁仲反。

鄭氏曰：内正、外直，習於禮樂有德行者也。呂氏大臨曰：聖王制射禮，以善養人於無事之時。君子敬以直内，義以方外，則不疑其所行。故發而不中節者，常生於不敬；所存乎内者敬，則所以形於外者莊矣。内外交修，則發乎事者中矣。射，一藝也。容比於禮，節比於樂，發而不失正鵠，是必有樂於義禮，久於恭敬，用志不分之心，然後可以得之，則其德可知矣。愚謂射者，進退周旋之禮甚煩，一有不中，則志氣之動，而持弓矢必不審固矣。進退周旋必中禮，見於未射之先者也。内志正，外體直，謹於方射之際者也。志正則於心無所偏，而持弓矢也審；體直則於力有所專，而持弓矢也固。矢之或出於侯之上下左右者，不審之過也。矢之不及侯而反，若大射禮所謂「梱復」者，不固之過也。既審且固，則無不中矣。然而進退周旋之中禮，内志之正，外體之直，豈一時所能襲取哉？必其莊敬、和樂，所以養其身心者久，而後可以致之，故曰：「可以觀德行矣。」

其節：天子以騶虞爲節，諸侯以貍首爲節，卿大夫以采蘋爲節，士以采蘩爲節。騶虞者，樂官備也。貍首者，樂會時也。采蘋者，樂循法也。采蘩者，樂不失職也。是故天子以備官爲節，諸侯以時會天子爲節，卿大夫以循法爲節，士以不失職爲節。故明乎其節之志，以不失其事，則功成而德行立。德行立則無暴亂之禍矣，功成則國安。故曰：「射者，所以觀盛德也。」釋文：騶，側尤反。貍，力之反。

騶虞、采蘋、采蘩，召南篇名。貍首，逸詩。節者，歌之以爲射之節也。周禮射人王射「九節、五正」，諸侯「七節、三正」，大夫士「五節、二正」。每歌一終爲一節。節之正者，用以拾、發乘矢，其餘則用以聽者也。天子大射，歌騶虞以爲射者之節；諸侯大射，歌貍首以爲射者之節；大夫大射，歌采蘋以爲射者之節；士大射，歌采蘩以爲射者之節。而其節之多寡，則各以尊卑爲差，如射人之所言也。大射儀諸侯之禮，與射者有大夫士，而惟歌貍首，則用射節之法於此可見矣。騶虞之詩，言「壹發五豝」，以喻賢才衆多，足以備朝廷之官也。會時，謂會天子之時事。貍首樂會時，未聞。采蘋之詩，言大夫妻能循法度，采蘩之詩，言教成之祭，其女子能齊敬以主其事，是不失職之義也。明乎其節，以不失其事，則天子必求賢審官，諸侯必虔其王命，大夫必能謹於禮法，士必能盡其職業。如是，則外之而事功無不成，內之而德行無不立矣。○劉氏敞曰：騶虞、采蘋、采蘩三詩，皆在二南，則貍首亦必其儔，豈夫子删詩時已亡之與？或曰：貍首，鵲巢也。篆文「貍」似「鵲」，「首」似「巢」。愚謂劉氏謂貍首當在二南，是也。孔子言「自衛反魯而樂正，雅、頌各得其所」，則詩之用於正樂者，夫子時必未嘗亡。然以今之詩考之，則貍首之用於射節，新宫之用於下管，采薺之用於樂儀，皆無其篇，則今之詩豈必皆夫子所删之舊乎？

是故古者天子以射選諸侯、卿、大夫、士。射者，男子之事也，因而飾之以禮樂也。故事之盡禮樂，而可數爲，以立德行者莫若射，故聖王務焉。釋文：數，色角反。

鄭氏曰：選士者，先考德行，乃後決之以射。孔氏曰：諸侯繼世而立，卿大夫有功乃升，非專以射而選，但既爲諸侯、卿、大夫，又考其德行，更以射辨其才藝高下，非謂直以射選補而用之也。男子生有懸弧之義，因此射事更飾以禮樂，容比於禮，節比於樂是也。陳氏祥道曰：人之賢不肖，不能逃於威儀、揖讓之間，而好惡趨舍，常見於行同、能耦之際，故射而飾之以禮樂以觀其德，比之以耦以觀其類。

是故古者天子之制：諸侯歲獻，貢士於天子，天子試之於射宫。其容體比於禮，其節比於樂，而中多者，得與於祭；其容體不比於禮，其節不比於樂，而中

少者，不得與於祭。數與於祭而君有慶，數不與於祭而君有讓；數有慶而益地，數有讓而削地。故曰：「射者，射爲諸侯也。」是以諸侯君臣盡志於射以習禮樂。夫君臣習禮樂而以流亡者，未之有也。釋文：比，毗志反。中，丁仲反。與音預。數，色角反。

鄭氏曰：三歲而貢士，舊說云：「大國三人，次國二人，小國一人。」吕氏大臨曰：古之選士，中多者得與於祭，蓋禮樂節文之多，惟射與祭爲然。能盡射之節文，而不失其誠，可以奉祭祀矣。能心平體正，持弓矢審固而中多，其敬可以事鬼神矣。愚謂古者王國之人才，天子用之；侯國之人才，諸侯用之。蓋教化美而賢才多，則不必借才於境外，而無憂不足，而王者以公天下爲心，則才之在諸侯與在王朝，一也，豈必使諸侯悉貢其賢者於我，而獨與不賢者治其國乎？且三歲貢士，以千八百國每國二人通率計之，歲常至千餘人，加以成均之所教，鄉大夫之所興，用之必不能盡，必有壅滯失職之患矣。詩、書、周禮、左傳，初無諸侯貢士之事，獨尚書大傳言之，此書駁雜，不足信也。又謂「大射爲將祭擇士，中多得與於祭，中少不得與於祭」，亦恐不然。考之周禮祭祀之禮，奉牲、贊幣，以及宗、祝、巫、史之屬，皆有常人，所謂「宗人授事，以爵以官」，恐無臨祭而射以擇之之理。大射之禮，委曲繁重，亦未必數數爲之，而天子一歲祭天九，祭地一，祭社二，祭廟四，若皆祭前以大射擇士，則禮繁而瀆，而且將不暇給矣。是大射者，特君臣相與習射之事，而「將祭擇士」乃附會之説也。

故詩曰：「曾孫侯氏，四正具舉。大夫君子，凡以庶士，小大莫處，御于君所。以燕以射，則燕則譽。」言君臣相與盡志於射以習禮樂，則安則譽也。是以天子制之，而諸侯務焉。此天子之所以養諸侯而兵不用，諸侯自爲正之具也。

鄭注：譽或爲「與」。

鄭氏曰：四正，正爵四行也。四行者，獻賓、獻公、獻卿、獻大夫，乃後樂作而射。莫處，無安居其官次者也。御猶侍也。以燕以射，先行燕禮乃射也。則燕則譽，言國安則有名譽。

孔氏曰：獻大夫後，樂作而射，謂大射也，若燕射則説屨升坐之後乃射。正，謂修正也，言射者是諸侯自爲修正之具。

愚謂則燕，謂燕樂也。則譽，謂有名譽也。猶詩之言「燕笑語兮，是以有譽處」也。記者引此詩，以證君臣習射之事，而鄭氏以爲即貍首之詩，非也。儀禮註又附會「樂會時」之義，謂「貍首者，欲射諸侯不來朝者之首」，則益謬矣。騶虞、采蘋、采蘩，皆射節也，然初不及射事，則貍首之詩必不專爲射而作也。王者於諸侯，不祭則修意，不祀則修言，不享則修文，不貢則修名，未嘗不反而自責，而治其相服之本，未嘗遽以甲兵加之。若因其不朝，而至欲抗其首而射之，則雖桀、紂之暴不至是。史記云：「萇弘設射貍首，欲以致諸侯。」是說也，蓋出於衰周之末厭勝之小術，而安可以證聖人之經乎？

孔子射於矍相之圃，蓋觀者如堵牆。射至於司馬，使子路執弓矢出延射，曰：「賁軍之將，亡國之大夫，與爲人後者，不入，其餘皆入。」蓋去者半，入者半。

釋文：矍，俱縛反。相，息亮反。觀如字，又古亂反。賁，依注讀爲僨。將，子匠反。與音預。不入，一本作「不得入」，非。○鄭注：延或爲「誓」。

鄭氏曰：矍相，地名也。樹菜蔬曰圃。射至於司馬者，先行飲酒禮，將射，乃以司正爲司馬。子路執弓矢出延射，則爲司射也。延，進也。出進觀者欲射者也。賁讀爲僨。僨猶覆敗也。亡國，亡君之國者也。與猶奇也。後人者，一人而已，既有爲者，而往奇之，是貪財也。子路陳此三者，而觀者畏其義，則或去也。劉氏敞曰：先儒謂「與爲人後者，人有後矣，而又往與之者也」。有後而又往與之，是兩後矣，安有兩後者？與之者，干之也。與爲人後者，庶子而奪其嫡，則篡其祖也。嫡子而後其族，則輕其親也。諸父、諸兄、諸弟而後其子兄弟，則亂昭穆也。異姓而後於人，則背其族也。衰周此類蓋多，此子路之所惡也。愚謂此孔子與門人行大射之禮也。矍相之圃，蓋在學宮之旁，所謂澤也。蓋大夫士之欲行大射者，庭或不足樹侯，器或不足供用，故假諸澤宮之廣，而且資其器焉。賁軍之將無勇，亡國之大夫不忠，與爲人後者不孝。○舊説謂「士不得大射」，非也。射人王「射三侯」，諸侯「射二侯」，大夫「射一侯」，士「射豻侯」。豻侯，皮侯也。皮侯，大射所用，則射人所言，乃大射之禮，而士之得大射可見矣。

又使公罔之裘、序點揚觶而語。公罔之裘揚觶而語曰：「幼、壯孝弟，耆、耋好禮，不從流俗，脩身以俟死，者不？句。**在此位也。」蓋去者半，處者半。序點又揚觶而語曰：「好學不倦，好禮不變，旄、期稱道不亂，者不？在此位也。」蓋廑有存者。**

釋文：罔又作「冈」。弟音悌。耋，大結反。好，呼報反。旄，本又作「耄」，莫報反。廑音勤，又音僅。○鄭注：序點，或爲「徐點」。壯或爲「將」。旄期，或爲「旄勤」。今禮揚皆作「騰」。

鄭氏曰：射畢又使二人揚觶者，古者於旅也語，語謂説義理也。三十曰壯。耆、耋，皆老也。流俗，失俗也。處猶留也。八十、九十曰旄，百年曰期頤。稱猶言也。道，行也〔一〕。者不，

〔一〕「道」字原本脱，據禮記注疏補。

言有此行不，可以在此賓位也。孔氏曰：公罔、序，氏；裘、點，名也。案鄉射禮射畢，「司馬反爲司正」，樂工升堂復位，「賓取俎西之觶」，「酬主人」，主人「酬大夫」，自相酬畢〔一〕，「使二人舉觶於賓與大夫」，則當裘、點二人揚觶之節也。但射事既了，衆耦皆在賓位〔二〕，主人以禮接之，不復斥言其惡，故但簡其善者。二十曰幼，三十曰壯。幼、壯孝弟，言自幼、壯以來，能行孝弟也。六十曰耆，七十曰耋。耆、耋好禮，謂老而不倦於好禮也。不從流俗，身行獨行，不從流移之俗也。者不〔三〕，在此位者，問衆人有此諸行否，若有，則可以在此賓位也。八十、九十曰旄，百年曰期。好學不倦，好禮不變，旄、期稱道不亂，此所誓彌精於前。前雖云「孝弟」「好禮」，未能不倦不變也。旄、期之人，本來觀禮，雖不能射，與在賓中，故旅酬之時猶在也。○呂氏大臨曰：孔子不爲已甚，互鄉難與言，猶與其進，未聞拒人如此之甚也。矍相之事，疑不出於聖人。愚謂賁軍之將，亡國之大夫，與爲人後者，此三者之人，蓋廛有之爾。今以如堵之衆，而乃居其半焉，其説固已可疑矣。至於已與射之人，

〔一〕「酬」，禮記注疏作「旅」。
〔二〕「耦」，禮記注疏作「賓」。
〔三〕「者」字原本脱，據經文及禮記注疏補。

至旅酬之後，乃擯之使不得與於無算爵，非但不近於人情，恐於禮亦未之有也。公罔之裘、序點之所言，若在聖門，亦當爲高第弟子，而乃以責之與射之衆，豈聖人與人不求備之意？此記蓋傳聞、附會之言與？

射之爲言者繹也，或曰舍也。繹者，各繹己之志也。故心平體正，持弓矢審固，持弓矢審固則射中矣。故曰：「爲人父者以爲父鵠，爲人子者以爲子鵠，爲人君者以爲君鵠，爲人臣者以爲臣鵠。」故射者，各射己之鵠。故天子之大射謂之射侯，射侯者，射爲諸侯也。射中則得爲諸侯，射不中則不得爲諸侯。

釋文：繹音亦，徐音釋。舍如字，舊音捨。中，丁仲反。鵠，古毒反，徐如字。射己，食亦反。

鄭氏曰：以爲某鵠者，將射，還視侯中之時，意曰此鵠乃爲某之鵠，吾中之則成人，不中之則不成人也。得爲諸侯，謂有慶也。不得爲諸侯，謂有讓也。又曰：侯以虎、熊、豹、麋之皮飾其側，又方制之以爲辜，謂之鵠，著于侯中，所謂「皮侯」。謂之鵠者，取名於鳱鵠。鳱鵠小鳥，難中，是以中之爲雋。亦取鵠之言較，較者直也，射所以直己志。司裘註。　愚謂繹，尋繹也。舍，處也，如詩「舍命不渝」之舍，言能處其所射之鵠也。繹己之志，以申「繹」字之義，射中，以申「舍」字之義，蓋必先繹之而後能舍之也。鵠者，侯之中，射之的也。射以觀德，故爲父、子、君、臣者，當射時必念此所射者即己之鵠，中之則能勝其所爲，不中則不能勝其所爲，此所謂「繹己之志」者也。侯，所射者也。凡侯，皆以布爲之。大射之侯，以皮飾其側，又以皮爲之鵠，謂之「皮侯」。考工記梓人云「張皮侯而棲鵠，則春以功」，是也。司裘「王大射則共虎侯、熊侯、豹侯」，「諸侯則共熊侯、豹侯，卿大夫則共麋侯」。射人云王「射三侯」，諸侯「射二侯」，卿大夫「射一侯」，士「射豻侯」。蓋士與王之大射，則與卿大夫共侯；自行大射，則辟卿大夫而用豻侯。司裘不言「豻侯」者，士自大射之侯，司裘不供之故也。大射儀諸侯之禮，有大侯、參侯、豻侯。大侯，君所射之侯，即熊侯也。參侯，參於大侯、豻侯之間，即麋侯也。司裘諸侯惟二侯，蓋畿内之諸侯降避天子也。大射儀用三侯，畿外之諸侯遠於王，得伸也。然其三侯無虎侯，而有豻侯，則亦降於天子也。賓射之侯，畫以五采，梓人「張五采之侯，則遠國屬」，是也。燕射、鄉射之侯，畫爲獸形，謂之「獸侯」，梓人「張獸侯，則王以息燕」。鄉射記云：「凡侯，天子熊侯，白質；諸侯麋侯，赤質；大夫布侯，畫以虎豹；士布侯，畫以鹿豕。」燕禮「若射」，「則用鄉射之禮」。是燕射、鄉射之侯同也。○朱子曰：射中則得爲諸侯，射不中則不得爲諸侯，此等語皆難信。王氏應電曰：矢之所至，以張侯之地爲侯。古文作「医」，象矢集於布之形。「矦」「候」二字，皆從人而諧医聲：「人」在上作「矦」，又加「人」在旁作「條」。前人不識古文，遂謂「射中者得爲諸侯」耳。愚謂自冠義以下七篇，疑皆漢儒所爲，其辭義頗淺近。而此篇與鄉飲酒義，尤多附會、牽合之說。○孔氏曰：此一經，釋射之義，及「鵠」與「侯」之文。

天子將祭，必先習射於澤。澤者，所以擇士也。已射於澤，而后射於射宮，射中者得與於祭，不中者不得與於祭。不得與於祭者有讓，削以地，得與於祭者有慶，益以地，進爵、絀地是也。釋文：與音預。絀，敕律反。

鄭氏曰：澤，宮名也。士，謂諸侯朝者，諸臣及所貢士也。皆先令習射於澤，已乃射於射宮，課中否也。諸侯有慶者先進爵，有讓者先削地。孔氏曰：前經已言「數與於祭而君有慶，數不與於祭而君有讓」，此經又重言者，前言貢士之制，故賞罰所貢之君，此論人君將祭擇士，賞罰其士之身，故又重言也。前經「貢士」，云「容體比禮，其節比樂」，此經直云「射中」「射不中」，不云「容體」及「射節」者，文不具也。澤是宮名，於是宮射而擇士，故謂此宮爲澤。澤所在無文，蓋於寬閒之處，近水澤而爲之也。非惟祭而擇士，餘射亦在其中，故書傳論主皮射云：「嚮之取也於圃中，勇力之取也。今之取也於澤宮，揖讓之取也。」是主皮之射亦近於澤也。選士於澤，不射侯也，但試武而已。故司弓矢云「澤共射椹質之弓矢」，鄭司農引此射義之文以釋之，是於澤中射椹質而已。又鄭註司弓矢云：「樹椹以爲射正。射甲與椹，試弓習武也。」其主皮之射，則張皮，亦揖讓也。愚謂澤，澤宮也。辟雍謂之澤，以其雍水於邱也。澤宮近辟雍爲之，故亦謂之澤。國家禮射之外，又有主皮習武之射，而大夫士之大射，又或假於學校以行其禮，不欲其雜擾於學士弦誦之所，故於學宮之旁，別規寬間之地爲澤宮以習射，天子諸侯皆有之，若魯有矍相之圃是也。射宮，東序也。天子將大射，則其與於禮者先於澤宮預習之，然後天子於射宮親行其禮也。餘辨已見上文。

故男子生，桑弧，蓬矢六，以射天地四方。天地四方者，男子之所有事也。故必先有志於其所有事，然後敢用穀也，飯食之謂也。釋文：弧音胡。蓬，步工反。飯，扶晚反。

鄭氏曰：男子生則設弧於門左，三日負之，人爲之射，乃卜食子也。孔氏曰：此明男子重射之義。男子生而有爲射之志，故長大重之。桑弧、蓬矢，取其質也。所以用六者，射天地四方也。禮射惟四矢，象禦四方之亂。射畢用穀，猶若事畢設飯食，故云「飯食之謂也」。方氏慤曰：人爲之射，以射人代之而已。愚謂射人代之射者，世子生之禮；若大夫士之子，則亦家臣隸、子弟之屬代之與？用穀，謂食子也。人莫不飯食，其初生也，先射天地四方，而後飯食，以示爲人者必能治天地四方之事，而後可以飯食也。然則其所以責之者重矣。

射者，仁之道也。射求正諸己，己正而后發，發而不中則不怨勝己者，反求諸己而已矣。反求，石經作「求反」。

陳氏澔曰：爲仁由己，射之中否亦由己，非他人所能與也。故不怨勝己，而反求諸身。

孔子曰：「君子無所争，必也射乎！揖讓而升下，而飲，其争也君子。」釋文：争，「争鬭」之争。「揖讓而升下」絶句，「而飲」一句。

下，降也。揖讓而升下，而飲者，言升堂而射，射畢而降，及衆耦皆射畢而勝飲不勝者，皆有揖讓之禮也。大射儀司射「作上耦射」，出次揖，「當階揖，及階揖，升堂揖，當物北面揖，及物揖」，此升時揖讓也。「卒射」，「北面揖，揖如升射」，此下時揖讓也。「勝者之弟子洗觶，酌奠于豐上」，「三耦及衆射者皆升，飲射爵於西階上」，「一耦出，揖如升射」，「升堂」，「卒觶」，「揖，興」，此飲時揖讓也。朱子曰：言君子恭遜，不與人争，惟於射而後有争。然其争也，雍容揖遜乃如此，則其争也君子，而非若小人之争矣。

孔子曰：「射者何以射？何以聽？循聲而發，發而不失正鵠者，其唯賢者乎！若夫不肖之人，則彼將安能以中？」釋文：正音征。夫音扶。○鄭註：發或爲「射」。

鄭氏曰：何以，言其難也。聲，謂樂節也。畫布曰正，棲皮曰鵠。正之言正也。鵠之言梏也。梏，直也，言人正直乃能中也。又曰：正亦鳥名，齊、魯之間名題肩爲正。大射儀註。

孔氏曰：畫布曰正，賓射也。棲皮曰鵠，大射也。

詩云：「發彼有的，以祈爾爵。」祈，求也，求中以辭爵也。酒者，所以養老也，所以養病也，求中以辭爵者，辭養也。 釋文：的，丁歷反。養如字，徐羊尚反。○鄭註：爾或爲「有」。

鄭氏曰：發猶射也。的，謂所射之識也。言「射的必欲中之者，以求不飲女爵」也。辭養，辭見養也。　愚謂此引詩以明射者之所以求中者，非欲求勝於人也，特欲辭見養爾，亦君子無所争之意也。

燕義第四十七 別録屬吉事。

此釋儀禮燕禮之義也。古者飲食之禮有三：曰饗，曰食，曰燕。饗、食禮重而體嚴，燕則禮輕而情洽。有燕來朝之諸侯者，司儀「王燕則諸侯毛」，是也。諸侯相朝亦有之。有燕諸侯來聘之臣者，聘禮「燕羞，俶獻無常數」，此諸侯燕其聘賓也。天子於諸侯之使臣亦有之。

有君自燕其臣子者，鹿鳴之詩言「燕樂嘉賓之心」，有駜之詩言「在公載燕」，是也。有燕其宗族者，行葦之詩燕父兄宗族，及文王世子「公與族燕則以齒」，是也。有養老而燕之者，王制「養老，有虞氏以燕禮，夏后氏以饗禮，殷人以食禮，周人修而兼用之」，是也。儀禮燕禮乃諸侯燕其臣子之禮，而其記又兼及於燕四方之賓，其餘禮則不可得而考矣。陳氏祥道曰：於司儀，見王所以燕諸侯者以齒也，故曰「王燕則諸侯毛」；於膳夫，見王所以爲燕者非自爲主也，故曰「王燕飲則爲獻主」；於大僕，見王所以燕者必於内朝也，故曰「王燕則相其法」；於酒正，見王所以燕賓者必有多寡之數也，故曰「王燕則共其計」；於鞮鞻氏，見王所以燕者必有樂也，故曰「掌四夷之樂與其聲歌，祭祀則龡而歌之，燕亦如之」。然其牢禮之物，獻、酬之數，衣服器皿之用，與其歌舞節奏，皆不得而詳。至諸侯燕禮，則邦國之相和，君臣之相接，禮義之相與，恩好之相交，明嫌疑而不瀆，別貴賤而不亂，所謂「禮讓爲國」者，於此可想見焉。

古者周天子之官有庶子官。庶子官職諸侯、卿、大夫、士之庶子之卒，掌其戒令與其教治，別其等，正其位；國有大事，則率國子而致於大子，唯所用之；若有甲兵之事，則授之以車甲，合其卒伍，置其有司，以軍法治之，司馬弗正。

凡國之政事，國子存游卒，使之脩德學道，春合諸學，秋合諸射，以考其藝而進退之。釋文：卒，依註音倅，七對反，下「游卒」同。大子，音泰。卒伍，子忽反。弗正，音征。

庶子官，周禮夏官之諸子也。諸、庶，皆衆也。此官掌公、卿、大夫、士之子，因以名其官。公、卿、大夫、士，適、庶之子非一，故曰「諸子」，亦曰「庶子」也。諸侯，謂畿内之諸侯爲王朝公卿者也。卒，周禮作「倅」，副也。庶子之倅，謂公、卿、大夫之衆子，爲適子之副貳者也。戒令，即下文「致於大子」之事也。教治，即下文「脩德學道」之事也。別其等，謂別其材藝之優劣也。正其位，謂正其位序之高下，在朝則尚爵，在學則尚齒也。大事，謂若大祭祀及征伐、會同之事也。國子，公、卿、大夫之適子也。公、卿、大夫之適子，則師氏、保氏及大司樂之屬教之，其政令、教治與別等、正位之事，非諸子之所掌，諸子所掌者獨其倅耳。至有事而致於大子，則適、庶之子並庶子率之。故上云「庶子之倅」，而此變言「國子」，見不徒率其衆子，而並率其適子也。有甲兵之事，謂軍旅之事，從大子而出也。百人爲卒，五人爲伍。有司，謂將帥也。司馬弗正，謂國子別屬於大子，司馬不得以軍事役之也。國之政事，謂力役甸徒、追胥之類也。存猶留也。國有用民之政事，國子之倅存留不用，使得游暇無事以脩其業也。國子之倅不用，則國子可知。獨言其倅者，亦據此官之所掌者言之也。

德，德行。道，道藝也。合，聚也，聚之而考察其所業也。王制「春秋教以禮樂，冬夏教以詩書」，州長職「春秋以禮會民而射于州序」，則國學亦春秋習射可知。於春言「學」，於秋言「射」，互相備也。考其藝，謂考其德行、道藝也。獨言「藝」者，舉輕以見重也。藝優則進之，而與俊選同升；藝劣則退之，而仍歸於學也。此節皆周禮諸子職文。此篇釋儀禮燕禮之義，下文「諸侯燕禮之義」以下者是也。此諸子職之文，與燕禮本無所當，蓋後人因篇末有獻庶子之事，誤以即庶子之官，遂引此冠於篇首耳。

諸侯燕禮之義：君立阼階之東南，南鄉，爾卿大夫，皆少進，定位也。君席阼階之上，居主位也。君獨升立席上，西面特立，莫敢適之義也。釋文：鄉，許亮反。適音敵，大歷反，本亦作「敵」。

諸侯燕禮者，諸侯燕其羣臣之禮也。蓋君臣之分雖嚴，而上下之情不可以不通，故無事則相與燕飲爲樂，以通上下之情。而臣有征伐、聘問之事，還歸其國，則亦爲特舉此禮，若四牡勞使臣，出車「勞還帥」，是也。「諸侯燕禮之義」，此一句總目一篇之事，以下皆引儀禮之文而釋之也。君立阼階之東南，南鄉，此君視燕朝之位也。爾，揖而進之也。卿大夫初入門右，皆北面東上，爾卿者，君揖卿使進，卿皆西面北上也。君又爾大夫，大夫皆少進。定位者，卿西面，大夫北面者，乃燕朝之常位，故揖之使進，以定其位也。居主位者，阼階上乃主人之位也。燕禮雖别立主人，然君自居主位，膳夫特爲之行獻禮耳。君獨升立席上，西面特立者，君既命爲賓者揖卿大夫升就席，是時賓及卿大夫皆未升，故曰「獨升」，言無與偕升也；曰「特立」，言無與偕立也。以君之尊，莫敢與之匹敵故也。

設賓主，飲酒之禮也。使宰夫爲獻主，臣莫敢與君亢禮也。不以公卿爲賓，而以大夫爲賓，爲疑也，明嫌之義也。賓入中庭，君降一等而揖之，禮之也。

釋文：亢，苦浪反。使宰夫，本亦作「使膳夫」。爲，于僞反。

宰夫，膳夫也。周禮膳夫職：「王燕飲酒，則爲獻主。」檀弓杜蕢曰「蕢宰夫也」，而左傳言「膳宰屠蒯」，則知宰夫即膳夫，非周禮天官之考也。爲獻主，使之爲主而獻賓也。飲酒之禮，必立賓主以行獻、酬，君燕其臣，不自獻而使宰夫者，君之意匪曰「吾之尊不可屈也」，特以臣不敢與君亢禮。若君自爲主，則賓將踧踖不安，而非所以爲樂矣。故使宰夫爲獻主，則可以盡宴飲之歡，體賓之心也。公，四命之孤也。卿，上大夫也。燕禮記曰：「與卿燕，則大夫爲賓；與大夫燕，亦大夫爲賓。」蓋燕禮之爲賓者勞，故凡燕皆不以所爲燕者爲賓，優之也。然所爲燕者，雖或有公、卿、大夫之不同，而所命爲賓者則必大夫，蓋公卿已尊，又加以爲賓之尊，則疑於君而無别也。賓乃臣子，君降一等而揖之者，以其爲賓而禮之也。

君舉旅於賓，及君所賜爵，皆降，再拜稽首，升成拜，明臣禮也。君答拜之，禮無不答，明君上之禮也。臣下竭力盡能以立功於國，君必報之以爵禄，故臣下皆務竭力盡能以立功，是以國安而君寧。禮無不答，言上之不虚取於下也。上必明正道以道民，民道之而有功，然後取其什一，故上用足而下不匱也。是以上下和親，而不相怨也。和寧，禮之用也。此君臣上下之大義也。故曰：「燕禮者，所以明君臣之義也。」釋文：稽，徐本作「䭫」，音啟。以道、道之，並音導。

君舉旅於賓，謂舉旅酬之爵於賓。燕禮「小臣作下大夫二人媵觶於公」，「公取大夫所媵觶以酬賓」，是也。蓋君以臣不敢與亢禮，故使膳宰獻賓，然又以爲未足以盡己之情，故於大夫之媵觶，而親舉以酬賓也。君所賜爵，謂君爲卿舉旅，爲大夫舉旅，爲士舉旅，君所取之觶，皆唯君所賜也。賓受君舉旅，及諸臣得賜爵者，皆降，再拜稽首，君辭之，乃升成拜。臣必拜於堂下者，所以敬其君，臣之禮當然也。君於臣之拜必答之，所以敬其臣，君之禮當然也。上不虚取於下，謂取之必有以報之也。上用足而下不匱者，寧也；上下和親而不怨者，和也。和、寧由禮而生，故曰「禮之用也」。此因君答臣拜，而見上不虚取於下之義，因推之以明爵禄之道，又推之以明取民之法，皆以明上之與下，分雖不同，而其報施往來之義如此，是以情無不通，而惠無不浹也。呂氏大臨曰：君盡君之禮以下下，故賓入及庭，降一等揖之，賓拜受爵，君皆答拜。臣盡臣之禮以事上，故君舉旅、賜爵，皆降，再拜稽首，君辭，然後升成拜。天下之禮，未有不交而成者也。故天地交而萬物通，上下交而其志同，此所以君臣和，禮義行也。楊氏復曰：公取媵爵以酬賓，此與尋常酬爵不同。君臣之際，其分甚嚴，其情甚親。使宰夫爲獻主，所以嚴君臣之分；舉觶以酬賓，所以通君臣之情也。

席：小卿次上卿，大夫次小卿，士、庶子以次就位於下。獻君，君舉旅行酬，而后獻卿；卿舉旅行酬，而后獻大夫；大夫舉旅行酬，而后獻士；士舉旅行酬，而后獻庶子。俎、豆、牲體、薦、羞，皆有等差，所以明貴賤也。釋文：差，初宜反。

上卿，謂三卿也。小卿，大夫之上，若司徒下之小司徒，司馬下之小司馬也。燕禮不言小卿之席。大射儀「卿賓東，東上，小卿賓西，東上」，則燕禮亦當然。卿與小卿之席不相屬，而曰「小卿次上卿」者，以尊卑之次言之也。賓席牖間，最尊；上卿在賓東近君，次於賓；小卿在賓西，又次於上卿也。大夫次小卿者，大夫又在小卿之西也。士、庶子以次就位於下者，士初入在西方東面，既獻，立于東方西面。燕禮不言庶子之位，此言「士、庶子以次就位」，蓋其初入及既獻後之位皆在士之南與？獻君，君舉旅行酬者，燕禮獻賓後獻君，次酬賓，「賓奠觶於薦東」，「下大夫二人舉觶於公」，「公取大夫所媵觶以酬賓」，此君爲賓舉旅也，即前云「舉旅於賓，賓降，再拜稽首」是也。獻卿，卿舉旅行酬者，主人「獻卿於西階上」畢，「二大夫媵爵如初」，「公又行一爵，若賓若長，唯公所酬」，此爲卿舉旅也。獻大夫，大夫舉旅行酬者，「主人獻大夫於西階上」，辯工入，升歌三終，「獻工」，「公又取奠觶，唯公所賜，以旅於西階上」，此爲大夫舉旅也。不言「獻小卿」者，小卿亦大夫，此「獻大夫」中兼有小卿也。獻士，士舉旅行酬者，「脱屨，升」「坐」之後，「主人獻士於西階上」，辯又獻旅食，「賓媵觚於公」，「公取賓所媵觶，興，唯公所賜」，「乃就席，坐行之」，「大夫終受者興，以酬士」，「士以旅於西階上」，此爲士舉旅也。獻庶子者，「主人獻庶子於阼階上」也〔一〕。此節言「士、庶子以次就位於下」，及言「獻庶子」，皆謂庶子官所掌之庶子，非謂庶子之官也。不爲庶子舉酬者，庶子卑也。牲體，即俎實。薦，謂豆及籩。羞，謂庶羞也。按燕禮公與賓以下皆惟一籩一豆，又燕禮記唯公與賓有俎，燕牲用狗，故自卿以下皆無俎，以牲小故也。又燕禮「獻大夫」，辯乃「羞庶羞」，是庶羞不及士以下也。公與賓薦、俎、庶羞備有，卿大夫有薦、羞而無

〔一〕「阼」，原本作「西」，據儀禮燕禮改。

俎，士以下又無羞，唯薦而已，是其等差也。席有尊卑，獻有先後，饌有隆殺，此皆所以明貴賤也。呂氏大臨曰：貴貴之義不行，亂之所由生也。燕禮於君臣貴賤之義，極其密察至於此者，所以防亂也。

禮記卷六十一

聘義第四十八

別録屬吉事。

吕氏大臨曰：聘禮，有天子所以撫諸侯者，大行人「一歲徧存，三歲徧覜，五歲徧省」，是也。有諸侯所以事天子者，大行人「時聘以結諸侯之好，殷覜以除邦國之慝」，是也。有鄰國交脩其好者，大行人「凡諸侯之邦交，歲相問，殷相聘」，是也。儀禮所載，鄰國交聘之禮；聘義者，釋聘禮之義也。　愚謂此釋儀禮聘禮之義也。古者諸侯同在方嶽之内，而有兄弟昏姻之好者，久無事則相聘焉。大聘使卿，小聘使大夫。而三等之國，其出聘之卿、介有多少，主國所以待之之禮亦有差降。聘禮經云「五介」，又云「及竟張旜」，是侯伯之卿，大聘之禮也。故此篇言「以圭璋聘」，又言「出入三積」之等，亦皆據侯伯之禮言之。

聘禮：上公七介，侯伯五介，子男三介，所以明貴賤也。介紹而傳命，君子於其所尊弗敢質，敬之至也。釋文：傳，丈專反。

鄭氏曰：此皆使卿出聘之介數也。大行人職曰：「凡諸侯之卿，其禮各下其君二等。」質，謂正自相當。孔氏曰：上公親行則九介，其卿降二等，故七介，侯、伯、子、男以次差之可知也。愚謂首言「聘禮」，亦總目下文之事也。「介紹而傳命」以下，明所以賓必有介之義也。紹，繼也。介紹而傳命，謂陳列衆介，相繼而立，而後傳聘君之命也。兩君相朝，主君迎於大門外，各陳擯、介：擯傳主君之命，以請於介，介以告於朝君，介又傳朝君之命，以告於擯，擯以告於主君，司儀謂之「交擯」，謂擯、介傳辭相交也。若聘賓，則主君迎於大門內，上擯出請事，而賓與上擯相對傳命，司儀謂之「旅擯」，謂但陳列擯、介而不交辭也。旅擯之禮，介雖不傳辭，然亦繼賓而陳列，故曰「介紹而傳命」也。質，謂質慤也。禮以文爲敬，若傳命之時不用衆介，則過於質慤，而非所以爲敬矣。故介紹而傳命，乃聘賓所以致敬於主國也。禮器曰「七介以相見，不然則已慤」，是也。

三讓而后傳命，三讓而后入廟門，三揖而后至階，三讓而后升，所以致尊讓也。

鄭氏曰此「揖」「讓」，主謂賓也。三讓而后傳命，賓至門，主人請事時也。賓見主人陳擯，以大客禮當己，則三讓之，不得命，乃傳其君之聘命也。三讓而后入廟門，讓主人廟受也。小行人曰：「凡四方之使者，大客則擯，小客則受其幣，聽其辭。」孔氏曰：聘禮入廟門之時，無「三讓」之文，不備也。敖氏繼公曰：於賓入門左而揖；參分庭一，在南而揖；又偕行至參分庭一，在北而揖。是三揖也。賓至西方之中庭，公乃與之偕行。愚謂三讓而后傳命者，賓見主君，使上卿請事，不敢當而讓之，三讓不得命，乃傳其君之聘命也。事同曰讓，事異曰辭。此宜曰「辭」，而曰「讓」者，辭、讓亦通名爾。按聘禮：「卿爲上擯，大夫爲承擯，士爲紹擯。擯者出請事，公皮弁，迎賓于大門内，大夫納賓。」是始而請事，繼而納賓者惟上擯，而承擯、紹擯未嘗出也。然則謂「讓主君陳擯」者不然矣。三讓而后入廟門者，謂「入及廟門，公揖，入，立於中庭」，「擯者納賓」，於此時而賓與擯者三讓也。凡賓主相與入門，皆主先入以道賓，三讓者，擯者以先入讓賓，賓三讓，然後擯者先入而賓從之也。按聘禮賓入門，「公揖，入，每門每曲揖」。若讓廟受，則與公每門每曲揖時當讓；若至廟門，則蚤知其當廟受，不必讓矣，故知讓非讓廟受也。三揖而后至階者，賓與主君相與揖也。賓入廟門時，公先立於中庭，賓至西方之中庭，公乃與之偕行。前二揖，公立於其位而與賓揖；後一揖，公乃與賓偕行而揖也。三讓而后升者，賓與主君讓升也。凡升階，亦皆主人先升而賓從，賓與主君將升，主君以先升讓賓，賓三讓，而後主君先升也。凡此揖讓之禮，皆聘賓所以致尊讓於主國也。三讓而后傳命，三讓而后入廟門，聘禮皆無此文，不備也。

君使士迎于竟，大夫郊勞，君親拜迎于大門之内而廟受，北面拜貺，拜君命之辱，所以致敬也。 釋文：竟音境。勞，力報反。況，本亦作「貺」。

孔氏曰：君使士迎于竟，謂主君使士迎客于竟。聘禮賓「及竟，張旜」，「君使士請事，遂以入」，是也。大夫郊勞者，聘禮「賓至于近郊」，「君使下大夫請行，君又使卿朝服，用束帛勞」。此「大夫郊勞」者，即卿也。君親拜迎于大門之内而廟受者，按聘禮「賓入門左，公再拜」，是君拜迎于大門之内；聘禮又云「及廟門，公揖，入」，「納賓，賓入門左」，「賓升西楹西，東面」，是廟受也。北面拜貺者，君於阼階之上北面再拜，拜聘君之貺。貺，謂惠賜也。聘禮「公當楣再拜」，是也。拜君命之辱，言主君所以北面拜貺，拜聘君之命來屈辱也。所以致敬者，所以致敬於聘君。 愚謂上言「敬之至」，賓之敬也；此言「敬之至」，主君之敬也。

敬讓也者，君子之所以相接也。故諸侯相接以敬讓，則不相侵陵。

合結上文三節之意。

卿爲上擯，大夫爲承擯，士爲紹擯。君親禮賓，賓私面私覿，致饔餼，還圭、璋，賄贈，饗、食、燕，所以明賓客君臣之義也。 釋文：覿，大歷反。雍，字又作「饔」。餼，許既反。還音旋。賄，呼罪反，字林音悔。食音嗣。

鄭氏曰：設大禮則賓客之也。或不親而使臣，則爲君臣也。孔氏曰：承擯，承副上擯也。紹，繼也，謂繼續承擯。按聘禮註云：「主君公也，則擯者五人；侯伯也，則擯者四人；子男也，則擯者三人。」其待聘客及朝賓，其擯數皆然。故大行人云上公「擯者五人」，侯伯「四人」，子男「三人」，謂迎朝賓也。若擯者五人，則士爲紹擯者三人；若擯若四人，則士爲紹擯者二人；若擯者三人，則士爲紹擯者一人。君親禮賓者，謂行聘已訖，君親執醴以禮賓。故聘禮賓行聘訖，「宰夫徹几改筵，公出，迎賓以入」，「公側受醴，賓受醴，公拜送醴」，是也。賓私面，謂私以己禮見主國之卿大夫也。私覿，私以己禮見主國之君也。以其非公聘正禮，故謂之私。按聘禮私面在後，此先云「私面」者，記者便文，無義例也。聘禮註云：「面亦見也。其謂之面，威儀質也。」以於臣謂之面。而司儀云「諸公之臣，相爲國客」，「私面私獻」，註云：「私面，私覿也。」又以私面爲私覿者，以司儀之文但云「私面私獻」，不云「私覿」，故以私面爲私覿也。左傳昭六年「楚公子棄疾」，「以其乘馬八匹私面」，於君而稱面者，因行過鄭而見鄭伯，非正禮，故雖君亦稱面也。致饔餼者，謂主君使卿致饔餼於賓館，聘禮「君使卿韋弁，歸饔餼五牢」，是也。牲殺曰饔，生曰餼。還圭、璋者，謂賓將去時，君使卿就賓館還其所聘之圭、璋，聘禮云「君使卿皮弁，還玉于館」，是也。賄贈者，還玉即畢，以賄贈之，聘禮云「還圭、璋」畢，「大夫賄用束紡」，是也。饗、食、燕者，謂主君設大禮以饗賓，設食禮以食賓，皆在朝也；又設燕以燕之，燕在寢也。聘禮云「公於賓，壹食，再饗，燕與羞，俶獻無常數」，是也。君親禮賓，賓用私覿，及致饔餼、饗、食之屬，或主人致敬，或賓答主人，或君親接賓，或使臣致之，是顯明賓客、君臣之義也。饗、食之屬，使人延賓於館，主君親待之，是賓客其使人也。主君或不親饗、食，使人致饗致食，及致饔餼，還圭、賄贈之屬，皆主君不親，使臣致禮於客，客是臣，故使臣敵之，是君臣之義也。呂氏大臨曰：擯者，主國之君所使接賓者也。主之有擯，猶賓之有介。擯有三者，以多爲文也。大宗伯「朝、覲、會、同，則爲上相」，相即擯也。入詔禮，曰相；出接賓，曰擯。敖氏繼公曰：承、紹者，皆有爲之先之辭。周官言天子之擯者，其於上公則五人，於侯伯則四人，於子男則三人，皆以朝者之爵爲差也。此但言「上擯」「承擯」「紹擯」而不言其人數，則是諸侯之擯者三人而已，不以己爵及朝、聘者之尊卑而異，所以别於天子也。此擯者雖有三人，惟上擯專相禮事，乃必立承、紹者，所以别於諸臣之禮也。愚謂大行人上公九介，而王之「擯者五人」，侯伯七介，而「擯者四人」，子男五介，而「擯者三人」，則擯用介數之半，蓋以示其自降於賓之意，亦所以爲謙讓也。王待諸侯之禮如此，則諸侯於朝、聘之賓可知：上公之卿七介，則主國之擯者五人，上擯一人，承擯、紹擯各二人也。侯伯之卿五介，則主國之擯者三人，上擯、承擯、紹擯各一人也。子男之卿三介，則主國之擯者二人，上擯、承擯各一人而已。聘禮乃侯伯之國使卿大聘之禮，故曰「卿爲上擯，大夫爲承擯，士爲紹擯」，擯者三人也。於君言「覿」者，尊辭也；於臣言「面」者，質辭也。致饔餼兼有醯、醢、簠、簋、米、禾、薪、芻之屬，獨言「饔餼」者，以牢禮爲重也。圭所以聘君，璋所以聘夫人，典瑞「瑑圭、璋、璧、琮」，「以覜聘」，是也。聘禮記云「所以朝天子，圭與繅皆九寸」，「問諸侯，朱綠繅八寸」，此謂上公之禮也。上公問諸侯，繅八寸，則圭亦八寸，降於其命圭一寸。以此推之，侯伯聘圭當六寸，子男用璧，當四寸也。賄，謂於還玉之時而賄之，聘禮「賄用束紡」，是也。贈，謂賓出舍於郊而贈之，聘禮「遂行，舍于郊，公使卿贈，如覿幣」，是也。賄所以答其聘，贈所以答其私覿也。饗禮今亡，食則公食大夫之禮是也。燕則燕禮記云「若與四方之賓燕，則公迎之于大門內，揖、讓、升，賓爲苟敬」，是也。凡此諸禮，君之所致於賓，及賓所致於主國之臣者，皆所以明賓客之義也。君之所致於賓，而差降於其君，及賓所致於主國之君者，皆所以明君臣之義也。

故天子制諸侯，比年小聘，三年大聘，相厲以禮。使者聘而誤，主君弗親饗食也，所以愧厲之也。諸侯相厲以禮，則外不相侵，內不相陵。此天子之所以

養諸侯，兵不用而諸侯自爲正之具也。釋文：比，必履反。使，色吏反。

鄭氏曰：比年小聘，所謂「歲相問」也。三年大聘，所謂「殷相聘」也。孔氏曰：天子立制，使諸侯相於，比年使大夫小聘，三年使卿大聘。大行人云：「諸侯之邦交，歲相問也。」聘禮記曰：「小聘曰問。」故知此「比年小聘」是歲相問也。大行人又云：「殷相聘也。」殷，中也。謂三年之時，中間無事，故稱殷也。王制云：「諸侯之於天子，比年一小聘，三年一大聘，五年一朝。」與此不同者，此經諸侯相聘，是周公制禮之正法；王制所云，謂文、襄之法，故不同也。呂氏大臨曰：使者聘而誤，主君不親饗食，聘禮所謂「大夫來使，無罪饗之，過則餼之」也。先王御諸侯，使之相交以修好，必求疏數之中，故比年小聘，三年大聘也。使之相敬以全交，必相厲以禮，故使者誤，主君不親饗食，以愧厲之，然後仁達而禮行也。先王制禮，以善養人於無事之時，使之不安於媮惰而安於行禮，不恥於相下而恥於無禮，則忿争之心，暴慢之氣，無所自而作。天子以是養諸侯，諸侯以是養士大夫，此兵所以不用，天下之所以平也。禮之節文之多，惟聘、射之禮爲然。節文之多，養人之至者也。故二禮之義，天子養諸侯之意爲深，故其義皆曰「兵不用而諸侯自爲正之具也」。

以圭、璋聘，重禮也。已聘而還圭、璋，此輕財而重禮之義也。諸侯相厲以輕

財重禮，則民作讓矣。

鄭氏曰：圭，瑞也。尊璋、圭之類也。按疏云：「尊敬此璋，同於圭，則璋是圭之等類。」玩孔意，宜作「尊璋、圭之類也」，而今註疏皆作「圭、璋」，誤倒之耳。用之還之，皆爲重禮。禮必親之，不可以己之有，遥復之也。財，謂璧、琮、享幣也。受之爲輕財者，財可遥復，重賄反幣是也。孔氏曰：既聘之後，賓將歸時，致此圭、璋，付與聘使，而還其聘君也。凡行聘禮之後，享君用璧，享夫人用琮。圭、璋質，惟玉而已，璧、琮則重其華美，加於束帛。聘使既了，還其圭、璋之玉，重其禮，故還之；留其璧、琮之財，輕其財，故留之。重者難可報復，故用本物還之；輕者易可酬償，故更以他物贈之。此輕財重禮之義也。聘禮「圭」「璋」與「璧」「琮」相對，故圭、璋爲聘，璧、琮爲享，若諸侯之朝天子，圭、璋與璧、琮皆爲享也，皆爲財。故小行人「合六幣，圭以馬，璋以皮」。二王之後，享天子用圭，享后用璋，則雖圭、璋亦受之不歸也。愚謂圭、璋無藉，但以行禮；璧、琮加於束帛，用爲貨財。聘君用圭、璋以聘，而璧、琮但用以享，主君於聘賓將歸，還其圭、璋，而璧、琮則留之，此皆輕財重禮之義。上但言「重禮」者，文省也。此「圭、璋」乃瑑圭，鄭氏乃以圭爲瑞者，瑑圭亦瑑刻象瑞圭，故曰「圭，瑞也」。此據侯伯之禮，故云「以圭、璋聘」，若子男則聘君用璧，聘夫人當用琮，而其享當用琥、璜矣。

主國待客，出入三積，餼客於舍，五牢之具陳於內，米三十車，禾三十車，芻、薪倍禾，皆陳於外，乘禽日五雙，羣介皆有餼牢，壹食，再饗，燕與時賜無數，所以厚重禮也。古之用財者不能均如此，然而用財如此其厚者，言盡之於禮也。盡之於禮，則內君臣不相陵，而外不相侵，故天子制之而諸侯務焉爾。釋文：積，子賜反。芻，初俱反。倍，步罪反。乘，繩證反。一食，一本又作「壹食」，音嗣。

孔氏曰：出入三積者，謂入三積，出亦三積。故司儀云：「遂行，如入之積。」是去之積如來時也。此謂上公之臣。若侯伯以下之臣，則不致積也。故司儀云「諸公之臣相爲國客，則三積」，註云：「侯伯之臣不致積也。」聘禮是侯伯之臣，故文無「致積」也。聘禮致客有饔有餼，今直云「餼客」者，略言之。於舍，謂於賓館也。五牢之具，謂飪一牢，在賓館西階，腥二牢，在賓館東階，餼二牢，在賓館門內之西，是皆陳於內也。按聘禮「米三十車」，「設于門東」，「東陳，禾三十車」，「設于門西，西陳，芻、薪倍禾」，鄭註：「薪從米，芻從禾。」乘禽，乘行羣匹之禽，雁、鶩之屬，聘卿則每日致五雙也。羣介皆有餼牢者，鄭註掌客云：「爵卿也，則飧二牢，饔餼五牢；爵大夫也，則飧大牢，饔餼三牢；爵士也，則飧少牢，饔餼大牢也。」壹食，再饗，燕與時賜無數，此謂聘卿也。一爲之設食，再爲之設饗，其歡燕與當時之賜無常數也。　愚謂積，謂芻、米之屬，所以供賓道路之需者。出入三積，謂入與出皆三致之也。此記皆據聘禮釋之，而聘禮乃無「致積」，蓋有闕文也。司儀「諸公之臣相爲國客，則三積」，又云「侯、伯、子、男之臣，以其國之爵相爲客而相禮，其儀亦如之」，則五等之臣爲客皆有積可知矣。又周禮大行人上公「出入五積」，侯伯「四積」，子男「三積」，則諸公之臣三積，侯伯之臣二積，子男之臣一積也。餼客，致饔餼於客也。乘禽日五雙，謂聘卿也。按周禮掌客上公「乘禽日九十雙」，侯伯「日七十雙」，子男「日五十雙」，與此「乘禽五雙」之數相懸者，蓋掌客五等諸侯相朝，「惟上介有禽獻」，其次介以下，蓋朝君以其乘禽分賜之，主國不特致，故君之乘禽多。此聘禮羣介各有禽獻，故聘禮記云「宰夫始歸乘禽，日如其饔餼之數，士中日則二雙」，故聘賓之乘禽少也。羣介皆有餼牢者，聘禮「上介饔餼三牢」，「士介四人皆餼大牢」，是也。時賜，謂四時新物，以時賜之，即聘禮所謂「俶獻」是也。厚重禮，言聘禮重，故所以待賓者豐厚也。聘禮之用財如此其厚，他事不能皆然，是用財不能均也。然聘禮所以用財之厚者，盡用之以行禮也。禮有所不可闕，則財有所不容惜。務行禮而不惜己之財，則必不欲犯非禮以取人之所有，而内外侵陵之患何自而起乎？

聘、射之禮，至大禮也，質明而始行事，日幾中而后禮成，非强有力者弗能行

也。故强有力者將以行禮也，酒清人渴而不敢飲也，肉乾人飢而不敢食也，日莫人倦，齊莊、正齊而不敢解惰，以成禮節，以正君臣，以親父子，以和長幼。此衆人之所難，而君子行之，故謂之有行。有行之謂有義，有義之謂勇敢。故所貴於勇敢者，貴其能以立義也；所貴於立義者，貴其有行也；所貴於有行者，貴其行禮也。故所貴於勇敢者，貴其敢行禮義也。故勇敢强有力者，天下無事則用之於禮義，天下有事則用之於戰勝。用之於戰勝則無敵，用之於禮義則順治。外無敵，内順治，此之謂盛德。故聖王之貴勇敢、强有力如此也。勇敢、强有力而不用之於禮義、戰勝，而用之於争鬬，則謂之亂人。刑罰行於國，所誅者亂人也。如此，則民順治而國安也。釋文：乾音干。莫音暮。齊莊，側皆反。正齊，如字。解音懈。長，丁丈反。有行，下孟反。治，直吏反。○鄭註：禮成，或曰「行成」。勝或爲「陳」。

孔氏曰：酒清人渴而不敢飲，肉乾人飢而不敢食，謂射禮之先，唯以禮獻、酬，而不得醉飽也。以正君臣，謂諸侯之射，先行燕禮，所以明君臣之義。以親父子，以和長幼，謂大夫士之射，先行鄉飲酒之禮，有齒於父族之事，所以明長幼之序。愚謂此因聘禮而併明射禮。蓋聘、射之禮，禮節之至繁者也：質明而始行事，日幾中而禮成者，聘禮也；日莫人倦而不敢解惰者，射禮也。射禮尤繁於聘，故非强有力者不能行聘禮，非勇敢者不能行射禮也。呂氏大臨曰：君子之自養也，養其强力、勇敢之氣，一用之於禮義、戰勝，則德行立矣。其養人也，養其强力、勇敢之氣，一用之於禮義、戰勝，則教化行矣。此所以内順治，外無敵而國安也。

子貢問於孔子曰：「敢問君子貴玉而賤碈者何也？爲玉之寡而碈之多與？」孔子曰：「非爲碈之多故賤之也，玉之寡故貴之也。夫昔者君子比德於玉焉：温潤而澤，仁也。縝密以栗，知也。廉而不劌，義也。垂之如隊，禮也。叩之，其聲清越以長，其終詘然，樂也。瑕不揜瑜，瑜不揜瑕，忠也。孚尹旁達，信也。氣如白虹，天也。精神見于山川，地也。珪、璋特達，德也。天下莫不貴者，道也。詩云：『言念君子，温其如玉。』故君子貴之也。」釋文：碈，武巾反，字亦作「瑉」。爲，于僞反。與音餘。縝音軫，一音真。知音智。劌音九衛反，又音巳芮反。隊，直位反，又音遂。詘，其勿反。孚，依註音浮。尹，依註音筍，又作「筠」，于貧反。見，賢遍反。○孚尹，呂氏讀如字。

○鄭註：瑉或作「玟」。潤或爲「濡」。孚或爲「姇」，或爲「扶」。

鄭氏曰：碈，石似玉。玉色柔温潤，似仁也。縝，緻也。栗，堅貌。劌，傷也。義者，不苟傷人也。如隊，禮尚謙卑也。樂作則有聲，止則無也。越猶揚也。詘，絶止貌。樂記曰：「止如槀木。」瑕，玉之病也。瑜，其中間美者。玉之性，善惡不相掩，似忠也。孚讀爲浮。尹，讀如竹箭之筠。浮筠，謂玉采色也。采色旁達，不相隱翳，似信也。虹，天氣也。精神，亦謂精氣也。山川，地所以通氣也。特達，謂以朝、聘也。璧、琮則有幣，唯有德者無所不達，不有須而成也。道者，人無不由之。貴玉者，以其似君子也。吕氏大臨曰：因聘禮用玉，故以「子貢問玉」一章附於聘義之末。玉者，山川至精之所融結，其德之美，有似乎君子，故君子服之用之，所以比德而貴之也。碈，石之似玉者也，似是而非，君子賤之，如紫之於朱，莠之於苗，鄉愿之於德也。玉氣粹精之所發，則温潤而澤，如君子之仁，温厚深淳之氣形諸外也。玉理密緻而堅實，如君子之知，密而不疏則中理，堅而不解則可久也。金之有廉，雖利也，用之則傷；玉之有廉，雖不利也，用之則不能傷。如君子之義，其威雖若不可犯，卒歸於愛人而已。玉之體重，垂之則如隊而欲下，如君子之好禮，以謙恭下人爲事，故曰「禮也」。凡聲滯濁而韻短者，石也；清越而韻長者，玉也。始洪而終殺者，金也；始終若一者，玉也。此玉之聲所以與金石異也。其終詘然，所謂「玉振之」也者，終，條理也，樂之始作翕如，至於噭如以成歌者，止如槀木，其合止皆無衰殺之漸，則君子於樂，其終詘然如玉之聲也。玉之瑜者，其美也；瑕者，其病也。玉之明，洞炤乎内外，瑕瑜不能相揜，如君子之忠無隱情，善惡盡露而無所蓋，故曰「忠也」。孚尹未詳。或曰：「信發於中謂之孚也，信也。尹或訓誠，亦信也。」玉之明徹，藴於内而達於外，猶君子之信由中出也。先儒以孚爲「浮」，以尹爲「筠」，如竹箭之筠，謂玉采色也。其文其音，既悉有改，義亦無據，恐未然也。玉之瑩者，其光氣能達於天，所謂「氣如白虹」也。韜諸石中，則光輝必見，所謂「精神見於山川」也。如君子之達於天，則與天同德；充實而有光輝，則與地同德也。玉之爲璧、琮，其用也，必有幣以將之；玉爲圭、璋，特達而已，如君子之德，無待乎外也。莫非物也，玉之爲物，天下貴之；莫非道也，君子之道，天下尊之。故曰：「天下莫不貴者，道也。」愚謂分而言之，則爲仁、爲知、爲義、爲禮樂、爲忠信，合而言之，皆德也。天地以言其德之著見於上下，道以言其德之見用於人，故曰「君子於玉比德焉」。

喪服四制第四十九 別録屬喪禮。

鄭氏曰：名曰喪服四制者，以其記喪服之制，取於仁、義、禮、知也。　孔氏曰：以上諸篇，皆記儀禮當篇之義，故每篇言「義」。此别記喪服之四制，非記儀禮喪服之篇，故不言「喪服之義」。

凡禮之大體，體天地，法四時，則陰陽，順人情，故謂之禮。訾之者，是不知禮之所由生也。

鄭氏曰：禮之言體也，故謂之禮，言本有法則而生也。口毁曰訾。　愚謂體天地者，言本天地以爲體，猶「體物不遺」之體。禮儀三百，威儀三千，莫非天理之所當然。此言凡禮由是四者而生，蓋五禮之所同也。下文乃專以喪禮言之。

夫禮吉凶異道，不得相干，取之陰陽也。

陰陽相干則天道失，吉凶相干則人事悖。故居喪之衣服、容貌、飲食、居處皆與吉時不同者，取則於陰陽也。上文言禮由「天地」四者而生，此下二節，惟言「陰陽、四時、人情」，而不言「天地」者，蓋陰陽、四時皆天地之用，而人情之至亦莫非天理也，言「陰陽、四時、人情」則天地在其中矣。

喪有四制，變而從宜，取之四時也。有恩、有理，有節、有權，取之人情也。恩者仁也，理者義也，節者禮也，權者知也。仁、義、禮、知，人道具矣。釋文：知音智。

鄭氏曰：取之四時，謂其數也。取之人情，謂其制也。孔氏曰：喪有四制。門内主恩，若於門外，則變而行義。尊卑有定，禮制有恒，以節爲限；或有事故，不能備禮，則變而行權。是皆變而從宜，取人情也。恩屬於仁，理屬於義，節屬於禮，量事度宜，非知不可也。愚謂天有四時，或生或成，因乎物之宜者也。喪之四制，或隆或殺，隨乎事之宜者也。有親屬而服之者謂之恩；本非親屬，因義理之宜而服之者謂之理；立其制限謂之節；酌其變通謂之權。服之出於恩者，由性之仁爲之也。服之本於理者，由性之義爲之也。服之有節限者，由性之禮爲之也。禮者，天理之節文，故於服能制其節限也。服之有權宜者，由性之知爲之也。知能知事理之所宜，故於服能酌其權宜也。仁、義、禮、知，人之所以爲人者，其道不外乎此矣。

其恩厚者其服重，故爲父斬衰三年，以恩制者也。釋文：爲，于僞反。衰，七雷反。

喪之正服，皆以恩制，而恩莫重於父，故特以父言之。

門内之治恩揜義，門外之治義斷恩。資於事父以事君而敬同，貴貴尊尊，義之大者也。故爲君亦斬衰三年，以義制者也。釋文：治，直吏反。揜，于檢反。斷，丁亂反。

鄭氏曰：貴貴，謂爲大夫君也。尊尊，謂爲天子諸侯也。吕氏大臨曰：極天下之愛，莫愛於父；極天下之敬，莫敬於君。敬愛生乎心，與生俱生者。故門内以親爲重，爲父斬衰，親親之至也。門外以君爲重，爲君斬衰，尊尊之至也。内外尊親，其義一也。愚謂門内之服，自義率祖，而殺極於三月；自仁率親，而加隆於三年。是恩重而義輕也，故曰「恩揜義」。蓋恩莫隆於父，而凡爲義者莫得而奪之也。門外之服，以恩制者，不過旁親之期、功；以義制者，極於至尊之三年。是義重而恩輕也，故曰「義斷恩」。蓋義莫重於君，而凡爲恩者莫得而並之也。資，藉也。事君之敬同於父，故其服亦同於父，所謂「方喪三年」也。上以理對恩言，此以義對恩言。在物爲理，處物爲義，體用之名也。喪之義服，皆以義制，義莫重於君，故特以君言之。

三日而食，三月而沐，期而練，毁不滅性，不以死傷生也。喪不過三年，苴衰不補，墳墓不培，祥之日鼓素琴，告民有終也，以節制者也。釋文：期音基。

鄭氏曰：食，食粥也。沐，謂將虞祭時也。鼓素琴，始存樂也。愚謂三月而沐者，三月而葬，既葬而虞，始得沐浴也。苴衰，謂斬衰之喪用苴麻爲衰也。衰特喪之所服而已，喪畢則將除之，故雖敝而不補；墳特葬之所封而已，既葬則無所事，故雖庳而不培。素琴，琴之無飾者也。祥之日，得鼓素琴，而子路譏「朝祥暮歌」者，琴之聲出於器，歌之聲出於口，内外之別也。終，盡也。孝子有終身之憂，而喪以三年爲限，示民有終盡之期也。不以死傷生者，所以節其哀之過；告民有終者，所以節其時之過。

資於事父以事母而愛同，天無二日，土無二王，國無二君，家無二尊，以一治之也。故父在爲母齊衰期者，見無二尊也。杖者何也？爵也。三日授子杖，五日授大夫杖，七日授士杖。或曰「擔主」，或曰「輔病」。婦人童子不杖，不能病也。百官備，百物具，不言而事行者，扶而起。言而后事行者，杖而起。身自執事而后行者，面垢而已。秃者不髽，傴者不袒，跛者不踊，老病不止酒肉。凡此八者，以權制者也。釋文：爲，于僞反。齊音咨。見，賢遍反。擔，是艷反。扶而起，一本作「扶而后起」。扶或作「杖」。○鄭註：髽或爲「免」。

鄭氏曰：擔，假也。賈氏公彥曰：父在子爲母屈而期，心喪猶三年。愚謂以一治之者，欲使其尊歸於一，以統治之也。杖本爲爵者設，蓋有爵者德必厚，德厚則恩深，恩深者其居喪必病，故須杖以扶之也。天子七日而殯，殯而成服，故七日授士杖，若諸侯，則大夫士皆以五日而杖也。喪服傳曰：「無爵而杖者何？擔主也。非主而杖者何？輔病也。」蓋爲喪主者，假杖以表之，故雖無爵而杖，庶人之適子爲父母是也。體病者，須杖以輔之，故雖非主而杖，衆子爲父母是也。婦人，謂女子之未笄者。童子，謂男子之未冠者。童子未能悖行孝弟，故於喪未能病也。扶而起，謂天子諸侯也。天子諸侯，不言而事行，故待人扶而后起，謂可以極其病也。杖而起，謂大夫士也。大夫士言而后事行，故但須杖扶而起，其病稍淺也。面垢而已者，謂庶人也。庶人無人可使，身自執事而後行，雖有杖而不用，但面有塵垢之容而已，其病又益淺也。秃，無髮也。髽，露紒也。男子免而婦人髽。傴，背曲也。跛，足廢也。人之愛其父母，一也，而父在則母之服屈而爲期，此權乎分之尊卑而制之也。爲君皆杖，有爵之所同也，而或三日而授，或五日而授，或七日而授，此權乎恩之淺深而制之也。爲父母皆杖，以其無不病也，而婦人、童子以不能病不杖，此權乎年之長幼而制之也。成人皆杖，以其無不能病也，而或扶而起，或杖而起，或面垢而已，此權乎位之尊卑而制之也。喪無不髽，而秃者不髽，權乎其無可髽而制之也。喪無不袒，而傴者不袒，權乎其不便乎袒而制之也。喪無不踊，而跛者不踊，權乎其不能乎踊而制之也。喪不飲酒食肉，而老病不止酒肉，權乎其不可以卻酒肉而制之也。此八者，以權制者也。○呂氏大臨曰：父子之道，天之合也，其愛不可解於心，此以恩制者也。君臣之道，人之合也，義則從，不義則去，此以義制者也。情之至者，遂之則無窮也。情至於無窮，則賢者過之，不肖者不可繼，此不可不以節制者也。遂其所不得申，則無等差；施於所不必用，則事無實。責之於所不能具，則力不給；必之於所不能行，則人告病。此不可不以權制者也。愚謂服之大端，親親尊尊而已。由二者而爲之制限則爲節，由二者而酌其變通則爲權。節與權，即寓於恩與義之中，而輔之以行，恩與義者其經，而節與權者其緯也。

始死，三日不怠，三月不解，期悲哀，三年憂，恩之殺也。聖人因殺以制節，此喪之所以三年，賢者不得過，不肖者不得不及。此喪之中庸也，王者之所常行也。釋文：解，佳買反。期音基。殺，色戒反。

此申言「以節制」之義也。呂氏大臨曰：始死哭不絶聲，水漿不入口者三日，此三日不怠也。未葬，哭無時，居倚廬，寢不説絰、帶，此三月不解也。既虞、卒哭，惟朝夕哭，此期悲哀也。既練，不朝夕哭，哀至則哭，此三年憂也。君子之居喪也，期合乎中者也。聖人因隆殺而制其禮，所謂「品節斯」，斯之謂禮。

書曰「高宗諒闇，三年不言」，善之也。王者莫不行此禮，何以獨善之也？曰：高宗者，武丁。武丁者，殷之賢王也。繼世即位，而慈良於喪。當此之時，殷衰而復興，禮廢而復起，故善之。善之，故載之書中；而高之，故謂之高宗。

三年之喪，君不言。書云：「高宗諒闇，三年不言。」此之謂也。然而曰「言不文」者，謂臣下也。釋文：諒闇，依註讀爲梁鶕，徐又並如字。案徐後音是，依杜預義。孔安國讀爲諒陰。衰，色追反。復，扶又反。文如字，徐音問。

諒闇，書作「諒陰」，朱子以爲天子居喪之名。孔氏曰：「諒，信也。陰，默也。」鄭氏曰：「諒，古作『梁』。楣謂之梁。闇，讀如『鶉鶕』之鶕。闇，謂廬也。廬有梁者，所謂柱楣也。」未知孰是。百官備百物具者，不言而事行，此天子居喪之禮也。後世禮廢，王者或不能行，高宗復行古禮，而殷道以興，故書紀其事而善之。言不文，謂士大夫居喪，言而後事行者，故不能無言，但哀痛不爲文飾耳。此孝經之言，而記者引之，言臣子喪禮與人君異，又以申言「以權制」之義也。鄭氏曰：言不文，謂喪事辨不，所當共也。

禮：斬衰之喪，唯而不對；齊衰之喪，對而不言；大功之喪，言而不議；緦、小功之喪，議而不及樂。釋文：唯，余癸反。齊音資，本又作「齋」。

鄭氏曰：此謂與賓客言也。唯而不對，侑者爲之應耳。言，謂先發口也。愚謂此因上文言居喪不言，而言五服之喪，其哀見於言語之間而遞殺者如此，亦以節制之義也。

父母之喪，衰冠、繩纓、菅屨，三日而食粥，三月而沐，期十三月而練冠，三年而祥。比終兹三節者，仁者可以觀其愛焉，知者可以觀其理焉，强者可以觀其志焉。禮以治之，義以正之，孝子、弟弟、貞婦皆可得而察焉。釋文：衰，七雷反。菅音姦。粥，之六反。期音基。比，毗志反。知音智，本亦作「智」。弟弟，上音悌，下如字。

繩纓，斬衰冠之纓。菅屨，斬衰之屨也。爲母則布纓、疏屨，獨言「繩纓、菅屨」者，舉其重者也。三節者，謂三月而沐，期而練，三年而祥。蓋喪以既葬、既練、既祥爲變除之大節也。能終兹三節者，謂三月不解，期悲哀，三年憂，比於三節之終，而能哀禮之交盡也。比終兹三節者，惻怛疾痛，傷腎乾肝，非仁者之篤於愛則不能也。襲、含、斂、殯之具，虞、祔、練、祥之儀，變除、輕重之節，賓客弔哭之文，無不中乎禮，非知者之明於理則不能也。篤於情而又足以勉乎其文，有其始而又足以要乎其終，非强者之志氣堅毅則不能也。以三者爲本，而治以禮以爲之節文，正以義以適乎事宜，居喪而能如此，則其孝可知矣。本事親之孝，而推之以事兄，則爲弟無不弟；本事親之孝，而移之以事夫，則爲婦無不貞。故曰：「孝子、弟弟、貞婦皆可得而察焉。」上言五服之哀不同，此又歸重於父母之喪以結之。蓋喪服以恩爲主，而恩莫隆於父母，故父母之喪，雖以恩制，而仁、義、禮、知莫不備於是焉。故曰：「君子務本，本立而道生。」蓋人道莫重於是矣。

項琪跋

吾鄉孫敬軒先生精三禮學，著有禮記集解六十一卷，藏於家。道光癸巳、甲午間，先伯父雁湖府君與二三同志謀鋟版，命先嚴几山府君先事校勘，纔畢十卷，而兩府君先後捐館。咸豐初年，先生族子琴西、蕖田昆仲於琪爲中表兄弟，深懼先業之湮，悉心釐訂，集貲開雕。功甫及半，旋遭兵燹，板復燬其五六。今幸掇拾散亡，力完是書。琪亦得與校刊之役，幸藉手以竟先人未卒之志，而又歎文字顯晦有數，造物者猶於將成、未成之際若故阨之。而卒底於成，豈非先生一生精力所在，有必不可泯没者哉！邑後學項琪謹跋。

尚書顧命解

此篇注疏及蔡氏集傳之説，多所未安，希旦少嘗讀而疑焉，蓋二十年于兹矣。近因亭林顧氏之説，取經文反覆而推究焉，乃若頗有以得其義。於是偏考經解諸家之説，則見其與注疏、蔡傳初無以異，惟薛氏、吴氏於「受同」之説，則希旦所自幸以爲得之者，而二家已先言之焉。至於他文，尚沿舊義，爰以鄙見，竊爲疏解，以俟後之君子。其中文義易曉，及蔡傳之所已得者，則不復出云。

惟四月哉生魄，王不懌。甲子，王乃洮、頮水，相被冕服，憑玉几。

冕服，衮冕之服也。覲禮曰「天子衮冕，負斧扆」，則此發顧命，服衮必矣。周禮司几筵：「凡大朝覲，大饗、射，封國，命諸侯，王位設黼依。依前南鄉，設莞筵、紛純，加繅席、畫純，加次席、黼純。左右玉几。」此「玉几」即設於黼扆之前，次席之上者，但言「玉几」者，文略也。大朝覲、饗、射，封國，命諸侯，設黼扆於廟中之牖間，此則設於正寢之牖間。蓋以天下傳子，其事尤大於封國、命諸侯，而以疾病不能至廟，故於正寢牖間之前設黼扆而發命也。

乃同召太保奭、芮伯、彤伯、畢公、衛侯、毛公、師氏、虎臣、百尹、御事。

召者，自路門外治朝而召入於路寢也。人君每日視朝於治朝，退適路寢聽政，羣臣亦就治朝左右而治事。考工記所謂「外有九室，九卿朝焉」者也。是時成王寢疾，不能視朝，羣臣每日入寢門問疾畢，退至治朝治事如常日。王將發顧命，則召之使入也。御事，侍御之臣，大僕大右、大僕從者之屬也。周禮司士治朝之位：「三公北面，東上；孤東面，北上；卿大夫西面，北上。王族故士、虎士在路門之右，南面，東上；大僕大右、大僕從者在路門之左，南面，西上。」此時王在扆前，南面，羣臣之位當與治朝同，而其在路門之左右者，則立於黼扆之左右與？

王曰：「嗚呼！疾大漸，惟幾，病日臻，既彌留，恐不獲誓言嗣，茲予審訓命汝：昔君文王武王宣重光，奠麗陳教則肄，肄不違，用克達殷，集大命，在後之侗，敬迓天威，嗣守文武大訓，無敢昏逾。今天降疾殆，弗興弗悟，爾尚明時朕言，用敬保元子釗弘濟于艱難，柔遠能邇，安勸小大庶邦，思夫人自亂于威義。爾無以釗冒貢于非幾。」茲既受命，還，出綴衣于庭。越翼日乙丑，王崩。

還者，復出而還治事之室也。綴衣，先儒以爲幄帳，蓋設於黼扆之上者也。周禮司几筵及幕人、掌次皆不言黼扆上設幄帳，此特設之者，蓋以王疾病故與？

太保命仲桓、南宫毛，俾爰齊侯吕伋，以二干戈，虎賁百人，逆子釗於南門之外，延入翼室，恤宅宗。

二干戈，謂執干戈者各二人也。諸侯之禮，以執戈者二人先，天子則又有執干者二人也。翼室，正寢之室也。翼，敬也。正寢之室尊嚴，故曰「翼室」。延入翼室，恤宅宗者，迎入正寢之室，坐於尸東，西面而爲喪主也。喪大記諸侯、大夫、士之喪，「既正尸，子皆坐于東方」。此天子之禮亦必然。孔傳訓翼爲明，雖於字義未甚的，而以翼室爲路寢則未有失也。自蘇氏解翼室爲左右夾室，而後儒皆從之，不知喪自未殯以前，主人無頃刻離尸側也，豈有成王始崩，而康王乃遠處夾室者哉！其誤甚矣。

丁卯，命作册、度。

丁卯者，成王崩之第三日也。始死，哭不絶聲，既三日小斂，乃代哭，然後命作册、度，而以成王之命書之。

越七日癸酉，伯相命士須材。

顧氏曰：讀顧命之篇，見成王初喪之時，康王與羣臣皆吉服，而無哀痛之辭，以召公、畢公之賢，反不及子産、叔向，誠爲可疑。再四讀之，知其中有脱簡。而「狄設黼扆、綴衣」以下，即當屬之康王之誥；自此以上，記成王顧命登遐之事；自此以下，記明年正月上日，康王即位朝諸侯之事也。古之人君，於即位之禮重矣，故即位於廟，受命於先王，祭畢而朝羣臣，羣臣布幣而見，然後成之爲君。春秋之於魯公，即位則書，不即位則不書，蓋有遭時之變，而不行此禮，如莊、閔、僖三公者矣。康王繼體之君，當太平之時，而史録其儀文、訓告，以爲一代之大法，此書之所以傳也。愚謂顧氏以「狄設黼扆」以下爲康王即位之事，此雖聖人復起，不能易者也。越七日者，丁卯後之七日，殯後之三日也。命士須材，爲葬具也。自「命作册、度」以上，言召公受顧命，至王崩而書之於册；自「狄設黼扆」以下，言康王受顧命而即位。獨此節在其間，於上下文無所係屬，蓋此下必有成王葬事，以終此節之所言，而「狄設黼扆、綴衣」之上又必有康王即位之年月，而今皆脱之矣。周人殯於西序，而下文西序有東鄉之席，又有赤刀、大訓、宏璧、琬琰之屬，則西序無殯，其爲既葬之後明矣。人君踰年而即位，成王以四月崩，十月葬，又越二月爲明年之正月，而康王即位也。先儒不知此書有脱簡，但見「狄設黼扆、綴衣」之文，上與「伯相命士須材」之文相屬，遂謂「召公以成王殯後傳顧命於康王」，而不知其爲踰年即位之禮，賴顧氏發明之，而其義始白，其有功於此經大矣。然以經考之，即位之禮，實行於朝，而顧氏乃謂「在廟」，又以受同謂「祭先王」，則亦猶未免仍舊説之誤也。

狄設黼扆、綴衣。牖間南嚮，敷重篾席、黼純，華玉仍几；

狄，蓋事官之屬，掌張設之事者也。孔疏據祭統，以狄爲樂吏之賤者，蔡傳因之。然考喪大記及此篇，則狄之所掌者爲設階、出壺、設黼扆、綴衣之屬，皆與樂吏無與，未可以其名之偶同而合以爲一也。成王發顧命，設黼扆、綴衣於牖間，今將傳顧命，故復設此位，若成王之親命者然。扆狀如屏風，以其爲人所依，故謂之依，亦謂之扆。爾雅：「户牖之間謂之扆。」蓋户牖之間乃設扆之所，故謂之扆。孔疏乃謂「設於扆地，故名爲扆」，誤矣。先儒皆謂「此象平日見羣臣、覲諸侯之位」，非也。人君朝羣臣，或在路門外治朝，或在路寢阼階下，不在牖間。朝諸侯雖在牖間，然在廟不在朝，與此設於路寢之位無與也。

西序東嚮，敷重底席、綴純，文貝仍几；東序西嚮，敷重豐席、畫純，雕玉仍几；西夾南嚮，敷重筍席、玄紛純，漆仍几。

西序東嚮，平時燕宗族之位；東序西嚮者，平時燕羣臣之位也。燕禮「公在阼階上」，此東序西嚮之位也。文王世子曰「公與族燕，則異姓爲賓」，「公與父兄齒」，然則公與族燕不在阼階上之位明矣。其爲賓者席于牖前，父兄之位或在賓東，或在賓西，公與之齒則宜在西序矣。西夾南嚮之位，於經記無所見，疑齊必居正寢，齊必遷坐，則其坐在此與？既設席於牖間，南嚮，以象成王發顧命之位矣，然不知神之所在，故於平時在路寢所嘗有事之位皆設之焉。祭統曰：「詔祝于室，而出于祊，此交神明之道也。」此之謂也。先儒以西序東嚮爲朝夕聽事之位，西夾南嚮爲親屬私宴之位，其說皆無所據。士相見禮曰：「君在堂，升見無方階，辨君所在。」是人君在堂視事，或南面，或西面，而不必皆東嚮矣。公與族燕則以齒，則與親屬私宴，必不南面而以尊臨之矣。

越玉五重，陳寶：赤刀、大訓、弘璧、琬琰在西序，大玉、夷玉、天球、河圖在東序，胤之舞衣、大貝、鼖鼓在西房，兑之戈、和之弓、垂之竹矢在東房。大輅在賓階面，綴輅在阼階面，先輅在左塾之前，次輅在右塾之前。二人雀弁執惠立于畢門之内，四人綦弁執戈上刃夾兩階戺；一人冕執劉立于東堂，一人冕執鉞立于西堂；一人冕執戣立于東垂，一人冕執瞿立于西垂，一人冕執鋭立于側階。

此所陳寶、玉、器、物，皆以西爲上者，鬼神之位在西也。

王麻冕、黼裳由賓階隮，卿士、邦君麻冕、蟻裳入即位，太保、太史、太宗皆麻冕、彤裳，太保承介圭，上宗奉同、瑁，由阼階隮，太史秉書由賓階隮，御王册命。

麻冕、黼裳者，三章之絺冕裳有黼黻者也。麻冕、彤裳者，一章之玄冕也。蟻裳者，人君之齊服裳，玄色而無章者也。彤裳降於黼裳，蟻裳又降於彤裳。曾子問曰「君薨而世子生」，「太祝裨冕」以告，三日見子，「太宰、太宗、太祝皆裨冕」。而商書伊尹亦以冕服祠于先王。蓋大夫士之父，父也，其尊近；人君之父，父也君也，其尊遠。故雖在喪中，而假吉服以接神，所以抑哀而崇敬也。檀弓曰：「弁絰葛而葬，有敬心焉。」此之謂也。此王與太保以下皆冕服，然皆不用上服，而但用絺冕以下，又以在哀戚而不敢伸也。蓋古者即位之禮皆如此，而蘇氏乃以爲訾，然則伊尹所以祠先王，孔子所以答曾子者，皆非禮耶？

曰：「皇后憑玉几，道揚末命，命汝嗣訓，臨君周邦，率循大卞，燮和天下，用答揚文武之光訓。」王再拜，興，答曰：「眇眇予末小子，其能而亂四方以敬忌天威！」乃受同、瑁。王三宿、三祭、三咤，上宗曰：「饗！」

薛氏曰：古者大禮，冠昏之事皆有祭醮、訓戒之辭，以謹成人繼世之儀，正始之道然也。踐阼受之先王，冠昏受之父母，死生雖異，其義一也。吴氏曰：天子之禮，無可攷證，今以士禮推之。父之命子，必醮以酒，醮者有獻無酬。太保攝王事，傳顧命，命嗣王，亦用酒者，如成王之生存命其子也。然太保，臣也，不敢純如父醮子之禮，故略用臣獻君之禮，有獻有酢也。愚謂孔傳謂「受同以祭」，於是後之説者皆以受同爲祭先王。夫喪中固無祭，若以爲告祭，則亦必有祝以接神，又必有告神之辭，而此皆無之。蓋此爲成王傳顧命於康王，而非有所告於成王也，何祭之有？至蔡傳又以下文之「王答拜」爲代尸拜，此尤謬之甚者。借如舊説爲祭，亦告祭耳。告祭無尸，且特牲、少牢祭禮尸皆自拜，初無俟人代之者。解經如此，其疑誤後學不亦甚哉！蓋此節唯薛氏、吴氏得之。士昏禮「父親醮子而命之」，蓋醮之者，所以禮之也。父將以大事命其子，必先有以禮之，親迎且然，況傳之以天下乎？故大保之同，所以爲成王禮康王者也。太保爲成王禮康王，猶士昏禮「奠菜」，「老醴婦于房中」之義也。下文云「以異同，秉璋以酢」，則知此同之所盛，乃鬱鬯，王則自圭瓚注之，大保則自璋瓚注之者也。用酒謂之醮，用醴謂之醴，用鬱鬯謂之灌。此所行乃灌禮也。同之爲器，他無所見，而獨見於此。蓋圭瓚重大，不可以祭以飲，故注之於同而祭之飲之，蓋凡行灌禮者皆然也。王再拜者，拜受也。王拜受而太保不拜送者，以此禮特爲成王致之，王之再拜非爲太保拜也。宿，進也。灌必設席，王既受同於大保，則進至席前也。三宿者，三受同而進也。周禮王於上公再灌而酢，侯伯一灌而酢，子男一灌不酢。此王三受同而後大保自酢，則三灌而酢矣。三灌而酢者，天子之禮也。吴氏謂「不敢純用父醮子之禮，故有獻有酢」，則非也。祭，祭酒於地也。士冠禮「以柶祭醴，三」，此三宿則有九祭矣，而曰「三祭」者，據每宿而祭言之也。咤者，既飲卒爵而奠之也。知王飲卒爵而奠之者，以上宗曰「饗」，則王饗此酒可知。蓋此酒乃成王之所以禮康王，雖在喪亦不敢不飲。士虞禮主人受尸酢，亦卒爵也。上宗，贊王之禮者，故告王以「饗」，饗辭不以祝而以上宗，又可以見此酒非所以告神也。

太保受同，降，盥，以異同，秉璋以酢，授宗人同，拜，王答拜。太保受同，祭、嚌，宅授宗人同，拜，王答拜。

太保之酢，自酢於王也。凡獻於尊者，不敢煩尊者酢之，則自酢。授宗人同，拜，王答拜者，太保拜受而王拜送也。嚌，飲至齒也。太保之酢，所以達康王之意，然王與太保俱在喪中，哀戚所同，故雖受王之酢，但嚌之而已也。授宗人同，拜，王答拜者，太保既嚌酒，又拜而王又答之也。

太保降，收。諸侯出廟門俟。王出在應門之内，太保率西方諸侯入應門左，畢公率東方諸侯入應門右，皆布乘黄朱。賓稱奉圭兼幣，曰：「一二臣衛敢執壤奠。」皆再拜稽首，王義嗣德，答拜。

王出在應門之内，所謂「即位」也。位者，人君路門外日視朝之位，遭喪踰年，則就此位，以爲臨涖羣臣之始也。不云「王出在畢門之外」，而曰「王出在應門之内」，則治朝之位在畢門、應門之間，三分之，而二在北，一在南與？古天子即位之禮，見於此篇。諸侯之禮，雖不可考，然由此篇所言推之，亦略可見矣。

太保暨芮伯咸進，相揖，皆再拜稽首，曰：「敢敬告天子：皇天改大邦殷之命，惟周文武誕受羑若，克恤西土，惟新陟王，畢協賞罰，戡定厥功，用敷遺後人休。今王敬之哉！張皇六師，無壞我高祖寡命！」王若曰：「庶邦、侯、甸、男、衛，惟予一人釗報誥。昔君文武丕平富，不務咎，底至齊，信用昭明于天下，則亦有熊羆之士、不二心之臣保乂王家，用端命于上帝。皇天用訓厥道，付畀四方，乃命建侯樹屏，在我後之人。今予一二伯父尚胥暨顧，綏爾先公之臣服于先王，雖爾身在外，乃心罔不在王室，用奉恤厥若，無遺鞠子羞！」羣公既皆聽命，相揖，趨出。王釋冕，反喪服。

喪大記曰：「公之喪，大夫俟練，士卒哭而歸。」時成王之喪未練，羣臣尚當在王所，而云「羣公」「趨出」，然則天子之喪，羣臣之廬、堊室在應門之外與？

尚書顧命解跋

鏘鳴校禮記集解畢，復求先生説經之書於其家，得尚書顧命解一卷。顧命，成王崩未葬，君臣皆冕服，又受黄朱、圭、幣之獻，宋眉山蘇氏疑焉，謂「使周公在，必不爲此」。晁公武曰：「蘇氏之説，又本於孫氏覺。」覺仕元祐時。而石林葉氏曰：「康王之事，必有不得已而然者。召公權一時之宜，正君臣之分，禮之變，非禮之失也。」止齋陳氏亦以爲召公、畢公皆盛德大老，豈不知禮？蓋見周公以叔父之親，擁戴太子，而流言之變，起於兄弟，非公之忠誠，則王室幾摇，故於康王之立，特爲非常之禮，以與天下共立新君，使曉然知所定而無疑，其意遠矣。東萊吕氏同此説。蘇氏之論，主於守經，而不知天子諸侯之禮與士、庶人不同，天子之禮又與諸侯不同，未可援喪服行冠禮及春秋諸侯之禮推之也。葉、陳、吕氏之説，出於達權，是又不免以權謀、功利之見，求二帝、三王之大經大法，未必其果有合也。且成、康之世，固周家太平極盛時也，又曷爲有不得已而創此非常之禮哉？朱子以爲易世授受，國之大事，當嚴其禮。此誠千古不易之論矣。其言「王、侯以國爲家，先君之喪，猶以爲己私喪也」，則猶未盡即乎天理人心之安者也。康侯胡氏又云：「是時成王崩就殯，猶未成服，故用麻冕、黼裳，入受顧命，已受命，誥諸侯，而後釋冕，反喪服，於是成服而宅憂。」不知天子七日而殯，既殯而成服，自乙丑至癸酉凡九日，殯已三日矣，而猶未成服，豈有是哉？此皆求其説不得而强爲之辭者也。亭林顧氏直謂「其中有脱簡」，詳見日知録。先生讀而韙之，又取經文反覆而推究焉。而其説加備，至於疏解它文，補正舊説所未盡者，皆由參考禮經得之，而益知先生三禮之學通之諸經而無弗協也。刻禮記集解成，遂以此卷附於後，以廣其傳。歐陽子曰：「經非一世之書也，刊正、補輯非一人之能也，使學者各極其所見，而明者擇焉，以俟聖人之復生也。」至哉言乎！余刻是解，故又備述宋儒之説於此，以俟學者審焉。同治戊辰三月，族子鏘鳴謹跋。